鄉導

（三）

The Guide Weekly

嚮導週報

◀第一百〇一期▶

（中華郵務管理局特准掛號認爲新聞紙類）

一九二五年二月七日

郵票代款概作九五折

分售處

香港　巴里　廣州　上海　武昌　蕪湖

華文書局　中國書報社　丁卜書報社　民智書局　上海書店　民智書局　時中書報社　共進書社　科學儀器館

分售處

南昌　太原　長沙　濟南　杭州　寧波　開封　梧州　重慶　成都

明星書社　晉華書社　文化書社　齊魯書社　古今圖書店　新亞書局　為星書社　文化書社　工學社　曉一書局　學路書報流通處

——零售每份銅元四枚——

訂閱：國內一元寄足六十期・國外一元寄足三十五期・郵費在內

代派：每份大洋二分・十份至三百份五折・三百份以外四折・寄費在內・十期清算一次

每星期三出版　發行通信處　杭州馬坡巷甘攻學校安存眞轉王致和　北京大學第一院收發課轉鄭于明

孫中山病後帝國主義與軍閥之陰謀

和森

中山在京病篤，而陳炯明又以進攻廣州聞。據本報駐粵通信員電訊，陳炯明此次進攻的企圖確實得有段祺瑞的贊助，而日本東方通信社所故意傳播之中山死耗，其作用便在搖亂人心，使陳炯明得迅速動員以推倒國民黨之根據地。

帝國主義者和段祺瑞這種陰謀，固早已在吾人意料之中。當北京政變之初，陳炯明由附吳(佩孚)轉而附段，東江戰事暫時沈寂，說者謂在『孫段合作』之時，孫陳之戰亦可暫時停止；然江西事件一來，方本仁林虎公然圍攻譚(延闓)軍，段祺瑞對孫的假面具業已揭開一半，現在不過是乘人之危更進一步罷了。

一面拒絕中山主張把人民和國民黨摒於善後會議之外，一面鼓惠叛徒進攻廣州政府，一面又有『中山病已絕望』的消息，北洋正統之段祺瑞躊躇滿意，其喜可知！

但國人須知帝國主義和北洋軍閥這種陰謀不僅是拆孫中山個人國民黨一黨的臺，而是要根本剿滅中國革命解放運動。國人若不願永遠為帝國主義的奴隸軍閥的犧牲品，便應充分了解這種陰謀及於中國前途之危險，——這種危險只有人民立刻起來保衛革命才能幸免！

廣東工人們，農人們！我們工農階級是中國革命運動的柱石，在沙面罷工商團事件以及最近廣甯農民反抗大地主的爭鬥中皆足證明我們工農是南方革命運動之惟一保衛者；現在帝國主義與北方軍閥協同廣東買辦階級和大地主鼓惠他們的走狗陳炯明向廣州進攻，為的是要根本剿滅中國的革命和我們工農的勢力，我們現在更應無條件的幫助廣州政府打倒這不知羞恥的叛賊陳炯明；我們須知廣州政府雖然還不是一個真正的革命政府，尤其在軍事行動時期不能充分保護工農利益，然而這塊地方不僅是中國革命運動的老巢，而且是我們工農群眾比較能於自由發展的惟一場所，我們只有把這帝國主義和北方軍閥的走狗陳炯明打倒之後才能使革命政府給我們以安甯，也只有把這大地主和洋行買辦的代理人陳炯明打倒之後才能使革命政府對於富有階級少所顧忌而多保護一些我們工農的利益！

廣州政府的當道們！你們須知在近年各種巨大事變中試驗出來的工農群眾是革

命的真正保衛者，現在大敵臨前，你們應完全信任工農武裝工農，不可專持那些縱橫捭闔的糾糾者；我們工農羣衆始終忠於革命願爲革命而犧牲，但望你們今後勿再有如市選政策的錯誤，或過於遷就富有階級的意志而忽視我們工農的利益！

二七紀念

中國共產黨祝全國鐵路總工會代表大會

全國鐵路總工會代表大會公鑒：「二七」事件以來鐵路工友們備受軍閥摧殘，際此政局變遷，貴大會工友們竟以艱苦奮鬥之結果能在兩年前慘遭巨變之同地同日召集全國代表盛會，不勝欣幸之至。敝黨敬祝貴大會繼續爭鬥勝利，政治爭鬥的勝利幷階級爭鬥的勝利。

中國全國鐵路總工會代表大會萬歲．

中國工人階級萬歲!!

全世界工人階級萬歲!!!

中國共產黨中央執行委員會　二月一日

嚮導週報社祝全國鐵路總工會代表大會

全國鐵路總工會代表大會公鑒：「二七」事變是表示鐵路工友們能夠代表全國工人階級站在革命戰線之最猛進的地位。現在的全國代表大會，又在國民運動的高潮中表示最集合的力量。前年「二七」之慘變及今年「二七」之盛會，在中國工人運動史上，在中國革命史上，均有重大的意義。敝社同人敬祝

貴大會工友們繼續奮鬥直到最後之勝利。

嚮導週報社　正月三十日

二七鬥爭之意義與教訓

述之

自帝國主義侵入中國後，在中國近數十年來的革命運動史上，表現得最有價值而最可注意的，是義和團運動，辛亥革命，「五四」運動以及「二七」鬥爭。在這四個運動中，二七鬥爭是最後的表現，而又是最進步的最革命的工人階級在中國階級鬥爭史上之第一次的表現。中國的工人階級從香港海員罷工，開灤礦工罷工，直到二七鬥爭，已由經濟的總同盟罷工，而直轉爲純粹政治的總同盟罷工（二七鬥爭純粹起於要求集會結社自由）以至於以徒手工人而與封建軍閥的武裝軍隊格鬥。　這是中國工人階級之最急進而最猛烈的表現。　二七鬥爭是中國工人階級鬥爭史上之最光榮，最偉大的第一頁。　從這一頁最光榮和最偉大的歷史事實上，我們可以看出兩點最重要的意義：(一)在這次鬥爭中充分地表現了中國工人階級之偉大的團結與一致的精神。　當鄭州會議之時，不僅京漢路數萬工人全體一致遣派代表出席，卽各路工人如津浦，粵漢，京奉等幾至全中國的鐵路工人無不派有代表參加，幷且其他武漢，上海，廣東各地的工人團體亦多派有代表赴會慶賀。　這已夠證明中國工人階級之團結與一致的精神了。　到鄭州會議被壓迫解散，京漢路總工會的總同盟罷工命令下時，全路工人

幾如嚮斯應，雖各地軍閥走狗百般威脅利誘，然而全路工人始終服從總工會命令。至二七失敗，各地工人更是激昂慷慨，憤起而與軍閥抗爭。道清，正太，及津浦南段都一致罷工援助，其他各路都表示參加，惜均爲武力壓迫，未能成功。此外在湖北由全省工團聯合會發布總同盟罷工，爲京漢路工人之後援，當時曾經實行罷工的工團有粵漢路工人，漢陽鋼鐵廠工人，漢治萍輪駁工人，揚子機器廠工人，丹水池工人，其他準備罷工而未成者有武漢電話，電燈，自來水及其他工人。同時上海方面許多工團亦有此種運動，均爲軍閥嚴防不得實行。其餘各地工團對於京漢被害工人救濟，無不踴躍從事。總之在二七鬥爭中全中國工人階級在行動上，在鬥爭上已很明顯表現一致的團結了，已表現他們認識自己整個的階級利益而一致地對付敵人了，這個意義是何等偉大而有價値啊！(二)在此次鬥爭中幷充分地表現了中國工人階級之最勇猛的奮鬥精神和偉大的犧牲精神。我們知道京漢路的工人階級完全是在曹吳蕭等野蠻軍閥的武裝監視之下，然而京漢路的工人絕不因此有所恐懼，只是勇猛地奮鬥以期達到應有的集會結社等自由目的。當蕭耀南軍隊以武裝向江岸總工會進攻時，工人羣衆依然不退竟以徒手與之搏戰多時而不肯退。直到領袖們極力命令工人退避，才始走散，以至死傷百餘人，尤其是江岸工會會長林祥謙臨刑時之慷慨激昂，施洋同志之從容就義，其他各路及工團明知必被軍閥資本家壓迫失敗，而卒以同情罷工，表示願意爲階級而犧牲，這種奮鬥精神，犧牲精神，是何等勇猛而偉大啊！

在二七鬥爭中，據以上兩點最重要的意義之顯示，很足以證明中國工人階級不僅是能担負中國的革命事業幷已證明能担負世界的革命事業。在以前「誰來担負領導中國的民族革命」似乎還是問題，到二七鬥爭之後，這個問題由事實教訓我們完全解決了，担負中國一切革命事業——由民族革命到無產階級革命——的只有中國的工人階級。中國工人階級由二七鬥爭的證明，是中國民族革命之唯一先鋒軍，領導者，幷且是世界無產階級革命軍之一枝有力軍隊。

但是這一個有偉大歷史意義的二七鬥爭，至今已歷二週年，中國還很少有人懂得，然而這是無足爲怪的，可是站在無產階級隊伍的同志們，也對於這個鬥爭發生懷疑誤解，這是我們在這二七鬥爭第二週年紀念日子不能不申辯幾句的。據那些同志的意思，以爲「二七」是當時指揮者的錯誤，以爲鄭州會議被解散後的總同盟罷工命令是不應該下的，以爲江岸工人是不應與蕭耀南的軍隊格鬥或早須與蕭耀南妥協的。甚或有人謂當時的工人羣衆太囂張太野蠻的。其實這都是些帶有機會主義的人們見鬥爭失敗之自然的表露。當每一個鬥爭失敗後，機會主義者總不肯從客觀事實去分析事象的眞原因，從鬥爭中去學到眞教訓，而只憑主觀的見解，按照自己的畏縮心理去推測，事後去歸咎個人，歸咎羣衆，甚或認爲歷史之自身錯誤。一九〇五年十二月，莫斯科工人武裝暴動失敗之後，俄國少數黨的態度就是如此。蒲列哈諾夫批評莫斯科工人武裝暴動說：『不該去拿武器』，其實當時工人要拿武器去起暴動，已經是革命潮流急趨直下之必然的表現，已絕不是事後用「不該」兩字所能否認。所以列甯答復蒲列哈諾夫說：『恰好相反，應該更堅決地，有力地，進攻地去拿武器、應該向羣衆解釋，僅僅一個和平的總同盟罷工是不可能必得要一個嚴刻的和殘酷的武裝鬥爭』。我們須知道，羣衆的革命潮流一起來，尤其是無科學組織的羣衆，到了某程度，絕不能受指導者之如意指揮，只得由羣衆之自然的要求向自然的方面進展，必至達一定的目的或爲敵方所壓迫時，才能終止。所以莫斯科工人之武裝暴動，是羣衆的革命潮流已到一定程度非如此表現不可的。二七鬥爭事件也是如此。受數重壓迫與剝削——軍閥，官僚走狗，帝國主義者，各鐵路的高等管理員，工程師之均爲外國人（京漢路則純爲法比兩國人），的京漢路工

人，一旦見有機會可以得到一點自由，可以從此爭得一點應享的權利；一轉瞬間又被人奪去，怎由得他們不狂爭瘋鬥！ 所以當鄭州會議被解散之後，當時的工人羣衆，當時的工人代表，尤其是京漢路南段的代表，差不多已憤不欲生，所以在代表會議上決定總同盟罷工時，雖有些份子主張暫時不發罷工命令，然而潮流所趨，此種老成的主張已完全失其效力。 至蕭耀南向江岸工人進攻時，工人亦決無他法可以避免，而工人之所以冒死徒手奮鬥，亦完全爲一種積久的憤氣之所致，一切常態的理智那時均失其作用。 至說在事前不與蕭耀南妥協，殊不知吳佩孚蕭耀南早已準備着一網打盡之計，那裏容有妥協之餘地，何況羣衆至此，已走極端，在客觀上已不能隨便回頭了。 至謂當時工人羣衆之囂張與『野蠻』，殊不知這正是羣衆到了革命潮流高漲期中之本色，我們遍觀一切革命史如法蘭西大革命，俄羅斯十月革命都是如此，何況京漢路工人並不那樣。 總之二七鬥爭不是偶然的，不是人爲可以使之產生或阻止的，是中國近百年來的社會經濟政治所養成的，卽帝國主義和軍閥的壓迫所逼成的。 我們馬克思列甯主義者，我們用不着並且不應該事後用主觀的見解去推測，因失望而去歸咎別人和羣衆。 我們的責任是在找出眞正的客觀原因來，從這種觀察中得着眞實的教訓。 我以爲二七失敗的根本原因是：(一)以前在京漢路上(各路亦然)主持工會的人所作的工作，偏重在表面，只專注意於分工會總工會之成立，而來不及注意到下層的組織工作，如工廠支部的工作，沒有切實去訓練過工人羣衆，所以工人一暴動起來就顯出原始的狀況，而不容易制止。 待到失敗之後，工人已有的上層組織卽完全瓦解；前功盡失(以前各地的工人運動都有此種現象)這是第一個值得我們注意的教訓。 (二)工人階級的政黨沒有與工人羣衆發生最密切的關係，無產階級之革命的理論與革命的組織，還沒深入到工人羣衆去，如果京漢各路的工人羣衆當時與中國共產黨有密切的關係，中國共產黨握住了眞正的指導權，在京漢路作指導工作的人都受黨的支配，那二七鬥爭的失敗，絕不至於如此。 這是值得我們注意的第二個教訓。 (三)工人羣衆以前對於軍閥吳佩孚之保護勞工的假面具，沒有認清，總以爲吳佩孚不至於如此槍殺工人；因此沒謹慎的防備，以至過於誇張。 殊不知軍閥與工人階級在其階級利益上，已是絕對不能調和的仇敵，若遇到眞正的利益衝突時，不是你死，必是我亡。 這是從實際上給了羣衆一個教訓，這也是值得我注意之點。 然而以上的原因完全是客觀的，因爲中國勞動運動歷史如此之短，那裏就能免除我們現在指出之錯誤，譬如黨與工人羣衆之關係，其實那時的黨自身還在組織時代，何能深入於工人羣衆之中？ 但是我們現在應該指出這些客觀的失敗原因來，這是我們最可寶貴的教訓。

現在壓迫二七工潮的萬惡曹吳軍閥已倒了，殺工人的劊子手蕭耀南也在地位搖動之中；另一方面又值新軍閥尙未能鞏固其地盤與勢力時，京漢路工人乘着這個機會，又居然能在鄭州——以前被吳佩孚壓迫的地方——團結全路工人參加全國鐵路總工會代表會議了，這是何等可賀啊！ 但是我們在這個可賀的熱淚當中，很誠懇地希望京漢路工人先進份子來注意我們所指出的二七鬥爭的教訓，將這些教訓變成京漢路將來進行工作上之實際生活，不至再蹈以前的失敗。 我們更敬告京漢路的工友們，你們的前途還是多麼險阻！，你們的仇敵還在那裏虎視眈眈，祝你們好好地記取二七鬥爭的教訓，審愼地努力奮鬥，得到最後勝利！

中國國民革命運動中工人的力量

獨秀

半封建半資本制度的中國，他的社會勢力，三種並存：第一是軍閥的勢力，因爲他挾有全國的武裝與政權；第二是資產階級的勢力，

因爲他挾有全國的經濟權及組織宣傳機關，第三是工人階級的勢力，因爲他是新生產力的代表者，他是富於集合力及決戰力者，他是天然的農民之同盟者。 軍閥不待說是被革命的階級，資產階級中包含着「反革命」「非革命」「傾向革命」三種分子，只有工人階級是最革命的階級。 在全人類階級根性上看起來，工人階級是最富於革命性的；在中國社會現狀上看起來，中國工人備受外國帝國主義者及國內軍閥資本家三層壓迫，也只有革命是唯一的出路。 工人中雖然有少數領袖分子被官僚資本家利用，做了「工賊」，而決不至因此減少了工人階級之革命性，因爲工人羣衆的思想與行動終究是革命的，不是妥協的。

中國工人階級是一個不妥協的革命階級，這件事不僅是抽象的理論已經由種種事實證明了。 例如民國十一年香港的罷工海員，受英國帝國主義者種種壓迫，終以不妥協的奮鬥得到勝利。 又如民國十二年「二七」慘劇，分明是因京漢鐵路工人不妥協的奮鬥而失敗了。 又如民國十三年廣州沙面罷工及鎮壓商團反革命，都因爲是工人羣衆不妥協的奮鬥和防止廣州政府妥協的政策，才得着勝利。

現在擺在我們眼前的事實是：壓迫中國人民阻碍中國人民發展的帝國主義者與軍閥，非革命是不能使他們屈服的；資產階級當中，有些是幫忙帝國主義及軍閥的反革命者，有些是非革命的中立分子，有些是偶然傾向革命而易於妥協者；不妥協的革命者只有工人階級；中國國民革命運動中，若沒有工人階級有力的參加奮鬥，決沒有得到勝利的可能。

這一不妥協的工人階級，不仍在決戰的心理上是不妥協的革命者，并且在客觀上也富有能夠革命的力量。 帝國主義者在中國沿江沿海之運輸權在他們的手裏，國內軍閥的兵隊及軍用品運輸權也在他們的手裏，大的工商都市大的礦產生產機關交通機關也都在他們手裏，他們起來革命，足以使全社會震動，中國國民革命運動，必須他們起來參加才足以制敵人的死命；中國國民革命之敵人——帝國主義者軍閥及其走狗，所以嚴厲的壓迫并造謠中傷中國工人階級及其政黨，也就是這個緣故。

一九二三年之二七與一九二五年之二七

秋白

「中國的工人階級處於軍閥制度及帝國主義的兩重壓迫之下，他的鬬爭一開始便是革命的，一開始便是政治的——不但是一階級的階級鬬爭而且是中國民族的民族鬬爭裏的先鋒」。 從一九二一年工人運動的發生以來，工會的組織運動，罷工運動，表面上看去似乎是工人階級的經濟鬬爭，實際上呢，這些運動緊跟着五四以來的排日民族運動而來，足見是當那商人學生的鬬爭力疲弱下去的時候，獨有工人階級繼續着革命的鬬爭，反對各國帝國主義，反對軍閥資本家。—— 海員罷工，唐山罷工，京漢罷工，先後繼起的確給國內國外的反動勢力以重大的打擊，這一時期，差不多可以說民族運動之中祇有工人階級的階級鬬爭。 「因爲工人階級鬬爭的猛進，國內的民族革命運動便漸漸有興起的勢頭，——資產階級也跟着抬起頭來，軍閥和帝國主義都不得不賣弄欺人的左傾政策——吳佩孚高唱甚麼國是會議，各地的商會也有不少附和的。 當時祇有中國共產黨主張召集一切民主派的聯合會議建築反帝國主義的聯合戰線——因爲中國工人的職工運動發展，已經表示民主戰線中有實力的主力軍」。 然而資產階級及其他政黨不能重視這工人階級的政治力量，不是想望吳佩孚行仁政，便是祇望軍事的行動。 工人階級不顧勢孤力薄，仍舊繼續奮鬥——京漢總工會成立的嘗試，便是那最後的示威。 當時資產階級的輿論，京漢一帶的商人，都是近視的，看不見這工人階級力量的集中是反對軍閥政治的最大的力量，祇顧目前的小利，反而說工人的行動有礙安甯秩序

和交通。 軍閥和帝國主義呢，却知道：祇要摧折了這一支生力軍，其餘的什麽商會，什麽民意都不足懼，儘可安心進行賄選——抬出一個吳佩孚的工具——曹錕，立定賣國的『正式』政府——英美帝國主義統治中國的政權便鞏固了。 果不其然！ 京漢總工會被封時的大罷工，受了二七屠殺的大打擊而失敗之後，不但北部鐵路工人的工會完全受摧殘，不但全國的職工運動都受着鎮壓而趨於消沉，——而且不過半年，直系軍閥和英美帝國主義的勢力一天一天高壓下來，曹黨賄選成功，全國各階級都屈服在軍閥淫威之下，而且接着便暗助陳炯明以全力圖粵，謀摧殘民族革命的根據地——廣州政府。

總之，這一時期——職工運動受軍閥的鎮壓而消沉，其餘一切進步的解放的爭自由爭國權的運動，都連帶着而鎮壓下去。——這是兩年來的事實。 所以可以說：二七不但是中國職工運動史上的一個關鍵，而且是民族革命運動史上的關鍵。

二七之後，中國工人階級的職工運動雖然表面上有一時期的寂然，而實際上各地的工人仍舊繼續不斷的向前進行。 客觀上，狀況稍稍鬆動，工人階級便開始反守爲攻的鬥爭。 水口山礦山工人的罷工 北方鐵路工人的全國總工會運動仍在前仆後繼——屢受軍閥和帝國主義的摧殘。 江浙手工業工人，上海紗廠，紡織業，煙業的工人，也是屢起屢仆的和中外資本家奮鬥，——雖然結果大半失敗，然而二七而後中國工人階級的覺悟越發增高，全國工人階級的團結力日益增進——是顯然的事實。 况且陳炯明猛攻廣州的時候，南方勞動階級都積極的贊助革命勢力反抗這帝國主義走狗之走狗；陳炯明失敗之後，廣州革命政府也就明白取得勞動民衆的贊助之重要，廣東方面的職工運動使得着些公開的可能——工人代表會組織成功；工人反帝國主義的行動日趨激昂，由民族意識而進於階級意識的傾向日益鮮明（沙面罷工，反抗商團等）；海員工會加入太平洋運輸工人的結合。

南方民族革命運動因有工人階級的這種積極參加，力量便一天一天增長起來；南方的職工運動的本身又在儘着發展——這兩方面的潮勢自然也影響到北方來。 於是在這中國民族的總鬥爭日漸興起的時候，工人階級自然力求奮起而領導他。

一年來民族運動的進步，雖然北方在政變以前，並不能與職工運動以急進的機會；然而這一年多兩年來職工運動的反守爲攻的趨勢和民族運動的興起，大致有並進的形勢。 此次北京政變的主因，固然在於日本勢力漸大，而排斥英美勢力，然而還有兩種動力：一是經濟上中國資產階級相當的發展力，一是政治上南方民族運動的逐漸北侵。

這兩種勢力的影響於政變，自然而然使在政變之後，中國工人階級趁着舊社會各階級的矛盾和崩潰，急起集合自己的勢力。 現時北方各軍閥之間的均勢還沒有十分穩定，其中一部分傾向于民族運動而想得民衆的贊助，別部分雖勾結帝國主義，而實力不充足，也想行市恩政策以得『民心』。 所以工人階級在京漢北段，取得比較公開的自由；這種形勢之下，北方鐵路工人又在二七那天開全國鐵路工人總工會；各地工會都加入國民會議促進會。 總之，北京政府的鎮壓政策還不敢直接行使，在總的民族運動興起的時期，政權方面，自己還沒鞏固，自然對民衆有些讓步政策；工人階級的職工運動也就努力的集合團結起來，以備繼續鬥爭。 「中國工人階級這次得到職工運動的公開的可能，固然受民族運動發展的影響；然而中國民族革命運動的繼續進行，都全看新起的職工運動能否充分的自由發展，中國工人階級能否因此發展而成爲偉大的獨立的政治勢力。

兩年前的二七是職工運動失敗而退守的紀念日；兩年後的二七是職工運動復興而再進攻的紀念日了!? 一九二三年的二七，是中國鐵路工人失敗，而全國職工運動以至於民族革命運動，隨之而受鎮壓的紀念日；一九二五年的二七，是全國鐵路工人大結合的日子，但是是

否能成爲全國職工運動復興以至於民族革命運動得以隨之而進取的紀念日呢，——這却還是一個問題！

政府方面的召集善後會議，聘請商會等領袖爲善後會議的專門委員，允許工人集會等讓步政策，是否是欺人的，是否是以退爲進的讓步呢？ 這是無可疑的：假使他實力充足，軍閥間相持局面得了維持均勢的辦法，他立刻便要取回這些讓步的。 民族革命運動方面的右派呢：或是想破壞工人階級運動的統一，愚弄一部份工人做他們的工具，中傷一部份眞正代表羣衆利益的工人說他們過激派；或者忽視工人階級恐懼工人階級的力量，自己能受政府的「青眼」得列席政府會議，便不去力爭平民的自由權，想以此賣好政府，而犧牲工人。 民族革命運動中這種右派政策，其勢必定使政府利用他們破壞工人運動，等到政府覺得鞏固的時候，連他們也就「走狗烹，良弓藏」了。

中國工人階級在今年的二七——職工運動復活的示威紀念日，集中自己的階級力量，表示自己的階級覺悟；同時也就明察這種形勢，嚴防帝國主義資產階級或軍閥的奸細破壞職工運動；這不但是保證自己階級鬥爭的獨立不受他們的欺罔，而且是守衛這民族革命運動主力軍的大本營！ 一九二五年的二七，應當是全國職工運動復興的關鍵，亦便是民族革命運動取得鞏固的基礎的一關鍵！

二七紀念與國際職工運動

超麟

二七流血距今恰已二年。 二年前這一次流血，我們絕不能看做孤立而偶發的事件。 而且也不是僅有中國全國意義的事件。 這個事件是有國際意義的，是十月革命怒潮所激起的國際職工運動奔騰澎湃流入遠東之餘波。

十月革命這一波浪到了帝國主義戰爭終止，凡爾塞分贓條約簽字以後，已開始表現衰落的傾向。 帝國主義的資產階級聯合起來向無產階級及其第一個國家——蘇俄，進攻。 此種資本進攻的形勢一面固然愈加引起國際無產階級團結之自覺，但別一方面却暫時制止了世界無產階級之進展，使無產階級有不得不反攻爲守的趨勢。「職工運動是伴着革命怒潮前進的；在資本進攻的形勢底下，國際職工運動也祇好暫時退取守勢，整頓自階級的營壘以預備反攻的實力。」 中國一九二二年職工運動之勃興正當帝國主義國家裏資本已開始進攻，工人退取守勢之時。 帝國主義的資產階級在其本國的統治地位已有了保證，暫時可以高枕無憂，於是轉其注意力到東方殖民地和半殖民地來，恢復大戰中所失去的地位，取回土着資產階級之發展的機會。 這樣，資本進攻的陣勢已延長到東方殖民地和半殖民地來，中國初興而幼稚的職工運動自然禁不住帝國主義和軍閥雙方之進攻，二七流血之悲劇於是乎演成了。

二七流血之有國際的意義，中國職工運動之爲國際職工運動一部分，與國際職工運動的命運息息相關，——我想祇要稍微有點國際智識的人都應該看出來，而且要承認事實確是這樣。 現在的問題祇在明瞭勞資鬥爭目前的國際形勢如何，國際職工運動對於資本進攻目前如何對付及中國職工運動今後應如何密切地與先進國職工運動聯合起來，應如何利用先進國職工運動的經驗……。

國際職工運動的指導機關，不幸，不是整個的，而有平行的組織。 亞姆斯德丹國際是改良派職工會的大本營，在其過去的歷史，這個黃色國際的確替資產階級盡力不少，的確當過資本進攻的工具。 眞正指導職工運動，提出推翻資本主義統治，設立無產階級專政爲目的，祇是莫斯科的赤色職工國際。 赤色職工國際自成立以來卽發出「聯合戰線」的口號，這裏面的理由：第一因爲在黃色國際之下的，亦

是無產者，不過政治上比較落後一點；第二因為資產階級中間平時雖有衝突，但一到階級爭鬥急劇時則聯合一致對付無產階級，故無產階級對付資產階級亦應聯合一致；第三因為在資本進攻時代，無產階級如果不聯合戰線抵禦資本的進攻，不但自階級勢力單弱，而且政治上落後的無產者能受改良派領袖的欺騙反走入資產階級營壘中去。　所以自從革命高潮低落，資本進攻開始以來，赤色職工國際即發出『聯合戰線』的口號，向黃色國際提議聯合，共同反對資產階級。　到最近，這個口號尤有特別的意義。　一方面資本進攻最近已取新的形式——道威斯計畫；他方面亞姆斯德丹國際中已形成一個左派，贊成赤色職工國際的『聯合戰線』口號，而反對改良派領袖，——這是從前政治上落後的無產者已開始覺悟之表現。　現在亞姆斯德丹國際的右派改良主義份子也不敢公然反對『聯合戰線』的原則，不過於『聯合』的方式上有所反對。　因此在目前國際職工運動中，『聯合戰線』口號已經有具體實現之可能。　赤色職工國際第三次大會，為集中無產階級勢力和統一工人反抗資本進攻及法西斯特反動的鬥爭起見，認定赤色職工國際目前最迫切的任務就是在工人羣衆中間，為統一國際職工運動，做一番廣大的運動；所以這次大會為國際職工運動統一鬥爭，議決了一個具體的方案。　這個方案大意說明我們為統一的運動應主要地從下層做起，實行此種運動的方式之一，是召集一個國際職工的統一會議，莫斯科與亞姆斯德丹二個國際屬下的團體得按一定比例派代表參加此會議，創立新的聯合國際的執行機關并起草章程；大會認定祇有這個辦法纔能使這二個平行國際合併，為達到此目的，大會決定以十七委員組織一個統一國際職工運動委員會，在執行局指導底下努力進行上述的工作。　我們可以說此種決議在先進國的職工運動中，已正在執行了。

執行這一個職工運動議決案，而成績最著的，當推運輸工人國際宣傳委員會。　運輸工人國際協會是亞姆斯德丹國際屬下比較有力的和口頭上鼓吹革命的一個組織。　所以赤色職工國際歷來對於國際運輸工人的聯合戰線特別注意。　一九二三年五月運輸工人在柏林開會，得俄國運輸工會代表參加，通過了聯合戰線，反對戰爭等議決案。

去年八月運輸工人國際協會和運輸工人國際宣傳委員會同時在漢堡開會，會議結果愈加促成『協會』中左派勢力之強大，於統一國際運輸工人的路途上更進一步。　同時我們又不應該忘記了去年六月間赤色職工國際在廣東召集的第一次太平洋運輸工人會議。　這個會議發表了一篇宣言告東方勞動羣衆和歐美無產階級，說明反帝國主義的聯合戰線之必要，提醒所謂民治和平主義對於殖民地民族革命運動之危險，指出帝國主義管理殖民地方法無論如何不同，其目的則是一致的。

中國無產階級紀念二七第二週年之際，世界局勢正在變換。　所謂民治和平主義時期業已終止，反動潮流復來，這是世界資產階級益趨衰亡之明證，而非其勢力益加鞏固之表現。　亞姆斯德丹國際下幾百萬工人之左傾，及殖民地民族反抗帝國主義運動之勃起，都足證明現在國際狀況仍是革命的。　國際職工運動現在正積極地向革命路上走去，而太平洋運輸工人會議之舉行尤足證明東方革命勢力與世界革命勢力之聯合更進一步。　本年的二七紀念同時中國全國鐵路工人又召集代表大會，可說是中國職工運動沈寂二年後復興之發端。　中國無產階級從今本二七失敗之教訓，與國際職工運動革命潮流聯合起來，與先進國無產階級遙相呼應，不特將恢復二七之損失，而且將動搖帝國主義之根基，促成資產階級之崩潰了。

The Guide Weekly

嚮導週報

◀第一百〇二期▶

（中華郵務管理局特准掛號認爲新聞紙類）

一九二五年二月十四日

外埠代款概作九五折

分售處

香港　巴里　廣州　上海　武昌　瀚湖　平陽

萃文書局　中國書報社　丁卜書報社　民智書局　上海書店　民智書局　時中書報社　共進書社　科學書館　新新書社

分售處

南昌　太原　長沙　寄湘　湖州　濟南　寧波　開封　福州　重慶　成都　西安　宜昌

明星書社　智華書社　文化書社　齊書書社　青年書店　芬亞書社　明星書局　文化書社　工學社　嘯一書局　華陽書報流通處　西北大學販賣部　精益公司派報部

——零售每份銅元四枚——

訂閱：國內一元寄足六十期・國外一元寄足三十五期・郵費在內

代派：每份大洋二分・十份至三百份五折・三百份以外四折・寄費在內・十期清算一次

每星期三出版　發行通信處　杭州馬坡巷法政學校安存真轉王致和　北京大學第一院收發課轉鄭于明

上海小沙渡日本紗廠之大罷工

雙林

「日本資本在中國棉紗業裏的勢力，大家都知道是很大的。「帝國主義的這種侵略——移資中國，就近剝削中國的廉價勞動，實是最可怕的手段。一則中國工人生活程度低；二則中國破產失業的人多，勞動供過於求；三則中國工業在發達初期，工人都是初從鄉下進城的失業農民，絕無職工運動的經驗——組織工會，指揮罷工，積聚罷工基金等；四則中國殘酷的軍閥政治，絕對禁止民衆的集會及一切政治自由，而且租界內更純然是外國政府，對待中國「下等人」可以用對待牛馬的法子；所以中國工人工資既低，工作時間又長，待遇又可以隨心所欲，不怕反抗，——這都是日本資本家在他們本國求之不得的。因此，日本英國等的資本家，搜括了中國的原料，便在中國建築起工廠來。這樣一來，外國資本家不但可以，納他自己國內的餘剩資本，緩和他自己國內的社會革命運動，而且可以在中國工業化的過程裏，儘先占領中國市場，永世不許中國實業發展，盡量剝削『馴服』的中國勞動者，取得異於尋常的多量利潤。」

「五四以來的抵制日貨運動，實際上是中國的資產階級發展——實業發展的要求所表現出來的運動。從那時起，『提倡國貨以杜漏卮』差不多成了一種口號。其實外貨的輸入，還是次一等的問題，——日本人在中國境內這樣發展紡織業，將來一切實業都照這樣下去，中國人雖欲排貨而有不得的日子。「中國人要抵制帝國主義的這種侵略，不但排貨運動沒有用，便是宣言提倡國貨也是沒有用」。——大家不知道一兩年來紡織業恐慌的時候，中國人自己辦的紗廠，有許多被日本人併了去嗎？「中國人要抵抗這種帝國主義的侵略，必定要勞動平民覺醒起來，必定要那『馴服的』勞動平民奮起鬥爭，爭得我們中國人民所應有的權利，中國國家的解放和獨立！然而要這一鬥爭能得到勝利，最先的必要條件，便是中國勞動者的自由，中國勞動者一般的生活改善——中國勞動者的政治的經濟的權利。」

現在中國勞動者已經不再馴服了！

二月九日小沙渡日本紗廠裏二萬多的中國男女工人罷工了。中國工人反抗資

本家的鬥爭，反抗外國帝國主義的運動，應當從此更深入更擴大起來了。

小沙渡的這些紗廠，屬於一個名叫『內外棉』的日本公司，這公司資本很雄厚，他在日本，青島，上海共有十五個廠，在上海小沙渡的共十一廠。 平時這些廠裏對於工人非常苛待，工人稍不聽話非打卽罵，慘無人道。 工作時間是日夜輪班，每班十二小時——夜工幷不加錢；工資也很少——最少的祇二百餘文一天；而且每月在工資裏要扣除所謂『儲蓄費』，工人死傷疾病的時候却幷不發還，祇有每月另發很少的『儲蓄賞』；然而差不多個個工人每次領工資時都要被廠裏藉故罰扣，結果所謂『儲蓄賞』也是仍舊扣去。 再則，其中童工女工很多，所受欺壓更甚；成年男工總要比較强硬些，因此，廠裏更有一種極奸狡的陰謀——另外專養一批男女幼童，叫做『養成工』，平日便施以奴隸教育；等到長成之後，便想一批一批的將他們調換成年男工，把那些『不安分』的份子開除出去，——使全廠都是些女人小孩子，可以隨便虐使剝 而不受反抗。 這次罷工，便是因爲有一廠開除一批男工，將『養成工』去替調，幷且拘捕工人代表。 這種待遇和工作條件之下，中國工人簡直是日本資本家的牛馬，——他們住的房子是三四家合一間小屋，吃的是餵猪的食料。 此等痛苦，難道是宣言抵制日貨的人所感覺得到的!? 如今這種工人已經團結，已經組成工會，二萬多人的羣衆已經開始鬥爭。 中國國民都應當積極起來援助。 我們知道：工人的階級覺悟，工人的階級鬥爭的精神，必然比五分鐘熱度的排貨運動徹底；我們知道：工人階級的組織能力，工人階級的革命精神，必定比其他人民格外鞏固。 然而日本資本家方面，有租界的外國政府，外國巡捕，外國包探，做他的助手；日本資本家有的是錢，會用收買賄賂等的卑劣手段破壞罷工。 工人方面有甚麼？ 甚麼亦沒有，除出自己的赤手空拳，祇有全國勞動階級和民族運動的援助。

中國的工人階級，中國的民族運動者，大家努力起來援助小沙渡的工人！ 大家應當起來一致力爭：(一)嚴定外國人在中國設立工廠的限制；(二)嚴定最少工資及最多工作時間的限度，夜工工資應格外增多；(三)特別規定使用女工童工的法律；(四)改良工人待遇，供給工人住宅醫藥等；(五)工人在傷疾病等，由工廠担負保險費……，(六)上海市現在正謀自治，應當卽日廢除租界，取消工部局等類的外國政府，一切工人都應有選舉權，參政權。

祇有如此，中國才能根本消滅外國人剝削中國勞動，占領中國市場的現象；祇有如此，中國人才能跳出牛馬奴隸的地位！

大家應該開始懂得善後會議的價值了！

獨秀

段祺瑞拿數十萬元民脂民膏，召集一個軍閥官僚的善後會議來替他撑撑場面，可算是中國軍閥之最後豪舉了！ 這個會議祇能爲段祺瑞撑撑場面，更進一步，段祺瑞可以藉此結合幾個失意的小軍閥，鞏固他的地位，再進一步，他便要藉此會議爲賣國機關，至於說藉此會議可以謀中國的和平統一，本來是欺人之談。 大家如果不相信，現在善後會議已開幕十多天了，請看他在這十多天內經過的事實是怎樣：

(一)國民黨對段執政邀請省議會議長育會農會教商會會長爲專門委員認爲未容納孫中山之主張，發表宣言不加入善後會議。

(二)上海總商會電段執政：善後會議各省代表均應列席，非到有三分二以上人數，不能開會。

(三)上海國民會議促成會電段執政：善後會議須有各省國民會議促成會等人民團體之代表占出席代表三分二以上，方有討論國事

之權，望延期以待人民代表到京始開議。

(四)段執政據善後會議意見青通電各省：會期內各方軍事行動完全停止，如有爭執，應提善後會議解決。 然而廣東廣西同時正在進行的軍事行動，河南胡憨兩軍之爭，川滇湘黔各省進攻湖北的醞釀，都并未因段電而停止。

(五)西南各省代表到上海者數十人，均認善後會議無解決國是之可能，擬不北上，先謀西南團結，由唐少川章太炎從中主持一切。

(六)民國日報七日北京電：金佛案與無線電台案，均決提交善後會議。

在(一)(二)(三)項事實，可以看出輿論對於善後會議之態度。在(四)(五)兩項事實，已表示善後會議完全破產，實更證明以善後會議解決時局糾紛之絕對的不可能；有人以為人民代表會議的議中沒有實施的希望，現在請問代表實力派的善後會議議決案又能夠在何處實施？ 在第(六)項事實看來，執政政府將要做出曹錕政府所不敢做的罪惡。

我們反對善後會議，是否神經過敏，是否有意搗亂，善後會議自身的成績會替我們說明。 希望凡是非安心為段大軍閥捧場的人，祇需每日留意善後會議經過的事實，便自然懂得他的價值。 不但善後會議如此，即是國民會議，人民若不能努力爭得多數真正人民代表有出席權，聽憑政府欽定一個限制真正人民代表的組織法，則將來的價值，也必然不比善後會議高得幾何！

段祺瑞的假和平主義與戰爭

和森

近日江浙人民方以淞滬撤兵，兵工廠移交總商會，和平指日可望，因此好似頓然忘記了奉直軍閥第二次大屠殺的痛苦，對於段祺瑞裁使廢督永不駐兵的三道命令發生莫名其妙的感激與幻想，尤其是上海那些紳商領袖連日大忙特忙其歡迎事業，拜跪在什麼軍長部長將軍的膝前！ 誰知軍閥不怕欺煞你們，原來又是一場騙局，現在雙方軍隊不但未嘗撤退，而且從新動員佈防，積極備戰。這些軍閥們鉤心鬥角時和時戰的把戲真是弄得你們五花八門呀！其實這裏面的原因並沒什麼神祕：第一，與段祺瑞爭霸長江地盤的張作霖及其貪如狼的張宗昌，決不會半途而廢，任安福部維持孫傳芳的計謀依然無恙；第二，浙孫鄂蕭是直系勢力的最後殘留，直系餘孽必拚命保持以為將來捲土重來之計，故孫傳芳備戰的背後又盛傳有吳佩孚蕭耀南齊燮元的新結合。 所以現在的江浙問題，外面是奉系與直系餘孽之爭，實際不曾是段張之爭。

從第二次以至快要降臨的第三次屠殺，不僅使江浙人民飽嘗張作霖武力統一的味道，同時也飽嘗段祺瑞假和平主義的味道。 我現在敢再下一個預言：在段祺瑞的假和平主義下，江浙的戰禍還不止第三次呢！

豈特江浙如此，全國亦莫不然。 現在廣東陳炯明對於革命政府的反攻不與段祺瑞的陰謀有關嗎？ 河南憨胡之戰不與安福部企圖以民軍來維持蕭耀南地位的計劃有關嗎？ 假使陳憨這次不完全失敗，以後廣東河南的戰事也要如江浙一樣的無窮哩！

此外，段祺瑞的假和平主義裏面還包含一種全國戰禍最危險的種子。 這種子是什麼？ 便是他拒絕孫中山的主張和人民團體的要求之善後會議。 這個包藏禍心的善後會議不僅不能解決時局給人民以和平，反而要從新鞏固軍閥專政，延長內亂，并使奉系與國民軍系的戰爭迅速爆發！

全國人民要免除段祺瑞假和平主義之下的戰禍，只有努力與正人民代表的國民會議之實現，收回政權於由這會議產生的國民政府。各省人民要免除段祺瑞假和平主義之下的戰禍，只有自動的民選省長，驅逐或拒絕一切段政府任命的軍閥。

江浙人民！　你們現在快要受第三次的屠殺了，你們對於軍閥的假和平主義還有什麼幻想？　你們前此若能乘機驅逐齊孫，自動的收回省政，何至有今日？　你們現在應該覺悟了：還是待那些戴假面具的軍閥給你們以和平呢，還是你們自己努力去實現和平？

鴉片會議給中國人的教訓

天聲

在大戰以後帝國主義各國間的衝突日益厲害，因而他們常常召集各帝國主義國的會議以圖消滅他們中間劇烈的衝突。　但是這些會議如凡爾塞會議，華盛頓會議，日諾瓦會議等，不是會議無結果就是有了結果亦沒有執行。　就是近來開的無關重要的鴉片會議亦是不能得到結果，英美代表在其中大起衝突，末了美國代表退出會議。　這事實完全證明帝國主義各國間的衝突是不能調和的。

這次鴉片會議中的爭執，就是關于美國代表提出在十年內，後來展長至十五年內禁絕鴉片的生產之提議；對于這個提議英國代表絕對反對，因為英國殖民地如印度等處是以出產鴉片而著名的，鴉片營業的利息極為豐厚而英政府因鴉片稅所獲亦屬甚鉅。　英國既然能為銷售鴉片於中國而不惜有鴉片之役，用兵力强迫中國人購買，當然現在在鴉片會議上不能贊成美國的提議而在十五年內禁止英國殖民地種植鴉片，因此犧牲英政府及鴉片商的極大利潤。　這就證明所謂文明國的政府祇惟利是圖而不惜以鴉片等毒物禍害人類。

帝國主義國在中國常常表示愛護中國人民提倡禁止鴉片，但是事實上一方面在中國提倡一方面儘量的輸入。　中國軍閥為收稅强迫種植鴉片是中國人民所應反對的；然而自已在中國販賣鴉片的帝國主義者對于中國種植鴉片屢次提出抗議，這就等於『祇許官家放火不許百姓點燈』，要中國不出產鴉片而祇買他們輸入的鴉片，這是英國帝國主義者的邏輯！由這種邏輯更足證明他以前强迫中國禁鴉片完全是為自已的利益並借此以作干涉中國的口實。

他方面，美國帝國主義者藉此會議大作其假仁假義的宣傳，其目的尤在引起華人對於他的迷信和幻想，其實美國代表十五年內禁絕鴉片的提議，並不能表示美國是主張人道的。　因為美國不產鴉片，故不妨慷他人之慨。　要證明美國不是人道主義者祇要看美國是否在那裏積極製造軍器預備大屠殺的戰爭，並輸送到中國來幫助軍閥作戰殺害中國人民。　在路透社六日電報告美代表退出鴉片會議時，同時報告英國為人道主義而願實行禁止英人運軍械入華以助成軍閥戰爭；這一個消息一方面表示英美帝國主義互相標榜人道主義而實際都是為自已利益設法屠害幷欺騙中國的人民，一方面英美帝國主義者互用手段以相制。

一封給章行嚴的信

獨秀

行嚴先生：

頃見上海報載：北京司法部訓令京外各機關，凡查獲宣傳共產黨員，依刑律內亂罪從嚴辦理；如有政黨為護符者，亦一律依法辦理，仰即嚴秘檢查等語。

老朋友！ 你所長的司法部如果眞有這道訓令，便實在令人不解了！

這道訓令詞中有三點最不可解：第一，共產黨本是代表工人階級及貧農利益的政黨，何以說他以政黨爲護符？ 第二，法律只能制裁刑律條文上的犯罪行爲，豈有一宣傳某種學說某派黨義即構成罪名之理？ 第三，司法部並非立法機關，何能以一紙部令決定宣傳共產黨爲內亂罪？

這道訓令若出自軍事機關或腐敗官僚之手，我們毫不爲以怪，乃出自應該尊重法律的司法部，并且是精通法理富有世界知識的行嚴先生所長的司法部，這便要令人駭怪了！

人們以爲今日託足權門的章行嚴，已非昔日講學論政的章行嚴，他已無違背軍閥意旨之可能，我們和他還有什麼道理可講？ 但我仍不敢這樣輕蔑行嚴先生，茲謹向先生有所陳述。

共產黨本質，并非兇惡不法像三K黨等秘密結社之類。 其在英國，法國，德國，都是公開的政黨，都有集會，出版，講演及競爭選舉的自由，先生都親眼見過；先生若不過於輕鄙本國人，若不能絕對否認中國也有工農階級之存在，便不能說中國不應有共產黨。 至於農業國不應有政黨之說，無論是非，先生在論壇上儘可有此主張，而未便利用官權禁止政黨，更不能獨禁共產黨。 我們的黨——中國共產黨——在中國已存在了五年，其根本職任是擁護工人貧農的利益，其目前的政治主張是『推翻壓迫中國民族的帝國主義，推翻擾害全國人民的軍閥政治，建設眞正獨立的民主的國家』，其言爲天下人之所欲言，其行爲天下人之所當行，別無陰謀異行有損害於國家人民而足以構成內亂罪者。 與其說中國共產黨有內亂罪，不如說不依法律不由民意以武力奪政擾民竊號自娛實犯內亂罪之武人已遍中國。 若說共產黨所根本主張的政制和中華民國現行的政制不同，因此得比附到內亂罪，這種話若出於別人之口，已失刑法祇以裁制行爲之原則，況出於極力贊助段執政以『革命』行爲破壞中華民國現行根本法（民國約法）的行嚴先生之口，更是『只許官家放火不許百姓點燈』了。 若行嚴先生及其他權門寵兒，向人民板起成則爲王的面孔，以爲權力在手，即是法律與正義之化身，只許他以法律正義繩人，不許人以法律正義繩他，這種不可一世的逼人氣焰，在袁世凱時代在第一次安福執政時代在曹黨得意時代，行嚴先生都親身領教過，現在寧肯蹈此覆轍？

上海申報北京電，更指司法部此項訓令與反對善後會議有針鋒處，此電更有傷先生的名譽了！ 古人說：『防民之口，甚於防川』，先生即欲依附權門，以私人名義爲善後會議辯論已足，似不必濫用官權，以『依刑律內亂罪從嚴辦理』防止異己者之口。 反對軍閥官僚的善後會議，乃天下之公言，非共產黨人之私意，國民黨已公然宣言反對善後會議且不論，即如先生同一政學系之好友李印泉，又如先生所兄事之太炎，都公然反對善後會議，并反對段祺瑞自稱執政，先生亦將指印泉太炎爲共產黨人，『依刑律內亂罪從嚴辦理』麼？ 吾料段氏逆取不能順守，武力專政之演進，勢必日甚一日，天下健者不祇一段氏，更不祇一行嚴先生，先生竟能以『宣傳共產黨員』六字誣盡天下人而杜塞其口麼？ 先生竟想像軍閥官僚的勢力能夠長治久安的統一中國麼？ 中國在他們統一之下能夠得着進行麼？

我記得先生是一個深知政本的人，是一個反對好同惡異的人，我還記得先生是曾說有志研究馬克思學說的人，并且俄德共產黨人曾傳說旅歐中國人中有一個傾向共產主義的章行嚴先生，所以我還不像一般人那樣輕蔑先生，希望先生對於我以上的陳述有一個公開的答覆。 先生的答覆登在京滬任何報上我們都可以看見。

道威斯計劃施行後的國際狀況

超麟

從第二國際首領麥克唐納爾在英國組織『工人』政府起迄他的下台爲止，這九個月的資產階級統治，普通叫做和平民治主義時期，這個時期現在業已終止了。 這個時期到來的意義是資產階級不得不在表面上利用社會民治派及工人貴族執行政務以緩和無產階級革命之怒潮；這個時期終止的意義是國際資本主義內部突然發現極厲害的經濟恐慌，社會民主派及工人貴族無能應付，不得不奉還政權於反動的資產階級。 現在，美國則代表財政資本和大托辣斯利益的共和黨專政，英國則反動的保守黨執權，德意志，意大利，捷克斯拉夫，波蘭及波羅的海沿岸和巴爾幹半島諸國都有這一類的反動政治發生，通緝，逮拘，監禁，殺戮共產黨人之事件層出不窮；法國雖然左派聯合的政府還未下台，但法西斯特潮流之澎漲及政府對於共產黨人之壓迫已經證明所謂左派聯合政府早就由改良性的變而爲反動性的了。

所謂民治和平主義時期最大的成績就是倫敦會議決定實施有名的道威斯計畫。 倫敦會議之經過及道威斯計畫的意義，閱者參考新青年季刊第四期的巴黎通信就可知道。 現在我們所要說的乃是：道威斯計畫之實施究竟調和了資本主義內部之矛盾，避免了資本主義必然之崩壞沒有？ 我們使用馬克思主義的分析方法，根據這個計畫實施後的成績，敢斷定說：道威斯計畫之實施不僅不能調和資本主義內部的矛盾，避免資本主義必然之崩壞，而且增加了資本主義內部之矛盾，促進了資本主義必然之崩壞。

我們知道自從帝國主義戰爭以後，資本主義就處在經常的恐慌時期，不過恐慌的程度時有不同罷了。 資本主義內部原來的三種主要矛盾——資產階級與無產階級的對抗，宗主國與殖民地的對抗，帝國主義國家中間的互相對抗——在這時期中都異常明顯地發露出來。任經常恐慌中過生活的資產階級自然極力地想減輕這三種矛盾恢復資本主義的常態，所以由最強有力的美國資本主義獻議實行這一個有名的道威斯計畫。 但其結果：第一，歐洲的勞動者因爲道威斯計畫加緊的掠奪工人階級，減少工錢，延長工時，促進失業，於是成羣地起來做推翻美國資本主義和本國資本主義的奮鬥；第二，殖民地的民衆因美國這個計畫也要實施到殖民地來，於是響應歐洲的勞動者起來做反抗宗主國的運動；第三，英國帝國主義爲殖民地，爲市場，爲煤油，爲海上霸權起見，不得不起來攻擊美國帝國主義而鞏固不列顛帝國之結合，第四，因爲道威斯計畫聯合了勞蘭的綱鐵和魯爾的煤炭，使法德治金業資本家結合起來與英國重工業對抗，於是愈益增加英法間之衝突；其他如大陸工業因英美之投資而發展其本國工業資本與外國財政資本之衝突，其形勢在我們面前亦非常明顯。 可見資本主義內部原來的三種主要矛盾經道威斯計畫實施之後，反愈加激烈起來了。

道威斯計畫并且引起了美國資本主義本身之內部的矛盾而使之加烈。 道威斯計畫是美國大財政資本的計畫。 美國積聚了全世界金子之百分之四十，美金兌換價格過高使美國工業品和農業品不能輸出到貨幣兌換價低的歐洲去。 美國國內利率減低到百分之一·五，道威斯計畫就是允許財政資本家能夠投資歐洲取回百分之八的利潤的。 但因美國强迫德國賠錢及協約國還賬之故，道威斯計畫絕不能使德國及歐洲之貨幣兌換固定，祇能陷歐洲勞動者於貧困狀態，減少他們的銷費能力。 這樣，在道威斯計畫實施底下，美國的工業和農業就比前更加不能在歐洲找到銷場。 美國農業恐慌之發展，工業和財政中間衝突之激烈，未輸出之資本愈加削剝美國工人及失業人數之日增無已：這些就是道威斯計畫給與美國自身之厚賜。 美國無產階級是要

引導幾百、農民起來推倒內部分裂之美國資本主義的。 道威斯計畫不能減輕在歐洲，在美國，在全世界資本主義制度內的根本矛盾點，已被我們證明了。

我們并非咒咀資本主義社會速卽崩壞，其實是資本主義內部這些矛盾加烈之事實已逐日呈現在我們眼前不容諱言。 殖民地反抗宗主國之運動到處興起，這是大家都知道的。 埃及暗殺英司令事件，印度立法會通過議案廢除防止煽惑各計畫之動議，摩洛哥人反抗西班牙，吐尼斯共產與黨人法國警察衝突，澳洲海員罷工，緬甸的國民運動及中國反帝國主義之潮流等類消息，我們每日都可在路透社電中找得出來。 說到歐洲階級鬥爭的形勢愈趨愈烈之事實，更是層出不窮。

我們聽見愛沙尼亞政府殺戮千百共產黨人，我們聽見波蘭，南斯拉夫，羅馬尼亞，捷克斯拉夫諸小國對於工人農民的鎮壓政策及巴爾幹半島預備對共產黨作總攻擊，這都是東歐諸小國裏無產階級受反動壓迫之事實。 西歐諸大强國不用說自然也是一樣。 英國保守黨僞造季諾維埃夫函件將工黨政府攻擊下台，現在法國法西斯特又僞造季諾維埃夫給開慶函件來競爭市選舉了。 德國解放國會通緝許多共產黨議員，現在又在里浦齊開審所謂共產黨十六人之大逆案。 近日路透社傳給我們許多反動政府壓迫共產黨人的消息，不管對我們證明階級鬥爭形勢已日益緊張，帝國主義國家內部之不安已是不可諱言的了。

但帝國主義國家中間衝突之日益緊張，使人感覺到世界大戰又有一觸卽發的趨勢。 所謂協約國間債務問題亦與賠款問題一樣，絕對沒有方法去解決。 讀者祇須問一問最近五日內英法間債務之糾葛爲甚麼牽涉到法國增加兵力，國境安全，復活一九一二年軍事協定種種問題，就可知道英法間，自道威斯計畫實施後，衝突至何種程度了。

最近報上甚囂塵上之美戰艦升高砲位，英國在新嘉坡築軍港設立飛行根據地，及擴充東方艦隊改建大軍艦，美海軍主力艦十一艘在南阿爾尾亞一帶祕密演習，英海軍將在新加坡大操，日本對於新加坡築港美海軍大操之恐慌，以及英美對於日俄條約之不安等等無非是證明新的帝國主義戰爭之積極準備，我們眼見新的大戰又要到來。

所以道威斯計劃是美國資本掠奪全世界的大企圖，同時也是加緊帝國主義列强間的衝突和內部的危機，并促成世界革命的導線。 也祇有全世界無產階級和被壓迫民族協同向世界革命的路上拼命前進纔抵禦資本帝國主義和道威斯計劃所引起的危機，災禍與屠殺！

湖南的政治狀況

（湖南通信一月六日）

羅 夫

湖南一省，從地勢上講，是南北必爭之地；從經濟上講，在這買辦式商業和銀行資本的勢力一天澎漲一天的中國，則完全隸屬於武漢；因此，湖南政局，入民國以來以至於今，常在動搖恐慌之中，內戰外患，無年不有。

民國九年，皖直戰後，南北議和之聲，忽呈異響，加以張敬堯出走，北政府勢力被逐於岳陽以北，「湖南人之湖南」，「湖南共和國」之呼聲，一時自然而然地震於三湘七澤之間，這種呼聲，適是湖南人苦於九年內亂外患的反響，發自湖南人口中，誠不啻一種天籟，此時趙恆惕以驅張之功，應運而興，一方利用人民希望和平的心理，製造民意，宣布省憲以御內，一方倡爲聯省自治以禦外。 湖南人民遂開始被軟化於趙恆惕的投機的和平主義之下。

這種投機的和平主義，在實際情形上，本無可以久存之理，軛自

始卽伏着滅亡之根；一方譚(延闓)林(支宇)各若一部分潛勢力在湖南，都有一逞之可能，一方吳佩孚對趙恆惕恩餋威劫、迫使就範，醞釀及兩年遂發生十二年秋所謂『護憲』之戰。『護憲』之戰中譚延闓之勢力固完全敗出湖南，林支宇亦隻身引去，然趙恆惕引狼拒虎，吳將軍遂公然做了湖南之太上皇，發蹤指使，惟所欲。 別一方面，三千萬湖南人民在悲劇的洗禮之下，却能多數覺悟出省憲之作用和和平主義之虛僞，故『護憲』之戰，對湖南人民實有深切之意義。

『護憲』戰後，吳將軍節節進逼，粵漢，株萍路既被攫去，後以重兵駐於岳陽，常德長沙之間，更使馬濟譚道南葛應龍左右挾持，趙恆惕同時勾結葉開鑫唐生智等有實力的軍人及一般議員，假民意作改憲運動。 趙恆惕內鑒於民意漸漸覺醒，難於敷掩，外怯於吳將軍威權，不敢反抗，寧願舉湖南三千萬人民生命財產歸之曹吳以自固。

計省憲自治下之湖南，可分爲二時期，自省憲宣佈以至『護憲』軍興，爲趙恆惕的投機主義的和平時期，自『護憲』戰後至奉直戰爭爆發，爲趙恆惕軍閥狄克推多時期。 前一時期，人民雖在醉眠狀態中，然偶有勞動運動或青年學生活動之勃起，不致遽遭打擊；後一時期人民漸入覺醒狀態，同時趙恆惕武力統治的方式亦不客氣地日趨嚴重。

奉直戰爭爆發，吳佩孚以專力於東北，不遑兩顧，此時熊克武假道湘西顯成事實，而程潛於湘南，譚延闓接近湘東，亦有併力內襲之勢。 全湘軍隊雖號稱四師六旅(?)以一槍一兵計算，不過兩萬人，眞能爲趙家天下出力者，不足四分之三。 四師之中，唯唐葉頗具實力然又積不相能。 故此時，趙恆惕對內對外之應付，比『護憲』戰時尤爲困難。 且看趙恆惕使用什麼手法度過這個難關。

第一依舊用他慣使的手法，派出十數批代表，四方八面圓通，一則減少眼前困難，一則備最後的餘地。 這在趙恆惕本來是家常便飯

熊克武深入假道，在趙恆惕固力不能抗。 然熊趙間的諒解，實另有理由，在趙恆惕，正有戒於湘南湘東，此時如與熊决裂，是自速其亡，不如與之聯絡，且可藉其照顧湘西(後來熊擊散唐榮陽軍隊，收編鄧蔡，一面實有益於趙)，自己可以集中兵力對付程譚。 在熊克武方面，本來目的不屬湖南，如輕與趙恆惕開釁，卽令暫時可以安然通過，異日必然有後顧之患，故不可以禮往來，求其諒解(熊與趙約，熊兵不向內政，假道綫內行政仍以趙之名義行之，趙於熊兵入湘時贈以軍衣軍米)。

吳佩孚大敗於山海關，趙恆惕自知勢孤通電孫中山段祺瑞出主國是，一面唆使省議會以聯治號召西南，并專使見段疏通，同時對熊使往來益密。 居間拉綫最力的，均爲政學系人物。 至對於處置內部葉唐間之猜忌，則加意扶植一師賀耀祖，使與葉唐成三角對抗之勢以便居中利用。 以目前情勢觀之，唐賀固忠於趙氏，葉雖不願作人傀儡，但部下旅長趙可以直接指揮，對趙尚不至執異，故有事對外，內部主力軍或能一致。

程潛以三千衆入湘，一戰卽敗，再戰已不能求軍。 譚延闓軍戰敗於贛，雖欲入湘，然趙家兵實足當之(趙已先登制人加兵入贛，)且譚軍軍實不充，滇粵各軍正要防陳兵進攻，亦不能援助，而趙與鄂贛方之間則顯有聯絡，漢陽兵工廠的子彈源源入湘，譚兵能奈之何！

今後情勢，雖未可預測，然贛鄂若不發生大變化，湘局目前决不至單獨發生變化，似可斷言，然趙恆惕之觀望滑頭與湖南人民之恐慌，則爲不可掩之事實。

The Guide Weekly

嚮導週報

第一百〇三期

（中華郵務管理局特准掛號認為新聞紙類）

一九二五年二月二十一日

報販代款概作九五折

分售處

香港　巴里　廣州　上海　武昌　蕪湖　平陽

萃文書局　中國青報社　丁卜書報社　民智書局　上海書店　民智書局　時中書報社　共進書社　科學書報社　新新書社

分售處

南昌　太原　長沙　[illegible]陽　潮州　寧波　常州　開封　重慶　汕頭　西安　宜昌

明星書社　[illegible]華書社　文化書社　青年書社　亞東書店　明星書局　文化書社　工學社　唯一書局　通信處　嚮導報販賣部　西北大學　精益公司派報部

——零售每份銅元四枚——

訂閱：國內一元寄足六十期・國外一元寄足三十五期・郵費在內

代派：每份大洋二分・十份至三百份五折・三百份以外四折・寄費在內・十期清算一次

每星期三出版　發行通信處　杭州馬坡巷法政學校安存眞轉王致和　北京大學第一院收發課轉鄭于明

愚弄國民的國民會議條例

獨秀

安福政府所擬的國民會議條例草案，我們已經拜讀過了。據這個草案，安福政府愚弄國民的心事已和盤託出，其最重要而又最顯明的有兩點：（一）以議憲限制國民會議的職權，（二）以教育性別宗教限制人民的選舉權及被選權。

民主國主權在民，國民會議應有權決定國家一切問題，他的權限，應該比國會更要擴大，現在的國民會議條例開口即規定『國民代表會議以議決中華民國憲法及關於憲法施行之附則為其職權』，連以前國會享有的憲法起草權都剝奪了，至如關於國家生命的政治外交軍政財政問題，更一概不許過問，安福黨的意思就是說：你們國民代表只能前來恭聽政府欽定的憲法，舉手通過，通過了欽定憲法便滾蛋！　這個條例將來經段祺瑞批准公佈時，此點若不修改他便是對於國民謀叛！

至於組織方面，這個條例草案之愚弄國民，也足令國民十分明白他們的心事。他們明明以『普　選舉制』欺騙國民，而該草案竟以『凡中華民國男子年滿廿五歲以上』『於本國日用通行之文字不能解說幷寫作者』『當兵役巡警者』限制國民之選舉權及被選舉權；又以『僧道及其他宗教師停止被選舉權』。　女子不是國民麼？　工人農民是全國人的衣食父母，其數量又占全國人口百分之九十以上，他們大半不能解說幷寫作本國日用通行之文字，現在一概被擯在國民以外。　兵役巡警僧道及其他宗教師都是國民一份子，有何理由可以剝奪其選舉權或被選舉權？　世界上何處有這樣以性別教育職業宗教限制選舉的普通選舉制？

此外，京兆只四人，各省區每道只三人，大學區商業區實業區均只一人至二人，人數已經比國會議員猶少；又加以教育的限制，又加以實業區乃包含從業人工人股東或合夥出資人都在內，則不曾明白規定：凡是工人都沒有選舉權及被選舉權。　照這樣選舉的結果，則誠如吳稚暉先生所說：『選區每區三人，安福系國民黨各半，青海蒙藏以曹汝霖之類充數，大學區讓了國民黨研究系，商業區則有虞和德與天津北京商會出馬，實業區則周學熙張謇等各代表三萬人，這叫做國民會議，使二者蒙福，這叫做臭不可當，國民會議的名詞又算永遠拋入毛廁。』

軍閥派本來不會有召集眞正國民會議的念頭，要想眞正國民會議實現，只有國民自己努力，逼得軍閥政府非召集不可才行。

國民呵！ 國民會議條例就快公布了，你們還是要有一個眞正的國民會議呢，還是任軍閥政府召集一個愚弄國民的國民會議？ 國民起來罷！ 政治上沒有兩種利害相反的勢力可以幷存，軍閥派站在統治地位，那裏會有眞正的國民會議出現？ 國民會議我們是應該要的，不過在國民會議運動中，至遲在此運動失敗時，應該有一個根本的覺悟：怎樣才能夠達到眞正國民會議之目的。

段祺瑞執政後軍閥與帝國主義的新攻勢

和森

受了十三年軍閥專政的禍亂與八十多年外力壓迫的中國人民，一直到曹吳（外國帝國主義之強固的工具）推台才發生更進一步的政治覺悟，主張由人民本身來解決時局，換過說即由國民會議對外廢除一切不平等的條約，對內廢除軍閥制度實現民主政治。

這種普遍的民衆的政治覺悟不是偶然發生的，實具有很長期的痛苦的歷史。 這種覺悟在袁世凱時代和安福專政時代還不會發生，因爲那時候一般人民對於軍閥還迷信得很，以爲他們有權有勢可以治理中國。 然而這種迷信的動搖，與歷年軍閥政治的崩潰同其速度。由袁世凱到曹吳，也就是北洋派的命運由神奇而到臭腐的時代。 在這個時代的末期，人民若乘機起來努力奮鬥，在客觀上是有廢除軍閥制度實現民主政治之相當的可能。

然而這種可能的新變化和民衆政治本能之覺醒，於外國帝國主義及其所扶植的軍閥都有致命的危險。 他們用什麽方法渡過這危險，使中國軍閥政治又由臭腐而至於神奇呢？ 段祺瑞包辦的善後會議以及不久將由這會議產生的所謂國民會議，便是這種作用的法寶。

有人以爲軍閥知道用會議方法解決時局，是軍閥向民主政治的進步，由此未嘗不可漸漸達到民主政治。 現在少數政治思想落後的商人貴族，大學教授和新聞記者對於善後會議多少抱了這種幻想；段祺瑞和隱在他背後發蹤指使的帝國主義者更努力藉這種會議方法及少數政治思想落後的上層階級以擴張這種幻想於各階級的人民。 自然，方在根本覺悟要廢除不平等條約與軍閥制度的最大多數平民若漸漸傳染或接受了這種幻想，豈不是段祺瑞和帝國主義的大成功，豈不是軍閥政治與段祺瑞的本身又要由腐臭而變爲神奇？

然而這是客觀的事實所不容許的。 客觀事實告訴我們，段祺瑞欺騙人民的會議方法不是趨向民主政治，而是從新趨向鞏固軍閥政治，幷且企圖以光棍軍閥的資格來挽回軍閥政治的末運而使其復達於北洋正統的極頂。 因爲他是一個光棍軍閥，又値民衆政治勢力之覺醒，所以不得不拋棄從前武力統一的主張而戴一副和平統一的假面具；因爲他要以光棍軍閥的資格與張作霖馮玉祥兩個勢力派競爭，所以更不得不利用假和平主義來做明爭暗鬥的武器。 惟其如此，所以段祺瑞將成爲北洋派最後而且最反動最狡猾的狄克推多，他那『外崇國信』的賣國事業，和搆煽操縱的內亂行爲將來必十倍於從前的安福時代。

如現在江浙之戰，廣東之戰，胡憨之戰，及將來張馮之戰，其操縱搆煽的機括全握於這個徐世昌第二的光棍軍閥手裏，他的立脚點也就完全憑立在以上各勢力派間的衝突與操縱上面。

現在他御用的善後會議開了二十多天，試問議決了什麽要案，解決了什麽時局的糾紛？

全國人民迫切要求解決的要案有二：一是廢除一切不平等條約，一是廢除軍閥制度，把政權歸還人民。 因爲這兩件事情是時局糾紛的根源，必須這兩個根本問題有所決定，一切戰禍的消滅，民政的設

施，軍隊的裁減，財政的整理，實業的振興……，才能實際進行。

自命以善後會議解決時局糾紛的段祺瑞已經把這兩個根本問題提出而有所決定嗎？ 不會的，決不會的。 他所以獨斷獨行拒絕孫中山的主張和人民團體之要求而包辦這善後會議的緣故，便是要擋住或打消這兩個根本問題，而從新鞏固那開始動搖的外國帝國主義在中國之特權和歷年崩潰將近滅亡的北洋軍閥之命運。

二月以前，民衆廢約運動的怒潮和孫中山宣言之反響，不啻是八十年以來隱痛吞聲的中國民族對於外國帝國主義之大反叛，不啻是接着土耳其阿富汗和波斯的勝利對於國際帝國主義與以致命的打擊，當此之時在全中國以及全世界的帝國主義者是何等的恐慌何等的狂叫呵！ 當時他們恐慌錯亂的程度已經到了這步田地：便是逼得他們不得不向中國尋找讓步的方法。 日本帝國主義呢，極力拉籠孫中山，并極力給段祺瑞計畫些假和平主義假民治主義的方案；美國帝國主義呢，慌慌張張打發舒爾曼回中國宣布美國無侵掠中國之野心，并極願實踐華會增加關稅撤消治外法權等議案，使中國人得自己管理其國家。 這些縱然是帝國主義假仁假義的手段，然亦確是逼於中國民族覺醒之威脅不得不思有所讓步而和緩中國人民的憤怒。 所以此時中國的國際情形，帝國主義列强頗有由進攻而至退讓的趨勢。

然而自『外崇國信』的段祺瑞就職與善後會議的計畫成功之後，中國開始變動的國際情形忽又回復舊觀，——當然中山病篤，及上層階級政治覺悟的落後與叛逆也不無多少影響。 現在帝國主義列强又日看日的復向中國人民取攻勢了：金佛郎案的承認呀，參戰借款的整理呀，無線電台的獨霸與均霑呀，已日迫日緊。 這個賣國不眨眼的安福首領什麼做不出呢？ 只要日本再找他五百萬（從前參戰借款尚有五百萬未付清，段即被吳佩孚打倒了），法國給他一千五百萬（本月十四日新聞報專電：法使以前昨兩年海關扣存，義比庚子賠款折合華幣約一千五百萬元存儲匯豐，大不滿意，故要求先付紙佛郎，但財部需款，擬全數提用作爲借款，期以二年，正在磋商），什麼也可做出。 據近日京滬各報消息，存在參議院秘書廳的參戰借款擋案已全部被人竊去，這是什麼一回事？ 他胆敢公然的嘗試國人，說參戰借款和金佛郎案都交善後會議解決，這又是什麼一回事啊！

不用說，段祺瑞賣國的胆子素來比曹吳還更大，金佛郎案參戰借款案……都是曹吳所不敢承認的，而段祺瑞一定胆敢用種種欺騙人民的方式來承認。 曹吳雖然是帝國主義馴服的工具，然而尚敢公然違背帝國主義的意旨與蘇俄恢復邦交。 段祺瑞怎樣呢？ 他在廢約運動的高潮中，公然宣布不贊同孫中山的主張，認中山主張爲過激，以此討好東交民巷的英美帝國主義者，使其與日本一致承認其僭稱的臨時政府；外交團飭令中國遵守條約的通牒顯然是『外崇國信』的宣言招來的，金佛郎案等也顯然是這個可恥的賣國的宣言招來的。 因此外國帝國主義者頓然改變戰略，從新近攻：於金佛郎等案以外，現在又公然通牒干涉中國的路政，以爲共管中國鐵路之第一聲；實行要求擴張上海租界；最近日本帝國主義者以武力和外交的壓迫政策來干涉上海日本紗廠純經濟性質的罷工，尤足以代表帝國主義向中國人民從新進攻的特性。

段祺瑞執政還沒有三個月，他賣國辱民的行爲快要超過曹錕時代之總和。 他用包辦善後會議的方法壓低了廢約運動國民會議運動的潮流，挽回了帝國主義在中國的危機，并給帝國主義以從新侵掠中國的動因與保障。 我們現在試看他對於人民注意的另一根本問題—廢除軍閥制度是怎樣？ 他改督理爲督辦的愚民手段，維持蕭耀南齊燮元孫傳芳的陰謀，我現在都不贅說，只問他在善後會議怎樣提出或解決這個時局糾紛的根本問題。當然，他要欺騙人民，緊住一般上層階級的幻想，他不得不冠冕堂皇提出所謂整理軍政案來敷演門面，但在

提案說明之時，便卽聲請會議保留此案而不容有所議決。 十九日北京電：『今日下午二時，善後會議第二次開會，到百十九人。首議段祺瑞提出之整理軍政案，段親自出席說明意見四項：(一)現各省收稅若干，(二)政費若干，(三)軍費若干，(四)各省除政費外，能養兵若干，今人心厭亂，善後會議首議此案，卽表示應先整理軍政等語，段退席後，林長民發言，謂本案僅一表格，無從討論，應付審查；湯漪謂本案無具體辦法，應保留，主席報告政府代表吳光新對本案有意見陳述，吳出席謂政府希望全國兵額不得過五十萬，因無各省兵額調查故政府未定辦法。 劉傳綬謂本案非提案人聲請保留，本會不能保留，吳光新因代表政府請保留。』這不完全是一齣欺騙人民的喜劇嗎？

有人以爲段氏善後會議的把戲完全要失敗，因爲他一點時局的糾紛也不能解決，一個軍政的重要問題也不能決議。 殊不知醉翁之意不在酒，他包辦善後會議的本意絕不是眞正要來解決時局糾紛，議決什麼廢督裁兵理財等重要問題，主要作用只在一面藉此來欺騙人民阻止人民自動的廢除不平等條約和軍閥制度的改革運動，一面藉此產生安福國會式的御用國民會議，選舉他做正式總統。

他這樣的目的，現在顯然擺在我們面前：由他欽定的國民會議條例現在已經發表了。 他限制國民會議的職權只在議議憲法，同時剝奪占全國人口百分之九十的工人農人(因有教育程度的限制)與婦女的選舉權。

善後會議既不能而且不應議決什麼，然則他何以只准國民會議議憲法而不准其對於軍政等重要問題有最終的決定呢？ 這是不難知道，因爲他若准許國民會議對於時局糾紛的根本問題有最終議決權，他便不曾完全拋棄了包辦善後會議的主要目的：擋住和陰消人民廢約廢督的改革運動。 這個安福大盜，不僅是竊了國，而且連人民的國民會議也被他竊了！

人民解決國是的會議方法既被大盜竊了去利用，然則人民便消極的反對，聽其爲惡自斃嗎？ 不應該如此，絕對不應該如此。 這個大盜自行晉京稱執政已是垂斃的軍閥再向人民進攻之第一步，敢於包辦善後會議已是第二步，敢於製造安福式的國民會議條例已經是第三步了；人民若再不起來反抗，他的第四步第五步……便要飛速的進行，不至完全從新鞏固軍閥專制的戰亂局面和外國帝國主義奴隸全中國人民不止。

曹吳時代，人民的努力還不充分；現在反對段祺瑞禍國的工作，至少也應加十倍。 同時我們須知段祺瑞盜國的命運也決不會比曹錕更長，我們只要現在能努力不懈的貫撤廢約廢督的改革運動，最後的勝利一定是屬於我們人民的，切不要因段祺瑞盜了我們人民的會議方法，我們對於國民會議運動便採消極不理的態度。 一切覺悟的半覺悟的中下階級各層民衆與其團體，現在對於段氏欽定的國民會議條例應有聯合的動作，至少也要使段祺瑞復建安福國會的陰謀不得完全實現。 這種動作也就是人民防堵軍閥與帝國主義之新攻勢的起點！

段祺瑞包辦的善後會議業已證明不能解決什麼，一切時局糾紛的根本問題應歸眞正的國民會議來決定。 段祺瑞僭稱的臨時政府業已證明爲增加內亂外患的源泉，一切政權應當歸還於人民。 只有這樣的要求成爲普通的羣衆的行動，才能貫澈廢約廢督的目的，才能眞正免除軍閥的暴政與戰禍，外國帝國主義的進攻與壓迫！

被壓迫者的自由與赤化

獨　秀

最近法國晨報鼓吹英法日美應聯合壓迫中國，恢復國內秩序，以免蘇聯在亞洲努力澎漲，否則莫思科從中援助之亞洲民族自由運動將

發展到中國。

前天的大陸報也說：『中國現在步步趨向赤俄的懷抱裏去了。比如此次外人紗廠大罷工風潮，在要求增加工資以外，另具一種赤化的意味。』

這兩段議論，一方面是表示帝國主義者自供其橫暴，一方面是說明蘇聯的赤化運動是被壓迫民族之福音。

蘇聯援助亞洲之土耳其與阿富汗的民族運動，這是事實；土耳其與阿富汗民族都因此得了相當的自由，這也是事實；亞洲民族自由運動發展，大不利於英法日美各帝國主義的國家，這更是事實；可是英法日美帝國主義者恐怕蘇聯援助之亞洲民族自由運動將發展到中國，於他們不利，便要聯合壓迫中國，這是何等橫暴！　明白的中國人呵！　帝國主義者自己已經公然說出要聯合壓迫我們的民族自由運動，這不是我們的敵人是什麼？　在相反的方面，援助我們的民族自由運動之蘇聯，他不是我們的朋友是什麼？　因此，爲了我們的民族自由，我們應該歡迎蘇聯，歡迎赤化呵！

上海四萬紗廠工人，因爲不堪日本資本家虐待而同盟罷工，此次罷工是含有階級的反抗和民族的反抗兩個意義。　四萬工人共通的要求是：

(一)不准打人

(二)照章發給工資不得延期不得無故尅扣

(三)發還儲蓄金

(四)加工資十分之一

(五)罷工期間工資照發

(六)不得無故開除工人

(七)釋放被捕工人

不過如此而已。　而大陸報竟說『在要求加資以外另具一種赤化的意味』，請問以上七項要求中，那一項是赤化？　或者他以爲自(二)至(七)都是普通的勞動條件及罷工要求，唯有第一項『不准打人』，含有民族自由運動的主義，這便是赤化。

如果民族自由運動是赤化，如果不准打人也是赤化，那麼歐美各國都早已赤化了，怎禁得我們中國人不想望赤化呢？

帝國主義者的意思我們知道了。　他們是說：你們中國人已是亡國奴，必須你們自己否認民族自由，必須你們受日本人的打一聲不響，才免得赤化嫌疑。

如此我們應該認識被壓迫者的自由與赤化了！

民族的勞資鬥爭

雙林

上海日本紗廠裏的大罷工，從小沙渡之內外棉株式會社十一廠裏開始，蔓延到同興，日華，豐田，以及楊樹浦的大康紗廠，罷工人數已達三萬以上，延長到兩個星期多，至今還沒解決，這種大罷工運動，是上海向來所沒有的。　罷工工人的要求，雖然因各廠情形不同，間或有互相各異的地方，然而大致不出於：(一)反對日人虐待，(二)照章發給工資不得延期不得無故尅扣，(三)增加工資，(四)反對裁減工人；這種一致的要求，可以使我們知道：日本人在中國經營棉紗紡織業的方法是怎樣剝削中國工人的了。

中國紗業工人，要算是全國各種工人中最感苦痛的。——因爲紗業既有相當發展，資本家便能在生產技術方面力謀節省，以便一面減少工人人數，一面增加生產數量。

我們應當知道中國境內四五年來的紗業發展，完全是中國工人的

汗血精髓換來的；社會的生活程度，四五年來至少增高三四倍，工人的工作增加三倍，而工資絲毫未加。　不但如此，每個工人的工作既在增加，每廠所用工人的人數便可逐漸減少，——所以紗業儘在發展，資本家的利潤儘在增多，而工人却不增加；不但不增加，還在拚命裁減。　紡織工人之中大半又是婦女，奮鬥的能力當然弱於男工——宗法社會習慣的束縛和種種家務牽縛，以及智識程度的低下，都是女工戰鬥力薄弱的原因——因此資本家方面尤其是日本人，利用工人的這種弱點，更想完全調用女工而撤換男工。　平時日本資本家對於一切工人十分虐待，工人稍有不是，非打即罵，扣罰工資，甚至於有些廠裏，工人的大小便都要受資本裏限制：大小便必領取『廁牌』，工人共有三四千，而廁牌有兩塊，這種工作條件，豈不是比牛馬還不如！

可是，中國工人在這種牛馬不如的條件之下工作，中國的紗業便在眞正發展嗎？　大謬不然的！　表面上看來，中國製造工業裏，要算棉紗紡織業首屈一指，實際上呢，中國境內的棉紗業倒有二分之一以上在外國人之手。　這次紗廠工人罷工的時候，有一中國警察對他們說：『日本人廠主不好，到中國人廠裏去做活好了，罷什麼工，鬧什麼會呢』！　這句話可以成爲歷史上的趣話。　第一，中國人廠裏未必見得比日本人廠裏好得多；第二，不但日本廠的工人到中國廠裏去容不了，而且中國廠倒閉下來，工人還得到日本廠裏去，原來中國境內，既然放任外人開工廠，而且外人享有政治上外交上稅則上的特殊權利，有種種不平等條約做護符，——所以中國紗業裏本國的紗廠，無論如何競爭不過外國人的。　已經有許多中國紗廠被外國紗廠擠倒了。「中國境內日本人的紗廠事業，不但剝削中國工人，不但使中國農民破產，而且使中國自己的棉紗業也不能發達。　外國資本家在中國境內設立工廠，將來可以使中國資本家都完全破產，使中國人都變成牛馬不如的勞動者，替外國資本家做工，寫字，算賬，做包探，當警察……，總之，外國資本家剝削中國勞動，現在還祗是最初一步。　將來眞要使全中國都進那帝國主義的經濟羅網，全中國人都做外國資本家的牛馬。」

「這種危險，不但是工人階級要反抗，中國人都要反抗的」。　這次的罷工——中國勞動者反抗日本資本家，便是這一鬥爭的開始；不過，祗有工人階級直接的受着這種奴隸式的待遇，直接的受着這種慘酷的剝削，所以祗有工人階級反抗外國資本勢力最澈底。「中國人要知道：在現時這種狀況之下，中國紗業，以及其他各種實業都是不會發展的，要發展，便在外國人手裏。　中國不能獨立，不能解放，一切中國人遲早總要變成外國資本家的奴隸。　爲中國爭獨立，爲中國民族爭解放——便是現在上海日本紗廠裏中國工人罷工的意義。　一切中國人都應當盡力贊助。　中國工人反抗日本資本家，這是很明顯的勞資鬥爭，然而也是很明顯的民族鬥爭；中國的民族主義者，民權主義者，若不贊助工人階級這種階級鬥爭，永世也不能得到民族的解放和中國的獨立。」

寸鐵

國民黨究竟應當和誰合作？

我們主張國民黨可以加入善後會議，是應該爲了和國民合作來反對軍閥而加入，非是爲了和軍閥合作來反對國民而加入。　然而據本月十七日上海新聞報的北京通信：『孫科會對黨員言，謂奉總理之命，望同志尊重孫段張合作之前言，出席善後會議，以竟全功云云』。　這樣的加入善後會議，我們實不敢贊同。

（實庵）

國際奴隸境遇！

最近法暹條約，法國已承認暹羅有稅則自主權。巴黎晨報謂暹羅原處於國際奴隸境遇，今法國拔之使出，可謂措置得當。沒有稅則自主權的中國人，處於國際奴隸境遇的中國人，還不應該起來麼!?

（實庵）

善後會議與社會主義

善後會議和社會主義這兩個名詞居然發生了關係，我們不能不佩服江亢虎先生本領大。現在凡是相信社會主義的人，大概都圓睜兩眼看江先生如何宣傳；但是我却以為不必過於責難江先生，只要他不幫着軍閥政府來對付人民，便值得我們佩服了！

（實庵）

共產和普選果足以亡國麼？

前幾天國民黨中反動分子居然發起了一個什麼『反共產救亡會』，同時，日本的國粹黨（即法西斯派）也發出一個『亡國普選法案反對宣言』，由此說來，不但共產足以亡國，連普選也足以亡國，不但俄國要亡，連英國早就該亡了！

你們早已背叛了民黨呵！

（實庵）

大捧袁世凱的章炳麟，為袁世凱當偵探的馮自由，為莫榮新造火藥打粵軍的馬君武，這班人本來早已背叛民黨而去了；現在乘着中山病危，忽然發表宣言脫離國民黨，要恢復舊有的同盟會，署名這宣言的人雖然都是同盟會會員，却遺漏了四個重要人物：一個是孫毓筠，一個是胡瑛，一個是劉揆一，一個是陳炯明，——若再加入這四位老同志，那更是脚色齊備了！

（實庵）

只要臉厚什麼事都好幹！

北京城裏，有個什麼各界國民會議促成會，於本月九日宴請國民黨要人，這班國民黨要人當中，居然有劉揆一馮自由這兩位。馮自由曾因做袁世凱偵探，和吳稚暉在上海會審公堂打過一場官事，劉揆一曾因熱心做袁世凱的農商總長，不惜登報脫離民黨，這兩位聽了『國民黨要人』這個稱呼，未免要面紅耳赤罷！并且該促成會出席作陪者為該會執行委員萬兆芝老爺，這件事也令人難解。這位萬老爺在曹錕時代那種得意的狀態，北京人都忘了嗎？他現在為什麼也要加入各界國民會議促成會？他用何界名義加入的呢？

（實庵）

來件

京漢鐵路總工會宣言

霹靂一聲，素為萬惡資本家所痛恨的京漢鐵路總工會又在鄭州恢復了！在面帶慈祥而肚裏藏刀，專門剝奪勞動者利益的資本階級之前，我們將老實不客氣的說：本會實在是他們的眼中釘，目中刺，而且是能夠援助勞動同胞的利器。

所以帝國主義者—洋大人—和他們的走狗—國內資產階級，看見他們的死敵—工會—纔呱呱墮地，就神經過敏起來，在我們的面前發抖。於是他們不惜勾結曹吳，激起風潮，勒逼罷工，慘殺工人，解散工會，演成『二七』流血的慘劇。

固然，我們永遠不會忘記：殺我們工人的是曹吳二賊，監禁毒打我們工人的是曹吳二賊，使我們流離失所的也是曹吳二賊，可是我們還認清楚指揮他們仇視工人的是帝國主義者（在罷工以前，有某某國人到吳賊處，教吳賊壓迫我們的策略）。

現在呢，壓迫我們的賊人倒了！ 我們早知道惡貫滿盈的曹吳，必有崩壞的這一天。 所以我們在大壓之下，表面雖呈一種潛伏的現象，實際上我們不屈不撓的工友，稟承獄中領袖的意旨，始終一貫的努力，所以在政局變換領袖出獄時，我們京漢鐵路總工會就驀然一聲出人不意的恢復了！ 我們的領袖，我們的工友，都已出獄了！ 我們出獄的第一屆總工會執行委員長楊德甫劉文松史文彬相繼履行職務了！ 我們失業的工友也相繼恢復工作了！ 在反直的旗幟之下正是我們努力的好機會，本會的光明就在我們繼續的奮鬥裏。 我們要：

一、各地分會早日恢復

二、失業工友完全恢復工作

三、厚撫我們的死者

四、凡罷工以前所爭得的利益完全履行

工友們！ 我們先烈的熱血遺痕，不是指示我們在半殖民地的中國，統治階級必承受帝國主義者的指揮，宰割我們無產階級嗎？ 我們唯一的出路，只有先打倒帝國主義者，以求我中華民族的解放。 我現在全國風起雲湧擁護革命領袖孫中山先生所主張的國民會議，不是民族解放運動中的政治鬥爭嗎？ 我們爲階級的利益奮鬥，幷應爲民族解放奮鬥，所以我們要擁護國民會議，必使之實現而後已。

工友們！ 我們高呼罷！ 我們高呼：

全國的工人聯合萬歲！

京漢鐵路總工會萬歲！

全世界的工人聯合萬歲！

讀者之聲

記者先生：

此次上海日本紗廠四萬多工人同胞因不堪日本資本家的虐待與壓迫而能工，這是何等重大的事情呵！

日本資本家掠奪中國工人的血汗不上算，還要天天加中國工人以亡國奴隸似的虐待和打駡；虐待打駡不上算，還要尅扣工錢，動輙罰金，此外還要加以所謂儲蓄的掠奪方法！ 如此等等不上算，還要用「養成工」的毒計來裁退一般男工的生活！ 此等能工的原因是何等的明顯呀，此等罷工擧動是何等值得國人的同情與援助呵！

不料少數幾個喪心病狂的工賊，研究系新聞記者及 謂反共護黨之徒逢迎外國帝國主義機關報日文上海日報大陸報西報及日本廠主的暗示，——所謂過激黨煽動，在這四萬苦同胞危急存亡的生死關頭，竟大做其破壞罷工幫助日本資本家的運動！ 他們外面上是 詞反對共產黨，破壞共產黨的信任，實際結果乃是對於四萬苦同胞落井下石，置之於死地！

他們眞太無心肝，也太可笑！ 共產黨是工人階級的政黨，可以用資本家而且是外國資本家及其走狗製造的流言去離間工人對於他的信任麼？ 工人無智識，研究系工賊護黨之徒的文字或傳單有時或許可以欺騙工人一二，但有一點是决不能欺騙的——便是工人罷工的原因。 罷工工人那有不明白自己罷工之原因的道理。 此次日本紗廠的四萬多中國工人分明是萬不得已、不堪再受日本資本家的虐待與壓迫而能工，而你們這些護黨之徒工賊研究系反向他們說『要受共產黨的煽動，應當勞資協調』，四萬多工人聽了你們這種反共產的宣傳，你們以爲他們作何感想？ 我想他們至少也認清了你們是工賊，是漢奸，是日本資本家的走狗，是無恥下流賣同胞而陷害工人的惡徒！

你們這些惡徒眞太無心肝呵！四萬多苦同胞平日如此受日本廠主的虐待與壓迫，罷工 又如此受外國巡捕中國警察，日本武力和外交的威脅，你們這班惡徒不但不幫助，乃反而落井下石，陷害他們，他們若有翻身之日，不寢你們的皮食你們的肉嗎？

梁五一

The Guide Weekly

嚮導週報

第一百〇四期

中華郵務管理局特准掛號認為新聞紙類

一九二五年二月二十八日
郵票代款概作九五折

分售處
香港 巴黎 廣州 上海 武昌 蕪湖 平陽
萃文書局 中國書報社 丁卜書報社 民智書局 上海書店 民智書局 時中書報社 共進書社 科學書館 新新書社

分售處
南昌 太原 長沙 [illegible] 潮州 [illegible] 常德 [illegible] 重慶 [illegible] 西安 宜昌
明星書社 [illegible]書社 文化書社 [illegible]書社 青年書店 [illegible]書社 [illegible]書社 文化書局 工學書社 嚮一書局 [illegible] 西北大學販賣部 精益公[illegible]派報部

——零售每份銅元四枚——

訂閱：國內一元寄足六十期・國外一元寄足三十五期・郵費在內

代派：每份大洋二分・十份至三百份五折・三百份以外四折・寄費在內・十期清算一次

每星期三出版　發行通信處　杭州馬坡巷甘政學校安存真轉王致和　北京大學第一院收發課轉[illegible]于明

日本帝國主義和中國工人（一個日本人寄）

(一)日本帝國主義對中國的侵略

這次四萬名中國工人羣衆為反抗日本資本家而起的大罷工，很能表現出中國無產階級鬥爭意識底深刻化和鬥爭力量底增大。這次大罷工，不僅是對於兇惡的日本帝國主義行有力的抗議，並且是給與日本帝國主義一個直接的打擊。說來實在，在這有力的運動面前發抖的，不只是日本帝國主義，英、美、法、日——一切國際的掠奪者均感着威脅。參加這次大鬥爭的四萬羣衆，實在是呻吟於外國帝國主義壓迫之下的中國全體工人底階級解放運動底先驅。他們所高揭的燈火，是引導萬人得到自由。屬於日本無產階級的我，對于諸君的鬥爭，表示深厚的敬意。

從來日本帝國主義，是依什麼條件發達起來的呢？有兩個主要條件：第一是對國內無產階級行猛烈的搾取，第二是對國外行兇暴的軍國主義。

日本帝國主義，第一是靠猛烈搾取國內無產階級而發達起來的。日本帝國主義底根原，在於少數資本家階級，特別是不到一打的少數金融資本家、獨占資本家、大工業資本家。他們底走狗，有官僚、貴族、軍閥等。一千萬工錢勞動者、二千萬貧農，都因受慘酷的搾取而致[illegible]枯精竭。他們底解放運動，常受猛烈的壓迫。他們幾乎沒有政治的自由。對於那為無產階級解放而奮鬥的共產黨，迫害得格外厲害，真如密雨一般下來。工人、農民、共產主義者，為此種解放運動犧牲而下獄的，每年在五百人以上。

日本帝國主義發達底第二個條件，是對於台灣、朝鮮等地行軍國主義的支配和對於其勞動羣衆的搾取，以及對於中華民國實行經濟的和政治的侵略。中華民國是現今世界資本主義底最後競爭場。今日是世界資本主義底崩壞時代，帝國主義國家間底競爭衝突，比任何時代都還激烈。在這地球上其他非資本主義的範圍都已被強國分割淨盡的今天，那些國際的山賊所爭奪的最後的獲物，便是中華民國。日本帝國主義侵略中國的主要形式，共有三個：第一是經濟的侵略，輸出資本，在中國國內設立工廠，獨占的購買原料等，都屬於此；第二是強取租借地，建設經濟的，政治的根

據地；第三是干涉內政，例如以段祺瑞、張作霖為傀儡。

在上海設立日本紗廠，是日本帝國主義實行經濟侵略的一個有力的手段。他們為什麼在中國國內設立工廠呢？一是掠奪中國工人底廉價勞動力，二是不要納付關稅便可將生產品賣給中國人以榨取中國人底消費力，三是可以避免日本無產階級底同盟罷工。

這樣說來，在上海的日本工廠，實為日本帝國主義對中國侵略的一先鋒軍。現在中國四萬工人，正向這日本帝國主義底先鋒軍實行勇敢的突擊。看呵，日本帝國主義者怎樣胆落、怎樣狠狽！日本外務省要想嗾使北京政府鎮壓這個運動，駐滬總領事因某一天在可憐的狂奔中過生活，日本軍艦裏的水兵要想登岸擁護日本資本家。我對於他們此種狂愚的舉動，覺得可惡、可笑又可憐。在別方面，我對於中國工人，從心底裏禱祝他們底勝利。

（二）正遇危機的日本帝國主義

日本帝國主義，也曾經有過旭日冲天之勢。現在却有孤城落日，四面楚歌之觀。這便是現在正遇着危機。

他底原因怎樣？

第一是日本資本主義的經濟組織漸漸現出破綻。資本主義經濟組織底破綻，現在已成了世界的現象。馬克思所說破的資本主義內部底矛盾衝突，現今已激發於全世界。日本因地震中喪失了很大的經濟力，格外使這危機擴大。

第二是勞動者及貧農底『叛逆』行為漸趨激烈。睡覺的人，終究要覺醒過來。現今日本底勞動者及農民，隨着階級意識底銳進，其組織也很快地擴大，鬥爭力也增加了。他們雖在迫害之下，也已成了日本社會中隱然的政治力。他們底前鋒所抱的指導的政治觀念，是無產階級獨裁政治，即共產主義。他們底運動，已超出單純的日常生活底改善運動，而漸進於革命運動了。對於帝國主義的舊日本而說，是將來的新日本底原動力。（研究日本的人，應該注意這勞動者及貧農底革命力，這比那皮相的現存政治關係重要得多。）

第三是日本帝國主義底國際地位漸漸低落。特別是日美戰爭底危險，加大威脅於日本帝國主義。如果將來新戰爭勃發，政治秩序失却平衡，那無產階級定然立即進於革命運動。

第四是現存政治關係已開始動搖。普通選舉制度，將使無產階級成為現實的政治力。

第五是殖民地底反抗運動及中國對日本帝國主義打破運動。一般地說，民族運動是世界革命運動中一重要的原動力，是破壞帝國主義的重要要素。民族運動帶了無產階級的色彩時，其意義格外強烈。日本帝國主義，現在已遇着殖民地特別是朝鮮無產階級運動底勃興，更遇着中國工人底反抗。

這樣說來，日本帝國主義已向崩壞的路上走了。帝國主義是資本家階級底政策。代替資本家的帝國主義日本而興的，便是那國際無產階級革命之一戰士的無產階級日本。

（三）這次大罷工底意義

我從心底裏禱祝這次大罷工底勝利。可是日本帝國主義底狡猾政策和其他帝國主義國家對于中國工人壓迫的聯合戰線，也許會使我們底希望不能達到。但我們也有我們底偉大價值的敗北。當罷工時，各個工人固然都受很大的生活苦痛，然從全體上看來，也有許多效果，無產階級底鬥爭力因此趨于深刻，他們底階級意識因此提高，力量因此組織起來。我希望我們不要消滅這次大罷工中所蘊藏的寶貴的意義。

這次大罷工，有很大的價值，為中華民國底民族解放運動底一大表現。十九世紀，民族主義是給與歐洲諸國以活力的觀念。日本亦藉民族的覺醒而興起。可是這些國家底民族主義，却非活力和發

達底源泉，倒反是導入頹廢和墮落的煽毒。 反之，今日中華民國底民族主義，却是活力底源泉，如在十九世紀的歐洲和日本那樣。 民族的覺醒和民族的自立，是建設新中華民國的歷史的必要物。 這次的大罷工，不僅是反抗外國帝國主義壓迫的民族運動底一表現，並且由是無產階級所實行的，所以特別有深的意義。

這次罷工，不僅有民族運動的意義，實在有反抗資本專制的重大的階級鬥爭的意義。 民族的自立，不過是無產階級獨裁底一前提而已。 不打破資本底獨裁，要想完成無產階級底解放，達到眞正人類共助的社會是不可能的。 資本現在已發展爲國際資本的形態。 我們要使這一次的罷工，成爲中國眞正階級戰鬥底端緒。

這次罷工，爲中國無產階級規模偉大的、有組織的運動，在這一點也有很大意義。 因爲事前還沒有戰鬥的工會，所以這次罷工，還帶有許多勃發的、原始的罷工的特色。 階級鬥爭亦與軍隊接戰一樣，也非有組織、有計劃不可。 無產階級底組織的鬥爭機關，便是工會。 工會是勞動者底方城。 中國工人，鑑於此次罷工底經驗，應該趕快設立永久的戰鬥的工會。

還有，這次罷工中工人間底同情行動也很偉大的。 這個階級的連帶心，是無產階級勝利底主要的心理條件。 此種階級的相互扶助，應該使之格外强盛。

我以爲此次罷工意義底重大，可以數出以上三者。 大凡革命運動，經驗是很寶貴的。 我十分希望中國工人諸君，立在這次的經驗上面，擴大它底意義。

最後，我要說一說中國工人與日本工人底關係。 兩者應該相互協力，那是明如觀火的事。 可是在實際上，兩者還沒有具體的共助關係，未免遺憾。 其原因是兩者工會都還沒有十分發達和向來缺少必需共助的具體的事件。 此外，通報機關底缺乏，亦是一個原因。 例如京漢鐵路工人被軍閥慘殺時，日本工會雖然捐助了幾百元撫卹金，可是過了事情發生後約半年才寄到。 這是因爲缺乏通報機關之故。 假使這一次的罷工中，日本底紗廠工人在日本國內實行同情罷工或同情示威運動，或者特派救應隊來滬，則其效果一定不少。 我看了這一次的事實，越發感覺兩者有確立具體的關係的必要。 不用說，日本底無產階級，是中國工人底階級的兄弟，一同呻吟於帝國主義壓迫之下，一同趨向於無產階級革命的理想。 兩者底結合，是歷史所命令的必要。

從鬥爭到解放！ 未來是屬於無產階級所支配的。 只有國際的無產階級革命，才能使人類成爲一體。 我所敬愛的中國人，好好努力自重呵！

中山病危與國民黨

心誠

中山先生是國民黨唯一的領袖，現代中國最偉大的人物，他的安危，極關重要。 國人對於中山先生的病狀，均極爲注目，吾人更是滿腔熱忱地希望先生早占勿藥。 現在我們不妨說說中山先生病危中國民黨究竟是若何狀態；假使他萬一不起，國民黨又將如何；我想這也是國人所極端注目的。

素來反對中山先生和國民黨之賣國軍閥，表面上雖歡迎中山先生入京，骨子裏却無日不望中山先生早死。 他們並夢想中山先生死後，國民黨必定瓦解；此後他們可以自由賣國，無人阻攔。 但是事實上却不會如他們所夢想的。 國民黨自改組後，不斷的有左右派之爭，這是不可掩的事實。 在這次中山先生病危中，左派分子固然極力

要求國民黨之內部統一；即右派中之純粹分子亦能臨崖勒馬，主張化除意見，統一內部。如張繼先生對於國民黨之新政策，素持異議，當此危急之秋，竟能公開表示：『國民黨之特性，即是於危急時，能一致行動；吾人今當化除意見，一致進行』。張先生最近所持之態度，誠不失為一個忠實的革命黨人，應受吾人之敬佩，黨中之中央委員、政治委員及重要分子，均能一致振作，本中山先生之主張，進行不稍懈惰。最近國民黨中央執行委員會所發表之不參加善後會議宣言及反對段政府變相承認金佛郎案之宣言，即為國民黨積極活動之證據。

當中山先生病危中，亦有少數惡劣之右派分子，乘機為反革命之活動；他們或是勾結段張及交通系，或投降蕭耀南，以達其做官目的，或製造空氣，預擬擁戴唐繼堯，唐紹儀或馮玉祥為國民黨候補總理。但是他們為國民黨全體忠實黨員所鄙棄，將來非受淘汰不可。他們的活動，絲毫不能搖動國民黨，這也是敢斷言的。

總之，照現在事實看來，中山先生萬一病故，則中山先生雖死，國民黨必不死，中山先生雖死，國民革命運動必不死；承襲中山先生主義，繼續國民革命運動者，將為全體之忠實的革命的國民黨員。我全國革命黨人，當此中山先生病危之時，須知黨中現狀極佳，不[illegible]不可失望或悲觀，尤須一致奮起，領導方興未艾的國民革命運動，一息不停的向前進行，以至完全貫徹中山北上宣言的主張和全國大會的綱領，如此才不負此病危中之中山先生！如此才不為軍閥與帝國主義所竊笑！

同時我們也敢高聲告訴國民黨的敵人——軍閥、帝國主義及其走狗：中山的精神與事業已有全中國革命的民衆做他的後繼，你們幸災樂禍的期待終於是一個夢想，你們必然滅亡的命運決不因中山之病危或不諱而有一輕減或避免！

帝國主義的傭僕與中國平民

雙林

上海日商紗廠九公司二十二廠三萬五千餘人的大罷工，從二月九日至二月二十五日，延長了已經兩個多星期了。這是勢不均力不敵的鬥爭。日本帝國主義，在中國親日派政府成立之後，早已加緊他對中國侵略的攻勢，他有自己國內的海陸軍，有上海會審公堂裏的『領事裁判官』，有公共租界的巡捕房，有中國界內的警察廳，——直接壓迫罷工的武器，已經是既強且多，然而除此以外還有間接的工具——帝國主義的走狗和傭僕。

「中國三萬多勞動平民」，一天做十二小時的工作，得二三角錢的工錢，吃寒飯，喝冷水，挨東洋老爺的打罵，今天假意說發什麼賞錢，明天便扣罰工資，天天等着柴米燒飯吃，廠裏却扣着錢兩三個禮拜不發。——受這種壓迫剝削的勞動平民，素來做慣了恭順的奴隸，如今忽然不恭順起來，廠裏正想開除這種『不安分』的份子，換用不識不知，任人欺侮的女孩子(養成工)，誰知就此激起大同盟的罷工——從內外棉株式會社的十一廠起，蔓延到同興，日華，豐田，大康，裕豐等廠。中國這些勞動平民，居然開始和外國資本主義直接鬥爭了。

「然而勞動平民有甚麼勢力呢？他們祇有自己的階級團結力」。他們曾經參與過第一次偉大的、反日的民族鬥爭——五四運動；他們曾經是那時上海六三運動中的強有力的軍隊。他們這次反抗日本資本家的階級鬥爭，同時還是繼續着近年來繼長增高的民族運動。「所以他們於自己階級的團結力之外，當然有要求一般中國人的民族解放運動的助力之權」。何況這次罷工的本身，就是民族運動中新起的巨波，而且表示「民族運動裏，祇有無產階級是最先進的」。

然而近年來中國買辦階級的發展，使中國的民族運動遇見很大的障礙。　外國資本家的傭僕，甘心做亡國奴的中國人，唯恐外國財主失勢之後，自己也沒財可發，千方百計的幫着帝國主義，遏抑中國平民的一切運動。　因此，這次反對日本帝國主義的紗廠工人大罷工，恐怕也要受這種外國走狗的破壞。　中國工人在這種困苦的條件之下工作，難道他們都是理想派的大亞細亞主義者，能『克己自損』，餓着肚皮替日本人做工，絕不反抗，以保存所謂中日親善，或梁啓超之所謂中日文化提攜嗎？　當然不能的。　難道要有人煽動才會反抗嗎？也是一定不必的，然而日本帝國主義的傭，居然異口同聲的說紗廠罷工是共產黨的煽動所致。　中國人受着幾十年帝國主義的文化侵略，一聽見『排外』，『仇洋』，便自認為是中國『無知小民』的大罪惡，最近更加上了一過激派的徽號。　帝國主義的走狗，利用這種心理，所以要　那些謠言，使反抗日本侵略的紗廠工人罷工成立罪大惡極的赤化罪；以為如此便可以防止這次罷工擴大到普遍的民族鬥爭。　其實，甚麼是赤化？　赤化便是革命——中國的民族革命，便是爭中國的解放獨立，使外國資本家不能奴隸中國人，這在外國帝國主義及其走狗的眼裏看來，便算是罪大惡極，便算是赤化。

中國勞動平民的實力，祇有這種民族覺悟和階級覺悟，誰要想借謠言作用，削弱民族運動，誰便是反革命的帝國主義的傭僕。

這次上海日紗廠工人罷工，顯然得到上海一般公團的贊助，各種工人團體、學生團體、市民團體組織罷工後援會。　甚至於新聞報、商報等都表示同情。　本來日本帝國主義的侵略，輸出剩餘資本於中國、創辦工廠、利用中國的廉價勞動、占領中國的國內市場，這種帝國主義的利益，不但和勞動平民的利益相矛盾，而且和中國工商業的發展相衝突。　所以日本紗廠中的罷工很有擴大而成普遍民族鬥爭的可能。　罷工工人雖然有三四萬，然而以日本帝國主義者政治經濟的力量，單單要壓迫這三四萬工人，始終是很容易的，祇要拼着二三百萬的犧牲，不愁組織未鞏固以及女工占多數的罷工工人不屈服。　他們所怕的便是罷工運動擴大而成普遍全國的民族運動。　尤其怕工人所爭的經濟改善、待遇改善的些小要求，擴大而成國際、的政治的反對帝國主義侵略的口號，罷工工人的自力雖然弱，他們所受的非人的待遇，却亦可以激起全國第二次大排日運動；日本資本家占領中國市場、遏制中國紗業發展的趨勢，又很足以使中國跟着罷工工人的發難，簡直提出取消日人在華設立工廠的種種特權之要求。　此外，北京政變之後，英美勢力受了日本帝國主義的間接打擊，正在待時而動，想怎樣減殺日本的氣燄。　所以在罷工之初，日本人却有些恐慌。

因此，日本資本家應付這次罷工的手段，第一步便是放謠言，說某會某會(上海總商會，中國紗廠聯合會等資產階級的團體)出資幾萬、幾百萬煽動罷工。　同時，日本人的機關報竭力否認這次罷工的性質是單純的排日的，而一定要張大其辭說罷工是排外運動、社會主義的反對資本制度的運動，日本人這種手段不但要使怯弱的中國資產階級中立，而且要暗示英美帝國主義：中國工人排日的結果，便是排斥一切外國侵略及資本制度。　因此英美的帝國主義者亦恐慌起來，大宣傳其罷工工人赤化，並受蘇聯的金錢煽動等的謠言。　日本資本家想造成帝國主義的聯合戰綫以對付罷工的計畫，居然實現。　日人利用赤化的謠諑，便想掩蓋自己虐　中國工人的罪惡，要使中國的『輿論』亦以為工人既受赤化，卽使永久處於牛馬、奴隸的地位，再受帝國主義的拘禁、拷打、屠殺、宰割，也不足惜。　於是日本海軍陸戰隊上岸的消息也來了；日本第一遣外艦隊對馬號也開回上海，『以備萬一』了；小沙渡中國界的警察也奉令武裝解散工人的示威游行了；楊樹浦方面，更由租界捕房越界逮捕工會職員，中國警察與租界巡捕圍攻手無寸鐵的民衆，鳴槍轟散工人的集會了；租界捕房對於被捕的

人，私刑拷打慘無人道，都可以無所顧忌了。 中國境內的日商紗廠虐待中國工人，以致激起罷工，還要用武裝軍警、非法法庭，施以殘暴的壓迫，而中國社會至今還沒有絲毫抗議，難道中國人已經都甘心做亡國奴？ 難道帝國主義的槍砲捕探眞可以壓制中國四萬萬人，使空言的輿論援助却不敢表現嗎？ 帝國主義者的工具決不止槍砲捕探，他們還有製造輿論，箝制輿論的傭僕；剛正在警察巡捕高壓的時候，上海時事新報的社論裏，有一位達仁老爺說，日商紗廠敲打工人亦許是事實，然而工人決不值得因此面罷工，實在是小題大做，這完全是受共產黨的過激宣傳和煽惑。 上海市裏及工人區域也發見所謂國民黨護黨委員會和反共產主義同盟的傳單，同是這種造謠的口吻。

帝國主義者的赤化謠言，正要完全壓制罷工，使社會上不敢幫工人說話——幫工人說話的，便是罪大惡極的過激派。 而時事新報的達仁君及所謂國民黨護黨委員會，反共產主義同盟，拚命幫帝國主義製造傳布這種恐嚇社會的謠，言豈不是助桀爲虐逢迎帝國主義的奴僕？

向來中國平民和帝國主義的鬥爭裏，總有這種奸細替帝國主義盡力，賣國賣民，而在這次罷工裏，我們看得尤其明白。 我們應當說：中國平民不但當認清自己最大的仇敵是帝國主義，并且要知道：這些反對赤化，造謠生事，蒙弊社會，使不敢奮起幫助紗廠罷工工人，不敢明顯地要求取消帝國主義者在華之一切特權的「中國人」，都是我們平民的仇敵，都是帝國主義者的走狗。

全國鐵路總工會第二次代表大會之經過與結果（二月十二日鄭州通信）

樂生

中國鐵路總工會是『二七』的產兒，是目前中國工人階級已形成的唯一的產業戰鬥組織。 在『二七』以前，鐵路工友的全國組織雖有擬議但無成就。 『二七』後的第一週年，全國鐵路總工會正式產生，十餘路工人領袖開始作全國的祕密的集會。 雖遭曹吳數次的明顯壓迫：逮捕工人領袖至數十人之多，畢竟一年內的工作，完成了全國組織的雛形，尤證實了此次大會之良好結果。

大會開會前後計共四日，到十二路代表，共四十五人，議決要案十餘件。 其議題可概括爲三部份：(甲)總會報告與各路分會報告；(乙)政治報告，戰略報告及『太平洋』、『漢堡』、『莫斯科』三次國際會議之報告；(丙)會務——如組織、宣傳、救濟、消費合作等問題。議事日程之詳目如下：

(一)『二七』紀念會與預備會(二)總會報告(三)各路代表報告(四)工人階級與中國現狀報告(五)進行方針報告(六)太平洋交通工人會議報告(七)漢堡萬國交通工人會議報告(八)本會與赤色萬國職工會之關係報告(九)組織問題(十)宣傳及教育問題(十一)消費合作社問題(十二) 審查撫卹款項問題(十三)救濟失業及死傷問題(十四)各路代表提案(十五)討論並通過各種議案(十六)宣言(十七)改選(十八)閉會。

從議程之秩序與各種報告之內容觀察，俱表示出中國工人階級團結力之進步與階級力量之發展。 大會前後四日中，各路代表精神十分振作，每日開會多至十二小時以上，超過平時勞動之時間，但秩序繁嚴從容，充分表現『二七』的遺留精神，由各路工人羣衆交付各代表帶到這會議席上來。

在『工人階級與中國現狀』議題中，大會指明中國工人階級目前的責任及其未來的責任。 中國工人階級之發展是與中國的政治經濟狀況有密切關係的。 帝國主義者之衝突與軍閥勢力之消長，是中國工人階級採取戰略之客觀條件。 鐵路工人是集中的產業軍之先鋒，工會的組織是由資本制度社會中孵化而出的工人階級之武器；所以大會規定工會的責任，着重於統一的階級性的組織。 全國鐵路總工會在

目前實担負了兩重的工作：一方面是本會的基礎組織之建立與羣衆化，另一方面則是開始担負引導本國各種產業工人階級的勞動運動。

在簡短的歷史之全國鐵路總工會的實況中，本身的工作尤爲重要，因此，大會有下列的進行方針之決議：(一)恢復所有曾經組織之工會；(二)整頓現有工會，建立堅固的組織基礎；(三)力謀工會之統一；(四)確立經濟基礎；(五)救濟失業；(六)要求以前罷工爭得之條件實行；(七)爭工人切身的經濟利益；(八)爭集會言論罷工之自由；(九)贊助國民革命，並參加國民會議；(十)訓練並教育工友羣衆。

大會對于宣傳與教育問題通過一個有計劃的決議案；除於條文中列舉方法外，並說明宣傳與教育之重要是很確切的，原議決文說：

『當工人階級漫無組織的時候，宣傳的工作是佔最重要的。工人有了團結以後，宣傳的工作就是教育的工作。我們全國鐵路總工會現在雖有組織的形式，但缺乏組織的實質，尤缺乏下部的基礎工作。我們應當知道：這種下部基礎工作一方面是由組織着手，另一方面也要由宣傳教育下手。

在『二七』以前，我們的組織是空虛的，宣傳更缺乏，所以一被軍閥壓迫，馬上就瓦解了。如果我們有羣衆的宣傳與教育，使工友羣衆明白工人與工會的關係，我們有時雖受摧殘，工會雖被封閉，但工人心坎中的工會是封閉不了的；這樣，我們工會的基礎亦永遠存在的。』

在後兩日會議中，三個『國際會議』的報告，大會中接受美滿的同情，尤以漢堡萬國交通工人會議中革命派與反革命派的戰鬥事實，指示了中國工人階級防制工賊之方略。當工人的多數羣衆團結一致時，暴露叛階級的工賊之罪狀便可使工賊的詐騙行爲完全失敗；這個事實在歐洲已有先例，在中國勞動界開始團結時尤要嚴防。因此，近數月來與全國鐵路工人爲敵——欺騙同階級而投降於官僚的交通系之張德惠，已被大會宣布爲工賊，通告全國工人並暴露其罪狀了。

此外，審查撫卹款項問題，大會組織委員會仔細審查之結果，證明過去事實的眞相，尤證明因捲款潛逃而造謠中傷之工賊的行爲，大會認爲滿意，並議決交新執行委員會編輯賬目宣布全國。

總括起來，此次大會的結果，可得五項：

(一)提出統一鐵路工會的口號，號召階級性的團結。

(二)確定工會的基礎組織，並力謀工會實力之羣衆化。

(三)關於教育宣傳救濟失業及死傷等問題(工會內部建設工作)，都有了計劃。

(四)對於中國之現狀認清了，對於國際組織之聯絡也議定了。

(五)合全國鐵路工人領袖聚議數日，互相結識，共謀自身利益，階級團結之力，將從此愈見發展，愈見光大！

來件

全國鐵路總工會第二次代表大會宣言

一年來，世界資本階級向工人進攻的險惡形勢，絲毫沒有減輕，中國的反動軍閥，在這個大趨勢之下壓迫工人，也和去年「二七」以前沒有兩樣。這一期內，我們工人的一切自由，罷工流血爭得的種種勝利，被帝國主義工具的軍閥摧殘淨盡，我們一年來的生活只有飢餓

、被監視、辱罵、拘留、入獄罷了。

我們所受的壓迫越大，我們的精神越奮發，去年今日只能在密室中開會，現在我們於第二次「二七」紀念日又到鄭州開會了，我們因此愈覺階級勢力的偉大，這是歷史的教訓，鼓舞着我們無限的勇氣。我們的工會運動從此又到一個新時期了。

固然我們並不過分的樂觀，我們也知道我們的敵人，在最短期間內將有很兇猛的反攻，這是不可免的，我們只有堅强我們的組織，嚴密防守。　全國鐵路總工會，他便是中國鐵路工人防守的武器。

全國鐵路總工會是謀全體工人階級的福利，是現代中國產業工會的中心，他的任務不只是爲「二七」復仇，也不單是防守敵人進攻，他的中心工作，乃爲工人階級日常生活的利益不斷作經濟和政治的奮鬥，他爲實行這個任務起見，所以號召全國鐵路工人建立一個統一的階級性的工會。　「二七」這一日是他誕生的日子，他便充滿「二七」的全部精神。

我們更要告訴全國工友的：最近國內戰爭和民族革命運動的發展，一方面證明中國軍閥快解體了，一方面又表示國際資本主義的末日來到，這正是工人階級解放自身第一步工作的時候到了。　你們要解除重重的枷鎖麼？　只有組成你們的工會有統系的奮鬥，才能有最後的出路！　全國鐵路總工會在這裏將盡他的能力，實行他應有的使命。

全國鐵路總工會萬歲！

中國工人階級萬歲！

中國工人階級集會言論罷工自由萬歲！

一九二五、二、十。

讀者之聲

安福政府查禁本報的反響

我最親愛的嚮導報記者：

我是最愛讀嚮導者的一份子，——凡是處于帝國主義與封建軍閥雙重壓迫下的中國人們，無論誰也應該愛護貴報；因貴報是暗黑的中國社會的一盞明燈。　二年來的呼號——打倒帝國主義推翻封建閥軍——喚醒了不少在迷夢中的青年。　但同時引起了帝國主義與軍閥的怖，屢加無理由的壓迫——如帝國主義者竟敢搜查貴報的發行通訊處，眞令人切齒！　最近賣國禍民唯帝國主義之命是聽的安福政府，又下了郵局禁寄貴報的命，像這賣國賊所把持的所謂政府的命令，原不值我們一顧的，但因此可知帝國主義與封建軍閥壓迫我，們無所不用其極！

我們當因此格外努力！　向他們進攻！　所以我今天謹以十二分的誠意，懇切的敬告貴報：貴報是中國唯一的明燈，我們正賴你照明我們應走的途徑；你的使命，是何等重大呀！　尚望繼續努力！　完成你們的使命；切弗因帝國主義與軍閥的暴力的壓迫，而減你們的勇氣。　——『艱苦不足畏！　生命不足惜！』　我們應不惜犧牲，努力前進！

同時我要在此敬告我親愛的被壓迫的同胞們：帝國主義與封建軍閥，是我們絕對的對頭，打倒他們，是我們人人應有的天職；嚮導報已爲我們作前驅，而同時他們亦已向我們進攻；事到如今，已非徒然口上說說所能抵止他們的壓迫的，唯有以我們的熱血，我們的頭顱，起來和他們肉搏！

全國被壓迫的同胞：起來！　起來！　擁護嚮導報永久的存在，是我們目前第一個要務。　大家努力！

雅零

The Guide Weekly

嚮導週報

◀第一百〇五期▶

（中華郵務管理局特准掛號認為新聞紙類）

一九二五年三月七日

郵票代款概作九五折

分售處

南昌　太原　長沙　濟南　潮州　雲南　甯波　開封　福州　重慶　成都　西安　宜昌

明星書社　晉華書社　文化書社　齊魯書店　青年書社　新亞書局　明星書社　文書社　工學書局　唯一書處　華陽書報流通處　西北大學販賣部　精益公司派報訊

分售處

香港　巴里　廣州　上海　武昌　蕪湖　平陽

華文書局　中國書報社　丁卜書社　民智書局　上海書店　時中書報社　共進書社　科學圖書館　新新書社

——零售每份銅元四枚——

訂閱：國內一元寄足六十期・國外一元寄足三十五期・郵費在內

代派：每份大洋二分・十份至三百份五折・三百份以外四折・寄費在內・十期清算一次

每星期三出版　發行通信處

杭州馬坡巷法政學校安存眞轉王致和
北京大學第一院收發課轉鄭子明

河南戰爭的禍首——段祺瑞

和森

報載河南戰事爆發，段祺瑞大發其雷霆曰：『誰先啓釁則免誰職』。因此有人以為胡憨開戰是弁髦了執政府前此的休戰電，使段祺瑞沒有面子，他如何不惱？又有人以為這是他所揭櫫的和平主義不能成功之又一表徵，他如何不急？這兩種看法都錯了，都是被他掩耳盜鈴的幻術蒙混了，實際此次河南戰事的禍首既不是胡景翼也不是憨玉琨，却是段祺瑞的本身。

何言乎是段祺瑞的本身？這並不是本報一家之私言，凡稍知北京政情之內幕者類能言之。今請先看二月二十三日申報的北京通信：『段在豫事未告緊急以前，因欲扶植與胡景翼足以對峙之勢力於河南，故擬一任胡憨之自行處置；及豫事緊急，頗悔前此放任之非，乃一面勸胡景翼將所部之留陝者，悉數開回河南，一面則請憨玉琨率所部回陝塡防，冀能和平了結。然結果胡景翼雖同意，而憨玉琨則不同意。同時囘教將軍馬良，極欲於晉陝新甘一帶，得一足資發展之大地，又獻計於段，請姑聽鷸蚌之相持，俟一方確佔優勢，再行定局：胡若佔勝着，則下令將助憨之陝西劉鎭華免職，調楊增新督陝，而以新疆為本系經營西北之發祥地，若佔勝着者為憨，則調劉鎭華為豫督，命憨玉琨為省長，以陝西為本系控制西南及西北之鎖鑰。因之段遂決計仍聽其自然，俟時機成熟，再定辦法。』

『欲扶植與胡景翼足以對峙之勢力於河南』，這不是河南戰事的種子麽？切實說一句，這個光棍軍閥不僅做了消極的兩頭蛇，不僅是一個持放任政策的漁翁，而且是河南戰事之積極的經營者：胡勝則免劉調楊，而以新疆為安福系經營西北之發祥地；憨勝則調劉督豫，而以陝西為安福系控制西南及西北之鎖鑰，——無論誰勝誰敗，橫豎於他有利，他還有什麽惱，什麽急呢？但是在人民眼前，少不得要裝個又惱又急的幌子，庶幾利上加利，實至名歸。

吾人早已在讀者之前，揭穿了這個光棍軍閥的假和平主義。他是要以假和平主義復與安福系的勢力。打開假和平主義的外封，試看他內裏藏着什麽？不用說是一些戰爭的種子與陰謀；江浙之戰呵、胡憨之戰呵，不過是這些種子中的兩顆爆發者

希望這個徐世昌第二的光棍軍閥來解決時局糾紛停止軍閥爭鬥，眞不啻癡人說夢。他的本身便是時局糾紛軍閥爭鬥的酵母呵：他看見張作霖的勢力不是他所能駕馭的，於是儘先維持直系餘孽齊孫蕭的地位，他看見馮玉祥的勢力於他始終不利，給馮西北地盤（這是用以牽制奉張的）之後，同時嗾使閻錫山劉鎮華等進行晉陝甘三省聯盟的把戲，現在劉憨發難不過是這種把戲的開演。他外面上號召所謂和平統一，骨子裏乃欲維持或製造三種以上的抵抗勢力，使其互相爭鬥互相牽制，而自收巧取豪奪操縱捭闔之利。所以若任段祺瑞臨時執政的命運永遠延長下去，便是軍閥爭鬥的亂局永 延長下去呵！

江蘇人民怎樣解除軍閥的宰割與戰禍？

和森

盧永祥地盤早已不穩，近日看見張宗昌的企圖快要成爲事實，於是大慷其慨，通電廢督請自蘇始，其主要目的便在所謂國軍調駐國防地點，換過說便是要請張昌宗率領幾萬奉軍離開蘇境或專駐徐州而不擾奪他的地盤。這樣一面甚投蘇人之所好，一面又可做廢名不廢實的江蘇王，如他前此在浙之所爲一般，豈不否去泰來，名利雙全？

然則江蘇人民怎樣應付呢？反對張作霖的爪牙張宗昌，反對幾萬奉軍駐紮蘇境，這都是很應該很必要的。但若只知做做盧永祥的應聲蟲，結果只有盧永祥去名不去實的蘇王成功，蘇人的自治希望決不會成功。

可憐的江蘇商紳們，此時一定又是想依草附木，藉着擁護盧永祥的政策，去弄假成眞。其實，這又錯了。設使盧永祥的政策成功，江蘇人有什麼好處：——可以免掉戰禍麼？可以免除軍閥的統治麼？不會的，絕不會的；從前的浙江便是榜樣。

所以江蘇人現在應付時局的辦法，只有如本報屢次之所主張，迅速團結各階級的民衆驅逐一切安福系奉系直系的軍閥官僚，民選省長、縣長以至市長。只有這個是解除軍閥統治與戰禍的出路。

段祺瑞沒有實力拿住全國政權，故籌張爲幻，揭櫫假和平主義以騙人民；盧永祥無實力拿住江蘇政權，故籌張爲幻，請廢督以維持其地位。這都是軍閥的弱點與衰頹之表徵；人民正可乘瑕抵隙，起來奮鬥呵！

△帝國主義者及其工具對付中國國民運動之總策略

獨秀

此時中國國民對於帝國主義的列强之侵略，雖然還沒有有力的反抗，然而大多數人民甚至於一部分小軍閥，由身受列强經濟的政治的壓迫之實際經驗，已漸漸覺悟到自己民族處在被壓迫的地位，幷且漸漸由覺悟而不平而發生了國民運動。帝國主義的列强對於最近的中國國民運動，表面上雖然還是輕蔑的態度，而心中實已感覺不安了。

人民對於國內軍閥，更是反對的聲浪遍於全國，軍閥們雖然以爲有槍在手，人民無如我何，而對於國民運動的聲浪終覺危險，至少也要恐怕敵派軍閥利用這種聲浪不利於己；因此，軍閥對於國民的呼號，表面上雖然還是倨傲態度，而心中實已感覺不安了。

帝國主義的列强及 工具(軍閥)既已對於中國的國民運動感覺不安，他們對付的策略是怎樣呢？

△國民黨發布了國民運動的政綱，帝國主義者及直奉皖三派軍閥都高聲大叫『赤化』『過激化』。

△國民黨在漢口組織黨部，直系軍閥便以『過激』『共產』名義逮捕劉

分詐人。

孫中山宣言及各省國民會議促成會都通電主張廢除不平等條約，東交民巷及京津滬港各西文報都說是『過激』思潮。

攝政內閣取消了清室優待條件，又表示不平等條約應該修改，帝國主義者便痲傳北京『赤化』了。

中國人民歡迎蘇聯放棄在華權利，帝國主義者便宣傳中國人民傾向『赤俄』了。

廣東沙面因取締華人入境苛例而能工，英法人說是布爾什維克運動。

上海日本紗廠中國工人受廠主虐待而能工，西文報說是有『赤化』意味。

奉天軍事會議，因京津輿論反對段政府，遂有人主張令駐京津軍隊捕拿共產黨。

段祺瑞親在閣議席上提議恢復清室優待條件和査禁過激派。

段政府的司法部因爲有人反對善後會議，遂通令取締共產運動。

以上便是帝國主義者及其工具（軍閥）對付中國國民運動的總策略。

他們知道公然直接壓迫國民運動不是巧妙的策略；他們知道『赤化』『過激』『布爾什維克』『共產』最足以嚇倒中國人；他們并且知道中國國民運動中最盡力的分子是工人和急進的知識階級，而這班人又最容易被人指爲『赤化』『過激』『布爾什維克』『共產黨』，因爲他們不是財主或官僚；因此，凡是中國一個國民運動發生，帝國主義者及軍閥，便拿出『赤化』『過激』『布爾什維克』『共產黨』這些符咒來鎮壓住。他所要鎮壓的實際上是國民運動，而表面上却以鎮壓『赤化』『過激』『布爾什維克』『共產黨』等名義出之，這是何等巧妙的策略！他們拿這個策略來鎮壓中國國民運動，一方面可以妨礙急進分子的活動，一方面可以恐嚇和平分子使之離開急進派，使國民運動的勢力分裂。這個巧妙的策略，無知的軍閥派還未必想得出，不用說帝國主義者可以教給他們。帝國主義者爲了要避開公然直接壓迫中國國民運動，不但將這個巧妙的策略教給軍閥，他們的工具，并要教給買辦階級做他們的工具。帝國主義者軍閥及買辦階級，又要各自僱傭一班國民黨右派及工賊或冒充工會運動者做工具，拿『赤化』『過激』『布爾什維克』『共產黨』等符咒，來破壞國民運動及工人運動。

真正國民運動者呵！你們要認清敵人——帝國主義者、軍閥、買辦階級、國民黨右派、工賊、冒充工會運動者——的策略，不要畏避他們符咒，中他們的奸計呀！

日本對華貿易之經濟侵略

雙林

日本資本主義的發展，全靠中國做市場。本來這一亞洲新興資本國，他的侵略目標，完全在於中國；他從合併台灣高麗之後，從中日戰爭之後，國內的資本主義一天天澎漲起來，對華的帝國主義的經濟政策，便是必然的結果，近年來日本對於其他各國的貿易，都是輸入多而輸出少；日本在各國市場上，大抵都是買入機器等生產工具居多，而賣出自己的製造品却很少。獨有中國是日本商品的大市場。「日本資本主義控制中國經濟，決不單是一種經濟競爭。他實在靠着外交上政治上種種特權」，如一八九六年之北京條約、一九〇三年之上海條約等，日本在通商上、海運上，都得有許多特殊權利、念一條的要求尤其攫取不少。這些特權，可以日本的對華貿易，不但操必勝之權，而且遏制中國工業不能發展，長此以往，中國可以變成專銷納日本貨，專供給日本原料的地方。下列一表，可以看出最近

十二年來日本對華貿易的侵略趨勢，實在是非常之可怕。

年份	自日本輸入中國	自中國輸入日本	超過
1913	151,660,000日金	61,223,000	93,337,000
1914	162,370,000	58,305,000	104,065,000
1915	141,125,000	85,847,[illegible]00	55,255,000
1916	192,712,000	108,638,000	81,073,000
1917	318,380,000	133,271,000	185,110,000
1918	359,150,000	281,707,000	77,444,000
1919	447,049,000	322,10[illegible],000	192,060,000
1920	410,270,000	218,090,000	124,948,000
1921	335,520,000	186,34[illegible],000	46,489,000
1822	333,620,000	186,343,000	147,177,000
1923	272,190,000	204,678,[illegible]00	67,512,000
1924	311,639,000	185,650,000	125,988,000

日本對華的輸出比較中國對日的輸出，每年至少超過五六千萬日金。 日本輸入中國的，大致是紡織製造品(布匹、衣服、汗衫等)、紗、糖、紙、火柴、藥品、陶器、玻璃等。 中國輸往日本的呢，却是豆、豆製品、毛、鐵、鹽、皮，獸類的油等。 一九一九年之後，雖然因爲日本國內的生產過剩引起很長期的經濟恐慌，對華貿易未見增進；然而 一九二四年以來，日本在世界市場，遇着了英美資本的競爭，又竭全力以注意中國市場。 假使去年江浙及直奉沒有戰爭，恐怕去年的日華貿易還要增加好幾倍呢。

日本對華的經濟侵略，單就這商業一方面看來，已經非常可怕。何況，日本人還以他國內的過剩資本，向中國作政治的投資，侵入中國的金融界，在中國境內開辦工廠，侵占中國的實業，還要享受稅則上的特列權利。 日本在這些地方搜括去的中國財富，還不止對華貿易裏所賺去的哩。

善後會議中的北方政局

（二月三十日北京通信）

羅敬

從表面上看，這三月以來安福派在四面八方用了種種縱橫捭闔的政策和欺騙人民的鬼計以圖穩固其地位；但實際軍閥間之暗鬥甚烈，醞釀的問題甚多，遲早終必爆發成爲公然的爭鬥。今請依次序言之：

第一是段張之間的問題。 段祺瑞雖是北京城的主人，但目前的張作霖決不止於做關外王。 『不問中央政治』的話完全是張鬍子騙人的。我們用兩件事來證明：頭一件是東南的現狀，目下雖謂已告結束，但這只是段派的單獨勝利呢，還是張鬍也有份？ 奉軍對於東南的行動，與立刻急待解決的張宗昌地盤問題，都明白告訴我們人民以段張之爭的痕迹。 段派要地盤，張派也要地盤，你拿浙江我要江蘇，你保山東我得直隸，這都是明顯的。 最近新聞界盛傳張作霖要再到北京，張學良過天津時，北京傳聞段召令入京，執政府祕書廳聲明否認，這都是有趣味的事。

其次是善後會議，這雖是段祺瑞的御前會議，內幕亦有困難。溥儀的臣子趙爾巽之所以爲善後會議議長，便是老奸滑的段祺瑞對付張鬍子的手段：當初要使奉派代表早出席，現在要使奉派代表肯服從。 原來『趙大人』是張鬍子當初的上司，受招安的恩官；去年張來北京，即登門拜謁行三跪九叩禮。 故現時善後會議在奉張雖覺純粹成爲段氏的御前會議，但也只好暫忍着。 這話人言鑿鑿，雖覺偏僻，但善後會議之不能滿張意是不可諱言的，將來更有事實去證明。

第二是段馮之間的問題。 基督將軍馮玉祥現在還表示不滿意，

所以一方面以西北計劃做示威運動，一方面又屢上辭呈，鬧頑笑，再一方面又指揮黃郛等在善後會議中努力。善後會議中馮派之勢力是有一部份的，從黃郛的議長與副議長票就可以看出來。

最近溥儀出走，即段所許；恢復優待條件的運動亦實有人授意。聞馮對此甚爲注意，已告其出席善後會議諸代表說：『如有人提出恢復優待條件，你等即請求復辟；他們如不允，你等可說明恢復優待即係復辟；如他們必欲恢復優待，你等即可推翻棹子退出會場』。此事如安福系不見風轉柁，將爲促起破裂之一因。

現在善後會議中，段馮兩派的分化愈來愈顯，報紙所載急進緩進者，實則馮段之爭耳。黃郛確能得國民軍派之擁護而形成對抗，然段有多數，黃可如何。最近幾件議案必拖延甚久，而西南代表到後，變化生矣。

第三是西南代表的把戲。西南代表到後將生之變化是：他們要平分政權，要把獨裁執政改成多數執政，組織臨時政府。最近他們提有一個政府組織草案，尚在秘密討論中，其大要是：執政三十三人（善會選七人，二十二省軍事長官二十二人，青海、西藏……五人）組織國務院，全體軍閥到北京做總統，解除所謂兵權，國務院只議事，另設各部總長執行，從此天下太平，過渡以至國民會議。這是一般聯治派的夢想。此種提議如果提出來，在善會不過是一聲大砲。段得西南代表來，如珍寶，大砲放後，必將失望。此最近數日之情形也。

第四是保定問題與河南戰事。河南戰事之所以爆發，其機括全操在安福系與奉張的陰謀之中，這已成爲公開的秘密。河南戰事或許牽動全局亦未可知。奉方現在練兵場裝置電燈，晝夜不停的操練。李景林對人言：『上海天津兩個大海口都入了我們手中，不久有大批大砲機關鎗和[illegible]藥輸入，看誰還敢怎樣？』言下大罵胡景翼不止。孫兵在這種情勢的威脅之下，表面上提出讓步條件（如京滬各報所載）來和緩保定問題，實際保定問題還是未能解決。目下情形，胡氏似甚危險，因爲安福系奉系的陰謀是：劉懋攻於西，奉軍集中徐州方面而西下，鄂蕭助攻於南，則胡處於四面楚歌之中；胡敗則孫馮無能爲也。馮軍戰鬥力自較奉弱，軍械亦遠劣於奉，若現時全部決裂當然敵不過奉張。聞胡氏作戰計畫擬以全力先破陝軍去後顧之憂，然後才向中原作戰。如胡氏開首能打幾個勝仗，或可暫時挽回張馮全部破裂之危機，然亦不過暫時耳。

此外還有四事最堪注意：（一）據可靠消息，安福政府已內定俟孫中山死後即大捕國民黨員并解散其在京之一切機關，以爲根絕中國革命運動之計，他們以爲這樣一來，國民黨就算『完了』。近日外傳法部嚴辦共產黨的消息，章行嚴雖以不負責之新聞否認，記者多方調查確有此事，內幕還是出於日本帝國主義與奉張之所請。語云山雨欲來風滿樓，這便是帝國主義的工具——安福政府，準備在孫中山死後根絕中國革命運動的大反動之前徵！全國被壓迫的人民決不可視爲是共產黨和國民黨的事，人人都須預備着呵！（二）馮玉祥派軍閥，雖然處在四面危機之中，但自得着西北地盤之後，仍然繼續北洋軍閥傳統的反動政策：如慘屠數百變兵、封閉京綏路工會、嚴酷管理工人、動輒以軍法從事；國民黨在他們地盤之內的活動與宣傳須極有限制，組織黨部還是不行的……馮部軍官對西北諸地的行政態度都是如此。（三）這次上海各日本紗廠四萬多中國工人的大罷工，最能給全中國人民反帝國主義的感情以熱烈之興奮，據個中人云在北京的日本帝國主義者惶急萬分，生怕國民黨政治委員會發佈援助罷工的宣言，重申廢除一切不平等條約，禁止外人在華設工廠……等主張；據記者訪問，國民黨政治委員會與中央執行委員會業已決定發佈此種宣言，但記者草此通信時，上海長期的能工已有被迫終止的消息，而國民

黨援助宣言尚未發出，延誤時機，殊爲可惜耳！（四）國民黨右派幾個不齒於人口的壞蛋（如馮自由等），在中山病危中，破壞國民黨的無恥行爲無所不至，據聞他們幷、是個人復仇的舉動，乃切實與安福系及西南軍閥勾搭來破壞國民黨；近惟張君溥泉大有覺悟，他在會議上大駡馮自由劉成禺等不是東西，他說：『主張儘可不同，然此輩的行動實太出範圍了』，他又說：『國民黨向來在安樂時有內爭，在危急時則內爭平息，此時正是內爭平息之時』，又說：『造黨工作尚未成功，大家應注意於如何使舊同志與新同志融和在一塊兒』。據個中人言，張君這種覺悟不是偶然的，他北來後從新感受許多軍閥與帝國主義的痛苦，始覺前此誤入歧途。至如馮自由劉成禺馬素等惡棍，乃自覺的甘爲帝國主義、軍閥和買辦階級的走狗耳！

寸鐵

精神文明東方文化　段祺瑞

大文學家徐志摩運動了段大軍閥一封信，去到歐洲迎接活佛太戈爾再臨中國，徐先生果能達到目的，屆時必有一番盛況，我等何幸竟躬逢這精神文明東方文化軍閥政治的盛世！（實庵）

崇信外國

庚子賠款據約無用金的明文，付法賠款仍用紙佛郎幷於國信無傷；現在段執政打算承認金佛郎案，眞是『崇信外國』，不是『外崇國信』！（實庵）

軍閥與國民會議

段祺瑞說：『國民會議，國民程度尚談不到』。又說：『國民會議議決，能否強制軍閥遵從，尚屬疑問。』我們第一要問段祺瑞：既然是這樣，你馬電 張召集國民會議是何用意？第二要問段祺瑞：你自己是否軍閥？（實庵）

陳炯明與辛亥同志俱樂部

我前幾天說章炳麟等恢復同盟會，尚缺少陳炯明孫毓筠劉揆一胡瑛這一班老同志，現在見了章炳麟唐紹儀馬君武居正白逾恆劉白等發起辛亥同志俱樂部，才知道不但不缺少陳炯明，幷且他還是這個組織的後台老板。不過陳炯明的代表劉白能墊出開辦費二千元，孫劉胡等現時却無此力量了。（實庵）

英國帝國主義對於埃及的壓迫、

路意

不久之前，英國工聯赴俄代表團領袖，裴塞爾，在巴庫演說，宣言代表團回轉英國以後，將做一番反對干涉埃及事件的運動以阻止英國帝國主義對於弱小不能自衞的埃及之壓迫。

這種態度是無產階級的戰士所能聽得進的，但恰與工黨對此問題之正式觀點相反。工黨實際上是要拿英埃衝突到國際聯盟去的。而且人們似乎對這一觀點也不見得十分堅持。從麥克唐納爾溫和的演說看來，工黨對於英皇訓詞的駁文將也不過是簡單地表示：『對於陛下政府處理埃及問題的態度有點惋惜』。

一九二三年條約已經變成一團廢紙，侵犯蘇丹也已經是無用遮掩的事實了。鮑爾溫內閣自然曉 不再提起國際聯盟仲裁這一個辦法。在這情形之下，工黨的駁文是無關緊要的。工黨不能公開地出來要求，因爲麥克唐納爾對於柴魯爾所提將英埃衝突交到國際聯盟去的請求之拒絕還昭然在人耳目。反對派肚裏明白帝國主義向尼羅河流域進攻，自己是個同謀者，所以他們不能夠像裴塞爾那樣，表示工人階級的意見。

在下一週將舉行的辯論席上，麥克唐納爾如果出來批評現政府的

埃及政策，無論他的批評如何之微弱，財以法庭審判官答覆他的話，將使他無地自容。

張伯倫早就用前任官的威權來證明他的哀的美敦書是對的了。如果麥克唐納爾在反對派中，不願意像在政府席上那樣『負責任』，那麼他的下任就不難證明現在對於埃及的『强硬』政策乃是繼續英國傳統的外交政策而來的，這個政策而且是工黨政府始作其俑。

無論工黨的正式態度如何，埃及問題之嚴重是不可否認的。無論是對於英皇訓詞之駁文，或是國際聯盟之干涉，都不能解決這個問題。事實上這二條路都完全在問題的旁邊。

現在祇有直接行動之一個辦法：就是裴塞爾所提出的做一番運動反對干涉埃及事件。獨立勞動黨已經高聲提出抗議，工黨首領也表示過憤怒，這個直接行動的提案果眞提出來了，他們的誠意將有個嚴肅的試驗之機會。

人們通過了一些議決案，人們舉行過幾次抗議的會議；但是一點也不夠阻止政府的任意行動。埃及，吟於帝國主義的鐵蹄之下。所謂民族政府，祇是帝國主義用來救濟戰後危險的革命恐慌之工具，這個工具現在已被丟開了。亞侖拜爵士簡直命令開羅（埃及首都）。

英國用巨大的軍事勢力來壓迫弱小無以自衞的一個民族。『埃及人民之父』所領率的政府已被驅走了，因爲這個政府敢和帝國主義某幾種的難堪要求發生辯論。埃及宣布戒嚴令了。蘇丹完全被割據了。

總而言之，目前的狀況就是如此。挑撥的第一時期已過去了，如果人們不提醒這個問題的嚴重，不努力結果了帝國主義這一次舉動，那麼我們恐怕英國工人階級將墜落到沈寂和冷淡去。

總司令被刺事件

在研究此問題之政治的狀態之先，爲要決定工人階級應否實際地反對帝國主義之這種壓迫和發展的政策起見，我們必須研究史台克被刺事件之精神上的影響。

資產階級報紙利用這個暗殺事件來激起皮面上的憤怒。政府竟將此事件做成政治的資本。資產階級這種進攻的目的乃妄取得工人階級對於壓迫埃及政策之同意。英國無產階級，從工黨官僚領袖口中看來，已經差不多是完全同意統治者的政策，而一樣地憤恨於總司令之被刺的，麥克唐納爾矜誇史台克犧牲生命之高尚和勇敢。麥克唐納爾和其他一些工黨首領都深惡那世人所以爲凶惡卑汚的罪惡。他們精神上就這樣擁護了藉口替被刺的英國武官復仇之一些手段。

固然，政治上暗殺手段的好處和有用處，不能不使人懷疑。然而在憤怒之先，試一研究所以造成這個罪惡的環境也是必要的。如果照道德上說凡是恐 手段、暴力和壓迫都應該受刑罰，主動的人都應該受裁判，那麼英國帝國主義在愛爾蘭、印度、埃及及世界其他部分之行爲，都應該完全受這個刑罰和裁判。誰眞誠地願意這種罪惡消滅，誰就應該從問題的根本上來考察問題，而且必須指出根本的救治方法。工黨首領們大聲疾呼痛恨這個悲慘的罪惡，同時便使他們對暗殺之報復的手段而提出來的抗議失却了一切的意義。

佔領者，譬如强盜一樣，他的生命無時不做他所盜竊的和佔領的人們之復仇的目的物。佔領埃及的外國軍隊之首領自然做了民族主義者最合理的箭鵠。人們不能受欺，相信史台克是埃及軍隊的司令。他所指揮的軍隊中，大部分是埃及人，這是可能的；然而這些軍隊乃是用來保護帝國，用來束縛埃及民族在英國的御柩底下，這也是不可否認的事實。史台克在埃及并非埃及民族之官員，而是時常嘲笑所謂埃及『獨立』的那個强國之代表。做了蘇丹的總督，他就變成反對埃及之宗主權要求的一個代表人物。確定一句話說，他是在戰爭中而陣亡了的一個人。把這事件牽涉到道德上頭去，那是帝國主

義之一種純粹的虛偽。　史台克被刺或其他類此事件的責任，決不能狗託辭埃及政府無能鎮壓革命煽動無能保護外僑生命，而放在埃及政府肩上。　最後的分析，我們斷定，這個責任是要歸那驅外國代表到充滿了暴動精神的國家去之一種制度去担任的。　英國政府時常拒絕撤退駐在所謂『獨立』國之軍隊，這一個事實已可證明史台克及其同僚在埃及的使命是犧牲埃及民族主義的要求來保護帝國主義利益的。堅持要那威權被帝國主義走狗所玩弄的政府來担負保護他們的生命和安全，那就未免太滑稽了。

外國軍事迪克推多統治埃及到底，埃及就有權利可以反抗到底。埃及民族要求完全獨立的權利是不可否認的。　既然承認民族有自由決定本國政治形式之權，那就不容外國干涉，無論這個干涉藉口甚麼。　一九二二年條約祇是名義上廢棄了英國的保護地位。　埃及民族有歷史的權利，起來反對一切外國或本國的壓迫，這是不能否認的。　英國佔領埃及，將埃及變成他的保護國，無論話說得如何好聽，無論像帝國主義歷史家西利所說英國有『神聖的責任』來保護埃及，保證蘇丹人的安全；我們都知道英國　沒有這種道德上的目的。——這一層無須乎我們來證明的。

試簡單地舉出幾件最重要的歷史事實來看：

帝國主義侵略埃及之發端

過去一世紀之下半期以前，英國商人和法意商人做一起深入到尼羅河流域來。　商業利益之重要逐漸增加，遂引起了他們的政治慾望。　埃及總督意斯買欠英法銀行家的債務已達二·五〇〇·〇〇〇·〇〇〇佛郎。　意斯買沿尼羅河擴張土耳其的宗主權一直到愛西惡皮亞。　他建築了哈爾土姆及其他幾個城市。　歐洲的財政家培養了土耳其帝國主義的『文明』勢力。

其後，他們以爲丟棄了中間人的土耳其，用十字架記號代替新月記號來催促『文明』進步，似乎比較要有利益些。　基督教徒債主於是向埃及索還本錢，不然就要國家收入做担保。

意斯買反對這一種財政的投降。　爲剷除這一個不利於他們政策的障礙物，英法債務委員會於是煽起一個『暴動』反對土耳其（這裏我可以看出，如果柴魯爾政府果眞含有政治目的來鼓動蘇丹的反英國運動，如現在攻擊柴魯爾政府一般人所說的，那他也不過是學學歐洲帝國主義從前給他的教訓）。　意斯買下野了，杜飛克——英法債主的工具——來代替了他。　杜飛克無條件地承認了這個財政的投降。

這種著名事實，歷史已經重複幾遍過了。　在帝國主義枷扼之下的一切落後國家中，都發生過此種事實，且好像是一個刻板印出來的。六十年前在開羅開演的悲劇，現在又重新打扮登台了。

在債務委員會高壓之下，新總督裁斥了許多不尊敬他和不尊敬他的英法主人之官員、辦公人。　他託辭裁員是爲節省經濟。　那時商人交納的捐稅很重，爲的是使抵押給債務委員會的國家收入能夠提高。　服從英法銀行命令的新政所引起的怨望已普遍了全國。　埃及民族主義黨組織起來。　一八六八年這個黨的第一次宣言這樣說：

『英國的獅子是貪得無厭的。　但他不殺死他的獵獲物。　他使這個獵獲物活着，一點一滴地吸盡了血，一塊一片地吃盡了肉，方才放手。　待遇印度同胞的方法正在等待我們了。、可憐的埃及受了非刑。　此種生存不如死了乾淨。　起來！　我們是上帝的忠僕！　埃及屬於埃及人！』

這呼聲決不是享受和平『文明』快樂之幸福民族中發出來的。　這顯然是受刑囚犯之呼聲。

這些『野蠻人』眞是忘恩背義！

今天埃及人所說還是這種論調。　帝國主義五十年的强迫開化仍是不能使埃及人感覺文明的好處。

（未完）

The Guide Weekly

嚮導週報

第一百〇六期

（中華郵務管理局特准掛號認爲新聞紙類）
一九二五年三月廿四日
郵票代款概作九五折

分售處
南昌　大原　長沙　濟南　潮州　雲南　甯波　開封　福州　重慶　成都　西安　宜昌
明星書社　晉華書社　文化書社　齊魯書店　青年書社　新亞書局　明星書社　文化書社　工學社　唯一書局　華陽書報流通處　西北大學販賣部　綿益公司派報部

分售處
香港　巴里　廣州　上海　武昌　蕪湖　平陽
華文書局　中國書報社　丁卜書報社　民智書局　上海書店　時中書局　共進社　科學圖書館　新新書社

——零售每份銅元四枚——

訂閱：國內一元寄足六十期・國外一元寄足三十五期・郵費在內
代派：每份大洋二分・十份至三百份五折・三百份以外四折・寄費在內・十期清算一次

每星期三出版　發行通信處　杭州馬坡巷法政學校安存眞轉王致和

悼孫中山先生！

獨秀

爲國家爲民族刻苦奮鬥四十年如一日的孫中山先生，一旦他逝世的噩耗傳來，全中國的民衆應如何悲痛呵！

全中國的民衆呵！　我們沒有了中山先生了！　我們失了一個偉大的革命領袖，是我們極大的損失；惟正因我們有了這極大的損失，我們更應該加緊奮鬥，因爲我們的敵人——帝國主義者及軍閥——必然跟着中山先生之死向民衆加緊進攻。

我們更應該知道，革命的領袖中山先生雖然死了，革命的國民黨是不會死的，我們相信偉大的集合體指導革命，比偉大的個人指導革命更有力量。　我們警告帝國主義者及軍閥且勿因中山先生之死而存幸災樂禍的心理！

我們沒有了中山先生了！　我們的心情雖然萬分悲痛，我們的意志却不絲毫沮喪，全中國的革命分子，應該因中山先生之死，加速的集合到中山先生創造的國民黨，團結成偉大的集合體，來繼續中山先生革命事業。

我們相信國民黨中所有革命分子，必然因中山先生之死更加團結一致，更加遵守中山先生之遺囑共同奮力前進，今後的國民黨必仍然爲中山先生的革命精神所統一，必仍然爲整個的黨，彼軍閥官僚輩所預料的『中山死國民黨必分裂』，直是妄想。

即或有一部分反革命的右派分子在中山先生死後脫離國民黨，這只算是國民黨內淘汰了一部分反革命的黨員，決不是黨的分裂，因爲這班分子的行爲，久已違背了孫中山主義，久已不能算是國民黨黨員了。　而且這種淘汰黨員的現象，在國民黨中不乏之先例，如袁世凱時代，章炳麟劉揆一劉師[illegible]孫毓筠胡瑛李燮和等都背黨而依附袁世凱，難道這也是國民黨分裂嗎？　又如李根源等脫離國民黨而另組什麼政學會，吳景濂等脫離國民黨而另組什麼民憲黨與益友社，這些反革命的分子脫離出去後，革命的國民黨不仍然是整個的統一的嗎？　他們脫離出去，不但無損於國民黨之統一，而且這班反革命的分子脫離一次，國民黨的數量質量均進步一次，在社會上的聲望便增高一次。

現在也是如此。 安福黨人姚震說：「孫氏既死，彼國民黨者，鑒於由來之經過，終不免分裂，然國民黨中之穩健派，此時有與吾人握手提攜之充分可能矣。……國民黨有爲之士，當孫氏在世時，因從孫氏之意思命令，不得就現政府任命之官職，若欲就官職，則爲背孫氏之命，因此遂與現政府發生疎隔，今後此種障礙已除，而可進於圓滑之關係矣。」

這班穩健派倘以爲障礙已除，參與安福政府握手提攜進於圓滑之關係，而與革命的國民黨脫離，在官僚看來，這就是國民黨分裂，其實這正是國民黨之進化，不是分裂。眞正的國民黨全體黨員，必然仍舊遵從中山先生之意思命令，仍舊遵從中山先生『革命尚未成功，同志還須努力。』的遺言及臨終遺囑，一致團結進行。

中山先生死了，而中山先生的革命精神及政治主張，仍舊活着在他創造的國民黨中并未曾死；必須全體國民黨黨員都變成了姚震所謂穩健派，那時中國便沒有了革命的國民黨，那時中山先生才眞是死了！ 但是全中國之大，只要帝國主義者及其工具！——中國軍閥——不能斬盡殺絕中國的革命黨，四萬萬人中只要有一人繼續中山先生之志而奮鬥，中山先生都未曾死！

悼我們的戰士！

嗚呼！ 本報記者高君宇同志，忽於本月五日病歿於北京！ 君宇再不能以文字與讀者諸君相見了！ 但他那熱烈的革命精神永留在本報，也便永留在讀者諸君的記憶之中！

嗚呼！ 君宇死了！ 君宇的精神仍時時在讀者諸君的前面徘徊着呵！

廣東反革命勢力的覆滅

和森

陳炯明反革命勢力的覆滅，現在已到了我們眼前：潮汕的克復業已證實，剩下的只惠州一個孤城了。

這次陳炯明反攻廣州的罪惡舉動，於中國前途和革命運動是個嚴重的危機。 本報在一〇一期裏面曾指明這是中山病後帝國主義與軍閥乘機打倒中國解放運動之陰謀，本報并號召全國人民——特別是廣東工農羣衆，立刻起來保衛革命。

我們這種號召，現在更證明不是徒然的。 打敗陳炯明的意義，第一是帝國主義與北方軍閥在中國南部失去一個强有力的爪牙，其重要不減於吳佩孚在中國北部之失敗；第二這次革命軍的勝利間接給帝國主義和北方軍閥(段張)一種打擊，不管是向他們表示中國革命運動愈有生氣愈不可侮。

何言乎愈有生氣愈不可侮？ 據本報所得確實消息，這次打敗陳軍的要素有二：一是國民黨新在黃浦軍官學校訓練出來的黨軍，報紙上通稱學生軍，外國帝國主義者目爲『赤軍』；一是東江農民紛起襲擊陳炯明，幫助國民黨。 幾年打不破的陳軍，今日所以大破而特破之者，完全因爲國民革命的陣線裏參加了工農階級的新勢力。

昨日有個新從廣東來的友人對我說：『這次戰事，滇軍可說沒有參加；許軍雖然出力，然并不是決勝的要素；眞正的生力軍還是學生軍，洪兆麟的軍隊看見學生軍的旗幟便逃走；然而沒有東江農民的起事，也不會這樣大勝，陳軍之所以大潰而特潰，便因農民紛起擾亂他的後方。」

東江農民何以這樣幫助國民黨來打陳炯明？ 因爲陳炯明是大地

壹的工具，是他們可恨的壓迫者，他們的農會會一一被海陸豐軍閥打得粉碎。 學生軍何以這樣能戰鬥？ 因爲他們多屬工農子弟，有覺悟的貧苦學生，他們所受外力和軍閥的壓迫比任何階級要嚴重，所以革命戰鬥的精神格外堅決，加之又受了很正確的革命的政治教育。所以前此在廣州政府下的各軍多少引起羣衆的反感，而學生軍却到處受羣衆熱烈的歡迎，因爲他不僅是革命黨的武力，而且成爲保護革命羣衆之利益的工具。

所以這次東江戰爭的意義，不僅打倒了一個惡劣的帝國主義和北方軍閥的爪牙，不僅挽回了革命運動的危機，而且開闢了一個革命軍事行動的新紀元，使國民黨和廣州政府今後得逐　離開僱傭軍閥的舊關係而確立於眞正的革命的武力之上。

我們希望負責的領袖們在這軍事行動時期中須同時注意民政政策。 關於軍費的負担，尤須確定一種政策加之於反革命的大地主和買辦階級之上；貧苦的工農羣衆和小商人皆不宜再加稅捐。 這樣才能發展革命的勢力，鞏固革命的勝利！

胡適之與善後會議

雙林

胡適之加入善後會議，報上說他是去嘗試嘗試的。 這嘗試兩個字，在每段新聞裏都帶着些滑稽口吻。 其實我們倒很可以替適之抱不平，因爲他本是個嘗試主義者，他去嘗試，實在無可譏笑。 我們要看他試得怎樣，再加批評。 再進一步說，單是說他嘗試失敗，說他嘗試的結果不好，也還不夠，因爲，一則我們明知他這次嘗試必然失敗，適之自己也未始不知道；二則嘗試不過是適之的一種政治態度，還不是他政見的本身。 所以我們不必斤斤於他嘗試的怎樣，成功還是失敗；我們却要看他怎樣嘗試，提出怎樣的政見。 ——善後會議的成功，老實些說，便是通過一個段祺瑞的國民會議組織法，預備替段氏趕辦『扶正』的禮節——把那臨時執政『扶成』一個正式執政。 我想，適之雖然不革命，未必便肯把這樣的『成功』，算做自己的成功。 適之所要的成功，大概就是想善後會議——段氏政府通過他的國民會議組織法。 這便是他的政見了。 可是，要使現時這種善後會議通過胡適之的國民會議組織法，祇有兩個辦法：一、胡適之的政見，完全和安福系相同；二、善後會議變成人民的會議。 從五四運動前後，直到如今，胡適之總算還是社會上公認的民治主義者，要他立刻變成安福系，未免太快些。 那麼第一個辦法是不能實現了。 因胡適之向來是個民治主義者，或者他在人民的善後會議上公布的眞正民治主義的政見來，可以通得過。 照這樣看來，爲胡適之想，他若要嘗試提出自己的政見，他還應當多試一試：不但自己應命加入嘗試，而且應當贊成孫中山先生的主張，要求社會團體加入善後會議，——這就是第二個辦法。 如果眞辦到了這一層，亦許胡適之的嘗試會成功，也未可定呵。 然而胡適之竟沒有多試這一試，他這樣試法，不但表示他的嘗試主義不澈底，而且已經表示他那民治主義也就不大高明了——不拿到人民會議上去試，却偏要在一羣安福系裏試。 於是他竟提出他的國民會議組織法來。 也許在這組織法的本身裏，我們可以看見胡適之的民治主義罷？

胡適之的國民會議組織法草案裏：一、國民會議可以解決國家根本大計，建設根本大法（不像政府草案，限定祇能通過憲法，並制定憲法權亦無）；二、女子有選舉權（？），三、直接選舉（？），四、普通選舉（？），五、各（？）公團先推候選人。 這五點，表面上看來，確是民治主義極了。 然而我們注意一下：

——『凡不能解說日用通行之文字不得有選舉權及被選舉權』(原草案十一條)

中國是世界上第一等的『不識字國』，輕輕的這樣一條條文，便可以驅奪百分之八十的中國公民之選舉權。其實這大多數不識字的民，大半都是工人，農民，小商人，女子，他們的工作和勞力，是中國全社會生命的基礎，他們何以不應參預選舉及政治呢？胡適之，你是不是政治上的柏拉圖派——要使識字的統治不識字的呢？假使說，不識字的人不懂政事，無從使他們參加。那麽，如果各市市民，各工會，各村農民的集會上，有人做通俗的政治宣傳的演講，公開的提出當地的候選人姓名履歷政見，凡是能說話，能聽話的中國人，會不會懂呢？當然會懂的。這些選民就平日所受的痛苦與候選人的政見比較一下，能不能自己決定投誰的票，或舉手贊成誰呢？當然能夠的。然而胡適之不願意教不識字的人參與政治，所以不肯想到這方面來。

這樣的候選人，當然是要有一定的政綱，代表一定的職業和階級的利益，所以必須由政黨及職業團體提出。胡適之的候選人提出法怎樣呢？我們再注意一下罷：

『各省區應於選舉之前成立國民代表會議議員候選人推舉委員會，以左列各公團代表組織之：一、省議會代表十五人，二、省教育會代表十人，三、省商會代表十人，四、省農會代表十人，五、省工會會代表十人。(原草案第十四條)

我們可以看見，其中沒有律師，醫生，學生等等團體，更沒有農民。而且教育會祇是教育界的小部分人，得推代表十人來推定候選人；工會人數可以比教育界多出幾百倍，也只推出十人。假使候選人是政黨及一切職業團體自己推定，隨交投票區的，那亦就沒有候選人推舉委員會之組織的必要，更沒有在推舉委員會裏代表人數多寡之關係。然而胡適之的草案，是要這推舉委員會中三分二以上之表決，再能推出一候選人。那就工會教育會相比例起來，工會要提的候選人，很難得當選。況且，這樣一來名為直接選舉，其實是一種變相的間接選舉。

不但如此，草案第十四條下，又加入這樣一句：『本條所列各公團，於本組織法公布時未正式成立者闕之。』這樣我們看看，全國有幾個所謂『省工會』？一個也沒有。(工人如何能限着地域，限着省分？譬如路工海員的工會，是介乎各省，廣遍全國的。)

總之，第十四條規定的結果，占全國人多數的農民是無從推舉候選人的了——農會是城鄉紳士的團體，農民協會是草案上所沒有的。全國的工人也是如此，因為各省都沒有『省工會』、

這就是胡適之的民治主義，胡適之的普選辦法！亦是胡適之在善後會議上的唯一嘗試。這種草案在善後會議上能通過不能通過，還沒有知道。然而這并沒有多大關係；胡適之已經有退出善後會議的消息了(聽說不正式辭職，因為不好意思拆台)。

胡適之退出善後會議，是不是因為善後會議中不容納人民團體？不是的。是不是因為不容納他的唯一嘗試——那種(一)國民代表會議組織法草案？亦不是的。聽說是因為河南又打仗了。胡適之究竟是說憨玉琨破壞和平，還是說胡景翼破壞和平呢？——我們從北京來的簡單的專電，是不容易知道。其實也用不着知道。他一定很『公平』說，最好大家不要打，善後會議還可以開下去，他這種草案還可以領領安福系諸公的教，——如今却開起戰來了，他就自認嘗試完全失敗而退出了。其實段祺瑞的理想上的希望，正和他相同；照理段氏應當下令討伐憨玉琨，因為胡景翼是他正式任命的河南督辦，然而他祇說調停：最好人家都服從他命令，現時大家都不要打，等他那國民會議組織法通過了，如法泡製的召集起來，一手包辦的正

位執政，到那時節，就可以一個個的結果自己的政敵，第一當然就是國民黨，而後國民軍，而後西南，甚至於奉張，以至於胡適之，——恐怕胡適之還不值得他去哩！ 現在，他却正歡迎胡適之輩也來幫他說一句『公平』話：『大家不要打』；至少表面上，現在他還很需要這樣一句話。 胡適之因打仗而退出，一方面說來，也可以說是助段的示威，何嘗又配做段的政敵呢？

請看帝國主義的橫暴

這次上海日商紗廠四萬多工人罷工中，呼喊得最響亮的，是『反對東洋人打人！』 他們提向廠主的要求第一條就寫着：『以後不許打人』。 在資本主義化的都會——上海，新式產業工人在二十世紀某一年——一九二五年的罷工居然發出這樣的呼聲，提出這樣的要求，這段新聞留給後人或傳到先進國去都將要令人想見中國工人享受那一種的生活。 中國一般的人們除了甘心做日本帝國主義走狗說被東洋人打了也不算一回事之外，都會替罷工工人鳴不平，都知道工人罷工不是祇爲自己的利益。 果然！ 打中國人的不祇是東洋人；被打的也不祇是社會下層的無產者。 我們隨便翻開近日的報紙來看，隨便可以碰見外國人侮辱中國人的事件。 我們看見美輪撞沈了中國軍官一人，兵二人，款二萬五千元，美使反向外交部提抗議。 我們看見京奉路押車的中國憲兵搜出日本人私帶煙土子彈，反被日警捕押。 我們看見漢口英國人豢養的巡捕打死人力車夫。 我們看見英國教士拘禁福州英華書院學生張秋仁。 這些消息，報紙上幾乎日不絕書，但這些還是零碎的片段的不大引起人注意的。 我們不必再提起近來重大的外交事件。 我們不必告訴讀者以美國趕造長江艦隊，日本派軍艦來華，法國催解決金佛郎案及其他類此的種種消息；我們祇無意地指出這些零碎的片段的不大引起人注意的事件，就夠證明帝國主義剝削，壓迫，侮辱中國人到何種程度！ 反抗這種剝削，壓迫和侮辱嗎？ 不錯這是必要的。 但這全靠國民的行動，現時的政府不足以語此。 現時的政府是帝國主義豢養的巡捕，幫着帝國主義剝削，壓迫，侮辱我們。

超麟

寸鐵

一朝天子一朝臣

前年直系盛時，國會議員多親到保定，向曹錕拜壽，會議爲之停頓；今當奉系盛時，善後會議代表多親到奉天，向張作霖拜壽，會議亦爲之停頓，真所謂一朝天子一朝臣。 但不知其中有無貳臣？

（實庵）

社會黨與政府官吏

梁鴻志答政府對善後會議用函不用咨之質問，說：『執政以會員多半係政府任命官吏』，他這句話幷未說錯，而社會黨首領江亢虎却以梁氏失辭，大起非難。 社會黨尤其是所謂中國社會黨，本來和政府官吏就是半斤等於八兩，江先生何幸高攀列席那些老爺大人的會議，已算面子十足，又何苦不安分而撒嬌？ 有人說，幷非江先生撒嬌，這就是宣傳社會主義哩。

（實庵）

廢帝得志是何意義？

清廢帝向楊以德說：『他日如得志決不忘卿』。 其實他應該說：他日如得志第一決不忘段祺瑞，因爲段祺瑞若不令監視的軍警撤去，他如何能逃走，他日又如何能得志呢？

（實庵）

高一涵應該知罪呵！

姜案要犯倪道烺還沒有治罪，攻擊倪犯的高一涵倒要治罪了，這件事究竟對不對呢？ 我以爲很對，因爲高一涵胆敢在安福政府之下攻擊安福要人及準安福的總長，這便是犯了法，這便有應得之罪。高一涵如果不服，再加上他一個過激罪名，看他還有何話可說！

（實庵）

『過激』之第三個解釋

『過激』究竟是什麼意思呢？ 馬聯甲說：『教育已經是過激了，平民教育更是過激』。 這是『過激』之第一個解釋。 東交民巷裏某國公使說：『廢除不平等條約是過激思潮。』 這是『過激』之第二個解釋。 現在又有了第三個解釋，上海有一個某律師的翻譯，聽見某紗廠工人說了一聲資本家，他便說：『你說他們是資本家，那麼你便是勞動家，你便是過激派了！』

（實庵）

靜候江亢虎在善後會議宣傳社會主義

江亢虎在北京各團體宴善後會議代表席上演說：『外間對善後會議責望太大，其實善後會議應議者只有軍事財政兩案及國民會議組織法。』 我們希望江先生在議這三件事以外，莫忘了宣傳社會主義呵！

（實庵）

『反…救亡會』

國民黨中一班反動分子發起了一個什麼『反共產救亡會』，同時；安福政學研究諸分子也要聯合發起一個什麼『反國民黨救亡會』， 救亡』居然成了攻擊異己的無上利器，今後『反…救亡會』當層出不窮也！

（實庵）

護黨呢還是叛黨？

反動的國民黨右派口稱護黨，實際上已經叛黨了。 他們如果黨服我這句說話，試問他們於自己黨的組織以外，公然另行組織國民派同志會，公然另立章程，公然推舉一向反對國民黨反對孫中山的唐紹儀爲理事，更公然推舉一向反對國民黨反對孫中山近且約同陳炯明兵進攻廣東的唐繼堯爲理事，這樣究竟是護黨還是叛 ？

（實庵）

工人運動與各國在華工業

日本某報說：『曾被吳佩孚解散之工會，均漸次復活，而其運動之急進，大有一日千里之勢，故英美法日等國，對於此種現象，多懷恐怖之念，咸認此風一盛，則各國在華工業，將受絕大影響。』 如此看來，我們還是任憑帝國主義者勾結國內軍閥壓迫工潮保護各國在華工業好呢？ 還是起來助長工人運動好？

（實庵）

趙恆惕養漢子

兩年以來，趙恆惕私通洛吳已成公開的祕密；上年十二月吳佩孚大敗之後，這個粉頭公然請吳移駐岳州，人們都知道她是要養漢子了。 現在吳佩孚果然跑到岳州去了。 謂她事前不知，誰肯置信？ 路透電說吳之抵岳顯使湘局進退維谷；養漢子怎得不有些兒進退維谷？

（反戈）

洋發財

一打洋鬼子在臨城匪巢住不到幾個禮拜，現在居然敲到中國三十萬賠款。 單是上海密勒報主筆包威爾（美人）得一萬二千八百五十五元，還有兩個美國女人得四萬多元，這真是洋發財呵！ 難怪綏遠等處的洋牧師們常常自己跑到匪巢裏面去幹這洋發財的當兒。

嗚呼！ 洋發財，中國如何不窮？

（反戈）

西南團結聲中之湖南（二月二十二日湖南通信）

羅夫

當奉軍已長驅入關由直隸，山東侵入東南，國民軍正計劃席捲西北更從河南進逼湖北的時候，雲南的唐繼堯亦亟亟從事川黔湘桂的聯結，欲會師武漢，與東北西北兩大勢力三分天下。 西南團結既高唱入雲，同時因宋鶴庚回湘又有譚趙復合之說突然而起，究竟在趙氏鐵腕下之湖南，其態度如何，實有一述的必要。

趙對段政府，始終只是敷衍，即於對段代表周渤態度即可顯見。善後會議，趙雖派代表，然除敷衍老段面子而外，實際却是乘各省代表在京藉資聯絡，并宜傳聯治而已。 趙對段既只事敷衍，對滇唐却漸趨接近。 本來唐趙實有接近的可能，唐方欲貫澈其大西南主義，非將川黔湘桂打成一片不為功，趙方因冰山既倒鄂蕭自保不暇而又欲拒粵則於標榜聯治主義之唐，實大可與共鳴，何況熊克武軍駐湘西臥榻之側本有不得不容他人酣睡的勢子。 當去歲熊軍欲出湘西，譚兵深入贛境，程(潛)蔡(鉅猷)欲襲長沙的時候，此北伐的勢焰逼成鄂蕭湘趙贛方間的勾結，於時，蕭則任餉任彈，趙則出兵援方，為蕭賄買熊部下先鋒旅長賀龍以制其不能出鄂，此固為一時利害計不得不如此。 然譚軍自從前歲敗入粵省因水土不服，久成病軍，今又敗於贛，實力損失殆盡，已不足為趙氏置慮。 而熊克武久滯湘西兵多地狹餉不足給時有先攻長沙而後入鄂之謠，轉足為趙目前大患。 本來趙對熊軍如不能拒其不來，則唯有助之使能早去，專事敷衍，即能盡致，亦屬下策，且趙為個人地盤計，與其死力為蕭，誠不如聯唐。 大勢如此，遂有本月半熊趙突然在臨泚口秘密會議之舉。 其會議內容除雙方表示誓不相害外，即商議熊軍如何能早出鄂的辦法。 這一會議大可代表趙與唐及趙與蕭之間之關係的變遷。 然趙雖與滇唐日趨接近，而對於吳佩孚仍屬忠實不貳，吳初退鄂時趙確有迎吳入湘之意，因為部下多數主慎重才作罷。 吳表面蟄居黃州而實際仍支配長江局勢，這是誰也承認的。 趙唐的接近亦猶袁(祖銘)唐的結合，內幕中趙袁都沒有迴避吳將軍。 吳將軍在川湘鄂的勢力，都隱然未嘗變化，吳唐果能因袁趙的牽線而合作，那末憑藉奉系的段政府，未見得可以樂觀罷！

至於因宋鶴庚回湘便斷定是譚趙復合，未免頭腦過敏。 宋之回湘，一由於唐生智(四師師長)為宋舊部下，因與葉開鑫(三師師長)暗鬥而趙不肯為左右袒，故亟思迎宋以自重。 一因趙對屢經潰敗的在粵湘軍將領，皆願其隻身，湘藉以優禮免除他日之患，與宋更無深仇，故更樂於歡迎。 在宋宴然回湘，則有其用意，宋回時，曾盛倡湘人不攻湘，以許湘軍假道長沙伐鄂，否則合力攻贛，請於趙，前一層已被趙拒絕，僅默許其出湘西，後一層則趙諉稱須俟軍事會議決定。 這亦可見趙譚間的關係究竟是怎麼一個樣子了。

路意

英國帝主義對於埃及的壓迫(續)

『廢奴』

英國給埃及的許多禮物之中，『廢奴』也算是一件。 許多的英國公民都堅定地相信英國的慈悲精神，如果有人告訴他們說廢奴一事是受經濟利益所規定的，他們一定大為驚訝。

在所有的歷史書上，我們都看見寫着英國人戈登拿埃及當做他的祖國，而且為埃及犧牲了自己的生命。 他比較史台克先半世紀担負起開化埃及的使命。 杜飛克做了債主的至高命令的執行者，用英國人法國人來代替埃及的官員。 戈登就是這些找財產的浪人，替帝國主義打頭陣的走狗之一。 他的勳業卽刻大著。 一八七四年，他就被委任為蘇丹總督。 此時蘇丹主要的商業是從非洲中部野蠻地方來

的象牙。　戈登要用國家來壟斷象牙商業，因此就必須廢奴，因爲奴隸制度與這個商業有密切的關係。　法意商人在象牙商業裏頭是和英國人競爭的，一旦奴隸制度廢止了，他們就失却實際上無代價的奴隸勞動。　他方面，壟斷成立，開羅就成了象牙商業的中心，在這條件之下自然就歸英國人專有。　此外還有一個更卑鄙的動機，卽故意激起奴隸主人和象牙商人在蘇丹起暴動，然後英國才有干涉的機會。戈登『貴人』果然有先見之明！　怨望的蘇丹人和受亞拉比大佐指揮的埃及民族主義黨聯絡起來。　精密地預備出來的機會果然來到了。軍事干涉和佔領的時機於是乎成熟了。

一八八一年民族主義的暴動在埃及爆發起來。　同時蘇丹也在馬地指揮之下起來暴動。　一八八二年五月英法艦隊砲擊亞力山大城。一個共同的通牒給總督要求內閣辭職及民族主義黨首領亞拉比充軍。　但民衆示威倒反迫成總督委任亞拉比做衛國總長。　暴動者失敗，亞拉比軍隊打了敗仗，他自己被囚於德列吉比。

埃及兵士拒絕參加進攻那全國暴動的蘇丹。　戈登於是被困在哈爾托姆城。　這樣可見埃及人是不願意英國人假借他們名義去佔領丹的。　戈登絕不是爲埃及人利益而犧牲，乃犧牲於鎭壓蘇丹人之反對英國侵略之暴動。　除非靠可鄙的狡詐和精妙的計策取得地位之外，英國在埃及和蘇丹都沒有別的權利。　保守黨政府今天所保護的和麥克唐納爾政府昨日所保護的、就是這一個靠暴力奪來的權利。　工黨所要交給國際聯盟裁判的，就是這一個十分明顯的戰勝者和戰敗者——剝削者被剝削者——中間的糾葛，——殊不知這個國際聯盟就其組織看來(威爾遜黨)是不願意去研究帝國主義內部所必生的結果的。

不僅英國政府直接拒絕國際聯盟干涉，卽國際聯盟本身也不肯負責任去處理這個萬難解決的問題。　國際聯盟再把他的組織上的無能表示一次給我們看了。　現在工黨的提案又是怎樣呢？

工黨的提案

英國在尼羅河流域用盡種種好的或壞的方法所得來的優越權并未因一九二二年條約簽字而丟棄。　英國一點兒也沒讓出他的威權。給埃及的『獨立』是完全不充分的。　以前創立許多分立的政府之計畫既然都未能成功，帝國主義這一個假面具，現在祇有取得柴魯爾的協作，才能拿得出來。

柴魯爾和他的黨祇承認這個『獨立』是後來談判的基礎。　他如果沒有解決關於撤兵和關於蘇丹的重要問題，民衆將不肯跟着這種妥協行爲走去。　然而建築在一九二二年條約上頭的政策所造成的狀況是曖昧的，是不能長久繼續下去的。　柴魯爾的 治命運受決定於他以何種方式來執行人們所交給他的任務：向英國作友誼的交涉來實現埃及的完全獨立及其對於蘇丹的要求。　不能滿足這些要求，埃及必定沒有一個政府能夠長久地壓抑民族革命的勢力。　埃及卽許有個人物，敢於獻身去担負這個萬難成功的使命，這除非是柴魯爾，他很得民心，而且受無限的信任。　假如英國資產階級和工黨政府對於英埃衝突和平解決的宣言不是虛僞的，那柴魯爾的政制將不至於推倒；柴魯爾之所以終歸不能維持，乃是工黨政府受帝國主義貪得無厭之狂瘋所催迫而使之然。　民族主義黨中的革命派自從亞拉比以來，就熱烈地不斷攻擊英國的帝國主義。　這一派不肯承認柴魯爾和英國所簽字的妥協條約。　但這一派對於這位老首領的信仰，對於他的眞誠和才幹之信任，不得已讓他的妥協政策和他的一點一滴取政權的政策去試驗一下。　柴魯爾很知道他的地位之不鞏固。　他歡迎工黨上台，以爲工黨可以助他鞏固這個危險地位。　可是麥克唐納爾是不受埃及首領和他個人的交情所牽制的。　卽令克松爵士來處理這件事也不外如此。　麥克唐納爾政府播下的種子已結實，被張伯林所收穫去了。　在反對派的席上，工黨的官僚首領們仍不能抵折他們戕害埃及民衆的罪惡，——這個罪惡的責任是要工黨首領們和現在的保守黨政府平均担負的。

（未完）

The Guide Weekly

嚮導週報

分售處
南昌 大原 長沙 濟南 潮州 甯波 開封 福州 重慶 成都 西安 宜昌
明星書社 晉華書社 文化書社 齊魯書社 青年書店 新亞書社 明星書局 文化書社 工學社 唯一書局 華陽書報流通處 西北大學販賣部 精益公司派報部

分售處
香港 巴里 廣州 上海 武昌 蕪湖 平陽
萃文書局 中國書報社 丁卜書報社 民智書局 上海書店 民智書局 時中書報社 共進書社 科學圖書館 新新書社

（中華郵務管理局特准掛號認爲新聞紙類）
一九二五年三月二十一日
郵票代款槪作九五折

第一百〇七期

——零售每份銅元四枚——

訂閱：國內一元寄足六十期・國外一元寄足三十五期・郵費在內

代派：每份大洋二分・十份至三百份五折・三百份以外四折・寄費在內・十期清算一次

每星期三出版　發行通信處　杭州馬坡巷法政學校安存眞轉王致和

△

孫中山特刊

中國共產黨爲孫中山之死告中國民衆

爲中國民族自由而戰的孫中山先生死了，自然是中國民族自由運動一大損失，然而這個運動是決不會隨中山先生之死而停止的。

自外國資本帝國主義在中國之侵略日甚一日，中國的農業經濟及手工業經濟之破壞遂隨之日甚一日，因此全國農工大羣衆，在客觀上都早有了民族運動的要求；最近英美日法等帝國主義者侵略中國之方式，不但壟斷中國的商業航業礦業金融海關等，更進一步紛紛在中國設廠製造并墾種土地，直接壓迫中國的工人農民，直接排擠中國的工業，在事實上逼得中國的工人農民及愛國的知識分子都自然有了民族自衛的覺悟，這就是現在中國民衆一致奮起參加反帝國主義和廢除不平等條約運動之唯一眞因。

這個民族運動，明明是由於客觀的事實逼得中國的工人農民及愛國的知識階級等廣大民衆，爲自己生存計不得不出此一途。爲民族自由而戰的中山先生，他的民族運動之主張與戰略，完全是隨着這些事實上的要求而發展的，決不是因爲有了中山先生民族運動之主張與戰略才有這些事實發生。因此，我們應該知道促起中國民族運動的這些事實存在一天，就是沒有了中山先生，這個運動也是一天不會停止的。

在這方興的民族運動中，失了一個有力的領袖，自然是很大的損失，然而這也不成大的問題。因爲中山先生所創造的國民黨仍舊存在；這個黨，尤其是其中革命分子，必然遵守大會宣言，必然遵守中山先生的遺囑，依照中山先生的主張與戰略——打倒軍閥必須打倒帝國主義——領導中國的民族自由運動和中山先生生時無異。

中國民族是被全世界資本帝國主義壓迫者之一，所以我們的民族自由運動，不是單純的一個民族運動，而是和全世界被壓迫的階級及被壓迫的民族自由運動互相聯結

的；我們民族自由運動之初步與關鍵，即是廢除不平等條約：這兩點在中山先生的遺囑中都鄭重指出。 因此中國共產黨對於孫中山先生及國民黨所領導的中國民族自由運動，始終表示充分的同情，今後對於國民黨及其所領導的民族運動，仍舊協同全國工農羣衆予以贊助，決不因中山先生之存殁而有所變更。

我們并且要求全國民衆，因為中山先生之死所給予我們的絕大刺激，大家更要加倍努力，一方面猛烈的繼續國民會議及廢除不平等條約運動，反抗帝國主義的工具段祺瑞張作霖在北方對於這些運動之進攻；一方面保衛南方的革命根據地——廣東，肅清陳炯明林虎唐繼堯等及其所勾結之買辦地主的反動勢力；因為這些都是廓清目前橫在我們到自由之路所必去的障礙。

全中國的民衆呵！ 為中國民族自由而戰的孫中山先生死了，我們急須以猛烈的行動告訴全世界帝國主義者及其工具——中國軍閥：全中國為自由而戰的民衆是不死的呵！

中國共產黨中央執行委員會

一九二五年三月十五日

中國共產黨致唁中國國民黨

中國國民黨中央執行委員會：

國民革命尚未成功，貴黨總理孫中山先生遽爾逝世，中國共產黨中央執行委員會接此哀耗，不勝悲悼！ 中國共產黨對於貴黨總理孫中山先生臨終之政治的遺囑及其畢生反抗帝國主義反抗軍閥之革命事業表示極深之敬意，并希望貴中央執行委員會承繼此偉大的革命遺產，領導中國國民革命到底！

中國共產黨相信中山先生的肉體雖然死了，中山主義—即反帝國主義反軍閥的革命主義和他手創的國民黨決不會如一般帝國主義者及軍閥們的預料，隨着中山之死而瀕於危殆。 中國共產黨相信偉大的集合體指導革命，比偉大的個人指導革命將更有力。 中國共產黨更相信今後的國民黨必然仍為中山的革命主義所統一，一切革命份子必然因中山之死更加團結一致。 這種內部的統一是中山死後防禦敵人進攻的必要保證；然而這種統一必須不是違背中山主義或修改中山主義的統一，而是真正建立在中山革命主義之上的統一；必須這樣的統一才是真正的統一，也必須這樣的統一才是防禦敵人進攻的真正担保和完成中山志願的真正前提。

中國共產黨敬以上述的敬意與信念致於貴中央執行委員會之前，希望貴黨於中山先生死後更增加勇氣忠實的承繼中山先生的遺產，積極進行打倒帝國主義打倒軍閥的偉大事業。 在這種情形之下，不僅中國共產黨與中國工農階級熱烈的願與貴黨協力奮鬥到底，即全世界無產階級和第三國際下的一切友黨皆將與貴黨以懇摯之同情和援助。

中國共產黨中央執行委員會

一九二五年三月十五日

孫中山逝世與國民革命

和森

（一）國民革命不會隨孫中山之死而消滅麽？

自上年一月，孫中山先生從新改組中國國民黨，開第一次全國代表大會於廣州，發表著名的政綱和宣言之後，中國革命運動顯然躍進一個偉大的新時期，震動全世界資產階級和帝國主義者之耳目。 於是不久便有各帝國主義大批軍艦壓迫廣州政府提收關餘之舉；又不久

即發生買辦階級武裝起事之變；再則中山先生宣言北上，廢除一切不平等條約，召集國民會議。 這些非常的事變非常的舉動使革命形勢浩浩蕩蕩急轉直下，駭得全世界帝國主義者及其附屬物魂消魄散，飛短流長，狂叫其「赤禍」「反共產」，以爲抵制之術。 全國被壓迫的民衆方望在此偉大的革命領袖指導之下解放出來，誰知中山先生竟在這個緊急的奮鬥關頭一病不起！

孫中山逝世後中國革命運動將怎樣？ 這是現在一般人極注意，極懷疑的問題。 帝國主義與軍閥自來就把中國的革命運動看成爲孫中山一個人掀起的亂子，現在他們自然要向自己安慰幷向中國人民暗示說：「孫中山死了，中國革命也就完了」；張作霖老早宣言孫中山如果不諱，中國統一上便去了一個主要的障礙。 就是那些認時勢爲英雄所造的人們，於中山先生之死一定也會抱「人存政舉，人亡政息」的觀念。

我們要了解孫中山死後國民革命將怎樣，須先了解孫中山死後中國的客觀情形是怎樣。 中國的革命運動不是孫中山個人的理想造出來的，乃是外國帝國主義侵掠中國的形勢逼出來的。 孫中山雖然成就一些自己的理想和主義來號召幷指導中國的革命，但他那些理想和主義都是客觀情形的反映。 我們試看孫文學說第八章的自傳，從他傾覆清庭創建民國的動機(決於中法戰敗之年)，運動洪門會黨的方法，以至三民主義之形成，那一點不是斟酌當時中國的情形和國際的背景決定的？

孫中山之死，在革命的主觀條件上，誠然是一個嚴重的損失，因爲喪亡了一個具有偉大權威的唯一領袖。 但若中國革命的客觀情形依然存在，則中國革命運動也要依然存在，而決不會隨着中山個人之死亡而死亡。 假設革命的客觀情形不再存在，質言之即外國帝國主義不再侵掠，中國軍閥不再禍國不再戰爭，那末，就是中山不死，中國的革命運動也會完全停止，何況中山死了呢？ 然而我們要設想帝國主義不再侵掠，軍閥不再禍國，只有先假設帝國主義與軍閥完全不存在了才有想像之可能。 試問中山死後帝國主義與軍閥已經不存在了麼？ 帝國主義與軍閥依然存在，中國的革命運動也便依然存在，帝國主義與軍閥壓迫中國人民的事實依然進行；國民革命運動也便依然進行。 所以中國國民革命運動的生死不是由孫中山個人的生死來決定的，乃是由帝國主義和軍閥的生死來決定的；抽象的說便是由客觀情形來決定的。 只有打倒了帝國主義與軍閥，中國國民革命運動才會終止。

(二)孫中山死後中國一般的情形怎樣？

現在我們可以審查中山死後中國的一般情形：

第一、帝國主義與最近的國際形勢。 自一九一五年日本帝國主義強迫中國承認二十一條以至歐戰告終，中國完全由日本勢力統治着。 歐戰停後，美國帝國主義力謀打破日本在中國的優勢，然而美國在凡爾賽和會中的企圖卻竟沒有成功，因爲當時英法等還要倚賴日本爲西伯利亞出兵干涉蘇俄的主幹。 美國帝國主義只得另出一計，組織新銀行團，謀以財政資本來減低日本在華的特殊地位，口頭上是「和平的」謀調劑日美的衝突。 但這個計畫又遭日本帝國主義的打擊。 一九二〇年英美銀行家代表納門德(Lamont)來華，他的目的說是要建立一個國際的新銀行團來開發中國的富源；可是日本政府對於納門德激烈的反對，日本資產階級的報紙公然向中國人民表示這是美國財政資本企圖管理中國的危險，若新銀行團借款與中國必以租稅爲担保，他將有權增高租稅，橫征各種間接稅等。 新銀行團計畫失敗之後，美國帝國主義只好主張中國門戶開放，而以「保障」中國的主權自任，結果由他召集一個華盛頓會議。 一九二二年的華盛頓條約，的確削弱了日本在華的勢力，解散了英日同盟而使日本孤立；但美國的目的還只達到一部份，所得的不過是形式上的勝利。 要由這形式

的勝利進於實際的勝利，只有破壞日本在華所維持的勢力，換過說卽創造一個聽華盛頓與倫敦而不聽東京指揮的北京政府。 所以華盛頓會議後不到幾個月，就發生直(英美勢力)奉(日本勢力)戰爭。 結果，英美勢力得了勝利而成功曹吳的政權；但日本勢力并沒完全破產。這種形勢恰好合於日美當時的勢力關係。

等到上年日本受了地震的大損害，美國帝國主義要乘機結果他在中國的勢力，於是便教齊燮元吳佩孚發難，而爆發這次直與反直的戰爭。 在戰爭初起的時候，日本帝國主義者何等的恐怖何等的驚惶呵！ 英美帝國主義者則不然，他們在英字報上公然要求這次和戰爭要澈底拚個你死我活，不要半途妥協仍然弄成不生不死的局面，以後又「徒苦外人」。 但這次戰爭的勝利不屬於自分必勝的先攻者之英美，而反屬於憂惶不寧的防禦者之日本，這是因為日本政府秘密的外交手腕之成功。 日本雖然成功，但英美在華所扶植的勢力也沒完全推倒；日本自忖這次的勝利已經超乎他的能力之外，所以很小心的不敢枉張作霖搖動長江上下游的英國勢力範圍。 這樣的形勢，也恰好合於今日日美的勢力關係。

現在的北京政府又是由日本勢力支配着；英國倡於中國人民的廢約運動不得不向日本謀妥協；日本也就設法拉攏英國而謀美國之孤立。 恰好此時英國保守黨推翻向美國資本投降的工黨政府而上台，於是美國以道威斯計畫隸屬歐洲的野心受一打擊，而自華盛頓會議與倫敦會議（上年八月）後的英美協調局面又呈破裂。 最顯著的事實：第一、在對德問題中素來異常衝突的英法近來反互相接近，協調的違反倫敦會議的決議不肯撤退柯羅尼的英法駐軍，直接打擊德國工業之復興，間接便是打擊美國的道威斯計畫；第二、英國保守黨政府實行在新加坡建築軍港（這是工黨政府宣告停止的）并極力擴張軍備，其擴張的速度已令美國趕他不上，這於美國是一個異常的恐怖，換過說卽美國恐怖的程度還要超過於日本，因為英國至今還未决定他對於日美戰爭(卽第二次帝國主義的世界大戰)的態度——站在美國這邊呢，還是站在日本那邊；第三、最近鴉片會議中英美激烈的衝突，美國帝國主義者公然戴一副『人道』的假面具無情的暴露英國的罪惡以博中國人民之好感。 英美兩衝突愈厲害，日本帝國主義愈得用小心巧妙的政策企圖鞏固這次在華的勝利。

曹吳倒後，孫中山領導的廢除不平等條約和國民會議運動勃興，各帝國主義對於這種運動的恐怖骨子裏雖然是一樣的，而表面的態度却不一樣。 日本帝國主義呢，表面上反假裝接近孫中山并相當的表同情於這種運動，——一面藉此高唱亞洲民族的團結以打擊美國；一面藉此嚇起英國與他接近，他不妨悄悄的告訴英國說『這種運動的發展雖然可怕，但你不要忘記現在北京的政權是在我安福派之手，你若有需要我之處，我相信你英國在華的利益不是沒有保障的』。 當然，『賢明的』英國帝國主義者那裏看不到日本現在在華的有效地位。然而這就未免太惱了美國。 美國帝國主義者在日本勝利後會企圖過兩次的對抗政策：第一是所謂對華的道威斯計畫，但這個消息一出，日本全國報紙動員攻擊，其激烈不減於從前之反對新銀行團和納門德；第二便是美國帝國主義也揚言將贊成中國用和平方法以達到廢除不平等條約的運動，并將執行華盛頓會議條約（參看本報九十七期與百〇三期）。 他這種政策的作用不外也是一面對付日本并欺騙中國人民，一面威脅英國與他結納，他不妨悄悄的對英國說『你須知我美國在華并沒有像你 樣的地位與 慮，你若不向我讓些兒步或復與日本接近，那末我不難贊成中國撕破一切條約』。 這對中國說，自是欺人的，而在他們外交之間的確能收縱橫捭闔之效。

這樣一來，大家鬼扯脚，弄個不痛快；只有各自努力擴張軍備，以圖武力解決。 我們 看近來每一天的國際消息，太平洋的大戰不已是明明白白擺在我們的眼前麼？ 然而他們雖是 張的準備 戰，他們却不是在此武力解決之前暫時停止對華的侵掠，反而是要加緊對

華的侵掠 因爲各自加緊侵掠之所得，即爲保證將來戰勝之前提。比方日本現在若能儘可能的擴張幷鞏固其在華勢力，則日本對太平洋戰爭的準備自然要格外準備得充分；美國，英國，法國，亦莫不如此。 在現在中國的局勢之下，列强對華加緊的侵掠是可能的麼？ 這完全是可能的，因爲現在中國的局勢雖然是日本勢力的勝利，而英美所扶植的勢力幷未完全推翻 日本不敢幷且不能完全推翻，所以只有自己儘可能的侵掠，同時也讓人家(美英法等)儘可能的去侵掠，——這就是現在列强加緊向中國人民進攻和安福政府「外崇國信」的外交政策之背景。 在這種背景之下，必然迫使中國人猛烈的進行國民革命，也只有國民革命是他死中求生的唯一出路。 所以現在中國的國際情形完全是戰爭的與革命的，即一方面帝國主義加緊侵掠加緊衝突以至於爆發第二次的世界大戰，另一方面中國人民普遍的覺醒普遍的傾向革命以圖推倒帝國主義的壓迫。 誰說中國革命運動會隨孫中山之死而停止？

第二、軍閥與最近的國內形勢。 最近的國內形勢是由最近的國際形勢決定的。 曹吳雖倒而直系餘孽依然存在，馮張兩派對峙於北，西南聯治派不僅存在而且「跳梁」，段派一面與馮張衝突，一面又維持直系餘孽以操縱於馮張之間。 所以曹吳倒後 中國軍閥成爲五派對峙之局。 這樣的局勢，一面是軍閥愈加崩潰愈加無力愈近滅亡的反映，一面又是軍閥愈加反動，愈加衝突，愈加戰爭。 他們絕不因爲愈加崩潰愈加無力而對於人民的要求有所讓步對於國家的利益有所保障，他們反因此愈加壓迫人民愈加求媚於帝國主義，愈加掀起他們從新恢復軍閥的盛勢之野心以及增劇他們的內亂行爲。 主宰現在時局的段張兩派軍閥便是這種罪惡行爲的禍首。 親日派政府就職三個月以來的賣國行爲內亂行爲，已經超過曹吳時代之總和，記者在本報百〇三期裏面已詳細說過，現在可不再贅。 人民努力民治的實現，段張則努力恢復軍閥的專政，人民要求國民會議解決時局，廢除不平等條約，段張則從新宣布遵守一切國際條約，阻止眞正的國民會議之實現。 中華民國的根本約法被他廢棄，而一切壓迫人民自由的惡法(如治安警察法，出版條例，懲治盜匪條例等)不僅未隨之廢棄反而要增訂什麼治安維持法，共產取締法。 總括一句，現在人民的不自由被壓迫被犧牲被戰禍的種種痛苦比曹吳時代只有增加而未減少，幷且還是方興未艾，不知段張引導時局到怎樣黑暗怎樣恐怖的地步。 在這樣情形之下，人民必然要覺悟到只有革命是死中求活的惟一出路。 所以現在的國內情形比曹吳時代還要混亂更反動，換過一面說也就是比曹吳時代還要更革命。 誰敢說在這樣的客觀的革命情形之下，中國革命運動會受孫中山逝世的影響而停止呢？

第三、革命勢力的覺醒。 中國人民最近幾年的政治生活完全爲反帝國主義反軍閥的運動支持着。 革命勢力的覺醒一天擴大一天，革命宣傳的感受一天深入一天。 猶憶二年前本報初揭載國際帝國主義侵掠中國之理論與事實時，北京大學教授胡適之目爲海外奇談，現在這種海外奇談竟成爲普遍全中國的政治常識。 幾年以前，孫中山和國民黨還爲全國智識階級所不諒解；但自從孫中山決心改造國民黨和這黨的全國大會宣言政綱發表後，你看全國覺悟的智識分子何等的歡迎何等的景從。 現在全中國的民衆都歡迎國民革命的論理與指導，假若沒有帝國主義者和軍閥的嚴重壓制，假若言論集會結社能自由，幾百萬幾千萬的大羣衆立刻即會集中在國民革命的旗幟之下。 我們又看香港海員唐山礦工和京漢路工人反對帝國主義反對軍閥的爭鬥何等猛烈，廣東工人羣衆反對沙面苛例和反對買辦階級及革命的商團事件何等激昂，最近上海四萬多紗廠工人反抗日本資本帝國主義和東江農民幫助革命軍打敗陳烱明的意義何等重大。 而最近幾月普遍全國的國民會議與廢約運動尤爲全國民衆覺醒之鐵證。 試問在這樣情形之下，國民革命運動會隨着孫中山而消滅麼？

(三)孫中山死後國民革命的方針怎樣？

由以上的分析，我們可以得到一個確實的信念：即孫中山死後，中國國民革命運動決不至於停止或消滅；只有完全推倒了帝國主義與軍閥這種運動才會停止或消滅。 這種信念不是主觀的，而是客觀的和科學的。 現在我們更須在積極方面討論孫中山死後中國國民革命運動的方針應怎樣？ 要討論這個問題，須先了解中國革命運動的特性。 中國國民革命的特性是一面打倒國際資本帝國主義，一面打倒爲其工具的中國軍閥。 這種特性是由什麼決定的呢？ 是由中國的國際情形決定的。 所以中國的革命也如現在的土耳其波斯印度埃及及其他一切殖民地的革命運動一樣，是世界革命運動的一部份。 要中國革命成功，必須與世界革命運動和西方無產階級的革命相聯合，因爲兩者的敵人是共同的，兩者的目的同是推翻資本帝國主義。 然則孫中山死後國民革命的方針應怎樣呢？ 中山先生的遺囑說得很對：『余致力國民革命凡四十年，其目的在求中國之自由平等，積四十年之經驗，深知欲達到此目的必須喚起民衆及聯合世界上以平等待我之民族共同奮鬥』。 現在世界上以平等待我之民族是誰？ 唯一的只有工農共和國的蘇俄，全世界無產階級革命的領袖。 孫中山領導的革命運動之所以不及他的本身而成功，這是毫無足怪的，因爲一九一七年俄國十月革命以前，全世界都是由資本帝國主義的列強統治着，中國革命運動在全世界資本帝國主義壓迫之下怎會成功？ 這正如從前土耳其革命運動之不能成功一樣，一直到十月革命勝利，與蘇俄聯絡之後，土耳其革命才有現在的成功。 所以中國革命雖不及孫中山之本身而成功，但孫中山積四十年的經驗確已獲得成功之途徑。中山彌留之際遺留這種長期奮鬥的經驗與他的後身——國民黨和人民，全國被壓迫的人民當承繼中山這種寶貴的遺產以完成中國的革命。

當然他的意義不是教人民只去聯合蘇俄坐待各國無產階級的幫助中國革命便可不勞而獲，而是鄭重指明中國革命是世界革命之一部份，聯合蘇俄及世界無產階級是中國革命成功的重要條件。 此外如人民的奮鬥，革命黨的組織，適當的政策及戰略等 當然皆爲革命成功之必不可缺的主觀條件。 中國革命至今未成功，這種主觀條件的缺乏當然也是一個重要的原因。 我相信中山死後這種條件必一天一天的具足，而中山遺留的經驗也將成爲四萬萬人的經驗，中國革命的勝利是必然的。

(四)孫中山死後目前具體的政治奮鬥

由以上種種推論，我們知道孫中山死後中國國民革命必然不會停止，并且必然會要成功。但我們人民單是理解這種必然的趨勢與理論還是不夠，我們必須在積極方面承繼中山的遺志不停的進行目前具體的政治奮鬥。 目前具體的政治奮鬥是什麼？ 便是國民會議和廢除不平等的條約，并且這也是中山的遺囑詔示我們的。 國民會議和廢約運動雖然被國賊段祺瑞阻止了愚弄了，但我們須知這是救國救民的唯一方法；段祺瑞盜政亂國三個月之後，更證明這是唯一救國救民的方法。 國人們，『段張 是目前更惡劣的『曹吳』呀！ 我們若任他們繼續的亂下去，今日一仗明日一仗的打，今日千五百萬金佛郎案明日千五百萬新公債的花，今日摧殘民權明日封閉報館的反動，我們人民的生命自由以及國家的獨立主權不僅將來沒有担保現在即已一天一天的被摧殘被送掉。 只有眞正人民代表的國民會議和廢除不平等條約是人民和國家的眞實担保。 我們人民努力求得這種但保決不是『過激』，只有阻止這種担保的帝國主義與軍閥才眞是『過激』。 現在段祺瑞御用的善後會議已毫無結果的停會了并快要閉會了，我們要問他解決了什麼？ 他既一事不能解決而且愈益增加戰亂和糾紛，我們人民便應通通站起來向他說一句話：『請你不要再阻撓我們的國民會議』！ 還有兩件事情也是我們人民目前要起來奮鬥的工作：一件是保障革命的根據地；一件是保障一切集會結社言論出版的自由。 這次廣東革命勝利的意義是很大的，本報上期已經說過，但革命根據地現在還沒有鞏固。 林虎唐繼堯等軍閥還是在那裏夾攻，而段祺瑞祕

會的勾結和公團任命督辦省長的把戲正在積極進行。我們須知這次廣東的勝利和河南胡軍（接近民黨的勢力）的勝利，在客觀上，於中國革命的形勢是很有益的。所以廣東這個革命根據地我們人民非出力維持不可；也只有工農學生各階級的維持，陳林唐段的反革命勢力與陰謀才能完全掃蕩。復次，現今那更爲惡劣的「曹吳」，在革命領袖孫中山死後，必然有大反動降臨，我們人民若不自己起來保障集會結社言論出版的自由，不僅國民會議不能實現，我們人民只有束手以待那黑暗惡魔之犧牲與屠殺。

全國被壓迫的人民！「孫中山」是中國民族打倒帝國主義與軍閥的標幟！你們現在只有努力「實現真正的國民會議」，「廢除不平等條約」，「保障革命根據地」，「保障集會結社言論出版的自由」才真是向孫中山的敵人表示孫中山之不死啊！

雙林

孫中山辛亥革命後之第二功績

——鎮壓買辦階級商團之反革命——

中國平民受滿清的壓迫和列強的侵略，幾百年來，屢次奮起反抗，例如廣東的平英團以及各省的會黨。然而那時還不過是零星散亂的爆發，往往帶着宗教的色彩，祇有一種原始的排外主義，而沒有明顯的政治要求。這種運動，隨着中國經濟的發展，同時亦就是隨着帝國主義侵略的深入，而日益增高。那數萬萬貧農，手工業者，小商人，僑工，僑商等的實際要求——反抗使他們破產失業流離窘迫的敵人，帝國主義者及滿清貴族——一天一天的明顯出來，一天一天的集中起來，於是代表這平民普遍的要求，集合平民羣衆的戰鬥力的口號，「恢復中華，驅除韃虜，建立民國，平均地權」的標語，便湧現出來。提出這一口號的不是別人，便是國民黨首領孫中山先生。所以孫中山先生可以說是中國平民革命運動的最早的領袖，他集合數萬萬被壓迫剝削的民衆在這力爭民族解放和平民政權的旗幟之下。固然，在三四十年前看來，一個廣東窮醫生的空言號召，怎能敵得過滿清朝皇帝的堅甲利兵，這平民與貴族的階級鬥爭，顯然是一個勢不均力不敵的苦戰。然而有興中會同盟會等運動之後，滿清居然顛覆了。可見那治者階級，那有堅甲利兵的異族，并不是不可勝的。然而何以這一反抗鬥爭，這一辛亥革命的成功，要經過如此之多的犧牲，如此之久的惡鬥呢？因爲中國人之中有許多士大夫貴族階級的民賊，他們頌聖戴德的保皇，他們替聖明的天皇設法離散這種平民革命的運動，他們主張甚麼君主立憲，他們到處破壞革命派民主派的事業，甘心做滿清皇帝的奴才。這些奴才便是康有爲梁啓超等。中國人內部有了這些民賊，有了這些貴族階級幫着滿清鎮壓平民，所以革命不能成功，革命之後，仍舊受這些奴才的破壞。這些奴才一再與滿清遺孽的北洋軍閥勾結，阻礙平民革命的道路，——由保皇黨而變成進步黨，再變成研究系，由保衛光緒皇帝，而擁護袁世凱，而參加賄選，諂媚曹吳。

「孫中山先生代表平民階級而奮鬥，這些滿清遺奴，實是代表士大夫貴族階級而反對孫中山先生。然而滿清始終是推翻了，士大夫階級也始終漸漸解體了。」

「這些民賊轉而代表新生的買辦階級，幫着帝國主義者來反對國民革命」。原來帝國主義者於辛亥革命之後，唯恐孫中山的革命主義實現於中國使他們不能任意侵略，早就勾結北洋軍閥擾亂中國，趁勢攫取中國利權；再有這些民賊從旁協助；於是辛亥革命中途夭殤。革命派的勢力逐漸退守，而致於局處於廣東一隅。同時，中國社會內部，也和滿清時一樣，有一種人幫着治者階級壓迫中國平民的反抗運動。假使當時有士大夫階級，因他的利益和清帝貴族相同，所以幫着清廷設法破壞平民革命；那麼，現時便有買辦階級，因他利益是和

帝國主義相結合，所以幫着帝國主義者來摧殘中國平民的民族解放運動。

「中國自從帝國主義侵入以來，外國資本主義的商品漸漸占領中國市場，外國資本漸漸掌握中國的金融。於是一班專做中國消費者與外國資本家之間的中介的大商人，吃洋飯的西崽買辦等人，漸漸的在中國經濟政治界裏占着重要的地位。這種人便是所謂買辦階級」。「他們不但靠着經營外國貨的商業而發財，不但經手外國資本借款匯兌而從中取利，積聚資本，變成了富有階級，絕不會有反對帝國主義的勇氣，而且專賴吃外國飯而生存，正要幫助帝國主義侵略，方能發展自己階級的利益，犧牲中國平民的汗血而自利」。所以辛亥革命前，彷彿聽說，華僑幫助革命很出力；而現在呢，大多數僑商僑工固然因為中國沒有爭得眞正的獨立平等，仍舊是困苦不可名狀，直接受帝國主義的壓迫和剝削，而在華僑界所謂有「聲望」的大豪商，却早已變成買辦階級，不但不肯繼續革命，而且已成了反革命派了。至於中國國內的買辦，更不用說。「帝國主義者，於滿清遺孽的封建軍閥之外，便又多了一種侵略中國的工具」。

帝國主義既然利用軍閥擾亂中國，幫助袁世凱，徐世昌，段祺瑞等壓制革命派，逼迫革命派勢力局到廣東一隅。他們更進而利用民黨的背叛份子，如陳炯明等，——從香港暗輸軍械給陳炯明，以香港為陳炯明陰謀密探的中心地，想顛覆廣州革命政府，根本剷除中國的民族革命運動。自然，這裏是英國帝國主義最盡力，——因為香港既係英國領土，扼守廣東的咽喉，英國資本家不但力能操縱中國南方的金融，香港的紙幣簡直成了港粵的「國幣」，滿市都是所謂「港紙」，而且中國南方一切原料商品都以香港為輸出入必經之地，甚至於廣州市民所吃的米，都完全仰給於香港。英國帝國主義直接的經濟利益，當然不容孫中山的國民革命政府能有絲毫發展，絲毫設施，自然要竭力慫恿幫助陳炯明，令攻取廣州，使廣州政府苦於繼續不斷的戰爭，財政民政市政以及一切建設事業，談都談不着。可是一來根本剷除革命政府的目的，始終達不到。於是英國帝國主義又進一步，利用廣州的買辦階級，暗輸軍火給他們，組織所謂商團，陰謀直接撲滅廣州革命政府。商團又勾結鄉村中富豪魚肉平民的所謂『民團』。這稱英國帝國主義者及廣東買辦土豪階級的武裝勢力，美其名曰『商』，曰『民』，漸漸膨脹起來，總指揮權却在英國匯豐銀行買辦英國籍的中國人陳廉伯手裏，便在廣東橫行無忌，壓迫小商及農民工人，往往以武裝脅迫搗毀工會，鎗斃農民。廣州革命政府屢屢告誡防制禁止都不見效。英國帝國主義還嫌不足。當沙面能工，廣州政府贊助這些革命的平民反抗英人的壓迫而勝利之後，英國帝國主義者更是迫不及待，於是立刻運送大批軍械給商團，同時又故意報知廣州政府，意欲借這種買辦軍閥的美名「商團」，『民團』，使與政府直接衝突，實行暴亂的反革命而剷除國民革命所餘的唯一根據地。商團的計畫，並且要在政府扣留團械之後，以罷市要挾，自己的要人暫避香港，停止米運，使廣州全市人民絕食，以制政府的死命。英國帝國主義者更直接下哀的美敦書，聲言若革命政府不允商團要求，即將以香港海軍艦隊轟擊大本營。商團更武裝脅迫小商人罷市。這是去年九月間的事。直到十月十日，革命政府已經屢因暫避平民的犧牲，不能立刻應戰，反抗這種外國軍隊——英國買辦階級商團軍的暴行，所以勉強允許發還一部分團械；那知英國和買辦階級急於挑戰，故意在雙十節民衆示威遊行時，鎗擊學生工人多名，挖腹摘心割勢慘無人道的殘殺，并且任意拘禁平民。接着便派遣團軍，在廣州市上四出武裝巡邏。向來這商團軍強暴壓迫平民的行為，早已數不勝數，到此，實在沒有再容忍的可能。於是廣州革命政府及亟起自衛的小商農工平民，在孫中山先生指導之下，毅然着手撲滅這種賣國的橫暴的「買辦軍閥」。十月十五十六便不得已而發生苦戰。商團中富豪買辦的子弟，平時雖能武裝過市，欺壓平民，然而到此期間，平民及

政府方面決然死戰，他們便自己逃避香港，一面乞援於其英國主人，一面臨時雇到許多土匪，把守西關。 這種買辦所雇傭的『商團軍』任意燒殺，與政府軍隊相抗，結果，幸而他們的英國援軍沒有來得及，總算把他撲滅了。 廣州革命政府才得重新穩定下來。

孫中山先生這次鎮壓商團反革命的意義，決不僅止於保存廣州政府；他的意義在於以事實指示出近年來買辦階級的發展，已成為賣國賣民專助帝國主義侵略的階級，廣州買辦階級為了香港英資本家的利益，竟會以武裝暴行摧殘民衆，以助英國剷除革命政府，其他地方的買辦階級自然也會如此，——就是曹汝霖王克敏之流，何嘗不是這種買辦階級裏的健將？ 總之，這次鎮壓買辦階級反革命的結果，雖然還沒有完全剷盡這些害國害民的民賊，却是很明白的發見這些買辦階級的利益根本與平民階級利益相反，既知他們的手段是怎樣的狠毒，則知反抗他們應當用怎樣嚴厲的果決的政策。 『所以假使辛亥革命是孫中山先生引導平民反抗君主貴族階級的第一次大功績；那麼，鎮壓商團，便是孫中山先生引導平民反對買辦階級的第二次的功績』。

研究系——以前的保皇黨的機關上海時事新報，在孫中山先生死後的社論裏，居然說孫中山鎮壓商團是屠殺市民，——其實屠殺市民的責任完全是商團負的。 這種論調完全代表買辦階級和帝國主義說話，依他們的意思，最好是孫中山讓英國人陳廉伯來統治廣東屠殺平民；推而廣之，便是要讓全國都受這種買辦的統治，如此，帝國主義侵略中國，剝削平民，便更可以暢所欲為了。

『前清時代中國的治者階級是滿洲貴族，他的奴才便是漢人的士大夫，代表這種奴才階級的利益的便是康梁的保皇黨』。 孫中山曾經指導中國平民：不但要反對滿清，而且要反對奴才階級及其保皇黨。『如今中國的治者階級實際上是帝國主義者，他的傭僕便是中國人的買辦西崽，代表這種買辦階級的利益的便是研究系以及其他一切安福系交通系等的民賊』。 孫中山先生又指導我們平民：不但要反對列強帝國主義，而且要反對這些為列強所用的軍閥和買辦階級，及其政黨，研究系，安福系等等。

評中山先生死後之各方面

獨秀

中山先生之死，不但是中國一大事，并且是世界上一大事，各方面對其死後之態度，却值得我們的注意與批評。

（一）帝國主義者之態度。 倫敦泰晤士報稱為光明之失敗；巴黎各晚報，均稱美孫之愛國，惟惜其晚年傾向布爾色維克主義；日本的報紙說：『以段氏為中心之和平統一，成功與否，胥視其能否與占多數於國民黨之穩健派相提攜為斷』。 中山先生主張國民會議預備會，而段祺瑞硬召集善後會議，中山先生主張廢除不平等條約，而段祺瑞則宣言『外崇國信』，英國帝國主義者稱為光明之失敗，是表示他們快慰的心理！ 我們不願把布爾色維克這名詞加在中山先生身上，乃是因為孫中山主義和布爾色維克主義顯然不同，并非以為中山先生傾向布爾色維克主義便是罪惡，也不以為不傾向布爾色維克主義便減少了中山先生在歷史上的價值，而法國帝國主義者却是因為中山先生反對帝國主義及主張廢除不平等條約，便說他傾向布爾色維克主義，這本是一切帝國主義者中傷中國民族運動的宣傳，他以前宣傳『黃禍』是同樣的手段。 日本帝國主義者指教他的工具段祺瑞，和國民黨之穩健派提攜，統一中國，這是中山先生死後國民黨中之真正中山主義的信徒所應注意的。

（二）安福軍閥之態度。 中山先生死的那天，姚震對日本東方通信社記者說：『孫氏既死，彼國民黨者，鑒於由來之經過，卽終不免於分裂，然國民黨中之穩健派，此時有與吾人握手提攜之充分可能矣

」。現在善後會議，國民黨系中除汪兆銘等三人外，皆有列席之狀態。按國民黨有爲之士，當孫氏在世之時，因從孫氏之意思命令，不得就現政府任命之官職，若欲就官職，則爲背孫氏之命，因此之故，遂與現政府發生疎隔；然自今以後，余知此種障礙已除，而可進於圓滑之關係矣。惟國民黨中之抱共產主義者一派，與現政府之至大方針究不相容，故將來欲與接近，實爲一至難之事」。中山先生死後的第五日，段催楊庶堪就職，姚震對楊說：『中山已死可不受拘束』。在中山先生未死前三日，段祺瑞也對電通社記者說：『予與孫先生所統率之國民黨，自應努力相爲連絡，國民黨果以眞正之直道而行，予無不願提攜從事，但如向共產各說之邪道而趨，則本人寧所反對也』。在他們的談話中；可以看出他們想利用國民黨中之穩健派來分裂國民黨，正和他們的後台老板日本帝國主義者是一鼻孔出氣。他們所謂共產各說之邪道，大約連反對優待清室，改總統制爲委員制，廢除不平等條約，反對帝國主義，都包含在內；他們所謂國民黨中之抱共產主義者一派，大約連汪精衞李石曾吳稚暉徐季龍都包含在內。他們知道只有這班抱共產主義者一派不能和他們相容，共產派到應該多謝他們有知人之明，所難堪者只是他們所稱的穩健派，平日高聲反對共產派，以護黨自稱，現在揭開黑幕，當眞以中山先生活在世上是他們與安福派握手提攜的障礙嗎？ 好了！ 此時障礙已除了！可不受拘束了！

（三）研究系之態度。 在全世界哀悼稱美聲中，獨研究系機關新聞——時事新報，對中山先生加以毀謗與誣蔑。 他以爲中山先生現在是形骸之死，精神久已死了，他說中山先生之精神，一死於孫黃分裂，再死於孫陳分裂。 其實正得其反，中山先生的革命精神，正因一再和妥協的黃興派分裂和反動的陳炯明分裂而格外顯示出來。 譬如梁任公和反動的康有爲分裂，竟是任公的精神早已死了嗎？ 至於誣蔑中山先生『恃墨斯哥共產宣傳費以維持生活』，這種態度，不單是時事新報之恥辱，簡直是全新聞界之恥辱！ 中山先生受過墨斯哥共產宣傳費的證據在那裏？ 中山先生宣傳共產的證據又在那裏？ 中山先生在過去是中華民國之創造者，在現在是中國民族自由運動之領袖，全世界的共產黨人稱讚他援助他，並不是因爲他或希望他宣傳共產，乃是因爲他努力做那像研究系一類人所不願做而爲中國人所急需的民族自由爭鬥。 研究系的先生們，常以受墨斯哥共產宣傳費誣毀共產黨人，今又以此誣及國民黨領袖，墨斯哥共產宣傳費眞多，已遍贈中國人，惟未贈及研究系。 時事新報又說：『革命時代有血氣有思想之孫文也，知愛國知保種之孫文也，可惜此孫文自二次革命後已死去矣』。 他們現在始如此說，其實他們忘了當年民報與新民叢報之爭，他們誣毀中山先生的革命主張至何程度！

孫中山逝世與廣東戰況

心誠

聯治派軍閥唐繼堯陳炯明，乘中山先生在京病危之時，相約向廣州進攻，以圖毀滅革命根據地。 不料此次東江戰事，陳軍大潰，連棄海陸豐潮汕十餘名城而逃。 三年打不破的陳軍，今日竟一敗至此；反之，中山先生在京病危廣州無主之時，聯軍反大勝特勝；這是什麼道理？ 聯軍勝利之要素有二：一係新訓練的國民黨黨軍奮勇當先，一係東江農民助戰；這是本報記者和森君在前期的『廣東反革命勢力的覆滅』一文內，解釋得非常明白的。

此次東江軍事勝利，吾人得到三個重要的教訓：一、自國民黨改組後，國民黨雖未能順利的發展，然黨的組織和政治宣傳工作，究有極大的進步，故當中山先生離粵病危中，國民黨之廣州政府猶能指揮軍隊，制勝疆場；二、訓練黨軍的新政策，已獲得實際的效果；三、工農階級的新勢力參加國民革命，已表現驚人的勝利（

當惠潮汕克復之時，中山先生不幸逝世！一班國民黨黨員因悲痛中山先生之死，幾忘其東江之軍事勝利。吾人於萬分悲痛之中，以爲悲痛是不夠的，眞正的革命黨員，眞正的中山主義繼承者，必須鑒於廣東軍事勝利之局，深切了解第一次大會所規定的政策是完全適當的。惟有依照第一次大會的決定，繼續發展黨的組織，才能鞏固革命根據地。惟有努力廣續訓練黨軍的新政策，才能造成更有力的革命軍事行動，以掃除一切反革命。惟有始終爲工農階級利益奮鬥，才能使更廣大的工農階級加入國民革命，而國民革命才能獲得最後的勝利。

國民黨的同志們，中山先生是死了，不能復生了！黨員在此危急存亡之秋，要將遵從遺囑繼續革命之悲痛的堅決的表示，成爲具體的遵從遺囑繼續革命的實際行動。這就是說：敵人現在乘中山先生之死，是急於要毀滅革命根據地的；所以國民黨重要責任之一，便是集全體黨員之力，遵從遺策，保衛革命根據地，掃蕩反革命勢力。我們希望在廣東及全國的各種革命勢力，以最奮的努力於最短期內，攻破惠州，打倒林虎，驅逐唐繼堯。

孫中山之死與孫中山之敵

雙林

孫中山是中國國民革命的領袖，這是全世界人所承認的。他生存的幾十年，全世界的反動者，壓迫者，剝削者，以及一切國賊，民賊，時時提心弔胆，坐臥不安。如今孫中山死了，這些人好容易舒了一口氣。孫中山先生一生的事業，都是民族革命。他絕不妥協的反對滿洲貴族，反對專制政體；當時的清廷，官僚，以及一班帝制派，保皇派的康梁黨恨他刺骨。他絕不妥協的反對袁世凱等北洋軍閥及一切滿清遺孽；中國的軍閥以及他們的爪牙，籌安會，安福系等，亦就看着他是眼中釘，年來他更澈底主張反對列强帝國主義，反對一切不平等條約，反對屠殺農工的英國『買辦軍閥』(商團)；於是列强帝國主義，買辦階級，以及研究系，時事新報等的民賊，更加痛恨他，咀咒他。如今他死了。這些壓迫者，剝削者，國賊，民賊，或者安了些心罷？或者以爲孫中山既死，中國的國民革命運動，便容易鎮壓下去，都幸災樂禍的高歌起來罷？

我們看：

(一)上海大陸報(三月十三日)社論，大意說：『孫逸仙完全是受的美國教育，他是文明的歐美式的偉人，所以在野蠻黑暗的中國，不能成功……他祇是一個宣傳家，而不是行政家，因爲他的理想離實際太遠了』。美國人的機關報要借孫中山先生的死，來侮辱中國人！中國人誠然是黑暗野蠻，要等美國式教育來開化，然而美國强迫中國履行不平等條約，萬縣事件時斬殺中國船夫，派艦隊駐防中國，——這些『文明』行爲他是致使中國黑暗的原因。美國人知道孫中山是引導中國向光明之路的人，便應當知道孫中山的國民革命，那光明之路，正是推翻美國帝國主義在中國的特權的道路。假使說這種理想過高，不切事實，那麼，這並不是孫中山的理想不好，却正足以見美國等帝國主義國家所造成的中國現狀，實在異乎尋常的困難，那壓迫實在十分的嚴重。大陸報嘲笑中山理想過高的論調，不但不足以使中國民衆對中山理想失其信仰，而且更可以奮激民衆，使他們愈益團結，愈益覺悟：『解放中國是中國平民最低限度的理想，美國人所以覺得他太高的緣故，便是因爲帝國主義者一心祇想壓迫剝削中國，唯恐中國民衆隨着中山的理想而奮起鬥爭，——所以在中山死後，趕緊奉之以大理想家的虛名，而想得中國民衆因此說而停止其鬥爭的實效』。

(二)上海字林西報同日的社論說：『孫逸仙誠然是偉人……然而他所在的地方，却正是中國最紊亂的地方。他祇能破壞，唯一的所

爲建設計畫——『建國計畫』及『中國之國際發展』——亦成了可笑的計畫而已』……是的，因爲中國國民革命的策源地在廣東，所以英國帝國主義要竭全力去破壞他，暗助陳炯明使廣東戰事連年不息，指使買辦所組織之商團，陰謀推倒革命政府。 這都是南方所以格外紊亂的原因。 中國革命後，連年的軍閥戰爭，都是列强帝國主義者的陰謀暗助所造成，致使中國民族不能進於建設事業。 字林西報——英國人的機關報的社論，應當使中國民衆格外了解他們的居心呵。

帝國主義者呵！ 你們不要太高興了。 中山雖然死，中國還有四萬萬的中山，中國平民仍舊要繼續國民革命的鬥爭，決不因中山奮鬥未成而失望，決不因爲你們的造謠謬論而退却。 我們中國的『孫中山』，我們中國平民的目的，——第一步正是破壞——破壞你們帝國主義束縛中國的鎖鍊，那時才有建設中國平民共和國的可能。 大陸報和字林西報的欣喜實在是太早了。 我們再看帝國主義的傭僕——中國研究系的時事新報。

(三)上海時事新報同日社論說：中山的精神早已死去，如今所死，不過是形骸而已。 還有種種誣蔑辱罵的話。 時事新報究竟比他的主人還高明。 他知道中山雖死，中國國民革命運動不死，中國大多數平民，農人，工人不死，中山之國民革命，廢除不平等條約等的『理想』不死，所以要竭力誣陷中山，毀謗他的人格，想以此挫國民革命首領威望。 殊不知道，這都是枉然的！

孫中山先生是中國國民革命的象徵，孫中山先生雖死，中國平民遺傳革命的意志是不會死的。 中國平民中覺悟的分子，在中山死後，必定格外團結，集中到國民革命的旗幟之下，努力奮鬥以推翻國外帝國主義的對華侵略政策消滅國內的軍閥以及一切盧國賣民的民賊。

一切壓迫者剝削者小心些，孫中山先生的死，還幷不是你們仇敵的死。 你們的仇敵是中國幾萬萬平民；孫中山的革命意志革命主義及想，不過是他們的代表，他們不死，『孫中山』是永不死的！

第三國際致國民黨之唁電

孫逸仙逝世之耗，將使全世界工人心中皆充滿重憂。 孫逸仙之死，適死於其畢生事業甫生效果之際。 無產階級革命運動與被壓迫民族之反帝國主義運動此時正漸趨於一軌，勢力亦漸臻增進，是故被壓迫民族之反帝國主義運動唯有與世界無產階級之反帝國主義運動攜手並進方可臻於成功。 中國民族革命運動實有重大世界歷史的意義。 第三國際對於中國國民之奮鬥承爲注意，深知中國工人階級現始入其歷史的程途，但其偉大的將來恆將實現。 第三國際謹守列宁之意志，從中教導全世界工人竭全力援助東方民族革命運動，而對於中國尤爲注意。 第三國際執行委員會將盡力向各國勞動羣衆解釋孫逸仙事業之重大意義，深信共產國際之各支部皆竭力援助將完成孫逸仙大業 國民黨幷深信與國民黨合作之中國共產黨亦能完成當前之偉大歷史的事業。 無論帝國主義者用盡陰謀，中國國民之民族自由獨立運動終可成功。 孫逸仙將永世不朽！ 中國農工萬歲！ 第三國際執行委員會會長季諾維埃夫

一九二五年三月十三 莫斯科

俄國共產黨致國民黨之唁電

俄國共產黨中央委員會對於此國民黨首領與爲中國民族自由獨立爲中國統一獨立而從事奮鬥之中國工階之組織者之喪亡，與諸君同深悲悼。 俄國共產黨中央委員會，深信孫逸仙之偉業絕不隨孫逸仙而俱逝，孫逸仙之主義將水存於中國工農心中而爲中國國民之仇敵所恐怖。 俄國共產黨中央委員會極信國民黨將高揭孫逸仙之旗幟於由帝國主義解放之奮鬥中，且將打倒帝國主義及其在中國之使者，而取得完全勝利。 孫逸仙死矣，願孫逸仙之事業不朽，願孫逸仙之意志長存，更願其事業與意志益加實現！

俄國共產黨中央委員會祕書斯達林

一九二五年三月十三日莫斯科

The Guide Weekly

嚮導週報

◀第一百〇八期▶

——零售每份銅元四枚——

訂閱：國內一元寄足六十期・國外一元寄足三十五期・郵費在內

代派：每份大洋二分・十份至三百份五折・三百份以外四折・寄費在內・十期清算一次

發行通信處　杭州馬坡巷法政學校安存眞轉王致和

（中華郵務管理局特准掛號認爲新聞紙類）

一九二五年三月二十八日

郵票代款概作九五折

△中山去世之前後（北京通信三月廿日）

羅敬

不幸中山先生竟於本月十二早死了！

中山在病中雖沈默不談政治，而對於最重要的政治消息仍有時詢及汪君精衛；精衛亦常擇其可告者以對，惟不敢以善後會議事聞於中山，因爲中山每聞善後會議四字必起盛怒，蓋以此爲安福系阻礙眞正國民會議的實現之惡謀也。　中山病到垂死，而其政治觀察仍異常清楚，其反對帝國主義和聯絡全世界無產階級以完成中國革命的信念持之益堅。　有一日病勢

孫中山致蘇俄遺書

蘇維埃社會主義共和國大聯合中央執行委員會親愛的同志：

我在此身患不治之症，我的心念，此時轉向於你們，轉向於我黨及我國的將來。

你們是自由的共和國大聯合之首領。　此自由的共和國大聯合，是不朽的列甯遺與被壓迫民族的世界之眞遺產，帝國主義下的難民，將藉此以保衛其自由，從以古代奴役戰爭偏私爲基礎之國際制度中謀解放。

我遺下的是國民黨。　我希望國民黨，在完成其由帝國主義制度解放中國及其他被侵略國之歷史的工作中，與你們合力共作。　命運使我必須放下我未竟之業，移交與彼謹守國民黨主義與教訓而組織我眞正同志之人。

故我已囑附國民黨進行民族革命運動之工作，俾中國可免帝國主義加諸中國的半殖民地狀況之羈縛。　爲達到此項目的起見，我已命國民黨長此繼續與你們提攜；我深信你們政府亦必繼續前此予我國之援助。

親愛的同志，當此與你們訣別之際，我願表示我熱烈的希望，希望不久卽將破曉，斯時蘇聯以良友及盟國而欣迎強盛獨立之中國。　兩國在爭世界被壓迫民族自由之大戰中，攜手並進以取得勝利。

謹以兄弟之誼祝你們平安。

孫逸仙（簽字）

正在沈昏的時候，精衛入視，中山忽啓目問他外間有何大事？精衛答以無何大事。中山問蘇俄政局平穩如常否？託羅斯基問題如何解決？精衛略舉以告。中山又問此消息汝從何處聽來？精衛告以由鮑羅庭處聽來。是日又問孫科廣東局面如何？孫亦遵醫者命不敢多告。臨終之前一句，精衛等入室，中山似欲有所囑告。汪等問先生有何囑告黨員的話？中山說：我如好了，自有許多話要說，若是死了…………，汪等說你的病一定能好，不過總要經長時期的休養；在此長時期中一切黨務還要照舊進行，先生有何教訓，黨員定卽遵行。中山說：好，汝等先出去，等我休息一二個鐘頭，汝等再進來和我談話。汪等退出後不及五分鐘，中山喚汪等入室，命汪筆記其政治遺囑，記畢再命汪讀一遍；汪讀完，中山面呈笑容，精神頗振奮；旋又沈默深思一會兒對汪等說：我這遺囑好是好，不過於你們有危險。衆問何以故？中山說：『我死之後，我們政治的敵人一定要設法軟化你們，你們如今不受軟化，還要繼續革命，他們一定要殺害你們。』汪等說吾等願繼先生的志而奮鬥，誰復怕危險者？中山說：好！我極贊成！隨又命精衛筆記其家族遺囑，記畢亦再令其讀一遍，此時中山則淚涔涔下矣；而宋夫人在外面的哭聲亦已聞於室中，中山不忍夫人傷心，遂說改日再簽名罷，此時我還不死。直到臨終之前一日，始索遺囑簽名；致蘇俄函也於是日始簽名；并囑仿列甯永遠保存遺體，葬於南京紫金山。是日中山對左右言，我今晚怕要去了；翌晨遂與世長辭矣！

在中山未死以前，早被中山親自宣布開除黨籍的馮自由北與安福系南與聯治派的軍閥政客勾結力謀破壞國民黨：他一面宣傳舉唐繼堯唐紹儀章太炎爲繼任總理，——其實這些東西，或係老官僚（如唐紹儀），或係早已叛黨的叛徒，與國民黨全無若何關係；一面公然組織什麼國民黨同志俱樂部，起草黨章選舉理事。馮自由派開會的那天，張君溥泉跑去瞧，見是彭養光在那裏主席，拍桌大罵道：『出席善後會議者來主席，什麼國民黨員，不要臉！』罵罷長揚而去。從此北京城裏莫不知道馮自由派便是安福派的走狗，并不相信國民黨此時有什麼分裂，因爲一則馮自由派的罪惡昭彰在人耳目，一則國民黨中央執行委員會又登報申明這個安福部的俱樂部絕不屬於國民黨與國民黨絲毫無關；并聞一部份誤入馮賊騙局的青年已知懊悔。但是卑劣險惡的馮自由派鬼計百出，却不少休；他們爲段張作偵探，在新聞上造謠言，唆令軍閥殺戮眞實信仰中山主義的同志，離間挑剔革命的份子；甚至在某處密謀決定暗殺的名單有二三十人之多。

段祺瑞除資助馮自由派破壞國民黨外，本擬乘中山之喪捕殺一切革命份子，作一網打盡之計，不過近來段政府的地位因不滿於張作霖大大地動搖，加以河南廣東戰勝的影響，不無顧忌，所以還只動手封禁北京民國日報。聞安福系在中山未死前所定的陰謀是教馮自由派冒着『國民黨』的招牌另立組織，段政府卽認爲所謂國民黨穩健派而與之以祿位（如彭養光等之參加善後會議便是這勾當的第一步），而對於眞正的國民黨則加以誣衊和高壓，使其不能在北京存在；這個陰謀成熟的時候，段政府卽將號於衆曰：『吾現在已與眞正的國民黨攜手矣，其餘都是過激派，亂黨。』你看安福派破壞國民黨的計畫毒不毒？當然安福派這個毒計現在還未成功；并且他自己的地位異常薄弱異常動搖。

旬日來奉張入關的威脅已駭得段祺瑞無頭無腦。據聞奉張入關的目的有三：（一）壓迫段祺瑞放張宗昌爲山東督辦，因山東爲段派地盤，不願與張，故張憤甚，宣傳將擁黎驅段；（二）要段仍然維持劉鎮華地位，使國民軍不得乘勝擴張地盤；（三）嚴重的壓迫國民黨使其不能在北方存在，對於安福政府現在的壓迫程度還不滿意，因爲他認國民黨與國民軍有關係，於他是一個絕大的危險。而其壓迫的口實，與安福系及一切帝國主義者自然沒有什麼不同，——卽藉口於所謂國民黨的『赤化』。當于右任去奉天的時候，張爲以上種種對于大罵段祺瑞什麼『媽那巴子』……罵了個不亦樂乎。張送于出去

的時候，言下表示非剷除共產黨不可。于答：『你是想根本不要共產黨，我們是想把共產黨變成國民黨，用意和你一樣。』張默然不好作聲。當于到奉時，馮自由派有密電到奉，說于與共產派有關係，將謀不利於奉，望即拘捕之或暗殺之。此事于回京時始知之。記者又聞馮自由派不僅爲段張收買而且爲陳炯明收買，馮自由公然向報館訪員聲言彼輩與陳炯明之親密。國人於此可以透悉馮自由派的背景了。最可惡的，馮賊絕不隱諱這種背景，反而公然以段張陳之勢自炫於衆。然而只要是稍知自愛的人，誰肯跟着他去做帝國主義與軍閥的狗？

日本普選與無產階級

花田生

（一）變態民主主義時代之展開

三月上旬，日本衆議院通過普通選舉法案。由此，現在有選舉權者底三百萬人，一躍而增加一千萬人。這個法案規定有選舉權者底年齡在三十歲以上，自然是保守的立法，然因撤廢納稅資格的結果，無產階級便能直接選派代表到衆議院了。原來普通選舉是資產階級民主主義底重要成分。日本從來雖有憲法，然實質上，其政治組織是專制的保守的反動的無產階級既無何等政治權利，也無何等政治自由。普通選舉底實施，更會喚起要求資產階級民主主義他種成分的運動，卽要求『國民主權』（共和政治）和各種完全的『市民的自由』（集會、結社、言論、出版等自由）的運動。所以這次普通選舉法案底通過，是日本將來的社會變革之第一步。

從歷史上看，民主主義是促進資本主義開花發展的條件。那麼日本這次實施普通選舉，是不是也一樣地能促進資本主義底開花發展呢？這又不然，倒反促進日本資本主義底急速崩壞。其理由是因爲勞動階級和農民階級爲此次普通選舉運動底實質的原動力。歐洲底歷史上，要求擴大選舉權的，是信奉自由主義的中流資產階級。他們藉此打破封建制度，貢獻資本主義底發展。可是今日的日本，要求擴大選舉權的至要社會力，却是勞動階級和農民階級，中流資產階級只不過有很少的意味。這爲否定資本主義之要素的無產階級，決不會利用普通選舉去發達資本主義，一定是利用它去爭自己階級底勝利的。

日本底反動階級（獨占資本家、官僚、貴族），對于這無產階級底進擊，已經開始逆襲了。治安維持法案底制定，便是這逆襲底表現。這一個惡法案，以壓迫共產主義者爲目的，對于計劃變革現存政治組織的人，課以十年以下的刑罰。民主主義的普通選舉法案成立底第一天，便這樣暗示了將來反動政治底越趨濃厚。

這樣看來，今日的日本，並不是向正常的民主主義時代進行的。現在日本已進入一個進步與反動，革命與反革命互相交錯的變態的民主主義時代了。

（二）普通選舉之社會的效果

普通選舉底實施，將要產生怎樣的社會的效果呢？其重要的可以舉出四種。

第一是封建的勢力相當的凋落。從來貴族、官僚、元老等封建的勢力，是日本帝國主義底忠實的奴僕，經濟上又得獨占資本家或大資本家底支持；然從這次實施普通選舉的當然的結果，一定要喪失他們底政治勢力。不過他們底政治勢力，其根源頗深，最近必定以反動階級的資格遺流很大的害毒。

第二是階級分化更明顯，階級鬥爭更激烈。所謂採用民主主義的制度，便是使那社會更加資本主義化的意思。階級關係越見明白，階級間底爭鬥越發深刻。

第三是各階級都結成政治的組織。從來日本底政黨，其階級的性質都不很清楚；以後的政黨，必按大資產階級、中資產階級、小資產階級、地主、無產階級等階級線而組織起來。此種政治上的階級的團結作用，現在已經開始了。即既存政黨中，革新俱樂部已變成代表小資產階級的政黨，代表中流資產階級的實業俱樂部也已經發生，至于代表無產階級的新政黨，也正在形成之中。

第四是勞動者和農民已成爲革命的社會政治勢力而出現，他們底勢力，不僅在政治的方面以政黨的形式來表現，即在經濟鬥爭上，也已漸次擴大其團結了。

即在無產階級陣營內部，也要起種種的影響。從來有很多小資產階級的自由主義者參加無產階級 動；現在這些分子，從其階級的本能，隨着普通選擧底實施，必然地要回歸小資產階級的政黨。其次，無產階級運動內部中，機會主義和眞正革命主義底鬥爭也趨激烈了。復次，無產階級底前鋒——眞正革命主義者，必要求堅實的革命的組織，極力促其發展。這無產階級前鋒團結，不外是共產黨。

因此，日本共產黨底將來，一面充滿很大的希望，一面具有很大的使命。

（三）完成民主主義革命的無產階級

民主主義革命，是無產階級革命底前一階段。民主主義革命，擺脫社會上專制的封建的殘存物，發展資本主義社會，因以打開向社會主義前進的道路。民主主義革命，歷史上爲主的是由自由主義的資產階級完成的。然若在自由主義的資產階級勢力薄弱的國家，他們與大資產階級苟合，很早變成反動階級的國家，則完成民主主義的革命，也是無產階級底任務。日本便是如此。日本底自由主義的資產階級，不但力量微弱，且很早有反動化的傾向。反之，無產階級，在其數目上，在其覺醒上，在其組織上，都具有豐富的鬥爭力。特別是近將成立的無產階級政黨，團結勞動者及農民羣衆於政治組織之中，可以遂行偉大的政治的任務。

日本底無產階級，負有完成民主主義革命的使命，但他們決不會滿足於民主主義革命。民主主義革命後，立即實現無產階級革命，是他們歷史的任務。在帝國主義時代，不論哪一個國家，民主主義革命和無產階級革命底中間，都是很短縮進行的。後者即繼前者而起，是可能的。所以日本民主主義革命底完成，便是立即成爲無產階級革命底發端。

如以上所述，此次普通選擧法案底通過，是成于日本無產階級之手的民主主義革命底端緒，並且這民主主義革命，有接續無產階級革命的『歷史的必然性』。此種使命完成所必要的條件，便是日本無產階級大衆底英勇奮鬥和共產黨底正確指導。

特立

海員的新爭鬥

海員罷工勝利的第三週年紀念日（即本年三月五日），中華海員總工會發刊一本極有價值的紀念册。這本紀念册包括兩篇文章，一爲海員領袖林偉民君之『告全體海員同志』，一爲『請看船東和香港英殖民地政府欺騙海員！』；內容係說明船東和香港英殖民地政府破壞前次罷工條約之事實，號召全體海員準備反抗，並要求國內外工人的注意和援助。茲將其內容節錄如左：

一九二二年中國海員罷工勝利的結果，由中華海員總工會與船東訂定一個條約；這個條約是經船東委員會代表色特倫，英國駐廣州總領事禽米生，廣州交涉司署祕書陸敬科，中華海員總工會代表翟漢奇林偉民陸常吉盧俊文簽了字的，並由何東爵士担保的。條約共分三款，全如文左：

下列條件經各簽字於本條約者同意認爲解決雙方爭執的辦法：

(一)茲將一千九百二十二年正月十二號在香港應支之工價須由一千九百二十二年正月一號起增加如下：

(甲)華人內河船	加　三成
(乙)其餘華人輪船一千噸以下者	加　三成
(丙)省港輪船公司	加　二成
(丁)其餘英人輪船公司(以省港澳輪船公司之工會爲底)	加　二成
(戊)沿岸輪船	加　二成
(己)來往渣華輪船	加　一成半
(庚)來往太平洋輪船	加　一成半
(辛)來往歐洲輪船	加　一成半
(壬)來往澳洲輪船	加　一成半

(二)須訂定一日期，以便各船員一律回工；由離工日起至一律回工之日止，工金照新定之價折半支給。各船東須用回其船員在其公司之船供職，又如雙方允肯，則安置其在別船供職亦可。如船員回工而無席位，則於無席位用他期內，須折半支給工金與他。惟以由一律回工之日起計，不得過五個半月爲限，此項折半之工金之款項另委管理人管理之。

(三)各船東允願勸助實行一個新的僱用船員辦法，以便盡量減少一切關於付船員工金之弊病。

一九二二年三月五號（上列簽字人簽名）

不料條約簽字後，船東及香港英殖民地政府竟有破壞條約之下列事實：

(一)一九二三年四月太古洋行藍煙通公司，拒絕照條約增加船上各船員的薪金，顯然破壞條約第一款。當時中華海員總工會以香港政府既爲簽訂條約之一份子，因向香港政府提出抗議，但香港政府置之不理。不但如此，香港政府且授意船主及包工者，專門僱用一種破壞條約之工人；並許可破壞罷工及條約者，於香港水面上及船上隨身攜帶軍器；爲抵制中華海員總工會之計。

(二)船東不獨不履行條約第三款，實行規定一個新的僱用船員辦法；他們還勾結香港政府，嗾使包工頭組織航海公會，維持包工頭之尅扣生涯。他們並用種種陰險的手段，維持這種用慘酷方法剝削工人之寄生虫的組織——包工頭之航海公會；香港政府甚至不惜公開的許可此種工人蟊賊，攜帶軍器在陸地及海面，以保護其剝削行爲，並奪取他人地位。

(三)條約第二款規定：如罷工海員回船供職，若無席位，則於無席位用他期內，須折半支給工金與他；但復職期自一律回工之日起算，不得超過五個半月。這款條約，船東全不遵守。數千海員有權得到失業五個半月的半薪，總數在二十萬以上，船東一味胡賴，至今分文未給。海員總工會屢次質問香港政府，香港政府亦置之不理。

中華海員總工會因此認定船東及香港政府狼狽爲奸，無誠意遵守條約；所謂何東爵士的担保，亦不過爲船東和香港政府的傀儡，共同欺騙工人罷了。

中華海員總工會並警告全體海員：海員與船東所定的條約，並不是船東賜給的，是全體海員及香港全體工人在香港政府機關槍隊威壓之下，運用團結的偉大力量，捨身拚命的奮鬥得來的。代表全體海員利益的中華海員總工會，現在決不放棄他的責任，要求船東立即發給罷工失業者的半薪，並切實履行條約。並號召全體海員從速準備新的鬥爭，要求國內外工人及工人團體幫助他們，須使船東履行他們所破壞的條約爲止。

現在我把這本紀念冊的內容節錄定了，還有幾句簡單的話敬告全體海員：爲什麼船東和香港政府簽訂這個條約？因爲他們不得不屈服於偉大奮鬥力之下。爲什麼他們又敢於破壞條約？這或許是能

工後，海員工會的團結力，漸趨鬆懈罷！　固然敵人無時無刻不想破壞條約；但是自己團結鬆懈，授人以隙，實是使敵人敢於破壞條約之一大原因。　今後要強使船東和香港政府履行條約，須首先將全體海員，無分廣東籍甯波籍，團結如鐵桶一般堅固；因爲堅固的團體是迫脅敵人履行條約的唯一工具。　條約由何東担保，是無絲毫效用的；只有永久不鬆懈的團結力，才是履行條約的唯一担保。　海員領袖林偉民君說得好：『我們還要更堅固的團結起來，準備反抗呀！　我們要得到最後的勝利，還要繼續不斷的努力奮鬥呀！』

我們對於海員的爭鬥和利益，不能認爲是海員的單獨問題。　因爲海員是中華民族中反抗帝國主義壓迫的主要成分，也是要求解放的先鋒軍。　現在海員的新爭鬥又發動了，希望全中國的工人階級和真正國民革命運動者均與以極端之注意。

淞滬特別市和淞滬的民權

雙林

中國近年來的軍閥統治，壓迫着一切工商業的發展，尤其是軍閥戰爭，幾乎破壞全中國經濟生活，然而全國各省大多數的平民、小商人、農民、工人、手工業者固然因此而日益破產，流離失所，而極少數的資產階級的大紳士大商人，尤其是江浙區，却始終因爲軍閥間的自相衝突，偷得相當的發展。　他們漸漸的上政治舞台，漸漸的抬起頭來。　江浙戰爭以來，這種趨勢尤其看得明白。　軍閥之間的相鬥，減削他們自身的勢力，這些商人貴族便乘機進取。　江浙戰爭之後，上海士紳的撤兵廢使移兵工廠的要求很顯然的表現這種商人階級的意志。　結果，兵工廠居然移交上海總商會暫管，設立淞滬特別市，聲言以後永不駐兵，而上海市的名商虞洽卿竟被委爲特別市會辦。而且太湖流域各州縣，無錫、蘇州、江陰、淞江等處的士紳也隨着起來要求撤兵，這些士紳商人願意拿出幾十萬出來，做軍隊的開拔費。

凡此種種，是否是『民間』的真正力量，足以逼使軍閥不得不把淞滬一隅的政權讓給人民呢？　當然不是的。　譬如盧永祥現今又在南京高唱廢督裁兵，假使軍閥內部沒有惡鬥，以致於誰亦搶不到江蘇這一塊地盤，軍閥決不肯將政權種種放手的。　這次盧永祥主張撤兵、段政府應允設立淞滬特別市，完全因爲暫時奉張浙孫各派軍閥相持不下，誰也不能占領上海這塊肥肉，所以樂得做個人情，送給江蘇上海的『紳』。　一旦某派軍閥得志，雖然兵工廠不在上海，雖然上海市內不駐兵，難道上海市外便不能運軍械來，難道上海市外便不能開兵來打？　上海及江蘇的商人這次供給不少戰費，還要拿出軍隊開拔費來，第二次戰爭時，軍閥依然可以照例需索的。　所謂特別市內的民權，又有甚麼保障呢？　民權的保障，祇有真正大多數平民參與政治，真正大多數平民能組織起來，不但上海一市，還要各地平民都爭得政權，根本剷除軍閥，並且防止勾結軍閥的帝國主義在背後的陰謀。

那麼，次淞滬特別市運動裏，兵撤了、護軍使廢了、兵工廠還了（或者拍賣了！），人民的運動應當怎樣？　當然臨時執政府委任的淞滬督辦，人民不能承認的，人民應當趁此起來力爭市長民選。　淞滬市的人民是誰？　是上海吳淞一帶九市三十一鄉的居民、商人、工人、農民、自由職業者及學生，應當人人都有選舉權被選舉權，組織真正的民權市政府，真正平民的保衛軍，才能預防軍閥的進攻，抵抗外國人——租界政府的侵略。　然而請看所謂淞滬特別市籌備處張君勱等所擬的特別市公約裏所定的市公民資格：（公約草案第六條：市治民具備左列資格者爲市公民）一、有本國國籍者；二、年滿二十一歲者；三、識文字能寫選舉票者；四、居住市內一年以上者；五、年納縣稅或本市稅一元以上者；其不具第五項之資格而曾畢業國民小學或確有固定職業獨立營生者，得由本市以市規則定之，認爲市公民。

特別市彷彿已經脫離了軍閥的地方政府的統治，却又要墮入這裏

所謂市公民——紳士階級的統治了。 市民之中居然由張君勱老爺分出所謂市治民和市公民兩個階級。 公民資格的限制，第一、除去不識字的，第二、除出不能納稅一元以上的，第三、即不須納稅資格，還要國民小學畢業……這幾種限制已經使大多數農民，小商人、工人喪失了市公民的資格。 假使這種草案出之於段祺瑞安福系之手還不用說。 然而竟出之於特別市籌備處。 照這草案的意思，特別市裏識字的納稅的便有政權做治者階級，不識字的窮人便應當受治於這班紳士！

紳士大商階級剛從軍閥偷着一些政權便想壓制平民。 這恐怕完全是夢想。 這種紳士包辦的特別市，和段政府放的商埠督辦恐怕始終是差不多，比何豐林等軍閥政府也不會高明到那裏去，因為他們政府沒有到手，已經祇想壓制平民，祇想剝奪大多數工人農民的權利；假使形式上這種市治的議會，市長制度成立，一切警察權保衛團等歸了市政廳，他們更要壓迫農工平民了，他們更完全要和軍閥勾結受軍閥的利用，甚至於連普通商人也要受他們統治喪失實際上的政權。

總之，這種制度之下，農工平民必定得不到自由，得不到反抗軍閥帝國主義以自衛其必須的權利。 所以現在住居淞滬境的幾百萬人工人小商人皆應起來，反對這種紳士包辦的市[illegible]制度！

今年開始之國際形勢

拉狄客

去年美國選舉，共和黨勝利，乃是去年夏秋兩季經濟狀況進步之結果。 這種勝利，又使經濟狀況益加進步。 美國主民黨的新聞記者曾經評論說：『我們美國在現代，沒有其他總統，如顧理治那樣與銀行界關係之深，得他們的信任的。』 資本階級所要求的政府，是一種為他們指揮如意的政府。 此種政府在美國已算得到了。

我們若要了解美國實業的情況，必需引證極重要的統計表。 在去年有五百五十個工商業公司的股票，在交易所買賣的，每日達二百萬股份。 這是一八九六年以來最鉅的數目。 去年十月，銀行結算所營業數目達四十萬兆元。 這也是自從一九二〇年三月以來的最高額。 我們自工商業的全部觀察，一方面可以看出破產的人減少，他方面可以 出貿易的增加與發展。 就如鋼業的製造，一九二〇年六月一日，在尋常生產的能力百分之四十六以下，而現在只比尋常生產的能力減少百分之十四。 所以鋼業的價格，就抬高起來了。

這種商業回復的原因，是由於谷價擡高。 而谷價擡高，即因為加拿大與俄羅斯之收成不好，麥子價格，每斛已達一六二元。 這個問題，各種報紙，曾加討論，他們所討論的是：這是暫時戰勝經濟的衰落，或者是工業大加推廣的發端呢？

美國大量資本的蓄積，不僅要找新市場為美國工業生產品的銷路。 並且還要找着一些市場以便直接輸出他們的資本。 在一九二三年，倫敦發行二十萬萬銀元的債券，英國內地銷納百分之三十八，殖民地百分之四十八，外國百分之二十一。 而在一九二三年的美國，只輸出資本十二萬萬銀元。 但是一九二四年的頭十個月，倫敦發行到十四萬萬銀元的債券，其中三萬萬輸到國外，在這同時期，紐約亦發行五十萬萬元債券，而其中則有二十萬萬以上輸到國外。 所以為找市場以謀資本之輸出，英國資本界要算大大的落後了。

此外還有一件極重要的事實，即資本的輸出，不僅是寡諸少數銀行家或投資家之手；並且還有一些小資產階級和中資產階級的人應募債券。 借給奧國的外債達五千萬元，有九千個應募者。 借給日本款項，達三萬萬元，有四萬四千應募者。 美國銀行貼現率低，的在中資產者和小資產者裏面，不起什麼意外恐慌。 所以這些小資產者，投資外國的總額，逐年增加。

我們只要略略計算美國資本輸出的地域，都是很有趣的一件事，

當一九二四年頭十個月，美國資本的借出（以銀元計算）：阿根廷借八千萬，日本借三萬萬，瑞士六千萬，荷蘭借八千萬，捷克斯拉夫借二千萬，匈牙利借一千八百萬，挪威借五千萬，比利時借六十萬萬，加拿大借二萬萬八千萬，德國借二萬二千萬，法國借二萬萬。除此以外，還有市政公所和私人的借債。所以無怪乎顧理治在他的二次當選總統以後的宣言說：『我們不希望美國自成一孤島，不與其他人類相往來，以自保美國的幸福。倘若我們以前不能避免參加歐戰，雖其發生的原因，本與我們無干。我們今日又何能卸責避免參與其他世界問題？這些問題我們願在和平與善意的空氣下解決他。』

我們很知道顧理治所謂的『和平與善意』。現在暫且丟開不講。不過美國共和黨的總統，在一九二〇年競爭選舉，打倒威爾遜時，是以與世界隔離爲口號以恢復政權的。但今日共和黨的總統要參預世界政治了。這些話表示美國資本已經流通到世界各國。今日他要躋入世界政治的舞台，成爲最重要分子之一。美國報紙現在充滿論文，討論美國與全世界通商及投資問題，及現在世界衝突甚烈的政治問題。若吾人已經研究美國自一九一九至一九二二年間，對於世界問題的態度，我們可以知道美國的面孔完全改變於很顯然的。美國自從以增高關稅保護他的工業以後，到現在是極力與其他各國競爭，運用蓄積的鉅額資本，作長期的借貸，爲競爭時有力工具。

若是現在投資問題，在美國佔重要地位，在英國則是商品輸出問題，引起極大的注意。據統計學家的最近統計，大戰的結果，英國的國家收入大大減少，由一九一四年到現在，由二百四十萬萬減至二百一十萬萬（以銀元計算）。現在的國家收入，大致與一九〇七年相等。國家收入減少，國債負租增加，因之預算表增加四倍。所以英國在一九〇七年能專用他的國家收入百分之二十四爲國內外投資之用，而現在則僅能撥百分之十爲這種目的之用了。

因爲英國資本，在國外奪取市場輸出資本，無力與美國的資本競爭；因爲英國沒有如美國那樣大的國內市場，可以使生產的耗費減少；因爲英國自己的殖民地也工業化，與母國的工業競爭了；所以英國資本主義與美國資本主義競爭實感覺許多困難。據克拉孟德的報告，英國在世界上的貿易，自一九一二至一九二二年，由百分之一三・八增至百分之一七・三。然而英國在世界上的貿易的增加（由犧牲德國得來的之部分）與英國本國貿易總額之增加，不相符合。因爲在一九二二年的英國貿易，反比一九一九年低落百分之二十五。所以爲要恢復貿易的常態，而創造許多條件，這件事乃是催促英國參與企圖解決德國賠款問題，催促她盡力謀穩固的統御她的殖民地，及假意親善中國，開拓俄羅斯的市場的總原因。至於鞏固全世界上資本制度，對于資本輸出與貨物輸入有同等的必要。所以在一九二四年全年，最顯著的狀態，就是英美合作。

英國因其與歐洲市場有密切關係；因其在投資方面，勢力比較美國薄弱，故英國資本家關於鞏固德國實業，以致有與美國資本主義競爭的危險一層，發生一種極大的不安。由此關於資本主義的重造所生出之種種重要問題，英國的意見與美國的意見又不相同。這種種不同的情形，表示英美在殖民地的利害的程度互異。雖英國政客對於英美合作極力慶賀，然而英美合作，並不曾使兩國間極深的衝突免除。

不過此時美國資本勢力的勃與，及英國資本主義之大恐慌，都急於使兩國努力在動搖不安之歐洲，及殖民地與半殖民地之國家中創造種種順利的環境，爲銷售貨物及輸出資本之場所。此等努力，將來不僅使英美互相團結以進攻蘇維埃共和國及殖民地和半殖民地之人民；且有造成種種適宜的情形，爲英美資本侵入此等國家之陰謀。我們於此，不可不深加注意。美國帝國主義，正從事於征服世界，英國帝國主義則正努力維持其已得之征服地。將來兩國終不免衝突，然而現在他們彼此却各自盡力擴充世界市場。這兩個帝國主義之努力合作，就是今年開始以來國際情勢最顯著之狀態。

The Guide Weekly

嚮導週報

第一百〇九期

（中華郵務管理局特准掛號認爲新聞紙類）

一九二五年四月五日

郵票代款概作九五折

分售處

南昌　太原　長沙　濟南　潮州　雲南　寗波　開封　福州　蘭谿　成都　西安　宜昌

明星書社　晉華書社　文化書社　齊魯書店　青年書社　新亞書局　明星書社　文化書社　工學書社　唯一書局　華陽書報流通處　西北大學販賣部　精益公司派報部

分售處

香港　巴里　廣州　上海　武昌　蕪湖　平陽

萃文書局　中國書報社　丁卜書報社　民智書局　上海書店　民智書局　時中書報社　共進書社　科學圖書館　新新書社

——零售每份銅元四枚——

訂閱：國內一元寄足六十期・國外一元寄足三十五期・郵費在內

代派：每份大洋二分・十份至三百份五折・三百份以外四折・寄費在內・十期清算一次

發行通信處　杭州馬坡巷法政學校安存眞轉王致和

金佛郎案與國民黨

和森

孫中山死了，段祺瑞可以無顧忌的賣國了。這是我們早已料得到的。當孫中山初抵天津時，許世英以執政府答復外交團尊重條約的復文徵求中山同意，中山拍案怒曰：「如果這個賣國媚外的復牒發出去，我馬上晉京聲討段祺瑞」。段祺瑞慌了，左右獻計，一面以東交民巷空氣不佳爲詞阻中山晉京，一面在覆牒上加希望列强賛行華府會議條約一節，哀求中山不加反對。可見中山在日，段祺瑞無論怎樣勇於賣國，却不得不提心弔胆有所顧忌。

現在呢，中山去世不滿二旬，而金佛郎案公然決定簽字解決。正在這個賣國大案的關頭，日本東方通信社忽宣傳國民黨決定全體同學，

距今不久，國民黨不曾正式宣言反對金佛郎案麽？國民黨這个反對宣言是在中山垂死期中發出的，我想現在決不因中山之喪而停止他的反對。

我們只聽見孫行轅治喪事務所宣告結束，幷未聽見國民黨政治委員會決定全體出京，所以我們對於日本通信社的宣傳不敢相信。但是日本通信社這種宣傳一定有作用，至少也是賣國不貶眼的段祺瑞急於需要反對金佛郎案的國民黨無奮鬥無抵抗的退出北京，庶幾他能安然自在的去賣國。

然則在反面看來，我們便可知道假若國民黨還留在北京，至低限度也要使賣國的人不能安然自在。在這一點上，我們敢斷言全國人民都是希望國民黨政治委員會——中山的後身——留在北京奮鬥的。

我們固然知道段祺瑞早已準備嚴厲對付中山的後身，我們亦然知道段祺瑞又已收買搗亂政治委員會使他在北京不能有所作爲；但我們更應知道全國新喪領袖的人民實指望中山的後身一刻不停的承繼中山北上的志願去奮鬥，——奮鬥到山窮與水盡。

現在或還未到山窮水盡人事終了的時期。不僅金佛郎案一髮千鈞；便是中山垂死時聞之色喜的全國國民促成會代表大會也還沒有開完：眞正的國民會議，人民還是希望中山的後身有以促成；段政府虛僞的國民會議，人民還是希望中山的後身領導他

去應付；段政府治絲益紛的時局糾紛，人民也還希望中山的後身不冶火氣地卽謀眞正的解決。

現在安福政府有三計：國民黨自行離開北京爲上計；收買叛徒搗亂爲中計；高壓驅走爲下計。 所以國民黨此時不僅不應離開北京，而且應在民衆之前公然阻止臨時政府禍國賣國的行爲。

現在全國的人民都起來哀悼中山，這決不是一種感情的現象，乃是一種政治的現象。 這種現象一面是表現人民的要求，一面是表現中山的權威。 在這種現象之中，在北京的政治委員會必須以最善的努力成就中山之政治的遺囑，決不要悄悄的退出了北京。 卽使退出是終不可免的，也須是戰鬥的退出，才不違中山北上奮鬥之精神。

同時全國哀思中山的民衆，也應把你們的哀思發而爲普通的具體的政治行動；立刻起來反對臨時政府一切賣國禍國的勾當，要求眞正國民會議之實現，擁護中國國民黨在全國——尤其北方之奮鬥！

獨秀

△統一與分立

關於聯省自治這個問題，我們曾討論過多次，現在文武聯治派又在那裏活動起來，茲再總述我們對於這個問題的意見如左。

（一）中國的政權實際上已經各省的大小軍閥分裂了，已去完全分立不遠了；因此對外的政治要求，對內的經濟要求，都急需一個民族的民主的統一國家。

（二）聯邦與分立不同，仍無妨於國家之統一，然亦非語言相同的本部所需要，至少也非今日所需要。

（三）强大軍閥所主張的武力統一，是衆幷不是統一；弱小軍閥所主張的聯省自治，是割據是分立不是聯邦。

（四）我們反對吳佩孚張作霖的武力統一與段祺瑞的陰謀統一；同時，也反對唐繼堯趙恆惕陳炯明等的聯省自治。

（五）統一政府若屬於有利於帝國主義的反動派，帝國主義者必贊成統一反對分立，如英美法日帝國主義者自來只承認北京政府是中國統一政府，藉口尊重中國統一，阻撓廣東革命政府管理關稅鹽政，統一政府若不利於帝國主義者，他們必陰助反動派的分立運動，如法國煽動德國萊因分立，英國援助波斯南部分立。

（六）我們反對帝國主義者所援助的統一，何時也反對帝國主義者所教唆的分立。

（七）我們對於西藏及蒙古，分立或聯部都贊成，因爲他們和本部都是語言風俗絕對不同的民族。

（八）我們承認中國本部各省區目前急需有一個由民衆的革命力量造成之民族的民主的統一政府，大軍閥的統一運動和小軍閥的聯治運動，乃是整賣中國或零賣中國於帝國主義者的運動。

（九）我們不相信軍閥的統一或聯治可以停止內亂，如直皖奉直及直與反直之戰爭，湖南援鄂雲南攻川攻桂之戰爭；可以停止內亂的只有由民衆的革命力量所造成之民族的民主的統一政府。

（十）我們承認廣東政府或其他傾向民主的革命政府，他們之脫離北京政府，只是妨礙軍閥的僞統一，決不是破壞國家的統一；因爲他們的根本政策，是國家的不是地方的，不但不贊成各省分立的苟安政策，幷且不贊成南北分立的苟且政策，他們是要依全國民衆的革命力量，造成民族的民主的統一國家。 只有這樣才是眞統一。 反之軍閥的僞統一和聯省自治的運動，結果都要延長內亂破壞統一。

雙林

上海之外國政府與中國臣民

——上海納稅外人會議及中國市民之自由權——

上海市民曾經因爲江浙戰爭，而力爭撤退軍隊，廢護軍使，取消兵工廠，要求劃淞滬爲特別區，永不駐兵，不置軍政長官——總而言之反對軍閥的統治，爭平民的政權，如今居然已經得了執政政府的允許，淞滬特別市正在組織了，軍隊亦已開始撤退了，兵工廠也交給上海總商會了。 彷彿上海已經沒有了軍閥的統治。 可是平民得着政權沒有呢？ 大謬不然！原來上海的軍閥統治原是無足重輕，上海市裏的中國人民大部分還是受外國人的政府統治着，任憑你撤兵廢使移廠都不相干，沒有自由的仍舊是沒有自由，受剝削的仍舊是受剝削。

這上海的外國政府是甚麼呢？ 請看，他却也很『民主』的，完全是三權分立的制度：上海納稅外人會議是立法機關，工部局是行政機關，會審公廨是司法機關，這一政府治下的中國人，是完全沒有參政權的，雖然有一個納稅華人會，但是祇能送兩名所謂『華顧問』到工部局去，甚麼立法權亦沒有，平時工部局便是最高的行政機關，租界內華人的身體，言論，集會等自由，他可以任意侵犯，征收稅捐，管理交通及一切市政都在他掌握之中。 會審公廨，不但是外人之享有治外法權者的特別審判機關，而且是上海租界內的最高法庭，華人的刑民案件也統統歸他審理，并無上訴機關。 至於稅捐的徵收與否及法律章程等的審定，便完全歸納稅外人會決定；於此可見上海租界已經實際上是居住上海且能納稅的外人的領土，他們是此地的主人翁，政府是他們——他們之上祇有各國領事的領導團。

上海明明是中國的領土，何以忽然跑出這樣的外國政府來呢？ 各帝國主義的國家自從五口通商條約之後，對於中國的經濟侵略便一天一天的利害起來，他們隨時强迫中國訂立一而再，再而三的不平等條約，攫取租界，領事裁判權，警察權等——這些經濟侵略的中心正是上海。所以獨在上海，他們這種依據不平等條約的統治制度，表現得最完全。 吳淞口還停着許多外國軍艦，租界內還駐着許多外國兵，外國警察，以保障他們這種統治。

中國的上海市裏的中國人民，在這外國政府之下是絲毫自由權都沒有的。 這裏外國人是治者階級，是主人，中國人反是受治階級，是臣民。 難道這種帝國主義的統治比軍閥統治好些？ 難道外國人治下的上海眞是『樂土』？ 固然不錯，軍閥又是帝國主義者的奴僕，打仗不敢打到租界裏來，搶掠不敢搶掠到租界裏來，他們不敢侵犯洋大人的權利和天書聖經般的不平等條約。 固然，軍閥戰爭時富豪財主要來託庇於這外國人的宇下。然而我們看一看在這外國政府之下的『樂土』究竟是個甚麼樣子？ 假使說軍閥戰爭時中國商民要受損失，那麼在這外國軍艦兵隊警察鎭壓之下的上海租界裏，中國商民的利益又是怎樣的保障呢？ 上海公共租界裏的大工廠（五百工人以上的）總共一百〇一個，其中英，美法的工廠却要占五十五個，外國工業，尤其是日本在華的紗業，儘在發展，幾乎有一日千里之勢；中國人在上海的實業四方八面都受擠軋，近年來虧本倒閉的華商工廠知道有多少！ 上海的海關，以至碼頭的管理權，都在外國人之手；中國商貨，商鋪的負担稅捐却祇有比外國商人多好幾十倍。 上海一埠，大的中國商家有幾家？ 我們在英大馬路黃浦灘一帶祇要略略看一看，便可以知道掌握上海商業金融的樞紐的，完全是外國銀行及商行；中國商店祇能仰他們的鼻息。 假使說，在華界上的軍閥會拉夫，會搶掠，會禁止人民的自由；那麼租界上的中國平民的生活狀況可是怎樣呢？

據工部局童工調查委員會自己的報告和提議，公共租界上總共有童工二萬二千六百〇十名，在十二歲以下；這些童工的生活狀況是非常之慘，成年工人當然不會好到什麼地方去；祇要想，連帝國主義者自己都要提議：『在四年內不得再雇用十歲以下的兒童，四年後不得再雇用十二歲以下的兒童：童工（十四歲以下的）每日工作不得過十二

小時，每兩星期必須有繼續二十四小時的休息』。 只見前此那二萬二千六百〇十名的十二歲以下的小孩子，每天總要做到十三四甚至於十五六小時的工作，終年沒有休息的！ 就拿提議中的『保護』童工法來說，十二歲的小孩子每天要做十二小時的工作，要兩星期再有一天的休息。 這是人的生活不是？ 這已經算是外國政府對於中國臣民的恩惠——還要看這上海的『外國國會』(納稅外人會)通得過通不過呢！

在幾萬十二三歲孩子的身上搾出這些汗血來發展上海的『外國實業』，這比拉夫搶掠要慘酷幾倍！ 至於說人民的自由罷，租界上的中國人是否有政治結合，職業結合的自由？ 各種工會都不能公開，不用說遠的，最近日商紗廠的罷工期間，各工會都不能存在在租界上；尤其是最近三四天內，平和洋行，隆茂洋行，江西路某貨棧的男女工要求加薪，先成襪廠的男女工要求發欠薪，都被巡捕拘押彈壓。 政治集會簡直等於完全禁止，——上次女國民大會要在寧波會館開會，討論國民會議問題，都被巡捕房強力解散。 至於中國無力車夫被外國人及巡捕虐待，更是家常便飯，上海人早已視為當然之事了。 這比軍閥統治下的兵士騷擾難道又『文明』得十倍百倍嗎？

這種帝國主義的統治，居然安心忍受！ 帝國主義者卻還要得步進步。

四月十五日納稅外人會——上海市政府的『外國國會』又要開會了、前去兩年提出而未通的印刷附律，今年又要提出來了！ 帝國主義有種種不平等條約，有駐滬的海陸軍，有巡捕，在上海，統治中國的臣民，還嫌不夠。 幾次三番要提出印刷附律來箝制中國人民的言論出版自由。 現在上海市內，不但各報略為登載些觸犯巡捕房工部局——外國政府的破壞的消息，便要罰錢，而且居住上海市內的人，請一本社、科學的書籍都受禁止(上海大學的檢查便是實例)。 這種嚴酷，統治，帝國主義者還以為太寬，竟還要提出印刷附律來。 照這附律，一切印刷品(凡為機印者一應包括在內)——報紙，小冊，傳單，小張招貼，以及載有公衆消息事項評論意見等等紙類——其發行，主使印刷，主使發行者，都須向工部局將姓名住址註冊。 這種侵犯中國人民自由的法令，居然要實行起來，居然要由納稅外人來審定通過。 上海的外國人——帝國主義者，知道他們的統治『上海殖民地』，完全以剝削與壓迫為目的，知道這種剝削一定要引起中國人民的反抗，那些中國報紙，小冊，傳單，一定大多數是反對他們的（可惜實際上還不然呵！），所以定要實行這種嚴酷的法令。 年來中國平民確是覺悟過來，反帝國主義和廢除不平等條約的呼聲一天一天高起來，帝國主義者實在是坐臥不寧。 所以決計要向中國平民進攻。 他們這樣得步進步，勢必致於將上海市民完全變成他們的牛馬奴隸，不准自由的說一句話，自由的走一步路。 上海市內的中國國民呵，究竟我們亡國沒有？ 究竟上海是不是『樂土』？ 我們還能忍受這種地獄生活，這種帝國主義的統治麼！

上海的中國市民呵！ 假使你們真是主張民權，反對軍閥統治．那麼，為什麼你們不起來要求撤退上海的外國海陸軍，要求廢除租界，廢除外國巡捕，廢除領事裁判權……反對這種中國境內之外國政府，上海市裏的帝國主義統治；至少你們應當起來反對上海外國政府這種嚴酷的剝奪中國人民自由的印刷附律！

安福政府對於輿論的摧殘

和森

安福政府壓迫輿論的舉動，近日更變本加厲的進行起來了。 旬日之間，封禁北京民國日報，控告世界日報，逮捕某通信社記者，檢

登新聞電報，沒收現在評論，…大有秦始皇焚書坑儒之慨。

有人以爲這是段祺瑞摧殘民意的開始。可是在這個開始之前，還有本報和其他十九種刊物被段政府通令查禁的事實。

本報老早就警告國人：現在的段張時代將比曹吳時代更野蠻更反動。如今果不其然？

本報是民衆政治生活的寒暑表。人們只要測驗帝國主義與軍閥所加於本報的壓迫是怎樣，便可推知全國輿論界和民衆的命運將怎樣。這句話決不是記者誇張的，乃是歷年不爽的經驗。就最近的事實說，人們只要回想本報如何屢被上海租界的帝國主義者之壓迫，便可知道因登記樂志華案與日本紗廠罷工案而被洋大人嚴重壓迫的上海各大報，——他們的不幸命運決不是意外的。這次北京新聞界的災難亦然，識者早已於本報之被查禁而知其有今日了。

當本報被安福政府查禁時，全國報紙噤若寒蟬，好似與他們無關一樣。可是本報的讀衆感覺異常敏銳，他們看見他們的寒暑表感受的氣壓忽然不同，他們都紛紛投函本報表示其憤怒與擁護言論自由之熱情，本報接到此類投函前後有百餘封之多，以限於篇幅未能發表。

現在安福政府對於北京輿論界的壓迫，眞是行所無事，不過抵抗上海租界裏面的帝國主義者每次拘詢各報記者簡直如審盜問賊一般，全國輿論也熟視無睹，一聲不響。本報敢預言他們的壓迫還會要普遍的嚴重的施行呵！

寸鐵

嗚呼孫段合作

孫段合作的孫死了才一星期，洪兆麟的代表便胆敢謁段，報告陳軍如何反攻，許崇智如何歸路已斷，這位代表不怕孫段合作的段聽了發怒嗎？孫段合作的孫死了才一星期，警察廳便無端封禁北京民國日報，逮捕國民黨黨員，這位警察總監不怕孫段合作的段見了難受嗎？ （實庵）

反段與降段

反帝國主義與不反對帝國主義，幫助農工運動與壓迫農工運動，聯俄與仇俄，這三件事本是國民黨左右派重要爭點；現在應該加上一個反段與降段了。 （實庵）

帝國主義下的難民與蘇俄

中山先生致蘇聯之遺書上說：『你們是自由的共和國大聯合之首領，此自由的共和國大聯合，是不朽的列甯遺與被壓迫民族的世界之眞遺產，帝國主義下的難民，將藉此以保衞其自由，……故我已囑附國民黨進行民族革命運動之工作，俾中國可免帝國主義加諸中國的半殖民地狀況之羈縛。爲達到此項目的起見，我已命國民黨長此繼續與你們提攜』。不知槃以『赤色帝國主義』毀謗蘇俄的國民黨右派分子鄧家彥等，讀了中山先生這個遺言作何感想！ （實庵）

好個不使勞動界反抗資本家的勞工！

一個什麼勞動反共產同盟會，竟有呈請上海縣公署備案的趣事，呈文上公然說出『顧全　本利息』『不使勞動界反抗資本家』『鈞署予以相當提攜堅勞工信仰之心』『遇有宣傳出版及印刷品預先呈案察核而後發表』『請暫予存案　查以觀後效』等話。他們與其說是反共產同盟會，不如老實改名資本家官僚的走狗同盟會！ （實庵）

究竟是誰荒謬！

陝西鎮守使電段祺瑞，逵胡督令移兵南下拒劉鎮華；段批：「鎮守使各有防地，擅自移動，法所不容，且以陝西鎮守使聽鄰省長官指揮，尤爲荒謬。這位荒謬的鎮守使，大可電問荒謬的段執政：督軍也

各有防地，劉鎮華擅自移動，兵攻鄰省，是否荒謬？　（實庵）

可惜了五十萬元的民脂民膏！

北京的安福警察說本報反對善後會議，是顛倒黑白；但不知白費五十萬元而一事不議的善後會議，究竟是黑的還是白的呢？　（實庵）

兩角同盟

上海新聞報北京電說：「趙恆惕電林虎攻潮州得手，洪兆麟已進汕頭，現唐繼堯趙恆惕陳炯明為三角同盟。」　但事實上陳洪林都從潮汕敗走了，這唐趙陳的三角同盟，只剩了唐趙的兩角同盟！　（實庵）

拒赤化與賣國

申報三月卅日北京電：「遊法某將（徐樹錚）電京，謂歐洲各國，對臨時政府能拒止赤化，且念參戰前誼，對段同情，賠款案（即金佛郎案）似應速決，不僅得歐洲各國良好印象，且國內財政亦可確立整理基礎等語。」　可見所謂拒赤化便是賣國。　然則人民還是贊成赤化呢？還是贊成賣國？　（反戈）

狐狸露本相

申報三十日北京電：「財李發給自由所執勵字庫券現金，令其持券赴庫藏司先領兩千元，或係一種諒解」。　又商報廿八日電：「民黨彭養光[illegible]自由等組織同志俱樂部，經許世英之奔走，與當局接近，擬撥東華園十號官舍為部址」。　狐狸露本相，張溥泉君有言：「什麼國民黨員」？　（反戈）

不解

有人說中山提倡中國民族與蘇俄結成反帝國主義同盟，遺言昭彰，難道是偷偷摸摸的一回事？　何以蘇聯及第三國際各屬所來之唁電，京滬民黨機關報多不敢如他報一樣的登載，或登載而故意删改以亂其真；如第三國際唁電中「深信共產國際之各支部皆竭力援助將完成孫逸仙大業之國民黨，并深信與國民黨合作之中國共產黨亦能完成當前之偉大歷史的事業」一句，北京民國日報竟删改為「深信共產國際之各支部皆竭力援助將完成孫逸仙大業之國民黨以完成革命之偉大歷史的事業」（本報一〇七期因根據北京民國日報之所載，幾乎被其欺騙，幸中途察覺，然已誤印二千份矣，抱歉得很！），這是什麼用意呢？

我說國民黨機關報不敢如他報一樣的登載已不可解，登載而故意删改以亂其真更不可解，我也與你同着一樣的疑問呢！　（反戈）

湖南通信

（一）反教會學校運動

羅夫

帝國主義者進攻中國愈烈，國民亦愈能把帝國主義者的陰謀之各方面，逐漸看透出來。　過去兩年，國人尚只有反基督教的運動，對於教會的教育侵略，還未曾注意。　本來帝國主義者在中國辦學校，初看去只似一種好意的慈善事業；加以國內軍閥摧殘教育，青年學生益趨之若鶩，實則教會學校的黑暗，不僅文化的侵略，還有許多異外的壓迫，平日在報紙上揭露出來者，已不可勝述。　教會學校的風潮，始於前年下期及去年上期湖南（福湘，益陽信義），廣東，上海數處，而湖南去年冬間五校的風潮更有活氣，至今尚成為教育界及學生界力謀解決的一難題。　在此中華民族反帝國主義的高潮中，此反教會學校運動在將來必成為一重要部份；故特於湖南這次風潮的經過扼要寫出來。

去年十一月益陽信義中學學生爲請求更換體育教員受學校壓迫，百餘人退學；學校見勢頭不好，即宣布放寒假，圖無形的消弭。十二月長沙雅禮大學爲競球受美國人侮辱，學校校長及醫院院長左相美人，激動學生公憤，加以平日久積不平之怨，致大學預科及中學全體約三百學生相率退學。同時長沙雅各學校爲要求立案不成功而退學者二百餘人，湘潭益智學校因久受壓迫而爆發而退學者二百餘人，醴陵遵道會學生爲反對教會强買公地而退學者兩百餘人。上述各校風潮，除信義外，皆是同時發生的。雅各等校，可說是受雅禮的影響激成的。

醴陵遵道會風潮，曾激起全縣學生憤慨，留學長沙的學生，那時都紛紛回縣援助，故有兩次的大示威運動，轟動全醴，雖鄉民亦知痛恨帝國主義。雅禮學生退學時，洋教員持手鎗守候校門，不許學生搬行李，此時恰當『聖誕節』的前兩天，長沙市民本已準備『聖節』大示威運動，又值人力車工罷工期，又值長沙戒嚴期間，一時風聲鶴唳，震動全城，雅禮校長乃乘機造謠，打電省署及戒嚴司令部說雅禮學生與工黨勾結，將於『聖節』起事，推翻政府，并說工黨以巨金援助車工。這種謠言一出嚇得各機關屁滾尿流，趙老總本來與美帝國主義有買賣，聽着這個，馬上飭戒嚴司令部下令取締『聖節』運動，誣指一班學生及青年教員爲流氓，學痞；并暗令緝捕學生教員卅餘人。幸而青年學生看破了這種陰謀，『聖節』示威雖被阻而全城學校，工會傳單隊發出之反基督教傳單，則如雪花落葉，飛滿街衢，各種各色，不下百餘種各教會禱告場中亦時有笑聲，反對聲自衆叢中發出，年年歲歲歡呼狂舞的一天，變成了倒霉掃與的一天，這眞是湖南破天荒的第一次。接着對於教會學校風潮，則各中等學校學生會均發出傳單，高呼：反對教育侵略，反對教會學校立案，援助退學生轉學。教育界一部份明白分子亦出來組織一個教育主權維持會，一面反對立案，一面援助轉學。各校風潮，除益智學生純爲『反對文化侵略，實行退學抵制』外，其餘對學校第一條件即爲『學校立案』，雅各則純爲此問題而起。這種『原始的』反對狀態，完全由於湖南教會學校沒有立案，畢業後不能升學之一種反映；後來因爲學聯，教育主權維持會，本國各學校學生會宣傳『應根本取消教會學校，學生應以退學反對立案爲抵制』，各校退學生的運動始轉過一個方面：決不回校，反對立案。同時全般的工作亦集中於：轉學與立案兩個問題上面來了。

與論對此是表贊成的，省教育會亦議決請教育司否准立案，并允援助轉學。教司方面，李學者(劍農)適假歸故里，科長李大樾代理司長，輭弱無能，以『我係代理，不敢作主』爲辭。顏方珪繼任司長，初允發轉學證，因第二科科長方擴軍(高師系)反對，司法司亦屢向教司提出警告，怕惹外交。顏遂不敢發轉學證，致發蓋『教育司驗明』章的省教育會的轉學證。各校退學生乃得轉入省內外各相當學校，至於立案這個問題，當然更加難於解決了。雖則後來省議會亦通過不准教會學校立案咨省政府照辦，然官廳生怕惹起外交；教會聯合會會長洋奴趙運文四出運動；青年會名譽會長湖南教育經費保管委員會委員長去年在教職員罷課大會大駡教職員男盜女娼的曹子谷復向政府極力主張：『消滅教會學校風潮的唯一辦法即即速起草教會學校註冊條例，分別立案』，這計當然甚毒，果行，無異給予教會學校一層保障，繼因學生界極力反對，此議在教司才又冷寂下去。但此問題尚未解決，前途亦未可逆料。欲知究竟，須下回分解。

學聯方面主張消極的抵抗，辦法爲：(一)政府不准教會學校立案；(二)本國各公私立學校不收教會學校畢業或轉學學生；(三)公私機關不用教會學校出身的人辦事。在帝國主義未能根本打倒以前，這個辦法，實在是比較容易收效的。不過遇着怕事而媚外的政府就難說了，我們就湖南的風潮可得三個教訓：(一)空空反對基督教不如喚

起致會學校學生作具體的有組織的反教會學校運動；（二）一到事情緊迫，洋人必造出『過激派』『工黨』『共產』等謠言以惑聽聞；（三）官廳多半是軟弱媚外，寧欺百姓的。　湖南的學生和教職員們，望你們繼續奮鬥到底！　全國的學生和教職員呵！望你們注意到反教會學校的運動！

三月二三日　喜　子

（二）國民會議運動

曹吳倒後各處國民運動都有發展之可能，湖南各法團亦即組織中華國民會議湖南促成會，同時各種青年團體組織國民會議後援會，旋即與促成會合併。　該會成立後，一面極力的爭國民會議，一面努力地向民衆宣傳，並且收效甚大，各屬縣如益陽平江等均成立有國民會議促成會的分會。　我現將各界最近對於國民運動的態度及實際情形，分別說明如下；

商界　曹吳倒後，商人們曾致電段祺瑞孫中山主張國民會議，惜乎商會會長黃藻奇（華寶紡紗公司經理）一係流氓式的政客，只知逢迎政府，不能引導商人向國民革命路上進行，發表商人們的革命意志，現在段祺瑞所召集的御用善後會議，聘請黃藻奇爲專門委員，黃藻奇故以爲升官發財之機會，其喜可知，是以急於北上，然而商人們均不以爲然，故歡送黃藻奇北上席間，曾向黃藻奇提出向善後會議要求三條；（一）專門委員應有表决權，（二）善後會議不能議定國民會議組織法，並不能限制其人民團體代表參加，（三）裁兵。　以上三條，若善後會議不能容納，請即退席云云。　如此可見湖南的商界亦漸漸注意政治運動了；若有人領導得法，於國民運動是很有力的。

工界　湖南的工業全部仍在手工業狀態，除省有第一紗廠，造幣廠，黑鉛廠，官營水口山鉛鑛，商營新化錫鉛鑛山，和湘潭錳鑛山及寧武香花嶺五金鑛之外，實無他較大產業可言，是以工人大多數是手工業工人，其產業工人只有最少數，工人雖分爲手業工人和產業工人，然所受帝國主義和本國軍閥的壓迫均同，故年來湖南勞動運動，大引起社會注目。　然工人們對於政治，亦甚注意，所以對於各種國民運動無不積極參加。　此次北京政變，工人們即發表對於時局主張的宣言，並致電段祺瑞反對善後會議，主張國民會議，力爭民權，此亦可見湖南的工界，除經濟爭鬥外，尚努力政治爭鬥。

農界　湖南地勢山地多平原少，只有洞庭湖沿岸一帶有大規模經營之農業，餘均爲自耕農及佃農，尚有一種雇工農，佃農生活和雇工農生活是一樣困苦的。因佃農納租於田東，普通東佃各半，重者東七佃三，最重者東八佃二，而種田肥料等均歸佃農備用，田東概不出錢，甚至於天旱，或水淹粿粒無收時，要求田東減租，田東甚或不允。　農民生活之苦，無以復加矣，湖南本有省農會和縣農會之組織。　但該公所等均爲少數紳士所包辦，與農民羣衆絕對不相干。　國民會議促成會的組織如能繼續發展於各縣，則這種瘡巨痛深的農民羣衆一定可成爲國民運動中的要素。

學生　湖南學生因受潮流的激刺，對於國民運動無不積極參加，且都站在主要地位。　在帝國主義列强和國內軍閥壓迫底下，湖南學生努力地向這兩層壓迫奮鬥，雖有失敗，仍不斷的前仆後繼。　此次對於善後會議極力的反對，並且領導各界向國民革命路上進行。

教育界　湖南教育界的份子大約可分爲三派：（一）政客派，這一派的人常與政府勾結，對於各種國民運動，只要不觸犯湘政府的忌諱也時常參加，可是他們也善看機會，間或也做反政府運動。　此派以教育會之幹事部的方克剛李濟民等爲領袖。　（二）媚外派，這一派的人亦常與政府勾結，對於一切政治問題槩不表示，對於人民反對帝國主義運動則在暗中破壞，如近來長沙之雅禮大學和雅各中學，湘潭益智中學，益陽之信義中學等教會學校學生反抗洋人退學，他們居然替教會學校說話，從中運動教育司替教會學校備案，並阻止教育司發給退學學生轉學證書。　此派以教育經費保管員之曹子穀和教育司科長方擴軍爲領袖。　（三）新穎派，此派對於各種國民運動無不參加，思想亦甚進步，故稱新穎派，在教育會亦有相當勢力，在教育會評議部中佔多數。　如此次北京政變，即議决通電主張國民會議，反對善後會議，又段祺瑞聘該會專門委員，該會幹事方克剛北上時，評議部新穎派即召集會議，一致議決，通電反對善後會議，阻止方克剛北上，並謂幹事部推方北上爲違法，教育會評幹兩部因此發生重大的糾紛，至今尚未解決。

三月三日

The Guide Weekly

嚮導週報

第一百十期

（中華郵政管理局特准掛號認為新聞紙類）

一九二五年四月十二日

郵票代款概作九五折

分售處

香港　巴里　廣州　上海　武昌　蕪湖　平陽

萃文書局　中國書報社　丁卜書報社　民智書局　上海書店　民智書局　時中書社　共進書報社　科學圖書館　新新書社

分售處

南昌　大原　長沙　濟南　潮州　寧波　開封　福州　肇慶　成都　西安　宜昌

明星書社　晉華書社　文化書社　齋晉書社　青年書店　新亞書社　明星書局　文化書社　工學社　唯一書局　華陽書報流通處　西北大學販賣部　精益公司派報部

零售每份銅元四枚

訂閱：國內一元寄足六十期・國外一元寄足三十五期・郵費在內

代派：每份大洋二分・十份至三百份五折・三百份以外四折・寄費在內・十期清算一次

發行通信處　杭州馬坡巷法政學校安存眞轉王致和

孫逸仙之死

季諾維埃夫

世界革命的無產階級首領——共產國際執行委員會委員長季諾維埃夫，在孫中山先生死後的第三日(三月十四)做了一篇文章悼孫先生，登在莫斯科的『眞理報』上。中國民族革命與世界無產階級革命是密切相關的，我們應當看一看世界無產階級怎樣重視中國的民族革命，所以把他的全文譯出，以餉讀者。(記者)

中國革命首領孫逸仙的死，使個個無產者都要對於現時勃起的偉大的民族革命運動的命運，沉思一下。

『四萬萬落後的亞洲人已起來爭自由了、覺悟了、開始參加政治的生活了。佔全地球人口四分之一的人從此睡醒了，行向光明運動鬥爭了。』這是列寧在一九一二年十一月裏寫的。可是，這四萬萬亞洲人還要用不少的力量去爭自由和獨立呵，——西方帝國主義者仍在一天一天加重的壓迫他們哩！

孫逸仙在歷史上要算二十世紀東方民族革命運動最偉大的領袖。他不是共產主義者，不是馬克思主義者。他的政綱『三民主義』，反映中國落後的社會關係。他用自己的感覺找尋革命的道路，他對於壓迫中國的帝國主義者非常之嫉惡，——這是神聖的嫉惡呵。他畢生犧牲自己的精力以為人民。尤其在他的晚年，日益明瞭一切被壓迫民族祇有和世界無產階級密切結合，才能解放自己，創造新生活。

孫逸仙——不像甘地一樣。印度民族主義者的溫和派首領甘地，在最近幾年來，祇有一天天下落的傾向，——他對付英帝國主義者的殘暴政策，祇是『吃一月齋』罷了。甘地派的懦弱，必定弄到完全和帝國主義者妥協，簡直等於降服。

孫逸仙却不是這樣的人。尤其是晚年，他的傾向一直是向上的。幾個月前，孫逸仙所領導的國民黨曾經遇見對於南方政府的新襲擊。孫逸仙當時毅然決然的和那所謂紙老虎(商團)奮鬥——那商團完全是反革命的法西斯蒂式的武裝買辦階級。他能鼓起黨員的勇氣去和這種帝國主義所雇用的反革命軍奮鬥；他能消散自己黨內的游移不定的主張。他挽救了國民黨過去的光榮，表示中國民族革命運動的進行，已

經到了怎樣的高潮。

「强大的民主主義運動，已在亞洲各處增進發展，那地方的資產階級現尙與平民共同進行。幾萬萬人覺醒過來，爭光明與自由。這種世界的大運動要引起有覺悟的工人怎樣的高興呵。……然則所謂『先進的』歐洲對此怎樣呢？無他，惟有搶掠中國，幫助中國民主派及其自由之仇敵。」這是列寧一九一三年五月在一篇題作『落後的歐洲與先進的中國』的文章裏說的話。單是列寧這一個題目便很有意思。——「在所謂先進的歐洲裏，祇有無產階級是眞正先進的；而資產階級要保存垂死的資本奴隸制度，無論怎樣野蠻殘暴卑劣的事，都會做得出來。」

不久以前，德國總統愛倍爾亦死了。他以前還是工人，是德國社會民主黨的首領。我們不禁要將愛倍爾和孫逸仙聯想起來。愛倍爾也要算現時歐洲社會民主黨首領裏一個刮刮叫的。這是一個歐洲資產階級化的高等工人的標本。將孫逸仙和愛倍爾兩個名字放在一起，更足以證明列寧『落後的歐洲與先進的中國』這句話。現時的歐洲，不但資產階級是最反動的力量，就是資產階級化的勞工貴族，變成了資產階級的附庸，也是反動的。愛倍爾出身於從前先進的歐洲裏的先進階級。他自稱爲社會民主黨，甚至於馬克思主義者。他本是倍倍爾的學生，隨後更做了倍倍爾政治事業的繼承人。倍倍爾的確是德國工人階級偉大的領袖。然而愛倍爾竟會變成反革命黨，變成工人階級裏的灌輸資產階級思想的人。

同時，在落後的中國，剛剛開始有工人階級，馬克思主義的思想也才開始發展，而社會生活的進展，却使孫逸仙從和平主義進於民族主義，——而且日進於眞正民族革命的領袖地位。——這民族革命運動和世界無產階級運動合流並進，擁着共產國際的旗幟。

俄國革命對於東方的民族解放運動有很大的影響，這是可以自榮的。「世界的資本主義和一九〇五年的俄國革命完全驚醒了亞洲。幾萬萬困於中世紀式的黑暗野蠻制度之下的平民已覺醒過來趨向於新生活……亞洲的覺醒和歐洲先進無產階級的爭取政權，實開二十世紀初年世界史的新紀元。」這幾句話亦是列寧的。俄國一九〇五年未能推翻俄皇政府的革命尙且能促起東方的覺醒；那麼，一九一七年勝利的十月革命，又應當有怎樣大的影響呢！卽使俄國革命於促起東方幾萬萬人的覺醒以外，沒有成就其他事業，單是這一種功績，已可算是盡了世界歷史的使命。

被壓迫民族的國民革命運動的意義是非常之偉大的；他是日益發展的世界無產階級革命運動中之一重要部分。這種觀點，是馬克思學說和列寧主義的原理。孫逸仙一類的民族革命領袖的生平及事業，實足以證實列寧主義在這一問題裏的理論之眞確。

世界先進的工人，凡是組織在共產國際旗幟之下的，都十分明瞭：如孫逸仙一類的偉大人物對於世界革命有何等重大的意義，而繼續孫逸仙等而起的運動，又有何等遠大的將來。

馬克思與列寧旗幟之下的共產國際，決不自欺欺人，否認東方民族解放運動的弱點：譬如政綱的不明顯以及妥協軟化的傾向；就是其中最革命的領袖，也有所不免。然而共產國際深信東方的民族革命運動是世界無產階級先鋒所願與的强有力的同盟軍。

各國先進的工人，凡是組織在共產國際裏面的，一定要紀念孫逸仙先生，因爲他是被壓迫民族的革命運動的最光明的代表之一，——東方民族的革命運動，正和世界無產階級的先鋒相結合，以反抗帝國主義。「歐洲各國無產階級和新興的亞洲各國民主派，深信自己和民衆的勢力，已經起來代替垂死的資產階級了。」這還是歐戰前一年列寧說的話；現在蘇聯無產階級獨裁制的政府已經存在了八年，東方各國偉大的民族解放運動亦已日益成熟——這幾句話是更有無限的

意義呵。

孫逸仙和愛倍爾的差別，實在是非常之大。 愛倍爾是世界資產階級的同盟軍；孫逸仙是世界無產階級的同盟軍。 最終的勝利當然屬之於世界無產階級及和他聯合的東方民族革命運動，這是絕無疑義的。 并且這種勝利已經不遠了！

革命與反革命

羅敬

（北京通信四月四日）

近日北方時局又甚緊張。 馮張破裂之謠不僅風傳，日本在北京之順天時報且公然言之。 記者多方調查，這種謠傳並非無因，河南胡軍勝利後，奉張確有趁先動手之勢。 最顯著的事實：第一是李景林之進襲保大；第二是張宗昌南下奉軍集中徐州；第三是浙奉之暫時的了解；第四是段祺瑞袒護劉憨，不僅不免劉憨之職，而且顯然電斥馮胡保孫岳督陝；第五便是金佛郎案之急於解決。 段政府爲什麼要在此時解決金佛郎案？ 一言以蔽之，是替奉張籌備打國民軍的戰費。 紅鬍子之所以屢欲與馮決裂而不決裂者，便因爲還缺少這一筆戰費。

在段張禍國賣國的緊張情形之下，同時其走狗馮自由派破壞國民黨之進行亦隨着緊張。 現在馮自由派反革命的綱要：第一是反對國民黨中央執行委員會；第二是反對廣東政府；第三是反對共產派。 前二者是馮派反革命的骨子，以此爲投降段張的贄禮，所謂反共產不過是這種贄禮之外封罷了。 據深知國民黨歷史者說：『這完全是該黨反革命派與革命派之爭。 一派要作官，一派要革命乃是民黨歷年糾紛之原。 試看每次北洋軍閥之一派崛興的時候，便有一批所謂國民黨分子賣黨求榮，此蓋歷驗而不爽。 此次安福復活，奉張勢燄甚盛，又值中山去世，豈有不大批投降之理。 年來共產派加入，國民黨之革命性越強固，便於他們投降作官運動越有防礙，他們如何不排斥共產派，藉以此買得權閥之歡心？ 其實此時卽使沒有共產派在內，反革命者與革命者還不是一樣的紛爭』。 此誠深知底蘊之言。不過以記者所知現在這些反革命惡棍都早已與國民黨沒有關係，如彭養光焦易堂等於該黨改組後並未登記入黨，劉揆一則爲民元首先聲明脫離國民黨投降袁世凱之叛徒，馮自由在上年已被中山開除黨籍，至其遙相勾結之陳炯明唐繼堯章太炎唐紹儀等叛賊與老官僚更與國民黨風牛馬不相及矣。

以上這些惡棍現在要達到破壞國民黨的目的，在上述三個綱領之下，他們一面投降段張，一面號召所謂聯治大團結與從同盟會以來所謂各派『民黨』大團結。 表面上似甚矛盾，實際不過是一種下賤勾當的兩面，因爲主要目的不過是要破壞國民黨與廣州政府以爲投降段張之贄禮。 聽說他們已經備了一個否認中央執行委員會和排斥共產派的宣言，上月念九日邀集所謂各派『老民黨』大宴於西車站，要某君領銜簽名發表；某君毅然拒絕曰：『先生在世我雖會主張與共產派分家，但是如今先生剛去世，我可不忍這樣主張了。 回想先生生前的主意有時與我們的主意不相同，固亦偶然有他錯我們對了的時候，但大半是他對我們錯。 他主張新弟兄們來合夥，而我們不願意，或許是他對我們錯了，亦未可定。 現在決定和新弟兄們分家，我可很是懷疑』。 這些鼠輩自知猥褻臭惡不能號召，故屢誘某君爲『龍頭』，某君良知未昧卒脫圈套，亦云險矣！

馮自由派於上述鬼計之外，還有一着便是主張第二次全國大會應開於北京，而以現在在京之所謂各省老民黨爲代表。 他們的理由是：『我們應與段張合作，段張並不會不許我們在北京開會』。 殊知

這種鬼計亦着實與段張有所協定。當西站之宴，一些正派分子拂袖去了的時候，奉張代表楊大實王乘謙相繼發言，大致說中山死後，他們（楊王）曾寫信給王用江等說以後民黨事總望大帥等幫忙；王用江以此信給大帥看，大帥卽命王回他們的信道：『你們可去宣傳余甚願維持與中山在時的友誼，只有共產派一定要剷除。』……可見馮自由派分裂國民黨的運動完全是勾結段張而行的。

現在的爭鬥非常之明顯：革命與反革的營案橫在一切國民黨分子之前。我希望一切國民黨分子急於有個選擇，尤其是中堅分子不能有猶豫徘徊的態度。同時各階級的人民不應以爲這種爭鬥是國民黨內部自己的事，須知這個爭鬥的結果關係中國民族解放運動的生死。資本帝國主義、段張和聯治派軍閥、買辦階級和大地主、以及一切反動的新聞記者和智識分子都會直接間接站在反革命派方面；我們各階級被壓迫的民衆也應一齊起來站在革命派方面呵！

形勢嚴重之美國帝國主義戕殺福州學生事件

超麟

醞釀幾個月之福州英華書院學潮——福州學生反對基督教會學校，反對美國帝國主義對華教育侵略的運動——一轉而爲美國駐閩領事拘捕學生張秋仁事件，再轉而爲本月八日學生被殺七人受重傷數十人之大流血事件。八日福州學生聯合會急電：『福州男女學生數千餘人本日向省長請願露宿公署；薩鎮冰命陸戰隊、警察隊、夫役并其他軍隊開槍轟擊，槍柄亂打，鎗刀亂刺，在七人重傷數十人，血流遍地哀聲震天。現全罷市。請一致援助。』

這個戕殺，直接是省長薩鎮冰指揮軍隊開槍，而間接發蹤指使的，實際是美國帝國主義！

現在福州全城罷市！

現在全國各地都已得着福州學生聯合會的通電報告這件罕有的事變——！

中國全國人民，中國的被壓迫階級，中國革命的學生界將如何表示其憤怒啊！ 將如何表示其憤怒，出之於積極的、直接的、有效的行動啊！ 這個事件是最近六七年以來，嚴重無比的事件。 我們革命黨人，我們應該認清這個事件，應認明瞭這個事件的重大意義。

這是第二『姜案』嗎？ 不是的。『姜案』死傷沒有那麼多；『姜案』的對象僅僅是中國軍閥及豬仔，戕殺安徽學生的也祇是馬聯甲和倪道烺，——帝國主義沒有參加。 這是第二『福州事件』嗎？ 還要嚴重些。 民國八年日本帝國主義戕殺福州學生及市民事件之重演嗎？ 民國八年『福州事件』祇是日本帝國主義因福州學生抵制日貨而直接戕殺中國民衆，而這一次的『福州事件』則是美國帝國主義因福州學生抵制美國漁業，而發蹤指使其走狗——軍閥——官僚——薩鎮冰淘捕學生聯合會會員林昌浩、容文能、鄭鼎、劉詩宗等，殺死請願學生七八人重傷數十人。

這個事件的意義是帝國主義勾結軍閥戕殺中國的革命民衆。 這個事件不僅是『福州的』事件，將成爲中國國民革命中有重大意義的事件，是國際帝國主義以美國帝國主義爲首開始向中國革命民衆做直接的進攻。

中國全國革命的學生界！ 你們還等待甚麼？ 『五四』『六三』以來轟轟烈烈的全國革命的學生運動，消沈了許多時，現在正是重整旗鼓的時機，更有覺悟地、更徹底地聯合向眞正的敵人——一切帝國主義一切受帝國主義利用的軍閥——進攻！ 我們希望這一次的『福州事件』構成俄國革命史上的『林那戕殺』。 『林那戕殺』是俄國工人運

勳受高壓消沈七年之後開始復活急轉直下至於推翻俄皇專制；這一次的『福州事件』將是中國全國學生運動消沈六年後復活之開始。這一運動復活將更加熱烈，更能堅持，將急轉直下至於中國國民革命成功。我們不僅號召中國革命的學生界，而且號召中國工人階級、農民階級有、覺悟的軍人、一切被壓迫的階級起來援助勇攻的福州學生，收回教育權，全國抵制美國貨，全國努力打倒帝國主義！

賣國備戰的金佛郎案

和森

安福政府勾結帝國主義進行金佛郎案，大家都知道此案有三大害處：（一）直接損失國庫七千餘萬；（二）意比各國一定援例要挾；（三）關稅會議不僅不因法國方面之解決而速開，將反因意比之要挾而愈延期。這三大害處是顯而易見的。

現在惡耗傳來，於上述三大害處之外，他的主要用途還是為奉張籌戰費。」此案朝解決，奉張與國民軍之大戰夕就要爆發。

本報早已警告國人在段祺瑞假和平主義的幌子之下，他所散布之戰禍種子與陰謀是如何的可怕。現在河南戰事剛了，而猛烈的奉張全國戰行將隨金佛郎案之解決而俱來。可見此案不僅是未來政潮之所伏，而且是全國人民生命安危之所繫。倘若人民對於此案，不加制止，便無異是歡迎全國的大屠殺之再臨！

嗚呼！賣國備戰的金佛郎案已威脅着全國人民的生命與安寧，還不立刻起來反抗，尚待幾時呵!?

上海的童工問題

其穎

外國資本主義侵入中國，使大多數中國農民和手工業者破產，於是以前在家庭內的兒童勞動，都跑到工廠裏做工，一變而成為中外資本家最賤價的小奴隸了。

去年上海工部局童工調查委員會，將上海租界內分為十區調查，僱傭童工的大小工廠共有二百七十五個。童工總數共有十七萬三千二百七十二人；其中十二歲以上的男工四萬四千七百四十一人，女工十萬零五千九百二十一人；十二歲以下的男工四千四百七十五人，女工一萬八千一百三十五人。

這許多童工，在身體上精神上都受極重的損傷。學徒的年齡，以工作的性質各有不同，學徒的期限依照慣例都為五年。在這學徒期內，普通均不給工錢；就是間或有給工錢的，數量亦極少。很多不過六歲的童工，在大工廠裏做工。他們多半都是站着，每天做十二小時的苦工。一天的工錢，最多不過兩角。工廠裏的設備太壞，毫不講究衛生。這些童工，大半是由包工頭從鄉裏僱來，一個月只給他們的父兄銀二元，而包工頭可在工廠老板處領到四元。因此那些童工的生活，萬分痛苦，做了大廠老板和包工人的小奴隸，讓他們任意剝削，真是可憐呵！

帝國主義者——工部局，公佈這個調查而後，提出一個名歸而實不至的改良童工建議案！如凡十歲以下的童工，禁止在租界內作工，四年以內，可將童工的最低年齡增至十二歲，童工仍照慣例每天工作十二小時，其中應有一小時為進食休息時間；對於日內准許工作的童工，輪作夜工時，不全禁止；十四歲以下的兒童，每兩週須有繼續二十四小時的休息………。

帝國主義者這個所謂『保護』(!)童工的提案，足以表現出他們的

僞善；這是洋資本家恐懼工人覺悟，想藉此討好忽弄罷了！ 同時，他們爲着近代工業的發達，已不得不放棄此半封建時代的生產方法，而採取資本主義的生產方法，藉得生產力的發展與增加，對於青年工人好施行更大的剝削。

四月十五日上海的『外國國會』——納稅外人會，又要開會了，工部局這個改良童工的建議案，必將提出討論。 希望上海租界的十七萬三千二百七十二個小奴隸聯合起來，提出與童工切實有利的條件（如禁止使用十三歲以下的童工，由工部局或廠主設立平民學校，供給童工的教育費用；十六歲以下的童工，每日工作八小時，絕對禁止使用童工做夜工，及其他有害健康的工作；十六歲以下的童工，每星期須有繼續二十四小時以上的休息，不得尅扣工錢；童工工錢，須與成年工人相等，不得尅扣；改良工廠中童工的條件……。） 反抗帝國主義的這個名歸而實不至的騙局！ 全國的工人階級和眞正民族革命運動者，都應予童工以實際的援助。

廣東前敵通信

一個戰士

開辦未滿一年的軍官學校，教練未滿兩個月的兩團新兵，和盤據東江好幾年，盡滇桂粵湘各聯軍的能力所不能解決的陳炯明來作戰，居然有勝無敗，於一個月又廿天的短時間內，把國民革命最有害的障礙物掃除，號稱善戰的勇將林虎洪兆麟，都被打得落花流水，無從收拾，這個事實，至少也可說是中國各種軍隊所罕有，而夠得上引起社會一般人特別注意到有主義的軍隊之優點了。 現在我把我們學校的歷史和此次作戰情形略述如下：

廣東陸軍軍官學校的開辦，是由中國國民黨第一次全國代表大會決定的。 開辦時在去年五月 開辦的意義，曾由國民黨領袖孫中山先生在開學的那一日當着在座的各聯軍首領或代表宣言過：『我們國民黨革命了三四十年，從未有指揮過自己的軍隊去打過仗，差不多全是利用着人家來打仗，一旦利害問題發生了，非但靠不住，而且會造起反來。 卽如現在廣州許多軍隊，口口聲聲也說是來革命的，實在呢？一味的只爲升官和發財；假令官升得不高，財發得不大，馬上就會要變陳炯明的。 於今要來開辦這軍官學校，就是要訓練出一般黨的軍官人才，將來組織有主義的軍隊』。 他這幾句沉痛懇切的說話，把初入校的幾百個學生底犧牲性和責任心提高到無可再高之點了。

在修業期中，我們的政治訓練爲重要的功課，大多是由廖仲凱汪精衛戴季陶諸先生講述黨義及世界革命潮流之趨勢。 蔣校長又時常向學生說：『軍閥之所以成爲軍閥，全由於使其部下只知崇奉其私人而不知國家與人民；假使你們不服從黨而服從蔣某一人，卽是使我成爲軍閥，而終究要叛黨叛國了』。

我們學生自動的組織黨部，對內對外，俱竭力宣傳，並幫助附近農民組織農民協會。 帝國主義者的走狗陳廉伯勾結商團造反，私購軍火，我們全體學生表決將其扣留，並準備與商團作戰。 雙十節，國民黨右派及范石生李福林等與商團合併殺戮市民事發生，我們更奮激，全體決議出發廣州作戰。 這時候，沒有那一個不是想試試身手，與帝國主義者和軍閥拚一個你死我活的。

去年十一月底，第一期學生畢業，今年一月初旬，教導第一二兩團始完全成立，畢業學生，卽分配各營連充當連排長或見習。 這時候，陳炯明反攻的消息很盛，有的說，陳軍下命令務必到廣州過陰歷年；有的說，至遲也須得到廣州來過元宵節；有的說，石龍陳軍已西進很遠，聯軍一時來不及防禦，廣州一定危在旦夕。 因此，我們曉得，打仗的事實快要實現了。 但是，誰也不相信靠得住幾分有把握

，因爲：(一)一些當下級官長的第一期畢業生從前都是文學生，經過五六個月短時間的軍事訓練，作戰經驗一定是缺乏得了不得的，(二)教導一二兩團的兵士，入伍期最長的不及兩個月，大部分只有一個月或廿天的工夫，這樣軍隊，怎能敵橫行東江數年老於戰陣的陳軍呢？探聽陳逆於數天以後，眞的會大舉反攻了。 各友軍均準備出發了。

於是我們不得不加緊訓練士兵：每天的操練，專教描準射擊散兵綫，又每天至少上講堂兩次，和他們講些主義和打仗意義，並且教唱殺賊歌及國民革命歌。 一點也不知道什麼軍隊生活和什麼主義的新兵，幾天的工夫，也弄得差不多像是軍人，而且曉得『我們是革命軍』『革命軍是替無產階級平民打仗的』『中國國民黨是中國全體人民的黨尤其是農工人們底黨替中國國民黨打仗就是替農工人們打仗就是替自己打仗』『打倒帝國主義者』『打倒軍閥』『陳炯明是萬惡的軍閥他勾結帝國主義者壓迫農民我們革命軍非打倒他不干休』……諸口號了。

二月一日，是我們底出發期了。 在出發的前一天，校長向全體官兵訓話，大意是說：(一)只有民衆的力量是很大的。 能愛護人民，取得人民的同情，方能打勝仗，否，則要打敗仗的。 所以我們革命軍，須不擾害民間一草一木。 (二)我們爲着主義打叛賊，只可死而不可怕的。 將來上了火綫，任打得怎樣利害辛苦，不許一官一兵有退縮的行爲，須保持『革命軍』三個字的名譽。 那時，我們還以爲此次出發，不過是跟隨着聯軍服一些警戒勤務，或者到了作戰時，担當某一翼側的任務罷了。 隨後乃大不然，五次大戰，都是我們這兩團人作先鋒，當正面，出入生死，和頑敵廝殺！

我們出發後，五日取東莞，十日進佔樟木頭平湖，十一日肅清廣九路全綫，十五攻取淡水，廿日大敗洪兆麟精銳部隊于仙人石，廿二取平山，廿三佔領三多祝，廿七得海豐，三月六日抵揭陽，而潮州汕頭均已下。 到這時，葉舉所指揮的部隊已完全消滅，洪兆麟被打得七零八落，剩不得好幾個有統系的兵了

彼時又聽說滇桂軍進佔博羅河源飛鵝嶺後，就按兵不動了。 林虎得到了這個機會便用他全部的軍力調來抄我們的後路。 于是我們又轉向西進，在棉湖附近，和他打了個惡烈的仗，結果，這是他被我們打得落花流水般退走了。 我們就乘勢於三月十九日攻下五華，廿日攻下興寧，林虎狼狽的逃到江西邊界去了。 原來五華與寧兩縣，是數年來林虎據以爲巢穴的地方所有吳佩孚方本仁等幫助他的軍火器械，都堆積在裏面，現在通歸我們所有了。 原來陳逆所恃以反抗革命政府的軍隊，就是葉舉洪兆麟林虎三部分，合共不過三萬人。 經我們淡水一戰，把葉部完全消滅，仙人石平山二戰，把洪部潰散，棉湖五華興寧三戰，把林部消滅。 現在只剩下惠州一隅上天無路入地無門的楊坤如部一千多人了。 畢竟東江的肅清，也算不上什麼頂難的一件事。 因此可以知道道屯在廣州十幾萬的聯軍，並不是力量上用好幾年的工夫都眞的不能奈何叛黨叛國的陳炯明，不過他們是不顧意將東江打下，『留着金鉢好化緣』廣東底地皮大好括來擴充一己勢力，假使陳炯明倒了，便要北伐，那他們便是認爲倒運的時節到了。唉！ 國民黨的有派軍人呵！ 革命領袖的孫中山先生早已知道你們是靠不住哩！ 我們自虎門到淡水，中間除看見被敵人搶掠一空的民房外，連敵人的影子都看不見一個。 這也是因爲他們從未遇着過這樣銳進的敵手，却又不忍拋棄他們搶掠的慣例，所以只忙着搶而沒有工夫來抵抗了。 一方面却因此急壞了我們這些新從戎的官兵們的性子，試試身手的機會，恨不能早點實現呢！ 我們打淡水，算是第一次聽得槍彈在頭頂上或身邊射過去的叫聲。 圍攻了一夜還不見敵人投降，便大家性急起來，自願充當奮勇隊登城的，片刻間得兩百多人，來遲未得報名的，便現着不樂的顏色了。 天甫亮，奮勇隊衝鋒前進城上敵人用機關槍掃射，彈密如雨下亦不顧，所攜帶爬城梯子短了

，便你肩着我，我肩着他，一疊一疊的送上城垣去。這時，校長也親自站在火綫上，裝炮彈，描準發炮轟擊，『革命軍萬歲！』的呼聲，如雷動。被圍在城裏的三千敵人，完全繳械了。起先，我們那裏料到奮勇的精神會表現得這樣充分呢？從此我們官兵們知道敵人子彈射來不一定會要打中人，便領略了殺賊是一件頂快樂的事。于是一昧想敵人不妨多來些和我們厮殺了。恰好洪兆麟挑選他部下精銳部隊來援淡水，與我們又作了一次大戰，他向我們衝鋒三次，看着我們不動，而且死亡了他好些人，溜的就跑，過着粵軍攔截繳械，洪部算是完了。

眞正激烈的戰鬥，要算棉湖這一戰。我們教導第一團以一團的兵力，和林虎精銳部隊八團兵對抗，自上午八時接觸起，至下午五時止，敵人打了六七次猛烈的衝鋒，三個大包圍，而我們只有進無退。有兩連的官長，各只剩得一個人，弟兄只剩得三十四人，還是前進，敵人衝來時，死守着不動。最後，敵人因死傷比我們還多幾倍，支持不住，只得退了。又遇着粵軍及教導第二團繳去了許多械。餘的走入了虎穴——五華與寧去了！我們從羅甘墟到五華，一天走一百卅里，敵人是不知道會要來得這樣快的。我們把五華城包圍得鐵桶似的，裏面還在睡覺，有些在賭錢，天還未亮，只放得兩百响槍，便全體繳械給我們了。得了五華三小時，我第二團又到達了興寧城下，天大雨，大家的下半身通插在水裏面，林虎親在城內指揮兩百多軍官學生守城死抗，用洋油點火淋燒我爬城官兵，隨後他的援兵到城外，卽被我軍繳械，林虎知事不可爲，跑了！城遂破，得俘虜槍械軍用品不可以數計，於是林部也完結了。

有好些同學，打傷了頭，扯了自己的衣綑好，傷了腿，解了綁褪緊過，又起來指揮兵士前進；傷了很重，倒在地上不能起，還要大呼前進！所以這次打仗，完全是下級官長的努力，這種工夫，是幾個月來主義的薰陶得來的。我們行軍的時候，從未拉過一個夫，强買過人民一個銅板的物件；有些地方人民完全跑開了，我們晚上睡的草，煮飯燒的柴，定要想法去找到這老百姓給他錢。雇挑夫，每十里路總給兩毫銀幣以上。我們學校的政治部黨部也隨着軍隊一路走，特別組織宣傳隊沿途散發傳單給農民，如雪片似的飛舞。如駐在這地方在一天以上，便開一個農工商兵聯歡大會，弟兄中也有好幾個上台演說的，農民特別注意，鼓掌歡呼，所發傳單及種種標語，他們都爭取着到街頭巷尾去貼；孫中山先生的像片，發給他們，他們就張貼在自家的堂屋正中了。我們到一個地方，便助他們正式成立黨部及農會，並告知他們以農民力量比什麽軍閥列强及世界一切團體力量要大，農民要發展力量來管理全世界，唯一方法只有團結起來反抗壓迫階級。我們眞正的國民黨黨軍，是爲着要使你們有發展團結力量的可能而來打仗的。

從前聯軍打東江的時候，一半由於不愛打，一半由於吃老百姓的虧；因爲你若是時常搶他的，他擾着你正在作戰時，便出來搗鬼。這次對我們眞是頂好了；我們正在行軍時候，數百人一堆一堆的擁着看；有些弟兄拉不起東西了，便有願意幫助拉的；前面是否有敵人，或敵人在什麽地方，他們都一一指點引路；我們能夠于黑夜中將五華城圍得好好的，也就是因着老百姓的幫忙。沿路都有挑茶送水的，我們打仗餓了，有燒稀飯送來吃的。至于海豐——陳炯明的家鄉——一帶農民，原有農民協會，被陳逆解散了，現在都完全恢復；當我們到着時，有好幾村的農民，都樹起『無產階級聯合起來』的旗子來歡迎的。偏僻鄉野的農民，歡迎丘八至如此熱烈誠懇，怕是在中國從未看見過的了！

我以爲國民黨要徹底完成牠底國民革命的使命，至明顯的須要一般黨員——尤其是軍人立穩脚踏實在眞正的左派行動上，而深刻的宣傳主義到農工羣衆的隊伍裏去，如我們軍官學校這次的作戰法。設使不然，那又只得如孫中山先生所罵的『官升得不高，財發得不大，馬上要變陳炯明了！』

The Guide Weekly

嚮導週報

◀第一百十一期▶

——零售每份銅元四枚——

訂閱：國內一元寄足六十期・國外一元寄足三十五期・郵費在內

代派：每份大洋二分・十份至三百份五折・三百份以外四折・寄費在內・十期清算一次

發行通信處，杭州馬坡巷法政學校安存眞轉王致和

中華郵務局特准掛號認爲新聞紙類

一九二五年四月十九日

郵票代款概作九五折

分售處

南昌 大原 長沙 濟南 蘭州 雲南 甯波 開封 福州 重慶 成都 西安 宜昌

明星書社 晉華書社 文化書社 齊魯書社 青年書店 新亞書社 明星書局 文化書社 工學社 唯一書局

華陽書報流通處 西北大學販賣部 鍾益公司派報部

分售處

香港 巴里 廣州 上海 武昌 蕪湖 平縣

萃文書局 中國書報社 丁卜書報社 長智書局 上海書店 民智書局 時中書報社 共進書社 科學圖書館 新新書社

亡國的上海！

獨秀

上海公共租界外國的工部局向納稅外人年會所提議的印刷律案，又已因法定人數不足而擱置了，反對印刷律的中國人，斷不因此案已擱置而遂停止反對的運動。第一我們要知道：工部局已數次提出此案，今年擱置了，明年必然又要提出，他們是非達目的不止的；第二我們更要知道：我們所要反對的，乃是工部局及納稅外人年會根本上都沒有訂定此律之權，不是此律好歹的問題，也不是洋涇浜章程何條何項能附此律與否的問題。

外人來到中國做買賣，照理應該受中國的法律管理，中國人到他們國裏也是這樣。然而事實上竟不是這樣，這些帝國主義的國家，硬要他們國裏人來到中國仍舊由他們的領事照他們的法律管理，不受中國的法律中國的官廳管理，這就是所謂領事裁判權；把這權規定在條約上，這就是所謂不平等條約。

他們來到中國，不受中國的法律中國的官廳管理還不算，現在反拿他們的領事他們的法律來管理中國人，像這樣反客爲主的事，豈但不平而已麽！

他們外國人不受中國的法律及官廳管理，還說是根據不平等條約中的領事裁判權，他們自從民國以來居然霸占上海會審公堂裁判中國人，這是根據不平條約中何種權呢？他們現在又要自定一種印刷律來箝制中國人言論出版的自由，這又是根據不平等條約中何種權呢？

上海的資產階級，近來對於租界的外國政府及本國軍閥政府，都有不滿的表示；然而他們的表示未免過於軟弱無用了，因爲他們只是在外人及軍閥統治之下要求改良，不想根本推翻外人及軍閥的統治權，這原是資產階級軟弱妥協的根性。中國的平民應該有進一步的運動。

上海市民反對印刷附律協會的宣言上說得好：『上海是中國人的上海』。我們平民應該主張：上海的中國人不受外國的工部局管理，不受會審公堂的外國領事裁判，取消租界代以民選的上海市政府，以完成『上海是中國人的上海』。

『上海是中國人的上海』，而事實上現在却是外國人的上海，外國的工部局管理著

上海的行政，外國的領事管理着上海的司法，納稅外人會議管理着上海的立法，上海共公租界，便是英美日本共管中國之模型。

上海分明是一個亡國的上海了，我們不應該因印刷附律案擱置而遂停止反對的運動，我們正應該把反對印刷附律運動，當做「上海是中國人的上海」運動之開始！

△馮自由派反革命運動的解剖

——國民黨淘汰反革命分子之必要——

和森

自中山北上及其逝世後，馮自由派在北京所做之種種反革命罪惡行爲，本報北京通信記者曾屢舉以告國人。 最近上海民國日報廣州電：國民黨中央執行委員會決定嚴整黨律，監察委員會亦已議複決除馮自由馬素江偉藩等黨籍。 本月十三日上海市全體黨員追悼大會時，黨衆對於中央執行委員會此舉全場熱烈的表示滿意；有一人欲起而爲馬素辯護，馬素二字還未說完卽被衆毆走。 可見馮自由派罪惡貫盈早已不容於衆；中央執行委員會此舉可謂大快人心。 顧馮自由派之反動並非始於今日，當中山決定改組國民黨時彼輩卽起而反對，一直鬧到如今，反革命的毒氣隨着革命潮流之高漲而散佈全國。 這決不是一件偶然的事情，也決不是一部份「老黨員」知識落伍的問題，乃是民族運動中階級爭鬥的問題。 這個問題關係民族運動的生死。 現在我們不妨把馮自由派一年以來反革命運動的眞相從半資產階級和半封建社會的外殼中解剖出來。

（一）反革命勢力的淵源

中國民族革命運動是在國際資本帝國主義的侵掠之下，從封建制度轉變到資本制度的過渡期中發生出來的。 自外國資本在廣東設立洋行商館以來，中國資本主義卽以商館洋行的經紀做媒介，漸漸發展於封建社會的基礎之上。 這種資本主義是國際資本主義的私生子，所以他的形態極不完全。 質言之，國際資本主義不任中國發生自己的工業資本，不過由經紀買辦們私生一種高利借貸和商業的資本罷了。 由此，國際資本帝國主義在中國還未發生革命運動之前，卽形成了一個反革命的買辦階級。

別一方面，封建社會的上層階級與封建社會的下層階級，他們之間的利害是互相衝突的。 農民羣衆不堪外國帝國主義的掠奪，自然而然激成過排外的大暴動(如義和團之役)；而貴族、官僚、軍閥和大地主卻早已與民衆分離而成爲帝國主義的工具。

國際資本帝國主義既在中國產生一個反革命的私生子(買辦階級)，又在中國抓住了封建的上層階級(貴族、軍閥、大地主)做工具，所以中國民族革命運動異常迂迴異常困難。

（二）中山主義的社會基礎

孫中山領導的中國革命運動發源於海外的留學生與華僑之中，這是人人知道的。 這種海外的革命運動，他的社會基礎是什麼呢？當然還是離不了半封建半資產階級的對象。 所謂留學生大半是大地主和貴族子弟；所謂僑商與內地的買辦階級也脫離不了關係。 他們何以要革命呢？ 只是因爲他們比較在內地的人們多嘗了一點大開貿口的資本主義和有利於富有階級的「民主政治」之味道：他們羨慕外國資產階級之富强，他們眼紅外國資本家大地主之大規模的榨取勞動羣衆的利益；他們習見外國資本民主政治之新式統治方法比較舊的更有效力更有利於特權階級，所以他們也踴躍的起來贊助中山，附和革命。 他們參加革命的傾向，開始便不知不覺的投合於資本主義和帝國主義而企圖奪取國家政權做他們自己階級的武器，擡高他們的特權，

擴張他們的國民經濟基礎。

以上兩種分子，形成國民黨改組前支配中國革命運動方針的上層勢力。

但中山主義并不完全建立在以上兩種勢力上面；因為他承繼鄭成功洪秀全等的遺傳，洞悉下流社會勞動羣衆的革命勢力，所以他最初便自覺的把他的革命運動建立在洪門會匪之上。 所謂洪門會匪便是被帝國主義和封建階級壓潰的勞苦羣衆。 這些勞苦羣衆為什麼贊助中山參加革命呢？——他們參加革命的傾向，亦自始即不知不覺為這樣一種願望所驅使：想得藉革命以推翻壓迫他們的上層勢力，把他們從帝國主義和本國封建階級的掠奪中解放出來，而改變一切舊社會的關係——尤其是經濟關係。 由此，中山於民族民權之外，又形成了他的民生主義，以為引導勞苦羣衆參加革命的理想，——這種理想當然不是共產主義。 所以中山的三民主義完全是中國落後的社會關係之反映。

但中山的三民主義在他的黨員中自來即不行運。 中山常說從他革命的黨員自來只知採取他民族主義中推翻滿清之一點，至於民權民生完全置之腦後。 這是什麼原因呢？ 沒有別的，乃是他們自覺或不自覺的階級本能之表現。 因為他們懷抱的目的多半不是什麼民權，但是自己階級的特權；更不是什麼民生，但是自己要獲得與歐美「先進」的企業家同樣的經濟地位。 所以中山的黨徒自始至終只有最少數人并信他的三民主義，而不是為着自己的一民主義去革命。

（三）老黨員之叛逆與改組

辛亥革命後，政權仍操於滿清遺孽之手。 於是這些從中山革命的先生們和僑商們一天一天的失望，一天一天的不願繼續革命，并且一天一天的叛逆而趨於反革命（當然不是全體，但是大多數）。 為甚麼這樣子呢？因為他們覺得由革命的方法已不能達到他們自己升官發財的一民主義，所以只有趨於叛逆與反革命之一途。 袁世凱當權即有投降者，至段曹當權而投降者更一年一年的遞增；和平的叛逆日趨日盛，不久遂釀成功陳炯明武裝的叛逆。

陳炯明的叛逆，是國民黨「老黨員」反革命之最明顯的模型。 他的叛逆決不是因為個人間不和的問題（如外傳與胡展堂不和等），實含有重大的社會階級的意義，因為他的反革命的經濟來源和社會基礎完全建立在一部分從前贊助中山革命的南洋華僑資產階級與廣東買辦階級大地主上面。

這位偉大的天才的革命領袖孫中山，他在陳炯明叛變之後，一天一天的深悟外國資本帝國主義的私生子——買辦階級、僑商、大地主及其代表人物之所謂「老黨員」再也不能革命并且再也不願革命了；他公然宣言華僑以前是革命的，現在是反革命的；他深悟只有把這個被那些先生們叛逆而且行將弄死的革命運動變成為工農羣衆的運動，并與蘇俄領導的世界革命攜手並進，中國革命前途才有希望。 於是毅然決定改組中國國民黨。 一面將他抽象的三民主義弄實在起來，——變成為民衆要求的具體政綱，以發動廣大的工農羣衆參加革命；一面結合世界無產階級革命運動，而與其領袖蘇俄締成反帝國主義的同盟。 至此，孫中山領導的革命運動不僅在中國歷史上有偉大的意義，而且在世界歷史上也有偉大的意義。 他的畢生事業亦至此才大放光明，受全世界無產階級的歡呼，與中國千百萬工農羣衆及一切進步分子的熱誠擁戴。

（四）改組後反革命的內容

國民黨改組，工農階級隨着他的先鋒共產主義者參加國民革命，於是中國革命運動的社會基礎突起變化。 具體化的新政策新方針顯然向反抗帝國主義和不利於其附屬物——買辦階級、大地主之方向進行；升官發財的狗洞亦不免為新政綱所堵塞。 新政綱甚至規定：只

者與眞正反對帝國主義之個人及團體才得享有一切自由及權利，而凡賣國罔民以効忠於帝國主義及軍閥者，無論其爲團體或個人皆不得享有此等自由及權利。這樣一來，便激起欲効忠於帝國主義而保持其買辦階級大地主的特權之馮自由派的反革命運動。

我們只看馮自由派的大本營設在香港——買辦階級的中心（香港大光報爲其機關報）便可理解他們行爲的性質了。其實一年以來馮自由派反革命的行爲幷沒什麼奇怪。他們現在反革命的慾求和他們從前附和革命的慾求，原來是一個東西：他們始終是要投合於資本帝國主義，升官發財，以擴大自己階級的特權；革命不革命，不過是達到這種目的之手段。新政綱不僅違反他們這種目的，而且根本打破他們這種目的，他們如何不反革命呢？

他們反革命的內容：第一反共產反蘇俄；第二開除共產派；第三反對罷工破壞工人階級的組織；第四各派老民黨大團結。第一個口號是全世界資產階級詔示他們的幻術，想以此鼓動無知識的小資產階級羣衆的恐怖，起來打破西方共產革命與東方民族革命的聯合戰線，減少帝國主義在中國的危機。第二個口號一面是反對中國工農階級最自覺的先鋒（因爲勞苦羣衆前此雖然也參加了革命運動，但無知無識，一聽富有階級分子利用踐蹈，現在他們有極自覺的先鋒領導他們一面爲民族革命的共同利益奮鬥，同時又爲其本階級的特殊利益而奮鬥，然則那欲保持富有階級特權的馮自由派如何不要求開除共產派？），一面是要國民黨撕破實現羣衆要求的具體化的新政綱，退回於從前抽象空洞的地位，以便利他們効忠於帝國主義。第三是他們一面要破壞國民革命的新主力軍，一面要破壞工人階級本身的勢力，使其對於中外掠奪者不能發生抵抗。第四更是他們要根本毀滅革命，把國民黨這塊招牌完全交給帝國主義的工具陳炯明唐繼堯唐紹儀陳廉伯等去做賣國罔民的勾當。

（五）階級爭鬥與肅清內部之必要

國民黨自始即是多階級的黨，所以自始即包含階級利益的衝突。階級的分化，隨着革命潮流而促進；所以革命的潮流愈高，階級爭鬥亦愈甚。民族運動中階級爭鬥是必不可免的，所以黨內革命與反革命之爭亦必不可免。從另一方面說，革命派對於這種爭鬥若是不讓步不妥協，則這種爭鬥不僅不爲革命之害，反而是革命進行的推動力。

若謂多階級的黨應容納反革命派同時並存，這將是一種極不幸的歷史的誤會。國民黨縱然自始即是多階級的黨，但從今以後決不應容納帝國主義的走狗，反革命的買辦階級和大地主的代理人依然留在黨內拆壞革命的牆脚。我們應高聲說：凡効忠於帝國主義及軍閥的買辦階級封建階級的分子沒有留在國民黨的權利。

國民黨改組後，國民革命運動已進到了相當的高度，同時馮自由派的反革命也進到了相當的高度。中山在日，所謂猛虎在山，當然還鎮壓得下來。現在沒有中山了，若還容納反革命派於黨內，則中山畢生奮鬥之事業與其晚年振作之偉績，勢非盡毀於彼輩之手不止。

所以爲忠實承繼中山主義鞏固黨的統一及完成國民革命計，只有肅清內部淘汰一切反革命分子是惟一的前提和担保。

沒有中山了，我們十二分的希望國民黨統一；但必須是不違背中山主義的統一。怎樣才是不違背中山主義的統一？肅清一切反革命分子才是不違背中山主義的統一！

萍鑛工人的奮鬥

其穎

〔安〕源萍礦是漢冶萍公司的一部份，每月開支廿餘萬，全由公司接濟。 自去年七月起，公司未能按月匯兌，於是對於工餉，亦不能照數全發，今日五角，明日一元，且全是礦票，在市面上又要補水，工人裏外吃虧，痛苦萬狀。 後來礦票亦一文莫名，欠餉已累積三月，礦局則漠不關心，置工人於死地而不顧。

我們看一看工人的生活，是怎樣悲慘！ 百物昂貴，比較前三年高出數倍。 如以前銀一元可買米二十八九斤，現在祇有二十一二斤；以前銀一元可買鹽十一二斤，現在祇有七斤；以前茶油一斤，賣二百七十一文，現在却增至五百廿餘文了。 礦局如長此拖延不發工餉，不但萬餘礦工須靜坐以待斃，即安源六萬餘市民亦將同歸於盡。

但是萍礦的窮掘，並非由於出售不好，銷路停滯，實因漢冶萍公司的牽制，不能將煤運往他處銷售，必須供給漢陽大冶兩廠煉鋼。漢陽大冶所煉鋼鐵，又都以賤價賣給日本，償還舊債，依照條約須一直到民國四十九年才能還清。

漢冶萍公司屢年所借日債，已達五千餘萬元，超過該公司原有資本三倍以上，多以礦石和生鐵作抵。 據一九二四年中國年鑑統計，漢冶萍公司依照條約每年須還給日本最上鐵料五十萬噸。 漢冶萍公司用他出產的全部償還日債而尚不敷，何況還債的出產品又須借債以生產，使漢冶萍完全變為白替日本資本家効勞了。 但是其所以陷於此萬刦不復的地步，實由於借債和條約所鑄成（如條約前議定每噸礦石作價三元，後來漲到數十元一噸，尚仍須作三元還賬），亦即日本帝國主義侵略中國工業的必然結果。

萍礦一由於漢冶萍的牽制，一由於礦局職員的傾軋，不能按月發餉，使工人『債台高築告貸無門』，只有暫時停運發煤的一途了。 希望全國的工人階級和真正民族革命運動者，對於這些困苦在日本帝國主義剝削下面的萬餘礦工，予與贊助，一致起來主張：速發工餉、廢除條約、萍礦脫離漢冶萍公司獨立、由工人參加生產的管理！ 我們同時還願奉告安源礦工：你們要認清自己的痛苦，是日本帝國主義和資本家的恩賜，在目前只有鞏固自己階級的團結，參加民族解放運動，才不至生命危於旦夕！

寸鐵

麻雀想吃天鵝肉

北京晨報十二日上海專電，標題為唐紹儀欲巧取國民黨。 電的內容是：『唐紹儀章炳麟發出聯名公函數百份，勸邀國民黨右派及中央派黨員赴滬召集大會，商量改組問題。 聞唐章意欲吸收兩派，自為黨魁。 如幹部派能同意，則仍用民黨名義，否則另立黨名』。

麻雀想吃天鵝肉，自己去照照鏡子罷！ （反戈）

別組一黨

又晨報載唐紹儀對趙恆惕代表的談話：『中山死後，國民黨必有一番變化，余亦非不願出任維持之責，惟須俟國民黨在滬開大會後，再行酌定進行計畫。 使國民黨能排斥共產黨，大家團結，努力國事，自可協同合作。 否則就國民黨穩健分子，另行別組一黨，亦屬無可如何之事云云』。

或問這金星人壽保險公司大班先生兼前清大臣資格的唐紹儀若別組一黨將是甚麼黨呢？ 我說：自然是買辦階級兼封建餘孽的狐羣狗黨。 （反戈）

陳林左右逢源

晨報十二日載：『交民巷消息，日昨某機關接香港探電，謂陳炯明現為恢復勢力起見，已與香港某國商人接洽借款一百萬元，利息九厘，實收九二。 以之購置某國軍火，刻正在進行中云』。 同時上海申報專電：『段派湯某赴贛，查林虎實力，楊覆尚有三萬七千人，

段認爲尚有可爲，電林勿遽灰心，軍餉已飭籌督接濟，并令漢廠發槍萬枝』。

上海受陳炯明津貼的某報記者，聞此消息，得毋拍案大喜曰：天呀，我的主人又左右逢源了！

懷柔民黨

北京順天時報十一日載：『政府現擬將鐵獅子胡同顧少川宅，（即孫行轅）撥作國民黨俱樂部，并聞已與孔庸之等接洽妥帖，此亦當局懷柔民黨之意也』。　這俱樂部不知與馮自由派的是一是二。　若是馮自由派的，當然要感戴段政府『懷柔』德意，近悅遠來呵！

（反戈）

軟化不了工人階級

京報載全國國民會議促成會代表大會工人代表團於中山出殯日發出通電，略謂：孫中山先生臨終對他的黨員說我死之後，你們不怕敵們政治的敵人軟化你們麼？、工人代表團敢告全國人民，中國人民的敵人帝國主義軍閥無論如何決軟化不了工人階級。　一切民族革命的分子，都應記取工人代表團這句話！

（反戈）

快人快語

報載中山治喪處宴別，許世英演說謂去歲在韶關謁見中山時曾有『合肥治內中山治外』之語。　徐謙答云：『中山治外，合肥治內』之語，或者有之，惟中山外交政策，首在廢除一切不平等條約，爲帝國主義之外交團所仇視，如是硬指爲過激派所主使，希望政府中人，勿自居於反過激地位，爲帝國主義外交團張目，以致認賊作父』。可謂快人快語。

（反戈）

法蘭西的革命與反革命

超麟

法國的赫里歐政府於去年五月十一日選舉『左派聯合』得勝後上台，於本年四月十日被新興的法蘭西法西斯特攻擊下台，爲時未滿一年；國際上所謂『民治和平主義時期』於是乎完全告終。

在這未滿一年的『左派聯合』統治下的法國，我們看出其階級鬥爭日益急劇的趨勢，看出法蘭西法西斯特運動之形成與發展，看出共產國際法蘭西支部——法國共產黨，之迅速的波爾札維克化。　總而言之，這一年來的法國呈現出一個處在大騷亂之前夜的國家之模型。

（一）一九二四年法國的經濟財政狀況

赫里歐此次因財政問題被攻擊下台　我們在此文中分析一點法國這一年來的經濟財政狀況也是必要的；研究——一個國家的政治事變本來也少不了這個國家經濟財政之分析。

自從去年十一月以來，法國經濟恐慌之先兆便已發現。　財政恐慌之表現更加顯然。　去年年底法國財政狀況是：（一）國庫虧空三〇〇・〇〇〇・〇〇〇・〇〇〇佛郎，（二）佛郎繼續跌價，（三）鈔票流通之恐慌，（四）內國公債募集的可能性極端縮小，（五）收入項下靠不住，支出項下又一刻不容延緩。　現在鈔票發行超過定額二二・〇〇四・七六二・〇〇〇佛郎之秘密也洩露了。　這種恐慌究覺怎樣造成的呢？　我們至少須得統觀法國去年全年生產及貿易情形，纔能知道。

去年法國各部分工業生產都有進步，農業上的進步亦可看得出來。

煤炭出產額去年逹到四五・五〇〇・〇〇〇噸，比前年約增加百分之十八；鐵出產額達到七・七〇〇，〇〇〇噸，比前年約增加百分之三十；鋼出產額達到七・〇〇〇・〇〇〇噸，比前年約增加百分之四十。　這三種生產都超過戰前的產額。　這些基本工業的發展必定

促進其他部分工業——紡織業、機器建造業等之進步，是可想而知的。總計各部分生產與戰前比較起來，我們假定一九一三年爲一百分便可得戰前與戰後法國生產的變遷如下：

一九一三年	一〇〇
一九一九年	五九，〇一
一九二〇年	八四，三
一九二一年	七二，四
一九二二年	八九，二
一九二三年	九六，四
一九二四年——一月至三月	一一五，一
——四月至六月	一一一，三
——七月至九月	一〇八，一
——十月	一一六，五

商業貿易數量，尤其是對外的，之增加更可證實法國各部分生產去年確有進步。去年法國輸入額爲五六·五〇〇·〇〇〇噸，比前年增加一·六〇〇·〇〇〇噸，輸出額爲二九·四〇〇·〇〇〇噸，比前年增加四·五〇〇·〇〇〇噸。就價值上看來，去年輸入爲四〇·一三三·〇〇〇·〇〇〇佛郎，輸出爲四一·四五四·〇〇〇·〇〇〇佛郎；前年則輸入爲三二·六〇八·〇〇〇·〇〇〇佛郎，輸出爲三〇·四三一·〇〇〇·〇〇〇佛郎。還有一層應該說的，便是法國對外貿易輸出超過輸入一·三二〇·〇〇〇·〇〇〇佛郎乃自從一八七五年以來所未曾有的。這些數目自然因佛郎跌價關係不足爲憑，但卽以金佛郎計算，去年對外貿易比前年增加這一層也是靠得住。

法國去年經濟之進步，其主要原因不是別的，祇是：（一）佛郎跌價及因此跌價而得着輸出之贏利，（二）一九二三年及一九二四年

前幾個月，德國退出世界市場不能與法國競爭，或至少德國在世界市場競爭力銳減。這二個原因是很明白的，用不着再加解釋。但法國這個「紅運」到了去年十月便終結了。十一月情形開始大變：交易所內各種股票跌價，輸出額減少，煤炭出產額亦不如十月之多。這種趨勢，十二月以後還繼續着。這個突然變動的原因何在呢？這就是因爲造成去年「紅運」的二個主要原因都消失了：七八月以來佛郎兌換漸趨固定因而沒有輸出贏利可圖，德國競爭從著假起再出現於世界市場。鈔票流通的恐慌也是一個原因。一九二五年的經濟恐慌是可能的。同時國家財政去年不但未曾改善而且更陷於危險狀態。

最明顯的，是佛郎日益跌價。除赫里歐上台前後，佛郎大跌而特跌不算之外，卽號稱七月以後之固定狀態，拿來與前年相比，亦可發現佛郎的價值之低落。一九二三年九月每一英鎊值七十七佛郎八十三生丁，每一美金值十七佛郎十四生丁；到一九二四年十二月二十六日則英鎊值八十七佛郎三十二生丁，美金值十八佛郎五十三生丁。還有二件事可以證實法國去年財政狀況幷未曾改善。第一、法國戰中損失及戰後消耗共值二六一·五〇〇·〇〇〇·〇〇〇佛郎，而據去年八月倫敦會議通過的道威斯計畫所定法國能得到德國賠款的數量也不過是一〇三·九〇〇·〇〇〇·〇〇〇佛郎，與法國從前所希望的相差太遠。第二、去年十一十二月公債募集大失敗——出於財政當局意料之外的大失敗。以上三件事實便是法國財政日益破產之鐵證。

實際的調查，一九二五年國家收入與支出二項分配如下：

收入

國家本身	九三·四三〇·〇〇〇·〇〇〇佛郎
德國賠款	一〇三·九〇〇·〇〇〇·〇〇〇佛郎

共一九七・三三〇・〇〇〇・〇〇〇佛郎

支出

內國公債	二七七・八五〇・〇〇〇・〇〇〇佛郎
商業外債	一九・四五〇・〇〇〇・〇〇〇佛郎
政治外債	一一〇・〇〇〇・〇〇〇・〇〇〇佛郎
養活費	八四・五〇〇・〇〇〇・〇〇〇佛郎
災區建設費	二二・〇〇〇・〇〇〇・〇〇〇佛郎
	共四九三・八〇〇・〇〇〇・〇〇〇佛郎

對抵後支出項下超過收入項下二九七・四九〇・〇〇〇・〇〇〇佛郎。我們且看這筆將、三千萬萬佛郎的虧空，財政總長克里門台想甚麼方法去塡補？ 加徵資本稅嗎？ 加徵工資稅嗎？ 或別的辦法嗎？ 最近三個月的統計數目，我手上沒有，但路透電傳來說克里門台已先赫里歐滾蛋，而且『左派聯合』政府此次下台之主因，恰好是爲塡補這筆虧空去祕密濫發鈔票被人發現。 於此我們可以知道在這樣的經濟財政狀況之下，法國大政潮實有不能不發之勢。 這次政潮將有何種更大的影響呢？ 於未分析法國政治上相持的各種勢力之先，請再略述法國眼前的國際地位——法國隸屬於紐約、倫敦銀行家的狀態。

(二)合衆國、英吉利、法蘭西

法蘭西——英美經濟上的奴隸。

法蘭西欠英美二國的債務總數在一六五・〇〇〇・〇〇〇・〇〇〇佛郎；這筆賬是即刻要開始償還的。 在上邊的三千萬萬虧空的財政狀況之下，法蘭西不僅無力償還英美債務，而且還須再向英美借債塡補這個虧空。 舉一個例。 譬如去年五月十一日選舉之前，佛郎大跌價，普恩賚迫得向摩爾根借二十萬萬佛郎以法蘭西銀行儲存金子半數爲担保約十個月幾歸還才把佛郎從新固定了；赫里歐上台之後，不僅沒有償還這筆借款而且延長這筆借款的還期爲十年。 美國以爲法國所欠外債差不多都是欠牠；英國要從牠的債戶收回借款以償還牠所欠美國的債務。 ——英國債戶的第一位自然是法國了。 因此英美都向法國要求『實質的』担保。 道威斯計畫，不錯，是美國施行於德國的計畫。 但不久在幾個月之後將有一個『赫爾萊梅龍計畫』出現，施行於法國，以保證英美的借款。 紐約、倫敦銀行家自然十分聰明不肯純靠法國資產階級的『慷慨』來保證自己的借款。 他們要監督法國可靠的收入，監督交通機關，鑛山、工業、商埠……；如他們監督我們的中國一樣，如法國自已監督德國一樣。 還有一層，美國向法國索回的欠款不是預備帶回存放紐約銀行的地窖裏生銹的，而是用來再借給法國的銀行和工業，可以說收買法國的銀行和工業，逐漸便將法國經濟命脈都『美國財政化』了。 這不僅是美國如此。

法國不是德國。 德國大工業資本家冒個險，故意將馬克打跌，自已獲得無窮利潤之後又才將馬克固定起來。 法國資產階級雖然也知道有利可圖，但因另有特殊的政治關係，可就不敢冒這個險了。 因爲鈔票跌價將使都市小資產階級和小農破產，法國都市小資產階級和小農在政治上作用比德國的要大得多，而且革命遺傳性也要厚些，資產階級的跌價的技倆，如果再施之於法國，法國都市小資產階級和小農必定走向共產主義。 就因這個原故，於是乎法國資產階級將祇好接受『赫爾萊梅龍計畫』，拜倒在紐約、倫敦銀行家面前，施行十小時工作制，猛烈剝削法國勞動羣衆，變法國爲第二個德國。 這些『愛國的』資產者將自己祖國插標出賣！

。法國資產階級如果採用這種投降政策，我們將有許多把戲可看。 但現在英美保守反動政黨上台逼迫這『碩果僅存』的所謂『民治和平主義政府』，使之趨於保守反動政策之形勢已很顯然。 英美反共產主義，反蘇維埃俄羅斯的態度，自然會影響到法國資產階級的政策；

譬如張伯倫經過巴黎接着便是波比尼列寧主義學校之檢查，美國重訂借款條約接着便是攻擊蘇俄的風潮……。其餘如國際聯盟問題、柯爾尼撤兵問題，赫里歐都是秉承英美意旨做去的。

（三）新興的法蘭西法西斯特

所謂『民治和平主義』的赫里歐政府上台之後，一方面法蘭西法西斯特運動形成而發展起來，別方面無產階級愈加整頓并鞏固自巳的隊伍，擴大自己的影響於廣大的勞動羣衆和小資產階級羣衆。總而言之赫里歐上台使法國階級衝突日益急劇。

米勒蘭、普恩賚的『民族聯合』，赫里歐、班樂衛的『左派聯合』便是法蘭西財政資本家的二個工具。『民族聯合』統治時代和『左派聯合』統治時代，法蘭西都是在同一的財政資本寡頭政制支配之下。一九二四年五月十一日選舉，『左派聯合』戰勝了『民族聯合』而成立這一個所謂『民治和平主義政府』，——這件事實際是法蘭西財政資本家換用一個工具。換用『民治和平主義政府』爲其統治工具的，不僅是法國財政資本家，去年歐洲許多國家都是如此，譬如麥克唐納爾上台之在英國。法國財政資本家去年五月爲甚麼要換用這一個工具呢？

約言之有三種目的：（一）平服那『民族聯合』政策造成的小資產階級的怨望，滿足他們的小資產階級民治和平主義政府之要求；（二）給小資產階級一個試驗機會，使他們明白這種政府是不能救濟他們的貧困的；（三）以加入內閣做官爲餌，賄買一部分工人貴族，減少無產階級的力量。爲達到這個目的，必須發出足以引誘小資產階級和一部分工人貴族的許多『甜言蜜語』，所以在去年五月以前選舉運動中，『左派聯合』允許選民說他們上台之後將實行底下的政綱：降低生活程度、撤退魯爾駐兵、爲世界謀和平、赦免戰時軍事委員會定罪的囚犯、恢復罷工失業的鐵路工人及其他工人的工作、增加官吏薪俸、攻擊反動、不禁止無產階級政治自由和工會自由、承認蘇維埃俄羅斯等。

這些『允許』本都是不能夠實現的。間或有一二實現的，不是在共產黨逼迫之下不得不然，便是一些欺人的舉動。生活程度日高，魯爾除二三地方之外餘均未撤兵，摩洛哥備戰急，日內瓦會議失敗，大赦不能實行，軍事委員會仍保留着，鐵路工人及其他工人恢復工作須看國家及公司的臉色，攻擊反動祇是演說辭上的幾句話——這些便是一年來『左派聯合』政府所造福於法國勞動羣衆的。蘇維埃俄羅斯不錯是被承認的了，但承認之後政府派報紙攻擊蘇俄大使的言論、法國駐俄大使仇視齊赤林及預備全歐反蘇維埃的聯合等事便接踵而起。在這種客觀上沒有『改良』可能而偏發出幾句『改良』口號的環境裏，『左派聯合』政府的統治遂替法蘭西法西斯特造成發展的機會。

法西斯特運動是大資產階級直接利用小資產階級或使之中立來壓迫無產階級及其組織之一種最後的對內強暴政策。分析法斯特運動而不明白小資產階級此時在階級鬥爭的作用，是得不着結果的，——特別是分析小資產階級，量較多勢力較大的法國之法西斯特運動。

法國財政資本家利用赫里歐這個工具上台時，便已預備好了別的一個工具——法西斯特。

法國小資產階級因戰爭及戰後鈔票跌價而破產，逐漸陷入於困苦不堪的狀態。法國小資產階級與無產階級化的一部分工人貴族向來在政治上是一大勢力。他們尋找一個出路，渡過戰爭所造成的貧困狀況。可是這種階級向來就沒有政治的獨立性，必須依附別一强有力的階級爲其護符。大戰後，他們依附『得勝的』大資產階級政黨『民族聯合』，魯爾冒險失敗之後，他們頓覺失望，遂於去年五月十一日投『左派聯合』的票，他們實不明白這個『左派聯合』的後台老板依然是歷來統治法國的一班財政資本家，『左派聯合』不過是爲敷衍他們及打破他們改良主義迷夢的一種工具而已。現在這班財政資本家的詭計果然收效了，小資產階級和一部分工人貴族果然離開『左派聯合』，

去尋找另一個强有力的「救星」了。大資產階級於是再使用別一種統治形式來吸引這班小資產者及改良主義的工人，這個新統治將加重對於無產階級的剝削。——這就是造成現在法蘭西法西斯特發展的經濟的和社會的條件。

法蘭西法西斯特已形成實際的、具體的、確定的運動。幾個月之前米勒蘭宣言組織民族共和同盟，逐漸聯合天主教徒同盟、公民團、愛國者同盟、法蘭西行動團等反動團體爲統一的組織。他們私藏的軍火被人覺察了，他們破壞罷工的計畫也洩露出來了，他們祕密分配活動的分子到各重要的五金工廠辦事處去，俄國白黨將軍維昂克的舊軍隊也祕密在他們支配之下。法西斯特破壞罷工者在杜亞爾納支示威，法西斯特學生爲拒絕社會黨教授運動全國大罷課，法西斯特各種報紙竭力高喊「波爾扎維克災禍」。以上這些公開了的祕密計畫和這些表現過的舉動，已是怕人，何況他們自然還有更危險的計畫和舉動在後頭呢？

（未完）

英國帝國主義對於埃及之壓迫

（續一〇六期）

路意

柴魯爾和麥克唐納爾談判之決裂，即證明柴魯爾妥協政策之破產。工黨政府自身，亟亟宣言主張民族自決，主張德謨克拉西之後，馬上即拒絕佔領『獨立』國兵隊之撤退的提議，拒絕請求國際聯盟裁判的提議，這樣，人們怎樣還能夠繼續妥協政策呢？

在埃及人面前顯明地衹有二條路：或者是服從那巧藏『獨立』假面具的永久的英國統治，或者是回轉到經常的戰爭狀態去，——這個狀態本是因給柴魯爾政策一個試驗機會，而暫時停止的。

以反對陛下政府的資格要求拿英埃衝突到國際聯盟去的提議，完全是工黨首領們之純粹的虛僞，我們知道在工黨政府之下，他們自已就拒絕這種提議，因而憲法上改善的一切可能也都消滅淨盡。

工黨對於埃及問題的態度既這樣虛僞和曖昧，但對於蘇丹的態度卻顯明是帝國主義。使是今天，工黨首領們也不決定反對蘇丹的割據。人們以爲蘇丹不是埃及：埃及人對於蘇丹沒有任何權利。然而英國資本家比較埃及人在蘇丹要更有作爲些嗎？

假如說佔領便是權利的基礎，那末埃及人佔領蘇丹遠先於英國人，應該有更優先的利益了。

蘇丹之棉

可是蘇丹問題是建築在另一個不同的基礎上頭的。英國有鉅大資本投放在蘇丹；人們以爲這個資本或者是爲振興郎加色紡織工業，使之不受美國棉花牽制。藍尼羅河中的姆古亞耳水閘建築費達一三•〇〇〇•〇〇〇金鎊，這筆款又是由政府担保，在倫敦招股來的。因此，英國決定不離開蘇丹，爲的是保護這些鉅大的利益。所有保護蘇丹人以抵抗埃及進攻之演說，所有替蘇丹人整理紛亂之演說，所有拿文明給蘇丹人之演說都是純粹的和單純的虛僞。

英國資本之發展的利益，需要蘇丹之和平——奴服之好聽的名稱。這個和平是藉口埃及及利益而犧牲埃及人生命，消耗埃及金錢得來。戈登、啓拆湼、克命麥爾及其他在尼羅河流域高擎英國帝國主義旗幟的人都被人看做是替埃及去征服蘇丹。起初，埃及對蘇丹的宗主權是顯然受人承認的；但這個學院式的承認一旦少微損害到英國資本在蘇丹的專利，馬上就被人丟開了。

人們巧妙地利用這個棉花難題，來證明英國工人階級利益和帝國主義利益是一致的。工黨官僚如托馬斯、克利納等借用帝國主義經濟學家的口號，以恐佈的怪物恐嚇工人，向工人說：供給宗主國原料和食糧之殖民地如果解放出來，英國工業將不堪設想。所以無產階

應該嚴肅地贊助帝國主義的雄飛，因此尤其要贊成軍事壓迫的政策，如在尼羅河流域所施行的。　這樣，工黨政府就嚴肅地處理埃及問題，這并不是因爲工黨政府在議會中是少數，這乃是因爲工黨首領們認定有維持帝國主義在埃及和蘇丹之統治的必要。　英國無產階級常態的經濟安全原不關於如克利納所說的帝國之維持與雄飛。　英國工人階級在蘇丹的植棉事業中，一點也得不到好處。

至於說到郎加色紡織工業的生命和發展，我們可以說從前和現今既然可以向美國購買這個工業所必需的棉花，就沒有理由能夠證明將來不能向埃及和蘇丹購買。　英國不因郎加色需要美國棉花而去佔領美國；同樣，爲能取得蘇丹的生產，顯然不必要軍事佔據尼羅河流域，尤其不必要埃及民族之政治上的奴服。　人們以爲英國撤兵將陷蘇丹於紛亂。這是謊話。　絕沒有理由可以證明幾十年屈服在帝國主義統治下的民族，一旦外力干涉一切停止，而不能夠以經常的和繼續的步驟發展去。　若說廉價棉花可以增加郎加色工業的利潤，那麼這個理由是不能夠辯護戕害弱小不能自衛民族之罪惡的。

埃及和蘇丹是離不開的

除開政治上和歷史的理由不說，埃及在經濟上也是與蘇丹離不開的。　倘若以爲民族應該在經濟基礎上聯合起來逐漸進化到「世界合衆國」去，那麼聯合尼羅河流域民族在一個經濟結構之下，自然是比較將蘇丹變成郎加色棉紗工業原料的永久來源要合理得多了。

埃及人有充分的理由猜忌英國的侵略者。　他們以爲英國帝國主義能夠從蘇丹扼住埃及的經濟生活；他們這樣想是不會十分錯的。格齊拉灌溉地域範圍無限制擴大的決議就是一個證實。　灌溉工作是英國輸入蘇丹的「文明」之種子，但這種工作不斷地恐嚇埃及的農業。

這個鉅大水閘蓄積一多量河水去灌溉四十萬公頃的沙漠，這樣必然要損害了埃及農業所依賴的尼羅河下游。　埃及人對於此事之憂慮，我們應該原諒他們。　在英國，人們對格齊拉灌溉問題也有同樣的憂慮。　人們使用一些方法務必使尼羅河上游在阿比西尼亞的水量不至於消耗。　自從一九〇二年起，英國卽與阿比西尼亞國王訂了條約：國王允許禁止在藍尼羅河及其來源蘭那湖上能夠影響於本河水量的一切工作。　到一九二一年，因埃及事變及法國對阿比西尼亞勢力日益擴張，此問題又重新提出來。　英國的新要求老實損害了阿比西尼亞的主權。　阿比西尼亞在法國教唆之下要求以加入國際聯盟爲交換條件。　答發里遊英法時，雙方對於此問題想已解決，至少也常是暫時的。　麥克唐納爾那時正是英國帝國主義利益的看守者。　那時他或許就替帝國預備再併吞一個小國。

埃及是英帝國戰術中心

然而英國在尼羅河流域的流治比起保護資本家的鉅大利益更加重要。

埃及是帝國的戰術中心。　上議院開辯論時，許多議員就說到了事情是一定的。

這對於統治階級有生命關係的問題，對於無產階級是怎樣呢？

印度一天一天難於統治了。

近來回教國家看蘇維埃共和國聯合是他們抵抗帝國主義進攻中的一個勇士。

少年的中國受俄羅斯革命影響也起來反對英國在遠東的霸權。

不錯，帝國處在危險狀態。

所以帝國主義利益在這風雨飄搖時期需要埃及這個要塞做宗主國到殖民地的中點，不至於動搖。　這就是在尼羅河流域施行「嚴厲」政策之前提。　鎮壓印度革命、派兵干涉中國、限制土耳其民族主義者的慾望在「合理」的範圍——這些種種需要自然不許英國勞動者流血於非洲沙漠，也不許虛耗賦稅做軍事冒險的事情。

帝國的慈善事業是一種神話欺騙英國勞動者和被奴服的民族。說文明的慈善事業可以施行到落後民族，這種學說是無恥的說謊。說帝國解體將使英國工人階級破產，這種理論也是明顯的謊話。

帝國不僅不能有大的東西給英國勞動者，而且是英國勞動者的負担。一來，勞動者迫得犧牲財政和體力爲帝國主義者佔領保存殖民地之用；二來帝國的發展鞏固了宗主國的資本主義。

殖民地刼奪來的贓物之中分出一小部分以失業救濟形式（你看如果資本家沒有從殖民地剝削來鉅大的額外利潤，這種救濟早就停止了）賜與工人，或叛徒首領得着了可恥的光榮『坐在國王旁邊』——這就是工人階級所得的微少報酬爲其贊助帝國主義之交換條件。

埃及和蘇丹問題表現出帝國主義犧牲落後民族自由爲其殖民地發展權利之一切問題。

英國無產階級的責任

英國無產階級應該研究和解決這個問題。他們應該決定他們的義務和責任是不是在維持帝國。在資本主義制度底下，組成現在的英帝國諸國家中間的經濟聯合，不是別的，祇是資本家的聯合，用來壓迫剝削工人階級。

帝國是應該被打破的。在社會主義基礎上形成一種聯合將有可能。保存現存的工業結構，取消資本家的私產是可以做到，祇要看英國無產階級用何種巧妙手腕能取得被奴服民族的信任。

帝國主義造成的民族界限一日不消滅，改變帝國爲一自願的共同經濟終不可能。

被奴服民族有權利可以不信任關於『自由民族共同聯合』之一些演說。英國工黨如果不無條件擁護殖民地民族爭自由，甚至爭帝國外的自由，將如何能使這些民族相信工黨的善意呢？

因此，工黨首領請求交給國際聯盟仲裁的提議和獨立勞動黨虛偽的議決案，都不是代表無產階級意見——適合於其容觀利益的意見。裴塞爾組織直接行動反對帝國主義施行於尼羅河流域之强暴，才是指導英國工人階級應該走的道路。

（完）

The Guide Weekly

嚮導週報

第一百十二期

（中華郵務管理局特准掛號認爲新聞紙類）
一九二五年四月二十六日
郵票代款概作九五折

分售處

南昌 大原 長沙 濟南 潮州 雲南 甯波 開封 福州 重慶 成都 西安 宜昌

明星書社 晉華書社 文化書社 齊曾書社 青年書店 新亞書社 明星書局 文化書社 工學社 唯一書局 華陽書報流通處 西北大學販賣部 精益公司派報部

分售處

香港 巴里 廣州 上海 武昌 蕪湖 平陽

萃文書局 中國書報社 丁卜書報社 民智書局 上海書店 民智書局 時中書報社 共進書社 科學圖書館 新新書社

零售每份銅元四枚

訂閱：國內一元寄足六十期·國外一元寄足三十五期·郵費在內

代派：每份大洋二分·十份至三百份五折·三百份以外四折·寄費在內·十期清算一

發行通信處　杭州馬坡巷法政學校安存眞轉王致和

五一特刊

中國共產黨一九二五年『五一』告中國工農階級及平民

全中國工人們農民們及一切被壓的平民們！

每年的『五一』本是全世界工人階級檢閱戰鬥力的日子，可是這個日子，在中國應該擴大他的新意義。這新意義就是『五一』這一天，在中國不但是工人階級檢閱戰鬥力的日子，也是農民檢閱戰鬥力的日子，并且是被壓迫的學生自由職業者小商人等一切勞苦平民，對工人農民表示同情的日子。

全中國的工人農民學生自由職業者小商等一切勞苦平民，同是活在國際資本帝國主義者及國內軍閥大商紳士階級等惡勢力欺壓摧殘之下，已漸至不能自存。反抗這種欺壓摧殘的必是工人農民最激烈，惡勢力之欺壓摧殘亦必是對工人農民爲最甚；然而被壓迫的學生自由職業者小商人等一切勞苦平民，切不可以爲這是工人農民獨有的運命，你們的生活不安，破產，甚至於爲經濟所迫而犯法或自殺，也是受了欺壓摧殘工人農民的那班惡勢力所迫害；工人農民反抗那班帝國主義者軍閥大商紳士階級勾串一氣的惡勢力，直接是保衛自己，間接也可以保衛你們，因爲帝國主義者軍閥大商紳士們固然是工農的敵人，也決不是你們的朋友，工人農民反抗這班惡勢力，不但於你們無害，并且戰鬥力渙散的你們，只有聯結工人農民，打破這班惡勢力，才能夠得着較安定的生活。

今年『五一』到了，我們應該擴大他的意義，叫出兩個口號并要實現兩個事實：

一、工農聯合的『五一』運動

一、一切平民同情於工農的『五一』運動

中國共產黨中央執行委員會

中國共產黨給第二次全國勞動大會的信

親愛的全國勞動大會代表諸同志：

中國國民革命潮正在高漲的時候，你們於全世界勞動節『五一』在革命根據地廣州，召集了全國工會的代表開第二次勞動大會，這是有重大意義的。

國際資本帝國主義者宰制着全世界的無產階級及全世界的弱小民族，中國人就是被他們宰制的民族之一。可是帝國主義的末運到了，此時全世界的無產階級及弱小民族，都不約而同的向帝國主義舉起反叛之旗，中國的國民革命運動，就是這個全世界的大運動中之一。

在中國國民革命運動的高潮中，我們須要知道中國的各社會階級對於這革命的關係是怎樣。賄賣國家剝削平民的軍閥及大商買辦紳士階級，不用說都是和國際資本帝國主義者串通一氣，與國民革命為敵的。被壓迫而瀕於破產的學生自由職業者小商人，雖然不滿現狀而有革命的要求，可是他們的政治觀念却是模糊的，他們的戰鬥力也渙散薄弱，因此還不能夠加敵人以致命的打擊。有明瞭的政治觀念，有集合的戰鬥力，在國民運動中，能夠加敵人以致命的打擊者，只有工農聯合的力量。

正因工農階級有這樣的力量，我們的敵人——國際資本帝國主義者及國內軍閥大商買辦紳士階級——欲消滅中國的國民革命運動，首先要消滅中國工人農民的勢力；他們不但用政權法庭軍隊警察，在外面壓迫工人農民的勢力發展；他們并且僱用一班工賊，在內部破壞工人農民的團結，阻撓革命的知識分子對於工人農民同情的援助；他們尤其要嚴禁工人農民有自己的政黨之組織，因為工農聯合起來，又有了自己的政黨，那便更要增加革命運動的力量。

親愛的全國勞動大會代表諸同志！你們所代表的力量是偉大的，你們所負的責任也是重大的，你們的敵人雖然眾多而且強有力，只要你們團結起來不斷的奮鬥，不但中國國民革命的勝利終屬於你們，全世界工農專政的勝利也必然屬於你們。祝你們團結！祝你們奮鬥！

中國共產黨中央執行委員會

今年五一之中國政治狀況與工農階級的責任

和森

今年五一的中國政局，我們工農羣衆人人都可感到一種與往年不同的狀況：一面是國民革命潮流之漲高；別面是北方趕走了吳佩孚南方趕走了陳炯明。這都是英美帝國主義最強固的工具，我們工農階級最可怕的死敵；而且我們北方的鐵路工友和廣東的工農羣衆都親自參加打倒這兩個惡魔，這是我們今日可引以自慰的。

可是曹吳雖倒，而代之以起的段張又在北方企圖從新鞏固軍閥專政的局面；英美帝國主義在華勢力亦未因曹吳失勢而有所動搖，而日本帝國主義在此新安福時代又完全恢復了舊安福時代的盛勢；廢除不平等條約的運動被賣國媚外的安福政府阻止了，真正的國民會議也被段祺瑞破壞了，所以全國幾萬萬勞苦平民依然處在帝國主義封建軍閥的鐵蹄踩踏底下。

自『二七』大屠殺的禍首曹吳倒了之後，我們被壓了兩年的勞動運動漸漸復蘇。這固然由於政局的轉變，但決不是帝國主義與軍閥對於我們的壓迫有所輕減，不過由於各帝國主義各軍閥之間加緊的互相衝突，我們才有此復蘇之可能。然而這種可能現在還是很有限的。由京漢路總工會恢復後的現狀和上海日本紗廠大罷工及數月中其他各處罷工的結果觀之，便可顯明最近勞動運動復蘇之性質——還是守勢而不是攻勢。這種狀況恰好是曹吳倒後另一反動的軍閥政局還未全臻鞏固之反映。

事實告訴我們：若無帝國主義和軍閥的壓力，我們工農階級不僅

可以成功全國强固的經濟組織（工會），而且將是政治爭鬥中最偉大的勢力。　帝國主義軍閥知其然，所以自來即極力壓迫，不使我們無產階級有集會結社的自由。　現在我們又要起來了，他們將怎樣？　上海紗廠罷工時，日本報紙已公開的說『會被吳佩孚解散之工會均漸復活，而其運動之急進大有一日千里之勢，故英美法日等國對於此種現象多懷恐怖之念』。

他們既然這樣的恐怖，他們對於我們的第二次攻勢自然正在準備着呀！　同時國際的勞資陣勢，還是資本繼續向各國無產階級進攻；資產階級左派所自詡的和平民治時代業已終止，兇惡的法西斯蒂和軍事的狄克推多正在西方一切資產階級國家中橫行。　在這種反動的國際形勢之下的中國，現在又由最反動的軍閥段張宰制着，我們未來的艱難是可想得到的。

在國際資本帝國主義與軍閥高壓之下，中國勞動運動發生一種特性，即凡經濟的運動都要變成政治的事變：自海員罷工，京漢罷工，上海日本紗廠罷工以及衡山（前年）花縣廣寧的農潮莫不如此。　這種事實一面足以說明經濟爭鬥與政治爭鬥的關連，一面足以說明中國工人階級參加國民革命之必要。　中國是國際資本主義的殖民地，殖民地工人階級天然的負有兩重責任：一面應為民族獨立的共同利益奮鬥；同時應為本階級的特殊利益奮鬥。　怎樣才能完成這種重大的責任？　第一要有明白的階級意識；第二要有獨立的經濟組織和政治組織。

我們若以『只問麵包不問政治』的態度拒絕參加反帝國主義的民族革命，那末不僅是一種錯誤，而且是一種罪惡，因為如此將使中國無產階級求遠屈服於帝國主義之下，而遺誤自己解放的前途。　但若沒有明白的階級覺悟，沈溺於資產階級小資產階級的幻術之中，而為什麼『全民革命』『階級協調』的口號所欺騙，其危險亦將不減於過河拆橋，徒供資產階級的利用。　土耳其資產階級勝利後立即解散工會，捕殺共產黨便是榜樣。

資產階級參加民族革命的傾向與無產階級參加民族革命的傾向是完全不同的。　無產階級是要求澈底解除資本主義帝國主義的經濟羈軛政治羈軛的；資產階級只要帝國主義肯把其特權讓一部份給他們，他們老早就準備與帝國主義妥協了。

然而民族革命之客觀的趨勢終於要超過資產階級民主制的範圍，因為他的最後勝利是與世界資本帝國主義不兩立的。　所以在民族革命運動的開始，資產階級分子和智識階級都踴躍而來站在這種運動的領導地位；但一俟勞動羣眾自覺的參加運動時，這些先生們便都會離開從前的立場去謀反革命。　這便是我們無產階級共產主義者加入國民黨後，國民黨右派起來反革命的原因（參看本報上期馮自由派反革命的解剖），也就是今年五一我們工農階級應當鄭重溫習的政治經驗。

國民黨改組一年以來，民族革命的潮流增高，同時反革命反工農的潮流也增高。　一些智識階級隨着買辦階級地主階級的口號，於未參加革命之前即行反革命反共產反工人反蘇俄（如醒獅週報反動的國家主義者）；或跟着馮自由等湧入國民黨，口頭喚革命，實際幹反革命的勾當。　他們利用反共產的口號來抵制反帝國主義。　這是甚麼現象呢？　這完全是『上流社會』帝國主義的附屬物欲永遠奴隸我工農而保持其特權之表徵。

由沙面罷工，商團事件，廣寧農潮，以及一年來各種各色的反革命醜劇證明只有工農階級是忠於反帝國主義和民族革命的穩柱子。　從今以往，我們工農階級惟有增强反帝國主義的爭鬥才可領導中國民族達到眞正的解放；亦惟有成功獨立的階級的組織才更能增强反帝國主義的勢力，而完成我們工農階級歷史的使命。　然而帝國主義的附屬物就是要極力破壞這一點。　他們天天散毀謗共產黨的謠言，破

壞工會農會的組織，打破罷工，收買工賊組織招牌工會和什麼勞工反共產救國同盟會等。 資產階級越在東方越無力；同時亦越在東方越反動越卑鄙齷齪，無惡不作。

但我們絕不要因此退縮喪氣；我們更要勇敢奮鬥。 世界資產階級的滅亡和無產階級的興起是歷史進化的必然律。 帝國主義者被我們打倒了，這般反革命的附屬物至少也要跟着打倒一半。 這個責任當然偉大而艱難，但決不應因爲艱難而減輕我們自己的責任！

今年五一之廣東農民運動

和森

廣東農民運動是國民黨改組後實行其新政綱之一部份的產物。 廣東農民運動不僅是全國農民運動的先導，而且最足以顯示工農階級參加國民革命的影響與特性。 他的現狀和經過想是一切關心中國革命之新動力與工農階級發展的人們所願意知道的。 茲特將最近所得材料與消息綴成此文，以餉讀者。

（一）省農民協會將於五一開成立大會

從去年國民黨中央農民部頒行農民協會章程及設辦農民運動講習所派出特派員實地宣傳之後，廣東遂開始有了系統的農民運動。 以前海豐雖然成立過大規模的農會，但總不免染着一種狹義的地方主義色彩，而且內部的組織不從基礎上着想，只是一鄉一鄉的組織起來，故被陳炯明拘捕幾個上層的辦事人便冰消瓦解了。

在國民黨和革命政府的扶助之下，廣東農民運動理宜進行順利。 但事實上，地主劣紳常與國民黨右派軍人官僚勾結，極力暗中阻撓破壞，或明施攻擊。 在這一年中雖然發生過許多次的悲劇，農民運動受其打擊不少，但只要國民黨的新政策未完全被右派推翻，廣東農民運動仍然是一天一天發展的。

現在廣東政府勢力範圍以內，已經有了農民協會組織者二十縣。計：番禺，南海，順德，香山，東莞，寶安，增城，惠陽，海豐，陸豐，惠來，鶴山，廣甯，清遠，高要，新會，花縣，曲江，普甯，潮安等二十縣。 已經成立縣協會者有廣甯，花縣，海豐，陸豐四縣；在旬日內可成立縣協會者至少有番禺，順德，香山，東莞四縣；其他各縣均已有區協會成立。 會員人數共十六萬人。

照協會章程：有五個縣協會成立即可組織省農民協會。 今既超過此數，而且事實上亦要求一指揮全省各縣協會的統一機關；現時國民黨農民部雖代行使省協會的職權，但是以一政黨而與一經濟的職業團體相混，總覺不大妥當，所以省農民協會的成立，當然事不宜遲。 聞主其事者業已決定於五月一日正式召集省代表大會成立省農民協會。

其代表的選出法：先從鄉起，每鄉召集會員大會，選舉出席區會代表，代表人數視該鄉的會員多寡而損益之，大概鄉會會員十人可選代表一人；各鄉代表選出之後，即召集該區各鄉之代表開代表會，互相推舉若干人（大概每百人選一人）出席各區代表會議；該區代表選出後，更召集該縣各區代表開一代表會，由這次會議選舉若干人代表該縣出席省農民協會成立大會。 預計各縣代表在百二十人以上。

大會議程，聞爲：（一）農民自衛軍組織法案；（二）農村合作社新組織案；（三）農村教育宣傳案；（四）民團問題；（五）土匪問題；（六）對於地方官吏及駐防軍隊之苛捐婪索取締案；（七）修改協會章程。

省農民協會成立大會之日亦即是第二次全國勞動大會開幕之日，并聞青年軍人聯合會亦將於是時召集大會，而三個大會將協同舉行一次兵工農聯歡大會，——一面表示其階級的帶連義氣，一面表示其共

同的政治要求。所以今年五一不僅在中國勞動運動史上放一異彩，而且將在中國民族革命史上放一異彩！

（二）打倒陳炯明後的東江農民

此次革命軍在東江的勝利，農民的幫助是一個重大的原因；本報前幾期曾指明過了，此處不用贅述。陳逆走後東江農會復蘇的情形（海豐農會一九二三年八月被陳炯明解散，捕去會員廿人，監禁半年；一九二四年三月農會領袖們被釋出獄後又開復活大會，到會羣衆萬餘人，地主紳士和陳炯明大驚，旋遭第二次武力解散）怎樣？本報昨接彭湃君來信，報告甚詳。彭君是東江農民運動的領袖，他的來信說：

二月念七日我軍入海豐，當時粵軍先至縣城佔住陳炯明之將軍府陸軍學校。我（彭君自謂，以下仿此）從淡水一路至白雲，所過鄉民無不痛罵陳軍之野蠻——姦淫，擄掠，放火。由白雲入鵝埠赤石梅隴一帶，農民歡迎我軍異常熱烈，或插青天白日旗或插農會旗，沿途並插，旗上都寫標語；擺茶擺水，歡呼革命萬歲者不絕於途。我抵海豐第二日即二十八日，各鄉農民來問我，磋商農會進行事宜，及與我歡敘別後三年來受陳逆壓迫之痛苦者約有七八千人。三月一日經陸豐惠陽惠來，是日有農民萬餘人到農會，使我應接不暇。三月三日開海豐全縣農民歡迎黨軍大會，到會者三萬餘人。海豐城自陳軍刼掠後已呈十室九空之狀，是日城鄉一帶行人擁擠異常，各商店亦紛紛開始營業，驟呈盛狀。在農旗蔽野歡聲雷動之中：平山，加倫兩同志及許總司令皆登台演說，農民鼓掌聲如巨雷。尤以許總司令對農民聲明將海豐逆產全數之半歸農會，十分之三歸工會，十分之二歸學生會，幷主張取消苛稅雜捐，農民更熱烈的歡呼黨軍萬歲。許總司令加倫同志出發時，數萬農民擕小旗沿途歡送。幷由此大會發出快郵代電，農會亦於此日宣佈恢復。在縣代表大會未召集前，由舊時職員組織臨時縣執行委員會，行使會務。我一入海豐境，農民就向我表示要求減租取消苛捐及發給武裝。以上三項，尤以武裝之要求爲最切。在歡迎大會時也有此種要求，經許總司令答應將所繳陳軍槍械之中提出四十桿給農會。

陳軍此次逃敗，槍枝子彈散失各鄉不少，多爲農會會員所拾，亦有繳到農會來者。農會得此槍枝即成立農民自衛軍。陳軍潰時，槍械多藏匿於鄉間各親戚家，農民來報者日有數起，此種槍械若不收集誠爲後患。當此鎮壓反革命之時，農民非有武裝不成，而且農民協會之根本問題亦非農民有武裝不成。所以農會現已決定擴充農民自衛軍一百名，訓練三個月，養成下級幹部人才。同時並組織農民運動講習所，約四五十人。

現在東江農會運動的發展當已不成問題。只是軍隊與農民的關係還發生問題。這個問題於黨軍教導團當然不會發生，因爲教導團有鐵的紀律並受了充分的政治教育，所以無處不爲農民所歡迎。現在問題只在那些還未受政治教育與從新整飭紀律的軍隊。此次農民充革命軍夫役嚮導偵探等職異常出力；但粵軍對於農民夫役仍然不免殘酷，凡到一地不肯放回，即放回亦每不給夫價；農民向前理論，每以刀刺之；有一農民手掌刺傷長寸許，我帶往見總部副官長，該官長只說待查辦，夫價依然不給。本來農民向農會報名願充黨軍挑夫爲黨服務者有五千餘人，但粵軍偏偏不找農會反要自己去拉夫才快意，眞不知何故。又黨軍來時曾向農民宣言不籌款不拉夫，幷取消苛稅雜捐等。現在款則籌了又籌，凡從前陳炯明所抽的捐項，除了煙捐禁止之外，其餘雜捐亦依舊抽收。以故農民異常懷疑。

以上都是彭君來信中的話。彭君最後提出來的問題，我們認爲很關重要的。任何陳林反攻，唐繼堯侵桂的問題都沒有這個問題的重要，因爲革命政府若眞獲得農民羣衆的擁護，這些反革命勢力是不

辦制勝的，蘇俄便是用這種方法制勝了反革命的好榜樣。 當陳炯明第二次解散海豐農會時曾對彭君兄弟說：『羣衆我是很怕的，尤其是農民，我從前在廣西時幾乎被鄉民趕出來，兵力雖足以戰勝桂軍，而沒法鎮壓農民，他們出沒神祕莫測』（見本報七十期關於海豐農民運的一封信）。 這回陳炯明的命運果然又結果於農民之手，可見革命若得勞苦羣衆的擁護，抵抗敵人一定不必單靠軍事勢力來決定。 現在問題不在農民幫不幫助革命，而在革命政府本身的財政政策與軍隊之改造或取締。 這是陳炯明倒後國民黨與廣東政府急須有所決定的。 我們屢次主張而且現在更主張國民黨政府應立卽將軍事行動的負担由小民移於反革命的大地主買辦階級肩上，並仿照黃埔教導團的方法改造許汝爲部下的粵軍及其他願意繼續革命的軍隊。

(三)廣東農民之概況

廣東是外國資本主義最先侵入的地方，所以農業經濟亦最先破產；失業農民遠在幾十年以前卽一羣一羣的向海外尋生活，流落於美洲澳洲及南洋羣島爲華工。 別一方面，地主貴族一天一天的買辦階級化，近代式的外國資本主義不僅未打破中國封建社會的一切束縛，反而極力加以維持，藉以鎭壓那含有平英團義和團之可能性的幾萬萬農民羣衆；因此封建社會的舊勢力舊思想舊習慣在廣東社會及海外各屬的華僑中特別保持着，（帝國主義早已替中國保存國粹，已不待國故大家東方文化大家和反動的國家主義者費心了！） 直到如今比內地各處都還腐敗都還可怕。 所以廣東農民一面受外國資本主義的影響特別大，一面受地主貴族的壓迫亦特別嚴。

廣東農民，大多數爲佃農，其次爲半自耕農及自耕農。 現在他們所受的經濟壓迫之顯然可見者：第一是田租，大多數五成以上歸田主所得；第二是田畝捐，每畝由二毫至六毫，田主佃戶各出一半，歸民團所有，有時亦爲商團所有；第三是軍隊苛捐，約占農產物價格百分之三，四或名目繁多，且征收不止一次，歸駐防軍所有，有時亦爲土匪所有；第四是青苗債，每年青黃不接之際，農民向地主借錢還穀，大都借兩元還一石谷，月息百分之三十至五十；第五臨時借貸，農民需用工具肥料種子及吃用等，向地主臨時借錢谷，月息由三分至五分；第六私當，農民意外急需時拿自己的東西向地主抵借，利息有以日計算者，農民呼之爲『雷公劈』；第七公當，月息三分，贖期半年或一年；第八錢糧預征，政府因籌軍費預征錢糧，地主亦有預收田租者。 所以他們的經濟壓迫，概括的說約有四項：就是重租，苛捐，高利債和錢糧預征。

自資本帝國主義侵入以來，農民所受的政治壓迫亦與日俱深。 帝國主義者利用軍閥官僚壓迫農民，農民眼見得到的就是地方官或軍人保護傳教師霸佔田地山莊爲教堂。 官僚軍閥劣紳互相勾結利用，包攬詞訟，挑起農民私鬥以斂錢；或藉慈善事業如修縣志道路橋樑等來斂錢。 田主勾結地方官或駐防軍勒租索債；土豪下結土匪，上通官府，對農民敲詐勒索。

在連年軍閥戰爭中，地主階級利用農民武裝自己；如民團鄉團之組織，鄉鎮自治之要求及反對駐防軍隊等，都是地主們欲在鄉村取得本階級的政治地位之表現。 現在地主階級差不多全有武裝，而且潛勢力很大。 及農會運動發生，地主知農民不易利用了，遂與國民黨右派及軍閥相勾結，成一地主與軍閥之反革命的聯合戰線，向農民進攻。 商團叛亂之前後，一面買辦階級與地主階級聯合進行反革命，同時李福林任民團統率處督辦，亦到處勾結鄉團商團土豪劣紳等實行摧殘農會。 他們共同的宣傳農會爲共產黨機關，以圖反革命之復燃。 幼稚的農民運動經不住這個進攻，遂發生躊躇不前或退後的現象。 如花縣順德廣寧香山東莞等處均有此種現象的表現，尤以花縣和廣寧更顯著。

(四)農會被摧殘之一班

本報近來搜集廣東農會被摧殘的事實，所得材料非常之多。現在專舉上年十一月中的幾個報告，以見農會被地主，劣紳，國民黨右派軍人摧殘之一班：

A 香山縣

1. 小黃埔　小黃埔農民協會自成立以來，進行頗利，一般農民極感團結的必要，對于會務異常熱心，但爲當地之土豪劣紳所忌。

十一月十三日下午，乘正副委員長不在，被劣紳陳思敬陳華翰糾合八人，各持槍械，直入農會，洗刦一空，將所有書籍行李什物盡數搗毀。聲稱奉香山縣長林警魂命令特派到來解散，若小黃埔有此農會，實屬於地方治安大有妨礙。　言畢即將孫總理肖像撕毀擲地，謂爲怪物。

2. 北側鄉　北側東側農民協會，于十一月八日，突被駐紮容奇顧家祠之福軍林响帶同兵士百餘人蜂擁入鄉，將該農會旗幟及總理肖像撕毀，并拘去會員六名，所有會內衣服銀兩掃數搶去，會之近鄰亦受搶，聲言搜查亂黨，後由省電詰，始諉謂誤會，釋放會員，然已飽受蹂躪矣。

3. 大岡鄉　於前星期爲田主劣紳勾結商團圍困農會，開鎗掃射，擊斃會員（農民）三名，捕去數名，搗毀一切而去。

4. 谷都鄉　該地已成立一國民黨分部，近爲土豪惡霸搗毀。　此次第二屆農民運動講習學生到該地組織農會，由縣派游擊隊保護宣傳，返縣城時，中途爲土豪劣紳糾黨放槍截擊，幸未傷人。

5. 小欖沙步鄉　該地有組織農會之可能，值演戲機會，派人到地宣傳，爲地主鄉痞兇毆。

B 廣寧縣

兩個月以前政府委任蔡鶴平爲廣寧縣長，但舊縣長未允交代，新縣長因乏實力擁護，無法入城接事，乃走至江屯與李濟源勾結，希望李予以助力，李乃介紹土匪頭邵佐助之攻縣城。　餉項不繼，土匪又非錢不行，李與劣紳馬月庭等主張搶掠，於是拿去該地農會名冊，囑各匪令其對已加入農會者可以搶殺奪牛。　土匪依計而行，現起始在江屯附近江坑賓坡蓢墨斗塘一帶刦牛，遭害者已逾十家。又以前廣寧江屯一帶保衛團抽收[illegible]費，每石四升，現在加扣至一斗或一斗三升不等，農民至感困難。　因此二事，多數加入農會之農戶不明眞相，以爲未加入農會之前無此種種危害壓迫，加入之後反受種種痛苦，乃怨及辦農會之人，謂爲多事。

C 東莞縣

1. 宵邊鄉　被西路軍譚啓秀營在該地拉夫騷擾，并將該農會執行委員長蔡如平及會員蔡某擄去毆打，受重傷。

2. 懷德鄉　十一月九日爲該鄉鄉團正鄧遠昌副團正鄧修國糾合團丁三十餘人闖入農會，如狼似虎將總理肖像旂幟撕毀無存，拘去會員二人，淫刑毒打。

3. 涌頭鄉　被逼繳納聯團費，捕去數人，後得他鄉農民援助，才將捕去數人救回。

D 花縣

花縣縣長譚聲詠，勾結劣紳江耀中，聯合民團土匪，設立田主維持會，仇陷誣枉農會及辦事人。　譚聲詠未能到任以前即寓田主維持會中，尤屬顯然。　至本月十四日譚聲詠得民團（土匪變相）擁護，運動駐防軍隊成熟，得入縣城，舊縣長知勢力已去，乃不待交替即離城去。　是日以田主而兼土豪紳士之江耀中等即在平山開地主維持會大會，提議拘辦辦農會的人，肇事即在目前。

E 南海縣

南浦鄉　南浦農團軍成立已逾一載，成立以後即爲南鄉團所嫉

硯，一般劣紳奸商更多方破壞。 在商團未被擊散前兩月，卽爲佛山商團勾結鄉間土匪，强入南浦，竭河而漁，損失已不貲，以其勢力不能與較，忍氣吞聲而已。 及第一二次商團罷市時，商團勢力熱可炙手，而佛山商團尤橫戾，其嫉視南浦商團益甚。 其時省城適有農民講習所之設，旋改爲廣東農民自衛軍，南浦農團數十人與焉。 及擊敗商團後，附上農民深感受恐，擬改編農民自衛軍多處，遂先遣歸，未及旬日，而滇軍之事作：初南浦劃爲三區，各區設一分團，第三區分團乃假鄉廟爲地址；十五日前，忽有稱官產處者數人，攜同鍬斧，指該廟爲官產，硬欲折卸，爲該團所拒，乃不能逞而去；五六日後，遂有第三軍胡思舜部（滇軍）多名到該分團，將團內一切什物搗毀一空，拘去留守者多名，復按家搜索，繳去槍械十二桿；次日勢更洶湧，强行拆毀該廟，鳴槍示威，嚴密佈防，如臨大敵，該鄉男女老幼，驚惶奔逃，無處安身，雖經政府電飭滇軍制止，仍置若罔聞。 該農團在商團側目時猶能倖免於難，今於商團敗後正可從容擴增團結各鄉一致進步之日，乃竟被摧殘於政府軍，亦奇事也。

F番禺縣

鐘村鄉

鐘村特別農民協會，最近被該村商團擄去會員二人，囚禁于商會，以農會名義去保，置之不理。 駐防福軍袒護商會。

（五）廣甯農潮之回顧

廣甯縣在廣東之西北，人口約四十萬，農民占百分之八十。 農戶中佃農占百分之六十，半自耕農百分之三十，自耕農百分之十。 大地主甚多。 占人口多數之佃農，其生活極苦，其向地主所佃之田，每年每畝虧本約在六元以上。 其收支比較如下表：A收入之部——在中等年況，每年每畝收穫約十石，除納七石五斗租谷於地主，所餘僅二石五斗，以現時每石三元計算，佃農每年每畝實得七元五角。

B支出之部——種子費每年每畝約三元五角，肥料費約三元二角，農具消耗約一元，工食約六元，共計十三元七角。 收支兩抵，虧本六元二角。 此外每畝尚須繳納什麽鄉保衛團費，巡田費，田士業佃保證費，鄉聯團費等等約二三元。 至於父母妻子之扶養費教育費及其他生活必需之種種雜用尚不在上列支出之部。

該處農民向地主佃田，或用契約，或用口訂，沒有定規，因此地主往往得自由加租及收回耕地；而一般農民亦以地狹人多，互相爭耕，如此，地主更得乘機操縱。 當農民向地主訂田時，地主每畝索取佃信銀十元或二十元。 地主下鄉收租時又有所謂田信鷄一隻菜銀數十文及雇工挑送費約每石課米一升。 此外還可用加大的斗斛去量租。 以上種種條件，佃農稍有欠缺，地主卽告知該地保衛團局或警察派兵捕押，任意罰金。 若值荒歉，地主更鐵面無情，不能短欠升合。

廣甯農民運動之勃興，初係廣州油業工人回鄉宣傳活動之所致。

上年五月間成立農會，加入者逹萬人。 地主劣紳見將不利於己，乃以保衛團兵力搗毀農會毆傷職員而去。 農會領袖，收拾殘局繼續奮鬥，至十月間農會運動又形蓬勃，遂成立縣農民協會，并組織農民自衛軍，同時實行減租運動。 於是東 南三區富豪與前搗毀農會之劣紳江漢英等見農會在各區集衆公決減租：以六成歸地主，三成歸佃農，一成歸農會，他們遂先發制人，於舊歷十月十六日召集各區田主紳富會議，決定一致反抗，而以『亂世無王，强奴反主，大禍壓眉，武力反抗』等口號相號召。 一面飛函各處紳富協同反抗，一面標貼『不承認減租，從農會者自誤』之長紅告白，恐嚇農民。 當他們集會時，個個摩拳擦掌，大呼『有田主無農會，有農會必攻破』。 他們議決收谷時各人佩齊武裝，不承認升合抽交農會；并懸賞格，如有臨時勇敢幫打加入農會之佃農者，願將所耕半造之租谷豁免，若被打死，恤安家費六百元，傷者包醫全愈。 試看潭鄉各埗業主標貼之長

紅，到是很有趣的：「蓋聞八政詳於洪範，食貨為尚，四計陳自豳風，耕稼最重；故佃人勤勞操作，資粒食以育家人，業主仰望西成，亦仰斗升以供國課，此田產所關特重也。 近有無恥之徒，存心頓異，左抽右剝，常存燕食之心，結黨合羣，每肆鯨吞之計；有此流風日熾，甚于天災之流行，弊竇潛生，慘於萑苻之洗刦。 獨不思 啖人膏脂已非豪傑，奪人財產豈是英雄？ 且不覩乎董卓榮膺恩相尚遭王允所誅，公瑾計取荊州何喪巴丘之地？ 大祇凡事付諸天命，豈諸人力圖謀。 嗣後無論諸欵抽捐租谷，各業主概不承認，各佃人切勿混交。 倘有違抗，乃為自誤，願各佃共慎之！ 專 預聞。」 同時業主積極準備武力進攻，決定潭埗先成鄉團一百二十名，江屯狹溪於舊有五十名外再加五十名，東西南三區聯防舊有三十名，添招九十名，并勾結李濟源匪軍四百名，共八百餘人，決於舊歷十月二十八日向農會各村總攻擊。 農會發出減租宣言，並嚴整紀律：(1)不得僭耕，(2)不得私自抗衆背章完納；(3)不得於應交田主成數額內有所短交，及各種流弊；(4)全體會員一律出身反抗田主無理壓迫；(5)論何村有事，各區農團一律會齊出發援助；(6)全體會員完全聽縣區鄉執行委員會指揮；(7)如有違背紀律時，得由紀律裁判委員會從嚴裁判。 地主既積極準備作戰，農軍亦出發自衛，因而農會聲勢甚張，各區未加入農會之農 皆紛紛要求加入，即極畏懦者亦停納租谷，不受田主催促，盼望農軍勝利。

縣長蔡鶴平，定於十二月一日召集農民開會解決減租問題 屆期農民代表赴縣，而蔡宣布改期，不料地主江漢英江淮英等乘此不備，糾集土匪百餘人襲擊社岡農會，幸被農軍擊退。 農民代表去質問蔡，蔡顯然袒護地主。 本來中立田主皆允照農會決定成數收租，惟少數惡地主挾其封建的「主人」權威決用武力剿滅農會，中立地主亦無如他們何。 農會武力不夠，乃電請國民黨發兵援助，國民黨中央執行委員會決定派鐵甲車隊去援助。 同時業主維持會一面派人攜款往四會屬茶 等處廣羅土匪，一面運動政府軍第三師鄭潤琦部撲。滅農會 不久 三師果派兩連兵士前來，地主們大宰猪牛，歡迎於保衛團局。 地主們因此有恃無恐，百倍活動，乘機招兵買馬，着着進行，并宣傳第三師要撲滅農會，繳農軍械，同時到鄉收租，強勒十足，一粒不減。

然忠實援助農民的鐵甲車隊亦到了，農民勇氣百倍，異常歡迎，開一農兵聯歡大會於杜岡，每家農婦製「革命餅」為午點，餅上印革命二紅字 婦女們在這次運動中尤其熱心，每次每鄉「聚福」會議時「婆姆」們出席參加者不少；四鄉鳴鑼出隊，一般婆姆也很踴躍在後方煮飯煮粥燒茶，或抬大砲上山，或運兵士食料於前方，因此把鄉村的革命精神，提到頂點。

第三師雖被地主運動，只因鐵甲車隊與農民自衛軍連戰大捷，敵人聞風潰走，不久農會方面即得到勝利的結果。 據參加這次爭鬥者說，農民在此次經驗中，對於國民黨左右派已完全認清誰是他們的友誰是他們的敵；此次地主的反革命恰好與商團事件相對照：江漢英是陳廉伯，江淮英是陳恭受；保衛團是商團；第三師是李福林；蔡縣長是幫助反革命的右派。

以上是廣寧農潮的一大幕；是地主階級接着買辦階級而起的反革命。 這兩個歷史的大事變，最足以顯明工農階級自覺的參加國民革命後的影響與特性。

世界資本帝國主義的反動與世界革命潮流的激進，不僅使西方各先進國階級爭鬥達到極點，就是在落後的東方如中國亦已達到了這樣的程度。 難道是誰鼓吹的或誰可設法調和的？ 只不過是客觀上事實上必然不可免的歷程罷了。 必須理解這個才能理解廣東農民運動之武裝的形式；必須理解這個才能理解工農階級在國民革命中的地位

；亦必須理解這個才能理解中國國民革命運動之特性。

自從國民黨改組大會發表其具體的政綱，與工農階級自覺的參加革命以後，中國國民革命再也不是混沌的了。 誰要更忠實於革命，誰便應更求明白幫助工農階級發展的意義。 只有這個是一切國民黨分子決定其自己對於左右派之爭應取如何態度的最好方法：你們或是站在占全國人口百分之九十以上的眞正革命階級（工農階級）方面；或是站在占全國人口百分之十以下的反革命階級（買辦階級和地主）方面。 除此以外，沒有別的出路。

今年五一之國際狀況

亦農

帝國主義是資本發展的最後一程，列寧所謂垂死的資本主義；因爲在帝國主義之下，資本主義所包含的許多矛盾，其中最主要的，如勞動與資本的矛盾，各帝國主義間相互的矛盾，宗主國與殖民地的矛盾，除了爆發社會革命根本推翻資本主義國家的機體之外，無論如何，不但不能消滅，而且逐一天　天的加重。

歐美各帝國主義國家共產主義運動之積極發展，東方各殖民地各半殖民地國家民族革命運動之積極爆發以及資本家爲自己爭市場而引起的一九一四年一九一八年之歐洲大戰，無不是帝國主義不可調和不可解決的矛盾的爆發之表現。

大戰時歐洲各帝國主義的精髓，純然擱在戰爭上面，大戰後歐洲各帝國主義已經精疲力倦，無力鎮壓如火如荼震撼一世的無產階級的革命運動；本來當時有實現社會革命，最後的撲滅資本主義，無產階級實行奪取政權之可能，但因資本家的左派——第二國際——無產階級的敵人竭全力從中操縱，障碍無產階級的革命運動向前發展，結果僅僅成功了一九一七年俄羅斯之十月革命，到如今還祗有一個蘇俄在我們的目前高舉着赤色的旗幟與歐美日本各野蠻的帝國主義抵抗周旋。

歐洲各國的無產階級還是在窮凶極惡嚴厲壓迫的資本主義之下圖生存，但是無產階級的革命運動並沒有消滅，資本主義的殘基並沒有完全恢復。 因此英國有工人階級的蟊賊所謂工黨的首領麥克唐納爾政府出現，法國有資產階級的左派赫里歐登台，一時造成了所謂民治和平主義，緩和無產階級的革命潮流，維持資本主義繼續的謀恢復。

但是一俟資本主義的基礎稍爲穩固，無產階級死對頭的資本家連那班名義上是改良實際上幫助他們的老爺先生們都不容許他們越俎代庖。 五月以前麥克唐納爾政府就被英國守舊黨推翻了，赫里歐政府現又下台了，結果民主治和平主義不但沒有能成爲歷史上之新紀元，並且還不能稱爲新時期。

至於目前的國際狀況，雖然歐洲各帝國主義的國家已經經過了危亡的恐怖，有許多資本主義的國家提高了生產力，恢復了商業穩固了金融 特別最近因英美資本之合作，在德國實行了所謂用財政侵略的方法的道威斯計劃，給歐美各帝國主義很順利的向前發展；雖然歐洲各國的無產階級，尤其是德國的無產階級現在跑到了集中力量預備再闘撲滅資本主義的退守時期；但是帝國主義愈加發展，帝國主義的矛盾愈加劇烈，革命運動的潮流也依然要愈加高漲。 誰不知爲爭石油及爭加拿大的殖民權所發生的英美間的矛盾，爭東方的市場所發生的英美與日本之間的矛盾，爭歐洲的霸權所發生的英法間的矛盾，不遺餘力的積極剝削德國所發生的國際聯盟與德國之間的矛盾，一天一天的醞釀，一天一天的不是這派帝國主義的力量被摧殘，便是那派帝國主義的力量被摧殘，而互相準備武力解決呢？ 誰不知各殖民地半殖民地的國家如印度，埃及，中國，北亞非利加洲的民族革命運動不是一天一天的發展，一天一天的擴大呢？ 中國現在　處都有國民會議

促成會的組織，並且北京現在正在開全國國民會議促成會代表會議，難道不是事實嗎？　至於英國的工人運動現在換了一新時期，英國的工會與蘇俄的工會贊成全世界職工運動之統一，積極的很鮮明的反對亞姆斯德丹國際的首領，反革命黨，工賊烏德格斯特，紫ㄆ巴克，朱與等破壞全世界職工運動之聯合，不久的將來亞姆斯德丹國際就要在我們的目前瓦解。資本主義的機體根本就要發生動搖。　勞動與資本的矛盾這樣的醞釀，無產階級的力量這樣一天一天的團結集中，這許多事實，異常顯著，當然用不着多說。　幷且西歐各國的無產階級最有覺悟的分子所組織的政黨——西歐各國的共產黨，雖然在很黑暗的反動空氣和被政府嚴刑取締之下，但他的人數却很迅速的增加：（法國共產黨從去年八月起到今年三月增加了二萬五千人，意大利共產黨從去年八　起到今年三月增加了二十萬人，德國共產黨在去年十二月三十一號以前有三千三百一十八個工廠作坊的支部，捷克斯拉夫基共產黨有五百個工廠作坊的支部，其　布拉格占一百）。　去年德國共產黨所組織的十週年的歐洲大戰的示威運動，據資本家的報紙登載單在柏林一城參加了六十萬人，捷克共產黨所組織的反對生活高貴的示威運動，單在布拉格一城參加了二十萬人到三十萬人，德國共產黨在去年十月七號選舉時得了二百七十萬票，英國共產黨選舉時推舉了八個候補員，得了四萬票，瑞士共產黨當選舉時得了四萬五千票，意大利共產黨中央機關報雖然累次被政府停止出版，但最近由二萬份增加到四萬份。

此外蘇俄的經濟狀況日趨改善，蘇俄的農 已恢復了百分之九十，蘇俄的工業已恢復了百分之六十，蘇俄的紙幣比任何帝國主義國家的紙幣都穩固可靠；其他如八小時工作制之保存，工資之增長，工人階級生活狀況之改良，這許多事實，傳到歐美日本各帝國主義國家的無產階級的耳裏，都足以促醒他們之自覺而使其團結，積極行動，成為目前世界問題之主要成分，資本主義存亡生死之重要關鍵。

總之，我們所處的時代是帝國主義時代，帝國主義雖然暫時苟延殘喘，但是帝國主義所包含的許多矛盾，無論如何，不會消滅。帝國主義是西歐各國無產階級武裝暴動奪取政權和東方各殖民地半殖民地的民族革命運動積極爆發的時期。西歐各帝國主義的國家，因為經濟基礎的恢復，暫時向　歐各國的無產階級積極進攻，一時形成了很反動的時局，使西歐各國的無產階級祗能在共產主義旗幟之下集中自己的力量，準備着；但東方各國的民族革命運動斷不因　國主義之猛攻而縮小而消滅，並且已日趨兇猛，一天一天的擴大範圍。在幾層壓迫之下圖生存的中國勞苦人民呵！你們當全世界無產階級向資本主義嚴重示威的五一，你們應當表示你們的力量，應當加緊的組織團結，應當知道帝國主義是革命的時期，趕快的準備着與西歐各國的無產階級共同担負推翻這帝國主義的歷史使命罷！

今年五一的蘇聯

若飛

五一紀念是全世界工人要求八小時工作日的紀念日，是全世界無產階級團結向資本主義制度定期的警告。　這個紀念日在歐戰前和歐戰中雖曾被第二國際的一班工人階級的叛徒加上了不少的汚點，他們贊助本國資產階級的帝國主義侵略政策和加重工人階級的剝削，他們破壞了工人國際的聯合，破壞了已經取得的八小時工作制，但是到了俄國革命後重新賦與這五一紀念以革命的意義。　每年這日全世界的無產階級不僅向資產階級表示他們國際的團結力，幷表示他們這種力量逐年的增長，遲早總要推翻帝國主義的統治，實現全世界無產階級

的革命。這種向資產階級．期的威嚇，尤以蘇聯在國際上威望之增高使得全世界的資產階級更十分戰慄恐怖。

蘇聯經濟的恢復，政治的鞏固，生產力的提高，工人生活的進步，是很明顯的告訴全世界工人得到解放應走之路，是促進世界工人團結奮鬥的保證，無論在何帝國主義的强國內，他們均不能解決其資本主義所具的矛盾。美國的現金固然充滿了國家銀　的金庫，成爲世界唯一的債權國，但他方面却減少了債務國對於他的購買力，使得他的生產不能不大大的衰落。英國的失業問題是始終沒有得着具體的解決，法國財政的恐慌是繼續不斷，他們天天在過苦惱的日子。反觀無產階級的國家——蘇聯，他經過了七年的戰爭，斷的受帝國主義當事的干涉和經濟的封鎖，他并沒有得到任　資本主義國家　助力，單憑他自己的力量已經戰勝了一切反革命的壓迫和缺乏的恐慌，他的經濟的恢復和生產有秩序的發展，是資本主義國家所萬難追及的。

以財政問題爲例，法國、斷倚賴英美的援助，終不能穩定法郎的價格，而蘇聯的盧布價格十分鞏固；盧布流通數量之增加亦可想見商品流通的擴大。一九二二年三月間盧布流通總數約七千五百萬，至一九二四年一月增至二萬萬，今年已增至七萬五千萬。一九二二至二三年交易所商品流通總數值一十三萬萬；一九二三年至二四年值十九萬萬，一九二四年至一九二五年值二十五萬萬左右。這些數字均足表示蘇聯經濟恢復之速與國基之鞏固。

國際帝國主義對於這無產階級的國家當然是他生死的對頭，要用種種的方法來毀滅他。但是現在均不能不承認他的權力，不能不承認他的存在了。帝國主義者之承認蘇聯是不是他們贊同無產階級的獨裁制度呢？或許是不是他們一種善意呢？當然不是的。他們之承認，一方面是受他本國工人階級的催動，一方面實是爲要救濟他本國的經濟恐慌，不得不如此。他們想得蘇聯的麵包，蘇聯的石油，蘇聯的木材以及蘇聯廣大的消費市場去救濟他本國的生產恐慌，解決他本國的失業問題。英國意國法國日本是相繼承認了，美國在形式上雖說在乾硬，但實際上早已適用了俄國的『切羅綢子』（俄幣名），可知經濟上不能不有希求於蘇聯。至於其他被壓迫的小國和被侵害的殖民地半殖民地國家，都早已公式的或非公式的承認蘇聯爲他們解放運動的救星，齊集於蘇聯紅旗之下向帝國主義對抗。

各國資本家用盡種種方法，去欺騙他本國的工人，使之仇視蘇聯。但是工人們將他們在本國所受的痛苦與蘇聯工人生活的進步一相比較，便會覺察資產階級的欺騙，便會很勇敢地去與蘇聯工人及各國工人聯合，促進世界無　階級的革命。

帝國主義者又極力妨害殖民地半殖民地人民與蘇聯的親近。他常常造作許多謠言，以『過激』『赤化』等名詞加於這些國家的國民革命運動者身上，使這些國家的民衆觀望不前；但是民衆終會看出他們的欺騙。比如他們在中國所曾做過的許多卑劣的宣傳，中國的民衆試一將中俄協定俄國所退還中國的權利與各帝國主義國家天天進攻的事實如金佛郎案等一相比較，誰是我們的友誰是我們的敵，便不是他空口的宣傳所能哄過了。

自從俄國革命七年以來，於每年的五一日均賦與新的意義，表示他在世界革命路程中權力的增長。今年的五一紀念形勢　爲嚴重，帝國主義對於這日將感覺如何的戰慄不安啊！

五一紀念與國際勞動運動

雙林

一八八九年第二國際決定以五一爲國際示威日以來，五月一日世界無產階級的示威運動年年表示工人的國際團結力。五一是國際的

革命的階級鬥爭的象徵，然而第二國際雖然成立在五一紀念的第一年，却早已喪失了革命精神和無產階級的國際主義。 五一紀念的口號——八小時的工作制本是階級鬥爭的口號，而第二國際也早已喪失了這階級鬥爭的精神。 從來第二國際的各國社會黨引導工人實行五一示威運動，爭八小時工作制，然而事實上他們的行爲是怎樣的呢？他們贊成國際聯盟的勞動局，他們欺騙工人，說八小時制可以希望各國政府資本家來實行，不必用階級鬥爭的手段。 一九一九年亞姆斯德丹的職工國際參加國際聯盟所召集的世界勞資會議，居然通過了八小時制。 當時改良派的社會黨都聲言他們的改良主義勝利了，資本家和政府都答應實行八小時制了。 然而從一九一九年到如今，除蘇聯外，沒有一國肯實行八小時制，各國資本家反而對工人進攻，已經奪得八小時制的國裏尚且儘想延長工人的工作時間。 工人階級這種失敗的原因，大半在於運動之中有第二國際派的社會黨，他們受資產階級的利用，破壞工人階級鬥爭的陣綫，幾乎使工會的國際聯合（職工國際）變成資本家的國際聯合（國際聯盟）的附庸。 五一紀念的精神當然已經完全喪失。

五一紀念發起到如今，已經有三十六年，而工人階級的國際團結還沒有確立。 這正因爲各國社會黨各自幫着自己的資本家欺騙工人，所以雖然每年有五一動表示工人的國際團結，而實際上工人階級的戰鬥仍然不能得到勝利，幾乎祇剩得形式上的示威。

祇有十月革命之後，共產國際和赤色職工國際成立，世界工人階級的鬥爭才得到眞正的指導者。 各國工人羣衆開始覺悟事實上實行世界團結的必要。 可是如今各國改良派的工會領袖往往排斥工人羣衆裏的革命份子，弄得工會四分五裂。

赤色職工國際的成立，是因爲工人羣衆不滿意於改良派的工會領袖，集合各國革命的工會及工人組織起來的。 然而赤色職工國際幷不是因爲排斥非革命派而想設立特別的團體，却因爲要實現三十六年前的五一紀念的眞精神——統一工人階級的戰爭，所以赤色職工國際用全力以恢復職工運動的統一，至少也竭力使亞姆斯德丹職工國際所屬工會及赤色職工國際所屬工會能一致行動反抗資本家的進攻。 可是雖然意大利發生了極殘暴的法西斯特運動，法國以暴力佔領魯爾，世界第二次大戰已迫於眉睫，始終不能警醒亞姆斯德丹職工國際的領袖，使他們積極抵禦資產階級的鬥爭，實際上反而與資產階級合作，壓迫革命派工人，赤色職工國際屢次提議建立工人階級的統一戰線，可是亞姆斯德丹派的工會領袖不是拒絕，便是置之不理。 這種分裂政策使普通的工人都憤懣不平，於是亞姆斯德丹國際內部，發現了左派的運動，英國一部份工會便是這左派的首領。 他們提議應當拋棄分裂政策，而與赤色職工國際攜手，請俄國工會加入亞姆斯德丹國際。

一九二四年赤色職工國際第三次大會時，已經總計革命派工會的實力以爲可以爲階級的鬥爭的統一起見，所有的工會都加入一統一的職工國際。 職工運動的統一是工人階級勝利的第一步；決定在各國努力宣傳統一的主張，因爲如今世界勞動運動的職任，第一步便是統一無產階級戰線，統一工會；而且國際統一意義在於：（一）各種派別的工會應當一致行動反抗資本進攻；（二）建立統一的職工國際，（三）使殖民地半殖民地的工會盡數加入職工國際。 如此方能實現五一紀念的眞正的國際意義。

這種統一運動開已始經很久，今年才組成英俄工會聯合的促成統一委員會。 委員會的責任在於召集世界各派工會的大會議——使亞姆斯德丹派，赤色職工國際派，無所屬派的工會，都派全權代表參加。 實現赤色職工國際方面提議：（一）各派聯席的世界工會大會，應以比例制選遣代表；（二）成立統一的職工國際；（三）解散亞姆斯德丹國際及赤色職工國際；（四）各工會均服從職工國際會議及議決案

；（五）嚴格的階級的紀律；（六）職工會中自由的宣傳及辯論。　亞姆斯德丹國際是否肯接受這種提議，便是他是否與爲工人階級利益奮鬥的標準。

五月一日，一九二五年的五月一日，在國際勞動運動中的意義，便是力爭統一戰線，力爭統一的職工國際。　誰還繼續的排斥革命派而勾結資產階級政策的，誰便是賣階級的工會領袖。

無產階級政黨與職工會

超麟

無產階級政黨與職工會——這便是工人運動中的二種主要的組織形式。

這二種形式中間有何種相互的關係呢？　這個問題是歷來工人運動中時常引起糾紛的一個問題。　自有工人運動以來，這一百多年之間，無產階級政黨的發展與職工會的發展，二者中間素來并不是自覺的、有計畫的、很密切的攜手并進，以致工人運動往往成爲畸形的發展，發生偏重政治鬥爭或偏重經濟鬥爭等弊病。　而且某個國家某個時代的工人運動，其政黨與職工會之關係又和別個國家別個時代的關係不同——譬如在挪威、比利時、保加利亞等國，職工會是完全附屬於政黨的；又如俄、德、奥、瑞士等國，職工會有獨立組織而政治上則是受政黨指導的；還有一些國家，職工會與政黨中間不僅組織上平行發展，即政治上亦不相統屬，甚至是互相仇視的團體，如西班牙、葡萄牙，有時如法蘭西。　這種關係參差不齊的現象是怎樣發生起來的呢？　原因是很多的，最主要的是過去工人運動指導者對於無產階級政黨的作用與職工會的作用都沒有個正確的明晰的觀念，因此無產階級政黨與職工會的關係便自然而然的無從確定起來，以致惹出許多的糾紛。　工人運動初起時，革命的理論——科學的社會主義，尚未成立，即成立亦還未深入羣衆，指導這個運動；其後第二國際創立起來了，各國社會民主黨逐漸接近工人羣衆，能夠指導工人運動了，但因當時特殊的情況——資本主義和平發展時期——一些首領，無論其爲社會民主黨的或職工會的，都染遍機會主義的毒氣，引導工人運動走入錯誤的道路以至於第二國際及黃色職工會之破產，——此時，不用說，無產階級政黨與職工會的關係自然弄得一榻糊塗。

一直到了列寗主義得勢之後，無產階級政黨與職工會中間才有個正確的關係之可言。　因爲列寗確定了無產階級政黨與職工會在工人運動中的真正作用。

根據列寗主義，凡真正的無產階級政黨——共產黨，應該是：（一）無產階級的前鋒，（二）無產階級有組織的隊伍，（三）無產階級組織的最高形式，（四）無　階級專政的武器，（五）有一致的意志，（六）能淘汰內部機會主義的分子（見斯達林著的『列寗主義』）。　職工會便不是這樣的一種組織。　共產黨團結了無產階級中間最前進的、最有覺悟的、最明瞭的、有同樣見解的分子，而職工會分子則不妨政見上、宗教上及其他見解上之不相同。　總而言之共產黨是無產階級階級組織的最高形式，領導全階級向資產階級進攻建立無產階級專政之有一致意志的、有組織的革命的前鋒，而職工會則是跟着這個前鋒走去之無產階級大隊。　職工會沒有共產黨爲　前鋒，必至如羣龍無首，不知　何對付敵人，甚至被敵人軟化去了，——工人運動史上已給了我們許多事實，足以證明這個。　共產黨也離不開職工會：在資產階級專政底下，沒有職工會做後盾，共產黨便不能取得無產階級大多數的諒解，必至成爲孤軍獨戰的向資產階級作戰，結果非失敗不止。在無產階級專政底下，沒有職工會做後盾，共產黨便不能經過職工會號召廣大的羣衆去參加社會主義國家的建設工作以維持

這個專政。我們現在明白了共產黨與職工會必須有密切的關係，而由這二種組織形式的作用看來，我們又可斷定這種關係應該是職工運動必須在共產黨指導之下，卽許職工會的組織是完全獨立的，也必須受共產黨指導。

法美二國的工人運動是很可以給我們教訓的。二十多年以來，法國職工會時常和無產階級政黨發生衝突，因此便產生了無政府工團主義的理論（因爲社會黨機會主義化了，革命的工人對他不滿意，所以發生這種傾向）；法國的無政府工團主義者居然能以一些方法指導法國同職工運動，他們實際上自己成了政黨，而否認社會黨或共產黨有指導職工會之權。美國亦是如此。剛伯斯一班人指導了美國的工人運動，但他們表面反對一切政黨，甚至於不承認改良派的社會主義，而他們實際上在工人運動中有政黨的作用，而且是資產階級政黨的作用。其他可舉的例還有很多。

到了將來無階級的共產主義社會，政黨的作用便消失了，那時職工會的作用亦要失却現在的意義，而專從事於社會生產與分配之組織和指導。

來件

青島大康紗廠全體工人泣告書

先生們！俺紗廠工人一天做十二點多的工，得一毛多工錢，日人要打就打　要罵就罵，亡國奴幾乎成了呼喚我們的口號。一天的飯錢只少也得兩毛，我們怎麼活？十三歲以下的童工多吃不飽，喝不足，還得做十三點的苦工，少一合眼就劈臉使拳猛打，常常打的鼻子出血，還得罰兩天工錢。不夠十三歲的小孩也只有偷着掉眼淚。

大工人少有不愼，卽時拳足交加，少一招架，就拿出手鎗示威。咳！我們受的痛苦實在不是嘴能說出！我們也不多說了！我們是沒娘的孩子，誰能照顧呢？所以我們組織一個工會！互相扶助互相解愁，無非是窮人幫窮人。不想日人按着手槍，挨宿舍搜查了好幾遍，門上的鎖都碰爛了，因正在工作時間，屋裏的東西，都踢的亂七八糟，並且把我們的工友拿了三個去，連打帶拷問，已經一天一宿還未釋放。追同我們這些奴隸，怎麼還要組織工會？先生們啊！靑島是我們中國的地方，我們是中國人民，讓不讓組織工會，是中國地方官的責任，日本人有甚麼利害，搜中國地方，押中國的國民呢？這就是欺負我們國家，侵犯我國主權，俺幾千工人死也不値什麼！只是把我們中國已經看得沒有一個活人，實在可憐可恨！大家來到底中國還是不是獨立的國家？我們的工會就此成立了！四五千工人的性命，眼看都送到幾個日本鬼子的手裏，四萬萬同胞都被他們欺負煞了幫助呀！被拘留的工友妻子還哭的不能吃飯呢！

青島大康紗廠全體工人泣告

京漢鐵路總工會信陽分會爲工賊破壞工會宣言

全國工友們！農人們！學生們！及一切被壓迫的朋友們！

在帝國主義者猛烈進攻和反革命勢力澎漲之時，我們半殖民地被壓迫的民族，應當如何努力團結，儲蓄偉大的力量，以解放我們奴隸牛馬的地位，不想竟有工賊楊德甫等甘爲禍國殃民之某系作走狗；不

借破壞工會，欺騙工人！ 這是何等的喪心病狂呵！

楊德甫、張德惠等過去的罪惡，就是連篇累牘，也寫不清楚，擇其要者，爲我全國各界同胞告；

在『二七』以前，楊以工會委員長名義，結交資本家，復以認識官府，誇耀工人。 當漢口英美煙公司工人，難堪資本家的虐待，而作最後之罷工鬥爭時，楊德甫先向工人說：願聯結各工團援助，及至該公司 班二班洋人請彼大餐並送彼金牌後，遂反而威嚇工人，强令上工，煙公司工人以後援已絕，不得已含淚上工，此其被資本家收買壓迫工人之罪一。

「二七」失敗時，我死亡工友的家屬，啼饑號寒，嗷嗷待哺，蒙全國各界人士，熱心捐款，以救危亡，乃楊潛到上海，假借捐款名義，向各界騙款，及至捐款到手，則不顧烈士家屬，及失業工友之死活、將作彼狂嫖濫賭之資，若有工友質問，則謂各界捐助之款，是專捐助彼一人的，此其忍心欺騙之罪二。

當其在上海時，向軍閥要求，如願捐助巨款，則於雙方有軍事行動時，京漢工人可以罷工援助，此其只圖騙錢，不惜賣吾工界人格之罪三。

當彼暗自投降周天元，羅漢臣在漢同時被捕時，在軍法處報稱工會事彼毫未負責，一切委諸周羅等身上，並一一數出工會各地負責人，有供可據；所以漢口有劉芬，許白昊北京有張國燾，李斌等，正太孫雲鵬等，鄭州劉文松相繼入獄，膠濟郭恆祥等失業，爲『二七』以後之二次慘禍，此其賣工人團結之罪四。

當同由洛陽被釋赴京返鄭時，值全國鐵路總工會第二次代表大會在鄭州開會，京漢路同時招集全路代表會議，楊聲言痛改前非，擁護總工會。 並提出張德惠等假冒總工會名義，勾結交通系之種種欺騙工人行爲，應由全路代表登報聲明，並由彼起稿，經代表會議通過後，請全國鐵路總工會駐京辦事處發交各報館登載。 今各代表之簽名原稿尚存總會，乃楊潛自返京後，登報否認此事，此其不要人格甘爲人作走狗之罪五。

京漢全路代表會議決定：以後本路派出代表須有總會委任證方才有效，楊未得總會委派，竟敢冒稱京漢鐵路代表在京招搖，並借此名義與某系勾結，此其竊名向外欺騙之罪六。

京漢全路代表會議改選正副委員長時，各代表以楊既聲明痛改前非，遂選彼爲京漢副委員長，意在許以自新之路，乃楊在京冒稱爲京漢正執行委員長，此其破壞會議決案假竊名義之罪七。

本路既未派出何項代表參加各種活動，京漢路參加發起『各省區工團聯合會』之事實，更何從說起？ 且此事何等重大，豈有不先通過全路代表會議之理？ 此其竊名招搖，欺騙不知其內幕的工人之罪八。

楊由京來函，誘總工會某君暗自破壞工會，每月由某部津貼洋百元，某君不爲利誘將其函公諸工友，此其爲人作走狗破壞工會之罪九

楊當冒稱伊一人可代表京漢南段，信陽分會只知有一整個的總工會，並不知於總會之外，有誰可妄自代表本會，此其到處欺騙之罪十

至於張德惠的卑鄙齷齪，更不堪言狀了！ 替某系作走狗，騙鉅款在天津嫖妓 楊梅大瘡，並勾結墮落的工人，做出種種的罪惡勾當，一一說出來，真要氣死我輩工人，我們覺得說出口來也有點害羞。

唉工友們！ 各界同胞們！ 我們國家何不幸而生出此羣狗徒?! 不單是丟盡了無產階級的臉，連東亞民族的體面都被他們去盡了！ 速起撲滅此獠！

京漢鐵路總工會信陽分會

本報啓事

本報現因郵寄障礙，從下期起，所有本報贈閱及交換之處，暫時一律寄停，特此聲明。

The Guide Weekly

分售處

南昌　太原　長沙　潮州　雲南　福州　南京　寶慶　黃　成都　西安　宜昌

新青書社　明星書社　智華書社　文化書社　青年書店　新亞書社　學生聯合會　一　樂天書局　寶慶書局　書報流通報　華陽書報流通處　西北大學販賣部　稽益公司派報社

嚮導

週報

第一百一十三期

一九二五年五月三日

零售每份銅元四枚

分售處

廣州　上海　武昌　濟南　開封　寧波　香港　蕪湖

丁卜書報社　民智書局　上海書店　民智書局　時中書局　共進書社　書報流通處　齊發書社　文化書社　國民書社　明星書局　青年學社　萃文書局　科學圖書館

訂閱：國內一元寄足六十期・國外一元寄足三十五期・郵費在內・郵票代款概作九五折

代派：每份大洋二分・十份至三百份五折・三百份以外四折・寄費在內・十期清算一

發行通信處　杭州馬坡巷法政學校安存眞轉王致和

五四紀念與民族革命運動

雙林

五月四日這一天，當然是中國歷史上的一個紀念日 這是大家都承認的。 社會上對於五四有兩種認識：或認他祇是一個學生運動的紀念，或認他是中國新文化運動，所謂「思想革命」的高潮時期。 誠然不錯，民國七八年來的思想革命運動，經過五四運動之後，得到一時期的充分發展：學生運動 婦女運動，社會主義運動，以及「戀愛自由」「勞工神聖」 口號，都是五四之後才普遍於社會（尤其是學生羣衆之中）的。 然而單認五四是學生愛國運動及思想革命的紀念，未免減少了五四之政治上的意義。

辛亥革命之後，中國社會裏的革命潮流，因袁世凱的反動而低落下去。 二次革命失敗之後，幾乎一般社會都認革命是作亂；民黨是亂黨，這個時期的現象：第一、民黨中的右派，宋教仁黃興等在二次革命前力主妥協緩進，使袁世凱得以借帝國主義之助鞏固反動勢力，在二次革命後，居然有許多民黨投降軍閥，受其收買；第二、這些右派於宋案發生之後還迷戀所謂法律手續，和平解決，這種宣傳助長一般愛和平的苟安的資產階級心理；第三、各地紳商階級爲保存自己的優越地位起見，竭力去託革命後初興的軍人勢力以鎮壓所謂「土匪」——貧民的暴動，造成新的軍閥，并且鞏固軍閥的地方政權；第四、民黨的「三民主義」中，民族主義祇用以反對滿清，而忘了民族革命反對列强侵略的職任；民權主義祇用以爭一個臨時約法，而革命時各地方的革命政權完全交給軍人；民生主義，早已因宋教仁等改同盟會爲國民黨時，放棄了平均地權的黨綱，完全與貧民羣衆脫離關係。 革命派既與貧民羣衆在政治上隔離了，袁世凱等軍閥，士紳階級自然容易拿着和平秩序的假面具哄騙一般動搖不定的小資產階級，——結果，反動勢力完全戰勝。

「直到五四運動那年——歐戰剛剛終了，中國資產階級的發達已經要求獨立的本國工業，所謂提倡國貨；俄國無產階級革命勝利，遠遠的可以聽得到無產階級與東方弱小民族聯合革命，以反抗列强的呼聲，所以五四運動爆發，在世界史上實在是分劃中國之政治經濟思想等爲前後兩時期的運動」。 當時的運動：第一，是積極的要求的反

抗日本帝國主義的運動，——在這運動裏，我們切不可祇看見學生，學生不過是運動的先鋒；當時上海天津等處的商人都以實力參加；這的確是辛亥之後，中國社會裏各階級努力以行動干預政治，而且帶着羣衆性質的第一次。第二、五四運動時所發生的種種羣衆的組織，如檢查日貨，抵制日貨等行動機關，往往真能直接以革命手段行使平民的政權；上海罷市的幾天內，革命的學生商人竟自行行使警權；尤其是工人的罷工，也居然能以舊有的會黨式的工人組織自行指揮。第三、這種巨大的民族革命的潮流，居然開始衝動中國工人階級的覺悟，從此發現真正社會主義，共產主義運動以及工會的組織。這種巨大的運動，顯而易見是辛亥以後第二次的民族革命。辛亥革命前後，直到五四運動，中國的革命運動往往祇是軍事的反對北洋軍閥的運動，或者是限於士紳階級的排外的愛國運動，沒有羣衆的反抗，直接要求廢除對外條約，收回外國攫奪的領土的。五四運動，一方面反對賣國親日的官僚和軍閥——安福系曹章陸等，以革命的羣衆的直接行動襲擊這些反動派，別方面很明顯的提出廢除二十一條，收回青島等要求。於是把辛亥以來反動派與革命派爭相『保障外人的生命財產尊重條約權利』，而求帝國主義者之援助的局面更變了，換過說便是把義和團失敗後尊洋主義的天經地義打破了。這是五四在中國民族運動史上最值得紀念的一點。

雖然，五四運動的時候，中國社會正還受着美國威爾遜的欺罔，相信帝國主義者能夠幫助我國爭什麼人道正義。所以這次興起的民族革命運動，專偏於排日的一方面。如今，幾年來英美法日各帝國主義壓迫中國的事實，應當使中國一般平民覺悟到擴大這種民族革命的戰線——不是對付某一帝國主義的強國，而是對付一切帝國主義的列強。

「近年來的民族革命運動已經走上了反對一切帝國主義的道路。這是因為中國的無產階級已經上了歷史的舞台：海員，鐵路工人，紡織工人，煤鐵礦的工人，直接的間接的受着帝國主義資本家的壓迫和剝削，他們的利益是根本和帝國主義及世界資本主義相反的。他們決不會和那一國帝國主義妥協，決不會希望那一國帝國主義『主持正義』；他們當然要求政治上澈底的革命和真正的自由，決不能苟且偷安棲息於軍閥統治之下而圖目前的「和平秩序」——恰恰相反，他們絕端反對現在這種帝國主義和軍閥統治中國的『秩序』，正要積極的去破壞他，創造革命的平民共和國。這些工人現在已經經過初期的階級鬥爭，在中國社會裏漸漸成為獨立的政治動力。他們已經自覺的來參加民族革命。而且要做這革命中之領袖階級。此外，中國的農民，尤其是南方的農民，也已經開始做有組織的鬥爭，而且贊助民族革命。民族革命中如今有了這工人階級及農民的參加，當然和五四運動那年大不同了。

所以最近的民族革命，已經有顯明的革命政綱——廢除一切不平等條約，召集國民會議，就是反對一切帝國主義及一切軍閥。今年的五四紀志，因此應當提出擴大的口號：「不但要求取銷廿一條，而且要求取銷一切不平等條約；不但要襲擊曹章陸等賣國賊，而且要推倒一切賣國軍閥」——召集國民會議，實行普通選舉，仗着廣大的農工平民羣衆的力量，創造真正平民的獨立的中華共和國！

何謂國民黨左派？

和森

中山先生逝世後，國民黨中有一種最好的現象就是黨員羣衆之左傾。不僅廣東如此，上海北京以及其他各處亦莫不然。他們左傾

的程度，恰好和右派反革命和段政府招降納叛破裂國民黨的陰謀成正比例。

記者近日會見好幾個從北方南方來的朋友，都對我說：現在國民黨最大多數的青年黨員不僅不願爲右派而且不願爲中派；但他們又懷疑——「我們既不是共產黨怎好自列於左派呢？」

這可謂是一個誤會。　我敢鄭重的申明一句：我們共產派不願居（自然更不願獨佔）國民黨左派的美名，但願一切革命的中山主義者成爲國民黨本身的左派；我們共產派是時時刻刻準備幫助國民黨左派的，并且希望全體忠實的國民黨員都是左派，成功無派別的整個的國民黨，以完成中山主義和國民革命的偉大使命。

一個革命黨若任許多反革命的派別同時並存，是不能成功其革命使命的。　俄國共產黨之所以成功，便因爲他是建立在整個的革命的政綱策略和紀律之上的無派別的革命黨。　他如何能成功個這樣的黨呢？　因爲他不停的和各種各色的反革命派決裂，嚴格的淘汰一切改良主義分子投機主義分子　及妥協分子；不僅不容許黨內有右派，而且不容許黨內有中派，所以才能成爲整個的馬克思列寧主義的黨，而成就其偉大的歷史使命

我們希望國民黨「只是」左派的國民黨麼？　可說是的，也可說不是的。　因爲我們希望國民黨是整個的建立在中山革命主義上面而成功爲無派別的黨。但要達到這個目的，必須實踐兩個先決條件：一是開除反革命的右派；一是全體忠實的黨員的左傾。　所以在目前這個時候，國民黨最大多數黨員之左傾是有非常重大的意義的。

然而左派決不是一個念頭或無條件可以做到的。　左派的必要條件至少有四個：（一）澈底的反抗一切帝國主義及其附屬物軍閥，買辦階級……；（二）恪守中山先生引導中國民族與世界無產階級革命領袖蘇俄攜手的方針；（三）與一切反革命右派分子決絕；（四）進行保護革命中堅勢力的工農羣衆利益之政綱。　這四點也就是中山主義最重要的內容。　必須具備這四個條件才是眞正的國民黨左派——才是眞正的中山主義的國民黨員。

從北方來的朋友又對我說：『許多國民黨青年黨員不僅以右派爲恥，而且聽着中派這個名詞亦很不高興。　他們現在覺得只有兩途：不左即右，沒有中立之餘地。』　羣衆心理是革命的寒暑表，國民黨青年黨員這種直覺是很正確的！　一九一七年以來的西歐革命運動史早已證實了這種「不左即右」的眞理：不僅各國社會黨右派是革命的敵人，中派也是革命主要的障礙；結果中派與右派終歸同趨於一個反革命的營壘。　德國的中派（考茨基派——獨立社會民主黨，不久仍與右派愛倍爾的社會民主黨合併）如此，法國的中派如此（朗格派以至佛洛沙派），其他各國的亦莫不如此。　他們開始創立第二個半國際，自謂介於第三國際與第二國際之間；不到兩年，第二個半國際仍然復歸於第二國際而與之合併，一切中派「英雄」完全破產。　革命潮流愈高，「不左即右」的眞理便要愈被證明。中國國民黨自去年以來已從新入了這個試驗時期；中山死後這個試驗將愈加嚴重。　所以我們不僅希望國民黨一切青年分子之左化，而且希望一切中堅分子領袖人物之左化。

然則這種左化的意義　是同化於共產派麼？　不是的，絕不是的。　只是眞正的同化於革命的反帝國主義的中山主義。　中山主義與共產主義顯然是兩個不可混淆的標幟；不過共產主義者願意幫助中山主義之實現。　共產主義者既無赤化國民黨的希望，更無赤化國民黨的妄想；假使不如此，我們便不成其爲馬克思列寧派了。　所以我說，我還應再說：共產派不願居國民黨左派的美名，但願一切革命的中山主義者成爲國民黨本身的左派；我們共產派是時時刻刻準備幫助國民黨左派的，并且希望全體忠實的國民黨員都是左派，成功無派別的

青島日本紗廠工人的奮鬥

其穎

日本資本家在中國綿織業中的勢力是非常可驚的。就青島一埠而論，日商紗廠分四方莊與滄口兩處。四方莊有內外，日清，大康三廠；滄口有富士，鐘淵長崎等廠；工人約五萬餘。日本資本家對待中國工人，萬分苛刻，我們試看青島大康工人泣告書，便知他們所受的待遇與上海各日本紗廠工人沒有兩樣。

最近國民革命潮流高漲，勞働運動亦逐漸復蘇，由京漢路總工會恢復到上海日本紗廠大罷工，工人階級已有由守爲攻的趨向。這種趨向，恰好　青島日本紗廠工人以一大刺激，遂有月前大康紗廠工人組織工會的發動。

日資本家竟以野蠻手段制止工人組織工會，大康紗廠工人遂於四月十九日起，宣布罷工。他們所提出的條件，都是目下最迫切的要求，如日工每人每天一律加大洋一毛；包工按原薪增加百分之二十五，夜工工錢自本月一律加倍；取消押薪制度；取消工割引制度；因工受傷者工資照發（醫藥在外）；一律免收房費；延長吃飯時間至一小時；此後日人不得打罵華人；應規定保護女工每月給生理假日二日「工資照發」；減少童工工作時間每日不得過八小時；如工人違犯場規得由工會同意可處分之；公司所罰工人之款照提交工會作教育工人經費；此後公司待遇工人須一律平等等。

現在大康工人已不是孤軍獨戰，四方之內外棉長與等廠工人已同情罷工，鈴木絲廠亦加入戰線，罷工隊伍已近二萬左右，而滄口各廠亦皆有聞風而起之勢。日本資本家慌了，只好又如對付上海罷工一樣，運用日本帝國主義的政治壓力，所以芳澤又向外交部提出覺書，飭令他的安福政府立刻出來壓制工人！

中國工人階級和民族革命運動者，都應努力起來援助青島大康紗廠工人！這次大康紗廠工人爲不堪忍受東洋資本家的壓迫而罷工，乃是中國工人階級反抗帝國主義最有意義的運動，全國被壓迫人民都應起來援助這些赤手空拳惡戰苦鬥的工人以取得最後勝利，因爲這不僅是個單純的階級鬥爭而且有民族鬥爭的重大意義在內。工人階級是民族鬥爭中最革命的一枝生力軍，他們的勝利是可以強固民族鬥爭的勢力的。

德國資產階級的軍政狄克推多代替了民政狄克推多

超麟

在世界資產階級前面，興登堡當選爲德國總統一事引起了多數人的「驚愕」「駭異」「悲觀」「恐怖」……，可是世界無產階級瞭解興登堡登台的意義，覺得這一回事并沒有甚麼可以「驚愕」「駭異」「悲觀」「恐怖」……的地方。

自從第二國際首領兼德國總統愛倍爾「出缺」之後，德國總統的候補人，法西斯特帝制黨推興登堡，共和黨和社會民主黨推麥克斯，共產黨則推德爾曼。四月二十七日選舉結果，興登堡得票一四・六三九・〇〇〇當選，麥克斯得票一三・七五三・〇〇〇，德爾曼得票一・九三二・〇〇〇；此次假如興登堡不能當選，德國總統的位置便要歸於麥克斯。因此現在的問題乃在乎興登堡當選總統或麥克斯當選總統二者對於未來德國對外對內政治的影響將有若何不同？自然，世界資產階級的「輿論」一定以爲興登堡是前皇威廉第二的舊臣，他的

登台將排演復辟把戲將洗刷一九一八年戰敗的恥辱；如果麥克斯上台呢，那麼所謂『十一月的共和國』將維持下去，德國對於協約國種種義務的執行將仍舊有保證。 可是，實際上，興登堡和麥克斯在政治上的區別沒有資產階級『輿論』所看出的那樣大，已經有一些比較聰明的資產階級政治家如路易喬治、波拉及倫敦一部分智識界看出興登堡登台對於德國現行的政策，將沒有若何重大的更變了。

我們承認路易喬治、波拉及一部分倫敦智識界果然比起，表示『驚愕』『駭異』『悲觀』『恐怖』……的『輿論』要聰明些。 爲甚麼興登堡政綱和麥克斯政綱根本上是相同的呢？ 第一、我們知道『一客不煩二主』，德國的統治，唯一的是德國資產階級；第二、我們又知 無論興登堡個人是復辟嫌疑犯，無論麥克斯個人時常發表一些擁護共和反對帝制的言辭，但他們二人始終是德國資產階級的二個工具用來鎮壓無產階級革命的。 道威斯計畫施行了幾個月的結果，積極方面的表現逐漸過去，消極方面的表現又快要到來。 這個計畫施行之後，固然協約國資產階級獲利不少，可是德國資產階級亦得從中取利，鞏固其的剝削地位恢復自己的權力，唯一受其荼毒的祇有德國的勞動者，無產階級。 無產階級因不堪剝削必然要起反抗，最近德國階級鬥爭的形勢日益緊迫，哈勒警察對工人集會的戕殺，因此事實，而到處激起的示威運動以及罷工風潮逐日增高等事實適足證明德國資產階級此時實有加緊其專政權威之必要。 麥克斯執政時向國會要求『非常的權力』，這不啻是替興登堡的狄克推多預備下基礎了。 麥克斯的政綱就是興登堡的政綱，不過麥克斯實現此政綱的方法將比較巧妙些，比較圓滑些罷了。 麥克斯從國會取得『非常的權力』，他因此施行民政的狄克推多，以別於興登堡的軍政狄克推多。 德國資產階級在這階級鬥爭日益急劇的前面，企圖採用軍政狄克推多以代替民政狄克推多。 我們從興登堡票數與麥克斯票數沒有多大差異一層看來，知道德國資產階級曾經猶豫於這二種狄克推多中間；而我們從興登堡終於當選一層看來，又知道德國資產階級終於採用軍政狄克推多，以保證道威斯計畫之執行，出賣德國民衆於協約國的帝國主義。

德國社會民主黨已經撤消自己的候選人去投麥克斯的票！ 德國真正無產階級的政黨——德國共產黨在選舉之前早就宣言：『從興登堡的軍政狄克推多與麥克斯的民政狄克推多中間選擇那一個好些的麼？ 這並不是工人階級的任務』，『你們組織羣衆的鬥爭去抵制那執行資產階級狄克推多的興登堡和麥克斯罷！』 興登堡的軍政狄克推多施行之後，德國共產黨一定將愈加加緊自己的工作，努力去實現無產階級狄克推多。

國民會議促成會全國代表大會之經過與結果(四月二十五日北京通信)

羅敬

(一)全國民衆代表之集合

此次國民會議促成會全國代表大會在北京開會，前後一月有餘，到會代表二百餘人，代表二十餘省區，一百二十餘個地方的國民會議促成會。 在這些促成會旗幟之下集合的是：工農羣衆，知識界，教職員，學生，商人，實業家，新聞記者，律師，及各種有職業的平民。 到會各代表雖不能將各地團體人數作確切的報告，但所代表的民衆，當在數十萬以上。 這個民衆性的大集合在北京開會一月有餘，而全國知者尚少；其原因是：在安福派政府高壓之下，該會於開會時常不能自保安危；該會所寄出的會報，多被政府扣留；該會所發表的新聞，在北京佔大多數的反動報紙，多不予以登載；而對於安福部學系研究系聯治派及軍閥代表所組的善後會議消息，則逐日連篇累牘的與以登載。

這是一個民衆的會議！ 從會議之經過與結果看來，是頗良好的•這樣從民間産出的會議，在我國實不易見，或者竟是眞正的國民會議之先聲。 本報代表民衆利益，並曾屢次勉勖此會之成功，對於此次會議，實有不惜篇幅介紹之必要。 記者曾覺得該會各種材料，並曾到會旁聽，特作此篇以告本報讀者，並盼本報讀者特別注意於該會議之各種議案與宣言。

（二）會議時期與政治環境

當大會開幕之日，段政府的善後會議正在積極進行之中。 各方面的「人物」，段政府竭力網羅，從好政府主義者以至於新官僚「社會黨」領袖，都被召應試，與此會議之各地人民代表紛紛到京，遙相對應。 北京城於安福派統治之下，早已在恐怖的狀態之中；人民不僅集會不得自由，而且言論也遭政府羅織。 但在當初，孫中山先生尚存一息於病榻之上，段祺瑞還不敢馬上撕破面具，人民的活動還勉强自由。 及至孫先生去世，骨尚未寒，而孫先生主義庇護下的民國日報被封，嗣後連續壓迫各報館與通信社，無端逮捕新聞記者，無數偵探鷹犬，大形活動。 中山靈柩之停放，政府最初不允在中央公園，而指定遠離民衆之城外荒壇。 中山遺體之移往西山，也是政府所欣願的。 北京城日陷於恐怖，反動勢力日益增長，民衆不能抗拒。

軍閥角逐而要造成的未來大戰，自張作霖來京忽而離去之日，其局面已經開始。 從此以後，段張之間的明爭暗鬥，日益加多。 然而執政府謀臣甚多，能奔走者尤衆：善後會議或連續或間斷，日以金錢與交換條件賄買，務期成功。 自中山逝世，分裂國民黨的計劃便自執政府而出；政府的機關報與附屬於政府的各黨系報紙，都扶掖國民黨右派，宣傳國民黨之分裂。

但在這個時間的全國民衆，反對善後會議之聲遍於各地，哀悼中山，響應繼續革命的表示，來自大小城市與莊村。 然而政府對此，充耳不聞，只圖應付軍閥，手忙腳亂，急謀成功。

（三）反帝國主義與反軍閥的工作

各地民衆代表在這種政治環境中集會，自然感覺到人民自身責任之所在。 因此，大會決定否認段祺瑞所提出善後會議之國民代表會議條例；又以為趁人民代表聚集的機會，應該細討論中國衰弱禍亂之眞因，並提出具體的救濟方案，以宣告於民衆；民衆應從此繼續努力國民革命運動，以求得眞正的國民會議之産生。 眞正的國民會議之成立，必然是反帝國主義與反軍閥的重要工具，因此大會決定討論各種國際與國內的問題，而定出下列的範圍：（一）國際問題，其中包含：(1)帝國主義侵略中國史；(2)不平等條約及特權；(3)租借地與租界問題；(4)關稅問題；(5)外人在華駐兵問題；(6)外人華航行權問題；(7)外人在華傳教及教育問題；(8)外資與其勢力問題；(9)華盛頓會議；(10)臨城案件；(11)金佛郎案；(12)鴉片會議；(13)無電線問題；(14)外國銀行團；15)上海租界焚書問題；(16)滬西日本紗廠罷工問題。 （二）國內問題，其中包含：(1)軍閥軍隊與內亂；(2)聯省自治問題；(3)人民自由問題；(4)實業問題；(5)教育問題；(6)商業問題；(7)工人問題；(8)農民問題；(9)婦女問題。 （三）財政問題，其中包括內外債各問題；並詳細審查中國的財政與提出救濟方法。 （四）國民會議運動之方針 其中包含：(1)批評並否認善後會議之國民代表會議條例；(2)國民會議組織大綱；(3)促成國民會議與勵行民衆組織。

大會的責任既是促成眞正的國民會議，而此國民會議之産生，非打倒帝國主義與打倒軍閥不足為功；所以該會議開會後於發行會刊時便宣言說：

「最近國民會議之運動，瀰漫全國。 此種運動孕育於反帝國主義怒潮之中，且産生于中國最强之直系軍閥推倒之後，其使命乃為客

觀情勢所確定無疑；質言之，牠將代表人民向帝國主義作戰，取消不平等條約，以達到解除終身所束縛的鎖鍊之目的。 牠將繼續打倒直系軍閥，進而打倒一切軍閥，解除其武裝。 牠的方法是不妥協的，羣衆運動的。 今日之一粒種子，他日必結爲最大果實。 我們必須努力栽培灌溉，擯除其周圍之蔓草荊棘。 此工作最初雖不免於艱難困苦，犧牲流血，然吾人 責實無旁貸」。

(四)國際問題與國內問題之決議

大會自決定討論各項問題從經過半月餘的工作，便整理出各種問題之報告與其決議方案。 報告的內容是十分繁多的，這絕不是參養的善後會議議員甚至國會議員所能作的事，而惟有革命的民衆代表才能做到。 各種內容該會將另出專冊印行，下面所述乃簡略之出決議案中之重要者：

(甲)國際問題之決議——最初說明欲謀中國民族之獨立與自由，須將已經爲帝國主義及本國軍閥所攘奪以去的國家權力，完全收在集體的人民手裏。 次說明帝國主義侵入中國的經過，歷述自最初的商業政策以至爲鴉片貿易擴清道路的英帝國主義之侵入，而南京條約是不平等條約壓迫中國民族史的第一頁。 馬關條約爲資本主義侵入中國開一新時代，割地賠款保護外貨的關稅制度，由此而生。馬關條約外，辛丑條約更是不平等條約中最酷烈者之一，這個條約是對中國民族反抗外力的懲罰，把中國軍事，經濟的國防完全打破，將中國民族的自由獨立尊嚴蹂躪無餘。 鴉片戰後以來中國對外關係史一部帝國主義侵入史。 中國自從墮入這個歷史裏，就變爲國際的殖民地。 中國國民欲求恢復民族獨立與自由，即在依國民會議產生國民革 政府，宣告「廢除一切不平等條約!!」

不平等條約中所包含的外國帝國主義在中國之特權，大會決議案中會一一指明：(1)領事裁判權；(2)租借地租界及中國境內其他的外國行政權；(3)協定關稅制及其他保護外國商品，保護在中國境內經營產業等規定；(4)外人管理財政權；(5)庚子賠款；(6)外國在中國內地駐兵權及內河航行權；(7 外人在中國境內傳教及教育設施。 此外又指明帝國主義列強於近數年對中國之進攻有下列諸 實：(1)華盛頓會議；(2)臨城案件；(3)鴉片會議；(4)金佛郎案；(5) 無線電問題；(6)上海租界焚書問題；(7)上海日本紗廠華工罷工問題。 對于以上諸問題，都分析其內容，而提出嚴重之抗議。 本決議案之結論是：恢復國家權力在廢除不平等條約；國民會議就是恢復國家權力的機關，故大會決以全力促成眞正的國民會議之實現。

(五)「打倒軍閥!」「排斥聯治!」

(乙)國內問題之決議——在國內問題中，包括九個重要問題已如上述。 決議文中 再申述打倒軍閥的口號，在軍閥軍隊與內亂之決議裏，說明全國民衆在打倒軍閥的旗幟之下，應當猛勇的以人民要求民治爲前提，對于一切軍閥施行總攻擊；尤其要反對假 是軍閥的武力主義，因爲 是軍閥否認人民力量的標語，與人民所期望的和平與統一，絕對背道而馳。 同時又說明廣大的兵士羣衆之本身，並沒有什麼罪惡；在國民革命中，兵士應該爲國家利益戰，不要爲軍閥官僚戰應該爲國家利益作捍衛，準備爲國家幸福而犧牲。 次關于聯省自治問題，大會決議痛斥聯省自治論者之誤國，其理論既幼稚，其所根據事實更錯誤。 大會以爲在此封建殘局之下，決不能由制憲而獲得自治眞正的自治必待國民革命成功，中國民族獲得獨立與自由之後，始能實現。

關於人民之自由，大會要求廢除一切警治與軍治。 人民應有絕對的集會結社言論出版之自由。 警察不得任意逮捕，羈押或搜索人民住宅，非軍人絕不受軍治。 工人應有罷工的自由。 懲治盜匪法，陸軍審判條例等，均當廢除。 復次，對於實業，商業，教育諸問

題，均各有確切之決議。　最後關於工人，農人，婦女三問題，是一面分析在被壓迫各階級中此三大羣衆的痛苦，一面提出具體的要求。大會尤注意廣大的工農羣衆與婦女界，應速起急謀團結，促進國民革命運動之成功。

在各項國內問題中，且提出各自的切實主張或要求；大會爲注重國家財政問題起見，又單獨討論財政問題。

(六)『十年的外債停付！』

大會特別討論財政問題，爲求詳細探索財政紊亂之情形，與國家財政破產之根源。　據財政委員會討論報告之結果，其結論就是：『十年的外債停付，留待國民會議解決其用途！』

這種主張是關係嚴重的，帝國主義的列强一定畏懼，因爲這種主張之結果，絕對有利於中國國民，而無利於列强。　列强聽到這種主張，一定要驚惶失措，指我們人民爲『過激』。　殊不知這種『過激』的辦法，在列强各自的國家裏，在他們祖先的歷史上，早就實行。　法蘭西曾要求過外債停付，比利時也要求過外債停付。　停付(或緩付)這個名詞，這個辦法，是他們自己當初想出的。　論到『過激』的辦法，並不這樣。　『過激』——假使指的是布爾塞維克？　在布爾塞維克的俄羅斯，自從革命以後，並不是停付，而是不付了。

中國的財政問題並不困難，難在帝國主義之繼續侵略。　一國的財政破　並不是稀奇的事，所奇在無救濟辦法。　中國的財政家夢昧終日，只學算賬，不知清賬；即有清賬的辦法，又都是有利於列强的，如主張再借外債以救財政的，便是一例。

大會同時感覺借債之危險，故發出公開宣言兩種，一給外國銀行團，一給內國各銀行，警告不得再借債與政府。

(七)憲法是人民收回政權的證書

大會於各種問題之外，又特別注重憲法問題

『中國國家的權力，現在不在國民手中，而在國際帝國主義者及其使者——軍閥手中；一切不平等條約，即是保障此等權力的明文。所以吾中國全民衆，應集中其精力以求于最近期內廢除不平等條約及召集眞正國民會議。　目前中國國民所要求於此國民會議的職任，不在制定一部空文無力的憲法，而在爲一實現廢除不平等條約而奮鬥的人民機關。』

這是國際問題決議案中評憲法問題之一段。　在國內問題決議案裏，也有同樣的說明：

『憲法不是別的東西，只是一國國民保持主權的一部證書。　這部證書，必須國民自己得了政權以後，才能產生出來。　向統治的軍閥要憲法，與奴隸要求主人嚴訂管束法一樣，結果反讓統治階級强姦民意，任意造作。　政權的取得是由於革命的力量；必須國民革命成功，才有國民自己的憲法可言。……眞正的國民會議之目的，就是要求政權收歸人民以解決一切外患與內憂。』

(九)『敵人軟化不了工農階級！』

孫中山先生逝世前有兩種政治的遺囑；一爲國內的，一爲國際的（即致蘇俄之遺書）　筆記而出爲全國民衆所普知。　在這兩種遺囑傳授之時，中山先生警告其同志說：『你們不怕敵人的軟化嗎？』記者曾於本報通信中述過。　現在這一句話，全國的民衆還沒有公開的答復；惟有國民會議促成會全國代表大會中之工農代表團早就答復了：『敵人軟化不了工農階級！』

工農代表團這次大會中人數雖少，且僅於南方，但在大會中仍產出良好的工作。　在大會會刊中，們看見農人代表某君的論文，充分表示工農階級在國民革命中之使命。　大會反帝國主義反軍閥的工作，關切大多數被壓迫工農階級最深。　此次各種的決議，一方面證實工農代表工作之良好結果，一方面也可斷言將受全國民衆，有力的擁護。

(九)第二安福國會與人民的國民會議運動

當大會閉會之時，安福部的善後會議也閉會了。　國民會議促成會全國代表大會閉幕以後，是要召集預備會議；善後會議閉會之後，是要召集第二安福國會。　後者也許是可能的，可能則必是較快的，因爲『政權』在段祺瑞之手。

然而大會指示了人民以國民會議之性質，指示了人民以奮鬥的方法，並指示了人民對於各種問題之確切方案。　素來藐視民衆無組織的，將由這次人民代表的實際工作中證明其爲惡勢力所迷，現在促成眞正國民會議的民衆代表大會閉幕了，段祺瑞的善後會議也閉幕了：我們需要一個第二安福國會呢？還是需要一個眞正的國民會議呢？全國革命的民衆應當答復這個問題！

The Guide Weekly

嚮導週報

第一百十四期

一九二五年五月十日

零售每份銅元四枚

訂閱：國內一元寄足六十期・國外一元寄足三十五期・郵費在內・郵票代款概作九五折

代派：每份大洋二分・十份至三百份五折・三百份以外四折・寄費在內・十期清算一次

發行通信處　杭州馬坡巷法政學校安存眞轉王致和

分售處

廣州　上海　武昌　濟南　開封　甯波　香港　蕪湖

丁卜書報社　民智書局　上海書店　民智書局　時中書社　共進書社　書報流通處　資智書社　文化書社　國民書局　明星書社　會年學社　革文書局　科學圖書館

分售處

平協　南昌　大原　長沙　潮州　雲南　福州　重慶　南京　寶慶　黃部　成安　西昌　宜

新新書社　明星書社　智華書社　文化書店　育年書社　新亞書社　學生合作社　唯一書局　樂天書局　寶慶書局　書報流通處　陽書報流通處　北大學生販賣部　西華公司派報部

五七國恥與日本帝國主義

雙林

日本是亞洲新興的資本主義國家，他的資本主義開始便帶兇暴的形態而以軍閥主義爲後盾。這是甚麽緣故呢？因爲日本加入世界經濟的時候，已經在帝國主義時代的初期，列强的經濟努力已經到了遠東，日本資本主義剛剛發生，便遇見歐美各國的競爭。再則，日本本國地域很小，原料不多，要發展資本主義，開始便必需向外侵略。這種軍閥主義及侵略的目標，便是我們中國。

「日本帝國主義政策在遠東的發展，大致可分爲三個時期：第一期是一八九五年的中日戰爭；第二期是一九〇四年的日俄戰爭；第三期是一九一四至一九一八年的歐戰。

「第一期的日本政策，在於占領高麗」。當時日本對於高麗問題，力爭高麗的「獨立」，聲言保護高麗的「領土完全」——也和美國在歐洲和會時所標榜的中國問題是一樣的。可是日本帝國主義者的確行了他那「保護」高麗的歷史使命，中日戰爭的結果，高麗完全入了日本的掌握。「第二期，日本便進一步經營滿洲」——而日本在滿洲所遇的「政敵」，並不是中國，却是俄皇政府，所以不得不經過一次日俄戰爭，以結束這一段落。日俄戰爭之後，日本已經眞正成了帝國主義的國家。然而中國在列强互相攫奪之下，日本一國始終不能大展其「鴻圖」，一直等到歐戰爆發，美法德俄各帝國主義的目光專注於歐洲戰場，無暇東顧，日本方才能更進一步而擴展其勢力於山東。日本在這一時期——「第三期」，不但趁着對德宣戰而攫取青島，而且包藏着單獨進攻，「鯨吞中國的野心，所以提出山東問題，經營滿蒙問題，中國內地設立日警問題等等的二十一條要求，——這是五七國恥紀念的來源。

「日本帝國主義對華侵略的背景，純粹是日本大資產階級及軍閥的利益」。日本資本主義的發達，十分需煤鐵的生產，而日本內地這種產物却不能自給。譬如一九一八年日本祇產了二八・〇〇〇・〇〇〇噸的煤，而煉鋼用的無煙煤幾是絲毫沒有。據日本經濟調查局的統計，日本每年需要鐵七四三・〇〇〇噸，而日本產鐵每年至多祇有六一一・〇〇〇噸。日本每年需要鋼一・一一三・〇〇〇噸，而產鋼祇有七六

五•〇〇〇噸（一九一八年）。　現在日本所不夠的鋼鐵煤，大半取之於高麗，東三省及中國內地。　單看這一點，便可以知道，高麗被占領之後，日本資產階級的目的，必然在於侵略南滿。　南滿鐵道，旅順，大連，及撫順煤礦，經日俄戰後，已經完全落於日人之手；所以一九一五年（民國四年）日本提出二十一條要求的時候，便進而要求北滿東蒙的特殊權利；而且攫取山東，霸占膠濟路及沿路的礦山。

日本帝國主義這種得步進步的侵略中國，早已引起中國人的反抗•　然而十年來的五七紀念，——反抗日本帝國主義的運動，差不多至今還祇限於「抵制日貨，提倡國貨」。　彷彿消極的經濟抵制便能戰勝日本，彷彿在現時中國，為重重不平等條約所束縛之下，便能發展實業，競爭得過日本。　其實，日本帝國主義，不但有強盛的海陸軍，不但有鉅大的資本和進步的技術，有大規模的機器生產，不但占有中國的運輸機關，已經攫取了開礦山，辦工廠，輸入日貨，採取中國原料的優先權利——協定關稅等；而且還利用中國的軍閥政客——段張及安福系，造成中國國內的某種政治勢力，時時擾亂中國，挑撥內戰，而且力能指揮中國的官廳警察隨時隨地撲滅排日運動。　十年以來，尤其是五四運動以來，抵制日貨的運動何嘗有絲毫効果；日本帝國主義，用那種種政治上經濟上的工具剝削中國，他的勢力仍是一天一天的增長。　中國的國民應當覺悟，中國要根本脫離日本帝國主義的壓迫，必須實行國民革命，打倒他們利用的一切政客及軍閥。——完全爭回中國的主權，就是完全爭到中國國民的民權。　軍閥的賣國政府存在一天，日本帝國主義的勢力是永不會消滅的。　北京政變之後，親日派的政府又日漸得勢，居然解決了金佛郎，而在所謂關稅會議上，親日的政府又想竭力媚日，以所增加的關稅，擔作中國對無担保外債的抵押品了。　凡是真正的中國國民，都應當參加國民革命的運動——須知十年的經驗告訴我們，和平的消極的排貨運動，只問外交不問內政的愛國運動，是絕無效果的。

國人們！　你們看一看今年五七中國是什麼局面：日本帝國主義及其爪牙之段張又從新抓住了中國政權，從新企圖鞏固親日派的軍閥專政。　所以打倒段張，打倒日本帝國主義，更是國民革命目前的急切工作！

今年五一廣州之兩大盛舉（廣州通信五月二日）

亦農

▲十萬以上之工農兵大示威

▲空前未有之工農代表聯席會議

誰也知道在歐美日本各野蠻的帝國主義與封建軍閥互相勾結而形成的目前中國時局之下僅祇廣東一省比較自由，積年被壓迫的勞苦羣衆得有組織的表示他們的志願和不平，公開的與他們的敵人奮鬥。

昨天——全世界無產階級檢閱自己的力量和向資本家壓迫階級示威的五一勞動節，在廣州舉行了十萬人以上之大示威遊行，參加者不僅廣州的工人，並有全國第二次勞動大會的代表，廣東全省第一次農民大會的代表和廣州的青年革命軍士。　在帝國主義軍閥殘虐摧殘之下的中國工人能於國際無產階級的示威日召集全國第二次勞動大會，已算是歷史上重大的事件。　素無階級覺悟無團結的中國農民羣衆，居然有廣東全省農民代表大會出現，更加是歷史上的盛事；何況工農兵三種被壓迫的羣衆，同在一塊向帝國主義軍閥資本家游行示威不僅在中國革命運動史上有更大深遠的歷史意義，而且是中國目前革命運動積極爆發的表徵和中國被壓迫的勞苦羣衆謀達到自己完全的解放，實行大團結的朕兆，祇要不是喪心病狂的人，當然異常明瞭，不用記

書多寫！

在這樣的大示威遊行中，不僅可以看見被壓迫羣衆形式的團結，同時最使人奮發注意的是：工農兵三種被壓迫的羣衆到處都表現同一的心靈，同一的希望。　單就示威旗幟上面所寫的標語，他們在廣東大學操塲齊集時，各人的演說來看，沒有一個示威者的旗幟，不是紅底白字，上面寫着不是：工農兵大聯合萬歲，中華民族解放萬歲，全世界無產階級聯合起來，剷除勾結帝國主義者，軍閥，官僚，資本家之工賊，打破包工制，反對廠主自定廠規，八小時工作制；就是寫著：反對地主劣紳壓迫農會，規定最高限度之租額，普及青年農民教育，打倒帝國主義，推翻軍閥，集會結社言論出版罷工自由取消不平等條約，全國工人大聯合萬歲等中國工農兵三種被壓迫的羣衆目前必須爭得的許多要求的口號；登台演說者不是極沉痛的促進工農兵大聯合向帝國主義進攻，就是號召工農兵三種被壓迫的羣衆，認清自己的敵人——帝國主義軍閥，資本家向他們實行革命，達到自己最後的解放。　至於在示威遊行時散佈的傳單就記者一人所得已有三十二種，其中除中國共產黨廣東區委員會和中國共產主義青年團廣州地方委員會所發的傳單說明中國工農羣衆所處的慘境及指示中國工農羣衆奮鬥的方法更爲切實和國民黨廣州市第四區宣傳員胡霖所發的傳單外，其餘沒有一種不是代表工農忿激的心理，鼓吹工農羣衆打倒　己的敵人。

此外還有一件應當注意的事情：即赤色職工國際派赴廣州參加勞動大會的代表，與斯脫洛夫斯基亦蒞廣東大學操塲演說。　赤色職工國際現所屬有五十餘國，工人一千八百餘萬，當與斯脫洛夫斯基登台演說時，台底下紅旗招展，呼聲振天，全世界無產階級和被壓迫的勞苦羣衆大團結，赤色職工國際萬歲之聲不絕於耳。　他演說的大意如下：勞動者是一切財富的創造者，但在私有生產制度未推翻以前他不但不能得到一點利益，反受層層的壓迫，今天——五一是我們全世界無產階級向我們的敵人示威表示我們再不能承受這無理的制度，我們要向資產階級鬥爭，取得我們一切的日子，你們，中國被壓迫的工人，農民青年軍人，應努力團結，有組織的與你們的敵人——帝國主義奮鬥，得到你們應得的自由，我謹代表赤色職工國際敬祝你們的勝利，並表示爲你們的後援，同時並希望你們與赤色職工國際發生密切的關係，謀全世界工人階級之大團結，我們要共同的打倒資本制度。

看了記者上面所寫的一班神經過敏的人和帝國主義者走狗必定又要說：廣州是莫斯科第二，赤化了，其實這不過是積年被壓迫的工農羣衆覺悟起來知道要有組織，要團結的第一步的表現。　被壓迫的中國工農羣衆和青年軍人，你們若眞能造成廣州爲莫斯科第二，使他「赤化」，就是被一班喪心病狂帝國主義者及其走狗的咒罵也是應當的，這是你們目前的歷史使命！

現在再說空前未有之工農代表的聯席會議。

工農聯合這個主張本來是科學的社會主義者當資本主義發生動搖時，具體的分析革命的力量，應有的結果。　馬克思在一千八百三十七年起草「德國共產黨應有的要求條件」裏面曾經說德國無產階級爲本階級的階級利益起見，必須與小資產階級農民聯合。　後來一千八百五十六年三月十八寫信給昂格思時又重新提起。　一千八百七十年昂格思在他著的「德國農民戰爭」一書裏面，也曾說：德國無產階級的人數既然還沒有占全人口的多數，很顯明的，他要實行革命必須在小資產階級中，在所謂城市的游民無產階級中，在農民中去找同盟者。　直至一千九百八十七年巴黎公社失敗，馬克思認爲農民仇視無產階級爲失敗主要原因中之一。　到列寧在一千九百零五年就說：社會主義的無產階級與小資產階級共同組織革命政府在原則上是對的，並且在一定條件之下非聯合不可。　因此列寧提出工農民主革命專政的口號，現在俄羅斯之蘇維埃政府，是十月革命後更進一步，工農聯合

的兵體的形式。由此我們知道要實際打倒資本主義不能不有工農的聯合，工農聯合是革命成功和維持革命勝利的保障。中國現在因為有帝國主義之積極進攻和軍閥的明爭暗鬥的時候自然是革命的時期。

在另一方面要完成中國的目前的革命，即打倒帝國主義；推翻軍閥，非有不與帝國主義安協的工農階級來担負不可，決不是完全是帝國主義的資本所培養出來的買辦階級和直接或間接受帝國主義的資本所支配的一部分工商業資產階級所能担負。因此在客觀的條件上和主觀的條件上都有工農階級的大團結之必要。此次全國第二次勞動大會的代表和廣東全省第一次農民大會的代表謀實際的團結，實在是中國目前的歷史的需要。工農代表的聯席會議的經過，大概如下：

昨天於廣州的勞動農民兩大會的代表及青年軍人革命的學生游街示威後，下午七時在廣東大學勞動農民兩代表舉行聯席會議，到會者在千人以上，代表有組織的工農羣衆七十餘萬，實為中國有史以來之大盛舉。演說有赤色職工國際，國民黨中央執行委員會及勞動農民兩大會的代表及青年軍人的代表。演說皆慷慨激昂，痛快淋漓，台下掌聲如雷，高呼工農兵大聯合革命萬歲之聲不絕於耳。並有全體一致的通過工農兵聯合的議決案，照錄如下：

「全國勞動大會代表，廣東全省農民大會代表，革命軍人代表，革命學生代表在廣州舉行盛大之聯席會議，一致認定打倒軍閥和國際帝國主義的革命解放勞苦羣衆的革命，只有工農兵一致團結才能成功

全國工農兵大聯合萬歲！

全世界工農兵大聯合萬歲！

全世界革命萬歲！

打倒帝　主義！

打倒軍閥！」

這是空前未有之工農代表謀工農團結的議決案，讀者諸君讀此即可想見工農階級團結的熱誠和中國革命前途的希望。至於這個議決案有偉大的歷史意義，凡是比較頭腦清楚的人，當然明瞭，不用記者加以解釋。

青島日本紗廠工潮之擴大（青島通信四月廿九日）

碩甫

外人在華之經濟侵掠方法，除用商業資本與銀行資本外，更移植資本在中國境內設立工場，利用中國工資之低賤及中國工人組織能力之薄弱以榨取最大限度之利息。此種侵掠政策，要以日本為最甚，單就青島一地而言，日本資本家所設立之紗廠有七，所雇用之工人共約五萬餘。其他工廠如火柴，麵粉，搾油，絲廠……等及其所收用之工人尚無確數，大約亦不下四五萬人。日本資本家向不以平等眼光視中國人，因之對於中國之勞苦羣衆，更無法無天加以舉世所未聞之慘暴壓迫，此種壓迫之慘狀已由月前上海日本紗廠工人暴露其大概，青島日本紗廠企業家，大都與上海相同，其苛待工人之慘苦情形亦完全無二樣。

此次罷工風潮，發生于大康紗廠，緣由工人組織工會被日人搜索宿舍拘捕代表。

大康工人罷工後，日本資本家即日夜調動中國警察保安隊，欲向工人示威。延至廿三下午，始由警察廳長提出調停條件，對於工人要求各條雖有少許承認但均係不關重要。工人等因深知自己組織能力尚薄弱及所受之種種環境，當即將自己所提出之條件加以最大之讓步，僅就警廳之條件略加修改，更備函送至警廳，表示接受警廳調停之誠意。此公函送去後延至二十四尚未得答覆，乃日本人更變本加

屈，復於宿舍斷絕工人飲食。　工人等憤激異常，除一面派代表見廠長交涉發放已屆期之工資及資金外，一面又派代表通知警廳，說明日本人之惡劣手段，輕視警廳調停及欺負工人等情。　并申明倘日本人不悟，工人收回昨日之修改條件，其責任不在工人，在大康附近之內外棉及隆興兩廠（同在四方）工人，因久受同樣之壓迫，聞到大康工人罷工後即已躍躍欲試。　特別是吃不飽，穿不暖，挨打挨罵最利害之童工竟轟轟斷叫，不安於工作。　最初本希望俟大康工人得勝後，彼等可乘便獲得同樣要求，故另推出三四十代表議定發一宣言表示願作大康之後援，不料大康工人所要求之條件，久未得日人之答覆，該廠廠主因見工人不安，更調遣陸軍圍工廠示威。　壓迫愈甚，反抗愈烈，急待擴大之罷工風潮，逐一潰而不易收拾矣。　內外棉於廿三日下午實行罷工，隆興亦於廿四中午停工，鈴木絲廠亦於廿五早一致能工，並聞滄口日本紗廠工人亦將追隨四方各廠之後，聞風而起。　現全體罷工人數已達一萬八千餘人。　日本資本家採曠日持久屈伏工人之策，結果如何尚不得知。　至於工人組織狀況則殊進步：自大康罷工之後，各工廠均相繼成立工會，又特別組織罷工委員會，委員會之下，有糾察隊，調查隊，宣傳隊，有團有組，隊有隊長，組有組長，團有團長，以指揮一切，全體工友都極服從命令，秩序極其嚴整。隆興自罷工後，日本廠主，即僱用二百多保安隊壓迫工人，不准工人自由出入宿舍和開會等，現在警察廳看工人組織非常之好，已將保安隊陸續撤退，宿舍由工會糾察隊負責看守，出入宿舍及開會等已能自由。　至各處援助情形亦頗不弱：上海各日本紗廠工會早已派代表前來；全國鐵路總工會亦早發佈宣言，號召各路工友實力幫助，膠濟路總工會尤為出力；青島學生界亦熱烈援助再接再勵，他們組織的後援會，甚為各界所注意；商界對於此次罷工亦很同情。　尚望全國各界急起援助，勿令日人制勝而竊笑也。

寸鐵

賣國

我們主張蒙古西藏人應有民族自決的權利，一班有帝國主義臭的人便將賣國二字加在我們身上；現在青島日本紗廠中國工人罷了工，日本的勞動總同盟居然匯款五千元，接濟這些罷工的中國工人，有帝國主義臭的人又應該大賊日本工人賣國了！　還有一班日本共產黨人極力援助朝鮮獨立運動，在有帝國主義臭的人們看來，這班日本共產黨人更是雙料十足的賣國賊了！　（實庵）

你們當眞外抗强權嗎？

現時世界上唯一的强權就是帝國主義，有一班人一方面主張外抗强權，一方面卻不主張反對帝國主義，這已經是滑稽極了。　這姑且不論；可是你們既然主張外抗强權，實際上也要起來抗一抗才對；然而眼前强權踐踏着上海的同胞，最重要的如日本紗廠虐待中國工人，如公共租界的工部局提議印刷律及越界築路等事，你們竟沒有絲毫行動或言論的反抗，你們當眞外抗强權嗎？　你們欺騙誰來！　（實庵）

班禪與張天師

前次班禪到上海，正值着張天師大出喪，迎來一個活的佛，送去一個死的天師，儀仗輝煌，裝點着上海的東方文明精神生活十分好看；倘能宣統皇上和詩聖泰戈兒同時到此，那更把上海變成天堂樂國了！　（實庵）

今年「五一」的感想

今年「五一」運動，除蘇俄外，各國均被軍警干涉；在中國，北京江亢虎老爺擬在公園演說，尚且被警廳禁止了，而廣州的五一節，竟有二十萬人遊行；在上海租界華界都禁止開會演說，只有蘇俄領事

館大開其五一紀念會；在這些事實上，我們應該發生什麼感想？

（實庵）

「五一」運動到底應該反對誰？

時事新報說反對共產黨是今年「五一」運動的新意義，可惜反共產黨的地方都禁止「五一」運動，不容人們發揮這新發明的「五一」運動新意義；那麼，「五一」運動到底應該反對誰呢？

（實庵）

聖經與鴉片

英政府致書國際聯盟，謂一九二三至二四年，印度布夏出口鴉片值英金六十六萬四十鎊，次年增至一百二十四萬六千鎊。 英國內外聖經會常年報告載：上年發行之聖經，超過一百萬冊以上，在中國售去者約百分之四十。 我們應該竭忱感謝英人之厚賜：聖經與鴉片！

（實庵）

反共產與軍閥

現在上海反對共產黨的報紙以盛稱直系兩次戰功八省地盤的時事新報為第一；同時，有一個什麼上海反共產男女同盟會代表孫宗昉赴京請願，執政府對他頗願成全；於此可以看出反共產與軍閥間的關係了！

（實庵）

過激主義與被壓迫者

路透電說：巴黎中國國民黨人士，近於追悼孫文時，發激烈演說，宣傳過激主義，歐洲報紙多謂華人好過激主義。 華人何以好過激主義，他們應該有個解答。 我們的解答是：過激主義本是結合一切被壓迫者反抗一切壓迫者，可憐我們被帝國主義及軍閥層層壓迫的華人，怎禁得不好過激主義？

（實庵）

殖民地的資產階級與帝國主義

印度自治黨首領逵斯氏，近在該黨大會演說，竟反對革命，竟說出『在大英帝國之內印度可達到自治目的』的話，這足以證明資產階級的妥協性的確是民族革命之障礙。

（實庵）

賣國賊與國民黨右派

段祺瑞所派臨時參政院參政三十人中，我們應該注意三個人：一個是「五四」運動的對象賣國賊陸宗輿，其餘兩個是國民黨右派彭養光凌鉞。

（實庵）

段祺瑞解散國民會議促成會的意義

段政府的警察廳，居然把北京國民會議促成會及促成會聯合會，北京各界國民會議促成會，全國國民會議協進會，國民會議後援會，一齊解散了，幷禁止私行開會，這是什麼意義呢？ 這是段祺瑞明白的告訴人民：公開的國民會議運動的時機未到，你們還是去做革命的軍事運動罷！

（實庵）

赤化與軟化

何香凝女士，在國民黨上海女黨員大會演說，最後述及中山先生臨終時恐同志們被敵人軟化情形，語時悲切，幾至下淚。 可是國民黨此時在事實上不赤化即軟化，沒有中立的餘地；除非學某君躲到湖州，打個把電報向右派討好，或者算是中立。 然而軟化的人們終要將赤化罪銜加在某君頭上！

（實庵）

法蘭西的革命與反革命（續一一一期）

超麟

（四）波爾札維克化的法國共產主義運動

然而這未滿一年的『民治和平主義政府』固然促成法蘭西法西斯特的發展，但同時也增長了無產階級革命的怒潮，造成了法國共產黨波爾札維克化的條件。 這些條件是很明顯的，即充滿改良主義迷夢

的工人和失望的小資產階級看出『左派聯合』的眞面目，因而逐漸傾向到無產階級及其政黨來。

一九二四年五月十一日選舉時，法國共產黨提出『工農聯合』口號抵制資產階級的二個聯合：『民族聯合』與『左派聯合』。選舉的結果，『工農聯合』得票近百萬，其中巴黎一區已佔三十萬左右，選出二十六個議員。自此時起共產黨在勞動羣衆中的影響逐日不斷地增加，特別是在巴黎。共產國際第五次大會之後，法國共產黨開除了一些搖動的分子，特別提出『波爾札維克化』口號，首先是工廠小組組織爲黨的組織之基礎，——這件事已使資產階級提心吊膽了。

去年十一月二十三日若勒斯遺體遷葬榜德雄時候，巴黎城內外勞動羣衆舉行一次二十萬人的大示威運動，當時俄國白黨首領米柳可夫看見了便在巴黎出版的『最近新聞報』上做一論文，其中有一段這樣說：『若勒斯遺體於十一月二十三日遷葬榜德雄。法國共產黨人揀選此日來表示他們的實力。現在共產黨的議員團差不多完全從巴黎選出，在這首都，十萬（實是二十萬）共產黨人的遊街示威是不足爲奇的。所可怪的，乃在這遊行的隊伍所用旗幟、標語、歌詞、呼聲等極像莫斯科的遊行。這隊伍拿來與少數參加送葬的人比較起來，不覺使我們得着一種波爾札維克方法完全勝利的印象。「巴黎從資產階級和社會叛徒手裏，將若勒斯奪回來交還給無產階級」——這便是共產黨的標幟，爲此次示威運動所集注的。』米柳可夫是俄國著名的立憲民主黨首領，是戰時俄羅斯帝國主義的理論家，是勾通協約國帝國主義封鎖蘇維埃俄羅斯的主要人物；他是嘗過『波爾札維克方法』的味道的人，自然比較法國資產階級更加能夠了解這次示威運動的眞意義。資產階級當時驚惶失措的神氣也都從資產階級報紙中全盤表現出來。但因此，他們便造出種種謠言，甚至於說：法國共產黨預備於聖誕節起事。法國資產階級不惜仿效英國保守黨的故智，假造季諾維埃夫寫給開麼的信，以圖中傷法國共產黨。可是這次造謠的結果，倒反引起人心恐慌：政府發出五十萬萬佛郎的公債祇募得十萬萬佛郎，佛郎兌價突然跌落，一星期中，十幾萬萬佛郎資本輸出到外國去。赫里歐政府於這個情況之前，不得不通告各國『闢謠』。然而我們於此亦可見法國共產黨勢力之偉大了。

法國共產黨黨員數量，自共產國際第五次大會之後，由五萬人增加至八萬人，黨員的行動，因淘汰了一些不能接受波爾札維克化的分子，而日趨於一致。現在，法國共產黨確實能領導法國無產階級起來抵禦資產階級最反動的工具法西斯特之進攻。

職工會（C. G. T. U.）會員，共產黨黨員，共產主義青年團團員共同組織了一個『工人反法西斯特的委員會』，決定組織工人百人團，舉行示威運動。

經驗告訴我們：凡屬法西斯特運動和共產主義運動平行發展的國家，政權的問題必定很迅速地提出於無產階級之前。法國共產黨應該從政治上組織預備這個最後的鬥爭。此時法國共產黨戰術與策略上應特別注意：不要做白朗起式的暴動，同時又不要畏縮不前徬徨無主。事急轉下去，法蘭西將祇剩有二種根本的鬥爭勢力：大資產階級與無產階級——法西斯特與共產主義。

（五）羅馬呢？莫斯科呢？

赫里歐來上台以前，急進黨的全國大會宣言『非羅馬亦非莫斯科』，換一句話說，便是：不反動亦不革命。一年來革命勢力與反革命勢力平行進展迫得『左派聯合』走向反動勢力去，而仍嗾使其機關報，『每日新聞』高呼『打倒反動打倒共產黨人！』可是事實表現出祇有這二條路可走了，中立是不可能的。羅馬呢？莫斯科呢？

赫里歐倒了。這件事證明法國財政資本家已經預備好那一個工具——法西斯特，到了相當程度，可以丟開這一個工具——『左派聯

會」。

然而眞正的政潮不在這一次赫里歐之倒，而在五月三日的「市政選舉」。

赫里歐之倒主要是由於財政的糾紛，主動推翻赫里歐的是守舊而反動的上議院。羅馬教皇駐使問題，巴黎大學學生罷課抵制社會黨教授問題等，便是反動派推翻赫里歐的其餘藉口。教皇駐使問題而且是白里安——這個「左派聯合」一分子所堅持的哩！法國財政資本家推翻赫里歐了，可是法蘭西法西斯特政權尚未預備成熟。在市政選舉揭曉之前政治上將沒有若何重大變化，政權仍然落在左派手裏——落在白里安洛歇爾一派手裏。無論前幾日白里安組閣are聲怎樣高，無論近日班樂衛組閣見諸事實，但政權已由赫里歐一派手裏轉到所謂較穩健的較與右派接近的白里安洛歇爾一派手裏是可斷言的。

白里安洛歇爾所代表的他是所謂「業務社會」（Hommes Daffa:res）——輸出業的商人，輸入業的商人，各種投機事業者，財政家等。這些社會分子以主張和平主義和國際傾向之關係，素來能得多數小資產者和德謨克拉西的工人贊助。這些社會分子素來較能與「左派聯合」接近，猶如重工業大托辣斯「鋼鐵委員會」之容易與「民族聯合」接近一樣。白里安洛歇爾一派代表這些社會分子所施行的政策與財政家的賠款計畫不能盡同，一九二一年白里安執政時而且在開愚會議對路易喬治的國際政策讓步，當時大資產階級指爲親英派遂被攻擊下台。現在這一派政客受右派一部分穩健分子贊助又要上台加入班樂衛內閣擬定去當外交總長（白里安）商務總長（洛歇爾）去了。在這新內閣裏參加入四個「共和社會黨員」，一個「獨立社會黨員」，十二個「急進社會黨員」，及二個「公開地」屬於「洛歇爾派」的分子。這一個內閣表面看去，竟有這許多「社會黨員」參加似乎是很左的，可是明白法國政情的人都知道這些政黨祇掛「社會黨」的招牌，實際上絲毫社會主義原素也找不出，便是法國社會黨的右派分子如勒諾德爾也不肯承認這些政黨是社會主義的。「洛歇爾派」的閣員雖祇有二個，可是班樂衛內閣的實權落在白里安洛歇爾一派的手裏已是公認的事實。洛歇爾擬定從自己又辭去商務總長但這幷不能說洛歇爾派退出內閣。資產階級的「輿論」極注意於新財政總長開洛之上台及其與白里安的「友誼」，但有一事足使讀者驚異的，即開洛現在不但不爲白里安的政敵而且變成白里安洛歇爾派的一分子了！最明顯的證據，即極左傾向的開洛，現在也放棄舊有主張而反對資本稅之實施；法國政客向右轉的變節是有無限先例可做證的；現在法西斯特首領米勃蘭以前是法國社會黨領袖「代表」法國無產階級。

然而眞正的政潮須待五月三日市政選舉時候才開始哩！

一九二四年五月十一日小資產階級和一大部分勞動者投「左派聯合」的票，到今年五月三日經過了「左派聯合」將近一年的統治之後，將舉行市政選舉，屆時失望的小資產階級和勞動者將投誰的票呢？法蘭西法西斯特現正竭力拉攏小資產階級及一部分勞動者；同時，共產黨人亦努力不懈不肯放鬆這些失望分子投到法西斯特營壘去。繼續執政的「左派聯合」將盡所有力量去保持原有的選民。

此次市政選舉的結果將引起大政潮，大騷亂，甚至於法西斯特取政權，或至於無產階級革命發作嗎？或仍是「左派聯合」掌握政權嗎？我們現在還不能做一明確的答覆。但三百萬萬虧空的財政狀態，行將爆發的經濟恐慌以及佛郎繼續跌價等狀況使我們回憶起一九二三年的德國；法西斯特運動迅速的發展便是這種財政經濟狀態將引起劇烈政潮的先兆。我們在法國有個「波爾札維克化的眞正羣衆的黨」（季諾維埃夫在列寧格勒的最近演說），這個黨在這行將爆發的大政潮中，將能夠盡其應負的責任。

（完）

The Guide Weekly

嚮導

週報

分售處

平陽 南昌 太原 潮州 雲南 福州 重慶 南京 寶慶 黃梅 成都 西安 宜昌

新新書社 明華書社 晉年書社 新亞書店 學生書社 推一聯合會 編天書局 實是書局 書報流通報 華陽書報流通處 西北大學販賣部 精益公司派報部

分售處

廣州 上海 濟南 開封 寧波 香港 蕪湖 武昌 長沙

丁卜書報社 民智書局 上海書店 民智書局 書報流通處 商晉書社 文化書社 國民書社 明星書局 青年學社 華文書局 科學圖書館 時中合報社 文化書社

◀第一百十五期▶

一九二五年五月十七日

——零售每份銅元四枚——

訂閱：國內一元寄足六十期．國外一元寄足三十五期．郵費在內．郵票代款概作九五折

代派：每份大洋二分．十份至三百份五折．三百份以外四折．寄費在內．十期清算一次

發行通信處 杭州馬坡巷法政學校安存眞轉王致和

五七紀念北京學生奮鬥的意義

和森

此次北京學生圍攻安福政府教育總長章行嚴住宅事件，在中國革命史上有重大的意義：

第一，此次羣衆的示威舉動不僅充實了五七紀念的內容，而且開始履行今年五七的新使命。這新使命是什麼？簡單的說，是反抗死灰復燃的親日派軍閥勢力的復振。此次北京學生羣衆的舉動，不知不覺是這種反抗的發端。所以決不可把此次事件，視爲『學生的』事件，因爲他含有重大的政治意味，實是全國被壓迫民衆將自發自動的起而打倒日本勢力之象徵。

第二，此次北京學生的舉動不僅是章行嚴一人倒行逆施激起來的，乃是安福政府半年來種種賣國媚外和反動激起來的。我們只要回想廢除不平等條約和國民會議運動如何被段政府所破壞，金佛案如何解決，輿論如何被摧殘，各種集會如何被解散等事實，我們便可了解此次北京學生羣衆的舉動決不是偶然的。

第三，此次北京學生的舉動不僅表現日本勢力的不鞏固，而且表現軍閥統治的危機已再不能壓伏覺醒的民衆。帝國主義與安福政府要強迫民衆退回到十四年以前的舊狀況下去，所以極力企圖鞏固軍閥統治，取消一切集會結社言論出版自由之可能。因爲學生自從五四以來多少成爲自覺的政治要素，故安福政府由教育總長章行嚴便通令禁止學生集會結社之自由。在這種嚴重的意義之下，自然而然給全國學生以反抗的強烈衝動。北京學生便是這種反抗之先行者。

北京學生的舉動一定要影響於各種被壓迫的人民。工農對於段政府之反抗自不消說；就是不甚覺醒之婦女，半年以來，亦已充分表示其對段祺瑞從新鞏固軍閥統治之厭惡。此後各種被迫的人民之不安與反抗，一定要使軍閥政府應接不暇狼狽失措。軍士羣衆之繼起，也將是必然而不可免的事情；段政府禁止軍人入黨的命令已是這種危機之先聲。

我們試以北京學生事件和近來種種民衆的表示來測驗軍閥統治的命運，究竟還有好長呢？我敢大聲告訴一切被壓迫的民衆：軍閥統治的末日已降臨了，革命情形已

成熟了。

怎說軍閥的末日已降臨，革命的情形已成熟？就是因爲各種被壓迫的民衆再也不願馴伏於軍閥的統治之下，軍閥的統治方法再也不能馴伏各種民衆了。

各種被壓迫的民衆，你們希望軍閥的滅亡更加迅速嗎？那末只有你們紛紛起來，使軍閥再也不能制馭你們！

上海日本資本家槍殺中國工人

超麟

現在，全中國的人們面前擺着這一件重大的事變：上海日本紗廠資本家，內外棉第七廠的日本人，拒絕中國工人入廠做工，工人與之理論，他們遂拿起鐵棍亂打，繼以手槍轟擊，殺死工人多名，重傷及輕傷不計其數；戕殺後大隊巡捕又荷槍實彈如臨大敵，到場彈壓工人向被殺傷的羣衆示威，捕去工人七人。（見本月十六日上海各報）。

這件事變的意義是日本帝國主義屠殺中國人，這不僅是日本資本家屠殺中國工人。這件事變不是單獨發生的，而是日本對中國新進攻的許多動作中間的一件。

自從賣國親日的安福軍閥復辟以來，日本帝國主義突然在中國恢復其在『直皖戰爭』中所失去的地位，即直接地公開地當日本帝國主義走狗之安福首領段祺瑞，又得掌握政權執行日本帝國主義的侵略政策鎮壓中國人民的反抗。中國政治現在既然迴轉到『直皖戰爭』以前的局面，日本帝國主義既然仍得直接指揮北京的所謂『執政』政府，於是袁世凱時代與舊安福時代，伴着日本的太上政權而起的種種事變，如參戰借款，福州事件，賣國條約及中國內地日本人之橫行，甚至因此而引起之『五四』運動，此時都有接二連三再排重演之可能。這就是說賣國親日的政府一番上台，跟着這局面而來的種種事變必然要從新出現。這個『重演』自然不是印版式的，電影式的，而必然各帶有新的特殊的性質，然而其中日本脅迫現『執政』及日本人在中國之『福州事件』式的橫行必然是一定的。

果然！即舉最近事實來說，紀念國恥的禁止便很明顯證明出『執政』對日本帝國主義唯命是從，而此次日本資本家槍殺上海工人更告訴我們以『福州事件』式的橫行，日本人又拿來在上海開始了。

上海日本資本家殺死中國工人多名，受傷者不計其數：這件事變究竟包含着何種意義？切身感受苦痛的上海工人已經有五個紗廠全體罷工了。上海社團也多發表宣言抗議這次日本資本家的殺人事件了。全國一切被壓迫的民衆應該明白這不僅是上海一地的事，也不僅是中國工人階級的事，乃是賣國親日政府『執政』之必然的結果。這是日本帝國主義直接向中國民衆進攻，中國民衆如不急速起來抵抗這個進攻，今日是上海工人首當其衝，明日一切民衆必將遍受其禍。起來打倒日本帝國主義，打倒賣國親日派政府！但首先必須抗議這事件，幫助上海日商紗廠工人的鬥爭！

『五四』排日風潮是舊安福『執政』之必有的結果，新安福『執政』結果亦不可免地要達到新的排日風潮。

全國一切被壓迫民衆，快起來做上海工人的後盾，全國抵制日貨，再進一步而爲打倒日本帝國主義在中國勢力的運動！

☆孫中山死後國民黨之前途

小摩

孫中山之死，當然分中國民族革命運動爲兩個時期。孫中山一生的事業，本來便很明顯地反映着中國民族革命運動所經過的困難曲

折的道路。 二三十年來，革命的鬥爭從反抗滿清進而反抗北洋軍閥，從軍事聯盟進而民衆奮鬥；從聯一派軍人或一強國抵制別一軍閥或別一強國，進而反抗一切帝國主義及其工具之軍閥——這一進步過程，是漸漸的實現出來的。 最近幾年以來，國民黨漸漸的成爲擁護中國勞苦羣衆利益的黨。 同時，國民黨和孫中山先生漸漸的力求聯合各國被壓迫民族，以及蘇聯。

國民黨的這種進步，最明顯的便是去年一月的全國第一次代表大會；國民黨在孫中山指導之下，從此便日進於以羣衆鬥爭擁護勞農利益的道路。 第一次大會宣言上說：「凡帝國主義受民族主義運動之打擊而有所弱削，則此處之民衆，卽能因而發展其組織，且從而鞏固之，以備繼續之鬥爭，此則國民黨能於事實上證明之者。 吾人欲證實民族主義，實爲健全之反帝國主義，則當努力於贊助國內各種平民階級之組織，以發揚國民之能力；蓋唯國民黨與民衆深切結合之後，中國民族之眞正的自由與獨立，始有可望也」。

不但如此，第一次大會宣言上，還更明顯的確定國民黨應當成爲擁護平民利益的政黨，應當保護中國農工的利益，而後才能成爲眞正羣衆的革命政黨，有確定的階級基礎：「……國民革命之運動，必恃全國農夫工人之參加，然後可以決勝，蓋無可疑者。 國民黨於此一方面，當對於農夫工人之運動，以全力助其開展，輔助其經濟組織，使日趨於發達，以期增進國民革命運動之實力；一方面又當對於農夫工人要求其參加國民黨，相與爲不斷之努力，以促國民革命運動之進行。 蓋國民黨現正從事於反抗帝國主義與軍閥，反抗不利於農夫工人之特殊階級，以謀農夫工人之解放；質言之，卽爲農夫工人而奮鬥，亦卽農夫工人爲自身而奮鬥也」。

雖然如此，我們當然不能說，國民黨經此一宣言後，立刻便變成他所願望的羣衆政黨。 國民黨自始便反映着中國社會歷史上的發展；其中原來包含着大資產階級的代表——中國現時的大資產階級，本來是出身於買辦階級的，與外國資本互相勾結着，可是同時又和外國資本在經濟利益上互相衝突着；不但如此，還含着有代表中國軍閥的武人，往往祇知道私利，卻想利用國民黨政治上的威信，攫取政權，營私舞弊。 舊時國民黨既是如此狀況，要立刻變成純粹代表平民階級利益的政黨，當然是不可能的。 國民黨原是散亂無定，而且自己的目的也很模糊，雖然孫中山先生經過幾十年的鬥爭經驗，立意要使他變成羣衆的平民政黨，所以有那第一次大會的宣言，然而這一變更，其勢必定是很困難很曲折的一個過程，決非一朝一夕之事。 這一過程，在最近一兩年來，一層一層的發現，到現在還沒有完了。 國民黨裏左右兩派的鬥爭，實際上便是這一過程的表現。 國內的階級鬥爭：一方面鄉村中的農民與土豪劣紳之間，別方面，城市中無產階級與資產階級之間的鬥爭，也就反映於此。

最明顯的表現，便是南方的戰爭和國民黨中央委員會裏右派的主張。 最近廣州革命政府戰勝陳炯明一役，是中國南方農民反抗土豪階級及英帝國主義的勝利。 甚至於向來反對國民黨的北京晨報都不能不說此次勝利之原因：一、得力於黃埔軍官學校，二、得力於東江農民對於廣州政府的贊助。 三月十四日的晨報說，沿東江一帶國民黨曾有積極的宣傳；往往召集五六千人的農民大會，結果軍官學校的軍隊所到之地，農民都大受宣傳的影響，農民都起而要求「平均地權」——鎮壓土豪的暴行。 可見，國民黨反對陳炯明的戰爭，從此以後，在農民眼光中看來，已經不是軍閥之間的互鬥，農民可以不管的；從此以後，國民黨反對軍閥的戰爭，成了農民反抗土豪的鬥爭中之一部分，是能夠幫助農民反抗田租，均分田地的。 國民黨傾向於平民階級的趨勢非常明顯，同時，我們也看見土豪富農階級脫離國民黨的現象。 富豪階級的脫離國民黨，並非一走了事的，他們在未脫離

之前，當然想攫取國民黨使入自己的掌握。譬如唐繼堯忽然就副元帥的職，聲言加入國民黨等等，便是這種嘗試。

再則，便是國民黨中央委員會的右派，想變更現時國民黨政策的嘗試。譬如石瑛，在孫中山先生未死之前，聲言不問黨事，以爲中央委員會的政策，足以促進階級鬥爭，而且與共產黨的關係太密切。石瑛這種思想顯然代表中國的資產階級，他雖然認爲有與外國資本競爭的必要，可是公然的反對工人階級的發展，照他的意見，貧苦的工人還應當爲『國家利益』而犧牲自己的利益，所以竭力反對工人的階級鬥爭。他的退出中央委員會，彷彿代表中國大資產階級反對國民黨似的。孫中山先生死了之後，石瑛忽然又回到中央委員會，要求開除國民黨內的共產主義者。這種現象，顯然表示中國富豪階級，看見國民黨的左傾，竭力想消滅這種勢力，想攫取國民黨的指導權

孫中山之死，實在促進了左右兩派的鬥爭。這種左右派的鬥爭，在先早已是有的，第一次大會的時候早就有明顯的表示。甚至於第一次大會以前，亦是不斷的有這種鬥爭，譬如唐紹儀等「有名的」的國民黨員，也就因此而先先後後，事實上退出了國民黨。可是孫中山個人的聲望當時還能鎮壓住一部分的右派，現在呢，國民黨內這一明顯的階級分化已經突然加速的發露出來了。

現在少數右派分子的首先破裂國民黨而公然背叛——於是這一鬥爭已經表現到組織上來。

孫中山死前幾天，三月七八日光景，右派已經組織所謂國民黨同志俱樂部，這其實是獨立自組一黨的開始。俱樂部絕非國民黨的組織，因爲他絕不受中央的監督，而且還專反對中央；所以以後的左右派鬥爭，簡直要變成國民黨與俱樂部之爭。如今俱樂部之中也有國民黨員，也有已開除的國民黨員，也有非國民黨員。而且俱樂部並不限於一省一地，一開始，便是全國的組織，照他的章程各地都要有支部，還有俱樂部的全國大會。組織俱樂部的一般人，都聲言俱樂部的目的在於反對共產主義侵入國民黨，反對國民黨赤化。他們所謂反對共產主義的意思，實 比反對共產黨員加入國民黨的意思還要擴大——一切反帝國主義（民族主義），反軍閥主義（民權主義），輔助農工主義（民生主義），都被他們看作共產主義；所以他們所謂反共產主義，實際上是反對國民革命，反對孫中山。至於他們要開除共產主義者，實際上不過想借此與軍閥妥協，瓜分些段政府的政權罷了。

既然如此，國民黨如果還要做眞正革命的政黨，他便不能不開除這些反革命的分子。

右派既在組織俱樂部，想自立爲一黨，根本上與國民黨分家，同時，他們也曾經屢次想勾結軍人，以擴充自己的實力。他們在南方勾結唐繼堯，在北方勾結段張之外，也想勾結國民軍。然而國民軍自身也必須民衆的贊助，方能應付北方政局，所以客觀的環境使他們接近國民黨，而拒絕俱樂部。一切右派的分子，以及俱樂部，實際上一天一天與反動勢力接近，絕對不能代表民衆的要求。

反動的段政府現在正竭力利用右派，想促起國民黨的分裂，而後可以以全力鎮壓左派。這種正式的分化，當然要到國民黨第二次大會才有最終的形式上的表現。如今俱樂部派的反共產派宣言，國民黨中央委員會右派力爭在北京開第二次大會等的行動，顯然是預備分裂；然而實際這並不算是國民黨分裂，祇有這些反動的右派退出革命的戰線，退出國民黨。可是國民黨必須採取斷然手段開除這些右派幷宣布其罪狀，使他們不能利分用裂的名義。國民黨在第二次大會的時候，當然應仍舊繼續第一次大會的精神，努力接近羣衆，繼續變成眞正勞農平民羣衆的政黨，斥退一切妨碍他的發展的份子。

中國第二次全國勞動大會之始末（廣州通信五月九日）

亦農

工人階級要斬斷自己的鎖鍊從現存社會制度之下完全解放出來，據幾十年歐洲工人運動的經驗和一九一七年俄羅斯十月革命的證明，並不是依賴非本階級的力量和不根本推翻現存社會制度能夠達到，而是要憑自己的力量，有不斷的革命的積極行動。 所謂不斷的革命的積極行動，當然先要有階級的覺悟，有階級的組織。 中國的工人階級因客觀條件的限制，雖然還未壯大，目前雖然還不能講實際根本推翻現存社會制度，但是中國的工人階級因受資本家，軍閥，帝國主義者的嚴厲壓迫和摧殘，他的階級覺悟比任何階級都快，他知道要有階級的組織比任何階級都早。 三年以前就有蓬蓬勃勃的第一期的工人運動發生，在這期的工人運動中曾經有不少的偉大的歷史的事件；如一九二二年之香港海員罷工，一九二三年之京漢鐵路工人罷工等。最近因北方政局的變動，代曹吳而起的各派軍閥，其殘暴並不減於曹吳，他們相互間的衝突更日形劇烈，因此無暇注意障碍工人的行動，和不敢公然用強暴的手段破壞工人的行動，在客觀的條件上已經有發展第二期工人運動的可能；在主觀的條件上，自『二七』京漢工人被屠殺後，差不多全國的工會都被封禁，工人拚命爭得來的各種權利都被取銷，工人所受的虐待條件比『二七』以前還更苛刻，帝國主義，軍閥官僚，資本家的淫威還更厲害，因此工人階級知道要有階級的組織和團結覺悟程度比從前更加增高，這就是這次工潮澎漲使中國的工人運動進到第二期的原因。 這期工人運動的成績雖然我們還不能預先說定，但是這期的傾向是很好的，革命的，謀整個的階級的組織的；此傾向一證於本年『二七』全國各鐵路代表在鄭州舉行之盛大會議，再證於這次第二次全國勞動大會。

第二次全國勞動大會是中國最大的四個工會：全國鐵路總工會，漢冶萍總工會，中華海員總工會和廣東工人代表會議召集的。 召集這此會議的主要意思在於討論今後中國工人運動的策路和目前進行的具體方針及謀全國工人階級的大團結。 這次會議五月一日在廣州正式舉行，到會的代表共二百八十一人，代表工會一百六十六個，代表有組織的工人五十四萬有餘。 正式開會的日期先後共六天，會場的革命空氣異常濃厚，工人階級恣激的心理和再不承受現存社會制度的熱情，沒有一次在每個代表的演說中不痛快淋漓的表現出來。 在近要召集這次大會和這次大會正在開會的時候有許多北京上海的工賊在各報上登廣告：說這次大會是中國共產黨召集的。 陰謀破壞這次大會的工賊是軍閥官僚，資本家，帝國主義的走狗。 這是中國工人階級的力量壯大起來，向敵人積極進攻時期中必有的反動現象；毫無足怪，但有些與軍閥官僚，資本家，帝國主義無關係的人，也致疑於這次大會係由『過激派，煽惑而成』，他們不是喪心病狂，至少也是頭腦混沌！ 那有工人切身受痛苦，而不發生階級覺悟，謀階級組織的事情？ 過激派煽動的本事雖大，難道五十四萬有餘有組織的工人，一百六十六個工會，都被過激派煽動？ 這是很顯明必無的事情，當然不用詳細的加以解釋！

現在再說這次大會的經過這次大會的議決案共三十餘個，其中最主要的爲：加入赤色職工國際，工農聯合，剷除工賊，組織中國全國總工會，工人階級與政治爭鬥，工人階級與經濟爭鬥等。

加入赤色職工國際的議案有很重大的歷史意義，讀者諸君看此議案，不僅可知中國的工人階級已經有全國工人階級團結的覺悟，同時有世界的覺悟。 他們深知現在是帝國主義的時代，帝國主義是整個的社會發展的歷史過程中的經濟系統。 在帝國主義之下，階級爭

鬥的形式更加簡單。 當這兩個階級爭鬥劇烈，資本主義根本發生動搖時，各國的資產階級相互間縱有不可調和的矛盾，他們都聯合一致來抵抗無產階級，這是有許多歷史的事實可以證明的。 因此無產階級要根本推翻現存的社會制度非有全世界的團結不可。 在這個議案裏面，還很鮮明的反對亞姆斯德丹黃色職工國際破壞全世界職工運動之統一。

在工農聯合的議案裏面說明爲甚麼工農級要聯合，工人階級要想推翻現存的社會制度必須找他的同盟者，並列舉歷史上許多工人階級革命因沒有得到農民援助而失敗的例做證，最後還具體的指明目前工農聯合的形式。

在剷除工賊的議案裏面，說明爲甚麼發現工賊，工賊對於工人階級前途發展的障礙，並列舉罪惡最著的工賊姓名如下：

王光輝，徐錫麟，郭寄生，童理璋，賓步程，李彤，楊德甫，張德惠，郭聘伯，張蠶，劉伯勤，余友文，馮自由，馬超俊，謝小岑，張恩榮，苗鳳鳴，何東，黃煥廷。

至於剷除工賊之辦法：（一）將工賊罪惡編成小冊子，宣告全國各工會，使工人明白，對於工賊加以防禦及攻擊，務使工賊無立足之餘地；（二）各工會均應組織工人自衛團，如工賊來破壞時以武力對待之。

再說到通過組織中國全國總工會，要算這次大會的積極的結果，在大會上不僅通過了中國全國總工會的章程，並且還正式選舉了二十五個委員，組織執行委員會，在大會閉會後，執行大會的議案，辦理一切事件。 當總工會的章程通過和執行委員會選出時，「全國總工會萬歲」，「工人階級大團結萬歲」之聲不絕於耳，於此可見中國工人階級謀全國統一組織的熱誠。

在工人階級與政治爭鬥的議案裏面，說明每個經濟爭鬥同時就是政治爭鬥，工人階級與資本家，軍閥，帝國主義者的利益是絕對不可調和的，工人階級不根本推翻現存社會制度不能完全解放自己。 在這個議案的第二段中還說明爲甚麼工人階級要參加目前的國民革命運動和爲甚麼須爲這國民革命運動的指導力量，工人階級參加國民革命是爲自己的利益參加的。 最後還指明爭集會結社言論出版自由，罷工自由，普選和加資減時運動是目前政治爭鬥的具體目標。

在經濟爭鬥的議案裏面，指明目前經濟爭鬥的具體要求，要求的條件甚多不詳述。

上面是這次大會的結果，結果既然如此，將來的成績一定很可樂觀，中國的工人運動從此另開一新紀元，縮短軍閥帝國主義資本家的壽命，諒凡是贊成工人階級利益的人所預祝的！

日本勞働運動中左右兩派之鬥爭

花田生

（一）妥協主義的抬頭

現在日本勞働運動眼前直接的最大問題，就是那些妥協主義的勞働組合和革命的共產主義勞的働組合之間爭鬥。 這個鬥爭，在思想上已經存在了好幾年了，現在更發展而至於一種明白的具體的形態。 這個鬥爭，主要的是在日本勞働總同盟內部演着的，到最近竟愈演愈烈，這個有了十數年光榮的歷史的團體，現在竟陷于分裂的運命了。 然而這鬥爭又不單是日本勞働運動總同盟內部的鬥爭，牠的波紋擴大到日本勞働運動的全野，全日本的勞働運動現在明明白白的分成了妥協主義和共產主義的兩大陣營了。

一向，日本勞動運動的主流是革命的運動。 日本帝國主義資產

階級的慘酷的榨取，在羣衆中沒有喚起改良主義的幻想之餘地。勞働運動的指導者常常是猛烈地反抗着支配階級的壓迫，向着革命的方向直進的。日本勞働總同盟就是這個傾向的最大的代表者。然則現在突然有改良主義發生出來，這是什麼緣故呢？牠的政治的和經濟的性質是怎樣的？日本勞働運動的將來亦會像在歐美資本主義國家裏面一樣，受到妥協主義的毒害麼？

我們在觀察這問題以前，可以先將最近左右兩派鬥爭的具體事實向中國的同志報告一下。

（二）日本勞働總同盟內部左右兩派的爭鬥

日本勞働總同盟，在牠的階級的意識，牠的組織，牠的訓練，牠的鬥爭的實力上講，可說是日本勞働組合運動的代表者。牠的勢力的根據地在日本二大工業中心的東京和大阪，是十分堅固的。但是妥協主義和共產主義的爭鬥，却先在思想的覺醒較爲銳敏的東京地方所屬團體內開始了。總同盟之下所屬的東京地方勞働組合，組織了一個總同盟關東同盟會，在去年末，這同盟的官僚幹部將五個共產主義的組合除名。被除名的五個組合就立刻組織了「關東地方評議會」，直屬於總同盟。這個評議會現在成了日本共產主義勞働組合運動的中堅，是階級鬥爭，全國的勞動組合總聯合的形成，產業組合無產階級革命等等純粹的共產主義原理之下的健將。今年關東地方評議會又主動的勸誘東京地方的非總同盟系組合聯合起來樹立了關東勞動組合會議。

過去的三月十五、十六、十七三日之間，日本勞働總同盟在神戶市開第十四次大會。在這次會議中左右兩派的鬥爭達到了赤熱的程度。共產主義的勞働者方面，盡情的攻擊總同盟幹部的官僚化。總同盟政治部的行動消極，遺誤無產階級政黨形式的機會，和總同盟幹部對於反對惡法律，治安維持法案的示威運動的冷淡等等，是共產主義者所攻擊得最烈的問題。對付這一種攻擊，在大會的第三日上；屬于改良派的大阪機械勞働組合會長塚本，就提議請將總同盟內最積極的共產主義者山本（關東地方評議會執行委員長），渡邊，杉浦（以上評議會中央委員會），過井（京都總同盟聯合會主事），鍋山，中村（以上大阪電氣工組合）等六人除名以爲抵制。議場大起紛擾了。中立派都同情于共產主義者，尤憤激的如礦山勞働者組合，竟宜言說，如果大會開除了這幾個共產主義者，他們立卽脫離總同盟而獨立。于是開除共產主義者的提案失敗了。

然而官僚幹部要開除共產黨員的心還沒有死。他們提出在總同盟章程裏邊加入『中央委員會有開除會員之權』的一條，這一條乘大會混亂之際被通過了。果不其然，在大會之後的中央執行會裏邊，他們就執拗地商議開除共產主義者的事了。

在那一次大會之後，左右兩派的鬥爭就逐漸的具體化起來了。依三月末的統計，反幹部派的左翼團體共有二十八組合，會員數九千七百五十八人，幹部派的右翼團體數共有三十二組合，會員一萬二千七百五十八人。中立派的組合七個，會員員數三千九百人。

左翼團體在大會之後立卽在大阪集合，飛檄各組合，揭排斥『官僚幹部』『總同盟奪還會員之手』『反對與官僚資本家妥協』三個標語而開始鬥爭（這集合被稱做大阪會議。在日本勞働運動史上是要佔重要的一頁的）。到了四月裏，這運動更加具體化了。左翼團體組織了『日本勞働總同盟革新同盟』，豎起了上面的三個標語，努力着手於總同盟的根本改革，特別的中央執行委員會開始發行特別的機關報。這委員會的會長，就是那會經指揮過神戶三萬造船職工大罷工的共產主義者靑垣氏（勞働總同盟神戶聯合會長）。

對於以上的左翼派的攻勢，右翼派恃其所佔據的中央執行委員會的多數，大逞其開除共產主義者的陰謀。實際上，現在的中央執行

發員會因選舉方法不公平的緣故，全體會員十三人中只有兩票是共產派，三票是中立派，其餘八票全在右派之手。　右派以執行委員會的決議，解散了總同盟內左派的根據關東地方評議會，四月十三日，又公然開除了色彩最鮮明的九個共產主義組合，對於這種舉動，關東評議和革新同盟極端否認，催迫召集臨時大會來解決這個問題。

照以上的情形看來，可見總同盟內的危機已經十分顯著了。　對於這種危機安業勞働總同盟海員組合交通勞働組合等雖不曾採取何等具體的行動，可是暗地下是對共產主義組合表同情的。　還有全國學生聯合會也曾發表宣言，幫助共產主義派的組合而攻擊右翼的組合。

（三）日本的妥協主義之根源及其將來

一切的妥協主義，都是伴了那所謂資產階級的政治自由的發達而發生的。　歐洲的妥協主義並不是突然成立於世界大戰的時候，而是在大戰以前資本主義的平和的發達時代培養起來的。　日本的政治界，一向殘留着封建勢力的痕跡，加以軍國主義的支配把全國束縛得很緊。　但是近年以來，封建的政治勢力逐漸凋落了，民主主義的政治改革實行了。　普通選舉法的通過即其一證。　這政治上的氣運，就是日本勞働運動中妥協主義一派發生的原因。

然則日本的妥協主義的社會的根源如何呢？　在這個資本主義的國家裏面也像在別處一樣，勞働貴族，勞働組合官僚，小資產階級的智識階級這三者，造成了妥協主義的社會的根源。　不過在日本，並不像在歐美一樣，勞動貴族成爲一個社會的階段而存在；日本的勞者大概都一樣的在窮乏之中度日。　所以具體的觀察起來，日本現在的妥協主義的根源，不過是勞働組合貴族和阿附於這一類人的一部分小資產階級的智識者罷了。

因爲這事實，所以日本的妥協主義沒有歐美的那樣强大。　不過我們今天所悲痛的是因爲日本的妥協主義竟取了最可惡的形態。　那些勞働組合的官僚直接和官廳資本家聯合起來向革命分子夾攻。

然則日本的妥協主義的將來如何？　日本的無產階級將投降於資產階級，陶醉於資產階級的政治自由之中，敝屣似的丟去了他那過去的光榮的革命的傳統，許多先輩反抗極大壓力而獲取的革命的結果麼？換一句話說，日本的妥協主義有這樣强健發達的可能性麼？　不！

各種的社會的理由到底使日本的妥協主義不能圓滿發展的。

第一個理由，現在來到日本的這種政治的自由是種變態的民主主義，而不是十九世紀中叶使歐洲資本主義開花發展的民主主義運動。當時，歐洲民主主義運動的原動力是資產階級。可是現在日本的資產階級早已反動化了。現在的民主主義運動的原動力却是勞働者和農民。日本的民主主義改革是替那直接跟在後面的社會主義革命開闢道路的。勞働者和農民現在雖然還沒有充分自覺他們是日本民主主義運動的原動力，可是等到他們有了這自覺的時候；那個以勾結資產階級做本錢的妥協主義就再沒有生長發達的可能了。

第二個理由，日本的無產階級是一律的在資本家階級的酷虐榨取之下，歐洲妥協主義的一大根源——勞動貴族——在日本並不存在。

這事實使羣衆中間自然不會發生改良主義妥協主義的幻想，却反而使他們伴着政治的覺悟而以革命的節操互相約束。

由此可見，從一般的或社會的見地上看來，日本的妥協主義是不會有什麼偉大的將來的。　共產主義者的戰術假如正確，那末引導這政治的氣運而使他進步到無產階級的革命的目標是可能的事。

對於日本帝國主義者所努力宣傳的　家主義作戰，是日本共產主義者作勞働階級內掃除妥協主義的重要任務之一。　日本的無產階級爲了實現他的歷史的使命，現在第一件非做不可的事，就是打破妥協主義。　有階級意識的先鋒分子，應該盡忠於這個任務。

本報啓事

（一）告定閱者・

安福系復辟不久，便令郵局禁寄本報，以致這幾個月來定閱本報諸君時常收不到本報，或稽延若干時日後始收到，這是本報應向諸君道歉的。　現在本報已經辦好安全寄遞法，以後定閱者如超過本報尋常寄到時間之後十五日尚未收到本報時；請即來信通知，當即補上不誤。

（二）告代派處及未來的定閱者・

本報因安福政府禁令關係，不能直接郵寄各地，讀者固極感不便，卽本報發行上亦受不少的經濟損失。　現爲減輕本報負担起見，特將以前代派及定閱的優待辦法重新訂定如下：

代派：從一百二十一期起每份價錢仍舊，十份以上一律六折。

定閱：凡在六月一日以後定閱本報者，國內一元寄起五十期；國外一元寄起三十期，郵費均仍在內。

（三）告讀者・

嚮導彙刊第二集（從五十一期起至一百期止）已出版。　定價每本大洋一元五角，特價八折。　存書無多，購者從速。　再此彙刊出版期印錯，請讀者注意。

The Guide Weekly

分售處

廣州 上海 濟南 開封 寧波 晉 蘭谿 武昌 長沙

丁卜書社 民智書局 上海書店 民智書局 書報流通處 齊魯書社 文化書社 國民書社 明星書局 青年學社 華文書局 科學圖書館 時中書報社 文化書社

嚮導

週報

◀第一百十六期▶

分售處

平涼 太原 湖南 雲南 福州 廣州 南京 寶慶 黃梅 成都 西安 宜昌

新青年社 啟星書社 書社 書店 社 聯合書會 書局 書局 書局 流通報社 華陽書報合作社 西北大學出版部 精益公司派報部

一九二五年五月念四日

——零售每份銅元四枚——

訂閱：國內一元寄足六十期・國外一元寄足三十五期・郵費在內・郵票代款概作九五折

代派：每份大洋二分・十份至三百份五折・三百份以外四折・寄費在內・十期清算一次

發行通信處　杭州馬坡巷法政學校安存真轉王致和

「反唐」與國民革命

獨秀

商團事件以來，廣州將要發生第二次有價值的革命戰爭，乃是意中之事。這戰爭便是反唐戰爭。反唐戰爭何以值得是革命戰爭而且是有價值的革命戰爭？這是因爲反唐戰爭表面上雖不過反對唐繼堯，而實質上乃是破滅日本帝國主義者對於中國的陰謀，并且是破滅國民黨右派勾結唐繼堯破壞革命政府的陰謀。

日本帝國主義者雖然力助他的傀儡段祺瑞占住了中國的中央政治機關，然而北方有個國民軍，南方有個國民黨的廣東政府，他必須去了這兩個障礙物，才能達到支配全中國的目的。日本對付國民軍的政策，自然不外居中調停段張間衝突，使之合力向國民軍節節進攻；他對付廣東政府的政策，却不是幫助陳炯明林虎——因陳林是直系——而是利用唐繼堯及國民黨右派向廣東政府進攻。

雲南地瘠民貧，唐繼堯擁有多兵不能向川黔發展，忽得日本意外之後援，自然不惜拋棄其聯治假面，遣兵進窺桂粵。

國民黨右派已和左派有不能兩立之勢，他們一面北依段張，摧殘左派分子在北方之活動，一面南結唐繼堯，以圖覆滅左派在南方的根據地——廣東革命政府。楊希閔劉震寰（都是國民黨右派軍人）在香港和唐繼堯代表段政府代表及其他國民黨右派重要分子共謀傾覆廣東革命政府，已經是公開的事實。他們的目的如果進行，一方面是國民黨右派完全取得左派在南方的根據地，一方面是日本帝國主義者一手挾住段張一手挾住唐繼堯來支配中國，來由日本統一中國南北。

帝國主義者對於半殖民地，本立在間接的統治地位，所以必須採用當地一種勢力（軍閥或地主買辦階級）做工具。現在日本帝國主義者在中國所採用的工具，北方便是段張，南方便是唐繼堯，國民黨右派又是這兩個工具的工具。所以在中國國民革命運動中，反唐和反段張有同樣的重要，都是擺在全中國革命分子面前的緊要工作。所以我們應該把廣東將要發生的反唐戰爭，反對唐繼堯及其羽黨楊希閔劉震寰的戰爭，當作革命戰爭，無論成敗，都是商團事件後第二次有價值的戰爭。因爲商團事件是鎮壓買辦地主階級勾結英國帝國主義的反革命，反唐戰爭是鎮壓軍閥勾結日

本帝國主義的反革命。

唐繼堯電粵港商會，以反共產爲號召，這并不是一件偶然的事；實與日本帝國主義者，軍閥段祺瑞張作霖陳炯明等，買辦階級陳濂伯等，國民黨右派馮自由馬素等，都異口同聲的反共產，反赤化。所以「凡是反共產反赤化的人必然勾結帝國主義者與軍閥」，已經成了一個公式。

在槍殺中國工人中日本帝國主義者對於上海市民之威嚇

若飛

在外國政府統治下的上海人民，已經與亡國奴無異。說話不自由，行動不自由，開會不自由，處處都受着外人槍尖鐵棍的監視。最近上海日商內外棉紗廠日本人無故拒絕工人做工，工人與之理論；他們遂拿取鐵棍亂打，繼以手鎗轟擊，殺死工人顧正紅，重傷輕傷不計其數，致激成七千多紗廠工人的罷工，這是何等一件重大的事變，然而上海的中國人們，多禁口不敢過問這個問題，我們試一細察日本帝國主義者在此事件中所施的威嚇技倆，是非常凶惡險狠的：

第一，在日本人鎗殺工人後，又向工部局調遣大隊巡捕到場彈，向被殺傷的羣衆示威，并捕去工人多名。

第二，日本總領事矢田立卽通知中國官廳，要求 分取締工人行動，若中國官廳無力應付，將自行派兵來華鎮壓。

第三，遣人警告上海各中國報紙，不許登載有利於工人的消息或宣傳，倘不遵守，卽將以封閉及逐出租界等事爲對付，以致各報皆不敢盡情披露日本人在此事變中之野蠻橫暴行爲。

在日本帝國主義者這樣嚴重的威嚇 下，於是遂使此次慘殺的呼聲不能充分傳入人們的耳鼓。 上海的新聞記者和上海的商人對於此事的態度是：「我們知道日本帝國主義者非常可惡，但我們是沒有辦法」 兩句話實可表現飽經帝國主義威嚇的小資產階級怯懦心理。你們竟真無辦法麼？ 你們竟永遠甘受帝國主義的摧殘和奴視麼？你們不想解除這頸上的鎖鍊麼？ 如若不然，應該趕速起來援助工人的奮鬥，應該施用各種可能的方法——如抵制日貨募款援助等——去抵抗日本帝國主義者的兇暴。 你們應該知道這件事變不是單獨發生的，而是日本帝國主義對中國民衆新進攻的許多動作中間的一件。

上海市民對日外交協會各團體已成立日人慘殺同胞雪恥會，學生聯合會及文治大學南方大學上海大學學生均已奮起募捐演講爲罷工工人後盾， 是很應該的。 但是若使工人的後援僅止於學生界及少數團體，則大資產階級，士紳階級，和新聞記者之漠視民族鬥爭的冷血態度，不僅爲勞苦羣衆所仇恨，凡有血氣者將莫不冷齒而鄙視之！

這次罷工工人所處的政治 經濟環境雖十分艱難，然而他們奮鬥的勇氣却非常之高，於此可見中國工人階級在反帝國主義的民族革命戰爭中確實是這個革命的先鋒隊，全中國的工人和農人應一致維持這次罷工，領導中國民族革命的國民黨應對於這種反對帝國主義壓迫的罷工有具體的實際的援助！

日本對華之屠殺政策

上海——青島——大連

雙林

最近幾個月，自從段政府成立以來，日本帝國主義的勢力一天一天的增加起來，日本帝國主義現在利用親日派政府的政治力量，不但竭力向中國進攻，侵略中國，剝削中國的勞動者，而且簡直肆行屠殺

政策——簡直以殖民地看待中國，以高麗台灣人看待中國人了。

今年二月間上海有四萬餘日紗廠工人的罷工，新近青島日紗廠也有一萬多人的罷工。罷工的原因，都由於日本資本家的進攻，意圖減少工資，掉換女工，增加工作，裁減工人等。日本人對華的經濟侵略，在華設立工廠，就地用中國賤價的勞力及原料，享有協定關稅的特權，一切工廠設備及營業手段等又絲毫不受中國法律的限制——所以他們向來對待中國工人，就同牛馬一樣：工資非常之低，工作時間是一天十二點鐘，吃飯與休息期間都很短，還要吹毛求疵的扣罰工錢；不但如此，而且還任意施行體刑，——日本監工動輒鼓打鞭笞工人。中國工人受他們如此的虐待，簡直是做他們的奴隸，他們還不滿足——最近趁着日本獲得中國政治上的勢力（發現了親日派的執政府），更想進攻：還嫌男工倔强，要盡換女工。這種殘狠的資本家政策，當然不能不激起中國工人的反抗。於是上海青島兩處的罷工，始終於進攻的日本資本家，以强有力的抵禦，反而盡量昇露日人殘虐中國工人的眞相於中國社會之前。向來這種工人區域裏的苦痛的呼聲，是不容易傳到「社會」裏來的；日本人的進攻，激起羣衆的大罷工，才把這些眞相暴露，才使一般中國人知道：那侵占中國市場幷擠軋中國紗業的日本資本，怎樣的壓榨中國工人的汗血，怎樣能減低日貨產品的價錢。罷工的結果，雖然在工人方向，簡直沒有得到勝利，而在日本方面，却已經覺得非常可怕：第一，工人覺悟起來，團結起來，以後不能稱心如意的剝削了，第二，自己虐待工人的眞相澈底暴露，可以激起全中國的反日運動。

於是日本帝國主義者命令他的走狗——段執政政府施行壓迫。五四到五九的反帝國主義運動——國恥紀念，差不多各處都受軍閥的摧殘：武昌日本領事宴請蕭耀南等，要求禁止舉行國恥紀念；北京章士釗朱深等嚴禁學生示威，激起羣衆的公憤，這些爲日本所驅使的軍閥政客，竟施行毆打手無寸鐵的學生羣衆。至於東京呢，——那是日本帝國主義自己的家裏，——當中國留學生舉行國恥紀念的時候，日本察警自然施以直接的壓迫：毆打並逮捕中國學生，甚至於撕裂中國國旗。

日本帝國主義這種政治壓迫政策，要想鎭壓住中國人的反抗——眞是夢想，中國的人民，尤其是勞動羣衆，決不因日本帝國主義者及其走狗的强力剝奪自由而氣餒的。各地反對日本帝國主義的運動，仍奮進行的非常熱烈，——尤其是廣州，雖然那地的日本領事也對革命政府威迫禁止國恥紀念，而勞農兵士羣衆反抗日本帝國主義的呼聲，始終震動全國。

那些直接在日本工廠受日資本家剝削的工人，尤其因此格外覺悟起來，不但努力參加民族革命運動的國恥紀念，表示他們政治意識的猛進，表示他們推翻日本帝國主義的決心，而且積極的在事實上準備自己的力量——組織工會，團結起來，一致的反抗日資本家的進攻。

日本帝國主義者看着這種政治上鎭壓的政策，沒有十分成效，乃竟更進一步實行直接的屠殺政策——不但在東京毆打中國學生，而且在中國境內殘殺中國工人。

上海小沙渡日商紗廠，因爲罷工之後，工會成立，工人團結起來，力爭改善勞動條件：而日紗廠方面死命不肯履行上次罷工結束時的條件，並且還進一步，想盡方法剋扣工資——如大洋剋成小洋等類。工人當然不能不積極和他們力爭，那知日本資本家和監工，竟有意挑釁——施用鐵棍手鎗，打傷工人數十百人，工人顧正紅，身中四鎗已經斃命。同時，青島罷工結束不久，也因工人要求廠裏履行條件，日本監工用手鎗打傷好幾個工人。不但如此，我們還有一個消息

「大連郊外周水子福紡織工廠日人職工田中定三近竟慘殺中國工人李吉園，李吉園這次被日人打死，原因係爲保護中華工友潘仁頤。

潘仁順與田中定三因口角之爭互相用武，該廠當事者不問是非曲直，徑將潘仁順開除，然田中尚洩不了憤忿，暗中聯合日工欲毒打潘仁順，潘聞訊不好，哀懇同事李吉圖等保護出逃。斯時田中竟率日人五六名，由後追上，不問黑白即與李某等動武，雙方正在毆鬥之際，田中竟由腰內抽出利刃。此時華工等見田中施用凶器，恐受其殺傷，遂相偕逃避，惟有李吉圖竟受彼日人等五六名圍在中心，大加暴打，被摔倒復起者數次，最後一次，李某竟受彼如狠似虎之日工人等五六人協力按倒在地。田中用利刃照準李某之腹部暴刺數刃，而李某則大呼數聲，立即亡去。最可恨者，彼日人五六名見李某已死，尚用力暴蹴良久，及腸飯蹴出，方各自散去。田中知事不佳，乃奔回宿舍將衣服脫換逃去，該地警廳並不深究，華人無不髮指眦裂」。（見工人週刊一百〇六期）

、此種事實，可見日本人屠殺中國人，竟是普遍全國的現象。日本帝國主義對華施行經濟侵略，享受協定關稅及經營工廠等種特權，攫取滿蒙山東福建的鐵道鑛山，以及漢冶萍煤鑛等；他要保障這等對華特殊利，所以勾結中國的軍閥政客，干涉中國內政；以鎮壓中國人民的集結和言論自由。可是這種政策，不能消滅中國人民和工人的抗；於是便想行這種直接的屠殺政策來威嚇，——日人在中國境內，到處何以隨意放鎗殺人，顯然是以牛馬奴隸對待中國人。他們想着，以爲這屠殺，以嚇得住中國工人，不敢再組織再反抗嗎？這是爲了安福系的段政府既然上台，便等於日本的中國總督，和高麗一樣了嗎？日本帝國主義者呵，你們不要太樂觀了！中國民衆不是這種屠殺政策所嚇得住的，中國民衆必定要推翻你們派來的中國總督，打倒你們的帝國主義！

奉軍入京以前（五月十四日北京通信）

羅敬

製造河南戰爭的是段祺瑞，製造四川戰爭的是段祺瑞，再製造快要爆發的奉軍與國民軍戰爭的也是段祺瑞。這並不是記者的私言，有事實可以證明呵。

段祺瑞上台後，形勢上是處於兩大（奉天與國民軍）之間，若有人設想他將長久維持兩大之間的均勢以自存，這將是一種錯誤。現在事實業已證明段祺瑞必然的要使這個北方的大戰爭趕快爆發；他預計的結果，一定是奉天的勝利。他在將來，雖不免要向奉天低頭，但其政策不能不如此，因爲可以得到日本帝國主義的歡心。段祺瑞與張作霖同是日本帝國主義在中國的工具，誰也認識得清楚。現在日本帝國主義很希望戰爭從速爆發，因爲他看清了國民軍內部團結之不力與實力之不充足，若不趁此時機一戰了事，日本帝國主義扶持北方軍閥之局面便不會穩固。金佛郎案之解決，是段祺瑞爲張作霖籌戰費；西原借款之整理，是段祺瑞爲張作霖籌第二筆戰費，並鞏固日本帝國主義在中國之基礎。奉軍入關「拱衛京師」，並不是什麼『增高奉方政治上之發言權』，而確是『凡事易促中央實行』；因爲奉方的發言權已經很高不過，只是『凡事不易實行』，所以段祺瑞指定他來，用以「拱衛京師」，斬斷國民軍間的交通，威迫解決陝西問題，壓迫一切民衆運動，國民軍若屈服隱忍已，不屈服則戰爭立刻可以爆發！

奉軍與國民軍之戰本不可免，本報於數月前已言之，記者並曾說，張作霖出京之日，即這個戰爭局面之開始。然而最近局面之發展則是段祺瑞作成的，因爲段氏明明白白派人告訴奉天，中央事事辦不動，要借重奉天威力；他們同是日本帝國主義之工具，當然聲氣相求，力謀建立並穩固北方反動軍閥勢力，鎮壓民

衆革命運動。　所以未來的戰爭不爆發則已，爆發以後屠殺人民，禍害人民的責任　直接應由段張兩軍閥担負，間接應由日本帝國主義者担負。　奉天軍閥的優勢，現在是很明白的。　鎮威上將軍，最近援得直隸山東，連接京奉與津浦線，又佔據京漢北部，日法帝國主義者供給軍械十分充足，在交通運輸上，也已預備妥當了。

在這個緊張的時局中，又有北方買辦階級的崛起。　這般買辦階級的活動，不特與戰爭有關係，並且引起軍閥政局經濟財政之重要變化，是日法帝國主義在華北的靈魂。　這般買辦階級就是新舊交通系，梁士詒曹汝霖是其首領，其最近奔走段張之間，為段張溝通，為未來戰爭籌劃，普通報紙已經記載，盡人皆知。　本來買辦階級在半殖民地中國與軍閥之勾結，為軍閥所役使，特別要在內亂時表現出來。

張作霖是滿州大資產階級的保護者，同時又是日本帝國主義在中國的巨大勢力，所以買辦階級的交通系，必須托庇於其下，以圖施展賣國的手腕。　中國的最大買辦階級——交通系——在北方勾結勝利也軍閥（段張），形成勝利的帝國主義（日法）之發展局面，是在反帝國主義與反軍閥的國民革命運動中一個嚴重的問題。　國民革命運動者對此形勢應當認清，勞動階級尤其要識破這個局面。

張學良於日前入關，便是秉承父命與祖（日本帝國主義）命而實行對於未來戰爭之檢閱。　同時，這又是軍閥對於民衆的示威。　軍閥連年製造戰爭，民衆不能反抗，特別是在北方，國民革命運動方在萌芽時期，又要遭受摧殘了。　最受痛苦的還是工農羣衆：奉軍入關之後，弄得交通停滯，人民不安，鄉野農民奔走相告大禍之將至；京漢鐵路北段各地僅得數月的舒甯，最近奉軍侵入，竟將石家莊等地的工會會所佔據；軍閥利用軍事行動的招牌，壓迫人民的事件從此愈多了。　全國人民應當立刻起來集中勢力對付奉天與安福軍閥之進攻！

北京五七怒潮的經過（五月十三日北京通信）

羅敬

今年北京的「五七」怒潮與六年前的「五四」怒潮一樣，同是反帝國主義的覺醒，與攻擊賣國的安福系之羣衆運動。　章士釗托庇於安福系權力之下，極力摧殘人民之自由，以致攖犯衆怒，真正是「內僞燕廷知醜之明，外增七國誅錯之號，釗有百身，亦何能贖！」（見章士釗原辭職呈文）。

這次「五七」事件，表示在極反動的政局下羣衆為爭自由而奮鬥，頗值得記述。　普通報紙的記載，多離去羣衆的利益，尤不了解羣衆運動之目標。　並且有許多事實，都讓段政府與其鷹犬警察廳幾個通電遁辭隱匿，把真相湮沒了。

五七紀念的北京集會，本是由北京的「國民追悼孫中山大會」召集的，當初的意義，一為追悼中山（因北京追悼會從未正式舉行），一為紀念五七。　段政府明知北京市民於是日將有反帝國主義之表示，有傷其主人——日本帝國主義的感情，所以預作防範，於是日在集會所定地點天安門前令警察會操，並安置水龍，以備射擊羣衆。　章士釗於前一日用教育部令，禁止學生開會紀念與遊行。　七日晨，羣衆集於天安門者五六千人，皆被衝散；旋因幹部機關早有預備，臨時派自行車隊傳佈口號，移地至景山前，意欲與國民軍合開紀念會。但羣衆或被警隊截斷，或因路線不熟，至景山者不及千人。　甫開會而國民軍守衛者閉北上門，迎衆入內，於是合市民兵士開會，演說歷二小時，通過對內對外之決議案。　當羣衆在天安門被衝散時，一時怒恨集中於章士釗，故開會演說，卽有提議赴章宅質問者，頃刻之間，全體響應，竟成決議。　羣衆於會畢嚴整隊伍，齊赴章宅，至則因

章不在，遂與章宅家人及警察衝突，互相格鬥。是時因有人先將電話折去，警察徵調不及，衆怒之下，遂將章宅什物搗毀；但因門警緊閉大門，而羣衆前後凡三次撲入，援救失陷於內者，歷半小時後，大隊武裝大刀與馬隊警察蜂至，羣衆猶抵抗格鬥，以至重傷者數人，並捕去十餘人。前後暴動的景象，實是六年前「五四」打曹章陸同樣的一幕。所不同者惟章不在宅而羣衆亦未放火耳。反動的壓力愈大，反抗的回應也大，半年來段政府超過直系當國反動成績之總合，有此一次回聲，本是必然的事。

在一般的看來，只以為是學潮又從新激盪了。北京近百萬的市民，還未認識這是公共的爭人民自由的問題，所以五七怒潮以後的發展，也只是學生羣衆運動的發展。兩日以後，學生又舉行大示威運動，集者萬餘人，但以領導運動者之錯誤，竟將示威運動變為向段祺瑞的請願。請願本是不會有結果的，而當日竟將口號縮小為罷免章士釗與朱深，及釋放被捕者數種；同時，在教會學校的隊伍中，英美的教徒教授隨學生遊行，彷彿表示對于反日本帝國主義的同情，都是可注意的現象。但在當日羣衆運動的結束，卒因段政府的巧妙政策，反激出示威運動的好結果了。

當「九五」羣衆聚集于段宅時，段宅的警衛有兩重防線，一是他的警察與衛隊，一是段祺瑞預備下的便衣打手，袖藏短棍，目的在不用刀槍而於衝突時可以木棍向羣衆痛擊，取得勝利。但當警備司令部兵隊（國民軍之一部，為鹿鍾麟所領）到時，段氏的警衛都退後了，有意使國民軍與羣衆衝突，而警衛樂觀其成。此時羣衆亦憤勢洶洶，欲擁入段宅，衝突將不可免；國民軍某軍官突向兵士演說：「今天學生來此為紀念國恥，為爭自由；他們是主人，我們是傭人，只有他們打我們，我們今天萬不可打他們！」學生羣衆一聞此語，全體感動，有流涕者，大呼「國民軍萬歲！」國民軍聞之，亦十分感動，相與對泣！翌時而羣衆覺悟，撤退請願，整嚴隊伍，游行示威，擴大口號，沿途高呼：

打倒軍閥！ 打倒帝國主義！ 人民自由萬歲！ 國民軍萬歲！ 國民革命萬歲！

段祺瑞反動的權威，亦知民衆勢力的不可侮，在兩日後將被捕者釋放了。章士釗在民衆怒潮中，也遞了一張卑污苟賤，醜態畢露的辭職呈文。在這次事件中，尤有兩種現象可以注意：（一）段祺瑞故意要使國民軍與民衆衝突，而國民軍頗具愛國知識，處置得當，頗合于中山先生「武力與民衆結合」之口號；（二）據傳聞張作霖以「潮囂張」為詞，請兵入京「拱衛」，顯見奉天軍閥對于政局及民衆運動之壓迫與野心。處在高壓下的北方民衆是應當提防的！

吳佩孚入岳後之長江局勢（五月十三日湖南通信

羅　夫

吳佩孚於三月初旬率决川濬蜀二艦入駐岳陽時，一般在直系恩養威權下的報紙都故意輕描淡寫以減少視線。一時輿論也都老老實實說吳佩孚入岳是被段祺瑞所逼，沒有什麼野心。殊不知吳佩孚從黃州走駐岳陽，骨子裏全不是避難，而是要鞏固直系的長江，作捲土重來的準備。蕭耀南電段說，吳之來岳，事前全不知曉；趙恆惕通電說，為國家惜才，子玉如解除兵柄（幷不說解除武裝），不當逼之過甚；——這種態度完全只是蕭趙各自處境的反映而已。吳佩孚未入岳之先，蕭趙共委吳之死黨馬濟為湘鄂護路司令，吳入岳後，吳馬兩軍遂會合成一勁旅，難道是偶然的一回事？吳既擁有六千勁旅（合馬濟部隊），取得岳陽全部稅收為軍餉，更得着蕭趙為之上下掩護

，雖然伏處決川艦上，實際却是一「長江王（吳在艦中仍分政務，參謀、副官，軍需，醫六處辦公，處設處長，各省代表紛紛晉謁，誰能說他沒有政治野心？）。 長江為直系勢力範圍，北京政變後，僅有々面上的變更，馮張雖然都想進逼；而馮張之間必然要破裂，段之假和平主義亦必不能久持，客觀上已自然生出一個新形勢：直系各軍閥得擁吳佩孚暗中團結，待機而逞。 胡憨戰爭未能擴大，大家都說是段張的不幸，其實又何嘗不是吳——直系的不幸！ 吳初敗時，鄂蕭表面對段表示惟謹，自吳入岳後，鄂蕭連這表面的「惟謹」也不能耐了：段放的大批官吏，都被擋駕；張學顏（蕭參謀長，段派去監視蕭的心腹）已有非走不可的勢子；王汝勤（段舊部，段久欲升為鄂省督辦）被部下高級軍官（擁吳派）所擠，不得不出走。

楊森在川，敢於首先發難，與羣雄為敵，完全是因為鄂蕭在事前暗助楊軍械甚多（見晨報五月七日）。 現在劉賴已因子彈缺乏節節敗退了。

至於湘趙「私養漢子」，已公然居之不羞。 一面借口客軍必退出湘境，與鄂蕭合力驅熊，一面却替擁有六千客軍的吳佩孚大做其壽（吳生日，趙送：京漢兩班堂戲三日，翅席一百桌，燕席四桌，參席數十桌，酒十打，又壽帳壽聯壽對衣料與其他壽品數十種）。 省議會及長沙報紙於吳的行動都曲為其詞，惟恐有傷；於熊則醜詆盡致，驅熊之後，因政學系力爭（熊亦政學系），名義上始改為討蔡，熊退兵時，宣言湘政局完全為吳所操縱，自是沒有冤枉。 現在熊被趕跑了，依吳意修改的省憲也於今日公布了。

自去冬北京政變後，湘鄂贛聯防局勢至今未變，近又加入閩，浙，黔（貴州已脫離滇唐支配，政權復歸袁王；袁軍此次曾助陳渠珍驅熊）三省，成為六省聯盟。 楊森如在四川得手，陳林如再回廣東，都將一併加入。 此後計劃，如北京局勢暫行維持下去，則各省一面各謀鞏固內部，一面各以省憲或聯治與北京政府抗禮（最近楊森通電願實行聯治，鄂省製憲空氣尤高）。 張馮之間，無論何時起變化，吳系勢力都可隨時突飛。

廣州為任何軍閥所必爭之地，何況英美帝國主義工具的直系軍閥及其走狗，自然是至死不肯放鬆的。 此次陳炯明到上海，蕭趙即都有代表（趙代表為黔貴系首領趙子威）赴滬與之協商，結果：一致援助陳軍回粵：鄂任械，湘贛任實力，閩浙在必要時亦願出兵一師一旅，現在湘西戰事不日可以結束，陳炯明又有入贛消息，諒來在北方未起變動以前，直系必然併力破壞廣東無疑了。

在此直系元氣還未恢復，奉系佈置還未準備完全，即第二次大屠殺還未至即時實現以前，人民如不努力攻破這種陰謀而準備自己的實力，那麼大禍臨頭的時候，就只有伏首承受呵！

吳雨銘

青島紗廠工人罷工之始末

罷工的遠因 日本資本帝國主義之經營山東，已非一日，自佔領青島後，這塊版圖，完全變成了他的殖民地。 直到於今，青島名稱上雖已收回，實際政治上和經濟上他都有支配和操縱的權力。 他在青島所創辦之紗廠，共六個，在四方的，有大康內外棉隆興三廠，有工人一萬三千餘人在滄口的（距四方二十五里）有鐘淵寶來富士三廠約有工人一萬二千餘人，其中以鐘淵紗廠之規模最大，有工人八千餘人，日資本家平日對於工人之苛扣虐待，無所不至其極，鐘淵紗廠以反抗壓迫，曾於去年舉行一次罷工可惜無人主持，結果歸於失敗，日資本家惟恐再發現罷工事實，更聯合起來壓迫工人，直欲把工人抑制成為極馴順的奴隸牛馬，那知壓力愈大，反抗力亦愈大，此次罷工之

機，遂伏於此。

罷工的近因　大康紗廠的廠主，在濟南招募了一班練習生，到廠內工作。　這班見習生，大半都有高小畢業和中學一二年級的程度，那種狹義的愛國思想，仇視日人的心思極盛，也有少數略具階級革命觀念的。　他們內憤日資本家苛待壓迫的痛苦，外受膠濟鐵路工人組織工會，同盟罷工的影響，乃暗中聯絡工人，組織工會，以謀抵抗，事被日資本家察覺，極圖消滅工人的組織，搜沒工會的名冊，開除有覺悟的工人，並逮捕創辦工會者數人，羣情憤不可遏，罷工的事變，遂於四月十九日爆發了。

罷工期內工人的組織和奮鬥　大康紗廠罷工的工人數量，有五千餘人，其中十分之一爲女工，十分之六爲童工，十分之三爲成年工人和熟練工人，工會中的最高機關，爲執行委員會，內分秘書交際會計庶務組織宣傳交通各股，在罷工期內，執行委員會所決定的對敵人攻取退守的策略，會員應絕對服從並遵守之。　執行委員會之下，每間十人爲一組，設組長一人，人數過三組以上者，設支部幹事會，依人數之多寡至少三人至多五人組織之。　支部幹事會中設支部書記一人主持一切事務人數不逾三組者，僅設支部書記一人。

糾察隊　每十人爲一組，設組長一人每五十人爲一團，設團長一人，每四團爲一隊，設隊長一人，軍隊式的組織，負維持秩序，站岡逮捕工賊……等職務。　講演團：無定額，向工人講演，以堅決工人罷工的心思，向市民講演，以喚起市民同仇敵愾的心思。

捐款分配委員會　接收外界募捐的款項，並按察情形的需要，分配款項的多少。　委員會係五人組織之，三個是紗廠工人，兩個是鐵路工人，內分會計，司賬文書交際四股。

軍警招待委員會　由六人組織之，專任招待軍隊，連絡下層軍人　正副目，使他們表同情於工人，而減少其壓迫力。

擴大罷工　大康紗廠工人罷工後，內外棉，隆興二廠工友，起初祇作一種聲勢的援助，以脅迫資本家屈服，無如資本家方面，已聯合一致，向工人方面進攻，用了許多收買利誘威嚇離間壓迫……種種手段，工人方面：總是堅持到底，毫不爲其所惑，同時工人一致聯合戰線，與資本家對抗，故內外棉隆興三廠工人，均於廿三四兩日相繼罷工，一致與資本帝國主義者奮鬥，罷工的戰士，驟形增加有了一萬三千餘人。

外界的援助　反帝國主義者的呼聲，在罷工的工友中，已一天高似一天了；尤其是反日本帝國主義者，更能引起社會上一般人的同情，不要說　各地工人當然與以極大的實力及經濟上的援助，即其他的團體，如學生會，報界，商會，市民，亦多與以言論上和經濟上的幫助，故能始終與資本家抵抗，毫無懼怕。

罷工的結果．工人與資本家方面支持了二十二天，工人的團結力，一天比一天堅固，絲毫不發生若何恐慌，外强中乾的日本廠主，不由得不軟化，遂被工人克服了，而得到最後的勝利。

紀念罷工勝利的盛況　九號條約簽字後，日廠主卽宣佈十號早上工的佈告，並散放傳單，工人以旣被征服之廠主，還要大施其廠主威信，可謂無理已極，乃由糾察隊將廠主的佈告撕碎，並緝捕乘汽車發傳單之日人四名，旋由軍警當局取保釋放由工會宣佈十號晚上工，十號下午三點開紀念罷工勝利大會，到會的人數，約萬人左右，每人手中都執小旗一面，上書罷工勝利，打倒日本帝國主義，打倒資本主義，擁護工會……種種旗幟另有極大的紅色旗幟二面，上寫罷工大得勝利字樣，開會時演說的人很多，每一人演說後，卽大呼工會萬歲！工人團結萬歲！　工人勝利萬歲！　工人自由萬歲……等口號，歡呼之聲，搖撼宇宙，散會後，結隊遊行並舉行工會懸牌額典禮，工人擁擁三工會的牌子爲前隊，次爲軍樂隊，次爲中樂隊，次爲會員，隊伍銜結長逾數里，兩傍均由糾察隊維持秩序，工人高唱勝利紀念歌，一時爆聲振天，歡聲雷動，三個紗廠工會的牌子，高懸於他們的會所門口了。

The Guide Weekly

嚮導週報

◀第一百十七期▶

一九二五年六月六日

——零售每份銅元四枚——

訂閱：國內一元寄足五十期•國外一元寄足三十期•郵費在內•郵票代款槪作九五折

代派：每份大洋二分•十份至三百份五折•三百份以外四折•寄費在內•十期清算一次

發行通信處　抗州馬坡巷法政學校安存眞轉王致和

分售處

廣州　上海　濟南　開封　寗波　香港　汕頭　蕪湖　武昌　漢口　長沙　嘉興

丁卜圖書館　國光書店　上海書店　民智書局　齊魯書社　國民書社　明星書局　華文書局　汕頭書店　梓學圖書館　時中書社　市民書報社　文化書社　商務書館

分售處

西安　杭州　平陽　南昌　大原　潮州　雲南　福州　重慶　南京　寶慶　黃梅　成都　宜昌　紹興

廣益書局　知行書社　新新書社　明星書社　晉華書社　青年書店　新亞書店　學生合會　唯一書局　樂天書局　貨慶書局　書報流通部　華陽書報流通處　精益公司派報部　亞民文具實業社

中國共產黨爲反抗帝國主義野蠻殘暴的大屠殺告全國民衆

全國工人們！　農人們！　一切被壓迫的民衆們！

血肉橫飛的上海，現在已成爲外國帝國主義的屠場了！　這是偶然的事麼？　不是的。　這是資本帝國主義統治下的必然現象。　資本帝國主義存在一天，被壓迫民族和被壓迫階級每日都有被屠殺的可能呵！

印度、埃及、非洲等弱小民族和歐美各國被壓迫階級，不是常常被資本帝國主義的强盜們定期的或不定期的大屠殺麼？　我們中華民族的被屠殺亦非始於今日呵，自鴉片之役以至庚子之役　中國史，完全是一部外國强盜宰　中國民族的血書。　然而這次上海的大流血，却是中國民族自覺的反抗　國時期之第一頁呵！

年來全國被帝國主義壓迫的民衆之普遍的覺醒，早已促起了英美日法侵掠家的殺機。　尤其是反帝國主義的主力軍工農階級勢力之形成，更堅決了各强國的强盜階級（即帝國主義的資本家階級）對於中國的鐵血鎭壓政策。　上海的大屠殺，便是帝國主義者重新表示　們獸性的志願——只准中國人做奴隸，不准中國人謀解放，只准中國人在『奴隸』與『鐵血』的兩種慘境中有個選擇！

帝國主義的列强，對於侵略中國和鎭壓中國的民族運動是一致的，無論他是先進的帝國主義（如英國）或後起的帝國主義（如日本）。　這次上海事變，起於日本帝國主義向上海以及青島紗廠工人積極的進攻，而成於英國帝國主義向學生工人市民狠毒的殘殺。　美國帝國主義在大殘殺中完全與英國一致　在公共租界耀武揚威的萬國商團，美國商團的兇暴與英國的沒　兩樣；美國海軍陸戰隊悉數上岸加入英兵的隊伍之日，即在楊樹浦一帶任意殘殺中國路人，尤其望見工人學生經過即開槍；美國大陸報同英國字林西報一樣的兇惡，一樣的造謠，誣指這次運動爲蘇俄和共產黨所主使，聲言美國在華之三十餘艘軍艦將全部或大部份調向上海厮殺。　然而在另一方面，各帝國主義之間的相互衝突與狡猾也擺在我們面前：日本帝國主義正在努力企圖將此次事變的目標移嫁於英國，而德國駐滬領事亦向學生表示一種假仁假義的態度。

這次上海事變的性質既不是偶然的，更不是法律的，完全是政治的。因爲這次事變是起於日本帝國主義向中國民族運動的主力軍——工人階級——進攻，而成於英國帝國主義對援助工人的民族運動之鐵血鎮壓政策。所以因英日帝國主義之大屠殺而引起的全上海和全中國的反抗運動之目標，決不止於懲兇、賠償、道歉等「了事」的枝節，解決之道不在法律而在政治，所以應認定廢除一切不平等條約，推翻帝國主義在中國的一切特權爲其主要目的。不平等條約一日不廢除，帝國主義在中國的一切特權一日不推翻，中國民族的生命與自由便一日沒有担保，隨時隨地都有被橫暴殘酷野蠻無恥的帝國主義蹂躪屠殺之危險。全中國人民的生命與自由，決不能由懲兇、賠償、道歉等虛文得到担保，只有廢除一切不平等條約推翻帝國主義在中國的一切特權才能得到担保。所以由這次大屠殺引起的全上海全中國的反抗運動，將是一種長期的民族爭鬥。這爭鬥的得失將不以英日帝國主義是否允許懲兇、賠償、道歉爲轉移，而將被決定於下列的兩個條件：第一、這爭鬥是否能長期的持續的搖動帝國主義在中國的特權與統治，并使其在經濟上生活上發生永久的危機；第二、這爭鬥是否能引導全國各階級的民衆入於反帝國主義的高潮，并形成各階級分別的羣衆組織與聯合的民族組織。

中國共產黨敢號召全國各種被壓迫階級的羣衆來反抗帝國主義野蠻殘暴的大屠殺；中國共產黨更號召全國各種被壓迫階級的羣衆堅持到底的來維持并發展這個長期的民族鬥爭；務使野蠻殘暴的帝國主義在中國之特權與統治不斷的動搖，務使其在華的政治經濟地位發生永久的危機；而在這個爭鬥中務必提高并普遍反帝國主義的宣傳與組織，成功各階級分別的與聯合的民衆政治勢力。

中國共產黨請全國憤激的反抗帝國主義之屠殺的人民，注意四件事：

第一、須將這個鬥爭持續的依靠於全國民衆自身的力量，萬不可倚賴和相信政府的交涉而中輟民衆的反抗；須知段張政府是帝國主義的工具，尤其是日本帝國主義的工具，賣國媚外是其特長；我們雖不必拒絕政府的交涉，却不可相信并倚賴政府的交涉而中輟民衆的反抗。

第二、須知中國人民與野蠻殘暴的帝國主義無調和之餘地。更須知外國大資本家大商業家大銀行家是外國帝國主義的主人，在上海的外商廠主（工部局的主人）更是這次大屠殺的正凶，萬不能自欺欺人把殘殺之罪專移於其雇用之巡捕，而反認眞正的敵人爲「調人」，希望他們出來講什麼「斡旋」「公道」和「諒解」。帝國主義對付我們只有奴隸地位與鐵血政策，我們與帝國主義的鬥爭也只有我們屈服他們，或他們屈服我們之兩條路。與其認賊爲父，敷演面子以了事，毋寧乾　的鬥爭、乾　的失敗之光榮。

第三、在這如火如荼的大反抗運動中，上海上流社會和各報新聞記者已多少暴露其調和安協和「速了」的傾向；雖然上流社會現在還是這反抗運動中的要素，然這種傾向若不停止，實大有害於全民族的利益。

第四、須謹防帝國主義的離間破壞政策。帝國主義的離間破壞政策，第一是用種種方法捏造蘇俄和共產黨主使的謠言，第二是離間商界與工人學生的一致，并企圖和緩商界領袖使與商人羣衆分離。

中國共產黨敢告全國人民不要受帝國主義的暗示與欺騙。這樣反抗帝國主義野蠻屠殺的大運動，各階級各黨派都應當積極的參加積極的鼓動或主使。中國共產黨是中國工農階級的黨，工農階級既不是冷血動物，又不是帝國主義的附屬品，乃是帝國主義之最堅强最可怕的死敵，中國共產黨那有不參加運動的道理？假設這次運動眞如帝國主義機關報之所說——是共產黨所鼓動的，那末這不僅不足使各

階級羣衆畏避共產黨而觀望不前，反而要使他們親近共產黨，并加倍勇往的團結中國民族之一致的奮鬥。　因爲中國共產黨只有這樣的積極努力才能使各階級羣衆深信共產黨不僅爲工農階級的利益而奮鬥，并且爲全中國被壓迫民族而奮鬥。

蘇俄亦然。　假如帝國主義機關報所說蘇俄鼓動是真的，那末不僅不足使各階級民衆畏避蘇俄停止運動，反而要使他們證實只有工農共和國的蘇俄是被壓迫民族惟一的摯友；摯友的幫助，無論是精神的或物質的，都要大大增加他們反帝國主義的情緒與勇氣。　又可惜蘇俄的力量現在還不能助中國民族一舉打倒帝國主義，使他從野蠻殘暴的列强中解放出來。　然而中國全國民衆正殷殷的望着蘇俄及其領導的各强國無產階級有幫助中國民族如此解放之一日呵！

中國共產黨敢提醒全國民衆的注意：這次上海的大事變是由帝國主義向工人階級之進攻引起的，這是證明各階級的民衆已經深悟擁護反帝國主義的新動力之重要。　幾十幾百幾千幾萬的上海學生市民不惜殞身以彈在帝國主義的礮火中前仆後繼的來援助工人，這是何等可敬的精神，何等重大的犧牲呵！　務望上海和全國奮起的民衆，承繼流血烈士之遺志，在長期的民族奮鬥中時時擁護被帝國主義仇　壓迫的工人羣衆之利益；勿中帝國主義的離間政策，使最忠於民族利益的工人階級有任何不堪之危險，而民族解放運動亦　此而遭殘刻不振之打擊呵．

全國工人們！ 農人們！ 一切被壓迫的羣衆們！ 起來，起來：

打倒野蠻殘暴的帝國主義！

各階級聯合戰線萬歲！

中國民族解放萬歲！

△上海大屠殺與中國民族自由運動

獨秀

前年臨城事件，土匪擄去念幾個外國商人，外國人對中國政府鬧得天翻地覆，懲兇賠款罷免地方長官以謝罪外，還要要求直接管理中國鐵路；現在上海公共租界工部局在大馬路行兇，五月三十日，六月一日、二日、三日，連日鎗殺中國學生工人商人及其他市民數十名，傷者數百，中國人將向外國政府要求什麼呢？

被土匪擄去的外國商人卽令是無罪的，而要求工作的工人，遊行演講的學生，過路觀看的行人，都是沒有武裝的市民，有何罪狀應該鎗斃呢？

卽令上海是英美領土，行政官廳公然下命令，向無罪狀無武裝的市民開鎗轟擊，在法律上道德上都是犯罪行爲；況且租界畢竟還是中國領土，外人來此通商，根據何項條約，有何權利，可以任意開鎗殺傷中國市民？　大約英美日本等帝國主義者的意思是說：中國人是上帝賜給英美法日等國剝削與踐踏的，如有不受剝削與踐踏者，便違背了神意，便是過激黨，便犯了罪，便應該鎗斃。　或者他們以爲此次大馬路的屠殺，也和在歐洲屠殺猶太人在美洲屠殺黑人一樣，卽令在人類的法律觀點上說不過去，而在道德上是合神意的；因爲除了神意以外，他們找不出可以任意屠殺中國人的理由。

可是不懂得這樣扶强抑弱的神意的中國人，我們親眼看見同胞的熱血染過了大英大馬路，我們已經認清了我們的敵人——英美日本帝國主義者！

此次上海大馬路的屠殺所給與我們的教訓是：

（一）一切帝國主義者對於我們的剝削與踐踏是一致的，英國固然是始終壓迫中國的死敵，而附和日本人的什麼大亞細亞主義，鼓吹什麼美國是中國人之好友等等，都是中國民族運動中之奸細。

（二）一切帝國主義者所加於我們的剝削踐踏，都一一活現於商人學生工人及一般市民的眼前，決不是什麼過激派所捏造的海外奇談；商人學生工人一切市民大羣衆實因爲受不了帝國主義的剝削與踐踏：把持海關，在中國遍設工廠，不許禁止棉花出口，不許中國增收紙煙捐，封禁全國學生總會，以軍火給軍閥戰爭，動輒拘捕懲罰中國新聞記者，越界築路，提出印刷律，增加碼頭捐，槍殺請求工作的工人，拘捕愛國演講的學生，槍殺手無寸鐵的中國學生工人及其他市民，一步加緊一步，逼着中國人不得不起來反抗，決不是由於什麼過激派的煽動。此次上海學生與商人之奮起，都明明白白是自動的參加民族運動，若說是由於過激派之煽動，那便未免過於誣蔑學生商人，幷且過於恭維過激派了。

（三）英美法日等帝國主義者，對於中國人之剝削踐踏，和德俄奧等非帝國主義者在中國和平通商，這些事實已證明「反對帝國主義」與「中國民族自由運動」，是同一意義的兩個名詞。此次大屠殺更使我們的確認清了英美日本帝國主義者是中國的敵人。

（四）各帝國主義的國家，因歐戰損失過鉅，須長期的加緊剝削弱小民族以彌補，中國即是他們所要剝削者重要部分之一，他們向中國剝削日益加緊，他們恐怕中國人民覺悟反抗的心理亦日益加甚；年來中國民族自由運動勃興，帝國主義者張皇失措，一面利用中國軍閥政府抑制人民，一面以「過激」「赤化」等名詞恐嚇中國人民，使中國人民不敢團結起來反抗他們，不敢做自由運動。可是他們這種恐嚇手段，在此次大屠殺中，完全失了效力；因爲不管過激不過激，赤化不赤化，帝國主義者槍殺了數十無罪的中國人是真的。我們今後永遠不要上帝國主義的當，被『過激』『赤化』等名詞嚇散了中國民族自由運動。我們應有決心：如果使我們能達到民族自由之目的，便過激赤化也無妨；如果不能使我們脫離被剝削被踐踏的境遇，什麼文化秩序博愛親善和平人道，都是廢話！

南京路屠殺中之犧牲者

（五）在此次屠殺中的我們認清了中國的工人與學生，是民族運動中最勇敢的戰士。我們幷可以知道各國的工人學生必能對此次中國民族被外國强盜——帝國主義者屠殺表示同情。

因此，我們的運動，是應該立脚在中國民族自由的意義上，反抗剝削踐踏我們的外國帝國主義者；不應該立脚反動的國家主義上，籠統的排斥一切外國及外國人。

我們在此次屠殺中，受了極大的痛苦，而痛苦中所得的教訓，很可以使我們的民族自由運動，向正確的路線上發展。

上海是一切帝國主義者勢力集中地，中國的反帝國主義運動即民族自由運動，亦應以上海爲中心；不過同時我們也知道民族自由運動是一個全國運動，全國的學生工人商人，都應該同時起來向一切帝國主義者進攻，使這個運動的中心——上海的學生工人商人更堅決的前進，尤其要監察大商階級中途和帝國主義者妥協！

我們最終目的，自然推翻全世界一切帝國主義，目前在此次運動

中最低限度的要求應該是：

（一）懲辦兇手賠償損失

（二）撤換駐上海英美日本領事

（三）取消各國領事裁判權

（四）收回全國租界

（五）撤退駐在中國境內的外國陸海軍禁止外國陸海軍在中國境內自由登岸

我們要知道：民族自由運動是一個長期的爭鬥，我們須有普遍的持續力，不可得了一部分勝利便停止前進，即此次完全失敗亦不可因此阻喪！

日本紗廠工潮中之觀察

獨秀

凡是一個較大的工潮，在社會上在歷史上都有重大的意義，決不是一個簡單的工人和廠主爭鬥問題，至於中國工人和日本廠主間的爭鬥，其意義尤其複雜。

此次上海及青島日本的紗廠和中國工人的衝突，我們不應該把他看成一個很簡單的勞資爭鬥，我們應該推求這次爭鬥之經濟的政治的背景，明白了這些背景，才懂得此次工潮意義之複雜與重大。

此次工潮之經濟的背景是日本紗業向中國紗廠及中國工人進攻。世界紗業狀況本在衰落時期，比英美資本幼穉的日本照情理不能進展；然而日本資本家，一面正因紗業狀況不佳，極力要維持資本的利益，渡過這衰落時期；一面卻又想此時期擴大他的企業，獨占中國之紗業；因此遂不得不向在他們紗廠的中國工人加倍榨取（如增進工作能率改用女工養成工等）與壓迫（如打罵罰金等），以遂其保守而且進攻兩個目的。日本人欲平安無事的施行其榨取與壓迫，工人不至反抗，則首先須破壞工人的團體——工會。中國工人受不了這樣的加倍榨取與壓迫，上海青島的工潮遂因此連續而起。

被日人殺死之顧正紅

政治的背景，在全部局勢說起來，整個的國際帝國主義，正在向整個的中華民族運動進攻，壓迫中國工人是他們整個的進攻之一部分，最重要的一部分。因爲是最重要的一部分，他們的進攻也最嚴厲。這種最重要，中國人現在還不大認識，外國帝國主義者是認識的；所以日本某報曾說：『曾被吳佩孚解散之工會，均漸次復活，而其運動之急進，大有一日千里之勢，故英美法日等國，對於此種現象，多懷恐怖之念，咸認此風一盛，則各國在華工業，將受絕大影響。』單就日本說起來，直系倒後，日本挾有段張這兩個鷹犬的勢力支配中國政治，制服中國人民，因此日本對於中國民族運動之進攻，比其他帝國主義的國家更加緊出力，中國人對於他的種種加緊進攻，

自然也特別感覺，上海青島的工潮遂因此連續而起。

各方面對於此次工潮的態度是怎樣呢？ 英美帝國主義者對於日本帝國主義者雖然有衝突，而壓迫中國民族運動他們是一致的；上海公共租界工部局幫着日本工廠拘捕中國工人，拘捕同情於工人的學生，槍殺同情於工人的學生與市民，他們來到中國通商，他們居然在中國的地方——上海，有在法律以外任意槍殺中國人的特權。排日在此次上海慘殺中，我們應該認識一切帝國主義者壓迫中國民族是一致的，從前單獨仇視日本，是錯誤的。

親日賣國的安福政府，他當然有替日本鎮壓中國人排日運動的義務，上海警察署曾對工人說 「我們都是中國人，本不應摧殘同胞，但怎奈日本領事壓迫及長官命令何！……」 山東張宗昌所統的奉軍，更是聽日本人命令，解散了紗廠工會，殺傷了工人數十名，驅逐工人領袖數十名出境，還囚送工人領袖六人到濟南要鎗斃。 在此次青島慘殺中，我們應該認識國內軍閥的確是外國帝國主義的工具，張作霖的軍隊即是替日本屠殺青島工人 劊子手！

全國的報紙，除青島公民報外，不曾替被殺的工人說半句話，顧正紅被殺時，上海各報館聽了工部局的命令，連許多事實都不敢登載。 即至現在大馬路 次慘殺，上海各報仍是沒有一點熱烈的批評，連國民黨的機關報——民國日報也是這樣，回想臨城刦車時，全國報紙那樣如喪考妣的號叫責駡，眞令人認識中國新聞界的人格了！

只有可尊敬的學生，爲了工人，爲了同學，前仆後起的以熱血和帝國主義者奮鬥；因此我們應該認識，在中國民族運動中，那些社會成分是最急進的 勇敢的先鋒。

大屠殺中上海報紙的論調

「沒有革命的理論卽沒有革命的運動」，這是一個國際的革命家列寧告訴我們的。

這次日英美帝國主義者任意屠殺中國人民，不獨引起全上海市民一致的反抗，並促起全中國的民衆都震動起來。 從這一方面去看似乎很可以看出久屈服在帝國主 壓迫之下的中國人民尚有一致抵禦外侮之決心；中國的民族革命運動已膨脹起來。 然而從一般的思想方面去觀察，又可看出中國人民反抗帝國主義列强的覺悟程度尚甚淺薄，因之在這次運動中所表現的思想尙有許多共熱情 、幼稚的、模糊的。 這是有很大關係的，因爲我們對於一次運動若沒有一個前因後果的徹底認識，斷不能使這個運動有力量，結果一定受敵人或奸細的誘惑，弄得無頭無腦的下台；以後當亦不能再接再厲地進行。 這樣的運動只能叫盲目的衝動，不能叫革命的運動。

尹寬

在這次反對日英美帝國主義的暴舉之運動中，一般人所表現的錯誤思想歸納起來有兩點：

一，不認識國際間壓迫民族與被壓迫民族之對抗的關係——因之，這次英捕房鎗殺中 學生及市民，他們不把他當作是帝國主義國家壓服殖民地人民的反抗以維持他的『侵掠秩序』看待，只當作是英捕房偶然與學生發生感情的衝突或工部局處理不當，致演此慘劇；因之，他，反對此種暴舉，不是以被壓迫者與壓迫者階級對抗的形式，只求之於『法律』『公理』『人道』，並求之於『公正之西人』。 這樣竟把帝國主義列强八十餘年來在中國一部侵掠史 全抹煞了；彷彿帝國主義列强歷來强佔中國海港，在中國境內駐兵，駐軍艦，設租界，設領事裁判權…… 當時都是偶然的，不是爲現在有專用的！

二，不認淸此次事變之來源與性質——一年以來國際資產階級壟

於世界革命的危險，故拉攏撮合以苟延他們相互間帝國主義的生命，對於殖民地決計以最嚴厲的手段積極進攻，不獨要極端壓服殖民地人民的一切反抗，并且深具野心要搗毀世界革命的大本營——蘇聯（此中詳細情形當由別論）。

這次上海大慘劇就是帝國主義這種進攻的必然結果。 我們卽從這件事本身的經過上亦可以證明。 事之發端是由日本帝國主義者擅自殺死中國工人；日本帝國主義者所以殺死中國工人是因爲要迫脅工人解散工會以圖根本剷除中國工人的反抗能力；并且在青島，日本帝國主義者也同時同樣對待中國工人，這不很明顯的是日本帝國主義者以嚴厲手段向中國工人進攻嗎？

因中國工人無辜被殺，引起中國人民反帝國主義的運動，遂爲國際帝國主義者所重視，故英國帝國主義者決以嚴厲手段禁止學生在租界上做反帝國主義的宣傳，結果竟至拘捕并鎗殺中國學生；從此愈演愈烈，愈殺愈多，美國帝國主義者也加入火線大逞其屠殺威風。

由此可見這件事實的發生，完全不是像一般無頭腦的人所想像的——以爲是偶然的無意識的事件。 殊不知這是帝國主義列強 殖民地的大政方針，早已在他們的國務會議裏決定了的。 不信，再請看各帝國主義國內 態度：

五月二十四日東京電訊：日政府訓令其在華領事：上海青島紗廠工潮各僑商不得謀單獨解決……，工潮涉及在華之外人時應與外人聯合一致（節錄五月二十八日青島公民報）。

本月二日路透社東京電：外交省對於滬罷工事，取靜觀態度；預料如有必要時， 關係各國 取聯合行動。

電通四日倫敦電：英國各報以此次中國各風潮謂爲由勞農俄國勢力所起，列國應取強硬態度以恢復秩序。

路透四日倫敦電：上海騷擾情形，現甚爲公共所注意，報紙一致以爲須採迅速而有決斷之方法 以恢復秩序，并以爲歐洲列強宜合作與團結以應付中國全局……。

電通四日東京電：日政府意見以爲滬事若關及日僑生命財產，固不能忽視……至於對付政策將一委諸外交團決議，取列國協調主義。

四日北京電：使團連日由英日兩國週旋於各使館，務將上海事件認爲使團公同問題，增加遠東駐軍。

就以上所舉數電就可看出國際帝國主義一片進攻聲，加上四日北京公使團駁復中國外交部的抗議更可一目了然。 乃有些人因爲不明白上列兩點事實，所以對此次帝國主義橫蠻的屠殺政策尚持蘊訐的態度，以爲「外國人」偶然蒙昧做出這件事來；甚至疑惑爲什麼西洋文明人也還有「理智」不發達，做出這樣「無道理」的事來。 所以他們努力呼號於「正義」「人道」「公理」「公正的西人」之前。 時事新報五日時論欄內有一篇「求理智者之同情」，令人讀之，眞愚蠢可憐。 他說：「我人讀公使團致北京外交部之復文，深感異樣之不安與失望，在我人始願，以公共租界之巡捕房屬於工部局，工部局爲納稅西人之自治機關而受監督於領事團，領事團則遙制於公使團；故以爲不獲期望於捕房者，期望之於工部局；不獲期望於工部局者，期望之於領事團，不獲期望於領事團者，期望之於公使團，今使團之態度乃若是，是豈特此次風潮之大不幸，實堪爲人類之公道哭……。

「平心思之，亦有未可遽爲使團責者，歷觀鎗殺後巡捕并驗屍所之供詞及上海各外報之記載與評論，可以推想領事團所得工部局之報告如何，公使團所得領事團之報告又如何，則使團 藉以決定之態度，原可想見。

」抑世有抹煞公道之人，要不能謂人類竟無理智之存在，故在此種局勢下，國人實應以最忠實之態度，表白經過情形於天下，以求世間理智者之同情，良以呼聲雖出自弱者，而公道爲人類共同生活之要

衆，卽人類有公共維護之必要。 抑圓顱而方趾者，誰無良知，非有所蔽，孰忍忘公道，公使團之態度，殆亦有所蔽而然。 然則對外宣傳，更有不容緩者，國 智識界其奮起乎？」

這種盲目的籠統的幼稚的思想實足以使運動走入歧途，墮到敵人的術中，若中國人民至今革命的思想尙止於此，實是很大的危機。我們深知道這種思想多出自一般「上等社會中人」——知識分子之無頭腦的新聞記者——，非眞正可以代表中國民族革命運動 民衆思想，因爲被壓迫的革命羣衆的思想多在行動上表現出來。 不過我們爲使中國民族革命運動一天一天變成意識的，應該不讓這些奴氣障天畏洋如帝的可鄙論調去迷惑民衆的視線！

帝國主義屠殺上海市民之經過

超麟

五月三十日—三十一日—六月一日—二日—三日—四日

截至六月四日爲止，上海革命的工人，革命的學生，革命的商民及其他市民陸續被帝國主義巡捕、商團軍、陸戰隊屠殺，在帝國主義手槍、步槍、機關槍之下死傷的，已達一二百人之多。 這一次巨大的犧牲當然要發生巨大的影響。 中國被壓迫的人民因此次大屠殺而起的反抗運動，無論結果如何，但一定都有重大的世界歷史意義。首先，此次運動已經成了普遍全中國的運動，且將引起全世 被壓迫民族的同情援助了；這就是說：此次的運動，不僅有中國全民族的意義，而且是國際反帝國主義運動中很有意義的一件事。 故革命的被壓迫的中國民衆首先應該明白地分析這次屠殺 眞意義和因屠殺而引起的反抗運動之趨向。 爲這目的，所以我來略述此次帝國主義大屠殺的因由及其經過。

（一）此次屠殺是必然的不是偶然的

此次慘劇是國際帝國主義對中國一切被壓迫階級的屠殺。 帝國主義與中國被壓迫民衆成對抗形勢，這種對抗隨着帝國主義侵略的進展而加緊，到最近遂達到了壓迫者直接屠殺被壓迫者的局勢，遂達到了壓迫者與被壓迫者短兵相接的情形。 這并不是偶然的。 帝國主義侵略殖民地是必然的，因侵略而引起殖民地之反抗也是必然，由反抗而至於帝國主義施行屠殺政策，又何嘗不是必然？ 帝國主義侵略中國，起初祇遇見最受壓迫的階級之部分的反抗。 一直到世界大戰之後，一方面帝國主義加緊壓迫中國，一方面帝國主義崩潰徵兆日益顯然，中國民衆自最受壓迫的階級以至幼稚的工業資產階級都漸次形成了反帝國主義的心理和思想。 最近一二年來，反帝國主義的呼聲幾乎普遍全國各地，而這種反抗雖然還沒有積極的表示，但勢已非帝國主義慣技如「親善」「和平」「正義」「文明」等所能鎭壓的下了。 這便是帝國主義斷然採取屠殺政策之客觀的原因。

帝國主義與中國被壓迫民衆之流血的接戰可見本已有一觸卽發之勢。 爆發此次屠殺直接的導火線自然也是因帝國主義凶暴壓迫而起。 自一九二五年開始以來，首先是日本帝國主義因親日賣國派安福政府上台，越發在中國橫行無忌。 二月間上海日商紗廠工人已先中國各被壓迫階級發難 抗，舉行一次五萬人的大罷工，接着青島日商紗廠工人也罷工反抗。 對中國工人階級這種反抗日本帝國主義已斷然採取屠殺 策。 五月十五日，上海日商紗廠職員開槍殺死工人顧正紅并殺傷十多人；二十八日，青島海軍陸戰隊得日本政府命令槍殺工人八人并殺傷拘捕無數。 二十一日上海文治大學爲救濟外傷工人募捐被租界巡捕捕去施文定、謝玉樹二人，二十二日上海大學學生赴顧正紅追悼會途中又被捕去韓步先、趙振寰、朱義權、江錦維四人。 被捕之六學生定於三十日在帝國主義會審公堂同時開審。 這便是上

海各校學生出發講演之直接的動機。 但同時，帝國主義還有一種壓迫，兼能危害商人等上層階級：即所謂上海納稅外人會，要於六月二日通過工部局提出的增訂印刷附律、增加碼頭捐、交易所註冊、取締童工法案等四案。 反對這四案，亦是各校學生出發講演之題目及宣傳的口號，且能夠引起一般市民羣衆熱烈的同情。

在這一日上海全體市民反抗帝國主義的空氣之下，爲消弭這種空氣，爲鎭壓這班「不安分」分子的反抗，列强帝國主義斷然採取屠殺政策，決不是一件偶然的意外的事。

（二）帝國主義的大屠殺及其繼續工作

三十日。 上午各校學生二千餘分頭出發到公共租界各繁盛馬路散發「打倒帝國主義」傳單，講演顧正紅被殺及學生被捕事幷反對工部局的四提案。 自上午起各校學生已被捕房捕去十餘人，旋即釋出；但到下午講演的學生愈聚愈衆，聽衆亦愈多，巡捕復開始捕人；至午後三時許，祇南京路老閘捕房一處已拘留一百餘學生在內，當時未被捕的學生及聽講的市民見此情形異常憤激，其時適值有一隊學生過其處，聽見此事遂參加要求立卽釋出被捕者。 至三時許，聚集捕房門首之羣衆將近萬人，三時三十五分鐘，突有一西捕向空放一槍，接着印捕卽平放一排槍，華捕向空放一排槍，羣衆登時大亂四散。 這一日計死十三人（截止四日爲止），傷重在醫院治療者尙有十五人，被捕者五十三人。

三十一日。 大雨。 學生繼續至各馬路散傳單，講演。 捕房復拘捕學生。 老閘捕房已戒嚴。

六月一日。 公共租界全體罷市，自上午七時起，南京路學生，工人及其他市民極多，發傳單者講演者到處都是。 至十時許，所謂萬國商團和西捕印捕各臨陣備戰，先以自來水注射羣衆，至十時五十分，遂開槍。 這日死傷比前更多，狀況更慘。 二次屠殺後，南京路最繁盛的一段，由新世界起至福建路止，完全陷於戰爭狀態。 機關槍、鐵甲砲車、馬隊佔據各要害；這一戒嚴區域內除電車外，其餘車輛及行人概不能經過。

二日。 屠殺案到處不斷地發生。 南京路比前更加戒嚴。 上午小沙渡紗廠工人罷工，被日本人協同西捕槍殺四人，都沈屍河底；楊樹浦碼頭工人亦被英人雇打手打傷三人，拘捕數人。 帝國主義會審公堂復於是日開審三十日被捕的學生，公堂周圍外兵把守異常週密。 至下午六時，遂又發生機關槍攻打新世界之事。 原因據次日各報所載係有一批「某國人」假裝中國學生（能假裝中國學生的某國人，自然是日本人無疑了），在新世界門口射死二匹美兵的坐騎，於是如狠似虎帝國主義軍隊遂用機關槍步槍一齊向新世界射擊，砲如連珠，歷時約二十分鐘之久，死傷數目，至今尙無法可查，但被捕三百餘人結果雖釋放，尙有二三十人現在已下獄。 在新閘橋，又有西印捕擕機關鎗向閘北保衛團示威，欲拘捕罷工之電車工人等事件。

三日。 意美海軍陸戰隊登岸，把守電氣、自來水等重要工廠，其他各艦亦陸續到來，或中途被召回滬。 新世界下午被商團佔領去了。 是日上午，楊樹浦又發生大屠殺。 海軍陸戰隊上岸後，楊樹浦完全變成恐怖世界，「文明」的帝國主義軍隊遇見學生或工人裝束的便打傷或殺死。 計三日一天楊樹浦死四人，重傷六人，輕傷者不計其數。 是日幷有一美兵武裝侵入華界尋釁。

四日。 屠殺仍然繼續下去。 外艦來上海日見增多，計至四日爲止，各國兵艦共有十三艘，其中屬於英國的二艘，屬於美國的三艘，屬於法國的三艘，屬於日本的三艘，屬於其他國家的還有二艘。 陸戰隊已經登岸的有五百五十名，尙有二千名亦卽要登岸。 楊樹浦西捕復開排槍轟擊罷工工人，幸未傷命。 美日陸戰隊有多人帶槍入華界搗亂。 英國商團和印捕又有數人入華界。 尤其難堪的，卽四

日上午陸戰隊包圍上海大學收沒一切文件，驅逐學生出校，騰出為陸戰隊駐紮。 此種暴行到五日後復施行於大夏、同德、南方等幾個學校。 還有滄洲、東亞、大東三大旅館亦被檢查。

（三）各階級之反抗運動

三十日大屠殺後之第二日，全上海即已開始罷工、罷課、罷市，截至四日為止，公共租界完全罷市，特別是四日一天，罷工尤其顯然高漲，全上海各學校之罷課自無待言了。 上海人民八十一年在帝國主義高壓之下過生活，其仇恨帝國主義自不必說，尤以下層階級為甚。 所以屠殺之後，全埠鼎沸，反帝國主義之潮流普遍一切被壓迫的民衆。

尤其是工人階級，因為此次屠殺發生的主因是為援助被殺工人而起，所以工人不惜犧牲生命務必達到各業罷工而後已。 四日為止罷工總數已有二十萬人。 三十一日各團體在上海總工會開會時候，日商內外棉紗廠工會代表極激昂慷慨請求罷市，并且當場提出日商紗廠工人要求之七條件：（一）懲辦打死工人學生之兇手并賠償損失，（二）承認工人有組織工會及罷工之權利，（三）禁止毆打工人，（四）改良工廠衛生，（五）禁止虐待童工和女工，（六）禁用外國巡捕，（七）反對印刷附律。 一日即已有數業工人實行罷工。 自二日起大部分電車工人停止工作，小沙渡原未罷工各廠，如同興日華內外棉第三第四廠等都罷工，楊樹浦祥泰木行等廠工人及大坂碼頭工人亦相率罷工抵制。 三日電車工人差不多完全停工；電話電燈工人亦罷工三分之二以上，祇餘少數人因被壓制不得已而工作；商務印書館中華書局二廠工人亦均停工；小沙渡則罷工者已達二十四廠，其中四廠屬於華商，餘均為日本資本家所開；楊樹浦自當日慘案發生後，東方怡和德大豫豐各紗廠工人遂全體罷工，其餘亦自動的停止工作。 自三日起不但各工廠工人罷工，即在西人機關或住宅服役之西崽亦開始罷工同情於被慘殺的同胞。 四日罷工風潮尤其突進。 計四日罷工者有康益漢士兩洋行華職員，日商絹絲廠工人，蘇生洋行、愼昌洋行、葡萄乾公司、柯達公司等華職員、英美煙公司及日華紗廠工人，同茂公司、立興洋行、挪威商辦中國五金物品公司、中孚銀行華職員、日商伊藤煙公司、公大紗廠工人、美豐銀行、大英銀行、華比銀行華職員、伊文思書局工人、上海總會侍者等。 怡豐公司工人亦罷工。 工部局鐵工廠工人、電氣處職員亦因工部局之殘暴，罷工反抗。 其他各洋行西崽亦多數罷工。 碼頭小工完全停止工作。 印刷工人除商務中華二大印刷廠已罷工外 其他亦多罷工，尤其是西報排字工人之罷工使帝國主義機關難施其巧。 西報工人并曾開會遊行示威，自五日起上海西報出版異常可憐，甚至文滙報用油印出版者，可見西報之苦況了。 四日上午上海總工會特召集各廠代表在少年宣講團開會，共到五十二個工會，二百餘代表；各代表報告各該廠罷工情形與人數。 代表報告時俱各慷慨激昂，誓願堅持到底，於此可見中國工人階級是國民革命中有力的指導者了。

上海中等商人和小商人階級此次亦極熱烈參加。 在三十日和一日的被害者當中，不少小商人和店夥。 代表上海中等商人和小商人階級的是各馬路商界聯合會及其總機關各馬路商界總聯合會。 三十日屠殺之後，各聯合會紛紛投函總聯合會，憤激地表示願意犧牲願意罷市為學生後盾，總聯合會亦屢次派人和學生會接洽。 三十一日各團體在上海總商會開會時候，各馬路商界聯合會站在工人和學生一邊共同脅迫總商會非罷市不可，并且各馬路商店不等至一日，即已紛紛閉門停止營業，這幾日的罷市中，無論誰，祇要到各馬路巡視一過，看見商店外許多標語和旗幟，及店夥勸動行人不坐電車之熱情，便可知道商人痛恨帝國主義至何程度了。 我們於此次運動裏看出中國中等商人和小商人階級革命性的表現是很强的，是中國民族革命運動中

一支極有勢力的軍隊。

上海的大商人階級此次亦迫得參加運動。　我們在一日上海各報記載各團體在總商會決議罷工之經過，很可看出在中國民族革命運動中，各階級的作用了。　各馬路商界總聯合會首先答應工人和學生的罷市要求，但總商會則須工人和學生及商總聯合會的三催四迫才勉强簽字答應罷市。　三十一日午後各馬路商店多已閉門，到一日早晨七時南京路大商家還有開市者，直至流血重演之後，才完全關閉。

銀行公會和錢業公會甚至不從總商會決議於全市停業聲中，依舊開門營業，祇寫一封信給工部局輕輕抗議而已，一直至工部局置此抗議信不理及字林西報以滑稽口吻加以嘲笑之後，才於三日起罷市。

我們從罷市經過以及這幾日來各方調和空氣和總商會願意自居於調人地位之表示看來，不曾明白告訴我們以民族運動中那幾種勢力比較動搖和妥協的了。

學生羣衆在此次運動中自然是熱烈參加的，首先起來援助工人的是學生，甚至於積極表示不怕犧牲反對「四案」的也是學生出頭，受創最重的仍然是學生。　現在上海的學校，沒有一個不參加這運動，便是向來不做社會活動的聖約翰大學此次也激起義憤，與校長衝突，脫離學校投入此次之風潮，其他的學校便可想而知了。

現在罷工、罷市、罷課還在擴大的形勢。　帝國主義的[illegible]現在日加强硬。　調和祇是上層中國人的夢想。　然而此運動已普遍全國各大都會了，并且將引起全世界被壓迫階級和被壓迫民族的同情援助。　中國的被壓迫民衆應該更密切地聯合起來。　團結便是力量。　要認定，我們和帝國主義絕無公理可講。　要認定此次的反抗是中國民衆反帝國主義革命戰爭的開始。

青島日本帝國主義者殘殺中國工人之慘劇（青島通信五月三十日）

實敷

▲「二七」慘劇之重演

▲當場被殺八人、受重傷者十餘人、被捕者七十餘人

▲被捕的工人中有六人已解往濟南有槍斃危險

日本帝國主義者既挾有張督帥及安福政府做其工具，已直接取得中國人民的統治權，大可爲所欲爲，無往不利。　中國人民在這種情形之下，只有粉身碎骨；首當其衝者自然爲受壓迫最厲害之工人及有血性之青年學生！

青島四方日本三紗廠工人因歷來受日人壓迫過甚，曾於上月十九日舉行一次罷工。　支持二十餘日之久，工人方面只得到些微小利就恢復工作；通盤籌算，所得實不償所失。　然而日資本家心猶以爲未足，以爲奴隸似的工人居然敢起來反抗，這還了得；故於工人恢復工作後，故意三反四覆地不履行條件，向工人挑釁，藉此造作口實向中國官　報告，說工人不安於工作，必須解散工人的工會。　中國官廳對着這個太上政府，自然只有唯命是從，故得令後即召集工人代表就工會應該取消，因爲日本人望着工會駭怕。　并拿出委任狀及金錢收買工人代表。　可憐工人經過二十餘日忍飢耐餓的爭鬥，所得者錢是工會；差不多工會就是他們的生命，故工人代表屢次都嚴詞拒絕之。　如此延遲至本月二十五日，日本人又指揮了執政府或張宗昌，非解散工會不可，故當地官廳即派大批武裝警察保安隊至四方欲實行以武力封閉工會，卒經工人羣衆堅決的表示反抗未果。　日本資本家見此情形，更逐步加緊，乃仿照上海日紗廠的辦法停止機器，驅逐工人以迫脅之；工人見事不佳，日夜班仍輪流進廠靜候作工。　如此相持三日，表面上看都很安靜的，至二十八日夜深人靜時，中國官廳突調大批海軍陸戰隊協同原有武裝警察保安隊和陸軍秘密馳赴工廠附近住

宿，至夜午後三時許以武力將廠裏工人驅逐出廠；中國兵與日本人一齊開鎗，工人當場受鎗斃命者八人，受重傷者十餘人，被捕者七十餘人。

中國劊子手逢迎日人意旨，施行這次大殘殺後，又恐人民起來反抗或宣佈他們的罪惡，故馬上施行特別戒嚴，一面到處亂行搜捕，一面又監視郵電及檢查報館——所有報館稿件均須經警廳蓋印方准出版。因此，工人中死者傷者無一人敢伸頭探視，一任那般如狼似虎地搬運。被捕者之中有六人已解往濟南見張宗昌，大約亦無活命希望。其餘被驅逐出廠的男女老少鬼哭神號，死亡無日；因為以現在日資本家氣燄觀之，尙難望其即日開廠讓工人進去作工。

全中國的國民！於今眞是人為刀俎我為魚肉呵！我們將坐令帝國主義者着進攻，一個個同歸於盡呢，還是應急起直追一致與帝國主義及其走狗軍閥決一死戰呢？

臨了，還有幾件事實應該臚列報告於左，足堪國民注意：

一、這次大慘殺的產生完全是日本帝國主義者事前準備妥當，中國官廳即如法泡製。日本帝國主義者如此行為不獨破壞工人上次罷工所得之條件，而且是與上海和青島各廠主聯合一致向中國工人進攻，以圖根本殲滅中國工人的反抗；故五月廿八日青島公民報載日本政府給駐華領事的訓令，內中第一條即不准在上海和青島各僑商有部份罷行動。

二、這次慘劇的發端，在工人方面實毫無破綻可尋，完全是日資本家於上次工潮結束後即强令中國官廳解散工會并停止開工，工人靠每日作工維持生活，資本家不得任意停工，斷絕工人生活，因此工人照常上工劃到，乃屬當然之事，不料結果竟大遭毒手。

三、自上次工潮結束後，工人成立工會時，警察廳長陳韜曾親自與會，并有其屬員登台演說，高呼：『工會萬歲！』則是工人成立工會，警察廳長事前就已與聞，并未加以阻止。工會成立後，工會代表即備文至警廳立案，雖至今未邀批准，但亦未見批駁。工人成立工會既已呈報，當不能謂為私立。中國官廳如欲解散工會當有法定的手續，乃以『日人對工會駭怕』為解散之理由，工人嚴詞拒絕，實屬名正言順。結果工人無端受殘殺，可見中國官廳完全成了外國人的走狗，自己毫無主見，惟仰日人之鼻息以行動。

四、青島當地陸軍（屬第五師）保安隊及警察欲解散工會，延遲至三四日均不肯下毒手（實無從下毒手！），結果以張宗昌的命令，不管理由，强迫溫樹德調海軍陸戰隊協同陸軍保安隊及武裝警察實行解決之，於此可見日本帝國主義者近來在中國敢如此橫暴，實為有他兇猛的爪牙奉系軍隊及安福政府做其先鋒！

The Guide Weekly

分售處

西安　杭州　平陽　南昌　大原　潮州　雲南　福州　重慶　南京　寶慶　黃梅　成都　宜昌　紹興

廣益書局　知行書社　新新書社　明星書社　晉華書社　青年書店　新亞書社　學生聯合會　唯一書局　樂天書局　資慶書局　晳智流通報　華湯書報流通處　精益公司派報部　亞民文具貿業社

嚮導週報

分售處

廣州　上海　濟南　開封　甯波　香港　汕頭　蕪湖　武昌　漢口　長沙　嘉興

丁卜圖書館　國光書店　上海書店　民智書局　齊魯書社　國民書社　湖星書局　萃文書局　汕頭書店　科學圖書館　時中書報社　市民書報社　文化書社　商務書館

第一百十八期

一九二五年六月二十日

——零售每份銅元四枚——

訂閱：國內一元寄足五十期‧國外一元寄足三十期‧郵費在內‧郵票代款概作九五折

代派：每份大洋二分‧十份至三百份五折‧三百份以外四折‧寄費在內‧十期清算一次

發行通信處　杭州馬坡巷法政學校安存眞轉王致和

此次爭鬥的性質和我們應取的方法

獨秀

五月卅日上海大馬路之屠殺，曲在英捕橫暴而不由於學生市民之暴動，已由本月十一日會審公堂第三次研訊被捕者所宣布的判詞完全證明了。

此次屠殺之最近直接原因，乃由於上海的學生市民對於日本紗廠鎗殺中國工人而抗議，爲租界英捕所屠殺。

同時，日本派遣軍艦在青島强迫中國軍警，使其屠殺中國工人八名，傷者十餘。

上海青島同時的大屠殺，激起全中國各階級各黨派的國民公憤，罷工罷市罷課集會示威，遍於全國。 在這全國國民公憤中雖然有和平急進之分，而憤恨外人戮辱同胞，并且憶起歷來的不平待遇，却已成了全國共同的心理，雖軍閥銀行家亦爲此心理所征服。

蘇俄政府及人民對於此次屠殺事件及中國國民奮起，極表同情。 代表全世界革命工人的第三國際已起來號召全世界工人援助中國工人及中國民族運動。 英國的工人及自由主義的學者已起來向他們的本國政府抗議此次上海屠殺事件。

英日法美意的海軍在上海登岸駐紮，占領學校，搜查行人。 英日法美意的公使團始終堅持上海西捕開鎗殺人是應該的。

漢口英領事召各國海軍登陸，英國義勇隊鎗殺中國工人市民八人，傷四十餘。

段政府下令各省保護外僑。 蕭耀南趙恆惕均令軍警嚴阻學生游行演講，并宣布戒嚴，以「就地正法」「格殺勿論」威嚇市民。

依據上列各項事實，便可看出此次爭鬥的性質和我們應取的方法了。

英捕英兵在上海漢口殺人，不過是此次爭鬥中所表現出來的一種兇暴現象，此種現象之真正根由乃由一切帝國主義者對於中國民族醒覺與反抗之示威。 因此我們應該明白：此次爭鬥若僅以懲兇賠償了事是錯誤的；因爲殺人之罪不僅在英兵與英捕，而在帝國主義的國家之高壓政策，如工部局歷來橫暴及此次海陸軍警示威，都是國家行爲而非私人行爲。 第二應該明白：此次爭鬥若主張縮小戰線對英日或專對英國是錯誤的；因爲罪魁禍首雖然是帝國主義之王的英國，而派兵遣艦向中國人示威，并堅

稱上海西捕開鎗無罪，日美法意也和英國一樣，尤其日本在上海青島直接或間接殺了中國工人是此次爭鬥之起因。　第三應該明白：此次爭鬥若主張法律解決是錯誤的；因為法律只能制裁私人的犯罪行為而不能制裁國家的橫暴與民族間的衝突。　第四應該明白：此次爭鬥若看做一個地方的問題，上海人只管上海，青島人只管青島，漢口人只管漢口，妄想住在各個租界的中國人得着一點市民權利便可永弭未來的衝突，這也是錯誤的；因為一切帝國主義者是根據一切不平等條約向中國全民族加以剝削與凌辱，即此次屠殺也不但上海，青島漢口都同時流血，這種根本問題，不但不是一個地方的問題，幷且不是一個國家問題，是要喚起國際的同情才能夠解決的。　第五應該明白：此次爭鬥若依靠現政府交涉解決是錯誤的；因為歷來的賣國政府對外懸案山積，從未能得着相當的解決，現在對於各處同時幷起的大屠殺案，幷不向外人嚴重交涉，專知保護外人，反以嚴刑峻法壓抑本國人民的愛國運動，他們向來只是代表外國向本國人民交涉，不會代表人民向外國交涉，現在上海的外交當局蔡曾許那一個不是這樣的態度!?

〔我們若是明白了這些錯誤，便應該懂得此次爭鬥的性質，乃是全中國人民為民族的生存與自由反抗一切帝國主義之爭鬥，決不是那一個地方那一部分人對某一事件某一國家之爭鬥；換言之，此次爭鬥應該是整個的不是局部的。　爭鬥的方法，不可依賴法律，亦不可依賴現政府，只有依賴國民自己的團結力。〕

因此，我們主張：中國國民應該運用自己的團結力，立即在上海召集全國工商學兵代表大會，議決廢除一切不平等條約，嚴責政府宣布執行。　倘政府不肯執行此議決，立起國內戰爭，建設一個國民革命政府。　新政府第一個宣告，即是廢除一切不平等條約；第二個宣告，即是那一國承認廢約的宣告，幷派代表來華商訂相互平等的新約，便許那一國通商，否則請他們將一切商品運到別國去販賣。

我們這個提議，是立脚在全民族的生存與自由之意義上面，不是立脚在某一階級某一黨派的利益上面，希望全國人民不存成見，予以公正的考慮與討論!

上海大罷業與日本工人階級

——日本帝國主義內部的瓦解——

花田生

日本帝國主義是以榨取中國、高麗，及其他遠東諸國為命脈的。而二月上海日本工廠的大罷工，和續發的青島日本人工廠的罷工，以及這次上海的大罷市罷工，卻給了日本帝國主義一個深重的打擊。

現在日本帝國主義在內部也受了襲擊了。　那是什麼?　就是日本工人的反抗運動頓然激烈起來了。

二月的上海工人大罷工給了日本工人一個很深的印象。　要推倒日本工人之敵的日本帝國主義，必須和中國工人立在共同的戰線上，這種意識在日本工人中間爆燃起來了。　日本工人中革命的左派團體三十二個勞動組合，五月廿四日在神戶開一大會，滿場一致的通過了『遠東勞動階級之提攜』的議案。　同月廿八日，該團體的代表到外務省去責問日本政府對青島罷工問題的態度，要求『即時禁止武力干涉』『懲罰日本資本家』『撤換青島日本領事』。　等到聽見這次上海大罷市的消息以後，日本的工人團體和學生團體相呼應，着於同情的示威運動了。　他的主要的標語是「立即拋棄對中國的帝國主義政策。」　工人團體的機關報　對于顧正紅被慘殺的案子，痛論日本政府應當謝罪、賠償、懲罰日本工場主、禁止日本水兵登岸、撤換日本駐滬領事、撤廢領事裁判權等等的必要。

在日本，階級的分化是非常的顯明了● 日本帝國主義是日本工人方面的死敵。 從日本工人羣衆中間不住湧出來的協力的精神，在最近的將來總要和中國工人完全實現一個共同戰線。 遠東的工人團結起來！ 推倒日本及外國帝國主義！ 我們的目標是建設平等自由的遠東社會主義聯邦。

帝國主義鐵蹄下的中國

超麟

事變的進展是很迅速的。 不消一二個星期，上海南京路鎗聲已震動了全國各重要都會直至最偏僻的城市。 由遠處的回聲打轉到上海來，我們看見各都會各城市的一切階級都已崛立起來參加這一反帝國主義運動。 北京、漢口、長沙、九江、南京、濟南、福州、青島、天津、開封、鄭州、重慶、鎮江、南昌、汕頭、杭州、廣州、……等都罷市罷工罷課，打倒帝國主義、取消不平等條約、經濟絕交等呼聲，到處都可以在示威遊行中聽見。 河南廣東的農民，也起來加入運動。 俄國工人捐欵援助，莫斯科數千學生遊行及各國無產階級同情表示更可證明帝國主義屠殺所引起運動之成爲普遍全國，影響全世界的運動已經是確定的事實了。 然而在這運動擴大當中帝國主義的行動是怎麼樣呢？

（一）帝國主義鐵蹄下的中國

帝國主義野蠻殘暴的行爲祇有跟着反帝國主義運動的擴大而加甚。 帝國主義的鐵蹄不但踐踏了上海，而且走遍全中國。 全國各地援助上海工人學生的運動，帝國主義祇有報之以屠殺。

上海。 上海大學被封後，接着南方大學附中、大夏大學、同德醫學也走同樣的命運。 各國海軍陸戰隊繼續登岸，大砲機關鎗把守各要區，南京路的戒備日益加嚴。 開槍威嚇羣衆者日必數起，死傷時有所聞，租界內的人民日生活於恐怖世界之中。 六月五日晚十一時，萬國商團突然下令同時在南京路接連山東路福建路湖北路一帶檢査行人；所有過路的中國人千餘人無論男女老幼乘車或步行登時失其自由，在槍刺威迫之下列成隊伍盡被驅入老閘捕房嚴行搜索，一千餘人鵠立露天細雨之下一二小時，結果西捕查無所得始釋放而出。 當時并有一汽車夫因行路稍緩，被商團刺傷奄奄一息。 八日搜査惠中旅館毫無所獲，同日有河南來滬旅行之學生十五人在梁溪旅館被捕。五日爲止，英美日法意兵艦已增至二十六艘，其中屬於美國的十三艘，屬於日本的五艘，屬於英國的四艘，屬於法國的三艘，屬於意國的一艘，各國軍隊已增至五千至六千名。 自三日起，各國陸戰隊商團及西捕越界肇禍者日必數起。 五日西捕在曹家渡越界捕人并槍擊保衛團。 同日南洋大學學生在華界講演又被便衣西捕捕去。 十二日西捕在北四川路華界拘捕啓賢學校學生，調來鐵甲砲車二輛，英日水兵一二百人幾與保衛團接戰。 其他外兵武裝侵入華界尋釁者極多，不能勝紀，截至十八日爲止，公共租界的戒備仍十分嚴緊，恐怖空氣并未減輕。

北京。 帝國主義在北京的橫暴亦目所共見。 三日北京學生五萬餘人大示威，隊伍行至東交民巷時，竟被阻止不許通過。 當時日兵及安南兵之嚴陣以待，使館界口預備水龍向羣衆射擊以及二美兵騎馬向隊伍亂衝并擊槍示威恐嚇羣衆。 照此情形，上海南京路的屠殺，誰能擔保其不能重演於北京東交民巷呢？ 自那日以來，公使館無事自擾，使館界戒備加嚴自不消說，最近自十四夜以來復在界口佈設刺鐵線網。 這就可見帝國主義在華的總坐辦怎樣看待中國人民了。

鎮江。 鎮江英人開槍示威先繼滬上屠殺而起。 五日，鎮江各

工廠工人及黃包車夫俱罷工參加三萬餘人之示威遊行運動。當隊伍經過銀山門時，突有英人汽車一輛馳來，撞倒牆壁壓傷遊行女生八人。當日租界工部局不知如何忽然發火，巡捕遂開槍數響并上刺刀預備衝鋒驅散羣衆，雖未傷人，但帝國主義處處以武力爲對待徒手羣衆之手段已昭然若揭了。

漢口。上海屠殺後的大屠殺不得不算十一日漢口一役。帝國主義的殘暴在漢口愈加充分表示出來。尤其可惡的，即帝國主義勾結軍閥共同壓迫援助滬工人學生的羣衆。漢口學生自得上海屠殺消息後，於二日起即已罷課，并四出講演勸導商店罷市，有數業工人亦自動罷工；但因蕭耀南的壓迫，風潮不能擴大。直至十日下午英租界碼頭苦力遂與太古職員衝突；十一日晚漢口領事伯達竟調集海軍陸戰隊武裝上陸，用機關槍向羣衆轟擊百餘響，死八人傷者無數。當日蕭耀南即宣布緊急戒嚴，禁止報館登載眞實消息并制止一切運動。

九江。九江又有機關槍聲。十三日日本浪人故意在九江台灣銀行廢址之內放火，藉以嫁禍「暴動的」中國人。軍警救火車馳至時，日本浪人復制止救火，英日戰艦陸戰隊二大隊即登岸排設機關槍，并向空連放二響。事後各埠日文報紙都以頭號字登載九江「暴民」焚毀台灣銀行之消息，日本公使亦因此事向北京政府抗議。

以上所述。上海北京鎮江漢口九江之外，其他外國人故意尋釁，在在多有，近日開封亦有意使署駐兵擾亂遊行隊伍情事及安東日兵殺死華警七名之傳說。這些種種野蠻殘暴之行爲，目前并未終止，不知將有多少都市要重演以上諸地之慘劇哩！

（二）反帝國主義運動之進度

罷工罷市罷課風潮已瀰漫全國。

上海風潮擴大。罷市除公共租界外，法租界亦於五日罷市一天、南京亦罷市。罷工工人更日有增加。現在已罷工的，已增至二十五萬人。新近罷工最重要的是海員工人；據十六日統計，已罷工之船共有四十八隻，罷工之海員共有二千一百五十餘人。公共租界華捕罷崗已過半數，這更可證明帝國主義之橫暴，甚至激起其所雇用之巡捕的反抗了。積極指導上海民衆做反抗運動而爲其代表者是工商學聯合委員會。風潮發生不久，工商學聯合委員會即組織起來，其所包含的團體是上海總商會，各馬路商界總聯合會，上海學生聯合會，全國學生總會。政府特派員蔡廷幹曾宗鑑及交涉員許沅到上海後，工商 聯合委員會特於十一日召集市民大會，邀請蔡曾許宣布意見，那日到會者各工廠工人，各馬路商人，各學校學生，近二十萬人，政府特派員及交涉員俱堅邀不到，會場中羣衆一致對外交官不滿。散會後并在華界遊行示威，民氣熱烈異常。七日工商學聯合委員會即已提出條件，計先決條件四，正式條件十三，交與特派員囑其向外交團提出了。

上海之外，各地反帝國主義運動，尤激烈異常。長沙聞訊首先罷工罷市罷課，北京天津漢口學生均即能課示威。北京學生不數日即舉行大羣衆運動，參加者往往突過二十萬人，十日之國民大會到會至五六十萬人。北京商會已發表宣言，正式宣布與英日經濟絕交，并定六月二十五日爲全國大示威運動，各地一律罷市罷工罷課半日。

其他各地如南京福州開封杭州汕頭：：等亦積極參加不讓京滬漢之專美了。廣州因反革命軍隊武力佔據，在戰爭狀態中不能有積極的表示，但反革命軍現已敗亡，廣東工農將有一番大示威，而沙面對外人之罷工終不能避免了。至於佔中國經濟命脈之交通工人，亦有很熱烈的表示。除上海海員罷工不算外，長辛店京漢鐵路工人五千餘乘車至北京參與遊行，香港海員定十五日起開始罷工，京奉路機器廠二千餘工人亦是十五日停止工作。河南廣東數鄉農民，亦鬧農民大會對帝國主義有所表示。此外各地發起捐款救濟罷工工人者尤指不

聯屈。 反帝國主義的潮流方興未艾，此後將益蔓延，絕非帝國主義的武力，軍閥政府的詭計，上流社會的妥協所能阻止得了。

中國民衆這種轟轟烈烈如荼如火的反帝國主義運動，現在已經引起了全世界被壓迫者之同情與援助。 首先是俄國工人自得上海屠殺消息之後，各報紙俱連篇累牘詳紀事變之經過，各工會即開始勸捐救濟被難者，全俄職工會已匯來救濟捐款十萬元，莫斯科數千學生特爲此事遊街示威。 第三國際已電令各國共產黨積極攻擊各該國政府，援助中國民族獨立運動；各報喧傳歐州各強國電駐華公使速即解決滬案，藉免國內工人之起騷擾，這幷不是沒有原因的。 英國職工會對保守黨政府之抗議，及工黨質問政府等消息，已經由各報上登載過了。 全世界五百萬智識階級及工人，慰問我們之電文，說得最好：「資白種的資本家壓迫你們的民族，同時也壓迫我們的階級，你們之敵，即我們之敵」。 於此可見中國此次運動之性質，及世界上能幫助中國民族的是那幾種人了。

(三)一套的滑稽戲

不想在上海這緊急戒嚴期間，帝國主義倒有閒情逸致，演一齣「武裝滑稽戲」給我們看。

法律祇是保護統治階級利益的工具，裁判官祇是統治階級的傀儡。這個真理在上海表現得尤其顯然。 所謂會審公堂不過是工部局一附屬機關而已，——這是誰都承認的。 希望會審公堂裁判出「正義」來，這是可憐的幻想；希望會審公堂裁判工部局的行爲，尤其是笑話。 帝國主義設立了工部局之外，再霸佔一個會審公堂來主持「正義」，這原不過是自欺欺人掩耳盜鈴的勾當——這個西洋鏡已經戳穿了。 然而帝國主義還要再獻一次寶給我們看。

六月九日晨八時半，有西商團三十餘名奉司令官命令整隊出發赴會審公堂。 以七八名分佈公堂鐵柵門內之甬道，四周鐵門口旁有七八名守衛，餘則在公堂左近前後梭巡，幷有七號鐵甲砲車一輛停於公堂斜對面之文監師路口。 公堂鐵門關閉，派華捕二，公堂職員各一守於門口，如有欲入者須查詢明白，然後開門放入。 公堂附近之一段北浙江路上，幷有白帽黑衣之外國水兵巡邏，該處印捕亦較常爲多，復有印捕騎巡四名，沿途糾察——這便叫做武裝的「正義」！

正會審官關絅之，美國正陪審領事升座。 階下四——邵景白將十八人。 首由工部局御用律師梅蘭說陳稱：「參加鬧事之學生係西摩路「過激學校」內派出，……假使當時不開槍，老閘捕房必被流氓奪去，……大馬路各商鋪必遭搶刼」。 次由工部局御設醫院醫生華人陳錫卿證明槍彈不是從背入的。 繼由證人西教士惠斯迷其引伸基督教義說：「我若以教士身份言，則不應開槍；我若以警官及法律家之身份言，則必開槍以便保護財產」。 後由正兇愛活生供出當時開槍離警告後祇十秒鐘，而十秒鐘實不能使羣衆退去。

十日續審。 「正義」武裝如前。 這日工部局御用裁判官忽然不去根究槍彈從背後進去呢，抑從前面進去？ 因爲這位關君一開口就論謂：「本案應分兩個問題，即(一)公堂祇審訊捕房所控案情判決其是否有罪，(二)開槍是否正當防禦一層，此爲外交事件，應由政府特派員交涉」。 這日正兇愛活生說過一段很愛護人道的話。「我當時幷未命令向地開槍亦未命令向空開槍」。 爲甚麼呢？ 「因爲向地開槍，子彈跳起來傷人，向空開槍子彈落下來亦可傷人，所以平放」。

十一日續審。 「正義」武裝仍如前。 工部局御用裁判官重申前一日二條原則，即祇問學生犯罪不犯罪，不管捕房犯罪不犯罪。 這一日，孔子的學說被帝國主義拿去了做他御用的學說，以補「法律」的不足。 我今試摘錄各報登載當日審問情形一段於下：

階下囚邵景白發言于堂。

美國領事問：「你四書五經曾讀過否」？

——已經讀過。

——孔子曰三十而立四十而不惑一章，你服膺其言否」？

——此為二千以前學說，今不適用矣！

合座大笑。美領事亦莞爾而言曰：「本領事與關正會審官猶服膺孔子之學」。（帝國主義原來是「聖人之徒」！）繼關君亦詢以「四書內少之時一章，血氣方剛戒之在鬥，你知之乎」？

——我并不來鬥。

這一套接演三日的滑稽戲，到此地步不得不收束。這日晚上七點鐘，工部局御用的會審公堂判決「肇事」諸人無罪，但重新申明：捕房那一邊開槍殺人的行為，本公堂是不過問的。

這便是帝國主義以公判形式履行工商學聯合委員會所提先決條件之一：釋放被捕。

然而被捕者果真完全釋放了嗎？我們看六月一日後被捕諸人：王小樓張其海張瑞卿沈定忠各罰洋二十元或押滿十四天，李惠謝根生茅四忠袁再浩顧英昌朱有喜高孝順各罰洋三十元或押滿二十一天，施文才罰洋四十元或押滿一個月。其他因撕破告示散發傳單等細故被捕而判罪還有多起。如此我們又怎樣能夠把這一裁判看成是帝國主義誠心履行「釋放被捕」的條件呢？

（四）帝國主義與軍閥

所謂工部局、會審公堂、納稅外人會——都是帝國主義在上海的機關。帝國主義對華侵略以上海為其中心，為其下手處，而且這回肇事地點也在上海，反抗的風潮亦以上海為最緊迫，所以解決此風潮的關鍵便在上海一埠。對敵二個營壘內部的矛盾點亦以在上海較在他處為顯而易見。在壓迫者——帝國主義方面，我們去希望其中有幾個帝國主義國家出來替我們被壓迫者「主持正義」自然是妥協派的幻想，然而在被壓迫中國人當中，各帝國主義國家間利益互有矛盾亦是我們所不應忘記的。日本美國意國事實上派遣陸戰隊上岸共同屠殺上海人民，其殘暴兇橫并不減於英國，但在外交上除英國始終強硬外，日本欲卸責於英人而表示願單獨解決顧正紅案；美國則仍不放棄其向來面子上的賣好市恩政策，在會審公堂上說甚麼「本領事歷任七載，中外感情極為融洽」等話；意大利在中國本沒有多大經濟利益，所以樂得表示「願為調人」；惟有法國，因他自有租界，不願替他人受罪，故對商人和學生高談其「中法親善」，但法國調艦佈防不稍懈，其機關報，「保護法國在遠東利益」的中法新彙報則「過激」「排外」「赤化」「暴民」的誣蔑且超英報而過之，甚至拒絕登載法比瑞同學會闢赤化謠言之聲明。我們切勿被各帝國主義國家間表面態度的不同所蒙蔽了。

（乙）另一邊的營壘亦然。在全民族各階級聯合一致反抗帝國主義的大運動中，各階級自己的利益是各自顧及的，階級分化是不能磨滅的。帝國主義工具的軍閥仍然成其為帝國主義的工具。起初我們看見安福政府抗議迅速，隨後我們看見張宗昌蕭耀南溫樹德趙恆惕等軍閥電北京力爭滬案又電上海慰問被難者并捐款濟。當時一般人以為軍閥覺悟了，以為這是武力與民眾的結合。可是事實上是這樣的嗎？不是的。軍閥祇是軍閥。安福政府抗議書中不提及此次屠殺發生原因之紗廠風潮，這是為其主人日本出賣名的作用。張宗昌溫樹德奉日本帝國主義命令戕殺青島日商紗廠工人，同時又拍電爭滬案并捐款救，這是武力與民眾結合嗎？這是軍閥覺悟嗎？蕭耀南幫同英兵戕殺漢口工人多名，又槍斃七個「過激派」，趙恆惕下令嚴辦「過激」，這就是軍閥覺悟！這就是武力與民眾結合！張作霖治下的奉天禁止學生遊行，而一面派他的兒子帶兵來滬「保護」

上海人民，軍閥的本相原來如此！

外交官尤其飯桶！蔡廷幹曾宗鑑既其遲來，到上海復賣弄其官僚外交身手，一則曰祇管調查不問交涉，再則曰交涉移北京辦理。十一日工商學聯合會召集的市民大會，邀請他們到會，又不敢來。還完全表現其是親日賣國政府派來的奸細！這幾個奸細竟運動總商會少數商人貴族脫離羣衆，另提出十三條妥協的要求。（未完）

形勢嚴重下之廣州政府（廣州通信五月三十一日）

亦農

唐繼堯禍滇禍黔禍桂不足，復野心勃發，積極圖謀傾覆廣州政府，其反革命行為久已顯著，但造成廣州政府目前的嚴重情勢決不祇一唐繼堯，還有許多反革命的力量與他聯合一致。簡單一句話，現在廣州革命政府實處於日英帝國主義及其走狗段祺瑞、唐繼堯、陳廉伯、陳炯明、劉震寰、楊希閔、馬素等積極聯合進攻的狀態中。

唐繼堯受日本的操縱。當他尚未遣兵入桂之前，得到日本大批軍火的援助，及遣兵入桂，其一切軍事進行計劃，純係他的軍事參謀日本人山原氏為他運籌帷幄。

賣國親日的段祺瑞以大批金錢勾結陳炯明、林虎，運動他們於廣東革命政府反唐軍事緊急的時候，反攻江東，直接的固然證明段祺瑞謀推翻廣州革命政府，間接的難道不證明日本帝國主義暗中指示嗎？

但是徒一唐繼堯還不能使廣州革命政府發生動搖，因為假若廣州革命政府所統屬的滇軍、桂軍、湘軍、粵軍能一致的團結起來就是勦滅唐繼堯亦有餘。在政治一方面說，雖然廣州革命政府不能使被壓迫的勞苦人民純然滿意，但廣州究竟有言論出版集會結社的自由，廣州革命政府始終還是舉着打倒帝國主義推翻軍閥的旗幟比賣國親日的安福政府實有天壤之別；何況唐繼堯禍滇禍黔禍桂的罪史昭彰？所以廣東人民聞唐繼堯遣兵入桂，想直搗廣東之後，無論商人的團體，學生的團體，工會，農會等均發表宣言，擁護政府，宣佈唐繼堯的罪狀。可恨的就是一班聯唐的反革命軍閥如劉震寰楊希閔等，為他們個人的地位勢力，不惜犧牲一切，與唐繼堯勾結，為他的內應，希望在最短的時間內，實現他們的野心，至使革命政府所處的情勢，一天一天的嚴重，廣州的人民一天一天的陷於惶恐的狀態中。

楊唐之合作，據記者所知亦有其最近的原因，當江軍事尚未澎漲，中山病重北京的時候，國民黨左派統一軍事機關，預備集中軍力，肅清東江起見，提議組織革命委員會，楊希閔等反對。攻東江計劃：黃埔和粵軍一部打右翼，桂軍全部和滇軍一部打中翼，滇軍胡思舜范石生部打左翼。實際上，當軍事緊急的時候，劉震寰親赴雲南勾結唐繼堯，擁戴唐為西南盟主，以期其遣兵進攻廣西，推翻革命政府，楊希閔當時雖未與唐繼堯勾結，然取中立態度，並未與陳炯明軍隊正式開火。不料僅一月的時間，右翼之黃埔軍隊及粵軍居然肅清東江，電告大捷。東江肅清後，粵軍的勢力一天一天的擴充，當然不利於滇軍，同時滇軍的勢力又不能伸張至東江，楊希閔有見於此，曾設法提議組織他前所反對之革命委員會，以為此委員會組織之後，其中委員之一決不至少他，藉此不但可以緩和粵軍之進攻，或者還可利用機會，伸張其勢力於東江。不意此時之國民黨左派，認東江肅清後，須繼續肅清所有反動的軍閥，然後才可組織革命委員會。因此革命委員會之組織，無形沈寂。此時的楊希閔若真係革命者，儘可表明心跡，粵軍當然不至有意外的舉動，何況政府領袖們國民黨的領袖們素無魄力，憚於拜棄有實力的反動軍閥！楊希閔計不出此，當范石生在南寧失敗，公然盡棄前仇與唐繼堯絡。

現在看他們的實力是甚麼，據記者所得的消息在本月十七八左右

，聯唐派曾在香港皇后酒店六十號開會。楊希閔、劉震寰、馬素、陳廉伯均親自出席；唐繼堯、段祺瑞、林虎、陳炯明、鄧本殷及香港政府均派有代表參加。據聞劉震寰曾寫信給孫科張繼請其出席會議，孫張並未赴港亦未派代表參加。此會議上議決馬素擔任外交；與香港政府接洽一切。單拿參加這次會議的名單一看，就可知道反革命的力量是甚麼，那些反革命的力量明目張胆的聯合向革命政府進攻，是否如他們所藉以號召的謀西南團結肅清共產黨？祇要是稍有常識的人便明白了。劉震寰楊希閔賣國親日的安福首領段祺瑞，勾結陳炯明等推革命政府，是應有的政策。最使人痛心的就是不肖的國民黨右派素等於中山先生方死不久，公然公開的與反動的軍閥，反革命的買階級，賣國親日的安福政府及英日帝國主義者勾結，圖謀推翻該黨總理四十餘年革命遺留下的一塊革命根據地，不知何以慰該黨總理「在天之靈」！這班反革命分子的罪惡孫中山先生在日時，本來就說過：最後十餘年來他天天就忙於與這班分子打仗。現在他們的罪惡更加昭彰了，他們反革命的假面具純然揭破了，他們還在香港各報今日發表甚麼馬素的談話，明天又揭破甚麼共產黨的陰謀，利用社會上較懦弱的心理，陰行其叛黨反革命之實。許久以前就應當毅然決然的開除出國民黨，國民黨的諸領袖們總是猶豫不決，現在總可深一層的認識了他們，決定對他們應取的政策了！

反革命力量的結合已如上述，但反革命的力量中以唐繼堯劉震寰楊希閔最有實力。劉震寰楊希閔之動作最使革命政府危險，因為劉楊的軍隊一大部分駐廣州及廣州的附近。在半月以前本來就要實發作，但因為劉楊之部下的意見并未一致與唐繼堯尚未聯絡妥當，因此有香港會議發生，不料香港會議除劉楊得到陳廉伯五十萬款助外并未得到積極的結果。迨劉震寰楊希閔返廣州後，情形已大變更，革命政府已久從事各種實力的準備且已佈置妥當。黃埔及許崇智的軍隊不日從東江返廣州，朱培德譚組安，發鄂軍（程潛部）滇師北江，李福林鎮師河南，李濟深鎮師西江。聯唐派的軍隊大有被包圍之勢，劉震寰楊希閔因此不敢積極暴發。然楊希閔返廣州後第二日即實行佔駐民產保證處，煙酒公賣局，電燈局，飛機學校，國民黨第七區黨部，黃沙車站等機關。於是廣州之情形日趨嚴重，廣州純然在聯唐派反動軍閥勢力範圍之下。在這個時期內使人可注意的一件事情就是國民黨中派有妥協的傾向。當楊希閔劉震寰還在香港的時候，胡漢民曾派鄒魯赴香港勸駕，汪精衛且親自出馬。及楊希閔返廣州後，二十六二十七兩日在頤養園連開兩次重要會議出席者有楊希閔劉震寰鄒魯許崇智胡毅生胡漢民汪精衛譚延闓等，這兩次會議，因十分秘密，其內容外間無從知道，但據記者所聞有汪精衛提出大本營改組和起草反奉宣言劉震寰楊希閔等願意簽字的消息，總不外是安協。汪精衛本一書生，素以調和派首領自居，當一九二二年六月十六陳炯明砲轟觀音山的時候，尚且與陳炯明調和與大事，這次難免不舊病復發。至於胡漢民，原本與許崇智的意見不合，與其他國民黨各有實力的首領的意見又未見得純然融洽，不無恐怕反動軍閥純然肅清後，許崇智等提出改組大本營難被推為政府的領袖因有想留一部份反動軍閥的力量保存自己現有的地位的嫌疑。但是民衆的空氣是不願意政府妥協的；商會各工會農會學生聯合會時均發表宣言擁護政府，反對唐繼堯，要求政府肅清反動的軍閥，因為他們深知道反動的軍閥不肅清，革命政府不能整頓吏治，統一行政，從事各種建設。在別一方面，據記者所知道的軍事計劃也難使政府安協，其勢必求於武力解決。此外滇軍將領聯唐的陰謀一天一天的証實，革命政府的領袖們似漸知道劉楊等之所以要求安協，在於集中兵力，得到各方面的同情，待機而發，因此他們最近一二天的態度比較堅決。『戰爭是不可免的。至於反動的軍閥戰勝還是革命政府戰勝，雖還不可預定，但是反動軍閥得不到民衆政治的同情，反動軍閥的實力沒有革命政府的充足，論理，應當革命政府戰勝，從此使廣東的人民處於和平之機！

The Guide Weekly

分售處

廣州　上海　濟南　開封　寧波　香港　汕頭　蕪湖　武昌　漢口　長沙　嘉興

丁卜圖書館　國光書店　上海書店　民智書局　寶香書社　國民書社　明星書局　蒸文書局　汕頭書店　科學圖書館　時中書社　市民書報社　文化書社　商務書館

嚮導

週報

第一百一十九期

分售處

西安　杭州　平陽　南昌　太原　潮州　雲南　福州　重慶　南京　寶慶　黃陂　成都　宜昌　紹興

實金書局　知行書社　新新書社　明星書社　晉華書社　青年書店　新亞書店　學生聯合會　世一書局　藥天書局　資慶書局　書報流通　華陽書報流通處　精益公司派報部　亞民文具實業社

一九二五年六月二十日

——零售每份銅元四枚——

訂閱：國內一元寄足五十期・國外一元寄足三十期・郵費在內・郵票代款概作九五折

代派：每份大洋二分・十份至三百份五折・三百份以外四折・寄費在內・十期清算一次

發行通信處　杭州馬坡巷法政學校安存眞轉王致和

帝國主義之五卅屠殺與中國的國民革命

秋白

（一）

最近中國國民革命運動的發展，使帝國主義者異常的驚懼；尤其是去年北京政變之後，國民黨勢力的向北部伸張，各地工人羣衆的鬥爭，有根本上動搖帝國主義在華的統治之趨勢。如北方鐵路工人恢復工會的運動，全國鐵路總工會的成立，青島上海紗廠工人的罷工，北京印刷工人及漢口煙廠工人的奮起，以至於五月間全國第二次勞動大會及全國總工會的成立——總之，從一九二五年年初起直到現在，中國無產階級逐步的鬥爭，樹立總的國民革命運動中的新勢力，當然不能不引起帝國主義者反攻的高壓政策；他們知道這是對於世界資本主義的可怕的力量，決不能放任他盡量的發展。五卅以前帝國主義者早已逐步的防範，利用他們的種種工具，如工賊買辦軍閥官僚等，施以壓迫。這兩方面——一方面是國民革命的勢力，尤其是他的先鋒無產階級，別方面是帝國主義的列强，尤其是現在占有政治權力的日本——相互之間的鬥爭，一天一天的激烈起來，直到五月卅日而大大的爆發。

我們應當知道，這五卅屠殺案，不但在國民革命運動的歷史上，有非常重要的意義，並且對于世界革命運動，也有極密切的關係。世界資本主義在俄國革命之後，一直在動搖崩潰的過程中，直到最近方才有略略穩定的趨勢，這就因爲列强的資產階級雖然在本國對無產階級進攻不能得着像心如意的勝利，可是對於殖民地及半殖民地的經濟侵略，近兩年來，却能用着全力來經營。對於中國呢，尤其是英日兩國的工業資本，進取得最爲厲害。譬如這次世界紗業恐慌的期間，日本資本主義，首先便對於上海青島的中國工人進攻。他們以爲中國工人最落後，最沒有組織，紗業裏減少生產成本的計畫，可以從這裏實行起。原來英日兩國，都已在中國設有多數工廠，尤其是紗廠；而日本又靠着有親日派的中國政府，可以暢所欲爲。這些資本家以巨大的投資和殘酷的剝削，來和中國資產階級競爭，已經併吞了不少中國紗廠，這次紗業恐慌，他們以爲中國小資本家禁不起，他們可以一方面裁減工人，換用女工，以

減低生產成本，一方面擠軋中國紗業，乘機投錢資來收買。殊不知道中國的無產階級已經不能忍受這種殘酷的剝削，已經覺悟自己的團結力，——在上海及青島兩處居然舉行很大的罷工，給日本資本家以重大的打擊，「雖然上海青島的工人都沒有爭到經濟上的勝利（青島第一次罷工，祇加了一分錢一天的工資，非常有限的）」「然而工人的團結力已經表現出來，工會已經得了事實上的承認」——這是日本帝國主義者所最痛恨的。「不但如此，這兩地的第一次紗廠罷工，都還有一種政治的民族的鬥爭的性質：中國工人反抗日本資本家的鬥爭，引起中國一般社會有意無意的同情，中國商會學生會等大半都趁此鼓起一種排日的運動。這種無產階級領導着的國民革命運動，不但對於日本，並且對於各國帝國主義者都是很可駭懼的勢力。」

於是日本帝國主義者，一面極力造謠，說這是赤化，這是中國人排外的義和團的精神之復活，一面想盡種種方法與工會挑釁，要想撲滅他；青島和上海兩處，他們用同樣的方法——閉廠罷業以拒絕「不安分的」工人，抵死不承認工會，以引起工人中的擾動。他們在青島借助於張宗昌溫樹德的兵力，殘殺工人（死傷二三十，被逮七八十人，被堵在陰溝死者尚不計其數），並且停閉工廠；他們要摧殘有組織的工人，所以趁此紗業恐慌期間，準備停歇生產若干時間後，再另招「馴服的」不敢要工會的工人。他們在上海也是如此擾動工人之後，就停閉工廠，工人要求發給薪資的時候，資本家竟開鎗轟擊，殺死工人顧正紅，傷無數；他們更與英美意等國的帝國主義者——所謂公共租界的工部局合作，以摧殘這些工會。可是這決不僅是工人與資本家間的鬥爭；工會運動，他們固然怕，而援助工會的學生，一般的民族主義和民主主義的運動：爭集會結社言論出版自由的運動，他們尤其怕。並且這已不僅是日本一國，而是各國帝國主義者所共同敵視的運動。這種運動隨着他們的壓迫而起於上海。所以日本在青島雖然能指使軍閥完全撲滅工會，而禁止中國一般人民的反抗；在上海他却不能了。

上海自從顧正紅被日資本家親自打殺之後，一般的學生及小商人的羣衆，早已躍躍欲試的忿恨日本帝國主義者的殘暴。同時，工部局不但幫助日資本家，壓迫罷工工人，而且正在這個時候，又提出印刷附律碼頭捐等於上海的納稅外人會議，想在上海更進一步的統治中國人。這兩件事：日資本家及工部局摧殘工會與納稅外人想剝奪上海中國市民的自由權——湊合在一處，於是把鬥爭的陣勢擴大了。當上海學生為顧正紅收殺，工會被摧殘，並且反對印刷附律碼頭捐，而出發演講時候——列強帝國主義者便大自驚擾起來。他們不想一想：日本帝國主義對於中國的進攻，怎樣擴大到各國帝國主義者共同鎮壓中國工人的反抗，共同壓迫一般的言論出版結社集會之自由；他們却祇看見中國人民一致的從排日而進於排外，從階級鬥爭擴大而為民族鬥爭，「奴隸都想要自由了」，他們便毅然決然施行屠殺政策。上海南京路上的鎗聲響了，中國學生工人市民的血流了，帝國主義想用這鎗聲血淚鞏固他們對於中國人的統治！

（二）

雖然，帝國主義屠殺政策的結果，却適得其反——引起了全國民衆反帝國主義的怒潮。上海五月卅日南京路屠殺之後，帝國主義者的列强，英美日意法等國的軍艦都開來了，海軍陸戰隊都上岸了，各國資產階級的武裝「打手」——所謂上海萬國義勇隊都出巡了；上海市上到處都是荷鎗實彈的西捕水兵義勇隊，通街大衢都放着機關鎗大炮鐵甲汽車。接着漢口九江鎮江天津安東，凡是列强有駐軍的地方，無處不實行這屠殺政策和砲艦政策。——各地死者百餘人，傷的無數，被毆辱的更不計其數。越界捕人，强佔學校等的寇盜行為，更是時有所聞。這種强暴的政策，帝國主義以為可以鎮壓住中國民

衆的反抗，可是事實上適得其反，上海市民立刻便全體罷市罷工，沒有三天，反抗運動普及全國，各大城市的示威遊行及市民大會一致反對這種帝國主義的屠殺政策。各埠租界上外人工廠及企業中的中國工人已經繼續起來，實行罷工反抗，天津漢口廣州的工人已經發動。「假使五月卅日以前祇有幾千幾萬人知道帝國主義的罪惡，知道國民革命的必要；那麼，五月卅日以後，至少已經增加到幾百萬幾千萬人！」我們聽說上海街頭巷口無一處沒有不反對外人的招貼，無一處不唱反對外人侵略的歌謠，——便可以知道了。

五月卅日！這確是中國國民革命開始的一天！

可是這總的國民革命的怒潮裏，已經立刻發現出內部的分化，這是不可免的。因爲中國在列强帝國主義者的統治之下，有軍閥官僚買辦階級等受某一帝國主義者的驅使；有許多妥協軟化的份子，不敢爲反抗帝國主義統治的制度，却只想求一個帝國主義的强國出來主持公道；亦有大多數的平民，小商人和勞動者，認清這種屠殺政策出於各帝國主義國家的合謀，所以堅決的主張，從要此開始中國民衆的大組織，實行推翻帝國主義統治的革命運動。因有這種分化，所以在這次國民革命開始急進的過程裏，可以看出：一、對帝國主義的要求，二、反帝國主義的戰線，三、反抗運動的範圍，都有不同的主張。

軍閥官僚買辦階級純粹做帝國主義的工具，他們或者替日本反對英國人，替英國反對日本人，表面上似乎投合一部分的思想潮流；實際上他們完全是反動而壓迫民衆的：譬如英國的蕭耀南派兵保護外僑，出告示說『排外的格殺勿論』，禁止民衆運動。他並且已經嫌英國人殺得不痛快，又幫着斬了七個『過激派』的頭。日本的張宗昌嚴禁學生市民提及青島的事，却也不得不準人民對滬案表同情。這種人我們祇能當他就是帝國主義者，一致的反對。至於其餘兩部分同在反抗運動裏的人，他們的主張很值得分析一下。

反抗五卅屠殺案的各地各界的要求裏，我們可以看見一種最正當和最澈底的主張，便是要求：

一、廢除一切不平等條約

二、收回一切租界及租借地

三、收回海關及鹽政管理權

四、收回領事裁判權

五、永久撤退駐華的一切外人的武裝勢力

六、中國人民之絕對的言論出版集會結社之自由

同時，我們又可以看見一派的主張，便是祇要求：

一、收回上海的會審公堂

二、上海租界納稅華人的參政權

三、停止越界築路，收回租界外之工部局馬路

四、道歉、懲兇、賠償、罷業者不扣薪等

前一種的要求是革命派的，後一種，是妥協派的。這裏我們顯然可以看見妥協派的要求祇是恢復不平等條約的原狀，爭回外人在不平等條約以外所侵奪的東西，再則這種要求祇是代表少數上海富商的利益——納稅人才有參政權，而且不敢剝奪外人在中國領土內的干預市政權；三則爭一個空面子，速圖了結上海五卅事件。革命派的要求呢，却是着眼在民族的利益，根本要中國的解放獨立，脫離殖民地的地位；因爲只有這樣，中國自己的實業才能發達，中國平民的權利才有保障。關於廢除不平等條約，卽使說不能以罷市罷工的手段達到，那麼，至少我們可以提出這個要求，我們中國可以立刻提議召集國際會議，重新審定一切條約。如果中國現在的政府不能做這件事，那麼，現在全國民衆正在奮起，很可以自動的組織工商學各界，推翻軍閥的政府，而以革命政府來實行這種使命。再讓一步說，我們卽使現時還沒有這種實力，那麼，至少我們應當力爭中國平民的政

治自由，力爭撤退外國駐軍和取消領事裁判權——使平民有組織自己力量的自由，以為達到廢除一切不平等條約的準備，以進行國民革命的運動。　如今上海總商會的主張就是那安協派的要求；而上海工人學生及一般商民的主張，却是革命派的。　尤其是上海的以及全國的工人階級（如長辛店鐵路工人，開灤煤礦工人）很明顯的要求組織工會及罷工之自由。　這種革命派的要求，實在代表全民族最大多數民衆的利益，因為帝國主義暴行的代價，決不是道歉賠償等所能了事——平民群衆在這次鬥爭再不能取得這最小限度的自由，日後帝國主義的屠殺還要肆無忌憚，而中國方面却絕沒有組織團結的力量去抵抗。

至於反帝國主義的戰線問題，亦有安協派和革命派的分別。　安協派以為我們若祇對一兩國進攻，我們的力量還夠，如果反對一切帝國主義，他們合力壓迫　說我們是排外，我們便抵拒不了。　殊不知道：（一）現時各帝國主義者之間的利益互相衝突，此次事變中，決不會有「八國聯軍」的事；（二）如果我們竭定名實反抗公共租界的各國，他們之間，自然互相推諉，各求卸責而賣好，而後我們的交涉能得着勝算，否則我們自己先唱甚麼「中美親善」，美國水兵殺了人，他們的領事却反過來問：為什麼在美國人那裏做事的也罷起工來；（三）此次案件，事實上是各國帝國主義聯合進攻，以求鞏固其統治權，我們正應當指明出來，使民衆一致起來反對這一帝國主義的統治制度，假使那一國果真要「親善」，他便應當拋棄帝國主義的侵略政策，自動的廢除不平等條約。　革命派的主張，亦並不是一定要擴張戰線，反對一切外國人，恰恰相反，他們主張應當和全世界被壓迫民族及無產階級聯合，要求他們起來共同反抗帝國主義；他們主張縮短戰線，不但祇反對英國日本等，並且祇反對英國日本等的軍閥財閥。　安協派的縮短戰線政策，却是向民衆掩沒了法國派軍艦，美國水兵殺人等的事實，去說中法親善或中美親善，希圖美法主持公道。　這結果一公道」是沒有人主持的；民衆却受他們蒙蔽了！　所以安協派祇想速了，如梁啓超江亢虎等，竟要蒙蔽民衆，把反對一切不平等條約的運動，變成對英對日的狹義的國家主義、甚至於變成反對工部局巡捕殺人的簡單口號，這簡直是代帝國主義想法，替他們鞏固這種統治制度，把群衆的目光祇放到殺人問題上去，彷彿只要帝國主義不殺人，我們便無論甚麼，都願意容忍的。　至於現在有一派人甚至於只主張反對英國而忘了日本，那就太明顯了！　——日本是這次事件的正兇，是摧殘工會，摧殘中國平民自由的首犯，如何可以放過，除非是受日本人及段政府的暗示——想把一切罪名脫卸在英國人身上，讓日本仍舊實行他的壓迫工會政策！

其次，關於反抗運動的範圍，安協派現在已經儘着叫——「這是地方問題，漢口上海各自解決！」　事實上鎗殺市民和壓迫工人是同樣的形勢，而且漢口是為援助上海而起的。　全國的民衆已經本能的自覺的起來一致奮鬥，應當聯合起來實行大規模的反抗帝國主義運動。　正因為帝國主義在漢口安東等地方，到處實行屠殺政策，我們更可以提出總解決的廢除一切不平等條約的問題。　然而安協派却只是為帝國主義着想法，務求速了，就地解決。

總之，安協派的主張：一、是撇開大多數民衆的要求犧牲平民的自由；二、是縮短戰線，不敢反對帝國主義的統治制度，三、是縮小範圍，祇求就地解決。　同時，他們儘着爭一個表面上的安協和面子，使五卅大屠殺案早日了結，祇求「平平民憤」好使反帝國主義運動不能繼長增高的起來，他們違背民衆利益，已經顯然；而間接的幫助帝國主義者，蒙蔽民衆的民族意識，消彌革命潮流的「功績」也就不小了。　五卅大屠殺案之後，國民革命是開始了，帝國主義的殘暴政策不能鎮壓他，而安協派的國民政策却想破壞他。　安協和革命派的分別，正在於：安協派，看見國民革命開始，趕緊想法抑遏民衆的自

由，縮小範圍，縮短戰線，以阻滯這革命運動的進行；革命派呢？力爭平民自由的保障，揭發各國帝國主義聯合壓迫中國的眞相，聯合全國奮起的民衆，一致向帝國主義的統治制度攻擊，以發展這革命運動，而求達根本解放中國的目的。」

妥協派雖然表面上似乎還站在人民一方面，實際上簡直是賣國背叛民族利益的份子，—因爲中國民族假使不能覺悟革命的必要，假使祗爭着租界上些小的參政權，承認外人的統治，那麼，以後的被屠殺，還多着呢。 我們不能立刻達到我們的目的——並不要緊；最可怕的，是我們忘記自己的目的，故意欺騙民衆，阻止民衆進行革命運動。 革命派的要求和主張，才是代表多數民衆的利益，引導革命運動的進行。 最近反帝國主義的怒潮之中，我們應當竭力戰勝妥協派的主張，否則已經開始的國民革命，始終要被他們破壞掉的。

最後，我們可以很明顯的指出，現時除蕭耀南等反動的軍閥，直接做帝國主義的劊子手之外，段政府外交官僚的抗議交涉，也都是一時的裝腔做勢，妥協讓步的端倪早已暴露，還有上海總商會內少數買辦階級及富商，亦是祗看見自己的利益，而犧牲民衆。 我們眞正的平民，不依靠他們，應當獨立起來力爭我們的自由，團結我們力量，至少要商人、學生、工人，等各自團結起來，甚至於有武裝的準備，有全國的聯合，——這是現時盛行的經濟絕交口號之外的更重要更切實的工作。 中國的國民革命開始了！ 帝國主義的統治快要崩潰了！ 團結我們自己的力量！

帝國主義鐵蹄下的中國（續）

超　麟

（五）二種提出的條件

上海總商會本是少數大商家所組織，代表少數大商家的利益，佔上海商埠大多數之中等商人及小商人自有自己的組織—各馬路商界聯合會及其總組織—各馬路商界總聯合會。 此次代表上海商人加入反帝國主義運動的，祗是各馬路商界總聯合會代表的各團體。 總商會的罷市命令是經各團體多方要求催迫才下的。 罷市初起時，直至十日，總商會絕不發表任何意見，置身事外，一似沒有這一回事一樣。一日市民大會總商會不肯參加，工商學聯合委員會組織起來，總商會也拒絕參加。 到十日，才經會員的請求召集大會，組織一『五卅委員會』正式出面辦理。 這一次大會甚至有人擬之爲總商會內部的革命。

可是總商會『革命』之後怎樣呢？ 總商會出面辦理的第一聲便是減低工商學聯合委員會提出條件之要求，并勾結上海報紙俾各報同時造謠，說總商會修改條件是經過工商學聯合委員會同意的，這些報館故意延宕，不肯登載工商學聯合委員會聲明并未參加總商會討論條件之啓事。

工商學聯合委員會所提出的本是很妥協很遷就最低限度的要求。但這些要求在官僚外交家看起來是很『過激』的，所以特派員和交涉員祗許電告外交部而不肯向帝國主義提出，到總商會萬分妥協的條件出來，外交官才認爲可以提出而撇開了工商學聯合委員會的要求。

現在我們試拿工商學聯合委員會提出的條件和總商會提出的條件比較一下：

工商學聯合委員會提出的條件：

先決條件

（一）宣布取消戒嚴令

（二）撤退海軍陸戰隊並解除商團及巡捕之武裝

（三）所有被捕華人一律送回

（四）恢復公共租界被封及佔據之各學校原狀

正式條件

（一）懲兇　從速交出主使開鎗及開鎗擊死工人學生市民之兇手論抵，並由中國政府派員監視執行。

（二）賠償　因此次慘案所受直接間接之損失，如（甲）死傷者（乙）罷工（丙）罷市（丁）學校之被損害者等項，須詳細查酌明定賠償額，應由租界當局按數賠償。

（三）道歉　除上述二項外，應由英日兩國公使代表該國政府聲明道歉，並擔保嗣後不再有此等事情發生。

（四）撤換工部局總書記魯和。

（五）華人在租界有言論集會出版之絕對自由。

（六）優待工人外人所設各工廠，對於工作之華人，須由工部局會同納稅華人會訂定工人保護法，不得虐待；並承認工人有組織工會及罷工之自由，並不得因此次罷工，開除工人。

（七）分配高級巡捕　捕房應添設華捕頭，自捕頭以下各級巡捕，應分配華人充任，並須占全額之半。

（八）撤銷印刷附律加徵碼頭捐，交易所領照案　該三案歷經我國政府否認，嗣後不得再提出納稅人特別會。

（九）制止越界築路　工部局不得越租界範圍外建築馬路，其已築成者，由中國政府無條件收回管理。

（十）收回會審公廨　（甲）民事案：（子）華人互控案，華法官得獨自裁判，領事無陪審或觀審權，（丑）洋人控告華人案，領事有陪審權，但不得干涉審判；（乙）刑事案：（子）洋人控告華人者，其有關係之領事，得到堂觀審，但不得干涉審判，（丑）華人互控案，華法官得獨自裁判，領事無陪審或觀審權，（寅）華人犯中華民國刑法，或工部局章程，視『丑』項論，且原告名義，須用中華民國不得用工部局；（丙）檢察處一切職權，須完全移交華人治理；（丁）會審公廨法官，均須由華政府委任之；（戊）會審公廨之一切訴訟章程，完全由中國法官自定之；（己）對於會審公廨一切事權，除與上『甲至戊』五項，無所抵觸外，均可根據條約執行之。

（十一）工部局投票權案　租界應遵守條約，滿期收回，在未收回以前，租界上之市政權，應有下列兩項之規定：（甲）工部局董事會，及納稅人代表會，由華人共同組織，其華董及納稅人代表額數，以納稅多寡比例爲定額，其納稅人年會出席投票權，與各關係國西人一律平等；（乙）公共租界外人之納稅資格須查明其產業爲己有的，或代理的二層，己有的方有投票權，代理的則係華人產業，不得有投票權，其投票權應歸產業所有人。

（十二）要求取消領事裁判。

（十三）永遠撤退駐滬之英日海陸。軍

總商會提出的條件：

第一條　撤消非常戒備

第二條　所有因此案被捕華人一律釋放并恢復公共租界被封及佔據之各學校原狀

第三條　懲兇　先行停職聽候嚴辦

第四條　賠償　賠償傷亡及工商學因此案所受之損失

第五條　道歉

第六條　收回會審公廨　完全恢復條約上之原狀：華人犯中華民國刑法或工部局章程，須用中華民國名義爲原告，不得用工部局名義。

第七條　洋務職工及海員工廠工人等，因悲憤能業者，將來仍還

原職，幷不扣除業期內薪資。

第八條　優待工人　工人工作與否，隨其自願，不得因此處罰。

第九條　工部局投票權案（甲）工部局董事會及納稅人代表會由華人共同組織之，納稅人代表額數，以納稅多寡比例爲定額；其納稅人會出席投票權與各關係國西人一律平等；（乙）關於投票權須查明其產業爲已有的或代理的，已有的方有投票權，代理的其投票權應歸產業所有人享有之。

第十條　制止越界築路　工部局不得越租界範圍外建築馬路，其已築成者，由中國政府無條件收回管理。

第十一條　撤銷印刷附律、加徵碼頭捐、交易所領照案。

第十二條　華人在租界有言論集會出版之自由。

第十三條　撤換工部局總書記魯和

由這二種條件比較起來很明白看出：(一)總商會修改工商學聯合委員會『優待工人』的一條，換言之即總商會不許工人有組織工會及罷工之自由；(二)總商會獨不提出『永遠撤退駐滬之英日海陸軍』『分配高級巡捕』和『要求取消領事裁判權』三條；(三)關於收回會審公堂一條，總商會祇要求恢復不平等條約的原狀（因現在的會審公堂制度不是根據不平等條約的，簡直是不顧條約無理霸佔），而不想根本收回。　這三點是最重要的，其餘各條減輕要求的很多。　由這比較，我們很明白知道總商會妥協的傾向在：對外祇要恢復不平條約的原狀，對內則壓迫此次運動的主動力——工人階級。　工商學聯合委員會條件是代表革命勢力爲一般人民謀少許自由，總商會條件則代表妥協勢力祇顧少數商人貴族的利益。

(六)是革命的問題

總商會的條件是我們所至死不能承認者，比較起來我們贊成工商學聯合會的條件，以爲可以解決根本問題之一部分。

要根本解決此次屠殺問題，則我們認定不是任何外交道路所能達到。　唯一的道路祇有革命。　現在是革命的問題。

五卅屠殺是帝國主義與中國被壓迫民衆直接衝突之爆發，而不是這種衝突從五卅那天起才發生。　因此總商會所提條件既然不能解決五卅案的本身，尤其不能解決那五卅屠殺所以能發生的根本問題。這根本問題甚遠呢？　是八十年來帝國主義對華的侵略。　怎樣解決這根本問題呢？　祇有打倒帝國主義打倒軍閥的民族解放革命。　現在一般妥協分子高談甚麼『縮短戰線』『就事論事』『法律解決』……都是不明白此次運動是革命的開始。　有一般小資產階級的學生平日高談革命，但現在『革命』降臨了，他們倒反連『革命』二字都不敢提起，專門去做妥協的宣傳；他們不僅不配指導運動的進行而且還是運動的障礙物！

我們既然認定五月三十日即中國民族解放革命之開始，我們便預備實力，組織羣衆，武裝羣衆爲奪取政權之準備。　須知這是比較『經濟絕交』更有效的方法，更正當的道路。　我們所以贊成工商學聯合委員會提出的條件，唯一的理由是因爲這條件能給民衆，特別是工人，以團結起來組織自己勢力之自由，準備不久即能從帝國主義的鐵蹄下翻過身來。

中國共產主義青年團爲反抗帝國主義屠殺中國市民告全國青年

全國青年工人、農人、學生、兵士及一切被壓迫青年們！　各資本帝國主義國家，知道中國民族運動之發展，對於他們自己的命運有極大的危險，他們已採用平常對付印度、埃及、非洲等弱小民族和他們在本國對付被壓迫階級反抗運動的手段——大屠殺，來對付國猶未

亡的中國民衆了。工人階級的覺悟和學生羣衆的奮勇，尤使他們畏懼。日本帝國主義者無端槍殺工人顧正紅并指使他們手下的軍閥屠殺青島工人。英美各帝國主義者竟敢在中國領土——上海漢口——前後鎗殺上海漢口工人學生和商民。他們這種殺人之罪，還要推在示威羣衆的肩上，且妄加市民以『排外』『赤化』『親俄』等罪名（？）借以絕滅民族自覺的精神，朦昧世界的輿論。請看帝國主義這種獸性的淫威，何等凶惡野蠻啊！

我們要知道上海漢口市民的舉動和被慘殺的事實，是帝國主義歷年壓迫中國國民所激起的反抗爆發之表現。外人誣我們爲排外，我們確是要排外，但是我們所要排斥的外國人是專以政治經濟文化侵略壓迫欺騙中國人民和他們本國工人階級的外國人。我們對於這種外國人——帝國主義者——不獨只以我們的力量去攻擊，並且還要聯絡他們本國的無產階級共同推翻他們的統治地位。外人誣我們爲赤化，我們也確是要赤化；因爲我們要達到眞正的平等自由，就只有赤化的流血革命，可以成功。外人說中國工人學生親善蘇俄，我們也承認確有與蘇俄聯絡之必要；因爲蘇俄既是平等待我，而且同樣　帝國主義的壓迫，我們自應與之接近以結成防禦敵人的統一戰線，這是自然無足怪異的事情，我們要與蘇俄接近以抵禦他們的侵略，與他們聯絡一致以屠殺我們的政策是無兩樣。我們應希望眞正爲爭自由的革命運動能早赤化，我們應更希望與蘇俄能結一友誼互助的統一戰線，來對付帝國主義的侵略和屠殺，以圖早日達到自由幸福的勝利。

全國青年工人、農人、學生、兵士及一切被壓迫的青年們！你們要知道中國民族爲求得眞正獨立與自由，就只有脫離帝國主義的一切壓迫：收回租界及關稅和領事裁判權，取消一切不平等待遇的條約。

上海漢口這回的屠殺，就是我們爭自由獨立的第一幕，在中國民族革命歷史上有極重大的意義。但是廢除一切不平等條約，并非上海漢口單獨的特別需要，亦非僅以上海漢口民衆力量可以收到成効的。

我們要知道帝國主義勢力所侵入之各省區鄉鎮的人民，無不受盡他們政治經濟上的侵略和壓迫。他們還要用僞善的基督教義來達到思想上奴隸中國青年界的目的。這種文化侵略的陰謀，最近一年以來表現得尤爲昂顯。他們利用國內軍閥的勢力來剝削民衆，使中國經濟生產文化程度永遠不能提高，一般青年失掉求學機會，中國人民如猶不早自覺悟，將來帝國主義的侵略壓迫和屠殺，定必愈加猛烈而凶惡！因此中國青年界的職任：應極力將這次反對上海漢口屠殺運動，變成全國民衆長期與帝國主義鬥爭的運動。你們——尤以學生青年——應將這次上海漢口慘殺的經過情形，向一班被壓迫的青年羣衆說明，使他們深知帝國主義之凶惡可怕！尤須注意各社會階級民衆力量的團結，務期達到以全國民衆力量去推翻帝國主義在中國一切統治勢力的目的。要知道我們與帝國主義的鬥爭，絕對沒有調和安協之餘地，只有我們屈服他們，或是我們被他們所屈服的兩條路，但是我們相信他們終久總是要被我們全世界被壓迫者的聯合所屈服的。

中國共產主義青年團號召全國被壓迫青年羣衆準備這次長期反對帝國主義運動的鬥爭，并通知全世界共產主義青年團，作一致反對帝國主義的進攻。希望全國民衆注意自己力量的團結，絕不要畏縮妥協一味倚賴政府——日本帝國主義的工具——的外交去解決，并希望防避帝國主義及其走狗造謠誣蔑和陰謀，以離開我們的民衆力量。

全國青年工人、農人、學生、兵士及一切被壓迫青年們！這次上海漢口先烈的血，決不是虛流的，他將引導我們達到解放的目的。我們絕不是用投江自盡等方法，可以了事的，我們應當加倍努力『趁熱打鐵』以繼死者未竟之志！

全世界被壓迫民衆聯合起來！　打倒帝國主義！　民族革命萬歲！　世界革命萬歲！

中國共產主義青年團　六月十三日

The Guide weekly

嚮導週報

分售處

嘉興　平陽　南昌　太原　潮州　雲南　福州　重慶　南京　青慶　黃梅　西安　成都　宜昌　綏興

商務書館　新新書社　明星書社　青年書社　新亞書店　學生聯合會　唯一書局　樂天書館　實慶書局　書報流通處　廣益書社　華興書報流通處　永安公司派報社　華民文具實業社

分售處

上海　廣州　北京　長沙　濟南　開封　寧波　香港　汕頭　蕪湖　武昌　漢口

上海書店　丁卜書報社　國光書店　各學校　文化書社　沙書社　民智書店　文星書社　明星書店　華文書店　汕頭書館　科學書報社　時中書報社　市民書社

◀第一百二十期▶

一九二五年七月二日

——零售每份銅元四枚——

訂閱：國內一元寄足五十期。國外一元寄足三十五期。郵票代款九五折算但以一分半分爲限

代派：每份大洋二分。六折計算。寄費在內。十份起碼。十期清算一次。概不退回

發行通信處　杭州馬坡巷法政學校安存真轉王致和

共產國際等告世界工人農民書

——援助中國之解放運動——

壓迫剝削中國工人農民之世界帝國主義，今竟益加驕橫，以已顛覆之舊俄皇室之慘酷野蠻手段對付中國人民。在青島則鎗殺和平之紗廠罷工工人，彼何罪？彼之死罪，唯在敢揚聲請求改善彼等苦惱之命運耳。彼等自早至晚苦作不息，生活之窮困，所受外國資本家及包工頭之淩虐毆打辱詈，殆非人類所能堪。

中國勞動階級咬牙忍受此國際資本主義之難堪的壓迫，亦已久矣，今則彼等之耐性與長期苦痛已達到頂點。本年三月，上海日本紗廠之中國工人，決意終止彼等不可忍受之苦痛，要求改善彼等之經濟狀況，遂宣告罷工。四月青島日本紗廠之中國工人，亦起而援助。青島工人爲階級一致之精神所感動，以組織的行動，起而爲無產階級兄弟之所當爲，抗聲反對日本資本家空前之剝削。日本工業家於是不得不屈服於勞動羣衆之前，五月九日，罷工運動以工人之勝利而結束。是爲此次堅決鬥爭之果。

然同時日本政府忽來一訓令，囑全部反悔所有之讓步條件。彼日本剝削者得此援助，其膽復壯，利用中國政府之軟弱，可以爲所欲爲，遂於曾經罷工各廠滿佈武裝警察及偵探。中國工人竭力保持其運動之和平狀態，使日本之軍事徒黨無機可乘，以施其兇器。然於五月二十九日，彼日本之軍事走狗卒使中國勞動者浴血於青島；其手段之慘酷，唯有一九〇五年一月九日俄皇屠殺彼得堡工人之行爲，差堪相擬。此亦正如彼得堡流血星期日之當與工人階級以政治的客觀教訓，而終於引起全俄無產階級，使上革命之大道。青島五月二十九日之慘屠乃喚起千萬中國勞動羣衆之覺悟，而此民族所潛蓄之強有力的革命勢力亦遂揮去其睡魔而起以行動。

一怨毒憤怒之軒然大波，已震盪而及於全中國民衆之心，爲不能忍受此對和平工人羣衆之無恥的開鎗行爲也。是以翌日(五月三十日)即有巨大之羣衆，人數在三四千以上，以上海二十三校之革命的學生爲先鋒，潮湧於街上，以答覆彼帝國主義者之橫暴行爲。

中國之民治主義者與智識分子，與東方其他各國之領袖的智識者相似，久已以犧牲精神與中國之工人農民攜手，同爲反對國際帝國主義之壓迫而奮鬥，故青島屠殺之能引起中國智識者尤以青年學生之反抗也，蓋無足異。

然帝國主義者對之則如何？一若有夙約者然。彼日本之憲兵既嘗屠殺徒手之工人於青島，比英美之巡捕，乃負其屠殺上海示威羣衆之義務，以其敢同情於青島之工人，反對日本之軍國主義。在『獨立的中國』海岸上，以空前之橫暴手段鎗擊工人，爲其在日本之所不敢爲。日本革命的工會之所以奮起抨擊其己國政府在中國演出此等稀有之強暴行爲，非無因也。

彼外國資本家之所以出此殘忍野蠻之行爲，蓋欲充分報復彼等新近所遭之失敗耳。彼等蓋欲以工人學生之血，賠償其謀抑制工人反抗與毀滅工會運動之不遂意的企圖耳。

國際帝國主義者今方利用中國之軍閥，使之互相戰爭以遂其瓜分中國，榨取工人農民，及佔據最富饒區域之野心。然工人階級若奮起保衛其自身之權利則彼世界土匪自不能掩飾其痛心之痕跡。世界各國之工人階級若齊聲一致以呼此口號：『放鬆中國之壓迫！』則彼國際交易所之強盜，爲鎮壓此世界無產階級之要求，必加倍勒緊中國民衆頸上之繩索。

今英美意大利之軍隊二千，已於上海上陸矣。倘不以此無恥的侵害中華民國之獨立爲滿足。國際帝國主義者方集中軍艦於中國各口岸，準備加增上陸之軍隊。

危，蓋表示開戰行爲之先聲，與公然武力干涉中國內政，竊引起一新的帝國戰爭之初步也。法國帝國主義者今方作戰於摩洛哥。而彼英美意大利之帝國主義者今竟欲引起戰端於中國。英美日本帝國主義者在中國之越軌行爲，與法國帝國主義在摩洛哥之戰事，乃爲一種記號，告我全世界之勞動階級以一種將來之危機曰：世界帝國主義將在殖民地與半殖民地國家取更嚴重之攻勢，殆無可疑。反對此帝國主義進攻之連合戰線，歐美之工人農民與東方被壓迫民衆之必須以堅強如鐵之團結力進行之。

中國之近事，已明白向吾人證明中國民族解放運動，實已有進行不息之發展。而在此運動中，中國工人階級實佔領導的地位，且開東方各國革命史中一種空前的發展之動力。資本家對於西方勞動者之壓力愈甚，則東方千萬被壓迫民衆解放運動之前途亦愈發展，彼將在東方挖空資本統治之基礎，而使東西兩方同受無憐憫的壓迫之勞動羣衆共登解放之域也。

工人，農民，兵士，女工與農婦諸君乎！其以爾全力援助中國工人之戰鬥。其速起，以反對資產階級各國資本家所熱心製造之戰爭新危機。其速起，組織反對國際帝國主義在中國，摩洛哥及各地之可惡行爲。要求撤退中國摩洛哥及一切殖民地半殖民地國家之各國駐兵。世界革命萬歲！東西一切資本主義下之囚徒奴隸解放萬歲！

共產國際執行委員會
少年共產國際執行委員會
赤色職工國際執行委員會

☆我們如何應付此次運動的新局面

獨秀

上海交涉破裂是我們的失敗麼？當然不是的。反之，上海交涉破裂，或竟至帝國主義者對於總商會十三條要求一一允許了，國人以爲目的已達，停止一切運動，那才真是我們的失敗。

主張上海開市是總商會的罪惡麼？也不是的。民族自由是要靠

過長期的爭鬥，決非罷市可以達到目的；總商會的罪惡不在主張開市，而在始而離開民衆團結(不加入工商學聯合會)，繼而背叛民衆利益(刪改工商學聯合會所提條件)，完全表現出在民族爭鬥中妥協的大資產階級之階級性。

上海交涉移京是局部的變化，大資產階級及其附庸(高等華人)之妥協更是當然的事，這都不是我們的失敗，只有工人學生中小商人不能繼續團結前進才是我們的失敗。

上海的工商學聯合會尚繼續工作，六月廿五卅兩日，全國都還有盛大的示威行動，香港沙面運動之進行比上海更加猛烈，這些事實都可以證明工人學生中小商人都并未隨着大資產階級妥協，使我們失望。

在敵人方面，法美帝國主義者雖取和緩態度，而英日仍然聯合向我進攻，尤其是英國還在廣州繼續屠殺。 英日帝國主義者直接屠殺我們還不稱心，更尋得一個有力的工具！大胆無恥的鬍匪張作霖替他們做屠殺中國人的劊子手！張作霖的軍隊在奉天在天津在山東在上海到處壓迫民衆愛國運動，匯豐大借款喧傳於倫敦，張學良在上海與英總領事之密談，這些事實都是說明英日帝國主義者需要張作霖替他們在此次風潮中做什麼及張作霖已經替他們做了些什麼？ 自從段祺瑞提議修改不平等條約，更使英國感覺着利用他以前不顧利用的張作霖之必要；同時張作霖的政敵馮玉祥却明白的表示站在愛國的民衆方面，張作霖更要倒行逆施了；這乃是此次反帝運動最近發展的新局面。

我們民衆對於此新局面如何應付呢？

第一，要擴大工商學兵農聯合會或雪恥會遍於全國，成爲羣衆的行動機關，執行各地排貨，罷工，廢約，反抗媚外的軍閥奸商及教徒等反帝的實際運動。

第二，急須在北京或上海組織全國工農學商兵聯合大會，以爲指導全國運動的中央機關。

第三，急須武裝學生工人商人農民，到處組織農民自衞團，以抵抗軍閥之壓迫。

第四，擴張反對帝國主義的國民軍於全中國，以撲滅張作霖蕭耀南等媚外殘民的軍閥勢力。

第五，堅持繼續排貨及罷工運動，非達到廢除一切不平等條約不已。

五卅屠殺後之奉系軍閥

秋白

五卅屠殺案的發生，原因在於帝國主義者要摧殘中國的國民革命運動，尤其是中國工人階級的組織。 今年二三月間上海及青島的紗廠工人，因反抗日資本家的剝削和壓迫而奮起鬥爭——這已經是最近國民革命運動的開始。 而張宗昌及溫樹德對於青島工人的殘殺，亦就是這次全國大屠殺的開始。 現今全國各地，一直到窮鄉僻壤，無論那一界的人，都已經奮起反抗，抵制英日貨，募款援助罷工工人，力爭廢除不平等條約等運動，風起雲湧，——這種反帝國主義的民衆鬥爭，實際上是上海青島的紗廠工人所引導起來的。 同時，帝國主義者對付這種運動，竟敢施行殘忍慘酷的屠殺政策，上海南京路五卅屠殺之後，繼之以漢口安東，以至於州廣，目的都在於用這種反動的『恐怖主義』鎮服民衆的反抗，現時更進一步而封鎖廣州港口，斷絕米糧的運輸，停止上海中國工廠的電力和中國海輪的自來水供給，這種帝國主義的橫暴壓迫政策，實際上也是從青島軍閥殘殺中國工人而起的。 所以我們應當知道，從今年二三月間直到如今，中國民衆

運動的發展是有一線的途徑的；帝國主義壓迫政策的日趨橫暴，也是有一線的途徑的。 不過在最初一期竭力反抗日本資本家的，只是上海青島的紗廠工人，而現在的發展，已經使全國各階級都來參加，覺悟到外國資本家——帝國主義者的壓迫，根本侵犯我們全國民衆的自由和權利。 再則在最初一期，施行屠殺的不過是日本帝國主義及其工具——奉系軍閥，而後來竟形成各國帝國主義聯合進攻的形勢，尤其是英國帝國主義者直接與中國民衆交鋒接戰。

此中最應注意的一點，便是當日本帝國主義要壓迫中國工人時，他們一開始便知道可以不必自己動手，而使他們的工具，奉系軍閥做劊子手。 這是帝國主義者比我們中國民衆聰明的地方！五卅慘殺之後，全國各界一致對外的呼聲甚囂塵上，甚至於有學生界和北京的大學教授，請兵入租界的，也有請軍閥趕快對英宣戰的。 當然！假使中國眞有自己的軍隊，自己民衆的武力，我們中國人民在中國境內，竟會受外國資本家的摧殘，侵犯我們結社言論的自由——我們自然要和他們宣戰。 可惜，我們竟不知道這些軍閥是帝國主義的走狗。現在應當知道了！尤其在五卅之後。 五卅之前奉系軍閥做日本帝國主義的工具，這是人人都知道的，他們在青島努力「盡忠」，殘殺了不少中國工人，便是再明顯不過的證據。 五卅之後，奉系軍閥更進一步而受英國帝國主義之委託。 原來奉系軍閥，最近逐漸發展他的勢力範圍，沿着津浦路線而南侵，既然占了山東，又想占據安徽和江蘇。 安徽的問題，在五卅以前，早已是段張之間的一個大爭執。 當時張作霖自己到了天津，急急要想入京和段瞪眼。 段祺瑞正是因爲這一點而表示容納民意，趁着五卅事件發生，把外交問題壓住了奉張。 可是奉張却也進一步謀占江蘇。 他知道要占領長江方面的地盤，不得不和英帝國主義協商，——因爲英帝國主義是長江方面的主人翁。 他趁着五卅事件，也就得了一個獻媚英人的機會。 可憐的北京的大學教授，竟大唱其請兵保護的論調。 於是奉張更得了一個「愛國」的好名聲而行其侵占地盤的陰謀。 張學良的邢士廉的軍隊便調到上海來了。 最近奉系軍閥的種種行動，顯然暴露他勾結英日兩國帝國主義的眞相。 奉張方面需要英國人的幫助而想侵占地盤；英國方面，現時也正需要奉張軍閥，做壓迫民衆運動的工具——也很願意和日本合用這些奴才。

五卅運動發生之後，張學良送了兩千元錢給上海學生，張作霖打了幾個不痛不癢的電報，——這是侵占上海的買路錢。 張學良一到上海便威嚇學生會，說要解散；便秘密去接見英國領事，有所協商，不多幾天——上海華界便宣布戒嚴。 這究竟是來保護中國人民，還是來奉行英日命令，鎭壓民衆運動呢？在山東，五卅以前張宗昌已經殘殺不少工人，五卅以後禁止提起青島問題，干涉市民運動；在天津李景林竭力摧殘愛國運動，也算派兵入租界，最近更無故逮捕學生市民多人，評指爲過激；在吉林，禁止進行集會，公然不准抵制日貨；在奉天，甚至於禁止學生閱報，每一學校派軍警防守。 這些事實是不是告訴我們，奉系軍閥伺媚英日，摧殘民衆呢？奉系軍閥的武力是不是只能幫助帝國主義者殺人民，決不能幫助人民爭什麼國呢？想來這些問題的答案，再明顯也沒有的了！現今大家似乎還知道擁護南和直系軍閥殘殺中國人民而媚外，却放過了這些重要的賣國罪魁。

「總之，這次全國的大屠殺，可以說是英日帝國主義和奉直軍閥共同向民衆進攻的「大事業」。 我們應當知道：現時中國的民衆大家都奮起反抗，要團結聯合起來，實行反帝國主義的大聯盟，工人階級，青年學生，小商人以至農民，這些中國被壓迫的民衆是中國國家及民族利益的代表，應當準備自己的武力，才能抵禦英日帝國主義及奉直軍閥的壓迫和侵略。」我們人民要認淸：除掉英日以及其他列強自己的武力之外，還有中國的軍閥做他們的劊子手。」 在這次五卅以後各

地事件的交涉裏，在廢除不平等條約的運動裏，我們的敵人不但是英日帝國主義，而且還有奉系的軍閥。 我們如果不能打倒中國國內自己的反動勢力，我們如果沒有實行愛國運動，自己團結組織的自由，我們決不能戰勝帝國主義，決不能達到解放的目的。

漢口屠殺案之眞相（湖北通信）

若愚

這次上海血案，決不是一個簡單問題，而是國際帝國主義向中國國民革命進攻的大屠殺的高壓政策，漢口血案的發生，便更見証明了。在國民反抗帝國主義這個政策方面，也是如是；被壓迫的階級，對於這次事變，知道是民族生死的關鍵，所以他們都具有極堅決的奮鬥精神，發生許多壯烈的舉動。 至於軍閥階級和大商階級，他們也確知道這次運動，是國民革命的運動，這次爭鬥，是民族革命的爭鬥；所以他們都具有堅決的壓迫或消滅這個運動的決心，來實際爲其主人——帝國主義——效忠！這種情形，在湖北特別明顯，茲略述之如下：

（一）滬案運動中之工學界與下層民衆

五卅消息，六月一日傳到武漢，學生方面於二日即多數罷課，三日即總罷課，其後大遊行了兩次，平日半生不死的學生聯合會，至此亦生氣勃勃，實際上爲學生運動的指導機關，他們組織的四五十個演講隊，不分早晚的在街上講演，傳單畫報，更是特別的多，他們一方面，十分努力於國民革命主力軍之工人羣衆的聯合，另一方面，誠懇的要求商人參加，總之，他們的工作，是求民族革命的統一，成整個的發展。

工人方面，因爲政治的壓迫，沒有公開的統一的組織，同時因爲有『二七』的經驗，知道這個爭鬥，是一個長期的革命的爭鬥，因此工人的領袖，都着手於罷工的準備，側重在工人一致的團結，各工會的傳單中，除了普遍的口號外，『一致的團結』，實爲主要口號之一，有許多工人，都拋棄自己的工作，來做這種運動。 他們活動的結果，決定於六月十三日舉行大示威運動，十四日罷工，罷工的人數，當時已確有把握的，將近五萬人。 至於一般工人，其激昂情形，迫不可言喩，他們每晚都到茶館中演講，或者是推人宣讀外來的傳單和報紙，他們並且照着工會告兵士的傳單，去向兵士宣傳，不待說反抗外國侵略的心理，是沸騰得極點，至於催促他們的首領舉行罷工，更是意中事了，到八日工聯會討論罷工的消息傳出來後，工人羣衆中的空氣，便緊張到萬分，不幸十一日的慘劇發生，大罷工的事實，竟未實現，中間雖有三五成羣舉行罷工，然而都被賣國官廳，隨即壓迫上工了！

下層民衆方面，他們素來是乏政治興味的，然而上海南京路的血案，畢竟衝動了他們的胸懷，無論大街小巷，只要有演講隊經過，他們就要求講演，無論走到什麼地方總看見圍一大堆人在那裏，聽唸傳單，街讀巷議，那幾天幾全是一班憤恨帝國主義和推翻外國人的言論，據此則下層民衆，確有了民族革命的動機，不過因爲散漫無組織，所以還不能具體的表現出來。

（二）商界

武漢商界，代表大商人的漢口商會，代表買辦階級的華商總會，對於滬案，漠不關心，工學界的代表去和他們接洽，前後總不下一二十次，然而沒有一次不是以閉門羹相餉的；這還不算，當武昌學生要武昌商界罷市，和漢口工人預備遊行的時候，漢口總商會的會長竟連夜跑到蕭耀南那裏去，說這次運動完全是過激派在內煽動；請督辦及早解散，並指出小商人的首領某某言之鑿鑿，就算退一步，把他當做傳聞之辭，然而拿事實說，滬案發生一星期之久，總商會才召集開會

，開會却又不是為滬案，為的是米荒等等問題，對於滬案，却以「電政府力爭」五個字結束了，這等行動，不說愛國商人做不出，就是表同情於愛國的，也決不做出來，然而漢口的大商人和買辦階級，畢竟做出來了！

武昌商會和漢口各團體聯合會，比較起來是代表小商人的，所以他們對這次的運動，還能表示同情，並且有時候還參加，如武昌商會，在蕭耀南鐵蹄之下，居然也組織了一個五六千商人的大遊行，以後也還能繼續的和革命派合作，不過他們的胆量小一點，不敢放肆罷了。其後因為總商會告密，官廳捕拿他們的首領，於是小商人的愛國運動，遂一蹶不振了！

（三） 軍閥及其他的反革命派

蕭耀南當學生運動初起的時候，即具了壓迫的決心，所以在二三兩日的時候，就不許學生在街上張貼畫報，更不許學生過江演講，其後見學生聲勢已張，且師出有名，也就不敢公然來壓迫，讓步到不許學生渡江遊行，但是武裝軍警星羅棋布，對待學生，有如盜匪。 當時社會的各種革命份子，都奮起與學生取一致行動，於是蕭耀南壓迫的態度，便更決絕，其最初的計劃是要捕殺這次運動的幾個首領，加以過激黨的名義，後來以為僅殺數人，尚難消滅此運動，因决定用火底抽薪的辦法．第一將學生遣散，第二看管工人首領，絕對禁止工人集會，不准學生工人散傳單演講，一面通緝工學界有力份子數十人，另一面禁止公寓學社安寓學生，學生受這個威逼，於是相繼歸家，工人的活動，亦在極端的秘密中了！未幾，而漢口慘案發生，大壓迫更從此開幕了！

湖北的各校長及多數教職員，多半是蕭耀南的走狗，其助蕭摧殘愛國運動，自不足怪！ 可怪的就是一般平日自命學者的大學教授們，也公然在這個時候，來為蕭耀南作走狗，或是竭誠媚蕭，比方某教授——素以馬克思主義大家自居的——竟長篇大論的說滬案只應注意於懲兇賠償道歉諸問題，而不應涉及收回租界廢除不平等條約等等，並且某國立大學校校長及教授們，公然唆使少數學生，來破壞學聯，以後又將學聯哀求商店罷市計劃，向軍署告秘，至於公然反對罷課罷工罷市，更是意中事了！

（四） 漢口慘案之真相

十一日漢口慘案發生，英國帝國主義說是中國人民排外的證據，蕭耀南出示，說是沒有工人參加，是流氓滋事，社會上固然很可以知道這是要壓迫愛國運動，民族獨立運動所出的中傷的話，然而這件事實到底如何呢？恐怕還有不十分明白的，茲略述之如左：

漢口慘案，外表上是由於太古公司的毒打碼頭工人，然而實際上，是因為漢口一般羣衆憤恨帝國主義的結果，當日事實的發生，由於一般表同情於碼頭工人的車夫棉花廠及各種工人市民，集合到太古碼頭，氣憤的羣衆心理，當初還表示於非正式的互相談論，自然是反對帝國主義以及責中國軍警不能保護國民的一派話，並未有正式演講，然而已經觸怒了中國軍警，竟欲以槍柄刺刀驅散羣衆，逼得羣衆無路可逃，大衆遂向租界方面移動，英界印捕亦遂武裝截擊，幾起衝突，後羣衆被逼，遂突圍向大智門方面逃避，其時英領即召水兵登陸，一面下戒嚴令，將租界要塞，概行把守，斷絕交通。 大智門本是工人窟，當時見太古碼頭被逐羣衆的狼狽情形，憤激異常，遂集大街者，約四五千人，萬頭攢擁，漸近租界，而租界以內的市民車夫等，亦聚集千餘人，英捕即用水龍冲射，羣衆遂向中國界逃走，將鐵柵衝破，英水兵復提鎗追擊，中國界的工人見此慘狀，熱血沸騰，急上前營救被追同胞，英水兵見羣衆勢盛，便開機關槍射擊，一時彈如雨下，血肉橫飛，當場擊斃數十人，重傷三十餘人，輕傷者不計，傷巡官一人，連長一人，兵士三人，羣衆四散，英兵志滿意得，從容的將電燈滅

息，將死者尸首，用汽車移往他處，將重傷者送往醫院！重傷者相繼死十二人（連長巡官在內）現在外間所傳只十人，此十人均在醫院斃命。閱者試思，在機關鎗橫掃之下，難道不死一人嗎？被慘殺的同胞，確不止十人。 可見慘殺的真相，當然是帝國主義壓迫擁護民族利益的工人羣衆；「所謂流氓滋事」，顯然是蕭耀南爲其主人辯護的話了！

（五）慘殺以後

慘殺以後，小商人工人學生與帝國主義爭鬥的態度更決絕，定十二日開國民大會，其時全埠震動，民氣之甚，不可一世！可是蕭耀南遂大施其壓迫政策，捕殺蕭英等四人，拘六人，解散學生聯合會，封閉揚子通訊社，禁止工人聚談，捕小商人首領鄭慧吾，指學生代表爲過激派，嚴行逮捕，另外通緝參加此次反帝國主義及援助滬案的運動者八十餘人，解散漢口中學，並出示云漢口案爲流氓所爲，以後如有羣衆行動，即係流氓滋事，決就地正法，甚至於對於湖南旅鄂中學和師大附小的演劇募款，亦勒令停止，至於十三日的國民大會，自然是更不讓開了！如火如荼之愛國運動，至此因高壓而冰消矣！

由以上所述，明顯的看出帝國主義有意的屠殺，軍閥確爲帝國主義的走狗，大商人買辦大教授，確爲反革命派，工人羣衆，小商人學生，下層民衆——工人自然是澈底的革命派，其他比較是革命的。由這次的經驗，將來必定愈促進他們的聯合，將來的重興，一定較此次爲有力量，這是可斷言的。 記者將擱筆時，得到一個消息，就是省議會總商會教育會等所謂法團，竟組織了一個滬漢案後援會，我想還是用「蕭耀南後援會」這個名字名敷其實些，因爲這完全是替蕭耀南宣傳沒有殺愛國志士，以及沒有壓迫愛國運動的。

青島屠殺之經過

（青島通信）

——目的在消滅工會——

一、屠殺以前之情形

本來在國際情勢上，現在正是各帝國主義者，積極進攻殖民地的時期，中國是半殖民地，是國際帝國主義者互相爭奪的市場，他們在中國勢力範圍的不斷衝突，遂造成中國軍閥不斷的內亂。 自去年北京政變之後，賣國親日的安福政府重登舞臺，日本帝國主義者一手豢養的張作霖勢力的不斷伸張，漸漸佔津浦全路而有之，這當然是日本帝國主義者得意洋洋可隨便摧殘中國人民的大好機會。當青島紗廠罷工風潮發生時，山東尚不在奉系直接統治之下，鄭士琦當地位勳搖之際，自然不願爲虎作倀，結怨平民；在另一方面，工人已得本階級的帮助和社會的同情，逼迫日本帝國主義者不得不有暫時的讓步，不得不與工人代表居對等地位，而簽定條約。 但在這次罷工結果，日本帝國主義者，所得引爲滿意的一點，就是用金錢魔力開除了五十個代表，他以爲這樣則五十個工人代表可以安心回家，不再預聞工會事，幼稚的紗廠工人，既失掉了五十個能幹首領，當然一事做不成，工會也支持不起，條約也可以不履行了，結果不是一場空麼？孰料五十個代表雖開除，九個月的薪資雖發給，而他們仍停留四方不走，且一樣的爲工會辦事，在五十個被開除代表之外，還有無數新代表出現，工會居然是一樣的存在，公開的存在，並且組織的井井有條，爲期雖不過兩週，而工會根基却一天一天的向鞏固方向走，這是出乎他們意料之外的事，於是得意的資本家又恐怖起來了，又不得不設法來圖破壞。 他們的破壞手段，最初是收買工賊做偵探，做奸細，偵察工會內部的種種秘密，同時在工會之外，組織一種團體（如大康的自治會

，加大做會員的每人每月薪二元……等。）以分裂工會，結果爲工人團結的力量鎮壓下去了。　自這種卑劣手段失敗之後，無恥的日本資本家又聯想到五十個被開除的代表居留問題了，他們以爲一切禍害都是這五十個人造成的，於是一再請駐青日領事，直接訓令中國官廳強迫押解回籍，中國官廳一接到太上長官的命令當然是唯唯照辦，不敢說一個『不』字！但是無論如何，這五十個人一點不法的事也沒有，總沒有理由要他們離開青島的，於是警察廳還妙想天開，利用五十個人要求資本家補發歷年蓄積獎金的機會，要求他們：（一）承認離開青島，准用汽車送他們上車，（二）允許摘去工會牌子，並用種種方法威嚇和利誘他們，因爲當時工會本身已經有羣衆的基礎，五十代表不敢決定，拿到工會來公開討論，結果，被否決（五十代表中的覺悟分子，亦持反對態度），並且認定這是破壞工會的最危險手段，誰去領錢，誰就是破壞工會，於是五十代表遂棄錢不要，這眞是官廳方面稟承洋大人的意志，謀破壞工會的第一次失敗。　自此以後，日本帝國主義者遂愈恐慌起來了！於是一方用外交手段，令日本駐京公使，通牒中國政府勒令嚴重取締；一方還用多量金錢，賄買中國官廳使用武力壓迫；於是始有五月二十五日下午三時警察廳長陳濤親率軍警解散工會之舉。　當要解散工會的前一日，警察廳忽然傳叫隆興工會代表孫某到廳，明白通知他明日午後三點要帶兵去摘工會牌子，到各廠去演說……等，工會得報告之後立卽召集臨時會議，議決對付方法：（一）工會文件一律收藏停止辦公一日（二）派出糾察隊傳遞消息（三）如果工會牌子被摘，一得工會命令三廠同時停車不出廠，不工作，直至牌子歸還時爲止，故軍警一到，卽照預定計劃去應付，軍警到時，首先圍困大康工廠，摘去大康工會牌子，工會得報立時下令，三廠一律停車，於是不到一小時而三廠先後停車，工人一律伏車間不動，由糾察隊維持秩序，由小組長支部長書記等與官廳交涉，當陳濤向工人演說時

，工們同口一辭的回道：『你得了日本人五萬塊錢，就來壓迫我們』，『不要爲日人當走狗罷』，『工會是我們的第二生命，摘我們的工會牌子，就是要打倒我們的命』，『不要多說話了，還我們的工會牌子，我們就[illegible]

（未完）

The Guide weekly

嚮導週報

第一百二十一期

一九二五年七月十六日

零售每份銅元四枚

分售處

嘉興 平陽 南昌 太原 潮州 雲南 福州 重慶 南京 寶慶 黃梅 西安 成都 宜昌 紹興

新務書鋪 新新書社 明星書社 晉華書社 青年書店 新亞書社 學生聯合會 唯一書局 樂天書館 寶慶書局 書報流通處 廣益書社 華陽書報流通處 楠金公司派報部 亞民文具實業社

分售處

廣州 北京 長沙 濟南 開封 寧波 香港 汕頭 蕪湖 武昌 漢口

上海書店 民智書局 丁卜書店 國光書報社 各學校號房 文化書社 長沙書店 齊魯書社 國民書社 明星書社 華文書坊 汕頭書店 科學圖書館 時中書報社 市民週報社

訂閱：國內一元寄足五十期。國外一元寄足三十五期。郵票代欵九五折算但以一分半分爲限

代派：每份大洋二分。六折計算。寄費在內。十份起碼。十期清算一次。概不退回

發行通信處　杭州馬坡巷法政學校安存真轉王致和

☆中國共產黨中國共產主義青年團宣言

——告此次爲民族自由奮鬥的民衆——

此次民族運動已由局部的發展到全國的；並且運動中之階級分化已非常明瞭。全中國的工人學生中小商人同時奮起，因各國工人階級與被壓迫民族之援助及同情，而增其前進的勇氣。同時，大商階級之妥協，紳士學者之『速了運動』『縮小範圍』，與夫軍閥勾結英日帝國主義者向民衆進攻，不但是民族解放運動的障礙，而且簡直是要破壞這個運動。所以一方面眞爲民族利益奮鬥的，是工人學生中小商人等所謂『下等華人』，別方面背叛民族利益的，是大商紳士學者軍閥等所謂高等華人。下等華人中，猶以『最下等』的工人爲主力軍，是以各處運動都以罷工爲最後可靠的武器。高等華人中，猶以最高等的軍閥爲帝國主義的劊子手，是以奉天天津山東上海武漢長沙的民衆運動，無不遇着軍閥之摧殘壓抑，有的地方幾至於完全停頓或消滅。

當此反帝國主義的運動發展的時候，中國內部居然分成兩個營壘，——這是現時民族運動裏的特性，我們應當特別的注意。

帝國主義者因中國人民的奮起與其本國工人之反對，現時已想用種種狡猾政策，以求保存其在中國之特權及威力。譬如美國，現在主張在中國召集第二次『華盛頓會議』討論取消領事裁判權，他明明知道自己的在華特權比英日較少，英日未必贊成他的提議；他々明明知道他所提議的召集國際會議之先決條件，事實上中國一時不能辦到，他不妨用這樣口惠而實不至的方法，愚弄中國人心，以遂其壟斷在華商業之慾。其實美國如果眞是『對中國要求修正不平等條約及收回領事裁判權深表同情』，便應當步武蘇俄自動的放棄此等特權，以身作則，爲各國倡；何必一定要等什麼國際會議？豈不是明知道國際會議結果難測，各國互相牽制，託辭延宕，即使有決議也可以不實行，所以送這一個空口人情的嗎？華盛頓會議的決議怎樣？議決後的實

行又怎麼樣？ 我們受過一次騙，不受第二次騙了。 中國民衆只能信事實，決不能信空言的。 不論那一國，如果事實上能放棄在華特權，停止一切侵畧行爲，中國民衆當然承受這種好意，——可是騙人的狡猾政策，中國人民却不能信的！

英日帝國主義呢，很早他們便用武力侵略中國。 一切割讓的土地、租界、租借的港口（實際上也等於割讓），以及其他種種特權，他們無不是以戰爭威脅等方法刼奪去的，中國因此所受的損失，所死喪的性命正已不計其數了。 這次五卅以來上海漢口廣州安東等處的屠殺，不過帝國主義的小試伎倆罷了。 尤其是英國，素來總是自稱爲『文明民族』『文化國家』『基督教的國家』；然而實際上他對於中國的政策裏，衹有砲彈鴉片流血甚至於賂買中國官僚等等卑汚不堪的手段；——這本是他對於東方的根本政策。 隨後，日本以及其他各國，亦都學着了他這種『文明的』政策了。

最近英日帝國主義者亦彷彿表面上取和緩態度，實際上都用『以華制華』政策，以高等華人來宰制下等華人，這又是他們在殖民地慣用的方法。

日本在歐戰時候，對於中國曾經露骨的表現他那『新進的』帝國主義的貪狠；二十一條的要求，已經早成中國民衆切骨痛恨的目標。此次上海事件，也正起於日商紗廠在上海與青島摧殘工會打死工人。 然而他現在一方面鼓吹日廠事件單獨調解，想把一切責任推卸到英國身上去，彷彿他和中國同文同種，極想親善似的；一方面在實際行動上都和英國取一致政策；可是這種狡計，中國人民一眼便看透了，也和英外相張伯倫答覆工黨議員的演說詞一樣的。 張伯倫的演說，雖然竭盡他那造謠詭辯的長技，但始終不能掩蓋英帝國主義的強盜政策。 至於『赤化』『過激』『蘇俄陰謀』等類的謠言誣蔑，也決不能騙着中國民衆，——不論他們造什麼假證據，誣告什麼蘇俄宣傳員，都是沒有用的，因爲最簡單的理由便是：中國受帝國主義的掠奪及壓迫，中國人民的反抗運動，遠在蘇俄及『赤化』出世之前！

帝國主義者一方面從外面侵畧壓迫中國，同時必定利用軍閥，從中國內部來壓迫中國人民的民主民族運動，破壞中國。 去年秋天的北京政變以前，他們利用吳佩孚做工具。 如今他們又挑着了張作霖了。 張作霖本來因得日本的援助取得了半個中國，今後又加上英國援助，他以爲不難消滅一切政敵，奄有全中國；所以他不躊躇的以武力鎮壓從奉天到上海的民衆愛國運動，出賣祖國，以博得英日帝國主義者之歡心！

凡是奉系軍閥所在之地，民衆運動最受壓迫，如奉天——張作霖的老家裏，如天津——張作霖爪牙密佈的地方，一切民衆運動及平民組織都受壓制，到處逮捕拘禁人民。 奉軍剛到上海不久便宣布戒嚴，要禁止遊行集會出版等的自由，軍隊佔據工會機關：：：這種壓迫和專制，並不比帝國主義勢力下的租界差別到那裏去！

張作霖要執行帝國主義者的命令，他不但要鎮壓國民運動裏的主力軍——工人階級，工人階級的政黨——共產黨，甚至於鎮壓工人的職業組織——工會；他還要摧殘學生與中小商人一般的民衆；再則，他並且要毀滅領導民族運動的國民黨與同情於民族運動的國民軍。

實際上的情形如此，民族運動的策畧，便當依此而定。

中國的工人農民學生商人應當注意兩點：第一、澈底明白中國的獨立與統一，必須廢除不平等條約方能達到，須有爲此奮鬥到底的決心

。——切不可信所謂『高等華人』之『迷了』『縮小範圍』『局部交涉』等苟且妥協的口號。並不可依賴段政府一紙哀求式的改約條文可以達到廢除一切不平等條約之目的。第二、須有一個革命民衆勢力集中的組織，以爲領導全國運動的統一機關。

民衆已經奮起抗爭，但是我們應當知道：要達到勝利是不得不經過極大的困難。敵人的力量是很大的——外國帝國主義者之外，還加上國內軍閥，尤其是張作霖的力量，還有許多所謂高等華人也要加入中國人民敵人的夥裏去；假使我們能聯合，能統一民衆革命運動的力量，我們才能得到最終的勝利，因此，應當有全國集中勢力的機關，統一那散處於各地方的民衆力量，以便一致的進行到勝利的道路上去。

要有這樣一個全國統一機關，便必須召集各界團體的大會於北京。在大會之前，應當趕緊在各地組織工商學以及農民等各界的聯合委員會，由這些委員會速派代表赴北京的大會；大會便可以舉出執行機關，代表全體中國民衆而實行種種必要的運動。只有這樣，我們才能集中的指導，而達到最後的勝利。

我們號召民衆一致團結，以實力贊助國民黨和國民軍，同時，必須要聲明目的在一致反抗的中國民衆及全世界工人和被壓迫民族之前并指出下列的要求——這是中國民衆奮鬥的目的，這應當是國民黨和國民軍的目的；只有根據這些要求，民衆才能完全積極的參加鬥爭去力爭自己切身的利益，亦只有根據這些要求，指導者才有實在的民衆力量做後盾。這些要求是：

一、宣告一切不平等條約之廢除

二、解除全國不願反對帝國主義的軍閥的武裝

三、保障平民言論出版集會結社之自由

四、廢除婦女在法律上政治上經濟上之不平等待遇

五、廢止釐金及一切苛稅雜捐

六、限定享有田地之最高額，大地主逾額之田地須給貧農及無田地之農民，限定田租之最高額，佃戶所出田租須盡量減低并禁止預徵錢糧

七、工會之絕對自由：承認工人有同盟罷工之權，依生活程度規定最低工資，製定保護勞工法

八、農民工人有武裝自衛之權

九、確定全國教育基金

十、召集眞正人民之國民會議

全國的工人、農民、學生、商人們！ 至少須實行這些辦法，中國才能得到獨立和自由。 其速興起爲這些要求而奮鬥！ 亦只有這些辦法能保障勞動平民的發展——勞動平民負荷着全部運動的重任，用他們的精力，用他們的血，用他們不斷的鬥爭，築起自由統一的中國之基礎！

全國的工人農民學生商人們奮鬥到底！

推翻帝國主義和軍閥！

自由統一的中國萬歲！

中國共產黨執行委員會

中國共產主義青年團執行委員會

一九二五年七月十日。

廣州戰爭之意義

獨　秀

此次廣州討平楊劉之戰爭，社會上有三種誤解：第一個誤解說是共產黨反對非共產黨之戰爭；第二個誤解說是胡漢民和楊希閔爭奪地盤之戰爭；第三個誤解說是粵軍排斥客軍之戰爭。 由此三個誤解遂發生一個共同的錯誤見解，卽是：五卅慘變起廣州政府卽應停止內爭一致對外。

在廣州的共產黨人誠然反對楊劉，并且努力援助國民黨政府討平楊劉；但他們反對楊劉并非因爲楊劉不是共產黨或不相信共產主義，乃是因爲楊劉勾結香港政府及反革命的唐繼堯陳廉伯馬素等背叛國民黨政府。 廣州政府完全是國民黨政府，不但不是共產黨政府，并且不是國民黨和共產黨聯立政府，——共產黨只以在野黨的資格，在某種事件上號召民衆援助國民黨政府，或在某種事件上號召民衆監督國民黨政府，并未曾直接負政治上的責任。 大家明白了這種事實，便不會有第一個誤解。

據我們所知道的，開戰之前幾天，胡漢民汪精衛都還沒有討伐楊劉的決心，堅決主戰的是譚延闓與廖仲愷，因此我們便可以明白第二個誤解也非事實了。

至於第三個誤解之非事實，更屬明顯；因爲參加討伐楊劉的，不但有譚延闓所統率的湘軍和蔣介石所統率的教導團，并且還有朱培德所統率的滇軍，這絕對說不上是什麼排斥客軍的話。

根據以上的事實，我們應該知道此次廣州討平楊劉之戰：一不是什麼共產黨反對非共產黨，二不是什麼胡楊爭地盤，三不是什麼粵軍排斥客軍，乃是國民黨政府討伐通敵的叛將——楊希閔劉震寰等。

唐繼堯借重日本勢力，謀攫兩廣，楊劉均爲唐軍內應，這是楊劉之罪一；在香港勾結帝國主義的英國及其走狗陳廉伯馬素，謀倒廣州國民黨政府，這是楊劉之罪二；楊劉有這二罪——國民黨政府乃加以討伐。 因此，此次討伐戰爭之意義，可以說：一方面是直接驅除反革命的軍閥盤據廣東，一方面是間接反抗帝國主義的英日勢力侵入廣東。

國民黨政府若從一致對外的藉說，不用兵對內討平楊劉，則現在廣州市民仍在楊劉的反動勢力壓迫之下，日受香港政府命令箝制人民愛國運動；不獨香港工人無廣州後援不能罷工，而且槍殺廣州遊行示威的市民；幷不須英人親自動手楊劉的軍隊即可效勞。 此次廣州政府所沒收英國幫助楊劉的大批槍彈，卽是楊劉將以阻止廣州市民愛國運動的利器。 幷且若楊劉叛軍得了勝利，迎來滇唐占據廣州，即是英日勢力占據了廣州，則南方的愛國運動不是根本消滅，便是大受屠殺，那能夠像現在讓香港沙面罷工工人及愛國學生在廣州存在與古動，更那有什麽青年軍人參加運動的事？ 楊劉軍事勢力了結，國民黨政府才能夠支配廣州，廣州才能夠變成了與上海同樣是中國反帝國主義的兩個重鎮。 所以廣州討平楊劉之對內戰爭，在此次五卅運動上即反抗英日帝國主義的壓迫上有非常重要的意義。 所以拿一致對外的理由來非難廣州政府討伐楊劉，簡直是胡說！

不錯，當外人壓迫我們之時，在理論上，我們一致對外是必要的，是應該的；這時不去對外，反以武力對內擴張自己的勢力與地盤，當然是萬分混賬；但事實上『一致對外』乃是一個幻想，聽你『一致對外』這口號叫得如何高如何響，儘有人不但不願一致對外，幷且要勾結外人一致對內，如楊希閔張作霖之所為；我們若是對於這類人主張停止內爭一致對外，便是有意或無意放過在內的敵人。 在內的敵人和在外的敵人倒是一致的，在此次爭鬥中，我們若不能否認有在內的敵人，什麼『停止內爭一致對外』便是帝國主義奸細的宣傳。

五卅運動之意義

唐興奇

帝國主義者組成了聯合戰線，想要消滅蘇聯，把中國完全殖民地化，以及段祺瑞和張作霖在北京的野蠻的專政，當然要使民族革命的理想變成事實。 民族革命的戰線現在是準對着外國帝國主義和他們在中國的僕役：軍閥和買辦階級。

一八五〇年在洪秀全領導之下的革命，所表現的是中國南部完全受着英國和法國帝國主義壓迫的農民的憤怒。 一九〇〇年的義和團起事，所表現的是中國北方在德國、日本、和俄國帝國主義深重壓迫之下的人民的憤怒。 現在，全中國的人民是被國際的帝國主義所壓迫而變成奴隸了。 一八五〇年爆發的那次革命共總繼續了十五年，其失敗，只是因為那時候一方面滿洲政府和英國合作來壓倒革命，一方面那首領洪秀全要想把基督教傳進中國來而自己又在南京做了皇帝，於是失去了大部分人民的同情。 義和團的所以失敗，一部分要歸咎於那運動的領袖(慈禧太后和各親王)的反動性質和舉動之愚蠢輕躁，一部分却因為是純粹一種排外運動，不但反對外國人的壓迫，並且反對和外國人有一切來往；滿洲政府這樣衰弱，所以到一九一二年就被推翻了。

現在的運動不是一個簡單的排外運動，却是一個反對帝國主義的運動。 這運動反對的是剝削和壓迫中國的人，不問他是中國籍外國籍；實在，中國對於那種能以平等精神對待中國的民族，例如蘇俄，和一切國家的被壓迫民衆，是不但不反對並且主張合作的。

從五月開頭起，中國人民和段祺瑞張作霖的徒黨已經開始了嚴重的衝突了。 帝國主義者的僕役段祺瑞曾限制或一部分的禁止五月一日的勞動紀念，五四紀念，和五七的國恥紀念。 結果，在五月七日，民衆的憤怒就爆發起來，反對北京政府。 羣衆與警察衝突，兩個學生被打幾死，許多人受傷，許多人被捕，這也是激起上海鬥爭的一個原因。

對於上海事件，德國一般資產階級的報紙武斷說是一個排外運動，並且說在華外人的生命財產都因此而發生危險。德國外相斯特萊斯曼的機關報『時報』竟有一篇評論，題目叫做『中國對歐洲的敵意』。有幾派的人甚至說「拳匪之亂」又要起來了。那些國家主義派或者是要想利用這機會在反對布爾札維克的戰線中佔一個活動的地位，想由此而滿足他們侵畧殖民地的大慾望罷。

然而，在這個反帝國主義的鬥爭的後面藏着一些什麼呢？中國人是要想取消一切不平等的條約。要立刻撤退佔據中國的軍隊和軍艦。要無條件的索還一切在外國人手裏的土地。簡單些說中國人民的慾望是要擺脫奴隸的鎖鍊；要和別的民族立在平等的權利上，兄弟一般的過活，帝國主義者却已經派遣他們的軍隊和兵艦於中國了。他們不但不願意放棄他們的掠奪物，反而要把中國人民完全變成奴隸。

帝國主義者在中國的武器，除開那些不平等條約以外，是：基督教和鴉片。他們用不平等條約去壓迫中國人民的政治和經濟；用基督教去迷惑中國人的心；用鴉片去毒害他們的身體。雖然屢次的反抗屢次被帝國主義者所壓倒，中國的民衆却並不因之氣餒，各省各地反帝國主義和非基督教的團體紛紛起來。現在對於中國人民，已經用不着告訴他們為什麼要反對帝國主義了。現在只要告訴他們用什麼方法，什麼手段去鬥爭。這種責任已經由孫中山的國民黨和中國共產黨起來担負了。上海的鬥爭，便是中國民族革命已經開始的記號。

倫敦的太晤士報曾登載一篇社評說，上海開鎗打人的事是一種很大的誤會。他力勸趕快執行華盛頓會議的決議，好去緩和中國的民衆。那些帝國主義一面派遣許多軍艦到中國去，增加在中國的兵力，『保護他們的同胞』，一面却想用甘言蜜語去緩和他們，削弱他們的運動。帝國主義的僕役段祺瑞和張作霖因為他們的主人在上海開槍，曾經幾次的提出抗議。然而同情的罷工已經在全中國爆發出來，援助上海的戰鬥者。這已經不僅是個上海的鬥爭問題，而是個全中國的鬥爭了。

莫索里尼努力在中國發展他的強盜政策，也不讓他人後。在今年年初他曾派遣一千意兵去保護京奉路。此外他又曾要求在天津相近的海岸上佔據一塊土地給他建築飛機場。假如這個要求達到了目的，那就無異於德國得到了膠州灣去建築他的海軍根據地了。意國這樣要求，別國當然也要援例，同樣的要求建築飛機場；在現在上海的鬥爭中，意國的軍隊鎗擊中國人民正像別國一樣出力。意大利這樣做，是要求趁這機會將來請別國贊成他的政策。其他帝國主義的存心又何嘗不然？

頂有趣的事，是我們看見美國人現在已經拋棄他們的假面具了。我們知道他們一向是自稱中國的『保護者』，只在『友誼』的面具下伸手侵畧的。最近福建的美國領事竟拘捕了許多學生，因為他們參加非基督教運動；並且美國領事竟吩咐福建的省長鎗斃了幾個學生。而現在在上海，美國人也武裝着向中國人民開戰。

這些帝國主義的國家現在又想把他們在上海屠殺的罪名向蘇維埃政府身上推了。太晤士報說，加拉罕在北京曾演說過蘇聯和東方人民的關係。這是事實，不過那新聞未免來的太晚了；因為那是三月裏的事。美國的公使在四月裏已經為這事向中國政府提出過抗議了；因為加拉罕不在中國的大學裡面講這樣的問題，却在美國用庚子賠欵建築起來做宣傳機關的美國高等學校裡講演。加拉罕是由於那學校的學生們再三邀請才去的。

奴隸要得到自由只能用流血的鬥爭。這種鬥爭已經開始了！

青島屠殺之經過（續）（青島通訊）

——目的在消滅工會——

一、屠殺以後之情形

五月廿八日忽然開到兩隻日本兵艦，要登岸屠殺工人；膠澳督辦溫樹德無法處置，遂很恭敬一口承認願担負屠殺責任；於是當晚遂決定屠殺計劃，致電張宗昌作最後的取決，當晚二點得覆電，囑『用武力解決』，於是大隊人馬，即時開向四方出發。　當時担任驅逐大康工人出廠的是陸軍，担任驅逐隆興工人出廠的是保安隊，担任驅逐內外工人出廠的是海軍陸戰隊。　計陸軍兩營，陸戰隊兩營，保安隊兩大隊，大約共在三千人左右，全副武裝，到四方後約三時左右，一面摘去工會牌子，一面驅逐工人出廠，包圍三工廠，堵塞三宿舍，同時所有四方各要道口一一派重兵把守，不准行人往來，小小一個四方，圍得水泄不通，預備屠殺赤手空拳的同胞，為日本人做劊子手。

聞當軍警開鎗之先各有訓令；就中保安隊和陸軍(第五師)則只說威嚇工人出廠，而海軍陸戰隊則溫樹德親口傳授『打死人不要緊』的號令，故當三廠軍警下令驅逐工人出廠時，大康隆興之陸軍保安隊所放排鎗，尚仰空射擊，不肯傷人，惟隆興保安隊用刺刀刺傷一人，至於內外則更悲慘了。　當工人排隊出廠時，頓聞鎗聲，止足不敢前進，兵士叱令出廠，並用鎗托猛擊工人，內有糾察員一人，略為辯白，營官即下令開鎗，先中下部未死，某猶忍痛說道：『我們有甚冤仇，定要殺咱們！　我不怕死，要打就對胸口打罷！』話猶未已，營官即下令打死這個東西，於是一鎗就將他打死。　此時門內的人，遂一擁而出，兵士又接連着放了兩排鎗，殘暴的日本人，竟站在樓上拿着手鎗朝人羣中連放，中彈的工人遂一個個的倒在地下，鮮血噴流，染遍了內外棉門前的青草；未中彈的工人遂四散狂奔，各自逃命了。　殺人的海軍陸戰隊還自鳴得意的向工人說道：『你們還要錢嗎？』　最悲慘的是未出廠的童工婦女，一聞鎗聲，相率藏入棉花包中，爬在地溝裏面，或是潛伏車間，殺人的劊子手固尚在不知不覺中，故所有工人出廠，此輩猶在廠中，後被日人搜出鎗殺水淹和活拋入海中者，不知其數。　至六月二日尚在廠中搜出六七十個俺俺垂死的工人。　地溝之中，尚發現一大堆男女屍體。　車間發現一個自盡者。　此等消息，官廳尚秘不宣布極力否認，慘矣哉！　計這次慘殺於中國兵士日人所屠劊子手之手者，當場死一人，抬往醫院半途而死者一人，死在醫院中者四人，慘死於日本人之手而不明真像者，尚不知其數。　又內外宿舍中，小孩爬牆頭被日本人用手鎗打死一人，重傷命在垂危僵臥病院者七人，輕傷者十餘人。　這些死傷工人，日人官廳兩俱不管，死傷家庭屆報前來沿途號哭，見人乞援，為死者伸冤，生者求援，官廳竟置之不理，人死勒令其家屬當場領屍，否則席捲埋葬。　中國人殺死外國人賠償不足還要抵命，外國人殺死中國人竟理都不理呀，這是何等慘事！　當日除屠殺外，已封閉四工會，捕去代表至七八十人，至今仍囚禁獄中，內有六人解到濟南，生命垂危。　還有許多住在宿舍裏面的工人，日夜用重兵看守，不准自由出入，每日無小無大，每人只給饅頭兩個，婦女小孩子尚不在其內。　所有強壯男丁則囚禁一室，不准移動，小孩子們有時餓到無可忍耐時，至爬牆頭出外覓食，日本人竟在後邊用手鎗打。　許多人由牆頭上爬出衣物托人典當購食度生，這樣延長下去，不特死者死矣，生者亦快成餓鬼了！　其未住在宿舍的工人則押解回籍，計先後已逐出七八百人，現在尚未停止。　類此慘狀，書不勝書，而四方青島郵政電報都嚴加監視，以致這樣

重大慘劇消息傳遞不出，海深寃苦，無處告訴。　稍表同情於工人的公民報，竟橫遭搜查，通緝主筆，幾至封閉，工人來稿至不敢登載。

讀者之聲

我們應注意反帝國主義運動的消息

記者：

我對於貴報非常表熱烈的同情，因爲貴報實是黑暗的中國的一顆明星，實是引導一班被壓在帝國主義和軍閥之下的人向光明路上走的一盞明燈，實是眞正能夠解放一班被壓迫的人們的言論。　這誰也知道的，除非甘心呻吟於兩層壓迫下的人甘心作奴隸牛馬終身的人甘心在黑暗中過苦生活的人，不表同情外，無論何人都應該表熱烈的同情。　這是不要我說的。　自有貴報的價値在，明眼人都知道。　我現在有點意見：（一）貴報應該指定旅俄，旅法，旅日，旅英，旅德，旅比，旅意，旅美的人，將該處之政治經濟情形和階級爭鬥情形及共產黨情形，作有系統的通訊，尤其是被壓迫弱小民族的情形，好向帝國主義進攻。　（二）貴報應該指定中國各省區和各縣的人作有系統的通訊，如軍閥壓迫人民，苛稅等，又一班平民反抗帝國主義和軍閥運動，如工人罷工，農人抗租，商人抗稅，學生反基督教等，種種運動應該通訊貴報（又如山西近來之學生抗稅運動），使中國一班平民，便於借鏡，向軍閥進攻，尤其是軍閥互相勾結及與帝國主義互相勾結及互相衝突等情形　應該記載出來。　（三）我現擬一題，本欲自作送登貴報，但是我作文不好，又看報很少，所以未做，現將題目寫下。

總題：『孫中山死後之中國近況』內分「國際帝國主義之明爭暗鬥（各國扶植軍閥在內）」「安福政府之反動（金佛郎案和封報館捕記者，壓迫五七紀念）」「各大軍閥（直系餘孽在內）之勾心鬥角」「國民革命（工農商等）（又山西事在內）之發展」以上各小題均分列在孫中山死後之中國近況內，使國人知道近來的中國情形。　以上三種意見，不知貴報記者以爲然否？　不多說了！　祝努力！

喜子　七月六日

喜子先生：

來信所言甚是。　本報今後自應繼續努力登載國際的及國內的反帝國主義運動消息。　此類消息，本報并望讀者多多投稿。　至於中國近半年來種種狀況之有系統的叙述，同人等亦引爲應盡責任之一也。

記者

The Guide weekly

嚮導

週報

◀第一百二十二期▶

一九二五年七月二十六日

——零售每份銅元四枚——

訂閱：國內一元寄足五十期。國外一元寄足三十期。郵票代欵九五折算。但以一分半分爲限

代派：每份大洋二分。六折計算。寄費在內。十份起碼。十期清算一次。概不退回

發行通信處 杭州馬坡巷法政學校安存貝轉王致和

爲工會條例事告全國工人

最近北京政府的工會條例草案已經在報上發表出來了，——這種工會條例對於新興的工人運動非常之危險。每一個覺悟的工人，都應當懂得這一草案的政治上的作用！

現時中國的國民運動奮起於全國，已經出於列強帝國主義者的意料之外。而中國工人的團結和奮鬥的力量，尤其使帝國主義者恐慌，甚至於中國的大資產階級也害怕起來了。

北京政府最初還裝腔做勢，說什麼容納民意力爭外交的話，想欺騙人民去承認他這所謂中央政府，而今他的工會條例草案却明明表顯他對工人階級的敵意了。

各國歷史上都有明顯的公例：祇要工業一發現，無產階級逐漸增多起來，他們便要組織自己階級的經濟組織，就是工會。英國、法國、德國、俄國等等都是這樣的。現在我們中國也是如此。

不管是破產的農民或是小手工業者，祇要一進工廠做工，他們很早就知道在工廠裏要反抗資本家，沒有團體是不行的。而且祇要經過一兩次罷工，工人便覺得團結之後的力量。有組織的罷工運動，往往可以在很大工廠或產業裏，得到勝利，工會的組織也就成爲很大的力量，使資本家不能不尊敬他。——資本家本來是祇看見實力的。

工人在罷工時偶然的團結之後，常常就此進步而求永久的組織，成立工會。工會的任務是很多的：力爭增加工資，減少工作時間，禮拜日和年節的放假休息，改善一切勞動條件，保護童工女工。工會幫助失業的會員，有病的年老的會員。創辦通俗及職業教育，俱樂部、寄宿舍，使工人能夠得到娛樂和休息。當然，工會最重要的職任，便是團結工人的力量，反抗資本家的壓迫。所以資本家總是反對工會。

資本家和政府最初總是絕對禁止工會，不准工人團結，用警察、巡捕、監獄、審判廳以及種種手段來壓迫。工人開會——他們便來解散，甚至於開鎗殺人；罷工便

算犯罪，便算違背法律，破壞秩序。

可是等到工人階級的覺悟和力量表現出來之後，他們知道單是一味禁止工會是不行的了；到這個時候，資本家的政府，便想用欺騙的方法，北京政府現在也是如此。　表面上承認可以組織工會，可是限制得非常之嚴，使工人階級的力量不但不能發展而且還更受束縛。

工人階級要團結起來反抗剝削，要爭勞動條件的改善，必定要有自由的工會，不受外界和官廳勢力的壓迫和干涉。　工會應當代表工人自己的意志和要求。　所以政府的限制，工人一定不能承認——政府祇是幫助資產階級，眞是工人階級的仇敵。

一切工人都可以加入工會，都可以發起工會。——決不能講年齡・工作・年限等等資格。　在那一工廠或那一職業做工，便可以組織這一工廠的工會或是這一職業的工會。　隨便十幾個幾十個工人都可以發起工會。　工人開大會或代表會議，用不着官廳和警察來監督干涉。

工會成立完全是自由的，祗要成立之後通知官廳註册就完了。工會的經費財政，由工人自己選出來的機關管理，無論什麼條例不應加以限制。

只有這樣，工會才能眞正代表工人階級的意思和要求，工會才能工人自己的組織，去力爭勞動的解放，推翻資本主義。

中國工人階級的力量已經表現出來了，工人階級的覺悟一天一天的增高起來了。　資本家和資本家的政府也已經覺到了，知道單是禁止是不行的了，知道一味的高壓迫是危險的了。可是他們還不知道工人的力量究竟有多大。　他們不知道工人階級是不會受他們騙的。

中國工人決不承認北京政府那樣的工會條例。　北京政府的背後站着外國的和中國的資本階級。　他們擬出那樣的工會條例，是想用來束縛工人，使工人不能自由結合。　中國工人要求極自由的工會，要求保障工人權利的工會條例！

不准干涉工人！　將來的社會是工人的！

中國工人已經表顯他們和帝國主義奮鬥的力量，工人階級擔負了力爭民族解放的重任。

工人階級爲自己的階級利益而奮鬥，當然要表現更大的力量，更堅決的決心，更勇敢的奮鬥。

推翻違背工人利益的工會條例！

絕對自由的階級工會萬歲！

中國共產黨中央執行委員會

一九二五年七月二十日

大英帝國主義與奉軍

田杜

『軍閥是帝國主義者的走狗』，這句話我們已經說得爛熟了，現在又有一個明顯的例証擺在我們的眼前。　上海字林西報七月廿三日的社論說：

「今日本報通信記者曾寄來一種饒有興味之報告，由此報告，吾人可得而知香港政府對付罷工者之方法。　此報告之內容本不妨代爲披露，然香港檢查此類新聞極嚴，殖民地政府不願任此類消息於平常之軌道中流傳於外，故本報雖自旅客得此材料，亦不願遽爲發表，以與香港政府之政策相衝突。　但今一言以蔽之可已，即是香港之對付罷工，乃與之相戰鬥，而非與之相戲狎者也。

一星期以來，外界來函紛相詰問，是否有更進一步之方法以對付罷工者及排貨運動，彼時吾人之答案，即曰請少待。　誠然，一星期前情形固與今異也，罷工者之基金似已漸告罄，邢總司令

之宜言對於罷工者似亦有發生效力之可能，吾人因姑靜以待之，蓋以為邢總司令之為人而言不應心，固非吾人所能想像，即邢將軍返躬自省，以彼之權力地位而竟不能踐其諾言，其為「失面子」亦殆無疑問也。 然罷工事件近愈惡化，罷工基金亦已新有來源，邢總司令果能踐其前言，毅然行動，封閉工會，壓迫煽動，則罷工者行將安然歸廠以上工。 昨夜吾人得可歡迎之消息，謂彼已拘捕煽動者六人，其他之報告，亦似證明彼之耐性已達頂點。 彼若能進而鎗斃一二首領，則餘者當知彼等之惡作劇今應閉幕。 彼若無行動之決心，則勢必令租界當局出而為之。 若兩者俱瞻顧不前，則此外之方法固甚多。 舉一二以言之，如閘北今方為排外運動之中心，租界固何苦尚以志願勞動者代替罷工工人以繼續供給其水電乎？ 罷工工人方禁止其同輩上工，租界當局何苦尚容留其存身租界以進行其無聲之恐怖行為乎？ 被捕者在公堂審訊時，吾人不幸而不能使用笞刑，然其他刑罰尚多，吾人固何所為而不能效法香港政府之所為乎。 吾人今直言之以為邢總司令告曰：如罷工必須以武力對付時，則直當訴諸武力，躊躇無益也。 邢總司令所當為者無令工部局越俎代謀之理？ 苟工部局一旦被迫而出此，則不僅彼少數應長期坐牢之不良分子感受苦痛，即其他多數華人，亦必感受不便矣。」

同日果有「可歡迎之消息」，即是戒嚴司令部下令封禁工商學聯合會，并捕去二人。 同時英領事又在戒嚴司令部坐索下令封禁海員工會及洋務工會，並捕去多人。 惟英人「鎗斃一二首領」「以武力對付罷工」這兩道命令，邢司令現在尚未奉行，不久或即奉行。 上海是此次民族運動之中心，倘由奉軍壓廹而根本破壞，邢司令可算是大英帝國一個大大的功臣。

戒嚴司令部封禁工商學聯合會的理由，是因為該會所散傳單有「勾結北方某大軍閥壓迫人民愛國運動」的話，北方大軍閥不祗一家，何以奉軍覺得是指他們，直是賊人胆虛！

中國工人所要的工會條例是甚麼？

超麟

工會條例已在法制院修正中，不日即公布了。 商會教育會等的組織權利與自由得着許久之後，到現在，工人組織才開始得着法律的承認！

中國工人階級經過幾十年的發展，到現在，已經迫得剝削者不得不拿他們來當做「工人」看待了。 中國的工人，雖然算在工人階級之內，雖然每日做上無限制時間的工作，每日獲得不夠溫飽的工錢，是世界上最受苦的一部分；但中國的工人向來是不被人拿來當做「工人」看待的，因為中國的工人沒有法律的地位，連在資本主義制度下應享的權利與自由都沒有，他們祗有俯首帖耳地做工人，他們的痛苦不能伸訴出來，他們稍一反抗不經法律手續便可威羣地執行槍斃，他們不能有自己的團體，組織工會自然是不允許的了，罷工尤其是大逆不道。

然而這種狀態是不能長久保持下去的。 最近五年來，中國的工人，不顧屢次的屠殺毅然不斷地舉起反抗之旗，迫得剝削者不得不變其剝削的方法，拿中國的工人，少許當做「工人」看待，就是說，少許給予中國的工人，以資本主義制度下工人所能夠享受的權利與自由。 段政府這回決定公布工會條例，便是中國的工人之剝削者明白以前剝削方法今後再不能自由施行而感覺有採用新方法的必要之發端。

段政府決定公布工會條例這一件事，人們切勿以為這是中國工人之剝削者大發慈悲，或以為這是段政府見着此次工人奮勇為民族利益

門爭而以此酬賞工人。不是的，決不是的。這是中國的工人以反抗的鬥爭迫逼出來。剝削階級決不肯自動地對被剝削階級讓步；凡剝削者所有的讓步，都是因爲無法保持原有剝削狀態，不得不改換別種剝削方法之結果。段政府此次決定公布工會條例亦便是如此！反過一面來說，這一次決定公布工會條例，固然是工人自己利益要求的迫逼，但同時亦是不危害到剝削者的根本利益，使這剝削制度仍得依別種方法而保存。我們必須認識這一種意義，然後才能夠評判任何工會條例的價值。

公布工會條例草案，無論如何，但最低限度必須承認工人有組織工會的權利。有了這個權利，中國工人使無論如何要增高些他們的地位。可是中國工人地位將增高至何種程度呢？那我們必須看剝削者感覺何種的不安及其採用何種新的剝削方法爲斷。這是說，剝削者對中國的工人讓步至何種程度必須看工人自己的堅決迫逼及其效果如何。故工會條例的公布尤其是這條例之良好與否完全是工人自己奮鬥得來的，並不是剝削者施恩給予的。這一點，中國每一個工人都應該知道。

段政府這個工會條例快要公布了，我們就其草案看來，覺得段政府所要「給予」工人的權利與自由實在太有限得很！第一、段政府祇承認工人有各地同業工會的聯合組織，而不肯承認同一地方有各業工會的聯合組織（草案第一條說：「前項工會在同一地方行政區域內，以設立一會爲限，但得與其他行政區域內同一種類之工會組織工會聯合會」）第二、在第三條工會職務項下，祇規定一些技術的空洞的事務，而不提起工會的根本職務——切實保護工人利益，以罷工手段屈服資本家；段政府不規定這一項便是明白否認工人有能工的權利，罷工便是「違反法令」便是擾亂公安或妨害公益」，工會便應該解散！第三、限制工會發起人資格；須從事該職業繼續三年以上，年齡在三十歲以上，並能通達文義並寫淺近文字者五十人爲發起人，而這種資格又須資本家——剝削者出具証書證明，方才有效；假使沒有這種資格或違背了第一條規定呢？那麼成立的工會必被禁止，發起人必被以百元以下的罰金！第四、凡十六歲以下的童工是不能享受工會權利的。第五、工會基金，勞動保險金，會員儲蓄金等——即工會保護工人抵制資本家所應備的實力或武器，都應該交給代理國庫的銀行，不但明明剝奪工會之法人的權利，而且想抵制工人，遇着必要的時候扣除工會的錢不發，以制工會之死命。這五端是最重要的，其他干涉工會內部，限制工會組織的條文，幾乎每條都是，譬如職員職務及資格之限制，工會收會費之限制，工會修改會章須得官廳認可，工會選舉須請官廳監視等項，完全證明段政府所要的工會祇是官僚包辦的工會，而不是保護工人利益的工會。

像這一種工會條例，即使公布出來，中國的工人究竟能夠得着多少的權利與自由呢？在這種條例底下組織工會，中國的工人仍然連最反動的資本主義國家下的權利與自由也得不着！連最低限度承認工人有組織工會權利這一點，實際上也不存在！段政府這一舉彷彿告訴我們說：中國的工人之剝削者並不因工人轟轟烈烈的反抗與迫逼，而改變現有的最殘酷的最非人性的封建式與殖民地式的剝削制度爲現在資本主義式的剝削制度，不過借用承認工會的空招牌，以遮飾現有的剝削制度罷了。無論按照這種工會條例，一個工會都組織不起來，即令能夠組織成功，亦祇是官僚包辦的工會，——在官僚包辦工會制之下，中國的工人不僅不能得一些權利與自由，而且剝削者更多一種工具，便於鉗制工人。

我們祇要求段政府簡單地承認工人有組織工會及罷工之權利與自由！我們要保留工會組織上的一切自由！

中國的工人！段政府工會條例的公布是你們的努力迫出來的。

然而這個條例竟是愚弄你們，欺騙你們的。祗有你們的反抗與迫逼，才能獲得剝削者方面的讓步。中國的工人！你們進一步反抗罷！你們進一步迫逼罷！你們不承認行將公布的這一個工會條例而要求一個工人自由組織的工會，工會自由處理自己組織的工會條例。

「莫斯科的精神」

——追悼上海被害之工人與學生——

杜洛茨基

泰晤士報——英國資產階級一家最有影響的報紙——在中國民衆運動中發現了『莫斯科的精神』。好罷！這一次我們準備着表同意於保守黨的告發者。在中國和英國出版的英國報紙誣蔑中國罷工的工人和罷課的學生，說他們是波爾札維克派。我們也準備着，在某種範圍內，承認這個可怕的發現。中國工人不願被日本巡捕槍斃；他們宣布一抗議性的罷工并遊街表示他們的憤怒。這不是『莫斯科的精神』，又是甚麼？中國學生表同情於工人，而加入罷工運動，反對外國人對中國之強暴。這也明顯是過激派所做的事。

我們莫斯科派，我們是準備着承受這些攻訐與告發的。不過我們要添加一句話說，最能傳播『莫斯科的精神』於東方者，乃是資本家的政客和新聞記者。無智識的苦力若問：『過激派是什麼？』英國資產階級的報紙便答覆說：『中國工人，凡不願被英日巡捕斃槍的，便是過激派；中國學生凡與流血的中國工人携手，凡與反抗外國侵略的中國農民携手，也便是過激派』。在東西兩半球的反動報紙裏面我們找到了過激主義這一名詞之最恰當的定義。

人們在東方再不能做比這樣的一種更有用更使人相信更能深入羣衆的宣傳。允許我提出這一問題罷：爲甚麼我們要在東方甚至在西方，設立秘密的機關運用莫斯科黃金以傳播毒氣和炸藥呢？最好的機關是不是能夠成就一種教育工作，像泰晤士報及其在各國的同僚所成就的工作——自然是免費的——之千分之一嗎？假使所謂莫斯科機關，走來告訴被壓迫的中國人說：莫斯科政策是要解放被壓迫的階級和民族的，這樣，中國人未必相信，因爲中國人很有理由可以不信任外國人所說的話。但假使英國保守黨報紙——莫斯科的最惡毒的敵人——也是說這樣的話，中國人必終於相信了。

穿破衣挨饑餓被壓迫受侮辱的中國工人開始覺悟自己有人權，人們便說：這是莫斯科機關煽惑你們起來的！中國工人要聯合外國工人保護最初步的人權，人們便說：這是『莫斯科精神』！中國工人遊街要求生活權利和階級自由發展權利，人們便說：這是過激主義！

感謝這種方法！中國民衆的革命教育，在外國巡捕房指導之下和具巡捕心理的國際新聞記者指導之下，有長足的進步。爲着深印目前狀況之政治教訓於中國工人與學生腦中，英國巡捕房便向他們開鎗并監禁幾百人在上海監獄。人們可以說：這是以治學的速成班！

每個中國人從今都能明白『莫斯科的精神』就是國際團結的精神，鼓動被壓迫者起來反抗壓迫者；中國人也可以明白上海英國監獄中的空氣正包含着『英國自由』的精神。

我們似乎再沒有待說了。我們可以做結論了。資本家報紙爲莫斯科利益已經做了很好的宣傳，我們再無須乎添說甚麼。然而這裏，麥克唐納爾一類的自由派工黨政客一定聳起耳朵聽我們與保守黨的談話。他們一定反詰泰晤士報經理說：『你們看見了嗎？我們時常說英國的保守黨替過激派做工』。這是的確的。保守黨——

或恰切點說，反動黨，因為所有資本家的政黨現在都是反動的——代表一種偉大的歷史勢力，依靠在資本上頭而表示資本的主要利益。麥克唐納爾在這一點是很有理由的，即他認定假使資本家的勢力不存在，則西方與東方必都沒有過激主義。　但祇要壓迫的資本主義權力存在，『莫斯科的精神』便要到處傳播。

為要『消滅』上海事件并決定一種行動抵制『莫斯科』的努力，於是自由派和少數派想出國際會議的計畫。　他們忘記了一件東西：即決定這解決中國問題會議之一班『紳士』，不是別的，就是向上海工人學生開鎗的一班人。

麥克唐納爾或者已畫出了這個會議的大綱了嗎？　如其還未訂出，則我們不妨介紹我們代訂的大綱給他。　這是很簡單的。　中國的房子屬於中國人。　要進去須先打門。　主人有權利放朋友進去而驅逐他所認為敵人的出來。　這便是我們的大綱的根本之點。　你們自然拒絕這個大綱，因為你們在這中間發現了『莫斯科的精神』。　然而每個被壓迫的中國人和每個公正的英國工人正抱我們這種見解。

這個大綱含有強大的權力在中國民衆心上。　上海的工人和學生便是為這大綱所發揮的觀念而犧牲其生命。　上海街上所流的血傳染『莫斯科的精神』於民衆。　這種精神到處傳播。　這種精神是不可制服的。　這種精神終於瀰漫一切國家，拿自由給他們。

趙恆惕鐵蹄下之反帝國主義運動

（七月一日湖南通信）　羅夫

從這次普遍全國的反帝國主義運動過程中，將要把社會各階級在民族革命運動中的傾向不留餘地的表顯出來。　上海當然是這次怒潮的中心，一定被全國所注目；現在且將趙恆惕鐵蹄下之湖南的情形簡略報告給讀者。

工學羣衆之激昂。——『六一』之夜，長沙市民對日紀念的大示威後之一夜，上海『五卅』慘劇之哀音已傳進長沙，六月二日上午已有學生講演隊的旗幟在街上往來；大公報的號外亦飛滿街衢。　傍晚六時，轟轟烈烈的兩萬人以上的市民大會在省教育會坪召集了。　這一大會中的分子，當然是學生與工人佔最大多數。　大會呼出『反對一切帝國主義』『對英日經濟絕交』『廢除不平等條約』『收回租界』『取消領事裁判權』『收回會審公廨』『沒收英日在華所辦工廠』『撤退外人在華所駐軍警』『實行國民革命』等口號。　又通過即日成立『青滬慘案湖南雪恥會』。　有人提議立時整隊遊街，羣衆一致贊成。　大隊過省長公署時，上面的口號被提出於政府；政府的答復自然是很圓滑的。

六月三日和四日，工人和學生的宣傳隊遍布城鄉內外；各學校學生會紛紛開會討論援助辦法。　五日舉行空前的大示威運動，參加者約十萬人以上，須經過四小時始能通過一地，各項傳單計七十七種。口號的呼聲令人心胆俱裂，聞者無不懔然斂容。　羣衆反帝國主義的精神真是充分的表顯出來了。　指揮這運動的是工人學生為中堅的雪恥會，雖然雪恥會的分子不止工人學生。　雪恥會在這一天并通電全省各縣一致發起同樣的組織和同樣的運動。　這一運動大有立即擴大立即深入民衆的可能。

政府之壓迫。——趙恆惕壓迫國民運動的伎倆，慣常是分兩個步驟，頭一步用高壓手段趕散羣衆領袖，嚇退遊移分子，使之中立；第二步便是打發他的走狗操縱這個運動以欺騙國民；結果正是『名至實歸』。　因為二日晚激烈的市民運動，趙恆惕三日早即滿城張貼告示，說什麼湘西戰事未清，深恐土匪潛來省城，如有亂黨乘機煽動，定予就地正法。　但這一告示并沒有能嚇退工學羣衆；學生之奔走呼號

如故。 政於五日之遊街運動，趙滿城戒備，如臨大敵；幷於事前勒令羣衆領袖簽名負責。 不料五日平安過去，六日晚因爲新河英人打傷華僕及上海新世界楊樹浦之慘殺迭起不已，男女學生及市民又沿街哀呼，幷勸軍警一致對外，軍警多感泣不已；羣衆秩序則愈加嚴肅，本來羣衆領袖的態度，但求民衆一致對外，極不願與地方官衝突；然而軍閥的心理正怕民衆力量集中，無論其性質如何務有以破壞之，趙之於湘，蕭耀南之於漢，張學良之於滬皆同此一理。 六月七日長沙全市白晝戒嚴；各學校門首派兵站守，不許學生出校；教育會四圍重兵禁止出入；重要街道五步一雙崗；便衣偵探全數出發；羣衆領袖之居宅都被派兵搜索；『宣傳過激者斬，煽惑軍心者斬……』一類之告示，偏街小巷無處不貼；同時責令各學校勒令學生上課；間有學生冒險上街講演者，旗幟都被撕毀。 各學校電話都被政府割斷，同時省長公署召集各公法團及學校校長開茶話會，議決一律上課，幷授意商會教育會提出改組雪恥會或另組外交後援會之意見。 趙於席上大罵過激黨，要學生莫被其利用。 此時惟學聯代表起立發言謂『學生行動都係自動的反抗帝國主義，無所謂受過激黨利用，希望政府勿過於壓迫』，又聲明不贊成另組外交後援會，學聯代表出後，學聯即開緊急的秘密的代表會議，各校學生多踰牆出校赴會，議決：(一)無論如何再罷課一天表示反抗政府之壓迫，幷派代表請政府解嚴，不得干涉學生宣傳之自由；(二)如無相當答復則繼續罷課，有相當答復時即上課，上課期間準備暑期工作，後來趙答應解除白晝戒嚴（實際改武裝戒嚴爲便衣戒嚴，學生乃一意準備暑假工作，趙除改組了雪恥會使成爲極和平的機關外，又由其左右組一募捐處，趙自己首先捐一萬元以緩和學生的憤恨而欺騙全國國民。

中間分子的態度。——此派以省教育會，總商會爲中堅，農會，御用的總工會，教職員聯合會，律師公會等屬之。 這一派首領的慣技上承政府鼻息，，驅羣衆；有辦法時出來操縱，無辦法時站在傍邊；在國民運動中，他們不剛止落後而已。 商會教育會起初雖也參加雪恥會，但實際却與政府勾結。 商會對於英日經濟絕交不肯執行，而事事以上海總商會爲轉移。 教育會曾單獨發表對內對外宣言，完全表示近來模仿江浙教育的成績——市儈的本領，他們都主張組織外交後援會，因爲教職員聯合會有一部份人反對，才贊成改組雪恥會。

但他們另外仍然成立了一個公團聯合會，預備將來包辦一切，湖南的報紙對這次運動僅大公報稍識大體，頭幾天每天有號外發出，漢口慘劇傳到長沙，政府禁止登載，大公報當日只出一張，表示抗議。 其他報紙無不仰承政府意旨行事。 最無賴的湘報對滬案標題大書『上海英巡捕蹂躪滬民的消息彙誌』，對漢案則書『漢口又發生華洋衝突案』，眞可恥可憐已極。

雪恥會改組以後。——趙恒惕要改組雪恥會，唯一目的是要改成所謂和平機關。 在和平局面之下，實際工作的位置，他們是不要的；所以宣傳股和募捐股依然完全在學生工人手中。 宣傳股對暑期工作的準備是很有意義的，我們批評「五四」的缺點是：宣傳工作沒有擴到被壓迫民衆中去，其次則宣傳之後沒有組織，所以民衆意識只有暫時的明瞭，這次眞正的羣衆領袖似能看清這種缺點，力謀改變，他們在各縣學生中組織若干宣傳隊，回縣後分途宣傳，宣傳的材料有『帝國主義是這樣的東西』『不平等條約概述』『民族革命』等小册子，有『東江之役』『農民的力量』『上海慘劇』等戲劇，對於城市的工人學生，及鄉村中的農人，小學教員，都定有組織計劃，這種計劃如果能實現，反帝運動即已深入民間，在各中等學校的學生，這一次確能發現自動的能力，大部份能懂得學生的責任，與有組織的　之有力量。 同時對於社會的階級的意識亦漸明瞭，工人羣衆中因此次運動而掀動了團結的意識的亦有數起。 最沒有辦法的，要算商界和一般市儈式

的教職員。

水口山之二幕。——水口山是省有鑛礦，工人三千餘人，民國十一年成立工人俱樂部，十二年被政府令工賊賓步程武力解散，鎗殺工人二名。兩年以來虐待工人愈甚，工餉積欠六個月，平日以土匪看待工人，監視極嚴。這次全國反帝運動發生，該處工人激於義憤，特派代表到衡州學生會探問情形，適有由省回衡之學生彭平之君見工人如此熱心欣然願往，到山後工人開露天大會請彭君講演，并議決停工示威，旋被軍警解散。工人將議決案通知礦局，要其勿干涉，十七日早停工示威，當工人正在集合之際，局長鄧壽荃下令軍警開鎗轟擊，結果工人傷者十餘人工人代表被捕者二十餘人，彭君亦在內。鄧并誣指工人愛國為土匪刼鎗刼餉，請示趙恒惕，趙立電就地正法，幸工人及彭君口供對於土匪二字雖嚴刑拷打，亦不承招，省方雪恥會又急電警告并派人交涉，鄧始殺心稍戢，開釋大部分工人，但彭君及其他工人代表三人尚在押，有無生命危險尚不可知，對這一幕慘劇，水口山工人固然要更懂得軍閥官僚是國民革命的反動派；全國的革命的志士應快起聲討趙恒惕及其爪牙鄧壽荃呀！

親愛的讀者，希望你們從這次全國反帝運動中看清社會各階級在國民革命的趨向，湖南的情形不過是此中之一幕呵！

新青年第一號

列寧號目次

The Guide weekly

嚮導週報

分售處

上海 廣州 北京 長沙 濟南 開封 香港 汕頭 蕪湖 武昌 漢口

上海書店 丁卜書報社 閩光書店 各學校號房 文化書社 長沙商店 齋書書社 國民書社 華文書坊 汕頭書店 科學圖書館 時中書報社 市民週報社

分售處

平陽 南昌 太原 湖州 濟南 福州 重慶 南京 寧陵 黃梅 成都 紹興

新新書社 明星書社 晉華書社 青年書店 新亞書社 學生聯合會 唯一書局 樂天書館 寶慶書局 書報流通處 華陽書報流通處 亞民文具實業社

◀第 百二十三期▶

一九二五年八月十日

——零售每份銅元四枚——

訂閱：國內一元寄足五十期。國外一元寄足三十期。郵票代欵九五折算。但以一分半分為限

代派：每份大洋二分。六折計算。寄費在內。十份起碼。十期清算一次。概不退回

發行通信處 杭州馬坡巷法政學校安存真轉王致和

上海事變之世界的意義

季諾維埃夫

這運動開始於很平常的經濟要求——中國的工人要求幼年工人每天做八小時的工作，成年工人每天做十小時的工作，星期日休息；這種要求是半世紀以前先進資本主義各國的工人早已提出要求過的。

這運動本沒有甚麼非常的意義，——竟變成了重大的政治事件，取得了世界的意義。

從八小時工作的要求到撤退駐華外國軍隊的要求，這中間有個長距離；而這距離，中國工人祇在幾天之內就跳過了。一九〇五年一月俄國的工人羣衆經過長時間準備以後，也曾用很快的步驟走過了同樣的路。英日帝國主義者的軍隊現在所給於中國工人的教訓正像那被工人鮮血所噴濺的尼古拉斯羅曼諾夫皇朝反動軍隊所給與俄國工人羣衆的教訓一樣。

那時候俄國工人從痛苦的流血的經驗中悟得了經濟和政治的關係。俄國工人的爭鬥一點一點的變成了政治的爭鬥，而「人民的喊聲」：「推倒專制」！也愈喊愈響了。

中國工人現在也從痛苦的和流血的經驗中開始不僅悟得了經濟和政治的關係，而且也悟得了中國經濟和國際政治——喋血的帝國主義政治的關係。

英日帝國主義者的軍隊打死了幾十個中國工人和帮助工人的學生。英國的警察監禁了上海電氣廠和自來水廠的工人。上海這些部分的工人是在手鎗的壓迫底下做工，然而罷工却在開展着成為總同盟罷工，而運動的範圍却繼續不絕的擴大了。反對國際帝國主義的口號一天一天的響起來，有力起來；上海的工人一天一天的上前堅決的在這個大運動裏面做中國廣大羣衆的領袖。英國日本和美國的帝國主義者現在打急電給他們的軍艦，喊他們到這個「活動的場面上來」。我們不必是一個預言家就可以知道，幾百兆中國人民對於外國資本主義強盜的憎恨一定因此而更深，他們的要求：「勿侵中國」一定因此而更響。

英日帝國主義，尤其是那前者，若不搶刼殖民地和半殖民的國家，是不能生存的。他們若不搶刼中國這一類的國家，他們就不能夠有額外的利益，就不能夠去賄賂

他們自己國家裏邊的勞動貴族。

他們只有二條路：或者是掠劫殖民地，或者是促進他們自己國家裡面的無產階級革命。這是英國帝國主義當前的一個問題。然而歷史非常狡猾，正因爲殖民地上的壓迫加重，所以東方民族解放運動的機運却由此而成熟，這東方民族解放運動反過來却又能促進帝國主義英國的無產階級革命。

上海事件的世界意義又在於他恰好能夠用最顯明的狀態來証明這個眞理。在開始的時候，中國的勞動者只要求他們的經濟生活上最低度的改良，而結果却提出了『外國帝國主義者軍隊退出中國』的口號。目前中國工人已經成了世界無產階級革命中一個最重要的原素了。

『百分之五十一的無產階級是比百分之二十的無產階級更少，假如那百分之五十一中間含有帝國主義流毒和小資產階級的阻力。』列寧描寫無產階級專政的時候這樣說。

爲什麼英國無產階級的力量，在世界革命中是這樣微弱？正因爲在英國的勞動階級中間有不少「帝國主義的流毒」和小資產階級的反對無產階級革命的觀念在內。現在正是和英國帝國主義的開始崩壞有密切關係的被壓迫各國（殖民地和半殖民地）勞動階級的革命意識的增加，和壓迫國家的無產階級的「帝國主義流毒」的退步是平行的歷程。

中國勞動階級的數目比百分之廿還要少（在四百兆中間的六百萬）。但是我們能夠很明白看到，在適宜的條件之下，中國的勞動階級能夠並且一定要做全中國民族解放大運動中的領袖，假如我們注意以下的事實：

（一）勞動階級的地位很好，他決不能受列強帝國主義思想所敗染，他的地位反而不得不起來領袖全中國的民衆去反抗那些壓迫着他們的外國資本家。

（二）在共產國際指導之下的歐洲無產階級的先鋒已經認識了中國勞動階級的重要，所以已經用了列寧主義的火把去照亮他們的歷史的道路。

（三）無產階級革命的第一個勝利者（蘇聯）的革命的策略中包括很重要的一項，就是去幫助各殖民地各半獨立國家中方興未艾的革命運動，中國也是其中的一個。

（四）在中國各重要的都市（上海、漢口、北京、青島、南京等等……）中間，中國的無產階級在數量上占據重要的地位。例如在上海工人的數目在二十萬以上。

（五）中國大多數的人民多非常之注意於解除外國帝國主義的桎梏，而中國人民中覺悟起來有意識的爲反對世界帝國主義而鬥爭的人一天一天的增多。

（六）中國的農民尤其是被全中國的狀况驅迫着去幫助勞動階級。

看了這全部的狀况，和民族解放運動所已經達到的程度，我們可以知道英日帝國主義的暴行只能在火上添油。

（最近第三國際的擴大中央執行委員會會議曾預料世界無產階級革命的進行將改換陣線，指出東方革命運動的成熟將比以前所預料的時期更快，並且曾指出資本主義在西方的暫時的「穩定」，決不能使世界無產階級革命的勝利延遲到長久的期間）。從上海的事件看來，這種觀察是絕對正確的。

上海事件是中國、印度、埃及、爪哇等全部殖民地問題的一個榜樣。印度的人民有三百五十兆，其中八兆是勞動者；埃及人口共二十兆，其中一兆半或二兆是勞動者；爪哇人口三十兆，勞動者占二兆有半。在一切這些國家中間，上面所說的六個條件都是完備的，僅僅是分量上的高低。在一切這些國家中間，假如情形適宜，勞動階

級一定能做大規模的民族解放運動領袖。

「他自己國家裏面的無產階級對資產階級的反抗，加上殖民地和半獨立國家的民衆的反抗」——這個，列寧同志高叫說，是世界革命的要點。現在這個公式漸漸有了肉和血附着上去了。我們將看見，在上海和加爾各答，漢口和瑪特爾斯，青島和開羅，北京和亞歷山大之間的呼應，決不是久遠的事了。同時在殖民地和半獨立國一方面的各大城市和倫敦、紐約、東京、巴黎一方面的無產階級之間的革命的呼應也一定要強盛起來。在中國和埃及，事件的情形已經到了勞動者可以佔領工廠的程度。在印度，勞動者的運動也更發展擴大。革命運動的光亮有如閃電，牠已經刺破了那罩在這些國家上面的反動和黑暗。

上海勞動者所提出的撤退駐華帝國主義軍隊的要求一定會得到有力的響應，不僅在莫斯科和列寧格勒，却是在全世界各資本主義的都市。英國的那些工會已經在開始完成他們的國際的無產階級之責任了。歐洲資本主義愈「穩定」，對於他自己的工人之凌辱和壓迫愈兇猛，那麼歐洲無產階級的丟開他那狹隘的歐洲「鄉土主義」而加力注意及扶助殖民地半殖民地革命運動的日子，也一定求得更快。歐洲的勞動者不僅爲他們將來領導全世界革命的需要上應該援助殖民地和半殖民地的解放運動，並且就算單因爲他們自己也是勞動力出賣者，他們也應該援助這種解放運動。

共產國際第一次宣言「穩定」那個字（歐洲資本主義的一部分的「穩定」）的時候，距離現在沒有多少星期。而在這幾個星期中所發生的事情却已經彀足明白告訴我們說：世界政治地位的穩定僅只是一種相對的意味了。

摩洛哥的戰爭、上海事件、英國失業的增加、興登堡在德國的勝利、布加利亞事件、法國經濟的危機——一切這些，都証明資本主義決不能免於毀壞，而替他挖掘墳墓的人就是共產國際所領導之下的世界無產階級。

「上海工人的事就是我們的事呵！」歐洲無產階級的先鋒將要這樣說。上海的紗廠工人、印刷工人、鐵路工人、全中國的無產階級呵！你們是站在世界無產階級戰爭的前線上。我們的心和靈現都和你們在一起了！

中國工人及其工會在此次運動中的作用

吉了

此次民族運動已普遍於全國民衆。工人、學生、手工業者，商人——他們不僅在口頭上，而且在事實上都表示盡力爲民衆利益而奮鬥了。社會上一切階級都融合起來，一切傾向都匯集爲一奔騰澎湃的民族潮流。

然而在這整個民族潮流裏，我們必須下手分析那參加這次民族運動的每個重要分子，各自的作用。這是爲瞭解目前狀況所必需的；這也能夠幫助我們愈加看清事變進展的步驟幷確定我們行動的方針。

在這篇短文裏，我們先說工人階級及其工會的作用。

中國工人階級數量上還是很少，但在最近幾個月事變之中，最重要的責任却落在工人階級的肩上。這是不難証明的事實。工人是有偉大的力量，他們的工會及其總聯合成了全運動的基本勢力。這不僅是上海如此，上海總工會固然指導上海的工人運動，但廣州香港的罷工運動亦是在港粵總工會指導之下進行的。

自然，誰也不會蔑視了民族運動中其他直接參加的分子之作用、學生的功績尤其是我們所不能忘記的。中國學生於一九一九年五四運動時，即開始廣大的民族運動，這種運動，從那時，起中間雖然

稍有停頓，但至今仍繼續着并未終止。在五卅當時事變裏，學生所佔的重要位置，尤其是盡人皆知。即在隨後的運動及眼前的鬥爭，學生也已經執行了他們的民族使命，并也必要去執行他們的民族使命。

然而總沒有一個明白事理的人敢出來否認現在工人運動是全民族運動中的中軸和重心。幾十萬工人罷工，使外國工廠停止工作，使上海香港這樣的碼頭寂然無人起貨——這個對全運動有何等重要的經濟上政治上的意義！帝國主義者所引以爲憂愁恐怖和危險的，正是工人的罷工。倫敦、東京、紐約的政府，爲着這個，十分小心并異常驚怕來處理中國發生的事件；北京外交團，爲着這個，引起了分裂；帝國主義者及其報紙，爲着這個，坐臥不甯，驚惶失措，恐嚇也不好，甚至假意恭維也不好。

我們設想，假使工人罷工一旦停止了，那麼，單是學生和商人運動的影響，必定及不到現在上海香港工人對於帝國主義的打擊千百分之一。

中國無產階級，在近年民族運動史上，早已做過幾樁光榮的事業。一九二二年香港海員的罷工及去年夏大面罷工這二件事便可證明。可是，這一次罷工中中國工人表現出來的團結力、持久力，特別是組織力，自然不是前幾次的運動所能望其項背。中國工人，特別是上海工人，大大的向前進步。這是無論朋友或敵人，誰都看見的，誰都感到的。因此，上海總工會便成了我們敵人暴力仇恨攻擊的中心，同時也便得着中國民衆中所有愛國分子之擁護推戴了。

實在說來，上海總工會的作用確是很偉大的。在風潮當中，上海總工會正站立在敵人的砲火之下；當萬國商團在上海街上「獵人」，鐵甲砲車橫行全埠，陸戰隊不斷登岸之際，總工會出來創立自己的組織，成立新的工會，擴大舊的工會，引致工人羣衆於這些工會裏頭，——其中有許多羣衆乃是從未參加過工人運動并完全沒有鬥爭經驗的。所以能夠做到這樣，自然是有一番廣大的宣傳鼓動及教育工作。普通需要幾年才能做到的工作，上海工人從自己的經驗學習并受總工會指導，居然能於幾個星期之中便做完工。上海總工會、七個辦事處、各工會、代表大會及其附屬機關如學校，俱樂命等就要變成了工人運動的中心，在這機關之中養成了工人的活動分子，發展了階級覺悟，鞏固了工人階級的勢力，增加了工人向鬥爭去的和向勝利去的意志。

「工人的罷工，罷工工人的組織，特別是上海各工人以及其總聯合——這些的意義，不僅對於工人是很重要的，而且已經深入於中國廣大民衆意識之中：誰想去維持民族運動，誰就要聯想到必須物質上和精神上維持上海的罷工——上海總工會指導下的罷工」。我們看這幾個星期以來，中國各省不斷的捐款匯到上海來，我們又看中國各都市的代表，甚至華僑如菲律賓．美洲各地的代表，都來上海就近調查這多數人意想不到的罷工運動——成了全民族希望對象的罷工運動，成了帝國主義及其工具仇恨對象的罷工運動」。

最近，我們看見戒嚴軍隊，口頭不斷的說愛國，反用保護法律維持治安名義，想破壞民族運動的勢力，他的壓迫主要是對付工人組織的。此種企圖，果然實現，那麼，第二步無疑的是封閉上海總工會。可是他們的第一步并沒有特別的成功，因此我們便沒有根據設想上海總工會在最近將來會直接受軍閥方面來的危險所恐嚇。

上海的工人是有團結力和持久力，他們覺悟自己有力量，他們感覺自己得中國民衆和世界無產階級的擁護。他們不願挑撥流血的衝突，他們祇保衛自己的組織，——在艱難困苦中創造出的組織，不僅是他們階級利益的結晶，而兼是整個民族解放運動的結晶，他們用一切力量保衛自己的組織到底。全民族將是站在工人一邊的！

寸鐵

我們認識江亢虎了

我們以前只知道江亢虎自稱是社會黨首領，還不曉的他究竟是什麼一種人；現在看見他求見宣統皇帝的信中自稱：「寒家三世仕宦，五人科甲，先祖韵濤公曾侍南齋，不佞少時亦供京職，……曾痛論興漢滅滿十二大不可，馳書民軍，幾以身殉。」 我們現在認識他了，認識他乃是一位「頌念舊恩」「尚不忘本」的復辟黨！ (實)

醒獅與誠言

英國帝國主義者廢了許多氣力，印了許多「誠言」，意圖在中國民衆中毀壞蘇俄的信用，實際上只惹起一些反感，因爲他們的方法太笨，他們若用醒獅週報替他們宣傳，定然有效得多，并且醒獅攻擊蘇俄誣蔑蘇俄，比誠言還要起勁十倍，可惜英國人太忽畧了。 (實)

孫寶琦與醒獅

孫寶琦對美國記者說：「國人之所以仇俄者，則亦因年來國人感受種種不平等之待遇，久已疾首痛心，俄人獨能開風氣之先，首先解放我國之束縛，拋棄種種不平等之利益，以與列強對我之束縛壓迫者兩兩相比，彌覺俄人可親，而列強可畏，自屬人情之常。」 由醒獅週報記者看來，孫寶琦這段話眞是親俄賣國，而由孫寶琦看來，醒獅週報的見解，或者是人情之變。 (實)

一之

湖北近狀一瞥 (湖北通信)

自從奉直第二次大戰，馮玉祥倒戈，直系地盤大削，勢力大衰以後，國內形勢陡起變化：關東王張鬍子長驅直入，佔領了直隸、山東、江蘇、大有席捲西來，囊括海內之勢。 但是直系潛在勢力並未根本剷除，浙江、福建、湖北，湖南乃至於四川各方面都暗中時有信使往還，實行與落魄岳陽樓頭客弔膀子，於是所謂直系者更露骨地表現其爲吳系，而今日湖北之政治仍不失其在吳佩孚脚下蠕動的將來而目。

現在我且把我個人攷察所得分述於後：

(一)蕭耀南與議會——湖北省議會(本屆已過期三年)，也同其他各省議會一樣，不是代表民意的機關，却是狐假虎威，殘民以逞的馮道。 在王占元時代，彼就有了平社，和崇正俱樂部兩個組織，不必說是爲拍王占元底馬屁而設了。 迨蕭耀南挾乾老吳秀才底淫威，跨入湖北以後，彼倆就搖身一變成爲擁蕭的勁卒。 其餘徘徊門外的許多分子，看得眼睛也紅了，遂於去臘乘直系倒霉之頃，盡情献媚，多方勾結第二十五師師長陳嘉謨組成了維社。 於是「後來者居上」，維社竟得在蕭耀南面前專寵；其分子以褭隕議員爲主體，初成立時，每人每月竟得蕭氏二百串之津貼。 現在風聲漸平靜了，蕭氏地盤似乎一時不會動搖，所以二百串之津貼，兩個月以後就停止了。 蕭氏尙別有牢籠議員之好法，就是每個議員都予以兼差，黠者差優而且可兼數差，聽說有餘議員中不兼差者只有兩人，因爲他倆太不乖乖兒了。

(二)四面不透風之武漢——武漢固然地處全國中心，當東西南北交通之衝，但因在吳系軍閥脚下，所以就弄成一個四面不透風之局勢。 同是英國帝國主義之巡捕或水兵慘殺華人的案情，發生在上海和沙面，就羣情激昂，發生在漢口，就若無事然。 既然本地人民都視若無事，外地同胞當然也莫知適從了：這是內地風聲透不到外面去的事實。 滬案發生，舉國騷然，羣情鼎沸，武漢學界亦知起而響應；乃全體罷課正籌進行之際，而教廳勒令各校提前放假之令已下，單

警臨門迫令學生立即離校，並不准私居學社或客棧。　因此聲援滬案之舉一發即沒，漢案發生尙且視若無睹，更不談涉案發生後此間之銷沉了。　這是外地風聲透不到裏面來的事實，原來處在媚外軍閥積威之下，學校已被閉門，學生又被驅逐，商會自然是官廳附庸機關，工商各界分子哪里還敢動彈？　武漢報紙雖有五十三家之多，但大多數是仰承軍閥意旨的，少數雖欲言而不敢。　我並聽說漢口新聞報和二三家通訊社竟被英人收買，所以大爲英人張目哩。　如此說來，僅僅不透風還有什奇怪麼呢？

（三）漢口慘殺案之起因——關於漢案肇禍之直接原因，武漢各報都有所諱忌而不敢直述，外埠新聞界更無從而明察眞象。　日前與服務漢口太古公司之某友晤談，始悉底蘊。　原來六月十日太古碼頭某工頭無端毆傷力夫余金山，羣衆大譟，互相衝突，將該公司玻璃誤損數塊。　該公司韋大班即電話漢口警察廳，請其派隊前來維持秩序。　該廳長周際芸（亞芬）素有添募巡警便將來利用時機改編成師之地步，乃不蒙當軸允許，心甚憤憤，今得太古公司電召，即喜不自勝，冀求風潮擴大。　曆二小時後，周氏始派隊前往，面囑如此這般。　警隊至則風潮已平息，工人多分隊坐談嬉笑，蓋明日即可照常上工矣。　該隊大呼說：「有人負責否？　我們可以開鎗！」該公司某外人說：「勞諸位前來感甚，現在一切如常，無庸開鎗。」　原來資本家之於勞工，只求吸取其血汗，變爲剩餘資產，不必定要用鎗將他們活活打死，以致無人爲作牛馬。　該警隊聞此，不啻靑天霹靂，乃怒氣衝冠，將各工人驅逐痛打一頓而去。　於是工人罷工了。　韋大班深恐風潮擴大於己不利，乃多方婉轉，利誘威迫，工人始允上工，有所謂洋保正者，素以獻媚大腹賈爲生，聞訊前來討好，該公司遂開始動手毆擊華工，打作一團。　工人大憤，十日晚五時太古碼頭力夫與太古公司工人遂有遊行示威之舉。　由張美之巷經猪巷，二馬路，後城馬路，歆生路而達老大智門口。　此時租界已施行戒嚴。　英當局已調遣武裝義勇隊及海軍陸戰隊，荷鎗寔彈紛紛布滿街衢，各弄口之鐵柵門半閉。　對華界後花樓前花樓，各有機關鎗一架，後馬路之要衝處，並安設五生七砲一尊，沿江一帶，配備馬哨巡遊，怡園至電話局，兵力尤厚。　對大智門處並設電網爲防禦。種種設備，如臨大敵，從可知殺機已預伏了。　同時中國官廳方面竟置若罔聞，爲的是江漢鎮守使杜錫鈞，也同周際芸一樣，見於張聯陞（襄陽鎮守使）孫建業之類都由旅長一躍而爲師長了，不免有些醋意，所以與警廳不期而各按兵不動，以示蕭耀南軍警力單不敷調遣之意。　於是英租界鎗響大作了，據說華人死十一人，傷二十餘人；一說死者有百餘人之多。　蓋鎗響發後，租界電燈全熄，屍身多被英兵拾上軍艦沉入水底云。　日前關還一帶發現帶傷屍體數具，是後說或竟爲事寔也未可知。　中國人口而無可靠之統計，官廳方面又同床異夢，所以此消息傳出後，官廳方面照例又以置若罔聞了事了。

（四）官廳之手忙脚亂——做賊者胆虛，杜錫鈞周際芸既然同床各夢，企求擴充，誰料竟釀成鉅案。　深覺洋大人之威不可犯，恐因此而致各自飯盌根本上打破，於是出其媚外之舉，警廳當捕無辜而有私怨之蕭潘二人執行鎗斃，以資鎮攝而討好於洋大人。　有張厚生者是杜錫鈞之參謀長，星夜渡武謁蕭，慫恿其出「保護外僑，倘有無知之徒，妄行滋事，鎗殺無論」之告示。　蕭耀南向以庸懦著名，於是如法泡製，並派員非正式慰問領團，其措施乖方如此。　這種對外手腕，同滿清末葉中法之役，兵勝於外而猶割地賠欵以和何異？　湖北軍閥官僚之無常識類此。　（附白——杜錫鈞之參謀長張厚生爲人極卑鄙齷齪，自不待言。　據漢口某新聞界鉅子言，當初湖北當道認眞禁煙時，張厚生一人甘冒不韙，私販烟土家致鉅富。　風聲傳出，爭相傚尤，禁煙之令，遂成具文，禁煙大員竟是土商，推源禍始，張厚生

雙殉屍萬段不足以贖其辜也。

(五)蕭耀南之沽名政策——蕭耀南之類既然「看錯了皇歷」把外交辦精：本來我方十分寃屈，而反掉過頭來向洋大人說好話；誰料今日之中國人非復滿清末葉之中國人可比，老蕭如此措施，以致外埠各界輿論大譁，電斥蕭者，日必數起。 蕭氏雖愚昏，却也知沽名釣譽之策，於是：(一)通電全國強辭奪理以自飾，(二)接待各地派來調查漢案代表，謙恭維謹，並口頭認錯；(三)密令各地師旅團長來電評稱每獲巨匪輒供鎗械由蕭潘二人購來，表示蕭潘非無辜被戮，寔因通匪販鎗，尤與漢案無關，報載蕭被殺時，在蕭住樓上搜獲勃郎淋手鎗二枝，寔則樓上爲四川某軍官所住，手鎗爲該軍官者而非蕭者），(四)密令省議會維祉分子爲主動力，發起各法團聯合會，並於三星期前在武昌舉行遊行講演以爲掩耳盜鈴之計（到者連所謂維持秩序之軍警在內，也不過二千人，學生以被遣散歸里，無人參加，眞正商民市民參加者亦極少）；(五)官督民辦之滬漢案救濟會成立，任各法團領袖爲副理事長，蕭名義上捐五千元，匯滬者僅二千，（按人民受蕭耀南之高壓，聲援漢案之聲轉不及聲援滬案之聲之高。 漢口人民被屠殺後，早已置之腦後了。 所以老蕭名義上捐五千元，寔際上還有三千元又派人攜帶回黃岡老家，勒買民田，建將軍府去了），(六)時値天旱，蕭耀南利用時機，勒輒禁屠求雨，冀博得小民稱讚，（老蕭本來迷信甚深，二七慘殺後，獨種兒子死了，於是玩龍燈以禳之，所謂天師府六十三代眞人爲敲竹槓起見，派人各處送符，老蕭得符一紙，即報以二百元），(七)時通令各地軍隊漫言注意盜匪；(八)時訓飭各縣空口整頓吏治。 他若威迫本地報紙及通訊社，使不敢有異議，嚴檢人民往來之郵電，此乃現代軍閥慣技，可無論已。

英案週月紀念寄於漢口

五卅二週月紀念告上海工人學生兵士商人！

今天是七月卅日。 外國帝國主義者屠殺我們上海學生工人已經兩月了。

我們上海罷工也已經兩個月了。 廣州、香港、漢口、天津以及其他各地的民衆也早已起來奮鬥。 我們反對帝國主義的運動，一天天的擴大。 帝國主義者壓迫中國，當我們中國人是奴隸牛馬已經八九十年。 他們想不到我們中國工人居然會起來反抗，他們還是蔑視中國民衆；現在他們竭力的想消滅罷工運動。 最近英國人的字林西報亂放謠言，說罷工工人是暴徒，說只要邢士廉鎗斃一二暴徒的首領，一切運動便會停止，並且主張邢士廉不實行屠殺政策，上海工部局當局要來執行了。 這是不是胆大妄爲到極點？

我們知道字林西報這種宣傳之後，立刻將海員工會工商學聯合會等團體封閉。 帝國主義者以爲這樣便可以摧殘上海的罷工運動，撲滅全中國的反帝國主義運動。 可是他們這種希望是達不到的。 我們民衆的力量非常之團結，非常之大，決不怕任何壓迫，所以當局都不得不把海員工會和工商學聯合會重行啓封。 我們今天紀念五卅的慘案，我們應當說：大家一致堅持，不達到目的不上工！

帝國主義的進攻計畫大致有三種：一、各國帝國主義者雖然利益互相衝突，可是暫時極力想聯合起來一致對付中國，以保存他們的主人地位。 二、他們想法利用中國軍閥反對中國人民，挑撥各軍閥間的戰爭。 三、上海、廣州、漢口、重慶、青島等處的慘殺案，他們都想變成地方問題，好各就當地欺騙勾結地方政府草草解決。 譬如帝國主義者故意叫上海工部局反對北京公使團的決議，借此想指說上

海問題歸上海解決，便是一個証據。

帝國主義者這些計畫，完全是想撲滅我們的運動，有時恐嚇，有時又欺騙——我們民衆是不上當的，我們要格外的團結，格外的努力，聯合全國的民衆一致的堅持，反抗！

我們的力量在什麼地方？我們的力量一天一天的增高起來，各大都市裏的工人已經起來罷工，甚至於窮鄉僻壤的民衆也已經起來奮鬥。全中國全世界的被壓迫者都募欵援助我們。我們上海香港的罷工，使全國的勞動平民都震動，都覺悟，各大都會的學生，散到全國內地去宣傳，幾千萬萬民衆的力量一天一天的集中起來，團結起來了。

各地的工人都組織工會，各地的學生商人，以至於農民，都要像上海一樣，組織起工商學農等各界聯合會。各地的罷工和抵制英日貨的運動，有這些聯合會做統一的集中的指揮機關。——我們民衆的運動一定可以勝利；無論我們的敵人有多少姦計，有多大力量，决不能鎮壓住我們的反抗運動的。

我們怎樣的達到目的呢？

第一、我們應當有全中國統一的指揮機關。所以趕緊召集全國工商學農等各界人民的聯合大會，舉出中央執行機關。

第二、我們應當集中工人階級的力量。所以要召集緊要的全國勞動大會，由全國總工會，來指導全國罷工的進行。

第三、那全國各界聯合大會便應當立刻籌備眞正代表全國人民——工人、商人、學生、農民、教育界、自由職業者、軍人、兵士——的國民會議，組織眞正統一的中國國民政府。這種統一政府未成立以前，我們以爲現時全國國民已經奮起一致對外，國民革命運動漸漸普徧各地，南方的國民革命政府當然要出來號召建立臨時的南北各派聯合的政府，共同進行廢除一切不平等條約的鬥爭。

第四、我們民衆應當要求武裝，並成立全國統一的國民革命軍，不像現在各軍閥私養軍隊，不能抗禦外來的帝國主義者，却只會壓迫人民。眞正人民的武力——只有統一的國民革命軍，服從人民的中央政府的軍隊。

上海的工人學生商民呵！只有這樣，我們才能達到我們十七條的要求，才能廢除一切不平等條約。上海的市民警察兵士呵！只有這樣中國才能解放，你們才能做獨立國的國民，不做外人的奴隸牛馬！

全國反帝國主義的總罷工萬歲！
全國反帝國主義的大運動萬歲！
全國革命的平民的國民會議萬歲！
全國統一解放萬歲！
全國國民革命軍萬歲！
全國平民武裝萬歲！
推翻帝國主義！
廢除一切不平等條約！
撤退駐華外國海陸軍！

中國共產黨中央委員會
中國共產主義青年團中央委員會

The Guide weekly

嚮導週報

分售處

上海 上海書店 丁卜書報社
廣州 國光書店
北京 各學校號房
長沙 文化書社 長沙南店
濟南 齊魯書社
開封 國民書社
香港 華文書坊
汕頭 汕頭書店
蕪湖 科學圖書館
武昌 時中書報社

分售處

漢口 市民通訊社
平陽 新新書社
南昌 明星書社
太原 晉華書社
潮州 青年書店
雲南 新亞書社
福州 學生聯合會
重慶 唯一書局
南京 樂天書館
安慶 實慶書局
黃梅 書報流通處
成都 華陽書報流通處
紹興 越民文具實業社

第一百二十四期

一九二五年八月十五日

零售每份銅元四枚

訂閱：國內一元寄足五十期。國外一元寄足三十期。郵票代款九五折算。但以一分半分爲限

代派：每份大洋二分。六折計算。寄費在內。十份起碼。十期清算一次。概不退回

發行通信處 杭州馬坡巷法政學校安存真轉王致和

此次運動中之帝國主義與軍閥

獨秀

英國是帝國主義之王，此次中國五卅事變起，美法日本帝國主義者，都想乘機挾制英國一下，且因此買弄中國人心。法國在東歐在小亞細亞，和英國的利益簡直不能幷立，所以首先不和在上海的英國人一致行動，幷且對中國民族運動表示相當的同情；自英國保守黨執政，道威斯計劃受了打擊，英美間遂現了裂痕，加之在華商業競爭，美國一部分輿論表示對華和緩態度，幷主張有條件的取消領事裁判權；即至五卅事變造因之日本，亦以單獨調解的聲浪恫嚇英國——五卅事變後一個月，英國都在此孤立的狀態中。

外交手腕最敏捷的英國帝國主義者，一面捏造「報告未到」「華人排外」「列強一致」等話搪塞國會之質問，一面力與法美日本談判，以英日積盟威嚇美國，乃成英美日三國聯合對華之新局面。英法利害衝突過甚，不易調協：無條件的與英國一致，固法人所不願；爲拉攏法國一致對華，而在東歐或小亞細亞向法人讓步，也非英人所樂爲。這就是華府會議所產生的四國協同對華政策現在不易實現的緣故。

英美日三國聯合對華之局成，在政府外交上或增加多少困難，而在國民運動上卻有很好的影響，因爲「單獨對英」及「美國人是中國好友」這兩個口號，都可以使中國國民運動自相分裂。現在英美日本聯合在一起，懦弱的資產階級撇開日美之心理一然仍在存在着，而事實上日美卻不許他們撇開，所謂「單獨對英」明明白白成了一種幻想的單相思。在這樣情勢之下，至少也可以使中國國民運動之分裂不至過分的發展。

此時英國的政策是：(一)聯合日美一致對華以免孤立；(二)主張司法調查，延宕時間，以待中國國民疲憊，再圖有利的結果；(三)勾結中國反動的軍閥，撲滅中國國民運動；(四)以關稅會議誘惑中國軍閥政府，準備在此會議，由要求清理外債進而共管財政，向中國進攻。日本仍舊採用他的傳統政策，即是追隨英國，取一致行動，獲得在華和英國不甚衝突的利益。美國雖不全然贊成英國的政策，然而爲維持一切帝國主義在華之威嚴及實施門戶洞開政策，他是終須與列強取一致行動的。

這時的國內軍閥又是怎樣呢？ 奉張是現在第一有力的軍閥，也就是第一反動的軍閥；他的對內政策是急須打破國民軍，以免妨礙他的勢力在中部自由發展，他的對外政策是公然壓迫在他的勢力下（從奉天到上海）的國民運動，結歡英日以取得援助。 國民軍和奉張更在相反的地位，他們在張家口在河南都同情於國民運動；惟其因反奉而聯絡直系若一過相當程度，不但立刻失去社會地位，并將失去政治地位。 直系倘有舉足輕重之力，無論其聯奉或聯國民軍都以直系重興為目的，此時他們聯奉之計劃已歸失敗，同時，張宗昌與杭州間，開封與武昌間，已有不斷的聯絡。 直系和奉張本是反動相等的軍閥，只因他們在政治上失了優勢，壓迫國民運動還不敢像奉軍那樣橫行無忌。 段派雖無實力，然佔在中央政府地位，其舉動在政治上亦頗有意義；他的反動性也不減於奉直，此時因與奉張利害衝突，其實力又不足制奉遂不得不別開生面，向國民運動及國民軍表示敷衍態度。

依以上的事實，我們可以看出：中國國民運動中眼前的死敵，在外的是英日帝國主義者，在內的是奉天軍閥，他們又正勾結一氣。 此外如美國的經濟侵略及和平愚弄和直系重興這兩個危險，國民運動中若採用適當的利用策略，都會為了眼前爭鬥遺下未來的禍根！

馬克思與中國

里亞贊諾夫

中國和印度市場之重要，已在共產黨宣言中指明出來，算是歐洲資本主義發展的原動力之一了。 英國資本主義從印度開始向中國進攻。 英國東印度公司利用牠對華商業的專利，銷售印度鴉片於中國。 東印度公司的這種商業專利於一八三三年即取消了，為的是給英國商人間相互的競爭以種毒於中國人民的均等機會。 中國政府曾因立意禁止鴉片輸入而引起了所謂鴉片戰爭。 馬克思在資本論中，將這次戰爭算做十六世紀以來歐洲民族自己中間的或在東方的許多商業戰爭之一。 英國人為基督教和文明的最大光榮而焚燬好些中國城市殺戮數千中國人之後，又於一八四二年強迫中國人訂立南京條約。 廣州、廈門，寧波、上海、福州五口開埠通商，大宗戰費賠償英國，香港一島割讓於英國人。 這一次遂成英國帝國主義侵略遠東之重要基礎。 南京條約之後，接着中國又與法國和英國訂立條約。

這次失敗給那從十七世紀統治中國的滿清以一大打擊。 在那呻吟於苛稅之下若斷若續舉行暴動的農民羣衆中，開始擴大一種熱烈的怨恨，——特別是在西南，那裏，外國資本主義的影響特別較大。 那時代的「智識者」——教書先生和下級官吏——以及小本生意的人，因與外國競爭而破產，遂亦發生怨恨。

當窩遠的歐洲正高漲一八四八年革命潮流之時，中國農民中祕密會社之活動和新教派之宣傳特別得勢。 歐洲教士不知不覺地在中國農民中激勵了一種運動，為他們所想不到的。 他們用其從貴族客座中學得的圓滑的和平的基督教做宣傳，在這發酵的農民土地內，反惹起了舊時戰鬥的基督教精神，——這種基督教不僅要求人類在天上中等，即在世間亦當平等。 這消息傳到歐洲，最初是由一有名的德國教士顧茨拉夫，他即最早翻譯聖經成漢文的人。

馬克思在其國際狀況的研究中（一八五〇年），考察加里福尼金鑛對於世界市場之影響并預言太平洋將有與古代之地中海近代之大西洋同樣的作用；在這研究中，馬克思以底下的言詞，論及顧茨拉夫所傳來的奇異消息：

「中國人口之遲緩的然而有規則的增加許久便已使大多數人民不堪容受現存制度了。 隨後，英國人來到并取得五口通商自

由。、數千英美商船開往中國來，不久中國便充滿英美工廠價廉物美的生產品。建築在手工之上的中國工業已不能抵抗機器的競爭。中央帝國（Empire du Milieu）起了恐慌。租稅收不起來；民衆成羣地墮落於貧困，已經不肯服從了，已經起來凌辱和殺害帝國官僚及僧侶了。中國處在地獄的沿邊，被一强烈的革命恐嚇着。尤其難於措置時，卽在這暴動的下層民衆中發現一些人，指出貧富不均的狀況，要求重新分配財富，甚至於取消私有財產。、當這位可愛的顧茨拉夫與文明人——歐洲人——別離二十年重回故土時候，他聽見歐洲高談社會主義幷採訪甚麼是社會主義。他聽見人對他解釋之後，不覺失驚而大聲說：「我永遠逃避不了這種悲哀的消息嗎？現在人們在中國下層民衆中所宣傳的，恰好就是這個！」不錯，中國的社會主義對歐洲社會主義之關係亦卽如中國的哲學對黑格爾的哲學之關係一樣。然而，最老的最難動搖的帝國却因英國資產階級的棉花子彈於八年中間被逼到了社會革命的門限，這革命無論如何對於文明必將有很重大的影響——這却是一件可喜的事實。在不遠的將來，當歐洲的反動派出走，穿過亞洲，直到中國萬里長城，直到自古反動的和保守的大門時候，他們難免看見在門上寫着這幾個大字：

「中華民國

自由、平等、博愛」

顧茨拉夫牧師——他被德國人稱爲中國的救主——所傳給歐洲人消息的那次運動是「太平」大暴動之先聲；這暴動的中心人物，洪秀全，從顧茨拉夫翻譯的新舊約中認識了基督教，自一八五一年起卽變成了暴動的農民羣衆之首領。諸城市一個個落於暴動者手裡。到一八五二年，南京攻下，以後南京就很久做了洪秀全建立的『太平天國』之首都。當時人們以爲太平軍幾個月之內便可佔領北京了。然而攻下南京却是他們的運動達到最高之點。

在這時候馬克思爲「紐約論壇」著了一篇論文，發表於一八五三年六月十四日。反動在歐洲得勝。「共產主義者聯合」被解散了。馬志尼及其朋友主持的米蘭暴動（一八五三年），馬克思以爲是革命潮流之先聲的，也失敗了。馬克思也很高興致敬於遠東革命運動之開始。歐洲之停滯及幾世紀沈寂的中國之覺醒，這個相反狀態是人人都可看見的。文明的歐洲，當貴族和教士的進攻剛了，正忙於採用美國式辦法恢復秩序。馬克思隨後在資本論中說：『我們要記得，中國跳舞起來以激勵其他的人，恰好正當其他國家表面上處在完全寧靜狀態的時候。」

洪天王所組織的國家純粹帶一種『替天行道』的性質。佔領北方的希望失掉了，太平軍及其首領願意自保於東南，而利用英國人與滿淸的衝突。一八五六年，中英新戰爭開始，接着又是英法聯軍之役，此時太平軍被英國帝國主義利用去。太平軍最初的成功是由於他們起來反對外國人——滿洲人——的壓迫，此時他們反因保護他們的「替天行道」的國家，去與更貪心的更失信的外國人聯合。這樣，他們的運動以革命開始而變成了反動，失掉羣衆的同情。暴動者曾經幫助他們攻打中國北方，英國人此時幫助北京便將太平軍暴動往血海裏葬送了。

馬克思繼續小心地注意中國事變，在一八五七——一八五九年的「紐約論壇」中，攻擊那些「高才的航海家」的功勳幷分析中英通商的統計表。

在我們現在拿來發表的一篇論文（註一）裏，馬克思在原則上說明「亞洲式的生產方法」將因英國帝國主義侵入之影響而迅速解體，他又希望未來的歐洲革命將很迅速地在搖動的東方找得靠山，但他却懺悔從前過於看重英國資本主義之破壞勢力的程度和速率。馬克思於

一八五八年寫給恩格斯的信內說：

「資產階級社會的真正責任就在建立世界市場——至少是這市場的幹線——和適合於此地基的生產。地球是圓的，加里福尼和大洋洲之開闢為殖民地以及中國日本門戶之開放，似乎完成這過程了。有一嚴重的問題對於我們：歐洲大陸必然且迅速地要帶社會主義的性質，但假使資本主義社會繼續在一更寬大的地域上發展，這個革命是否必將在這狹隘地方被鎮壓下去呢？——特別關於中國方面的，則我分析一八三六年以來商業變遷的結果，相信：(一)一八四四年英美輸出之增加不過是欺人之談，其後十年增加的數目平均算起來是不變的，而由中國輸入於英美的則增加很快；(二)五口通商及香港割讓，其結果祇是移廣州的交易於上海而已。這市場失敗之主要原因，我想是限制增加輸入之鴉片商業和中國內部經濟組織——其碎割的農業，破壞這種組織須待長期的時間。」

「亞洲式的生產方法」是很堅固的，必須經過幾十年歐洲資本主義的侵入才能撼動中國的「萬里長城」。工業生產品的廉價——經濟勢力——由許多新的戰爭中得着政治勢力的幫助，在這些戰爭中青年的日本帝國主義是不讓人後的。舊時農業和工業間不可分解的連絡——「亞洲式的生產方法」之停滯性的主要秘密——也已破壞了。中國農民階級開始解體，產生出許多「苦力」(Coolies)。移民出國有一時候對於中國本是一種節制的方法，但到此時也表現出沒有力量以抵制這一天傳染一天的「無產階級傳染病」。英日資本家，惑於中國工價廉，竭力創立一個偉大的「民族」工業。結果，被這工業「所組織所訓練起來」的無產階級便準備着領導都會和鄉村的窮人與被剝削者。

半世紀之前惹起馬克思疑慮的問題已由歷史肯定地解決了。歐洲革命并不受東方的恐嚇。在東方，資本主義也已經找着了牠的挖墳者。當舊歐洲正表現堅固之時，被蘇維埃俄羅斯榜樣所傳染的「病夫的」中國恰起來作加爾馬鄂兒的跳舞(註二)。順風！順風！

註一：馬克思——中國的和歐洲的革命。譯文將在本報發表。譯者超麟。

註二：Carmagnole 法蘭西大革命中時髦的跳舞。超麟。

我在中國紛亂中應負的責任

——共產國際執行委員會主席之自供——

季諾維埃夫

電報傳播了這種動人的消息，說中國的紛亂是我挑撥起來的。這是我向來自信的，我而且供認過這我向來自信的行為。英國保守黨議員道威生先生在英國國會中至少也這樣說過。道威生先生是「強硬的」保守派之一。我覺得他也果然有強硬的頭腦。

我不願遮掩我的罪惡，寧願供認一切。人們將知道我怎樣挑撥起中國的紛亂，——因為我將完全供認出來。

道威生先生！我的罪惡經過二個時期：一是預備的時期，一是實現的時期。

我試畧述幾件歷史的事實。

一八三九——一八四二年。第一次鴉片戰爭。英國帝國主義者以武器強迫中國人給他們販賣鴉片的自由。南京條約開放廣州、福州、廈門、上海、寧波五口給英國人。中國人賠償巨額的戰費，并永遠割讓香港於戰勝者。

從那時起，我就開始預備中國的紛亂。實在說，那時我還在娘

胎裏，未曾出世。

一八五六年。第二次鴉片戰爭。愛爾近爵士和法國格虜男爵得着光榮的勝利。由天津條約，中國又開放新的商埠與外國通商，幷賠償新的戰費（一八五八年）。在一八六〇年中國賠償四百萬兩與英國人，二百萬兩與法國人。英國人佔據了香港對面的九龍。俄帝國佔據了遼東的一行省。

紛亂的預備繼續着，——在我的指導之下。

一八九五年。青年的日本帝國主義，也來分贓，要趕上牠的前輩了。中日戰爭。勝利的日本割據了台灣，幷索取賠款三千萬兩。帝國主義者羣向中國索取酬勞：英國人佔據威海衞，俄國人佔據遼東半島及旅大，德國人佔據膠州灣，法國人佔據廣州灣。

紛亂的預備繼續着，——從此這預備就帝國際性了，這顯然是我的罪惡！

一九〇〇年。義和團暴動。中國農民的反對帝國的原始暴動很殘酷地被鎮壓下去。一九〇一年的和平條約。中國賠償四萬五千萬兩。英國人取得中國海關監督權。俄帝國佔據滿洲，牠的貪慾伸張至高麗。

這時候是重要的。二十五年前的壓迫到今日還留有痕跡。這時候是我的罪惡的預備時期達到最高的一點。

一九〇五年。日俄爲瓜分滿洲而起戰爭。日本得着英國助力佔據了遼東半島。

一九一〇年。日本佔據那向爲中時附庸的高麗。

一九一四年。日本，趁着協約國有事於歐洲之時，自由佔據膠州灣和肥沃的山東省。

一九一七年。中國在協約國逼迫之下參加帝國主義戰爭。中國希望用參戰的代價易得改善自己的窘境。這不是民族自決的權利嗎？結果，日本確定佔據了山東幷準備侵入蒙古。

自從一九一一年的中國革命以來，歐洲帝國主義絕未給中國以一小時的休息。英國資本資助吳佩孚統率的直系。日本資本資助張作霖及奉系軍閥。

應該完全供認出來嗎？我應該把整個事實告訴道威生先生嗎？我將說。中國所以發生紛亂，特別是因爲那裏創設了工廠的工業。自從一八四〇——一八五〇年以來，英國人受季諾維埃夫的指使——不錯！——開始在中國南部和各商埠建立工廠。隨後，日本人來到。南滿洲全部工業均屬於日本資本。南方，上海和青島的紡織工業（目前紛亂的發源地）有百分之四十五屬於日本人。在華英日工廠的工作條件比在任何落後的資本主義國家更劣。祇要提起上海青島罷工工人目前的要求，便可明白。他們在其要求條件中有：以後不準打人，成年人每日作工十小時，少年人每日作工八小時及星期日的休息。

爲完成這紛亂的預備，你們看，最近英日軍人在中國有很特異的動勢：外國人的鎗彈殺死中國小孩和學生。但克車和鐵甲砲車橫行上海街市。租界的機關鎗向遊行者轟擊；自來水和電氣工人被拘禁；和平的行人受無理的虐待。英日帝國主義者自然是行若無事然，祇我應該負這紛亂的責任。我祇有這一方法去排撥中國的紛亂！

我的供認就是這樣。道威生先生！我已完全供認出來了。

一個附加的註解，不多祇有一個。所有這些預備工作，都是你們的用人所做的。我們，過激派，我們不過最後動一下手。

我們不過教唆幾個中國人以自殺的手段抗議帝國主義的打劫；我們不過勸告其他幾個中國人在大會上對衆砍斷自己指頭寫血書咒駡帝國主義的英國；我們不過勸告幾十萬中國工人罷工幷在反帝國主義旗幟下示威遊行；我們不過使中小商人和大學生同情於這運動。最後

，我們也不過——不相干的一件事——嚇告反動的軍閥如張作霖拿出荷包的錢來幫助民族運動的發展。

紛亂的預備——道威斯先生！我以玩世的口吻說這你們預備出來的——做到十分成熟，然後我的罪惡不過一點困難而實現了。

約翰生希克士，倫敦保守政府的內務大臣，他與道威生先生有同等的敏銳，他說（六月十三日）英國工會也得着莫斯科黃金的賄買。

他而且說他的前任勞動黨享得遜先生知道這回事和說過這回事。這樣，莫斯科不僅挑撥中國的紛亂。莫斯科賄買了英國工會。應該添說一件事於這巧妙的發明。日本時常發生地震，這也無疑是莫斯科第三國際執行委員會命令所挑撥的。

任殿正的紳士們繼續他們的發明罷！我們也樂得笑一笑。

為南京青島的屠殺告工人學生和兵士

工人學生和兵士們！帝國主義者感覺中國民族解放革命怒潮之高漲對於他們萬分危險，所以他們此次堅持着，絕不肯讓步以求正當的解決。他們的政策：一面使交涉期限無期延長，坐待民衆怒潮自趨疲憊；同時仍繼續以自己的武力或利用軍閥的武力直接制止全國各地運動。

南京英國和記公司的工人，經過了長期罷工奮鬥，以有組織的力量，才迫得外國資本家承認罷工之要求。工人以為復工後外國資本家必能履行這些要求條件，殊不知萬惡的外國資本家，不僅不履行前所承認之條件，反倒調遣英國水兵上岸，在完全中國主權的領土上任意屠殺徒手工人。要求執行條約之男女老幼工人當場中彈而死者三人，傷者無數。這便是『文明的』帝國主義使用自己武力的例證！

日本帝國主義的工具——張宗昌，受了日本指使，早已不止一次屠殺過罷工工人了。現在他又明目張膽地鎗斃工人領袖李慰農和表同情於工人的公民報主筆胡信之，并逮捕工人數十人解往濟南，藉此表功於日本帝國主義。這便是帝國主義利用軍閥武力的例證！這班當帝國主義鷹犬幫着帝國主義屠殺人民的軍閥乃是人民的公敵，人民應該起來像打倒帝國主義一樣去打倒他們。

我們知道在此次外國資本家屠殺和記工人當中，南京軍隊不忍見此慘無人道的兇劇而起來保衛工人抵抗外國資本家的屠殺。兵士們！你們這種行為是很可欽佩的。你們也是被壓迫者，正和工人學生一樣；你們的愛國熱忱是不讓人後的。你們的利益與工人學生的利益初無二致；在必要的時候，你們應該起來反抗賣國長官壓迫愛國運動的暴行而一齊參加愛國運動爭得共同的利益。——至少，你們亦不應該接受賣國長官命令，去壓迫摧殘那做愛國運動的民衆機關。

工人學生和兵士們！帝國主義及其工具雖然用盡種種延宕的或屠殺的方法鎮壓中國民族解放的革命運動，然而我們確信今後的中國民族解放革命運動決非帝國主義及其工具的種種方法所能鎮壓下去。

同志們！最後的勝利屬於我們！我們惟有團結自己的勢力，聯合全世界一切被壓迫者向帝國主義及其工具——軍閥，進攻！

聯合全世界無產階級和全世界被壓迫民族！

打倒帝國主義和賣國軍閥！

中國民族解放革命萬歲！

無產階級團結萬歲！

中國共產黨中央委員會

中國共產主義青年團中央委員會

一九二五年八月十一日

來件

膠濟鐵路總工會代表泣告書

全國男女同胞乎，在此外人橫行，到處屠殺同胞之際，抑知青島之事件否？　五月二十九日青島日紗廠工人死於鎗彈之下者六人，重傷者十七人，被捕者七十五人，押解回籍者三千人。　不料本月二十六日又遭摧殘，計被鎗斃者有公民報記者胡信之君，工會職員王倫君，被捕者二十五人，因通緝而流離失所者不計其數。　嗚呼慘矣！彼被害者何罪？　愛國實爲其罪；不甘受日人蹂躪，奮圖自存，亦爲其罪耳。　迴憶青島一隅，幸賴國人歷年之奮鬥，更不知經幾許之犧牲，始得由日人手中收回。　誰知收回其名，而青島人民，實尚直接間接受日人之摧殘屠殺，如亡國奴者然。　國人雖集其視綫於滬漢粵各案，而青島人民亦同爲愛國同胞，亦同爲愛國而受世所罕聞之屠殺，當此國人熱血沸騰之際，諒亦不能淡然置之。　與泉憲春爲膠濟路工人之分子，九死一生幸得逃脫，受全路同人之託，不得不將青島屠殺事件之眞相，爲我全國同胞泣淚陳之。　查日人在青島四方境內，開設內外棉、大康、隆興三紗廠，平日虐待工人實屬暗無天日。　工人在廠工作者，每日作工十二小時以上，工資每日一角，尙須坐扣宿舍房金。　青島生活程度，每日每人至低飯費尙須二角，工資如此低微，其何以爲生。　工人稍有過失，動輒罰薪，疾病生育亦不給假，十天不到廠即行開除，因公受傷及殘廢者亦不撫恤。　男女工人多有倒斃廠中者，然亦不過給予二十元而已。　廠中並無吃飯之休息時間，一面搖鈴一面吃飯。　「中國奴」「亡國奴」是日監工平常辱罵工人之名詞，毆打工人則拳足交加，皮破血流者幾於無日無之。　而尤以十齡幼童子纖足婦女，或因飢餓或因精力不支，稍示疲倦，即受重毆。　冬天則捉工人之頸，置之冷水管之下而淋之，必至鼻破血流，渾身結冰而後已，此則尤爲日廠之特刑。　幼童婦女因力不勝任，昏倒在地者，亦被目爲假裝而受毆辱。　凡此種種，數不勝數。嗚呼，人世間最腐敗之監獄，最惡毒之刑罰，又孰有甚於此者。　彼千萬工人婦女幼童，亦爲中華民國之國民，只因窮困之故，乃不得不賣身以圖自活。　國人若深悉同胞中竟有受外人若是之蹂躪者，想當無不嘆息流涕，而寄以深厚之同情。　迨至本年四月間，日紗廠工人已是忍無可忍，死中求生奮起而爲秘密之結合，不幸又爲日人所知，竟私行捉拿工人，拘禁廠內，毒刑拷打。　此種非法行爲，我國官廳不但不予工人以保護，反誤信日人之妖言，遣派軍警，密佈工人住所及工廠，爲助桀爲虐之計。　工人於萬不得已之中，遂一致罷工。　日人鑒於工人之憤不可遏，亦不得不爲暫時之相當讓步。　然猶不甘心，非置我工界同胞於死地不可。　一面百計破壞工會強迫我國官廳予以封禁；鎖閉工廠，驅逐工人出廠，一面由日本政府派遣軍艦到青，威嚇我國軍警包圍工廠及工人住所，實行屠殺，故有五月二十九日之慘案發生。　死者六人重傷十七人輕傷無數，失業三千，被捕七十五人，而爲日人所暗殺，拋棄海中者，尙不知若干人。　工人住所均被軍警包圍，形同監禁，不給飲食，壓迫上工。　日人自知殘暴太甚，遂又嚴禁報館登載此種消息。　意欲一手遮天，使此慘案之眞相，無由披露於世。　我膠濟路工人素於工界同胞之受日人蹂躪，曾予以經濟之援助，因亦遭日人之忌，而爲我國官廳所封閉。　迨至滬案發生，我膠濟路工人，激於義憤，遂又組織滬案後援會，冀使全路工人每月每人捐助一天工資，曾集有成數寄滬。　而青島日紗廠之死傷被捕失業者，亦不忍坐視，亦設法予以救濟。　而我國官廳始終受日人之愚弄，不惜以同胞爲仇敵，因是凡與青島被害同胞鳴不平者，即視爲擾亂治安，極遭嚴重究辦。　而在鎗彈之下被迫上工之紗廠工人，則

一面被軍警嚴重監視，如防盜匪，絲毫不能自由；一面日人則厲行開除政策，平均每日失業者在四十人以上。　如是日人更肆無忌憚，恣意虐待，爲出品計，竟於如此炎熱之天氣中，放開蒸氣管，因此工人因受熱而病而死者，又實繁有徒。　打罵工人，更爲厲害。　工人雖明知反抗，必又遭屠殺，然左右均是一死，故又於本月二十五號罷工；乃張宗昌亦不惜受日人之愚弄，下車伊始，即武裝強迫工人上工。

膠濟路工之滬案後援會，因曾以經濟援助滬上工人及青島紗廠工人之故，又爲日人之眼中釘，於是運動張督於二十七號武裝解散膠濟路工之滬案後援會，及紗廠工會，逮捕工人二十五名，於二十九號即鎗斃登載愛國消息之公民報記者胡信之君工會職員王倫君，始終未宣布罪狀。　並通緝工人至數百名之多，即以青島膠濟路四方機廠而論，因通緝而逃竄者達六百餘人，紗廠工人之被開除遭毒打被通緝者，更不知若干人。　當膠濟路工之滬案後援會被武裝解散時，四方全鎮在包圍之中，完全斷絕交通至兩日之久，全鎮均被搜查，凡工人家中，多搜至四五遍，工人多受毆打，婦女亦多受侮辱，至於雜物損毀遺失更不計其數，即膠濟路工之滬案後援會內之募集捐款約二千元，準備即日寄滬者，亦全數遺失。　現仍在通緝捕拿工人，甚至工人偶語必殺。　嗚呼天下之黑暗，可謂無以復加矣！　在日人素視青島爲其囊中之物，安肯翕然失之，故必殺盡青島之愛國人民而後快。　國人對之，惟有臥薪嘗膽，一息尙存，亦必誓死反抗之。　獨我國當局竟不惜爲日人負屠夫之任，此則更可痛者，亦爲我國人所萬不能忘者。　與泉憲春身經其境，深知青案之重大，實不減滬漢粵各案，務望國人休戚相關患難與共之誼，奮起援救，藉解數萬工界同胞之倒懸。　與泉憲春虎口餘生，欲哭無淚，用敢將經過與相哀告於國人之前。　幸垂察焉！

膠濟青各廠工會代表泣告

本報啟事

本報現爲推廣銷路普遍宣傳便利訂閱諸君起見，特於全國各大埠找定本報特約訂閱處。　此後各地訂閱諸君，可隨當地情形，就近於下列三地址中，任擇一處直接訂閱，不誤。

北京　北京大學第一院收發課轉許元沪君

廣州　國光書店黃正君

開封　開封書店韓韻秋君

注意：來函封面請勿書嚮導週報社等字樣

The Guide weekly

嚮導 週報

分售處

漢口 市民通訊社
平陽 新新書社
南昌 明星書社
太原 晉華書社
潮州 青年書店
雲南 新亞書社
福州 學生聯合會
重慶 唯一書局
南京 樂天書館
寶慶 寶慶書局
黃梅 黃梅書報流通處
成都 華陽書報流通處
紹興 亞民文具實業社

分售處

上海 上海書店
廣州 丁卜書報社 國光書店
北京 各學校號房
長沙 文化書社 長沙商店
濟南 齊魯書社
開封 國民書社
香港 革文書坊
汕頭 汕頭書店
蕪湖 科學圖書館
武昌 時中書報社

第一百二十五期

一九二五年八月十八日

零售每份銅元四枚

訂閱：國內一元寄足五十期。國外一元寄足三十期。郵票代款九五折算。但以一分半分為限

代派：每份大洋二分。六折計算。寄費在內。十份起碼。十期清算一次。概不退回

發行通信處 杭州馬坡巷法政學校安存真轉王致和

中國共產黨中國共產主義青年團告工人兵士學生

工人、兵士、學生們：

滬港等處工人，為中華民族獨立與無產階級的利益而奮鬥，已經兩個多月了。罷工工人不但力爭改善自身的經濟狀況，並且奮鬥打破帝國主義者束縛中國的種種條約。因為不平等條約，實為屠殺中國人民的工具；而上海、漢口、廣州、重慶以及最近的南京青島等處慘殺事件，即由是釀成。上海方面，雖有駐滬奉軍竭力威壓，託言愛國須維持秩序，實際卻摧殘罷工運動與抵貨運動；但是工人仍然堅持，絲毫沒有畏懼退縮。

外國資本家向來以中國為其殖民地，認為他們已經征服了的，中國工人是他們任意踐踏的奴隸，絲毫不准反抗的。在罷工開始的時候，英日及其他帝國主義者即以「暴動的奴隸」看待中國工人，採用最橫暴的鎮壓政策。

迨至上海香港等處五十萬工人，一致奮起反抗，組織之堅強，奮鬥之勇猛，為前此所未有；舉國沸騰，同情四起，尤以學生小商人等的贊助罷工，最為熱烈。如是帝國主義者乃大起恐慌，因不得不與中國政府及資產階級開始談判，聲言願意和平解決。罷工運動日趨擴大，帝國主義者亦更覺得非為相當讓步不可。事態的嚴重，使他們覺得現在已非從前可比，不能一味壓迫中國工人，使他們生活在極無人道的狀況裏，替外國資本家掙錢。

帝國主義者這才明白，中國已有工業的無產階級既能为爭自己的階級利益，又極努力於中國的解放，已成了全國解放運動的先鋒；因此使各帝國主義者，尤其是英國政府，不能不在國會中提起「中國問題」，不能不將兩年來早已拋在腦後的華盛頓會議的決定，重新提起來。

可是，工人、學生、兵士們呵！除少數工賊買辦，當此全國各界一致贊助罷工工人之際，而帝國主義者亦已不能不預備讓步了；適於此時，奉系軍閥張作霖竟遣其部將自告奮勇的來幫助英日帝國主義者。

奉軍南下的時候，詭稱保護國民利益，其實張作霖和帝國主義商量好了，奉軍之來，卽爲壓服罷工運動，恐嚇學生和商人替那些帝國主義者解圍罷了。　邢士廉初到上海之時，所以不敢立刻上手，並不是因爲張作霖或邢士廉不願下手，卻是因爲民衆反對帝國主義的情緒，非常之激昂，奮鬥的決心非常之堅決，如果那時便直接壓迫，民衆必定要暴動而反抗奉軍。

然而過了些時，奉軍的壓迫終於開始了，帝國主義便興高彩烈起來。　英人報紙天天鼓吹殺人壓迫，邢士廉便天天封閉團體，逮訊工人學生——這可把英國人和張作霖之間的秘密關係，完全暴露出來。

工人學生兵士們！　邢士廉來到上海，華界馬上就戒嚴，上海四處都佈滿了偵探漢奸，造作種種謠言來破壞工人及一般民衆的團體。

然而在這種情形之下，罷工始終還是繼續下去，工人群衆深知他們已經得着的勝利——是非常之可貴的。　工人階級因有種種團結的能力，已經使帝國主義者都不能不讓步，至少口頭上已經不敢強硬，上海香港的罷工運動引起全國解放運動的發展，各地都起響應，然而現在這一潮流，還不能立刻形成全國的反抗運動——工人還必須有長期鬥爭的預備。　而且軍閥一天天的進逼；甚至於大資產階級已經想中止罷工及抵貨的運動。　這種情形，工人階級如果不顧環境孤軍獨進，也決不足以使帝國主義者立刻拋棄不平等的條約。

因此上海工人現時應當明白表示，對於自身的經濟上及法律上的要求，當然繼續以罷工方法力爭；至於全國的總要求和工商學各界所提出的條件，工人當以全力贊助南北政府，使一致的爲廢除一切不平等條約而奮鬥。

上海工人，假使能滿足自己的經濟要求及法律要求而上工，這次不是停止與帝國主義奮鬥。——這不過是總鬥爭中之一個段落和部分的勝利；因此，工人得以更進一步的團結組織，聯合一切革命的民主主義的分子，繼續鬥爭——在共產黨及共產主義青年團的旗幟之下，達到完全解放中國及工人階級的目的。

工人們！罷工　仍須繼續堅持，先求達到經濟上法律上的要求，團結在工會裏面。　你們既是有組織的罷工奮鬥，你們也要有組織的上工。

學生們！　對於工人精神上及物質上的援助，此時更須努力。工人的勝利便是學生的勝利，也是全國人民的勝利。

兵士們！　你們也是中國的國民，也和工人階級是一樣的。你們從此不好反對工界同胞，不應聽任何人的命令壓迫工界同胞。工人的勝利，是中國人民反抗外國帝國主義者的勝利，是反抗帝國主義走狗的奉系軍閥之勝利，所以亦就是你們的勝利。

工人兵士學生的勝利萬歲！

中國工人階級團結萬歲！

中國國民自由萬歲！

工人學生兵士以及一切勞動平民聯合萬歲！

反抗帝國主義之繼續鬥爭萬歲！

中國共產黨中國共產主義青年團萬歲！

中國共產黨中央執行委員會

中國共產主義青年團中央執行委員會

一九二五年八月十日

軍閥及資產階級在上海民衆運動中之影響

獨秀

駐在上海小沙渡的奉軍兵士對工人說：『大帥派咱們南來時，說「是到上海打洋人，早知道是叫咱們打本國人，咱們眞不應該來」、

獨幾句話把奉天軍閥對於上海民衆運動的態度形容盡致了。　張作霖父子爲什麼要騙兵士說是到上海打洋人？　這是不但派兵到上海占地盤和壟斷私運鴉片報效不便說出，在民氣激昂之初期，也不便明說來替外國人壓服本國人，所以只得順口說是到上海打洋人！

奉軍進駐上海到底打了洋人沒有？　不用說是沒有。　其實上海市民并不會主張他們來打洋人，不過張學良邢士廉對英日人那樣親密恭順，對本國人這樣的壓迫凌辱，相形之下，未免難堪。　說他們對本國人壓迫凌辱，奉軍未必承認，他們還口口聲聲說保護愛國運動，不過爲地方治安計須制止越軌行動罷了。　可是邢士廉一到上海便宣布戒嚴，愛國的民衆集會一概禁止，連提倡國貨的游行都不許；工商學聯合會派人上街演講，馬上便遭封閉；海員工會及洋務工會也同時因懲治破壞罷工者而遭封閉；接着電車工會也遭壓迫；小沙渡是罷工最初發動地，奉軍特別駐軍該處監視，連少數工人集會都不許；禁止學生會檢查英日貨——這就是奉軍在上海保護愛國運動的事實。　京戲逍遙津中曹操拔劍威嚇獻帝，殺死伏后及二皇子，猶口口聲聲自稱「忠良」「忠心保國」，奉軍保護愛國運動，又何以異是？

奉軍這樣的保護愛國運動，連他們的兵士也看穿了，所以說「叫咱們打本國人。」

奉軍這樣舉動，和上海資產階級的態度也有關係。　上海是奉軍初到之客地，和直隸山東是他們已占據的地盤不同，所以他們在上海的舉動，至少也要顧及上流社會的意見。

上海的資產階級，還不像漢口天津的商會那樣反動向軍閥告密，也還沒有勾結所謂工團聯合會的那班工賊來破壞工人團體；可是他們那妥協猶豫的態度，已足夠使帝國主義者及軍閥乘虛而入了。　自始總商會對於罷市卽甚猶豫，罷市後，又不肯和民衆集中的團體工商學聯合委員會合作，隨後又在工商學聯合委員會所提十七條件外，別自提出十三條：這些舉動便使帝國主義者及軍閥看出上海的民衆勢力發現顯然的分裂。　開市時，總商會也取了獨斷的態度，和工商學聯合會不能一致；開市後，總商會是并沒有履行「抵制英日貨物」及「援助停業工人」的宣言。　當總商會提出十三條件時，加入總商會的四十九個工商業團體登報聲明一致擁護總商會所提條件，意在抑制工商學聯合會之急進的主張，可是總商會的十三條件也未得結果，這四十九個工商業團體并不出來擁護，却想壓迫工人總復工，好讓大老班們照舊安穩發財。　商聯會雖然比總商會高明一點，而自從奉軍戒嚴以後，對於急進的工學界，現出恐怖而鄙惡的態度，甚至於動輒要退出工商學聯合委員會，這便使帝國主義者及軍閥看出上海民衆勢力有了第二次分裂。　民衆勢力有了這兩次分裂，敵人焉有不乘機加緊進攻的道理？

上海商界富厚，爲全國之冠，而他們對於罷工工人救濟費，只經收外埠捐款，而本埠總商會及商總聯會自己却都一毛不拔，并且不努力設法去募捐，只忙着求日廠單獨解决，以減少救濟費，這種苟且不負責任的態度，已足夠使帝國主義者看輕中國資產階級的民族運動像是一種滑稽劇了。

五卅事變初起之時，帝國主義者着實吃了一驚，假使民衆勢力不分裂全上海工商學界一致團結努力前進，假使軍閥不摧殘愛國運動民衆有集會演講游行示威之自由，則影響到全國運動之發展和北京交涉之進行，必和今天沉滯的狀況不同，這是我們應該認識的呵！

五卅後反帝國主義聯合戰線的前途

秋白

五卅屠殺後，全國反帝國主義運動勃興起來，上海香港廣州的工人，實行同盟罷工，各地的學生商人積極的抵制英日貨——各階級的鬥爭一天一天的革命化起來。最初的運動裏，我們看見上海青島的工人，爭工會的自由，爭工資的增加，上海的商人反對碼頭捐印刷附律等，還純然是經濟要求和地方問題；甚至於上海工商學聯合會提出的十七條要求，也偏重於上海的會審公堂及工部局華董的問題，還沒有完全離去地方的性質。可是全國各地屠殺案重疊而起，各地民衆運動日益發展，對外的要求便自然變成全國的性質和政治的性質——廢除不平等條約。廢除不平等條約的要求，換句話說，便是要根本推翻列強帝國主義者對於中國的統治地位；具體的說來，便是要求收回一切租界，收回海關管理權，廢除協定關稅的制度，取消領事裁判權，撤退外國駐華的海陸軍，廢止外人在華得自由設立工廠等的特權。

這一中國民族解放的總要求，自然使反帝國主義運動要實際上成立全國各階級的聯合戰線。五卅以前這廢除不平等條約的口號，往往還有人說是赤化過激。其實這一要求是代表全國各階級權利的要求，是代表全民族的要求。廢止協定關稅，取消領事裁判權，收回一切租界等，難道不是獨立自主的民族所應有的權利？何以五卅以前一般社會提都不敢提，祇有少數革命份子努力的宣傳，還要被人指爲過激？？五卅以後情勢便大不同了。不但工人階級一致的提出這一要求，不但全國的學生羣衆努力的宣傳和鼓吹，甚至於段政府都不能不提出修正不平等條約的通牒，上海總商會等類的團體，以及一般商人都贊助這一口號，而且參加運動。這是甚麼緣故？（因爲五卅以後中國的歷史已經開始一個新時期——實行國民革命的時期。中國工人階級爲着抵禦帝國主義的壓迫，首先開始鬥爭，他們不但要改善自身的經濟地位，而且代表全民族的利益提出廢除不平等條約的要求。工人階級處於最受壓迫的地位，他們除鎖鍊而外，眞是一無所有，他們不像資產階級有患得患失的懦弱心理；而且他們知道中國民族處於列強統治之下的時候，工人階級決不能獨得着解放，要解放自己，必須同時解放全民族——如果中國，還在半殖民地的地位，即使工人偶然得着外國資本家極小的讓步，也仍舊是靠不住的。因此，上海青島日商紗廠裏的工人，因爲受壓迫虐待到了極點而罷工反抗——這種局部的階級的鬥爭，馬上便使工人進一步而提出民族解放的總要求，而且日商紗廠工人的罷工運動，使帝國主義者暴露他們極殘酷的剝削制度；隨後五卅以來青滬漢粵潯寧等處的屠殺——帝國主義所用以鎮壓「暴動的奴隸」的政策，尤其將平素大家所不大注意的列強統治中國的實狀澈底的顯露出來，於是全國工人階級總同盟罷工以反抗這種屠殺的事實實現出來，而推翻帝國主義，廢除不平等條約的要求，從此便成了人人所澈底了解的口號。尤其是上海香港的工人，罷工人數達四五十萬，組織上非常團結，寔際上與帝國主義者以很大的打擊——表示中國民族的眞實力量。漢口青島南京等處的反帝國主義運動，也都是工人做先鋒隊。因有工人羣衆的奮起，做實際的鬥爭，全國國民都覺到廢除不平等條約并不是不可能的，中國有組織的平民是有這樣的力量的；於是上海便首先成立工商學聯合會，學生商人也都能來參加，並且成立聯合的組織和實際行動的機關。其他各地也有類似的組織成立。反帝國主義的民族統一戰線已經成爲事實。所以五卅以後反帝國主義運動確已進了革命行動的時期，廢除不平等條約的要求，也已經不僅是宣傳上的口號，而成了羣衆鬥爭的實際目標了。由此我們可以得一結論：因爲工人階級最被壓迫，因爲帝國主義者實行露骨的殘暴政策，所以全國一般民衆都知道廢除不平等條約的必要；因爲工人階級的組織和行動表示出中國人民的力量，因爲工人階級能代表全民族提出解放中國的要求，能以實力表示爲

全民族而犧牲的精神，所以全國一般民衆都感到自身的力量，拋棄以前甘於奴屬的儒弱心理而起來聯合工人做廢除不平等條約的運動。如今全國各階級共同反對帝國主義的聯合戰線得以實現，實在完全因爲有工人級階的勇猛鬥爭。 反過來說，譬如五卅以前，工人階級的力量還沒能集中，還沒有表現，一般資產階級連收回會審公堂等要求都不敢提出，何況廢除不平等條約？ 北京政府日日對外人罰咒「外崇國信」以求媚，還敢說修改條約！ 可見這次反對帝國主義的運動是工人階級所引導的，全國人民敢於奮起與外國帝國主義者奮鬥，敢於提出要求條件，也是全靠工人階級做後盾。

五卅以後，中國的反帝國主義運動一日千里的擴大起來，各階級實際上共同鬥爭的聯合戰線也漸漸的鞏固起來。 帝國主義者剝削侵略了中國八九十年，向來沒有遇見這樣有力的反抗，現在自然異常的恐懼，千方百計的要求破壞這一聯合戰線，奪回中國民衆所已得的勝利。 中國民衆最近兩月來鬥爭所得勝利是甚麼？ 就是各地，尤其是上海香港的工人已經事實上組織起來；上海總工會及廣州的罷工委員會已經成了羣衆的鬥爭的機關；各地的雪恥會後援會，工商學聯合會等民衆的組織也逐漸集中革命的民族運動的力量。 而且全國各界的聯合戰線，一致實行反對帝國主義，尤其是向來所沒有的。 所以帝國主義的政策，便是要摧殘這些民衆組織，破壞這一聯合戰線。

第一、他們趕緊聲言要召集關稅會議，他們的目的是在拿這點小利引誘政府和軍閥，使政府軟化而幫助他們來壓迫民衆；帝國主義者（所謂十一國商會），在上海竟公然與總商會秘密談判，口頭答應交回會審公堂，工部局裏準設華董等等，他們想藉此欺騙中國的資產階級，使商人等退出國民運動的戰線，置工人階級的利益於不顧。 第二、帝國主義者的報紙和他們所發的華文傳單「誠言」，拚命的宣傳，顚倒是非，誣蔑工人學生，造作許多吞欵暴亂等的謠言；雇用流氓打手，對於工會及工人領袖横加摧殘，任意殺害。 第三、帝國主義者更指使中國的軍閥壓迫工人，摧殘國民運動。 總之，他們的種種政策和手段，無非是要使工人階級孤立無援；破壞了聯合戰線和工人的團體，中國人民的反抗運動便自然解體，不足怕了。

對於中國人呢，却正要鞏固我們的聯合戰線，保持我們已得的勝利——工人及民衆的團體，才能有繼續鬥爭的力量。 而且應當更進一步，格外擴大聯合戰線，統一全國民衆的力量，更加鞏固工人及民衆的組織。 聯合戰線之中工人階級是最忠實於民族解放運動的，這兩個月來上海香港工人的罷工力爭民族的權利便是明証。 然而資產階級是否能同樣的忠實呢？ 上海工部局停止供給中國工廠的電力——這是中國實業完全不能發展，中國完全沒有主權，使電氣廠等主要的市政實業都落在外人手裏的結果，正是中國實業家所應當反抗的。

可是中國這些實業家，却祇圖小利，甘心屈服，反而來強逼工人去上工，反而幫着帝國主義者來破壞工會。 罷工工人連身家性命都犧牲在民族鬥爭裏，而這些資產階級連停閉幾天工廠的損失都捨不得犧牲，——就此破壞國民運動的聯合戰線！ 至於中國的軍閥政客工賊等更不用說了。 所以現在的急務，便是努力鞏固聯合戰線和民衆的組織——積極反對那些直接的間接的帝國主義工具。 誰破壞反帝國主義的聯合戰線，破壞工人及民衆的團體，誰便是賣國賊，便是帝國主義的爪牙，全國應當一致的反對他。 全國各階級都應當積極的奮鬥、聯合、保持我們已得的勝利。

我們應當趕緊進行全國工商學農各界的大聯合，以人民的力量促成全國政治的統一和軍事的統一，使政府眞正成爲人民的政府，武力眞正成爲人民的武力；各階級都應當和工人階級一樣的決心犧牲和奮鬥，那時我們最終的勝利才有希望。 我們兩月來困苦的鬥爭爲什麼至今還不能勝利？ 就是因爲：一、資產階級等只顧私利而破壞聯合

戰線，二、沒有統一的人民政府，三、沒有眞正人民的武力。 所以我們必須先使各界一致努力於全國聯合大會的運動；這全國人民的大會要以實力促成全國的統一，實現平民的政權，推翻一切帝國主義的走狗——軍閥等，武裝平民，成立全國統一國民革命軍。 那時全國人民的力量才能得最大限度的集中和統一，向帝國主義者作戰。 這是一個很長期的鬥爭，工人階級在這一鬥爭裏，始終都是民族解放運動的先鋒，他督促各階級一致前進，率領全國民衆奮鬥——一定要達到廢除一切不平等條約的目的。」

帝國主義的報紙外交家基督教徒與中國之民族解放運動

魯仁

帝國主義的列強政府，命令自己的代表竭力做宣傳的工作，以破壞中國民族運動的一切組織。 凡有稍能鼓起輿論來為民衆力爭反帝國主義要求的團體，無不受他們的誣蔑破壞。

帝國主義者的宣傳中，最出力的便是英國人的機關，——從北京的英國使館、上海的工部局起（實際上是上海市二百萬市民的統治者），一直到英國人的報紙、教會，甚至於影戲院，都竭力的造謠作偽，以評陷中國人民的民族運動，因為現在的中國人，已經不能像義和團時代一樣，可以一殺了事，必須要用『文明的』方法，實行新式的壓迫了。

這種工作實在是不很容易！ 爽爽快快的開鎗殺人，多麼便當——一場屠殺便可以使中國人低頭伏氣，承認帝國主義者有理！ 當然，強力的壓迫，帝國主義者還是繼續着施行。 可是最近期間他們有了新發明了：單純的鎗彈砲火的政策沒有十分大效果，而且對於他們自己，已經一天天的變成危險的把戲了。

然而帝國主義者變更了壓迫方法之後，從鎗彈政策變了文字政策之後，所收的效果仍舊是很可笑。 外交上的照會，報紙上的論文新聞，一些英僑華僑的通信投稿，牧師的宣講等等實際上所得結果恰好和帝國主義者所希望的相反。

上海的工部局用中文印什麼『誠言』來宣傳。 其實，我們還要勸勸帝國主義者：他們的報紙：字林西報、大陸報、泰晤士報等的論文，假使都翻成中文，全國的反帝國主義運動更加要大大發展，而幾千萬工人學生小商人的民族運動的要求更加要增高哩！ 現時反對這些報紙的廣泛的宣傳所以還沒有發現，不過因為這些報是英文的，大多數民衆不知道他們的內容罷了。 如果一般民衆都知道這些報紙這樣無恥的造謠謾罵挑撥，民衆的憤怒還不知道要增高到什麼程度哩！

我們在這篇文章裏，要想把最近帝國主義報紙上宣傳的性質和內容，說個大概給讀者聽聽。

北京公使團或各國公使單獨給中國政府的照會，總是說：列強怎樣願意幫助中國政治上經濟上的發展；可惜中國人不了解列強的好意，卻聽過激派的煽動；可是列強仍舊要幫中國，不過中國人的反對使他們不能不於『勸告』與『忠告』之外，另外用『更有力的』方法來實行他們這種『美意』和『親睦』罷了；因此而有不良的結果，那就要中國政府及人民負責的了！

英文報紙上的論調，也祇是說：不平等條約、海關管理、領事裁判權、會審公堂、工部局、越界築路等，都可以取消或停止，祇要中國能『維持秩序』——要能統一，消滅軍閥割據的局面；總之，帝國主義者很願意交還這些權利，可惜現在沒有人能接受。

這種論調，便是一切外交照會、報紙論文、外交官和外國名人的談話等的老套。 假使有一個歷史家要研究中國的國際關係，一方面看見這些文件，別方面卻又看見許多群衆的民族運動，力爭獨立解放

的事實，他立刻便可以斷定帝國主義者的欺罔愚弄中國四萬萬人民至於極點。

帝國主義者所欺罔愚弄侮辱的，眞正可以說是四萬萬人民！

英日帝國主義的報紙上的論調，總是把中國人分成兩種。　第一種是他們的仇敵：工人、學生、商人、大多數的中國報紙、國民軍、廣州國民政府，現在甚至於北京政府、中國基督教徒、中國警察！　第二種是他們的朋友：張作霖及奉系軍閥。　對於第一種人呢，帝國主義者在照會上報紙上，甚至於在影戲的字幕上肆意的謾罵誣辱；對於第二種人呢，他們天天的稱奬、撫慰、希望、唆使。　這種分類很明顯的劃分出來：一方面是中國全體人民，別方面是張作霖及其部下的幾十個賣國賊。　如今這兩方面之間的鬥爭一天天增長起來，而第一種人裏的一部分，本來是猶豫不定的，現時也一天天的受逼迫，不能不開始反對帝國主義了。

當然，帝國主義者雖然認第一種人完全是他們的仇敵，可是對於他們之中各部分的態度却不是一樣的。　對於工人和學生，他們是最嫉恨。　帝國主義的報紙上沒有一天不叫他們是『煽動者』『暴徒』『土匪』。　譬如上海總工會濟安會發欵給罷工工人的那一天，英日報紙上總是用大號字特寫：『今天煽動者又發錢給強盜和暴徒了』。　他們自己造作種種謠言，說罷工運動的首領吞欵，再長篇大論的謾罵。

當然甚麼証據也沒有，他們也正用不着証據，橫豎可以造謠誣蔑任何人而不受法律制裁的。

對於商人和北京政府，帝國主義報紙的態度雖然亦是謾罵，可是態度又不同了。　至於廣州政府，他們却也叫他是暴徒的機關，現在在北京的廣州政府代表——是土匪代表。

上海工部局公報上載着巡捕房控訴五卅事件的被告的文件；照巡捕房說來，差不多上海全市人民都有罪的，——到南京路上演說的學生工人有罪，對他們表同情的商人有罪，華界的警察也有罪，中國市民個個都有罪。　這一捕頭的話，可以代表公使團的照會和外國報的論文，——語氣論調完全一樣，不過形式不同些罷了。

帝國主義者的『宣傳』，便是一天到晚誣辱中國人民，威嚇中國人民，說還要用強有力的手段『恢復秩序』。　帝國主義的論調，簡直說，他們種種行為都有利於中國人民的；五卅的事件，幸而工部局巡捕房開鎗，不然那一班『暴徒』必定大大擾亂，中外人民都有生命的危險；漢口屠殺的時候，英國人的機關鎗故意是直放的，沒有旋轉，這是帝國主義的『好生之德』；廣州的屠殺，是因為外國人預先探悉了過激派的計畫要使一班女學生去當砲灰，所以趕緊開鎗嚇散他們，省得多所殺傷。　讀者想想，照他們說來，帝國主義者待中國人民有這樣的好意，應當怎樣感激！　他們施行屠殺，還要說救中國人出了危險！——這種論調竟天天在上海工部局的半官報上登載！

最近一星期來，字林西報上的論文，竭力的證明中國最好的『友邦』便是英國。　他說：鴉片戰爭雖是英國方面先發動的，可是鴉片戰爭之後，便有五口通商，中國工商業因此得以大大發展，亦是英國人的恩惠，至於鴉片貿買，算起來還是中國人賺的錢多。　八月二日在上海聯合教堂裏，著名的英國牧師斯密司的演說，也是這種意思。

他說假使中國人沒有吃鴉片的惡根性，鴉片決不能輸入中國。　這種牧師眞不愧為聖教徒，中國人不能自由並不是因為上海口岸有這許多軍艦巡捕，只能怪中國人的根性不好——所以都是該殺該割的。

再則，英國人管理中國海關，據字林西報說，也是於中國有利的，甚至於『有利於全人類』(！)——中國如果自己管理海關，一定不能統一；固然，帝國主義者因此得着許多利息，可是這是當然的代價。　何以有利於全人類呢？　因為英國管理了海關，輸出輸入的國外貿易非常之有條理，有統計，可以得着研究世界經濟的材料。　至於治外法

權呢。——亦大有益於中國人民——軍閥戰爭的時候，中國人民可以有逃避的地方。……　這些就是帝國主義者對於中國親善的證據！

我們用不着反駁這種宣傳，大家都已經可以知道這是甚麼「親善」了。　我們知道，無論是苦力，是農民，不用說工人和學生了，人人都懂得這種宣傳的意義，聽見他們這種論調，只有憤激，只有更明切的認識這班壓迫者的狠子野心。

可是我們要讀者注意，為什麼帝國主義者要做這種宣傳：一、因為帝國主義者，尤其是英國的，都十分輕蔑中國民衆，只當我們是無智識的奴隸牛馬，甚麼都不懂得，可以這樣任意欺罔愚弄的。　二、因為帝國主義者的武力強暴政策，實在難於辯護，只能用這種強辭奪理的謬論。　三、因為帝國主義者不知道歷史上的大變更，不知道歐戰之後俄國革命之後，被壓迫民族及殖民地已經一天一天的奮起反對帝國主義和資本主義了。　他們以為還可以繼續以前的狀況，任意的壓迫剝削中國而不受反抗，他們不看見中國民衆中已經興起的極偉大的力量。

革命將起之前，一切舊統治階級都有這樣的夢想；這種階級的末日快到了。

為海員工會濟安會被擾告上海工人

工人們！

前幾天上海總工會發出宣言，大致說上海工人罷工已經兩個半月，現在提出最低要求九條，願意和英日帝國主義開始談判了。

無論那一個中國人，甚至於隨便一個外國人，祇要不是把工人當奴隸看待的，都要贊成你們工會提出的條件；這些條件實在是工人所最必需的要求——工人要組織團體，工人要活命，這是應有的權利。

世界各國工人都有這樣的權利。　總工會的宣言裏，并沒有加入民族的政治的要求，譬如廢除不平等條約等，因為我們達到這種目的的方法，不僅是罷工而已，上工之後，一樣要繼續奮鬥。　總工會宣言的目的，便是表明我們上海工人願意開始上工的談判。　帝國主義者一直到現在對於工人的宣言，都置之不理。　可是這次的宣言，他們不但不理，反而想出惡辣的手段來對付我們。　碼頭工人發錢的那一天，他們買了幾百個流氓，教他們搗亂海員工會和濟安會。　他們是想搗毀工會，掄掉工人的生活維持費，反過來再說工會騷亂秩序，他們的計畫真在狠毒極了！

帝國主義者竟用這種土匪式的手段來壓迫我們了；因為他們連工人這種最低條件，都不肯接受，社會一般的輿論都贊成我們，各國的工人都快要來幫我們的忙•所以急急於搗亂。

工人們！

帝國主義者真正無恥到極點了。我們不要上他們的當。現在我們特別擁護工會。在上海的奉系軍閥很踴躍的封閉工商學聯合會海員工會洋務工會，干涉電車工會，對於帝國主義者所僱用的流氓却不敢干涉，放任他們搗毀愛國團體，而不出來維持；這種軍閥決不是來上海保護中國人的，而是來幫外國人壓迫民族運動的。我們應當要求撤退奉軍，我們工人要自己組織工人保衛團，保護我們的工會。

工人們！

堅持罷工，一定要達到工會所提出的要求。　大家擁護工會，嚴守紀律，不相擾亂，不讓帝國主義者有隙可乘，無論他們用什麼卑鄙無恥的辦法，都不能破壞我們的工會。

推翻帝國主義者的強盜！

上海工人的奮鬥萬歲！

推翻搗亂工會的賣國賊！

工會萬歲！

中國共產黨上海地方委員會

The Guide weekly

嚮導

週報

◁第一百二十六期▷

一九二五年八月廿三日

——零售每份銅元四枚——

訂閱：國內一元寄足五十期。國外一元寄足三十期。郵票代款九五折算。但以一分半分爲限

代派：每份大洋二分。六折計算。寄費在內。十份起碼。十期清算一次。概不退回。

分售處

上海 上海書店
廣州 丁卜書報社
北京 各學校號房
長沙 文化書社 長沙商店
濟南 齊魯書社
開封 國民書社
香港 萃文書坊
汕頭 汕頭書店
蕪湖 科學圖書館

分售處

武昌 時中書報社
南昌 共進書社
大原 明星書社
潮州 晉華書社
雲南 青年書店
福州 新亞書社
重慶 學生聯合會
南京 唯一書局
寶慶 湘天書館
黃梅 寶慶書局
成都 青擇流通處
紹興 華昭書報流通處 三民文具實業社

特約訂閱處
發行通信處

杭州馬坡巷法政學校安存眞轉王致和君
北京北京大學第一院收發課轉許元眞君
廣州國光書店黃正君
開封河南書店韓韻秋君

全國被壓迫階級在中國共產黨旗幟底下聯合起來呵！

工人們！學生們！兵士們！

中國工人和學生的血流了不少了。 自從五月卅日上海大馬路大屠殺之後，中國各地接接連連的屠殺直到現在還沒有停止。 中國工人階級爲着爭自己的解放和民族的獨立而奮鬥，可是帝國主義者和軍閥却始終想用屠殺政策壓倒這種解放運動。 兩個半月以來，被殺的受傷的已經有幾百幾千——上海五卅屠殺之後，漢口廣州重慶等處又繼續着慘殺，甚至於九龍也有不少中國工人被鎗斃，他們不過因爲不肯替英國人掘戰壕，幫英國人預備打廣州。

全中國的民衆都已經因憤激而反抗，帝國主義者却還在預備更厲害的壓迫，更殘酷的屠殺。 最近又有好幾次大屠殺。 第一是南京和記工人——他們罷工之後和記公司的老班已經答應要求，可是工人去上工的時候，這些外國資本家不但悔約不肯履行並且開鎗打人，又叫了英國水兵來幫着殺人。 第二是青島的紗廠工人——日資本家直接命令他們的奴才張宗昌鎗斃公民報主筆胡信之，將工人王倫斬首示衆，並且四出拿人，捉去工人四五十。 第三是天津的紗廠工人——日商裕大紗廠誑騙工人，假意答應他們的要求，等到他們去上工，就開鎗轟擊，奉系軍閥李景林也立刻幫忙，派出軍隊警察五六千人圍攻工人，死傷數百，接着還逮捕工會及學生會的領袖，嚴刑拷打，慘無人道。

工人們！學生們！兵士們！ 英國帝國主義者想用砲火政策鎭服我們的民族解放運動，想用卑鄙齷齪的手段賄買賣國軍閥和工賊，一面壓迫一面破壞，來強迫中國的人民仍舊做他們的馴服的奴隸牛馬。 他們永不用妄想能！ 從此以後我們中國民衆，工人學生一定永久不息的奮鬥，反抗我們的仇敵。 雖然我們的仇敵還在天天遣調海軍上陸，天天命令軍閥屠殺工人，天天賄買工賊破壞工會；然而中國工人階級已經覺悟，已經奮起鬥爭，幾十萬幾百萬的中國

工人，廣州上海漢口青島天津開封等大都市裏無產階級，努力參加鬥爭的，也正一天天的增加呢！ 上海的五卅慘案激起漢口廣州的工人，漢口廣州的屠殺，又激起南京天津的工人……反帝國主義的民衆運動一日千里的發展；當然這種民衆的力量同時亦便反抗帝國主義的奴才——張作霖手下的奉系軍閥。 五卅以來上海漢口廣州南京青島天津等處被殺的人，固然已經有幾百幾千，可是全國各地因此而奮起反抗帝國主義及軍閥的人，又何止幾百萬幾千萬！

帝國主義者現在還在興高彩烈，他們的機關報拚命的頌揚李景林，感謝張作霖，他們指使邢士廉——教他照天津李景林的模範鎮服上海的工人。

工人們！ 帝國主義者和他們的奴才奉系軍閥真會照着天津的「模範」來壓迫上海的工人。 我們應當及早的預防，上海日商紗廠罷工問題所已經簽訂的條件本來祇是上海交涉員和日本領事的談判，我們工人是不能滿意的——可是他們自己簽字的條件，也未必肯誠意的履行，亦許也是帝國主義者誑騙工人的。 帝國主義者在南京青島天津已經屢次悔約，屢次指使軍閥壓迫——難道在上海他們不會如此嗎？ 我們工人應當準備自己的力量，應當準備對付他們的陰謀。 工人應當一致團結，以全力擁護工會，工會組織應當特別嚴密，使我們團體，不論帝國主義者軍閥工賊等怎樣壓迫破壞，始終能夠存在而且工人還要有自己的政黨——共產黨，和共產主義青年團。 共產黨和共產主義青年團是最覺悟的工人所組織者，永久領導着工人奮鬥，不論是成功是失敗。 工人們！ 趕快加入共產黨罷。 共產黨能領導你們的鬥爭達最到後的勝利。

學生們！ 努力的繼續幫助工人，反對帝國主義和軍閥罷！ 軍閥的壓迫和殘殺決不會嚇退你們，只會使全國的革命運動格外發展。 趕快加入共產主義青年團，高舉起共產主義運動的旗幟，向世界的帝國主義者奮鬥。

兵士們！ 不要向工人和學生開鎗，他們爲全國的解放而奮鬥，亦就是爲你們的利益而大奮鬥。 你們趕快組織兵士的革命機關，反對那些使你們變成帝國主義工具的軍閥。

工人們！學生們！兵士們！ 反帝國主義的運動一天一天的發展起來。 現在礦工鐵路工人還沒有直接加入鬥爭哩！ 還有許多地方以工人階級沒有完全組織起來加入運動哩！ 這種準備正在進行，假使全國一致的團結成功，我們的力量比現在還要強幾千幾萬倍哩！ 羣衆裏面的這種力量正在一天天的積聚起來，準備着向帝國主義者和軍閥決死的鬥爭。 這是很長期的工作，要組織得好，要有耐久的戰鬬力的，要有統一的政治上的指導——中國無產階級政黨的指導。——中國無產階級的政黨便是共產黨，共產黨的政見是：祇有工人階級與農民羣衆及其他一切被壓迫民衆聯合一致，反抗帝國主義和軍閥，然後中國工人和一般民衆才能得到最後的勝利。

工人們！學生們！兵士們！ 帝國主義者固然還很利害，他們有兵艦，有飛機，有機關鎗，有種種殺人的利器；他們還有軍閥，有工賊，有偵探，有種種破壞中國內部的工具。 可是中國的民衆，並用不着害怕。 列強帝國主義國家內的工人羣衆一天天的奮起反抗他們自己的資本家。 中國民衆和各國工人的聯合，便可以根本上推翻帝國主義。 各國革命的工人聯合——共產國際，指導着全世界工人階級的鬥爭。 中國共產黨是共產國際的支部。 大家赶快加入中國共產黨，增加他的力量，就此可以保證我們對於帝國主義的勝利。

中國工人階級鬥爭萬歲！
中國民族解放運動萬歲！
推翻列強帝國主義的強盜！
推翻帝國主義的奴才奉系軍閥！
中國共產黨共產主義青年團萬歲！
西方無產階級和東方被壓迫民族領袖之共產國際萬歲！

中國共產黨中央委員會
中國共產主義青年團中央委員會

一九二五年八月十八日

我們如何繼續反帝國主義的爭鬥？

獨秀

（一）

上海工人兩個半月的罷工運動、香港沙面兩個月的總同盟罷工，其他如南京青島河南北京各局部的罷工，在此次反對英日帝國主義運動中，已表示極偉大的力量。 經過這一時期，對於以後的發展途徑，我們應當有個明確的答案，以爲民衆爭鬥之指針；幷應該有詳審的策畧，以決定如何反抗帝國主義的侵畧，如何反抗國內軍閥政治上經濟上的破壞及壓迫，而力爭解放中國之革命的道路。

（二）

對於這些問題要有正確的答案，便必須：（一）能正確的應用無產階級兩月以來聯合城市勞動者及小商人而爭鬥的經驗；（二）能正確的明瞭敵人方面——帝國主義者及軍閥——的內部衝突而利用之。

自從上海工人總罷工以來，學生手工業者小商人，甚至於大資產階級都起來奮鬥，始則在上海，隨後更在其他各地形成了民族運動的聯合戰線，大致以改造租界制度，取消領事裁判權，收回會審公堂，撤退各國駐華海陸軍，改良工人待遇，懲治兇手，賠償死傷損失爲共同的政綱。 上海之外，首先有力的響應的便是沙面和香港宣佈總同盟罷工，接着後援會雪恥會等組織遍於全中國南北各地。 這兩個月全國民衆運動奮起的結果，我們已經看見工人階級所得的勝利——羣衆的工會組織，不但在上海是如此，其他各埠，尤其是沿鐵路一帶的大都市也是如此。 中國的工人階級第一次得着這樣偉大的政治上組織上的訓練，增高了自己的地位，成了民族解放運動中極重大的動力。 因此，除了一部分大資產階級和寄生的小資產階級如工頭工賊等之外，全國一般民衆，都對於上海香港的罷工運動表示同情，幷予以物質的援助。

（三）

中國工人階級能夠得着這種勝利，是因爲自己勇敢的反帝國主義爭鬥，幷且和其他被壓迫的民衆聯合。

工人階級在反帝國主義的爭鬥中，不但要擁護自己的利益，幷且對於小資產階級及農民，都要明瞭他們的利益，考察他們情形，竭力引導他們到反帝國主義的爭鬥裏去，隨着工人階級前進，不使他們中途退却，這爭鬥才能繼續下去。

工人罷工運動所得的勝利還不止此，他在現時中國的情狀裏，天

一天的集中反帝國主義的戰綫，并且使政府及軍人中還沒有像張作霖那樣完全站到帝國主義那邊去的，也不得不自相聯合起來，應付帝國主義之壓迫。同時，工人群衆力爭民族自由運動，更使張作霖的奉系軍閥，暴露他們那反對國民而做帝國主義走狗的真面目：如邢士廉之於上海，張宗昌之於山東，李景林之於天津。

（四）

英日帝國主義者竭力設法撲滅上海香港的罷工，他們知道這兩處罷工停止是全中國反帝國主義運動一大打擊。他們也知道中國排貨運動是他們的大損失，所以竭力運用下列政策，使中國民族運動根本搖動。一、他們以砲艦威嚇廣州——香港沙面罷工的策源地；二、傳播謠言，使工人階級和其他階級隔離；三、勾結奉系軍閥，壓迫上海青島天津的罷工運動和上海禁止學生檢查英日貨，這是他們最毒的政策。美國帝國主義者要想利用反英日的運動，而發展他在中國的利益，可是因為怕中國民衆過於開展，他的政策客觀上仍舊是幫助英日，形式上維持帝國主義者在華聯合戰綫。惟我們也應當知道英日與美國內部的衝突是必然存在的，我們可以利用美國對華政策，使他對於中國解放之形式上的問題比其他帝國主義者容易讓步。

（五）

上海香港罷工都已在兩個月以上，以中國地域之遼闊，交通之阻隔，政治之分裂，中部北部各省的工人沒有能及時響應，漢口青島天津的罷工，都被軍閥高壓政策所破壞。這種情形，一方面表現這些省分的工人和一般民衆主觀上的憤激不平，還在一天一天的增長，一方面表現這些省分的罷工運動，在客觀上一時不能為有力的發展。北部中部的罷工既然一時不能發展，上海香港的罷工，使有孤立難以久持的危險，特別是上海罷工群衆受政治上經濟上雙層壓迫，比香港罷工群衆所遭的環境尤壞。

在上海有一部分先進工人，他們看見落後的罷工工人，因政治上經濟上的壓迫，開始恐慌，想以武裝暴動來救此危機，這種意見是不對的。武裝暴動，乃是群衆奮起之最高潮，并且應該是有全盤計劃的莊嚴工作，不應該在群衆恐慌之時，拿武裝暴動當做一種浪漫的「拚命」辦法，想借此洩憤，或拿他來代替現時困難的爭鬥。現在是群衆的政治宣傳及組織工作時期，是準備武裝反抗時期，還不是直接武裝暴動的時期。

（六）

根據以上的事實，我們便可以答覆今後的發展途徑是怎樣及今後繼續反帝國主義爭鬥的策略是怎樣。

△為防禦上海香港罷工孤立的危險起見，為保存工人階級的組織及已得的勝利起見，應改變上海香港罷工的政策，以經濟要求及地方性質的政治要求為最低條件；至於全國性質的根本要求，工人方面應該提議委託南北政府聯合組織一委員會來解決。工人群衆應該糾合全國的力量，努力督促這委員會，不准他對外讓步，使他不能不擁護民衆的要求。

上海香港的罷工，從全國性質的民族爭鬥，變成經濟的爭鬥和地方的性質的民族爭鬥之後，工人階級的奮鬥却進了一個新的途徑：不但對外爭鬥，而且對內爭鬥；不但和資本帝國主義爭鬥，而且和反動的軍閥爭鬥；不但為民族爭鬥，而且為民權爭鬥。本來反帝國主義爭鬥的過程，不能和力爭民權自由的爭鬥分開：民族的建立正在反帝國主義爭鬥的過程中（如五卅事變初起對上海官廳及北京政府對人民之讓步）；而反帝國主義的爭鬥，沒有平民的革命政權，不但不能得着勝利（如段政府之交涉成績），并且連爭鬥的力量都不容易集中（如奉系軍閥摧殘天津山東上海的民族運動）。為擴大上海香港罷工運動的新途徑，增加總爭鬥中的民權運動的成分，一直到平民的革命政

權之實現，工人幷聯合一般平民起來反對摧殘民族運動的奉天軍閥是必要的，甚至於聯合同情於民族運動的軍人反抗奉天軍閥都是可以的。 因爲此時國內軍閥中，第一個公然做英日帝國主義者走狗的，第一個以武力破壞民族運動的，第一個蹂躪人民集會結社出版言論自由權的，就是奉天軍閥。 打倒奉天軍閥乃是去掉國內反帝國主義爭鬥之最大障礙，乃是我們繼續反帝國主義爭鬥所必取的途徑。

全國性質的根本要求，自然是廢除一切不平等條約；但其他階級的羣衆，如果還存着用和平方法可以達到修改一切不平等條約的心想，我們也不反對他們去嘗試一下，嘗試失敗了，他們才會走上革命的道路。

所以今後我們的總口號應該是『武裝平民』『打倒奉天軍閥』『廢除不平等條約』『建立平民的革命統一政府』。

寸鐵

江亢虎的人格

江亢虎自己辯白復辟罪是冤枉，却不會否認報載他給金梁的信是僞造。 其實復辟還是一種政治的公罪，他因爲求見宣統皇帝，不惜以科甲仕宦自矜，又自向清帝丑表功，在常人爲之，已經肉麻無人格，比陰謀復辟還要下流，何况是一個自稱新社會民主黨的首領！（實）

江亢虎的宣傳之道

江亢虎自稱求見宣統皇帝亦宣傳之一道，他的社會主義專向着後會議及各國君主宣傳，已經有點特別；幷且他在未見宣統宣傳社會主義之前，已宣傳保皇主義，自表保皇功勞，更是特別。 他爲了要見清帝宣傳主義，便以反對興漢滅滿之功自荐；那麼，他將來要見英王宣傳主義，也須以反對保華抗英之功自荐嗎？ （實）

罷工與法律

當五卅慘變發生，上海工人對於要求條件，提出『承認工人罷工自由』時，有些人以爲工人要罷工便罷工，爲什麼要求有罷工自由？ 現在北京警廳已經正式布告答復這個疑問了。 布告上說：『按刑律第二百二十四條之規定，從事同一業務之工人同盟罷工者，首謀處四等以下有期徒刑拘役，或三百元以下罰金；其聚衆爲强暴脅迫或將爲者，依騷擾罪第一百六十七條之例處斷。 同律第二百二十一條之規定，以文書圖畫演說或他法公然煽惑他人犯罪者，依左例處斷云云』原來工人沒有罷工之自由，罷工在法律上是犯罪行爲，工人安得不要求這個法律上的自由。 （實）

孫宗防三出風頭

上海有一位孫宗防先生，我們看見他的大名第一次在報上大出風頭，是代表『上海反共產男女同盟會』到上海縣署呈請立案和赴京請願；第二次在報上出風頭，是用中華工會會長名義，勾結顧雪樵向日本人冒領顧正紅的卹款一萬元，事敗，害了顧雪樵坐監牢；最近第三次在報上又大出風頭，是騙取絲廠女工入會費，被衆女工向警廳告發，警廳已將中華工會發封，幷限令獲案之同夥三日內交出該會『劉案。 （實）

上海工人的新要求

心誠

八月十二日上海總工會及所屬一百二十七個工會，根據代表大會的決議，發表重要宣言，宣布九條新要求。 宣言及條件都表示工人

階級最近所採取的新方針　而且反帝國主義運動現已入於一個新時期，這個宣言和新條件的發布，可謂適當其時。　這個宣言和新條件的內容，是說明工人階級的奮鬥，因種種理由，須分出步驟，提出最低要求，(卅)先謀部分的解決。　對於帝國主義，可說是一個極大的讓步；因為工人階級現在主張將前此工商學界所提出的條件，關係全中華民族的解放要求者，督促南北政府共同嚴重交涉，第一步要達到的，只是上海人民的切身要求。

為什麼上海工人須先謀部分的解決呢？　這並不是工人階級漸趨軟化，孤軍苦戰的工人階級並不負此責任。　使工人階級改更奮鬥策略的主要負責人，當為奉系軍閥。　奉系部將邢士廉為什麼到上海來的，國人現在總該明白了。　邢士廉到上海之後，百端干涉工人團體，壓抑反帝國主義運動，封閉工商學聯合會海員工會洋務工會等三大團體，限制集會結社言論出版的自由，逮捕愛國的工人學生，威壓工人復工。　凡此種種，都是他的德政。

英日等國帝國主義這樣殘暴，即集全國人民之力，來反抗他，還怕無法制勝；何況又有奉張派遣的邢士廉，自告奮勇，甘為外人作劊子手！　因此工人處在這險惡的環境中，不能不先謀部分的解決。

上海工人所提出的九條要求，雖是上海市民的直接利益，卻與全國人民都有極重大的關係，尤其關係反帝國主義運動的前途。　在這九條要求中，第一條無條件交還會審公堂及第三條租界的華人與外人有同等參政權利，不但關係國權，尤其是關係上海資產階級；上海資產階級久處外人資本壓制之下，他們始能得到這種最初步的權利，那麼上海資產階級在政治上經濟上都可漸漸壯大起來。　第二條租界內集會結社言論出版自由，更是一班市民所需要的；上海不但是輿論的中心，而且是一切運動的中心，如果能得到這種自由的權利，不啻助長全中華民族的解放運動。　第四條至第九條不是爭工人的工會自由，便是爭工人的切身經濟利益。　在此次運動中，已充分表現工人階級是反帝國主義運動的先鋒，是中華民族解放運動中的勇敢戰士。　全國愛國人民都應一致贊助，使這幾十萬為民族利益奮鬥的羣衆，能有組織上的合法權利，那麼，工人階級便能永久為中華民族而奮鬥。

而且我們決不願意這個破釜沉舟為民族奮鬥的工人階級受生活上的重大損失。　因為工人階級不受生活上極大痛苦，而又有組織工會的自由，便是為中華民族培植廣大的戰鬥隊伍。　在全國的工人階級看來，上海工人是全國工人運動中心，上海工人的勝敗，就是全國工人的勝敗，故必須盡其全力贊助上海工人奮鬥，而達到這些最低要求。

關於解放全民族的要求，須經過長時期的奮鬥，尤須有統一的人民政府與擁護國民利益的軍隊，方能達到；這個九條要求是目前上海人民最需要的而又最低的；得着了還可培養民衆的勢力，為此後長期爭鬥的地步，但是這九條要求的達到，也要經過艱難的奮鬥。　帝國主義是決不會恩賞的，還須靠民衆之力奪來。　這也是上海和全國民衆所應注意的而且要十分努力的。

青島慘劇之經過（青島通信八月十五日）

實甫

凡是知道青島這次工潮的，都知道這次殘忍的慘殺，比任何地方都利害。　殊不知在青島工人，這已不是第一次了。　第一次的慘殺，發生於五卅前一日，其原因由於四月間該地日本紗廠大康隆興內外棉三廠工人，曾因增加工資擁護工會，罷工二十多天，得到相當的勝利；無信無義的日本帝國主義者，復工後不履行已允條件，工人不得已又罷工，五月二十九日，遂遭日本帝國主義走狗張宗昌之第一次屠

殺！事出之後，因壓迫嚴重消息不能外露，所以工人於傷亡失業之餘，一部分遂忍辱上了工，其餘則由日人在鄉間招募新工補充。青島慘案發生之後，次日上海即發生五卅巨變，接着全國一致的作起反帝國主義運動。可憐山東方面，受了官廳的壓迫，只許單提上海，而不許提青島一字！青島市民對於滬案還作過幾次微弱的表示，對於青島當地所發生的慘變，則噤不敢言，較別處更甚！在這時候，膠濟鐵路總工會四方機廠分會的工人，因階級的同情，忍不住再靜默了，所以就乘着全國普遍愛國運動的高潮挺身而起，出來領導羣衆去反抗強暴的日本帝國主義。經過四方機廠數千工人幾次的遊行演講之後，青島官廳包辦的愛國團體才失了勢，工學兩界的眞正組織才成立，四方機廠又自己單獨組織一青滬慘案後援會，每日分派講演隊到各處講演募捐，有的沿膠濟綫出發到七八百里的濟南。四方機廠工友這種奮鬥的精神，自然得到很好的結果，所以青濟一帶的民氣因之發揚，更將捐來的欵項，分別撫䘏傷亡的紗廠工人，並按日發給紗廠數百工人的維持費，一直到最近這次慘案發生。在四方紗廠工人第一次罷工時，膠路工人已經在實際上盡了最大助力和聲援，此次又獨力領導起羣衆向日本帝國主義進攻，自然在日本帝國主義眼中，他們比紗廠的工人還要可惡！——這是今次青島紗廠工潮又發生，連鐵路工人同遭慘害的遠因，至於直接發生這次事變的原因，還是因日人的橫暴而起！紗廠工人在第一次被屠殺之後，不但在第一次罷工時所得利益完全抹殺，並且更加虐待，舊日的工人逐日被裁汰換以鄉人和童工。有一個童工被打得頭破血出，工人理論不能得直，所以七月念四日仍是由大康紗廠發動，與內外棉隆興三廠一致又罷了工。

罷工之初，大康紗廠工人首先於晚十一點退入宿舍，當即有紗廠叫來的許多軍警監視，工人們立時失了行動的自由；接連青島的警察廳長陳韜也坐了汽車趕來（陳在上次屠殺中曾得日人報效五萬元）對工人演說。並問：「你們因何罷工，你們有這許多人，不做工怎樣生活」？但是工人回答說：「日本人無故毒打童工，不許工人說話，所以我們罷工爭持。再我們罷工以後，有膠濟路總工會供給，絕不會有規外行動。」當時陳韜也說：「現在民國罷工自由，你們既沒有規外行動，我絕不干涉你們」。說完，就回去了。

內外棉紗廠是次日上午十時罷的工，因為日本人有了防避，所以罷工之後，就有許多軍警和保安隊阻止工人退入宿舍。聲言：「我們有上邊的命令，不敢自專」，工人們百般央求無效，終久不能退入宿舍去。

隆興紗廠也於是日下午九時罷工，也有保安隊監視，失了行動的自由。

三廠工人罷工的第二日，恰好日本帝國主義走狗，第一次屠殺青島工人的劊子手張宗昌巡行到青島，日本資本家看見他們工具來了，於是向工人進攻得更加兇猛。在午前四時，日本人所收買的走狗，即拿着日本人發給的手槍鐵棍，強制工人上工，工人不上工，當被走狗打傷工人二人，警察和保安隊都置若罔聞。至於內外隆興二廠軍警仍不許工人入宿舍，有說話的，就用槍威嚇。工人們雖見官廳如此之壓迫，心想張宗昌總不至作第二次屠殺，所以就推出請願團十五人，作了一面旗子，上書：「青島紗廠工人請願團歡迎張督辦。」那知到了青島，軍警宣佈戒嚴，工人只得忍淚而回！

在工人請願沒得結果的時候，正是張宗昌在青島受日本領事和廠主及中國商家在歡迎席上，定殺人大計的時候。在日本資本家和領事，自然揑造事實，拿「赤化」「過激」「損失」「治安」等慫恿張宗昌；而一般商界，因為向來做的是日本生意，自慘案發生以後，高唱「對英不對日」，不肯實行經濟絕交等，久為工學兩界所唾罵，青島公民報主筆胡信之，更是責罵得利害。所以商會會長隋石卿，久

巳有人風傳其欲對胡信之施行暗殺（胡在報上爲此事曾登啟事多日）。 這次張宗昌到青 商界歡迎極鋪張，甚至一席每商家均攤洋三百多元，更是受胡信之嚴厲的斥責；因此就由商會正副會長，在張宗昌前告發，說紗廠工潮是胡信之一人挑撥起來的！ 張氏於盛筵之下，又得了兩方三十萬元的報效，所以空前大屠殺就開始了。

第一日紗廠風潮摧殘下去，次日張宗昌又派大批軍隊到四方，將膠濟鐵路青滬慘案後援會封閉，捉去工人十三人，又捕去四方小學教員李某一人。 同時在滄口有幾處日本紗廠，也被廠主告發，被張宗昌捕去十幾工人。 張宗昌又在青島捕去學生七八人。 ——自連次雷厲風行的大捕捉以後，青島馬上便變成了恐怖世界，四方機廠不敢去上工的工人達數百人之多，都逃往各處，有的還半途被捉。 至廿九號晚上，公民報主筆胡信之和四方小學教員李某，沒有宣布罪狀就執行搶斃了！其餘的工人學生等，有四人押到濟南去了，有十幾人被張宗昌帶至煙台。 張宗昌臨行還下了一道通緝令，通緝的人有六十多名！在各地報館濟南有五六家報紙都明或暗地被封閉，存在的也不敢登載什麼消息，惟據傳聞，張宗昌爲向民衆示威起見，在煙台已將帶去的工人學生槍斃了，大概同濟以後，濟南的四人，也就無倖免之理！

現在青島完全在恐怖世界中，警察保安隊都到處捕拿共產黨，暗探有六百名之多，沿膠濟路一直佈到濟南！同時濟南也入了嚴重狀態，街上滿佈捉拿共產黨的佈告，在通緝的人有十三名！

這就是青島工潮的寫真及其餘波！現在全山東人民都戰慄在張宗昌壓迫之下。

二十五日下午三時，在大康紗廠的軍警，就對工人說：「你們開會，不能在宿舍裏面開，假使在宿舍開會，我們不負保護責任」。正在這時候，有走狗一名，手提大鑼，口喊：「那個不上工，就打誰！」，走狗後面，還有許多拿鐵棍的走狗，帶手鎗的日本人，荷槍實彈的軍警保安隊，好像臨大敵一樣！可憐的工人，就在壓迫之下，含淚上工了！ 其餘內外棉隆興，也於同時像大康一樣，被壓迫下去！紗廠工人這次爭鬥，又於此告一段落了！

這次罷工所以失敗得這樣快，摧殘得這種可憐，可以說完全是張宗昌一手造成！ 同時在工人方面，因有經驗的成年工人巳被廠中開除淨盡，主持罷工的全是一般童工，據說大康的領袖不過十四歲，隆興的才十六歲。 當糾察隊的也是一些小孩子。 所以當工人上工之際，他們去攔阻，被軍警一推就倒下一排，除了一般童工就是些新工人，他們更完全不曉了！ 因此廠中除了幾個最激烈的被捕外，以前被開除的成年工人，因日本人告發，被捉的也不少！

The Guide weekly

嚮導

週報

第一百二十七期

一九二五年八月卅一日

零售每份銅元四枚

分售處

上海 上海書店
廣州 丁卜書報社
北京 各學校號房
長沙 文化書社
寧波 寧波書店
武昌 時中書報社
共進書社
濟南 齊魯書社
開封 國民書社
香港 萃文書坊
汕頭 汕頭書店
蕪湖 科學圖書館

分售處

大原 晉華書社
潮州 育年書店
雲南 新亞書社
重慶 唯一書局
寶慶 寶慶書局
南京 樂天書館
黃梅 書報流通處
成都 華陽書報流通處
紹興 亞民文具貿業社

訂閱：國內一元寄足五十期。國外一元寄足三十期。郵票代款九五折算。但以一分半分爲限

代派：每份大洋二分。六折計算。寄費在內。十份起碼。十期清算一次。概不退回

發行通信處
特約訂閱處

杭州馬坡巷法政學校安存眞轉王致和君
北京北京大學第一院收發課轉許元眞君
廣州國光書店黃正君
開封河南書店韓韻秋君

中國共產黨爲廖仲愷遇刺唁國民黨

中國國民黨中央執行委員會鑒：

廣州傳來廖仲愷先生被刺逝世的消息，使我們不勝悲痛。

廖仲愷先生幾十年來爲國民革命盡力，是中國革命運動中的健將，如今竟成了帝國主義者陰謀的犧牲品，這不但是貴黨的鉅大損失，而且也是全國被壓迫民衆的損失。本黨敬代表中國的革命無產階級表示極誠懇悲痛的唁意。

廖仲愷先生的死，正死在國民政府努力與英國帝國主義奮鬥的時候，正死在國民政府努力整頓財政的時候，他被刺的原因，我們可以斷定是帝國主義勾結反革命的軍閥之陰謀。「五卅」以後，沙基慘案以後，沙面香港反對英帝國主義的罷工和南方抵制英日貨的運動，已經使帝國主義者慄慄危懼；帝國主義者所嗾使的楊劉等反革命的軍閥失敗之後，國民政府得以努力進行財政的統一以及其他利於民衆的政策，不但使反革命的軍閥喪失他們保庇煙賭魚肉人民的利藪，並且使帝國主義者覺到中國國民政府鞏固起來的危險。何況廖仲愷先生被刺的那幾天，正是香港的帝國主義者宣傳對粵宣戰「使親善的華人政府代執廣州政權」的時候？帝國主義者和反革命派的互相勾結而實行刺殺國民革命領袖的陰謀，實在再也用不着什麼別的證據，已經明瞭到極點的了。

當然更不用說，他們刺死廖仲愷先生的目的，決不單是要刺死他一個人而已，而是要推翻國民政府，顚覆爲民族民衆利益而奮鬥的政府。然而祇要國民政府始終是擁護民族及民衆利益的政府，全中國的革命民衆必定因爲帝國主義者及反革命派無恥的陰謀，而更加覺悟，更加積極的以全力來擁護這一政府。全國的革命民衆都準備着贊助國民政府，贊助貴黨，希望用果決奮勇的精神撲滅反革命派，努力與帝國主義者奮鬥，鞏固國民革命的勢力。

廖仲愷先生雖死，廖仲愷先生的革命精神沒有死，贊助國民革命的中國無產階級及被壓迫民衆決不會死！

廖仲愷先生萬歲！　國民革命萬歲！

中國共產黨中央執行委員會　一九二五，八，卅一

關稅會議與司法調查

魏琴

滬漢粵等處屠殺案發生以來，到現在已經滿三個月了。帝國主義者方面最近的政策，便是一方面堅持對於滬案要重新實行司法調查，別方面提起召集關稅會議的問題。列強對華政策於是分出兩種趨勢：一是英日，還想繼續威嚇要挾；一是美國，却故意要來哄騙。這兩方面都是要想延宕交涉，對於軍閥政府施以小惠，而消弭或壓迫民衆的反帝國主義運動。

英國人的報紙竭力主張司法調查。他們的論調，以爲中國各界反對重查滬案，完全是因爲怕調查的結果，證明了中國政府商人和學生有煽動排外的事實。可是實際上工人方面兩個多月的罷工，全國各地強烈的排貨運動，都是英國帝國主義自己所應負責任的——他們自己何嘗不知道？所以這種論調不過是一種宣傳作用罷了。假使拿帝國主義者的實際政策以及他們機關報與各種論文通信的線索來看，我們可以得到下列的結論：

一、列強帝國主義者都已經覺得五卅以後的中國和五卅以前的中國不同了——五卅運動的力量，都已經大非昔比了。

二、他們既然知道了這一點，他們便不得不想法保存自己對於中國的權力和威信，不過另外要用一種新的方法，新的形式，使表面上那種強橫殘暴的侵略不大顯露，而實際上能仍舊繼續以前的狀態。

可是對於五卅運動力量的認識和解決『中國問題』的方法，帝國主義列強之間的互相矛盾和衝突日漸暴露，他們之間的一致是不可能的了。而且中國民族解放運動愈發展，各國帝國主義之間的矛盾愈益暴露。

現時英美兩國對於關稅會議和司法調查的態度差不多已經完全表明出來了。美國對華的政策，一部分可以看波拉六月底發表的意見：「祇要知道最近十年來外人對於中國權利的蔑視，便可以知道中國「擾亂」的真正原因。我敢說，假使外國資本家尊重中國人民的人權，能以公道對待他們，能以實行交還華會所決議的中國權利，那麽，現在這種擾亂一定不會有」。隨後波拉在幾次談話和電報裏，很肯定的說，應當取消治外法權，歸還中國海關的自主權。即使我們還不能說波拉的意見能完全代表美國政府的政策，至少我們可以知道美國人中間有這種主張，確是受最近中國反帝國主義運動的影響。

當然，美國上院外交委員會長波拉氏，並不肯實際提議撤退駐華的美國海陸軍——美國軍艦在中國約有四十艘以上，「爲列強之冠」！他更不能爲「尊重中國的人權起見」，停止派遣美國的傳教師到中國來，開辦教會學校，在中國境內享受種種特權。可是這一派的美國人，實在是想換一種「文明的」形式來繼續侵畧，實行經濟剝削；至少，他們要利用這種策畧攻擊英日，自己却祇要空言同情，決用不着先自拋棄特權。既得了親善公道之名，又不失實際上的權利，他們又何樂而不爲呢？

因此，美國對於關稅會議和司法調查的態度，完全和英國不同。他甚至於說，可以討論關稅自主問題——因爲美國對華債權很少，用不着替英國人來力爭管理中國關稅的權利，力爭以關稅擔保外債。

至於司法調查問題，英國帝國主義要想用這種「法律的」的手段來延宕交涉，彷彿五卅屠殺中放鎗的究竟是巡捕還是學生，負責任的究竟是英國還是中國——至今還沒有知道，所以主張所謂司法調查；其實連帝國主義的法庭，所謂會審公堂，都早已承認英國巡捕殘殺的事實。美國帝國主義者實在用不着贊成英國的這種主張，因爲中國人排英的運動對於美國是有利的。

英國對於這些問題的態度却另是一種。現在英國對於中國還是絲毫不肯讓步。領事裁判權問題，關稅自主問題，會審公堂及工部局的問題裏，無一不是英國所享利權最大——他比無論那一個都決心保持原有的狀態。所以英國狂熱的堅持外國對中國的統治地位。

至於日本對關稅會議和司法調查的態度，只要看八月十八日路透電的消息：「日使在公使團會議時，聲明只須即日開始討論會審公堂及工部局華董問題，則上海事件之責任問題留待司法調查後再決定亦無不可」。即此一端，已經可以知道在司法調查及關稅會議兩問題上，日本與英國的態度并不一致。

固然，國內外帝國主義的機關報，仍舊說關稅會議只能繼續討論華會決議——實際上便是三年前他們恩准中國增加稅率的問題（增加二五稅率，如釐金廢除則增加百分五之稅率）；三年前便決定了，為什麼至今不肯實行，為什麼現在又忽然肯實行了呢？這是一個很有趣的問題。

這明明是五卅以來中國民衆實力的表現，尤其是工人階級的團結力奮鬥力，使他們害怕，使他們不能不「記起」三年前的決議案。當時的華盛頓會議，亦是五四運動的結果，只因為等到華會開完，國內的反帝國主義運動的高潮又落下了，尤其是因為國內一般士大夫歌頌起美國的功德來了——列強便嬾得『自願』的賞賜，議決案便束之高閣。如今五卅運動的爆發，比當初的力量更加大了百倍，中國幾十萬有組織的無產階級上了政治舞臺，領導起國民革命的運動。這種民衆勢力的發展，對於一般帝國主義國家有極大的危險。於是他們就不得不重新提起華會決議，不能不再做一次讓步的表示，來和緩中國的反帝國主義運動。然而現時中國民衆力量的發展，决不僅僅是華會決議的實行所能停止的了。現時國內各界，不用說工人學生，便是商會也知道起來要求關稅自主了。中國人民現時已經覺得到自己的力量，要提出比所謂華會決議更進一步的要求了。

帝國主義列強的政府忽然把忘記了三年的華會決議重新「記憶」起來，正可見他們也覺得中國人民力量的膨脹一日千里，如果不早些讓步，將來恐怕嫌太晚了。可是，我們看來，現在已經『太晚』了！三年以前二五附加稅能使中國的資產階級稍稍滿意，可是現在却不行了。現時中國民衆的解放運動，在直系軍閥顛覆之後，得到了某種程度的發展，規模擴大了許多，力量增加了許多——帝國主義者那種二五附加稅的讓步已經欺騙不了中國人民了，已經緩和不了中國的反帝國主義運動了。

英日兩國的機關報，很奇怪中國資產階級之間尚且反對關稅會議的空氣都會一天一天的濃起來。照他們的意思：『中國一直要求趕快實行華會決議，如今列強預備實行了，中國人却又反對起來了，豈不是怪事嗎？』各國帝國主義者呵！三年以來，中國人民奮鬥了不少次，也就學着了不少乖了。五卅屠殺居然引起全國工人學生小商人等極大的運動，似乎出於你們帝國主義者意料之外，其實這不過是一般民衆集中自己力量的結果，這不過是中國無產階級日益增長日益覺悟的結果。中國無產階級——這是一個新的動力，他在民族解放運動裏的力量一天一天的增加起來。從此以後，帝國主義者方面的讓步，假如不能使中國完全脫離半殖民地的地位，無論如何是不能消滅中國反帝國主義運動的了。

美國人的機關報「遠東評論週報」（八月十五日）已經公然的說：『中國要求關稅自主和廢除領事裁判權。列強要解決這個問題只有兩個方法：或者用武力抵禦這種要求，或者各派代表與中國代表共同研究出一個辦法來。若說用武力的方法，那就應當知道，照軍事專門家的研究，至少要有二十萬軍隊才能恢復中國二十五年前的狀態。如果英美法日能夠通力合作，不相疑忌，那麼，列強占領中國的

結果，爲中國人民的利益起見，實在是現時最好的出路——因爲列強祇須占領中國五年十年，用強迫方法實行行政上教育上實業上的改良，就至少可以使中國進化半世紀。可是列強現在是否有決心實行這維持帝國主義式的辦法呢？當然大家還沒有這種決心。要列強有這種決心，必須中國人方面再發生羣衆的野蠻暴動，可是現在的中國人已經很有知識了，不會造成這種機會』。所以現在列強對於中國祇得讓些步，以求『和平秩序』的恢復。

美國帝國主義者說出了自己的夢想——想恢復庚子之役的『中國狀態』，就是全國馴服的聽憑帝國主義者宰割剝削。可是他們自己也知道現在是做不到的，所以提議還是對中國讓些步好。英國帝國主義者却不然，仍舊想用高壓政策，用武力對付。

上海字林西報，兩星期來只是鼓吹武力干涉政策，尤其是對於廣東。字林西報還批評英國政府的政策太軟弱，主張對待這種『暴徒的中國』，非用強硬手段不可。他們主張武力『討伐』廣州政府的理由，便是說廣州政府先預備和英國宣戰，因爲廣州不準外國輪船進口，早有意違背條約。其實這種消息是香港方面自己造出來。事實上是廣州的罷工委員會宣佈新定的辦法：凡是不經香港赴粵的船隻，可以免驗，可以『自由入口』，凡是經香港再赴粵的輪船便難免暗藏奸細，所以對於坐這些船到粵的人，均須查驗。這是中國人自相督促的正當方法，英國人無權干涉，亦並無禁止香港船入口的事。事實上海員既罷工，英船完全停開，何必還要禁止，足見那些禁止入口的話完全是英國人自己造的謠言，製造歐美的輿論，好藉口襲取廣東——倫敦方面居然根據這個提出抗議，足見他們的居心了。

我們想來，這不過是英國帝國主義者的示威；這種帝國主義者的強盜要想攻擊廣州，試一試可否部分的佔領中國，以武力恐嚇中國民衆的反帝國主義運動。雖然廣州政府已經派代表到北京，決定參加滬案的交涉，決定共同辦理粵案；然而英國却仍舊是誣衊廣州政府是暴徒，與北京的『中央』政府無關係的——『所以襲取廣州，並不算和中國開戰』。

英國帝國主義的這種政策簡直是地痞無賴的手段：他們想用這種謠言引起國際間的注意，即使武力干涉無法實現，也可以有所藉口而阻止關稅會議的召集，他們十分怕這次討論增加稅率的會議變成討論關稅自主的會議。而且廣州既是暴徒擾亂，上海當然也有人煽動罷工，一切屠殺都是極有理的，司法調查自然更加必要了。英國不但不肯承認各地屠殺的責任，還想從廣州問題下手，反而要來問中國的罪名哩！

帝國主義者這種強盜政策，對於中國的民衆一天一天明顯的暴露出來。司法調查是我們全國一致所反對的。我們應當知道，英國帝國主義者所以要用種種造謠無賴的手段，正因爲他們亦覺得民衆勢力的增長，不能就直接用武力。所以一面用司法調查來延宕交涉，一面從別方面下手製造空氣，預備進攻。

至於關稅會議，我們也只能當他是對於中國民衆的又一教訓。

華會決議和現在的中國情形已經不適宜。現在中國民衆祇有鞏固自己的組織，繼續的反抗帝國主義，切勿幻想帝國主義者肯自願的讓步；我們應當發展反帝國主義的運動，使成爲全民的極廣泛的運動，立刻推翻一切賣國的軍閥，而後與帝國主義者決一死戰。關稅會議的召集，不過是我們鬥爭的第一步的結果，還決不是我們的勝利。我們的勝利，祇在我們有力量自己宣佈關稅自主！

英國帝國主義對中國的進攻與廣州國民政府

秋白

廣州國民政府成立於肅清楊希閔等反革命派之後。本來趁着孫中山先生逝世，帝國主義者及國內軍閥，早就開始撲滅國民革命根據地之南方政府的計畫。尤其是英國帝國主義者，他們占有香港，控制中國南部的商業，實行經濟的侵略和剝削，已經幾十年；廣州革命政府的存在，對於他們的侵略是極大的障礙，他們利用陳炯明擾亂廣東已經好幾年。然而他們的計畫始終不能實現，陳炯明的勢力始終被革命政府所肅清。廣州政府，自從改組後的國民黨努力進行農工羣衆及軍隊中的革命工作以後，不到一年便漸漸的鞏固起來，漸漸的與民衆接近起來，於是向來認爲難解決的東江陳炯明的勢力，竟能在一兩個月內完全掃清。這是英帝國主義者計畫失敗的第一次。利用陳炯明的計畫既然失敗，他們便另外想出利用楊希閔劉震寰的計畫。

楊劉等反革命運動中，有許多反革命的買辦，甚至於國民黨自己的黨員，如馬素等，做了賣國的掮客，替香港的英帝國主義者與楊劉等做牽綫，私運英國軍械給他們——這些事實，到楊劉失敗之後，都已經完全證明。五卅事件剛發生之後，楊劉等在廣州城內嚴厲的壓迫一切反帝國主義運動，尤其是他們做英國走狗的鐵証。可是廣州的革命政府，在肅清東江之後，農工民衆間對於他的信仰和贊助更加增加，他始終能在一禮拜內，用革命的軍力和民衆的力量撲滅這些反革命的賣國軍閥——尤其是廣東的工人階級，如廣九廣三等鐵路工人的罷工，對於此次克服反革命的戰爭有很大的幫助。於是英帝國主義者利用楊劉等的計畫，又遭了第二次的失敗。廣州的革命政府反而因此得以肅清內部大部分的反動勢力，而更加鞏固起來——得以組成現在的國民政府。

「五卅以後，全國反帝國主義的民衆運動勃興起來，廣州的國民政府當然是這全國運動中最大的反帝國主義的力量。」上海二十餘萬的無產階級罷工之後，香港的中國海員及工人，廣州沙面的工人最先加入全國反帝國主義的總罷工。假使漢口天津等口岸，帝國主義者因有賣國的直奉軍閥做走狗，而很容易遏制工人階級的鬥爭及一般的反帝國主義運動，那麼，在廣州方面，因爲政權握在革命的國民政府手裏，他們雖在沙基演出全國最大的屠殺，却總不能一時鎮壓那最革命的廣東農工民衆的運動。所以五卅以來全國的反帝國主義鬥爭裏，除上海以外，廣州方面的運動的確是最持久最偉大的運動。而廣州的國民政府不但以實力贊助粵港的民衆運動，而且在政治上領導全國的反帝國主義鬥爭，他發出正式的宣言，主張廢除一切不平等條約，召集國民會議，主張南北政府一致的對外政策。五卅之後，廣州國民政府的贊助反帝國主義運動，當然決不是廣州方面反對帝國主義的力量，而是全國民族解放鬥爭中的最大的一個勢力。何況國民政府自身，克服楊劉之後，比較的有整頓內政統一財政的可能，他實力上的鞏固和政治上的接近民衆，都比以前更加容易進步了些？因此，英國帝國主義者最近對於他的進攻，更加不是限於廣州一方面的事，而事實上就是對於五卅以來全國反帝國主義運動的打擊。

五卅以來，全國反帝國主義運動繼續到現在已經三四個月。帝國主義者在中國北部及中部，雖然有各系軍閥做走狗——在奉天絕對禁止運動；在天津青島幫他們直接的屠殺逮捕工人及學生，摧殘一切稍稍開始發展的民族鬥爭；在南京幫他們反悔已經簽訂的條件，摧殘工人及民衆的組織（和記工人事件）；在上海則宣布戒嚴，封禁工商學聯合會，用種種方法壓抑摧殘民衆運動——得以阻礙反帝國主義運動的充分的發展。然而這三個月來的反帝國主義的民衆運動始終使投機的北京段政府不能不貌爲贊助民衆的要求，提出修改不平等條約；始終使帝國主義者的列強之間互相衝突，美國贊成召集關稅會議，要實行所謂華府會議的議決，日本也先自單獨解決紗廠問題，更逼着要解決上海會審公堂及工部局的問題。這種情形之下，英國帝國主義

者漸漸陷於孤立的地位。 何況，在南方廣州國民政府的所在地，帝國主義者既沒有力量，又比較的有根底，英國帝國主義者很恐怕因此不得不對中國大大的讓步。 對於英國，一切關稅、工部局、會審公堂等問題，都是最切身享受的特權，他不願意有絲毫讓步，所以英國帝國主義者趁着現時北方的民衆已經漸漸被奉系軍閥的壓迫而不能發展的時候，想找着一個方法向中國反攻過來，以撲滅全國的運動，而恢復那利於英國的列強一致對華的高壓政策。 他從什麼地方下手呢？ 就是廣州的國民政府。 於是英國帝國主義顛覆廣州政府的第三次陰謀，便開始了。

英國帝國主義者開始便說廣州政府『以命令禁止英日船入口是違反條約；繼之便仍舊勾結廣州內部的反革命餘孽暗殺廖仲愷先生；再進而香港的英國資本家公然主張對廣州下哀的美敦書。 八月廿五日的路透電說：

香港電：『此間今日開公民大會，通過決議案：擬電致英首相要求英政府以哀的美敦書致廣州當道，令彼等（一）開廣州為通商口岸，完全依照條約規定，許各訂約國經營商業；（二）驅逐廣州及廣東之布爾希維克黨；（三）解除黃埔軍官學校學生之武裝而遣散之，彼等實為布爾希維克黨訓練之軍隊，非粵籍者資送回里；（四）停止抵制英貨；（五）停止排英宣傳。 如不照允，則英海軍當完全封鎖廣州及附近海面，並施行英政府所視為必要之其他行動。 哀的美敦書中應聲明廣州必須施行中國行政制度，並完全遵守中國與外國所訂之各條約。 與會者一致意見，以為今唯英政府干涉，始能恢復香港廣州與華南間之交通商業，並免香港與華南英人利益受經濟之摧毀。 該會散會時，衆皆高唱國歌，麥克哥文代表汕頭英商會，華爾夫代表沙面英商會向會，衆演說，贊助此決議案，並宣讀汕頭來電，願附名於決議案。』

這種主張，簡直以武力干涉廣州的內政，要解散革命的軍隊，強迫執行所謂條約義務，以兵力強迫華人購買英貨並干涉華人的言論自由。 他們的意見，是說廣州政府違背南京條約。 不用說我們現在正要求廢除這些不平等條約，即使讓一步說，根據南京及天津條約，他們也只能在廣州及汕頭通商，何嘗有以兵力強迫華人做工和買英國貨的權利！ 據上海泰晤士報，香港英人致首相的電裏，老老實實的說：——因為海員罷工的緣故，粵港停開的船隻，共有七十三艘，其中四十五艘為英船；英國疋頭之輸入廣州及內地者完全停止；其結果使英國許多廠家將因此停閉……。 這是中國工人罷工及民衆排貨的影響，英國資本家已經切身感受到了。 他們說，二十五年來英僑在香港保護英國國旗之不可侵犯的權利外，尚有四千九百萬元之鉅大供獻，這是他們要求英政府保護他們享受『條約上所得權利』的『保險基金』。『這四千九百萬元點點滴滴都是中國人的汗血，都是英國人侵略廣東及中國南部所得的。 如今他們竟以此為『保險基金』，要求對廣東『取斷然之行動』。 這種斷然行動的目的在什麼地方呢？ 他們說：『以本港海陸軍之力，不難使親善之中國當局，代執廣州政權』。 換句話說，便是前此兩次利用軍閥的計畫都歸失敗，如今決定要用自己的兵力直接侵犯廣州，扶出一派賣國軍閥，對英『親善』的中國當局來統治廣州。 如此，他們在南方才能像在北部中部一樣，有得力的走狗可用，可以鎮壓民衆的解放運動，繼續他們的經濟侵略，再多多積聚他們的『保險基金』。

當然，他們現在還得說：『此非對中國之宣戰問題，乃驅逐新近攫得廣州政權而猛烈排英之過激派而已』，還得說：『因廣州並不承認且反抗北京中央政府，故在北京所開的關稅會議或領事裁判權等會議，於本港今日極嚴重緊急之需要，絕不能有絲毫補助』。 ——彷彿他們祇主張打廣州的『過激派』，並不要和中國宣戰，彷彿他們仍舊

願意開關稅會議……對中國讓步。可是，我們設想，如果英帝國主義者在暗殺廖仲愷先生之後，竟能直接以兵力占領廣州，鎮壓南方的民衆運動，那時是甚麼情形？香港沙面的罷工固然要被摧殘，南方的一切革命勢力都要受極大的損失，發生極大的反動。那時全國的反帝國主義運動，受着南北聯合起來的反動力勢的壓迫，自然要大大的低落下去。甚麼關稅會議，甚麼領事裁判權會議，都用不着了——現在他們對於北京政府答應實行華會決議，這一點「讓步」可以使北京政府滿意而緩和；然而廣州政府和民衆是不能滿意的；到了那時，就連這點的讓步也不必有，因爲到處都有「親善之華人政府」，一切排貨罷工運動都可以鎮壓住了！

「所以全國的民衆應當一致的擁護廣州國民政府，應當知道英帝國主義者現在對於廣州的進攻就是對於全國民衆反帝國主義運動的進攻。尤其是南部廣州等處的農工羣衆應當積極的起來反抗英帝國主義，肅清內部的賣國的反革命派，鞏固國民政府」。

帝國主義的工具之一——工賊

超麟

『軍閥是帝國主義的第一工具，買辦性的資產階級是帝國主義的第二工具，工賊是帝國主義的第三工具』——這是我們時常說的話。工賊與軍閥買辦性的資產階級同爲中國的漢奸，然工賊却又帶着中國工人階級之漢奸的作用。

『五卅』反帝國主義運動一開始，嚇得帝國主義手足無所措，直接地拿起機關鎗大砲來鎮壓這班「半開化」的中國人之『暴動』。然而以工人爲首的反帝國主義運動，反跟着機關鎗大砲的聲浪普遍於全國。這是出乎帝國主義意料之外的。驚魂稍定之餘，帝國主義便忽然憶起了還有三種工具，閒養着尚未使用。於是，開始灕耀南壓迫湖北的運動，奉天軍閥張作霖由東三省沿津浦綫南下壓迫自奉天至上海反帝國主義的民衆；次之華商紗廠聯合會電段執政請勅軍警強迫工人上工；終至上海所謂工團聯合會一班工賊搗毀總工會。到了工賊搗毀總工會，帝國主義也算適用其三種工具了。

現在帝國主義深深覺得，這三種工具的活動實在比較直接的機關鎗大砲之威嚇容易收效得多。所以青島張宗昌天津李景林的殘殺，河南穆藕初上海華商紗廠聯合會之破壞罷工誣蔑工人的組織，以及上海所謂工團聯合會一班工賊之搗亂，都直接地給中國民族解放革命運動以一大打擊，其破壞性實較帝國主義自己的機關鎗大砲尤爲猛烈。

這種以華制華的妙策，帝國主義現在是很以爲得意的；我們看，所謂香港英人全體大會的抗議電文，「要求」英政府取『斷然的行動』進攻那保護民衆運動的廣州政府，其作用，據該電所說，也不過是『使親善的華人政府代執廣州政權』而已。

在這三種工具之中，工賊的活動對於中國民族解放革命運動尤其危險。因爲，在中國民族解放革命運動中，有實力，有組織，能領導的，是中國工人階級；中國工人階級的利害，同時便是中國全民族的利害。工賊所以比較帝國主義別二種工具尤爲危險之故，即因爲他們恰好發現在有實力，有組織，能領導中國民族解放革命運動的中國工人階級之內　這樣的內部破壞是比較外面進攻尤爲有力的。以此之故，工賊又不僅是帝國主義的工具，而兼是帝國主義的工具——軍閥和買辦性的資產階級——的工具，因爲中國工人階級對於軍閥和買辦性的資產階級的危險，實不減於其對於帝國主義的危險，軍閥和買辦性的資產階級欲危險於中國工人階級自然也不後於帝國主義。

張宗昌收買青島的工賊拘捕工會職員，廣州反革命軍隊唆使廣州的工賊刺殺工農部長廖仲愷，穆藕初雇用河南工賊毆傷豫豐紗廠工人，

便是很明顯的事實上的證據。　即此次上海所謂工團聯合會之搗亂，其內幕又何嘗不是帝國主義軍閥和資本家三方指使出來？　因此，我們應該明白工賊的搗亂是中國民族解放革命運動的一切敵人聯合之一種戰術，此戰術的破壞性實較敵人其他戰術猛烈得多了。

然而，同時我們也不應該忘記工賊的發現乃是工人階級勢力發展的結果。　這是每個國家每個時代工人運動發展的歷史可以證明的。工人階級如果還未發展成不可侮的勢力以前，敵人用不着利用工賊的搗亂，祇從外面進攻便夠了。　工賊的搗亂成為敵人必不能少的一種戰術，這必定因為敵人其他從外面進攻的種種戰術有時而窮。　這次上海所謂工團聯合會一班工賊五六十人蜂擁而來，搗毀上海總工會，毆傷職員，恰好證明工部局的機關槍大砲不便抬到閘北來，恰好證明邢士廉不便使用李景林式的和張宗昌式的殘殺——這就是說：上海二十餘萬的罷工工人及其總聯合——上海總工會，已有相當的勢力，足以抵住帝國主義等從外面的進攻，迫得帝國主義等不得不採用工賊從內部搗亂為其一種戰術。

為中國民族解放革命運動計，為保護中國工人勢力向前發展計，我們應該如何對付敵人這一陰謀呢？　我們明白帝國主義等利用工賊的搗亂已經到處時時向我們挑釁。　我們明白我們與帝國主義等的工具處於短兵相接的局勢。　我們應該向工人羣衆指明工賊的作用。　同時我們尤應該籌備武裝自衛，以抵制這種法西斯特式的搗亂。

魯　仁

大陸報與中國工人運動

八月十四日的大陸報有一篇社論，論中國的工人運動及民族運動，他說：「中國的工人運動，最初是有人組織起來做反對外國帝國主義之政治工具的。　可是現在却變成了一種可怕的力量、不但破壞外國人在華所經營的工業，並且也破壞中國自己的工業，就是對於中國學生自身，也非常之危險了　其實中國工人運動的發現，完全要由學生負這個責任呢。　照大陸報意見，現在中國的工人運動和十九世紀初年英美的工人運動很有相同的地方。　不過根本不同之點，恰在於英美當年的工人運動沒有民族運動的色彩。」　這一不同之點，據大陸報的意思，就是中國工人運動所以會變成「可怕的破壞力量」之根本原因。

美國帝國主義的報紙，於是根據這個理由大大的教訓中國學生，他說：「英美的工人運動進化了一百年方才成為一種政治勢力，如今中國學生立刻便引導工人參加政治，可見中國學生的無知盲動，並且受過激派的煽惑。」

中國的工人在最近兩三個月以來，特別表現他們的決心和毅力，他們反對帝國主義特別的勇猛。　所以帝國主義要這樣的毒恨中國的工人運動。　中國工人運動的發展當然對於帝國主義者沒有什麼好處，尤其是工人參加反帝國主義的民族運動，對於他們非常之可怕。　可是在半殖民地的中國，工人階級的鬥爭，必然帶着民族運動的性質，而且是反帝國主義運動中的最偉大的力量。　帝國主義者與其教訓中國學生，罵他們無知盲動，不如自己想想：關稅協定制，領事裁判權，租界制度，華盛頓會議，五卅以來的各地屠殺，英美日法各國的駐華海陸軍和巡捕，中國境內外國資本家的強暴剝削等等……便可以明白為什麼中國工人運動一開始便成為民族解放運動的先鋒！

大陸報還說：「許多中國人以為如果關稅能夠自立，中國是立刻能富強，和歐美各國並駕齊驅，可是這些中國人忘了中國在經濟上政治上比歐美各國落後了幾百年。」　照他的意思說來，一切什麼民族解放運動都是無用的，中國不配和歐美的文明國家比較，　其實中國的解放運動並不希望中國變成列強一般的資本主義國家，這些國家裏的所謂民主主義，實在太好了，我們中國與之不敢領教。　中國解放運動的目的，只在於打破一切帝國主義束縛中國的鎖鏈，使中國的經濟政治得以自由發展」。

美國的帝國主義者向來口頭上說什麼中美親善，他們機關報上這種論調，却揭破了這種親善的假面具、　中國的學生現在還是解放運動中的一大動力，可是美國機關報却教訓他們說：「反正你們中國永世也不能和歐美各國比較，與其這樣盲動的奮鬥，不如安分些罷！中國工人應當安心做牛馬，不要枉費心力去爭改良生活，尤其不要過問政治罷！……」帝國主義者休夢想罷！　中國民族祇有反對你們，戰勝你們，能自由的發展，才能確立合於大多數勞動民衆所需要的國家制度。

The Guide weekly

嚮導週報

第一百二十八期

一九二五年九月七日

零售每份銅元四枚

訂閱：國內一元寄足五十期。國外一元寄足三十期。郵票代款九五折算。但以一分半分為限

代派：每份大洋二分。六折計算。寄費在內。十份起碼。十期清算一次。槪不退回

發行通信 特約訂閱 處
杭州馬坡巷法政學校安存眞轉王致和君
北京北京大學第一院收發課轉許元眞君
廣州國光書店黃正君
開封河南書店韓韻秋君

分售處
大原 晉華書社
潮州 青年書店
雲南 碧臣書社
重慶 唯一書局
南京 鐘天書館
寶慶 寶慶書局
黃梅 書報流通處
成都 華陽書報流通處
紹興 亞民文具實業社

分售處
上海 上海書店
廣州 丁卜書報社
北京 各學校號房
長沙 文化書社
寧波 寧波書店
武昌 時中書報社 共進社
濟南 齊魯書社
開封 國民書社
香港 萃文書坊
汕頭 汕頭書店
蕪湖 科學圖書館

九七特刊 及 嚮導第三週年特刊

義和團運動之意義與五卅運動之前途

秋白

九七紀念，亡國的辛丑條約簽字的紀念，使全中國的平民不能不想庚子義和團之役與八國聯軍侵略我們中國的痛史。同時，我們現在正在五卅以後全國民衆反抗帝國主義的運動裏，更使我們不能不想起：爲什麼會發生五卅屠殺，怎樣方能推翻辛丑條約以及一切不平等的條約，何以五卅運動比二十六年前的義和團運動對於民衆解放的鬥爭有更大的希望更遠的前途。

普通談起庚子義和團運動的時候，往往有許多人以爲這是『拳匪』，這是野蠻的排外主義；——假使這班匪徒不這樣胡鬧，八國聯軍也不會來，辛丑條約也不會訂了。這種人固然反對辛丑條約反對庚子賠款，可是他們的論點是：義和團是少數無知愚民做的事，外國人不應當將這種責任和罪名歸到全國人身上，使全國人負擔這樣鉅大的賠款。

這種意見完全是受帝國主義宣傳的一般士大夫階級的謬論。誠然不錯，義和團講拳術講符咒，都是一種迷信；這種拳術和符咒無論如何也不能抵抗鎗砲。誠然不錯，義和團聯絡滿清的反動貴族，打着『扶清滅洋』的尊皇口號，完全是一種帝制主義的反動思想。然而何以會有這種義和團運動呢？難道不是各國帝國主義侵略的結果麼？帝國主義的侵略、外貨的輸入、原料的吸收，使中國舊時的經濟逐漸破壞，手工業及農民經濟破產，其結果游民一天一天的多起來。這些破產的農民，迫於經濟上的困苦，本能的發生反抗帝國主義者的思想。實際上不但是庚子之役，就是那一時期種種平英團（廣東一等類的組織，歷次的所謂教案，無不是這種反抗運動的表現。客觀上這是中國被壓迫被剝削的階級——失業的勞動民衆，反抗外國資產階級的階級鬥爭。

同時，當然就是反帝國主義的民族解放運動。他們這種反抗的精神是非常之可敬的。況且，他們的反抗又是帝國主義者高壓的侵略政策所必然要逼迫出來的。由帝國主義者自已逼迫出這種反抗運動之後，再來『懲罰』中國，這是他們慣用的手段。即使眞要講什麽『公理』，外國帝國主義者以前殺中國人奪中國地方種種罪惡，决非義和團那些小小的『排外』行動所抵得過的。列強那時的侵略中國，完全因爲他們國內資本主義的發展，他們國內資產階級的野心，不得不然；即使沒有義和團，他們也會想出種種別的方式來進攻，來攻得他們在辛丑條約上所得的特權。

可是，義和團的反抗精神和民族解放運動，何以帶着那種極迷信極反動的思想呢？義和團運動的缺點是很多的。他們拒絕一切『洋貨』，拒絕並且反對一切科學文化；他們主張『國粹』，相信五行符呪等的『國民文化』（戴季陶先生所說國民文化大概和這個不同罷）；他們的組織是一種宗教式的團體；他們盲目的共信他們的『排外主義』；他們盲目的服從他們的『中心思想』，有極鞏固的『互信』『不許有一個懷疑中國符呪的無用和外國科學的有用，不然便算做『二毛子』，立刻驅逐出團體，甚至於處以死刑；他們都盲目的服從所謂『大師父』『二師父』，祇有大師父二師父能獨創，絕對不許普通的徒弟獨創的。然而這些都不是主要的缺點。最主要的是義和團運動裏，沒有一個先進的有組織有力量的階級做主幹。義和團的運動實在是一種原始的農民暴動，而且是失業羣衆的暴動。這種游民階級，失業的勞動階級，因爲自己經濟地位及生活條件的緣故，不能有明確的政治意識和階級覺悟。自己手上所做的是階級鬥爭，可是心上所想的是狹義的民族主義及國家主義。他們這種運動，沒有階級鬥爭的理論指導，亦沒有眞正團結的實行力量。這種鬥爭，一方面是對外的階級鬥爭，別方面便應當同時是對內的階級鬥爭——反抗滿清貴族的平民階級的鬥爭。可是，因爲義和團被狹義的民族主義及國家主義思想所蒙蔽，他們竟爲貴族階級所利用，來鞏固自己的統治地位，反對一切進步的資產階級的維新運動。他們祇知道一切中國人都要團結來反對一切外國人，他們以爲這樣，外國的侵略便可以防止，中國的國家和文化便可以保存，他們的權利便可以有保証，生活便可以安定。殊不知道，當時的一切平民應當同時反抗滿清，自己握得政權，才能抵禦帝國主義者的進攻。於是他們眞以爲『國家民族利益高於一切』『心目中祇有一個中國國家和民族的需要』，竟認滿清貴族是這所謂『國家』『民族』的代表；這種運動即便勝利了，也不過爲治者階級鞏固地位，更加要壓迫平民。他們一切迷信反動的思想和策略，完全根據於這狹義的民族主義，國家主義，國民文化主義而發生的。他們事實上爭自己經濟地位的改善，可是不能明白提出自己階級的經濟要求。他們知道反對所謂『二毛子』，他們却不知道，國內眞正反對他們的人，是代表大部分地主商人的利益的地方政府（如當時山東巡撫袁世凱，江南總督劉坤一等）。他們當然更不知道，應當以利於其他階級的國際的經濟要求，去聯合一般的商人和比較進步的反抗侵略的份子。可見他們失敗的原因，完全在於不能以自己的階級鬥爭引導一般的普通農民的大羣衆，更不能以這種階級鬥爭來領導各階級反帝國主義的聯合戰綫。他們於『扶清滅洋』的狹義國家主義的口號以外，甚麽『階級的要求』都沒有，他們自身雖是農民，却甘心做反動貴族（所謂『國家』或『民族』）的工具，——這或者可以得着『純正的三民主義者』的賞識，果眞是『利他的』『爲國犧牲的』勇士罷！

這也無怪其然的呵！那時的中國，可以說簡直沒有無產階級——先進的，善於組織的，有政治的覺悟和階級的意識的階級。那時能有反抗精神的，還只有這種游民的或純粹小農的落後的階級。這種階級要他站在反帝國主義鬥爭的先鋒地位，當然是不能勝任；於是當壯

烈的反抗侵略的運動，便以迷信的拚命的無希望的原始暴動結局了！

當時帝國主義的列強，便能用很簡單的方法，一舉而撲滅這種運動。 那時帝國主義的列強，在遠東的侵略，還沒有到相互之間劇烈衝突的時候，他們還要合力的先在政治上軍事上思想上征服中國。義和團的對外要求是很單獨的排外，亦沒有關涉到各國利益不同的條件。 所以列強竟能一致的向中國進攻。 於是八國聯軍對華的『懲罰戰爭』，敢於施行極無人道的殘殺，占領中國的都城，強迫簽訂辛丑條約。 北方的國防，如大沽砲臺等完全撤廢；京城附近，自北京至天津，沿路長駐帝國主義的駐防軍；北京使館界變了外國領土，東交民巷變成中國太上政府的堡壘；規定極大的賠款，以關稅鹽稅作抵，從此連常關也歸外國人主持的稅務司管轄，中國的財政幾乎完全受外國監督。……這樣一來，中國便實際上等於完完全全亡國，成了列強的共同殖民地。

可是，帝國主義的勝利，還不止此。 庚子辛丑之後，帝國主義者絲毫不用費力，便在思想上征服了中國。 一般『士大夫』和『文明人』從此絕口的斷定『拳匪』是野蠻的暴徒；帝國主義者教訓中國人應當怎樣服從外國人，怎樣遵守所謂『國際公法』，怎樣尊重外人的生命財產……，中國人部伏伏貼貼的遵從；從此以後，稍有反抗侵略思想，便是『排外』『拳匪』『下流社會的無知愚民』；政治上輿論上社會上，無不以外人的一言為重；直到辛亥革命，各派政黨都爭以保護外人生命財產為榮，未求民眾的贊助之前，先求外人承認他是『適當的』『馴伏的』『代理外人管理中國的統治者』。 這種心理和『輿論』，便做了好幾十年來帝國主義侵略中國的工具。 從此，反帝國主義運動便消沉了不少。

○ ○ ○

義和團的反抗精神的完全恢復，而打破這種媚外的、鄙視『下等社會無知愚民』反對壓迫的心理，一直經過五四運動到五卅的屠殺之後，方才實現。 這亦不是偶然的。

中國在這二十六年中，經濟上因受帝國主義的影響，已經起了很大的變化。 那些破產農民和手工業者，一部分已經吸收進了工廠及種種資本主義的新式企業，發現了中國的無產階級。 中國的資本主義，尤其在歐戰之後，得到了一種相當的發展，從前的買辦階級漸漸的脫胎而變成了工業的資產階級。 中國國內日趨於死滅的封建軍閥，也已經比滿清貴族更加喪失了好幾倍的獨立性；他們的存在和統治已經不能不完全依賴帝國主義，完全做帝國主義的走狗。 於是國內民族解放的要求一天一天的迫切起來，反帝國主義反軍閥運動自然一天一天的普遍起來。 可是這種運動中最重要的原動力，現在却是無產階級。 從五四運動以來，反帝國主義的鬥爭差不多完全跟着無產階級的階級鬥爭而發展。 最早，從一九二一年起，京漢罷工、唐山罷工、安源水口山礦工罷工、海員罷工、上海浦東烟廠罷工之後，國內國民革命的運動便有長足的進步。 無產階級的政黨—共產黨成立，最早的主張民主主義的聯合戰線，各地有民權運動大同盟的發現；一九二三年更提出具體的國民革命的要求，廢除不平等條約等口號；再進而主張具體的集中革命力量，共產黨員加入國民黨，國民黨改組和發展。 此後，上海絲廠及南洋烟廠罷工（一九二四年），南方農民運動的開始……，一般的勞動民眾覺悟到他們自己的階級利益，實行經濟的政治的階級鬥爭的經驗，使他們一天一天多量的參加國民革命運動，反抗直系軍閥，北京政變之後，更努力的進行國民會議促成會的運動。 在這些運動之中，各地的工人團體無不是最積極的站在民族鬥爭的地位。 一般民眾之間，反帝國主義的思想因此而格外普遍的傳播起來；而國民黨也因此而漸漸深入民眾，得着民眾的贊助。 一九二五年，上海的工人階級繼續這種鬥爭，於是而有日本紗

廠的罷工。帝國主義知道這種新勢力，和義和團不同，確是非常可怕的，趕緊想以高壓的屠殺政策撲滅他。可是紗廠工人顧正紅的殺死，已經激起民衆——尤其是青年學生的憤怒；而五卅的南京路屠殺，遂使逐漸積聚着的革命力量，大大的爆發，反帝國主義的運動普遍全國各地，並且深入窮鄉僻壤。

五卅運動，實在說起來，是義和團的反抗侵略運動的繼續。不過五卅運動的方法、組織、策略，完全與義和團不同了：——第一、五卅運動中的工人階級，有極明確的反對帝國主義侵略壓迫剝削的觀念，絕不是盲目的排外。他們的要求是很具體的：反對不平等條約，反對帝國主義的屠殺和租界制度、領事裁判權、駐防中國的外國海陸軍，要求中國一般民衆的政治自由權、組織工會和罷工的權利。——却不是反對一切『西洋文化』，保存中國的所謂國民文化（仁義道德五行符咒等）。第二、工人階級爲自己階級的利益而奮鬥，反對資本主義（帝國主義）的剝削和壓迫，反對中國軍閥的壓迫和賣國，反對中國資產階級的妥協和軟化。他們絕不敢『心目中只有「國家」「民族」的利益』，冒充什麼利他的義舉。他們絕不肯爲保存利於帝國主義者的『內部一致』，而完全爲資產階級所利用，跟着他們妥協。祇看上海罷工工人反對總商會的妥協條件，宣言要求中外資本家承認工會增加工資，便可以知道：中國工人階級參加國民革命運動，必然要以階級鬥爭的理論做指導；工人階級切身的經驗知道不能靠『誘發資本家仁愛性能』的『戴季陶主義』和『勸告日本人回東方來』的『戴季陶策略』，來得到自己的權利和日本的讓步，而要用階級鬥爭的方法。他們知道所謂民族解放運動是要得大多數中國人民獨立自由的權利；這樣的運動方針，方能使勝利之後確有真正的民族國家的獨立和自由，如果拋棄他們自己，拋棄中國大多數勞動民衆切身利益，還有甚麼『民族』利益或需要！第三、中國工人階級知道自己階級在民族解放運動中的責任，所以他們提出極具體的階級的和民族的政治經濟要求。他們的一般口號：廢除不平等條約，撤退外國海陸軍以及最近關稅自主的要求，能夠結合一般被壓迫的革命的各階級，督促資產階級和小資產階級向帝國主義者奮鬥；因此，國民革命的聯合戰線能夠建立起來，持續下去。他們竭力的擁護這種利於中國民族的一般被壓迫階級之間的一致，他們不要求勉強的「中心思想」，而只是建立真正的中心思想於各階級對內對外的共同利益上。第四、中國工人階級明白中國國民革命的國際意義。這種國民革命運動是對於世界帝國主義的有力的打擊，列強帝國主義國家裏的無產階級和各國被壓迫的民族，必至真誠的同情於中國的運動，而且能與以有力的援助。所以他們決不盲目的反對一切外國人，而祇反對帝國主義者，努力的做國際宣傳，聯絡世界的無產階級和被壓迫民族。中國無產階級深切的明瞭：帝國主義的推翻和中國民族的完全解放，必須世界的社會革命勝利，全世界的資本主義消滅，才能成功。第五、五卅運動中的中國工人階級，有很嚴密的組織，極偉大的團體，絕不是宗教式的結合。

五卅運動和義和團的區別，正在於五卅運動有無產階級做指導者，而義和團沒有；五卅運動中有無產階級的階級鬥爭做骨幹，能督促資產階級前進，而義和團沒有；五卅運動中有具體的政治經濟要求，足以團結全國被壓迫階級，而義和團沒有；五卅運動中有國際的聯絡和世界革命的前途，而義和團沒有。

二十六年後的中國民族力量和二十六年前的民族力量大不相同了。帝國主義者相互之間，現時在遠東的利益，已經衝突得非常利害。列強雖然利用辛丑條約和一切不平等條約的特權——駐華海陸軍、租界巡捕權、不受中國限制的外國工廠——能對於中國施行屠殺和剝削。然而中國民族在無產階級指導之下起來反抗，一開始便給他

們一個總打擊，提出種種具體的要求。　列強之間享受這些特權——關稅管理、租界制度等等——並不是相同的；他們在中國的經濟利益——貨物的銷場、投資的多寡——也不是相同的；所以中國民族反帝國主義既然劇烈，他們中間特權享得少的（如美法等），便想取巧，發言應當對華讓步。　於是列強一致進攻的形勢絕不可能。　再則，中國國民革命運動，因有無產階級的指導與各國無產階級相聯合。同時，俄國革命後，世界的社會革命已經開始，列強自己國內無產階級的政治勢力也比二十六年前大得百倍。　他們更不能輕易以兵力征服中國——因為他們國內的革命，可以因此而爆發的。　況且五卅運動之中，無產階級團結的階級組織—工會等的力量，也非義和團可比。　義和團的暴動的農民，絕無階級的覺悟和階級的策略，完全是孤立的；五卅運動中則無產階級領導之下的國民革命聯合戰線，差不多團結工商學以及一切被壓迫的民衆。　所以假使義和團暴動的結果，帝國主義者得以武力進攻而攫取在華的特權，置中國於殖民地的地位；那麼，五卅運動的結果，至少使帝國主義的列強要表面上表示讓步，要提起早已忘了的華盛頓會議的決議，要召集所謂關稅會議，甚至於說可以討論關稅自主的問題。

不但如此，義和團時候，一般的「士大夫」「文明人」都幫着帝國主義罵「拳匪」，滅殺民衆的反抗精神，甘心做帝國主義的工具，而且他們能得到所謂維新派的尊稱。　五卅運動之後，反對帝國主義，廢除不平等條約的口號和一般的反抗精神在民衆之間極普遍的發展。　現時利用帝國主義者的謠言罵五卅運動是「赤化」是「暴徒」的破壞壓迫工人學生團體的所謂「中國人」，亦已經為社會所公認是帝國主義的走狗了。

五卅運動之中，所可怕的是一種狹義的民族主義、國家主義的復辟。　所謂「國家超於一切」「工人不准行階級鬥爭」一類的論調，我們現在可以常常在資產階級報紙上看見，甚至於國民黨領袖中也有這種傾向；這是一種新義和團的危險，危險在於他們要使勞工群衆跟着資產階級妥協，喪失自己的階級覺悟，拋棄自己的階級鬥爭——因而始終破壞了此種解放運動。　這種妥協派的力量，始終要被帝國主義所利用，來壓迫工人階級——國民革命的主力軍。　這種國家主義的影響實際上是幫助一般帝國主義走狗——軍閥工賊的。

這些走狗——大之如奉系軍閥，小之如工賊及暗殺的凶徒，他們的實力還是非常之大。　張作霖派的軍閥，在奉天、天津、青島、上海，幫着帝國主義者殘殺壓迫工人學生及商人；上海一般工賊打毀總工會，傷害工會職員；河南資本家穆藕初雇用流氓打手搗毀工會；南京的買辦和軍閥屠殺工人；廣州反革命派暗殺廖仲愷先生。　五卅運動之所以不能再往前有很大的發展，工人所以只能得到日本廠主方面極少極小的讓步，規模這樣偉大的五卅運動所以祇能爭到帝國主義者答應開所謂關稅會議，……完全因為國內種種國賊軍閥工賊的勢力幫着帝國主義者來壓迫民衆；完全因為民族解放運動中的妥協派，狹義的民族主義派，幫着軍閥工賊遏抑工人階級的階級鬥爭；完全因為中國沒有統一的人民政府，沒有統一的真正擁護人民權利的軍隊。　因此，要五卅運動能夠再往前發展，必須繼續擴大民衆的力量。　固然，五卅運動與義和團運動不同，他是有無產階級領導的，比起義和團來，始終已經有些效果：日本單獨來要求解決，至少也不能不承認所謂中國政府的工會條例，承認處理屠殺顧正紅等的凶手，至少口頭允許加工資……。　美國亟於贊成關稅會議。　英國的強硬也不過以為延宕滬漢等案手段，不敢猛然反攻。　然而照現在這樣，便能使帝國主義者實行讓步，使中國得着完全的解放嗎？　那還差得遠哩！　中國既然因有幾十萬無產階級的團結奮鬥而能暫時制止帝國主義之直接進攻，那麼，要使這解放運動完全勝利，便應當更加發展中國無產階

和的勢力，發展一般民衆力量，排除一切反動的帝國主義走狗的力量，那時才能廢除辛丑條約，才能打破帝國主義束縛中國的一切鎖鍊。

所以五卅運動的前途和發展，必須根據下列的方針去進行：

一、力爭工會組織的自由，一般民衆應贊助工人的組織和鬥爭；

二、工人階級和被壓迫階級聯合一致，反對一切帝國主義的走狗——軍閥工賊；——平民應有武裝自衛之權；

三、民衆起來要求眞正人民的國民會議；

四、建立統一的眞正平民共和國，組織統一的國民革命軍；

五、要求關稅自主，廢除一切不平等條約。

祇有這樣，五卅運動才能繼續發展，實行推翻辛丑條約及一切不平等條約。

民族解放運動的新時期

心誠

自嚮導出世以後，三年之內，中國政治上發生許多變化；而民族運動之突飛猛進，更爲前此所未有。這三年來政治變化和民族運動演進中的種種階段，都由嚮導的論文裏，表現無餘。政論界裏幼稚的謬見和幻想，漸漸減少起來，民衆的組織亦日見擴大，民族解放運動成了全國人民的實際運動。現在更進到一個新的時期了，這個新的時期即以五卅事件爲起點。

五卅運動何以形成民族解放運動的新時期呢？第一、五卅運動是一個空前的民族解放運動，不但普遍全國，而且是自覺的和有組織的運動；在此次運動中，各地民衆的熱血染紅了這面民族解放運動的大旗。第二、民族解放的必要條件，漸次成爲民衆團體的具體要求；全國民衆，在這次長期奮鬥中，都從夢中覺醒過來。第三、此次運動的最大特點，就是滬港等處五十萬工人，始終能爲有組織的有覺悟的奮鬥，支持至三月之久，爲民族解放運動的柱石。

在五卅運動開始的時候，民衆的勢力十分偉大，迫得帝國主義者不得不和北京政府開始談判，準備讓步。不幸這個時候，奉系軍閥突然自告奮勇來壓迫民衆了。天津青島上海等處民衆團體之被解散，愛國人民之遭殺戮，都是奉系軍閥獻媚英日摧殘民衆的鐵證。外國帝國主義得着這麼一個忠僕，好像吃了續命湯一樣，如是又強硬起來，不理中國民衆的要求了。現在既然有奉系軍閥替英日保鏢，對外交涉已是難於勝利了。但是這次運動的價值，決不因此減色，只是使人民對於帝國主義和他的工具更加憤懣罷了。

這次運動雖然不能得着條件上的勝利，但是民衆普遍的覺醒和民衆——尤其是工人——組織力的加厚，已是民族解放運動最可寶貴的勝利。這個初步的勝利必能引導吾人達到最後的勝利。

在五卅以前，只有民族解放的呼聲，現在民族解放運動却已有人民的熱血去培養了，民族解放運動已是普遍全國而有組織的運動了。在這個民族解放運動壯大的基礎上，可以發展一個偉大的國民革命的政黨，而且可以武裝這些覺悟的民衆爲國民革命的軍隊。所以五卅運動能使民族解放運動在一個新的形勢中發展，五卅運動的結果，就是替中國獨立和自由安下一塊礎石。因此我們說：現在是民族解放運動的新時期。

中華民族的解放運動能否成功，第一、要全國民衆普遍的覺醒，第二、要最大多數的工農羣衆能有組織，第三、要有一個偉大的國民革命政黨或是一個聯合的國民革命政黨，第四、要有國民革命的軍隊。自五卅運動以後，民衆的確有了普遍的覺醒，工人的組織有了極大的進步，就是農民的組織亦日漸壯大起來；而且在廣州已經有了一

個小小的國民革命軍，因為民衆勢力日見擴大，革命潮流漸次高漲，就是北方的國民軍亦有左傾之勢。 在這個新時期中，我們所少的還有一個偉大的國民革命政黨。

說到國民革命政黨，使我們不得不追念中山先生之死。 中山先生之所以偉大，因為他幾十年不斷的革命，他知道革命的歷史，他又知道革命的正當道路。他知道一個偉大的革命黨之必要，他聯絡各派的革命主義者於他手創的國民黨之下。 在他的觀念中，沒有別的顧慮，只是革命能否成功。 但是他已經死了！ 自他死了以後，不但國民黨內一般反革命和不革命的分子，乘機搗亂，就是自命孫文主義的繼承者也不免有許多的錯誤觀念。 這種錯誤的觀念，足以使中國革命前途受到極大的損失。

在這千載一時的五卅運動中，共產黨人集中他所有的力量，為民衆奮鬥，但是自命為孫文主義的革命家却不肯十分為這次運動努力，反於坐在屋子裏着書立說，圖謀發展一種反對為國民革命努力的共產黨的情緒，排斥一般稍有『別信』的真正革命分子。 但是現在中國革命的正當道路，在於聯絡各派革命分子，共同努力各派革命分子和全國民衆所需要的國民革命，所謂純粹三民主義信徒團結起來的努力，或能激動一些人們的感情，但是革命派的聯合愈見危險，國民革命成功的日子愈見遠了。 這可謂『得着一些反對共產黨的情緒，失掉了一個國民革命』。 現在居然有假借這種所謂純粹三民主義的理論，做專門分散革命努力的勾當，這就是國民黨領袖努力的結果呵！

我們希望在這民族解放運動潮流高漲的新時期中，所有以革命為己任的人，都能十分的努力，設法集中革命勢力，那麼，五卅運動至少可以縮短革命的路程，而五卅運動中各烈士的血才不是空流了。

本報三年來革命政策之概觀

獨秀

本報自民國十一年九月創刊以來，到現在剛剛三個週年。 這三年中，中國政治經過了不少的變動，本報的革命政策之主張如何應付這些政治的變動，現在需要一個有系統的歷史的叙述，以貢讀者。

本報創刊正當第一次直奉戰爭之後，一方面反動的奉天軍閥雖然失敗了，另一方面直系軍閥有代興之勢，尤其是曹黨陰謀奪政，黎元洪的政府又昏庸無力支持；因此，我們在本報未刊行以前，在發表的對於時局主張中，即已喊出『繼續民主革命』『打倒帝國主義』『打倒軍閥』這三個口號，所以本報刊行之始，一切政治主張都根據在這三個口號之上：發刊宣言上，（一）指出須推倒為國內和平與統一障礙的軍閥之理由，（二）指出須反抗為中國自由與獨立障礙的國際帝國主義之理由；進行的方法是援助民主革命的國民黨繼續民主革命；更具體些是主張集合各階級覺悟的大羣衆，組織國民軍，以國民革命（National Revolution）解除國內外的一切壓迫，建設民主的全國統一政府。 同時根據這個革命的政策之理論，反對當時一切非革命的理論，如『法統說』『制憲說』『武力統一說』『聯省自治說』『整理財政澄清選舉說』等。 在此時我們總的政治口號中，有兩點值得注意的。第一、『民主革命』這一口號，乃在我們未刊行本報前提出的，這口號一方面是繼續着辛亥革命的觀念而來，一方面是因為國內軍閥無論皖奉或直，無一不是武力專政的魔王，讓他們統治中國，民主政治是絲毫沒有希望的；隨後，我們以為真的民主政治固然是我們所需要，然而民主革命這個口號，未免偏於純資產階級的，在殖民地半殖民地的經濟地位，決沒有歐洲十八世紀資產階級的革命之可能，所以在本報第二期『造國論』上，便改用『國民革命』來代替『民主革命』這個口號，這一個口號，不但近來經國民黨採用，成了全國普遍的口號，

并且實際上適合於殖民地半殖民地各階級聯合革命的需要。第二、打倒國際帝國主義』『打倒軍閥』這兩個口號，是我們分析并歸納中國一切亂源而定出的，始終是我們一切政策之骨幹；然而最初喊出這兩個口號的時候，我們的聲勢非常之孤，研究系的報上，笑我們扛出『打倒帝國主義』『打倒軍閥』兩塊招牌，尤其『打倒帝國主義』這一個口號，民衆多不了解，甚至有人說是海外奇談；但後來革命的工人和學生首先採用了，國民黨中一部分革命派也採用了，到現在，一部分進步的教授和商人也採用了，甚至於國民黨中的反動派和一班工賊，他們向民衆攻擊共產黨，有時不得不自稱他們也反對帝國主義，因爲他們恐怕若不如此說，民衆會馬上看出他們是帝國主義者的走狗；因此，我們可以看出本報所號召的『打倒帝國主義』這一口號已經深入民衆了。

從第一次直奉戰爭到次年（民國十二年）「二七」京漢屠殺事件，這半年間，直系軍閥的反動日甚一日，在北京中央政府，在各省直系軍人及其附屬品—政客之橫暴，惹起各地進步分子，不斷的反抗，至「二七」京漢屠殺案發生，直系軍閥之反動已達最高度，正式與民衆宣戰。此時本報的主張是：統一國民運動的勢力，打倒直系軍閥—曹錕吳佩孚。這在統一的國民運動中，（一）須排斥外國帝國主義的勢力，以絕軍閥後援；（二）武裝平民；（三）須主張民主統一，反對北洋正統的武力統一；（四）須集合各團體，在國民革命中心地方，開一國民代表大會，以議定一切戰略；（五）須各派革命分子集中於國民黨 要有一個普遍全國的國民黨；（六）須認定勞動階級是國民運動中的重要部分，智識階級工商階級，都應竭力贊助工人階級的組織及運動，與之爲平等的結合。在這一反對直系軍閥時期，本報爲鼓動積極的民族革命運動，遂不得不反對當時蔡元培的不合作主義和孫中山的直奉皖西南四派提携和平統一之主張。

從「二七」屠殺到去年（民國十三年 第二次直奉戰爭，這一年半間，是直系軍閥全盛時代，中間經過黎元洪出走和曹錕賄選兩次變故，中央政局現出向所未有的腐敗與紊亂，各帝國主義者乘此局面，自臨城案起，四方八面的向中國進攻；同時，中俄協定適在此時期成立，蘇俄自動的放棄了種種特權，相形之下，愈加使中國民衆看出帝國主義者對華政策之殘暴無理，此爲現在「五卅」運動的重大副因之一。

黎元洪出走離「二七」屠殺只四個月，工人階級尚未能恢復集中其勢力，出來向直系軍閥作戰，擁黎的政學會，想聯合安福交通等系成爲反曹同盟，他們公同的政策是運動國會議員南下，然而他們各自的目的不同，政學會想國會南下擁黎，安福交通意在擁段再出，同床異夢，他們的反曹同盟計劃自然有始無終。當時上海總商會也表示反對直系，尤其是反對曹錕，其所組織的民治委員會，因與民衆隔離及內部衝突，隨卽無形消滅。此時我們反對那已經投降直系軍閥背叛國民的國會議員們，有南下解決國事的權能，更不信政學安福等政客擁黎擁段能得民衆的同情。我們乃向國民黨提議，要他在上海號召全國商會工會農會學生會及其他職業團體的國民會議，來取決國事。

我們知道國民會議這個運動卽令一時不能實現，亦須繼續不斷的宣傳，於武裝暴動外 給民衆一個撇開軍閥官僚議員政客，自己出來解決國事的一條和平道路，實際上是集中民衆勢力行向革命的道路。

黎元洪出走後四個月，曹錕於雙十節賄選登台，登台後立卽承認臨城案全部要求，以爲各國公使覲見的交換條件，帝國主義者知道曹錕的賄選爲中國輿論所不容，非假外力不能自存，於是乘機敲詐，無所不至。此時民衆深惡曹錕與曹錕損害於民衆利益的，還不在賄選之道德的法律的問題，乃是媚外賣國的實際問題。此時本報的主張，於『打倒國賊曹錕』之外，還要同時努力做：

反帝國主義的國際聯合——承認蘇俄；

反軍閥政府的國民聯合——擴大國民黨。

其結果，乃發生國民黨改組及反帝國主義同盟廢約同盟反基督教同盟等組織和宣傳運動。這兩件事是中國國民革命運動開始之顯著的表現，惹引了帝國主義者十分注意。適於此時，因廣州政府向稅務司索取關餘事，帝國主義者大派軍船到廣州示威，廣州的工人階級及革命學生異常憤激，主張收回海關，而各地資產階級因關餘和內債基金有關，反同情於把持中國海關的帝國主義者。本報當時即向資產階級指出帝國主義者，根據不平等條約，侵犯中國主權的五件具體事實：（一）把持海關；（二）領事裁判；（三）駐紮海陸軍；（四）外幣直接使用；（五）強迫租借領土。五項之中，尤以把持海關收稅權，能夠制中國工業發展的死命，中國的資產階級應該加入工人學生的收回海關運動。

去年十月第二次直奉戰爭直軍失敗，中國政治上生了一大變化，即是：（一）民權民族運動之勃興（國民會議促成會的組織幾遍全國，每個促成會都有廢除不平等條約收回海關的要求）；（二）工人階級之再起；（三）傾向國民革命的國民軍之發現。直軍失敗，不過是這些變化之導火線，不是真正原因，其原因已潛伏在直系全盛之時，即是：（一）列強進攻和中俄協定，給民衆以劇烈的刺激；（二）膠濟路罷工勝利，全國鐵路總工會秘密組織，上海電車工人要求成立工會，湘潭錳礦運工罷工，在直系全盛之後半期，在國民黨改組之後，在民族運動剛要開始之時，中國工人階級已漸漸恢復其反攻的力量；（三）國民黨改組和反帝廢約收回教育權之宣傳，引起北方一部分軍閥之民族的感情。這些原因，適逢直系失敗，一派強大軍閥勢力統一而高壓的局面一破，社會上各種潛伏的意志，遂乘時表現出來，而形成各種運動。本報應付此次政變的策略是：一方面告訴民衆，不可妄想此次戰爭中，依賴任何一派勝利的軍閥可以解救中國；一方而指明各省督軍的和平會議有使軍閥勢力分而復合之危險；——只有召集全國人民團體的國民會議，才是解決中國政治問題的道路。同時，國民黨也主張由北京政府召集九種團體的國民會議。可是安福的段政府，並不但段政府，任何軍閥政府，沒有真正的人民武裝，那會讓真正國民的會議出現！民族運動和工人運動都起來了；民衆的意志既然不能由國民會議的形式表現出來，遂鬱積半年，一發而爲「五卅」運動之怒潮。

我們這一次號召國民會議所得的效果，和黎元洪出爻民大不相同，全國各地的國民會議促成會，都有羣衆的組織和要求的內容，在各種要求中，大半都首列廢除一切不平等條約，由此可以看出中國的民族運動，已經有開始的基礎了。然而盲目的帝國主義者仍蓄疑乎日日向中國進攻（見本報外患日誌）。尤其是在上海：自工部局私刑打傷樂志華案起，接連着美國輪船船主鎗殺中國水手十六人；領事團要求推廣上海租界；工部局自由越界築路；工部局提議增加碼頭捐取締印刷律及交易所註册；工部局派武裝巡捕，爲英商越界折毀宜樂里房屋，驅逐房客，擊傷二人，并拘捕房客聯合會代表；領事團硬派智利駐滬領事有裁判權；美國人在華界組織三k黨；工部局副捕頭踢死工人葉乾章；哈爾濱路捕房西捕無故擊傷某店夥；西人無故毆傷天蟾里黃姓傭婦張月英；工部局搜查上海大學，逮捕民國日報記者，焚燬書籍；工部局因登載日本紗廠工人泣告書，控告民國日報商報中華新報，處以罰金之罪；日本紗廠無故鎗殺工人顧正洪——積這些怨憤，「五卅」事變因此遂在上海發生。在這個運動的開始，有一部份英美留學生，有意的或無意的說：大馬路血案是西捕殺了人的法律問題，不必牽扯到對外的政治問題，本報乃大聲疾呼，告訴民衆，此次反抗屠殺案，乃是中國民族自由運動，決不是什麼個人間的法律問題；并向民衆解釋屠殺案所給與我們的教訓：（一）不分英美與日法，一

切帝國主義者踐踏中國人是一致的；（二）帝國主義者踐踏中國人是事實，不是共產黨人揑造的；（三）認淸了帝國主義的英美法日等國，和非帝國主義的俄德奧等國之不同；（四）懂得了我們的民族自由運動不可被『過激』『赤化』這些頭銜嚇退；認淸了只有工人學生是此次運動中的勇士，各國的工人學生都對於中國人表示同情，因此，我們的運動應該反抗踐踏中國民衆的帝國主義者，不是拿國家主義來排斥一切外國及外國人。　本報當即主張：在上海召集全國工商學兵代表大會，議決廢除一切不平等條約，嚴責政府宣布；倘政府不肯執行此議決，立起國內戰爭，建設國民革命政府。　隨後全國民族運動的怒潮，因資產階級之妥協和奉系軍閥之高壓，大受打擊而陷於停頓狀態；本報對於現狀，遂主張改變此次民族爭鬥的新途徑是：（一）改變上海香港罷工政策，以經濟要求及地方性質的政治要求爲最低條件；（二）委託南北政府合組一外交委員會，來解決全國性質的對外根本問題；（三）開始國內戰爭，合全國的力量，打倒英日帝國主義的走狗——奉天軍閥。

我們相信今後中國民族運動之更大的發展，須在打倒奉天軍閥及中國工農階級的組織得到更大的發展自由之後。

三年來的職工運動

心誠

在這三年之內，中國職工運動的發展，是最可讚美的了。　假使我們詳細討論三年來的職工運動，那就非十萬言不可。　現在不過略爲說說三年來職工運動發展的形勢罷了。

自民國十一年海員罷工勝利後，職工運動一時興盛起來，各地工人的罷工，如雨後春筍。　最重要的罷工有各鐵路工人，上海紗廠工人，安源唐山等處礦工，武漢各業工人等等。　彼時工人們才開始組織自己的工會，組織力還是很薄弱的，祇因受了不可忍耐的痛苦，所以相率罷工。　罷工的結果，逐漸壯大了工人的工會組織。　這是職工運動發展的第一個階段。

在屢次的罷工中間，或是進行組織工會的時候，工人們往往遇着武力的壓迫，因此便發生各地工人互相團結，攻守同盟，爭取自由的運動。　這個爭自由運動的具體表示，就是民國十二年的『二七』京漢罷工。　民國十二年春間，是職工運動最發達的時候，全國有組織的工人約計三十萬，工會的組織日見集中，工人不但經濟要求，而且知道反抗武力的壓迫，更進於反對帝國主義工具的軍閥。　正在鐵路工人開始集中組織的時候，也是京漢鐵路總工會首先成立大會的時候，吳佩孚下定決心禁止工人集會，京漢工人便罷工要求自由。　那次罷工不但全國工人一致行動，相繼罷工，就是海內外輿論亦極同情。　在那次有名的『二七』京漢罷工中，工人階級已進於爲爭自由的先鋒。

京漢工人因罷工被吳佩孚蕭耀南等屠殺後，各地工會均被封禁，工人領袖相繼被捕，一時職工運動極其消沉。　但是工人的活動依然沒有停止，不過一切活動都成爲秘密的罷了。　就是工人的學校，亦不能公開存在。　這就是職工運動的銷沉時期，也是秘密的職工運動時期。

吳佩孚勢力倒了以後，民衆的勢力伸張起來，如是職工運動也就得着復興的機會了。　北方的鐵路工會漸次復活，二月間上海日商紗廠的大罷工，以及四月間靑島的紗廠罷工，就是職工運動復興的表徵。　職工運動復興的結果，就有今年五月一日轟轟烈烈的第二次全國勞動大會。

第二次全國勞動大會是在歷史上有重大意義的。這次勞動大會加入者共一百六十五個工會，代表二百七十八位，共代表五十四萬多有組織的工人。大會一致議決組織中華全國總工會，加入赤色職工國際，全國工農兵大聯合，宣布十九名工賊的罪狀等要案。在主張方面，決定全國工人目前須為民族解放與人民自由而奮鬥。在促進各地工會組織上，決定上海香港都須組織總工會，統一工會運動。五卅運動中滬港兩處工人都有統一的組織，一致的運動，而目標又都係民族解放與工人自由，這不能不說是第二次全國勞動大會的成績。

因此這次會議是空前的會議，不但在中國是第一次，就是在亞洲也是第一次。

五卅事起，滬港等處共有五十萬工人罷工，至今還在孤軍獨戰，堅持不懈。五卅運動開始的時候，帝國主義者看見工人罷工威力的偉大，異常畏懼。後來奉系軍閥自告奮勇，不惜替帝國主義作走狗，來壓迫民衆運動，尤其壓迫罷工工人，帝國主義者便又強硬起來了。天津青島上海等處工人都遇着嚴重的屠殺和摧殘。這次對外要求，因為有奉系軍閥為英日保鏢，或許得不到勝利。但是上海二十萬工人已有組織，這是工人階級的大勝利，也就是職工運動的一步大發展。

五十萬工人有組織的奮鬥，不但是五卅運動的特色，而且是中國革命史上的特色。工人奮鬥的目的，是向帝國主義爭民族的獨立和工人的自由。但是工人們不但遇着帝國主義者的壓迫，而且遇着奉系軍閥的壓迫。工人們從此知道沒有人民的政府和人民的軍隊，民族解放運動必然不能順利發展，工人羣衆若是沒有武裝，工人自由便不能得到，得到了亦無保障可言。工人們既然得到這些事實的教訓，必然更覺悟一層。

我們細看這三年來的職工運動，得到兩點教訓：一、現在的職工運動是壓不倒了的；吳佩孚既然壓迫不了，張作霖也是壓迫不了，無論什麼人想欺騙工人，愚弄工人，抹殺工人的利益，都是不行的了，因為工人已經覺悟了。二、在這三年之內，職工運動，由幼稚的零碎組織進到全國的統一組織；由初步的零碎經濟罷工進到全國工人一致為民族解放和工人自由的罷工；由此進展職工運動的前途實在未可限量。在五卅運動中，工人階級已是衝鋒陷陣的主力軍，這個廣大的有組織的工人羣衆，在將來的革命進程中，亦必然是主力軍。上面這兩點，這是我對於三年來的職工運動之一個大概感想。

辛丑條約對於中國的影響

子毅

中國怎樣完完全全陷於國際資本帝國主義的掌握中的呢？辛丑條約可以說是國際資本帝國主義加於中國的一下致命打擊，使中國四萬萬人不但在物質方面成為無抵抗的政治經濟上的亡國奴隸，並且在精神方面二十餘年不敢對帝國主義國家要求獨立平等的權利。

在辛丑條約以前，已經有虎門條約加我以裁判權及關稅的約束，已經有天津條約規定外人在內地傳教與內河航行的權利，已經有馬關條約規定外人在中國設廠製造的權利，此外割地賠欵開租界租軍港干涉各項稅務的事，更不勝指數。但為這一切條約作有力的保証，而且進一步給中國人民以空前的無理負担，剝奪中國的一切自衛權的，還要算辛丑條約。辛丑條約原文十二款，附件十九項，這是帝國主義者的八國聯軍盤據着北京城的時候，勒逼滿淸的孤兒寡婦所締定的。從辛丑條約簽字到現在整整的二十五年，在這二十五年中間，我們中國人民所受的禍害，已經言之痛心；然而一天讓這個條約存在，我們中國人民還永遠沒有翻身的日子呢！

辛丑條約對於中國的影響，尤使人不能不注意的，是規定所謂庚子賠款。　該約規定「付諸國償欵海關銀四百五十兆兩」，即四萬五千萬兩；此宗賠款，據美國人自述，當時索賠之數有百分之八十是屬於懲戒性質的，各國所索賠款，平均計算約七倍於他們實在損失的數目。　庚子年為反抗帝國主義而起的義和團運動，雖然在許多地方曾經殺洋人燒教堂；這種仇殺排外的錯誤行為，在各國都是常有的。　不但歐洲人常有屠殺猶太人的慘劇，一八八一年美國有排西班牙人的暴動，一九一四年英國有排德意志人的暴動，他國僑民都因此所受損失不少，一九二三年日本地震之後，更有屠殺華僑二百餘人的事。　誰能都像辛丑條約規定這種懲戒性質的賠款呢？　賠款數目商定以後，帝國主義者又照會中國，說中國國家攤還之總數，不過僅足賠款之本而已，並未算及利益，應請再行酌核示覆。　中國於是於賠款正額以外，又承認此項賠款按年息四厘，由中國分三十九年清還。　預計三十九年須支付的利息，共為關平銀五萬三千二百二十三萬八千一百五十兩，超過賠款正額之數。　中國為支付此項賠款，由一九〇二年（光緒二十八年）至一九一四年（宣統二年），每年已付一千八百餘萬兩；由一九一一年（宣統三年）至一九一四年（民國三年），每年已付一千九百餘萬兩；一九一五年（民國四年）付二千三百餘萬兩；一九一六年（民國五年）付二千四百餘萬兩；一九一七年（民國六年）因對德奧宣戰取消該兩國賠款減去總數約全數百分之二十二），付一千九百餘萬兩；一九一七年十二月協約國因中國對德宣戰，允許緩付賠款五年，至一九二二年（民國十一年）十一月止。　以上僅截至一九一七年十一月，中國已經支付賠款本利三萬餘萬兩。　從一九二二年十二月以後加以可以不付俄國賠欵（合前德奧賠欵約減總數百分之五十），然而從彼時一直至一九三六年（民國二十五年），每年尚須付一千二百餘萬兩；一九三七年（民國二十六年）至一九四五年（民國三十四年），每年尚須付一千七百餘萬兩。　以上從一九二二年十二月起，於前付三萬餘萬兩以外，尚須付二萬餘萬兩。　合計已付未付之欵，雖幸而取消俄德奧三國應得之數，中國的損失仍在五萬萬兩以上，每年為此支付之數，總須銀一二千萬兩。　中國民窮財盡，國家所用教育費每年不過六百餘萬元，全國公私立小學校僅十四萬餘所，全國無受教育機會約三萬餘萬人；國家所用實業費每年不過三百餘萬元，全國公私有荒地至八萬餘萬畝，全國農戶耕田不滿十畝的佃農戶總數中百分之四十二（一千七百餘萬家）。　我們每年有銀一千萬兩、為甚麼不用以為擴張教育發達實業的費用，却只任帝國主義者勒索詐去滿足他們貪鄙的私慾呢？　全國的青年記着罷！　帝國主義者每年掠奪三四倍於全國教育費數目的賠款，這所以使你們沒有學校讀書，使你們的學校都苦於窮窘而不能維持。　全國的貧民記着罷！　帝國主義者每年掠奪六七倍於全國實業費數目的賠款，這所以使你們沒有田種，沒有工做，使你們種田做工的人得不着一點國家的補助。　起來！　為我們的利益，撕毀辛丑條約，取消庚子賠款！

庚子賠款為中國之禍害，還不止此。　帝國主義者與中國商定了要賠的數目，為他們自己的方便，又在辛丑條約中規定，此項賠款係照海關銀兩市價易為金款，並附述按諸國各金錢之價易金的比例，如海關銀一兩易德國三馬克零五五，奧國三克郎五九五等。　在最初三年銀價下落，隨市有變更，帝國主義者不允照約中比例，責令中國照當時市價補足，於是發生磅虧問題，為彌補磅虧又須支付八百餘萬兩，中國政府因此向匯豐銀行另借一百萬磅，年利五厘。　到近來法國意大利比利時西班牙諸國，因紙幣低落，不顧在他們本國金幣紙幣本無區別，而且他們本國每每並無所謂真正的金幣，勉強附會辛丑條約，向中國提出所謂金佛郎案，勾結市儈賣國之徒私自解決，僅法國金佛郎案一事，損失即達於七八千萬元，意比西等國尚繼續提出此同樣

交涉，將來的損失還不知幾倍於此。 帝國主義者又強迫中國於辛丑條約中規定，此項賠款由中國以海關進款及海關增稅所得款項，常關進款，鹽政進款，爲擔保之財源，此等財源各進款應每月給諸國所派銀行董事收存；這是帝國主義攘奪中國關稅鹽稅保管權的開始，後雖因關稅收入加多，僅關稅一項即可支付賠欵，鹽稅另指爲善後借款的擔保財源，然關稅保管權始終在帝國主義手中，民國以後，總稅務司英人更將支付賠款以外的關餘，亦用他的名義存放於外國銀行中，於是佔全國收入約四分之一的關稅全部，中國政府不得他的允許，完全無動用之權了。 辛丑條約又規定在各通商口岸五十里內之常關，均歸海關管理，於是全國四十六個海關，而且還有十九個常關，均落於洋員之手。 此外，帝國主義者爲要中國有支付庚子賠款的能力，允許入口貨增至切實值百抽五，然他們所謂切實值百抽五的估算貨價之基，規定應以一八九七至一八九九三年卸貨時各貨率算，開除進口稅及雜費總數之市價；所以在他們修改稅則之初，切實值百抽五云云便只是一句空話，以後物價增漲而稅率不改，有時平均計算，實際不到值百抽三。 因爲有這個前例，一九一六年第二次修改稅則之時，又以一九一二年至一九一六年關册所載歷年物價平均計算，一九一二至一九一三兩年在大戰前，物價遠低於戰後，關册所載又遠低於同時市價，以此平均扯算，名爲切實值百抽五；此即以值百抽五爲標準論之，中國稅收上的損失，每年亦有千餘萬兩之數。 爲此等可憐的「切實值百抽五」之加稅，帝國主義者更藉以要挾取得天津北河與上海黃浦兩水道之會同修治權，要求中國每年付銀六萬兩養北河之工，每年付銀二十三萬兩爲黃浦河道局各工及經管各費。

綜合上文所述，可知辛丑條約對於中國的影響，一爲總數五萬餘萬兩賠款本利之損失，每年須付賠款一千二百餘萬兩至二千四百餘萬兩；二爲使中國因「賠款用金」之含糊規定，每每發生意外的擔負；三爲使帝國主義者攫得保管將近四分之一的關稅之權；四爲使帝國主義者攫得海關附近常關的管理權；五爲開不忠實的修改稅則之惡例，稅收方面於值百抽五之標準下尚每年有巨數的損失；六爲北河黃浦兩水道之修治，墮於國際勢力支配之下。

這便算中國所受最大的惡影響了麼？ 不是的！ 還有更大的惡影響，便是帝國主義者加於中國精神上的打擊。 他們指令中國那時的滿清君主派親王大臣到外國謝罪；斬戮許多幫助義和團的宗室王公與內外重要官吏；停止有排外運動各城鎮文武各等考試五年；在外人被害地點及墳塋被污瀆挑挖之處建碑；並且以上諭永禁設立或參與與諸國仇敵之會，違者皆斬；以後再有傷害諸國人民或再有違約之行，各省督撫文武大吏暨有司各官須立時彈壓懲辦，否則該管官員即行革職永不敘用，亦不得開脫別列獎敘。 以上事各，他們都強迫中國作成諭旨，在中國各府廳州縣張貼兩年之久。 在這種情形之下，中國還成一個獨立國家麼？ 中國不但要作種種屈服謝罪的表示，而且無論是貴族官吏人民都要接受帝國主義的懲罰，以後並須大家在帝國主義所規定的嚴刑峻法之下兢兢業業的過日子，這種強迫中國締定的卑怯柔順的條文，却偏偏在中國全境張貼兩年，使深深印入每一個中國人的心中，這是加於中國民族如何痛楚的鞭撻啊！

帝國主義惡毒的伎倆還不止此！ 他們又於辛丑條約中規定，停止中國軍火及專爲製造軍火器料進口二年，將大沽礮台及有礙京師至海道之各礮台一律削平，由諸國會同指定數處留兵駐守，以保京師至海通道無斷絕之虞。 這完全爲剝奪中國的自衛權，使北京落在他們手裏。 他們又於辛丑條約規定東交民巷由使館管理，使館可以自行防守；同時強迫中國將總理各國事務衙門改爲外務部，班列六部之前。 他們用這提高他們自己的地位，使他們自己的勢力確立於北京政治界，逐漸遂養成東交民巷儼然爲北京太上政府的局面，中國的外交

官吏仰承帝國主義的意旨，居然亦有左右北京政局的力量。

可憐的中國人民，經過這些從來未有的重大打擊，幾乎沒有一個人敢於不承認帝國主義的虎威了！ 北京政府既然完全落在帝國主義者的巴掌心中，完全沒有抵抗能力，他與他所任命的大小官吏第一個重要任務，便是為帝國主義保障一切不平等條約的權力，禁止中國有任何排外的行為。 這樣的結果，豈但有兩年之久遍貼於全中國的諭旨，即至今二十五年，政府人物雖然更易了多少，人民亦由少而壯，由壯而老，經過了多少思想上與生活上的變化，然而沒有一個人敢不對於帝國主義表示虔畏恐怖，沒有一個人不對於他的周圍的人宣傳帝國主義之不可以反抗的各種道理。 二十餘年來，全中國眞個是父詔其子，兄詔其弟，互相勗勉永世為帝國主義的不侵不叛之臣！ 醜啊！ 痛啊！

自從有了辛丑條約，中國人幾乎完全失了民族獨立的意識，沒有人做夢還想到要申訴庚子賠款的殘酷與其他一切約束限制的蠻橫無理，沒有人做夢還想到可以撕毀辛丑條約與一切不平等條約。 我們有了這，還要問辛丑條約對於中國的影響麼？ 最近數年來，世界無產階級革命的潮流震盪，帝國主義在世界上的權威發生了根本的動搖，中國的民族精神纔漸漸蘇醒起來，知道辛丑條約是比中日二十一條條約更大的國恥，發生了廢除不平等條約的大運動。 偉大的世界無產階級革命潮流啊！ 只有你能解放我們全中國民族！ 只能你能喚醒我們被辛丑條約打擊到十八層地獄下的亡國奴隸，使他們覺悟為他們自己的利益，起來與一切帝國主義作戰！

中國反帝國主義運動在世界革命上的意義

超麟

「五卅」運動一起，中國無產階級的組織力及其決鬥的勇氣突如天外飛來，表現出中國無產階級果眞能夠領導全民族的反帝國主義運動，而為其前鋒。 自義和團暴動迄今，久為帝國主義順民的中國人，如今居然由新興的中國無產階級領導起來，向帝國主義舉行大背叛，這對於帝國主義是何等驚訝奇突的事？ 此時假使有人說：中國的革命將完成世界革命，中國無產階級將站在全世界無產階級的前面而為帝國主義的主要挖墳者，那不僅帝國主義詫為奇談，即在帝國主義壓迫下的中國人亦難不欲深信；可是，我們，從「五卅」以來中國無產階級戰鬥力之表現及帝國主義對此運動之恐怖種種實際的事實看來，確信中國革命在世界革命中將佔有重要的地位，中國無產階級將有執世界革命牛耳之可能。

然而，歷來世界革命的大理論家大實行家，早不待「五卅」的經驗，而即看重中國革命之意義，推尊中國無產階級在世界革命中的作用了。

本來，革命的重心是隨時而變的。 資產階級的革命，其重心開始在十七世紀的英國，到十八世紀則移到法國來，到十九世紀又移到德國來。 無產階級社會主義—共產主義運動的重心也經轉移多次。英國的Chartisme姑且不說，十九世紀歐洲社會主義運動的牛耳曾經一時落在法國人手裏，其後又曾經一時落在德國人手裏；到現在，第三共產國際的基礎軍隊乃是俄羅斯波爾札維克共產黨。 嘉爾考茨基，在其未背叛馬克思主義以前，於一九〇二年在俄文報『火花』上，曾著了一篇論文『斯拉夫人與革命』，敘說這一革命重心的轉移：

『革命的重心由西方逐漸轉移到東方去。 十九世紀上半期革命重心在法國，有時在英國。 到一八四八年，德國以革命的民族之資格加入，而英國適於此時退出……。 自從一八七〇年以後，各國資產階級開始丟棄了牠們的革命情感之最後的殘留。

自從那時起，「革命者」這一名詞和「社會主義者」這一名詞，便成了異名同義的字。

『新的世紀夾着一些事變而開始了。 這些事變令我們推想革命重心將有新的轉移，這轉移將落到俄國去。……斯拉夫人將破壞了反動的冰山，而帶來各民族的溫和之春罷。』

『革命的重心由西方逐漸轉移到東方去』，斯拉夫人現在果眞『破壞了反動的冰山，而帶來各民族的溫和之春』了！ 然而革命重心這一由西而東的轉移之過程是否能輪到馬克斯所謂『自古反動』的中國呢？ 中國人是否能夠破壞這『自古反動』的冰山，繼續斯拉夫人之後，而『帶來各民族的溫和之春』呢？ 這便是我在本文所要說的主要之點。

中國在世界革命上佔的位置，自始即經馬克思看得重要。 一八五三年，馬克思在『紐約論壇』上說：『人們可以大胆地預言，中國的革命將放射一點火花於那充滿了炸藥的近代工業系統的礦洞中，而引起多年預備下的大恐慌之爆發；這恐慌若擴大出國外時，接着便將是大陸的政治革命。』 馬克思所說的『中國革命』，是指一八五一年以後的太平暴動。 太平暴動恰好証明了這『自古反動』的中國所倚為基礎的『亞洲式的生產方法』，已因帝國主義侵入而解體，惹起了破產農民的不安而起暴動。 所以馬克思在一八五〇年太平暴動以前就說：

『然而，最老的最難搖動的帝國，却因英國資產階級的棉花子彈，於八年中間被迫到了社會革命的門限，這革命無論如何對於文明必將有很重大的影響——這却是一件可喜的事。 在不遠的以來，當歐洲的反動派出走穿過亞洲，直到中國萬里長城，直到自古反動的和保守的大門時候，他們難免看見在門上寫着這幾個大字：

『中華民國

自由、平等、博愛』

可見，馬克思不僅預言『亞洲式的生產方法』解體之後，『自古反動』的中國要起革命，蛻化為『中華民國』，他而且斷定中國將為革命的源泉，而歐美將為反動的淵藪。——因為，三年之後，他在『紐約論壇』上接着又說：『這將是一奇異的現象：中國的革命惹起西方的紛亂，而列強反要派遣英法美的戰艦去恢復上海南京運河口岸等處的秩序』。

中國革命惹起西方紛亂，西方戰艦『恢復中國秩序』——這一奇異的現象，列寧就叫牠做『落後的歐洲與先進的亞洲』。 列寧即以此標題，於一九一三年著成一篇論文，評論民國初年袁世凱借外債鎮壓革命事件。 在這論文裏，列寧極力說明中國怎樣趨向革命，而歐洲怎樣幫助反動的袁世凱，帮助『德謨克拉西的仇人，中國自由的仇人』；接着他就又很明白指出：『世上沒有一種勢力能夠阻止青年亞洲的勝利，這勝利將解放歐洲和亞洲民族』。 他於第三國際第二次大會席上，又指明殖民地民族解放運動對於世界革命有絕大的意義。 他在將近絕筆的一篇論文裏，尤其特別看重東方：『東方，印度中國等，正因為這次帝國主義大戰而確定地丟棄了舊的軀殼。 東方的發展終於按着歐洲式的資本主義道路走去。 東方開始了歐洲式的發酵。 全世界現在都明白東方已經走上這種發展的道路，這道路將引到全世界資本主義的大恐慌了。』

最近的狀況完全證實二位世界革命的大理論家大實行家的觀察是眞確的。 第三國際本年四月的擴大執行委員會會議，即已說明現在世界資本主義表面上呈現『穩定』的狀態，直接的革命環境現時是沒有的，世界革命進行的途徑我們從前以為一定是由俄國經過德國到歐美各國去的，但現在已覺得這進行途徑不限定要經過德國了。 然則

發覺將經過何處呢？ 擴大會中又切實指明資本主義的『穩定』時期中，東方革命運動的成熟將比以前所預料的時期更快。

擴大會議閉會不久，『五卅』運動突發，中國反帝國主義運動爲空前的增進，中國無產階級取得民族解放革命運動的指導地位。在這運動前面，帝國主義因恐怖不安而起內部衝突。司法調查、關稅會議並唱之呼聲愈高，適足証明帝國主義內部的衝突愈加利害。帝國主義在中國這次反帝國主義大運動所受的損失是很大的；我們且聽香港英國人自巳的供辭：

『一九二四年各種輪船出入香港者（小輪在內），七十六萬四千四百九十二艘共五千七百萬噸。自本年七月一日罷工以來，每日出入香港之輪船約三十四艘共五萬五千八百一十九噸；同時每日停航之輪船（省河船在內）約七十三艘，其中英輪佔四十五艘。 最近廣州當局關於沿海航業之宣言，謂英日輪除外之任何國輪船，若不到香港，可來往廣州口岸。 此舉尤足以損害英人航業。 此宣言實公然與英國作敵及立意破壞中英條約。 其效果則省河之線完全不能途經香港輸出，而英國疋頭亦完全不能輸入廣州及內地，致令本港中英商民與閩加省約克省之出口商業大受損失，且更足以增長英國之失業人數及停閉工廠多所也』。

姑毋論中國四萬萬人口，佔全世界人口四分之一，在東方殖民地半殖民地國家中佔第一等位置，即只以中國反帝國主義運動高漲及中國無產階級已取得運動之指導地位而論，世界革命重心不轉移則巳，世界革命途徑不改變則巳，若轉移若改變，試問目前除中國之外，又誰能當之呢？

我們不必再從經濟學上說明殖民地與宗主國的關係，我們不必再實際研究中國革命之後帝國主義國家內經濟生活破壞至何種程度，我們祇就上面所說，已足証明中國革命必然促成世界革命大爆發，斷送帝國主義的壽命，中國無產階級將有執世界革命牛耳之可能了。

『五卅』反帝國主義運動是中國革命的開始，——而還不是中國革命。 帝國主義在中國革命前面，在中國革命的無產階級前面，應當如何發抖呵！

本報啓事

一、本報定閱諸君！ 本期隨報附送「中國關稅問題」「不平等條約」兩種叢書，以酬厚意，尚希查收。

二、本報各地特約定閱處定閱諸君！ 本報預定本期隨報附送「中國關稅問題」「不平等條約」兩種叢書，惟因運輸困難恐書到各地較遲，尚希原諒。

三、現關稅問題與廢約運動正彌漫宇內，本報爲使全國民衆均明瞭過去關稅與條約所加於我國之恥辱與損失起見，特於本報三週年紀念及九七紀念日，編印「中國關稅問題」「不平等條約」兩書共十萬本，除以一部分贈送本報全年訂閱諸君以酬厚意外，其餘即擬分散各地以廣宣傳。 凡全國各工會農會學生會商會教育會以及其他團體欲索閱者，可附郵票六分向本報杭州發行通訊處索取可也；如團體或個人能出資大批購閱者，特別優待，每種每本定價大洋一角，合購百本祇收六元，千本祇收五十元，如團體或各報誌能自動翻印成轉載者一律歡迎，惟須注明轉載嚮導叢書字樣。

出版預告

中國革命問題論文集

共產主義的ＡＢＣ

The Guide weekly

嚮導 週報

第一百二十九期

一九二五年九月十一日

零售每份銅元四枚

分售處

上海 上海書店
廣州 丁卜書報社
北京 各學校號房
長沙 文化書社
寧波 寧波書店
武昌 時中書報社
濟南 共進書社 齊魯書社
開封 國民書社
香港 萃文書坊
汕頭 汕頭書店
蕪湖 科學圖書館

分售處

太原 晉華書社
潮州 青年書店
雲南 新亞書社
重慶 唯一書局
南京 第天書館
寶慶 寶慶書局
黃梅 書報流通處
成都 華陽書報流通處
紹興 匡民文具實業社

訂閱：國內一元寄足五十期。國外一元寄足三十期。郵票代款九五折算。但以一分半分為限

代派：每份大洋二分。六折計算。寄費在內。十份起碼。十期清算一次。概不退回

特約訂閱通信發行處

杭州馬坡巷法政學校安存真轉王致和君
北京北京大學第一院收發課轉許元真君
廣州國光書店黃正君
開封河南書店韓韶秋君

五卅運動中之國民革命與階級鬥爭

秋白

五卅反帝國主義的國民革命，是工人階級首先發難的：上海方面日商紗廠的工人早已在二月間便開始鬥爭，因此而顧正紅被殺，南京路發生屠殺——全上海二十餘萬工人宣布總同盟罷工，甚至於英日各廠之外，各國的工廠企業以至於華商工廠的工人，都以同情罷工加入；這次罷工的性質，便從內外棉一公司內的經濟罷工變成政治罷工。漢口的屠殺，也起因於碼頭工人反抗外國資本家的虐待。廣州香港的罷工，更是響應上海的極大規模的反抗帝國主義的階級鬥爭；經過英法帝國主義者殘忍的大屠殺之後，工人民衆的堅決勇猛的鬥爭一直繼續到現在。青島方面，同樣是發生於日商紗廠的工人，雖然在五月二十九日已經經過帝國主義走狗張宗昌的一次殘殺，他們始終還能聯合膠路路工等各業工人第二次的起來發難；如今他們艱苦的鬥爭又被張宗昌摧殘了。南京方面英商和記工人響應上海的五卅慘劇，而引起社會上有力的反帝國主義運動；隨後又遭帝國主義勾結軍閥而壓迫了。天津方面，到七月初海員方首先加入罷工，日商報館內的印刷工人，碼頭工人陸續的參加；美商寶成紗廠及華商北洋紗廠罷工相繼勝利；最後日商裕大紗廠罷工、外國資本家指令走狗李景林加以空前的屠殺和逮捕，方才把工人及一般民衆運動鎮壓下去。河南方面也到七月初，焦作英商煤礦工人才能發動罷工。其他長沙安源水口山漢口廈門等處，凡是運動的範圍及力量比較擴大的地方，無不是工人做先鋒隊。

這次總運動的發難，完全是因為中國工人階級，覺悟了自己階級地位及利益，與帝國主義勢不兩立，起而實行階級鬥爭。這次總運動的發展，從上海青島開始，而漸漸波及全國，差不多沒有一處不是工人階級最勇猛最積極最持久的階級鬥爭做一般反帝國主義運動中的骨幹。中國的工人階級既然有這樣的階級覺悟和鬥爭力量，又因為他的階級地位是被帝國主義壓迫得最利害的，他的奮鬥，自然而然一開始便在階級爭鬥中含有極徹底的政治意義，——他不但實

行階級鬥爭而已，而且他的階級鬥爭亦就是反帝國主義的民族解放運動的先鋒。所以這一發難於工人階級的運動，立刻便結合革命的學生羣衆和一般小資產階級。譬如上海的工商學聯合會，以結合二十餘萬工人的上海總工會為主幹，一開始便提出民族解放的總要求：撤退駐華的海陸軍、取消領事裁判權、華人在租界有言論集會出版之絕對自由……等。隨後各地的民衆，尤其是南方國民政府之下的工農羣衆，漸漸集中民族解放和階級鬥爭的總要求，於是廢除不平等條約、關稅自主、承認工會、增加工資等的呼聲普遍全國。中國工人階級的鬥爭和對於民族解放運動的努力，不但能結合一般革命的各階級，甚至於使比較反動的資產階級，也不能不加入反帝國主義的聯合戰線：譬如上海總商會所代表的大資產階級尚且敢於站出來主張關稅自主、收回會審公堂等等。

中國這次反帝國主義的民族解放運動的高潮，在工人階級的階級鬥爭之領導之下，如果沒有賣國軍閥的摧殘，而能充分的發展，——那將不難結合全國平民的革命實力，國民黨國民軍等，集中於一真正人民的全國會議，建立統一的人民政府，統一的人民的國民革命軍，達到廢除不平等條約而澈底解放中國的目的；至少，這種運動應當使中國工人階級及一般民衆得着充分的政治自由及參與政治的權利，使中國的民衆得以團結並準備自己的力量，以便繼續鬥爭以達根本解放的目的。

可是，中國現時的反帝國主義運動的發展，遇見很大的阻碍。英日帝國主義勾結奉系軍閥，使他在滬漢粵等處大屠殺之後，再在青島與天津等處直接實行軍閥的屠殺，在奉天濟南南京上海等處，或者嚴厲的壓迫，或者示威的威脅，禁止一般民衆運動。這種反動勢力，現時正在預備以武力併吞全國，以竟其媚侍帝國主義的全功。不但如此，五卅以來，中國的工人階級雖然從部分的反對外國資本家壓迫的鬥爭，直接進於反帝國主義的民族鬥爭，然而中國的大資產階級却祇想利用這全國工人學生的「愛國運動」來達到自己的目的，犧牲大多數民衆的要求，間接破壞民族解放運動。工人階級能為民族利益而勇猛的鬥爭，因為他的利益與全國大多數民衆的利益是相同的；但資產階級却只求自己利益的滿足，而趕緊要和帝國主義者妥協，因為他的利益是與大多數民衆相衝突的。便是小資產階級，在這反帝國主義運動裏，也是動搖不定、組織不固、戰鬥力亦非常薄弱。於是帝國主義者便能利用中國民族運動中這些弱點，而逐漸反攻；他們利用軍閥的幫助，大資產階級的妥協，來摧折工人階級的運動，——如今他們竟想以關稅會議等欺人的奸計，緩和資產階級的「排外」情緒，而「結束」五卅運動了！

軍閥摧殘民族解放運動及工人階級的事實以外，在五卅運動發展的前途上，還有種種障礙；這些障礙在這三個月的經過中，表示得非常明顯。現時對於反抗奉系軍閥，反對這帝國主義走狗的爭鬥，固然無論什麼人也不能否認他是民族解放運動中所必需的。可是等到工人階級及革命的學生羣衆，再進而反抗大資產階級的妥協陰謀，那就我們可以聽見許多「對外一致，對內不可鬥爭」的閒話。其實，這些大資產階級的妥協政策，同樣是帝國主義的工具。第一、最早上海工商學聯合會提出十七條要求的時候，上海總商會擅自修改條件，拋棄撤退外國海陸軍，取消領事裁判權及承認工會等的要求。在工人階級以全力來力爭民族利益的時候，大資產階級却先自妥協，並且竭力摧殘工人階級的利益。第二、在上海開市的時候，總商會便亟亟宣言，說對日問題限於上海紗廠，上海紗廠罷工解決，就可不必抵制日貨。他們為日貨商的利益起見，不惜拋棄全民族的利益；——十餘年來日本壓迫中國的種種政策及事實，所謂二十一條，五七國恥……完全忘了。並且資產階級的學者，甚至於號稱滬案後援會、

如北京）也都到處高唱『單獨對英』的論調。 甚至於國民黨的領袖，戴季陶先生，不但表示同樣的主張，並且認這種政策是『中山先生的策略』，『希望日本作「同東方來」的運動』！ 這樣的四方八面逼迫，使上海日廠工人竟不能不簽字於極讓步的條件上而悲痛上工。 第三、上海工部局電氣處停止供給華廠電氣的時候，中國資本家一致壓迫工人不給津貼費；同時各方面還逼迫利用軍閥官僚勢力，要使電氣工人無條件的去上工。 他們也和帝國主義者一致的不肯承認工會；也都要『等工會條例頒布』。 甚至於與帝國主義一樣雇用流氓打手搗毀工會殺害工人（如穆藕初在河南），利用帝國主義捕捉工人（如上海中華書局以及其他華廠）。 第四、一般的抵制英日貨運動裏，許多奸商私自偷運偷買；甚至於以罷市要挾，雇打手搗亂（如太原等處）。

中國的工人階級對於大資產階級這種種背叛民族利益的行爲，無一次不聯合一般革命民衆竭力抗爭。 這是中國無產階級的政治的階級鬥爭。 這種鬥爭一方面既是爲工人階級的利益而奮鬥，別方面同時亦是爲民族解放運動而奮鬥。 如今資產階級的政策，一部分佔着優勢，已經使五卅運動的力量減少了不少，已經使帝國主義者得以反守爲攻的開始在廣州方面對中國進攻，並且在交涉上的態度日趨強硬，——這種事實尤其證明工人階級對於資產階級的妥協傾向和壓迫政策，不能不反抗，不能不實行階級鬥爭。

所以我們在五卅運動的經驗裏，可以的確的知道：不但國民革命的民族解放運動，本身是中國被壓迫剝削的階級反抗帝國主義的階級鬥爭，而且民族解放運動的內部，無產階級對於資產階級的階級鬥爭是必不可少的，亦是事實上必不可免的。 這種鬥爭裏如果無產階級勝利，便能使民族解放運動得着充分的發展；如果資產階級得勝，那就中國民族的要求，民權的要求，都要被他們的妥協政策和私利手段所犧牲。

現時總的民族解放運動，既然一方面直接受帝國主義的走狗——軍閥所摧殘，別方面又被大資產階級及一切妥協派所遏抑，他的發展確有不能急轉直下而達到多量勝利形勢。 可是，這次運動裏的主幹——中國無產階級，既然能持久到兩三個月的總罷工運動，組織極大的羣衆的工會，從上海青島香港廣州一直發展到全國各大都市，引導着全國幾千萬羣衆的反帝國主義的運動；那麼，民族解放運動更廣大的發展和勝利，當然還是要工人階級的政治力量鞏固並增高起來，要他的經濟地位改良起來，才有希望。

事實上，中國的工人階級也的確覺得他自己的這種責任。 最近在工人運動中已經開始一個新的時期——一般的要求改良待遇、增加工資、承認工會的罷工潮流。 中國的工人羣衆，在五卅以後，參加民族解放運動，一天天增加起來，民衆的力量一天天澎漲起來。 極普通的，不識字的工人，都親身覺到團結的力量，深切的覺悟到反抗剝削者的必要，並且看到了反抗的方法。 他們切身的經驗到：一切剝削者壓迫者的手段是一樣的殘忍狠毒狡詐，決不能等待戴季陶先生等去誘發他們「仁愛的性能」，也不能等待戴季陶先生等去運用『回東方來』的策略——勸日本對中國親善，而祗能堅決的實行鬥爭，得到一步勝利之後，立刻積極的預備第二步作戰。 他們也切身的經驗到：這種運動是反抗剝削和壓迫的鬥爭，是爭解放自己和民族的鬥爭，自己階級，大多數民衆的利益爭不到，甚麼『民族』利益也不會有——不能爭得中國資本家承認工會，便更不能爭得帝國主義者承認工會——他們實在不能懂得，爲什麼外國人的壓迫和剝削要反對，中國人的壓迫和剝削便不要反對，實在不能懂得戴季陶先生等的所謂『民生哲學』，所謂民族和國家的利益，拋棄了大多數中國被壓迫階級的利益，不知還有甚麼『民族的』『國家的』利益！ 中國無產階級在五卅運動的大潮流裏，「以事實做基礎」找着了『解決社會問題』的途徑了：便是資

行鬥爭，實行階級的鬥爭，以達到解放的目的，這種潮流一天天的發展出去，——或者因爲中國經濟上交通上的條件，還不能有很集中很一致的組織和運動，不能立刻便打倒一切賣國的軍閥和買辦階級，建立自由的獨立的平民國家，推翻帝國主義束縛我們的不平等條約；然而這個潮流正在洶湧着，這個鬥爭正在進行着呵！

上海郵差罷工，商務印書館罷工，中華書局罷工，石印工人罷工、河南豫豐紗廠罷工以及上海總工會最近發表要求總的增加工資承認工會等現象，便是五卅後工人運動中的新時期的表現。五卅運動三個月的經過，已經很明顯的表示：中國工人階級的力量已經不能不要求自己的政治權利和經濟利益，已經不容忍以前的牛馬一般的勞動條件和困苦的經濟狀況。況且，政治上的情形，也已經明白表現：賣國軍閥和大資產買辦階級，都是帝國主義所利用的走狗，一般所謂中國小產業家，也大半寧可屈服於帝國主義者之前，而不肯對工人讓步；中國民衆的利益都被他們所犧牲。這種情勢之下，中國工人階級，尤其要對他們鬥爭。現時工人中罷工運動組織工會運動的進行，便是積聚更多的力量，要求工人階級地位之一般的增高，以發展反帝國主義的國民革命。這種過程是中國國民革命中很重要的階段：現時工人階級階級鬥爭的發展，是準備民衆力量以求民族解放的唯一道路，是以後國民革命的進展與勝利的唯一保證。

☆給戴季陶的一封信

獨秀

季陶先生：

自國民黨改組以後，排除共產派的運動，不曾一日停止過：這個運動的最初期代表人物，要算謝惠生先生和馮自由先生；其次便是馮素和鄧家彥兩位先生；最近便輪到你季陶先生了。　我現在把你列在他們一起，你必定不服，并且我也承認你的知識和行爲都非他們可比；不過你關於排除共產派的根本理論和批評共產派的態度，實與他們無甚出入。　單在這一點，就可以把你列在他們一起。　邵元冲先生稱你在「國民革命與中國國民黨」這部書所說的道理，至今沒有人說過，沒有人這樣明明白白地說他個透闢無遺，這完全不是事實。　你所持排除共產派的根本理論和批評共產派的態度，你若細細檢查馮自由等從前印行的護黨報及一些攻擊共產黨的小冊子，你便知道不是你的新發明，他們早已都說過了。　同是一樣的理論與態度，出於別人便是搗亂，出於著書能文的戴季陶先生，便說是「他在政治的負責地位所應該發表的」，世界上似乎無此道理吧！

戴季陶先生！　你所寫的「國民革命與中國國民黨」那本小冊中，錯誤的見解非常之多，如叙述中國民族文化之消失，如三民主義的帝國主義觀等，現在且不討論這些，只就你所持排除共產派的根本理論及批評共產派的態度，簡單的和你談談。

在理論方面：

你及你們的根本錯誤，乃是只看見民族爭鬥的需要而不看見階級爭鬥的需要。　這句話我或者不曾說錯，因爲前幾天你和我面談時，也承認我們爭辯的中心就是階級爭鬥這一問題。　現在你在這本小冊中也說：『看明白我們非得到國家的自由民族平等，便甚麼問題都無從說起』。　『大家如果不把中國國家和民族的真實的需要認清楚，單是一時的盲進，……』『我的心目中，只有一個中國國家和民族的需要』。　你們這種簡單的思想淺薄的觀察，眞是荀子批評墨子的話「只見其齊不見其歧」，也就是所謂『讀歷史只讀一段講道理只講一半』了。　我們乃是唯物史觀論者

，決不是空想家，因此我們不但不否認中國民族爭鬥的需要，而且深感這個需要異常迫切，并且在事實上可以証明我們在民族爭鬥中的努力，不見得比你所謂單純的國民黨黨員更少（你說我們『爭得一切唯物史觀，打破了一個國民革命，……這才眞是害了空想病』。照你這幾句話，確實你還不知道唯物史觀是怎麼一回事，便信口批評。信口批評，乃是政客攻擊敵黨的態度，而爲眞實的學術界所不許呵！）；可是若因爲要完成國家和民族的需要，便抹殺階級爭鬥的需要，以爲這是『一味的盲進』，那便是一個極大的錯誤。這種錯誤觀念，不但抹煞了階級的利益，并且使民族爭鬥之進行要受極大的損失。誠然，不只戴季陶先生你一人，我知道有許多人，都以爲民族爭鬥最好是各級聯合的爭鬥，若同時不停止階級爭鬥，這種矛盾政策，豈不要破壞各階級的聯合戰線麼？在形式邏輯上看起來，民族爭鬥和階級爭鬥同時并行，乃是一個矛盾的現象；但在事實邏輯（即辯証邏輯）上看起來，世間一切眞理，都包含在變動不居的矛盾事實之中，不但事實是眞理，矛盾的事實更是眞理。中山先生說：『解決社會問題，要用事實做基礎，不能專用學理的推論做方法』。這話眞正不錯。我們不但不能否認中國現社會已經有比前代更劇烈的階級爭鬥這個事實，也并不能否認中國民族爭鬥中需要發展階級爭鬥這個矛眉的事實。你開口閉口說我們空想，不顧事實，不認淸國家和民族的眞實需要，我現在正要和你談談事實和眞實需要，絕不談什麼空的理論，看看到底誰是空想，誰是不顧事實。你說『我們非得到國家的自由民族平等，便甚麼問題都無從說起』。這幾句話是對的；可是這裏有一個重要問題，乃是用什麼力量才可以達到我們國家自由民族平等之目的，若是不能解答這個實際問題，單是懷着得到國家自由民族平等的空想，便是只有目的而無方法，只望結果而不知造因了。我們究竟用什麼力量才可以達到國家自由民族平等呢？這一問題，乃是中國國民革命各種問題中第一個重要的實際問題。用國民的力量嗎？用全民的力量嗎？這種籠統話，在討論實際問題時，當然不應該說，當然只能說用國民中一大部分革命的民衆之力量。

在中國那些部分民衆的力量是革命的呢？年來革命運動的各種事實已經答復了這個問題：在廣東沙面商團東江楊劉諸役，工農階級的民衆是革命的呢？還是大商地主階級是革命的？在此次五卅運動中，爲國家民族利益而奮鬥的而犧牲的，是上海香港廣州漢口青島天津南京的工人呢？還是這些地方的商人？漢口天津青島商會向軍閥告密，破壞愛國運動，各省商會破壞排貨運動，在民族運動上又是甚麼意義？以上這些事實已明白告訴我們：在民族爭鬥中實有階級爭鬥之必要。這是因爲殖民地半殖民地的經濟命脈，大半操諸外國資本帝國主義之手，國內軍閥又從而破壞之，在國民革命未有相當的成功以前，只有因緣帝國主義及封建軍閥而生存的大商買辦階級和地主階級，民族的資產階級在客觀上很難發展。因此，在殖民地半殖民地，決不會有歐洲式的資產階級革命實現出來（這是辛亥革命未能定成之大原因）。因此，殖民地半殖民地的國民革命之成功，當以工農羣衆的力量之發展與集中爲正比例；而工農羣衆的力量，又只有由其切身利害而從事階級的組織與爭鬥，才能夠發展與集中。因此，在殖民地半殖民地主張停止階級爭鬥，便是破壞民族爭鬥之主要的力量。因此，我們便應該認識，階級爭鬥即在國民革命運動中也是必要的，不可把他和社會革命勞農專政實行共產倂爲一談。再者，在國民革命運動中我們若不否認有他民族援助的必要，我們便應該看淸他民族中究竟是何階級眞能援助我們：在此

次五卅運動中，德國俄國英國法國日本的無產階級及共產黨是如何不約而同的對我們表示熱烈的同情，德法等國的資產階級及其政黨是如何不約而同的輕蔑我們訕笑我們。因此，我們可以看出現代民族運動和階級運動之天然的密切關係。這一點中山先生看得最清楚，所以他堅決的主張中國共產黨黨員可以跨國民黨及和世界無產階級的政黨接近。

在你們或者要說，你們也不否認工農羣衆在國民革命中的力量，并且主張要擁護工農羣衆的利益，才能使他們爲國民革命而奮鬥；可是只宜立在國民最大多數幸福的見地上擁護工農的利益，不能立在階級爭鬥的見地上面。其實你們若當眞在行動上擁護工農羣衆的利益，便自然要形成階級爭鬥；若只是把擁護工農利益這個口號寫在論文上黨綱上，當作一種不免現的支票不去實行，那麼自然不會有贊成階級爭鬥的嫌疑，而同時却也不能夠得到工農羣衆的了解。這是因爲羣衆只有爲具體的切身利益爭鬥圖信仰某一政黨，是不會爲抽象的主義而信仰的。

或者你們又可以說，你們擁護工農羣衆的利益，不一定取爭鬥的形式，爾可以仁愛之心感動資產階級使之尊重工農羣衆的利益。這簡直是欺騙工農羣衆的鬼話！廠主以仁愛之心待工人，地主以仁愛之心待佃農，這是百年難遇的傳奇材料，一個實際爭鬥的政黨，如何採用這樣幻想的策略？『仁愛之心』這件東西，如果能夠解决世界上實際利害上的衝突問題，那麼，便可拿他感動清室讓權於漢人；也可以拿他感動北洋軍閥尊重民權；也可以拿他感動帝國主義者解放弱小民族，由他們自動廢棄一切不平等條約。——如此仁愛之道大行，一切被壓迫者之革命爭鬥都用不着，都等是『一味的盲進』了。這種話若出諸欺騙羣衆的牧師之口，則絲毫不足爲奇；既是一個革命黨員，即便萬分不應該鈔襲他們這種謬論！

或者你們又可以說，國民黨應該代表各階級的利益而爭鬥，如何能夠只代表工農階級的利益，而不顧資產階級的利益呢？不錯國民黨不是一階級的黨，當然要代表各階級的利益；可是國民黨是應該代表中國資產階級的利益向外國帝國主義爭鬥，如收回關稅主權等，而不應該代表資產階級向窮苦的工農羣衆爭鬥呵！在對外謀民族解放對內謀政治自由這些運動上，固然是全國民的需要，尤其直接是資產階級的需要；中國資產階級爲了這些需要，不但應該贊助國民黨，并且不得不贊成各階級聯合的國民革命運動，如果他們不是反革命的買辦階級。

你們或者又可以說，在革命運動中固然不能免階級爭鬥的事實，即或者至有階級爭鬥的需要；然而在國民黨的理論組織上，如果階級爭鬥說在國民黨中盛行起來，如何能使國民黨的理想統一組織強固呢？你所謂『共信不立，互信不生；互信不生，團結不固』，諒必也是此義。解答此義，可分數層：第一、國民黨的政治理想，似乎不應該離開革命運動中社會的事實需要。前幾天你也曾對我說，你决非反對階級爭鬥這個事實，因爲立在國民黨地位乃不便主張之，若立在共產黨地位，自然也要主張階級爭鬥。其實政黨的政治理想與政策應該建立在社會的事實需要之上，而社會的事實需要决沒有建立在政黨的理想與政策之上的道理；階級爭鬥若果是一種社會的事實需要，國民黨亦應主張之，若非社會的事實需要，即共產黨亦不應主張之。第二、凡是一個社團之形成，必有他的理想共同點，就是他的利害共同點，爲之維繫，你所認共信，也不外此物。國民黨的共信，只有對外謀民族解放，對內謀政治自由，換句話說，就是打倒帝國主義打倒軍閥。三民主義若僅僅是一抽象名詞，也可以做國民黨

的共信，倘加以具體的解釋，便不能成爲公信，因爲具體的解釋三民主義，不能免階級的公同見地；無產階級的階級爭鬥說若不能做國民黨的共信，資產階級的勞資調協說也不能做國民黨的共信，因爲國民黨不是一階級的黨。 第三、中國國民黨既非一階級的黨，而是各階級聯合的黨，那麼，於共信（即共同利害所產生的政治理想共同點）之外，便應該有別信（即各別階級利害所產生的政治理想各別點）存在。 若以爲這別信存在有害於黨的理想統一與組織強固，主張全黨只許有一個共信，不許有別信存在，這分明是想把全黨中各階級的分子成爲某一階級化。 可是這個野心的企圖，在現時的中國國民黨中，頗難實現，因爲在他的組成分子之數量上質量上，都沒有那一階級的羣衆能夠站在絕對主體地位，使黨中他階級的分子自然與之同化。 你慨嘆鄧家彥等右派「江山易改本性難移」，其實不是他們個人本性難移，乃是他們所代表的階級，階級性難移呵！ 無產階級的分子之本性難移也是一樣。 此外只有改造黨的組織分子，由多階級的而爲一階級的之一法；你或者現在已有此企圖，一面斥右派爲反革命爲腐敗分子公然主張淘汰他們，一面斥共產派是寄生政策，是不能完全信仰三民主義的異端，提議學從前奧句國的組織，質之之即是黨外的合作，使中國國民黨自己有自己的組織理論和策略，都完全自成統系。 所謂自成統系，不用說是一面向右排斥反革命，一面向左排斥共產派。 在右派（代表官僚及地主買辦階級）與共產派（代表工農階級）之間，左右開刀，中峯特起，自然是立在民族的資產階級地位。 你所號召的單純的國民黨，至少也是促現在各階級混合的黨改變到資產階級一階級的黨的過程。 你如果眞有這個企圖，在理論上我們當然不必反對，因爲政黨隨着階級分化而演進，本應該是這樣；在階級壯大而分化劇烈的國家，不但資產階級的政黨和無產階級的政黨截然分開，即資產階級中，大資產階級的政黨和中產階級小資產階級的政黨還要分開，大資產階級中，又分工業商業農業銀行資本等各派的政黨。 然而在事實上，我們以爲你這個企圖，現在或者還失之稍早。 在殖民地半殖民地，最初往往都只發生像中國國民黨這樣多階級的政黨，這種特殊現象，正由社會階級分化之背景使然，因爲政黨是社會階級之反映，不是個人的理想可以造成的。 中國近代之階級分化，同盟會自始即代表中小資產階級（內地學生華僑商人）級產階級（華僑工人）及游民無產階級（秘密會黨）和官僚買辦階級（保皇進步研究這一派人）對抗；其次便是同盟會改爲國民黨後，加入了許多代表官僚地主買辦階級的分子，隨後這些分子，又三次脫離國民黨而與國民黨對抗！ 前二次是因爲國民黨的首領要貫徹三民主義的革命，脫離出去政學會一派和聯省自治一派，最後一次是因爲代表無產階級的共產派之加入，他們又脫離出去一大批，即是所謂國民黨同志俱樂部。 他們三次脫離後，國民黨中代表官僚地主買辦階級的分子，現在差不多快肅清了；所剩下的中小資產階級和無產階級的分子，是不是也要分化呢？ 我們以爲這種分化，現在還稍早一點。 一是因爲無產階級和中小資產階級之間的衝突，還沒像和官僚地主買辦階級之間的衝突那樣利害；一是因爲散漫的中小資產階級，要想集中起來，形成一個民族的資產階級，組成一個代表他單一階級的政黨（你所號召的單純的國民黨），諒必肯承認是代表單一階級的黨，你幷且逕主張這單純的國民黨仍須容納工農民衆，擁護他們的利益，在形式上似乎不是單一階級的政黨；其實某一政黨之屬某一階級，是以代表某一階級的利益爲標準，不能嚴格的以組成分子爲標準。 你所號召的單純的國民黨，所謂完全自成統系的理論，是以國家和

民族的需要爲中心，一面排斥官僚買辦階級派之反革命，一面排斥無產階級派之階級爭鬥說，代以勞資調協說，以仁愛說欺騙工農羣衆，使他們安心盡那無權利的義務，爲資產階級的民族運動犧牲，這顯然是各國民族的資產階級政黨之共同的理論，并不是你季陶先生所特創的。　世界在這個理論下的政黨很多，他們每每號稱國民黨，其實都只是一個民族的資產階級的黨，因爲實際上他是代表自己單一階級利益的，誰也不能相信這是目前可能的事實，你只要看現在的資產階級在民族運動中所表現的態度就明白了。　這裏有一個根本原因：民族的資產階級之形成，是以本國的工業發展爲主要條件；本國的工業發展，又以停止內亂關稅自主爲主要條件；這豈是目前可能的事？　你覺得向右固不好，向左也不好，可惜中間沒有多大地方容你立足；凡是一個代表階級的黨，必須有根本階級的民衆做立足基礎，全靠他階級分子來同化，是不行的；目前還沒有一個民族的資產階級，如何能夠組成一個代表他單一階級的政黨？　事實上不可能而勉強使他分化，其結果，所謂單純的國民黨，其質量上或者比較現在單純，組織上也比現在方便，可是在數量上，在行動上，都比現在要大大減色，這豈不是目前的革命運動中革命勢力統一之一大損失？

你若細細考慮以上這些事實，便不會感覺到排除共產派是中國國民黨內目前的緊要問題。　（未完）

寸鐵

加倫將軍的分身法

上海新聞報電傳：廣東「民政俄人鮑羅庭簽字，軍政加倫將軍簽字。」　其實加倫將軍早已回到北京，現在在廣東簽字的，是他用分身法呢，還是用扶乩的方法？　（實）

戴季陶與反共產派運動

北京國民黨俱樂部開會，議決通電粵桂將領，一致討伐廣東共產政府，并聯合同志發行反共產出版物。　最好這些反共產的出版物，都請戴季陶去主持，因爲戴季陶近來的思想都和該俱樂部前月卅一日發出的通電根本相同。　（實）

可憐的段政府

段政府因爲奉軍在天津查獲了幾批國民軍購來的外械，發令通告各省區此後禁止購買外國軍械，此命令應該再加上一句：「但東三省不在此禁令之內」。　如此更可以買奉天軍閥的歡心，可憐的段政府！　（實）

奉軍在北京之治外法權

奉軍駐京機關，因北京民報誤載張作霖逝世消息，既將該報發封了，并直接逮捕該報經理陳友仁，押送天津奉軍之法課，聽說還要解到奉天去。　北京自有司法及負地方責任的軍警機關，奉軍何以能夠撤開這些機關，自己封報館捕記者，捕人後還要解出北京？　即令奉軍在北京享有治外法權，可以自行拿人治罪，也不必由北京解到天津或奉天！　這種舉動，未免使段政府的面子太難堪了！　但這乃是軍閥的慣例，從前曹軍逮捕長辛店工人，也是不解北京而送到保定府；不過長辛店畢竟還不在北京城內！　（實）

The Guide weekly

嚮導週報

第一百三十期

一九二五年九月十八日

零售每份銅元四枚

分售處

上海 上海書店
廣州 丁卜書報社
北京 各學校號房
長沙 文化書社
寧波 寧波書店
武昌 時中書報社
共進書社
濟南 齊魯書社
開封 國民書社
香港 萃文書坊
汕頭 汕頭書店

分售處

蕪湖 科學圖書館
太原 晉華書社
湖州 青年書店
雲南 新亞書社
重慶 唯一書局
南京 樂天書館
寶慶 寶慶書局
黃梅 書報流通處
成都 華陽書報流通處
紹興 西民文具實業社

訂閱：國內一元寄足五十期。國外一元寄足三十期。郵票代款九五折算。但以一分半分為限

代派：每份大洋二分。六折計算。寄費在內。十份起碼。十期清算一次。概不退回

發行通信處 北京北京大學第一院收發課轉許元真君

特約訂閱處 廣州國光書店黃正君
開封河南書店韓韻秋君

五卅運動後之九七屠殺

秋白

九七辛丑條約的國恥紀念，全國各地的民衆都有示威運動的表示，今年在五卅以來各地屠殺之後，這一個日子尤其使中國的民衆深切的感覺到列強帝國主義的殘暴侵略。 所以上海的民衆在這一天，雖然經學生會等臨時變更日期，然而始終『不期而會』的遊行二十多萬人，——上海的無產階級表現他們的力量和團結，實在足以使帝國主義者和軍閥慄慄危懼。 於是帝國主義者竟又用殘暴狡狠的手段來摧殘民衆運動了。

當九七紀念籌備的時候，據全國及上然學生聯合會的通電和公函，明明集會和遊行都已經得了淞滬戒嚴司令部的允許，並且司令部還附加三個條件：一、演講祇准在會場內；二、傳單先呈戒嚴司令部核准；三、開會日期地址及遊行路線呈報司令部。 不但如此，法國使館的消息——『事前上海之中國當局曾請法總領事，謂將在中國街舉行大會，並監視該會，不使有軌外行動，要求法領允許住居閘北之羣衆，於散會後，得由法界經行等情，法國工部局准如所請……』

從這兩方面消息看來，顯而易見上海的中國官廳的確事前知道九七紀念日的遊行和集會，雖然與以種種的束縛條件，可是始終不敢禁止。 然而羣衆遊行之後，經過了法租界，到公共租界的時候，巡捕竟阻攔這些工人的遊行，又開鎗打傷多人。 於是中國的軍閥官僚受了帝國主義者的嗾使，借着外國老爺的威焰更進一步的壓迫民衆起來，上海許交涉員不但不提出抗議，反而到領袖領事那裏去，聲明『出於意外』，『防範未週』，卑躬屈膝的道歉。 同時，警察廳布告禁止罷工，戒嚴司令部重申禁止一切集會的命令——上海對於廖仲愷先生的追悼大會亦在禁止之列。 這樣看來，明明是軍閥官僚於事前不敢自己壓迫民衆，卻在允許集會遊行之後，中國人民又被屠殺過一次之後，借着外國人抗議的威勢，向人民開始總壓迫。

五月卅日上海南京路的屠殺，是工部局巡捕開鎗殺人；九月七日愛多亞路

的屠殺亦是如此。　然而五月卅日之後，奉系軍閥居然也『愛國』起來，派張學良的軍隊南下，對遣派的兵士都說是來『保護』中國人，北京政府提出抗議，以至於贊助罷工，上海總商會也算贊助工人。九月七日屠殺之後，戒嚴司令部趕緊重申禁令，向外人謝罪，交涉員先說自己防範未週，總商會更是一聲不響。　到這時候不但奉系軍閥所謂『愛國』『保護人民』的假面具完全揭除，而且軍閥官僚的政府，甚至於大資產階級，都想利用五卅運動達到自己的目的，趕緊妥協，幫着摧殘迫壓民衆，——也是再明顯也沒有的了。

上海幾十萬工人罷工了三個月，警察廳彷彿是一點沒有知道。『戒嚴期中』，戒嚴司令不能不准九七紀念的集會和遊行。　上海總商會屢次以調人自居，簽字在種種上工條件上，可是在九七屠殺之後突然要禁止罷工集會了。　這是甚麼原因？

「帝國主義者看見五卅以後中國民衆的覺悟和運動，趕緊的對中國『讓步』，答應開關稅會議。　這一點帝國主義者桌上所拋下來的骨頭，便可以使軍閥官僚買辦軟化。」　一切愛國的口頭禪立刻忘掉。五卅以來的民衆運動使帝國主義者不得不屈服而公開的說：『既然不能以兵力征服中國，便祇有先讓些步』。　而這種『讓步』的意義是甚麼呢？　便是要軟化中國的統治階級和剝削階級。　如今軍閥官僚和資本家都在夢想着增加關稅。　殊不知道，沒有五卅以來的民衆運動，他們連這一點喂狗的骨頭也得不着呢！　中國學生的奮鬥、工人的團結，罷工抵貨的運動，是反帝國主義的主力軍，祇有這種運動和組織的發展才能得着眞正的解放。　然而中國的軍閥官僚和資本家，現在卻已經祇想趕快借着帝國主義的勢力來鎭壓民衆；九七屠殺之後立刻開始反動，軍閥官僚禁止一切集會，禁止罷工，要想解散工會；上海總商會對於日本廠家悔約，居然置之不理，還要幫着摧殘工人，：：總之，現在對於軍閥官僚等，唯一的志願，便是趕緊把一切民衆壓迫下去，唯恐怕外國帝國主義者又動了氣，連二五附加稅都不肯給。

帝國主義者所以敢在五卅運動之後，仍舊肆無忌憚的任意屠殺，悔約，便是因爲他們已經『賄買』到了中國國內的種種賣國賊。　這樣的壓迫和妥協，簡直是要完全消滅民族解放的運動。

「中國的工人階級，學生小商人以及一般平民都應當注意：積極的去發展自己的組織，反抗一切壓迫，這樣才能不被統治階級和剝削階級所賣，才能保障自己的權利而盡解放中國的責任。」

廖仲愷遇刺前後的廣州政局

亦農

廖仲愷是中國國民革命運動中的健將，中山先生死後，中國國民黨中，眞能繼續中山先生的遺志，實際上領導革命羣衆實行革命的首領。

廖仲愷遇刺，不是簡單的個人問題，其意義，也不祇於死了一個尋常的偉人先生，因爲他之死，足以表示中國此期革命運動的性質，至少也使中國南方革命運動發展史上劃分一個階段。

他之死，不但是國民黨的鉅大損失，是中國被壓迫民衆的損失。

他爲什麼死？　爲中國民族謀解放而死。　死在什麼人的手裏？死在國民黨中的右派——國民黨中之反動軍閥，失意的政客和香港政府的手裏。

爲什麼呢？　須將廖仲愷遇刺之前的廣州政局說一說。

嚴格說起來，本來廣州革命政府的基礎，並不純粹建築在眞正的革命羣衆身上，還有各種反動軍閥臨時湊合的勢力，依賴着革命政府而生存。　這樣的一個革命政府，地勢上又因爲與控制中國南部經濟

的香港政府發生直接的利益衝突，所以時常在英國帝國主義者和反動軍閥的恐嚇之下。當中山在時，尙且免不了被英國帝國主義者所扶植的商團事變，中山死後不久就發生劉楊戰爭。這許多事實，本來都有右派從中鼓動，大顯了一番神通，但是此地我們要說明的是：廣州革命政府的基礎不穩。

劉楊勦滅後，廣州革命政府，依歷史的眼光，到了一新時期；因爲勦滅了兩個侵奪地盤，擅任官吏，覇佔機關，私收賦稅，私定苛捐雜稅，開設雜賭，包辦煙土，……使廣州革命政府不能有所作爲的強有力的軍閥，使香港政府一時失了在廣州內部的武裝工具，使國民黨的右派先生們一時斂跡。此時，國民黨中的革命分子，假若眞能團結，有革命的決心，實在可以大所作爲；在實際上，劉楊勦滅後建立了國民政府，改組了廣東省政府，實行軍財兩政的統一，禁烟禁賭，確實也有很重大的歷史意義，自有國民黨以來唯一盛舉。但是這種利於民衆的政策，與反動軍閥的利益是相衝突的，必須以嚴厲的手段處置或解散與劉楊類似的反動軍隊，才能實行；而事實上國民政府一時不能下這樣決心，所以自從實行軍財兩政統一，禁烟禁賭以來，到處發生障礙。在粵軍中誠心悅意改組者祇有李濟琛和許濟，其他如梁鴻楷李福林林樹巍莫雄鄭潤琦楊坤如羅翼羣等，不僅不願改組，且公然表示反對，佔據財政機關，包煙包賭，干涉民政，毫無顧忌。在李濟琛一師確實有改組之可能，但因與其一部分部下不甚和睦，爲改組事，時生齟齬，有妨碍工作進行。許濟總算聽話，但他的軍隊根基太壞，軍官多不甚可靠，如不加以淘汰，前途希望仍甚少。這樣看來，粵軍大部分有五分之四，立於反革命地位以與革命政府相抗，其餘之五分之一又多不甚可靠。在這樣軍隊改組的重要時期裏，所謂革命政府所在地的『主軍』如此，此時國民政府所處的地位卽可想見。至於譚延闓的湘軍，因爲回湘的慾望，軍餉不足，祇有向左的傾向，朱培德之滇軍與湘軍抱同一態度。蔣介石的黨軍本由嶄新的制度組織，無容改組；其餘還有一些小軍隊如程潛之攻鄂軍，何成濬之鄂軍，陳青雲之豫軍，李明揚周貫虹之贛軍等，全因覓食之難，餉源之缺，都希望早日改組成功，他們好有一個着落。綜合這許多願意改組的軍隊，固然不能說他們沒有改組的誠意，但將整個的贊成改組與反對改組的兩大傾向中看，還是不革命的右派佔實際優勢。

贊成軍財兩政統一禁烟禁賭改組軍隊者，以廖仲愷爲最力。廖仲愷深知革命政府建築在各個反動的軍閥上面，假若不趁劉楊勦滅後國民黨所處的歷史上的最好時期，不根本改組革命政府下所統率的軍隊，則革命政府的前途沒有希望；假若不禁烟禁賭，得到民衆的同情，革命政府實在危險；因此他以財政總長軍事委員會的委員政治委員會的委員等資格，雷厲風行的執行。因此大招右派的反革命軍閥之忌，這就是廖仲愷被他們狙擊的第一個原因。

右派的反動軍閥自私自利甘心作反革命與劉鎭寰楊希閔無二。所以凡國民政府的政策，不利於他們個人的行動，他們務必反對；尤其是農民運動的崛起，在在與他們割據地盤，獨覇一方的利益相衝突，因此凡屬反革命的右派軍隊無不摧殘農會，妨碍農民運動向前發展，這不僅鄭潤琦的第三師最近在廣寗慘殺農民可以爲例，花縣東莞香山等處的事變，亦莫不如是。工人運動，表面上與他們關係較少，但最近省港罷工工人的偉大力量，足以使他們駭倒，省港罷工委員會的糾察隊，實行禁止糧食貨品出口，與香港斷絕營業關係，處處與割據式的反動軍閥以實際上利害之打擊。這些政策，這些運動，在他們看來，都以爲屬於共產派。總而言之，凡是與他們利害相衝突的政策，他們通以爲過激。於是首當其衝爲他們所屬目的，便是廖仲愷；因爲廖仲愷的行動和思想在國民黨之領袖中。平心靜氣說實是一個左派，但是我們知道，他並不是共產黨員。廖於革命政府改組後

，主持工農運動外，又加上改組軍隊，統一軍財兩政的新責任。這個實際上名義上與反革命的右派軍閥的利害衝突，非常的顯明。此外他們更記得推倒劉楊的時候，廖仲愷主謀之力居多。廖仲愷未死之前三四禮拜，所傳黨軍解散不法軍隊的流言，他們更信廖仲愷又是主動之一。何況黨軍勇往直前的氣概和不怕死的戰鬥力，更為他們所忌。在他們看來，處此情狀，非狙擊廖仲愷不可。要消滅黨軍又非狙擊蔣介石不可。此外許崇智，汪精衛也是要被他們狙擊的主要分子。許之所以被狙擊，因為他在政府中曾主張軍隊改組，予他手下五分之四的軍隊以不利，又加上積怨，不成為他們所要攻擊的人物，甚至謂他庇護黨軍，摧殘同類，實際上許氏與蔣介石之關係、正不必如戴季陶所說，須本報記者加以挑撥，他們可以自成水火，不過粵軍中人因為利害的衝突，終承認為改組軍隊，黃埔黨軍是主謀，許氏投降黃埔。汪精衛所以要被狙擊，因為他是改組政府後的一個中心人物，他對禁烟禁賭特別主張不遺餘力，這當然要遭右派軍閥之忌。於是右派軍閥暗殺陰謀發生。汪許蔣廖都在擬殺之列，已被狙擊者就是廖仲愷。在此地我們可以說右派反革命的軍閥大聯合，是廖仲愷死的第二個原因。

有了右派軍閥的大聯合，自然而然會聯到右派失意的官僚，無聊的政客和賣國的買辦，因為軍閥與反革命的官僚，政客，買辦總是一致的。國民政府成立之後，許多右派的官僚政客，得不到做官的慾望，並且還有許多被裁撤，如胡毅生，林直勉等都是賦閒，且胡毅生失了胡漢民執政時賣官鬻爵的大買賣，那有不惹動他們的無名火積極的鼓吹煽動起來！因此胡毅生等就在李福林等的軍隊裏煽動，有許多靠革命吃飯的就在海外華僑宣傳，說政府主張共產；買辦商人周殿邦得了香港政府的大批金錢，在沙基設立了一個大的俱樂部，供給胡毅生，魏邦平，林樹巍等的揮霍，一方面又以金錢接濟趙士覲胡毅生林直勉創辦反對革命派以反共產為口號的國民新聞，專門與政府為難。在這樣的右派官僚政客和買辦的活動情狀之下，加上右派革命軍人的大聯合，自然要使廣州的政治弄糟，處處與革命政府為難，廣州的政局要急變，自然免不了的了。這種現象，還在八月初就看得非常之顯明，而廣州的革命羣衆在此時又覺再不能忍受反動軍閥的壓迫和反革命的官僚、買辦的造謠的表現。所以有八月十一日之廣州大示威運動，要求政府解散不良的軍隊，肅清一切反動的力量，當時政府諸領袖有相當的決心，當然尤其是廖仲愷，這是廖仲愷死的第三個原因。

中國的軍閥，官僚，政客，買辦都沒有獨立的力量，更加沒有政治的知識，他們所以在社會上搗亂，做出許多滔天大禍出來都有帝國主義者在後面發縱指使。廖仲愷之被狙擊，最近廣州之政局嚴重，英國帝國主義者——香港政府實負勾結主使之責。劉楊打倒後　英國帝國主義者在廣州一時失掉了極有力的武裝工具，不幸又發生五卅慘殺後之全國大反帝國主義運動，香港政府非常之恐懼香港的中國工人罷工，多方破壞。結果，香港的中國工人為愛國的熱情所衝動，為香港政府積年無情的壓迫所驅使，差不多都返廣州，大罷工了。此時香港幾成一荒島，香港政府第一次遇着了唯一的致命傷、空前未有的大對頭——大罷工；因此香港政府想盡方法，以期消滅罷工。當罷工第三禮拜的時候，駐沙面的英國代理領事曾囑日本領事探聽罷工的目的和解決的條件，有要求解決罷工的表示。到後來知道國民政府之下的一部分反革命的軍閥和官僚政客有搗亂的醞釀，因此積極的勾結他們，以期國民政府內部瓦解，達到解決罷工；同時又拚命供給洪兆麟，鄧本殷等的鎗械子彈，以期從東路，南路撲滅國民政府。此外又在香港各處製造要求英國政府以武力干涉廣州的空氣，並發出大批的金錢宣傳國民政府將實行共產，驅逐他們所謂廣州及廣東之

布爾扎維克。 香港政府的計劃可謂精細週到，這也是他迫不得已的情形，因為現在香港與廣州的問題是你死我活的問題，國民政府勝利則香港的勢力不能肆無忌憚的伸張至廣州，香港政府勝利，則國民政府將被消滅，且使全中國的國民革命運動受一很大的打擊。 這種意義，國民政府的首領如汪精衛廖仲愷等當然非常之明白，所以積極的幫助省港罷工。 省港罷工，在劉楊被打倒之後實成為廣州政治的中心問題，反帝國主義的力量與帝國主義者的力量都在此問題上勾心鬥角。 但因為這個問題，又加上上面所說的許多情形廖仲愷於是就不免一死了。 這是廖仲愷死的第四個原因。

在上面所說的許多情形看來，我們可以得三個結論：第一個結論是：廖仲愷是被國民黨右派反革命軍閥官僚政客和帝國主義者香港政府刺死的。 廖仲愷不因簡單的個人而死，而為中國國民革命而死，死在帝國主義者，反動的軍閥，無聊的政客，賣國的買辦，互相勾結，想積極消滅中國國民革命運動的緊急時期，有很重大的歷史意義。 第二個結論是：現在廣州的問題并不是共產與反共產的問題，而是革命與不革命的問題。 所謂反共產這個口號，在反動的軍閥，無聊的政客，賣國的買辦一方面說，是他們想割據地盤，傳達做官的慾望，和保障發展買辦階級的力量的假面具；在帝國主義者一方面說，是香港政府想維持和發展他在南方的勢力，消滅中國的國民革命運動，利用中國人從中世紀所遺留下的宗法社會的軟弱心理的大陰謀。 第三個結論是：國民黨的右派總是反革命的，右派不根本痛快的肅清，國民黨不能負引導中國國民革命的羣衆實行國民革命的任務。

現在再看廖仲愷死後之廣州的政治情形。

廖仲愷死後，當日國民黨政治委員會開會時即組織一特別委員會，指定汪精衛許崇智蔣介石為委員負責辦理廖案時之一切政治的和軍事的最高責任。 此外還組織一七人組織的特別法庭，這當然是革命的組織，應有必有的。 要犯除朱卓文胡毅生魏邦平林樹巍趙士覲外，餘都被拘留。 參加此次暗殺的軍隊如楊錦隆，梁士鋒林樹巍等部已被解散，其他如梁鴻楷等的軍隊正在解散中，這當然是革命的行動。 但是有意的無意的，自覺的不自覺的，參加此次暗殺的人實在太多，假若國民政府負責辦理廖案的人沒有決心，不將他們最後的根本肅清，國民政府的前途還免不了危險，因為他們隨時都可以湊合，弄成更凶險的事變。 廖仲愷之死固然是國民黨的莫大損失，但是國民黨諸領袖假若乘此機會有肅清反革命的決心，未始不能使國民黨開一新局面。 即站在私人的感情一方面說，廖仲愷與國民黨諸領袖共同奮鬥幾十年，不為他復仇，也無以慰他「在天之靈」！ 至於廖死後之各方面態度，右派當然非常的快意，胡漢民的態度當然最侷促不安，因為有他的堂弟胡毅生參加主謀，據報載，他現在被軟禁在長洲要塞司令部，有參加暗殺的嫌疑，這當然不是我們所希望的。 最憤慨的當然要算汪精衛蔣介石及工農羣衆。 許崇智自然也有兔死狐悲之感，因為這次右派的聯合實在太顯露了。 至於大商人，普通是不高興廖仲愷的。 在這樣的情形之下，國民政府現在是否危險？ 可以肯定的答覆：國民政府是不危險的，因為有大多數的工農羣衆和比右派反革命軍隊數量較多的革命軍隊幫助國民政府，香港政府的陰謀此次無從實現。 現在的問題是如何應付這歷史上的重要時期。

廖仲愷先生已經死了！ 國民黨革命的諸領袖們！ 你們不要錯過這歷史上的重要時期，很堅決的最後的肅清一切反動的力量，使國民政府建築在真正的革命羣衆和革命的軍隊上面！ 錯過這歷史時期，廣州就要發生第二次更凶險的事變！

國民黨諸黨員們！ 你們要更積極的前進，鐵桶一般似的團結在革命旗幟之下，繼續完成廖仲愷先生未竟之志！

廣東的工農及全國的革命羣衆們！ 廖仲愷先生為國民革命，反

對帝國主義和一切反動的力量而死，你們應當更加憤慨，完成中國的國民革命！　維持國民政府！

給戴季陶的一封信（續）

獨秀

在態度方面：

你及你們的根本錯誤，乃是以爲共產派加入國民黨，不是促進國民黨而是陰謀破壞國民黨。你在『國民革命與中國國民黨』那本小册中，在理論上事實上，指摘我們的話很多，此處不便具談，只擇你指摘我們陰謀破壞的部分，加以負責的答辯。

（一）你說我們：『只借中國國民黨的軀殼，發展自己組織』，你又說我們：『只盡量在中國國民黨當中擴張C.P.或C.Y.的組織，并且盡力的使非C.P.非C.Y.的黨員，失却訓練工作的餘地』。我不知你這些話從何說起？　在理論上，C.P.和C.Y.之發展，須以有階級覺悟并眞能實際參加階級爭鬥的分子爲合格，決不是隨便在國民黨員中可以廣張的；如果像你所說，未必能夠破壞國民黨，實際却是破壞C.P.和C.Y.。　在事實上，據我所知，年來由國民黨員加入C.P.的很少很少，比較C.P.加入國民黨的大約不及百分之二，比較由C.P.介紹加入國民黨的大約不及千分之五，究竟是國民黨幫助C.P.發展，還是C.P.幫助國民黨發展呢？

至於說到我們盡力的使非C.P.非C.Y.的黨員，失却訓練工作的餘地，你未曾舉出事實，我們不知你何所指；我們只不懂得，我們有何權力能夠使非C.P.非C.Y.的國民黨員得着失却訓練的工作的餘地？

（二）你說我們：『這一次在選舉中所用的手段，所取的態度，很像要想一舉便把非C.P.的排乾淨。』　在理論上，一黨中各派選舉競爭，不一定是壞現象，大家對於選舉冷淡，反不是好現象。　在事實上，我們因爲他組工作忙迫，於國民黨代表大會及省黨部選舉運動，都無暇特別注意，或者有點抱歉。　至於說想一舉把非C.P.的排乾淨，在事實上這是可能的而且是必要的嗎？　請你就近查看蘇浙兩省當選的分子是怎樣！

（三）你說我們：『只單純的利用國民黨政治的保護力和經濟的維持力，擴張自己的生命。』　除廣東以外，我們不知這國民黨在何處有政治的保護力？　如果說在帝國主義者反動軍閥勢力之下，國民黨不至和C.P.同受壓迫，并且對於C.P.還有政治的保護力，恐怕這不是國民黨名譽的事！　至於說經濟的維持力，我們更不懂解了，我現在負責向社會聲明：中國共產黨各級黨部向來不曾和中國國民黨發生過經濟的關係！

（四）你說我們：用『縱橫家的手腕』，『挑撥，想使蔣介石同志和許汝爲同志衝突，…他們從中擴張勢力。』　提起這件事，使我十分沉痛！　當時蔣許兩先生的意見衝突，已有長久的事實，並且其衝突還要發展到他們兩人以外；我們以爲這種衝突會使廣州政府根本搖動，這實是中國革命運動一極大損失，因此想你能盡力調解這種衝突。　這種內部衝突，實是革命政府一個生死關頭，你實有能夠調解的資格，却不披髮纓冠而往救，很悠游的坐在上海著書，已經不是革命家的態度了。　不但如此，我向你報告這種衝突的危機，你閉着眼睛硬否認事實！　你不悟掩蔽事實是無用的，反說是我們想挑撥蔣許衝突，於中取利。　此時中國只有僅少可用做革命的軍事勢力，因此，我們即對於由北方軍閥勢力蛻化出來的國民軍，尚且不願其內部有衝突事發生，何況是國民黨的軍隊。　如果有人挑撥許蔣衝突，這不僅是損害國

民黨，簡直是破壞中國的革命勢力，簡直是爲英國和張作霖工作，簡直是反革命的行爲，你說他是縱橫家的手腕，還未免太過客氣了！ 至於我們一些不肯掩蔽事實的公開批評，你都看做是挑撥離間，這是由於你們以爲我們加入國民黨是陰謀破壞國民黨之根本觀念所致。

(五 你說我們：「絕對不許單純的國民黨員加入工人運動。 如果在工人運動的同僚當中，發現出一個單純的國民黨員，便不惜運用種種的手段去誣蔑他，破壞他，務必要使這一個人不能立足而後已。 這一件事的證據已經發現得不少了。」 這些不少的證據，你不會舉出一個來，我們視爲憾事！ 若是指在北方的張德惠楊德甫諶小岑和上海工團聯合會一班人，還是不舉出來的好，免得所謂單純的國民黨員在工人羣衆中喪失信用。 可是我們絕對沒有權力不許這班人加入工人運動，你應該知道香港和廣州的工會領袖大多數都是單純的國民黨員。

○ ○ ○

此外我還有兩件事要忠告你：

(一)當年康梁反對同盟會的革命說，大呼革命共和足以召瓜分亡國的話來嚇人；現在你反對階級爭鬥說，也大呼「使國民吃不必要的痛苦，負無所得的犧牲，那就眞可憐極了」「把青年的思想化成僵石」「不能不替中國悲傷」等話來嚇人，眞可以不必。 康梁輩以爲君主立憲儘可達到政治改造之目的，主張共和革命者，何嘗不是使國民吃不必要的痛苦，負無所得的犧牲呢？

(二)邵元冲先生說：「一個團體必須有一種傳統慣例或習慣，存在於團體成員的意識中……新團體員的加入，第一要緊是承認傳統慣例和習慣。」 這幾句話或者道着了國民黨改組後內部糾紛之眞正原因。 改組以前，國民黨的傳統慣例和習慣究竟怎麼？ 然而你又深嘆舊黨員們「江山易改本性難移」，似乎你對於黨的舊有慣例和習慣，也懷着多少反叛思想。 戴季陶先生！ 我也知道必有許多人要利用你的著作，做反動宣傳：你不應只恨他們利用你的著作，你須仔細想想你這個著作爲甚麼能夠爲反動派利用，對於這一點，你須深加省惕！

十四年八月卅日

巴黎獄中寫來的一封信

任卓宣

旅法華人此次因做反帝國主義運動，大受法政府的搜索，檢查和逮捕。 但自我於六月廿四日被捕以後，法政府對華人的壓迫，我一點也不知道了。 對於我們約廿人被逮捕後的壓迫，我却完全知道。 雖是我對於其他各被逮捕者姓名不很清楚，沒有會過面，也沒有通過信，然而我的痛苦情形，也就是他們的痛苦情形，因爲帝國主義政府對於我們被逮捕者的壓迫是一樣的。 因此，我就大概敘述我所經過的狀況，以作我們共同感受的壓迫狀況之一個具體、明白而眞實的例子。

六月廿三日，法警到我家，因我不在，廿四日復來， 下午二時許，適我自外歸，遂捕我到警察總廳，頗受打罵。 被逮捕者無抵抗強橫的行爲而受打罵，這顯然是例外的事，是帝國主義所加於我們被壓迫人民的野蠻待遇。 不久，警察即押我到巴黎第七區辦理此事的警廳去，旋即隨同他們到我家搜索，將一切像片，信件及筆寫之物，全部拿去，書報箱棹等物，弄得糟亂不堪，儼如受了搶刦一般。 搜索後，復到七區警廳。 身上也被檢查數次，最後乃脫去領帶等物，拘留於一小室中。 內無床鋪，簡直時坐時立的經過一個通夜。 文

即坐囚車到警察總所附近拘留所，經過了無數的麻煩——如報到、開履歷、驗身、打手印、照像等等。　下午押到法庭點名，因無律師，不詢問，立即用囚車送到巴黎十四區『三德』(Sante)監。　到監又經了無數的手續，很野蠻的關口，然後才送到監中第十區第卅一號房間去，這就叫做下獄。　在這一天半中，僅僅吃了點冷水麪包！

這個監很大，有樓三層或四層，廊道迂迴，院宇深邃，好似阿房宮一般，不知道可容多少被壓迫被統治的民衆。　監中每人一室，每室不大不小，剛可住一人。　室之四壁皆極厚之牆，只是向外之面有二玻窗，一開一閉，俱甚高。　其已開之窗，開法奇異，只能透入一點空氣，一點陽光，看得着斗大的天。　門外加大鎖，門中央一木窗，大如升，作爲送入食物信件及看守人在外監視之用，平時一律緊閉。

彼監禁者在室中，絕無出入自由。　至於設施，極簡單，有一桌一凳一床，俱粗陋，固定一處，不能移動。　另外只有一自來水管，一厠所，洗臉盆都沒有。　監中人的起、坐、散步、睡眠、飲食、洗臉，便溺，俱在這一間房子裏面，眞如籠中之鳥一般！

每天發一塊黑麪包，係麥麩粉子作的，又黑又齷齪。　上午九時送一碗清湯，下午又送一碗湯，湯中無油，亦無他物，有時有一二片小菜，有時有幾顆豆子，然而齷齪得不堪；虫、石粒、腐爛了的菜頭，甚麼都有。　每星期有兩片半生半熱又臭又難看的牛肉。　食時無食具，完全用手，若果有錢到，可以買刀叉；然刀是一片白鐵，沒有刀口，截麪包都截不了，叉子調羹均是木製的，粗陋不堪。　若果有錢到，亦可買食物，但食物的品類，正同用物的品類一樣，萬分簡單，通是有限制的。　價錢則甚貴，比外面的貴半倍，且明明白白地要另外加百分之十。　我由六月廿五至八月中，將近兩個月，總共約過了一個月沒有錢專吃黑麪包和清湯的素食生活。　中間斷斷續續地曾買過用物和食物：因爲國際赤色救濟會法國支部曾給我匯過三次錢來。　至於其他第十幾個坐監的朋友，以監中禁止寫中文信，而他們又大都只能看法文不能寫法文之故，救濟會無法探知其姓名和房間號數，不能匯錢，至今還過上述那種慘無人道的痛苦生活。　這是從我幾次寫信給救濟會請其援助他們而最近救濟會覆我的信中看出來的。他們不知是如何悽慘啊！

監中有若干小院，每一院用高牆區分爲若干極小極小的格子，差不多每天看守人要把坐監者押送到此極小極小的格子內散步五分鐘，此時便可看見天日，呼吸空氣，以外就要會人，到法庭領掛號信等事，才有機會出囚室一步。　監中人終日在囚室中，無報無鐘無曆書無人談話，晚間又無燈；只是孤孤單單，枯燥已極地時坐時走焦慮歎息！

我們外間的朋友，因爲法警的監視，不能通信又不能來監看望。　我內面寫出的信，除對律師有書信祕密之自由外，一律要寫法文信受檢查，收入的信也是這樣。　我比其他坐監朋友還好的，就是有律師來看望，設法寫了些中文信秘密寄出。　監中每週發書一本，然皆是無聊之物，又不能自由索取，每兩個星期要用水洗囚室一次，用布用沙擦厠所一次。　這便是囚室中的日常生活狀況。　（未完）

本報啓事

本報杭州通訊處，現因特種原因，暫行停止。　從下期起，凡與本報杭州通訊處往來函件，一律寄交廣州本報通訊處。

The Guide weekly

嚮導

週報

第一百三十一期

一九二五年九月廿五日

——零售每份銅元四枚——

中國共產黨為總工會被封告工友

親愛的上海工友們：

你們所受奉系軍閥最近的摧殘——封閉了你們的總工會及各業各廠工會，這不但是中國工人階級的不幸，并且是中國民族運動的不幸，因為中國的工人階級尤其是上海的工人羣衆，已經是中國民族自由運動之急先鋒。

奉系軍閥久已公然做帝國主義者的走狗，在山東，在天津，都為了替外國帝國主義者壓迫中國的民族自由運動，封閉了許多工會，殺了許多工人，現在他們又在北方壓迫唐山礦工罷工的工友，在上海壓迫你們了！

你們此次被摧殘的原因更是複雜：第一、英國帝國主義者看見日廠工人上工，他的勢力孤了，更急於要命令他的走狗封閉你們的工會，好叫你們無條件的上工；第二、日廠工人上工後，日本帝國主義要大批的開除工人，恐怕工會領導工人反抗，所以也不得不命令他的走狗封閉你們的工會；第三、段政府想在關稅會議求外國帝國主義開恩多加點關稅，恐怕人民堅持關稅自主怒惱了洋大人，所以急於壓迫人民的集會結社言論出版自由，上海工會是人民團體之最有力最急進的部分，更要解散他以見好於洋大人；第四、江浙戰爭又日見緊迫，直奉兩系軍閥都急於各在杭州上海封閉工會，肅清內部的障碍，第五、資產階級不但嫉視工人階級，并且向來都是為了自己的利益便不顧國家和民族的死活，所以五卅運動以來，全中國的資產階級都厭惡工人階級阻碍他們和外國帝國主義者妥協的道路，尤其是上海自各中國廠罷工以來，紗廠聯合會更公然請求軍閥壓迫工會，總商會也希圖破壞現在工人的工會，再由他們出來組織歸商會操縱的工會；第六、工團聯合會及其變相的工團自治聯合會這班工賊們，一方面用暴力打毀總工會及恆豐紗廠工會，威嚇小沙渡各工會，一方面向戒嚴司令部造謠密控總工會，這也是軍閥藉口摧殘工會之重要原因。

這些複雜的原因湊合起來，上海各工會遂至不免於奉系軍閥的毒手了！

上述六個原因之中，前四個都是外來的壓迫，雖然一時能破壞工會這一形式，

卻不能破壞工人階級內部的團結，或反而使內部的團結更加堅固起來。

眞正能夠破壞工人團結的乃是後二項：工會由商會操縱，這種工會是爲資本家利益而存在的，不是爲工人利益而存在的，有工會還不如無工會，替外國帝國主義及本國資本家做走狗，破壞工人團結，這本是工賊的職務；工賊破壞工人團結，或者用硬的方法，打毀工會及工人，或者用軟的方法，混在工人羣衆中，造謠誣蔑工人的領袖及最能幫助工人的共產黨，使工人孤立無援，又或鼓吹地方主義，拆散工人階級整個的產業組織，不但使工人不便罷工，幷且使每個工廠每個產業的全體工人以籍貫不同而分裂，而競爭，爲資本家所利用。

親愛的上海工友們！　你們已經組織成了偉大的力量，你們的工會雖然被封了，軍閥們只能一時封閉你們的工會，不能永久封閉你們的工會，更不能封閉你們萬衆一心的團結精神。　只要你們的內部團結不爲商會及工賊的陰謀而渙散，帝國主義者軍閥外面的壓迫，都是不足惜的。

現在的中國工人已成了一種社會勢力，不像從前那樣容易壓服了；各省都有了工人的組織，幷且有了全國工人的組織，幷且有了代表工農利益而奮鬥的政黨——中國共產黨，幷且全世界各國的工人階級及共產黨，都要實力援助你們。　你們已經不是孤立無援的了，不可因工會一時被封而灰心，應該萬衆一心，不斷的奮起！

打倒軍閥！

打倒帝國主義！

工人團結萬歲！

中國共產黨中央執行委員會

我們對於關稅問題的意見

獨秀

現在的中國關稅問題，已經不是一簡單問題；不但在中國民族之經濟的解放是第一重要關鍵，中國人民應該力爭關稅自主，帝國主義者間及軍閥間，都會因此次中國關稅問題，惹起極大衝突。

英國帝國主義者，對付五卅怒潮的政策，一眼看定中國軍閥政府只要有錢便肯賣國，故五卅運動一開始，他便提議和五卅事件毫不相關的關稅會議，以餌中國軍閥政府，使之抑制中國人民的民族運動，他這政策現在果然收效了。　關稅會議如果眞能平息五卅怒潮，關稅會議如果只能有二五加稅的結果，則英國所得已多，所損失的進口加稅，以他的精製品，比日本的粗製品所損失的猶少。

然而帝國主義的日本，爲什麽也贊成關稅會議呢？　日本有大宗粗製的日用品輸入中國，因增加進口固小有損失，但是他能在關稅會議攫取中國總稅務司的地位，則所得甚大，保證西原借款的利益，猶在其次。　對華貿易額，日本已駕英國而上，居於第一位，在法律上已有取得中國總稅務司之口實；在政治上又有安福政府的暗助，他看出奉張會竟至袒英，遂乘國民黨與國民軍有單獨對英的主張，設法接近他們，利用他們，尤其要利用馮軍，以威嚇奉張，因此或者能遂其野心。　不過總稅務司一致用日本人，便是支配中國財政的特權從英國手裏，轉移到日本手裏，這件事英國帝國主義者又何能忍？

美國帝國主義者，又何以贊成關稅會議呢？　美國對華貿易額本不甚鉅，受中國進口加稅的影響尙小，卻正可因緣關稅會議，發揮其華盛頓會議之最得意的主張——門戶洞開，機會均等。　關於總稅務司問題，美國必助英而抗日。

法國帝國主義者，對華貿易更不及美國，所以也贊成中國關稅會議，藉此保證其金佛郎案所得利益。　英法兩個帝國主義者衝突甚烈

，關於中國總稅務司問題，法國會左袒日本。

以上是帝國主義者之間在中國關稅會議中的利害衝突。

在國內軍閥方面，無恥的奉張，對於各地五卅運動，始終是用高壓政策，把參加五卅運動的主要團體看做眼中釘，時刻想拔去而後快心；可是到了由五卅運動所喚醒帝國主義者久已忘了的關稅會議，他卻當仁不讓，想壟斷未來的二五加稅，使梁士詒組閣，做他的外府。

安福政府，對於日本想援取中國總稅務司，固然是一樁好買賣，就是二五加稅，他們不到山窮水盡，也未必肯睜着眼讓奉張拿去，段張間也許為此問題，由暗鬥而至明爭。恐怕民衆運動拆散了他們二五加稅的好夢而取高壓政策，這是段張同樣的心事。以前段政府因為藉外交以固位的政策，對於民衆運動，取取敷衍態度，現在不但修改不平等條約已拋到九霄雲外，而且深恐愛國人民堅持關稅自主，觸怒了外人，破壞他快到手的財喜，——二五加稅，因此拿出本來面目，公然禁止罷工，干涉集會結社，查禁共產黨，封閉報館，封閉上海的一切工會并拿辦其領袖，以取悅於外人了！攫得二五加稅者非張即段，常然於馮無與，所以馮主張關稅自主，不主張在現制之下要求加稅；可是他近來頗接近日本，將來關於總稅務司問題，他是否能夠貫徹關稅自主的主張而不袒，還是一個疑問。

以上是軍閥　對於關稅會議的利害衝突。

我們中國人民，尤其是五卅以來參加民族運動的民衆，對於此次關稅會議，應取如何態度呢？　會議是定要開的了，我們不必根本反對這個會議，我們要在這個會議廢止現行的協定關稅制，中國的海關，應歸中國國家自主，我們反對繼續現行制度，在現制度之下要求加稅。在現制之下要求加稅，即使不以廢釐為條件，進口加二．五，每年不過二千萬元左右，而加至一二．五，也不過七千萬元左右，以錢數二千萬元或七千萬元，出賣國家主權及國民經濟發展之命脈，軍閥政府固優為之，人民決不甘如此！

我們所謂關稅自主，具體說起來，乃指稅則自主與管理自主二事。稅則能自主，然後進口稅何項應加重（如奢侈品），何項應減少（如機器及教育用品），出口稅何項免稅（如絲茶及工業製品），何項應重稅或竟至禁止出口（如穀物及棉花等工業原料），才能夠照實際需要，隨時自由增減，以保護本國工商業之發展，這就叫做保護關稅政策。管理能自主，然後稅務司不論任用本國人或外國人，一切用人行政支配稅款，才能由中國自由處置。現在中國的海關，稅則不自主，無論進口或出口，都須得外人同意，不但不能自由加稅，并自由減稅或免稅也不能；管理不自主，全國稅務司等高級職員千餘人中，竟至無一華人，總稅務司則須任用對華貿易最優越國之人，大權外移，馴至中國政府不能夠支配稅務司，稅務司倒可以支配中國政府；不但海關稅收不存中國銀行，并且拒絕中國鈔票。這樣不自主的海關，在名義上雖然是中國海關，實際上，簡直是外國帝國主義者管理中國財政，保護外國工商業和阻碍中國工商業發展的總機關。

因此，海關自主與否，的確是中國民族之經濟的解放第一重要關鍵，倘舍此不圖，只想在不自主的現行關稅制之下增加關稅，則保護關稅政策不行，國民經濟便無自由發展之望，即所加之稅，無論加至若干，也是用整理外債及政費名義，歸到外國帝國主義者及國內軍閥手中，於中國國民毫無利益可言；不但無利益，而且進口稅一加，物價因之高漲，常言道「羊毛出在羊身上」，所增稅額，仍要輾轉歸消費者中國國民擔負。五卅以來，中國國民流了多量熱血，倘若連一部分經濟解放的關稅自主都不得着，結果反要國民拿出血汗來增加帝國主義者軍閥的收入，如此，五卅運動，不算是中國民族自由運動，成了為帝國主義者及軍閥增加收入的運動了，試問我們怎能甘心！

現在關稅會議快開了，凡是中國人，都應該奮起力爭關稅自主，

反對在現行關稅制度之下要求加稅，全國的商會工會農會學生會等一切人民團體，都應該立即表示一致的態度：對於在此次關稅會議不承認中國關稅自主的國家，加以罷工排貨的長期抵制；對於只圖加稅不力爭關稅自主的中國政府，立即請他下野。

中國如果眞有愛國的軍人，他能拿起鎗來討伐賣國軍閥，則這種戰爭，才不是軍閥間的地盤戰爭，才比什麼直皖戰爭直奉戰爭國（國民軍）奉戰爭都有價值，因爲他是愛國與賣國之戰爭，不是爲了一派軍閥的個人私利。

我們也要忠告全國商會，你們須要堅持現在的態度，幷須聯合全國各階級的民衆，力爭關稅自主到底，不可因爲容你們在內債方面分得點賸便中途妥協；更不可持單獨對英的謬論，附和安福政府爲日本人爭得總稅務司地位！

我們說要廢除領事裁判權，帝國主義說要調查司法；我們說要關稅自主，帝國主義者又說要調查什麼？ 除不平等條約外，帝國主義者直無絲毫理由可以拒絕中國關稅自主的要求。 若以担保外債及庚子賠款爲詞，也是無理取鬧，卽令我們不否認外債及庚子賠款，關稅自主仍與外債及賠款之担保無傷，因爲用做擔保的只是海關收入，幷不是海關主權——稅則制定權及管理權。

裁撤釐金，固然是全國人民急切的要求，但絕對不可拿做關稅自主及加稅的條件；因爲關稅應該自主，釐稅本來自主，裁釐應該是自動的，關稅自主及加稅應該無條件的。

我們所要求的關稅自主，不但是無條件的，尤其應該馬上實行，不加限期：有條件有限期的關稅自主，便是帝國主義者一個騙局。在限期未到以前，他們當然不須實行，不妨僅以口惠和緩中國人民的空氣，卽將來限期到時，他們又可藉口中國未曾履行某項條件，擱置前議，華盛頓會議關於中國關稅會議之執行延宕至今，便是一個榜樣，這也是關稅自主運動中，我們應該注意的一要點！

巴黎獄中寫來的一封信（續）

任卓宣

監中看守人，都是統治階級的走狗，帝國主義的爪牙，他們對於我們這受壓迫的中國人，比對於法國人要可惡些。 輕侮、駡詈、叱咤，好像主人待奴隸一樣，宗主國壓迫殖民地，原來如此！ 看守人白日夜晚都要每隔一二時到囚室外監視一次，坐監人若出囚室去會人，取信，不論如何，只要是停步等待時，便須面壁而立，便溺亦須得看守人之允許。 到法庭來往，要經過若干個關口，然后才坐囚車，囚車二馬四輪，中分十數小室，大如斗 恰可容一人，人坐其中，如人棺木內一般，不能起立，不能外望，到法庭後，先點名，入待審室，室極小，極齷齪，三四人共一間。 審問時，由一個穿軍服帶手槍的人，用鐵鍊牽被審者之手，帶到審判官面前去。 審問畢，如法帶回待審室，然后用囚車解送回監。

我到監中，只審問過兩次，一次問我六月二十一日到使館示威否？爲甚麼要去示威？ 何故成羣成羣地去，不派代表？……一次將在我家所獲的文件，拿來詢問，只可惜一點有關係的文件也未找得。但是官庭翻譯將兩信竄改並揑造一些，說我是國際黨行動委員會的書記，與柏林、不律悉、莫斯科都有關連。 當時除否認並答辯外，以後屢寫信去請法官由我翻譯由他請人校對，有疑問時，當場面詢，法官置之不理。 對於審問，亦極簡單，不完全，我也曾屢次寫信法官，並託律師代爲請求，再行審問，好補足我從前所未說的，法官對此亦置之不理。 因此，我在七月廿六日曾系統地詳細地寫了一對

辯護書寄法官。 但到如今，已坐監快滿兩月，仍不審判，長久地關起就是。 並且我們的事件是政治問題，照帝國主義的法律說，應當作政治犯看待，而今却視同偸盜案一般。 這是法政府對於我們被壓迫人民的分外壓迫！

以上便是在正義戰勝理性統治之下的監獄生活！ 以上便是在自由平等博愛的祖國內所享受底自由平等博愛！ 請看法蘭西帝國主義是何等的壓迫我們！ 我想一定有人說這是你們犯了罪的緣故。 我們果眞犯了罪麼？ 沒有的話！ 現在再將帝國主義所加於我們的罪名及我的答辯說一說。 在此處，我只是將我寫給法庭那封辯護書翻譯出來，大家便可明白了。 原信和辯護書後面的附白俱不錄，茲錄辯護書正文如下：

『六月廿一日旅法華人示威運動事件

原因

甚麼是六月廿一日示威運動的目的呢？ 這個在中國使館內的示威運動，亦如旁的示威運動，沒有個人的目的，只有集合的目的，即是說為衆人之衆人的目的。 這目的很明白地有兩個：

（一）攻打帝國主義 因為帝國主義是中國人民的壓迫者，而陳籙公使就是帝國主義的奸細。 在陳籙之前示威的意義，即是在帝國主義之前示威的意義；並且巴黎是歐洲帝國主義的一個中心，示威於巴黎中國使館，就如示威於帝國主義內部一樣。因此，我們曾把為六月十四日在巴黎街上示威的旂幟搬到使館去了。 在那些旂幟上，一致的口號是：「推翻國際帝國主義」「中國是中國人的」「要求廢止帝國主義所強迫於中國的不平等條約」「要求中國獨立」「華歐人民之親善萬歲」「中國現在的運動不是排外的而是民族的和社會的」等等，這是犯罪麼？ 假使我們為攻打帝國主義而成為罪人，那便須先處罰帝國主義，因為牠是進攻者，我們被壓迫人民不過是為生存利益的衛護者罷了。

（二）攻打叛徒 因為陳籙公使純粹是中國人民的叛徒——民賊。 他對於這次國民運動的背叛，曾明白宣布而且列成七項載於對法歐人民宣言之上。 這個宣言當六月廿一日舉行示威運動，曾在使館附近發散，六月廿二日的人道報又是登出來了的，大家可以看見。 為使這個叛賊盡一點責任，我們曾要求他簽名於下列四個必要的文件：

（一）寄中國人民的電報，在這個電報內，陳公使表示其對於反帝國主義運動的同情，並鼓勵人民繼續工作，直至獲得完全的解放；

（二）寄法報一個通知，解釋目前瀰漫中國底運動，絕不是如一切法蘭西帝國主義報紙所武斷所喧載的排外運動；

（三）寄法政府一通牒，要求牠撤退在華軍隊，放棄其既得權利，讓中國人民自決並予集會自由於旅法華人；

（四）寄旅法華人大會及報紙一封保証信，公使在這封信內，表示其過去保護僑民未周的歉意，并願確定僑民一切出版集會示威之自由於將來。

這就犯了罪麼？ 假如我們為曾示威於使館內而成為罪人，那便須先制裁公使，因為他是一個叛賊，我們中國人民不過是要求他履行一點職責罷了。

（未完）

寸鐵

『赤化』與『過激』

每個愛國運動發生，帝國主義者便大喊是：『赤化』『過激』。現在江西方小軍閥逮捕焚燒英貨的學生後，復派人檢查各學校有無『赤化』形跡，彷彿愛國運動只有赤化的先生們才肯去做的，如此，

赤化！赤化！你真可寶貴了！　（實）

康有為與奉系軍閥

康有為是一個著名的復辟犯，不但是既往，現在還是繼續活動。他於本月六日由青島到濟南，公然下榻督辦署，公然到東魯中學講演，馬上還要到奉天去，這尚成何世界！　奉天軍閥一面壓迫愛國工人學生，一面歡迎復辟犯，這又是何種世界！　上海人只知道攻擊江亢虎，未免有點欺弱吧！　（實）

康有為章士釗戴季陶

戊戌前後的康有為，未嘗不是一個新奇的怪物，隨後那樣開倒車。愛國學社的章士釗，何嘗不反對康有為；即甲寅月刊時代的章士釗，又何嘗不是論壇健將；現在也跟着康有為開倒車。　民權報時代的戴季陶，何嘗不大罵章士釗；星期評論的戴季陶，更是大談其社會主義及工人運動；我盼望他將來不至跟着章士釗開倒車！（實）

段執政的『甲寅』

自甲寅週報出版，許多人責備章士釗過於開倒車，胡適之竟說『老章又反叛了』，滑稽的吳老頭兒更至登報報告『友喪』。　其實大家都錯怪了章士釗，因為甲寅週報乃是段祺瑞的機關報，并不是章士釗的機關報，只看該報登載許多肉麻的話恭維段執政便知道。　又有人說：甲寅週報記者孤桐，不是章士釗嗎？　這我更為章士釗辯護了，辦理甲寅週報的股款，都被章士釗送到交易所了，現在不恭維段祺瑞，這週報那來的經費出版，而且教育總長的位置又如何保得住？　（實）

資產階級的民生主義

上海華商紗廠聯合會，呈請戒嚴司令部，出示禁止罷工，『以維實業而保窮「民生」計』。　這些仁愛的資本家，想必是受了戴季陶的感化，也來高談民生主義了！　（實）

奉軍之大義滅親

上海戒嚴司令部封禁各工會的布告，是說因為『總工會以及不合法之各工會仍復有阻止工人上工』，又一布告說『甚至以暴力脅迫，提議條件，無理要求，……現值上工期內，竟有此等敗類阻撓上工，試問是誠何心……所有阻撓上工之不良份子以及地棍流氓，應候查明拿辦』。　照他們軍閥的意思，自五卅來，這班中國的敗類不良份子以及地棍流氓，鼓動工人罷工，已經使大英國大日本國損失不小，現在應該無條件的上工了，提條件便是無理要求呵！　大英國大日本聽到這個消息，必然又要笑着稱讚奉軍到底能辦事，在天津在山東在上海，都能為了外人的利益，『大義滅親』！　這回若無奉軍出力幫忙，帝國主義者對於中國的愛國運動，眞是沒有辦法！　（實）

帝國主義者不可無走狗

在天津在山東在上海，帝國主義者利用他們的走狗，壓迫罷工運動，都收了效果；可是據上海新聞報香港電：除某國（指英國）外，駐粵各領事聯合請求罷工委員會，取消對外罷工，恢復商業。　為什麼他們不用在上海的辦法，要求廣州軍警封閉罷工委員會，反而向那『敗類不良份子以及地棍流氓』所組織的罷工委員會去請求呢？　帝國主義者必然說：這是因為我們選用的走狗楊希閔魏邦平都失敗逃走了！　（實）

帝國主義者為什麼幫助反動軍閥

上海新聞報香港電：港商因汕頭已為陳軍佔領，工人糾察隊盡逃故連日紛紛運貨赴汕。　這就是英國帝國主義者，不斷的幫助陳炯明楊希閔魏邦平等反動軍閥的唯一原因，也就是商人階級疾視愛國運動的機關之唯一原因。　（實）

是誰的國家？

集會結社之自由，載在民國約法，現在天津教育廳通告中等以上

各校，禁止學生集會結社，有危害國家行動，違者嚴罰。 不知他所指的國家是誰的國家？

（實）

張宗昌治下的山東

（山東通信九月二十日）

8 生

自奉系最殘暴的軍閥張宗昌督魯以後，給山東人民的是：『殘殺愛國志士』『封閉愛國團體』『禁止一切集會』『箝制輿論』『橫徵暴斂』……這些事實因爲張宗昌明白通告各報社禁止揭載，違者即鎗斃，故水深火熱中山東人民的悲哀呼聲，不得傳布於外。 今將張宗昌督魯後，賣國及殘殺人民的成績，按上列所舉分述於下：

（一）殘殺愛國志士——「五卅」慘案發生後，各地民衆均風起雲湧參加反帝國主義運動，以求中華民族解放，尤其工人階級成這次偉大運動的領導者主力軍。 在青島方面膠濟鐵路總工會領導全埠民衆高揭打倒英日帝國主義的旗幟。 因此遂招著名媚日奉系軍閥之忌，他的主人——日本帝國主義者——曾屢催他壓迫愛國民衆，惟因民氣正在澎湃的時候，沒敢下此毒手，但已經暗伏殺機了！ 待青島日紗廠第三次罷工時，青島紗廠工人因爲根本妨害日本資本家的利益，張宗昌便不顧一切的下令動員，橫加毒手。 首先封閉他眼中釘的膠濟路總工會，中青慘案後援會，逮捕工人領袖，鎗斃工會職員王倫（李慰農）及表同情於工人的公民報記者胡信之，在煙台方面槍斃作愛國運動的學生六人及商會會長。

（二）封閉愛國團體——在濟南方面，在這次「五卅」運動反抗帝國主義運動中的學生，作各界民衆的先驅，濟南學生聯合會就成了指揮這次運動的總機關。 張宗昌壓迫愛國運動時，便首先封閉該會，並通緝學生及教員，嗣後，將濟南市民愛國運動集中的團體——市民雪恥會，及各校教職員滬案後援會，也封閉了。 在青島的學生聯合會，市民滬案雪恥會，膠濟鐵路總工會，及中青慘案後援會；煙台的各界滬案後援會，學生聯合會等，接二連三的都封閉了。 並通令各縣嚴禁人民參加愛國運動，違者即以軍法從事！

（三）禁止一切集會——張宗昌將「五卅」運動中，中堅團體相繼封閉後，猶以爲未足，又通令禁止人民一切集會，即山東銀行公會亦宣布解散，商會亦不敢公開集會（但爲籌軍餉或有利於他的事體不在此限），省議會亦無形解體，濟南麵粉工會，興順福工會，電燈工會，洋事工會等均遭禁止！

（四）箝制輿論——張宗昌在山東作下無數的重大罪惡，恐傳佈於外，特將各報社及通信社記者，傳至督署，當場告各記者說：『今天我請你們大家來，沒有別的話說，就是你們的報上登載的消息，只許說我好，不許說我壞，如有那個說我壞，我就以軍法從事』；以後就無形的倒閉了濟南報館半數以上。

（五）橫徵暴斂——張宗昌督魯後之苛捐雜稅，增至十餘種之多，各界均受其害，其中受害最烈者即爲農民。

A農民捐名如下：

1.軍事特別捐——即地畝捐——每納銀一兩附加大洋二元二角；

1·軍鞋捐——每納銀一兩附加大洋三角；

3.軍械捐——每納銀一兩附加大洋一元；

4.建築軍營捐——每納銀一兩附加大洋一元八角。

以上四項是普遍的，此外在富農方面有富捐，按財產多寡規定之。

B商人及城市居民捐名於下：

1.金庫券——此項紙幣無兌現機關，強迫商人收用，違者槍斃，第一期印行九十萬元，第二期九十萬元，第三期二百萬元；

2.銀號押金——山東各銀號營業，均須先有押金，然後方許營業，押

金多少，以出錢票多少為標準；

3.房產捐——前各城市房產均不納捐，張氏督魯後，即欲實行繳納房產捐法，捐款之數目，至今無確切規定，大約不日即將公佈；

4.增加膠濟路貨捐——在直系政府時代，膠濟路貨捐甚微，今則改訂如津浦路同；

5.富捐——（詳上文）。

C.一般普遍捐名：

1.人捐——按人頭抽捐；

2.狗捐——每隻狗捐大洋五毛，否則槍殺，在濟南市每見數百隻狗拉出郊外掩埋；

3.牛捐——每隻出口的牛，從前是捐四元半，現每隻捐洋十元半；

4.縣知事押金——山東縣知事缺分上中下三種，即大縣、中縣、小縣：上縣縣知事每年押金三萬元，中縣縣知事每年押金二萬元，小縣縣知事每年押金一萬元。

以上敘述張宗昌對魯各界壓迫情形，再將各界對張宗昌之表示分述於下：

（一）工人——工人階級是各階級中反抗帝國主義及軍閥的有力的先鋒，雖暫時在殘暴無情嚴重壓迫之下，表示屈服，而其實一種偉大的勢力，現正在潛伏中日益發展，有機會即可作有力的反抗。在山東的人民團體，除軍閥官僚御用的外，能存在的只有工人團體，這便是一個鐵證。

（二）農民——中國農民還是滯留在宗法社會裏，最近農民怨恨張氏之氣焰可謂已達極點，但是無法反抗，只知詛咒其「速死」。在歷城附近農民，每家為做一麵人背書張宗昌以碗盛之置於鍋旁，每炊飯時以開水澆之，化後投入廁所，每日二次。這種消極的帶宗法社會思想的詛咒，確是農民一種無方法反抗的表現。

（三）商人——山東商人素不過問政治，現在遭受這種無情的壓迫和剝削，亦漸知軍閥之罪惡，不過現在只是敢怒而不敢言耳。

（四）山東軍事現狀——張宗昌的軍隊與魯軍兩派，張宗昌軍隊在山東約有八萬人，其中有戰鬥力者：一、褚旅，二、俄旅，三、衛隊旅，四、迫擊砲隊，其餘均是新兵及直系殘兵，槍械尚不完備；魯軍現在有五混成旅一師一獨立營——即人字營，第五師師長與吳佩孚有淵源，恐不能為張氏用調，其他各混成旅長亦多係出自直系，因利害關係與五師師長孫宗先取同一步調之可能，七八月間魯軍與奉軍之衝突，為最利害的時期，濟南人民惶惶終日，以為大難之將至。其衝突之因，因張氏欲解除第五師（魯軍）武裝，第五師即築設大砲於營門口預備反抗，並聲言於必要時，三小時內可以大砲擊毀濟南城市，張宗昌鑒於形勢不佳，遂緩其解散五師之野心。奉軍軍士之生活在山東者，除上述有戰鬥力之四項軍隊外，其餘軍隊的生活等於獄中囚犯，每日發饅頭四個，以致終日不得一飽；至於居住更屬可憐，每間屋約住三十人上下；最近奉軍眼疾流行，一般軍士多染眼疾，結隊赴醫院治療者，日必數起，每隊不下三四百人，竟有至於盲目者。因居住之不能改善，故現在仍流行傳染不已。奉軍自三四月間發下一套軍衣，至今未發二次，一般軍士洗衣多在夜間，因無衣更換，裸體濯洗故也。因之奉軍有多欲潛逃者，但不得走脫，常被拿回槍斃。

The Guide weekly

嚮導

週報

第一百三十二期

一九二五年十月五日

零售每份銅元四枚

上海總工會被封與上海工人今後的責任

述之

上然總工會何以被封？ 我們要了解這個問題，須知道上海總工會，換言之，即上海工人在此次『五卅』運動中所演的作用。

在五卅運動中最能與帝國主義以嚴重打擊的，就是中國的工人階級，尤其是上海的工人與香港廣州的工人。 我們看見英日等帝國主義者有幾千萬噸貨物在上海香港廣州等處一點也不能上岸，我們又看見他們在中國沿海沿江所有的輪船一步也不能移動，他們在上海香港各地的工廠都完全關閉，他們的洋行甚至飯店，都歇了生意。 總而言之，就是他們在中國一切的活動都被停止了。 然而我們試問何以如此？ 是不是上海香港等處的海員、碼頭工人、工廠工人、洋行的職員、飯店西崽不給他們工作？ 我們又問何以上海香港廣州等處之海員、碼頭工人、工廠工人、洋行職員等不給帝國主義者工作，能堅持至數月之久呢？ 這層我想誰也能知道，是因為上海香港廣州的工人們都有了堅強的偉大的組織 總指揮機關。 這總指揮機關便是上海的上海總工會和香港廣州的港粵罷工委員會。 所以我們說五卅運動所以成為一個偉大的運動，能堅持至數月之久，與帝國主義以嚴重的打擊的，就是上海和香港廣州的工人，就是上海總工會和廣東的罷工委員會。 自然我們并不否認商人罷市學生罷學而奔走呼號以及各種民衆之熱心捐款濟工……等在五卅運動中之作用。 然而如果沒有上海香港五十餘萬工人之罷工，沒有上海總工會和港粵罷工委員會之堅決與機敏地指揮上海廣東香港的工人，我敢斷言此次五卅運動，決不能與帝國主義有何等打擊，決不能引起世界無產階級的同情，祇不過曇花一現而已。 我們看上海香港及各地商人之半途罷市而安協而反動就可知道。

因此帝國主義遂拼命地想摧殘指揮上海罷工工人的上海總工會和指揮廣州香港罷工工人的港粵罷工委員會。 但港粵罷工委員會在廣州政府統治之下，

帝國主義雖陰謀險狠亦無可如何，只能利用反革命軍閥——楊希閔劉震寰魏邦平梁鴻楷等謀倒廣州政府而已。 但在上海，他們則嗾使其走狗奉系軍閥，上海的統治者，摧殘上海總工會了。

現在我們可以說上海總工會被封之根本原因，是上海工人在五卅運動中所表現的勢力之可怕，帝國主義者看到此種勢力之存在，是將來要制他的死命的。 然而我們從反一面又可以看出此種勢力是救中國的唯一勢力，是能解放中國被壓迫民族的唯一先鋒軍。

我們曾屢次說過，要想把中國民族從帝國主義及其工具——封建軍閥的枷鎖下解放出來，換句說，就想達到中國國民革命的成功，只有中國的工人起來奮鬥，起來作領導才有可能。 上海是中國唯一的工業區，是俄羅斯的彼得格勒，俄羅斯的二月革命以至十月革命都是彼得格勒工人為領導，俄羅斯革命的成功也可以說是有彼得格勒的偉大工人羣衆的努力。 中國將來國民革命以至無產階級革命的成功必然依靠在上海工人羣衆之上。

我們知道上海總工會雖被封了，但是上海總工會在上海二十餘萬工人的腦中決不會消滅，一遇有機會，上海總工會馬上就會復活起來。 并且上海數十萬工人在此次五卅運動中，在上海總工會指導之下，已經學到了許多經驗，許多革命的初步方法，將來再進一步，就要走上武裝暴動的道路，走上武裝革命的道路，就要學彼得格勒工人的榜樣由二月革命而至十月革命。

上海的工友們！ 你們應認識你們的責任，你們在中國國民革命運動上在中國無產階級革命上所處的地位與使命。 你們是俄羅斯彼得格勒的工人，你們要準備領導并且訓練全中國的被壓迫民衆去消滅帝國主義與其工具軍閥，你們并且還須準備你們最後的中國無產階級革命工作。 上海的工友們！ 彼得格勒的工人就是你們的模範，你們向彼得格勒的工友那裏去學他們的革命經驗！

近東的新風雲

超麟

一九一四——一九一八年的帝國主義戰爭，萬分不是甚麼「最後的」戰爭。 這戰爭停止之後，帝國主義國家即刻準備新的，第二次的世界大戰。 這是資本主義發展的必然結果。 我們正處在帝國主義戰爭和無產階級革命的時期。 帝國主義國家間的武裝衝突時時刻刻都有爆發的可能，尤以最近的局勢底下，其爆發的可能更加明顯。

摩洛哥的戰爭，中國的屠殺，叙里亞的騷亂，保安公約下英國帝國主義聯合反動勢力進攻蘇俄的企圖——這些都是對我們證明新的，第二次的世界大戰已日迫一日了。

在這戰爭危機恐嚇底下，近東新風雲——英土為摩塞爾的爭持，尤進一步令我們回憶到一九一四年大戰未發以前的巴爾幹風雲。 雖然帝國主義的消息機關如路透社等不願多傳給我們以這些戰爭的消息，但我們是應該提醒這個問題之嚴重，以引起全國人注意的。

倫敦傳來消息，說嘉瑪爾已經派遣土耳其軍隊到摩塞爾邊境去。接着昂哥拉政府雖然出來否認這消息，且聲明并未派遣新軍到摩塞爾去，不過移動地方軍隊而已；但我們認定這種聲明理由是不充分的：十月一日路透社的君士但丁堡通信員電告土報登載土政府召集候備隊的消息和該社三日巴黎電土人在摩塞爾駐兵已及七萬五千人的消息，都可證明倫敦的消息并非造謠。 如此，以保存近東『歷史文明』自任的英國帝國主義將為摩塞爾問題，與土耳其由暗鬥而至於明爭。

摩塞爾——這是世界上有名的出產煤油的地方。 這地方居美索不達米亞北部，本是土耳其的轄地，一九二〇年協約國帝國主義迫君士但丁堡的土耳其政府簽訂了塞弗爾條約，把美索不達米亞分給英國

管理，於是摩塞爾遂被英國帝國主義視為囊中之物。 但這條約，昂哥拉的國民政府是死不肯承認的，所以現在之土耳其下動員令集中軍隊到摩塞爾，不久之前土政府驅逐基督教徒出境，以及土耳其代表拒絕國際聯盟的議案——這些都是土耳其要保護其對摩塞爾主權的表示。 然而摩塞爾在經濟上和政治上對於英國帝國主義在近東的政策都十分重要，自然英國帝國主義也要保護其對摩塞爾的「主權」，而採取相當的手段以對付土耳其。

可是，英土二國不是勢均力敵的，土耳其背後假使沒有奧援，必不敢輕與「世界第一名帝國主義者 的英國開釁；他方面，摩塞爾問題成為無法解決的國際問題之一已經很久，這問題本來就不是英土二國爭持的簡單問題。 因為摩塞爾是世界煤油的有名產區，若英國帝國主義固定佔有了摩塞爾，則其他帝國主義分沾煤油的權利便沒有了。 對這問題參加競爭的，除英國而外，還有法國意國和美國。 即拿法國做例罷。 按一九一六年的英法協定，美索不達米亞北部連摩塞爾在內本來應該劃歸法國管理的，到了一九一八年秋天，克列孟梭對英讓步把摩塞爾讓給英國，而由英國每年可買得美索不達米亞全境所產煤油額之百分之二十五。 但法國人，以及意國人美國人之欲與英國人均沾摩塞爾煤油的願望是無時或息的。 英土戰爭一起，為佔有摩塞爾的利益起見，這些帝國主義國家必不會站在英國一邊。 尤其是法國將與英國為敵。 法國政府的首領已經猜疑此次叙利亞騷亂有英國外交的搗鬼了。 英國在美索不達米亞勢力一鞏固，不但減少法國的煤油收入，而且更加引起了叙利亞的騷亂。 昂哥拉政府所以積極備戰，也就是因為知道有人為其奧援。

摩塞爾不比摩洛哥，嘉瑪爾強於阿白杜爾克林，英法等帝國主義在摩洛哥戰爭中還處在暗鬥的形勢，到了摩塞爾戰爭或將由暗鬥而至於明爭了。 我們在一九一四年巴爾幹問題中亦看見同樣的狀況，現在帝國主義正準備着新的大屠殺，洛迦諾會議恰是他們備戰的表示。

我們也準備着呵！ 第一次的世界大戰，結果出於國際帝國主義意料之外，竟把地球上六分之一的領土染遍紅色；我們又將有何種理由能夠證明此次新的世界大戰不更出於國際帝國主義意料之外，而把全地球都染遍紅色呢？

巴黎獄中寫來的一封信（續）

任卓宣

行動

在六月廿一日示威運動舉行後，法政府說我們犯了三種罪：（一）以陰謀侵犯住宅（Violation de la domicile par la premeditation et aguet-apens）；（二）損壞公衆使用之物品（Casse d objels d utilite publique）；（三）強迫簽字（Extorsion de la signature） 這是眞的麼？。」 請看我的答覆：

（一）以陰謀侵犯住宅 中國使館是中國人民使館的意思，並非陳籙居室，因為使館為全體人民所有。 假使陳籙不是中國公使——中國人民的代表，他及其家人有權居住於使館內麼？ 所以旅法華人示威使館，簡直如在自己的室中一樣， 又背叛了一次的二等書記李駿，會與帝國主義報紙一口同聲說中國使館是混合的地方，中國沒有完全的治外法權（其理由是：一、使館司閽為法人；二、使館最上一層樓為美人），這不是眞實的話。 當我們中國人民經過巴比倫街（Rue de Babylone 五十七號時，明明白白地看見那大門上有『中華民國公使館』這幾個字。 因此，使館內的司閽雖為法人，其為使館司閽無疑。 至於僅僅

住在最上一層樓的租客，我們從未去擎動他侵犯他，我們僅僅是在下面，因爲我們進使館一下就在地面那層的右邊辦公室內碰着了陳籙。　這便是司閽（法國人）和租客（美國人）自六月廿一日迄今都未起訴的緣故。　然而有所謂侵犯住宅之罪麼？　一點也沒有。

論到陰謀，大家都知道在使館的示威運動，爲六月十四日的華人大會所決定，同日廿一日的華人大會所舉行，全是一個群衆的偶發運動。　在法政府禁止六月十四日的示威運動後，有很多願意參加示威運動的華人，於時大爲憤怒。　因爲他們深知當法國政府和其他政府那些帝國主義的壓迫者有權送軍隊戰船到中國各大都會去搶刧財富殺戮工人學生時，我們被壓迫人民竟沒有權示威一次於巴黎。　於是他們中之知道布郎基街（Bd Auguste-Blanqui）九十四號社會黨者，俱自行集會於該處。　爲要達到這種目的，就是向歐洲帝國主義表示中國人民的憤怒和覺悟，向歐洲人民表示中國人民的友愛和要求這種目的，他們遂變更方法，決定在中國公使館內舉行示威運動。　此外，因六月七日華人大會之請求，由包括三千旅法華人之廿八團體於偶然間組織的臨時團體：旅法華人援助上海反帝國主義運動行動委員會對此示威運動，僅僅在其責任上，預備了一點文件（叫陳籙簽字的），召集了六月廿一日的華人大會。　然則還有甚麼陰謀呢？　事實已經明明白白地否認了。

（二）損壞公共應用之物品　示威者很有紀律。　他們對於在公使館內所遇着的人和物，從未擎動過。　他們損壞了辦公室內電話的一根電綫，這自然是一件意外的事情，並非出於有心。　同時，我們要知道這根電綫是中國人民的，即是說，是示威看自己的。　當人在其室中偶然損壞了他那常爲鄰人所使用的杯子，這犯了甚麼罪呢？　示威者偶然損壞一根電綫，正與此同。

此處應該注意，損壞電綫的不是我，且我未負任何責任。　當示威運動舉行時，我爲華人大會舉作代表，向陳籙談話去了。　這是示威者中被舉爲維持秩序之人的，才有責任可言。

（三）強迫簽字　說到強迫簽字，我分成底下三層答覆：

（1）當我們要求陳籙公使簽字時，他首先請我們讓他將我們所交與他簽字的文件看閱一遍。　看後，他遂要找他的二等書記李駿來商量。　不久，李駿到了。　在他們二人討論後，書記即叫公使簽字，公使於是接受其意見，將所有文件，一一簽字蓋印。　這是真實的情形。

（2）當我們進使館辦公室時，陳籙很恐懼。　我們先把他弄坐在椅上，然後才叫他不要恐懼，我們的要求只是要他簽字，以完盡其我們對於全中國此次國民運動和社會運動之職責，並以完盡他自由的義務。　很明白的事實，就是我們要求他僅僅用理，用話，從未用槍，用刀，用拳及其他任何暴力。　然則你們何故要去那樣多的人呢？　因爲他既不答覆我們的信於前，又不接見我們的代表於後，不得不多去一些人。　並且這是中國人民尤其是北京天津等地學生向中國官僚要求的一個習慣方法。　那末你們爲甚麼又要把持一切電話呢？　因爲，假使不這樣，他要用電話去叫法警來驅散我們，那時我們就不能與他談話，且不能進公使館，如像一九二一年在這個同樣的公使之陰謀內所經過的事件（勤工儉學生的二八運動）一樣。　另外，應當明白我們絕無殺陳籙——很小的一個民賊，於使館內的意思，故此，我們亦無打他的必要。　因爲六月廿一日的示威不是革命，在使館內革命，是一句笑話。　我們正如在國內的人民一樣，我們僅僅願意殺那些大的軍閥和官僚——貴族階級的餘孽，因爲他們是國際帝國

主義的從犯，中國全體人民的壓迫者。 這就是我們的行動和思想。

（3）論到公使那方面，爲人民利益而簽字於我們所拿到其面前去的文件，自然不是他的願意。 但爲其個人利益計，他却很願意簽字，使我們出使館。 所以我們可以說陳籙的簽字，不出自其明白責任的願意，乃出自其弄我們於中國官僚手段內的願意，如路意十六在一七八九年後的簽字一樣。 或者陳籙在其所代表的人民之前，有一時的責任覺悟而願意簽字。 陳籙曾起訴控告我們以強迫簽字之罪麼？ 爲甚麼陳籙拒絕了法國帝國主義新聞記者所供獻於他的起訴辦法呢？ 沒有公使親自起訴和到法庭來與我們對審，便沒有人能夠說我們犯了強迫他簽字之罪。

在這個地方，須得舉一個例子出來。 人人都很知道自一七八九年至一七九二年，法王路意十六在人民壓迫之下，把國民會議（Assemblee Nationale） 和其他人民機關所提出那利於人民不利於貴族階級的命令，先行簽字，而後才寫信到外國或遺言於寫成文件藏於鐵匣內，將其所簽字的命令，全部否認。 然則路意十六對於發出之命令的簽字，是願意的麼？ 法國人民不是曾犯了強迫簽字之罪麼？ 我相信人們要同聲應出一個否字。 而我們呢，自南京臨時政府移到北京以來，中華民國在事實上在形式上俱已不存在了。 一切文武官吏，都是貴族階級餘孽，利用民國這塊招牌來遮掩其掠奪壓迫之面目。 他們在過去現在都賣身於外國帝國主義，而成爲其壓迫的工具。 他們把中國人民當作奴隸一樣地壓迫販賣。 因此，中國人民遂不停止地做革命做運動，企圖眞正的和完全的解放。 陳籙也就是這種官僚之一，明白說，他就是一個封建貴族的餘孽，帝國主義的工具，中國人民的販賣者。 他的簽字，同於路意十六的簽字，我們的要求，同於法國人民的要求，這是無根本上的差異存乎其間的。 假使法國人民旣未犯罪，我們中國人民也應該一樣。

結論

從上面所說之原因和行動兩面看來，實找不出來我們曾犯過甚麼罪。 然則何故法政府要斷定我們犯得有罪呢？ 請看下面的理由：

（一）六月廿一日的示威運動完全是這樣的：旅法華人曾在他們的使館內即其自己的地域內，示威於他們之代表——公使之前，本着其應有的權利和責任，要求他簽字，以擁護中國全體人民的生存利益。 這不是中國內部的政治事件麼？ 但是法國已經與其他大強聯合，用通牒用戰船用大屠殺，干涉中國內政於北京政府之後了，而還嫌不足，復又用搜索用逮捕用監獄，干涉中國內政於巴黎中國使館之後。 這便是我們被控爲罪人的原因！

這件事情已經給我們明白證實了法蘭西帝國主義是中國被壓迫人民的一個死敵。 因此，牠要禁止六月十四日的示威運動於前，壓迫六月廿一日的示威運動於後。

（二）六月廿一日示威的意義不是別的，就是中國人民要求獲得他的自由，這是從其有民族覺悟社會覺悟而向着解放之路的各方面可以看得出的。 當法蘭西共和國在其革命時代宣布成立時，牠曾屢次宣言說牠不妨害其他人民的自由，凡願意自由者，俱可在法得着友愛和援助。 牠那「與貴族戰爭與人民和平」之著名的格言，至今還在一七九二年國民會議政府（Convention）的訓令上鏗然作聲哩。 但是現在却不然了。 因爲法蘭西共和國已成爲資產階級——廿世紀之復古階級的帝國主義國家，所以爲着與人民的壓迫者帝國主義的幫手——中國貴族階級協作之故，無憐惜地壓榨那願意自由的中國人民。 牠對於那大約廿個中

國人每人會到封君宮室——封君陳籙的『住宅』，中國貴族餘孽共和國的公使館——去過一點鐘的，竟把他們每人監禁至一個月之久，——而且還繼續監禁，以實報復。但是今天的陳籙，這個封君宮室內的貴族，却依然如示威運動前一樣地快樂過活，僅僅是我們，中國人民，才被搜索，被逮捕，被監禁，不得自由。

法國對於陳籙這個封建餘孽是如何的尊崇，而對於我們無辜的中國人民又是如何的踐踏啊！那末，法蘭西共和國還沒有在一七九三年與普瑞西英俄等國所走的復古道路上走麼？這就是牠干涉六月二十一日華人示威運動的原因！

爲了上述兩個理由，雖然我們是無罪之人，法國政府也肯定我們犯了一大批罪。但即以帝國主義的觀點而論，法國政府所加於我們那三種罪名，也不如牠所說那樣簡單，因爲道理不允許把原因與行動分開。爲甚麼不將我們作政治犯看待而拘留於獄中底政治區內呢？這就因爲牠把原因與行動分開（專就行動而言，把我們當非政治犯看待），才好找得與我們以從來所未有之高壓和虐待的口實。然而要把原因與行動同樣注意，才能得其眞實，合乎道理。因此，所謂爲我們所犯之三種罪名，應該鍛鍊成這樣的詞句：旅法華人，有了文件時，曾經以華人大會和各團體行動委員會之秘密預謀侵略了他們的使館，損壞了他們在使館的電話綫，強迫了一個封建貴族——所謂他們的代表之在義務內的簽字，如像由一七八九年至一七九二年法國人民之於法王路意十六一樣。看啊！這就是我們的罪狀呀！

任卓宣　七月二十六日在『三德』監中

末了，我再把法國帝國主義此次所加於我們的壓迫，摘要條舉出來：

（一）干涉我們旅法華人內部的政治運動，援助軍閥走狗，壓迫無辜民衆；

（二）用暴力禁止六月十四日底示威運動，逮捕六月二十一日的示威華人，取銷我們的集會示威之自由；

（三）對於被逮捕者長長地靜靜地監禁，不訊問，不審判，爲法外之壓迫；

（四）不以政治犯待遇我們，而與以待遇非政治犯之更苦更毒的手段虐待我們；

（五）大做其非法的壓迫，對於被逮捕者，竟敢恣意輕侮、駡詈和毆打。

至於軍閥的走狗，法國帝國主義的代辦——陳籙李駿呢？竟：

（一）不以法帝國主義此種無理暴行爲恥辱，聽其蹂躪我們，放棄保護僑民之責；

（二）與法政府協作，禁止六月十四日的示威，逮捕六月二十一日的示威者；

（三）與華人大會及全體僑民，認錯道歉，誓願竭盡保護責任之墨跡還未乾，便棄信背約，壓迫僑民；

（四）宣言公使館沒有完全治外的法權（可是當示威時，在使館外伺候着的警兵，還以未得公使命令，不敢擅行入內驅打我們哩！）甘心喪失權利，拋棄職責，背叛人民。

請看法蘭西帝國主義是如何地壓迫我們！軍閥走狗是如何地去爲帝國主義又當走狗啊！雖是我們此時被虐待，受痛苦，還不知道何時出獄，然而我們是絕不灰心的。帝國主義和軍閥的壓迫愈猛烈愈直接，我們打倒軍閥和帝國主義的覺悟和行動亦愈深刻愈堅決。我們甚望國人繼續五月六月這次反帝國主義運動的血跡，勇敢前進，直至獲得最後的勝利！

八月十五日在巴黎『三德』監中

湖南反革命勢力的結合（湖南通信九月二十日）

羅夫

中國的民族運動和職工運動是在中國共產黨和國民黨左派的領導之下發展的，這當然是不能否認的事實。「五卅」慘案以來，特別証明了中國的民族解放運動是要中國工人階級爲領袖的，幾年來民族運動的發展，早已使帝國主義及其工具——中國軍閥及其工具——害怕，沒有好法子制得住…。於今這一運動既因爲有了工人階級出來領袖，更發成爲羣衆的，革命的勢力了；則一切與此革命勢力相衝突的反動勢力——帝國主義的工具，必然要形成一反革命的聯合戰線；同時社會上一切游移分子也不容再事游移，而必然的要走入革命的或反革命的陣線上去。

看呵！全國「反共產」的空氣不是日益高漲嗎？軍閥買辦階級及其附屬的工具——官僚政客，工賊，一部份高等智識分子秉承帝國主義者的命令，高揭「反共產」旗幟以抵禦此工人階級所領袖的民族革命勢力。「反共產」的奧諦盡在於此。

廣東是民族革命的大本營，環廣東各省如閩，如贛，如湘，則皆爲反革命勢力所盤踞。自陳林楊劉覆滅後，各方圖謀在湖南造成一反革命的策源地，換言之即陰謀推倒廣東政府的大本營。

當孫中山在北京去世的時候，趙恒惕派赴善後會議的代表政學系首領鍾才宏長函告趙，說共產派將因追悼孫中山而得國民革命廣大的宣傳，勸趙自動發起追悼。東江之戰，親貴系首領趙子威適在廣東，陳林既覆，亦馳回勸趙舉「反共產」旗幟，撲滅在湘國民革命勢力。

此種圖謀雖未積極實現，然亦迄在醞釀。自荆嗣佑藉慰問罷工爲名赴滬與各反動派首領接洽後，此圖謀遂日漸進步。他們的目的是根本推翻中國民族革命的勢力。他們的手段是一方假意賣好於愛國羣衆（如捐欵捐助上海罷工，派員至滬粵慰問），一方藉反共產爲名，欲根本摧殘民衆領袖，嚇退游移分子（自「五卅」至今，湘政府時時刻刻表示愛國應予保護，過激則嚴辦不貸）。他們不敢公然擁護帝國主義，却極力宣傳蘇俄是紅色帝國主義以爲帝國主義張目。

他們并想組織反革命黨，荆嗣佑從上海回時，在政府機關報（大湖南日報）上發表意見，大意謂：「共產黨」已如洪水猛獸，其爲害將不可收拾，我們應合循良百姓團結起來，才能抵抗」。最近荆已在報上發表組織國民黨的消息，其別開生面的旨趣是：「我們有一重要的話，要普告國民大衆，就是我們要以中國的人力，中國的方法解決中國的問題。我們要繼承堯舜禹湯文武周孔之志，正人倫，明天道。

我所謂中國方法，就是指王道而言，王道之綱要有三：一曰黎民不飢不寒養生送死無憾；二曰謹庠序之教；三曰申之以孝悌之義。這三個綱要用今日之新名詞解釋，就是解決國民生活問題，解決國民教育問題，解決國民道德問題。我們又要繼承孫中山之志向，用中華民族的力量，用中華人民的主權，達到全民幸福的目的。鄙人對於組黨之意見，大略如此。前次鄙人到上海和旅居上海的湖南江西廣東浙江四省舊同志，商量繼續民國二年國民黨的工作重建國民黨於湖南以及其他各省，他們十分贊成，廣西方面，我也有許多舊同志，時常音訊相通……」。荆嗣佑這段談話，可謂把他們的反革命的陰謀和手段完全表佈出來了。他們已經與章太炎勾結了，將來即以他做「國民黨」的首領：

趙恆惕非常傾倒這着棋。他曾訓令全省水陸警察文曰：「准由內務部咨開，爲咨行事，准江蘇省長咨爲淞滬戒嚴司令部搜獲俄國公產宣傳部証情形，請查照分別咨行各省區一體查禁等因，相應抄附原件……合行令仰該所長即便遵照轉飭所屬，一體査禁，切切此令」。

他到常德檢閱軍隊時向軍隊演說：『外人要滅中國的心已久，到如今方法愈多，手段愈辣，一種是明的，一種是暗的；明的是用兵力來壓迫……暗的比明的尤其利害，他的方法是先化中國人爲外國人，然後以歸化於外國人的中國兵來殺不歸化的中國人，這種方法，某國人最會使用……假借什麼共產主義，將全國人民所有的房屋田地錢財一概奪歸幾個強暴帶兵的軍官手中，結果弄得國中田既沒有人耕了，工也沒有人做了，一日之內餓死到三十萬人之多。現在某國在本國的政策倒漸漸改變了，這般人却跑到中國到處煽亂，現在廣東省已經被他們佔去了，凡在廣東的軍隊大半是歸某國人指揮，雖然還是中國人，其實已變成外國兵了……』。趙恒惕已依荊嗣佑等的計劃，特請章太炎來湖南，表面上是請他來做縣長考試委員長，實際却是來做反革命領袖。洪兆麟久已回湘了。林虎亦不久即來。一侯文武脚色齊到，即實行完成一大團結。并聞至時，即各省一致發動，對內對外根本剷除革命分子，其計可謂甚毒。

聽說此一團結，除政學系外，孤軍社醒獅派及其他國家主義派亦都加入。現在雖未証實，然他們之爲反革命勢力，則久成事實，而於『反共產』尤具共同的臭味，他們如果加入了，是不足奇的。

但是無論如何，事實還事實，欺騙終只是欺騙，革命的羣衆未必眞肯受你們的買賣吧！

九月十三日

本報啟事

關於定閱方面，本報原有通訊處仍可接收寄來函件。定閱諸君如有事詢問，請各投信原來定閱之通訊處俾免遺誤。至盼，

The Guide weekly

嚮導 週報

第一百三十三期

一九二五年十月二十日

零售每份銅元四枚

分售處

- 廣州 丁卜書報社
- 北京 各學校號房
- 長沙 文化書社
- 寧波 寧波書店
- 武昌 時中書報社
- 共進書社
- 濟南 齊魯書社
- 開封 國民書社
- 香港 萃文書坊
- 汕頭 汕頭書店

分售處

- 蕪湖 科學圖書館
- 太原 晉華書社
- 潮州 青年書店
- 雲南 新亞書社
- 重慶 唯一書局
- 南京 樂天書館
- 寶慶 寶慶書局
- 黃梅 書報流通處
- 成都 華陽書報流通處
- 紹興 三民文具實業社

訂閱：國內一元寄足五十期。國外一元寄足三十期。郵票代款九五折算。但以一分半分為限

代派：每份大洋二分。六折計算。寄費在內。十份起碼。十期清算一次。概不退回

發行通信處 特約訂閱處

北京北京大學第一院收發課轉許元真君

廣州國光書店黃正君

開封河南書店韓韻秋君

今年雙十節中之廣州政府

獨秀

現在的廣州政府是繼續辛亥以來的革命政府，現在的北京政府是繼續前清以來的軍閥官僚政府（即袁世凱亦稱北京是一大臭虫窟）。這種歷史的事實，是無人能夠否認的。北京政府及其所統轄的各省雖然掛着一塊民國招牌，實際上，一切制度人物思想習慣，仍然是光宣時代的故物，一切民國成立的基本條件如集會結社言論出版之自由，仍然絲毫沒有，連雙十國慶的集會遊行都被禁止，這是什麼民國？這還有什麼雙十紀念之可言？

反之，革命的廣州政府究竟是怎樣呢？我們批評廣州政府，應該把他分為兩個時期：在討伐楊劉以前為一時期，討伐楊劉以後為一時期。在前一時期，廣州政府建設在西南小軍閥及買辦階級的勢力之上，因此苛稅雜捐拉夫開賭，鬧得一塌糊塗，實在不成個民國的形像；然而政府領袖們確是有革命意志的，他們眼見政府不能實行黨義確是痛心的，集會結社言論出版在廣州政府之下是有相當自由的，所以我們自始即不能不承認廣州政府比起北京政府來確是繼續辛亥以來的革命政府。在後一時期，即討伐楊劉後的廣州政府，乃建設在革命的民衆與革命的軍隊之上，更完完全全的是一個革命的政府了。這革命政府中可敬的領袖們，一秉中山先生不妥協的革命精神，對內毅然決然的廢除苛稅雜捐拉夫開賭這些粃政，毅然決然的謀軍政財政之統一，更毅然決然的驅逐那些寄生於粃政阻撓軍財統一的軍事領袖，而毫不顧忌；對外則領導革命的民衆，不計成敗利鈍的與香港政府作戰，成了此次五卅運動中為民族利益最後力鬥之孤軍。如何擁護此為革命而力鬥的孤軍，使他不至為英國帝國主義者及國內一切反革命的勢力所破滅，這是今年雙十紀念運動中全國革命的民衆所應第一注意的事，因為雙十節所紀念的是革命的勢力之勝利，不是反革命的勢力之勝利。

廣州政府現稱國民政府，我們可以承認他確能名副其實，他此時雖然未曾統一全國，而他的工作，都實實在在在那裏代表中國民族的利益和英國帝國主

義奮鬥，代表中國人民的利益和反動的軍閥奮鬥；這班國民政府的領袖，即是國民黨的領袖，他們這種英勇奮鬥，才眞能把中山先生生平不妥協的革命主義完全表現出來了。 只有這班英勇奮鬥的領袖們才眞是中山主義的信徒；若口稱是中山主義、信徒，實際上還徘徊依違於革命派與反革命派之間，那便是中山主義的叛徒；中山主義的信徒與叛徒，只有在實際的革命爭鬥中才能夠分別出來，別的著書立說都是欺人之談。

民國六七年，京滬間的官僚甚至於國民黨黨員，對於中山先生有一個很流行的批評道：『孫中山是一個有革命癖的人，無論到何時他總要革命，恐怕他的兒子孫科做了總統，他還是要革命咧。』 他們以爲這幾句話是譏誚孫中山的，殊不知這幾句話却眞能將中山先生可尊敬的全人格表現出來了。 中山先生是世界上最忠實於革命事業的一個人，只要贊成他革命，雖巨惡如徐樹錚梁士詒，他也肯與之周旋，若不忠於革命，雖多年共患難的同志如黃興陳炯明，他也不惜與之決裂，若孫科爲總統而不忠於民國，他當然起來革命。 中山先生一生唯革命是志，從來不以愛憎親疏易其志，在怕革命的東方民族中，他的確是傑出的人物，在國內一切主義不同的革命派都欽佩中山先生，也就在這一點。 現在廣州政府的領袖們，只計是非不顧利害的英勇奮鬥，無論成敗，中山有知，必定是含笑稱賞的。 十二年四月間，余正在大元帥府和中山先生談話時，有人匆匆來報，大元帥府會計主任，爲劉鎮寰索餉不遂拘去，中山先生大怒，立召蔣介石參謀長，帥謂須嚴懲此等不法軍人，甯可失敗而離開廣東，也不可不和他們一鬥，言時聲色俱厲，其實當時所謂孫大元帥蔣參謀長都是赤手空拳，此事終於隱忍過去。 現在蔣介石先生手創了有力的黨軍，用這包打軍閥絕不擾民的黨軍，不顧成敗利鈍的肅清了那些拉夫開賭苛稅苛捐各霸一方歷年擾害廣東人民的滇桂粵各派小軍閥，以圖廣東軍政財政之統一，這不但爲國爲黨建了驚人的勳勞，幷且爲死的中山先生出了多年力不從心的怨氣。 中山先生及他手創的中國國民黨，倘若沒有這幾個月國民政府一面肅清內部惡勢力，一面反抗外部惡勢力的堅決舉動，幾乎使人民懷疑到什麼三民主義什麼革命事業都不過是欺騙人民的鬼話了！

現在和廣州國民政府爲敵的內外惡勢力是些什麼呢？ 國內惡勢力出頭來破壞國民政府的，爲主的自然是陳炯明林虎洪兆麟葉舉魏邦平鄧本殷這班括廣東地皮還沒有括夠的小軍閥。 這班小軍閥的勢力，曾爲革命的黨軍所擊破，爲什麼現在又能結合起來向國民政府進攻？ 一是因爲許崇智妥協姑息政策所留下的禍根；二是因爲他們新近得了英國帝國主義者北洋軍閥香港買辦階級各方面的援助。 香港政府公開的送三百萬子彈到汕頭；港商資助陳炯明百多萬現金，內中有一部分也是英人拿出來的；段政府幫助陳軍三十萬元，又派遣海籌永績兩艦助戰；福建派張毅的軍隊到潮州助戰也是公開的；江西和湖南也正在準備援助陳軍向粵進攻。 陳炯明等除了得到上述各方面的實力幫助以外，還有國民黨中反動派的聲援：謝持石青陽等勾結熊克武，密謀在廣州響應陳軍；北京國民黨同志俱樂部，公開的和陳炯明楊希閔合作，該俱樂部所揮霍的就是段祺瑞所給楊希閔的招待費三萬元，他們更打算廣東外交代表團到京時，開會歡迎林森鄒魯等代表，勸共通電聯陳反蔣；廖案一大批罪犯，更是奔走上海香港間密謀勾結廣州殘餘的反動軍隊，候在黨軍出征東江時，起來叛變。 陳炯明等小軍閥香港買辦階級及國民黨中的反動派，他們攻擊國民政府之共同口號就是『反共產』，和以前唐繼堯勾結楊劉在廣州謀叛的口號一樣；其實廣州國民政府裏，可以說沒有一個共產黨黨員，更未曾並且未打算採行一點共產政策（反動派軍隊所銜恨的國民政府政策，如軍政財政統一及廢除苛稅雜捐禁止拉夫賭博等，難道都是共產政策嗎？）。

他們所謂共產，便是指革命，「反共產便是反革命」，這就是他們的邏輯，他們的罪狀，眞是不打自供了。　國民黨中又有一班新的右派分子，口頭上自稱是中山主義的信徒，實際上對於眞能爲中山主義在廣州奮鬥的左派，不但心懀腹誹，並且公然致函蔣介石阻其急進，又請張靜江函勸蔣介石離開廣東；他們這種舉動，實際上也算幫了陳炯明的忙，雖然他們在口頭上不贊成陳炯明與反動派。

國外的惡勢力，不用說主要的就是英國帝國主義者，抑制中國民族運動與抑制代表中國民族運動的國民黨，以期長久保持他們的在華特權，這本是一切帝國主義者的對華政策，尤其是英國的香港政府對於廣東的政策。　廣東迫近香港，恰好近幾年來廣東的政權又落在代表中國民族運動的國民黨人手中，眞所謂『寃家狹路分外眼明』，因此香港政府不斷的利用陳炯明，利用商團，利用楊劉，陰謀破壞廣州政府。　可是他的陰謀都着着失敗了，尤其是楊劉失敗後，英人失了一切破壞國民黨政府的工具，同時香港沙面大罷工的工人得以廣州爲根據地，又以國民黨政府的援助得以堅持，使香港英人眼見每天損失四百萬元，而不能使用在上海利用奉軍壓迫罷工的方法，英人正在無可如何，適逢粵軍中的反動派領袖，反抗國民政府廢除苛稅雜捐，禁止拉夫開賭，統一軍政，統一財政等政策，香港英人遂乘機利用之以成剿廖案；幸而國民政府有肅清內奸的決心，不姑息的逮捕諸反動領袖，解散諸反動軍隊，是時香港英人老羞成怒，遂至鼓吹直接以武力攻取廣東，美其名曰爲中國謀統一，究因國際形勢不容英人能夠這樣橫行，其計又不得逞，於是決心再以實力援助陳炯明魏邦平鄧本殷等，以成現在東南兩路夾攻廣州國民政府的局面；全國的反動派——北洋軍閥，香港大商買辦階級，陳炯明林虎魏邦平等小軍閥，國民黨的反動派，遂在此局面之下，形成了中國反革命的大聯合，一齊拿着「反共產」「反蘇俄」的旗幟，向廣州國民政府進攻，爲英國帝國主義效勞！　據本月八日路透社香港電說：「港督今日在立法議會提出預算時演說，謂渠信廣東有智識之人，必不能再容外方及他省營利之徒施行暴政，大約本年底來年初可望恢復秩序。……今在本地募債，未必成功，而此時請助於倫敦市場，據所接英國消息觀之，亦屬不利，蓋投資者以爲香港狀況不佳，非有極優之條件　必多遲疑也。　故非俟過激黨破壞香港之企圖已遭失敗，不宜募債云云。」　在這小小一段演說中，我們可以看出幾點：（一）他所謂過激派（英人眼中的過激派，一切愛國運動者都包含在內，國民黨的左派領袖如汪精衛蔣介石等，更不用說了。）破壞香港之企圖，所加於香港英人經濟的打擊，實在萬分明顯，所以他不得不運用陰謀，利用中國一切反革命的勢力，推倒廣東革命的勢力；（二）他明白供認他曾經教唆廣東有智識之人（當然是陳炯明）排斥外省人，排斥客軍；（三）他已經很有把握的計算他所利用各方面的勢力，在本年底來年初可以佔領廣州；（四）香港的經濟狀況，已無法得到倫敦的救助，只有俟反共產反蘇俄的廣東有智識之人佔領廣州，使過激黨破壞香港之企圖遭了失敗，才有救星；（五）革命派及反革命派在廣東之成敗，關係香港英國帝國主義者之利害，是非常明顯的了。

這樣在內外之惡勢力四面八方的進攻之下，廣州國民政府也會失敗，如果失敗了，失敗的不只是廣州國民政府，實在是全中國民族運動中最重要的一命脈。　成功的是誰？　不用說是陳炯明及國民黨的反動派，尤其是香港英國帝國主義者。　這就是全中國革命的民衆在今年雙十紀念中所以不應忽視這一件大事的原故，更不可把這件大事看做廣東的局部問題！

又有人以爲廣州國民政府聯俄拒英，不免以狼易虎，失了民族運動的意義。　像這種錯誤的觀念，實是中國民族運動一大危機。　第一我們應該明白：所謂民族運動，其意義是要求民族的自由與獨立，

不受他民族之政治的壓迫與經濟的剝削，決不是一民族的閉關主義，并且在這一民族運動中，要得到他民族同情的援助，才格外容易成功。第二我們應該明白：此時世界上各民族能夠以實力援中國民族運動的，還只有蘇俄，若印度、若土耳其、若朝鮮、若加哇等被壓迫的民族及歐美日本的無產階級，還只有精神的援助。 第三我們應該明白：在理論上，援助被壓迫的民族，是蘇俄立國之信條，他若不以實力援助中國民族運動，便是言行不符；在事實上，蘇俄也剛從西歐經濟的剝削中解放出來，現時也還在國際帝國主義的四面進攻中，他正需要和全世界被壓迫的民族（如印度加哇等）及被壓迫的國家（如中國德國土耳其等）結成聯合戰線，抵抗帝國主義之進攻，他援助中國，即是援助他自己，不但中國的民族運動不應避諱蘇俄的援助，並且到了民族革命成功，還應該更進一步和蘇俄締結同盟，共同防禦帝國主義之進攻。 第四我們應該明白：在實際事例上，蘇俄實行其立國信條，援助了土耳其的民族運動，援助了波斯的民族運動，援助了阿富汗的民族運動，都是無條件的同情援助，他對於土耳其波斯阿富汗不曾有過壓迫和剝削的事實發生；即對於中國的中俄協定，蘇俄自動的放棄了那帝國主義者經過五卅大流血還不肯放棄的許多權利，他所得的是什麼？ 蘇俄實是援助了廣州國民政府，而都是無條件的，也絲毫沒有什麼壓迫或剝削的事實發生過，若說聘用蘇俄軍官改造海陸軍便是授權於外人，那便是把蘇俄看做帝國主義的國家一樣，不能夠接受他軍事的援助了。『赤色帝國主義』這一名詞，是歐洲帝國主義者造出來離間一切被壓迫的民族與國家和蘇俄聯結的方法，現在中國有些反革命分子，也跟着學舌，真是『國家將亡必有妖孽』！

帝國主義者好比是些強盜，蘇俄好比是和我們守望相助的鄰人，若把鄰人也看做強盜，拒絕他們的援助，這正是強盜們暗中稱快的事。像陳炯明等及國民黨的反動派，更是要舉起大旗來帮強盜攻打鄰人，所以他們竟會把『聯俄』算做廣州國民政府的一樁罪狀。

反動軍閥專政下的雙十節

心誠

十四年來，民國政治舞台上，耀武揚威的角色，都是帝國主義工具的軍閥。 在所謂共和政治之下，不但無所謂民權和法治，實際上人民任軍閥殺戮，財產任軍閥搶掠，國權任軍閥拍賣。 總而言之，辛亥革命並沒有肅清封建餘孽的軍閥，更沒有掃除軍閥背後的帝國主義勢力；因此滿清雖然推翻了，而軍閥却竊取了政權；直到現在，民國還不過是一塊空招牌。

去年雙十是曹吳的天下，今年雙十却是段張馮的天下。 今年雙十又排演一些什麼新把戲呢？ 待我慢慢說來。 一、雙十節以前，帝國主義劊子手張作霖等旣將五卅以來轟轟烈烈的民衆運動，自北至南的暫時壓服了；因此今年雙十只不過是官廳紮牌樓式的慶祝國慶。 這種情勢，就是張作霖大逞神威壓迫民衆的結果。 二、段張在舉國要求關稅自主之下，進行增加二五加稅的關稅會議。 爲買得外人歡心起見，必然禁止人民集會慶祝國慶。 人民連慶祝國慶的權利都沒有，這是反動軍閥專政的最大德政。 三、反對賄選的段政府，現在正進行國民代表的選舉，選舉的手段不過直接間接的賄買包辦，目的在於扶正。 名爲選舉國民代表，實則製造軍閥代表。 四、得勢的軍閥段張，想包辦二五加稅發一筆大洋財，並藉此鞏固政權；另一方面，失意軍閥的吳佩孚等想阻礙二五加稅的進行，爲推翻段張的初步戰略，在辦理二五加稅的段張，以犧牲關稅自主和壓迫民衆爲國爲發洋財的交換條件。 反對方面的吳佩孚，其計謀亦不過造成外人在

關稅會議中的順利發言地位。

如此看來，雙十節所表現的是：反動軍閥壓迫人民，欺侮人民，愚弄人民而已。人民不但受壓迫欺侮和愚弄，而且在戰爭的恐怖狀態中過日子。雙十是辛亥革命的紀念日，慶祝雙十便是讚美辛亥革命。但是辛亥革命並未成功，所以誠實讚美辛亥革命的人們，還應繼續革命。

在今年雙十節來看軍閥專政的政局，也有許多特殊之點：一、當權的奉系軍閥是最反動的，是顯明的帝國主義劊子手，已為國人所共棄。二、段張雖然一意孤行的壓迫民衆，明目張膽的賣國媚外；但是既不能團結內部，也不能削平直系，更無由統一中國，鞏固政權。同時民衆的革命勢力，尤其是工人階級的革命勢力，竟一日千里的發展起來；廣州國民政府之下，也有一支小小的國民革命軍，正在壯大，其力已足掃除廣東省內的反動勢力；自去年奉直戰後，從北洋軍隊中，又分化出來一支比較進步的國民軍系的軍隊，為民衆勢力所薰染，頗有接近民衆之勢，拿去年雙十節的局面，和今年雙十節的局面比較一下，到覺得不必悲觀。而且更使我們相信民衆革命終必有成功之一日，反動軍閥專政的局面也終必有被打破之一日。盼望讚美辛亥革命的人們，不要無意識的慶祝這個反動軍閥專政的局面；還須下一個最大的決心，打倒利用軍閥的帝國主義和帝國主義工具的軍閥，造成真正獨立自由的中華聯邦共和國。

旅法華人反帝國主義運動與留法青年黨的告密

任卓宣

旅歐界中，對於國內的國民運動和社會運動有響應之表示的，以旅法華人為首，旅德華人次之；而在旅法華人中，又以巴黎為其中心。這一類的運動，在最近兩年以來，做得很多，而尤以此次為最足稱道。

自五月卅日中國反帝國主義運動爆發於上海消息傳來時，旅法華人即開始動作，繼北京、天津、廣州等地之後，為上海工人學生等聲援。領導這種運動的，自然是做革命工作的革命團體。六月三日四日，中國共產黨旅歐支部、中國共產主義青年團旅歐區和中國國民黨駐法總支部三團體聯名通告華人，定於六月七日在巴黎布朗基街（Boulevard Auguste-Blanqui）九十四號開旅法華人大會。是日到會華人極多，可謂踴躍反對帝國主義已極！演說人有宗錫鈞蕭朴生及法國共產黨代表道里歐（Doriot），共產黨議員團代表瑪爾地（Marty），安南共產黨留法組代表阮世傳等多人，皆分析此次事變，一致攻打國際帝國主義，援助中國工人學生商人等的反抗運動。在演說中間，由任卓宣代表三團體報告旅法華人對於援助國內的辦法五項。當時會場又添出兩項。討論結果，俱一致通過如下：

（一）致電國內人民，表示援助，并盼努力前進，堅持到底；

（二）致電英日兩國工人階級，請其援助中國人民，共同攻打帝國主義；

（三）寄書班樂衞，用其『中法親善』的名義，質問他出兵上海各地事；

（四）發表宣言，告國內外華人，說明攻打帝國主義之必要和方法；

（五）請旅法各團體立時成立一『旅法華人援助上海反帝國主義運動行動委員會』；

（六）舉行在巴黎的華人游街示威運動，向歐洲帝國主義示威；

（七）當場募捐，作一切進行此次運動的費用。

是晚，即有赤光社、旅法華工總會、中國國民黨駐法總支部、中

國留法勤工儉學學生總會等廿八團體包含旅法三千華人，開代表大會。立即成立旅法華人援助上海反帝國主義運動行動委員會，並組織一個辦事處，忠實地執行華人大會決議。這個委員會又致書旅英旅德旅比旅奧各國華人，請一齊響應國內。當時因為法國帝國主義報紙稱中國此次事變為排外運動，遂發表法文宣言，解釋此次事變的性質。為鼓動全體旅法華人參加反帝國主義運動計，委員會還發表許多通告和旅法華人反帝國主義運動特刊。並定期於六月十四日下午三時舉行游街的示威運動，且努力籌備進行。

在法國做示威運動，非得法國警察總廳允許不可。行動委員會當於前五六日即交涉此事。至十三日正午，警察總廳來信禁止。下午，行動委員會即派代表到國務院去要求，亦被拒絕。是時法國帝國主義政府，極注意此事，曾派出偵探多名，調查示威集合地點等。原來我們預定在示威出發前，須集會一下，此集會地點及游行路線，均定在法國國務院及英日美意等國公使館附近。十三日下午七時，警廳派人檢查行動委員會辦事處，并說你們的會場，我們已知道了，我們已告房東不租會場給你們，你們明天不獨不能示威，即開會亦非得警廳允許不可。十四日上午，再派代表過警廳去交涉，仍被禁止。下午一時半至三時半，華人之到格勒乃街 Rue de Grenelle 會場者極多，約有八百人上下，然大隊武裝警察早已將會場包圍，不許入內，而游行的各種警察極多，如臨大敵一般，對於行動委員會所派去發散傳單的人，逮捕了四名。

華人到者莫不憤怒法國帝國主義之無理壓迫，其有知布郎基街地址（此街僻靜，房租便宜，常為華人集會之所）者，即自由集合於該處。至三時許，第二次旅法華人大會又熱熱鬧鬧地開起來了。當由任卓宣代表旅法華人援助上海反帝國主義運動行動委員會，報告其政治方針，示威之交涉經過及提以後辦法等。行動委員會的政治方針凡四，即：（一）聯合各派華人於反帝國主義旗幟之下；（二）以攻打一切帝國主義為標題；（三）聯合全世界的反帝國主義者——工人階級和被壓迫民族；（四）採取不妥協不調和的革命手段。當日華人對此，大為贊成，以後便通過下列各項辦法：

（一）將行動委員會大旗及示威小旗，排列會場照像，以紀念此反帝國主義的示威運動；

（二）寄上述像片、當日宣言及信於英日等國使館，予以警告；

（三）寄上述像片、當日宣言及信於法政府，除警告外，并發表中國人民之要求；

（四）印布一法文小册子，解釋中國之現狀，帝國主義之侵略，國民革命之經過及中國人民之解放方法和希望等等；

（五）派代表與法政府接洽，發表我們的要求，藉此揭破帝國主義的面具；

（六）到中國駐法使館去做示威運動，藉此向法國以及歐洲帝國主義示威；

（七）舉行募捐。

會畢後，復派卅八人，將行動委員會已印就之傳單，分配到巴黎各大街去發散，這次發散傳單的結果，被捕者有五人。

旅法華人援助上海反帝國主義運動行動委員會，除照上述決議履行外，特多方考慮，並預備到公使館去示威運動，這種運動最難的問題是舉行日期和召集方法。經了委員會和辦事處的幾番斟酌，乃定於六月廿一日下午一時集合，二時出發，且召集華人示威，亦不用通告，由辦事處於二十日晚間派三人到巴黎哥侖布比央古三處召集熱烈勇敢者開會，叫各人於二十一日上午口頭通知所見華人，說行動委員會於午後一時在布朗基街開臨時緊急大會。因為公使館領事館內有很多的青年黨人（即法西斯特的愛國派），他們是內聯軍閥外結強權

，與陳籙王寵惠班樂衛穆岱等發生有密切關係的，他們曾做過告密的事，不如口頭召集爲好。 並且在公使館示威不貴人多，而貴勇敢。

及期，果然有約二百華人之譜，集合於布朗基街九十四號當由行動委員會代表任卓宣報告此次示威運動的意義必要和方法等，到會人一致贊成，立即通過下列五項要求：

（一）由陳籙致電全國人民，表示他對於此次反帝國主義運動的同情和希望；

（二）由陳籙通知法報，切實聲明此次運動不是排外的，是國民的和社會的；

（三）由陳籙通牒法政府，要求其撤退駐華軍隊，放棄既得權利，讓中國人民自決，並予旅法華人以集會示威種種自由；

（四）由陳籙向旅法華人道歉其過去保護僑民未週之處，保證華人將來一切自由權利等；

（五）由陳籙捐款五千佛郎匯交上海罷工委員會援助罷工工人。

當華人大會將此五事通過後，立即分到會者爲兩隊。 一爲示威隊，直入公使館，組織一指揮委員會，負指導運動和維持秩序之責。 一爲服務隊，在公使館外，組織一辦事處，擔任援助，探聽及發散傳單等事。 佈置既畢，乃雇汽車二三十輛載示威者，向公使館出發（如此，可免法警之誤會和阻止）。

當使館內面舉行示威時，外面即發散法文宣言。 此宣言列數陳籙對於此次國內反帝國主義運動所犯之七大罪狀，而後說明示威的意義，及其對於法國人民和歐洲人民的希望。 其實「醉翁之意不在酒」，六月二十一的使館示威運動，仍是一個變相的六月十四日的巴黎示威運動，因爲陳籙是中國人民的叛徒，然畢竟是個小小的軍閥走狗，不過因法政府禁止了六月十四日的示威運動，乃用「換湯不換藥」的法子，作六月二十一日的示威運動。 這明明是向法國以至歐洲各帝國主義示威的意義，我們不要忘記了陳籙是法國帝國主義的爪牙，巴黎是歐陸帝國主義的中心！ 因爲如此；所以當日把爲六月十四日所預備的游街紙旗，多搬到使館大門外去擺起了。 那些紙旗上寫的盡是「推翻國際帝國主義」「中國是中國人的」「廢止不平等條約」「要求中國獨立」「華歐人民之親善萬歲」等等。

示威者二時多出發，約三時許即到使館。 到後，立即把守大門，佔領電話，派人找尋陳籙，斷絕一切交通。 是時，陳籙方食畢欲外出，示威者蜂擁入室包圍之。 陳籙見公使館內充滿了人民的勢力，甚爲惶恐，指揮委員會的總指揮當即上前接洽，雙方問答了一下。陳籙問：「爲甚麼事」？ 總指揮答：「你還不知道麼？ 自上海爆發反帝國主義運動以來，幾乎一月，你一無所表示，今天就是來質問你，並叫你做一點事情的」。 陳籙說：「前幾天不是有團體來說過麼」？ 總指揮答道：「我們相信那是法西斯特團體『青年黨』等，就是你對法報『不讓步』（L'intransigeant）所說的，代表幾個學生幾個工人的團體。 我們今天代表廿八個團體，三千華人叫你簽幾個文件，援助國內反帝國主義運動，這是你應有的責任呢」！（未完）

米流金

方本仁媚外殘民（江西通信十月一日）

今年自從「五卅」慘案發生以後，全國鼎沸，無不痛恨英日帝國主義之蠻橫，羣起反抗，民族解放運動遂成爲全國普遍的運動。 江西的民衆——尤其是青年革命的學生，在若南若北的灰色軍閥方本仁統治之下，因勢利用，一時各種救國團體也能如雨後春筍，隨地發生。 方本仁雖視同眼中之釘，然亦莫可如何，暫時未有明白的反動表示。 所以在六月中，曾因宣傳反抗英日帝國主義，九江市民羣策羣

日領事館前講演，羣情憤怒，致與外國巡捕衝突，發生搗毀領事館的窗戶之事。 當時英日帝國主義，極盡其污衊中國民族解放運動之能事：一方面自行焚毀台灣銀行以厚誣九江市民；一方面四出喧傳，淆亂黑白，狂叫其「暴民舉動」「拳匪排外之重演」……等等；然適足以表明江西民衆反抗帝國主義之激烈，此外並不能發生何種影響。

但是，在中國這個半殖民的政治狀況之下，帝國主義者始終必收買軍閥作爲壓迫民族解放運動的工具，而軍閥亦始終必受帝國主義的收買，效其走狗之勞，這幾乎是鐵一般的定律。 我們從這次「五卅」慘案發生後的民族解放運動過程中，在上海、漢口、青島、天津以及凡屬奉系軍閥勢力範圍以內各地的壓迫，久已將這樣的定律證明了。 至於這個灰色軍閥方本仁，現時正處在江西這個「萍花飄泊原無定」的狀況，何能出乎例外？ 所以江西民衆反抗英日帝國主義正在蒸騰熱烈之日，便是方本仁躬受英日帝國主義收買之時！ （就中以英美烟公司及成記烟公司出款最多，各有在四五十萬以上）。 方本仁既受英日帝國主義收買，由灰色軍閥一變而爲白色恐怖將軍，於是這幕媚外殘民的惡劇，遂卒至開台試演。

九月四日在南昌的學生聯合會、滬案交涉江西後援會……等因「五卅」慘案而發生的救國團體，突遭方本仁指令所謂戒嚴司令部一律封閉，並逮捕各團體的領袖分子鄒魯楊代英……等六人於督辦公署。 更指令德安縣知事逮捕已回家之第一師範學生袁亞梅（學生會代表）下獄。 此外尚在通緝之列者有朱大楨姜鐵英等三四十人，均係熱心民族解放運動的份子。 一時省城戒嚴，頓呈恐怖景象！

方本仁此次妄興大獄，表面上他藉口說的理由是：「南昌學生聯合會等於九月三日之焚毀英美烟公司紙烟百餘箱及抵制英日貨等行爲，過於激烈，引起重大的外交交涉！……學生應該賠償一萬五六千元……」。 其實這個英日帝國主義的孝子順孫——方本仁，何嘗是爲「重大的外交交涉」。 又何嘗是爲「一萬五六千元」的賠償？ 這種舉勢，不過是明目張胆的壓迫學生，藉以恐駭其他的市民與救國團體，顯然是禁止抵制英日帝國主義，完全是摧殘全國一致民族解放運動，獻媚於英日帝國主義！

所以方本仁簡直是帝國主義用以壓迫我們民族解族運動的工具，顯然是帝國主義的走狗！ 因此方本仁的罪惡並不減於北方的奉系軍閥，簡直是與孝順日本和親媚英國的張作霖張宗昌李景林張學良邢士廉及其他帝國主義的走狗如蕭耀南等都是一邱之貉，都是嚴厲慘酷地壓迫民族解放運動的軍閥！ 我們全國的學生工人農民商人以及一切被壓迫的民衆——尤其是江西的民衆，應該明白地認淸方本仁的眞面目——摧殘民衆以獻媚帝國主義的走狗面目——確定的我們此後更進一步地奮鬥的新目標；對於此次的壓迫，應該一致的反抗；對於此次被捕的青年學生，應該一致的聲援！

The Guide weekly

嚮導週報

第一百三十四期

一九二五年十月三十日

零售每份銅元四枚

訂閱：國內一元寄足五十期。國外一元寄足三十期。郵票代款九五折算。但以一分半分為限

代派：每份大洋二分。六折計算。寄費在內。十份起碼。十期清算一次。概不退回

發行通信處　北京北京大學第一院收發課轉許元眞君

特約訂閱處　廣州國光書店黃正君
開封河南書店韓韶秋君

分售處

廣州　丁卜書報社
北京　各學校號房
長沙　文化書社
寧波　寧波書店
武昌　時中書報社
　　　共進書社
濟南　齊魯書社
開封　國民書社
香港　萃文書坊
汕頭　汕頭書店

分售處

蕪湖　科學圖書館
太原　晉華書社
潮州　青年書店
濟南　新亞書社
安慶　晨一書局
南京　蜂巢書館
寶慶　寶慶書局
黃梅　書報流通處
成都　華陽書報流通處
紹興　亞民文具實業社

中國共產黨共產主義青年團對反奉戰爭宣言

全中國的工人們農民們學生們及一切被壓迫的民衆們！

「反奉戰爭已經開始了！此次戰爭現在雖只在江浙範圍，馬上會蔓延到全中部直系軍閥及北方國民軍對奉聯合作戰」。從表面看來，此次戰爭自然是軍閥間的循環報復戰爭，和以前的直皖直奉幾次戰爭相類，然而實際上此次戰爭的原因與性質不是這樣簡單。去年的直奉戰爭，交戰者雖只是直系與奉皖兩派軍閥，而人民間因賄選而反直的空氣，實與直方以很大的打擊；現在因壓迫愛國運動而反奉的空氣比去年反直的空氣濃厚百倍，普遍而且深入一切民衆中，從工人農民學生小商人以至一部份大資產階級，幾乎全體國民都站在反奉方面，而且南方的十餘萬國民政府的軍隊固然是為民衆的利益而反對奉軍，北方四十萬國民軍，也同情於民衆的愛國運動而反對奉軍，幫助奉軍的只有安福系和國外的帝國主義者。反奉運動是全國民衆的，直系不過是導火線，江浙開戰，尤其是導火線之導火線；決不是此次戰爭之具體內容，所以直系動兵的旗幟上，不得不染點民族運動的色彩，不得不自認是全國反奉大潮中之一個波動，這就是此次戰爭和前幾次純軍閥戰爭有不同的性質之要點。「愛國的民衆是反奉大潮中之主潮，應該站在反奉運動之主體的地位，組織人民自衛軍，積極的參加戰爭，不應該把此次反奉戰爭看做純軍閥戰爭，而自己站在旁觀的地位，妄想軍閥間的和平，其結果反使此次戰爭眞成為直系復仇戰爭，失了民衆反奉的意義」，更應該急合全國所有反奉的力量，在帝國主義者助奉或助直的政策尚未確定以前，在直奉的關係尚未有新的變化以前，肅清奉系軍閥的勢力，確定革命的民主政府之局面，勿使倒奉後又形成別派軍閥代興，軍閥專政的局面又重復鞏固起來。「現在的奉系軍閥不但代表中國軍閥階級的利益，並且代表帝國主義者在中國的利益，所以此次反奉戰爭雖接和了一些軍閥勢力，在客觀

上却是一種民族解放的戰爭。　全國的民衆反奉戰爭之目的，乃是從釋放愛國運動中的政治犯，啓封愛國機關，解除奉系及安福系的武裝，廢除治安警察條例出版法及罷工刑律，保障人民集會結社言論出版罷工之自由權，一直到召集眞正代表人民的國民會議，建立革命統一的民主政府，宣布關稅自主，宣布廢除一切不平等條約。

中國共產黨中央委員會

中國共產主義青年團中央委員會

一九二二年十月二十日

反奉運動與法統問題

獨秀

我們爲什麼反奉？　這是因爲奉系已成爲國內最有勢力的軍閥，他對內可以造成一派軍閥勢力統一中國的局面，使軍閥政治格外[illegible]進，他對外可以成爲帝國主義者最有力的最信託的工具，使民族運動格外遇着摧殘；所以我們反奉之目的是在對外的到民族的自由，對內的到政治的自由，這本來非常簡單而明瞭。

一個簡單明瞭的反奉問題，現在却含着一些複雜性質，這是因爲反奉運動中潛伏了直系復興的危險。

不用說，直系是一派反動的軍閥，他不但以前是反動的，現在仍舊是反動的，他的反動性並不減於奉系，然而他現在支配政局的力量却非奉系可比；他在反奉運動中的力量，比起民衆及國民黨國民軍來，他只是百分之幾。在這全國反奉運動中，雖只百分之幾的力量，我們自然也應該一律歡迎，若在反奉運動中攻反奉之直，客觀上便是助奉了。　同時我們也要明白告訴直系，人民雖不念舊，而現在只是爲對外的到民族的自由對內的到政治的自由而反奉，決不能爲曹吳復仇直系復興而反奉。　所以章太炎還知道說：「吳佩孚出山討奉，目的須純在國家，方可得國民同情，若涉報復或爭地盤，則不可預知」。

爲曹吳復仇直系復興而舉兵反奉，當然是直系眞實的心理，由這種心理而表現出來的政策，就是所謂維持法統。　在吳佩孚孫傳芳通電中雖然未曾涉及法統問題，章太炎致岳維峻電中雖然明言此時不議及此問題，而事實上直系終須用法統這個假面，做他們復仇復興之工具。

他們所謂法統有二解：軍人派所謂法統是指曹錕的憲法，政客派所謂法統是指民國約法。　維持前一個法統，便是所謂護憲，也便是擁護曹錕；民衆對於賄選的餘怒猶未全息，直系若拿出護憲擁曹的旗幟，直是爲奉方宣傳，直是自殺政策；直系中稍稍有點頭腦的人當不出此。　維持後一個法統，便是擁護約法，卽是討段；段祺瑞章士釗詭稱革命破壞約法，自然是可笑的很；但是約法本身的好歹且不論，此時民衆迫切的要求是：關稅自主廢除不平等條約等對外的民族自由和集會結社言論出版罷工等對內的政治自由，決不是什麼一紙空文的約法可以使民衆滿足的。　况且緣約法法統而發生的問題，便是恢復舊國會，這種千夫所指的舊國會，卽令沒有選舉吳佩孚爲大總統的預定計畫，卽令除去賄選分子，也不能得國民之信任了。　現在救濟這個法律之窮的出路，惟有倒奉後，在事實上佔據北京政府者，召集眞正人民代表的國民會議，解決一切國家根本問題。　所謂國家根本問題，正是：在民衆的迫切要求的對外廢除一切不平等條約關稅自主，對內保障集會結社言論出版罷工之自由，因爲這才是中華民國眞實

存在之基礎，寫在紙上的憲法還在其次」。

什麽法統問題，決非民衆的迫切需要，不過是直系拿來做面具，來遮掩他們爲曹吳復仇直系復興而舉兵反奉的隱衷罷了。

．所以爲反奉而戰，雖直系我們 可以不因既往而阻撓他們現在的行動；他們若終於爲法統而戰（實際上是爲直系正統而戰），民衆反奉勝利之後，繼以反直，這也是意中的事。

反奉戰爭與國民革命運動

秋白

奉系軍閥自從去年政變之後，一直便是北方反動勢力的大本營，他們極力的反對國民黨所提議的國民會議預備會，步步進逼，擴充他們在關內的地盤，排斥國民軍——占據天津保定山東以至於江蘇上海。

尤其是在五卅屠殺案之後，奉系軍閥從奉天天津一直到上海，到處幫着帝國主義者壓迫國民革命運動，屠殺工人羣衆，封閉民衆團體，摧殘人民的自由，橫征暴斂的搜括，非法的抽捐籌餉。當全國民衆在上海廿萬工人的先鋒隊之後，陸續繼起的反抗帝國主義，罷工抵貨的運動彌漫全國的時候，帝國主義者在中國的威權已經開始動搖，全靠奉系軍閥來維持住的。全國反帝國主義鬥爭的先鋒和指導者——上海總工會，是奉系軍閥以武力解散的。五卅後勃興的國民革命運動完全爲奉系軍閥的高壓政策所壓迫。「所以奉系軍閥對於全國民衆，却已顯然是帝國主義的走狗，是帝國主義最有力的武器，奉系軍閥不推倒，中國的解放決沒有可能。」全國的人民都要反抗這種賣國軍閥。假使人民武裝起來而實行反奉戰爭，這自然是國民革命的開始，是國民革命運動中一個新時期的開展。

此次孫傳芳吳佩孚等的所謂聯軍，便是利用這種民衆反奉的革命心理起來向張作霖宣戰。他們居然也標榜討賊，也反對關稅會議。

可是這種戰爭是否革命的戰爭呢？

當然，一般人民對於反奉戰爭是贊助的。戰爭剛起於上海的時候，我們看見數萬羣衆的集會，反對關稅會議，反對重查滬案，要求關稅自主，要求啓封工會。民衆很明顯的知道反奉的目的，是在於打倒帝國主義的走狗，在於爭到人民的自由權，在於發展國民革命的運動。然而這次反奉戰爭中直系的態度，却是祇想利用人民反奉的輿論，而不肯爲民衆的利益奮鬥：一、討奉的聯軍，所謂浙閩蘇皖贛鄂豫等等十四省，完全以直系軍閥吳佩孚部下的系統爲系統，竟不肯在政治上軍事上聯合國民黨和國民軍。第二、直系討奉的名義，祇是說奉張侵佔關內的地盤，而不肯聲討奉系軍閥壓迫愛國運動摧殘人民自由的罪惡，第三、奉系軍隊退出上海之後，戒嚴已經取消，而浙軍重復宣佈戒嚴，禁止集會，不肯啓封上海總工會。第四、他們一面討伐屢次假借肅清赤化名義摧殘民衆的奉軍，一面却趕緊對帝國主義者發明防止赤化，毆拿共產黨，以趨媚外人。總之，直系軍閥想在反奉戰爭佔着領袖地位，想和奉系在帝國主義者面前爭寵。

「我們人民還可以站在旁觀的地位，等着直系來解放我們嗎？我們人民要反抗奉系軍閥，我們贊助反奉的戰爭；然而我們人民應當是這反奉運動中的主力軍。我們人民應當自己起來組織人民自衛軍，應當督促國民黨國民軍起來積極參加。人民應當極積的要求自己的權利，一切政治自由和武裝自衛的權利。」在這種旗幟之下的反奉的戰爭才是革命的戰爭。我們人民要求解放，要求國民革命運動的繼

續發展，祇有佔領反奉戰爭中的領袖地位，祇有積極的參加戰爭，才能使一切軍閥屈服於民意之下，才能根本的改造中國政治。 反奉戰爭的勝利，應當使國民會議實現，成立真正人民的政府。

寸鐵

戴季陶之道不孤矣

張作霖的爪牙張宗昌在國慶日演說：「我中華立國四千年來，實不以道德為根基，山東係聖賢桑梓之地，尤為注重，而近年來世風日下，人心不古，道德二字，幾致淪亡，其弊端約有五項：（中略）三則我國學生，自沾染新文化後，日趨日下，近來各校添設講經，實所以挽已倒之狂瀾；四曰近日之工潮，若赤俄傳來之共產等語，貽害人民，良非淺鮮，非嚴加取締不可。………」 趙恆惕的走狗荊嗣佑在長沙報上發表組織國民黨的談話說：「我們有一重要的話，要普告國民大衆，就是我們要以中國的人力，中國的方法，解決中國的問題，我們要繼承堯舜禹湯文武周孔之志，正人倫，明天道。 我所謂中國方法，就是指王道而言，王道之綱要有三：一曰黎民不飢不寒養生送死無憾；二曰謹庠序之教；三曰申之以孝悌之義。」 想用舊的道德文化救國之戴季陶，想把中山先生從被人輕侮的革命黨方面拉到被人尊敬的聖賢方面來繼堯舜禹湯文武周孔的道統之戴季陶，他聽了張荊二位的議論，定會眉開眼笑的說一聲「吾道不孤矣」！ （實）

究竟誰是不良分子？

奉軍駐上海時，所有上海的私販烟土私鑄銀元擄票勒贖等等不法之事，無一不直接或間接和奉軍司令部有關，而他們的布告中，堂堂說辦工會的人是不良分子，試問究竟誰是不良分子？ （實）

孫傳芳自己想想看！

孫傳芳告蘇省父老電說：「彼東方之奉軍，突乘五卅慘變，國人飲泣之時，飛揚南下，黷武混淆，宣布戒嚴，敵視民衆，顯違命令，蔑視輿情，橫暴恣睢，於斯為極。」 這幾句話罵得很痛快，可是孫傳芳卻應該想想他自己是否也來宣布戒嚴敵視民衆！ （實）

中國共產黨的力量

近年來每一運動發生，反動派便說是共產黨主持的，以至段祺瑞張作霖都發嚴令光顧到中國共產黨，李景林張宗昌告誡人民勿信共產黨的告示，更是貼遍了直隸山東全省的城鎮鄉，為共產黨登了一個大規模的廣告，并且一般痛恨李景林張宗昌苛稅的鄉民，反疑心共產黨或者不錯。 浙軍一到上海便首先注意共產黨，吳佩孚一到漢口便對路透社記者說：「彼殊反對共產黨與過激黨，若輩皆害國之徒，渠擬以堅決手段對付之。」 我們不知道中國共產黨有何等力量能夠使軍閥們這樣驚心動魄！ （實）

又是一個共產軍！

楊宇霆在天津對東方社記者說：「萬一不幸而有國民軍一致對抗奉軍之事，是則共產軍與反共產之戰爭，正期待日本以下列國之同情與援助云云。」 說國民黨的軍隊是共產軍，已經是離奇了，現在又說國民軍是共產軍，豈非奇之又奇？ 樹起反共產的旗幟以求得帝國主義之援助，這是全中國南北大小軍閥一致的策略啊！ （實）

旅法華人反帝國主義運動與留法青年黨的告密（續）

任卓宣

陳籙這時無言可答，走也不是，坐也不是，叫警察又無電話，簡直呆立室中。　於是示威者乃把他弄到椅上坐着，叫他不要害怕，並擺出一電報一通知一通牒共三種文件，每種十份，皆是用打字機打好了的，叫他簽名蓋印。　陳籙始而拒絕，繼而不敢開腔，只要求看一過。　未幾，他要叫二等祕書李駿來，示威者說，你是公使，我們只找你，你簽名蓋印就夠了。　不久，李駿即至，李駿為人極狡猾，他來即叫公使簽名蓋印，果然，公使一一簽名，示威者復押起李駿去取印和信封，　並立叫陳籙拿錢出來打電發信。　果然雙方幾句話說後，李駿立即數電報字數，交五百佛郎於示威者，立地派人寄信各報並往電報總局去了。　把這三件東西做畢，乃由李駿寫一保證信給旅法華人大會和華字各報，承認過去保護僑民不周之過，并保證將來之自由和示威者之安全，此信亦經陳籙簽名蓋印。　當時已約有一鐘之久了，探聽消息者說警察來了，於是人心惶惶思出。　這時總指揮實有疏忽處，對於叫陳籙捐款事還未做，便叫他寫條子知會法警，使示威者安全出館。　當時示威者對於看門人傳達人及任何人均未動武，只是監視其行動，禁止其外出而已。　即對於陳籙李駿亦未傷動一點，因為他們這時很服從民意，且又是小小軍閥走狗，實無飽以老拳之必要。　自然，言語舉動上的責罵，那是免不了的。　使館什[illegible]，亦只是損壞了一架電話機的電線。　示威者把四項要事辦到後，遂自行循序退出。　退出時，門外立有十多名武裝警察，是使館對面咖啡店主叫來的。　不久，六七十名武裝警察陸續到了，然示威者已四散，只捕了最後出館的那一個人。

廿二日法政府大逞其帝國主義的威風，四處檢查搜索。　他們說，旅法華人有三種，一為學生，一為勤工儉學生，一為華工。　這三種人，前一種有錢讀書，不會鬧事。　二後種人沒錢，喜歡談革命，做運動。　同時，他們又認定非有共產黨人從中指揮，不能做此等反帝國主義運動，特別是富於革命精神之暴動式的示威運動。　這兩個觀點，都是現代社會的特別標語，於是法政府遂一面搜索共產主義出版物；一面檢查勤工生和華工僑居地域。　對於比央古那個地方，他們簡直派了一百多名警察，一早去將住中國人那幾條街包圍，將其中所有中國人共一百八十名，一個一個地叫去審問。　至於巴黎附近一帶地方，都這樣地搜索。　對於共產主義出版物，他們覺得了赤光和工人月報，同時他們便到該二報的通信處華僑協社去詢問。　華僑協社的華法教育會，現為反革命的青年黨所把持。　該會書記何魯之（青年黨人）遂拿出其平日向法國帝國主義當偵探的伎倆出來，忠忠實實地將赤光上作文的人和其住址一一告了法警。　於是法報大載法警將要檢查某某些地方，我的住址也包括在內了。　廿四日我就被捕。　迄七月中有二朋友看我，始知被捕下獄的華人，已有林蔚，宗錫鈞，雷定琨，盧政綱，李鵾英等約廿名之多了。　法國帝國主義是如何地壓迫旅法華人啊！　是如何地報我們中國人做反帝國主義運動的仇啊！

從六月廿二日起，由廿二至廿三，廿四，廿五等日，法報沒有一個不對於此次華人在使館的示威運動，大登特登，特別是帝國主義的報紙。　不僅法報如是，英比意德等一切歐洲報紙，也都會要像法報一樣。　牠們把我們的宣言，紙旂上的口號，陳籙所簽字的文件，或全登，或撮錄，或照像，大喧傳於此時。　於是中國人民的要求，運

動打倒帝國主義的勇敢，和對於歐洲人民的誠懇聯合，大露於全歐洲人之前。　這種宣傳之深透，普遍，比我們出版了若干書，發行了若干報，還厲害得多，有成效得多！　不僅這樣，赤光這個小小半月刊，都喧傳於時，帝國主義報紙，不懂得牠的內面說甚麼，却把牠的封面，詳細描寫。　至於我們被捕的人，亦是照像，敍說，把我們宣傳得很周到。　我記得在廿四日下午，人家把我的像照了幾次，廿五日警察及獄吏等都把我特別注視，說法報如何如何地載我。　我們從此被客觀事實證明了我們是革命者，帝國主義的敵人。　而且我們的活動，也因帝國主義之驚恐和忌恨，證明了牠的價值及勇敢。

在這次運動後，我們所得出的教訓，有下列幾點：

當今是共產主義與帝國主義決戰的時候，所以一切運動都集中於這種決戰的爭鬥之下，而構成為牠的一部份。　這次旅法華人的反帝國主義運動，本是一種為中國人民謀利益的國民運動，但在其主觀方面，只有共產黨才努力參加，並領導羣衆上爭鬥戰綫，其他所謂青年黨（國家主義黨），無政府黨，社會民主黨，簡直一個都不來參加，連請也請不來。　在其客觀方面，帝國主義亦足逮捕共產黨，置他黨他派於不顧。　並且這種運動，差不多只有共產黨人才不怕事，敢於採用革命方法，勇敢前進。　把青年黨所領導的運動，拿來與共產黨所領導的相比簡直是一個鬧遍了歐洲，一個還「無聲無臭」，大有天淵之別。　再以法國人民和報紙論，贊成而且努力援助中國及旅法華人此次反帝國主義運動者，只有工人階級和共產主義報紙。　共產黨時時召集羣衆大會，人道（法國共產黨的中央機關日報）天天著長篇論文，援助中國人民，至行動委員會的文件，消息，亦只有人道才登，而且登得很多。　因此，旅法華人，讀人道者甚多，連教徒都買人道來看。　從此可知中國人民眞正革命的黨，絕對該與共產黨合作；只有這種合作，才能把中國人民從帝國主義壓制之下，解放出來。　如有不明白此點而反對共產黨者，那便是等於不明白中國人民的解放之路而反對國民運動，是一樣的愚蠢，一樣的反革命！

旅法界自從上年以來，即有所謂愛國的青年黨之發生。　但自牠發生以來，旅法共產黨即在赤光上大加批評和攻擊，指出他們的昏亂思想昏亂行動得不少。　他們認定青年黨是復古的，反革命的，勾結軍閥和帝國主義的。　他們認定從前的國家主義是革命的，而今的國家主義是反革命的；所謂「愛國」，「全民政治」，「工人救祖國」，俱是法西斯特的教條。　果然，過去的事實，把這些論調證明了，這次運動更證明得千眞萬實。　行動委員會請青年黨來參加他們所稱的「愛國運動」，他們不來。　而他們所做的，就是向陳籙請願，向段祺瑞打電，並願為段「後盾」。　正當國內運動熱烈，應努力援助之時，他們却叫華人飯店閉門，大家纏黑紗，念死者，以掉轉羣衆對帝國主義之憤怒，施行其很厲害的反革命方法。　好在他們在羣衆中無一點勢力可言，羣衆也不聽他們的話，仍與我們一致作積極的革命行動。　及法國帝國主義壓迫華人時，他們却又去與法國帝國主義當偵探，大告其密，把羣衆爭鬥底先鋒戰士，逮捕了廿名之多。　這正同當上海反帝國主義運動正熱烈時，法西斯特的愛國派却宣傳此次運動是蘇俄拿錢出來製造的，為歐西帝國主義報紙添誣毀中國國民運動的材料是一樣可惡的行為。　今後，我們應要做肅清革命戰綫，統一革命政策的工作，嚴格攻打愛國主義國家主義。　因為他們是帝國主義的幫手，革命黨人的仇人，正當革命黨人與帝國主義爭鬥的時候，他們總是在後面挪住革命黨人的足，不許前進，免得把帝國主義打

倒了！

記者按這是卓宜七月十八日自巴黎「三德」獄中寫來的信，寄出在他前次的「獄中來信」之前，而本報收到此信，反在「獄中來信」之後。卓宜最近又寄給我們以他的「罪案」的第二次辯明書的譯文，辭長不擬發表。十月十七日路透社的巴黎訪員已電告前次所謂「攻擊使館」被捕之四華人已經法庭審明無罪釋放了。我們的戰士卓宜當是這四華人中的一個。卓宜之得自由，這亦是讀者所欣慰的。

德國無產階級與五卅運動（伯林通信）

健一

「五月卅號，上海英日兵槍殺中國市民」的警電，各報上都登出來之後，德國共產黨的機關報名叫「紅旗」大書特書的道：“Handweg Von China“，意思就是說「大家都要把手拿開，不可再在中國搶奪。」於是我們國民黨的同志和中國共產黨的同志全體動員，向各方面活動。中國共產黨旅德的黨員，則周旋于德國共產黨與中國國民黨駐德支部之間，替他們接洽。於是我們定了下列幾種計畫：

對內，由學生總會與總商會聯名召集華人大會；並由之產生「旅德中華民族獨立運動委員會」；對外用華人全體名義發表反抗帝國主義宣言，並招待各弱小民族及德國無產階級團體——共產黨，「國際工人救濟會」社會民主黨，及隸屬於社會民主黨的旗幟之下的（A.D.G.B.）職工總會書記部，請他們一致贊助。中國國民黨駐德支部特為此事開了一個執行委員會，實行和德國的左黨聯絡，商量援助中國民族獨立運動，中國工人羣衆反抗帝國主義運動的辦法。

當時招待德國各左黨及各國旅德革命團體，尤其是亞洲和巴爾幹弱小民族的代表，開談話會，報告中國反抗帝國主義的情形並徵求他們的意　，到會者有德國共產黨，德國共產主義青年團，德國共產主義青年學生會，及土耳其印度高麗保加利亞等國、革命團體的代表，又有一位德國的革命的詩人。當由德共產黨代表主張由中國國民黨，會同德國帶有革命性的黨聯名通告召集各處工人大會，由中國國民黨派員分赴各地講演，藉謀東西無產階級的聯合。于是派出代表多人，往與各黨派接洽。共產黨當然極端贊成，國際工人救濟會的態度亦與共產黨一致；至於各弱小民族的革命團體如埃及革命急進黨的領袖黎法博士，高麗土耳其保加利亞巴爾幹等國的青年革命黨都極熱心，尤其關切的是蘇俄的旅德學生會。惟有德國的社會民主黨Sozi Idemokratoi真正可惡！他掛着代表無產階級利益的國際黨的招牌，然而他那葫蘆裏賣的藥，又是一回事！當我們派代表去找他的時候，他的書記部裏面的職員，擺出那紳士老爺的臭架子，似睬不睬的道：「你們要國民革命，我們却是國際的社會黨，彼此政見不同，實在愛莫能助！」我們的代表說：「我們國民黨的主義也是國際的；但是我們要想為萬古開太平，為世界造幸福，豈有不先求自由，求自立的道理？」那個擺臭架子的社會民主黨的職員又支吾其辭道：「你們同共產黨合作；我們是絕對不同他合作的。」我們問他：「為什麼呢？」他說：「共產黨人一演說，便要宣傳他的世界革命。」哈！社會民主黨一方面自居為國際黨，一方面却又反對世界革命，這眞是「出乎爾，反乎爾！」列寧說：「第二國際已經死了」實在不是罵他。黃色職工國際當然同他們是一樣的態度，我和煥星尹常

等聯名打個電報給他，他回了一個電報，非常之好說：你們說中國的勞動者罷工，需要我們幫助，但我們須要調查一下，中國勞動者是否需要我們幫助方能定奪。」 算了，花了許多電費扯個談！

第二國際黨（社會民主黨）不但對於我們的「五卅」慘案，工人罷工，表示消極的態度，並且進一步反對我們的運動。 我且舉幾例：一、當「五卅」慘案初發生時，德國社會民主黨的唯一的機關報名叫「前進」的，發表一篇文字，大意是說「滬案」是英日各帝國主義者在中國所行的政策操之過激的結果，若是變其道而行之，帝國主義在中國，或不至招中國人如是劇烈的反對。 二、我們國民黨的同志到德國各大城市，工業區域去對工人宣傳我們中國國民革命運動的時候，德國社會民主黨的各處報紙，跟着扯爛污，有一次我到馬革德堡Magdeburg去講演，本是預定的計畫，德國共產黨前幾天就把廣告四處張貼起來了；我到馬革德堡講演之前夕，當地的社會民主黨的報紙，忽然登出一個新聞，說是「那個要來講演的中國人不來了！」 共產黨馬革德堡市黨部，四處打長途電話去探問消息，又派紅軍一隊並結合大隊黨員駕着汽車到火車去接，那曉得我已于人叢中單人獨馬，到了市黨部；那裏同志見了我說：「你眞急煞我們了！」 趕我到了哈萊Halle am Saal的時候，社會民主黨的報紙名叫「國民新聞」Volks Zeitung的，揑了一封假名的信道：「那個到此地講演的中國人，其實不是中國人，只是臺爾曼 Thalmann（德國共產黨的候選總統國會議員）和路德斐雪兒女士 Luth Fischer（德國共產黨中央委員會政治部主任，國會議員）兩個人拖了一個不知誰何之西洋人，把他臉上塗了一些黃粉，腦後安了一只辮子。 不然，你看他決計不准你拖他的辮子，因爲「拖就掉了。」（大意如是，原文不在手邊）。

德國社會民主黨之造謠中傷頑鈍無恥諸如此類！ 這還不夠，一天德國柏林大學共產主義青年學生會爲了反對帝國主義侵略中國慘殺中國工人事，開了一個大會。 柏林警察總監（社會民主黨的中堅分子）臨時出了一個告示，張貼會場門首，說是「不准外國人到會」但是他却放了美國的一個大學教授進去，獨不准我們中國學生及其他各弱小民族的學生入內，「豈有此理」大家一擁，一齊都進去了，不過也有幾個自號「眞正國民黨」的朋友，他們見風頭不好，一轉眼便不見了！ 進了會場之後，警察又禁止我們演說；我們遂把演說稿子交給主席富麗德 Fried 請他代爲宣讀，于是惱了警察，就把我們拘捕，押赴警廳，禁在警監，計當時被捕者有俄國女學生一，埃及學生一，高麗學生一，及其他各弱小民族的學生，而中國學生被拘者特多，計共十有七人。 當時會場陡然現出一種憤怒的景象。 第二早晨，各報紙上批評此舉，都不滿意，甚至民主黨的學生也作文罵他。 警廳方面，見責言四起，就把我們放了；後來警廳把那個首當其衝的政治科長某調任，社會民主黨機關報前進又替他辯護，說，當此事發生，警察總監正在旅行，不在柏林，其[illegible]都是[illegible]們（社會民主黨黨員）鬧的鬼！ 對於我們的態度，還不如右黨[illegible]報紙，如德國財王史汀納的機關報叫名Dewke Allgemeine Zeitung 的，批評這次「五卅」運動，倒還不差；一天某博士在這個報上發表一篇論文痛詆英日等壓迫中國之非是，且說義和團之役和這次運動，實是列強壓迫中國民族的結果。 爲什麼他這樣的對我們表示好感，這也不是意外的事；因爲我們抵制英日貨，德國的資本家可以乘機在中國廣張市場，不然他絕不如是殷勤。

（未完）

The Guide weekly

嚮導

週報

◀第一百三十五期▶

一九二五年十一月七日

——零售每份銅元四枚——

分售處

廣州 丁卜書報社
北京 各學校號房
長沙 文化書社
寧波 寧波書店
武昌 時中書報社
共進書社
濟南 齊魯書社
開封 國民書社
香港 萃文書坊
汕頭 汕頭書店

分售處

蕪湖 科學圖書館
太原 晉華書社
潮州 青年書店
雲南 新亞書社
重慶 唯一書局
南京 樂天書館
寶慶 寶慶書局
黃梅 書報流通處
成都 華陽書報流通處
紹興 亞民文具實業社

訂閱：國內一元寄足五十期。國外一元寄足三十期。郵票代款九五折算。但以一分半分為限

代派：每份大洋二分。六折計算。寄費在內。十份起碼。十期清算一次。概不退回

發行通信處 北京北京大學第一院收發課轉許元真君

特約訂閱處 廣州國光書店黃正君
開封河南書店韓韻秋君

十月革命特刊

世界社會革命開始後之第八年

秋白

俄國十月革命的意義決不僅限於俄羅斯一國。十月革命推翻了俄皇帝國主義，俄國大地主及資產階級的政權。這種歷史上的大變更當然有世界的意義。十月革命以前的社會，是世界資產階級的政權全盛社會，那時世界的政治舞台上，盡是資產階級的列强政府，你爭我奪，宰制了全人類的命運。而十月革命之後，全世界六分之一土地，已經屬於無產階級的政府，無產階級在反抗資產階級的階級鬥爭之中，已經有了極偉大的蘇聯國家做他的武器和工具。此後人類歷史的進行顯然找着了一條道路：世界無產階級之中已經有一部分能以已經組成國家的權力，來進行解放一切被壓迫被剝削者的革命事業了。

世界經濟的發展，到歐戰以前，已經達到了資本主義的頂點。各國資產階級相互之間的衝突矛盾，醞釀了幾十年，爆發而成空前的大戰爭。因為根據於私有財產及所謂『自由競爭』的經濟制度——資本主義，已經發展到財政資本和壟斷式專利制度，如託辣斯，新狄嘉等類；於是這極少數的大資本家，得以操縱全社會的生產和分配，全社會的經濟生活。許多大工業的生產品，不但在國內找不到銷路，並且在殖民地及全世界的市場上也是擁擠不堪。同時卻有幾十萬民衆在這私有制度之下，找不到衣穿，找不着飯吃，並且找不到工作做。一方面堆積許多貨物銷售不掉，一方面卻又有多數民衆連日常生活的消費品都沒有，這種矛盾便是資本主義破產時的現象。世界各國資產階級要找自己的出路，拚命的爭奪市場和殖民地，其勢祇有引起絕大的戰爭，毀滅不少生命和生產力，這樣去勉强恢復已經破壞的均勢。所以歐戰實際上不過是世界資本主義的大危機的爆發。可是資本主義的發展同時擴大世界的無產階級，他們的利益和鬥爭是全世界一致的。這種力量的擴大，在資產階級的帝國主義大戰以後，資本主義社會的基礎根本動搖的時候，當然要奮起而捶碎那束縛自己的鎖鍊。於是俄國的無產階級便做了這世界的社會革命的先鋒。

世界資產階級所希望恢復的均勢，在大戰之後，不但沒有恢復，反而大大的

破壞：俄國無產階級的革命竟勝利了，俄國的大工業竟收歸無產階級的國家所有了，『神聖的』私有財產制度竟打破了，無產階級的獨裁制竟實現了……。俄國十月革命的勝利實是世界的社會革命的開始。」

十月革命成功到如今已經有八年。這八年之中革命潮流已經鼓動了全世界。十月革命之後，立刻便有德奧匈牙利土耳其等國的革命繼起。資本主義社會的統治階級——帝國主義的資產階級已經沒有保持原狀的可能。協約國與德奧等資產階級之間的衝突，以及各國國內政治上的危機，屢次引起全社會的騷動，引起一切被壓迫被剝削階級的忿怒。不但下層階級不能再容忍舊社會制度下的壓迫和剝削，就是上層階級自己，也時時覺得維持原狀的不可能。各國勞動羣衆受着歐戰的影響，困迫到不可言狀，失業的工人動輒幾百萬。歐戰剛定的時候，全世界的罷工運動風起雲湧，一直波及到資本主義落後的遠東，日本，甚至於波及最幼稚的中國無產階級。當時可以說最大多數的世界民衆都積極參加鬥爭，即使平時最恭順的奴隸也不願意再受資本家無限制的剝削了。這種狀況顯而易見是世界革命的客觀條件差不多完全具備了。

可是世界革命的進行，決不是一旦爆發便能立刻成功，如空中樓閣霎時的湧現。這是很長期的很艱苦的鬥爭。假使世界無產階級和一切被壓迫的民族奮起實行政治的經濟的鬥爭，那麼，世界的資產階級——帝國主義者也就千方百計的壓迫，哄嚇騙詐各方面的摧殘這一世界革命運動。一九一九至一九二一年間世界的帝國主義者一面趕緊對工人稍稍讓步，答應實行八小時工作制，勞動立法等等；一方面假意說些民族自決，對於日益興起的殖民地弱小民族的解放運動，竭力想法去緩和。這時候帝國主義者居然能在民衆中利用一派幻想「和平改良的社會主義者和民族主義者，暫時把革命運動緩和下去。」所以世界革命在這八年中進行得不十分快的原故，並不在於客觀條件的不具備，却祇在於勞動階級主觀上的革命能力和覺悟沒有充分。「一切改良派的社會黨對於帝國主義的功勞實在不小，不愧為資產階級的功狗！」

可是俄國革命的成功，終於創造了第三國際，眞正革命的世界無產階級的政黨，集中組織各國的無產階級，農民，及一般被壓迫的階級及民族，準備羣衆的革命行動的能力——這本是一切最後的主觀上的必備條件。第三國際成立了六年以來，他的發展異常的迅速，現在全世界六十餘國之中，幾於沒有一國沒有共產黨，他們正引導着各國民衆積極的實行反資本帝國主義的鬥爭；在這眞正的無產階級革命的政黨指導之下，全世界的民衆一步步的進向光明解放自由的道路。

俄國的十月革命開始了世界的社會革命，正進行着這世界革命呢。

雖然帝國主義者能夠暫時的緩和世界革命運動的潮流，然而他們決不能完全鎮壓住。最後的勝利始終在無產階級，始終在共產主義。一九二一年之後，帝國主義各國的資產階級曾經重新向無產階級進攻，打破一切改良派的幻想，什麼八小時工作制，什麼勞動立法，完全悔約。改良派暫時用不着了，却新找了一隻走狗——棒喝團（法西士特），以強暴的高壓手段來鎮壓革命運動。可是，不久又發現東歐各國革命運動：德國保加利亞等。於是他們再暫讓一步，而有一九二三年英法等國所謂『左派』『工黨』政府的『和平政治』。這種『和平政治』的破產，接着歐洲資產階級尤其是英國的資產階級，就暫時謀與美國資產階級合作，想出所謂道威斯計畫。同時，在政治上保守派的政黨也就重新得勢起來。帝國主義者，以為道威斯的恢復歐洲經濟計畫，榨取德國工人的汗血，達到了暫時的資本主義的穩定，便可以救他們的命，便可以根本避免世界的社會革命；殊不知道不但歐洲經濟部分的改善不足以哄騙勞動民衆；不但他們各國資產階級自身之間的衝突仍舊是一天天的厲害起來；不但因此而各國

無產階級的革命派勢力也一天天的强大起來；而且正在這個時候——十月革命的第八年，東方的弱小民族及殖民地上的解放運動，又大大爆發起來：中國的五卅運動　摩洛哥里夫人的解放戰爭，敍利亞的革命戰爭，英日帝國主義對於中國民衆，尤其是對於工人階級，任意的屠殺壓迫；還要鼓動內亂，法國帝國主義者開着大炮，將里夫人敍利亞人整千整萬的轟殺。　世界資產階級的這種殘暴的壓迫，更使幾千萬萬殖民地上的民衆覺悟起來，參加世界革命的鬥爭。　尤其激起列强國內無產階級的革命情緒。

世界的社會革命，隨着十月革命之後，這樣的一步一步的開展擴大起來。西方的無產階級固然要打倒他們國內的資本家——帝國主義者。東方的弱小民族　新興工人階級，大多數農民，一般小資產階級民衆亦是要打倒這些帝國主義者。　這兩種偉大的民衆勢力使自然而然要聯合起來，尤其是今年，這無產階級與弱小民族的革命聯盟已經不僅是理論而成了事實了。　弱小民族的解放運動是世界革命中極有力量的一枝生力軍；這枝生力軍如今已經起來了。　世界的無產階級，隨着已經勝利的俄國無產階級而起來奮鬥，踏着十月革命所殺出來的一條血路而前進，必然要輔助弱小民族的解放運動，因爲無產階級祇有解放了一切被壓迫者，自己才能得到完全的解放。　同時這一世界革命之中，無產階級是主力軍，因爲要根本推翻帝國主義必須列强自己國內的無產階級能推翻資本主義，打倒他們的資產階級；否則弱小民族的大多數民衆永遠不能得到解放。　被壓迫的階級及民衆之勝利，祇有推翻世界資本主義之後，才有可能。　現時弱小民族的解放運動和列强國內無產階級革命運動，應當密切的聯合起來，組織集中自己的勢力，澈底推翻世界資產階級的政權，然後大家同心協力的改造世界的經濟制度，有規畫的進行合理的生產和分配，然後才能達到解放全人類的目的。

中國民族解放運動萬歲！

世界的十月革命萬歲！

十月革命與中國民族解放運動

獨秀

受了帝國主義侵略八十餘年的中國，爲什麼歐戰後漸漸才有了有意識的民族運動？　這是因爲（一）在客觀上：一方面中國的工業乘歐洲大戰機會一時有了相當的發展；一方面大戰後帝國主義者因彌補戰中的損失，加緊向中國等經濟落後的民族剝削進攻，促起了反抗。（二）在主觀上，蘇俄十月革命觸動了中國青年學生及工人革命的情緒，并且立下了全世界各被壓迫的國家及各弱小民族共同反抗帝國主義之大本營。

蘇俄十月革命之內容是：（一）城市工人打倒資產階級而得了自由，（二）鄉村農民打倒地主階級而得了自由；（三）俄國境內的小民族打倒俄皇及資產階級的統治而得了自由；（三）全俄人民脫離西歐帝國主義的羈絆而得了自由。　前二者是階級運動，後二者是民族運動，合起來便是整個的世界革命之開端。　這兩種革命運動，在蘇俄同時并行，不但沒有妨害，而且正因爲工農階級奮起得了政權，對外拒小絕與帝國主義的協約國合作，對內取消前俄帝國主義的政策，即强迫民族同化於大俄羅斯的政策，因此民族運動才得到澈底的解決，否則若照當時資產階級的克倫斯基政府政策，至今全俄人民仍舊屈服在帝國主義的協約國羈絆之下，俄國境內諸小民族仍舊屈服在資本主義的大俄羅斯政府威權之下，這是毫無疑義的。

工農解放民族解放這種雙管齊下的蘇俄十月革命，他自身的成功并影響到世界革命，後者更勝過前者。　蓋自十月革命後，多年不能解決的俄國境內諸小民族問題，得到了澈底的解決，蘇俄更進而援助近東遠東諸弱小民族與被壓迫的國家（如中國土耳其波斯埃及阿富汗等），建立了全世界被壓迫者共同反抗壓迫者——國際帝國主義，之大本營；這些事實已足證明蘇俄十月革命，在民族解放運動上比在工農解放運動上更爲成功。

按道理講起來，現在全世界凡是被壓迫的階級以及被壓迫的民族和國家，都應該聯合起來在這世界革命的大本營援助之下，共同打倒國際帝國主義，大家才有出路。　中國民族解放運動，當然沒有例外，也應該順着這個世界革命的大潮進行；可是還有許多不了解世界大勢的人們，竟不是這樣想法。　在一班深受了英美帝國主義教育毒的博士們，不但不承認帝國主義的侵略是中國根本大患，并且不承認世界上眞有什麼帝國主義，彷彿是共產黨人捏造的名詞；因此，中國也自然沒有民族解放運動之必要。　這班人我們不必去論他。　又有一班人很明白中國有民族解放運動之必要，并且明白非打倒帝國主義中國民族無由解放；可是他們以爲中國民族解放運動，只好完全依賴自已的力量，不必聯絡蘇俄，因爲聯俄有三個危險：（一）是聯俄中國便要實行共產了；（二）是聯俄中國便要被俄國侵略甚至於被俄國佔領了；（三）是聯俄則帝國主義者更要嚴厲的對付中國了。　他們因爲懷疑聯俄有這三個危險，遂至甘心退出全世界被壓迫者反抗帝國主義的聯合戰線，使中國的民族解放運動處於獨立地位，這正是帝國主義者之所願，而是中國之不幸呵！　他們所懷疑的三個危險，現在略爲解釋如左。

第一、蘇俄許多主要人物固然是共產主義者，蘇俄實際政治固然也有若干小小部份採行了共產主義的政策；然而決沒有不問靑紅皂白，隨意推行於任何國家的道理，因爲共產主義不是一種宗教，決不能不待其國內自然發生而可以從外國宣傳出來的。　至於蘇俄援助弱小民族及被壓迫的國家，這和共產運動更完全是沒有連帶關係的兩件事。　蘇俄所援助的波斯與阿富汗，都還是專制君主的國家，難道也是共產運動嗎？　蘇俄又曾援助蒙古，難道游牧的外　也能實行共產制度嗎？　蘇俄確實援助廣州政府，然而除了帝國主義者及其走狗陳炯明等造謠以外，廣東可曾採行一點共產制度呢？

第二、舊俄羅斯本是一個帝國主義的國家，蘇俄若要侵略中國，自然是繼續舊俄政策，和其他帝國主義者作同樣的行動，取同樣的態度，他爲什麼對土耳其對波斯對阿富汗對中國，都放棄了舊俄所得一切特權，使一切帝國主義者異常恐怖呢？　蘇俄如果也是一個帝國主義者，便自然要站在帝國主義者那一邊，決沒有站在被壓迫的民族這一邊做反帝國主義聯合戰線運動的道理。　所謂赤色帝國主義這一名詞，乃帝國主義者捏造出來離間被壓迫民族和蘇俄的結合，如果蘇俄眞是赤色帝國主義，我們便不必怕赤化了，帝國主義者也不必恐怖我們赤化了。　在經濟上說起來，蘇俄方在刻意消滅資本主義，那里還有成爲帝國主義侵略中國之可能，因爲帝國主義乃是資本主義發展之最高形式；在政治上說起來，聯合被壓迫民族共同打倒帝國主義乃蘇俄立國之方針，「對被壓迫的民族只予不取」，乃列寧之遺訓，他們對土耳其對波斯對阿富汗等，都不曾違背此遺訓，豈有單要侵略中國之理。

第三、中國自來不曾聯俄，帝國主義者對付我們不算不嚴厲了，反之土耳其波斯阿富汗，正因其民族運動得着蘇俄援助而發展，帝國主義者遂有所顧忌而讓步；即以中國近事而論，帝國主義者雖然大叫五卅運動是赤化，然而他們正因爲中國有了赤化的五卅運動，終不得不於關稅會議有相當的讓步，尤其是他們對於聯俄赤化的廣東，五個

月以上的總同盟罷工，幾乎使香港變爲荒島，廣東政府竟不許經過香港軍商船進口，日船違令進口，政府軍鎗殺日本船員二名，日領只得一面向政府道歉，一面請求撫卹死者每人二千元，英日帝國主義者竟未能以一鎗一彈害廣東。這是因爲：（一）帝國主義者間的衝突甚烈，已沒有向我們聯合進攻之可能；（二）一切被壓迫的民族與國家之民族革命，都有乘機奮起之勢，帝國主義者已沒有以武力消滅此革命大潮之可能；（三）各帝國主義的國家內，隨時都有階級革命爆發之可能，帝國主義者若以武力壓迫蘇俄及一切被壓迫的民族，必爲工人階級所反對，尤其是運輸工人足以制其軍事運輸之死命。幷此諸因，我們可以看出帝國主義者嚴厲的以武力對付中國政策已不適用，他們今後的政策乃是：（一）以金錢軍器收買中國軍閥，替他們破壞中國民族運動；（二）教唆中國的反革命派，大喊其赤色帝國主義和反共產，以破壞中俄聯合；（三）以小恩小惠收買中國商人及英美博士們，使他們協同軍閥官僚阻撓工人農民學生運動之發展。我們敵人不但在國外幷且在國內，他們都根本不要中國有民族解放運動，幷不是因爲聯俄，帝國主義者才要嚴厲對付中國。

我們若明白上述三個聯俄的危險都非事實，同時便自然明白全世界被壓迫者反抗帝國主義的聯合戰線之必要；幷且同時便自然明白所謂『反蘇俄』是破壞國外反帝國主義聯合戰線之口號，所謂『反共產』是破壞國內反帝國主義聯合戰線之口號。因爲國外反帝國主義最烈的便是蘇俄，國內反帝國主義最烈的便是共產黨。

十月革命、列甯主義和弱小民族的解放運動

超麟

（一）十月革命——世界革命的開始

十月革命是帝國主義陣線的第一次大破壞。十月革命不僅是俄羅斯無產階級聯合農民革命的成功，而且是世界革命的開始。十月革命爆發在發展的帝國主義時代，在迴光返照的資本主義時代。這時代資本主義固有的矛盾性日益顯著造成了革命不能不爆發的局勢。

這些矛盾性當中最顯著的有三點：第一資本和勞動的衝突，第二帝國主義國家間的衝突，第三宗主國和殖民地——帝國主義和弱小民族的衝突。這三點矛盾性程度的輕重隨各國特殊情形而不同；但在俄國，則這三點矛盾性都比在任何國家表現得格外顯著且互相湊合起來直迫得非爆發革命不可。俄國資本家一向便和俄皇政府勾結，以最殘酷的手段壓迫剝削勞動者；俄國的侵略政策一向是很兇暴的，勿論舊俄境內各弱小民族被俄皇底下的殖民者蹂躪踐踏無所不至，即境外如土耳其波斯中國等亦被俄皇軍隊佔領受其荼毒，俄國而且是歐洲帝國主義的儲藏庫，不但讓外國資本在境內自由採取燃料和金屬品，幷且能供給一千二百萬兵士參加戰爭：帝國主義大戰，俄國即是主要的挑動者。這樣顯著的矛盾性湊合在一個國家裏，革命那能幸免？這便是十月革命所以爆發在俄國的原因。

但這三點矛盾性之表現幷非俄國獨有的現象，乃是資本主義發展的必然現象，乃是全世界的國際間的現象。十月革命已紀念其第八週年，而資本主義世界的這三點矛盾性不僅沒有消滅而且日益顯著。於是世界革命將不可免的因這三點矛盾性而爆發。十月革命是世界革命的開始。

世界革命既然是資本主義矛盾性發展的結果，在這主要的三點矛盾性之中，我們便很明顯地看出世界革命一方面是無產階級革命，勞

勳反抗資本的革命，他方面又是民族解放革命，殖民地弱小民族反抗宗主國帝國主義的革命。　十月革命既然是世界革命的開始，則這革命不僅對於無產階級有很重大的意義，即對於殖民地民族也有很重大的意義。　前者的意義是很明顯的，而後者的意義則需要加以說明。

在殖民地的弱小中國，提起十月革命對於殖民地弱小民族之意義，尤是是需要而切實用的。

（二）列寧的民族解放論

「誰是十月革命的著作者？——列甯」。　要知道十月革命對於弱小民族解放運動有何種影響，我們首先必須研究列寧關於民族殖民地問題的理論。

列寧的理論在一切民族殖民地問題的辯論中開一新紀元。　自由派的資產階級和改良派的社會黨人，他們也有他們的民族解放論。他們的民族解放論是欺騙弱小民族的，而列寧的民族解論則才是代表弱小民族的利益。　列寧的民族解放論和資產階級改良派的民族解放論根本不同，其最顯著的差異之點有二。　第一、資產階級改良派所謂弱小民族祇指白色人種的而言，如愛爾蘭匈牙利波蘭芬蘭等．亞洲非洲等有色人種的解放運動，他們是沒有想到的；列寧則恰相反，他把民族問題和殖民地問題聯合成一個問題，以爲殖民地問題祇是擴大的民族問題，殖民地有色人種需要解放甚至比白色弱小民族之解放更加迫切。　第二、資產階級改良派把民族解放運動看做一種獨立的運動，與資本的統治，帝國主義的推翻，無產階級的革命等問題毫無關係；列寧則恰相反，他把民族解放運動和無產階級革命聯合起來，以爲民族的不平等是資本主義社會種種不平等中之一種，眞正的民族解放必須無產階級革命成功，但西方無產階級革命的成功也需要殖民地弱小民族反帝國主義之解放運動的贊助，民族殖民地問題是無產階級革命總問題中的一部分。

由這二點根本的見解，於是列寧主義的民族運動策略便根本與其他各派的民族解放論不同。　列寧主義的民族解放策略所根據的，綜括有下列幾條原則：

（一）世界是分爲二個營壘的：一方面，少數文明的民族握住差不多全部的財政資本而剝削其餘的人類；他方面，佔有人類最大多數的殖民地弱小民族則受壓迫剝削。

（二）受財政資本壓迫剝削的殖民地弱小民族成了帝國主義勢力的廣大的儲藏庫和無限的源泉。

（三）祇有用反帝國主義的革命鬥爭，殖民地弱小民族才能夠脫離這種壓迫剝削。

（四）主要的幾個殖民地弱小民族現在已經走上了民族解放運動的軌道，這運動必然要惹起世界資本主義的恐慌。

（五）先進國無產階級運動的利益和殖民地弱小民族民族運動的利益要求這二種革命的運動聯合戰線以反抗共同的敵人——帝國主義。

（六）先進國無產階級的勝利和殖民地弱小民族的解放，如果不形成幷固結一共同的革命戰線，則將是不可能的。

（七）共同的革命戰線之形成，祇有壓迫國的無產階級直接地堅決地贊助殖民地弱小民族反抗宗主國帝國主義的獨立運動，才有可能，因爲「壓迫其他民族的民族是不會自由的。」（馬克思）。

（八）這贊助就在保護實行各民族有脫離宗主國自建獨立國家的權利之原則。

（九）這原則若不實行，則將不能實行聯合各民族爲一整個的世界的經濟——社會主義勝利的物質基礎。

（十）各民族間的這種聯合祇是自願的，建立在各民族間互相信任上的和親愛關係上的。

在以上十條原則之中，我們很明顯地看出列寧根本主張無產階級必須聯合殖民地弱小民族，必須直接的堅決的幫助殖民地弱小民族。怎樣幫助呢？承認各民族有脫離宗主國自建獨立國家之權，并贊助此原則使之實現！ 這種承認這種贊助絕不限於口頭上發表幾篇宣言，而是要壓迫國的無產階級切實的承認物質的實力的贊助。 這種承認這種贊助絕不僅是爲殖民地弱小民族的利益而兼是爲無產階級自身的利益。

以上便是十月革命的『著作者』——列寧的民族解放論。

（三）十月革命所給與於殖民地弱小民族的

以上是列寧關於民族殖民地問題的理論，而偉大的列寧的『作品』——十月革命，則把這『理論』實現了。 無產階級的共產主義的波爾扎維克的理論，不是爲着裝飾的欺騙的，而是爲着實現的。 十月革命實現了列寧主義的無產階級專政的理論。 十月革命也實現了列寧主義的民族解放的理論。 十月革命給與於先進國無產階級是很大的很多的，十月革命給與於殖民地弱小民族亦是很大的很多的。

十月革命究竟拿甚麼給殖民地弱小民族呢？

首先是舊俄轄下的殖民地弱小民族得着解放。 十月革命蘇維埃政府成立後，卽於十月十五日發表一篇『俄羅斯民族權利宣言』，這宣言中有很重要的四條說：一、俄羅斯民族一律平等，一律有主權；二、各民族有自決權，其範圍擴大至於能自由分離而建立獨立的國家；三、所有民族的宗教的特權和界限一律廢止；四、居住俄羅斯境內之民族小團和種族團體都有自由發展之權。 根據這篇宣言，於是成立現在的蘇維埃社會主義共和國聯合。 這聯合是自願的，建立在各民族間互相信任上的和親愛關係上的。 現在，從前受俄皇帝國主義壓迫剝削的殖民地弱小民族都解放了；在蘇維埃社會主義共和國聯合之內，各民族在政治上經濟上文化上都是自由的互助的發展。

其次是帝國主義鐵蹄下的殖民地弱小民族的民族解放運動得着精神的物質的幫助而發展。 十月革命成功創立了第三共產國際。 共產國際不僅指導了先進國的無產階級運動，而且指導了殖民地弱小民族的民族解放運動。 共產國際在民族運動中的指導，又完全是根據列寧主義關於民族殖民地問題理論的。 共產國際成立到今這六年半以來，給與殖民地弱小民族以無限的助力。 全世界民族運動的怒潮已愈加增長帝國主義對於共產國際的仇憤了。

在中國，十月革命之後二年，『五四』運動崛起排斥當時侵略中國最兇狠最露骨的日本帝國主義。 從那時起，以前含糊的不敢得罪外國人的中國民族運動才改變過來，成了明確的自覺的反帝國主義運動。 中國民族運動首領得着十月革命的經驗，經過幾年苦痛的奮鬥才多拋棄了舊時唯心的資產階級德謨克拉西的幻想，而毅然決然援引那組織在共產國際旗幟底下的西方無產階級爲中國民族解放運動中真正的友軍和不可缺少的同盟者。 今年『五卅』運動給帝國主義以一大打擊，使帝國主義發抖，但『五卅』運動中的領導者中國無產階級之階級覺悟，中國共產黨的組織和宣傳，推而至於國民黨的改組，都直接或間接是共產國際的理論和組織所助成的。 這都是不可遮掩的事實。

不但中國如此，中國之外其他如埃及土耳其波斯印度爪哇朝鮮及近日的摩洛哥等，到處無產階級組織起來有了明確的階級意識和民族意識，到處無產階級都具有領導本國民族運動的能力，到處共產黨活動爲帝國主義的死敵，到處民族運動左傾給帝國以重大打擊——這些，推究其原因，都是十月革命成功，第一個無產階級專政國家成立，共產國際創設起來，先進國無產階級爲完成世界革命而幫助殖民地弱小民族之結果。幾個月前自由派資產階級在巴黎召集了一個殖民地聯合會議時，曾有一位舊時當過議員的資產階級政治家在會議上公然宣

實說：殖民地民族現在已經拋棄法蘭西資產階級德謨克拉西的幻想了，他們解放的唯一道路祇是波爾扎維克主義。

殖民地弱小民族應該在列寧主義旗幟底下奮鬥。　共產國際同時又是殖民地弱小民族的解放者。　在積極方面，殖民地弱小民族既然從共產國際，十月革命之產物，得着許多理論上組織上的贊助；在消極方面，無產階級專政國家之成立和存在又使帝國主義有所顧忌不能對殖民地弱小民族肆意壓迫剝削，於是便讓世界民族運動更多發展的機會和可能。　但同時共產國際及其各支部以物質和實力幫助世界民族運動的發展，也是不可遮掩的事實。　我們無須乎一件件事實證明共產國際的活動，我們祇就國際帝國主義外交家的憤語和新聞記者的言辭以及各國反革命黨的宣傳看來，便可明瞭共產國際對於殖民地弱小民族解放運動不僅與以理論上的和組織上的贊助，而且與以物質上的和實力上的贊助。　他們的所謂「蘇俄的陰謀」究竟是甚麼意義呢？　他們的所謂每次運動中都可找到 蘇俄陰謀」的痕跡，這究竟又是甚麼意義呢？　這豈不是說明共產國際及其支部十分關心世界民族運動，每個機會都不肯放過嗎？　然而共產國際現在所以成了國際帝國主義怨恨的中心，十月革命所以受一切反動勢力自紐約財政資本家至中國研究系的唾惡咒罵，也就因為這個原故。

（四）所謂「赤色帝國主義」

自從紐約財政資本家以至中國研究系——這一切反動勢力本身就是帝國主義或其走狗；他們代表國際帝國主義利益，用大砲機關槍或其他暴力陰謀向殖民地弱小民族進攻，同時他們又翻轉過來，反誣那幫助殖民地弱小民族做反帝國主義運動的蘇聯為「赤色帝國主義」。

譬如強盜入人室，被人發覺邀集鄰人協同拘捕，於是強盜反大呼說這些鄰人也是強盜，同他們是一樣的；帝國主義及其工具目前所用的，便是這班強盜的詭計。　這種詭計可以離間蘇聯和殖民地弱小民族的聯合，削弱民族運動的勢力，以便盡量壓迫和剝削。

首先，「赤色帝國主義」這個名詞便不能成立。　「赤色帝國主義」指的是無產階級革命建立的新國家嗎？　那是不通的。　創立或傳述這名詞的人，自己便不懂得或至少假意不懂得甚麼是帝國主義。帝國主義是資本主義最後的階段，帝國主義是「財政資本為爭奪商品銷場原料產地投資處所而使用的侵略政策」（布哈林——共產主義的ＡＢＣ）。　這個國家是否帝國主義的國家，必須看這個國家是否資本主義的國家，必須看這個國家的政權是否操在少數財政資本家手裏，像現在的英美日法等國家一樣。　蘇聯是資本主義推翻後正從事社會主義建設的國家，蘇聯的政權是無產階級專政．革命前遺留下來的資本家現在是被統治被壓迫的階級，沒有任何政治上的自由。　「赤色帝國主義」這個名詞是不通的。

其次，蘇聯並未嘗對殖民地弱小民族使用侵略的政策。在蘇維埃社會主義共和國聯合之內，從前的殖民地弱小民族現已得着自由；其他一切殖民地弱小民族得着蘇聯精神上物質上的幫助以發展民族解放運動，同時不但未嘗感受蘇聯的侵略，而且在俄皇時代締結的種種不平等條約現在都已無條件的取消。中國便是一個明顯的例。中國民族運動的首領孫中山先生已屢次聲言世界上以平等待我之國家祗有蘇聯了。

最後，紅軍并不能為「赤色帝國主義」存在的證據。自紐約財政資本家至中國研究系的「赤色帝國主義」理論之最大論據，便是說蘇聯既不侵略為甚麼需要紅軍呢？　他們不明白紅軍不是民族侵略的武器而是階級自衛的武器。　實際上，據最近的調查，紅軍數目不過是五十二萬九千人，比法國軍隊少十八萬三千人；比包圍蘇聯西方諸小國如波蘭羅馬尼亞波羅的海沿岸小國軍隊的總和也少十七萬人。這樣少數的軍隊是必要的，因為一方面必須抵抗帝國主義武力的進攻，他方面又須於必要時援助各國無產階級之最後的爭鬥。

任世界革命的敵人們咒咀能！　俄羅斯的被壓迫者已開始世界革命了，完成世界革命的使命便落在世界被壓迫者的身上——先進國無產階級和殖民地弱小民族的身上。

The Guide weekly

嚮導週報

第一百三十六期

一九二五年十一月二十一日

零售每份銅元四枚

分售處

廣州 丁卜書報社
北京 各學校號房
長沙 文化書社
寧波 寧波書店
武昌 時中書報社
共進書社
濟南 齊魯書社
開封 國民書社
香港 萃文書坊
汕頭 汕頭書店

分售處

蕪湖 科學圖書館
太原 晉華書社
潮州 青年書店
雲南 新亞書社
重慶 唯一書局
南京 樂天書館
寶慶 寶慶書局
黃梅 書報流通處
成都 華陽書報流通處
紹興 亞民文具事業社

嚮導週報

訂閱：國內一元寄足五十期。國外一元寄足三十期。郵票代款九五折算。但以一分半分爲限

代派：每份大洋二分。六折計算。寄費在內。十份起碼。十期清算一次。概不退回

發行通信處 北京北京大學第一院收發課轉許元眞君
特約訂閱處 廣州國光書店黃正君
開封河南書店韓韻秋君

中國民族運動中之資產階級

獨秀

「資本主義已發展到最後階段，臨了末運，所以現在全世界之資產階級都站在被革命的地位而反動了。幼稚的中國資產階級，在原則上，他被壓迫在帝國主義及國內軍閥兩重勢力之下，應該有革命的要求；然而在實際上，他已是全世界反動的資產階級之一部分，他所有應有的革命要求，很容易被他階級的反動性消滅下去。」

五卅運動起時，我們絕不死守成見，我們頗幻想在此次全國民族運動奮起大潮中，中國資產階級或不能不相當的與一切革命的民衆合作了。可是在事實上，中國資產階級對於此次民族運動的態度，使我們的幻想終於是一個幻想，而「殖民地半殖民地的資產階級不革命」這一公例，居然又在中國民族運動中證實了。

在全國的工人學生流血奮鬥正熱烈中，而全國商人竟一致反對排貨，天津漢口青島的商會竟反對工人學生之愛國運動，向軍閥告密。上海資產階級的九家大報，竟絲毫不肯表示反對帝國主義，尤其是時報竟爲工部局删改上海市民大會的電報，新申兩報竟爲工部局登載『誠言』。資產階級的學者名流，即所謂高等華人梁啓超丁文江等，竟宣言要『友誼的磋商』與『雙方諒解』，竟公然說：此次慘劇發生的責任究竟誰屬，現猶不能斷定，中外當局應先從事調查，與相明白然後始可言解決，現在之罷工罷市罷課的緊張局面，首先應設法使之和緩（宣言大意如此）。

上海是帝國主義者在華勢力集中的地方，也是中國資產階級最發達的地方，五卅事變恰恰發生在上海；因此，上海資產階級對於此事變之態度，可以說是代表全中國資產階級之態度。他的態度可分爲四個時期略述之：（甲）罷市之初爲第一時期；（乙）從罷市到開市爲第二時期；（丙）從開市到總工

會被封為第三時期；（丁）從總工會被封到現在為第四時期

五卅運動一開始，上海資產階級即帶反動傾向，其表現之事實是：一、經學生工人羣衆脅迫而哀求，總商會始肯宣布罷市；二、當時一般羣衆的呼聲是反對外國人慘殺同胞，打倒帝國主義，收回租界等，而商會在全市商店門窗所揭罷市要求，只是取消碼頭捐；三、罷市後總工會學生會提議組織工商學聯合委員會，以為全市運動指揮總機關，各馬路商聯總會贊成加入合作，而總商會則堅不肯加入；四、自六月一日罷市起至十日五卅委員會成立止，這十天當中，總商會都站在國人地位。　在此時期中，上海資產階級之妥協性及鄙棄民衆的心理，已充分表現出來了。

在這時期中，資產階級所表現的最反動事實，即是不顧民衆的要求單獨向帝國主義者提出條件問題。　因為商聯總會之牽制，工商學聯合委員會所提出的十七條件，已為民衆所不滿，而總商會則更蔑視民衆的意見，迎合軍閥政府委員的意旨，別自單獨提出十三條，這十三條中，竟將工商學聯合會所提出的「永遠撤退駐滬之英日海陸軍」及「取消領事裁判權」這十二十三兩條完全撤銷了，第六條優待工人款中，他們把「工人有組織工會罷工之自由」這一句也去掉了。　他們這樣的妥協，頗受了帝國主義者的嘉獎，當時大陸報說：「總商會的人是老成持重的，他們都是上海的大商家，大銀行家，有體面負責任的人，他們是決不急進的」。　他們的十三條并未為六國委員團所容納，上海談判決裂，總商會不但不堅決的作更進一步的示威反抗，反而并不和工商學聯合委員會協商而單獨議決開市。

開市之宣言，本來說還要抵制英日貨物及援助停業工人，然而實際事實上是怎樣呢？　開市後，所謂抵制英日貨，不但是一句空話，而且因為學生會嚴厲的檢查英日貨，和總商會及商聯總會起了不斷的糾紛與衝突，尤其是總商會，檢查五卅以前存貨之名為推銷英日貨方便法門，和學生衝突甚烈。　所謂援助停業工人，總商會和商聯總會始終只是經收全國各處捐款，他們自己原來是一毛不拔的，開市後他們一致鼓吹單獨對英，尤其是總商會更是勾串奉軍戒嚴司令及交涉員脅迫總工會令日廠罷工工人幾等於無條件的上工；日廠上了工，工部停止供給各廠電力，總商會不努力抵抗工部局，而又勾串軍閥官僚壓迫總工會令工部局電氣處工人上工；總商會又主張碼頭工人上工兩星期，專為中國商人運出存儲英日堆棧的貨物，議定在此項存貨物價三千餘萬元中提捐百分之一，約三十餘萬元，作為五萬餘碼頭工人一個月的救濟費，此辦法由總商會議定，此業務由總商會管理，其結果三千餘萬元的貨物如期運盡，而繳納的捐款只有三萬餘元，總商會簡直不負責任，碼頭工人因此遂即不能繼續罷工了。　大部分罷工工人既已上工，總商會遂進而勾串奉軍戒嚴司令部封閉總工會。　總工會既已被封，所有英廠罷工工人，遂被迫而陸續上工了；至此，資產階級所謂抵制英日貨，所謂援助停業工人，所謂單獨對英，都成了公然的騙局！　在此第三時期中，資產階級已經是不掩飾的反動起來了。

奉軍司令部的人說：封閉總工會是事前得了總商會同意的。　吳和德對工人代表會的人說：你們代表會就是總工會的變相，斷然不能存在，你們若能承認李徵五去主持，我們可以幫助你們公開的存在。　嚴守華對人說：總工會不應該和總商會衝突，老實說，總工會被封的時候，總商會若肯出來說幾句話，司令部是不能不顧忌的。　照上述之種種說話，英日帝國主義者不得不感激上海總商會的盛意了！

總商會不但要和總工會過不去，近來并且指揮他的武裝隊（保衛團）

和他的爪牙（警察廳長江政卿）幫同軍閥摧殘所有的工會及工人學校，查禁學生或工人的集會。　在此第四期中，資產階級的反動更有一個特點，就是中小商人的商聯總會，以前和總商會是對抗的，比總商會是急進的，現在事事依附總商會，不敢自作主張了。　他們跟着總商會反對學生工人，跟着總商會不參加一切民衆運動，稟承總商會的意旨，公然宣告沒有恢復工商學聯合委員會之必要。　最可笑的是：學生會邀請商聯總會共同發起各團體代表大會，主張關稅自主，他們竟會說出「關稅已經自主不須開會」的夢話來！

中國資產階級在民族運動中的態度既是如此，那麼，中國民族解放運動，要靠那些階級的力量才能成功呢？　在民族運動中，是否應該反對階級爭鬥呢？　這些問題，我們希望戴季陶主義者及國家主義者有一個忠實的解答。

反奉戰爭與革命民衆

國燾

五卅運動還沒有完結，國內戰爭又開始了。　在每次戰爭中間，人們總要受極大的損失和痛苦；多一次戰爭，就須多受一次的損失和痛苦。　戰爭是人類的惡魔，是全國人民所深惡痛絕的。　百數萬的青年工人和農民，因為洋貨的輸入和手工業的破產以及國內政治經濟紊亂，沒有法子生存，如是不得不把身子賣給軍閥去擋槍彈。　軍閥們只要拿出七八元大洋，就可以雇傭一個兵士，為他們自己的私利而戰爭。　可是這些兵士也一樣是好好的老百姓，祗因為太窮苦了，所以被軍閥們大批的送到前敵去喪失了生命，兵士們的父母妻子從此也就變成最可憐憫的為軍閥的犧牲者。　在戰爭中間，不但商業停滯；商人們不遭强捐勒索，就被焚殺擄掠。　學校不但因戰事停頓，學校還要被軍隊佔領，學生也要被驅逐了。　農民工人一面要受戰時生活昂貴的痛苦，一面還要捉去前敵送命。　每一次戰爭中，不知要喪失多少生命，孤兒寡婦，遍地皆是；繁華都市和農民區域，都夷作戰場，因此人們對於戰爭恐怖極了。　人們沒有不厭惡戰爭而祈禱和平的。　所以每一次戰爭開始的時候，我們總聽見一片哀求和平的聲音。

可是和平是哀求不來的，民國九年的直皖戰爭和十一年十三年的兩次奉直戰爭，人們何嘗不哀求和平，可是戰爭依然的繼續下去。假使人們祗知哀求軍閥間的和平，那麼，和平永無實現的一日。　人們對於戰爭十分厭惡，對於和平屢次哀求不得或者覺悟得時機已經到了。　人們會慢慢的想到怎樣制止一切戰爭和獲得永久和平的方法。

人們既然要避免軍閥戰爭的蹂躪，就得追求戰爭的原因。　這次戰爭是五卅運動所促進的。　為什麼這次反奉戰爭是五卅運動所促進的呢？　要明瞭這個因果關係，就不得不追述已往的事實。　當五卅運動初起的時候，民衆何等熱烈，聲氣何等浩大，逼得帝國主義者不得不和北京政府開始談判，準備讓步了。　可是奉系軍閥自告奮勇的向英日帝國主義者效勁了，遣派大軍駐紮上海，從事壓迫民衆運動。

因為奉軍開到上海的結果，就引起奉系軍閥和孫傳芳之間的劇烈衝突了。　帝國主義者看見中國民衆的覺醒和勃興，如是恐懼極了，因此一面就想把大宗款項和槍械供給他們的劊子手張作霖，遂引起直系不可忍耐的危懼；一面帝國主義者又記起華盛頓會議所決定的關稅會議，想藉此緩和民衆的反帝國主義運動，並在經濟上略示援助他們的工具段張，而以段張壓服民衆運動為交換條件，可是這又使直系恐紅

起來。關稅會議不會是帝國主義列强拋下的一塊骨頭，這塊骨頭既引誘着段張儘量壓迫民衆，復使奉直兩系軍閥爲這塊骨頭而打起來。

這眞是帝國主義殘害中華民族的妙計呀！有了五卅運動，便有帝國主義利用段張的陰謀毒計，有了帝國主義的陰謀毒計，就有這次的反奉戰爭。所以我們可以說五卅運動促進了這次的反奉戰爭，換句話說，這次戰爭就是帝國主義的陰謀毒計對付中國民衆所釀成的結果。

帝國主義這樣陰謀毒計的釀成中國內亂，壓迫民衆運動，內亂雖然被他們釀成了，可是民衆運動到底被他們壓服了沒有？沒有，五卅運動並沒有被他們壓服；不過由民衆反帝國主義運動進到國內戰爭的時期了。祗要看看全國民衆的反奉運動和北京學界反對關稅會議以及上海市民反對滬案重查力爭自由種種運動，就知道五卅運動還沒有完了。

但是這次戰爭的發動，是由於直系；直系戰爭的目的：一、是搶奪帝國主義拋下的骨頭，二、是報復去年戰敗的舊恨。假使這次戰爭一面是奉系，一面是直系，再沒有其他的分子參加，那就簡直是軍閥間循環式的報復戰爭。可是反奉方面，並不止直系；還有國民軍國民黨和民衆勢力也站在反奉的一方面。而且在實力上，直系不過共有十[illegible]萬軍隊，國民軍有四十萬，就是國民黨的國民政府也有十多萬精兵，再加上全國一致反奉的民衆勢力；所以在客觀上看來，反奉戰爭中國民軍國民黨和民衆勢力是毫無疑義的主力軍，直系不過是這次戰爭的導火線罷了。國民軍不但表同情於民衆反帝國主義運動，且能給予民衆以相當的自由，國民黨的軍隊，更是唯一擁護人民利益的國民革命軍，民衆也願爲國民軍和國民黨的後盾。這次戰爭，既然一面有民衆做後盾的國民軍和國民黨做主力軍，一面又是帝國主義劊子手的段張，這一點是與歷來戰爭所不同的。

在民衆方面，雖然有反奉的濃厚情緒，可是一班小商人和一部分的教職員與自由職業者，看見五卅運動的表面消沉，不免悲觀失望，表示對內對外的妥協心理，甚至哀求和平；就是素稱熱烈的學生，也多有回到學校裏埋頭讀書去了。但是只有反奉的心理是不夠的，就是熱烈的徒手示威運動也是不夠的。五卅運動以來，無論誰都有一種熱烈的反帝國主義的精神；可以說沒有一個不想打倒帝國主義和帝國主義劊子手的奉系軍閥。可是帝國主義是全副武裝的，又有奉系軍閥做他武裝劊子手；要打倒他們，就得實行武裝的革命。惟有武力可以打倒武力，惟有武裝的革命可以打倒帝國主義和他們的工具，惟有民衆武裝可以保障永久的和平。再說民衆對於這次反奉戰爭，若取袖手旁觀的態度，那麼，無論你怎樣痛恨奉系軍閥，奉系軍閥還是打不倒的。若沒有民衆的武裝勢力參加，這次戰爭便又是軍閥的相互戰爭。打倒奉系軍閥之後，代之而起者又是軍閥，軍閥一日存在，戰爭就永無已時。所以民衆積極參加反奉戰爭可使軍閥的相互戰爭成爲民衆的反奉戰爭，就是民族解放的戰爭；而且民衆積極參加戰爭的結果，革命民衆才能漸次武裝起來，民衆武裝起來的結果，才能對外抵抗帝國主義的侵略，廢除不平等條約，對內才能肅清軍閥，成爲保障人民利益的民衆武裝。

讀者諸君，五卅運動還沒有完，我們要利用這次戰爭的機會，成爲武裝民衆的機會，使示威游行的五卅運動成爲武裝反帝國主義的運動，並使向軍閥要求自由的運動成爲民衆武裝保障本身自由的運動。

這就是五卅運動的唯一出路，這也是革命民衆的必經坦途！

敍利亞的暴動和屠殺

超麟

五卅以來英國帝國主義成羣地屠殺求自由的中國人民之後不久，法國帝國主義便也照樣對付，而且更兇狠殘酷幾十倍地對付求自由的敍利亞人民，毀滅數千特魯斯人并以大砲轟毀大馬斯克的整個城市。

敍利亞——這是一九二〇年爲瓜分土耳其帝國而締結的有名的塞夘爾條約劃歸法國帝國主義管理的一塊殖民地。恰同別個殖民地一樣，敍利亞這塊肥肉是有其他帝國主義要染指的。恰同別個殖民地一樣，敍利亞人民也蹶起爲民族獨立自由而鬥爭。恰同別個殖民地一樣，敍利亞人民的暴動便不免招來法國帝國主義這次的「懲罰的」鎮壓——殺戮和屠城。恰同別個殖民地一樣，敍利亞這次暴動，一方面得着世界被壓迫階級和被壓迫民族的聲援，他方面又能利用帝國主義中間的衝突，已經不是能夠徹底鎮壓得下了。

在這資本主義所謂「穩定」的時期，我們看見殖民地解放運動狂飆突起，爲幾十年來所僅有的發展。敍利亞的暴動使我們聯想到摩洛哥的戰爭。不但因爲敍利亞和摩洛哥同是法國帝國主義的殖民地，而且因爲開始暴動的特魯斯人在敍利亞中所佔的地位，恰同里夫人在摩洛哥所佔的地位一樣。在經濟結構上，特魯斯和里夫一樣都還在宗法社會時代。在地理上，這二個又都是山國，很不容易攻破的。但就全部觀察，摩洛哥除了加薩白狠卡一城之外，都非常落後，封建制度仍未破壞；但敍利亞則不然：敍利亞，特別在西部，政治上經濟上社會上都比較摩洛哥發展得多進步得多。敍利亞社會已經起了分化，無產階級和貧農的數量是很大的，他們聯合起來對抗商業資產階級和大地主。在二百五十萬人口中，有七十五萬農工及無土地的農民和二十八萬的產業工人，在絲廠烟廠及其他工廠中男女工人數目已有十一萬三千。敍利亞的智識分子也已經受過法國文化的洗禮。尤其明顯的，即敍利亞資產階級致意已丟棄民族利益而賣身於法國帝國主義了。敍利亞的工業完全操在法國人手中，當地資產階級盡是買辦，自然祇有賣身於帝國主義；敍利亞西部佔了百分之六十土地的封建貴族，也賣身於法國帝國主義，借其權力以保持土地領有權。現在民族運動的勢力是建築在勞動者身上的。敍利亞幾個重要都會，如大馬斯克、貝魯特、亞列卜等都有很強大的無產階級和多數手工業者小商人等，他們都準備着暴動反抗外國帝國主義的統治；敍利亞西部農民一向便不斷地反抗侵略的法國人。所以特魯斯人一發動，敍利亞全部即呈不穩，各地都響應起來。這便是敍利亞和摩洛哥不同之點。這也便是敍利亞民族解放爭鬥比摩洛哥的獨立運動能有較切實的社會勢力較遠大的前途之保證。

特魯斯人的暴動開始在本年八月初。法國帝國主義總把這次暴動看做是英國帝國主義的陰謀。英國帝國主義或許利用特魯斯人的首領阿特拉茨排斥法國人，亦猶從前法國帝國主義利用阿白杜爾克林排斥西班牙人一樣。然而敍利亞人民暴動的真正原因決不是祇用英國帝國主義的陰謀可解釋的。這暴動的真正的因乃是法國帝國主義對敍利亞的兇暴的壓迫和殘酷的剝削。這暴動的導火線是特魯斯人和該地隊官加白里列的衝突。本年七月間特魯斯人派一代表團向敍利亞總督薩萊爾將軍要求撤回加白里列隊官并允許他們自選總督。薩萊爾將軍反將代表團分子拘禁起來，同時特魯斯首都蘇伊達適舉行

回教的迎神賽會，加白里列隊官認爲是政治的示威遂發令向遊行徒手羣衆轟擊。於是暴動爆發。這暴動的首領阿特拉茨便提出他的三大綱領：（一）敍利亞獨立，（二）召集國民大會，（三）撤退法國軍隊。這種民族解放的要求不久便普遍了敍利亞全境。法國軍隊勢力進攻特魯斯結果到九月底雖然把蘇伊達佔領了，但特魯斯人的勢力并未損失，而且民族運動的風潮更一天一天澎漲起來，大馬斯克及其他各大都會都紛呈不穩的現象。到了十月十八日，大馬斯克全城慘屠的慘劇遂開始」。

讀者！你們願意知道慘劇的經過嗎？我們還沒有可靠的消息，帝國主義的新聞機關關於這類事件的消息本來是『不盡不實』甚且造謠誣蔑被壓迫者的，但這次我們即根據這『不盡不實』的路透社電也就可以窺見法國帝國主義對付殖民地手段惡辣之一斑：

『路透社十月二十七日開羅電　據大馬斯克傳來各消息觀之，大馬斯克自十月十八日至二十日已經過可怖之境，法軍陳叛黨屍身於各街，其平亂方法至爲嚴峻，創痕遍邑。某旅客來自大馬斯克，據稱十月十八日午後叛黨一隊以迦臘資氏爲領袖，入察戈爾區而大呼曰：盍速興乎，汝之同胞特魯斯人已至此矣！旋攻擊警署，擊斃法警官一人，該處居民起而助之，擁入梅丹區，人民響應者亦衆。該處有法兵百人及阿米尼亞人若干爲叛衆夾攻力戰而死，忽有飛機出現，以炸彈向衆轟擊，未幾湯克車鐵甲軍及飛機接踵而至，大殺叛衆，衆乃四散。然叛衆在各區域猶襲擊公署兵營，法軍乃用炮彈向叛衆各區開砲轟擊，揚言非俟叛黨停止攻擊，決不停炮。自星期夜至星期二日止，炮聲不絕。察戈爾與梅丹兩區爲炮彈所毀，而哈察第商場等處亦毀於炮火阿士木宮爲東方最精美建築物之一，亦大受摧殘。陳屍通衢者千百人。而埋於破壞房屋之下者，至少有二千人。基督教徒似免於難，因法軍曾派兵二千名赴耶教徒叢居之區也。叛衆對於耶教徒從未施攻。二十日午後，大馬斯克紳士往見法當道，允履行法政府之條件。法軍頒布戒嚴令，凡查見藏有軍械者概處死刑云。又一人謂大馬斯克四周叛黨共分六隊，十月十八日有一隊約四十人入大馬斯克城，以迦臘資爲領袖，擬強劫薩萊爾將軍。法軍指居民與叛黨同謀，且薩萊爾將軍到大馬斯克之日即告知叛黨，故放炮轟城以威嚇之。二十日叛黨始去，以免法軍有所藉口繼續轟城。叛黨並未有何暴行，迦臘資親往耶教徒區安慰羣衆而告之曰：爾我皆弟兄也。并聞回教徒於炮火猛烈時避難於耶教區，耶教徒亦善待之。叛衆現仍散處大馬斯克附近。一般家室被毀及家屬被殺者將往歸之，故叛衆勢力將更强。識者謂敍利亞多事之地點，將由特魯斯而移至大馬斯克，因該處叛黨組織頗善且有志在復仇之數千人民也。』

『路透社三日亞歷山大利亞電　客有自大馬斯克來者，謂十月二十八日法軍炮擊大馬斯克附近村莊三所，以此爲村人行刼之報復行爲。法人估計轟城時擊死一千二百人，但此僅指街中所見屍身而言，破屋中之死屍今已檢知者已有四百五十人。』

敍利亞的屠殺現還繼續着。敍利亞人民爲其自身解放而犧牲的代價已經是很昂貴的了，但他們仍不稍餒其志氣努力前進。被壓迫民族反帝國主義戰爭最後的勝利是有了保證的。

但敍利亞人民這次犧牲的代價却已經從其他方面取回相當的賠償第一是法國帝國主義因這次暴動在摩洛哥方面遂不能得勢。照

原來的計畫，法西聯軍是要趁雨季之前根本肅淸里夫民族的抵抗力的，這計畫現在已給敍利亞人民打破了，因爲駐紮敍利亞的法軍中一部分本是要開往摩洛哥作戰的，到此時遂不敢開動，同時，由法國開往摩洛哥軍隊之一部分也中途變更計畫開往敍利亞，以致雨季已到而里夫人的實力毫未受損失仍然爲法國帝國主義的隱憂。 第二是亞拉伯民族因這次暴動而覺醒起來，不但攻擊法國帝國主義的暴行，而且爲自己的解放運動而起來和英國帝國主義奮鬥。 埃及各種報紙都公開地表同情於特魯斯人，巴勒斯丁的亞拉伯人也盡量切實地幫助特魯斯軍隊，英國在東方的殖民地也呈現不穩之象。 特魯斯人暴動初起引爲欣慰的英國帝國主義，現在已隨着暴動發展而起恐慌了。 第三是無產階級的援助，特別是法國無產階級的援助。 國際聯盟以維持民族間的和平自命，這次正在日內瓦開會，對於敍利亞的事件竟一言不發，有幾位敍利亞人特意跑到日內瓦來呼寃，國際聯盟也置之不理。 法國工會和共產黨卽已鼓動罷工反對殖民地的戰爭：摩洛哥和敍利亞。 各國共產黨和革命派的工會也都有同樣的舉動了。

敍利亞的暴動和屠殺給我們許多教訓。 我們感覺着中國和敍利亞是走同樣的命運。 我們更加明白殖民地民族要互相團結起來，聯合世界無產階級，爲打倒共同的敵人帝國主義而奮鬥。

德國無產階級與五卅運動（續）（柏林通信）

健一

至於德國共產黨呢？ 他秉着第三國際的方策，服從列寧主義的精神，對於一切被壓迫的民族，尤其是對於中國，表十二分的同情。 自從『五卅』慘案發生以後，他的機關報紅旗特專闢半張，詳載中國反抗帝國主義運動的消息。 一方面開會討論救助的方法。 於是由中國國民黨駐德支部和德國共產黨中央委員會協議的結果，請國民黨同志分頭赴各工業城市對工人演說中國農工羣衆學生小商人反抗帝國主義的運動和帝國主義壓迫中國民族的暴行，以及廣州革命政府的狀況，楊劉變叛的內幕，黨軍剿滅反革命的詳情。 記者也是被指派的講演員之一，我特把我所經過的情形略分六類敍述一番，讀者當可瞭然於世界無產階級對於東方關切到了什麼程度了。

（一）我所担任的地方爲撒不侓凱恩芒鞋毋路易士港萊普齊埃爾弗特佛蘭克佛哈萊馬格德堡及柏林附近之一小鎭。 每一地方總有兩三處有無產階級的大學生的，則須和他們開談話會；我終日在火車中跑了半個多月。 到會羣衆最多者要算馬格德堡，那天露天大會差不多有四萬人；其次要數撒不侓凱恩和萊普齊了！ 其餘則哈萊佛蘭克佛路易士港等處，大致不離乎七八千人，五六千人，三四千人不等。

（二）我每到一地老早便有許多工人在車站相迎。 一見面時，他們都爭着向前和我握手；有時羣衆把我高舉起來，狂呼『中國國民黨萬歲』『中國國民革命萬歲』『中國共產黨萬歲』『中國無產階級萬歲』。 我到了路易士港的那天晚上，演說以後，有一百多個工友送我到一個工友家睡覺，他們男男女女，拉拉扯扯，兩個女同志牽着我的兩隻手，大家走着敍着，後面的男女同志喊道：『喲，今天外克和羅文驕傲起來了！』 那兩個女同志把頭一昂，肩一聳道：『是的呀！』 不多一回來到一個酒家，大家推推操操，進了酒店，於是皮

匠請我吃酒，本匠請我吃茶，他們都毫沒表現出對待外國人的意思，又怒是我們在家庭的天倫之樂也沒有那樣懇摯，我永遠不能忘記！有使我永遠不能忘記的是芒鞋毋的一個女同志，她那樣的殷懃接待我，她說，她的丈夫，已經在監獄裏兩年了，並手指着她的小女兒道：『兩天以後，我要帶她去看她爸爸去咧！』

（三）他們聽見我們報告英美各國待遇中國工人慘酷的情形，和中國工人生活的苦況，會場上都狂叫起來了！聽到中國學生和工人握手以及工農聯合的話，他們又歡呼雷動，說『到底中國學生不錯！』可是來普齊的工人却又是一樣：當主席報告我的來歷時，他們聽見我是『學生』，全場都『斥』起來了，主席連忙解釋道：『某同志雖是知識階級，他卻是站在無產階級隊裏的！』於是底下又唱起國際歌來了！因爲德國大學生一大半都是些軍閥，官僚，大資本家的兒子孫子，又加上德國大學那樣反動的教育；所以他們除了得博士，作大資本家，吃啤酒，和女友吃咖啡外，他們絕沒顧到工人羣衆，更沒感覺到帝國主義的罪惡，所以德國工人恨死了學生；趕到聽見了中國學生作國民運動的先驅，又不禁狂喜！這也是情理之常！

（四）他們每開一次大會，會場中都有工人持盒募捐救濟中國能工工人及被英日帝國主義者槍傷死難工人的家屬。說到這裏，我要帶說國際工人救濟會。國際工人救濟會爲了救濟中國工人特別出了一種報，專門記載中國工人反抗帝國主義的運動和救濟他們的方法。

他也和中國國民黨駐德支部接洽，要我們派人去到各處演說：現已派出同志三人前往各處講演。又這一次被法國驅逐的學生到了德國，所有回國的川資都是國際工人救濟會發的。

（五）現在我要講到德國共產黨紅軍的組織了。他們的紅軍組織，簡直是公開的，只是缺少一桿鎗！他們手裏却拿着一根很粗實的棍子，柏林那一次行受旗禮，各處紅軍代表到者不下三萬人，台爾曼的閱兵，路德斐雪兒演說，觀者十餘萬人，柏林的警察，也只瞬眼望着他；我在馬格德堡演說時，紅軍到者也有五千多人。當紅軍在廣場集合時，我和馬革德堡C.P.黨部的書記在那高架汽車上行握手禮，高叫着『世界的無產階級聯合起來呀』！『世界被壓迫的民族聯合起來呀』！這是我有生第一次獲得的榮典！德國C.P.的壯丁，差不多都有紅軍軍籍，他們並有一定時間，秘密的携帶槍械，到那野蠻人稀的地方練打靶！

（六）我們一個國民黨司志，他到漢堡去演說，陪他到漢堡去的便是德國C.P.的候補總統台爾曼。到了漢堡，台爾曼便打電話，喚來一個同志，吩附：『這位中國同志；我交給你了，你要好好地保護他』。他答應了出了：便打電話給各處；不多一時，來了好幾個雄偉的壯士，他也吩咐道：『這位同志，是台爾曼叫我負責任，保護……』大家都要齊出發，各自分開……一個子彈也裝好了；前後保護，街上有……，把彈子裝好，……玩了……管沿途有……

由上面所說的事實，則我個人可大胆下一個結論：

（A）『五卅』以後，德國人民不致把『拳匪』的觀念來批評我們，對於『義和團』的老觀念都根本推翻了。並且經我們多方解釋，已使德國人注意；連英國太咁干涉我們，德國政府之所以……然而從另一方面看，

（B）我們在柏林的『五卅』運動，英國鬼子在那兒……我們的報……士們的行動……

（C）運動……世界……

（D）……告訴我……感……

（E）……

了中國留學生，他們從德國學了社會科學，一些同列寧的布爾塞維克……德國資產階級很胆寒，曾記有一家報紙說，『我們不要看輕他們等，他們已經……』

七月十三日於柏林

The Guide weekly

嚮導 週報

◁第一百三十七期▷

一九二五年十二月三日

——零售每份銅元四枚——

分售處

廣州 丁卜書報社
北京 各學校號房
長沙 文化書社
寧波 寧波書店
武昌 時中合報社
共進書社
福州 福州書店
開封 國民書社
香港 萃文書坊
汕頭 汕頭書店

分售處

蕪湖 科學圖書館
太原 晉華書社
潮州 青年書店
雲南 新亞書社
重慶 唯一書局
南京 樂天書館
寶慶 寶慶書局
貴縣 書報流通處
成都 華陽書報流通處
紹興 亞民文具實業社

訂閱：國內一元寄足五十期。國外一元寄足三十期。郵票代款九五折算。但以一分半分為限

代派：每份大洋二分。六折計算。寄費在內。十份起碼。十期清算一次。概不退回

發行通信處 北京北京大學第一院收發課轉許元真君

特約訂閱處 廣州國光書店黃正君
開封河南書店韓韻秋君

什麼是國民黨左右派？

獨秀

我們要明白國民黨中的左右派是什麼，這不但是國民黨之重要問題，並且是中國國民革命運動之重要問題。 我們若是把國民黨看做整個的而無左右派的分別，便無由判定國民黨是革命的不是革命的了；我們若是懂得國民黨中有左右派之區別，左派是革命的，右派不是革命的，然後擁護國民黨的人才不至受人指摘，非難國民黨的人才不至一概抹殺。

有些人不相信國民黨有什麼左右派之分別，可是在事實上，國民黨左右派之分化，及歷來右派另自形成組織，都非常明顯：最初是孫黃分裂，右派由歐事研究會變為政學會；其次便是孫陳分裂，右派變為聯治派；再其次便是去年國民黨第一次大會後，右派變為國民黨同志俱樂部；最近從中山先生死後到現在，又漸漸形成戴季陶一派；每逢分化一次，黨內之階級的背景都更明顯一次，在思想上左右派的旗幟都更鮮明一次。 戴季陶派，或者可以說是國民黨右派在思想上最後完成了；同時，左派的思想亦因之明瞭而正確了。

有人以為共產黨是國民黨左派，這是非常之大的錯誤。 加入國民黨之共產黨員，在國民黨內的行動上，固然站在左派的政策上面；然而共產黨是共產黨，國民黨是國民黨，國民黨自有他自己的左派，如何能以共產黨做國民黨的左派呢？ 國民黨左派的思想與政策，無論如何左傾如何急進，終究是國民黨不是共產黨。 就現有的事實而論，國民黨左派的領袖，如汪精衛蔣介石胡漢民譚延闓程潛于右任徐謙吳稚暉李石曾顧孟餘丁惟汾王勵齋等一班人，沒有一個是共產黨黨員。

國民黨的左右派之分別究竟是些什麼呢？ 在國民黨第一次大會前後，可以說反對帝國主義與軍閥政治的是左派，不反對帝國主義與軍閥政治的是右派；信仰三民主義的是左派，不信仰三民主義的是右派，現在的左右派，都不是這樣簡單的分別了。 以前不反對帝國主義與軍閥不信仰三民主義的右派，已公然反革命，而實際上脫離了國民黨了；現在新的右派，雖然口頭上也說主張

反帝國主義與軍閥，並且高高的掛起信仰三民主義的招牌以自重，可是實際上他們反對帝國主義及軍閥之理想與策畧，他們如何實行三民主義之方法，都完全與左派不同。

在理想上：左派之反對帝國主義，乃相本反對國際資本帝國主義這一制度之本身爲壓迫全世界弱小民族及勞動平民擾亂人類和平的怪物，右派之反對帝國主義，並不是根本反對帝國主義這一制度，乃只是反對帝國主義壓迫中國民族，同時他們幷企圖中國民族也發展到帝國主義；左派之反對軍閥，其目的是在去掉軍閥政治，代以民主政治，右派之反對軍閥，其目的是在去掉軍閥政治，代以仁愛的保育政治，即古代所謂仁政現代所謂賢人政治。在策畧上：左派懂得要實現反對帝國主義與軍閥的國民革命，國外有聯合蘇俄國內有聯合工農階級及共產黨之必要；右派則反對聯俄，反對共產黨，反對工農階級之階級利益的爭鬥而失其同情，所以右派雖然口裏也說要反對帝國主義與軍閥，口裏也說要國民革命，然而實際上只能口裏說說，而反對帝國主義與軍閥的國民革命之實際工作，一步也不能動手去做。　他們口中所說的『反對帝國主義與軍閥』所說的『國民革命』，都和不能兌現的支票一般。　他們的專門工作只是反對蘇俄，反對共產黨，反對階級爭鬥這三件大事，除此只有吃飯睡覺，至多只能閑暇無事時做幾句孫文主義三民主義的頌聖文。　他們雖然掛着革命黨的招牌，可是不曾爲革命流一滴血，不曾爲革命坐一次牢監，並且不曾爲反對帝國主義與軍閥舉行過一次示威運動散過一次傳單；他們不但自己不去做這些革命工作，並且還極力向廣東上海北京正在革命戰線上拚命的左派加以不斷的攻擊，袖着手不革命的，還算是右派的好分子。

右派所謂『真正三民主義』，所謂『三民主義的信徒』，也只是一塊騙人的招牌，他們並不曾想過如何才能夠實行三民主義。　他們極力排斥國外最反對帝國主義的蘇俄，極力排斥國內最反對帝國主義的共產黨，極力排斥反帝國主義最有力的工人農民之階級爭鬥，試問他們還有什麼方法實行民族主義？　他們輕視占全國人口最大多數的工人農民之階級的利益，試問他們所要實行的是什麼一種民權主義？　他們反對階級爭鬥，試問在資產階級爭鬥之下，有何方法可得保証農工平民之民權？　倘若不讓工農階級由階級爭鬥而形成他們的勢力，足以挾制資產階級，使他們不得不承認節制資本與大產業國有，足以挾制地主階級，使他們不得不承認平均地權，試問國民革命政府另有何種力量可以實行民生主義？　不實行的三民主義，豈不是騙人的招牌？　左派知道三民主義不是一個宗教，單單信仰主義是不夠的，單單信仰主義，只是一個主義者，一個信徒，不是革命家；左派知道單單宣傳三民主義，而不能指陳其實行政策，也便是胡適之所譏誚的『名詞運動』；左派爲了要實行三民主義，便不得不採用『聯俄』『與共產黨合作』『不反對階級爭鬥』這些實際需要的政策。

因此，我們的結論是：國民黨中現在的左右派之分別，已經不是在口頭上主張反對帝國主義及軍閥與否或信仰三民主義與否之問題，乃是在實際行動的政策上是否真能反對帝國主義及軍閥是否真能實行三民主義之問題。

左派是實行反對帝國主義及軍閥，實行三民主義的革命派。

右派是口頭主張反對帝國主義及軍閥，口頭信仰三民主義，

而不想實行的非革命派。

因此，我們不得不承認：在中國國民革命運動中，必須贊助國民黨的左派而反對其右派。

滬案重查與五卅屠殺的結局（？）

秋白

滬案重查已經完結，各國所派的司法調查委員也已經走了，在這戰事倥偬的時候，政府以及商會等類的高等華人彷彿早已把五卅以來的屠殺，忘在九霄雲外。因此，四圍竟絕無聲響，讓帝國主義者背着我們中國民衆，判決了五卅所殺的人是該殺，以後還要照例狠狠的屠殺。

這次所謂司法調查，本來是帝國主義者「結束」五卅事件的手段。

若論五卅屠殺的眞相，以及五卅以來帝國主義者對於中國民衆的種種壓迫，中國人民早已完全明瞭，用不着什麽調查。中國民衆已經完全明瞭五卅事件的經過和意義，并且早已提出解決這一問題的方法——就是廢除不平等條約，收回租界，關稅自主……，具體點說，便是上海工商學聯合委員會提出的十七條要求；即使退一步說，就算當初外國老爺們不知道屠殺時的情形，不知道究竟是殺人的人有罪，還是被殺的人該殺；那麽，五卅之後一星期內帝國主義的會審公堂已經判决羣衆無罪，況且早已經六國委員的一度調查，難道還能說不知實在情形？實際上帝國主義者的列強政府，北京的所謂外交團，上海的各國領事早已完全知道五卅屠殺的內容和動機。他們自己做出來的事，並且是自己審判自己調查過的，怎樣不知道，怎樣還要調查？原來，第一次六國委員調查之後，法國委員遽然將調查結果在巴黎發表，英國還以爲加重了他們罪名，還以爲誣蔑中國學生和工人太輕，堅持不應公布，不合事實。於是發生重查這件事。可是所謂調查，並非要求事實的眞相，祗不過是各國帝國主義者之間，要想協商出一個一致的態度，來壓迫中國罷了。所以與其說這是滬案重查的委員會，不如說他是國際協商一致壓迫中國的會議。五卅屠殺案中，英日是兇犯，美意等等帝國主義國家是幫兇。然而比較站在事外的國家，如法國——後來還有美國，甚至於日本——都想把屠殺的罪名推到英國身上，英國却偏偏要把列強綁在一起對付中國。這種互相推諉互相衝突之中，便有一查再查的現象發見。五卅之後兩三個月，列強之間對華政策的衝突一直不能協調，因此也就無從「結束」這個所謂五卅事件。一方面，因爲五卅案裏，如果英國受着屠殺首犯的判决——就算祗答應中國人民一部分的要求，對於英國在華的侵略勢力，也是一個很大打擊。所以英國不但不肯輕易承認屠殺的眞相，甚至於像法國委員所公佈的調查結果，也不肯承認。別方面，因爲那時中國反帝國主義運動的潮流很高，如果法美等國完全老老實實幇着英國說話，如果他們不設法把自己共犯的罪名抵卸到英國一國身上，他們的命運就也和英國一樣。所以法美等國，不但爲着要在中國趁此機會和英國人的勢力競爭，而不肯表同意於英國所要的「調查結果」，並且美法日本相繼的假意表示同情，表示贊成中國人民的要求，送一個空口人情，以緩和中國人民反對自己的空氣，在這樣情形之下，當然在帝國主義的列強之間不容易有一致的意見，有公認的五卅「眞相」，不容易協商出一致蒙蔽五卅眞相的辦法。在這種情形之下，重查當然一時不容易實現，帝國主義的列強當然一時不容易一致進攻中國。五卅事件也就一時不容易「結束」。

五卅案初起的時候，列強這樣互相衝突不能協調，因而不能一致進攻中國，使中國民衆的反帝國主義鬥爭，得以利用他們之間的矛盾而發展的情形，完全因爲上海香港的中國無產階級及全國一般的革命羣衆，堅持着反帝國主義的徹底的要求，有很明顯的反對一切不平等條約及帝國主義的旗幟。這種情形的繼續，當然全靠中國民衆的積極鬥爭，極廣泛的罷工抵貨的運動，極鞏固的羣衆組織和宣傳。「中國人民所要的五卅事件的「結果」，當然不是帝國主義者延宕敷衍的調查，更不是他們一致蒙蔽事實，判决被殺人的該殺……而是徹底推翻一切不平等條約，收回租界，關稅自主，撤退外國駐華的一切武裝勢力。」中國人民的團結奮鬥的力量一天不渙散，中國人民的要求

一天不妥協讓步，中國人民、尤其是無產階級的運動一天不受摧殘，帝國主義者之間的一致進攻是決不可能的。 可是，到後來，事實上，不但五卅以來中國人受屠殺的恥辱不能洗雪，而且列強居然敢不顧政府和人民的抗議，斷然實行重查，居然敢以各國雜糅的法律來裁判已經被殺的中國人的罪名，居然敢在中國境內，在全國民衆奮起反抗的時候，開國際法庭。 雖然此次重查的結果聽說各國委員的意見仍不一致，然而列強一致進攻的形勢已經在重查之中表現出來。 這是甚麼緣故？ 列強之間何以能得到這種一致，何以竟能想以司法調查結束五卅事件？

第一、當工商學聯合會提出十七條要求之後，上海總商會擅加修改，另提十三條，删去撤退外國駐華的武裝勢力和取消領事裁判權的要求。 中國人民方面的團結和力量，經總商會這樣一來，便第一次暴露自己的渙散。 總商會删去這兩條要求，無異告訴美法意比等國，說中國人民中已經有一部分高等華人，並不要求根本取消領事裁判權，並不反對你們駐紮海陸軍，使用武裝巡捕和商團來殺中國人，於是這些國都放了心，祇管可以在中國橫行，祇管與英國共同來「維持」這國際殖民地上的「秩序」，不會惹起中國人來反對自己的。 這就是列強得以共同進攻的第一次機會，亦就是他們之間達到一致的第一步。

第二、戴季陶等的單獨對英論漸漸宣傳起來，總商會在開市的宣言裏，說日本紗廠罷工解決後便不反對日本。 這種空氣占了優勝之後，首先屠殺中國工人的日本資本家也就放了心。 尤其是到了談判解決日本紗廠罷工的時候，總商會以及日本的種種買辦——直接的間接的——都一致幫着日本壓迫工人，竟用一二萬元的卹金，空口允許三個月後加工錢等類的條件，便解決工潮；中國的這些高等華人不但在對外的條件中删去工會自由的要求，並且華商工廠對於承認工會，也與英日一致的堅持等待政府公布工會條例。 對於英日，尤其是日本，這樣妥協讓步，眞不愧孔仲尼戴季陶道統的和平謙讓仁慈的美德，可是對於工人却和外國資本家勾結一致行使極殘狠狡詐的威迫欺騙手段——這就是中國資產階級的「政治道德」。 這種高等華人的政治道德，便大大安了日本帝國主義者的心——從此中國人民對於日本不至於和對於英國一樣的反對，日本已經可以無所顧忌，儘可和英國一致維持帝國主義對華的威信。 這就是列強得以共同進攻的第二次機會，亦就是他們之間得到一致的第二步。

第三、中國人民的內部既然屢次發現團結力的渙散，帝國主義者方面又得着賣國的奉系軍閥做助手。 奉系軍閥在青島天津上海等處封閉學生會工會，逮捕學生工人，宣佈戒嚴。 五卅運動中的主力軍既然受着這種摧殘，又有許多買辦工賊受着高等華人的指揮來搗亂，這一勞動羣衆被壓迫得不能動彈的時候，商界的抵制英日貨運動也早已烟消雲滅。 這種情形之下，帝國主義的列強自然能更進一步的一致行動，共同進攻。 滬案重查，便實現在這個時候。 「高等華人」是已經軟化了，妥協了，甚至於聯合軍閥和帝國主義來壓迫工人破壞民族解放運動了，「下等華人」又已經被壓到不能有公開的組織和運動。 列強的欺壓中國，自然是如入無人之境了。

第四、等到奉系軍閥的邢士廉被浙軍趕走，上海的革命民衆，工人和學生要重新起來，擴大反帝國主義的鬥爭，而浙軍和上海大資產階級仍舊繼續奉軍的壓迫。 這正是滬案司法重查的時候！ 這次全國反奉的戰爭裏，不但上海，全國的民衆都要起來繼續愛國運動，因爲在民衆的眼光看來，反奉就是反對帝國主義，因爲奉軍已經是很明顯的帝國主義的爪牙。 然而不但浙軍在上海，吳佩孚在漢口仍是繼續的高壓革命羣衆，甚至於上海的保衛團都幫着軍警封禁愛國團體，查緝學生工人的宣傳和運動。 所以聯軍商會等等，雖然表面上都贊

了不少反對滬案重查的宣言和電報，事實上他們是幫着帝國主義者鎮壓民族解放運動的復興。 上海以及全國的民衆既然因此而不能鞏固自己的組織，不能廣泛的發展反帝國主義的鬥爭，帝國主義的司法調查委員當然能安安逸逸來審判死人的罪名，實行國際共管中國的第一步。 於是滬案重查便在這「戎馬倥忽」之中偷偷的完了！ 這四種情形，便是列強敢於重查滬案，敢於用這種侮辱中國的手段「結束」五卅事件的原因。

可是五卅事件眞正便是如此結局了嗎？

中國的民衆不但決不承認這種調查，決不承認五卅屠殺便可以如此結束，並且在這種重查之中民衆得着更重大的教訓：帝國主義列強之間的一致進攻，完全由於中國方面的妥協退讓，由於高等華人的壓迫民衆。 因此，民衆更加要努力奮鬥，力爭廢除一切不平等條約，推翻一切壓迫者和剝削者。 軍閥的幫助帝國主義，壓迫民衆的罪惡，在這次已經澈底的暴露。 商閥的祇顧少數人利益，剝削壓迫民衆，種種狡猾狠辣的手段，也已經現出他們的原身，對於勞動民衆下全力的實行階級壓迫，對於帝國主義者却甘心妥協誤國。 「可見要求中國的眞正解放，必須要實行反對軍閥商閥的階級鬥爭，必須要使中國的政權握在大多數平民羣衆的手裏。 因此，民衆更加要推翻軍閥和商閥，要力爭國民會議，建立眞正統一的代表全國民衆利益的政府。

中國民衆的民族解放運動決不會停止的。 現在香港沙面的幾十萬人的能工運動還繼續着。 正因爲廣州民衆以自己的力量戰勝了許多反動軍閥，有人民的政府，有人民的武力，所以不但一般勞動民衆能繼續着奮鬥，而且連商人羣衆也有覺悟，不讓商閥把持；雖然英國人同樣的派陳炯明鄧本殷和永續等軍艦去打廣州，而廣州國民政府受工農羣衆的贊助，始終能戰勝他們。 并且江浙和北方戰爭的發展中，全北部中部的人民也在繼續團結自己的力量，並督促國民軍參加。 全國民衆的解放運動不但不停止，并且要使反奉的戰爭，變成民衆反抗軍閥帝國主義的革命戰爭，掃除一切賣國軍閥，建立眞正的民衆政權，打倒買辦商閥的勢力，達到廢除一切不平等條約澈底解放中國的目的。 這才是五卅屠殺案的眞正結局呢！

東江勝利後之廣東

林偉

在此次東江與南路的戰爭中敵人對待革命政府的計畫非常週到。 粵軍二三師駐防石龍增城東莞與東江陳軍聯合一致，如黨軍出征則可讓其過路而截其歸路。 川軍從北江順流而下以攻省城。 南路同時進攻江門。 用北洋兵艦從虎門或橫門進援黃埔及廣州。 同時勾結土匪擾亂中山順德南海佛山九江及其他多匪地段。 省城則有特派之土匪專以鬧案子爲事並用專人散佈謠言以亂人心。

革命政府應付敵人的方法也巧妙而周密，首先肅淸內部的不良軍隊，然後再以全力對付東江。 對內江共出兵二萬，內有黨軍二師一團，李濟深兩師及其餘零星軍隊。 此次東江作戰計劃，以滅除敵人不使逃遺，故取包圍勢，因此所需軍隊較多。 同時以二三兩軍解決川軍，乘川軍喪失主帥，給以迅雷不及掩耳之襲擊。 對於南路取放任政策，祇留陳銘樞以爲防守，即使江門備戰，敵人一時難達省城。 彼時東征軍已能回兵，故不足慮也。 至於中山順德等處擾亂，政府置之不理，祇用李福林軍隊以爲應付，虎門則從嚴佈置安放水雷，橫門則由廢艦及黃石堵塞。 對於省城土匪及造謠者則多派密探及嚴密手段鎮壓之。

革命政府此種軍事計劃，完全實現。 東江方面共繳步槍八千餘枝，機關槍五十餘挺，大炮十五門。 所剩逃往江西福建之敵軍不滿

五千，並聞陳軍二千已爲福建民軍繳械。　故陸林軍隊可謂已完全消滅。　二三軍解決川軍，雖未能將其繳械，然已將其擊潰，竄入湘桂邊境，又經桂軍襲擊，已不能再成爲廣東省之禍害。　南路一時頗爲緊急，後經二三兩軍及桂軍之援助，節節勝利，李濟深已班師加入南路桂軍襲擊敵軍之後，聞鄧本殷已集合軍隊，預備逃亡瓊州。　預料一星期內革命軍可佔高雷欽廉，各處土匪雖然蜂起，對於大局無關，並已漸次平息。　中山縣已於昨日被李福林軍隊克服。

因此廣東省以土地疆域而論，已經統一。　於是目前重大之問題，爲民政統治廣東問題。　政治委員已組織委員會，預備行政計劃，大致已決定。　分廣東全省爲六區，東江北江西南路廣州瓊州，每區置行政委員一人，對於該區行政負完全責任。　各行政委員組織一廣東行政委員會，代替現有之民政廳，而受省政府之指導。　每縣除縣長外，加派黨代表一人，財政廳代表一人，三人合組縣行政委員會，對全縣負統治之責。　此種行政制度，非但整頓吏治，亦所以增加財政收入。　財據某政專門家推算，可增加現有收入四倍至五倍。　至軍事方面，現在一方面極力謀整頓原有之湘滇桂各軍，加緊政治訓練工作，使之能與黨軍并進，另一面則謀擴充黨軍。　至國民政府對江浙戰爭態度，則對張作霖攻擊，對直系取警告；此種態度已見之於國民政府的宣言及致直系與奉系將領之電，想已見諸報端故不多述。　總之國民政府之策略與馮玉祥策略一樣——即觀望的策略，因廣東剛才肅清內部尚須準備數月功夫方能北伐，故暫時不能不與直系相安無事，如直系此次戰敗，則國民政府尚有與南方諸省結合同盟之必要，一方以聯合政策拒奉系發展，一方以相當時間作預備之功夫。

方本仁最近派代表來粵，唐生智亦有電致廣西李黃轉達此間甚願與國民政府合作，陳軍二千被閩軍解散以示與粵無惡意；凡此種種都表示南方的聯合或爲可能之事，將來形勢將因之一變，同時亦顯明廣州政府之地位一天一天地鞏固，即向來仇視之軍閥，亦不能不改變其態度。

外交情形亦甚佳。　美國願助廣州政府在黃埔築港以避免香港。此間一般美國人都對政府表示親善。　日本對政府尤其表示好意。日領事曾說見汪精衛云日本政府訓令彼對粵政府處理黃埔槍殺日本水手案表示滿意與感謝，其實此案之處置在中國外交上很少的便宜。殺掉了兩個日本水手傷了好幾個，祇賠了兩三千恤金。　日本領事并表示願爲解決罷工出力。　日英帝國主義其所以如此退讓，甚至卑躬屈膝者一方面固然因爲東江勝利，廣州政府地位鞏固，同時亦因帝國主義相互間的衝突之所致。

香港自黨軍東江勝利後態度一變，報紙痛罵陳軍『搶完了就跑』并盛稱國民政府的人是受過教育的。　香港知道用陳軍來解決罷工之政策已失敗了，可是又想拉伍朝樞及傅秉常等所謂受過高等教育的人來解決罷工。　此第二次的幻想不久又將失敗，勢非與廣東政府直接交涉不可，沙面英國領事與前香港總督暗鬥，互爭解決罷工；新任港督已到，未知兩方意見能否　致否？　廣東政府預備與港政府直接解決罷工，前途多可樂觀。

十一月十三日於廣州

安源工人之慘劫

羅夫

安源路礦工人俱樂部成立於民國十一年九月半間，爲南方工人組織的重鎮。「二七」以來，資本家屢次陰謀破壞，卒因工人團體堅固，奮鬥力強，沒有破壞得下來，現在——九月廿一日早晨，被三公司總理盛恩頤賄買駐軍驅使礦警將他武力封閉了。

安源工人俱樂部的被封閉，其原因固然很複雜，其意義更不是簡單的封閉了一個安源工會。

安源俱樂部是代表一萬三千工人，在第一次罷工勝利後成立的，這一萬三千工人一旦有了他們自己的團結以後，即充分表現了他們的創造能力，他們創辦的教育事業已夠使一般資產階級驚奇嫉妒：在俱樂部的教育股之下有工人學校七個，日中開子弟班，夜間開補習班，日夜班合計常有近二千的學生受課。正式學校而外，有十二個讀書處分設各工作處，日夜開放，以便成年工人補習，有一婦女職業部，專爲工人的家屬開的，以使她們學習着職業和認字。一切教科書都是教育股自己編輯的。俱樂部下面還有一個講演股，輪流派員對工人講演政治爭鬥或經濟爭鬥等問題。此外更有遊藝股，化妝講演股，童子軍，成績都很好。對於經濟的建設，他們辦了一個一萬三千餘元股本的消費合作社，股東全是他們自己，雖則因爲沒有經驗，經過許多困難，但終久沒有失敗，且得着相當的勝利。——這是安源工人建設能力的表現，這樣的建設能力，各地工人未曾表現過的建設能力，當然要使資本家害怕，由害怕而嫉妬而想方設計要來摧殘的。

萍礦是漢冶萍公司的一部分產業。三公司受日本帝國主義的操縱，是有很長的歷史的。日本帝國主義要把他的經濟侵略發展到長江而與英帝國主義競爭，三公司便是他的最好的工具。著名的二十一條，中間顯然表現日本帝國主義對三公司的陰謀；事實上，三公司已欠日債六千餘萬，三公司每向日本借債一次，日本的侵略即變本加厲一回。總而言之，日本帝國主義要向長江發展，所以儘可能使用其政治的經濟的手段以操縱利用三公司。這種站在三公司背後的帝國主義勢力是安源工人俱樂部被封閉的第一個原因。三公司受了日本帝國主義的束縛，動彈不得，且年久月深愈縛愈緊，自思無路，只有拚命的向工人進攻，吸取他們的汗血去孝順日本帝國主義，才能有存，無論工人的建設能力怎樣大維持秩序的能力怎樣高，是逃不掉這一刀的。這是安源工人俱樂部被封閉的第二個原因。萍礦自俱樂部成立後，礦局職員因不能弄弊吞肥，相率怠職而礦局管理又極壞，所以弄得一切稀糟，職員方面却把這種責任完全卸在工人身上，向公司方面造謠中傷工人，這是安源工人俱樂部被封閉的第三個原因。

「五卅」慘案發生後，幾天間就變爲普及全國的運動——由一部份工人的經濟要求變成了全民族的政治爭鬥。安源工人在這怒潮高漲中，雖因爲生活困難（四個月沒有發工餉）沒有熱烈的援助，然如每個工人募捐，罷工遊行，聯絡地方團體組織雪恥會，都表現安源工人已相當的參加了全國的民族爭鬥。當英日帝國主義利用奉直軍閥向全國民衆下總攻擊的時候，除掉國民政府所在的廣東和傾向國民革命的國民軍勢力範圍以外，如上海，如青島，如天津，如唐山，如南京，如漢口，民族革命的先鋒隊——工人團體，都受極殘酷的壓迫，安源工人俱樂部如何能夠倖免。這是安源工人俱樂部被封閉的第四個原因。

安源工人俱樂部在全國範圍內帝國主義與軍閥的反動潮流中被衝碎了。決鬥的時候，被鎗彈打死三人，被刺死一人，俱樂部職員及學校教員捕去四十餘人，有一部份已被嚴刑拷打，女教員被武力餓困三日始放回。俱樂部被兵佔據，學校器具全被搬去，合作社亦被武力佔據，貨物被搶洗一空，往來帳簿被燒毀，保險櫃中本票七千元現洋數百元被刼，落後某連長捕去一營業員迫令簽字承認合作社絲毫未受損失，工人請商會出來清理，均被拒絕，工部百代表，總幹事，幹事均不能立足，一經捕獲，立即杖以軍棍數百，身上如有錢，無不被搜去。全礦除一二處必須工作外，自俱樂部被封之日起一律停工。

被開除的工人近五千，用武裝兵士分批壓迫出境，欠餉用紙包好，在車站發，實際十元只發三元，工人拆包質問，立被武裝兵士打殺。

未被裁工人欠餉一元未發，開工無期，饑困安源，進不得，退亦不得，盜已于黑夜祕密逃往漢口，安源成了無政府狀態，羣衆現異常憤激，欲起作最後的奮鬥。

從上面許多情形看來，可以得着三個結論：第一個結論是這一次安源工人俱樂部是在日本帝國主義資本家軍閥所造成的政治壓迫之下被封閉的，安源工人的損失不僅是一些經濟的條件，特別重要的是這一爭鬥的機關——工人俱樂部被封閉了，羣衆忽然失掉了一個統帥；安源工人今後的急務，就在如何恢復這個統帥。 第二個結論是安源俱樂部是在全國範圍的反動潮流下被衝碎的，故安源俱樂部之被封，不簡單的是一個安源問題，乃是廣大的民族鬥爭中的悲劇之一幕，全國被壓迫民衆都應當了解這一個重要的意義。 第三個結論安源工人俱樂部三年的歷史，只是領導工人作地方的經濟爭鬥，去年以來，固然漸次走到一般政治爭鬥的路上來了，然在以工人爲領導包含階級爭鬥與民族爭鬥爲世界革命闢一新機軸替中國民族解放闢一紀元支持至三個月之久「五卅高潮中，安源工人終止于相當的參加而沒有能盡這一民族革命先鋒的職任，實在是一個重大的遺憾，安源工人從這一次嚴重的犧牲中應當得着一個新的教訓了：沒有得到整個的最後的政治勝利以前，一切和平的建設事業，都會保持不住，而非一刻不懈的從事政治爭鬥（整個的或局部的）不可。

我相信安源工人在最近的將來，依然要恢復他們的爭鬥機關——俱樂部的，我十分相信他們有這種能力。 全國被壓迫的民衆起來援助他們啊！

記者剛寫到這裏，忽接俱樂部主任黃靜原君於昨十六日午後鎮署押往俱樂部之前坪槍斃之噩耗。 當黃君被解至安源時，面不改色，向押隊官問「我犯了什麼罪」？ 軍官連聲帶譏的答道「你還要打倒帝國主義嗎」？ 黃君憤然，大呼「全世界無產階級聯合起來！ 打倒帝國主義」！「打倒軍閥」！「打倒資本家」！ 「實行民族革命」！「恢復俱樂部」！「我黃靜原死不要緊」！ 殉難時，彈從左耳入，右耳出，歷半小時始氣絕其狀至慘，工人羣衆圍尸痛哭，憤激異常，萍株路礦工人將不免大反抗，長沙工學教育各界得此消息亦將羣起聲討帝國主義資本家軍閥云。

The Guide weekly

嚮導

週報

第一百三十八期

一九二五年十二月十日

零售每份銅元四枚

分售處

廣州 丁卜書報社
北京 各學校號房
長沙 文化書社
寧波 寧波書店
武昌 時中書報社
共進書社
福州 福州書店
開封 國民書社
香港 萃文書坊
汕頭 汕頭書店

分售處

蕪湖 科學圖書館
太原 晉華書社
潮州 青年書店
濟南 濟亞書社
安慶 唯一書局
南京 鍾天書館
重慶 重慶書局
黃梅 書報流通處
成都 華陽書報流通處
紹興 亞民文具實業社

訂閱：國內一元寄足五十期。國外一元寄足三十期。郵票代欵九五折算。但以一分半分爲限

代派：每份大洋二分。六折計算。寄費在內。十份起碼。十期清算一次。槪不退回

發行通信處 北京北京大學第一院收發課轉許元真君

特約訂閱處 廣州國光書店黃正君
開封河南書店韓韶秋君

中國共產黨中國共產主義青年團告全國民衆

全中國的工人、農民、學生、兵士、小商人及一切革命的民衆們

數月以來，本黨繼續反帝國主義運動的總口號是：「武裝平民，打倒奉天軍閥，廢除不平等條約，建立平民的革命統一政府」，現在反奉運動已從奉系軍閥內部爆發出來了。這種爆發一面看出全國反奉的高潮已壓得奉系軍閥不得不分化而潰裂，使反奉運動格外易於成功；一面可以看出民衆未有武裝的積極行動及國民軍之猶豫，使反奉運動不流血的成功，其結果在此次反奉運動中，不但有直系軍閥勢力，并且有奉系軍閥勢力，這些軍閥勢力之存在及民衆缺乏積極行動，愈足增加國民軍猶豫與妥協的傾向，而釀成軍閥勢力重新結合軍閥專政重新鞏固的局面。

去年直系軍閥崩潰，中國政治本來有從單閥的過渡到民主的之機會乃因人民努力之不充分，致使段奉兩系結託，重新鞏固之軍閥專政的局面，繼續對外賣國，對內剝奪人民的一切自由。

現在奉系軍閥又崩潰了，今後的政權歸諸人民呢，還是仍舊落在重新結合的軍閥之手，現在已經到了緊急的難關了。要打破此難關，只有全國革命的民衆及革命的國民黨不猶豫的起來奪取政權，并且要力使國民軍站在人民方面，才能夠解除一切不反對帝國主義而剝奪人民自由的軍閥武裝，實現革命的民主政府。

最近北京連日的民衆示威暴動，已是人民奪取政權之起點，在民國十四年軍閥混戰史上，現出一條政治變動之新的道路。「全國革命的民衆，革命的國民黨，革命的軍人，其速起響應北京的暴動，推倒安福賣國政府，建立全國統一的國民政府，政權歸諸人民。」政權在軍閥之手，對外永遠不會實現廢除不平等條約及關稅自主，對內永遠不能保障人民集會結社言論出版之自由，因爲

軍閥政治的本性，是必須結託外國帝國主義者而剝奪人民之自由的。只有政權在人民自己手裏，才能保障人民自己的自由，才能建設平民政治掃除軍閥官僚政治的毒餘，才能繼續五卅運動，解除帝國主義對我中華民族八十餘年之壓迫與剝削。

全中國的革命民衆，其速起

武裝起來！

打倒賣國段政府及一切反動勢力！

建立統一的國民政府！

一九二五年十二月一日

☆國民黨中之左右派的爭鬥與共產黨

——駁國民黨右派的上海民國日報

述之

近來國民黨中左右派之爭鬥，有人便以為是什麼共產派與非共產派之爭鬥；因為他們認國民黨左右派的區分便是共產派與非共產派的區分。其實事實絕不如此。所謂國民黨左右派的區分完全是站在策略上之革命與非革命的區分。左派是贊成並運用革命的策略（第一次大會所決定與孫中山素來所主張的，如聯俄，保護工農利益等），右派則反對革命的策略（違背革命民衆之利益，而與敵人安協，甚至投降敵人）。對於這一層我們在本報第一百三十七期「什麼是國民黨左右派」一文裏已經從事實上和理論上詳細證明過。現在事實表現得更加明顯。在左派方面的是廣州中央執行委員會，以汪精衛、蔣介石、于右任等為其領袖，以廣州革命政府為根據。在右派方面的是什麼北京中央執行委員會，而為其領袖的是公然反對廣州革命政府之鄒魯、林森；屢被中山譴責之謝持、張繼、覃振；（在去年國民黨中央執行委員會第二次會議上為共產黨人加入國民黨問題，中山大罵覃張等）和專門坐在房子裏寫文章或專為嘆氣的戴季陶等。因此我們說國民黨左右派之爭，絕不是什麼共產派與非共產派之爭，而是革命派與非革命派之爭。

但是國民黨左右派之爭既是革命派與非革命派之爭，何以一班人（其實就是國民黨的敵人帝國主義者，軍閥，買辦階級，腐敗的官僚政客以及帝國主義者等所收買的或催眠的大學教授，新聞記者等一班智識份子）和國民黨右派却硬說是共產派與非共產派之爭呢？這個理由非常明顯。因為國民黨的敵人——帝國主義者軍閥買辦階級等所最恐怖的是代表國民革命的國民黨真正革命化，真能代表革命民衆的利益而奮鬥。現在國民黨自第一次大會以來，自大多數的工農群衆的真正革命份子加入以來，實在是一天一天地左傾，即一天一天革命化，國民黨內部的反革命份子一天一天地被掃除，廣東政府和其軍隊內部的反革命勢力一天一天地消滅（如楊劉梁熊等），左派的勢力如黨軍，國民黨的國民政府與國民軍實際聯絡以來，工農群衆的組織一天一天地鞏固而壯大。尤其自五卅後，消滅楊劉蕭清東江以來，帝國主義與軍閥尤其是英國帝國主義和段張，差不多無日不在恐慌狀况之中。然而實際上他們終不能將國民黨怎樣，所以祇有拚命地造謠言，說廣州政府怎樣赤化，共產黨怎樣把持國民黨，怎樣操縱國民政府，其陰謀，一面慫動群衆對於國民黨之恐怖，一面挑起國民黨內部之分裂。總言之即想根本破壞國民黨。同時國民黨中的非革命份子，即所謂右派，其社會地位本來多出於買辦階級地主，官僚政客和被催眠或表同情以上階級的智識者，他們向來只想陞官發財，他們向來直接或間接與帝國主義，軍閥和買辦階級有密切的關係。他們看見真正的革命份子加入國民黨之後，國民黨一天一天地革命化之後，即革命派勢力一天一天地鞏固而壯大之後，他們自己的假面具一天一天地被揭破，他們覺得在國民黨中已漸無容身之地，所以他們便鬧

着帝國主義與軍閥之鼓吹，拚命地起來借着反對共產派的招牌，推倒革命的左派（如開除汪精衛），將國民黨返於以前的不生不死的非革命狀態，重新賣好於帝國主義與軍閥之前，取得陞官發財之大好機會

這便是國民黨的敵人和國民黨中的右派硬說國民黨中左右派之爭卽是共產派與非共產派之爭的根本原因。

但是近來代表國民黨右派的民國日報有幾篇長篇大作專門提起國民黨中的共產黨問題（見本月五，七兩日「評論」的「國民黨爲什麼取銷共產派的黨籍」和「誰是反革命」），其意亦不過借反共產派的題目來排斥革命的左派，以掩飾自己之非革命的事實，達到向來陞官發財之目的。　我們現在姑且不管他們的用意如何，只拿他們反對共產黨人在國民黨裏的理由來看看。　他們提出一個根本的理由，說『兩個性質不完全相同的政黨合在一起，發生糾紛是不能避免的結果，在這一種糾紛簸蕩之中，便不能免掉兩種結果：（一）共產派的黨員如果要忠於共產黨，便非作國民黨的叛徒不可；（二）非共產派的黨員如果要忠於國民黨，亦非作共產派的仇敵不可，如果不作共產派的仇敵，則只有作國民黨的叛徒』。所以他們主張取銷共產派在國民黨的黨籍，而『希望以後國民黨和共產黨在相同的目標上仍以友黨的態度，聯合作戰，而在不同的實施主義的方針上，各自努力，以期在最短期間，至少能夠實現兩方最小限度的主義與政綱』。　不錯國民黨與共產黨的性質不完全相同，兩個性質不完全相同的政黨合在一起，發生糾紛是不能免的，可是民國日報記者根本不懂共產黨人加入國民黨，絕不是整個的共產黨來加入國民黨，而是共產黨員以個人的資格加入的，並且不是共產黨每個黨員都加入，所加入的不過是一部分。　共產黨在國民黨外有自己的獨立組織，有自己的一切機關，有自己的政綱與策略，民國日報記者根本不懂得黨與黨員個人的區別。　至說『共產派的黨員如果要忠於共產黨，便非作國民黨的叛徒不可』。　這更是不通，因爲共產黨認定與國民黨目前的共同的仇敵是帝國主義與軍閥，目前的革命工作是國民革命，因國民革命是達到共產革命必經之途徑。　共產黨員忠於共產黨，便應該忠於國民革命的工作，共產黨員在國民黨中忠於國民革命的工作，何得謂之爲國民黨的叛徒，只有像右派的先生們終日作陞官發財的趣夢，而反對國民黨的革命策略才是國民黨的叛徒！　至於說『非共產黨員忠於國民黨，便非作共產黨的仇敵不可』，我們可以答覆，非共產黨員只要眞正忠於國民黨，忠於反帝國主義和軍閥的國民革命工作，共產黨不但不認爲仇敵，而且還要認爲最好的朋友，願與之誠意合作。　可是像不作革命而只想借國民黨招牌來陞官發財的來與帝國主義軍閥勾結的右派先生們，共產黨一點不客氣地認爲是仇敵，與帝國主義和軍閥一樣看待。　因爲共產黨對於國民黨員的態度不是拿他的黨證作標準，而是要看他的革命工作。

再說到『希望以後國民黨和共產黨在相同的目標上仍以友黨的態度，聯合作戰……』其實現在共產黨與國民黨在反對帝國主義和軍閥的國民革命的這個共同目標上，便已經是以友黨的態度聯合作戰。如在五卅運動中，在此次北京的市民運動中，共產黨與國民黨都是以友黨的態度來聯合作戰的。　可是我們要申明，共產黨在目前只能對於國民黨的革命派視爲友，因爲在革命的進程中，所謂中間難站脚，不是革命便是反革命，我們對於反革命派是不能以友黨對待的。因此我們可以說，像現在的國民黨右派，反對全國民衆中最大多數之工農階級的利益的右派，我們在國民革命的原則上是沒有聯合作戰之可能。

至國民黨右派口口聲聲說遵奉中山主義，遵行中山先生的策略，殊不知容納共產黨人加入國民黨完全是中山所決定的。　中山在第一次會議上曾親自說明其理由。　當國民黨第二次中央執行委員會時，

張繼、覃振、謝持等提出國民黨是否容納共產黨問題，中山便說此問題不能根本討論。　現在的國民黨右派居然反對中山此種關於國民革命之策略，未知是否遵奉中山主義，遵行中山策略。　然而右派這樣矛盾，在共產黨人看來是沒有什麽希奇，因爲右派所要的中山主義和中山先生的策略，原來只是要這塊招牌，至革命的中山主義和中山先生的革命策略他們是不要的」。

洛迦諾會議與反蘇聯的帝國主義聯合

超麟

英法德意等國於十月五日開始的洛迦諾會議所議定的條約，已於本月（十二月）一日在倫敦簽字了。　英國外相張伯倫信「此約乃和解大事業之起點」。　法國外交總長白里安信「此會爲和平新紀元之開幕」。　德國內閣總理路德博士稱『此日可謂歐洲與世界歷史中的紀念日」。　他們都在慶祝這「保安」的條約之成功。　他們正在隱瞞這會議及其議定的條約之眞正的意義。　我們的責任恰在指出這會議是英國帝國主義組織反蘇聯大聯合之新企圖，同時亦即是各帝國主義國家間利益衝突之一種表現。

在這會議上，議定了德比法英意五國的保安條約，德比間德法間二種公斷合同，德波間德捷間二種公斷條約。　這幾種條約或合同的內容大致如下。　關於西境的，法德比三國邊界各不相侵犯，若有一國先破壞條約，則其他簽字各國都有制止的責任，這種衝突不依通常外交方法解決，必訴之於國際聯盟或條約上所定之特別法庭。德國加入國際聯盟。關於東境的，德波捷三國邊界之關係亦依西境方法解決，同時法波間法捷間又各訂合同，由法國保證波捷二國邊界之安全。

這些條約有甚麽意義呢？　英國工黨的機關報說得不錯：『這是英國割斷那連繫柏林和莫斯科的線索」。　這是英國保守黨內閣反蘇聯政策的結果。　在一切帝國主義國家間，英國算是與蘇聯衝突機會最多的國家。　大英帝國殖民地都發生了所謂『波爾札維克宣傳」的危險，這是能夠搖動英國的根基的。　所以保守黨便以攻擊『工黨政府」的對俄政策而上台，接着對於蘇聯便施行絕交備戰種種恐嚇。

然而這些恐嚇究竟未曾實現。　爲甚麽呢？　因爲英國帝國主義知道英俄間的衝突卽全世界帝國主義和無產階級革命間的衝突，英國一國是不敢冒這大險的。　所以，保守黨的內閣不惜用盡方法，去組織反蘇聯的帝國主義聯合，以剷除這波爾札維克的惡魔。　這聯合的一大障礙，便是俄德間的親密關係。　所以英國各大報公開地宣傳，說如果德國能贊同英國反俄聯合的政策，則英國銀行可以借款給德國爲恢復其經濟之用。　但這政策是不容易實現的。　一方面，德國是戰敗的國家，在帝國主義隊伍間向來是不被人拿做平等國家待遇的，萊茵區域的駐兵及其他種種國權的喪失，很難使德國和英法比意等國合作；他方面，德國經濟的恢復少不了俄國和東方的市場，自從一九二二年拉波羅條約簽訂之後，俄德卽有互相結合以抵抗協約國帝國主義進攻的趨勢。　德國處在這樣的地位，遂爲國際帝國主義撲滅第一個無產階級國家的計畫上一大障礙。　英國保守黨內閣的反蘇聯政策勢必至於拉攏德國使之與蘇聯隔離，而調解德法比三國間多年的糾紛，并以德國加入國際聯盟爲餌。　張伯倫對新聞記者的談話，說此次會議與從前德國與協約國會議迥然不同，今日之來洛迦諾者皆非爲提出條件或要求而來乃以自由平等國家的資格來此解決其困難耳。——這些話可以說明協約國帝國主義對德態度之改變了。　而德國加入反蘇聯大聯合這一件事實又足證明英國保守黨的政策已由絕交備戰等恐嚇而趨於具體化——聯合世界帝國主義國家向無產階級的堡壘蘇聯進攻。

洛迦諾條約還不止於是英國帝國主義反蘇聯政策的作用，同時而

且有德國投降英國和加重德法二國依賴國英地位的意義。 德國加入了反蘇聯的帝國主義聯合便喪失了俄國和東方市場種種利益；他方面德國雖然加入了國際聯盟，邊界又有保障，這在表面上看固然是地位增高了，但實際上則稍微擺脫了凡爾塞條約的束縛而加重了英國財政資本的束縛。 自從倫敦會議道威斯計畫實施之後，法國固然不能以賠款問題爲壓榨德國的工具了，但英國財政資本家則反取得德國國家銀行鐵路等特權，握住了德國經濟的咽喉，使德國變成了英國財政資本的殖民地。 這一次洛迦諾會議的結果，德國這種隸屬英國的地位更加幾倍地明顯起來。 英國不僅能操縱德國的經濟，而且能干涉德國的外交，爲德國安全的「保障者」。 德國投降了英國。 德國資產階級爲甚麼放棄了拉波羅平等的政策，而採用這洛迦諾投降的政策呢？ 這是可以說明的。 第一，因爲德國在拉波羅時代是小資產階級社會民主黨佔大勢力的政府，而在洛迦諾時代則爲地主與重工業之國家主義黨和國民黨的政府，根本仇視無產階級的國家。 第二，這一班不惜賣國以保存資產階級權力的政客，希望用這投降手段可以換得（一）多數的借款，（二）柯羅尼區域早日撤兵，（三）形式上取得平等外交的地位。 德國資產階級在洛迦諾的投降政策引起了德國各大城市無產階級大示威之抗議，這是當然不足爲怪的事了。

可是在協約國帝國主義中間，這次祇有英國得着大勝利的。 本來，在這保安問題中，協約國最有關係的國家當然是法國；但法國不僅未曾得着與英國同等的勝利，而且其隸屬於英國的地位反因洛迦諾會議結果而加甚。 這是怎麼說呢？ 要說明這個，我們先要知道所謂「協約國」現在究竟怎樣。 德國社會民主黨報紙這次也跟着慶祝洛迦諾會議的「成功」，他們歡呼，協約國死了，英法德的聯合代替了協約國！」 社會民主黨是太樂觀的了！ 現在我們試問：協約國死了嗎？ 不錯，協約國死了，但并不是死於洛迦諾會議，乃開始死於戰勝德國的時候。 協約國的主要任務本祇在戰勝德國帝國主義；德國帝國主義敗了，協約國的主要任務便算盡了，所剩下的便是怎樣分贓，怎樣榨取德國。 這時的協約國祇是英法等利用凡爾塞條約分贓的一種聯合。 到了倫敦會議道威斯計畫實施之後，怎樣榨取德國的責任便落在銀行新狄嘉身上。 這時的協約國祇剩下劃分凡爾塞條約所定邊界的任務。 現在經過洛迦諾會議之後，連這種任務都失掉了！ 現在是英法德三國共同解決邊界的糾紛。 於是所謂協約國乃完全取消。 但代之而興的，是不是英法德的聯合呢？ 不是的。 德國自己沒有能力保護自己的邊界；法國也不能夠再佔據德國的行省，因爲法國經濟上一向是隸屬於英美，英美任何時都能以債務責法國償還；英國單獨也不能以武力禁止德國國家主義者作復仇的戰爭，更不能禁止法國侵犯德國的邊界。 英國資實以何資格冒充大陸安全的「保障者」呢？ 說到海上霸王的國家，那是不能封鎖德法二國的。

英國在洛迦諾處處能爲居然以大陸安全的「保障者」自命，乃是因爲保守黨的張伯倫不僅以英國的名義出席，而兼以美國財政資本的代表資格出席。 這便可以說明爲甚麼英國不僅能[illegible]德國使之投降，而兼能夠支配法國的實際的地位。

然而這已經不是英國的勝利了。 這是美英財政資本的勝利。 英美財政資本代替了死去的協約國的位置。 在這新的協約國內，是美國做主體的，因爲英國在最近若干中 擁有巨量資本輸出國外，

但我們仍然可以說這次洛迦諾會議是英國的勝利，第一因爲美國爲恢復歐洲資本主義以爲輸出資本的必要條件，因而暫時不與英國競爭幫助英國取得勝利；第二因爲美國資本輸入歐洲，一向是借英國政府政客和銀行爲其中間人。 有這二種原因所以造成了英國操縱大陸政治的局面，難怪勝利的張伯倫於倫敦簽約時趾高氣揚。

洛迦諾會議果真像白里安所說是「和平新紀元之開幕」嗎？ 不

是的。這是英美帝國主義對於大陸國家的勝利。新協約國代舊協約國而興。美國帝國主義利用英國帝國主義而自取得歐洲經濟的霸權。這新協約國是美國帝國主義向歐洲民衆榨取利潤的工具，同時又是英國帝國主義號召那些就其軌範的德法諸國進攻蘇聯和東方的工具。這是第二次世界戰爭的導火線。我們準備着呵！

寸鐵

中國軍閥之左右派

十一月卅日東方社電：『張作霖現已開始運動，將以李景林張宗昌爲幹部，與舊直系之吳佩孚孫傳芳相提携，結成聯盟；此項運動之主要目的，即爲對抗馮玉祥岳維峻郭松齡左傾派（即過激派）軍閥起見，組織右傾派之大同團體，以期於全國政治上出現一大縱斷線。』在我們看起來，馮岳郭的政治態度實在都過於和緩，而至於油滑，說他們是過激派，直是冤枉苦了。至於說他們是現在中國軍閥中的左傾派（各種社會或集團，都有左右傾分化之可能，這裏所謂左傾，并不是什麼過激赤化的意義），把張作霖李景林張宗昌等奉系，吳佩孚孫傳芳等直系，都列在中國軍閥的右派，這却是很正確的事實。這些右派軍閥之間的衝突非常厲害，如果他們真能組織大同團體，乃是日本帝國主義對付中國政局的如意算盤之成功啊！（實）

說假話

久矣就要對付奉張的馮玉祥，偏偏說出許多要與奉張携手希望和平的鬼話。已經明明白白向張作霖倒戈的郭松齡，偏偏還要通電稱頌張大帥『凡茲惠政，久勒穹碑，敢不斛守成規，恢宏餘緒。』這就是慣說假話的社會中一種怪現象。（實）

工賊替安福派說話

北京市民直接懲罰安福諸孽，國人稱快，獨有著名的工賊張德惠，假託長辛店工人名義，替安福派說話；他說：『民衆表示宜遵守紀律，否則有意破壞羣衆運動之真精神，若有放火及其他無意識動作，決非真正民意。』照他這樣說，所謂真正民意，所謂守紀律有意識的羣衆運動，不知是怎樣？想必是以規規矩矩的開會游街請願爲限。那麼，歷史上一切民衆的暴亂武裝革命，都一概可以不守紀律無意識非真正民意等話抹殺之了。如果是這樣，不但此次北京市民運動非民意，即以前五四運動趙家樓之火，也是學生的罪惡了，這樣的話，正是安福老爺們所願聽的呵！（實）

聯賊軍總司令部

標明討賊的吳佩孚，現在忽有聯合奉張的消息，如果這消息是真的，那麼，查家墩的討賊軍總司令部，應改名聯賊軍總司令部了！（實）

預防赤化的國民黨右派

國民政府解散了一些反動軍隊，主張反對帝國主義，廢除不平等條約，許多人說他赤化了；馮玉祥銳意練兵，預備和奉張打仗，主張救國、關稅自主、平民政治，又有人說他赤化了；郭松齡倒戈反奉，主張實行民治、優待勞工、普及教育、整理金融、便交通、盡地利六事，也有人說他赤化了。原來赤化不過如此！然而據本月六日上海各報所載東南通信社消息，國民黨右派却正打算在上海設立執行委員會『預防赤化』啊。（實）

以赤化爲讎敵的奉天商會

郭松齡僅僅說了一聲「優遇勞工」，張作霖便通電攻擊他赤化，奉天全省商會聯合會也跟着通電說：「查改革勞動待遇，即俄國赤化之倡言。……世界各國皆視之如洪水猛獸，……就我商民，皆當同心仰戴張上將軍保境安民之盛德，以赤化為讎敵。」 原來赤化反赤化就是如此，不知預防赤化的國民黨右派，對於仰戴張上將軍盛德的奉天商會此電作何感想？ （實）

時事新報太赤色了！

據時事新報記者說：「俄國革命已八週了，然而這種偉大的革命，早已被列寧黨丟在毛厠裏了；而今的俄國，依然是一個全智全能的資本主義的國家；……歐美各帝國主義者，似乎很怕蘇俄，因為他主張共產（其實何嘗是甚麼共產）主義，然而在事實上，各帝國主義者均和蘇俄聯盟了，最反動的意大利，不是很先就和蘇俄交好了麼？……我們預料他將來還有更大的變化，還有要富於社會主義性的革命黨起來引導俄國的農工去推翻列寧黨政府」。 如此說來，中國若聯俄，並無什麼赤化可怕，倒是這位時事新報記者比所謂列寧黨更赤得可怕了，哈哈！ （實）

一封公開的信致中國國民黨黨員

國民黨的同志們！

中國農工商學各界民衆，現在重新又要受殘暴的戰爭之厄運和損失了！ 這次戰爭的特點，與辛亥革命以來許多戰爭的區別，就在於這次戰爭的範圍，特別廣大，從南方與中原，直到東北與西北，沒有一省將來不會引入到這次戰爭的漩渦。 在這次戰爭裏中國的勞動人民，又有無數的要變為戰爭的犧牲者；中國工農們血汗所創造的財產，又要遭莫大的損失和破壞；強盜一般的帝國主義者，又要乘機更進一步的榨取中國人民的血汗，以期達到他們所夢想的「血肉黃金」。

為什麼這次戰爭是不可避免的？ 為什麼中國的民衆，現在如此仇恨帝國主義者與軍閥？ 同志們！ 這種主要的原因就在於帝國主義者和軍閥加諸中國人民一種奴隸的鎖鍊。 這種鎖鍊，阻碍中國國民經濟和政治的自由的發展。 因此而全國充滿了反對帝國主義者和軍閥的仇恨，尤其是在上海五卅慘案之後。 又因為這種仇恨心繼續不斷的發展，全國國民運動的範圍更加擴大。 由是而逼着賣國強盜的奉系軍閥與帝國主義者，不得不共同的壓迫我們國民運動。

由民衆反對奉系軍閥的熱情，所創造出來的目前中國的客觀環境與奉系軍閥在這種客觀環境中所使用的軍事佈置（這種客觀環境，自然不能說不是中國無產階級的政黨——共產黨與中國國民革命的政黨——國民黨共同發揚組織起來的），我們看清了以後，就可以明瞭：為甚麼戰爭是不可免的；換言之，即是可以明瞭：為甚麼國民軍預備反對奉系軍閥與直系軍閥，要重新集合自己力量於民衆運動的怒潮中，乘機恢復他們的武力統一政策。

同志們！ 最近四個月來，工人學生城市裏民主主義的民衆及鄉村的農民等反對帝國主義的英勇奮鬥，創造了中國目前的革命環境。這種環境，逼着帝國主義者對於中國不能不拋棄武裝干涉的政策。便是廣東，從前本是不斷的在英國帝國主義者所扶植的反革命軍陳炯明恐嚇之下，現在已成了南方民衆解放運動的堅固中心。

這便是這些主要的原因，產生了反對賣國奉系軍閥的軍事行動，發生了現在的戰爭。

奉系軍閥，是中國人民的勁敵，他的後援是很富足的很奸滑的帝國主義者；但是反奉系的各種武力又不是走同一的道路，各有各的目

的。　因此，同志們，我們應當切記，並且明確的了解，我們現在的策略：必須促成打倒奉系軍閥的勝利，以至於最後完全消滅奉系軍閥。但在同時無論如何，我們又不能讓直系軍閥，在奉系軍閥失敗之後，恢復他們原有勢力。

我們怎樣才能達到這兩種目的？　只有提醒廣大的羣衆　參加政治生活和引導他們參加解放運動；只有組織工人、農民、學生和城市裏各種民主主義的羣衆使他們參加奮鬥。　在現在，我們要在廣大的羣衆中，解釋我們提出來的各種要求的口號，使羣衆有普遍的了解，而且在這些口號之下行動；必如此才能得到於奉系軍閥失敗後，直系軍閥不能恢復他們的武力專制之保障。

我們現在必須用盡所有的力量，幫助國民軍促成反奉各派武力的大聯合，同時，就必須要求在他們的勢力區域內，給與民衆以民主主義的自由。　此外，我們須公開的號召他們組織一由國民黨國民軍及其他反奉勢力聯合的臨時機關，達到消滅奉系軍力的最後勝利，召集真正的國民會議，產生人民的政府！

同志們！　這是我們要走的道路，我們必須引導廣大的羣衆，向這條道路上走。　但是要執行這個浩大的責任，共產黨員與國民黨員須特別的團結而共同工作。　我們的敵人——共產黨國民黨的敵人：軍閥．帝國主義者的好友，他們從前和現在想使國民黨分裂，破壞共產黨與國民黨的合作，這正是他們反革命的企圖，成為全國人民之公政。　他們很明顯的知道：共產黨員與國民黨員的合作，對於軍閥帝國主義的危險很大，因此他們用盡方法，想來破壞這個聯盟。　帝國主義者，用自己的報紙，自己的傳教師，和各種通信的機關，很積極的反對我們的聯盟，他們製造各種謠言，為着使國民黨員和共產黨員發生糾紛。　他們並且還宣傳在廣東站在政治領導地位的汪精衛蔣介石是布爾什維克主義者。　同志們！　假若帝國主義者的走狗能達到他們的目的——破壞共產黨員與國民黨員的聯盟，這必然的是中國國民革命運動的危險。　這種危險，自然是帝國主義者與軍閥可以得到很大的勝利。　但是我們是革命者，我們憤恨我們的敵人，我們預備與他們決一死戰，無論如何，我們必要使他們的目的不能實現。　我們必須更堅固的鞏固我們對付壓迫中國工人階級與壓迫中國民衆的敵人的聯合戰線。

中國共產黨北方區執行委員會與中國共產主義青年團北方區執行委員會敢誠懇的盼望國民黨所有的黨員，集合在國民革命的聯合戰線中；更積極的團結自己，為中國民族解放而奮鬥，為中國統一及建立革命的民衆政權而奮鬥！

中國共產黨北方區執行委員會與中國共產主義青年團北方區執行委員會很熱烈的盼望國民黨諸同志，同努力於組織中國民衆在統一的革命戰線之上！

一切革命力量的聯合戰線萬歲！

反帝國主義反軍閥奮鬥萬歲！

打倒賣國的奉系軍閥！

由我們自己洗刷掉：因為受了帝國主義者欺騙的影響　而致於破壞革命聯合戰線的奇恥大辱！

中國共產黨北方區執行委員會

中國共產主義青年團北方區執行委員會

一九二五年十月三十日

The Guide weekly

嚮導

週報

第一百三十九期

一九二五年十二月二十日

零售每份銅元四枚

分售處

廣州 丁卜書報社
北京 各學校號房
長沙 文化書社
寧波 寧波書店
武昌 時中書報社
共進書社
福州 福州書店
開封 國民書社
香港 萃文書坊
汕頭 汕頭書店

分售處

蕪湖 科學圖書館
太原 晉華書社
潮州 青年書店
雲南 新亞書社
重慶 唯一書局
南京 樂天書館
肇慶 肇慶書局
黃梅 新報流通處
成都 華陽書報流通處
紹興 亞民文具實業社

訂閱：國內一元寄足五十期。國外一元寄足三十期。郵票代款九五折算。但以一分半分為限

代派：每份大洋二分。六折計算。寄費在內。十份起碼。十期清算一次。概不退回

發行通信處
特約訂閱處
北京北京大學第一院收發課轉許元眞君
廣州國光書店黃正君
開封河南書店韓韻秋君

為日本出兵干涉中國告全國民衆

全中國的工人、農民、學生、兵士、小商人及一切革命的民衆們：

一向做日本帝國主義工具的奉張及安福政府，現在已經公然跪在日本政府面前求援了！ 一向替奉張安福保鑣的日本帝國主義者，現在也公然出兵援助張作霖抵抗郭軍了！

公開出發的日軍已有二千五百人，繼續出發的尚不知有多少；同時在奉天的日軍已占領省城兵工廠及子藥庫。 日本政府宣稱，據朴資茅斯條約，日本有權在南滿駐兵一萬五千。 南滿洲明明是中國的領土，日本帝國主義者有何權利可以派兵干涉中國內戰？有何權利可以占領中國兵工廠？他和前俄所訂條約現在如何能責中國遵守？

張作霖兵敗早應出亡，他現在仍留奉天不走，已經不是為自己作戰，乃是為日本帝國主義作戰了。 日本出兵奉天，也已經不是利用張作霖間接的和中國人作戰，而是直接的和中國人作戰了。

五卅事件本起源於日廠慘殺中國工人，中國的資產階級，在五卅運動中提出「撇開日本單獨對英」的口號，本來非常錯誤。 後來五卅運動的形式，一變而為反奉，反奉的主義，乃是要除去一切帝國主義者在中國所用的有力工具。 反奉運動一發展到郭軍倒戈，奉張勢力完全崩潰，一切帝國主義者之中，仍舊是和奉張有最深關係的日本帝國主義者，無法維持中立假面，悍然親自出馬，直接用武力來壓服中國反奉運動。

是中國人民反奉運動勝利呢，還是日本帝國主義者援奉運動勝利，這是中國全民族目前的一個生死問題，全中國人，任何階級的中國人，都應該起來參加此次由反奉而反日的運動，以保全中國國家的領土主權與民族自由。

敘利亞人及里孚人，均以百數十萬的小民族，血戰法蘭西及西班牙帝國主義而不屈，難道我們四萬萬中國人，竟肯屈服於日本帝國主義者?! 各階級革命的民衆其速起：

反抗日本帝國主義者出兵滿洲干涉中國內戰！ 督促全國反奉軍隊速滅張作霖李景林張宗昌的勢力，並驅逐日本在滿洲所有武力!!

推倒親日賣國的段祺瑞政府!!!

中國共產黨中央執行委員會
中國共產主義青年團中央執行委員會
一九二五年十二月二十日

人民應急起反對日本帝國主義之軍事侵略

述之

現在日本帝國主義正敢公然出兵侵略滿洲了！ 正敢毫無忌憚地以軍事干涉中國內爭了！ 這是日本帝國主義繼續「甲午之役」的行動，這是日本帝國主義對付高麗的行爲！

據東方社十六日東京電：『十五日閣議所決定滿洲增兵之件，已由阿合參謀總長上奏而得裁可。 故宇垣陸相從朝鮮龍山之二十四師團派步兵兩營，砲兵兩連。 從久留米之第十四師團派步兵四營，野砲兵騎兵各一連，山砲一小部隊。 從中野電報隊派無線電報隊一小部隊。 從世田谷摩托車隊派一小部隊。 對之下開拔令。 第十二師團受開拔令後，已於十五日晚預備開拔，至十八日將全部開拔。 朝鮮龍山師團之開拔部隊，已於十六日出發，由鐵路赴奉天。 此次開拔之步隊名爲滿洲派遣隊，以第二十四旅長齋藤義夫少將爲總指揮官。 又此次派兵需經費約八十萬元，已經大倉省承認矣。』 日本帝國主義這種向中國進兵的動員令，竟毫不顧中國政府與人民之許可，一意孤行，這不是簡直視中國爲其殖民地，簡直以對待高麗台灣者對待中國嗎！

據日本帝國主義出兵的理由，說是因『中國內戰，危及日僑之生命財產及其既得權利』。 但我們現在姑且不問日本帝國主義者之生命財產是怎樣，有無危害，日本帝國主義之「既得權利」是否正當；我們不問世界上有無此種出兵理由，帝國主義的海牙國際法以及凡爾塞和華盛頓的分贓條約上有無此種出兵理由的規定。 我們只問中國內戰究竟是誰造出來的？ 日本帝國主義去年拚命地慫慂並幫助張作霖與吳佩孚作戰（自然還有英美帝國主義幫助吳佩孚），造成了奉直戰爭。 因此日本帝國主義借張作霖之勝利，指揮其老走狗段祺瑞登台，統治了北中國獲得無數權利。 此次日本帝國主義因中國民衆自「五卅」以來，反對牠的潮流一天一天地高，同時因國民軍頗同情於民衆的此種反抗運動，於是日本帝國主義便拚命慫慂奉系軍閥壓迫民衆，威逼國民軍，因而形成此次之反奉戰爭。 此次反奉戰爭難道不是日本帝國主義協同英國帝國主義一手造成的嗎？ 但日本帝國主義見奉軍屢敗，郭松齡倒戈，奉系軍閥自身崩潰，其走狗張作霖有立即被消滅之勢，於是復借保護其僑民生命財產和既得權利爲名，來實行其露骨的軍事侵略政策。 日本帝國主義者眞聰明！ 自己造成了中國內戰，復借中國內戰之名以實行其軍事侵略！

我們已經知道，日本帝國主義久有併吞北中國的野心，尤其對於滿洲久已視同外府。 張作霖本來不過日本帝國主義駐滿之一代辦員。 牠並想利用此代辦員逐漸收服中國北部成爲滿洲第二。 但此次戰爭在反奉方面的是全中國反對日本帝國主義之民衆和帶有反日傾向之國民軍。 所以此次戰爭如果奉張失敗便是日本帝國主義之失敗，奉張的成敗問題是日本帝國主義的成敗問題。 所以日本帝國主義看到反奉勢力之勝利，奉張之敗勢，便馬上揭開其「嚴守中立」的假面具而出兵助張。 但是我們還須知道，日本帝國主義此種毫無忌憚的出兵政策，還有更深一層的意義。 第一，日本帝國主義看到張作霖如果眞正要失敗時，他是要改用別的工具的，便是他有利用郭松齡來

代替張作霖為其繼續工具之傾向，這可以看他近來對於郭之要求承認其在滿之所謂既得權利就可知道。 出兵滿洲一方面固然是助張，另一方面亦是借此威嚇郭松齡使其自就軌範的一種陰謀。 第二，凡帝國主義對於戰敗國或半殖民地一有國內戰爭時，便往往借出兵以保護其僑民利益為名，而實行其侵略之實。 以前英法之對於土耳其，在一九一九—二十年英美法日之對於俄羅斯（如日本始則占據西北利亞，後則占據廟街）就是顯然的事實。 日本帝國主義此次出兵便是想利用此時機，占據許多重要地點，迨到戰爭終止時，不管誰勝誰敗，如到要求他撤兵時，他便可以提出撤兵的種種條件來，甚至他還想藉此永久占據下去。

由上看來，日本帝國主義此次出兵，除了侵犯中國領土，蔑視中國主權（本來日本帝國主義久已侵犯中國領土，蔑視中國主權）之外，在事實上有三個重要的危險：（一）扶助奉張將倒之惡勢力，繼續其為壟斷滿洲侵畧中國，壓迫中國反帝國主義的革命運動之工具；（二）占據滿洲重要地點，為將來永久占據或到戰爭終止時借撤兵而為取得他種利權之條件；（三）將引起嚴重國際戰爭。 因滿洲北與蘇俄接壤；如果日本帝國主義肆行無忌，甚至妨害蘇俄本身，則蘇俄為自己計，恐將不能容忍；尤其美國帝國主義對於滿洲是素有野心的（看美國帝國主義者近年來在哈爾濱一帶之對於各種產業的經營便可知），又向來與日本帝國主義成為死敵，如日本竟憚然不顧，美國帝國主義也許假「公道」為名，利用「華盛頓條約」的幌子出而干涉，如此便可釀成國際戰爭。 戰爭的結果自然中國是為其最後的犧牲品。 因此我們高聲疾呼望全國各階級的民衆趕快起來，起來反對日本帝國主義此種橫蠻的軍事侵略。 我們反對的具體步驟是：

（一）全中國的民衆應急速全體動員在各城市以至各鄉村作一大示威運動，從這示威運動中組織各種行動委員會，以為指導群衆實際活動的機關。

（二）全國民衆和廣州革命政府應敦促國民軍以及反奉的武裝勢力急速在最短期內結果奉張，根本掃除在滿洲的賣國軍閥勢力和打倒日本帝國主義在北京的走狗段祺瑞，建立臨時的國民政府，以便指揮全國的民衆力量以與帝國主義對抗。

（三）應準備武力驅逐日本帝國主義在滿洲之橫蠻軍隊，根本取消日本帝國主義在滿洲之一切特權。

全國各階級的民衆趕快起來，急速打倒日本帝國主義的走狗——段祺瑞張作霖。 根本解除日本帝國主義在滿洲之武裝，取消日本帝國主義在滿洲之一切特權。

國民黨新右派之反動傾向

獨秀

一個黨內分左右派，往往是不可免的事。 但是左右乃比較之詞，并不是絕對的，所以一個黨裏如果有了更左的一派，則以前的左派會比較的成了右派；或者右派脫離出了，以前的左派中右傾分子，也會形成新的右派。

中國國民黨早已有過左右派分化及分裂的歷史，我們已常常說過自去年正月國民黨第一次大會後，黨內階級的分化，隨着中國社會運動之階級分化，日漸明顯；中山先生死後，黨內代表官僚買辦階級的右派，正式另立組織：北京的國民黨同志俱樂部及上海的辛亥同志俱樂部。 前者投降段政府，謀在北方發展勢力；後者結合唐繼堯趙恆惕陳炯明等，謀在西南發展勢力；這兩個俱樂部對於段政府之態度雖不一致，而反對共產派反對國民黨左派，并且勾結帝國主義的英國破壞廣州國民政府，則是一致的。 這班代表官僚買辦階級的右派

，已公然反動，他們雖然還以國民黨自居，并且以純正的國民黨自居？可是我們只能當他們是社會上的一種反動派，不能當他們是國民黨右派了，因爲一個黨中的左右派，雖然有政策的左右傾及行動緩急之不同，而根本目的必然相同，譬如國民黨，卽令是右派，其根本目的亦不能離開國民革命，國民黨以前的右派既然勾結帝國主義與軍閥來破壞國民政府，已明明不但離開而是背叛了國民革命，已經事實上脫離了國民黨，還算得什麼國民黨右派呢？　右派畢竟還是以國民革命爲目的之國民黨啊！

這班代表官僚買辦階級的右派已經脫離了國民黨，那國民黨中有沒有新的右派呢？　有的。　自五卅運動的高潮，表現出無產階級是國民革命中最偉大的社會勢力，同時也就加速了資產階級在政治上形成的過程。　這種現象直接的反映到國民黨和小資產階級，他們便竭力的想確定他們自己的政治思想，并且要想在組織上鞏固起來。　在具體事實所表現的就是：一部分小資產階級的上海各馬路商聯會極力和反動的總商會結合起來，反對工人及學生，又一部分小資產階級分子的國民黨黨員，勾結以前的右派卽反動派，假借三民主義的招牌，提出階級妥協的口號，來反對階級爭鬥，反對共產黨，并反對國民黨左派，甚至於反對國民政府。　一個黨，總不免有比較右傾的一部分，只要他不右傾而至於反動，還算是右派而非反動派，我們對於這種右派，并不必特別反對；可是現在國民革命的新右派，一開始卽帶有反動的傾向，這都凡是忠於中國革命的人都不得不向他們加以不客氣的警告。　這一新右派在理論上并且在組織上（孫文主義學會）形成起來，一天比一天明顯；他們雖然竭力自別於代表官僚買辦的反動派卽以前的右派，其實他們當中仍然包含着不少以前的右派分子，并且在事實上他們既然反對階級爭鬥，反對蘇俄，反對共產黨，）反對國民黨左派，併且反對國民政府，客觀上便實實在在的帮助了反革命和帝國主義者。（如謝持居正周頌西孫鏡亞）等

季陶先生對我說：他們並不反對階級爭鬥，只是在國民黨的立場不便鼓吹階級爭鬥；然而事實上近幾天的民國日報上反對階級爭鬥之論調都非常之高。

他們暫爲顧全中山先生遺囑計，尚未公然反對蘇俄，然而他們在取消共產派黨籍宣言上，說共產黨員加入國民黨，是『藉以維持蘇俄』；又說『掃除任何屬性的帝國主義』，所謂任何屬性，不用說所謂『赤色帝國主義』也包含在內。

他們反對共產黨更不用說了。他們說共產黨只要民族主義，對於民權主義和民生主義，都唾棄而且加以攻擊；其實共產黨不但努力民權運動（集會結社出版言論自由之要求），并且他的民生運動（工農解放）比任何黨派的政綱都澈底。　他們說共產黨是反對國民革命的反革命；其實不幸此時各處國民革命的工作幾乎是共產派在包辦。他們說共產黨借國民黨機關宣傳共產黨的主義；其實共產黨有他自己的各種機關報各種印刷品，宣傳他們的主義與政策，從來不曾借國民黨機關宣傳共產主義，而且在事實上又何能夠在國民黨機關宣傳共產主義。　中山先生季陶先生都曾經說過民生主義，就是共產主義，而共產黨人都不會作此篤人之談！　他們口裏雖說不信口雌黃地誣蔑共產黨，其實他們公然著書通電（例如最近廣東孫文主義學會的通電及孫鏡亞告國民黨同志書等），揑造共產黨陰謀破壞國民黨的種種無稽之談，誣蔑得共產黨人簡直陰賊險狠不成人境；最近爲廣大問題，不但說共產黨早已開除的陳公博是共產黨人，并且硬指顧夢漁先生也是共產黨人，藉以證明共產黨奪取廣大的陰謀。　他們口中雖說承認共產黨和他們是政見略有不同的黨（孫鏡亞都說是：『貌爲同舟，實類敵國』呵！），可以聯合起來，共同作戰；其實在北京在上海在廣州，無論民族運動民權運動民生運動，他們都表示不和共產黨合作，

並且他們自己也不獨作；他們雖然宣言反段，然而在上海的反段市民大會，他們竟不肯參加，在北京的反段國民大會，他們雖然參加了，而他們的首領鄒魯，都硬逼鹿鍾麟下令壓迫國民大會，說這次國民大會是赤化運動。

自討伐楊劉以來，左派領袖汪精衞蔣介石等在國民政府所做的工作，至少我們也應該說功多於過；然而右派對於他們的攻擊，竟無所不用其極，不惜羅致許多罪名，假造許多謠言，彷彿汪精衞等眞是罪大惡極之徒（見他們致各級黨部電，十二月八日上海民國日報論文，孫鏡亞致汪精衞書等）。他們不但這樣攻擊汪精衞，并且在西山開會議決開除汪精衞黨籍，不許他任國民政府職務；他們這樣的舉動，簡直是有意動搖國民政府，為陳炯明楊希閔劉震寰梁鴻楷魏邦平張國楨熊克武等復仇。鄒魯等在西山開會，表面上雖然是反對共產派，實際上另有破壞國民政府的陰謀，季陶先生未曾出席西山會議，正因為發見了他們這種反革命的陰謀。

他們說共產黨慣以反革命反動等罪名加諸異己者，可是按照上述的事實，他們應自問和馮自由鄧家彥馬素相去幾何？卽客氣一百二十分，也不能不說是反動的傾向罷！

他們這反動傾向的根本，是不識中國的國民革命乃整個世界革命之一部分，他們口中雖然不贊成國家主義，其實他們的根本思想和國家主義者一樣，同是誤認中國國民革命乃整個一國家的孤獨運動，不認識雖在國民革命運動中，國外也有友軍，國內儘有敵人；因此，他們遂至對外反對蘇俄，對內反對階級爭鬥反對主張階級爭鬥的共產黨；因為左派聯合蘇俄及共產黨，他們遂至反對左派；因為國民政府中最主要的分子是左派，他們遂致反對國民政府；他們的反對傾向就是這樣相因而至的。

中國共產黨，在國民革命運動中，固然應該和國民黨左派結親密的聯盟，無論在黨內或黨外；卽右派，亦應與之在每個行動上聯合作戰；至於反動派，則在於聯合戰線外了，因為他們已經背叛了國民革命，站在敵人那邊了。此時新右派之反動傾向，也非常嚴重，這傾向若繼續發展下去，便和以前的右派卽反動派畢竟是一家眷屬，則所謂『新右派』這一名詞便應該取消了。

北京十一月二十九三十兩日示威運動的意義

魏琴

郭松齡對奉反戈這一件事是奉系軍閥這半年來迫壓中國民衆愛國運動之結果。這次反戈促成國民軍對奉的勝利，其影響將至於迅速的搗破奉系軍閥的老巢。

中國民族解放運動是依靠在廣大民衆之上。除了一部分大商買辦階級及賣國的安福系交通系和一部分直系軍閥之外，全國一切階級的民衆都贊助國民革命運動。這種運動經過此次郭軍倒戈之後，便有實現那久已普遍的口號——創立國民政府，施行民主政治及允許人民種種自由——之傾向了。這種傾向之最明顯的表現便是北京十一月二十九三十兩日的示威運動。這種性質的示威首先發現於北京非偶然的事。北京是段政府——這幾個月來成了奉系軍閥工具的政府之所在地。與張作霖狼狽為奸的段政府便成了民衆攻擊之主要的目標了。張作霖失敗，反動的段政府必隨之而倒，這是可想而知的。這次示威所以喊出『打倒段政府！』『國民行政委員會萬歲！』的口號，也便因為這個原故。

這次示威的人數雖然沒有中山先生出殯時及五卅運動初期幾次示威那樣多，但他確有重大的政治意義。

這是北京破天荒的一次政治的示威運動，不僅對外反對帝國主義，而且對內反對反動的軍閥。民衆要求由國民黨國民軍及其他反奉軍各舉代表組織國民行政委員會。這個新政府的責任便在修改一切不平等條約，迅速給與人民以民主政治的自由及召集國民會議眞正代表全國最大多數民衆的要求。在北京的國民黨政治委員會，向來就站在左派地位，這次於十一月二十九日早晨發表一篇宣言，印數十萬份散發，同時亦爲中外各報所登載。這篇宣言是很有意義的。很能代表中國民衆在這由封建軍閥至民主共和國過渡時代中的要求的。這篇宣言的主張亦得中國共產黨的完全贊同。中國共產黨這一次更表現出是民族解放中眞正爲民主政治自由而奮鬥的黨，眞正保護無產階級和農民利益的黨。

北京示威之後，接着其他的都會如上海南京開封長沙漢口等，皆有大羣衆的示威運動，喊出同樣的口號。

但在其他方面，這次各地的示威運動使我們感覺得，自五卅以來的中國民衆運動尚未充分強大而有力，能夠逼迫軍事勢力，使之跟着民衆進行，使之放棄舊式的政府組織法，而創立一能代表人民利益的政府。然而這次各地的示威也已經表現民衆運動是決定軍閥命運的一種動力了；這一派軍閥的解體，其他各派軍閥勢力也要受損失。

民衆鬥爭是在統一的革命戰線底下進行的。這次自國民黨右派（指右派的羣衆而言，右派的首領多是反動的）和左派，經過其他有民主政治要求的團體，以至於共產黨都參加合作。這種鬥爭繼續下去，必定能夠催促國內的軍事勢力更加與民衆運動合作，且結果能變成將來民主政府依靠的武力。

反革命的分子，如安福系交通系一部分的直系及自命爲國民黨員的國民黨俱樂部一派，他們現在都用盡方法反對中國的民族解放運動。他們自己的旗幟拿不出來，所以只好躱在國民黨的旗幟之下做反革命的工作。無論是政黨或是個人，言論上是靠不準的，一定要看他行爲上的表現。以上這些分子，我們無以名之，只好很明顯的很簡單的稱他們爲反革命派。在這次北京示威運動中，他們的眞面目更加明顯表現給民衆看了。他們和李景林張宗昌張作霖及帝國主義報紙一鼻孔出氣，說這次北京示威是少數共產黨人挑撥起來的。他們也和帝國主義報紙一起攻擊民衆對於安福官僚的暴行和學生工人焚燬晨報的事件。其實這些事都是反動派及所謂國民黨右派所做。大家知道這些反動分子一向便用盡種種方法，甚至不惜向警察廳告密，以破壞北京的集會和示威：在反對關稅會議的運動中，在討論創立國民政府問題和要求民主政治自由問題中，他們的陰謀破壞都是明顯的。他們自然要破壞二十九三十兩日的示威運動，但他們的方法不僅限於消極阻止民衆的革命傾向，而且準備相當手段使羣衆運動解體而兼爲國人所鄙棄。中國的反動派和其他各國的反動派是一樣的，他們在這狀況之下是能用最卑鄙手段的。他們甚至用挑撥的手段。

我們無疑反動派在二十九三十兩日是有大陰謀的，但結果幷未能實現，因爲他們只雇用少數打手打了幾次架，燒了一家晨報，及幾個總長的家庭。固然，也許有少數憤慨的民衆，找安福系幾個要人去洩恨，但無論如何就反動派馬上便大呼共產黨人焚燬總長家室這一種謠言看來，我們便知道反動派是想從中取利的。但究竟他們幷不能使民衆運動削弱而解體，於此可見北京民衆內部之鞏固了。

眞正的革命黨人的責任就在向其他都會的民衆解釋北京這次示威的意義和價值。可惜所謂國民黨右派，不但不能盡這種責任而且和反動派一鼻孔出氣，詆譭北京的民衆。上海民國日報對於北京此次示威一點政治結論都未做出，只曉得說民衆不應焚燬晨報。我們很誠意的警告那些願意革命而實則替反動派張目的國民黨右派，他們所取的策略是能破壞國民革命運動的，民衆將把他們都一幷當做反動派

看待。他們應當對於其所用策略嚴密地考慮一下。我們願意和他們一起做反帝國主義反軍閥的革命，但他們應該站在民衆運動一邊，而不應口頭說革命，實則與反動派聯合一氣。

一封公開的信致國民黨全體黨員

張國燾

『林森等召集的所謂第四次全體中央執行委員會議，議決開除李大釗譚平山林祖涵于樹德等四位中央委員和毛澤東瞿秋白韓麟符于方舟張國燾等五位候補中央委員。』他們被開除的理由，因爲他們是加入國民黨的共產黨員。還有一篇開除凡屬加入國民黨的共產黨員的宣言，也在號稱黨報的民國日報發表出來，連日民國日報又做了好幾篇關於開除共產黨員的文章。這個問題，因此值得國民黨全體同志的注意了。

無論民國日報如何掩飾，但是這次北京會議和開除加入國民黨的共產黨員的決議，其本身終有許多不合法的地方：一、這次北京會議不是由中央黨部秘書處召集的，乃是由林森等以中央委員的個人資格召集；二、退一步說，國民黨中央全體會議，至少要有十三個正式委員出席，現在林森等的會議，除監察委員張繼謝持候補委員沈定一茅祖權傅汝霖等五人和並未參加會議的吳稚暉先生外，實際只有九個正式委員出席，根本不得謂之中央全體會議，更不得有所議決。三、再退一步說，就算他們的決議有效，古今中外，也沒有中央委員開除中央委員的道理。

一個黨的中央委員，或候補委員，除了他是反叛的現行犯以外，中央全體會議只能加以處罰，或停止他的職務；但是他的中央委員或候補委員的資格和開除黨籍的處分，是要留待全體代表大會解決的，中央全體會議斷乎不可越俎代庖。楊希閔熊克武劉震寰等都是反叛的現行犯，但是國民黨中央執行委員會和廣州國民政府都只予以不得已和必要的處分，不但還沒正式開除他們，就是他們的中央委員和監察候補委員的資格，也未正式取銷。可是未按法定手續而召集的和不足法定人數的所謂中央全體會議，居然開除九個中央委員和候補委員，並開除汪精衛先生黨籍六個月，這是何等反常的舉動！

至於共產黨員加入國民黨的根據：在國民黨方面，由總理孫中山先生允許於先，第一次全國代表大會決議於後，第二次中央全體會議在中山先生指導之下，又重新製定『凡屬眞正革命分子，不問其階級的屬性如何，本黨均應集中而包括之』的決議；在共產黨方面，也由屢次全國代表大會議決共產黨爲集中和擴大國民革命勢力起見，共產黨員應加入國民黨。『中山先生認定國民黨是代表各階級國民革命的共同傾向，所以堅決主張國民黨須包括爲國民革命的各階級屬性的眞正革命分子』。共產黨是代表無產階級的政黨，雖然他負着爲工農階級爭鬥的特別使命，可是中國此時的革命是國民革命，共產黨爲中華民族的解放計，爲無產階級的初步利益計，也就毅然決然的自願在中山先生領導的國民黨旗幟之下，一致進行國民革命的工作。如此看來，中山先生領導的國民黨肯容納共產黨員和共產黨自願加入國民黨，都是赤胆忠心爲着革命，也是磊落光明的行爲。如果共產黨員加入國民黨以後，於革命前途眞有不利，在國民黨內又是引起糾紛而阻礙革命工作，亦應在國民黨第二次全國代表大會加以善意的討論而決定之，方爲合法。在共產黨方面，爲兩黨前途計，當然也要重新考慮。林森等這種不合法和急劇的舉動，無論他們的動機如何，是否能得到全體國民黨員的信用，都失了居在一個政黨領袖地位的常態，不但違反中山先生的遺旨，於黨於國亦是有損無益的。

申明

茲查有蕭抽玉所著之『中國國民革命與中國共產黨』一書，按其內容純係蕭之個人意見，所有言論，本黨概不負責，特此鄭重申明。

中國共產黨中央執行委員會　十二月二十日

林森等的宣言和民國日報的論文雖然都聲明仍認共產黨爲友黨，可是不斷的說：「共產黨是營寄生生活的」「共產黨是沒有黨德的」「一個跨黨黨員要忠於國民黨，便背叛了共產黨，要忠於共產黨，便背叛了國民黨」「團體是有排拒性的」……等等挑動感情的議論。但是共產黨員並不是帝國主義者和軍閥，用不着促進這些反對共產黨的感情。這種宣言和論文出現以後，徒使一些黨員，在這南北革命潮流都在激進中間，放棄積極的革命事業，專門進行挑動感情的工作。就是一些反國民黨報紙，也用冷潮熱奕的口吻，幸災樂禍的心理，大肆其破壞的陰謀。這不但妨礙國民革命的發展，就是中山先生之靈，也是很痛心的。

一個共產黨員，假使他沒有階級的覺悟，只願參加國民革命，不願爲工農階級的利益而努力，我們很高興的讓他做一個不跨黨的國民黨員，絲毫沒有客情的。一個國民黨員，假使他進行國民革命，同時又願意負担爲工農階級爭鬥的特別使命，不但是國民黨所不能阻止的，而且是國民黨所不應阻止的。階級爭鬥不但不破壞各階級共同需要的國民革命，反而只有促進階級爭鬥才能使佔全國人口百分之八十以上的工農階級實際參加國民革命。工農階級的分子須是一個階級覺悟者，才是一個眞正的國民革命者，也才是一個眞正國民黨黨徒。老實說，中山先生的三民主義和共產主義是沒有根本上的區別的，目前兩黨的革命工作，更是完全一致的。三民主義之中，再加上一點共產主義的信仰，仍然是一個眞正國民革命者。可是於信仰三民主義之外，加上一點老腐不革命的習氣，或是與帝國主義者和軍閥妥協的心理，或是達反中山先生革命方略的行動，或是具有爭權奪利的慾望，或是悲觀嘆息的無勇氣，可就不是一個眞正三民主義的信徒了。中山先生和國民黨諸領袖明知共產黨確有共產主義的堅決信仰，爲集中和擴大國民革命勢力起見，容納共產黨員加入國民黨，是最高黨德的表現。共產黨員爲同一目的起見，不惜加入國民黨，自願受國民黨紀律的約束，也是最高黨德的表現。都是稍懷私見和不熱心革命的人所不能做到的。

如果因爲我們是共產黨員，就要開除，未免太不顧中山先生意旨和全國代表大會的決議以及革命的前途了，這是我前面已經說明過的，若說我們加入國民黨以後不守紀律，也須事實證明。在這兩年中間，我們加入國民黨以來，不但到處爲國民黨擴大黨勢，努力國民革命工作，而且還有不少的同志，已經爲國民革命而死難了。我們是爲革命而加入國民黨的，既沒有變國民黨爲共產黨野心，也沒有盤斷國民黨黨務的陰謀。反因爲革命潮流太緊張了，我們有時力量不及，不能如量爲國民黨服務，到是很覺得慚愧。這不是我信口尚說，都有事實可以希明的。我個人就是一個例。雖然掛了一個國民黨候補中央委員的容衛，國民革命的工作到是做了一些，可是國民黨機關內的工作，却沒有做過，倒是十分抱歡。就是其他加入國民黨的共產黨員，也沒有鐵嘗飯琬的，總算都是爲革命而來，也可告無罪。

我們覺得自己的力量不夠，所以總加入國民黨，和國民黨的同志手握着手來革命，那有反去包辦革命工作的道理？不但歡迎國民黨老同志和我們一塊合作，尤其歡迎國民黨的青年同志來和我們一塊兒革命。我也承認，有些共產黨員，因爲幼稚的緣故，在國民黨內工作有些錯誤，或是態度不好，但是在許多錯誤中間，他們中一樣好處，就是不避艱難困苦的幹革命。至於共產黨員在國民黨內有黨團的組織，不錯，是有的。可是這個黨團作用・是特別督促和指示加入國民黨的共產黨同志們在國民黨內特別努力革命工作。也有國民黨的革命主張，只有積極贊成，從沒有舉肘過、所以這個黨團作用，不但與國民黨無損，而且是與國民黨有益的。

我希望忠實的國民黨同志們不要自視爲聖明天子，以歸化的夷狄視共產黨，我們允弟殺的幹中山先生和我們共同所需要的國民革命工作好了。我更希望林森先生不要再對大衆說：「無論北政府南政府都是一樣窮不住的……」，鄧魯先生不要終日坐迫鹿鍾麟歷迫北京民衆的示威運動和發表挾嫌反對國民政府的言論。汪精衛同志是代表國民黨執衆國民政府政權的人物，開除他的黨樣和停止也的城務，不晉搖動國民政府的基礎。廣州這塊革命根據地是採總理歷年來和最近汪精衛蔣介石和許多矣勇奮門的同志麼經血戰得來的，絕不要去勾結外敵和反動者去破壞了。上海這些好好的黨部，不要打得紛碎呀！尤不要指揮熱心革命的同志說：這件國民革命工作，是共產黨發起的，我們眞正三民主義信徒不要參加呀：張靜江同志的勸告，全體國民黨同志都須平心靜氣去接受呀！假使有人不顧一切，走這條相反的道忍，他不但是自殺，而且稍踏了總理搖先生，那歷，凡是忠實的國民黨員爲國民黨和革命的前途計，就要宅不客或的和他奮門。

最後，我要愼重容明的是：國民黨內糾紛的繼續，是帝國主義和軍閥的勝利；國民黨和共產黨的密切結合，是革命成功的唯一保障。我們是願意和一切忠實的國民黨革命分子，長久合作的。林森等的決議是對於我們沒有影響的。一切困難問題，須在第二次全國代表大會解決的。

The Guide weekly

嚮導週報

第一百四十期

一九二五年十二月三十日

零售每份銅元四枚

悼劉華同志！

上海無產階級的首領——劉華同志，於十二月十七日晚間，被孫傳芳的戒嚴司令部秘密執行鎗斃了！

劉華同志遇害使中國無產階級失却了真能保護工人利益真能保護中國民族利益的一位戰士。

帝國主義者和軍閥明白中國如日東昇的工人運動對於他們的危險。他們明白出殺戮工人的首領為壓工人運動的手段。劉華同志是上海無產階級的首領。上海工人有劉華同志為其首領，這是證明中國無產階級已經能夠從其隊伍中推出能幹的誠實的首領為保護工農利益為全民族獨立自由而奮鬥了。劉華同志是五卅運動前後積極反抗帝國主義反抗軍閥的戰士之一。劉華同志及其他積極奮鬥的戰士領導全中國的勞動羣衆向帝國主義和軍閥示威，造成了這半年來轟轟烈烈的五卅運動。

劉華同志是共產黨員！他篤愛工人階級。他為工人階級犧牲自己的生命。他明白知道他的幸福和命運就在中國工人階級鬥爭之中。劉華同志是真正的共產黨員！

劉華同志是國民黨員！他知道工人階級單獨不能戰勝中國民族的敵人——帝國主義者和軍閥。他知道工人階級應該與全國勞動羣衆及一切真正以反帝國主義反軍閥為職志的人們聯合戰線，才能達到自己解放的目的。

全中國的民衆都應該仔細認識我們的劉華同志！

工人階級的敵人，中國民族的敵人，於劉華同志遇害之後都在歡欣鼓舞着。一切帝國主義的報紙都在慶祝上海無產階級首領被殺了。外國的和中國的資本家以為從今可以高枕無憂了。他們希望劉華同志遇害後，『安靜』就可到來，換句話說，即上海的工人羣衆就可恢復到五卅運動

以前的狀態，再不敢反對資本家和軍閥了。

殺死我們的首領的劊子手們想錯了。 帝國主義者及其雇用人想錯了。

中國無產階級能夠推出劉華同志為其首領，這可證明中國無產階級現已有了一個遠大的革命的將來。 新的戰士將要成羣地出現，新的首領將要從這些戰士裏挑選出來。 他們一定能夠領導更廣大的羣衆，根本肅清帝國主義在中國的統治勢力。

帝國主義的劊子手們以迅雷不及掩耳手段殺戮我們的劉華同志！——這一件事是足以使工人羣衆聞之而寒心的。 然而中國無產階級的革命團體亦將以迅雷不及掩耳的手段展開紅旗回答帝國主義及其劊子手這個殘酷的手段。 上海無產階級領導全國勞動羣衆將回答劉華同志遇害這一件事。 全國無產者應該於劉華同志的遇害中尋得二重教訓：

第一，軍閥賣國殘民的行為於劉華同志遇害一件事中更得一明證。 這事件又證明工人必須創立自己的組織和為自己利益的經常鬥爭才能獲得初步的人民自由權。 上海無產階級決不會忘記了十二月十七日這一天：那日的上午，總工會代表向孫傳芳請願工會公開，竟遭拒絕；而那日的晚間，孫傳芳赴帝國主義領事團和中國資產階級的歡迎宴會後，上海三十餘萬工人的首領，我們的劉華同志遂立即被秘密執行鎗斃了。 上海無產階級和中國無產階級決不會忘記了帝國主義和中國資產階級於劉華同志屍身之前一片的鼓舞歡呼之聲！

第二、中國無產階級因劉華同志的遇害更應該了解階級鬥爭的意義。 一般階級和平論者現在宣傳說中國此時不應提起階級鬥爭。 現在我們應該明白告訴他們說劉華同志的遇害便是中國軍閥和資產階級施於工人階級的最殘酷的階級鬥爭之鐵證。 殺戮了劉華同志之後，中國資產階級還要殺戮其他領導工人為改良其經濟狀況而奮鬥的許多首領，因為在中國資產階級看來，他們都是妨害資產階級的階級利益的。 中國無產階級現在更加明白凡是主張階級和平的人，即是主張工人應該無條件屈服於資本家，應該忍受惡劣的生活狀況而不敢反抗，他們事實上亦即承認劉華同志是該殺的。

於劉華同志的遇害中，愈加看出中國資產階級的卑鄙行為。 中國資本家明白知道中國的勞動運動現在達到那種程度。 他們明白知道中國工人現正以最和平的方法做最初步的經濟的和政治的要求。 然而中國資產階級竟以殺戮工人的首領來答覆工人的要求了！

階級和平論的宣傳者應該知道他們對於劉華同志的遇害是要負責任的。 中國無產階級決不會忘記這個。

在劉華同志鮮血淋漓的屍身之前，上海工人是不哭的，他們宣誓繼續劉華同志的工作，為打倒帝國主義軍閥資本家而奮鬥。

郭松齡失敗之重大意義

碩夫

已深入奉天的郭松齡竟忽然一敗塗地而被殺，這是什麼原因？誰這樣迅雷不及掩耳的結果了郭松齡的性命？——是張作霖呢？ 還是日本帝國主義者呢？——這恐怕不待智者而後知之矣！

溯自郭松齡出關以來，幾乎攻無不利，戰無不克。 錦州下後，張作霖已準備孤注一擲，作最後的抵抗。 郭松齡一面整理軍隊，節節進取，一面已準備如何和平入奉天城。 迨乎二十一日佔領新民府後，郭軍乘勝追擊，越巨流河，抵大名屯，攻下瀋陽只是指顧間事。此時張作霖的抵抗能力總算已盡於此，並已召集親信作出亡的演說了！ 不料二十一日晨，郭軍方向遼河右岸之前線開始前進，並連告大捷，奉垣人心已大亂。 至二十一日下午及二十二日忽然失利。

二十三日遂一敗塗地而不可收拾。二十四郭松齡遂已被鎗斃聞。

郭松齡之敗總算是敗的奇突。其中詳細的情形雖不得而知，然而只要看一看日本帝國主義機關的電通社二十一日的二段新聞，就可以知道這中間奇突的大概情形了：

電通二十一日奉天電：『郭軍已確實佔領新民府，入城時備受市民之歡迎。此後戰局已逼近奉天。日本以附屬地瀕於危險，警備隊全部出動。附屬地周圍車站，均挖戰壕配置機關槍，以備萬一。關東軍司令部已移該處，白川司令官已入奉天』。

電通二十一奉天電：『在營口河北之郭軍武裝兵，於十九日午後十時赴日本電報分局，要求讓渡，日領事大驚，提出強硬抗議』。

由上列的電報，再加上日前日本政府屢次訓令白川司令官到相當時機應出而調停的消息，我們就可以知道郭松齡所以敗的如此奇突，就是因為日本帝國主義者看到張郭已到了最後的決戰，張作霖險將失敗了，暗中操縱已不濟事，只得用快刀斬亂麻的手段，一鼓而撲滅郭軍、一則可以保全他的走狗，一則可以顯其神通廣大！

我們知道我們連日自東三省所得來的消息多出自帝國主義自己的東方社及電通社。關於日本帝國主義究竟如何處處援助張作霖而壓迫郭松齡，如何一鼓而殲滅了郭松齡——這些具體事實，帝國主義者自己是不肯告訴我們的。但我們根據經驗及各方面間接的消息之觀察，我們可以知道，日本帝國主義者在這次郭張戰爭中，除供給張作霖軍械子彈，為張作霖運籌帷幄之中，以日本兵喬裝助戰外，并挾其帝國主義的特權為張作霖報軍事消息，限制郭軍之種種軍事行動——如禁止郭軍入營口，渡遼河，及在南滿鐵路附屬地三十啟羅米突內作戰，皆關係軍事非常重大的。總之郭松齡孤軍深入神聖不可侵犯的日本帝國主義者的勢力範圍中，如羊入虎口一般，雖明知日本帝國主義處處與彼為難，不但不敢與對抗，并且不敢聲張——因聲張恐觸動了帝國主義者氣忿而更受利害的干涉——如此，焉有不失敗之理！

所以郭松齡之敗非敗於張作霖，乃敗於日本帝國主義，這已經是彰明較著無容討論的了。這件事究竟有什麼重大的意義呢？有的：

第一、郭松齡是比較開明的軍人——即日本帝國主義者所謂軍閥中的左派。他亦如國民軍一樣，受了近年來帝國主義向中國劇烈的進攻及中國民族革命潮流動盪的影響，頗有民族的思想，因此他之出關很惹起日本帝國主義的恐慌。假使郭松齡出關以後完全接受日本帝國主義者的條件，則日本帝國主義者斷不會最後還定要保存他原有的走狗——張作霖。

第二、年來每次戰爭，都有國際帝國主義者從旁贊助其所勾結的軍閥，然以前都還只是暗中的。這次日本帝國主義者竟敢冠冕堂皇地派大兵壓境，按照他自己的意志解決中國內亂。這是第一次的創舉。這不啻是日本帝國主義者告訴中國人民說：東三省為我所有，有欲來此地者，順我者生，逆我者死。

第三、張作霖為中國最反動的軍閥。幾年來不獨將東三省拍賣於日本人，并藉東三省的根據地及日本帝國主義的幫助，時時要統治全中國，壓迫中國人民，造成中國內亂，這次反奉戰爭繼之以郭軍倒戈，奉系軍閥正期可以根本被剷除了，乃日本帝國主義者又給他復活起來。這種復活不僅是復活東三省張作霖的勢力，乃是復活中國一個最反動的軍閥勢力！

上海國民黨右派總算是第一次出來反對日本帝國主義了

述之

向來只借國民黨招牌來陞官發財的國民黨右派，向來只想在黨內攬位肥身的國民黨右派，向來不問民衆運動甚至反對或破壞民衆運動

的國民黨右派，在「五卅」中主張只反對英國帝國主義而避開日本帝國主義的國民黨右派（見戴季陶著的「中國獨立運動的疑點」），現在總算是第一次出來參加民衆運動了，幷且居然出來參加反對日本帝國主義的民衆運動——上海反對日本帝國主義出兵市民大會——了，這或者是國民黨右派的進步罷

然而國民黨右派這次何以如此大發其願心來參加反對日本帝國主義的民衆運動呢？ 我們記得在最近幾次的民衆運動中，如十月十二日的反對滬案重查市民大會，十九日的反對奉系軍閥大會，十一月二十九日的「五卅」半週年紀念會，以及十二月六日的反段市民大會，國民黨右派都沒有參加；他們不但不參加，甚至從中破壞。 當上海學聯會總工會等發起反段運動之時，國民黨右派的蕭淑宇等竟拚命地往各校和各團體去宣傳，說此次運動是共產黨所號召的，你們不要去參加，不要上共產黨人的當。 『這是共產黨人所作的，你們都不要上他們的當』，換言之，『凡是共產黨人所說所作的，你們都應該去反對，去破壞』這本是國民黨右派之一切行動的唯一標準，也是一切反動派如國家主義派等的一切行動之唯一標準。 共産黨說要打倒帝國主義，他們便出來反對，說這是共產黨的口號（醒獅派），這是共產黨「破壞國民黨在國際上之好感」的陰謀（去年四月謝持的演說和八月九日的商報所載）；共產黨說推翻軍閥，他們便說這是共產黨「破壞國民黨與國內各實力派之合作」的詭計（見他們護黨與去年八月九日的商報）。 在前月二十八日的北京市民反段運動中，北京的國民黨右派竟不惜用種種卑污手段去破壞，如林森鄒魯等慫恿鹿鍾麟和打晨報館等（見本期北京通信）。 總而言之，我們根據近年來的事實，凡是共產黨所直接間接號召或參加一切革命的民衆運動，國民黨右派（自然還有其他國家主義等）不是明來破壞，便是暗中阻止，至於袖手旁觀不出來參加總算是很「仁慈」（自然是戴季陶先生所說的「仁慈」）的了。 但不幸中國近年來一切革命的民衆運動，不是直接受共產黨的指揮，便是間接受共產黨的影響（卽他們所謂共產黨包辦一切民衆運動），而國民黨右派却對於凡是共產黨所指揮或影響的民衆運動都加以反對或破壞，因此國民黨右派和其他國家主義等的反動派就自然成了反革命派了。

是國民黨何以這次竟然如此來參加反日本帝國主義出兵的市民大會呢？ 這幷不是國民黨右派眞正趨向革命了，這裏有很重要的原因：（一）國民黨右派不作革命運動而只想陞官發財攘權奪利，已爲一般社會所公認，便是他們自己有時也公然承認。 右派理論上的領袖戴季陶自己批評右派說『自己不革命，而又要保持革命黨的招牌，到了無可如何，順便用「反共產」的口號來擁護自己不能信仰三民主義不能革命的罪過，豈不可歎！』 他們自西山會議專以反對左派反對廣州政府以來，一般人對右派不革命只搗亂 批評空 更高，因此近來戴季陶很有些悔悟，他便對右派你們要想在社會上，在國民黨中活動，你們也應該出來作一點的民衆運動的工作，現在反對日本帝國主義出兵這正是時候到了，你們此時應努力去參加，免得人家罵你 反革命。 因此這一批右派的先生們便有此次參加反對日本帝國主義運動之大努力。 （二）當反對日本帝國主義市民大會未發起之前，中國共產黨上海區執行委員會曾正式致一函於國民黨右派，請其參加此次反日出兵運動。 在共產黨的意思，你們國民黨右派口口聲聲說要革命，你們就應出來參加革命的民衆運動；幷且表示共產黨並不是要包辦中國的一切革命運動，很願意與一切革命團體聯合戰線（不過如果別的團體像國民黨右派不來參加革命運動，那共產黨只好暫時包辦了）。 國民黨受了共產黨此種刺激，因此在面子上也不得不出來參加。 至國民右派本來主張不反對日本帝國主義，何以現在也反對日本帝國主義了呢？ 自然我們知道不能因此便說國民黨右派眞是拋棄了向來的錯誤觀念，但是在另一方

面也可說他們因爲客觀事實逼迫，多少也容受了革命派之革命的理論，不過這裏又更證明共產黨在五卅中反對英日幷重的主張之正確了。

但是同時反動的傾向又明顯地從他們中間表現出來，便是他們之中的孫文主義學會，居然在反對日本帝國主義出兵的當中，以同樣的口號反對毫無關係的蘇俄。 蘇俄出兵之說，完全係日本帝國主義的通信社所假造 想借此混亂中國人的耳目的陰謀。 他們竟信以爲真，替日本帝國主義作宣傳筒。

現在國民黨右派總算是第一次出來參加民衆運動了，幷且出來參加反對日本帝國主義的民衆運動了，在客觀上這也許是一種好的現象，也許是國民黨右派的進步！ 但是我們應該指出他們參加此次運動之動機，我們應該告訴他們，要想出脫其不革命和反革命的惡名，僅僅是這樣地投機還是不夠，還要根本改變其動機——陞官發財，擴位肥己的動機，根本地接受革命的思想，要爲革命而革命，爲被壓迫羣衆脫離苦痛而革命；或者這個陳義過高，但我們望他們只少也要少作些反革命的活動，還多參加幾次如這樣的民衆運動，不僅僅要參加這一次就終止了。 我們站在民族革命的觀點上，我們對於國民黨右派絕不固執，只要他們肯出來參加民衆運動，我們是很願與之合作的，我們已經申明在每個行動上都可與之合作，但是在每個行動上，如果看出他們的反動事實和陰謀來，我們是一點不客氣要指出給羣衆看的，我們望國民黨右派的先生們注意罷！

北京民衆反段運動與國民黨右派破壞陰謀（北京通信十二月丁日）

羅敬

自從關稅會議開幕日，北京民衆示威在新華門與警察衝突之後，一般人民十分憤慨。 至十一月十日遂由全國學生總會（正值開完大會之後），廣州外交代表團等數團體發起一個「關稅自主示威運動籌備會」，即於是日舉行一次示威運動，北京總工會亦於是日舉行升旗禮。 自是之後，「籌備會」屢次集議，決定以後進行方針，議決發出通電，主張全國革命民衆要與革命的武力結合幷致哀的美敦書於段祺瑞政府，令其即日下野出京：：：。

但加入此「籌備會」之國民黨右派團體，見革命空氣太濃於己不利，遂開始陰謀破壞，結果終於聯合少數團體退出「籌備會」。 退出之後不久，政局突生變化：郭松齡倒戈及曾毓雋被捕表示段張勢力已如日西落了；於是右派團體遂突然改變其態度，復又加入「籌備會」，幷且主張比左派更激烈，提議當晚即去焚燬朱深等家室幷驅逐段祺瑞。 大衆當時只決定於二十八日舉行示威運動。 國民黨之政治委員會亦於當日決定：（一）二十八日開群衆大會，（二）迫段祺瑞辭職，（三）組織「國民行政委員會」。

二十八日下午一時，所有羣衆即齊集於神武門前。 到者以學生工人爲最多。 北京總工會領導多數工人臂纏紅布參加此會，當時有少數流氓打出「北京工界聯合會」旗幟亦來參加，結果被羣衆扯毀旗幟驅逐而散。 主席宣布開會後，羣衆即整齊隊伍向執政府進行，當時執政府已停止辦公，羣衆遂轉赴段氏私宅。 至時，有國民軍駐守宅外不能進內，直等至日落後，遂由總指揮朱家驊等宣布將段交與鹿鍾麟看守，候明日國民大會中宣佈段之死刑，當時幷於段宅前通過建國大綱及其他決議案。 羣衆自此出發即齊奔章士釗宅大打，李思浩朱深梁鴻志曾毓雋等宅各光顧一次而散。 （但各宅早知風遠颺空無一物）。

二十八日的運動，民衆原定計畫並未能達到。 其原因乃國民軍於段氏保護周至出之於羣衆意料之外。 國民軍何以取這種態度呢？

我們知道有二個原因：第一，國民黨右派的告密，當日早晨鄧魯林

森等親至鹿鐘麟處造謠，說此次運動純係共產黨指揮，說共產黨即刻要在北京成立工農政府，赤化中國；第二，國民軍首領的猶豫，馮玉祥到那時尚沒有決心驅除奉系軍閥的傀儡——段政府。

國民黨右派破壞此次運動的陰謀是很明顯的。除他們的首領林森鄒魯等向鹿鐘麟造謠告密之外，他們并且在運動中施行種種破壞手段。他們故意惹起國民軍和羣衆的衝突，他們故意說這次運動是共產黨包辦的，他們故意出力打毀安福閣員住宅，而於次日勾通各報說是共產黨的暴動行爲。

北京民衆既然有二十八日的教訓，故到二十九日的大會時，都已認識驅逐段祺瑞組織國民行政委員會等計畫是不能實現的。在這日的示威中，右派又雇傭許多流氓撕破北京總工會的旗幟。焚燒晨報館時，左派羣衆并未參加完全是右派的把戲；他們當晚送登的新聞反評是共產黨所爲。

總而言之，北京這次的反段示威中，革命的民衆雖然未曾得着積極的勝利，但已知道一個教訓，即自稱爲純粹三民主義信徒的國民黨右派有意的無意的已成了民衆敵人的工具，破壞民衆運動了。

趙恒惕專政下的民衆（湖南通信十二月五日）

羅夫

兩個月來，湖南有幾件民衆革命勢力與軍閥政治直接爭鬥的事情寫出來，可以看見湖南革命與反革命的消長，及現在統治湖南的軍閥政治本身的動搖。

第一件事情是十月十七日收回大金碼頭的運動。大金碼頭即「六一」慘案發生地點，此碼頭一名江西碼頭，歸江西人有。日本租約於今年十月十七日滿期。「六一」慘案因湖南交涉當局之怯懦，至今無結果，即至低限度之賠償，也沒有做到，然湖南人民對於「六一」的紀念及長沙市民對於大金碼頭要收回，則從沒有鬆懈，尤其是大金碼頭工人，感於日人苛待及江西流氓勾結小官僚把持碼頭財產的黑暗，特別憤激。政府方面知道十月十七，必有市民直接收回大金碼頭的壯舉，事前即嚴加防備：一面屢次藉故捉拿大金碼頭工人，一面則授意日人暗中賄賂江西流氓續約，而表面和平，以待十月十七日之過去。十月十七日到了，各工會各學校萬餘人舉行示威，口號是：「爲反對日本帝國主義強佔大金碼頭而示威」「爲收回六一慘案地點而示威」「爲嚴責政府交涉遲誤而損失國權而示威」「爲反對日本帝國主義豢養之國賊欺壓大金碼頭工人而示威」；大隊到了碼頭，即由羣衆動手將船塢木橋卸去，將流氓佔據之房屋收回交與碼頭工人接，復至交涉署要求楊交涉員明白答復由政府擔保不續租與日本人。楊語支吾，羣衆不肯退，楊始明白答復；羣衆散後，楊哭訴於趙恒惕之前，趙答應俟機嚴辦，爲你出氣。楊又到法庭，以「侮辱官長」罪評告羣衆代表譚影竹等。

第二件事是援湖南工學界追悼安源　難諸戰士黃靜源等并援助安源工人恢復俱樂部的廣大的民衆示威運動。趙恒惕對於盛恩頤藉武力封閉安源俱樂部一舉，事前是已經同意的，原來安源工人俱樂部之存亡與湖南政治有密切關係，假使湖南境內鐵路工人與沿鐵路的民衆不答應日本帝國主義勾結萍礦資本家封閉安源俱樂部，而湖南政治不出來干涉，則俱樂部封閉，萍礦必然隨之而倒；故盛恩頤事前非疏通趙恒惕不可。趙恒惕呢，幾年已深惡痛恨湖南工人勢力的張大，久欲順勢以摧殘之，何況安源工人與湖南工人久已成就了密切的聯絡，三公司的利害即湖南政府的利害呢？故趙恒惕自然樂得利用這個機會，當安源俱樂部一被封閉，株萍粵漢兩路即由趙派重兵監視，暗探滿布於長沙城，并秘密通緝安源工人領袖陸沈等。不料江西軍閥

於「二十一」慘劇後隔五日又鎗斃被捕工人領袖黃龐（黃爲湖南人第三師範畢業生）更加激動了湖南工人學生及少部份教職員的公憤。

於是安源醴陵株洲長　粵漢鐵路湘潭衡陽等地一律於十一月廿六日舉行大規模的羣衆示　運動；幷移黃柩至長　，一面追悼黃等被難諸戰士，一面援助安源工人恢復俱樂部。　趙政府料想不到這一運動的範圍如此廣大而激烈。　長沙方面，起初只託人疏通羣衆領袖，要還地改期以免有礙全國教育會聯合會的觀瞻，羣衆因爲這個理由太滑稽了，不肯承認，趙政府又進一步明白要領袖負責制止，羣衆依然不肯，於是趙恆惕震怒起來，命令戒嚴司令部實行制止，戒嚴司令滿佈告示說：「黃等依法處決，罪有應得，居然有人欲利用羣衆騷擾，望家諭戶曉：……如有附和者定當拿究不貸」。　臨時復派重兵把守教育會坪，堵塞羣衆，隊伍到時陸續站在坪外馬路上，十時許由總指揮領隊衝鋒入內，軍警不敵，羣衆卒開會演說繼以遊街異常激昂，傳單數十種，內有中國共產黨湘區執行委員會及共產主義青年團長沙地方執行委員會一種，致勞省議會豬仔提議查禁，又有民衆反抗政府干涉人民集會自由的傳單，又全國教聯會廣西等省代表公送輓聯，被事務所李濟民等扣留不發，該代表等事後憤慨而去，政府對此事震怒異常，只好叫聲「糟哪」收場。

第三即震動全省的空前的學潮。　此事十一月初發動於長郡兌澤兩校。長郡校長張有青原是卑鄙齷齪的政客，借武人勢力上台，該校風潮由於不許學生組織學生會開除學生會三等四名，學生提出質問又被武裝開除十八名，曾三等則被捕入獄，於是合校學生罷課。　兌澤風潮則由於不許學生出學生會刊而起，亦被武裝開除段滅等八名，全城中等以上學校學生聞之異常憤慨，以學生組織學生會及出刊向例不禁止，今忽被武裝開除學籍被捕入獄而所開除之曾三段滅又適爲全省　聯重要職員（段滅總務主任，曾三編輯），知係政府有意摧殘學生，爲爭集會結社言論出版自由起見，於九日羣起向教育司請願，到者三十餘校，人數達萬人以上。　司長避去不見，而於省長公署召集校長會議，趙親自出席，主張武力驅散，謂此爲千載一時機會，素來反動的何炳麟（岳云校長）方克剛（妙高峯校長）方擴軍（省一中校長）等極力呵護之，幷指稱第一男女師甲農湘江爲民黨盤踞機關。

此時各校長皆絕少發言，惟一女師徐校長表示不贊成武力壓迫，立被趙斥其不合，即宣告散會。　隨即有大隊武裝兵士圍困教司，萬餘學生露立教司內二日一夜，水粒不得入口，中間經趙兩次喚學生代表談話，第一次相見關頭即說現在一切學潮均由俄人指使，鬧一次學潮每人賞洋二元，趕走校長一人每人賞洋五十元，近來蔡元培陳獨秀李大釗等創立異說，鼓惑青年，皆有可殺之罪，你們不要上當。　學生代表起立解釋，趙答你們條件無一可答復的。　遂無結果而散，第二日又召代表談話，至即被捕（內有女生二名）幷通令各校將此十一代表開除押解回籍。　此時全城武裝戒嚴，街上行人形似學生者無論男女均被搜檢，不許通過，各校隊伍幾次往援教司同學，均被衝散。晚間八時即斷絕交通，教司方面因有代表欲衝出傳佈消息，竟被開槍，幸未命中。　第二日下午已飢寒交迫之萬餘學生，始拚命衝出示威，幷往省議會請願，沿途又被軍隊截擊數十次，等至議會，趙已先唆使其走狗在議會提議學生赤化，應查禁共產，拒絕學生請求，學生不得已各歸校繼續全省總罷課。　此時校長會議被反動派把持，餘則怯懦不敢主張，同情於學生的少部份教職員則都犯了共產嫌疑，報紙則只登政府新聞，學生新聞一開始即被禁止登載，大公報及大湖南日報（有勢力之二報）通俗報則反動而爲政府助勢，於是學生成了孤軍奮門而失敗了。　同時政府通令各縣查禁共產宣傳，要繼李景林張宗昌對湖南人民大肆屠殺。　政府幷印一種「反共產」傳單令警察挨戶送貼，又說這次事情與廣東共產政府有關，種種造謠，不一而足。

第四卽爲鉛印工人罷工，當學生已陷於孤軍作戰的時際，起來以實力援助的只有工人，而尤以鉛印工人最力。　鉛印工人見報館日登載政府新聞會提出抗議，大公報卽以威嚇手段對待，鉛印工人乃謀空白登學潮新聞，又不成功，於是宣佈罷工二天，表示援助。　期滿大多數公司開工，惟大公報等五家報館及公司拒絕，并以報界聯合名義提出嚴酷條件：如「工人脫離鉛印工會」「以後不得自由罷工」，「以後不要求加薪」等強迫工人承認，工人方面宣佈只能無條件上工，相持至十餘日之久，報界利用政府武力，把守報館及公司門前緝見工人得學生募捐援助得以支持，乃進一步用武力封閉工會，捕去代表押於陸軍監獄，併牽及不相干者多人，併收買工人中流氓搗亂。　報紙在他們手中，儘他們作詆毀工人的反動宣傳。　惟工學兩方面因此已有進一步的聯絡，進行廣大的爭自由的爭鬥而與現政府奮鬥到底。

關於上述的事件可以作以下的結論：第一、因過去湖南政局平靜繼續兩三年，民衆運動也就偏於愛國的和平的運動和每避去地方的政治爭鬥。　在廣大的「五卅」爭鬥中，湖南民衆已不能算是最前進的，然而幾個月來湖南民衆從全國各地民衆運動的消長中有了進一步的覺悟：覺悟趙之敷衍狡詐的手段，覺悟避免地方政治爭鬥足以妨礙民衆的革命化，足以延長趙恆惕反動的統治，故這幾次運動都轉入了爲爭自由而反抗趙政府的爭鬥；同時趙的和平的面具也就一天一天在民衆前揭破盡淨了。　第二在全國的民衆爭鬥的進步，尤其廣東革命勢力的發展，足以使趙恆惕感覺自己地位的危機，而湖南民衆努力恰又一天一天的國民革命化，更發使趙恆惕懼怕而唯有乞憐于嚴酷反動的手段，故上面幾次摧殘都不是偶然的，這正如帝國主義者自覺末日已到而利用法西斯蒂一樣。　第三、自「五卅」案發生帝國主義者利用「赤化」「共產」等名詞以離間中國民衆反帝國主義聯合戰線，暗示軍閥以壓迫民衆的利益，於是長沙武漢及各地「五卅」運動皆因此低落下來，上海工人因此陷于孤軍作戰而在軍閥之下屈服了，全國民衆對廣東政府之同情也就因此冷落許多了，現在各地軍閥都學慣了這手段，在開大砲向民衆攻擊之前，先出此一手離間政策，這次長沙工學爭自由的運動，所以致爲孤立，也就完全被這毒手所傷，學生要組織學生會要出學生會刊，都是赤化是共產，反共產的徐特立因爲不贊成武力壓迫學生，二分鐘間也就變成共產黨了。　第四、在城市上一切爭自由的爭鬥中，應當工人學生聯合一致，也唯有工人學生才能聯合一致，在這幾次事情中完全證明了。　第五、在國民革命未實現以前，在軍閥政治之下，一切憲法所載之自由，都是欺人的，民衆如果向革命的路上前進，一切從僥倖得的自由都只有被剝奪去，不然則只有妥協才能苟全，因此鉛印工人的失敗，學聯的失敗，都是革命過程中必然的現象，在這樣失敗之下，只有更覺悟更廣大的政治爭鬥才是我們的出路呵！

The Guide weekly

嚮導週報

分售處

廣州 丁卜書報社
北京 各學校號房
長沙 文化書社
寧波 寧波書店
武昌 時中書報社
共進書社
福州 福州書店
開封 國民書社
香港 華文書坊
汕頭 汕頭書店

分售處

蕪湖 科學圖書館
太原 晉華書社
潮州 青年書店
雲南 新亞書社
重慶 唯一書局
南京 樂天書館
寶慶 寶慶書局
黃梅 書報流通處
成都 華陽書報流通處
紹興 亞民文具實業社

◀第一百四十一期▶

一九二六年一月七日

——零售每份銅元四枚——

訂閱：國內一元寄足五十期。國外一元寄足三十期。郵票代歀九五折算。但以一分半分為限

代派：每份大洋二分。六折計算。寄費在內。十份起碼。十期清算一次。概不退回

發行通信處
北京北京大學第一院收發課轉許元真君

特約訂閱處
廣州國光書店黃正君
開封河南書店韓韻秋君

直系軍閥之反動行為

述之

自反奉戰爭以來，全國民衆方集全力於打倒奉系軍閥而對於直系軍閥少注意之時，直系軍閥却反對於民衆的壓迫一天高似一天。最近自武漢而江西而上海以至福建湖南，凡是直系勢力所在的地方，無不發現有直系軍閥之反動行為和對於民衆壓迫之事實。蕭耀南在武漢無故逮捕上海學生代表，壓迫武漢學潮，近且以武裝軍警制止反基督教運動（禁止十二月二十三日之武漢反基督教大同盟的遊行講演等）。方本仁在江西則受漢冶萍公司的賄賂以武力驅散萍鄉礦工萬餘人使之失業，并且還殺傷監禁百餘人；近且無故逮捕赴廣州國民黨第二次全國大會之國民黨代表。孫傳芳在上海更是肆行無忌，他以武力禁止上海一切民衆的市民大會和游行示威（五卅半週年紀念大會與反段大會開會之前其會場均為軍警佔據，在反段大會時，軍警竟居然開放排槍，致傷多人），甚至連反對日本帝國主義進兵滿洲之市民大會，也公然出來禁止（事實上雖未能禁止，但當開會之先，上海的戒嚴司令部已調遣數百軍隊和大砲隊於公共體育場，阻止民衆入內，簡直如臨大敵），貼反對日本帝國主義的傳單之上海學生聯合會的夫役，也公然逮捕入獄。并且甚至無故私行槍斃在五卅運動中的工人領袖劉華而不宣布其罪狀。周蔭人在福建則無故解散福州學聯會，超恒惕在湖南（趙表面雖以聯治派自居，實則亦不過直系之附屬物而已）也無故摧殘學生與工人（如去年十一月的學潮與印刷工人罷工等事件）；至於直系軍閥的首領吳佩孚，此次本以討奉之美名相號召而得至武漢，重整旗鼓，然而在實際上現在一方面與奉系軍閥中之最無恥的張宗昌相勾結，以為攫取山東地盤之計，另一面則密令寇英傑督師武勝關準備奪取河南。總之，我們根據以上事實，現在的直系軍閥的反動是一天一天地嚴重，仍然是替帝國主義當工具而壓迫民衆的愛國運動，仍然是繼續奉系軍閥在五卅運動中之一切反動行為。

直系軍閥本來是最反動的軍閥，在一九二四年江浙戰爭以前，直系軍閥之罪惡，替帝國主義當走狗與壓迫人民之罪惡，與現時之奉系軍閥本沒有多大區

別。如吳佩孚蕭耀南之慘殺京漢鐵路工人，封閉京漢隴海各鐵路工會，以及在曹錕賄選時代對於北京及各地一切民衆運動之壓迫，拍賣種種權利於英美帝國主義等，較之現時的奉系軍閥不過是程度上之差異而已。總之，以前直系軍閥之所作所爲，在民衆方面現時幷未忘記。但是自此次的反奉戰爭起來，民衆何以不同時反對直系軍閥，幷且還督促直系去討奉系軍閥呢？這是因爲奉系軍閥在全國一致的反帝國主義的五卅運動中公然變成了英日帝國主義的走狗，來壓迫一切愛國民衆，來摧殘一切反帝國主義的愛國運動，因此奉系軍閥是全中國人民人人得而誅之的公敵，是中國全民衆必須討伐的公敵，此時只要誰出來討伐奉系軍閥，不管他有無別種企圖，在客觀上却是作了民衆所要作的事；同時直系軍閥在表面上亦掛上『爲民伐罪』之假面具，即對當時的民衆運動不很壓迫，民衆此時自然只好以全力來參加反奉運動，以全力來督促各方面的勢力剷除其公共的敵人——賣國的奉系軍閥。因此對於直系軍閥自然只有督促他，自然暫時不去反對他。但是民衆却始終沒有忘記直系軍閥之本來面目——反動性，知道直系軍閥到了某一時期，一定要回復其本來面目的，一定要大反動而特反動的。現在直系軍閥果然反動了，幷且反動一天一天地利害起來了！在這反奉的當中，公然向民衆面前暴露他們的反動性是與奉系軍閥一致的了。

全中國的民衆們！直系軍閥現在既已公然反動，直系軍閥的首領吳佩孚本以反對奉系軍閥相號召，現在竟公然與奉系軍閥的餘孽相勾結，公然謀侵奪同盟討奉的國民軍之河南，最近且發表宣言公然主張與賣國賊奉張妥協（見前月三十一日吳佩孚通電），這簡直是奉系軍閥第二。幷且照此情形看出，奉直兩系軍閥已快到了實際聯合的程度，如果這兩系軍閥聯合替英日帝國主義來壟斷中國，來壓迫中國民衆，中國前途的黑暗是不堪設想的。全國的民衆們！我們現在應該開始向直系軍閥來進攻了，至少也應該向直系軍閥作最後的警告了。最要緊的我們要問孫傳芳爲什麼殺五卅愛國運動的領袖劉華？爲什麼不許民衆開反對日本帝國主義進兵滿洲的市民大會？方本仁爲什麼逮捕國民黨代表？吳佩孚爲什麼與張宗昌勾結，爲什麼謀侵奪同盟反奉的國民軍之河南？這些問題却要直系軍閥出來明白答覆，這很可以表示他們自己承認是否帝國主義的走狗，是否與奉系軍閥一樣。

全國的民衆們，我們現在對於直系軍閥應該要取嚴刻的態度了！雖然我們還很顧及反奉的聯合戰線，要根本剷除賣國的奉系軍閥，但是直系軍閥已在半途妥協了，幷且已有反過來攻擊反奉的國民軍之陰謀。所以我們應趕快起來警告直系軍閥，幷且要作第二步的準備，以現時之對付奉系軍閥者來對付直系軍閥！

反日運動中所謂蘇俄進兵滿洲的傳說

超麟

十二月二十七日上海市民反日示威運動中，我們不僅看見國民黨右派及其他右傾反革命分子（如國家主義派等）第一次有組織的參加，我們而且看見他們帶來一些反蘇俄反赤化反共產的傳單和旗幟。他們於『反對日本進兵滿洲』的大會中，喊出幾聲脆弱的『反對日俄進兵』口號。已經，在開會前一天，他們就在出版物上造反俄的空氣了。

國民黨右派及其他右傾反革命分子，只要是不利於蘇俄和共產黨，不管這消息從那裏『製造』出來及其是否在情理之內，他們是首先雀躍歡呼樂於利用的。我們讀過開會前一日發表的孫文主義學會持志分會和國民黨右派流氓的工商友誼會的宣言以及同時出版的醒獅週

報第一篇論文，我們又在遊行中得着所謂『反共產大同盟』和『社會復辟黨』的傳單，在他們的反對蘇俄進兵滿洲的叫聲中，我們只找着他們的唯一的根據：即是說，據報載，蘇俄已派兵窺伺北滿了。我們且研究這個『據報載』。

我們翻閱各報，在連篇累牘的日本進兵滿洲的文告及其兵隊的數目和行動等消息中間，發現了二次所謂『蘇俄進兵滿洲』的消息：一是十二月初路透社傳來之英報每日新聞里加訪員的通信，一是東方通信社所得哇特薩的來電；其他還有一些零碎消息，也是日本帝國主義製造新聞的機關如東方電通等等通信社所傳來的。里加久已成了『俄國謠言』的出產地，而日人從黑海沿岸一城之哇特薩的消息又何嘗能據以為眞？固然，國民黨右派及其他右傾反革命的分子，對於國際新聞眞僞的判斷力是很薄弱的；但他們果眞為『愛國』而反對這所謂『赤色帝國主義』，他們就應該根據確實的可靠的消息，至少對於英日『白色』帝國主義的新聞機關傳來消息，也應該從反證證明確實後，才可以用來做攻擊蘇俄的論據。實際上，他們除了英日新聞機關的報告外幷未曾得着別的消息，實際上日本帝國主義報紙幷未曾借用這樣重大的俄國進兵問題為挑撥的言論，實際上歐洲帝國主義報紙評論日本進兵事件聲中絕未涉及俄國一字。以上這些事實都很明顯反證英日新聞機關的消息是完全僞造。以上這些事實也都很明顯排列在國民黨右派及其他右傾反革命分子的前面。然而他們究竟要用這虛無飄渺的『蘇俄進兵滿洲』消息為反蘇俄反赤化反共產的宣傳！為甚麽？我們於此應該分析他們做這種宣傳的原因及其意義。

第一，我們已經說過，『蘇俄進兵滿洲』的消息是帝國主義新聞機關，特別是日本帝國主義新聞機關，『製造』出來。日本帝國主義為甚麽要『製造』這種消息呢？這是很明白的。因為日本政府知道日本進兵滿洲侵略的行動太顯然，一定會引起中國民衆的排日風潮，所以一面發表其不成理由之理由外，又包辦新聞轉移民衆對日的視線，使之分向俄國。

第二，日本帝國主義這種技倆恰好投合一般右傾反革命分子的心理。五卅運動以來，特別是最近國民黨幾個叛徒在西山開會以後，中國的反蘇俄反赤化反共產的空氣日漸濃厚——這是明顯的事實。這事實絕不證明中國民衆運動日漸沉寂而右傾，反足證明中國無產階級在五卅運動中取得了國民革命的領導地位，因此引起了帝國主義軍閥資產階級及一部分庸懦的智識分子之恐怖。近來這派軍閥動輒以『赤化』為攻訐別派軍閥的借口，一般人民愛國運動動輒因『赤化』罪名橫受摧殘，便是明證。最近國民黨右派的西山會議議決取消俄顧問開除共產黨等之後，民衆中右傾反革命分子益發借反蘇俄反赤化反共產口號替帝國主義軍閥張目。

第三，我們應該指出二十七日的示威運動前後做反蘇俄宣傳的，不是別人，正是國民黨右派的孫文主義（？）學會，正是前年打死黃仁的童理璋喻育之等工商友誼會，正是以反蘇俄反共產為專職的國家主義者，正是擁戴宣統復辟的『新社會民主黨』。他們在民衆憤激空氣之中不得不出頭參加反日的示威運動，但他們却以虛無飄渺的『俄國進兵滿洲』消息，移轉羣衆的視線，實際上即破壞羣衆運動。

右傾反革命分子，特別是國民黨右派，他們口稱實行孫文主義，而實則違反孫總理的聯俄政策，在其第一次有組織參加羣衆運動時候，發出反蘇俄的口號。他們名義上參加反對日本帝國主義的示威運動，實際上則當了日本帝國主義的應聲蟲。日本外相尙且答覆阪谷之問，謂：『據滿洲里日領事報告，俄國尙未派兵赴北滿洲，雖蘇俄未來之態度不可知，但俄國出兵北滿一層似可不致實現云云』（見路透社十二月二十一日東京電）；而他們反神氣活現地說『蘇俄進兵滿洲』！他們豈眞愛國嗎？反共產替帝國主義和軍閥張目而已。

吳佩孚再起後的湖北（武昌通信十二月二十九日）

日知

湖北今年空前的旱災，全省六十八縣，簡直五十幾縣沒有收成，饑民達一千八百萬，眞是哀鴻遍野，死亡載道。以樹皮草根泥土充飢的事實，並不是什麼駭人聽聞的事。這種大旱災的結果，不僅斷絕了鄉村農民的生計，並且影響於武漢市場：一方面因爲農民的購買力銳減，一方面成千成萬的饑民都到武漢來謀生計，因此武漢市面驟形緊張，百物昂貴，金融紊亂；市面凋零景象，爲數年來所未有。

自全國民衆憤奉系軍閥賣國殘民所引起的反奉戰爭開幕以後，殺人不眨眼的直系軍閥吳佩孚乘機再起，假聯軍討賊名義翩然來鄂，設討賊聯軍總司令部於漢口，先後向省政府總商會銀行公會錢業公會等強索軍餉數百萬，並鞭打漢口中國銀行行長洪鍾英，票綁武漢各小商人，更引起商界絕大的恐慌。前此不久吳氏預備發行軍需匯兌券三千萬，已設有匯兌總局，軍需券亦已印就一半，嗣經武漢三鎮商界各團體代表往督署請願，僅得着「非軍事緊急決不發行」的滑頭答覆及「不在漢口發行」的欺人騙話。軍需匯兌券的發行既然暫時停頓，吳大軍閥的軍餉便不能不另闢途徑以資挹注，於是鹽斤加價竟以迅雷不及掩耳的手段實行了。鹽斤加價較之軍需匯兌券更爲毒辣，人民受禍更爲普遍，尤其是勞苦民衆，食鹽較多受害尤烈。所以武漢各人民團體，現已一致奮起作反抗的運動。這樣一來，不但工人學生驅吳的空氣日加濃厚，就是最怕革命的商人，也澈底認識了吳大軍閥的德政，再不敢隨同官僚政客們歌功頌德以妄冀分享餘惠，同時素不問事，感覺最遲鈍的農民，因鹽斤加價，逼迫得自己不能不「淡食」的緣故，也領受了吳大將軍不少的恩澤。然而商人至今還無革命的勇氣，農民則因散漫無組織，亦只好空聲怨恨罷了。

吳佩孚來鄂以前與蕭耀南約定：決不干預湖北政治；但他一到湖北，即將重要交通及財政機關任意撤換，如電報局財政所官產督辦處均攫爲己有，並包攬全省厘稅：種種措施均予蕭氏難堪，並將蕭氏倚爲心腹之第二師師長劉佐龍給以重大之打擊（吳來鄂之初劉往謁，吳藉故大加申斥並要扣留，劉氏前曾一度辭職，即是爲此），近且將劉氏所部大加裁減，而極力擴充第二十五師陳嘉謨部及第一師寇英傑部。因此吳蕭間暗潮極大，且在許多事實上已表現裂痕，現表面上蕭對於吳雖極力擁戴，其實明眼人都能知其爲敷衍門面的把戲。

陳嘉謨被任爲武漢警備總司令，自然是吳佩孚的授意，蕭即提出自己的心腹劉佐龍爲副司令來相抵抗；在吳氏來鄂聲中，蕭氏復力調駐湘鄂軍夏斗寅回鄂，其用意可知。吳氏來鄂後，蕭擬南與方本仁的結合，更較前密切，且劉佐龍辭職，方氏拍電極力慰留；這些不可掩的事實，在在可以證明吳蕭間的衝突。此外在吳氏來鄂之初，欲以官產抵押借款，蕭氏則運動省議會出面反對；反對軍需券的大請願亦爲蕭氏所授意；最近反對鹽斤加價的運動，蕭氏也必從中生了多少作用。

還有一個最顯明的事實，就是武漢國民大會。武漢國民大會，雖由學潮擴大而成，而驅吳的色彩最爲濃厚。前兩天反吳的傳單標語，即在街市上徧貼徧飛，難道蕭氏還不知道而讓轟轟烈烈數萬人的國民大會安然開會遊行嗎？不過故意裝聾作啞罷了。其中最耐人尋味的，當國民大會開會及遊行的時候，蕭氏曾派大隊軍警到場彈壓，關於反吳的演講及沿途「撤消聯軍司令部」「反對鹽斤加價」「燒燬軍需券」「驅逐吳佩孚」幾個口號，呼得震天價響，羣衆及市民驅吳的情感異常強烈，軍警不但不加制止，並含笑點首。有人問一位督隊的軍官，爲什麼這樣不聞不問，他說：「這回督辦有命令，不許壓迫」。好一個「這回……不許壓迫」！

不只於此，並且在國民大會後，蕭耀南誠恐外間不明此次國民大會的眞意義，又發出通電，大張佈告，鄭重的將國民大會重述一遍個中眞相。由他那藏頭露尾半呑半吐的語氣中，可以看出他們兩下衝突的形勢，更可以證明一向壓迫民衆運動的蕭耀南，對於這回國民大會是故意放任的。且有他的『這回不許壓迫』的命令作一個鐵證。

其實吳佩孚早已看到這一着，所以一面極力擴充自己的軍隊，充實自己的軍力，一面裁減劉佐龍的隊伍，並要調回原防，以免為將來悶蕭的障礙。吳氏最近攻豫的計畫，其結果也是於蕭不利。聞吳氏攻豫擬以寇英傑為前鋒，陳嘉謨接應——其實是留以防蕭的。如果攻豫得手，即自己長驅中原，以陳嘉謨取蕭而代。如進行不利，即西結袁（祖銘）楊（森），夾攻蕭氏。這種計畫又為蕭氏所看出，故對於攻豫絕端反對。

吳蕭間暗鬥形勢已如此緊迫，大可一觸即發。兩方其所以按兵不動的緣因，都是要看國奉戰爭結果如何而定。我們相信國奉戰爭解決之日即是蕭吳戰爭爆發之時。只是千瘡百孔的湖北與一息尚存的湖北人民，怎樣又經得起一番蹂躪呵！

蘇聯的國際地位

季諾維埃夫

一九二五年夏季的事變，給了我們以嚴重地回憶蘇聯國際地位的機會。

最重大的事變約有下列幾種：

（一）中國的運動；

（二）英國保守黨惹起英俄絕交和聯合列強反對蘇聯的企圖；

（三）歐洲工人代表成羣結隊來蘇聯考察。

（一）

中國的事變證實了列甯在構成其政治遺囑的幾篇論文中關於東方問題所說的話。

中國的事變不能夠不破壞了最近國際上均勢的局面。中國事變的歷史意義是很大的，這事變的結果將在國際政治上一天一天顯明出來。

帝國主義者先生們，企圖將中國運動的責任加諸蘇聯身上，這自然是毫無根據的。可是帝國主義者先生們的言論中也何含着一些眞實的事。蘇聯的存在豈非已是東方反帝國主義的一種宣傳嗎？一九〇五年第一次的俄羅斯革命，雖僅削弱了俄皇制度而未根本推翻之，但這次革命豈非對於東方的覺醒與以一偉大的贊助嗎？

英國帝國主義的首領們，已從中國五六月間的事變取得『教訓』。中國事變的直接結果之一，便是英國帝國主義對於印度民族運動中資產階級分子與以一些的——自然是很小的——讓步。然而對於高等分子的讓步，是往往能夠惹起羣衆更進一步的要求的：印度的狀況便是如此。

一九二五年的中國運動并未曾得着直接的勝利。可是一些徵兆告訴我們說，這運動日益擴大而深入，這運動的經驗將為中國及全東方的廣大民衆利用去準備未來有更大意義的事變。

一些自命為『唯實主義者』的人，勸告蘇聯對東方民族運動取『中立』態度，而實行『西方政策』。這些聰明人不懂得：（一）他們的勸告乃是完全取消列甯主義，因為這種政策等於放棄了世界革命的策略；（二）在『西方』帝國主義者（即他們勸告我們與之聯合的）的觀點看來，我們（蘇聯）即是『東方』——不過比中國加倍『危險』罷了；（三）在對於東方幾萬萬人大運動的關係之問題中，『中立』是不可能的——不管我們願意中立或不願意。『西方政策』在

取消派這樣的解釋之下，事實上幷不是對東方『中立』，而是跑過『西方』帝國主義者的一邊而反對東方。『西方』帝國主義者恰好利用這種政策依次撲滅東方和蘇聯。

蘇聯乃是覺醒的東方之主要的希望。十月大革命把民族監獄的俄羅斯改變過來，成了平等民族的友愛家庭，這革命便自然成了東方被壓迫民衆的燈塔。這便是蘇聯在國際舞台上的勢力之源泉。但帝國主義努力從速撲滅蘇聯的動機，也就在此。

（二）

今年夏天英國保守黨對於我們，不是別的，祗是直接企圖絕交，直接準備反蘇聯的戰爭。

英國保守黨的一班先生們爲甚麼這樣咄咄迫人呢？外國借款事件進行得不順利。但現在證明蘇聯可不用這筆借款，而渡過難關。蘇維埃政府曾經不惜多分的讓步，希望向當首相時的麥克唐納爾『同志』借一筆二三萬萬金羅布的款子。這件事沒有成功。但隨後，蘇維埃政府在一九二五年向『秋收』同志倒借了一筆款子，條件而且沒有那樣苛酷。蘇維埃國家，靠自己的力量，於今年的預算中將投資於工業的資本數目提高到九萬七千萬羅布。不錯，這數目中有六萬萬羅布是爲整理舊工業之用的，祗有三萬萬羅布是用於新的工作，但這已經是長足的進步了。蘇聯的經濟能力將不靠外債便能增長。這種經濟力增長的結果，誰又知道不將於最近幾年中取得外國借款呢？

國際帝國主義無疑地日益明瞭這最近下去的幾年是決死戰的時期：若是經過五年之後，蘇聯的經濟狀況日益鞏固，全世界勞動群衆對蘇聯的同情日益加增，社會主義聯合日益強健而鞏固其一切的關係，那所謂反蘇聯的戰爭將成了一種夢想，絕無實現的可能。加以東方的事變，對於英國帝國主義的堅壘與以嚴重的打擊。『現在或稍等幾時或永不會有』——帝國主義資產階級的首領們便祗好以此自問了。

這是國際無產階級的前鋒應該明白的，爲的是看淸在往下幾年中危險將從何處到來。惟有第二國際的首領們，很高興的當帝國主義走狗，才看不出現時新戰爭的眞正危險究在何處。

英國保守黨的詭計今年未曾成功。

他們的詭計不能成功的原因在那裏呢？

首先我們應該看出英國帝國主義不敢自己冒這大險，他却等和其他帝國主義強國談判成功，然後行動。英國帝國主義明白無產階級革命和帝國主義的決鬥不是在一個國家範圍內決勝負的，不是帝國主義的英國和蘇聯間勢力的比較的，而將決勝負於國際舞臺上。

英國帝國主義準備國際帝國主義大聯合反對蘇聯，準備使蘇聯孤立。舊式的英國外交，要使某敵國孤立時，是很有耐性和先見的。英國的外交有時能夠用十年乃至二十年的時間爲這種『手段』的準備。現在可就不同了。英國帝國主義很明白知道蘇聯不容許他有十年乃至二十年時間的準備，因爲經過十年乃至二十年之後，世界舞台上勢力的比較是要更變的，蘇聯將日益得勢，國際無產階級也將日益得勢，那時再談反蘇聯的戰爭，那簡直是笑話。這便是英國帝國主義所以企圖於今年夏季以十星期乃至二十星期時間來解決問題的原故。這便是英國外交所以這樣『露骨』的原故。一切言論和行動都是異常地不加遮飾的。英國幾家重要報紙十分公開地聲言德國若能完全贊助英國反蘇聯的計劃，則英國銀行可以借款給德國。那裏還有比這樣更露骨的呢？

然而英國帝國主義一九二五年夏季的詭計究竟達到甚麼結果呢？

英國帝國主義邀其他一切帝國主義強國加入進攻蘇聯的公開聯合，但這些強國至今尙未承應這種邀請。法國帝國主義自己已經十分

困難：摩洛哥戰爭，敘里亞暴動，財政困難。　日本帝國主義還未恢復最近地震的損失，而且正恐懼和他的近鄰，覺醒的中國，發生糾紛。　美國帝國主義自己正『從事於』利用英國殖民地和半殖民地的運動。　還有一更重要的原因：沒有一個資產階級的國家現在能夠調動廣大軍隊進攻蘇聯，而自己不受巨大的損失和危殆；沒有一個帝國主義國家現在能夠公然封鎖蘇聯，而自己不發生嚴重的政治糾紛。

英國的外交推動了英王對於列多尼這個小國的外交總長表示恩意。　在大規模工作中，人們也可以用及一條小繩子！當談到反蘇聯的『神聖』戰爭，英國外交的『傲氣』是不會輕視列多尼的。　可惜至今列多尼外交總長『有力的』贊助仍然不能幫助英國『柔弱的』外交，使之實現其反蘇聯的進攻計劃。

我們親身經歷一九二五年夏季的非常事變。　英國帝國主義在全世界人的眼前向法國日本美國（及其他較小的強國）提議組織一進攻蘇聯的大聯合。　在全世界人的眼前，英國帝國主義這次徒勞而無功。　英國帝國主義所邀的國家都很恭敬地回答：他們自然準備『在較順利的機會』開談判并對蘇聯進攻，但他們『現在』却祇好暫時『退守』的。

正因為這個環境（自然加上英國自己的工人階級之迫逼），英國帝國主義現在才不僅放棄了直接進攻蘇聯的計劃，而且放棄了和蘇聯絕交的計劃了，這樣的放棄自然不是永久的，而僅僅是『等待較順利的機會』。　『西方』帝國主義是我們的有力而持久的敵人。　這種的嘗試將再有幾十次要來，我們祇要略為示弱一點，這種嘗試便將變成事實了。

（三）

工人代表成羣來蘇聯這一件事，無論就工人運動一般的利益為觀點看來或就反對新戰爭當前危險的鬥爭為觀點看來，都有重大的意義。　許多社會民主黨工人中間和無黨工人中間，都逐漸有了新戰爭危險的認識——這可以說是一件無疑的事。　歐美工人羣衆由無產階級的本能開始感覺到這種危險要重新變成事實。　無疑，這種危險恰好促成國際無產階級隊伍於最近期間內固結起來，這種危險的認識幫助工人階級聯合戰線之形成。　社會民主黨工人和無黨工人的代表團願意親眼觀察蘇聯實際所做的事，蘇聯是否建設社會主義及其成績如何。　無產階級中向來充滿了懷疑主義的分子，受第二國際首領們對共產主義的懷疑所宣傳所欺騙的分子，現在對於蘇聯的同情和信任都日漸增加起來。　他們也逐漸認識，倘若全世界工人不聯合起來，資本主義之部分的『穩定』必然要達到新的帝國主義戰爭。

一九二五年夏季，帝國主義盡所有的力量從事於創立黑色的聯合戰線，創立一個反蘇聯的大同盟。　而在同一時候，全世界最前進的工人都從事於迅速團結勞動者的行列，創立一個為保護和平為反對戰爭為擁戴第一個勝利的無產階級革命之紅色的聯合戰線。

無論紅色的或黑色的聯合戰線，目前都未能澈底創立起來。　但我們無疑，我們的紅色的聯合戰線創立起來要比黑色的聯合戰線較快些較有成效些。　但重要的，在於動的局勢是這樣：黑色的聯合戰線鞏固一分，戰爭的危險就增加一分，即以此機械地鞏固了那一端幾百萬人的紅色的聯合戰線，反對新的帝國主義戰爭；而紅色的聯合戰線鞏固一分又必然要使帝國主義者內部的猶豫不決增加一分，在一定的情況底下能使他們搖動起來。　資本主義所以成為資本主義，正因為資產階級內部的衝突競爭鬥爭永遠不能終止。　社會主義所以成為社會主義，正因為工人羣衆之國際的團結乃經過一切的障碍而陶鑄出來，幾百萬的工人羣衆一天一天站立起來，與佔少數的帝國主義者對抗。　紅色的聯合戰線對黑色的聯合戰線之勝利——即許黑色的完全創立了——結果是必然的無疑的。

國際職工統一運動獲得了這一有世界歷史意義的前途。　首先是蘇聯職工會和英國工聯之接近。　聯合戰線的策略根本幾個要點還是第三國際第三次大會所決定的，但現在方開始收得眞實的果實。　整個的國際情勢都養成聯合戰線的策略日多一日吸引最廣大的勞動羣衆之勢力。

（一）反對新戰爭危險的鬥爭；（二）擁護蘇聯的社會主義的建設；（三）爲統一國際職工運動的鬥爭；（四）幫助東方民族革命運動；（五）工人去和農民中那些懼怕新戰爭危險和自己受帝國主義經濟政策壓迫的分子接近。　以上便是最近將來國際工人運動的趨勢，也便是聯合戰線策略的趨勢。

○　○　○

結論嗎？

底下便是：

（一）蘇聯經濟能力的增長，特別是其對外貿易的增長，以及蘇聯的租讓政策（現在因國中經濟恢復之力，這政策第一次得着更眞實的表現）都正在全般的整個的爲反對戰爭做工作。　但同時，正因爲這個爲全世界無產階級所歡迎的蘇聯的經濟鞏固，却『激怒了』國際帝國主義，使國際帝國主義感覺得確定打擊那如日東昇的社會主義，現在正是『千載一時』的機會了。　英國帝國主義，世界帝國主義將還有十次乃至百次企圖做成這回一九二五年夏季所未能成功的事業。

蘇聯不僅在經濟上應該要有力量，即在軍事上也應該要有力量。這不僅是蘇聯無產階級注意的事，這而且是全世界勞動者注意的事。

（二）蘇聯的外交政策，特別是其在東方政策，應該仍然繼續列甯在世時的方針。　對東方民族解放運動取『中立』的政策，『傾向西方』的政策，換言之即與帝國主義妥協反對東方的政策，都是背叛俄國的和國際的革命。

（三）聯合戰線的策略到了新的確定的階段。　在鬥爭的基礎上：（甲）反對新戰爭的危險，（乙）贊助國際職工統一——共產黨人應該知道無論如何要與社會民主黨的工人和無黨的工人接近。　紅色的工人的（即工農的）聯合戰線乃是全世界共產黨人之一切任務的任務。

（四）反對新戰爭危險的鬥爭應該是共產國際所有的工作中最重要的工作。　從戰爭產生出來的共產國際，其共重要的任務之一便是把人類從新的帝國主義戰爭中解救出來。　在一九二二年列甯有名的一封信中（給我們派赴海牙國際和平大會的代表團的訓令），列甯詳細解释：爲甚麼和怎樣，反對新的帝國主義戰爭的鬥爭應該戰前很久就準備起，應該從現在就準備起。　全世界的無產者要牢記第一次的帝國主義戰爭！——這是第三國際章程上的話。　全世界的無產者要牢記第二次的帝國主義戰爭日迫一日而來了！——這是列甯在上述的一封信中所說的話。　這封信的含義是列甯主義最重要的教訓之一。　傳播列甯在這封信中的至理名言於全世界最廣大的民衆，這乃是共產國際最重要的任務之一。　實現這至理名言，不啻是把人類從新的更有破壞性的帝國主義戰爭中解救出來。

一九二五，十，一

The Guide weekly

嚮導週報

〈第一百四十二期〉

一九二六年一月十四日

——零售每份銅元四枚——

分售處

廣州　丁卜書報社
北京　各學校號房
長沙　文化書社
寧波　寧波書店
武昌　時中書報社
　　　共進書社
福州　福州書店
開封　國民書社
香港　萃文書坊
汕頭　汕頭書店

分售處

蕪湖　科學圖書館
太原　晉華書社
潮州　青年書店
雲南　新亞書社
重慶　唯一書局
南京　樂天書館
寶慶　寶慶書局
黃梅　書報流通處
成都　華陽書報流通處
紹興　亞民文具實業社

訂閱：國內一元寄足五十期。國外一元寄足三十期。郵票代款九五折算。但以一分半分爲限

代派：每份大洋二分。六折計算。寄費在內。十份起碼。十期清算一次。概不退回

發行通信處　北京北京大學第一院收發課轉許元眞君

特約訂閱處　廣州國光書店黃正君
開封河南書店韓韻秋君

所謂反奉戰爭之結束與民衆目前之責任

述之

自直系軍閥吳佩孚宣言結束「討賊事宜」主張「法治」解決時局，馮玉祥宣言下野取消國民軍名義停止討奉戰爭以來，數月來轟轟烈烈之反奉戰爭，全中國民衆所希望所促成之反對賣國軍閥反對帝國主義的走狗之反奉戰爭，竟居然被宣告「結束」了！　這是何等重大的事！

我們知道這一次的反奉戰爭絕不是普通的軍閥間的循環復仇戰爭，和以前的直皖直奉戰爭一樣。　中國共產黨曾經解釋這次戰爭的性質說：「……從工人農民學生小商人以至一部分的資產階級，幾乎全國民衆都站在反奉方面，而且南方的十餘萬國民政府的軍隊是爲民衆的利益而反對奉軍，北方四十萬國民軍也同情於民衆的愛國運動而反對奉軍，幫助奉軍的只有安福系和外國帝國主義者。　反奉運動是全國民衆的，直系不過是導火線，……這就是此次戰爭和前幾次純軍閥的戰爭有不同的性質之要點」。　「現在的奉系不但代表中國軍閥階級的利益，並且代表帝國主義者在中國的利益，所以此次反奉戰爭雖摻和一些軍閥勢力，在客觀上却是一種民族解放的戰爭。」（見中國共產黨共產主義青年團對反奉戰爭宣言）并且我們還知道，這次反奉戰爭並不是偶然發生的，而有很深的歷史來源。　反奉戰爭是中國數年來國民革命運動反帝國主義運動的結果，尤其是五卅運動的直接結果。　五卅運動是中國民衆直接反對帝國主義的運動，反奉戰爭則是中國民衆間接反對帝國主義的運動；因爲在五卅運動中奉系軍閥完全成了帝國主義壓迫中國民衆壓迫中國愛國運動的唯一有力的工具，五卅運動所以失敗的唯一原因完全在乎此。　所以反奉戰爭是由直接攻擊帝國主義轉而爲攻擊帝國主義的工具之一種戰爭，是五卅運動的變相。因此，我們說反奉戰爭是一種「民族解放的戰爭」。　這次反奉戰爭如果勝利，根本剷除賣國的奉系軍閥，那時由反奉勢力產生一較開明的局面，解決五卅

事件，取消不平等條約。在事實是可能的。 如果反奉失敗，那時奉系軍閥必以統治滿洲者統治全中國，以在五卅運動中壓迫津滬等地愛國運動之手段對付全中國的民衆，這也是客觀上必然要到來的事實。

所以反奉戰爭的成敗問題，是五卅運動成功或失敗之最後的決定，是目前中國民族解放運動之一個生死關頭。

但是現在的反奉戰爭未至半途竟被宣告結束了，這是表明反奉戰爭勝利還是失敗？ 我們答復這個問題，只看看目前的事實就夠了。

現在奉張在江蘇直隸的勢力雖被驅逐，但在關外還是依然存在，幷且在山東張宗昌與李景林還正在圖恢復其勢力；吳佩孚則極力團結直系，與奉系軍閥聯合，陰圖國民軍（如在山東則令靳雲鶚田維勤等橫繳李紀才部之械，在湖北則令寇英傑按兵武勝關，準備進攻河南），同時又極力在北京指使一班豬仔，大倡其護法或護憲，謀組政府，壟斷中樞。 這種局勢很明顯地擺在我們面前；中國政局已快到了一個最黑暗的時期，便是快到了直奉兩系最反動的軍閥和其他一切反動勢力聯合，重新爲英美日帝國主義的工具，向國民軍國民政府和民衆進攻，卽向中國一切進步的勢力進攻的時期了。 這是何等可怕，何等危險！ 這是不是中國目前之生死關頭!!

但是這樣可怕的黑暗局面是怎樣產生的呢？ 反奉戰爭何以便這樣被宣告結束了呢？ 換言之反奉戰爭何以不得勝利呢？ 我們如果要拯救目前政局的危機，我們只有分析牠的原因，才能得到拯救的結論。 對於此次反奉戰爭的如此結束，我們可以分成以下幾個原因：

（一）我們知道此次反奉戰爭到了郭軍倒戈時，奉系軍閥之顚覆本已不成問題，換言之，便是反奉戰爭已到了勝利的關頭，而此時日本帝國主義突出兵滿洲以全力幫助奉張，消滅郭松齡，致使反奉戰爭功敗垂成。 不僅如此，日本帝國主義，並且爲奉張極力拉攏吳佩孚脫離反奉戰線，進而圖反攻國民軍。 在另一方面，造種種赤化謠言恐嚇馮玉祥，因此，吳佩孚有世電的發表，馮玉祥有下野的宣言。 英美帝國主義者在表面上對於江浙戰爭，雖沒有何種明顯表示，然而在實際上與日本帝國主義是採同一步驟的。 只看牠們贊成日本進兵滿洲，在牠們新聞機關上，如路透電大陸報字林西報等製造國民軍種種赤化謠言，離間吳佩孚，在暗中用種種陰謀使吳佩孚脫離反奉戰線就可知道。 總之：帝國主義此次已經看出這次反奉戰爭是繼續五卅運動間接反對帝國主義的戰爭，因此牠們就用種種陰謀幫助奉系軍閥，破壞反奉勢力。

（二）直系軍閥，此次本爲反奉戰爭勢力之一，可是直系軍閥首領吳佩孚開始就有別種企圖，在表面雖日日倡言反奉，而實際上只圖發展其本身勢力。 迨郭松齡失敗，吳佩孚便受帝國主義的宣傳與指使，一方面在山東令已系軍隊靳雲鶚田維勤等停止對於張宗昌的進攻並繳第二軍陳文釗之械，公然破壞第二軍，破壞反奉的聯合戰線，公然與最無恥的奉系軍閥協議；在湖北則命寇英傑陳家謨按兵武勝關，謀取河南；同時又發表世電的宣言，公然主張停止反奉，公然與張作霖妥協。 總而言之：吳佩孚完全受帝國主義催眠，由反奉轉而與奉系軍閥聯合反攻反奉的國民軍。

（三）此次反奉唯一武力，本以國民軍爲中堅，而國民軍的首領馮玉祥始終則取猶豫態度。 自江浙戰爭至現在，馮玉祥並沒有明確的政治宣言，對民衆表明他的態度。 而在行動上，馮玉祥始終只顧他個人的軍事計劃，始終按兵不動，以致失去許多機會。 如果馮玉祥在郭軍反戈之時，與國民二三軍一致行動，急速結果李景林，結果張宗昌，進而以全力助郭，則奉張雖有日本帝國主義之帮助，亦未必能幸免，至少郭松齡不致一敗至此。 如郭松齡不敗，則直系自不敢遽然與奉張妥協，而反奉戰爭，未嘗不能達到最後目的。

（四）反奉勢力中，另一方面的勢力自然是擁有最大的革命武裝

勢力的廣州政府。 但是廣州政府因要肅淸內部反革命勢力的原故，不能以全力來參加，始終是取一種旁觀態度，僅發表一政治宣言而無實際的活動，以致反奉戰爭減少了一種偉大的勢力。

（五）這次反奉戰爭之最大的弱點是民衆勢力的薄弱。 此次反奉戰爭本應以民衆爲主體，當以民衆的力量來督促各方面的反奉勢力，來鞏固反奉勢力，才能使反奉戰爭不致流產。 可是民衆此次自身沒有堅強和廣大的組織，并且自五卅運動以來，一大部分民衆已漸漸脫離羣衆運動。 在此次反奉中民衆並沒有努力來參加，民衆不能實行其督促其他反奉勢力責任，不能努力參加戰爭——直系軍閥之妥協，馮玉祥之猶豫，根本卽由於此。

由以上看來，帝國主義之幫助奉系軍閥而慫動吳佩孚脫離反奉戰線，國民軍馮玉祥之猶豫，廣州國民政府之不能實際參加，民衆之自身組織薄弱，便是這次反奉戰爭流產之原因。

根據以上的原因，我們希望廣州政府趕快起來督促國民軍領導民衆，繼續反奉戰爭，因爲此時廣州政府若不起來，將來反動勢力一天一天地結合，對於廣州政府的本身，是很危險的；廣州政府爲鞏固本身的基礎計，爲發展中國民族革命前途計，此次決不能坐視了，并且現在廣州政府既已肅淸了反革命，既已統一廣東，在客觀上已有『問鼎中原』之可能。 我們希望國民軍須一致團結，決不要因郭軍之敗，吳佩孚之妥協，而停止反奉戰爭。 國民軍現在還在直奉兩系的包圍之中，國民軍卽表示讓步，將來直奉兩系軍閥是不會讓步的。 國民軍爲保持自身的存在計，根本剷除奉直軍閥是唯一的生路。 我們希望國民二三兩軍當此奉直軍閥結合尙未鞏固之時，須急速進攻山東，進而集全力於關外，但同時須極力防止直系軍閥之進攻河南。 我們希望馮玉祥根本取消其猶豫消極的態度，收回取消國民軍名義的命令，因爲這種態度等於自殺。 我們對於直系，應有嚴厲的警告。如果吳佩孚眞要聯絡奉系反對國民軍，我們便不能不以對待奉張者對待吳佩孚。

全國的民衆！ 中國政局確已到了很危急的時候，確已到了帝國主義與一切反動軍閥要重新聯合起來統治中國的時候了。 但是雖然如此，然而目前帝國主義經過五卅運動的教訓之後，除了野蠻的日本帝國主義，還不敢公然干涉中國，卽日本帝國主義亦不能不有所顧忌，（我們看日政府對於進兵滿洲反復聲明其理由和郭氏敗後急速撤兵歸國便可知道），並且各帝國主義之間，如日美之衝突還正在發展；在奉系軍閥方面雖得日本帝國主義的幫助得保其殘喘，但經郭軍倒戈之後，其內部已根本搖動，現奉系內部新舊派之爭更是激烈，張作霖且有難保其位之勢。 在直系軍閥方面表面看來雖是一致，然其內部的矛盾亦是非常利害，如吳佩孚孫傳芳蕭耀南之間，在事實上還沒有一致的可能。 如果民衆眞正有力組織起來，敦促廣州政府和國民軍一致地繼續向奉系軍閥進攻，一致地防止直系軍閥的反動，目前中國的局面還是可以挽救的。

全國的民衆們！ 中國共產黨在去年十一月郭軍倒戈北京民衆示威暴動時，曾經指示給你們：『去年直系軍閥崩潰，中國政治本來有從軍閥的過渡到民主的之機會，乃因人民勢力之不充分，致使段奉兩系結託，重新鞏固了軍閥專政的局面，繼續對外賣國，對內剝奪人民的一切自由。 現在奉系軍閥崩潰了，今後的政權歸諸人民呢，還是落在重新結合的軍閥之手，現在已經到了緊急的難關了，只有全國革命的民衆及革命的國民黨不猶豫的起來奪取政權，并且要力使國民軍站在人民方面，才能解除一切不反對帝國主義而剝奪人民自由的軍閥武裝，實現革命的民主政府。』 現在這個緊急的難關，比郭軍倒戈北京民衆示威暴動的時候，更是嚴重百倍，這眞是千鈞一髮之時！全國的民衆們，其速起！ 我們目前唯一的目標是：

（一）反對直奉軍閥反國民軍之聯合。

（二）反對直系軍閥與猪仔議員所號召之護憲和護法。

（三）國民軍廣州國民政府與人民聯合繼續反對奉系軍閥及一切賣國軍閥，即繼續反奉戰爭。

（四）廣州政府與國民軍及其他反奉勢力，以及一切人民團體（如工會農會學生會商會）急速組織委員制的臨時中央政府，立即召集國民會議預備會，進行召集眞正的國民會議，解決中國一切問題——對外廢除一切不平等條約，對內給與人民一切應享的自由權。

五卅案重查的結果與國民革命的聯合戰線

秋白

五卅屠殺案的帝國主義者的『判詞』已經公布了——舉國抗議的滬案司法重查居然實現了。 我們且先看帝國主義者這一次是否達到了一致進攻中國的目的。 我們對於這個問題已經在本報第一百三十七期詳細論過。 如今帝國主義判詞的內容果然不出我們所料。 雖然美日英三國委員的報告書，結論稍有差異．美國委員連帶論及治外法權會審公廨工部局職權及所謂人道等等問題，英日委員則以爲五卅事件出於意外，甚至謂學生騷動工人罷工既爲近年來常有之事，而於五卅時突然大發暴亂，這是『華人心理易於激惡，可於一霎時間由鎮靜變爲狂易不可制』的現象。 然而這種差異只能認爲帝國主義列強一致進攻中國時內部的小小傾軋，美國帝國主義想借此揭英國的隱痛，頗便施行他那狡猾的口頭同情，他并且趁此提出『共產黨政府所收買的外國過激黨』之煽動。 他說『近十年來華人對於公民常識，頗有進步……若與一百年前相比，大相懸殊』，這無異乎說一百年前儘管可以屠殺，如今卻要用別的方法施行侵略。 何況在總的結論上美國委員和英日委員同樣的說巡捕房所採取的放鎗手段是正當的：

美國委員說：該氏（愛伏生）因當時正執行各種義務，致未充分認識羣衆之感情變化如此迅速，同時該氏即依照『動員訓令』以行動，蓋以不按照此種訓令，該氏即認爲個人須負種種責任。

日本委員說：愛活生捕頭之下令放鎗，由當時老閘捕房將爲羣衆所據或且危及生命財產一端觀之，亦爲應有之舉動；又總董費信惇在五卅事件時，無執行之權力，故其責任問題亦無由發生。

英國委員說：愛捕頭所稱——若不放槍，彼時巡捕方面之生命將受犧牲，而老閘捕房將爲羣衆所據，加以此藏有軍械，一入羣衆之手，事情必更嚴重云云，此等言詞，均屬可信。

同時，委員團共同向領袖公使的總報告中，公認開鎗爲『不得已』，尤其認六月一二日的屠殺是武裝維持秩序。 不但如此，這總報告中，判決了五卅以來被殺的人『該殺』之外，還有對於中國官廳的判語：謂須有負責長官維持上海之治安——一要用人須有幹才；二要警察不排外；三要『尊崇中國法律』，尤以罷工問題爲最要；四要警察聽警察廳的命令；五要中國警察廳聽租界捕房總巡的命令（見應告知華人之各點）。

帝國主義的『國際法庭』於宣布這『判詞』之後，送了七萬五千元大洋作爲撫卹費，就此便想了結五卅屠殺案。 不用說，五卅慘死的革命烈士的性命，決不是幾萬元錢便可以買的。——帝國主義者至少應當出取消一切在華特權的代價！ 如今他們竟還敢公然宣言要中

國警察和巡捕「誠意合作」——聽他們的命令，來壓迫中國的平民，尤其是工人。列強這樣聯合一致的壓迫中國，已經非常之明顯。我們中國人民應當趕緊努力奮鬥，起來一致的反抗，決不能容帝國主義者奴視中國至於如此！

帝國主義者對上海的五卅屠殺案何以敢如此一致的進攻，來壓迫中國？他們在廣州敢於如此嗎？現在香港沙面的罷工問題，英帝國主義者已經俯首求和，已經討論到罷工期間的工資問題。這是因為廣州有人民的政府。幾千萬的廣東農民，因為有農民協會的自由，因為得到了防禦地主階級買辦階級的力量，因為在自己階級的鬥爭裏得到了澈底的政治覺悟，知道贊助國民革命政府。幾十萬廣東工人有組織工會和階級鬥爭的自由，有嚴密的鞏固的組織，在這種鬥爭裏的經驗，使他們明白自己的政治使命，自然也努力贊助真正代表大多數平民的政府。有一般商人也就知道只有這種政府能代表國家的利益，能在他們和外國資本主義競爭之中，保障中國人民的權利。還有完全與平民合作的軍隊，受着大多數人民的贊助，得以掃除一切廣東的反動軍閥和官僚，揭破帝國主義者暗殺廖仲愷先生勾結陳炯明等民黨內的叛賊之類的陰謀。廣東政府的基礎是完全建築在革命的農民工人軍隊及一般民衆之上，所以帝國主義者不得不屈服於他的面前。

上海方面呢，便大不相同了。段祺瑞的政府，從五卅一直到最近事實上在張作霖的掌握之中。而張作霖公然的做帝國主義的工具；奉系軍閥在五卅運動一開始的時候便調兵遣將，到處幫助帝國主義者屠殺，封閉工商學聯合會，上海總工會，通緝學生領袖等等，——可憐出力到臨了，還只落得帝國主義者的上司「中國官廳不與租界總巡誠意合作」的批語。奉系軍閥離了上海之後，繼起的「當局」繼續的壓迫，鎗斃工人領袖劉華……在這種反動政權之下中國人民如何能得到外交上的勝利，在這種困難都是帝國主義走狗密偵的環境裏，中國的民族解放運動如何能勇往直前的進展！中國沒有統一的國民政府而有賣國軍閥的專權，是五卅屠殺案失敗的第一原因。

再看，帝國主義者對於中國的民族解放運動，最怕是中國國民一致的聯合戰線。他們一開始便造作種種五卅運動是赤化，學生會總工會是過激派等等謠言，希圖破壞中國國民的聯合戰線。他們對於廣州國民政府，對於汪精衛蔣介石等同樣的宣傳反對，并且還有不少數國民黨自己的黨員如鄒魯等類做他們的應聲蟲，煽惑政見不定的中央委員，從國民黨內部來做破壞功夫。其次如暗殺廖仲愷，勾結陳炯明等手段更顯而易見。然而他們在廣州方面這種陰謀完全失敗。因為廣州的工人農民商人，始終一致團結；廣州的大多數小商人沒有因赤化謠言而動搖而妥協而賣國；廣州方面的對外要求，在國民政府領導之下，始終是一貫到底的。

上海方面呢。總商會首先妥協，擅自修改代表大多數市民的工商學聯合會所提的條件，甚至於勾結奉直軍閥摧殘最努力最犧牲的工人階級，封閉他們的團體，破壞他們的罷工，殺戮他們的領袖。實際上是近視的淺見的擁護自己階級的目前利益，而摧折平民的自由權利和為帝國主義的最大力量，外表上就是藉口赤化過激，想對於帝國主義者獻媚求和，想博得他們些少的讓步　飯桌上擲下的肉骨頭。就是各馬路商界聯合會也因恐被赤化嫌疑而退出工商學聯合會。這些都不但是儒怯妥協的表現，而且是背叛民族利益的反動行為，是中了帝國主義者的奸計。至於他們……商人，在幾十萬窮困的工人拚命犧牲的時候，除了經手發出國內外的捐款以外，自身對於抵制英日貨的工作百方怠工，那更不必說了。這樣，中國國民內部戰線的不統一，資產階級還借帝國主義軍閥的口號和力量來壓迫無產階級——國民革命中的主力軍，民族解放運動如何能不受挫折？結果，帝

國主義自然能這樣一致壓迫汚辱中國了。　可憐！　資產階級這樣妥協哀求，借刀殺人以獻媚於外人，他們所希望的關稅自主也是沒有達到，他們所空口抗議的滬案重查也輕輕巧巧以欽賜七萬五千元了事了！　聯合戰線的破壞實是五卅屠殺案失敗的第二原因。

如今五卅重查的結果已經公布了，中國國民的奇恥大辱已經載入世界史了。　我們中國的各階級人民應當沈痛的明白并且記住這次鬥爭的經驗，應當趕緊拋棄一切妥協的夢想，應當立刻覺悟幫助帝國主義者宣傳反對赤化的罪惡。　可是，正當這個時候，國民黨右派——事實上不過所謂孫文主義學會的幾個實際領袖，還有所謂國家主義的團體——事實上也不過自命曾左的幾個首領，却併命努力於反對赤化的宣傳和造謠。　快些醒醒罷，否則恐怕太遲了。　現在我們凡是要求中國民族解放的一切階級，都應當趕緊聯合起來，一致向帝國主義軍閥及一切反動勢力進攻。

我們以爲現在各種政團及職業組織，全中國的國民，應當立刻聯合一致的抗議五卅重查的結果，繼續提出上海工商學聯合會的條件，以有實力的行動，如罷工抵貨等，達到這一目的；我們的根本要求應當是取消租界，撤退外國駐華的一切武裝，廢除一切不平等條約，同時，我們必須努力一致的推翻北方的軍閥政治，要求人民言論出版集會結社罷工的自由，建築起全國的國民政府。　如果不能如此，我們中國這次的奇恥大辱永世沒有洗雪的時候，我們中國永世不能解放，無論什麼要求條件，也永世不能達到！

不成理由之日本進兵滿洲理由

超麟

郭松齡之敗乃此次反奉戰爭中時局轉變之最大的關鍵。　去年十二月二十二日長驅入奉勢如破竹的郭松齡軍突遭失敗以前，政局是革命的：北京民衆遝日大示威，嚇走了安福閣員，幾乎推翻段政府而代以「國民行政委員會」；各地民衆亦接踵奮起爲驅段的運動；關內奉系餘孽李景林張宗昌等指顧間即將爲國民軍所肅清；全國最反動的軍閥張作霖也準備下野了。　郭松齡軍突遭失敗以後，政局則趨於反動：一方面，垂危的關外奉軍救活了，李景林雖棄天津但退山東後仍然得與張宗昌保存實力及地盤；他　皿，反奉勢力中的直系軍閥突然站過反動一邊勾結奉系軍閥向一切革命的勢力進攻——結果，這二種狀况迫得國民軍加倍猶豫至於馮玉祥宣布下野，而一切的軍閥政治口號如「護法」「護憲」等遂遮住了民衆的革命口號。

郭松齡之敗引起的時局轉變如是之重大，我們試一問郭松齡致敗之由，則很顯明看出目前奉直軍閥聯合反動局面是日本進兵滿洲所造成的。

在全國反對日本進兵的運動中，日本帝國主義者曾經正式向我們說明他們這次進兵的理由。　上海日本總領事的傳單和北京日本使館的宣言就是日本政府說明這次進兵理由之二種正式文件。　這二種文件用得着我們的答覆。

他們的唯一的理由是說，日本進兵滿洲完全爲保護日本在滿洲的利益和日僑的生命財產。　我們現在先問：日本帝國主義根據何種權利進兵中國的領土呢？　爲保護其利益及其僑民的生命財產，即照資產階級的國際公法講去，也是不能夠據爲進兵別國領土的理由的。　最明顯的例，譬如日本大地震時華僑慘遭屠殺，此時中國是否有權利進兵日本保護華僑的生命財產？　又如日僑在美國加洲受美國資產階級法律所排斥和虐待，美國能否允許日本進兵美國，保護日僑的生命財產？　但我們知道國際公法本來就是資產階級的一種虛僞，本來是

欺騙弱者的一種工具，尤其不能適用於帝國主義的日本對於無外交的中國之國際關係。　我們現在姑擱開資產階級的國際公法不談。　我們現在幷且假定日本帝國主義進兵滿洲確是『守中立』不干涉張郭戰爭，確是專為保護日本在滿洲的利益和日僑的生命財產。　但我們要問日本在滿洲利益是從那裡來的。　我們知道滿洲實際上已成了日本的殖民地，第二個朝鮮，日人動輒鮮滿幷稱。　在經濟上，滿洲，特別是南滿，一切重要的生產都在日本資本家的手裏，或掛名『中日合辦』而實則是日本的資本，至少日資也佔大半，至少日本資本家也可以操縱；即以滿鐵會社一個公司而論，勢力就已十分驚人，這公司不僅操有南滿鐵路及其支線的一切管理權，而且南滿的航運鑛產及其他產業也多在其手中；日幣通行於南滿。　在政治上，日本為保護這些『權利』自然也處統治的地位。　除滿鐵附近完全是日本關東司令官指揮刀的直接統治之外，全滿洲直接是日本走狗張作霖的統治，間接即是日本帝國主義的統治。　日本在滿洲這種利益及這種統治權是怎樣得來的呢？　全部的中日交涉史可以告訴我們，說這是用戰爭用秘密外交用陰謀用放高利借款得來的。　換一句話說，即日本帝國主義盡其帝國主義的能事，夷滿洲為殖民地，而剝削中國工人的剩餘價值，才有今天的『日本在滿利益』，也才有這樣多的日本殖民者（日僑）及其財產。　『日本在滿利益』實際上就是日本強盜從中國刼去而保留在中國境內的一堆贓物；日本的僑民實際上就是打刼後留待看守贓物和準備新的打刼的一班強盜。　為保護這堆贓物和這班強盜的生命財產——這便是日本公使領事正式說明日本此次進兵滿洲的『理由』！

然而，事實上，日本帝國主義此次的進兵絕不限於保護這堆贓物知這班強盜的生命財產，并且確實是干涉中國的內亂，直接以武力幫助張作霖，殲滅『反叛的』郭松齡軍。　郭軍乃敗於日本之手，而非敗於奉張之手——這一點本報早已詳細說明過了。　我們說，郭軍敗於日本之手——這有二重意義：第一反奉戰爭一起，北方特別是東三省的軍事消息完全受日本帝國主義的製造新聞機關，如東方社電通社及日資的報紙等所壟斷；凡日兵扮裝華兵參戰，日本守備隊阻止郭軍出山海關及其他直接攻擊郭軍的行動等不利日本的消息自然不肯傳播出來；第二日本關東司令官兩次警告張郭限定滿鐵屬地及其附近五十里內不准作戰和日兵阻止郭軍進營口等消息都是日本通信社自己傳出來的。　日本公使雖然解釋這種限制是對雙方的行為而不是單獨對郭，但在這攻守異勢的狀況底下，郭軍又是孤軍深入利於速戰，而受這種限制，事實上日本即是幫助張軍擊敗郭軍。　這已經不是保護已得的贓物和強盜的生命財產，而是干涉主人的家事做新的打刼了。

這新的打刼不止及於滿洲範圍內，而且及於全中國，因為張郭戰爭的勝負絕不僅是滿洲部分的問題，而是中國全國的問題。　狡詐百出聰明絕頂的日本帝國主義外交和軍事，比誰都明瞭張郭決戰有重大的意義。　『郭松齡是左派傾向赤化的軍閥』——這就是日本通信社對於郭松齡的批語。　日本帝國主義明顯知道中國民族解放運動必隨郭松齡勝利而突然進展，日本帝國主義又精密計算若打敗郭松齡，則不啻給中國民族運動以一當頭的捧喝，故取這種斷然的手段。　在這意義底下，日本進兵更加不止是保護已得贓物和強盜的生命財產了。

將少許的力量擇扼要處給五卅以來的中國民族解放運動及其激起的軍事革命勢力以一致命的打擊——這便是日本帝國主義進兵滿洲之真正的理由，這也便是日本帝國主義狡詐百出聰明絕頂的戰術。

現在果然國民軍猶豫退縮了，現在果然奉直軍閥聯合反動的局面造成了，現在果然日本帝國主義進兵滿洲的目的已經達到了。　自然滿洲的日兵現在可以撤退。　於此日本帝國主義自然拿撤兵一事以緩和民衆反日的怒潮。

全國革命的民衆！我們切勿因日本帝國國主義已經開始撤兵而停止我們反日的運動。我們須明白此次日本進兵之深一層的意義和影響。我們又須準備抵抗日本帝國主義未來類此的進攻。我們更應該從革命行動上證明中國民族解放運動之勝利是必然的，絕不是帝國主義的狡詐聰明的外交和軍事所能鎮壓下去。

全國革命的民衆！起來打破奉直聯合的反動局面！起來催促國民軍前進！起來擁護廣州國民政府北伐！這就是我們繼續反日運動之革命的行動！

國際聯盟與蘇俄

超麟

下個月（二月），在日內瓦，國際聯盟，這個「資本家強盜同盟」，將召集一個「裁軍籌備會」，邀請俄國參加，同時就請俄國繼續德國之後加入國際聯盟。七日上海各報所載路透社五日莫斯科電，說蘇俄已經拒絕國際聯盟的邀請了。蘇俄的拒絕，只有迷夢於帝國主義統治下能建立永久和平的一般人或者驚訝而懷疑俄國有破壞世界和平的野心，但是帝國主義外交家方面和我們無產階級方面看來，都是必然的事實，都是預先就料得到的。

要明白國際聯盟這次邀請蘇俄加入和蘇俄拒絕這種邀請的意義，我們必須知道國際聯盟的作用和國際帝國主義目前的企圖。

國際聯盟這個機關有甚麽作用呢？現在只有迷夢於帝國主義統治底下能建立永久和平的一般小資產階級和平主義者才會信國際聯盟是謀世界和平的一個國際機關。實際上，國際聯盟不過是幾個大托辣斯國家的強盜同盟，其主要的任務；第一是企圖創立那萬不可能的「超帝國主義」，由少數財政資本家剝削全世界的勞動；第二是那幾個互相衝突的帝國主義國家暫時聯合共同鎮壓各地的無產階級革命；第三是這些國家在準備新的帝國主義戰爭中爲遮蓋其相互間的衝突而用的一個好看的假面具。裁軍會議的召集便是這種假面具的作用。帝國主義越高喊裁兵，我們越知道帝國主義中間的衝突越一天利害一天了。

帝國主義中間的衝突目前究竟達到何種程度呢？記者在「洛迦諾會議與反蘇聯的帝國主義聯合」一文中已經說過，現在是英國帝國主義支配歐洲政治的狀況了。現在談新的帝國主義戰爭，有二重意義：一是帝國主義中間的衝突（如英國和受其支配的德法等的衝突，競爭世界霸權的英美間的衝突等）；二是國際帝國主義合力向第一個無產階級國家蘇聯作軍事上的進攻。這二重意義是同時幷存而幷進的。但就最近的國際事變看來，則國際帝國主義合力進攻蘇聯的傾向十分明顯。季諾維埃夫在去年十月一日的論文中（見第四十一期本報）就已說過英國帝國主義去年夏季向蘇俄宣戰和絕交的計劃雖未能實現，但英國帝國主義，國際帝國主義將還有十次乃至百次做這種嘗試。果然，十月中洛迦諾會議，帝國主義中間就「協調了」。從這會議的結果，我們看出英國在歐洲政治上的勢力突然增加，國際聯盟早成了英國帝國主義的御用機關。而從會議以後的事變及此次國際聯盟邀請蘇俄加入一事，我們又看出英國外交已經準備好了進攻蘇俄的一種計劃。

張伯倫的計劃是很巧妙的。洛迦諾會議閉幕後，卽造成了一種「和平」的空氣，以爲「和平」的可能，除非是一切歐洲的國家連蘇俄在內都加入國際聯盟，意思卽屈服於英國帝國主義，使他能「和平地」支配一切歐洲國家。因此，國際聯盟便邀請蘇俄加入。假使蘇俄拒絕加入，那就是波爾札維克的帝國主義要破壞國際的「和平」了。於是一切所謂「輿論」便向蘇俄攻擊；所有殖民地的暴動，所

文明國中工人的反抗，便都是莫斯科煽動起來。這便實現了張伯倫計劃的第一部分，即造成功了進攻蘇俄的『輿論』。自然還有第二部分的計畫，即各帝國主義國家，因爲要抵抗波爾札維克帝國主義的進攻，『不得已起來武裝自衞！』。不錯，這第二部分的張伯倫計劃必須稍候時日才能成功的，但國際帝國主義正在準備戰爭，這却是一定的事。

證據嗎？有的。各帝國主義一面正高呼『裁軍』，一面又在擴張軍備。我們只舉支配全世界的二個最強大的帝國主義來說。據最近上海和文上海日報：

『美國之海軍，在華府會議以前，因實行新計畫，漸有凌駕英國海軍力之形勢。迨華府會議成立，與各國共受主力艦航空艦之限制，對英日成立五五三之比率，因此美國乃轉而注意於內容之充實，如主力艦之新式化，海軍軍士教育訓練之厲行，新式兵器之改進等是。同時更鑒於各國之趨勢，又注力於前制限以外之巡洋艦等之建造，尤以對於巡洋艦之建造爲最。因柯立芝總統主張緊縮方針之結果，海軍方面原定之計畫，雖不能完全實行，然已決定建造教導驅逐艦十艘，大型潛水艦及其他包含若干艦艘之大補助艦，其中巡洋艦八艘及供中國長江警備用之砲艦五艘，皆已得一九二四年議會之贊同。又有砲艦六艘，巡洋艦二艘，正在着手建造中。至英國之海軍，已由海軍部決定自一九二五年至一九三〇年之進行計畫如下：

	一九二五 一九二六	一九二六 一九二七	一九二七 一九二八	一九二八 一九二九	一九二九 一九三〇	共計
巡洋艦（一萬噸）	四	二	一	一	一	九
巡洋艦（八千噸）	〇	一	二	二	二	七
航海田艦	〇	〇	〇	〇	一	一
驅逐隊	〇	〇	九	九	九	二七
潛水艦	〇	六	六	六	五	二三
同（艦隊附屬大砲）	〇	〇	〇	〇	一	一
砲號	四	〇	〇	一	〇	五
摩托船	〇	四	〇	〇	〇	四
潛水母艦	〇	一	〇	一	〇	二
防禦網敷設艦	〇	〇	〇	〇	一	一
工作船	〇	一	〇	〇	〇	一
船渠	一	〇	〇	〇	〇	一

以上計畫之預算如下（單位磅）

	一九二五 一九二六	一九二六 一九二七	一九二七 一九二八	一九二八 一九二九	一九二九 一九三〇
未竣工船部分	七•二四七	六•九五四	二•九一七	六八	—
新計畫	五三七	三•七二四	八•五二六	二•九一七	三•八九六
共計	八•八一七	一〇•六七八	一〇•七二三	三•〇六五	三•八九六

至美國現有海軍空軍兵力如下：一、航空隊：飛行隊二十中隊，氣球隊二中隊（一中隊爲十八機，現在爲六機至十八機）；二、機材：飛行機約八百名（其中完全者三百五十名），航空船八臺（內常用二台），氣球八台（常用一台）；三、人員，約一•〇五〇人（內操縱者一一〇人）。備考（陸軍，空軍，兵力）飛行隊四十中隊，航空船隊四中隊，飛行機二千九百台，航空船九台，氣球二百十九名，人員士官一千五百十六人，下士一萬六千人。』

就以上英美的軍備計畫，加以日本帝國主義對此次裁軍會議給巴黎日本大使的訓電（是十二月二十一日時事新報），拒絕限制陸軍的意見看來，我們分明知道國際聯盟此次召集的裁軍會議完全是遮人耳

目的一種騙局，而國際聯盟邀請蘇聯加入其籌備會也完全是帝國主義造成仇俄輿論的計畫。

然而新的帝國主義戰爭，世界無產階級早已料到而有所準備的。第一個無產階級國家知道自衛。『第三國際的任務就是從新的帝國主義戰爭中把人類解救出來。』

再起後的吳佩孚（十二月二十九日武昌通信）

日知

吳佩孚假聯軍討奉的名義，率隊來鄂，原定北出中原或東下南京，他自己絕未料到還要困守武漢這樣久的。

在江浙戰爭初發動時，孫傳芳恐怕勢孤力弱，不足以克敵制勝，遂一面聯合國民軍，一面仍以舊直系的關係，抬出吳佩孚以壯聲勢。及至吳佩孚來鄂時，孫氏聯軍已節節勝利，蘇皖奉系勢力漸次肅清，聯奉兩軍已相持於徐州南北，孫氏在此大勝之後，即進行蘇浙閩皖贛五省聯盟之組織，以鞏固自己的勢力範圍。此時不但不需外力幫助，反恐外力侵入於己不利，所以吳佩孚來鄂後意欲東下，孫即來電阻止。

東下既已絕望，吳氏即回頭要履行雞公山會議之成約。雞公山會議正是反奉戰爭醞釀之時期，彼時吳佩孚的代表與豫岳約定反奉戰爭爆發後，國民二軍即開往前線，豫省由直吳塡防。吳氏因東下不成乃轉圖北上，但國民二軍中有力的左派將領鄧寶珊李紀才等極力反對此拒虎進狼之成約，一面按兵不動，備在隴海路沿線佈防以阻奉軍之西侵，一面沿京漢路南段武勝關以北之防務，亦未嘗稍懈。故吳氏屢次電請踐約均遭拒絕，甚至假道討奉亦不得允許。至是，吳氏東北兩途均塞矣。同時吳氏來鄂後橫暴苛索的結果，湖北工學羣衆固不待言，即軍政商各界迎『東山不起如蒼生何』的省議會亦均表示對吳不滿，如是吳氏已陷於進退維谷的境地了。

吳氏處於這種困窘的境地，岳孫兩方既不准其越雷池一步，湖北各界及蕭耀南又復多方掣肘，於是吳氏乃有下面企圖：一是勾結奉張，組成反動的聯合戰線，以殄滅國民軍；一是籠絡袁楊，退駐宜沙以便待時而動，相機而作。其第一種企圖正在進行尚未成熟的時候，適逢奉系內部發生破裂，郭松齡反戈倒奉，奉系勢力幾乎一蹶不振，吳氏第一種企圖受了這個大打擊以後，不能不暫時停止其妄想，沒法進行其第二種企圖。前些時武漢各報有吳氏西上宜沙的消息，即是這種企圖的表現。原來吳氏退駐宜沙，除了相機動作以圖佔據湖北全省，再圖北窺中原，東出長江外，還有兩種便利：（一）武漢餉源已絕，勢難久駐，宜沙僅烟鹽兩稅，至少可以供四師軍餉之用；（二）如萬一不能東向以爭取天下，亦可藉袁楊之力西入川黔死守，以保其殘餘勢力。乃吳氏第二種企圖還沒有實現，反奉戰爭的局面又發生了新的變化：張作霖得日本帝國主義的幫助，整軍反攻；張宗昌李景林組織直魯聯軍與國民軍相抗，國民二軍勢不得不開往前線以應敵。

這個新的變化，又給吳佩孚進攻的一個絕好機會。於是吳氏又中止其第二種企圖，回頭進行其半途而廢的第一種企圖，一方面極力拉攏李景林張宗昌閻錫山，一面令寇英傑北上乘虛進逼河南，並勾結其舊部田維勤陳文釗王文蔚等以搖撼國民二軍的內部。李景林張宗昌對於吳佩孚的拉攏，自然竭誠歡迎，一可以壯直魯聯軍的聲勢，並可以牽制國民軍使之不能不有後顧之憂。李景林在天津發回去年所沒收直系罪魁之財產，即是對舊直系表示好意，自後張李與吳間信使往還，張且遣子爲質向漢口討賊聯軍總司令部時將李景林張宗昌告

捷電報討馮通電以及直魯捷報國民軍敗訊函送武漢各報館登載，近日並將張作霖報捷敬電送登各報，觀此已可想見吳氏與奉張及直魯勾結之程度了。　其中最爲一般人所奇怪的，以討奉始，以聯奉終，而討賊聯軍總司令部的招牌，仍赫赫然高掛於查家墩，其實他的性質已大變特變了。

現在豫鄂的形勢，已十分緊迫，吳氏已將原有第二十五師擴充爲兩混成旅並另行補招新兵以塡二十五師原有之兵額。　漢陽兵工廠軍械，已嚴令禁止外省提撥，寇英傑等各部已節節進到武勝關（一說已關北四十里與豫軍初次接火），不過目今北方形勢又大變化，一方面雖然直魯聯軍，已潰敗無餘，晉閻在國民軍包圍之中，終難有所發展，然而另一方面奉張在關外勢力復振，郭松齡敗亡，無形中給吳氏以精神上的興奮不少；且吳氏圖豫，各方已準備成熟，勢成騎虎，萬難中途變計。　預料吳氏必乘此國民軍鄧李各部未撤回以前豫防空虛的時候，力圖向北進展，爲孤注一擲之嘗試，如果終不能得手，再退往宜沙實行其第二種企圖。

日趨緊迫的江西（九江通信）

米流金

現在，長江流域，完全淪沒於反動的直系軍閥餘孽所宰制了。江西全省的人民，老早就呻吟於這個反動日甚之方小軍閥的鐵蹄蹂躪之下，對於中國近來這種急轉遄飛瞬息千變的政治局面，每感應付之不遑，時呈落後遲緩之狀態，若還不遽起疾追，必更有每況愈下之趨勢。　今就最近南昌與九江兩地發生的恐怖事件述論之。

自方本仁逐走蔡成勛援奪「督辦」一席後，南昌的政治無時不在恐怖的戒嚴中。　只稍在南昌住一二日，就可以知道「督辦」的稽查之森嚴（暗探四出，郵電無不檢查），行旅搜詰之詳細，已非一朝一夕事。　單是本月十七日所發生的此類之事已有三起：（一）出席廣州國民黨第二次全國代表大會之江西省黨部代表趙醒農劉承休及女代表陳灼華三人於牛行車站被「督辦」的稽查扣留，旋即送交軍法處；（二）封閉一平印刷局（無政府黨人所經營的）；（三）檢查明星書社，凡署有「青年」二字的書報如「中國青年」「青年之友」「青年之花」……等書籍一概沒收，不許發賣，而關於馬克斯學說或列甯主義之著作則尚留存，以不知其內容故。　一時南昌城中，「捉共產黨」的聲浪大起，一般青年學生及平時作羣衆革命運動的分子，過武勝只好「避之一刻大吉」！　此事發生之後一二日，沿南潯鐵路各城鎮中之懸有孫中山先生遺像或其他紀念物的學校和公所，都不斷的有「督辦」的稽查光顧。　其他交通不便的城鎮，大概亦與此相差不多！

今後尚不知還有許多恐怖的事件將發見！

九江則地當皖鄂交通之要道，扼贛潯出入之咽喉，其重要與南昌相埒。　九江的政治，從前却與南昌異。　因爲駐九江的「贛北鎮守使」鄧小軍閥（如琢），自來與南昌的方小軍閥意氣，往往有許多事件，鄧小軍閥故意與方小軍閥爲難，不與同調，如封閉學生聯合會，檢查行旅及郵電諸事，鄧小軍閥却不照方小軍閥的旨意遵行。　因此九江的市民比較上曾有「乘間利用」得以發展民衆運動的機會。　然而現在却不能夠了！　這是從最近九江市民大會之流產才開始的。

這裏且把這回九江市民大會流產的經過敘一敘。　在本月十七日那天，由九江學生聯合會發函召集九江各界團體於教育會所，開九江市民反段示威遊行大會籌備會。　當日到會有三十餘團體，出席代表達六十三人。　全體一致對於現在全國反奉反段組織國民政府反對特別關稅會議取消不平等條約……等主張完全表示贊同的態度，同時又

對於江西地方當局，進行反抗一切恐怖的戒嚴禁令，要求集會結社言論出版諸上……等絕對自由及催促各地方當局發款賑濟災民……等運動。 擠擠一堂，開會時間足有四小時之久。 當討論至反奉反段及解散特別關稅會議驅逐各國出席特別關稅會議代表……等口號之際，各代表痛陳國民利害，揭示應急起直追之方針，詞語慷慨激昂，理由透闢週至，那番熱烈的革命情緒，如火如炎，自非切身經歷苦痛，感覺急須革命之必要者所不能吐述隻字。 惟獨九江商會代表，發言油滑狡詐，主張矛盾而卑屈，蓋其贊同反奉而不反段，要求關稅自主而反對驅逐現在各國出席北京特別關稅會議之代表。 當經羣衆斥責，聲色俱厲，該代表赧然含默者久之，旋又登臺鄭重申明他係僅受商會會長委託而來，適間出席所議各節，須得商會會長同意，商會全體乃能負責。 語次極盡其商人狡猾的情態，非筆墨所堪形容！ 在會各代表見其詭譎荒謬如此，卽要求主席停止其發言而進行其他組織事項。 該代表未及宣布散會，乘隙鼠竄逃席以引退。 然而當日會議結果，率至組織井井有條之市民大會執行部，各項職員亦均當場選出，奮勇就職，且決定於廿一日上午九時在九江大操場舉行『九江市民反段示威遊行大會』。 滿擬屆時，必有一番壯烈的革命表示。

殊不知到了十八日，鄧小軍閥卽由南昌回到九江，聞知此事，遂於十九日向市民大會交際代表談話，表示他不贊成反段（因爲是同鄉的長親）。 且言此次運動有過激黨主使，說罷，卽出九江商會和聖約翰學校告密書以示各代表，幷要各代表同樣的報密。 但尚未表示其將用恐怖手段以壓止的態度。 及到廿日九江滿街滿巷張貼起反奉反段組織國民政府，……示威遊行大會……等口號與通告，鄧小軍閥遂令九江的警察所所長劉棠分遣武裝警察到各學校各團體通令禁止舉行次日的市民大會。 九江一般復古守舊而忠順的校長先生們，平昔卽仰承『鄧師長』的天恩，常思一拍馬屁而苦無機會，於是就藉勢壓迫學生，不許於廿一日出校門一步。 同時各團體或會所（商會除外）附近，均有暗探密佈，準備捉『過激黨』！ 到了廿一那天，九江大校場卽有鄧小軍閥的幾尊鐵大砲和幾架鐵機關鎗，星羅棋佈的陳列着：各街頭巷尾，有不少的武裝軍警梭巡；各學校門前，則從早晨六點鐘起就有武裝警察整隊鵠立。 九江市民大會執行部見此情形，急召集緊急會議，然亦因時機迫切，不能成會，乃由秘書處發緊急通告，號召全體市民反抗軍警橫暴，改定市民大會於廿二日舉行。 及至廿二日，軍警的巡邏並未鬆懈，且益嚴重，而各校學生無機可乘，不得出校，各團體市民亦無法集合，直至廿三日亦復如是，於是這次轟動全城的九江市民大會就告流產！ 一直延迄今日，九江市面的惶恐現象，尚未完全寧貼。 至於主持此次市民大會之分子，仍由暗探査訪。

從這次九江市民大會流產的經過情形看來，今後九江的恐怖必不能保証其不與南昌一致，今後江西的反動政治之推行，一定是日趨緊迫！尤其厲害的是九江的帝國主義侵略弱小民族之先鋒隊——基督教徒與教會學校之與鄧小軍閥的深相勾結，實事上已經把這種趨勢表明了。 這回九江比較進步的一二學校學生，見得九江市民大會既經爲此橫遭壓迫而流產，遂藉名十二月廿五日之『雲南起義紀念日』，擬單由學生舉行游街大會，同時發散前日預備在市民大會發散之傳單，但亦爲九江當局嚴令禁止。 然而翌日（廿六日）的『耶穌聖誕』，反有大批的教會學校（聖約翰自然是其中頂咶咶叫的）男女學生及成羣的洋教徒，中國洋奴，……諸色人等，大吹大擂的喧嚷，招搖過市，遊行無碍。 當這種印象映入我的眼簾時，只感覺得心中如刀劍錐刺，深實深刻，痛也痛楚！

The Guide weekiy

分售處

蕪湖 科學圖書館
太原 晉華書社
潮州 青年書店
雲南 新亞書社
重慶 唯一書局
南京 樂天書館
寶慶 寶慶書局
黃梅 書報流通處
成都 華陽書報流通處
紹興 亞民文具實業社

嚮導

週報

第一百四十三期

一九二六年一月廿一日

零售每份銅元四枚

分售處

廣州 丁卜書報社
北京 各學校號房
長沙 文化書社
寧波 寧波書店
武昌 時中書報社
共進書社
福州 福州書店
開封 國民書社
香港 萃文書坊
汕頭 汕頭書店

訂閱：國內一元寄足五十期。國外一元寄足三十期。郵票代欵九五折算。但以一分半分爲限

代派：每份大洋二分。六折計算。寄費在內。十份起碼。十期清算一次。概不退回

發行通信處
特約訂閱處

北京北京大學第一院收發課轉許元真君
廣州國光書店黃正君
開封河南書店韓韶秋君

中東路事件中日本帝國主義和奉張之陰謀

述之

此次中東路事件的發生，據報載不過原於路局要求張作霖之軍隊履行軍隊免費的手續問題，這完全是經濟問題，辦事的手續問題，毫無政治的意義，乃張作霖便大發雷霆，命張煥相斷然以武力佔領鐵路，逮捕站長，甚至逮捕中東路局長伊萬洛夫下獄。 如此小題大做，弄成中俄僵局，弄成國際糾紛，這究竟是怎麼一回事!?

被壓迫的中國人民須起來注意，這不是一個簡單問題，這是奉張的陰謀，這是日本帝國主義的陰謀，這是日本帝國主義和奉張想轉移民衆視線的陰謀，并開國際帝國主義向蘇俄新進攻的一個機會。 我們知道奉張是全中國民衆的死敵，人人得而誅之的賣國賊，尤其在勾引日本帝國主義軍隊撲滅郭松齡之後，中國民衆無不欲食其肉而寢其皮。 所以張作霖便想藉此小故以顯其對外的強硬態度，以博得一般被帝國主義催眠的中國人如國民黨右派（右派的中央執行委員會已公然致書蘇俄替張作霖張目）之歡心，尤其博得帝國主義在中國之新式工具——國家主義派的叫喊。 這正是報知新聞所謂「此次爭端乃由張作霖希圖藉鼓起民衆擁護之感情，以恢復其受損之威望而起」。 然而張作霖還沒如此聰明，這完全是日本帝國主義的陰謀。 我們看事情初起時，張煥相便深夜訪哈爾濱天羽日領事與之商議，便可知道張作霖敢如此橫蠻強硬者完全係受日本帝國主義之唆使使然。 日本帝國主義所以如此者：（一）自五卅以來中國民衆視日本帝國主義已爲『不共戴天之仇』，迄其出兵滿洲助張倒郭，中國民衆之反日聲浪更是一日千丈，日本帝國主義在此種聲浪之中，雖號無恥橫蠻，亦自感不安，於是便逞此卑污手段，唆使奉張藉此轉移中國人民仇視反對日本之視線於蘇俄；（二）日本帝國主義所派助張倒郭之軍隊，自倒郭後已聲明即退出滿洲，但同時還有別種陰圖未逞，便想藉此延長其退兵時期以償其宿

題；（三）日本帝國主義想更進一步藉此造成聯合英美法等帝國主義進攻蘇俄，乘機與蘇俄以重大的打擊，消滅蘇俄在東方之勢力。

日本帝國主義近來在中國之一切無恥的橫蠻行動，日本帝國主義的走狗張作霖近來之一切賣國和壓迫民衆的工作，現在還在民衆眼前；現在正是日本帝國主義奉張和直系軍閥聯合戰線進攻國民軍進攻民衆之時，全國各階級被壓迫的民衆正應趕快起來聯合戰線抵抗此種進攻。　但是日本帝國主義和奉張又別開新面了，又想利用民衆來對付蘇俄，來緩和民衆攻擊他們的空氣了！　日本帝國主義者眞是狡猾十足！　我們希望全中國的民衆應該認清日本帝國主義和張作霖此種狡猾的陰謀，起來揭破此種陰謀，反抗此種陰謀，更加緊反對日本帝國主義和反奉的運動。　我們知道蘇俄是很能忍讓的，『電通社哈爾濱二十一日電，中東鐵道問題因中國方面強硬到底不肯絲毫讓步，伊萬長官於二十日午後一時開南行列車一次，惟戒嚴司令部仍有令各地逮捕伊萬洛夫消息』，這個電報很能証明蘇俄之忍讓（可是同時証明日本帝國主義的走狗奉張的橫強），但是中國民衆應知道蘇俄如此忍讓，決不是向帝國主義及其走狗奉張示弱，這是蘇俄已知道日本帝國主義和奉張之陰謀，便是想轉民衆視線之陰謀。　蘇俄知道帝國主義在中國所催眠的反動分子必然起來替日本帝國主義和奉張張目，果然現在國民黨右派的中央執行委員會應聲而起了。　蘇俄知道帝國主義在中國的新式工具必然起來大叫特喊，這個我們過幾天就要看見國家主義的醒獅週報要替張作霖大登特登反蘇俄『侵掠』的文字。　全中國的民衆們應急起來注意中東路的事件，應認清楚這個事件的意義——全係日本帝國主義與奉張轉移民衆視線之陰謀，應注意帝國主義的工具——國家主義派和被帝國主義催眠的國民黨右派及其他反動派的宣傳，絕對不要因此忘記了反日本帝國主義和反奉的工作，中了日本帝國主義和其走狗奉張之陰謀。

列甯主義與中國的國民革命

秋白

（一）

現時我們中國的民族解放運動正在擴大深入的過程裏。　反帝國主義和反軍閥的鬥爭中，舉國有一致的目的，便在於爭得中國的獨立，爭得平民的政權。　雖然日本帝國主義能夠殺掉郭松齡，救張作霖垂危的命運，可是奉系軍閥的崩敗已經一發不可復止——這是因為民衆運動的政治上的力量。　中國無產階級是民族解放運動中的主幹，現在他的各種組織都日益鞏固起來。　農民之中也發現不少革命的組織和運動。　工人農民中間的關係日益密切。　中國共產黨日益強大，最近一年來已經表示他有指導羣衆的政治運動的能力。　中國革命的國民黨也逐漸發展；漸漸掃除內部的反革命分子。　其他各種革命力量，如學生小商人等也都在團結奮鬥的過程中。　反革命營壘裏的各種力量却在劇烈的崩壞分化——國民軍的發生和發展是一個很明顯的實例。　在他們最近的地位，因傾向民衆而漸得鞏固。　廣州革命政府掃除一切反動的軍閥和土匪，一切帝國主義的工具和走狗，革命工作有大規模的發展——軍事財政政務完全統一，有眞正人民的武力，拉夫烟賭等稅雜捐完全消滅，工人有罷工結社的自由，農民得着組織上政治教育上的輔助，工農階級因此而有自由鬥爭之可能，以保障自己的利益，商民羣衆脫離買辦商閥的操縱利用，免除了許多軍閥擾亂的痛苦，覺悟到贊助國民革命的政府之必要　給全國國民一個希望，一個建立全國國民政府的模範。　在二三十年擾亂不已的中國裏，廣州革命政府的發生和鞏固，眞是全國人民的一線曙光。　帝國主義者方面，却只看見他們的恐慌危懼——關稅會議，法權會議，五卅

重查，賠償死傷，准捕頭辭職等等，雖然完全是欺詐汚辱中國的行爲，然而他們始終不得不戴起這些假面具來周旋，來緩和中國的革命運動，便足見他們的恐慌。 同時，他們當然想離開中國人民，賄買『高等華人』，以爲再行屠殺壓迫革命民衆的準備。 國際無產階級及一般勞動者都非常之注意中國民衆的鬥爭，盡他們的力量來輔助——在共產國際指導之下，到處組織『勿侵中國會』，反對自己的帝國主義政府侵略中國。

（二）

列甯是共產國際的領袖，他的姓名是和世界各國民族解放運動永久聯在一起的。 當然中國的國民革命也是如此。 孫中山先生的主義是和列甯的政策相符合的；中山先生曾引列甯的話，說現時世界上是階級戰爭不是人種戰爭，是壓迫者和被壓迫者的鬥爭。——再則中山先生曾經說，俄國的新政體不是代議制度而是人民獨裁制度，比代議國會制度改良得多。 如今列甯逝世的二週年已經到了，中國民衆應當記念他，應當考察中國現時的革命運動之發展和世界革命的無產階級及列甯主義的關係。 如上節所述，豈不是完全證實列甯主義對於中國民衆的意義嗎？ 因爲列甯的主義就是喚起各國被壓迫民族，尤其是帝國主義國家裏的無產階級，起來一致反抗幷推翻帝國主義。

（三）

列甯的生平和學說，整個兒的表示他的堅決勇毅，忠實於勞農平民及被壓迫民族之革命事業——反對一切壓迫者和妥協派修正派，這些妥協派修正派永久是帝國主義者資本家的傭僕，他們的政策妨礙勞動平民的堅決鬥爭，實是爲世界資本主義服務。

中國民衆現時的反帝國主義鬥爭還祇是初期的發展，還很幼稚，沒有多大的經驗，因此，不免有許多猶豫，許多動搖不定的政策。對於帝國主義者回心轉意（如美國主持正義或者如戴季陶所謂『日本應當回東方來』）的希望還沒有完全丟掉。 還沒有分別誰是朋友誰是仇敵的明確的覺悟。 我們應當勉力去鬥爭，去學習，務必要固定我們革命的觀點和政策，在這方面列甯是我們的模範。 我們革命的組織和團體，應當能像列甯一般，善於指導全國民衆，往那不妥協，不猶豫，不受狹義的國家主義之煽惑，不受國民黨右派之分裂的一條革命道路上前進。

（四）

列甯是勝利的十月革命之領袖。 列甯和俄國共產黨所指導的十月革命，所指導的八年來蘇維埃國家的政治，證明了：工人農民的聯合能夠戰勝帝國主義的資本家，能夠創造勞農平民自己的國家。 十月革命的勝利，赤軍掃除反革命之成功，八年來經濟改造的成績，都足以鼓起各國一般民衆的勇氣去反抗帝國主義，中國的工人農民及革命的智識階級應當利用十月革命的經驗；他們應當以同樣的精神去力爭中國的民權化，中國的獨立解放，造成革命的國民政府，使能代表一般勞動平民的利益，解除他們所受的一切痛苦窮困。

（五）

列甯是無產階級的組織者和領袖，他領導無產階級推翻資本主義的政權，建立無產階級獨裁制，爲共產主義而奮鬥。 十月革命的成功是世界革命的開始。 東西各國的共產黨和共產國際，應當聯合團結一切勞動平民的革命力量和被壓迫民族，一致反抗帝國主義而推翻他，推翻世界各國的資本主義，因爲如果不是這樣，不但無產階級不能得着解放，就是弱小民族也始終不能脫離壓迫。 現在的土耳其便是實例。 周佛海最近說中國國民革命祇是打倒帝國主義的在華勢力而不是推翻帝國主義。 其實，一方面如果各殖民地都能打倒帝國主義勢力，那時帝國主義必然推翻——周佛海等是否趕緊想法去維持他？ 別方面，如果各殖民地的民族解放革命都祇是國內的鬥爭，互相

聯絡，當然更不聯絡國際無產階級（因為這樣，帝國主義必被推翻，與周佛海主義相反）——那時每個殖民地和半殖民地的力量，又連打倒帝國主義的勢力也不夠。所以各殖民地半殖民地國民革命發展的最終結果，始終要和列強無產階級的社會革命匯合而成就世界革命，推翻帝國主義和各國資產階級的統治。那時世界的一般勞動平民——工人農民等的大聯合，才能完全解放自己，進於真正的平等自由互助，實行世界的經濟改造而實現共產主義。中國共產黨是共產國際的中國支部，他是中國無產階級及一般勞動民衆的領袖和代表，他指導無產階級一切經濟的政治的鬥爭，使他們和國內一切革命力量和民治主義派聯合，以實行共同的反帝國主義和反軍閥的鬥爭，力爭中國民族的解放獨立和中國平民的革命的政權。他的目的是解放世界上一切勞動平民和被壓迫民族，以進於共產主義。

（六）

列甯指示出工人階級的最終目的是蘇維埃政權和共產主義，同時他時時刻刻指導先進的工人，應當集中自己的注意及力量，於最近的最緊要的革命責任。俄國第一次一九〇五年革命的時候，列寧指導俄國的工人，應當和農民羣衆聯合暴動，推翻俄皇政府，組織臨時政府，以國民會議為最高機關，而建立革命的民權的政治。列寧對於現時東方各國的工人，屢次說明努力贊助并領導國民革命運動的必要，因為推翻帝國主義和民族解放是最迫切的革命責任。列寧說，中國工人戰勝帝國主義而解放自己的民族——這對於西方列強的無產階級是非常之大的帮助，使他們容易推翻帝國主義的資產統治，而完成世界社會革命的全功。因此，中國的工人階級和共產黨時時刻刻記住這一緊要迫切的革命責任，而用全力聯合一切革命的民主主義的力量，使成一偉大的反帝國主義聯盟。

（七）

列寧是從來一切社會主義者之中，第一個主張國際無產階級應當贊助東方勞動平民的民族解放運動。列寧主義者——全世界各國的共產黨，便實行這一原則，這一列寧的偉大的遺囑。譬如法國共產黨是法國唯一的政黨——承認革命的摩洛哥和敘利亞有完全獨立的權利，而帮助他們反對法國帝國主義的政府。英國的共產黨努力在工人羣衆中宣傳贊助印度的以及其他殖民地的革命運動的必要，對於中國的五卅屠殺，急激提起抗議，反對英國的帝國主義政府（英國工會最近在史加波羅開的職工會全國大會，曾經有對於這一問題的議決案）。共產國際、赤色職工國際、農民國際、國際赤色濟難會、國際工人救濟會屢次贊助中國的革命運動，尤其是在五卅屠殺的時候。少數派改良派修正派的第二國際和黃色職工國際（亞摩斯德丹），對於中國及一切被壓迫民族的革命運動都不肯給絲毫事實上的帮助，他們至多空口說幾句同情的話，而時時跟着帝國主義者在自己機關報上描寫中國、印度、摩洛哥、敘利亞、埃及、土耳其等民族的『卑怯、欺詐、騷擾、或者仁慈容忍禮讓等類的特別文化特別天性』。

（八）

列寧和列寧主義的政黨以事實証明他忠於贊助被壓迫的民族，贊助他們反抗帝國主義，使得澈底的解放。就以蘇維埃社會主義共和國的聯盟裏來說：烏克蘭、白俄羅斯、亞爾美尼亞、喬治亞、亞奏白裳、土耳其斯坦、烏玆卑克、吉爾給玆、龍史吉爾、韃靼等等弱小民族都有自己的國家，都完全自願的完全自由的聯合起來而成蘇聯。十月革命成功之後，這些弱小民族，因為和俄國無產階級團結在一起，已經完全推翻俄國的帝國主義的資產階級，而得着解放。蘇俄並且完全放棄俄皇政府對於土耳其、波斯、中國、，富汗等國的特權，取消了一切不平等條約。蘇聯實在是一切東方民族反帝國主義的民族解放鬥爭中之忠實的友軍。中國勞動平民在反抗帝國主義的鬥爭

衆，應當以蘇聯爲模範，來組織革命的政權——就是使中國境內蒙古、西藏、滿洲、回回等民族，完全以自由平等的原則，加入革命的中國。　中國的平民決不能承認漢滿鉅商及官僚對於蒙古等民族的特權，應當反對他們的壓迫剝削這些弱小民族。　中國革命的平民應當承認這些民族的完全自決權，尤其要幫助國民革命的蒙古以自由平等的原則，和他聯合一致反抗帝國主義。　只有這樣才能得到勝利。　譬如最近唐努烏梁海民族表示願意加入蘇聯，何以會有這種現象，正因爲不但中國的軍閥政府壓迫他們，而且國民黨的民族自決主義（見第一次大會宣言）也沒有廣泛宣傳，還有一班國家主義派，保皇黨的研究系，官僚軍閥御用的政客，帝國主義驅使的外交家，拚命狂叫『保持中國對於蒙古等民族的宗主權』。　弱小民族當然不願意受這種壓迫而要聯合『以平等待他的』國家。　如果國民黨及一般國民有明顯的革命的民族問題的政綱，這些弱小民族自然自願加入中國國民革命的聯盟，而後將來革命政府時各族的聯邦共和國才有鞏固的基礎。

（九）

列寧主張一切勞動者的革命，同時便十分注意引導一般被壓迫的婦女，女工，農婦來參加革命的鬥爭。　蘇聯國內婦女已經得着完全解放，並且對於婦女權利特別有法律上政治上教育上的保障。　蘇聯內部的東方民族裏，婦女解放已經有很大的成績，她們已經脫離了以前的奴隸地位，而享受和男子同等的權利。　再則，列甯亦是第一個主張革命運動裏，應當特別注意青年自身的利益，使他們不但爲革命服務，而且爲自己而格外努力於革命。　我們中國革命者的職任，就在於廣泛的引導一切被壓迫的婦女和青年來參加政黨、工會、農民協會的工作，這樣必定能格外增加革命的力量，而加速反帝國主義和反軍閥的鬥爭之勝利。

（十）

從最近幾年各國政治經濟的狀況尤其是中國的情形看來，確已證明列甯主義的正確，有許多人總是宣傳用和平的方法，階級妥協的方法，可以得勞動階級的解放。　這幾年來，尤其是歐戰以後國際聯盟的勞動會議各國的所謂左派或勞動黨政府，完全證明這一說法的錯誤。　列甯說這些改良派實際上是資產階級的走狗，他們只有延長資本主義帝國主義命運的本領。　現在早已證明這句話是確切不移的了。　列甯說，勞動的完全解放，祇有勞動者的武裝革命能夠達到。　十月革命的勝利，正是因爲共產黨指導勞動者組織自已的武力，組織赤軍，工人農民自覺的參加這種軍隊，能爲自己階級——大多數民衆——而作戰，所以能掃除資產階級的反革命，戰勝帝國主義者的武力侵略。　中國國民革命，也須組織自已人民的武力，才能完全勝利。　祇有鞏固的革命勢力大同盟（無產階級、農民、革命的知識界及一般被壓迫平民之大聯合），組織了國民的武裝勢力，那時中國民族解放的革命才能有徹底的勝利，代表大多數人民利益的國民會議的政府才能成立鞏固，一切不平等條約才能廢除！

帝國主義與軍閥的聯合戰線還是民衆的聯合戰線

述之

現在的中國政局已到了一個很危急的時期，便是日本帝國主義（自然英法美帝國主義在內）及其走狗奉系軍閥有和直系軍閥聯合戰線，一致對付國民軍、廣州國民政府和民衆之趨勢。　尤其目前最危急的是國民軍。　現在國民軍是四方八面受敵，奉張與日本帝國主義直接進攻東北；張宗昌李景林與直系靳雲鄂等聯合對付在山東方面之國民軍，并謀進攻河南；同時吳佩孚已令劉鎮華張治公起兵陝西，擾亂

陝西與河南之西部，寇英傑等在武勝關亦躍躍欲試：國民軍在此種形勢之下已到了一個存亡關頭。 如果此次國民軍萬一失敗，在北方的民衆勢力必要受嚴重之打擊，同時廣州政府的存在亦馬上成問題。所以現在是在五卅後帝國主義與反動軍閥聯合戰線向中國民衆和一切進步勢力進攻的新時期到了。 我們要抵抗帝國主義與反動軍閥的此種新的進攻，要渡過這新的反動時期，就只有民衆與廣州國民政府和國民軍聯合戰線——便是民衆的聯合戰線。

現時『民衆聯合戰線』來抵抗反動勢力聯合戰線的進攻，來繼續五卅愛國運動，來繼續反奉戰爭，是拯救目前中國危機之唯一的辦法。 所以我們希望中國各種社會階級的民衆應急速起來一致反對日本帝國主義之進兵滿洲助張倒郭，反對奉直軍閥之聯合進攻國民軍，聯合國民軍與國民政府繼續臨時中央政府，召集國民會議，在國民會議未召集之前組織國民會議促成會，以促成國民會議之早日實現；總而言之，在這千鈞一髮之時，在這反動勢力聯合一致進攻之時，我們以為除了帝國主義與軍閥及帝國主義與軍閥的走狗以外，凡是中國被壓迫的民衆都應聯合在一條戰線上，來進行以上的工作，來執行抵抗我們敵人的工作。 尤其我們對於國民黨的右派，近來天天在民國日報上發表主張民衆聯合戰線的右派，望他們眞能實現他們的主張，眞正與一切民衆來合作。 我們可以斷定，如果誰來破壞目前民衆的聯合戰線，誰便是直接替帝國主義者反動軍閥作工具，即使消極地不參加目前的民衆運動，不積極地站在民衆的聯合戰線上，在客觀上也是幫助了帝國主義與反動軍閥。 現在的國民黨右派，我們還沒有看出他們破壞民衆聯合戰線的事實，并且上海的國民黨右派如孫文主義學會還出來主張召集國民會議解決時局，號召組織國民會議促成會，這總算是國民黨右派很爭氣的地方！ 不過我們同時要指出他們的錯誤，就是他們看見代表眞正民衆的上海總工會，上海學生聯合會，各界婦女聯合會等團體沒有去加入他們所號召的國民會議促成會，民國日報便咒罵起民衆來，便暗指共產黨破壞聯合戰線（見一月十九日民國日報評論國民會議促成會的分合），殊不知眞正的民衆正在那裏謀恢復原有的國民會議促成會，即前年中山先生北上號召國民會議時所成立的國民會議促成會，同時他們還忘記了照自己的面孔，他們在社會上有多少信用！ 有多少羣衆！ 他們一點不與代表眞正民衆的團體協商，便單獨地想借一個『國民會議促成會』的招牌，來抓羣衆，來出風頭，不知民衆早已看出他們的鬼胎了。 所以我們現在要忠告這些右派先生們，尤其是民國日報記者，你們如今想出來參加民衆運動，來參加民衆的聯合戰線，來主張民衆聯合戰線，你們便應：（一）端正自己的動機，看清自己的力量，不要妄想出風頭，妄想利用民衆；（二）要在行動上眞正站在民衆的戰線上，不要中途放鎗，中途與敵人妥協；（三）要認識自己的歷史和在社會上的信用，便是要了解民衆因你們的歷史關係，還沒到相信你們的時期。 總之，我們很希望國民黨右派先生們出來主張民衆聯合戰線，但我們望你們不要專在口裏主張，而要在行動上作去，如果你們眞正主張聯合戰線，現在舊的國民促成會已經恢復了，你便應趕快與之聯合，不要別標一幟，實行你們自己的話『也許平日的主義不同，組織各別，但在關係全國存亡的運動中，都各自有握手進行，站在一條線上的義務』。

我們不但對於國民黨右派是如此希望，很誠懇地望他們出來站在民衆的聯合戰線上，就是對於一切民衆團體都是如此，便是對最反動的國家主義派——法斯特，在某種民衆運動上，尤其在目前反日反奉反奉直聯合和組織國民會議促成會等運動上，，我們還望他裏邊的羣衆，即被國家主義派的領袖們所催眠的羣衆，覺悟過來與民衆合作。

但是我們要申明，所謂民衆的聯合戰線，與階級的聯合戰線，即與階級鬥爭是沒有什麼違背。 像國民右派的先生們，每一聽見談到

民衆聯合戰線便以爲與階級鬥爭絕不相容，因此便大驚小怪反對階級鬥爭。這裏我們不願多說理論，因爲眞正理論是右派的先生們所不懂的，我們只引一個小小的例來說明就夠了。譬如資本家與工人，在目前反對日本帝國主義，反對奉系軍閥以及參加國民會議促成會等運動中都應站在聯合戰線上，但如果此時資本家要增加工時，要減少工資，要壓迫工人，那工人是不能不反對資本家的，工人不能不作階級鬥爭的；然而工人在要求減少工時，增加工資等的事實上雖反對資本家，但在反對日本帝國主義的運動上始終還可與資本家合作，始終還要與一切別的階級聯合戰線。須知民衆的聯合戰線是一回事，階級的聯合戰線又是一回事。

各社會階級的民衆們！目前中國的政局已到了一個很危急的時候了，現在擺在我們面前的是：帝國主義與反動軍閥的聯合戰線，還是民衆的聯合戰線！

帝國主義又一騙局——法權會議

超麟

關稅會議——帝國主義爲和緩五卅後民衆革命怒潮，而舉行的第一騙局，尙未告終，而其第二騙局——法權會議，又於本月十二日在北京開幕了。中國革命的民衆，對這正在開幕的法權會議，應該有個明晰的認識，而又要有個正確的答覆。

此次法權會議之召集，亦和不久之前之召集關稅會議，有同一的來源。即這二種會議都是根據一九二一年華盛頓會議的決議案的。關於帝國主義在中國之領事裁判權問題，華盛頓會議決定於閉會後三個月內由各國政府共同組織一委員會，『考察在中國領事裁判權之現在辦法，以及中國法律司法制度，暨司法行政手續。』這個『考察』的時間定爲一年，考察後各委員各報告及建議於本國的政府，而採納之權尙操在各國政府；同時中國政府對於該委員會建議之全部或任何一部，只得『自由取舍』，即是說中國對於這建議只能表示贊否，而這建議之實施并不因中國的贊否而改變。

從華盛頓會議這一段決議案看來，我們就很明白知道這完全是滑稽騙局。由十幾國的政府各派一人組織委員會，而十幾個帝國主義國家在華的利益就各不一致；這個委員會『考察』的時期已需一年，『考察』的結果，各委員對於本國政府的報告及建議自然不能一致，這中間各國政府又可『自由取舍該委員建議之全部或任何一部』，如此，必須經過『重查』『三查』『四查』……乃至『考察』至百千次，或許才能得着一個合於十幾個帝國主義國家共同利益的『建議』，而此建議之實施是否合於中國人民所希望的，尙在不可知之數。這就是說，華盛頓會議的決議，不曾根本否決了中國人民取消帝國主義在中國領事裁判權之要求，至少限度言之，也是延遲這種要求之實現於半世紀乃至一世紀以後。這便是中國留美學生及一般小資產階級和平主義者所歌功頌德的華盛頓會議之根本的意義！

然而，這麼滑稽之『各國放棄領事裁判權』的辦法，帝國主義尙居爲奇貨；由原定的『三個月內』召集，一直延長到現在，一九二六年一月十二日——四年之後——才由美國帝國主義發柬召集在北京開會。而且這次又不是帝國主義誠意自動召集的，乃是五卅後轟轟烈烈的中國民衆運動所迫出來的緩兵狡計哩！

中國一切革命的民衆應該牢記這一點。我們應該明白此次法權會議所根據的華盛頓會議決議案完全是滑稽的騙局，而這種騙局，帝國主義又須待中國民族運動之高壓，才肯拿出來使用。

大家都知道領事裁判權是中國所受一切不平等條約中最重要幾點

中之一點。　領事裁判權的束縛，以前日本土耳其暹邏等都曾有過，但隨後都撤廢，現在世界上只有中國還受領事裁判權的束縛。　這種束縛是和不平等條約中其他諸點有密切關係的。　帝國主義爲要從經濟上政治上文化上侵略中國，所以強迫中國簽訂了許多不平等條約；而爲要保護因不平等條約在中國所掠得的特權及殖民者的生命財產之安全，帝國主義又自然要設立領事裁判權，即是說這些殖民者在中國所有刼掠殘暴的行爲都不能受中國的法律制裁，而應該歸各該國的領事裁判，亦即是說這些殖民者在中國所有刼掠殘暴的行爲都是應當的無罪而且有功的，因爲他們的行爲就是帝國主義侵略中國應該取的行爲。　領事裁判權乃是整個不平等條約中一不可離開的部分。　提起領事裁判權的問題，同時就提起了整個的不平等條約的問題。　凡撇開整個的不平等條約，而專拿領事裁判權來說，把領事裁判權看做是獨立的問題，看做是法律的問題，看做是外交會議的問題——這都是騙人的或自騙的論調。　帝國主義拿這種論調來欺騙中國人民，而中國一般小資產階級和平主義者復拿這種論調來欺騙自己。——實際上這次的法權會議不但不肯提起不平等條約問題，而且并無誠意放棄領事裁判權。

此次發東召集法權會議的是美國，而美國又是最強大的帝國主義國家，我們試看美國最有勢力的商業團體之一，紐約商會，對此次法權會議發表了什麼意見呢？　據字林西報載，紐約商會通過一決議案，因中國時局不靖，不主張修改現行條約，取消治外法權與海關管理權；並議決：（一）美國于目下在北京開會之國際會議中，當與中國人民以建設的助力；（二）該會之意當維持各項現行條約，與中國更爲有利，秩序之恢復亦可較速，至中國人民表示有建設並維持國內和平之能力於法庭主持公道并能與外僑以相當之保護時，再議修約；（三）由商會長及執行委員以最合宜之方法，將此項建議呈報總統轉理與國會，并取他種適宜之行動。　我們用不着分析紐約商會這種決議案之意義，我們很明瞭這決議案中『與中國人民以建設的助力』等盛意的實際的作用，我們祇就反對修改不平等條約反對取消治外法權與海關管理權一點看來，就可明白『美國最有勢力的商務團體之一』的決議案支配了美國政府——實即是這些最有勢力的團體之一個『理事委員會』——使美國的外交官不得不唯命是從。　果然，東方社七日北京電就對我們說：『美國全權史陶恩氏本日語東方通信社記者云：司法制度調查委員會開始期，大約定于十一日。　委員等必須與在北京哈爾濱奉天天津上海南京漢口各地行實地調查之各地領事之報告相俟而得良好之結果。　美國對於撤廢治外法權之態度完全與日英相同。　俟至中國司法制度改良，被認爲撤廢治外法權亦可無碍時，無論何時皆可放棄。　又所謂不平等條約之說，乃不過中國煽動政治家之一種題目而已。　余不信有不平等條約之存在。　凡屬合理的條約，既經締結，當然應遵奉之。　中國目下之狀態，與所謂不平等條約無關係。　就於關稅會議當注意之事，即爲決定稅率。　華人過於希望高率者，係令中國國民受苦之結果。　望各國（其中尤以日本爲最）爲必要之讓步』。　史陶恩的話完全就是紐約商會的決議案。　他不僅不於領事裁判權問題中提起整個不平等條約的問題，他而且『不信有不平等條約之存在』。　美國對於撤廢治外法權（即領事裁判權）之態度完全與英日相同，即『俟至中國司治制度改良被認爲撤廢治外法權亦可無碍時，無論何時皆可放棄』。　這是怎麼說呢？　這是說，不平等條約存在一日，中國經濟上政治上文化上即一日不能解放，一日沒有自由發展的機會，這其中，中國的司法制度自然不能改良到帝對於國主義在中國刼掠所得的特權和殖民者的生命財產之安全『亦可無碍』的程度，於是帝國主義在中國的治外法權就無論何時皆不能放棄。　結果這次法權會議簡直是帝國主義和經五卅後民衆革命思潮的

一種騙局。

在中國方面呢？　軍閥政府積弱的外交自然相信『美國政府對於法權會議確有贊助其成功之意』頗爲胆壯，自然命令各省司法機關趕緊裝點門面，自然只好與各國帝國主義在法權會議中爭爭主席。　這本是不足爲怪的。　所可怪的，卽在這顯明的騙局前面，中國的一般小資產階級和平主義者仍然保持其躬自厚而薄責於人的『君子』態度。　他們的推論是這樣。　中國所以有領事裁判權，怪不得別人，只怪中國自己的司法制度不好。　現在『他們』來中國調查我們的司法制度了。　中國的司法制度是否可以受公開的調查，我們很覺得懷疑。　目下撤消領事裁判權問題愈趨愈緊，我們應該對於中國的司法制度，加以『鞭策』，使之迅速地『改良』；而『改良中國司法的第一要着，不在法令的頒布，而在切實整頓司法的行政』（見現代評論第一年週年紀念增刊徐謨先生的領事裁判權與司法行政）。　徐謨先生爲要充分表現中國人的『君子』態度，於是又列舉了中國司法行政上許多『弊病』，如上海護軍使之殺人，贛西鎭守使之鎗斃安源工人首領黃靜源，張作霖之拘捕陳友仁等，及其他許多法官和監獄的黑暗事件。　中國一般小資產階級和平主義者既然持這種『君子』的論調，自然是帝國主義所喜歡的。　和平主義者完全不明瞭這次的法權會議是怎麽一回事！　他們不懂得帝國主義在中國有領事裁判權是何種用意；他們不問帝國主義有何權利可以干涉中國的司法行政，拿中國司法行政的改良爲撤廢領事裁判權的條件；他們爲何不主張去考察美國的司法行政，到美國去設立中國的領事裁判權。　他們完全把司法制度看成是神聖的東西，而絕未看出所有的法律及其執行，都是壓迫者壓迫被壓迫者的工具。　我們絕不承認中國的司法行政是『光明的』是沒有『弊病　的。　我們眼看見孫傳芳秘密鎗斃劉華，李鴻程無理鎗斃黃靜源，奉軍司令部不宣佈罪名鎗斃高克謙，還有許多罷工而被拘捕監禁的工人，抗租而被成羣屠殺的農民。　這些都是中國軍閥資產階級地主壓迫工人農民之最『黑暗的』最有『弊病』的司法制度。

可是在這一點上，帝國主義國家自己的司法制度就比較我們『光明』了嗎？無『弊病』了嗎？　我們用不着列舉各國運動中，工農之被屠殺監禁通緝和失業，我們也用不着列舉李卜克內西盧森堡被刺的事件，我們只就去年五月三十日上海南京路的事件，卽可以明白了。究竟中國司法制度的實施那一次比得上這外國帝國主義司法制度下的南京路事件之『光明』和無『弊病』呢？　帝國主義正在暗笑這些和平主義者的『君子』態度。　和平主義者不是受了帝國主義的欺騙，便是自己欺騙自己，兼以欺騙革命的民衆。

革命的民衆明晰認識了帝國主義這次的騙局，明白領事裁判權（治外法權）是整個不平等條約中一不可分離的部分，撤廢領事裁判權非取消其他重要的不平等條約是不能成功的，而取消不平等條約只有革命的羣衆的流血的行動可以做到，而絕不能靠法律和平的解決和外交會議的解決。　五卅後民衆革命的怒潮迫出了帝國主義對我們這次『示好』的法權會議的騙局，我們應該更加努力革命以達到完全眞實的撤廢治外法權。　但同時於這次會議中帝國主義間的衝突，也是我們所應注意的。

郭松齡失敗後北方政治軍事之概觀（北京通信一月十一日）

列　武

郭松齡軍之失敗對最近北方政治上軍事上的變化皆有很重大的影響，玆分別述之。

郭松齡之死與關外的戰爭

郭松齡自倒戈之後着着勝利，日本見奉張行將消滅，便有意助郭倒張，向郭提出條件；（一）承認以前

李張在滿洲與日本所訂之一切條約；（二）保護日本在滿洲之一切權利；（三）將來在滿洲境內不準有左派政黨之活動；（四）……等。郭松齡如果能承認這些條件，日本便可以實力相助，使張作霖離開滿洲。當時，郭答以：保持中日親善自不待言，但所提條件爲時尚早云云。日本既不得要領，於是決然助張，同時極力以軍火接濟天津山東，使國民軍有後顧之憂，無力援郭。郭軍本已攻下瀋陽，張作霖已出走大連，但日本對郭軍加以嚴重的威嚇，提出苛酷的條件，致郭軍不敢即入瀋陽，因而奉張得借日本之兵力和軍火反攻而恢復其勢力。如此郭軍之敗因已顯然可見了。日本旣積極以實力助張反攻孤軍深入之郭軍，復由郭軍中日本顧問洩露軍事消息，并從中破壞，郭軍安得不敗？

郭松齡之死，傳說不一。據某方消息，謂二十三日新民屯日領事邀郭至日領署商議搆和條件，郭至即被捕，於二十四日被日本憲兵槍決於日領署內，二十五日始運往奉天。又一消息，謂郭係戰敗，被張軍所擒，被槍決於農家。總之，郭之死完全是要日本之直接行動負責的。郭軍敗後，雖其部下魏益三等仍扼守榆關作戰，但勢不能直搗瀋陽，肅清張作霖的勢力。最近憨朝璽部反戈不能貫澈，國民軍又一時不能助魏驅張，且直奉反動結合協謀國民軍之陰謀更由祕密的而進於公開的。這種狀況遂影響於國民軍的內部，直至馮玉祥下野。

天津山東之戰事　豫軍入魯之李紀才部幾全軍覆沒，其原因乃（一）直系軍閥從中作祟；（二）二軍將領的主張不能一致，并互爭功績，如鄧思成之退軍致德洲失守；（三）國民軍兵力不能集中，且軍火缺乏。此外，日本積極幫助張宗昌更是國民軍不能勝利之主要原因。

天津之遲遲不下亦是天津日領事直接助李之結果，其中尤可驚異者，即法國帝國主義亦實力贊助李景林，同日本帝國主義取一樣的態度。當戰事正烈時，國際火車之開行不啻是日法技師偵探前敵軍情報告李景林之最好的機會。天津攻下之後，李軍之戰壕着着皆示人以日法帝國主義者直接帮忙之痕跡。天津攻下之後，國民軍本可縮短戰線全力對付山東，趕緊肅清關內奉軍之餘孽，但國民軍內部忽然發生問題：（一）馮玉祥首舉孫岳督直解決三軍地盤，同時因不能如意指揮二軍，遂有特別與三軍要好抵制二軍之意；（二）二軍對孫岳督直駐津的本身并不反對，只立在軍事便利上，以爲孫岳無能恐再蹈失守保太故轍，故主張以鄧寶珊軍駐津，同時河南三面受敵，將以天津爲重地；（三）一軍部下張之江等在戰爭出力甚多，而直督反落諸孫岳之手，因此多表示不快。此種狀況亦是促成馮玉祥下野決心的一有力的原因。

馮玉祥下野之內幕

馮玉祥之下野乃他身處窘鄉，無法解決的結果。其原因約略有底下幾點：（一）段之上台本係馮所擁戴，此時欲驅之去而不好開口，馮本站在段與民衆之間，此時只有下野脫去自己的責任；（二）馮無形中已成政治中心，反過來說，即成衆矢之的，直奉結合經郭松齡失敗而益顯然，馮氏只好下野以轉敵人的視線，再此時中央政局混亂，內閣法統……主張不一，馮氏亦只好避匿聽其然；（三）將兩督辦位置讓給張之江李鳴鐘二人，平他們的怨望。

徐樹錚遇刺許閣的成立及其變化

徐樹錚遇刺不僅是個人服仇的行動，而且有政治上重要意義。徐之死乃是段祺瑞陰謀的結果。段祺瑞於苟延殘喘的頃刻中，終未死心，暗與奉張勾結，企圖保存其位置；郭軍敗後，段氏此種陰謀進行尤力。徐樹錚來京二日即與段氏密謀南下，聯絡直系，成一直皖奉三派軍閥的反動大聯合，以肅清國民軍在北方的勢力。以徐氏的狡詐，加以奉直軍閥聯合傾向日益明顯，這種企圖是有實現之可能的。今徐氏巳死，皖直奉三派聯

合的計劃就受一大打擊了。

許氏組閣進行已久，竟以倭子奔跑之結果今始得實現。其所以未早時實現的原因：（一）黃孚攝閣與之暗鬥——段政府本來已至末路，但段心仍未死，許亦故意助之延長，俾得與黃孚成對抗形勢；（二）閣員中之民黨分子表示段不下台不就職，而許必要強拉民黨左派以抵制攝閣，他們看出許氏之意，故總沈悶着持觀望態度，亦不表示絕對不就。最後，倭子各方疎通已就緒，所有王正廷，易培基，寇遐……等全看于右任態度決定就否。國民黨政治委員會爲抵制法統運動起見，命于右任立即就職，而以（一）段下台，或（二）將來段一定下台爲條件。延至最近，段以徐樹錚被刺不得不立刻下台，許氏組閣心切，不惜叛段與于右任等合作，故于等四日晚即已商定王等於五日先行就職，于自己則稍候數日。到許氏與段左右衝突，跑避於德國醫院時，于即於八日決定十一日就職矣。

許世英之出走把戲乃是受安福系包圍之結果。安福系此次的舉動，有日本帝國主義暗中爲之策劃。某晚，日使邀安福系首領談話，告以此時段祺瑞不必下台，有維持之必要，至遲再待二星期定有好的結果。日本帝國主義并已看清，要維持段祺瑞，須先將許世英趕跑。故有此安福系首領迫許之舉動。

最近北京民衆運動　北京民衆運動風潮仍繼續發展。如郭松齡軍敗後，北京市民會召集一反日出兵大會并遊行示威且爲郭松齡開會追悼，造成濃厚的反日空氣。國民黨北京市黨部，亦努力一面整頓內部的組織一面積極領導民衆運動。尤其可注意的，即這次反奉戰爭中，京津農民運動之崛起。其中尤以順義縣農民最爲活動。該縣農民協會前即已組織起千餘人，并決定於十二月某日在縣城內開縣農民協會成立大會。一般地主劣紳土豪對農民協會早已深惡，遂與縣知事勾結，於開會前一天晚間派警察將農民首領及北京各團體往參加會議者等拘捕去三十餘人。知事隨將諸人解往京兆，京兆尹復解往順義縣，至今尚未放出。順義縣農民運動此次雖遭失敗，但北方農民已覺悟，眼見將有更大的運動。這亦是最近北方革命怒潮中可注意之一點也。

讀者之聲

國民黨右派的小技倆

記者：

我是加入國民黨而同情於共產黨的一個學生。嚮導週報上所有的言論，我向來都是十分贊成的。近來國民黨起了分化，左右派互相攻擊，因此反赤化反共產等言辭，以前專爲帝國主義軍閥等所掛諸口上者，現在一部分，自命爲中山主義信徒的國民黨員，也拿去用了。所以此地近日常常聽見攻擊共產黨及誣蔑陳獨秀先生的論調。譬如醒獅週報及此地的國家主義者和國民黨右派都一口咬定說陳獨秀先生到漢口勾結吳佩孚去了。這自然很難使人相信，但他們仍舊像煞有介事的一口咬定，所以我敢提出來詢問你們，你們答覆之後，不但使我明瞭，并還有許多懷疑的人都能明瞭。

又本月九日的民國日報覺悟附張，蕭淑宇君也見神見鬼的說陳獨秀秘密赴漢晤吳佩孚了。他的文章裏，又自誇他在五卅那一天怎樣勇敢，強辯國民黨內并無左右派之分，其最奇異的，即他說陳獨秀先生在共產黨中自成一派，不能代表整個共產黨。我雖然未曾加入共產黨，但我相信共產黨是中國最革命的黨，而他的行動歷來表現出是整個，而且也不應該有甚麼左右之分像國民黨那樣。蕭淑宇君的話究竟是造謠的呢？抑還有幾分的根據？這也請你們給個答覆。

革命的敬禮！

梁由於南京一月十七日

梁由先生：

國家主義者和國民黨右派的造謠太出於情理之外了。現在說陳獨秀先生秘密赴漢勾結吳佩孚的人，他們的造謠本領正是從滿清時代造謠說黃興勾結兩廣總督張鳴岐把黃花崗七十二烈士賣了那一般人學來的。　陳獨秀先生和我們都只好一笑置之，不值得鄭重聲明。

蕭淑宇一月九日在覺悟上說，共產黨慣用挑撥離間與造謠。　其實共產黨及本報歷來關於國民黨的文字皆是根據事實立論，而蕭君這篇文字才眞正是對共產黨挑撥離間與造謠。　到現在，蕭淑宇至死還閉着眼睛瞎說國民黨沒有左右派的分化！　這種人那裏配對共產黨挑撥離間與造謠？　蕭淑宇因爲認定改組後國民黨中自渢自由府素以至西山會議的鄒魯謝持等脚色之叛黨行爲及其他種種糾紛，并不是客觀革命潮流增長的結果，而皆只是共產黨挑撥離間造謠起來的；所以他轉來想挑撥離間與造謠來中傷共產黨；所以他才發明「陳獨秀派」這一新名詞。　我們勸蕭君，歇手罷！　別空費心力了！　中國共產黨并未因蕭淑宇的挑撥離間與造謠而起左右的分化，這就很明顯證明本報的文字完全根據事實立論，國民黨的左右派分化并非起於別人的挑撥離間與造謠。

記者

本報啓事

本報從第一百四十二期起，卽已增加篇幅，每期由原有八頁增加至十二頁。　一面得以多登各地通信，藉知全國革命運動的實況；一面又歡迎讀者投稿或通信討論。　凡對於本報一切主張，無論贊成或反對，本報皆熱誠歡迎讀者討論。　所有通信或投稿請寄至本報北京廣東河南三地通信處。

The Guide weekly

嚮導週報

第一百四十四期

目次

一九二六年二月三日

民衆應急起向吳佩孚下總攻擊

——國民軍之存亡與中國民族解放運動之關係——

述之

現在無恥的直系軍閥吳佩孚已公然向反奉同盟的國民軍倒戈了，已公然聯合奉系賣國軍閥和日本帝國主義向反奉同盟的國民軍下總攻擊了。吳佩孚此種反叛舉動，使全中國變成了一個最嚴重的局面，就是由民衆和進步的武裝勢力聯合戰線進攻帝國主義和賣國軍閥轉而為帝國主義和賣國軍閥聯合戰線反攻民衆和進步的武裝勢力的局面，就是由民衆國民軍廣州國民政府和一部分直系武力聯合戰線的反帝國主義（尤其是日本帝國主義）及其工具奉系軍閥的戰爭轉而為日本帝國主義奉系軍閥和直系軍閥吳佩孚聯合戰線的反攻國民軍反攻民衆的戰爭的局面。這個嚴重局勢之轉變，不僅關係國民軍全體之存亡，簡直是中國全民衆一個大危機，是中國民族解放運動之一大關鍵。

現在這個危險局勢之來源，一方面固由於日本帝國主義之橫發陰險——明則進兵滿洲助張倒郭暗地拉攏張吳，而尤其在吳佩孚之無恥與喪心病狂，甘受日本帝國主義驅使，甘心破壞反奉戰線，投降奉張，反叛國民軍。吳佩孚此次參加反奉戰爭，本來絕不是為反對奉張賣國，反對奉張在五卅運動中為帝國主義的工具壓迫愛國運動，在賣國與為帝國主義的工具一點上，吳佩孚與奉張完全一樣，吳佩孚加入反奉，不過想藉此圖恢復其地盤，恢復其舊有勢力。吳佩孚自前年反直之役失敗，蟄居岳州以來，不多無日不在陰圖恢復勢力之中。所以他自五卅後看見民衆與國民軍的反奉空氣一來，便乘機而起，借討奉之名，進行恢復其舊勢力之陰謀。所以反奉戰爭初起時吳佩孚便借名北伐，假道河南，想實行回洛陽之志願，佔據河南，驅逐國民軍；雖當時國民軍看出此種陰謀，決然擋駕，使其不得逞，但在事實上國民軍因此種後顧之憂，終不能以全力對奉，減少了反奉的勢力。吳佩孚見回河南不能成功，在郭松齡反戈之前便與奉張勾結，密圖進攻河南；迨郭松齡敗後，則公然主張停止反奉戰爭（見世電），一方在漢與奉張之代表張景惠密秘談判，同時復派代表吳天民杜孝穆等三人至奉，商議直奉聯合進攻國民軍之計畫（見新聞報十二月十六日奉天通訊），另一方面則令其舊部靳雲鶚田維勤陳文釗在山東停止進攻張宗昌，并令其反攻國民軍之李紀才，團繳李紀才部之械，完全破壞國民軍在山東之反奉戰線。凡此種種，逼着馮玉祥不能不下野，反奉戰爭不能不停止。現在吳佩孚已公然投降奉張，已公然與奉系軍閥聯合一致謀推倒國民軍了。吳佩孚與奉張所訂密約，其全部雖未見明文發表，但據山東張宗昌李景林與靳雲鶚所訂之和約：第一項就是『聯軍與溶軍聯合共擊國民軍』看來，便已顯然。而吳佩孚在此次與奉張聯合過程中勾結日本帝國主義，受日本帝國主義之指使更是顯而易見的事實。當吳佩孚派吳天民杜孝穆等二人至奉天時，便先至旅大，『拜訪兒玉關東長官，白川關東軍司令官，并繞道朝鮮謁見齋藤都督，冀求日本援助，以期掃除東洋赤化主義。』（新聞報十二月十六日奉天通訊）。總之，吳佩孚始而為恢復其地盤勢力而參加反奉戰爭，繼而謀與奉張聯合宣言停止反奉，現在居然受日本帝國主義之指使，與奉張成立聯合反攻國民軍之協約，公然實行進攻國民軍了，就是□然與日本帝國主義奉系軍閥聯合戰線實行進攻國民軍了，實行掃除東洋『赤化主義』了。

現在吳佩孚與日本帝國主義奉系軍閥聯合進攻國民軍的策略是日本帝國主義担任幫助奉張和吳佩孚之餉項和槍械，現在奉張之財政早已破產，一切軍餉差不多完全要日本帝國主義供給，（一月二十八日時事新報所載奉張助吳一百萬，其實就是日本帝國主義助吳一百萬、

至槍械的來源奉張更無從出，自然只靠日本），同時日本帝國主義者并直接指揮奉系軍閥作戰，在山東李景林和張宗昌的軍隊裏，最重要的軍事指揮官差不多完全是日本人，并有法國帝國主義者，至於在山海關方面的奉軍更是不用說了。 奉張則極力進攻東北，牽制國民第一軍，李景林進攻直隸，謀復天津，張宗昌與靳雲鶚等從東面攻河南，吳佩孚則直接令寇英傑從武勝關取信陽，令劉鎮華張治功吳新田擾亂陝西和河南之西境，并勾結晉閻窺伺於北，同時并勾結河南內部之土匪騷擾於內。 總之日本帝國主義與奉張軍閥是向國民軍下總攻擊了，尤其集中於河南，河南現在可謂在四方八面受敵之中。 河南如果不保，整個的國民軍必受嚴重的摧殘，或甚至於被消滅；如果國民軍受嚴重的摧殘或被消滅，將來中國的民族解放運動的前途發生何種影響，這是我們不能想像的！

我們要知道國民軍此次如受嚴重推殘或被消滅之後，對於中國民族解放運動的前途究要發生何種影響，我們就不可不知道國民軍目在民族解放運動中之重要。 究竟國民軍是什麼東西，國民軍是不是一個普通的軍閥系統，像奉系軍閥和直系軍閥一樣？ 有許多人如國家主義派都說國民軍是普通的軍閥與奉系直系軍閥一樣沒有分別，其實他們根本不懂得殖民地或半殖民地的軍閥是什麼東西，軍閥之危險在什麼地方。 像中國半殖民地的軍閥之危險：(一)作帝國主義的工具，爲帝國主義之代辦人，擁護帝國主義之一切經濟的和政治的權利，將本國一切重要權利和財源奉送給帝國主義，壓迫反帝國主義之一切愛國運動；譬如以前的皖系軍閥奉系軍閥之對日本帝國主義，直系軍閥之對英美帝國主義，凡是日本英美帝國主義在中國的權利，牠們無不盡力保護，凡是反對日英美等帝國主義的運動，牠們無不盡力摧殘，凡是中國一切權利（如礦山鐵路關稅等等），牠們無不盡力斷送。(二)盡力壓迫一切民眾運動，剝奪民眾一切應享的自由——言論出版集會生命：譬如在直奉等系軍閥統治之下，牠們以治安警察法和出版法等箝制人民，凡集會出版示威罷工無不遭嚴重之禁止，并且人民之生命亦隨便任其槍殺，宰割——吳佩孚之殺京漢路工人，最近李景林張宗昌之槍殺和逮捕天津山東的工人及愛國學生，孫傳芳最近之殺劉華與周水平等。 除以上兩個危險外，如奪地盤剖地皮以及種種苛捐雜稅剝削人民之事自然是軍閥之危險，但根本危險還在爲帝國主義工具與壓迫民眾運動和剝削人民的自由權，因爲軍閥如不爲帝國主義的工具，不壓迫民眾運動，軍閥就失了爲惡的靠山(帝國主義)和作用，民眾便可以反抗他。 現在國民軍是不是完全具備此種根本危險？ 第一層我們知道國民軍背後沒有任何帝國主義，不管牠們有無勾結帝國主義之可能——自然是可能的，不管馮玉祥曾經向日美帝國主義吊過膀子，但現時確沒有作任何帝國主義之工具，牠們并且在某種範圍還是站在民眾方面反對帝國主義，如在五卅運動中牠們都曾發表宣言反對英日帝國主義之橫暴，牠們曾宣言廢除一切不平等條約，關稅自主(見馮玉祥之宣言與幾次談話)；在五卅反帝國主義運動中，國民軍雖沒有怎樣扶植民眾運動，但牠們沒有公然壓迫民眾運動，像奉系與直系軍閥一樣，在牠們勢力所在的地方民眾是比較能自由活動，還有最重要一點，國民軍不但不爲帝國主義的工具，并且與世界反帝國主義最力的蘇俄，扶植被壓迫民族解放運動之蘇俄接近，與之合作，與之相當聯合戰線反抗世界的帝國主義。 第二層國民軍對於民眾運動雖有時妨礙其發展，對於民眾之集會結社言論等自由有時也加以妨害，但是民眾在牠們統治之下，始終還能得着相當的發展，現在河南天津等處的民眾比起在奉天山東武漢上海等地來總要自由得多，天津河南等處工會還是公開的存在，那些地方的工人還可以公開的集會示威。 并且國民軍中之左派如鄧寶珊史可軒還發表宣言贊成人民組織臨時的人民政府召集國民會議之主張。 尤其使我們可以注

意的，國民軍與廣州國民政府始終主張合作，不管牠們合作到什麼程度，但牠們始終贊成廣州國民政府的主張，至少也沒有反對過廣州政府，並且在國民軍內尤其是第二軍還有很多國民黨員，有國民黨的組織，他們的行動還能相當的受國民黨的指導——如劉允臣鄧寶珊等，由以上種種看來，我們知道國民軍不是普通的純粹軍閥，其中有一部分還可以說是革命的武裝勢力，所以我們稱國民軍是「接近民衆的武裝勢力」。自然國民軍——尤其是馮玉祥岳維峻到某一時期也許要變成純粹的軍閥，與奉張直吳一樣，但是目前他們還是站在反帝國主義方面，站在反賣國軍閥方面，相當的站在廣州國民政府和民衆方面，在舉國一致反對帝國主義和賣國軍閥向民衆進攻之時，國民軍是有相當的意義的，換言之，國民軍對於中國民族解放運動在這一個時期裏是很有作用的。　我們要眞正知道國民軍此時在中國民族解放運動中之作用，還須從反面來說明。　如果國民軍萬一消滅或被驅逐於河南陝西直隸等地，那時中國必造成一個最恐怖的局面，英美日法等帝國主義必利用奉直兩系軍閥以最嚴厲最可怕的形勢來統治中國：第一步消滅國民軍之後，必開始進攻廣州國民政府，進而根本消滅廣州政府，進而消滅全中國一切民衆勢力，消滅五卅運動以來在各地所發展的民衆勢力，如工人組織學生組織農民組織至商民組織，那時必有十倍於治安警察法出版法的法律來箝制人民的一切自由權，來槍殺人民，使中國變成朝鮮第二。　第二步帝國主義將以中國爲基礎在東方造成一個反蘇俄反世界革命的營壘，向世界一切革命勢力進攻。　現在英美法等帝國主義在洛迦諾會議之後，已在歐洲造成一條反蘇俄的戰線，壓迫歐洲無產階級革命的戰線，但是近來尤其自五卅後中國民族革命運動的高潮已使帝國主義覺得命在旦夕，時常發抖，所以帝國主義現在正想拚命壓服此種高潮，在中國造成一大反「赤化」的戰線。　大陸報在去年十一二月間，其社論其通信差不多無日不大叫大喊要在上海組織反「赤化」的大同盟——自然是反對蘇俄和中國民衆。　這就可以看出牠們早有此種企圖了。　第三步牠們必然在中國造成第二次世界大戰，至少要造成第三次奉直戰爭——自然是日本帝國主義與英美帝國主義的間接戰爭。　因爲英美日法等帝國主義在中國的利益始終是絕對衝突的，尤是日美帝國主義之間。　因帝國主義間利益的衝突自然要引起奉直間的衝突，同時奉直軍閥的地盤問題及其他種種問題，其衝突也是決不能免的，奉直如果衝突，如果戰爭，同時便要引起帝國主義或明或暗的戰爭。　無論是帝國主義間的衝突和戰爭或軍閥間的衝突和戰爭，結果總是中國民衆作犧牲品。　總之，此次國民軍如果竟被日本帝國主義奉系軍閥和直系軍閥吳佩孚所消滅，中國的恐怖時代是必然要到來的，中國的民衆和廣州政府是要受嚴重的攻擊的，牠們是要向蘇俄進攻的——現在日本帝國主義和奉張已借中東路事件向蘇俄進攻了。　雖然其恐怖狀態未必如上面所推測之甚，但如果民衆不起來積極反抗吳佩孚，參加反抗日本帝國主義和奉吳向國民軍之此種進攻，這種恐怖狀態是可能的。　國家主義派向來反對國民軍，反對我們說國民軍是接近民衆的武力，反對民衆贊助國民軍，他們自以爲是反對一切軍閥，自以爲是眞正革命者，其實他們此種態度在客觀上完全成了帝國主義的工具。　因爲現在帝國主義最恐怖的是民衆勢力，尤其恐怖接近民衆之武裝勢力，所以帝國主義對於廣州之黨軍，恐怖萬狀，遂盡其全力利用陳炯明，利用楊希閔劉震寰以及一切反革命勢力企圖消滅之，對於國民軍雖沒像廣州黨軍可怖，但牠們認爲是很危險的，所以千方百計，製造赤化謠言以恐嚇之，現在是實行幫助反動軍閥來攻擊了。　國家主義派反對國民軍不啻是站在帝國主義的方面，簡直作了帝國主義的工具。　然而國家主義派自以爲還是革命的團體，其實早已是國際帝國主義的新式工具。　因爲他們「外抗強權」的口號，實際上就是「抗」蘇俄，蘇俄是世界無產階級和被壓

民族之唯一幫助者，是反抗世界帝國主義之唯一有力的先鋒，世界帝國主義之唯一死敵，是世界帝國主義要大「抗」而特「抗」的，恰好多謝中國的國家主義派的先生們替牠們大「抗」而特「抗」了。 其次國家主義派的重要口號是「內除國賊」，其實就是反對凡是與蘇俄有關係或願與蘇俄合作的民衆或其他勢力，中國共產黨不用說是他們認為「國賊」的，國民黨左派也是「國賊」，國民軍因願與蘇俄合作也被牠們放在「國賊」之例，但是共產黨國民黨左派甚至國民軍目前都站在打倒帝國主義的戰線上，都是帝國主義所恐怖的，都是帝國主義和反動軍閥所要大「除」而特「除」的，恰好多謝國家主義派的先生們，又拚命地替帝國主義和反動軍閥大「除」而特「除」了！

總之，國民軍雖然有許多壞處，雖然保存軍閥的根性，時時有變成普通軍閥之可能，馮玉祥岳維峻還是軍閥的心理和野心，國民軍的軍隊有很多是土匪式的軍隊，但是他們在半年來的歷史上，對於反對帝國主義反抗反動的奉直軍閥運動一點上，在客觀上已經盡了相當的使命，尤其在目前這帝國主義與反動的奉直軍閥聯合戰線向民衆和一切進步勢力進攻之時，保存國民軍在北方的勢力，擁護國民軍來抵抗此種進攻是絕對必需的。 並且在中國整個的民族解放運動上說，目前的國民軍也有保存和擁護之必要。 照最近一年來中國民族運動發展的經驗看，中國已快到一個武裝革命的時期，已經需要一種武裝勢力，而中國的真正武裝勢力自然須靠武裝民衆，但是由軍閥內部蛻化出的武裝勢力，所謂左派，在某一時期是可以利用的，也許經過幾次分化之後這當中能得到真正為國民革命的武裝羣衆。

現在國民軍已到了一個存亡的關頭了，已經四方八面受敵了，這決不是國民軍的存亡問題，這是關係中國民族解放運動的問題。 全國的一切被壓迫的民衆們！ 現在直系軍閥吳佩孚已和日本帝國主義奉系軍閥聯合戰線向國民軍下總攻擊了，這是關係你們自身的生死問題，你們總還記着，在五卅運動中帝國主義尤其是英日帝國主義在上海漢口廣州等地如何慘殺我們的同胞，日本帝國主義之二十一條約是如何逼迫我們，最近日本帝國主義之出兵滿洲是怎樣看待中國人；奉系軍閥以前賣國行為且不舉，在五卅運動中牠們在上海在天津在山東在東三省是怎樣壓迫愛國運動，封閉愛國團體，殺戮愛國志士；尤其是無恥的吳佩孚，在「二七」事件中怎樣殘殺京漢工人，怎樣作成曹錕醜聞中外的賄選，最近在武漢怎樣發行軍用券及其他種種剝削民衆的事實，怎樣壓迫民衆——逮捕學生代表和工人。 總之帝國主義尤其是日本帝國主義奉系軍閥和吳佩孚以前和現在一切的虎狼行為，吃人的事實還在我們面前，但是現在牠們又聯合戰線向國民軍進攻了，向我們一切被壓迫民衆進攻了，如果牠們這次聯合戰線成功，我們還有葬身之所嗎！

全國被壓迫的民衆們，我們自五卅運動而進行反奉運動，雖然我們沒有什麼成功，但在反奉當中尤其到郭松齡倒戈，北京上海民衆示威要求組織革命的民衆政府時，我們確已到勝利之途了；我們眼見得奉系軍閥消滅就在眼前；但是日本帝國主義竟公然出兵打倒郭松齡，援救了垂亡的奉系軍閥！ 但日本帝國主義雖救了奉系軍閥，始終奉系軍閥已根本崩壞，如果此時國民軍直系和民衆還是堅持反奉到底，奉系軍閥是否存在還是未可知之數；但是無恥的吳佩孚始則宣言停止反奉，令其部下破壞反奉戰線，今則更進一步而與奉張和日本帝國主義聯合戰線反攻國民軍，以致釀成現在這樣危急和嚴重之局面。 所以此時我們應知道救奉系軍閥者日本帝國主義，而尤其是吳佩孚，反奉運動之失敗，最後的責任是在無恥的吳佩孚身上。

全國被壓迫的民衆們，我們此時應認清奉系軍閥日本帝國主義吳佩孚之聯合戰線是全中國被壓迫民衆的生死關頭，我們民衆應一致起來聯合戰線對抗此種反攻，我們目前的責任是：（一）各階級的團體

和一切民衆應急速組織起在一共同組織之下，最好是用國民會議促成會，作種種實際的反吳運動，反日本帝國主義和反張的運動，應急速作一全國大示威，反對奉直聯合進攻國民軍，在河南直隸的民衆應積極去參加反吳反奉的戰爭，湖北的民衆應直接起來驅逐吳佩孚，至少也要消極地破壞吳佩孚之軍事行動。（二）民衆應促廣州政府急速北伐，幫助國民軍。國民軍的存亡問題，是廣州國民政府的存亡問題，廣州政府此時應以全力領導中國民衆來對抗吳奉和日本帝國主義之聯合戰線，來消滅此種反動勢力的聯合戰線，建設全中國的國民政府。（三）民衆應勸告國民軍須絕對起來一致對抗，尤其國民第一軍要有根本的覺悟，馮玉祥須絕對起來擔負總指揮的責任，整個的國民軍已經到了最後的一步了，全體國民軍應認此為最後的決死戰的戰爭，應爭得最後之勝利。（四）民衆同時應進行召集國民會議之工作，反對護法和護憲，敦促廣州政府與國民軍急速成立臨時的人民政府，給予人民應享的自由，取消一切不平等條約，頒布討吳令。

總之，全國各階級的民衆應自己團結起來與廣州國民政府和國民軍聯合戰線，反抗此種反動勢力進攻國民軍。特別反對無恥的吳佩孚。國民軍的地位雖然是可危，但敵人的戰線也還未十分鞏固，日本帝國主義現在還只能在暗地援助，奉系軍閥雖得到日本帝國主義之金錢與軍械的幫助，但始終內部不一致（如新舊派之對抗，王永江最近之通電主和），幷且經過郭軍倒戈內部如此強烈的崩壞之後，實際的勢力損去大半；吳佩孚現在還是買空賣空，除靳雲鶚和寇英傑一部勢力之外，所謂六萬豫衞軍完全是騙人的把戲，劉鎮華張治公吳新田經過前次戰爭之後，所餘者都殘缺不完，並無多大實力，幷且孫傳芳現在已公然宣布中立，蕭耀南在其利害的關係上本來是反對吳佩孚的，近來表面雖為吳所壓服，但實際上始終是在反對的地位，只看他最近之主調和（時事新報二十八日北京電）幷且還有獨立之謀（時事新報三日開封通信）就可知道。在另一方面有近四十萬的國民軍，有廣州國民政府的軍隊，有全國的民衆，只要廣州國民政府和國民軍實際聯合起來，還是大可有為，最後的勝利我們相信是民衆的。

全國各階級的民衆們，現在的局面是吳佩孚奉系軍閥和日本帝國主義的聯合戰線向國民軍下總攻擊，國民軍實在是四面受敵，實在是在危急存亡之秋，這確是中國民族解放運動最危急的難關，要渡過這關頭，只有民衆的聯合戰線，民衆與一切進步的武裝勢力聯合，向吳佩孚下總攻擊，因為吳佩孚是奉系軍閥之擁護者，也就是日本帝國主義之第二個擁護者。打倒了吳佩孚，便是間接打倒奉系軍閥，打倒日本帝國主義，便是反奉運動之最後的成功，也就是五卅運動之成功。

乙　國民會議運動與聯合戰線

秋白

「現時的政局，已經顯然是奉直軍閥的聯合，以鎮壓國民的解放運動，摧抑國民軍及國民政府的勢力。」反奉戰爭初起的時候，孫傳芳也是『弔民伐罪』——通電斥奉軍強迫上海工人復工（去年十月十一日），吳佩孚也算反對關稅會議和金佛郎案等。軍閥政治勢力的崩敗，已經顯露到極點——他們為自己的權利祿位而戰，却不得不假託於民衆的口號。如今，孫傳芳得了徐州，吳佩孚立足於漢口，他們覺着自己的地位，多少已有幾分鞏固了。張作霖的奉系軍閥裏，內部有郭松齡魏益三等的倒戈，最近山東的方振武也宣言歸入國民軍；郭松齡雖然敗亡，天津却到了國民軍手裏。何況，反奉戰爭裏，民衆方面『變軍閥間的戰爭為人民反軍閥的戰爭』這種宣傳和運動，北

京市民去年十一月間的大示威，以及隨後各地的反對日本出兵中國的運動，無一不表示人民方面有積極的推翻軍閥政府的要求，甚至於有武裝的直接的行動，要求立刻組織中央臨時革命委員會的政府和召集國民會議。 國民軍在這種運動裏雖然沒有正式的明確的表示，然而在奉張和直系眼光看來，他們却是與民衆運動有密切的關係。 反奉戰爭發展的最終形勢，如果是國民軍全勝，民衆革命的實力必定陡然大漲，而中央政權，簡直會落到革命民衆的手裏——人民的國民會議果眞實現，並有擁護革命政府的軍力——那時，軍閥統治，帝國主義的代理總督之政權，一切所謂法統護憲等類把戲，完全要被推倒——這對於帝國主義者是何等的危險呵！ 於是他們便急急派遣研究系的蔣百里等奔走於奉張直吳之間，趕緊促進他們的暫時結合，以謀打倒國民軍。 馮玉祥在這種逼令恐嚇之下宣告下野了；吳佩孚時時刻刻準備襲擊河南；靳雲鶚在山東戰線上與李景林張宗昌妥協而謀消滅李紀才等國民軍的勢力了。

北京的所謂中央政府，在這種環境之下：段祺瑞的靠山張作霖既然塌台，國民軍的首領又非常怯弱退讓，當然便形成無政府的狀態。

現時的許閣不過是極暫時的過渡機關。 問題的解決，只在於今後的局勢是民衆的革命勢力勝利，還是奉直聯合的反動勢力勝利？——是人民能以廣州國民政府及國民軍的力量相結合而肅清全國反動軍閥（和廣東省內的現象一樣），還是帝國主義能以互相交戰的直系與奉系軍閥的力量相結合而鎮壓全國的革命運動？ 許閣將過渡於誰的問題，完全看國內這兩種勢力的消長而定。

帝國主義和軍閥方面，現在已經努力的各方面進行新的反動結合，軍事上奉直妥協，而在山海關山東河南陝西合力的進攻國民軍，政治上他們驅使賄選議員無聊政客章太炎等等出來鼓吹護憲法統，想擁出黎元洪來當「菩薩」，而吳佩孚做事實上的皇帝。 這種局勢假使發生於五卅以前，於廣州國民政府未鞏固以前，那麼，或許帝國主義容新陰謀，可以很快的實現；可是現在却不同了。

五卅運動在直接的一方面，司法重查和外交交涉固然是失敗了；然而在間接的一方面，民衆革命運動的繼續，要求關稅自主，反對法權會議，以至於各地民衆對於一切政治問題的極積主張，足以證明反奉戰爭的過程中五卅運動實際上繼續着發展。 五卅運動在上海漢口等處固然是中斷了，可是在廣東方面還是堅持着，而且廣東的商人工人農民的革命力量，不但贊助國民政府，並且以實力鞏固自己的革命政權，掃除了楊希閔劉震寰莫雄鄭潤琦陳炯明鄧本殷熊克武等反動軍閥，有革命的平民的武裝勢力，苛捐雜稅烟賭拉夫等的惡現象完全消滅；對外的交涉已經能使英國俯首求和，日美漸受範圍。 中國的解放，不平等條約的廢除，關稅的自主，法權的收回，五卅的雪恥……祇有在全國建立這樣的國民政府之後，才有可能。 而建立中國全國的國民政府，在現今這種局勢之下，不但是必要，幷且是極端可能的了——應當由各地人民團體和國民政府國民軍共同合作，立刻在北京組織臨時政治委員會，成立的第一天便召集國民會議預備會，凡是站在革命民衆方面的武力都應當集中於臨時委員政府之下，擁護國民會議而討伐壓迫民衆破壞國民會議的軍閥。 國民會議預備會召集成功，國民會議制度的眞正的平民共和國才有建立成功的一天！

孫中山先生前年北上時所提出的國民會議，早已受全國民衆的擁護，如今已經從一種政治理想和口號變成實際的政治行動的方針。 正因為去年一年的國民會議促成運動，五卅之中的市民學生工人運動，使中國人民得着不少切身的經驗，組織團結訓練的機會，到如今，各地民衆團體的實力，已經確乎有實行「國民會議革命」的可能。

資產階級在五卅運動的時候，各方面的妥協賣國，原想是達到自己的些須利益。 如今怎樣呢？ 上海工部局的華董位置得到沒有，

會審公廨收回沒有，領事裁判權廢除沒有，這都是十一國上海僑民商會在勸你們幫助封閉總工會尅扣罷工維持費時所答應你們的？ 總工會是封了，工人是受壓迫了，五卅案是重查了，你們這些「權利」得到沒有呢？ 你們以為對外這樣「和平有禮」，幫着鎮壓「赤化」的工人，外國人便喜歡你們，便有收回關稅自主權的希望，現在你們的希望都落空了！ 上海總商會的這種種行動，不管他還在表面上要求關稅自主，要求中國的銀行收管關欵，反對五卅重查，可是實際上處處是幇助軍閥和帝國主義壓迫民衆，其結果他們所空口叫喚的口號一無用處。 各地的人民，小商人，在五卅時候，都信任上海總商會是體面的法團，辛辛苦苦的捐款，交給他「包辦」援助罷工，知道上海罷工工人是中國解放運動中最革命的力量，可是上海總商會利用這種信任和地位，幹了不少賣國勾當。 他勾結軍閥，壓迫工人，他的保衛團在直系到上海之後居然公開的通緝學生會首領，禁止工人集會，他想以此獻媚帝國主義者和軍閥，偸着些地方上的政權。 各地的小商人，想必看見江政卿做了警察廳長，還羨慕上海商人有體面，居然當政。 可是，工會是受壓迫了，劉華是被殺了，五卅運動因此而大大失敗了，上海一般商人却仍舊受軍閥的轄治，負擔着種種苛捐雜稅，還要不斷的受勒迫，墊出軍警的軍餉（最近上海肉業又墊餉三百萬），於商人何嘗又有絲毫利益呢？ 各地的小商人在自己地方看看，豈不是處處都有廣洽卿江政卿一類的少數商閥，霸佔着商會機關，作威作福賣國賣民呢？ 全國的小商人都因受軍閥的壓迫和外國帝國主義的侵略，轉輾困苦，求死不得。 你們的出路，決不是和帝國主義軍閥勾結，壓迫工人農民，以「反對赤化」的功績，去邀外國人的寵幸，便能得到關稅自主，便能過問政治，保障自己的利益；你們的出路，祇有和勞動平民携手，加入國民會議的運動，站在打倒帝國主義和軍閥的革命戰線上來。

中國的農民和工人，不但籠統的說來，自然要贊助國民會議的運動，並且五卅之後，他們早已組織集中了自己的力量。 工人階級直接的在五卅運動裏受了極大的犧牲，經過艱苦的鬥爭，力爭自己階級的權利——極普通的集會結社罷工的自由，增加幾分錢幾角錢一天的工資，為中國民族力爭澈底的解放，廢除不平等條約……可是受着奉直軍閥的摧殘，商閥工賊的毒計，始終不能得到絲毫的勝利，——自然非完全推翻軍閥政府不可，非打倒一般商閥不可。 凡是比較自由的地方，如現時的鄭州，北京，天津，更不用說廣州汕頭，都已組織成總工會；就是壓迫的地方，如上海漢口等處，總工會和各種工會也能一天一天的鞏固起來。 他們的贊助反奉戰爭，參加一切運動，次次都站在革命先鋒的地位，他們當然以全力來力爭國民會議的實現。

就是向來不積極的農民，看着廣州農民協會運動的勝利，國民政府的保障農民鬥爭的自由，同時受着五卅運動間接的衝動，亦已經到處奮起，如河南，直隸安徽，江西，湖北，尤其是湖南，無不有農民協會運動或抗租抗稅的運動，甚至於四川陝西山西等處；就是江蘇的江陰，常州，角直等小地方也有這種運動。 他們現時的運動或許還祇限於地方的經濟的性質，可是如果國民會議運動能夠結合並發展這一偉大的力量，他們的革命勢力，必定可以成為推翻軍閥統治的革命裏一支強有力的生力軍。

中國的學生運動向來總是革命潮流裏的「鮮花」。中國革命的學生，對於國民會議運動是當然能夠努力的。

便是現時人人痛恨的丘八，土匪，他們何嘗不是破產失業的農民手工業者？ 一年來的五卅運動和歷來的國民革命運動何嘗沒有絲毫影響於他們；五卅時候駐在上海浦東的奉軍，幾乎於一團人暴變，因為奉系軍閥，告訴他們是來上海打外國人的，結果却叫他們打工人——便是一個證據。 何況郭松齡魏益三方振武等何以敢於反戈，甘心

受日本軍隊的襲擊而死亡，豈不是兵士之中籠統模糊的愛國觀念和革命反抗的情緒，逼迫他們的長官至此的。　國民會議運動裏應當努力引進他們的參加。

軍閥帝國主義的反動結合還沒有鞏固，至少也還不能立刻攫取中央政權，完全恢復他們的統治。　革命勢力方面，却有國民政府、國民軍的武力，可以受民衆的督促而前進，小商人農民學生兵士等一般羣衆之中，都有革命的基礎，尤其是工人階級。　各種民衆的大聯合戰線，既有必要，亦有可能，如果再有確定明確的革命政綱和革命武裝，國民會議的革命，澈底推翻軍閥統治的革命，達到廢除不平等條約的革命是萬分的可能的！

只恐怕！只恐怕在這大聯合戰線裏面，資產階級故意怠工破壞。

國內許多政黨和政派——如國民黨右派的孫文主義學會，國家主義聯合會，國家主義的醒獅週報，如今表面上也贊成國民會議。　上海的孫文主義學會發起另組國民會議促成會；醒獅週報也主張召集總商會總工會等的國民代表大會於上海。　這等現象尤其足以證明一般革命羣衆（學生等）非常之堅決的要求國民會議，使向來專以反共產爲職志的右派及醒獅等領袖，不能不暫時在那種職志之外，也來談談國民會議，以求保留自己的『信用』，自己的領袖地位。　我們很慶賀這種『覺悟』！　孫文主義學會和醒獅派諸君，你們既然有這種『覺悟』，你們便應當看清現在的革命形勢和民衆利益的需要；這種需要是：團結自己的力量，建立極廣泛的聯合戰線，組織自己的武力，並且引導併促較革命的較開明的國民軍站在民衆的一方面，聽民衆的指揮，這樣達到召集國民會議的目的——中國的工人，農民，以至於小商人，尤其要求已經以事實證明自己能代表一般平民利益的廣州國民政府，來積極參加國民會議的促成運動。　你們如果固執自己的『黨見』，反對國民軍反對國民政府，說幾句假清高的『內不安協外不親善』或『不應聯一軍閥倒一軍閥』的空話，而破壞這一聯合戰線，那麼，適足以暴露你們實際是和帝國主義直奉軍閥相聯合，打擊國民軍及國民政府，你們的國民會議或國民代表大會勢必完全變成空想。　你們的怠工和破壞，勢必蹈總商會在五卅運動中的覆轍，不論你們居心怎樣『清高』，事實上是要受中國革命的審判的！

上海的國民會議促成會已經在組織之中，各地也應同樣聯合工商學兵農等各界，趕緊組織起來，應當眞正代表當地的民衆，不能容許買辦階級把持，應當引進大多數勞動的『下層的』民衆直接參加，應當當時便實行自己的民權、努力與各地軍閥政權奮鬥，應當由民衆組織自己的武裝勢力。　各地的國民會議促成會應當發展並鞏固工會，農民協會，婦女團體等等，而且要調查已有的團體；應當努力組織當地平民羣衆的武力，以防禦軍閥走狗工賊等之襲擊和破壞；應當努力於更廣泛的民衆中宣傳國民會議和廢除不平等條約等應當直接反抗軍閥的壓迫屠殺，苛捐雜稅，尅扣軍餉，反抗軍閥土豪的霸佔公務，重利盤剝，苛收田租等……這種工作是非常艱巨的，然而却是實行國民會議的必要工作，祇有這種各地的組織民衆工作，能夠造成召集國民會議預備會之組織上實力上政治上的基礎，亦祇有這種工作能確立國民革命的大聯合戰線而保衛他的勝利。——

中東路事件中反動派之反蘇聯的宣傳

超麟

由日本及其走狗奉張之陰謀所造成的中東路事件，已由蘇聯一再讓步而解決了。　這次事件之根本的意義，本報上一期已經說過，這裏用不着再提起來說。　現在我們所應提起來說的，即這次中東路事件果然給反動派以一絕好機會去做反蘇聯的大宣傳。

反動派——自張作霖章太炎經過馮自由等以至於國家主義者國民黨右派，他們一向便不斷的做反蘇聯的宣傳，沒有機會也得造個謠言，何况現在有俄人依萬諾夫胆敢違抗我們貴國長官——張作霖的命令，這麽一個好機會？ 他們——反動派，必然要聯合起一個反蘇聯兼反共產黨的戰線，大張旗鼓替日本帝國主義張目。 可是我們知道，自軍閥經過買辦階級以至於反革命的智識分子，他們雖然在反蘇聯的一個大目標上是一致的，但他們中間的階級利益并不能完全相同；所以我們在這次反蘇聯的宣傳中看出許多不同而自相矛盾的論調。 本文的責任便在指出各派論調是代表各自的反動的利益，而證明其絕不是爲他們所共同揭櫫的「愛國」。

先從張作霖說起。 護路司令的文告及張本人駁覆加拉罕抗議的話，自然將一切責任歸於依萬諾夫；自然說奉軍拘捕鐵路職員，封閉工會，禁止工人的一切會議皆是正當「自衛」的行動；而且中東路停車中一切的損失皆應責成蘇聯賠償。 日本帝國主義的走狗——奉張，對付中東路的手段，對於蘇聯的這種態度，是很可以明瞭，用不着多解釋的。 在日本和張作霖卵翼下的東三省公團，既然不惜稱頌張總司令在東三省之「仁德」而大罵倒戈之郭松齡爲叛徒，這次宣言響應張作霖而對蘇聯大肆攻擊，亦在我們意中；我們只好把他們的論調歸入於日本和張作霖的宣傳。

其次，章太炎借中東路事件繼續其已經宣布終止之對馮玉祥的攻擊。 勾結西南聯治派軍閥的辛亥俱樂部，其反蘇聯的狂熱自然不讓人後。 章太炎更因此希望「榆關已收疆宇無缺」的張總司令以近自直魯遠至江南的「中原將師」聯合起來，去共除「赤化」。 同時，北京國民黨俱樂部之馮自由等亦借此問題四出奔走達到他們破壞國民黨左派聯俄政策的目的。

軍閥官僚這種反蘇聯的宣傳，本來是民衆所聽慣了的，民衆很明白他們的作用，民衆決不會受這種宣傳的影響。 國內反動派之反蘇聯的宣傳，如果只以軍閥官僚的論調爲限，則此次日本帝國主義及其走狗奉張之陰謀將沒有收得較大的效果而終止了。 然而不然。 此次中東路事件中的所謂「恐俄論」，即據商報畏壘君所說，乃是「一部分之愛國論者（？）主之，軍閥官僚歡迎而利用之，買辦階級紳士相率附和之」。 這裏我們應該研究既然是愛國論者的主張，軍閥官僚何以歡迎而利用之呢？ 買辦階級紳士何以相率附和之呢？ 這種有利於軍閥官僚買辦階級紳士的所謂「恐俄論」根本上是「愛國論者」應有的主張？ 而實際主張這種「恐俄論」，究竟是那一部分的「愛國論者」？ 事實告訴我們，主張這種「恐俄論」，實際上不是別人，正是「帝國主義在中國之新式工具」——國家主義派，和「被帝國主義催眠」的國民黨右派。 在他們的宣言書中評論通電上，我們又看出國民黨右派的「恐俄論」和國家主義派的「恐俄論」並非一致。 這二派均作反蘇聯的宣傳，其論調雖不同，但這並不是偶然的，乃是各自根據他們宣傳上的利益。

國家主義及其他反動派如童理璋等的所謂「上海中華民國各團體聯合會」，向來便是反赤化反共產的急先鋒，他們喜歡借民衆名義發言，實際上正是助長帝國主義在華的聲勢。 這次中東路事件恰是他們替帝國主義効力的一個好機會。 他們借這機會，不僅學軍閥官僚就這次中東路事件向蘇聯攻擊，他們而且一下把一向反蘇聯的整個老調都演唱出來。 這次國家主義團體聯合會中華國民對俄外交大會等反動團體的宣傳和國民對英日外交會警告加拉罕的一封信，都對於此次事件之本身輕描淡寫一二句後，即刻提起蒙古民族自決問題以至蘇聯幫助廣州國民政府問題，爲攻擊蘇聯的材料。 他們明白知道，此次事件本身的曲直是非，他們明白知道只就此次事件本身發言，像軍閥官僚的論調，是不能「叫座的」，不能欺騙民衆的，即是說，他們

的反蘇聯的宣傳是很少有效果的；所以他們必得放下中東路事件，而仍去演唱他們的拿手好戲。　然而日本帝國主義這次已經能夠誇獎他們了。

除了國家主義派及流氓團體之外，做反蘇聯宣傳的還有國民黨右派——上海的國民黨「中央執行委員會」和民國日報。　他們一樣的反蘇聯，但他們的論調不能不與國家主義派有所差異。　唯一的原因乃是他們不肯去棄一塊光榮的國民黨招牌，還要勉強保留這塊招牌為欺騙群衆的假面具。　為這原故，所以他們不得不勉強顧全中山先生「聯合世界上以平等待我之民族」的遺囑，不然「孫文主義信徒」這六個字便拿不出來了。　這不但在此次中東路事件中如此，即在過去對蘇聯的態度亦是如此。　他們跟着研究系和國家主義派之後，要打倒「任何屬性的帝國主義」（其中自然包含所謂「赤色帝國主義」），但同時不敢公然像國家主義派和研究系之攻擊蘇俄；孫文主義學會持志分會雖然宣言反對莫須有之蘇俄出兵，但上海孫文主義學會則不敢公開表示。　國民黨右派反蘇聯宣傳而又要顧全孫中山先生遺囑的這種促襟見肘的情態於此次中東路事件中尤其明顯表現出來。　一開始（一月二十三日）上海的國民黨「中央執行委員會」即發表一「忠告蘇俄書」。　這封信中，他們承認已經實行自動取消對於中國的不平等條約的，「眼前却是有蘇俄一國」——這是其他反動派，國家主義派等所不肯說的，這是他們能「委婉致辭」，勝於其他反動派的地方。　但他們是否誠意接受孫中山先生遺囑，「聯合世界上以平等待我之民族」呢？　這封信的後半段就答覆我們了。　果然，我們看見其中談上蒙古問題中東路問題莫斯科使館人員問題等，與國家主義派宣言中宣布「蘇俄罪狀十大項」所不同的，只在沒有說上『鮑羅廷把持廣東政權』（這封信怕不是『告孚木』的著者鄒魯先生起草？　假使是他起草，我想一定要加上這一條），却增加了『主張引用陸路通商條約為交還領事裁判權的條件』。　在國民黨右派這種解釋之下，蘇俄那裏是甚麼「世界上以平等待我之民族」，簡直是「某種屬性」的帝國主義——赤色帝國主義，新帝國主義！　難怪國民黨右派的先生們要向蘇聯提出抗議和忠告，要懷疑「蘇聯所宣布取消不平等條約是虛，是欲獲取中國的利益是實」；要以為「蘇聯以宣布取消不平等條約為釣餌，而攫取中國的土地人民」。　同時，民國日報一月二十八日的評論也盡其委婉致辭的這種能事。　民國日報也是要顧全孫中山先生的遺囑，表面上避開國家主義派式之對蘇俄的攻擊，轉而斥責段政府不管中東路的交涉為荒了十二分的唐，但實際上隱隱約約便仍然指定蘇聯對於東三省即等於幾十年前日本之對於琉球，也仍然是很明顯的說蘇聯是赤色帝國主義。　我們承認國民黨右派的先生們，話的確是說得委婉了，可是民衆們仍然看得出他們搗得是甚麼鬼，仍然要把他們的『忠告書』評論等列入於反動派反蘇聯的宣傳。

以上反動派各種反蘇聯的論調都以「愛國」相揭櫫，但其實整如我們分析不僅不是為「愛國」，而反是造成仇俄的空氣，破壞中俄的聯合，事實上，即自覺的或不自覺的助帝國主義搖旗吶喊，以削弱民族解放革命運動的聲勢。　『愛國』其名而破壞民族利益其實。

最後，我們應該糾正商報畏壘君的錯誤。　畏壘君能夠看出所謂「恐俄論」（實即是反動派反蘇聯的宣傳）為軍閥官僚歡迎而利用，為買辦階級紳士相率附和；他又主張只在中東路事件的事實本身上下判斷，不學反動派動輒唱演一套反蘇聯的老調；但他仍然不瞭解此次中東路事件之根本的意義，仍然不懂得「愛國」二字怎樣解釋，而陷於法理條文的泥淖之中不克自拔。　畏壘君屢次評論此次事件中，其錯誤主要在把蘇聯看做一「侵略的」國家。　畏壘君認定「恐俄論」者不明瞭國際局勢，但他自己觀察國際局勢亦只明瞭得一半。　他明白日本及其他帝國主義對於中東路之陰謀，但他不明白蘇聯不是一「

侵略的」國家。　卽國民黨右派的先生們亦不敢否認蘇聯已經實行自動取消對於中國的不平等條約，但他們忘記了蘇聯是世界上唯一的無產階級國家，而無產階級國家是以保護弱小民族利益爲職志的，是根本絕對沒有侵略野心的。　八年來無產階級國家的外交史就是明顯的證據。　凡能明瞭國際局勢的人一定能夠承認。　蘇聯實行自動取消了不平等條約之後，不但交還了中國許多權利和利益，而是同時向中國人民表示沒有侵略的野心。　這是中國共產黨和中國國民黨左派領導下革命的民衆都能瞭解的，這是反動派所不願意瞭解的，這可惜又是畏壘君所未曾瞭解的。　畏壘君因不能瞭解蘇聯不是一「侵略的」國家，便不能明白此次中東路事件完全是日本帝國主義及其走狗奉張怨轉移民衆反日視線的作用，所以他就歸罪於運費手續，進而歸罪於東鐵理事局內部組織等細故，他甚至歸罪於「張作霖智識貧弱專用感情」；所以他在其宣言中，歸結於雙方應嚴守協定條項，如此，他以爲一面又可以防止張作霖的感情用事，一面又可防止蘇聯的侵略。　畏壘君竭力自別於反動派的論調，然而他自己的論調只是空想，而不是眞正愛國論者所應主張的。　法律條文是資產階級國家的欺人之談。　蘇聯如果是「侵略的」國家，則任何法律條文皆不能限制其侵略，適是成其得寸進尺的工具。　蘇聯如果不是「侵略的」國家，則自然沒有防止侵略的必要。

我們——爲中國民族解放而奮鬥的人，我們——眞正愛國論者，我們明白知道蘇　是中國民族眞誠的友軍，絕無侵略的野心，而中國民族的解放應該無猜忌地與蘇聯攜手並進才能成功。　這才是眞正愛國論者的主張。

繼劉華而死之周水平

立理

五卅運動中的戰士，上海幾十萬工人的首領劉華被帝國主義軍閥上海的資產階級共謀槍殺之血未乾，現在江陰爲農民謀利益的農民領袖周水平又慘死於江陰的地主土豪軍閥之刀下了！　這兩種事實，表現帝國主義資產階級軍閥地主土豪之聯合進攻工農是何等嚴重；表現中國目前的政局何等黑暗！　尤其表現直系軍閥孫傳芳統治江蘇之成績！　據殺周水平之理由是：「鼓吹赤化，意圖擾亂治安，潛謀不軌」，而槍殺劉華的理由，沒有明白宣布，大概也是所謂「鼓吹赤化，意圖擾亂治安，潛謀不軌」吧？

由此我們就可知道凡是爲工人農民謀利益的，在帝國主義者與軍閥資產階級地主土豪看來，都是「鼓吹赤化，意圖擾亂治安，潛謀不軌」，都認爲該死，認爲要梟首示衆。　因爲中國工人農民，是帝國主義軍閥資產階級地主之唯一剝削的對象，帝國主義軍閥資產階級地主之存在完全是靠工人農民之血汗來滋長其壽命。　若一旦有人替工農奮鬥，喚醒工農覺悟，就是帝國主義軍閥資產階級地主失了剝削的對象，而他們的存在就馬上發生動搖。　所以凡是爲工農謀利益的都是帝國主義軍閥資產階級地主之唯一敵人，都是他們槍殺的對象。

現在上海的工人和江陰的農民及全中國的工人和農民，你們應從此更深一層的認識，殺死你們領袖的是誰，從此認識你們眞正的敵人。　我們現在要老實不客氣的告訴帝國主義者軍閥資產階級地主土豪：你們殺死了一個劉華，還有無數的劉華，你們殺死了一個周水平還有無數的周水平。　上海的工人和江陰的農民決不會因他們首領之被殺而恐懼屈服，決不因此而灰心喪氣，決不因此而使他們的解放運動消沈下去。　而且因此而更激動了他們的革命熱情，更使他們知道要顚覆他們的敵人，消滅敵人的勢力，只有我們工農團結的力量，只有擁護他們的領袖——像劉華周水平一樣的領袖。　同時我們應該告訴全中國被壓迫的民衆們，帝國主義軍閥資產階級地主槍殺工農的首領

這不僅是向工農進攻，而且是向全國民衆進攻，你們應該起來反抗此種野蠻的殘忍的進攻。 工人們！ 農人們！ 你們更應該聯合起來踏着爲你們謀利益而死的領袖的血路前進，繼續向你們的敵人反攻，最後的勝利，終是屬於你們的。

寸鐵

兩副面孔一個公式

我們記得，彷彿孫傳芳將要「秋操」的時候，發過幾個反對強迫上海工人復工等類的電報；蕭耀南在五卅時居然定過所謂「人權保障條例」；吳佩孚「出山」時也曾反對過關稅會議。 這班人在那種時候甚至提及過廢除不平等條約。 現在湖北襄陽縣居然鎗斃學生，拘捕武漢學生代表等二十九人，因爲他們反對日本出兵；孫傳芳在上海殺了劉華之後，差不多每天有幾個禁止集會嚴懲罷工等類的布告命令，昨天竟公然布告禁止愛國運動，說甚麼「對外則國權約章必須兼顧，對內則布告法律尤應恪遵」！ 想必日本助奉和暗殺劉華，都是根據這個天經地義的了。 這副面孔，現在拿出來，實在是投降奉天的條件；當初那副假面孔，原來是騙騙人的。 這些軍閥，你們莫說他們矛盾，「兩副面孔」本是他們一致的公式。 （它）

大家謝了大家

一月十三日中日商人的有名人物，虞洽卿和長林雄吉之流置酒高宴於上海的小有天。 一個說：「日商廣井君向主中日親善，五卅之役……願念工艱酌加工資，鄙人又深感謝」。 一個說：「虞方兩君……五卅之役使絕大風波，消於無形，日紗廠迭次風潮，均賴兩君調解，實甚感謝」（一月十五日上海商報）。 一問一答，煞是好看。 一同與工人爲爭履行復工條件，爭增加工資而被毆致死的事，纔過了兩三個星期，他們的血還儘着滴向你們的酒杯呢，這個滋味怎樣?（它）

日本外交部搬家

奉天省公署的養電道：「夫南滿鐵路，准日本駐兵，非外交部所承認乎，駐兵而及期瓜代，亦非外交部所承認乎，今忽以及期瓜代之兵，爲外交部所承認者，而竟指爲出兵滿洲，外交部之爲此，誠不解其是何用意……乃張大虛聲，以擾惑國人之聽問……實是挑東三省之內亂……」，這明明是日本外交部駁覆中國外交部的口語，不知怎樣署了奉天省公署的名，我眞有些不懂，大概是日本外交部早已搬進了奉天省公署。 （它）

好個交換條件

上海不知怎的忽然跑來一個所謂國民黨中央執行委員會，發了一紙告蘇聯的新聞稿，說：「蘇聯主張引用陸路通商條約爲交還領事裁判權的條件」。 可是同一天報上（一月二十五日），已經載着：「中東鐵路的俄員伊凡諾夫及職工會人員三百餘均已爲張作霖逮捕」。 這個領事裁判權眞怪！ 交還領事裁判權還要有條件，蘇聯也眞豈有此理！ 自己提出交換條件不肯交還，却又送給張作霖逮捕，以「證明」蘇聯在華領事裁判權的勢力，那尤其豈有此理！ （它）

蘇聯眞無誠意！

中國的鐵路，向來是軍閥的私產，大家都有任意進兵打仗，坐白車，殺站長之權；蘇聯人員在中東路上，如有誠意幫中國內亂，猶其是讓屠夫張作霖橫行，何至於不肯替張翳開車！ （它）

讀者之聲

對於階級爭鬥之一個疑問

獨秀先生：

頃讀大著『什麼是國民黨左右派』一文說，右派只反對三件事：一、共產黨，二、聯俄，三、階級爭鬥。前兩項弟暫且不說；若反對後一項，在弟淺見，簡直是無謂的舉動，不能發生效力的。蓋階級爭鬥是一個事實，不是一個理想，現在才要人去信仰的。人類自有歷史以來，社會裏有了階級，便有利害衝突，有了利害衝突，便有爭鬥。若是衝突之程度不高，那想做和事老的人，去勸勸兩方，不必爭鬥，或者可以收『息事寧人』的功效。但若彼此利害衝突太甚，已成為壓迫者與被壓迫者之關係，不惟不能勸服，且不能反對，不惟不能反對，且不可反對。對壓迫者階級說，或可啟其悔禍，戢其野心；若對被壓迫者階級說，是等於教人永為奴隸，永沉淪海，安有此理？例如吾人主張國民革命，豈不是說『打倒軍閥』？然打倒軍閥，亦是階級爭鬥，即合全國國民與軍閥階級爭鬥。如果階級爭鬥可以反對，則打倒軍閥亦可以反對，這是當然的邏輯，無可疑的。

這樣淺顯的道理，略一想想，應該無人不曉得的。何以現在的人一談及這四個字，便大驚小怪呢？據弟個人觀察，全出於如下誤會：即以為階級爭鬥，即是勞 專政，勞工專政，即是想將勞工階級一變為壓迫人的階級。既然想抬高一個階級，以壓倒其他各階級，無論那被抬高的階級多數抑少數，總是違背平等原則。結果，大家都講階級，都講爭鬥，豈不是大家互相殘殺，以人食人嗎？而且現在我們都正苦軍閥之禍，日在水深火熱之中，則除軍閥及其走狗以外，大家就應該消去各階級間的怨惡和猜忌，共同立在一戰線上，與軍閥作戰，安可內部自行分裂？譬如歐洲十九世紀之初期，各國地主尚極得勢時候，勞動家就不妨與資本家聯合，以推倒地主，當時英國的取消穀例大同盟(Corn Law League)即其一例。又如現在馮玉祥，因為他表面上總還談談民意，雖是一個軍閥，大家就生一種取人為善之心，想同他聯絡。難道其他階級，就不可聯絡，必定與之爭鬥嗎？故階級爭鬥一詞，若解為扶助勞工，提高他們的地位，保護或增進他們的利益，是無人可以反對的，縱使反對，亦無效的。但若解為藉勞工多數之力以摧殘或壓迫其他階級，恐怕說不通罷。況且一個人的關係，並不止經濟一種，於是同是一個人或有二個或二個以上的階級。假如有二人，在經濟上說，固同屬於勞動階級，然在別方面說，則又各屬於正相反對之階級，那麼，主張階級爭鬥者，究竟教他們兩個相親呢，還是相仇呢？

弟想以上所說的話，是大多數人心中所未了解的。他們不必即是反對階級爭鬥，不過未甚明白罷了。先生為吾國今日勞動運動領袖，想對於這事，必有一個很確切的解釋，以啟人疑惑。故敢一請教焉。耑此順頌

籌祺

如有惠函請寄廣大法科便妥因弟仍在該校任教授也又及

弟梁明致手書十二月二十八日

明致先生：

來書謂『社會裏有了階級，便有利害衝突；有了利害衝突，便有爭鬥』。足見先生了解了階級爭鬥，不像現在一般階級和平論者動輒說階級爭鬥是共產黨提倡出來擾亂社會秩序的。但來書又提出一個疑問，要求得着一個很確切的解釋。我們從先生提出的疑問看來，覺得先生雖然了解階級爭鬥是一個事實不是一個理想，但尚未了解甚麼是階級。縱然了解階級爭鬥是事實不是理想，但尚不能了解甚麼是階級，所以不免要發生來書中所提

迫出的疑問。

階級不是一件抽象籠統的事物。階級是有物質根源的。社會的階級分化根本由於物質生產機關的分配。在封建社會，生產機關如土地等操在地主手中，農民則依靠地主的生產機關才能從事於生產；故在封建社會，地主是壓迫者階級，農民是被壓迫者階級。在資本主義社會，生產機關如工廠機器等操在資本家手中，工人依靠資本家的生產機關才能從事於生產；故在資本主義社會，資本家是壓迫者階級，工人是被壓迫者階級。其他的階級亦看各人對生產機關的關係怎樣及其在生產中的作用如何而定。總而言之，階級的根基是建築在經濟上面的。先生不了解這點，所以發生底下的誤解。

首先，先生便誤以為「一個人的關係幷不止於經濟一種；同是一個人或有二個或二個以上的階級」。實際上，這是錯的。階級的根基是建築在經濟上面的。無論那一個人都各屬於某一階級。在某一定的時期，一個人只屬於一個階級。就先生的假設來說，有二個人在經濟上既同屬於勞動階級，那他們自然不能各屬於正相反對之階級。如果在政治上，甲加入代表勞動階級利益的共產黨，而乙則加入研究系保皇黨，這也是常見的事；但這幷不能說是甲乙在經濟上是同階級在政治上又各屬於正相反對的階級，這只能說是乙背叛了自己的階級利益而跑到敵人的營壘投降去了。我們主張階級鬥爭者，只有教勞動者共產黨員甲去攻擊背叛自己階級利益的研究系乙。

其次，先生又誤以為階級的關係是平等的。先生因為不了解階級的經濟上的根基，故以為資本家壓迫工人固然不對，但工人壓迫資本家亦是不對。「既然想抬高一個階級壓迫其他各階級，無論那被抬高的階級多數抑少數，總是違背平等原則」。實際上，這也是錯的。資本家階級和工人階級不但在經濟上政治上文化上不是平等，卽在社會進化的意義上亦不是平等：工人是差不多全體的民衆，而資本家只是極少數的人，資產階級專政是為自己的利益剝削全社會，而無產階級專政則是打倒少數人的壓迫以解放全人類，至少亦是催促社會向前進步。被壓迫者階級的解放，人類才能平等。無產階級專政不僅沒有違背平等原則，而且正是過渡到完全平等社會的必要的條件。

再其次，先生又誤以為階級爭鬥與階級間的聯合戰線不能幷立。實際上，這也是錯的。在階級爭鬥之中，必要時，利害有相同之點的幾個階級仍然可以暫時聯合戰線，共同反對別的階級。在英國取消穀例大同盟的一例中，勞動者不妨與資本家聯合戰線共同反對地主，但同時勞動者幷非自賣給資本家，他們幷沒有忘記了自階級的利益，他們幷沒有放棄了向資本家的階級爭鬥。在中國目前革命狀況的一例中，卽許地主資本家願意聯合工農反對帝國主義和軍閥，工農自然不拒絕與他們聯合戰線；但工農為自己日常的衣食等生活的要求幷不能因此忍受地主或資本家的壓迫，而不思向資本家要求加資減時，或向地主要求減租。中國工農聯合地主和資本家做國民革命，一面為全民族利益，但同時又不忘記自己的利益。譬如民衆聯絡馮玉祥共同反對反動的奉直軍閥，但民衆幷不因此而忘記了要求一切民主政治的自由。

先生說：「現在我們正苦軍閥之禍，日在水深火熱之中，則除軍閥及其走狗以外，大家都應該消去各階級間的怨惡和猜忌，共同立在一戰線上與軍閥作戰，安可內部自相分裂？」這在理想上是很高的。但實際上，先生既然承認現在中國也是一個社會，也便有階級，也便有利害衝突，也便有爭鬥，而中國的階級

爭鬥，也是專實不是理想，何以又能勸服中國工農和中國地主資本家間消去階級間的怨惡和猜忌呢？　而且從五卅運動中，我們很明顯看出，國民革命聯合戰線內部分裂的責任，并不在中國的工農，乃在中國的地主和資本家。　上海資產階級首先背叛民族的利益，删改工人學生的要求去向帝國主義求妥協，轉而勾結軍閥封閉工會秘密槍斃工人首領。　這就是一個最好的例證明中國資本家於危急之時，并不顧對於中國工人消去其怨惡和猜忌，此時若勸服工人不向資本家取階級爭鬥，則正如先生所言，「等於數人永為奴隸，永沈淪海」了。　先生主張階級爭鬥一詞應解為「扶助勞工提高他們的地位，保護或增進他們的利益」。　這是不錯的。　但資本家是否應許勞工的地位提高起來呢？　換言之，即勞工利益之保護或增進是否與資本家痛癢毫無相關呢？　先生若了解勞工在經濟上受資本家壓迫的地位，便可以明瞭所謂勞資間的階級爭鬥不外是一面勞工欲提高自己的地位，保護或增進自己的利益，一面資本家則欲降低勞工的地位，摧殘勞工的利益。　結果造成近代各國的勞動運動，結果自然要達到「藉勞工多數之力以摧殘或壓迫其他（壓迫勞工的）階級。」　先生若有經濟上的階級觀念，就可知道，這并不是「說不通」的。

記者代答

本報啟事

本報自一四二期起增加至十二頁後，從本期起復增加至十六頁。凡對本報一切主張，無論贊成反對，本報皆熱誠歡迎讀者討論，所有通信或投稿請寄至本報北京河南廣州三地通信處。

The Guide weekly

嚮導週報

第一百四十五期

目次

一九二六年二月十日

中國共產黨中國共產主義青年團爲吳佩孚聯奉進攻國民軍事告全國民衆

全中國的工人農民學生兵士小商人及一切革命的民衆！

一九二三年『二七』殘殺京漢鐵路工人的劊子手吳佩孚，現在又破壞全國的反奉戰線，轉而與全國共棄的奉系軍閥張作霖等聯合，進攻反奉戰爭的友軍國民軍了。這是反奉戰爭起後中國政局上最大的變動——由進步勢力結合進攻反動勢力的局面，轉而成了反動勢力結合反攻進步勢力的局面。此局面若繼續下去，則在中國將被一黑暗的大反動統治着，英美日的代辦吳佩孚和張作霖將鎮壓住這幾年來，特別是『二七』以後勃發而日益增長的民族解放運動，進而造成遠東的黑暗局面，危害於日在發展的全世界革命。

中國共產黨中國共產主義青年團特把吳佩孚此次聯奉反攻國民軍這一件事的危險，在全國革命民衆面前指示出來。中國共產黨中國共產主義青年團一向是站在全國革命民衆前面的：我們於每次政局變動時際，都很明顯指示民衆以政局的趨向及民衆應有的努力。我們在反奉戰爭初興時，即指明愛國的民衆是反奉運動大潮中之主潮，民衆應該積極參加反奉戰爭。到奉系軍閥因革命潮流的逼迫而成郭松齡之倒戈，我們亦已指明全國革命的民衆應該不猶豫的起來奪取政權。結果，因日本及其他帝國主義者的陰謀和吳佩孚的暗中破壞反奉的聯合戰線，以致奉系軍閥仍然得保其殘喘而與吳佩孚聯合起來。這也是因爲在這幾個月的戰爭中，革命民衆未能積極行動之所致。現在的局面更加危險了。全國革命的民衆此時正處在革命勢力和反動勢力決戰的時機，若不急起向吳佩孚行總攻擊，則任這局面發展下去，中國民族解放運動所受的打擊將不堪設想了。

全國的革命民衆！我們再不能遲疑了。我們應該起來積極的行動。向吳佩孚行總攻擊！吳佩孚是奉系軍閥之最後的擁護者，打倒吳佩孚——這不啻是嚴重打擊奉系軍閥的勢力，這也即是掃除國際帝國主義壓服中國民族一種有力的工具。我們應該一齊起來集中於這一步工作——打倒吳佩孚，援助國民軍。國民軍此時正在直接抵禦吳張反動聯合的進攻，民衆要肅清反動勢力，必須援助這一支軍隊。而民衆自身也應該迅速崛起，向反動的吳佩孚作大規模的示威，并集合在一種行動的組織之中，表現自己的勢力，請求廣州國民政府出兵北伐，督促國民軍不猶豫的不妥協的對付吳佩孚并肅清吳系在長江的勢力。在這狀況底下，尤其是武漢的民衆和河南的民衆更應該特別努力實行驅逐吳佩孚并努力參加反吳的戰爭。同時，我們即應進行召集孫中山先生主張的國民會議；至於吳系政客一切護法護憲的主張，自然都是我們所應根本反對的。

全中國一切革命的民衆！快起來！

打破吳張的聯合！

打倒吳佩孚！

打倒張作霖！

打倒英日等帝國主義！

中國共產黨執行委員會

中國共產主義青年團執行委員會

一九二五年二月七日

中國國民黨第二次大會的教訓

國燾

中國國民黨中，一小部分爲謠言所惑的黨員，時常歎息的說道：『自從共產黨加入本黨以後，引起黨內重大糾紛』。不錯，二年以來，黨內糾紛是繼續不斷的。可是這並非孫總理容納共產分子集中革命勢力的遺旨有謬誤，也非加入了國民黨的共產黨員妨礙了中國國民革命和中國國民黨的發展；這乃是最少數落伍黨員不明瞭革命趨勢和不願積極革命因而排斥新進革命分子之所致。雖然這一小部分黨員不明瞭糾紛的原因及黨的眞象，爲敵人多方的離間挑撥詆毀所蒙蔽，但是這兩年來中國國民黨驚人的進步，已是不可磨滅的事實。自第一次代表大會到第二次代表大會，在黨的方面，中國國民黨吸收了全國新進革命分子十萬以上，國民革命的種子已布散在全國進步的民衆的心中，國民革命的旗幟已爲千百萬民衆不惜犧牲生命以奮鬥的目標；在政治方面，廣東反革命勢力完全肅清，而且建立了一個革命的國民政府和一支眞正的國民革命軍，可爲全國民衆的革命基礎。

國民革命進行如此順利，當然爲敵人所深惡痛絕，百般破壞，而不肯一刻放鬆的。而且敵人的破壞是很巧妙的。他們知道中國國民黨是國民革命的根本，他們就從破壞國民黨下手。這種破壞方法，比用武力攻打革命勢力還要厲害十倍。自從孫總理去世之後，他們就夢想中國國民黨將從此瓦解，不但夢想而已，而且在行動上給了中國國民黨和廣州國民政府許多絕大的打擊。迄至第二次代表大會召集之前，他們還夢想第二次代表大會不能舉行；當第二次代表大會正在進行之中，他們又夢想第二次代表大會必定破裂。可是他們的夢想眞成了夢想。但敵人如何夢想，我們可不必管他。所可歎者，即在中國國民黨內，也有一小部分的黨員，雖然他們沒有蓄意破壞中國國民黨的心思，或許還是以爲愛護中國國民黨的，可是在反動分子領導之下，謠言迷惑之中，他們在那裏希望第二次代表大會不能開成，或最好發生裂痕；甚至敵人或反動分子所揑造的關於廣東政局的謠言也有意或無意的爲之傳播。這是何等重大的過失！但是現在事實證明第二次大會並不如反動分子所逆料。

中國國民黨第二次全國代表大會共到海內外代表二百五十八人，全國和海外各地所有中國國民黨部都有代表到會，代表都是由全體黨員所選舉的。所以這次大會確係全國的代表大會，大會開會十九日，全場氣象異常嚴肅，代表精神異常統一。所有參加這次大會的人們，沒有一個不承認全體代表都在孫總理遺囑遺像之下，充滿革命精神之中，進行這革命史上最重要的大會。一切宣言和決議，都在以至誠之意接受總理遺囑之下，根據孫總理的主義和政綱，以最大多數的投票而決定的。宣言和一切決議的要點，讀者自能領會，用不着多說，但是這次大會在革命史上的重要，不減於第一次大會，這是大家應一致承認的。

大會結束了以前的一切糾紛，製定許多實現孫總理主義和政綱的計劃，而且大會代表全黨立誓要於第三次大會前，實現全中國的國民革命。中國國民黨員諸君，和自命中山先生眞正信徒諸君，對於第二次大會，採取若何態度？還是在第二次大會決議之下，一致進行孫總理所指示的國民革命呢？還是消極的怠工呢？還是在反動分子迷惑之下，繼續反對正確的繼承孫總理遺教的第二次大會決議呢？這是要請大家平心靜氣忠索的問題。

也許有人以爲大會處罰西山會議幾個最反動分子，還應寬大一點。但是就事實上說，已經是寬大得無以復加，最大多數出席這次大會的代表根據全黨的意志都以爲不能再加優容。處罰反動分子或許

宜寬大，但是黨的威信亦是重要的。我們還是犧牲幾個反動分子呢？還是犧牲孫總理艱難締造的黨的紀律呢？這幾個反動分子雖然是老同志，但是為了全黨的生存，也就不能不割愛了。

還有一些黨員對於廣東政局尚欠明瞭。他們不知道廣東這個活潑潑的革命根據地，確係黨中諸領袖和廣東全體同志歷經艱苦奮鬥，才有今日，廣州中央黨部和廣州國民政府的一切作為，都是依照總理的遺志遺教為南針的。廣東的革命局面，一方面固然可以為北出中原的根據，一方面也還沒有脫離危險之境。英帝國主義窺伺於南，反動軍閥環繞於北，貪官汚吏土豪劣紳潛伏於內。稍微明瞭一點大義的人們，都應極力愛護孫總理數十年經營的廣東，並為許多艱難困苦的廣東同志分憂，尤其香港政府無時無刻不在圖謀傾覆國民政府，武力攻打廣州，只有全國黨員一致動員抵抗，並急速促成國民革命在全國範圍內的成功，才能保證廣東的安全。卽使對於廣東現狀眞有懷疑的地方，親去考察一番，亦無不可。若取消極反對的態度，終有些說不過去。

大會對於共產黨加入國民黨問題，依照孫總理容納共產分子集中革命勢力的遺旨，以誠懇和藹的精神，加以討論。在理論上，一致擁護孫總理遺旨；在事實上，證明共產黨員加入國民黨以後，確能增進國民革命的發展。加入國民黨的共產黨員亦在大會上聲明共產黨員的黨團組織，不過督促共產黨員努力國民革命，而且共產黨員加入國民黨亦純粹以擴大中國國民黨和集中革命勢力為目的。經此一番討論國民黨與共產黨的關係，又重新得着一層穩固的保障。

大會既然獲得絕大的成功，當然為眞實的革命者所歡欣鼓舞的。國民黨的敵人——帝國主義者和軍閥——鑒於國民黨的勢力日增，基礎日固，或者格外嫉視，因而加緊破壞，亦未可知。只要所有國民黨左派——中山先生的忠實繼承者——都準備在第二次大會決議之下，犧牲一切，矢志奮鬥自能化險為夷。我們不知道為反動分子所欺騙的一小部分黨員，將何以自處。我們所知道的，就是那些在革命戰線上的戰士們，正伸出他們的雙手，希望迷途未遠的同志，拋棄已往的成見，重新在中國國民黨統一的幟旗之下，互相提携着為同一目的而奮鬥！

國民應為國民會議而戰！

——張吳聯合攻國民軍之政局與民衆——

秋白

五卅之後，中國的反帝國主義的鬥爭已經團結全國一般的民衆，帝國主義者覺着自己統治的動搖，於是驅使奉系軍閥做他們的走狗，以殘暴的壓迫政策摧折已經開始的國民革命。固然，北部的民衆運動受着一時的遏止——上海總工會被封，工商學聯合會解散，其餘各地也受同樣的壓迫。然而不久，反奉戰爭便突然暴發——這一戰爭雖仍是軍閥之間的戰爭，可是，在全國革命民衆反抗帝國主義走狗的壓迫之中，民衆對於這一戰爭的督促，有唯一的目的，便是「變軍閥之間的戰爭為平民反帝國主義和軍閥的戰爭」。果然，全國人民的反奉聯合戰線，促起奉系軍閥的內潰——郭松齡的倒戈，並使國民軍得到部分的勝利——天津民衆自由的恢復。這種形勢之下，一方面民衆反抗軍閥政府及要求國民會議的運動普及於全國，別方面，軍閥統治根本動搖，賣國的所謂臨時執政的段政府失了奉系軍閥的支柱，——北京上海廣州等處的革命民衆，自然奮起革命，要求推翻段祺瑞，建立臨時革命政府。同時，廣州的國民政府，也在這個時候完成肅清廣東反動軍閥之全功——以受民衆指導的國民革命軍及工農小商

等一般民衆的贊助為基礎，鞏固並確定人民的政府，對外抵禦帝國主義的侵略。　廣東國民政府的確立，能保障中國民族及平民的利益和自由，與帝國主義及其工具——反動軍閥，買辦土豪貪官汚吏等奮鬥，——外交上得到勝利的形勢，如汕頭日人行兇事件，香港罷工問題的談判等，內政上也能統一財政軍政，廢除苛稅雜捐，肅清拉夫烟賭等現象——這一事實，尤足使屈服於帝國主義及軍閥統治下的北方民衆，增加百倍的革命鬥爭的勇氣，而决然準備積極的行動。

可是帝國主義者，一方面以關稅會議法權會議的欺騙手段來蒙蔽中國人民，並且實行五卅案司法重查以表示一致進攻的形勢來恐嚇中國人民，別方面，尤其是日本帝國主義，急急以全力援助正在崩潰的奉系軍閥，直接遣調日本軍隊，到東三省，帮助張作霖征服傾向國民軍的郭松齡，消滅他的軍隊並且加以殘殺。　於是奉系軍閥得以苟延殘喘重新鞏固起來。　日本帝國主義者還唆使張作霖故意破壞中東路路政，強迫免費運兵，與受中國委託參加管理中東路的蘇聯挑釁。日本帝國主義者這種舉動完全是想移轉國人反日的目標於蘇聯，並破壞中國民衆反對帝國主義及奉系軍閥的聯合戰線。　實際上，日本帝國主義者不但在東三省以自己的軍隊援助張作霖，並且在李景林張宗昌軍隊裏，實行直接指揮他們的軍事作戰計畫，援助他們侵襲國民軍的戰爭。　同時，蘇聯對於代表國民利益或贊助國民要求的國民政府及國民軍，因為他們在中國民族解放的鬥爭裏有相當的能力和効用，極端表示同情和贊助。因此，反奉戰爭發展到現在的形勢，事實上直接的已經是中國國民反抗帝國主義——尤其是日本帝國主義——的戰爭，間接的便是中國民族與世界無產階級聯合戰線反抗帝國主義的戰爭。

最近，日本帝國主義救了奉系軍閥之後，陰謀破壞國民反奉反日的聯合戰線之後，更進一步要想根本撲滅中國的國民革命運動。他替奉系軍閥和吳佩孚——二七屠夫的吳佩孚，英美帝國主義走狗的吳佩孚謀新的結合。　雙方往返派遣的代表都經過日本帝國主義的介紹和接洽，受直接的訓令；日帝國主義命令山東張宗昌李景林和吳佩孚派之靳雲鵬等議和，相約共同出兵攻國民軍等等事實，早已昭然暴露。

日本帝國主義這種陰謀，當然是謀與英美帝國主義聯合一致，集中反動賣國軍閥的勢力，想一舉而撲滅國民軍，恢復他們間接統治中國的局面，所以他需要暫時的奉直聯合能攫取中國的政權，以便徹底鎮壓中國反帝國主義的國民革命運動。　五卅以後，帝國主義逼得不能不開關稅會議法權會議等，甚至於接到以中國外交部名義送出的要求修改不平等條約的通牒，這對於他們是何等可怕的現象，這証明中國反帝國主義的運動發展到何等程度，　他們要消滅這種運動和鬥爭，自然祇有援助反動軍閥的一條路——日本報紙在張作霖被救之後，有一部分已經說：『目下的對華政策，日本已比較的得着成功，現在已可停止關稅會議』；可是別一部分如報知新聞之類，則認為太早（東方社一月卅一日東京電），這便是再明顯沒有的證據——他們的政策，是援助奉直聯合，征服國民軍，鞏固軍閥統治，撲滅國民革命運動之後，便可以停止關稅會議等類的欺人政策，從此不愁反對不平等條約的運動能有大的發展，可以鞏固帝國主義的對華權力了！

現在，直奉聯合已經實現了，吳佩孚張作霖已經開始向國民軍作戰了；張作霖的軍隊奪取山海關秦皇島，張宗昌李景林等宣言督師大名，攻直隸的國民軍山維勤等自山東回師已過兗州，想從東面攻河南，劉鎮華張治公的軍隊從陝西方面攻打國民二軍，河南南部吳佩孚的餘孽和被他收買的匪徒也想從中作祟，吳佩孚自己的軍隊寇英傑等直接進兵武勝關信陽隨縣等處。　吳佩孚等在反奉戰爭開始的時候，曾經通電反對金佛郎案關稅會議，裝腔做勢的通欵廣州，如今這些假面具早已揭除了。　吳佩孚等已經公然的倒到奉張和日本帝國主義一方

面去，更用不着掩飾以前反奉戰爭的目的是在爭權奪利，更明顯的表示他們願意做帝國主義的奴才，執行他們的『歷史使命』——撲滅中國平民的國民革命運動！

中國民衆在這次奉直與國民軍之戰以前，早已一致的要求建立革命的臨時政府，召集國民會議，將一切軍隊置於人民的政府之統治和管轄之下，以求根本改造中國，實現眞正的民權，澈底解放中國，廢除不平等條約。當時的形勢，是奉張勢力已經摧敗，段祺瑞政府已經無形解體。 所以人民奮起取得政權是全國民衆一致的要求和目的；雖然革命的學生工人等眞正的人民團體和國民黨，主張由人民代表與國民政府國民軍組織臨時革命政府，立刻召集國民會議預備會，解決國是，處置反動的軍閥；商人團體，如天津總商會等，提議召集各派實力派的代表會議，決定停戰議和改組政府的辦法；孫文主義學會的國民黨右派，主張由國民政府會同北京當局下令召集國民會議預備會議；國家主義派主張由全國職業團體選舉代表，由上海總商會總工會等召集他們開國民代表大會；國民軍方面，尤其是國民第二軍（李仲三的表示）主張以段氏任命之內閣，攝政過渡，根據孫中山先生宣言召集國民會議預備會——這許多主張，雖然根本上性質上有許多不同，然而大概而論，都是主張國民會議，主張由人民接受政權的。 別方面，吳佩孚去年年底的通電（世電），主張恢復所謂『法統』，張作霖也有贊成法統的間接表示和消息；章太炎吳景濂賄選非賄選的所謂議員，相互攻訐，主張護憲或法統，主張黎元洪復任或黎元洪時代內閣繼續攝政，主張曹錕正式辭職，將政權移交內閣，再根據什麼法什麼法再選國會；研究系張君勱等，主張召集軍民長官加上所謂『老成碩望』和議員的國法公斷會議，來解決曹錕憲法和臨時約法的爭端，上海的列強帝國主義者組織什麼反過激派的護憲會。 ——凡是這些主張，議論雖然龐雜，實際的目的卻是共同的：便是維持恢復軍閥的統治。 因爲在法理上，曹錕的國會固然不成問題，便是所謂法統的國會議員，除出賄選的以外，早已不足法定人數，何況，在實際上中國國會早已成了軍閥的御用機關，他內部的鬥爭，正和護憲法統的互爭一樣，不過代表各派軍閥亦即各國帝國主義的利益而內鬨——至於反對民衆則是一致的；所以現時恢復法統，不過是奉張和吳佩孚相結合的『政綱』——舊時國會既然完全是軍閥政客的機關，決無代表人民的資格，黎元洪曹錕張作霖吳佩孚的無論什麼『攝閣』或『政府』，更明顯的是軍閥專政的機關。

因此，這次的戰爭實際上是人民與軍閥的戰爭，國民會議與軍閥統治的戰爭，張吳聯合與民衆聯合的戰爭。 張吳聯合的目的是要恢復軍閥專政；民衆聯合的目的是要實現革命專政。 國民軍既然表示贊成國民會議，人民便應當使他們服從人民的指導，承認國民會議的政權，爲國民會議而戰。 中國人民在這次戰爭裏，不是贊助國民軍反抗張吳聯合，而是要使國民軍贊助人民反抗張吳的戰爭，並且要使廣州國民政府代表人民而加入戰爭。 張吳聯合向國民及國民軍進攻的形勢已經非常緊迫，戰爭已經開始，尤其是河南的國民軍四方八面受敵。 去年段張屢次陰謀和英帝國主義聯合進攻廣州，假手於唐繼堯，陳炯明，鄧本殷，楊希閔，劉震寰等；如今的張吳聯合，於戰勝北方國民軍之後，其勢必定更急速的要推翻廣州國民政府，全國人民的自由和利益，當然更加要受殘暴專橫賣國媚外的張吳軍閥的壓迫和摧殘。 所以這次戰爭是很顯明兩個營壘：一方面是帝國主義和張吳軍閥，別方面是人民，國民政府和國民軍；這次戰爭是中國人民和民族能否得到解放抑或要完全變成帝國主義的奴隸之重要關鍵。 全國的人民呵，趕緊奮起直接行動，勿受帝國主義的離間，鞏固自己的民衆聯合戰線，與帝國主義和張吳決一死戰，

中國的工人農人商人學生以及一般的民衆之利益和要求是一致的

，至少是一致要求國民會議的召集，人民政權的取得。 世界無產階級和一切被壓迫民族及民衆，對於我們這種革命鬥爭，爭中國解放的運動，是一致的表示同情和贊助的。 我們中國國民不應當受帝國主義的離間，在這緊迫危險的關頭，互相離貳，反對贊助我們的世界無產階級，尤其是蘇聯，應當注意集中組織我們的力量於反對張吳聯合壓迫國民軍的戰爭。 中國人民方面，現在有些人祇是希望和平，夢想和平，勸張吳軍閥停止戰爭，和國民軍國民政府去談判，希望他們能這樣自願的交還政權於人民，（如天津總商會）；如今事實已証明這是不可能的了，張吳軍閥已經破壞和平，開始攻打主張國民會議的國民軍了。 有些人想拋開人民自己的團體，單由北京當局會同國民政府召集國民會議預備會（國民黨右派）；如今實際上的北京當局——國民軍已經在四面受敵，北京的許闍是絕無召集國民會議的能力，可見必須有民衆實力贊助的，有民衆代表參加的臨時革命政府才能執行這一重大職任。 有些人想拋開代表人民利益的國民政府之革命軍和贊成民衆要求的國民軍，單由上海的總商會等來召集國民代表大會（國家主義派）；如今張吳軍閥的聯合已以幾十萬的兵力往國民及國民軍底下來了，可見決不能等待民衆自己慢慢的武裝，有了實力再召集國民會議，更不能赤手空拳在上海開個國民代表大會便可組織什麼政府，必須由人民立刻督促國民革命軍和國民軍起來，先打倒張吳資國軍閥的聯合勢力。 中國的工人，受吳佩孚屠夫「二七」屠殺的壓迫，尤其是五卅以後，帝國主義和各地軍閥專政，動輒施行屠殺，封閉工會，逮捕鎗殺工人的領袖，他們正在積極的力爭自己的自由，繼續五卅以來的民族解放鬥爭。 中國的學生，正受軍閥的壓迫和摧殘，尤其是最近的湖北學生，他們的代表竟因為反對日本出兵東三省，被軍閥鎗殺。 中國的商人，正受着苛捐雜稅的剝削，勸捐餉項的痛苦，關稅不能自主的束縛，尤其是最近陰歷年關，各省軍閥，當然以準備作戰的吳佩孚為首，都到處搜括民脂民膏，以舒自己的財政。 至於農民，更不用說，除廣東以外，沒有一個人是自由的，沒有一刻不受軍閥的摧殘壓迫搜括的，最近各省尤其加勁的預徵漕忙，額外徵收。 中國一般人民，一切被壓迫的社會階級，都應當立刻開始和軍閥及帝國主義鬥爭——和張吳聯合戰爭！ 中國一切反帝國主義的反軍閥的政黨和派別，都應當立刻建立鞏固的聯合戰線，放棄一切資產階級的私見：苟安偷活的和平夢想，畏怯民衆勢力的算計，遠避所謂「赤化」「共產」的虛心，反對國民政府和國民軍的假清高，——承認工人階級的要求，接受中國無產階級政黨——共產黨的政綱，來一致的共同的奮鬥。 總之，各被壓迫的社會階級及一切贊成國民革命的政派，應當立刻形成具體的實際的偉大的民衆聯合戰線，并且督促國民政府和國民軍，以民衆的革命意志去指導他們，大家共同的一致的起來為國民會議而戰！

實行這一職任的方法，便是各地的民衆團體：工會，農民協會，商會及其他小商人的團體，教育會，學生聯合會，各種其他職業團體，婦女團體等等和國民軍及國民政府的代表（當然只能限於他們的所在地），共同組織真正有民衆的國民會議促成會，這些促成會各自在反動軍閥的地方，積極與軍閥及帝國主義勢力奮鬥，取得當地的實際政權，暫行管理地方的政務，着手組織真正民衆的武裝勢力，鼓起受軍閥剝削壓迫的兵士羣衆，使他們和國民會議促成會携手，共同實行推翻這些反動軍閥統治的革命。 國民政府及國民軍勢力之下，這些促成會應當督促或輔助他們的作戰。 這樣的奮鬥，才能使民衆的聯合戰線戰勝帝國主義及張吳等軍閥的聯合戰線，才能使國民會議真正實現，才能繼續五卅運動，達到廢除一切不平等條約，關稅自主，取銷領事裁判權等的目的，——才能以革命的國民會議，統轄全國軍隊，肅清一切反動軍閥，確立真正民權的全國的國民政府。

張吳聯合——帝國主義與軍閥的聯合戰線已經向我們進攻了。全國的人民呵！ 趕緊聯合起廣州國民政府和國民軍，建立民衆的聯合戰線，一致的反抗！ 爲國民會議而戰，爲廢除不平等條約而戰！爲全國的國民政府而戰！

中國職工運動戰士大追悼週之意義

秋白

白骨枯了，碧血殷了，寡婦孤兒的嚎哭遍及全中國了——『二七』屠殺中死的人眼睛還沒有閉哩！ 勞工的汗血還在一天到晚的榨取，平民脂膏還在軍閥資本家帝國主義者的鍋爐裏煎熬……，然而我們活着的人，熱血早巳沸騰，筋骨都在爆烈，我們的憤怒已經達到頂點，我們不得不拚死一戰，努力奮鬥，剷除一切壓迫剝削的制度。 殘暴的野獸——資本家帝國主義者和賣國軍閥，他們的嘴固然十分的嚵，他們的胃口固然十分的好，只想吃我們的血，剝我們的皮。 然而我們是人類的大多數，我們有幾千百萬萬，殺不盡的！ 我們的血要浸死他們。 帝國主義的末日巳經不遠了！

我們工人固然十分『低微』各個工人在資本家眼裏看來，固然是螻蟻，是豬狗，整千整百踐踏殺戮死，不算什麽一囘事，可是我們——工人農民，一般的勞動者如果團結起來，有澈底的覺悟和勇猛的精神，便能成爲天下第一等偉大的力量，誰也不能戰勝我們。 我們像衝鋒的戰士一樣，雖然在前線上一批一批的倒下來，可是後陣還一批一批的前進，不到打破敵人的營壘不止。

中國的職工運動在『二七』以前，只是初期的發生，『二七』的死者證明了工人階級奮鬥的力量和決心，工會的需要從此普遍於中國工人的一般羣衆裏去。 英美帝國主義者走狗吳佩孚等施行『二七』屠殺，大欲恐嚇工人羣衆，撲滅他們的革命運動。 可是實際上，正是『二七』之後，廣東、上海、山東、河南、湖北、湖南，全中國的鐵路工人，鑛山工人，紗廠工人等運動大大的發展起來。 他們只能在極短的期間鎮壓住這種運動。 『二七』之後不到幾個月，各地工人響應『二七』京漢工人的鬥爭，提出和『二七』同樣的口號和要求——『打倒帝國主義，打倒軍閥，工會和罷工的自由』。 這種發展的結果——上海青島日商紗廠裏罷工運動，才爆發而成偉大的五卅運動。

『二七』以前中國的民族運動雖然開始了巳經很久，可是五四以來，這一運動還祇在學生羣衆裏，一直到『二七』以前唐山京漢等大罷工，尤其是『二七』屠殺之後，才深深的滲入工人羣衆；這一殘殺的創痛驚醒了中國最革命的階級，使他們如潮水一般湧入國民革命的隊伍——匯集於國民革命的國民黨——國民黨的改組，廣東農民運動的興起。 中國職工運動的發展不但是國民革命中得着了強有力的新力軍，而且找着了自己最勇猛最堅決奮鬥，最先犧牲的先鋒隊。 這一過程，可以說是從『二七』開始的。 而『二七』以後的繼續發展——便使國民運動，學生運動，農民運動隨着最先發難最先犧牲的『二七』屠殺中之工人——我們的死者——勇猛的向前奮鬥，萬流匯合地形成中國革命史上空前的五卅民族解放革命！

『二七』的犧牲者，我親愛的同志呵，你們的血是爲中國工人階級而流的，也是爲中國民族而流的。 你們的志願終有一天達到的——中國一般平民羣衆如今已經深切地被你們的勇猛悲壯的精神感動了，尤其是全中國的工人和農民。 你們死了，跟着你們死的在這三年以來又有不少了；此後的鬥爭裏，還不知道帝國主義者軍閥和資本家要殺戮多少。 然而他們殺戮你們的結果，巳經造成全國革命化——『赤化』的形勢，他們以後的殘殺只有斷送他們自己的生命——全世界帝國主義的根本剷除，沒有別的結果。 你們的死是光榮的死！

你們是爲全人類的解放而死的呵！

帝國主義者軍閥和資本家，自從「二七」開刀，雖然這種屠殺不但絲毫效果也沒有，反而激起工人階級和全國民衆的憤怒，革命運動的大發展，可是他們的噬吻，便從此時時刻刻大吃工人的血了。中國民族解放運動因爲有工人階級的鬥爭做了首幹，帝國主義者等便大大恐慌起來，尤其是有了工人階級的政黨——共產黨的指導和羣衆的宣傳，他們更加時時刻刻懍懍危懼，知道工人階級的眞正覺悟而實行奪回自己權利的革命，是根本推翻他們的統治。所以他們首先要摧殘中國的工人運動，首先要屠殺中國的工人，尤其是共產黨員。帝國主義者經過趙恆惕殺了黃龐，經過吳佩孚殺了林祥謙施洋（「二七」）和許許多多江岸的工人，從此之後每次職工運動中，工人階級爭自己最低限的權利——工會自由罷工自由改良待遇增加工資減少工時的運動裏，他們天天想出新的方法來屠殺。沙面罷工以後，他們假手商團殺死黃駒等烈士；上海日商紗廠的罷工裏，日廠職員親手打死顧正紅，青島紗廠罷工時，他們當面諭令張宗昌鎗斃李慰農胡信之。最近，日本資本家雇用工賊流氓包探打手打殺上海同興紗廠兩個工人；他們更諭令孫傳芳秘密殺害上海總工會副委員長劉華；他們又命令李景林殺死正太路工會職員高克謙，他們的走狗李鴻程殺死了黃靜源，破壞安源的礦工俱樂部。五卅以來各地的大屠殺更不用說了。

這許多死者之中非共產黨員固然很多很多然而就上面隨手舉到的，有姓名的來說，共產黨員已經有六七人。共產黨是爲工人階級奮鬥的黨，是工人階級自己的黨，個個共產黨員都願意爲工人階級而死。

如今，在全國軍閥買辦階級以及他們的「思想家」「主義家」，唾罵評蔑共產黨的時候，說共產黨祇是利用工人自己享福，「沒有流一滴血坐一次牢」的時候，我們不用提起「二七」以來被殺的許多共產黨員，不用提起被右派國民黨開除的張國燾等爲着京漢罷工事坐了半年多的監獄，單說現在「西牢」「中牢」裏的已經不少了。帝國主義者等知道他們最強大的敵人是誰，知道怎樣利用政客、「主義家」工賊、流氓、學棍等於屠殺工人和共產黨之後，再來造謠誣蔑他們！

我們中國的工人農民及一般勞動平民，正因爲如此，更要痛切追憶我們的死者，努力去奮鬥，我們要在這一週內——「二七」前後一星期內，趁此我們的運動第一次大流血的紀念日，年年舉行極盛大追悼宣傳，紀念職工運動中的一切死者。我們的追悼，我們的熱淚應當激起大多數民衆的悲憤，發誓繼續我們的死者往前去！

「工人階級的自由要用自己的血去換來！」

「二七」三週年紀念日追溯一年來中國鐵路工會運動的發展

章龍

二七紀念日是一個革命的紀念日，一九二五年是一個革命的年份，我們當着第三週二七革命紀念日，來敍述過去一年中的中國鐵路工會情形，我們至少有一個感想！就是說：過去的「二七」有兩次是很暗淡的，在退守的戰濠裏度日子，但是這一年以來我們已是從濠溝裏奮起重向我們的敵人進攻了，直到今天，我們全國鐵路工人還是揚眉振臂，牢守着森嚴的戰壘——工會——無情的向敵人猛攻。並且在今日，我們的決勝還在一天一天的發展，我們營壘還在一天一天的如星羅棋布增加起來，我們的戰友也就如火如塗各爲着他們的主義和目標不斷的爭鬥！

這並不是一件偶然的事，要明白一九二五年中國鐵路工會運動的興盛，就應該仔細去尋他的歷史的解釋，這正如我上面所說的，因爲一九二五年，他是一個革命的年份！

一九二五年是世界工會統一運動發展最高之際，殖民地的民族運動如潮般的洶湧起來。遠東近東的弱小民族各高舉革命的大旗一步一步向着帝國主義的陣門闖進，帝國主義的反攻愈兇猛，民族革命的火焰愈爆烈，如此相激相盪，便造成一個革命的世界，影響及於中國，就造成一個革命的中國。

中國鐵路工人在這一個大趨勢之下，一年來所做的工作都染着極濃厚的階級爭鬥色彩。他正同中國其他先進的產業工人一樣，率先的領導一切民族革命的運動工作，并為着工人階級本身的利益不斷地作經濟爭鬥和政治爭鬥。同時在這些持續的爭鬥中遂得積極擴大他的宣傳和組織，建立了一個統一的階級性的產業工會。

現在我們可從經濟組織及經濟爭鬥政治爭鬥的觀點上將全國鐵路工會一年以來的發展情形簡單敘述一下：

從工會組織上說，一年來全國鐵路工會的工作可分兩個時期，第一是恢復工會及創造工會的時期；第二發展和鞏固一般工會的組織時期。

當去年『二七』第二次全國鐵路代表大會的時候，正是直系軍閥崩潰不久的時候，被曹吳封禁之各路工會多數尚未恢復。當時列席的代表，據上屆執行委員會報告只有唐山、鄭州、彰德、大連等處是代表公開組織的工會，其餘多數代表都是從事工會秘密工作的工人領袖，有些是方從監獄中出來的。回溯當時北方的政治環境，曹吳雖倒，直系的殘餘勢力如山東長江一帶仍然不小；奉天軍閥挾着交通系重掌國有交通大權；段政府舉措反動尤甚；國民第一軍馮玉祥虎踞京綏全路；在上列情形之下，工會的發展仍是很不容易的。不過當政變之餘，直系餘孽及尚未強盛之小軍閥，日在危撼不定之中，對於工人的防禦較前不免鬆懈，實給予工作上以多少之便利，厥後國民第一軍因政治關係，亦採用了同情工人之政策。此時全國鐵路總工會遂廣派專員，分赴全國各路為恢復工會及創造新工會之運動，此運動經過半年有餘，遂有十七路工會之組織，此際計有工會組織之鐵路，為京漢、京奉、京綏、正太、道清、隴海、膠濟、粵漢南北段、中東、南滿、滬寧、滬杭、南潯、廣三、廣九、津浦、株萍等路。共包括六十餘工會。

全國鐵路既已有工會的組織，工作的進展便臨到第二期了。因為我們所需要的工會是一種階級爭鬥的組織，不徒尚形式的名虛。要使工會能負起領導國民革命的工作，能行徹底的階級爭鬥，其組織必合於下列的幾個條件；（一）階級性的工會，不能攙雜上級員司和工賊；（二）組織務必嚴密；（三）權力須絕對集中；（四）統一性的聯合。——為使鐵路工會有充實的內容起見，第二期的主要工作便在發展與鞏固組織上努力，在這段工作過程中，我們與舊的行會觀念爭鬥，與交通系爭鬥，與工賊爭鬥與一切敵人爭鬥，前後經過很多的困難和危險，直到現在才算建立了各路工會之真正基礎。

經濟爭鬥與政治爭鬥

上面已經說過一年來中國鐵路工會的歷史完全是爭鬥的歷史。固然自二七大屠殺後，但一年以來的經濟爭鬥表面是不甚劇烈的。全國鐵路工人以前歷次罷工得的經濟利益，喪失殆盡，此時的鐵路工人生活是極困苦的；但是自各路工會恢復後，路局方面忧於工會勢力之勃興，多自動恢復以前待遇，或增加經濟利益，冀消滅工人之反感。故一般觀察，在此種情形下面之大規模的經濟罷工，一年以來遂不多見。計此期中經濟鬥爭之較為重大者，有膠濟全路經濟罷工之勝利，南滿工人經濟要求之勝利，京綏全路工會三條要求之勝利；滬滬全路之十四條勝利，粵漢路罷工之勝利，此外如京漢、京奉、正太、株萍、道清、津浦各路隨時隨地發生較小之經濟爭鬥日有所聞，未經持久，即行解決，不必備舉。

說到政治鬥爭，首先要提及第二次全國鐵路代表大會所規定的政治主張。這個主張包含下列幾項：第一是繼續「二七」爲爭自由的運動；第二是積極的參加國民革命打倒帝國主義和軍閥；第三是要求一個保護工農利益的國民革命政府；第四注重國際的聯合。當「二七」大會閉幕之後，正是國民革命潮流高漲的時候，國民黨及共產黨主張召集國民會議廢除不平等條約的運動深合於民衆的需要，此時全國鐵路總工會號召各鐵路工人熱烈參加這個運動，到處爲廣大的宣傳和組織，派遣代表出席北京全國國民會議促成會者甚多，這個爭鬥的結果，雖然沒有直接的成效可睹，但是經此一番運動國民所受政治的訓練頗多，實啓後來不斷地國民革命運動之樞機，而一般鐵路工人對於大會決定的政策，也增加一番認識和努力。後來青島日本紗廠罷工，反對日本資本家的壓迫，山東境內之膠濟鐵路總工會便立刻率領青島市民在山東境內發起反對日本帝國主義的大規模運動，這個運動以鐵路工人爲主腦，深入一般民衆中去，結果，日本資本家屈服，紗廠工會得到最後的勝利。自五卅事件發生，北方各鐵路工會各依其本身之力量在各都市領導當地民衆組織反對帝國主義的團體，做長期的排貨，示威，經濟絕交及捐款救濟事，更在這個政治爭鬥之中，以反帝國主義爲號召，發展了各鐵路工會本身之組織，同時也促進了一班民衆團體的組織。此外全國鐵路總工會復在這個運動中與歐洲各國的工人爲深切的連絡，對世界無產階級揭破黃色國際與帝國主義同惡共濟之眞正面目。隨後各鐵路工會又曾爲一度勞動立法運動，當全國革命潮流日高的時候，北京政府頗欲頒布工會法以爲箝制全國工人的工具。此時各鐵路工會羣起反對，并協同各工會提出一個代表工人利益的工會法草案，責成北京政府頒布，各路工會對於此事之運動甚爲熱烈，進行頗具希望，後卒以上海資產階級之阻撓頒發，此案遂形擱淺。反奉戰爭起，全國鐵路總工會則認爲此次戰爭應積極有民衆力量參加才能得到結果，當日所定辦法除命令全國鐵路工會形成一般的反奉宣傳和組織外，并令關係各路工會以實力從事反奉工作，又派大隊工人維持京漢津浦交通，便利反奉軍隊的軍事運輸，此項工作在京漢方面收效很大。同時復於戰爭期內遣派前敵鐵路工人宣傳隊前往戰地，宣傳「兵工聯合」及「民衆與武力結合」，「肅清反動軍閥」，「建立革命政府」等口號，此時北方鐵路大小各站，多數地方均有公開羣衆反奉示威運動。嗣後日本出兵滿洲維持奉系軍閥，更激起全國鐵路工會的普遍反感。到處均發起排日的羣衆示威運動，繼續經濟絕交事業，其運動之緊張，不減於五卅之役。全國鐵路總工會，更因此與日本無產階級，增加了一度之結合。

此外如京漢路工會爲援助鄭州紗廠罷工而爭鬥，使紗廠工會得到勝利之解決；正太路工會爲反對法國帝國主義及工賊而爭鬥支持至三四個月之久；道清路爲援助焦作礦工罷工而爭鬥；京綏路爲反對交通系工賊而爭鬥，屢仆屢起，卒將敵人打倒；粵漢爲驅楊劉擁護國民政府而能工得到勝利；株萍路工會的援助礦工而爭鬥，致被封禁；京奉路唐山工會爲同情礦工罷工，備受摧殘；雖屬局部範圍，他所代表的意義却均是很重要的。在這許多爭鬥史中實爲多數忠勇奮鬥的勞動戰士鮮血所渲染，如膠濟路總工會領袖李慰農，倫克忠，青島公民報記者胡信之，正太路總工會秘書高克謙，京漢路鄭州工會會員韓玉山；津浦路浦江工會委員長張振成，都是在戰爭中犧牲了他們的生命爲階級爭鬥的殉難者。其餘因爭鬥而入獄的失業的爲數更爲衆多。

在這一年中爭鬥的結果，雖然距我們的期望相差尚遠，但我們工會的組織確已固定，一年前工賊猖狂的現象，現在是沒有了。我們更進一步觀察，進步的中國鐵路工人已在政治爭鬥中取得相當的地位，他一方面踏向領導民族解放運動的地位，一方面走上世界工會潮流的大道。他這樣結合經濟爭鬥與政治爭鬥爲一致的進展，縮短他的

歷史過程，是世界革命巨流中釀成的一種必然的現象。

現在帝國主義雖在聯合向中國進攻，壓迫中國的工人階級，但是因爲：（一）世界職工會的統一運動日有進步，他們國內的階級鬥爭一天一天的緊張起來；（二）東方殖民地反抗帝國主義爭鬥，使帝國主義的基礎根本動搖；（三）同時那些強盜們在中國的利益不斷的發生衝突。 所以帝國主義又聯合用武力壓平中國革命的事實，畢竟辦不到！ 至於國內軍閥此興彼仆，自取滅亡，更永遠沒有建設武力統一專政的可能，而國民革命政治上軍事上的建設，隨着民衆革命的呼聲日益激增。 所以最近中國革命運動，已經由普遍的反抗帝國主義進而至於實際建設革命政權的爭鬥，在這個爭鬥中，進步的中國十萬餘鐵路工人實負有很重大的責任。 他們將本着過去奮鬥的精神，政治的熱望，繼續爲更努力的爭鬥，打出一條血路，去與世界革命戰壕的無產階級戰士爲親密的聯合，實行向國際資本主義，作一最後的決鬥！

寸鐵

都是犯了聖諱

上海最近有個五卅襪廠，巡捕房因爲這個廠名有些刺目，竟勒令改名。 五卅廠主回答已經很妙，據說並不是五月卅日，卻是五個股東同做卅歲的高壽；那知會審公堂英副領事的判語，尤其來得妙：『該廠五卅二字，易於引起中英惡感，自以改名爲宜，然公堂並非謂五卅爲犯法，然爲息事甯人計；勸其易換名稱。』

楊樹浦農工俱樂部，最近聽說也被封了，據說是過激派機關，還有什麼過激書報；其實恐怕又是『農工』兩字有些刺目。 總之這都是犯了帝國主義的聖諱！ 不是犯法，卻是犯諱啊。 （它）

赤化共產眞時髦

章太炎是現在的護法大將，至少也是會寫幾句『國民會議王大不可』的魏晉文學家，不論他自己也知道依法改造衆議院，事實上行不通，總之，他的反叚總是一定的了；可是，最近連他也說起『護法倒段題目雖大，而以打倒赤化相較，則後者尤易引人注意』，可見赤化實在時髦。

東京最近無政府黨的黑色青年大擾動——帝國主義的通信社當然只說他們搶掠燒打，可是實際上想必是日本政府高壓的結果。 我們主義雖然不同，對於他們這種革命行動，實在表相當的同情，可是我們共產黨決不敢掠美。 上海的新聞報居然在這段消息前，大登其『東京共產黨大騷動』的標題。 鼎鼎大名的大報，想必不至於無常識至此，大概也因共產兩字實在時髦，不忍割愛哩！ （它）

原來唯恐我們不快死不坐牢

國民黨右派的通信社，大資產階級的新聞機關，前五六個星期便造謠說獨秀同志到吳佩孚那裏去了——以前的種種謠言，什麼討小老婆，什麼得了幾十萬元，什麼在南京裏蓋洋房，數亦數不清。 現在他們和國家主義派更想出了新花樣來了，成天的禱祝，咒我們坐牢，快死！ 革命導報上說，『他們自己並沒有流一點血，坐一次牢，拚一條命』；醒獅週報說『黨魁功成黨徒死』。 是的，陳獨秀，張國燾等同志都坐過牢，林祥謙，施洋，黃仁，劉華，李慰農，黃靜源等同志的命，也已經拚了！ 你們以爲還不夠嗎？ 老實說，眞正的革命黨，決不去送死，至於奮鬥中不得免而被殺，才是眞正有意義的犧牲。 你們如果嫌我們死得太少，坐牢的太少，不妨於咒罵之外，另

想別法——我們雖是死不盡的，可是殺是殺得死的，捉是捉得去的，祇憑你們的本領好了！

（它）

法統說的由來原來在此！

許世英談革命本來可笑，吳佩孚談法統，章太炎非國民會議，都要根據『法治』精神，尤其神妙。這些軍閥政客，毀法賄選沒無不做，已經十幾年了，如今忽然大談法統豈非怪事。可是，今天中國報上才把字林報上的所謂『擁護法治會』譯了出來，這個『大會』據說網羅英美法日意芬荷挪威瑞典瑞士等『名人』，宗旨便是打倒過激主義，維持法治精神。難怪他們這些『法治會』的走狗傭僕，跟着大叫其尊重法律』和『國際善感』。法統是這萬國文明人的政綱，那國民會議便算是過激派的方法了。

（它）

吳佩孚侵豫聲中之河南（開封通信二月四日）

雷音

旬日以來，轟動全國的吳佩孚出兵攻豫問題，在滬漢一帶，鬧得天翻地覆，尤其是漢口發出來的專電，及與直系有關的報紙，更大肆宣傳：不曰鄂軍已佔信陽，岳維峻已準備出走，便稱河南境內豫衛軍蜂起，二軍已陷於四面楚戈地位。其實在豫境內部情形，絕不如是緊張，開封鄭州市面，尚極安靜，不過車站上兵車較往日爲多而已。

二軍將領應付目前局面，亦未至張皇失措地步，截至今日（四號）的消息，信陽尚在二軍蔣師手中，并未攻下，吳軍自一月二十六至二十八日，血戰三晝夜，衝鋒十餘次，均被擊退，死傷三千餘人，二軍損失甚少。蓋信陽城所據地勢甚高，前有獅河之險，吳軍仰攻形勢極不順利，況吳之圖豫，二軍遠在反奉戰爭初起時即有準備。在反奉戰爭中，二軍對直對魯，雖已開出大批的軍隊，但大部分的精銳，尚留豫中，蔣世傑，楊瑞軒，田生春，李虎臣等隊伍，密布鄭州信陽一帶，即所以防吳之乘機北上，河南現有兵力不下十萬，所以吳欲一鼓而下河南，恐爲不可能之事。

吳佩孚現時之實力，本極有限，眞能爲吳拚力作戰的軍隊，不過寇英傑部兩師多人；陳嘉謨并不能眞爲吳效死力，蓋彼所注意者，在湖北督長一席，幸而勝豫，已不能有所獲，不幸而失敗，將同歸於盡；蕭耀南之反吳傾向，更爲明顯，其原因亦是吳若勝，於已無所獲，吳若敗則收拾殘局者，當大有人在，現於最近發出卸責的通電，可以見其態度。蕭陳現均處於吳勢方張之時，不得不服從吳之命令，吳在豫之軍事行動若失敗，則後方必起變化，將從此斷絕吳之政治生涯，吳亦深知此種情形，故在過去遲遲不敢發動，現時之所以敢於出動，蓋有下列幾種原因：

一，奉系軍閥張作霖，得日本帝國主義者之全力援助故能死灰復燃，擊敗郭松齡軍隊，并鎗殺郭松齡；同時山東方面，初因國民軍中吳系軍隊之倒戈，致二軍最精銳之李紀才部全被覆滅；繼又賴日人之助張宗昌與李景林能聯合固守山東，并圖反攻天津，此種情形，使國民軍在北方的軍事，陷於不甚有利的地位。

二，國民軍現在的表現，固然不及廣州的國民革命政府，固然有許多不滿人意的地方，然而他總是不同於直奉軍閥的行事，總是與人民接近的武力，在五卅運動中，在反奉戰爭中，均能立在人民的利益上去奮鬥；在他所屬的境內，尚容許民衆自由的組織；特別是他最近的政治主張，試看鄧寶珊李仲三等兩次通電主張推倒禍國殃民的段政府，依據中山去年宣言召集眞正人民職業團體代表的國民會議，組織國民革命政府，完全切合於民衆的政治要求，這也就是帝國主義所認爲赤化的證據，是帝國主義侵略中國在所必除的勢力，是與帝國主義的走狗直奉軍閥不能并立的東西；於是遂促成直奉軍閥之聯合進攻，

主要的指揮，完全是日本帝國主義，同時也是得一切帝國主義國家所默許的。

三，有了帝國主義者的援助，促成張吳之聲勢；吳又陰勾豫中土匪，使與內應。吳所放匪首師旅長，不下數十人。據吳的預計，果一動員攻豫，南有寇軍入武勝關，西有劉鎮華張治公吳新田擾豫西，東有張宗昌靳雲鶚攻豫東，北有閻錫山出兵娘子關，河南境內又有數十萬的土匪騷動，同時直隸方面有張作霖出兵山海關牽制一軍李景林反攻天津牽制二軍，東南之孫傳芳不能有什麼積極動作，吳氏大可一鼓而下河南。

吳佩孚在以上的情形之下，遂取得目前反動勢力的領袖地位，假反赤護法的名義，向豫出兵，所謂反赤護法，就是反對國民會議，擁護賄憲，因此我們應該了解這次河南戰爭的性質：

一是帝國主義的武力向接近民衆的武力進攻，是要除滅北方國民革命運動的根芽。

二是吳佩孚張作霖所號召的反赤護法，實質就是反對民衆所要求的國民會議。

三是河南若不守，不僅是國民軍的失敗，民衆的自由國民革命的發展亦將遭受極大的壓迫；所以民衆對於這次戰爭，不能坐視旁觀，應該積極起來作倒吳運動。

四是張作霖是吳佩孚的積極援助者，故倒吳亦即是反奉，即是反對帝國主義的陰謀。

河南的大部分民衆，對於此次戰爭之挑撥者，很明白的知道是吳佩孚；很明白吳佩孚重行回豫，只有更增加他們的痛苦，是要壓迫他們的；所以他們是堅决的反對吳佩孚回豫。特別是有組織的工農學生羣衆，更進行有系統的反吳工作，河南境內的鐵路工人，當然是要拚命的去反對「二七」屠殺劊子手。河南現有二十萬的農民協會會員，和六萬多農民自衛軍，已在鄉間和吳佩孚奸細奮鬥，不讓他們能援動國民軍的後路。吳佩孚之敢於攻豫，全靠利用河南境內土匪的響應，所謂豫衛軍，就是土匪編成，于時號稱數萬人，其實不過二三百人，不過他可借紅鎗會名義，欺騙鼓動羣衆，有時也可以足七萬人，但真正的農民羣衆，是不願改編成軍的，所以羣衆很快的就自行解散，况加以農民協會在各縣之宣傳，實能給吳之活動以大打擊。

固然，現時河南的戰鬥，吳佩孚軍隊進行并不很順利，河南內部情形亦尚好，不過吳張後面，終竟有帝國主義勢力絕大的援助，觀於郭松齡將軍之功敗垂成，不免於死，我們不得不小心的應付。全國的民衆，為我們的自由，為爭國民會議，應該起來作反吳的運動，以減弱吳佩孚的勢力并促使他早歸滅亡。

反奉戰爭期間陝西各方面之情況（西安通信一月十日）

武陵

年餘以來北方每度之大政變均影響及於陝西，發生鉅大之變化，如劉鎮華吳新田之被逐，孫岳之入關而復去，劉治洲之得以竊弄省長名義，李雲龍之氣燄迫人等。最近反奉期間，陝西愈益紛亂得難言，好像要長此在黑暗中折磨下去了。茲分述之如次。

（一）劉治洲之弄鬼　在去年吳新田被逐以後，孫岳率領大部國民三軍入陝，志在拿住陝西政權。此事與國民二軍之李雲龍的利害衝突甚大。劉治洲當時看清這個時機，遂挾着段祺瑞之一紙命令，暗地裏突至西安為李雲龍來作工具，要藉以掣孫岳之肘腋了。從此，孫岳坐困西安，一切財權均不得染指（據云：孫岳將金佛郎協定後所分得之三十萬元亦倒貼陝西督辦任內）；李雲龍獨佔省城附近十餘縣之一切收入，劉治洲亦得藉以分點餘唾，以自飽其餓腹。孫岳受此窮厄，不得不走開了；省議會議員無人豢養了；省城各機關均得

不着新水；本就將頻於破產之教育於是爽快的破產了，教職員罷課，學生歸家，學校關門。　劉治洲對於此種事情本無力過問，亦不願過問，只終日想望其位置能怎樣的延長下去罷了。　現在西安政治界中冷靜得利害，孫岳去了，李雲龍亦早已帶兵出關，參與反奉戰爭，一切行政機關皆名存而實無，劉治洲之省長實在無聊得利害，除弄鬼搬蛇而外別無所事。

（二）各部隊分據之形勢　反奉戰爭開始，孫岳隨即將國民三軍陸續開出陝境，國民二軍之李雲龍帶領大部（據說有六七旅）駐紮豫西豫南（近復開至豫東），其餘屬於國民二軍之田玉潔馮毓東康振邦等部亦分駐豫陝兩方。　現在留駐陝西境內之軍隊本不甚多，各部軍隊亦無重大之衝突（小戰爭是常有的），秩序似較北方正有戰事之各省為佳，但人民實際所受軍隊之擾害及設想將來之危險，亦難於言者。

陝西之地盤現在已被各部名義不同性質各殊之軍隊割裂得很粉碎。　劉鎮華的殘部張治功柴雲陞等約一萬餘人盤據漢中道的東部十餘縣（舊興安府屬），吳新田失敗後，收集餘部約兩三千人退駐漢中道之西部南鄭等十數縣，漢中道現為此兩部完全佔據，一切行政徵收等均與省城不生關係。　此兩部與吳佩孚之關係密切，似能聽其指揮。聞吳氏前命兩部東開入湖北，近又聞兩部結合甘肅南部之孔繁錦部（號稱萬餘人）及四川之劉存厚部並力會攻西安之說。　此兩部對於人民之剝削與壓迫最甚，因之漢中道之民衆運動尚無一點萌芽。　此兩部對於陝軍各隊之積仇已深，故陝軍防之亦甚嚴。

在陝北榆林道二十三縣盤據多軍者為陝北鎮守使井嶽秀。　井部在先只一騎兵旅，現亦至多不足五千人，前孫岳未出陝時，編井部為陝西陸軍暫編第一師，井與孫之關係向稱密切。　井之為人向稱滑頭力善於迎合，故井氏對國民一軍之馮玉祥，山西之閻錫山，河南之岳維峻各方均稱和睦。　陝北土地荒塞遼闊，多為人所不爭，故井部實力不多，陝北秩序亦未見大亂，尚較為安靖。　井部久駐陝北，對陝人民之剝削壓迫較為輕減，故陝北人民尚能享有一部之自由，各種羣衆運動頗見發展。

最複雜最紛亂者為關中道之五十餘縣。　關中道之政權最割裂得零碎破爛，有一部之軍隊即佔據一部之地盤（多則十餘縣，少則尚有不足一縣者），把持該地範圍內之一切政財各權，自委知事及各徵收機關人員等。　現除岳維峻馮毓東田玉潔康振邦等在陝均留有小部軍隊，維持其舊有之防地（亦可稱為采邑）以接濟其餉糈外，尚有李雲龍之四五旅駐紮省城東陝各縣及潼關，楊虎城之一萬餘人駐岐山寶雞等十數縣（與孔錦繁及吳新田之防地相接），衛定一部約四五千人駐興平武功等五縣，麻振武部亦約四五千人駐同州朝邑及韓城等縣。以上各部無一不違反民衆之利益而企謀擴充其實力。　其甚者如衛定一麻振武部向人民公然綁票勒贖有種種慘痛難言之事實。

（三）陝西各部軍隊實力之擴充　其法其特點：其一為勒迫人民種烟，以籌巨款；其一為自造步槍，濫增兵額。　陝西自陸建章開放烟禁以後，人民每年廣栽烟苗，從未禁止。　陳樹藩劉鎮華在陝時均藉烟款（烟稅）維持並擴充軍隊。　相沿已久，至現在遂成各部軍隊惟一託命之法了。　陝西直接勒民種烟之機關名「禁烟局」，由禁烟局派委各縣查勘烟畝之委員名「禁烟委員」，對陝栽種烟苗所派之款名「烟畝變價」（其意以人民種烟，地畝應當充公，姑從寬變作罰金），對陝販運鴉片所稅之款名「土藥罰款」（意在避鴉片之名而已）。　平均陝西之烟稅約多出田賦三四倍。　劉鎮華督陝時直接管轄尚不過十數縣，每年烟稅總收入在一千五百萬以上，這個數目已超過全陝田賦一倍有餘了！

陝西各部隊均缺乏槍械與子彈；子彈尚可設法秘密購買，惟長槍

頗不易買到，現在陝西有一類手工鐵匠，不用任何機器，可以造成很類似之長槍。　平均二十人每日可造成一枝，約値洋五十元。　此類槍枝在陝軍中名之曰新槍，新槍之好者可以與機器造成之槍一樣施放的。　一部軍隊之成立往往係先向人民勒索許多現欵，卽招致許多鐵匠，趕緊製造，不出數月卽有槍數百枝或百數十枝，編成營團，或補充營補充團補充旅者。

現在陝西旣無重大戰事發生，秩序應早恢復，但究其實際軍隊對於人民之騷擾已足夠受了。　再加以匪徒之隨時出沒，到處綁票，人民實在不能忍受。　各部軍隊相互之間亦有極複雜之衝突，如直系之劉吳殘部與國民軍各部衝突，國民二軍所屬之各部與非國民二軍之各部衝突，李雲龍部之國民二軍與非李雲龍部之各部亦均有衝突，利害相反，始終是很難接近調和的。

（四）農民之生活狀況　一年以來，陝西屢遭大戰（驅劉之戰、豫西之戰，驅吳之戰），軍隊多如蜂蟻，往來調動不休（國民二軍三軍之入陝又復出陝），編布各大小城鎭，匪徒隨時出沒，人民受戰爭之恐怖損失，軍隊之拉車拉畜，支應浩繁，捐派層出不窮，秩序紛亂得不成樣子，生活窮困苦痛，達於極點。　一年之中徵過三次田賦，田賦多半都收過十七年了。　田賦之外還有什麽槍械費開拔費，預支預借，額外徵收，名目繁多。　因負担增重之故，迫得小農向富農或豪商告貸，利息之大有月利百分之二三十以上者，強取豪奪，農產品低落，地土及房金等價値在一年之中往往減價三分之二，尙無人承買。　農民受如此之苦痛，故希望和平之心極切，每至鄉村，陸地皆可聽見此種悲慘之哭聲；但以向無組織之故，多畏怯駐軍，莫敢反抗。　最近有華縣高塘鎭附近一部農民之反抗駐軍運動，不久卽歸失敗。　陝西舊有之民團現亦多被收編，所存無幾，又多無槍枝。

The Guide weekly

嚮導

週報

第一百四十六期

目次

一九二六年三月十七日

孫中山先生逝世週年紀念日告中國國民黨黨員書

國民黨同志們：

在中山先生逝世一週年內，中山先生所期望的民族革命運動，固然有了突飛的進步，同時道高一尺魔高一丈，中山先生有靈，應有兩件最痛心的事：一是國民黨左右派之分裂，一是反赤運動之高漲。

全世界反赤運動的主人本是帝國主義者，在中國指示反赤運動者自然也是他們，尤其是英日帝國主義者，他們所用在中國反　運動的工具是反動的軍閥（如張作霖、吳佩孚、張宗昌、李景林、陳炯明、魏邦平等）及反動的知識階級（研究系國家主義派及老民黨反動分子如尤烈、徐紹楨、章太炎、馮自由、馬素、鄧家彥等）；他們所反的赤是工會農會學生會共產黨國民黨國民政府，甚至於國民軍和郭松齡，更甚至於段祺瑞治下之賈內閣，也算在赤化之內。在這班鼓吹反赤的人們，在中國民族革命運動中，無一不是背叛民族利益的反革命派，他們所反對的赤化，大部分都是參加民族運動的，而且除共產黨之外，沒有一個說得上是什麽不赤，可見他們所謂反赤，實際上乃是用反赤的旗幟和反帝國主義的旗幟對抗，爲帝國主義者來破壞中國的民族革命運動。中山先生是中國民族革命運動的先覺，他若親見一班老同志竟參加這種破壞中國民族革命的反赤運動，豈不是一件痛心的事！

至於國民黨左右派之分裂，中山先生有靈，那更是痛心了。右派對於黨的糾紛，不待第二次大會來解決，竟痛痛快快由西山會議產生了在廣州統一的中央黨部以外之中央黨部，接着又另立和左派分離的各地方黨部，在分裂之形式上，我們可以說是右派之錯誤。分裂是西山會議決定的，右派對於左派分離之理由　在西山會議的議決案可以看出，一是反對共產派，二是反對蘇俄，三是反對聯共聯俄的左派，在分裂之理由上，我們也可以說是右派之錯誤。

國民黨聯共聯俄，本是中山先生在第一次全國大會時所決定的革命政策，當時公然表示反對此政策的便是馮自由一派。列席西山會議的右派領袖們，自以爲是中山正統派，又聲稱不能和反動派合作，可是實際上西山會議之目的及其主要的議決案，乃是反共反俄，乃是拋棄了孫中山的政策而採用了馮自由的政策，這是我們所深爲惋惜的。

或者他們自己不承認是根本上反共反俄，不過對共不贊成黨內合作，聯俄須以平等待我爲條件，卽令是如此，已經明明白白將中山先生聯共聯俄政策加以修正了。并這一修正，不啻將孫中山先生的主張根本推翻，不啻表示馮自由的主張對於孫中山的主張之勝利；因爲對他黨黨外合作是普通的黨略，聯絡一切以平等待我之國家是普通的外交政策，和中山先生聯共聯俄之特殊的革命政策不同，中山先生看清了國內無產階級的共產派有黨內合作之必要而無危險，看清了國外無產階級的蘇俄必然以平等待我而無所疑慮，才決定聯共聯俄這兩個特殊的革命政策，現在右派對此政策而懷疑而修正，至少也可以說是孫中山與馮自由之間的調和政策。

右派對於中山先生的革命政策，爲什麽這樣懷疑而要加以修正，這決不是一個偶然的小問題，而有很大的社會原因，値得我們說明的。

在前，中國民族運動，如洪楊事件，如義和團事件，都只是原始的農民暴動，到了辛亥革命和「五四」運動，參加運動的主要成分是城市小資產階級，尤其是有許多小資產階級之知識者站在領袖地位，因此，中國民族運動的形式及性質，遂進了一步，到了香港海員大罷工以來，全國大都市都發生了產業工人卽無產階級運動，并且發生了無產階級的政黨——中國共產黨，中國無產階級運動一開始卽[illegible]

厚的民族運動色彩，且直接參加民族運動，因此，中國民族運動的形式及性質，更進了一步。這一個進步，遂反映到領導中國民族革命的國民黨，在黨內發生了重大的變化。以小資產階級占主要成分的國民黨，其中一部分反革命分子如章太炎馮自由等，看輕了小資產階級在中國人口上的經濟上的文化上的地位，不相信中國有繼續革命之必要與可能，遂先後脫離國民黨而投降了帝國主義者與軍閥；其餘的革命分子，雖不會看輕小資產階級在中國之力量，而同時看見敵人——帝國主義者與軍閥——的力量還是很雄厚，感覺着自己孤立，遂有結合同盟軍之企圖；這一企圖在國民黨是必要的，也正因這一企圖使國民黨起了猛烈的分化：一派企圖向左結合無產階級，一派企圖向右結合資產階級。企圖結合無產階級，遂不得不採用容納共產派聯俄擁護工農利益等革命政策，企圖結合資產階級，遂不得不修正聯共聯俄政策及提出階級調和的口號，國民黨左右派乖離的真因完全在此。

依照中國革命之現狀，這兩派的主張究竟誰對，這更是值得我們討論的。在每個民族解放運動中，我們固然應採用適當的口號與策略，努力獲得資產階級之參加，至少亦要能夠使他們中立，萬不宜驅之使其站在敵人那邊；可是國民黨若企圖結合資產階級為中國民族革命的同盟軍，來擔任困苦克己的決死鬥，不能不說是一個幻想。全民族的經濟解放運動，本是有利於資產階級的運動，他們應該努力參加的；可是殖民地半殖民地的資產階級，大半都是從買辦階級蛻化出來的，他們和帝國主義者及本國封建軍閥，有很複雜的經濟關係，未來的抽象的希望，敵不過他們眼前的具體的利害打算，中國資產階級對於民族運動走一步退十步的態度，也就是這個緣故。反之無產階級的革命性，乃是他們的經濟生活所造成的必然結果；并且他們大部分親身在外國資本家鞭箠之下，每日做十二小時以上的苦工，資本帝國主義之兇猛，他們比任何階級都看得清楚，所以他們在事實上已很猛烈的參加反帝國主義的爭鬥。在國際狀況上看起來，帝國主義本是資本主義獲得殖民地半殖民地之掠奪發達到最高形式，所以各國的資產階級及其政黨，沒有不明助或默認帝國主義對於殖民地半殖民地之掠奪與壓迫的；對於殖民地半殖民地民族解放運動表示同情的，只有各國無產階級，尤其是無產階級的蘇俄及德國之無產階級及其政黨——德國共產黨。依據以上的事實，我們可以說國民黨左派企圖結合無產階級為民族革命的同盟軍是對的，因此中山先生的聯共聯俄的革命政策也是對的。

可是反動派對於中國共產黨及蘇俄所造的謠言與非難，國民黨右派竟據以做懷疑及修正中山先生聯共聯俄的革命政策，這也是我們應該辨正的。他們捏造中國共產黨之謠言很多，最重要的是破壞國民黨或是想變國民黨為共產黨。可是在理論上中國共產黨若企圖破壞國民黨，便成了帝國主義及軍閥的工具；在事實上，自共產黨黨員加入國民黨以來，國民黨黨員在數量上在質量上都大有進步，所破壞的只是幫助國民黨打敗了陳炯明楊希閔劉震寰等反動分子，這正是反動派所痛心，所以不得不出死力來造謠非難共產黨的最大原因。共產黨是一階級的黨，國民黨是多階級的黨，中國共產黨若不是一個瘋子的黨，決不至有變國民黨為共產黨之幻想。他們非難蘇俄，最重要的有三事：一是蒙古問題，二是中東路問題，三是廣東問題。在國際革命運動上說，援助一切被壓迫的弱小民族，是蘇俄開國的國是，他援助蒙古民族，和援助中國民族是同一的理由，並且同時他不贊成外蒙壓迫內蒙，和不贊成中國別的大民族壓迫蒙古民族也是同一的理由；在國際交涉上說，中俄協定已經明白規定蒙古的領土主權屬於中國，是中俄對於蒙古關係，已經不成問題了，所餘下來的就是政治組織問題，這是要中蒙兩民族自己決定的，難道我們原意承認蘇俄對蒙古的關係和法國對安南日本對台灣一樣，要他親手交還我們嗎？中

東路的辦法，不過是暫時的局面，拉得克和杜洛斯基都解釋的很清楚，為什麼要維持這暫時的局面，此理甚明，中東路的完全管理權．若今天交給張作霖，明天便轉到日本手裏或和其他帝國主義的國家共管，蘇俄是希望中國的人民政府早日成立能夠接收中東路的完全管理權，並不是企圖永遠中俄共管的，我們若望蘇俄馬上交還中東路的完全管理權，表面上雖然是為中國向蘇俄爭得此路，實際上是為日本或其他帝國主義的國家向蘇俄爭得此路。關於廣東問題，事實擺在我們面前，似乎更是不須辨正，他們硬說廣東已經被蘇俄統治了，嘉倫將軍掌着軍政權，鮑顧問掌着民政權，可是嘉倫將軍和鮑顧問都已經先後離開廣東，試問現在執掌民政權軍政權的又是誰？

中國共產黨為中國民族革命進行之故，現在極誠懇的勸告中國國民黨的右派同志們，你們如果真是中山主義的信徒，更應該完全繼續中山先生的革命政策，而不加以懷疑與修正，而不站在孫中山與馮自由之間的調和地位，便應該取消和左派分離的黨部組織合成整個的左傾的中國國民黨，來努力担負中國民族革命的工作。眼前民族革命之最重要的工作，便是打倒反赤運動，你們及資產階級雖然不會積極的參加這個運動，似乎取了中立態度，這是不夠的。他們所謂反赤，儼然和反帝國主義是對抗的口號，明明是五卅運動以來，帝國主義者利用中國反動的軍閥和反動的知識分子，向中國參加民族運動各派反攻的政策；因此，負有中國民族革命使命的中國國民黨，對於帝國主義者之反攻，是不應取中立態度的。

所以我們在中國民族革命的領袖孫中山先生逝世週年紀念日，高聲叫出總的口號：中國國民黨左右派結合起來，全中國的革命派結合起來，打倒破壞中國民族革命的反赤運動！

中國共產黨中央執行委員會　三月十二日

△反赤運動與中國民族運動

獨秀

（一）赤是什麼？　（二）各國反赤的是誰？　（三）中國反赤的是誰？　（四）他們在中國所反的赤是什麼？　（五）反赤運動因何在中國民族運動高潮中發生？　（六）反赤運動影響到中國民族運動是怎樣？

在中國民族運動的高潮中，突起所謂反赤運動，其意義與影響如何，凡是關心中國民族運動的人，都應該加意研究這一問題。這問題劈頭所要研究的就是什麼是赤。此時所謂赤化所謂反赤這些名詞，在社會上很流行，幾乎演劇上廣告上都要用做材料以惹人注意；可是究竟什麼是赤，大半還不甚清楚是怎麼一回事，不過無意識的隨聲附和，或有意識的拿做攻擊敵人之武器罷了。赤之名起於蘇俄十月革命，以赤色為旗幟，創立赤衛軍以保障俄羅斯無產階級及農民對於資產階級地主及西歐帝國主義爭鬥之勝利，赤之內容如此，其後世人稱十月革命為赤色革命稱蘇俄為赤俄以此。

其次，我們要知道的，各國中主張反赤的是那種人。各國中主張反赤的，只有帝國主義的資產階級及其政府與政黨這班少數人，不但工農大羣衆是表同情於赤俄的，即小資產階級的自由主義者，如英國的蕭伯訥羅素等，他們的根本思想雖不是赤的（他們若在中國，孫傳芳當然要覺得赤得應該殺頭，羅素屢屢發同情於中國民族運動的言論，指斥英國，中國的國家主義派也當然要加上他一個新式賣國賊的頭銜。），然而絕對不主張反赤，并且有時感覺得帝國主義的國家之過分橫暴，當表同情於赤俄。

再其次，我們便須檢查中國主張反赤的是那種人。此時中國主張反赤的有兩種人：一是軍閥中之反動派，如奉系之張作霖李景林張

宗昌，直系之吳佩孚孫傳芳，粵系之陳炯明魏邦平等，一是知識者及政客中之反動派，如國家主義派，研究系，安福派，中和黨及老民黨分子章太炎馮自由馬素等。 張作霖和日本之關係，是人人所知道的；在五卅運動中，從奉天到上海，奉系軍閥整個的替英日帝國主義者撲滅中國的愛國運動，這也是人人所知道的；李景林張宗昌在直隸山東當官鬍子，吳佩孚討賊通電中很罵得痛切；吳佩孚至今還要擁護曹錕的憲法，他此次聯奉是日本帝國主義者一手作合，英國助他一萬五千枝快鎗，如果不被孫傳芳中途奪去，馬上便會到手，最近還派代表到日本勾結俄國白黨土匪謝米諾夫，招集俄白黨五萬人南下攻打國民軍；受上海領事團面諭暗殺劉華的孫傳芳，他的反動程度也不讓吳佩孚；陳炯明魏邦平受香港政府的庇護幫助而擾亂廣東，乃是很明顯的事實；國家主義派的首領自稱師承墨索里利，他們醒獅報和帝國主義者最近在上海所辦的獨立報，有明顯的關係，把他們列在反動派當不冤枉；研究系中為許多人頭腦並不甚反動，然而他們的行動，從前清到現在，却都站在反動派方面，最近仍然力助吳佩孚，他們的大將馬不停蹄奔走奉天杭州南京長沙衡州，為吳佩孚效力；親日賣國的安福派，不用我們再說了；還在秘密醞釀中的中和黨，他的創始者是尤烈（致公堂即三合會的首領）和徐紹楨父子，孫傳芳攻南京時，他們曾想召集一些失職軍人與幫匪組織中華救國軍，做奉軍襲取上海之內應，嗣即隨着張宗昌戰敗而失敗了，這個黨，和老民黨的反動派陳炯明派及什麼反赤大聯盟，幾乎是一個東西，若再加上國家主義派，有產生一個貌似的中國法西斯特黨之可能，這個黨的反動性，較之研究系安福派，還要後來居上；章太炎始終是個反革命的東西，辛亥革命時，指斥孫黃為小醜，首先通電主張統治中國非袁世凱不可的就是他；馮自由以南京臨時政府的稽勳局長投降袁世凱當偵探，因此曾在上海會審公堂控告吳稚暉先生；馬素曾為楊希閔劉震寰乞援於香港政府攻打廣東，近又上書吳佩孚請討馮玉祥：原來中國主張反赤的就是這班先生們，並且這班先生們的背後，大半都有帝國主義者發縱指使，所以穩健的資產階級及國民黨右派大部分還未加入他們這個運動。

再其次，我們便要研究他們所反的赤是些什麼人是些什麼事。

他們所反的赤如左：

蘇俄

中國共產黨

國民黨及廣東國民政府

馮玉祥及國民軍

郭松齡

賈內閣

上海總商會會長虞和德

我們把這些分子列在一個表上，可謂不倫不類極滑稽之至了，然而他們都一概被指為赤化，這是什麼緣故呢？ 這是因為這些分子當中實有一共同點，即他們或是有反帝國主義之決心，或是他們現時的舉動在客觀上是於帝國主義者不利的，所以帝國主義者及其走狗，一概加以赤化之名。

赤俄的內政，似乎用不着別國人反對，中國人反對赤俄，當然是反對赤俄對於中國之關係：一、在中俄外交關係上說起來，各帝國主義的國家，在中國把持海關，駐紮海陸軍，據有租界及租借地，施行領事裁判權，在這些問題上，我們有沒有反對赤俄之必要？ 蒙古問題中俄協定已明白規定了，我們自己無暇把中蒙的關係弄好，難道承認赤俄有將蒙古交給中國之權利嗎？ 中東路誠然還在中俄共管的狀態中，誠然我們不應該主張永遠用這樣辦法，可是現在要責赤俄把中東路管理權完全歸還中國，我們有何方法可以保證該路不至由張作霖轉入日本或其他帝國主義者之手呢？ 二、在赤俄援助中國革命運動的

關係上說起來，赤俄援助中國革命，誠然是事實；但現在所援助的決不是社會革命而是民族革命。一年前法國晨報即極力鼓吹「英法日美應聯合壓迫中國，恢復國內秩序，以免赤俄在亞洲勢力澎漲，否則莫斯科從中援助之亞洲民族自由運動將發展到中國。，這便是赤俄援助中國革命之正確的說明。

中國共產黨是共產國際一支部，向來不曾和蘇俄發生過直接關係，他和蘇俄的共產黨同屬於共產國際，他們根本的政治理想固然是同的，但是因為政治的經濟的環境之不同，而革命之步驟便也不同，所以中國共產黨目前的政綱與行動，乃是要完成中國民族革命的要求，即反對國際帝國主義及其工具——國內軍閥——到底。

中國國民黨，在過去的歷史上，在現在的政綱上，都是一個民族革命的黨，這是人人所知道的。國民黨的右派不用說了，即他的左派，在理想上在行動上，都只是一個民族革命者，實無所謂赤。左派執政的廣東國民政府，他所努力而有點成績的只是兩件事：一是對外援助民衆抵抗帝國主義的香港政府之壓迫，一是對內解散了許多不法軍隊，統一了全廣東的軍政財政，免除了一些苛捐雜稅，禁止了賭，給了人民一點生命財產集會結社之自由，這都是赤化嗎？

說馮玉祥及國民軍赤化了，那更是冤枉。馮玉祥所統率的國民軍第一軍，的確是很有紀律的軍隊，全中國現有的軍隊，算是馮玉祥及蔣介石所統率的軍隊最有紀律不擾害人民，若說這兩種軍隊是赤化軍，我們敢代表全國人民歡迎這赤化軍，并哀求全國軍隊都變成這樣的赤化軍。馮玉祥根本的政治理想，只是封建時代的舊套「勤儉愛民」四個大字，他治軍甚嚴，對於部下任何級軍官，決不容許他們違反他這個政治理想；他并且要把他的理想推行到全國，無論何派，凡是違反或超過他這個政治理想的，他都很難與之合作，與其說他主張赤化，不如說他主張馮玉祥化。然而帝國主義者及其走狗為什麼加馮玉祥以赤化之名呢？正是因為他和反馮玉祥化而做帝國主義走狗的張作霖吳佩孚作對及他多少接受了孫中山反帝國主義的主張這兩個緣故。

郭松齡倒戈時的通電，不過主張實行民治，優待勞工，整頓金融，興辦礦山，利便交通這幾件事，并且還主張嚴防激黨，照道理實在說不上什麼赤化；然而張作霖楊宇霆及奉天商會竟異口同聲指責郭松齡赤化了。可是郭軍倒戈攻奉，幾乎使日本帝國主義者失去有力的工具，這便是郭松齡應得之罪。

說賈內閣是赤化內閣，那更是可憐了。賈內閣開罪於帝國主義者的，只是通過討段令這一件事；賈閣閣員有赤化嫌疑的，只是王正廷易培基二人，王氏本是一個耶教徒而兼新官僚，只因為他經手成立了中俄協定的草案，又主張不平等條約應該修改，便犯了滔天大罪——赤化；易氏不過是一個比較進步的教育家，只因為他反對親日賣國的段祺瑞，也犯了赤化的罪。

至於說虞和德也赤化了，那益發滑稽之至。上海的工賊會散發傳單說虞和德是共產黨黨員，現在穆藕初也指責虞和德赤化了；可是虞氏雖未赤化，他却主張關稅自主，又主張設立海關公庫，并且膽敢批評上海紗廠待遇工人不好，開罪安格聯穆藕初一班人，也算是咎由自取。

綜觀以上事實，我們可以看出帝國主義者及其走狗在中國所反的赤，其人除蘇俄及共產黨外，實無所謂赤，其事除實際參加反帝國主義的民族運動或有參加民族運動的嫌疑外，亦無所謂赤。不過帝國主義的走狗可以說聯合被壓迫民族以反對帝國主義，本是赤俄的外交政策，因此中國反對帝國主義的民族運動，即是赤化運動。如果是這樣，赤化運動就是民族運動，反赤運動也就是反民族運動了。

再其次，我們應該知道反赤運動因何在中國民族運動高潮中發生，

。我們既然認識反赤運動就是反民族運動，我們便已經知道為什麼反赤運動是當然隨着中國民族運動高潮而發生的了。 據上面所述法國晨報的說話 帝國主義在一年前已經決定了以反赤運動撲滅中國民族運動的計劃。 五卅運動起，帝國主義者知道中國的民族運動已經不是單純的砲艦政策所可撲滅的了，勢必動用宣傳力量；可是宣傳的方法又不便直接反對中國民族運動，於是乃用反赤口號來破壞中國民族運動，從倫敦到上海，從北京使團到各地的東西各報，一致宣傳五卅運動是赤俄煽動的，是中國赤黨主持的；可是他們東西文的宣傳品，不能使中國民衆普遍的了解，於是他們乃雇用一些中國人，在上海印發誠言報，每期數十萬份，廣布於市民，一面為帝國主義的工部局辯護 一面攻擊赤俄與中國共產黨；可是那時中國民族運動潮猶在高漲中 并且民衆都知道誠言報是帝國主義的工部局直接發出的，不但不發生效力，而且代印誠言的商務印書 和載誠言的新申兩報，都受了民衆的懲罰，於是帝國主義改變其對中國民族運動的政策，一面以退讓的態度欺騙中國的資產階級使之妥協，一面向各方面收買中國人，使他們自己出來做反赤宣傳。 帝國主義者這兩個政策，給中國民族運動很大的打擊，其效力竟在砲艦政策以上 五卅運動因為資產階級妥協及反赤宣傳這兩個打擊，運動的高潮遂漸漸低落下去；帝國主義者遂乘此高潮低落的時候，轉向中國民族運動開始反攻。 其反攻的策略，現在已經可以看出來的計有四個步驟：第一步是嗾使他們的走狗奉直兩系軍閥，以反赤的口號封閉全國的愛國機關，禁止全國的愛國運動；第二 是嗾使他們的走狗擴大反赤宣傳之範圍，由攻擊蘇俄及中國共產黨國民黨，擴大到攻擊國民軍馮玉祥郭松齡以至賈內閣虞會長等，凡稍有一點參加民族運動嫌疑的人，都加以赤化之名；第三步是帝國主義者親自公開的向中國進攻，在北方以武力援助張作霖李景林張宗昌吳佩孚靳雲鵬，向有赤化嫌疑的郭松齡及馮玉祥等國民軍進攻，在南方則命令英籍稅務司藉故封鎖廣東海口，在上海則逮捕五卅運動中的工人首領劉華交孫傳芳鎗殺了，并且在租界內禁止中國商民使用「五卅」這個名詞；第四步是由反赤的宣傳，更進一步到反赤的組織，將由這些組織，來根本肅清所謂赤化勢力即一切參加中國民族運動的勢力。 他們這項組織，計有兩種，一是國際的，一是中國的。 國際的組織，據三月十三日的時事新報譯載上海字林西報說：「本埠各國人士，組織一護憲會，以抵制過激主義，十二日下午五點四十五分，在夏令配克影戲院開第一次英語大會，演說者有霍華德，瓊斯裴德等，同時并在日本人俱樂部開日語大會，在法國總會開法語大會。 按護憲會係一國際團體，其總部設於上海，於中國各大都會均設分會，四月間將在上海開全中國大會，香港廣州汕頭天津漢口等處，均將派代表出席，其目的在使公衆咸知過激主義之危險，計加入此會者已有十五國，上海總委員會之組織，係每國各推代表二人，內分十股云。」 各國帝國主義者若說過激主義於他們自身有危險，那誠然是事實；他們若說恐怕過激於中國人有危險，忙着出來做反赤的組織宣傳活動，那便未免愛護中國人太過了，我們哀求他們少欺壓點中國，算是深仁厚澤了，到不必這樣過分的愛護中國人！ 各國帝國主義者特於三月十二日開第一次護憲大會，和他們所指為赤化的孫中山先生週年紀念會對峙，這也是他們很有意義的示威運動。 中國的組織，就是所謂反赤大聯盟；這個大聯盟的總機關在上海法租界銘德里 號，他的領袖，據我們所知道的就是章太炎尤烈徐紹楨魏邦平馮自由居正這班人，除魏邦平外都是所謂老民黨，他們的目標就是反對蘇俄中國共產黨南方的國民政府北方的馮玉祥及國民軍。 此外還有一個國家主義團體聯合會，成立在反赤大聯盟之前，在中國可算是反赤團體之前輩；他們所反對的目標，完全和反赤大聯盟一樣，他們以為危害中國國家的只有蘇俄中國共產黨國民黨及國民軍，而不是

英國進攻中國之計劃

譯二月廿日上海字林西報倫敦通信

干涉中國，撲滅中國民族運動的戰爭計畫，已經過詳細的考慮，其範圍尚未爲外間所完全了解。　外交界有兩種意見的爭執，一派相信『協商』，卽會議許諾延宕，可以恢復英國在華的宰治，而另一派則唯信賴武力。　依專家的計算，征服中國只須用十萬大軍隊，半可由印度（該處有八萬英兵）調遣。　香港的警備亦已增强。　此戰爭的計畫，進攻中國，分南北二部，多數軍隊將配置於上海天津之間。　第一部分軍隊將在天津上岸，將力求早與馮玉祥决戰，且已獲得張作霖之默許。　在漢口，祇需數兵艦，卽可征服。　此外，英兵一團從沙面上岸，護以數月來從各地調集之軍艦巡洋艦卽可向廣州進攻。

依財政專家之計算，戰爭目的達到，戰爭停止以後，英國可以攫取中國的鐵路，英國人民的納稅可以減輕。　假定此戰爭需時二年（亦卽從前干涉俄國所需的時期）以克服中國，軍費每日十五萬磅，此數可由將來全國鐵路抵押給英國時，補償，但必須再投資五千萬磅，加造鐵路，自今之七千英里，增加至一萬二千英里。　屆時中國旣已完全戰敗屈服，租界割讓均有增加，則各銀行得英國國家銀行之帮助必樂投資。　况今滙豐銀行行長，亦爲英國國家銀行董事之一。

因爲郵電可施檢查可以控制，大部分戰爭行動，可以在英國工人及別的激烈團體知道消息以前，迅速有效的實行。

目下英國國家銀行已寄款六十萬磅，交滙豐銀行，以爲在東方開始廣大宣傳戰勝中國的民族主義與蘇維埃宣傳的費用。

原文如左

"British Plans For Intervention in China"

"The plans for a war of Intervention to smash the Chinese National Movement have already been thought out in some detail.

"The struggle in diplomatic circles is between those who believe in 'negotiation,' e.g. conferences, promises, delays, etc., and those, on the other hand, who believe that 'Force' alone can restere British domination in China.

"Experts have already considered this position and have recommended that only 100,000 men are necessary. Many of those could be speedily brought from India, where there are 8?,000 Furepean troops. Also the Hongkong garrison has already been strengthened.

"The plan is to divide China into two commands—North and South. The major portion of the troops would be divided between Tientsin and Shanghai. The first portion would be landed at Tientsin and would endeavour to come an early and decisive engagement with Feng Yu-hsiang. The tacit support of Chang Tso-lin has already been obtained.

"At Hankow only British gunboats would be necessary to reduce the Chinese town.

"At Canton it is considered that it would be nceassery to to land only about one battalion of European troops. This can easily be done on the Island of Shaomen which is still held by British and French volunteers. From the island of Shameen the attack on the Chinese town would be lauuchedad—equately supported by gunboats and cruisers, which have been collecting on the China Station from other parts of the globe for some months.

"Financial experts have estimated that the cost to the British taxpayer can be reduced by seizing the Chinese railways (of course after the war is successfully terminated.) Allowing that the war would last for two years, which was the period of intervention in Russia, and would cost £150,000 per day, this sum can be recovered by a morgage on the whole Chinese railway system if an additional £50,000,000 is invested in Chinese railways to extand the present trackage from 7,000 to 12,000 miles It is understood that with a thorouahly defeated and subdued China and with increased 'settlements' and 'concessions' certain banks backed by the Bank of England would be prepared to invest this sum It should be remembered that the Chairman of the Hongkong & Shanghai Bank is a lso a Director of the Bank England.

"It is believed that as all the news services can be contr0lled and cables censored, the major operalions can be effectively launched before British Labor or any othar radical organization likely to protest will know of it.

"Already the Bank of England has transferred £600,000 sterling to the Hongkong & Shanghai Bank in Shanghai for use in beginning a vast propaganpa campaign in the East to 'overcome Chinese antagonism' (? nationlism) 'and Soviet propaganda."

帝國主義者及張吳等反動軍閥，自五卅運動以來，他們對於每次反英反日反奉反吳的民衆運動，一概不肯參加，只孤獨的在他們的機關報『醒獅』上，大聲疾呼的向反帝國主義的蘇俄中國共產黨國民黨國民軍進攻，為帝國主義者出了不少的氣。 好了，他們現在却不孤獨了，他們有了姊妹團體反赤大聯盟了，他們的『醒獅報』，和帝國主義者最近在上海所辦的『中國報』及『獨立報』，也算是姊妹報。

他們這些反赤的組織和宣傳經費是從何處來的呢？ 二月廿日的上海字林西報倫敦通信告訴我們說：『已由英倫國家銀行匯英金六十萬鎊到上海匯豐銀行，作為反對中國民族運動及蘇俄宣傳之費用』。

在中國民族運動的高潮中，各帝國主義國家在中國享特殊而且不法的權利已有開始動搖的徵象，如果真能由此區區英金六十萬鎊，撲滅了最不利於帝國主義的所謂赤化運動即中國民族運動，使一切帝國主義國家在中國之利益與威權，得以重新鞏固起來，豈不是本小而利大麼!?

最後，我們應該研究反赤運動影響到中國民族運動是怎樣了。

現時中國的政治爭鬥，已經分成反帝國主義的民族運動和反民族運動的反赤運動兩大聯合戰線的營壘了，孰勝孰敗，乃是中國盛衰存亡緊急關頭！ 反赤運動實際上就是反民族運動，然而他們表面上不但不說反對民族運動，并且還要說赤化足以亡國，反赤正是救國。 可是他們所反的赤，依據他們反赤之對象，當然不是指赤俄的社會革命運動，并且事實上中國也還沒有這個運動，正不必無的放矢；他們所指的赤，只是指民族運動中反帝國主義這一口號，因為聯合一切被壓迫民族反對帝國主義的口號是赤俄喊出來的。 五卅運動初起時，上海總商會的領袖對上海總工會的代表說：『外間已經喧傳你們赤化了，你們的宣傳品上萬不可再說什麼打倒帝國主義呀！』 國家主義派也向來不主張打倒帝國主義，因為這是赤黨的口號。 僅此兩件事已經可以充分說明：在中國所謂赤化乃指反帝國主義運動，所謂反赤就是反對這個運動。 反帝國主義運動是赤不是赤 我們不須研究，所須研究的乃是反帝國主義在中國民族自由運動中有何意義。 在經濟上，在政治上，中國都是一個半殖民地的國家，外受國際帝國主義的壓迫，內受帝國主義工具——國內軍閥的擾亂，不打倒帝國主義，試問中國民族如何能夠得着自由？ 現在國民黨右派中有人說：『我們民族主義者所謂打倒帝國主義，乃指帝國主義者在中國的勢力而言，至於打倒全世界的帝國主義，乃是赤黨世界革命的主張，和我們是不同的。』 這種見解非常糊塗！ 在理論上，現代立國於世界，政治上經濟上都沒有離開國際關係閉關自守之可能；在事實上，俄羅斯與土耳其，都已經打倒了帝國主義在他們國內的勢力，然而各帝國主義的國家仍然包圍着俄羅斯與土耳其，想乘機奪去他們的自由；所以被壓迫的民族，非到全世界的帝國主義者完全傾覆，是不可停止反帝國主義運動而高枕無憂的。 因此，我們應該認識：如果反帝國主義運動是赤化，這種赤化，在民族自由運動上是最有意義的；如此，反赤運動不是破壞民族運動是什麼？ 如此，究竟是赤化運動足以亡國呢，還是反赤運動足以亡國？ 這都是理論問題，再就事實上說起來：究竟是反赤的軍閥政客可以救中國呢，還是他們所指為赤化的中國共產黨國民黨國民軍可以救中國？ 現在帝國主義者和中國反動的奉直軍閥結成了聯合戰線想來宰制中國，他們若能得到勝利，中國的民族自由運動將是怎樣？ 我們環顧國外，能實力援助中國民族運動的，除赤俄外還有誰？ 我們環顧國內，能實力為民族自由奮鬥而反抗帝國主義者及奉直軍閥這一聯合戰線的，除了被指為赤化的中國共產黨國民黨國民軍之外還有誰？ 若依反赤運動撲滅了共產黨國民黨國民軍的勢力，勝利的不是帝國主義者及奉直軍閥又是誰？ 他們的勝利，不是中國民族運動的失敗又是什麼？

因此，我們可以得着一個結論：中國反赤運動和中國民族運動之消長，是要成反比例的，這是關心中國民族運動者所不可忽視的一重要問題。

本報啟事

本報從第一百四十二期起，即已增加篇幅，每期由原有八頁增加至十二頁。一面得以多登各地通信，藉知全國革命運動的實況；一面又歡迎讀者投稿或通信討論。凡對於本報一切主張，無論贊成或反對，本報皆熱誠歡迎讀者討論。所有通信或投稿請寄至本報北京廣東河南三地通信處。

英日帝國主義在北方的陰謀與民衆之反抗（北京通信三月十日）

雷音

自上月下旬，河南失守，二軍潰敗，同時直魯聯軍又進至馬廠，於是京津震動，國民一軍幾有被逐出張家口外之勢。國民軍在北方之失敗，決不是一個軍閥間勢力相消長的問題，而是國民革命在北發展的生死關頭。因爲國民軍比較與民衆接近，在國民軍政權之下比較容許民衆自由，這些地方的民衆運動，反帝國主義運動，更較其他地方，容易發展。這也就是英日帝國主義張吳所以結合強有力的聯合戰線，而必須撲滅國民軍的原因。

五卅運動，是民衆對於反動勢力進攻，自五卅以後至現在，可說是帝國主義反動勢力向民衆反攻的時期。尤其以現時的形勢爲最嚴重。因爲帝國主義受了五卅的教訓，格外有計劃有組織的來撲滅中國國民革命運動。字林西報所發表的英國進攻中國之計劃，準備出兵十萬，日給軍費十五萬磅，兩年之內平定中國。日本帝國主義在上次援助已經崩壞的張作霖，殺死愛國將軍郭松齡等事實中，已完全暴露帝國主義的奸謀，是如何殘狠可怕。假使民衆方面，反帝國主義的勢力，團結不堅固，則必爲所摧陷，中國將來到一長期反動的時期。

現在再將帝國主義在最近北方戰爭中所表現的陰謀，擇其顯著而重要者，略述如次：

（一）開灤煤礦，爲英國資本所有，服役於此煤礦之工人，由唐山至秦皇島，不下八萬。值此冬冷春寒時節，正需煤時期，乃英人忽託言銷路不旺，下令停工，另一方面，京奉運輸，又正缺煤。英人停工之奸謀，有下數種：A破壞國民軍之運輸；B此八萬工人，如無工作，必易挑起變亂，張作霖早已派來多人，勾結該地工賊及保安隊，預備鼓動失業的羣衆，組織別動隊，擾亂國民軍後方。幸經工人揭破其奸，與國民軍聯合，一致反對，方始作罷。但英國帝國主義者，現仍用盡方法，使工人每月只能作十三四天工，天天計劃如何煽起停工或罷工風潮。

（二）京奉路亦爲英國資本所有，近亦嗾使其走狗交通系，在工人中，煽動罷工。此項狡謀，亦爲鐵路工會所揭破，向工人說明，結果只有工頭罷工，而工人羣衆仍照常工作，情形且較平時爲好。

（三）天津租界內，遍布李景林軍事偵探機關，每處駐住七八十人，且携有武裝，有多數外人居中指導，日日散布不利於國民軍之謠言，夜間則突入中國地界，四處放火，且炸毀北倉鐵橋，使一般住民，驚恐萬狀。

（四）吳佩孚攻豫實力本極有限，當寇軍初攻信陽失敗時，吳之地位已十分動搖。英帝國主義一方面趕運一萬五千枝槍至漢助吳；一方面封鎖廣州海關，威嚇廣東政府，不能北伐動搖吳佩孚後路。

（五）最近三軍失利，李景林率一萬五千兵，孤軍深入至馬廠，國民一軍急調六萬之衆應敵，更由保定別出騎兵襲滄州、斷李歸路，直魯農民，聞一軍至，均奮起相助，本可殲滅李景林軍隊，直搗濟南。此時灤河方面，一因冰凍，奉軍不易進攻，二因奉派內部衝突甚烈，且經郭松齡倒戈後，兵力減少，實力甚弱，極難衝動一軍防禦陣線，所以此時奉系軍閥已處於極危險時代。日本帝國主義者，又出其助張倒郭故智，明目張膽的派日本兵艦，引導畢庶澄艦隊襲擊大沽口，使國民軍不能長驅南下，更企圖與吳佩孚北上之師接應，四面包圍，完全解除國民軍在北方之勢力。

北方的民衆，尤其是京津一帶的工人學生，及直魯的農民，他們在許多事實的教訓中，已經認識了帝國主義之兇殘陰謀，認識了國民

軍失敗與他們的關係，認識了英日張吳反動勢力統治之可怕，所以他們均已積極的起來援助國民軍，抵禦這個反動勢力的進攻。 國民黨，學生會，在反對賣國的直奉軍閥，建立和平，召集國民會議三口號之下，已喚起一切民衆，促馮玉祥出山，繼續領導國民軍為民衆的自由而戰。 北方的工人農民已完全自動的參加這個戰爭，如開灤礦工之反對停工，京奉京漢鐵路工人之反對罷工，盡力維持交通，直省農民之供給一軍糧草及運輸之便利，皆是顯著的事實。 所望全國的民衆，尤其是在直奉軍閥政權下之民衆，勿誤認此次戰爭的性質，僅是幾個軍閥間的戰爭，或將來所受的壓迫，僅僅是北方民衆的壓迫；須知國民軍在北方失敗，則全國均將陷入於長期的恐怖時代，這是中國國民革命的一個生死關頭。

一切革命的勢力，團結起來，抵禦這個反動勢力的進攻！

讀者之聲

對於階級鬥爭的討論

記者足下：

我致陳仲甫先生的函，蒙代答覆，並於請益諸點闡發詳明，至深銘感。

先生已於「勞資間階級鬥爭為不外勞工欲提高自己的地位，保護或增進自己的利益」，與鄙意正同，我自沒有話說了。

先生又以階級鬥爭可與階級間的聯合戰線，並行不悖。 此則我所渴望而馨香禱祝，但未敢確信其必然者也。 蓋吾人目前工作，當以打倒軍閥與帝國主義者為先。 換言之，即當以專心致志努力國民革命為先。 軍閥與帝國主義者一日不倒，什麼事都無從說起。 然間時先生又引出五卅運動中勞資分裂一段故事來。 那末，階級鬥爭與階級聯合，事實上，恐怕還是「二者不可得兼」罷。 我不是一味反對階級鬥爭的人，我實在很希望勞動階級的地位能夠提高。 但是處在今日產業落後軍閥與帝國主義者正在恣肆橫行的中國，恐怕鬥爭的程度，也應該有些分寸罷。

先生再三申言，社會階級分化有經濟的背景，而以生產機關為標準。 這是不錯的。 這是社會主義者所主張，現今最流行最簡單的一個階級定義。 稍習經濟學者，當能知之。 然階級之分，只限於一個標準耶？ 生產機關一物以外，即無可為分野之界線者耶？ 據我所知，以職業或以習慣與教育之差異等為界線者，西儒已有行之者矣。 或且主張不分階級，階級二字廢而不用。 這為什麼呢？ 就是因為很難得一個澈底的標準。 就只從經濟上着想，馬克思之分為有產與無產二大階級，此從財產所有權而言之也。 正統派經濟學者則分為地主資本家工人三大階級。 當時馬克思亦以為甚當。 現在的人乃把資本家再折為企業家與放利者（Rentier），此從分配上而言之也。 又有將全社會能做事的人分為雇東、雇工、獨立生產者、官吏、婢僕等者，此從生產上而言之也。 可見階級分法，原不一端。 究竟那個好，是另一問題。 我想凡一國的階級應如何劃分，當從本國社會的實際情形上，找一個比較適當的標準，不能執一。 若把先生假設之研究系，也真作為一個階級，那就太滑稽了。 閒話少提，言歸正傳。 我對於這點，說得太多了。 因為我們所欲討論的，不是階級應如何分的問題，乃階級鬥爭於吾國國民革命十分迫切這一剎那當中，是否適合的問題。 仲甫先生說：非對勞動階級獎勵階級鬥爭，安能叫他們從事國民革命（大意如此，非其原文）。 這句

話，除了以經濟爲餌以外，我實在不明他的意思。

今假定以先生之主張爲主張，單純以生產機關去分社會階級。則人除了階級關係以外，就沒有別的關係嗎？　不是的，人是有許多關係的。　人已有許多關係，則人的行爲只要完全以階級關係，或階級利益爲原則呢？　還是不然呢？　這是一個極饒趣味，且極重要的問題。　從先生「我們主張階級鬥爭者，只有教勞動者共產黨員甲去攻擊背叛自己階級利益的研究系乙。」這句話來看，好像先生是想完全以階級利益爲立身處世之原則。　那末，人之階級關係以外，還有一個頂要的關係，卽國家關係；先生對此，將如之何？　我常看見許多期刊痛罵共產黨賣國，不惜斷送蒙古以聯俄。　我極爲之叫屈。因爲我想共產黨斷不是賣國者，亦不是不愛國者。　否則，他們恐怕不來做革命運動了。　革命是快樂的事，亦是要犧牲的事。　非徒爲招搖撞騙之把戲，可以成功的。　但是蒙古亦爲今日時事中一個重要問題。　究竟先生與先生的一般同志對此態度怎樣？　按國民黨第一次全國代表大會宣言第二段中有云：「國民黨敢鄭重宣言，承認中國以內各民族之自決權，於反對帝國主義及軍閥之革命，獲得勝利以後，當組織自由統一的（各民族自由聯合的）中華民國」。　我讀了這幾句，便老早覺得其中有些毛病，蓋中華民國已經由漢滿蒙回藏五大民族組織而成，安待自決。　現在已經是一整個的國家，安待聯合，又安有自由聯合之可言？　已可自由聯合，卽可自由不聯合。　已經聯合，則無所謂自由。　故依這幾句話，直解起來，不唯蒙古可受俄人煽惑，而自由聯合於俄；卽滿洲亦不難受日人煽惑，而自由聯合於日；西藏亦不難受英人煽惑，而自由聯合於英。　是欲求統一，而反得分割也。　心中疑慮至此，所以近來某一天訪黃埔軍官學校中一個要人，談及此事，我便叩其意見。　他說：「近二三百年中，蒙古是很可憐的。　滿清政府昔日對他，完全取消滅政策，所以使他至今日政治上軍事上經濟上的能力，幾乎摧殘淨盡。　今蒙古革命已告成功了。　嗣後當任其自決。　如聯俄利歟？　任他向俄去。　如聯中利歟。　任他向中來。　吾人不怕俄人煽惑，怕亦無益。」這些話眞說得漂亮慷慨了。　我雖然不是反對聯俄，但我仍是不能超脫國家觀念的人，故聽了大不以爲然。　當時在座還有一位朋友，也大有「惡！是何言！」之慨。　這些事本來不是階級鬥爭本身的問題，我可以不說的。　但因先生對於階級鬥爭的態度似乎與他有密切關係，且蒙古亦是當今重要問題，而爲共產黨人最受攻擊的原因，所以不禁把那日縈我腦海中的事，光明正大地寫出來。　望先生也能夠光明正大地答覆我。先生答覆了我，至少能闢許多謠言，而增長國人對於共產黨的信仰。　耑此順頌

著祺。

梁明致手啓二月二十六日於廣州廣大法科

明致先生：

綜括來書，先生此次提出討論者，約有：階級鬥爭與階級間聯合戰線問題，階級分野的標準問題，階級與國家問題，蒙古問題等四點。　茲依次答覆如下：

階級鬥爭與階級間聯合戰線　我在前次覆信中說過：「在階級鬥爭中，必要時，利害有相同之點的幾個階級仍然可以暫時聯合戰線，共同反對別的階級」。　先生不能確信其必然。　先生並未說明所以不能確信其必然的理由，祇拿五卅運動中上海資產階級向工人進攻的事件，證明階級鬥爭與階級間的聯合戰線是「二者不可得兼」的。　其實，這次事件證明出來，不僅沒有否定了我在前次覆信中所說的話，而且愈加顯示在階級間聯合戰線之時，階級鬥爭仍是必要的。　當五卅運動初起的時候，代表上海中等資產階級的上海商總會卽與工人學生聯合，而代表上海大資產階級的上海總商會在商人工人學生脅迫之下亦不得不宣布能

市；此時，卽五　運動開始至所謂總商會的「革命　，事實上，上海的民族運動就是各階級間的聯合戰線。　而此聯合戰線的確能增長上海以至全國的革命潮流。　此時，工人爲自己的階級利益而鬥爭，資產階級亦爲自己的階級利益而鬥爭，因爲反帝國主義運動對於這二階級同是有利的；隨後，這一聯合戰線怎樣破壞呢？　事實指示我們，首先是大資產階級與帝國主義妥協，修改了商人工人學生的要求條件，而退出了聯合戰線；中等資產階級

上海商總會繼續到工商學聯合委員會解散時才退出；而工人學生的聯合戰線則繼續到現在。　上海資產階級的行爲固然是向工人階級進攻，同時亦卽是背叛全民族的利益。　這個事件前一部分證明，「『必要時』各階級間『暫時』可以聯合戰線；後一部分又證明，在中國民族運動中，資產階級所爲的僅僅是自己階級的利益，所以容易與敵人——帝國主義妥協，背叛民族利益，破壞各階級間的聯合戰線。　先生說：　吾人目前工作當以打倒軍閥與帝國主義者爲先。」　但如果在我們的營壘裏，發現了通敵的內奸，則我們必不能專心致志去打倒軍閥與帝國主義者，我們於打倒軍閥與帝國主義者當中，必須肅清內奸，這樣肅清內奸，先生如認爲是工人階級向資產階級的階級鬥爭，則我可以答復：這種的階級鬥爭不僅適合「於吾國國民革命十分迫切這一剎那」，而且非此鬥爭，國民革命必不能發展以至於成功。　這亦是國民革命中應該努力的。　先生主張階級鬥爭的程度應該有些分寸；但我以爲這種勸告，先生應該向資產階級面前去說。

階級分野的標準　以生產機關之佔有爲階級分野的標準，先生承認，是不錯的；但同時，先生又以爲階級分野尙有其他標準，譬如先生所列舉之職業、習慣　教育等。　這是錯的。　我們，馬克思主義者，我們的觀點是唯物史觀的觀點，我們認定社會經濟結構是其他一切社會現象——社會　物　的基礎，而階級分化是社會經濟的一重要的原素，階級分化根本的標準祇是生產機關的佔有，不是職業（職業的差別祇因工作性質不同，而不是利益的不同），更不是屬於築物的習慣教育等。　這是馬　思的階級分野的標準。　先生因爲 Bour e se 和 Proletariat 二字中國文譯成有產階級和無產階級，因這「產」字，便誤會爲馬克思區分社會階級不是根據生產機關的佔有，而是根據財產所有權——這自然是「望文生義」的錯誤；卽照先生所解釋，這裏的財產二字亦應當是指生產機關而言。

這裏，先生自能反問，階級分野的標準何以有這許多呢？因爲除來信中所列舉者外，還有許多「標準」，先生未曾舉出，甚至於有人以每星期進款數目爲標準而區分社會爲幾百乃至幾千的階級者，更甚至於有人「主張不分階級，階級二字廢而不用」，更甚至於「東儒」孫傳芳先生此次在東南大學演說：「吾國本無階級之分，更何爭鬥之有。」　這些，都能使人發生對於階級根本的懷疑。　我的答覆是很簡單的　被統治階級的階級覺悟，根本對於統治階級是不利的，統治階級明白知道他自己階級的使命，而不願意被統治階級覺悟他是一個階級，亦猶統治階級不斷地向被統治階級施行階級鬥爭，而禁止被統治階級說出階級鬥爭的話。　這裏，爲統治階級的利益，自然要說社會沒有階級，或者要說出許多標準以攪混階級的觀念。　先生的意思，要先從本國社會的實際情形上，找一個比較適當的標準，然後再去區分本國的社會階級。　不知，先生找到這個標準嗎？　不知先生將於何時找到？　先生以爲中國社會有那幾種階級，或者甚至於完全沒有階級？　這裏附帶說一句，我在前次覆信中，并未曾說研究系是個階級，我祇指研究系是個政黨——代表某種階級利益的政

黨。

階級與國家　人除了階級的關係之外，還有其他的社會關係，這是不錯的。但一切社會關係，是由生產關係推演而出；在這階級的社會中，生產關係所表現的是人壓迫人的制度，是這些階級壓　那些階級，所以建立在這階級社會上的一切社會關係都帶着階級性，根本就是建立在階級關係上面。拿國家來說尤爲明顯。「國家是甚麼？國家就是統治階級維持其統治的工具。國家是階級社會裏一種特殊的產物。但我們是共產主義者不是無政府主義者，我們絕不否認國家在現社會的存在。尤其是在現在的中國，祇有共產黨人才眞正是愛國者，祇有他們看清了中國在世界革命中所佔的地位，祇有他們才知道中國怎樣去找到一條出路。誰利用中國這個工具呢？帝國主義者。帝國主義者利用軍閥等剝削中國的工農階級，即從這塊肥美殖民地剝削所得去延長自己的壽命，去撲滅幷阻止世界革命的發展。我們應該推翻帝國主義的統治。所以中國革命的問題，不外是階級鬥爭的問題：對內是中國工人農民學生商人等大多數民衆聯合向帝國主義和軍閥等鬥爭，對外是全世界被壓迫階級和被壓迫民族聯合向全世界帝國主義的資產階級的鬥爭。我們不像國家主義者，我們的國家不是一個空洞的抽象的國家，乃是大多數人民的國家；中國大多數人民的利益需要打倒帝國主義，需要與世界無產階級勢力聯合起來，做到中國的獨立，再進一步做到世界的大同。

蒙古　根據以上所說則我們對於蒙古問題的態度是很明顯的。蒙古亦是一種民族，和漢族一樣。我們反抗帝國主義侵略中國，則我們亦應該放棄中國歷來對於蒙古的傳統的政策。蒙古民族有其自己的意志。我們不自認中國是蘇俄煽惑起來脫離帝國主義的統治，我們自然不能說蘇俄煽惑蒙古，使之自由聯合於俄。實際上，俄蒙的關係，和日本之於朝鮮，英國之於西藏，是完全兩樣，我這裏不多說，請先生參考本期『告國民黨黨員書』中關於蒙古的一段便可明白了。

記者

特約訂閱發行通信處

北京北京大學第一院收發課轉許元眞君

廣州國光書店黃正君

開封河南書店韓韻秋君

分售處

廣州	丁卜書報社
北京	各學校號房
長沙	文化書社
寧波	寧波書店
武昌	時中書報社
	共進書社
溫州	溫州書店
開封	國民書社
香港	萃文書坊
汕頭	汕頭書店
蕪湖	科學圖書館
太原	晉華書社
潮州	育年書店
雲南	新亞書社
重慶	唯一書局
南京	鍾天書館
寶慶	寶慶書局
黃梅	書報流通處
西安	西安書局
成都	華陽書報流通處
紹興	亞民文具實業社

價目

訂閱：國內一元寄足三十五期。國外一元寄足二十五期。郵票代款九五折算。但以一分半分爲限。

代派：每份大洋三分。六折計算。寄費在內。十份起碼。十期清算一次。概不退回。

零售：每份銅圓六枚。

The Guide weekly

嚮導

週報

第一百四十七期

目次

一九二六年三月二十七日

中國共產黨為段祺瑞屠殺人民告全國民衆

全國的民衆！抑知今日嚴重時局及其由來否？原來中國的民族運動，自五卅以至郭松齡反戈攻奉，中國的民衆已有勝利的希望，帝國主義者發了恐慌，不得不親自出馬，援助他們的走狗向中國民衆反攻。第一個反攻即是日本出兵滿洲，幫助賣國賊張作霖擊敗郭松齡；第二個反攻即是英國以大批軍械幫助吳佩孚攻打河南，日本以大批軍械幫助李景林張宗昌攻打直隸；第三個反攻即是廣州英國帝國主義藉稅務司利用中國海關封鎖廣州海口，為摧殘廣州國民政府和仇對廣東人民之計，並隱藏着藉此發動砲擊廣州的陰謀，英報且明白宣布將以十萬大兵征服中國的計劃；第四個反攻即是日本公然派遣艦隊掩護奉軍兵艦進攻大沽口，且砲擊大沽砲台；最近第五次進攻即是他們反來藉大沽事件以最後通牒威嚇中國，且指使段祺瑞屠殺反對此項最後通牒的學生與市民，以形成今日嚴重的時局，即英日段張吳聯合屠殺中國民衆的時局！

全國的民衆！我們覺得目前時局的急轉直下，比之民國四年五月七日二十一條件的最後通牒時，民國八年五月巴黎和約簽字時，及去年五卅上海租界政府屠殺愛國同胞時，要嚴重十倍。五七、五四、五卅——這三時期是帝國主義列強侵略中國和屠殺同胞因而引起全國民衆熱烈的反抗運動。經過這三時期，中國民衆不知道犧牲了多少，才形成了布滿全國的民族解放運動。可是現在到了帝國主義列強直接用槍砲軍艦大隊人馬間接以實力扶助賣國軍閥，企圖根本消滅全國的民族解放運動——全國民衆歷年犧牲的結晶，甚至稍具民族色彩的勢力。消滅全國的民族解放運動，就是實行屠殺全國民衆，使全國民衆永無翻身之一日，死無葬身之地！因此目前這一時期是再危險沒有的了。

正當全國民衆要求取消不平等條約之時，帝國主義者却用最後通牒擁護剝削中國主權最甚之辛丑條約。甚至在天津禁止中國當局檢查外輪，超出已有的不平等條約範圍之外。英日等帝國主義恫嚇中國的最後通牒，固然給中國民衆以莫大的恥辱，同時亦是援助張作霖吳佩孚李景林張宗昌等實力壓迫馮玉祥所領導的國民軍。帝國主義者為什麼援助張吳？當然因為他們都是擁護帝國主義在華利益的賣國軍閥。為什麼壓迫馮玉祥？因為馮玉祥所領導的國民軍是帝國主義的工具張吳兩派軍閥統治中國之障碍，馮玉祥之失敗即是帝國主義的工具張吳之勝利，這正是此時中國民衆應該對馮軍表同情的緣故。民衆對馮軍表同情之意義，不是擁護一個軍閥，乃是督促他們與全國民衆共雪帝國主義者所給予中國民族的恥辱。日本軍艦在大沽槍殺許多中國兵士，雖然他們是國民軍，可是也是中國同胞，亦不好任帝國主義者自由殺戮罷！

全國痛恨的段祺瑞為什麼敢於槍殺大批學生市民呢？為誰槍殺他們呢？自然明明白白是老賣國賊段祺瑞受了英日指使，為擁護辛丑條約而屠殺愛國同胞！愛國同胞死於帝國主義者之手，已足使人憤不欲生；今愛國同胞為愛國示威而死於自稱中國執政之手，全國民衆又將何如!? 段祺瑞早已不是中國人民的執政，現在又變成彰明較著的賣國兇犯。全國的民衆！我們能不為這些死者復仇麼？我們能不討伐這個殺人的賣國兇犯麼？

全國的民衆！帝國主義者已從各方面用最後手段對付我們了，段祺瑞吳佩孚張作霖張宗昌李景林等已是顯明的帝國主義者的劊子手了。他們所要摧殘的目的物，自然是全國要求民族自由的民衆，他們為要達到這個目的，所以首先要掃除達到這個目的的障碍物——廣

州國民的政府及北方的國民軍。　因此廣州國民政府和北方國民軍與全國民衆發生了生則共生亡則共亡的關係了。　在此種時勢之下，民衆或則坐以待斃，或則急起直追，殺出一條血路，除此以外再沒有其他的辦法了！

據我們想像，無論平時有何政見不同，無論是國民黨右派，國家主義派，富商大賈，研究系，進步的軍閥官僚等等，在此次爭鬥，即對於討伐段祺瑞取消辛丑條約和洗最後通牒的恥辱這三件事，都應有所動作，若有人坐觀不動，無論平時說得如何愛國，無論是否以反赤為口實，都是中國民衆中的敗類。

苟安的心理是再不能有了。　唯一的辦法只有實際的行動。　民衆應立即起來團結　武裝和革命。　推翻了帝國主義者在中國的勢力，打倒了段張吳，中國才有和平的可言。　否則苟安就是送死。

因此中國共產黨中央執行委員會敬告全國商人學生工人農民兵士應急起聯合起來，不分黨派，一致奮鬥，發動一個比五卅運動更偉大的運動，以

打倒慘殺愛國同胞的段祺瑞！

肅清一切賣國軍閥！

取消辛丑條約，以雪最後通牒之恥！

建立人民政府謀全國真正和平！

欲達上列四項目的，真正愛國民衆尤應集中於廣州國民政府革命旗幟之下，助成他的北伐使命，同時亦不惜以重大犧牲實際援助馮玉祥所領導的國民軍。　最後的時機到了，我們再不能猶豫了。　或存或亡，在此一舉！

中國共產黨中央執行委員會

一九二六・三・二十

國民軍失敗後民衆應有之覺悟與責任

述之

（一）國民軍失敗對於國民革命運動之影響

現在國民第二軍已完全被驅逐於河南，并且其大部份軍隊已被消滅。　國民一三兩軍亦已從京奉津浦兩戰線上退回，放棄了天津。　在京漢路方面的國民軍隊伍亦往保定高碑店一帶退却。　總之，國民軍此時的狀況是：已棄去了大部份的地盤——整個的河南與直隸南部和京漢北段；喪去了大部份的軍實——二軍幾全滅，一三軍亦損失不少；放棄了京奉津浦京漢各重要路線而退守北京一孤城，并且就現勢上看將有不能不退出北京而守南口之勢。　在另一方面我們看見已經崩潰的日本帝國主義的工具奉系軍閥又重新恢復起來，京奉津浦兩路和天津重入其掌握，李景林又要作天津王，并且有長驅入據北京之勢，奉系軍閥差不多快要恢復到反奉戰爭以前的猖狂狀態。　已死的英美帝國主義的老走狗吳佩孚又復活了，整個的湖北和河南重入其掌中、現在正在準備進攻北京，想恢復其在反直戰爭以前坐鎮洛陽挾天子以令諸侯之地位　由以上種種事實的表現，我們一點用不着忌諱，國民軍是失敗了，是受了日英等帝國主義與反動的奉吳軍閥聯合戰線之嚴重打擊而失敗了！　但是另一方面便是反動派的勝利，是日英帝國主義與反動軍閥奉吳聯合戰線的勝利!?

現在的北京似乎還在國民軍之手，但是實際上也不是國民軍的勢力，恰好相反而是反國民軍的勢力，老奸巨猾殘民賣國的段祺瑞始終不過是日本帝國主義之在華的代辦人和奸細，所謂賈內閣也不過是安福系之別名（并且有吳佩孚的勢力如盧信）。　國民軍將來是否退出北京，退出北京後，北京政權究歸何派何人掌握，不管仍然是段祺瑞

或是吳佩孚張作霖的其他代辦人，我們都可以無疑地斷定：北京政權必入於反動軍閥之手，將來的北京政府必然是日英等帝國主義之工具。總之，現在的北方政局已經到了一個歷史的反動時期了（這是五卅運動之反面的結局，至這個反動時期的時間之長短，須看革命之努力如何，但在中國革命運動史上始終必被牠劃成一個階級。）

由國民軍這次失敗所演成的將要到來的這一個歷史的反動時期，對於中國國民革命有什麼影響呢？我們要了解這個問題，我們須推測北方的反動局面將來要到什麼程度，尤其我們須知道假使國民軍不失敗又是一個什麼樣的局面。對於第一層，我在本報第一百四十四期『民衆應急起向吳佩孚下總攻擊』一文裏曾經假定過：『如果國民軍萬一消滅或被驅逐於河南陝西直隸等地，那時中國必造成一個最恐怖的局面，英美日法等帝國主義必利用奉直兩系軍閥以最嚴厲最可怕的形勢來統治中國。第一步消滅國民軍之後，必開始進攻廣州政府，進而根本消滅廣州政府，進而消滅全中國一切民衆勢力，消滅五卅運動以來在各地發展的民衆勢力，如工人組織，學生組織，農民組織……，那時必有十倍於治安　察出版法等的法律來箝制人民的一切自由權，來槍殺人民。第二步帝國主義將以中國為基礎在東方造成一個反蘇俄反世界革命的營壘，向世界一切革命勢力進攻？……第三步必然在中國造成第二次世界大戰，至少要造成第三次直奉戰爭。……總之，此次國民軍如果真被日本帝國主義奉系軍閥和直系軍閥吳佩孚所消滅，中國的恐怖時代是必要到來的，中國的民衆和廣州政府是要受嚴重的打擊的，反動勢力是要向蘇俄進攻的。雖然其恐怖狀態未必如上面所推測之甚，但如果民衆不積極起來反對吳佩孚，參加反抗英日帝國主義和奉吳向國民軍此種進攻，這種恐怖狀態是可能的。』現在的國民軍沒有完全被消滅，所被消滅的只是第二軍之大部份、而整個的較有戰鬥力的第一軍還能保持原狀（照現勢第一軍無論如何是不會被消滅的），陝西還在第二軍之手，吳佩孚與張作霖還沒達到以自力統治北方的程度，國民軍與奉吳現在還是鼎足相持，自然這個反動局面的到來不能如我們上面所說之嚴重，但是在北方始終要成一個反動局面，帝國主義與反動軍閥統治的反動局面，對於中國革命運動始終是一個大障礙。現在國民軍還未離開北京，段祺瑞便敢公然秉承帝國主義之意旨鎗殺北京愛國民衆至百餘人之多，演成北京空前之大慘殺案，天津唐山新起來之十餘萬工人不用說是要受嚴重的壓迫的，河南新組織起來之十餘萬農民不用說也要被解散的（大部份已被解散了，）京漢京奉各路的鐵路工人自然要回轉到以前被吳佩孚壓迫之原狀。革命的左派國民黨在北方一定要遭嚴重的禁止（左派國民黨的領袖如徐謙李石曾顧孟餘等已在逮捕之列），至於共產黨那更不用說的了。總之，河南北京天津新起來的民衆勢力一定要受嚴重的打擊，將來一定有許多新法律來箝制這些地方的民衆，來槍殺這些民衆，這是可以斷言的。英日帝國主義的陰謀一定想進一步根本消滅國民軍，更進而謀倒廣州政府，不管客觀上能否作到，但這班強盜們的主觀一定是如此企圖的。利用奉吳軍閥和一切反動勢力如研究系國民黨右派國家主義派等來反對幫助中國民族運動之蘇俄，也是一定的。將來奉吳間的新戰爭也恐怕是在不可免之數，譬如目前如果國民軍退出北京，直隸地盤怎樣分配，即直隸督辦是李景林還是靳雲鵬，馬上就成奉吳間之重大問題。但是國民軍此次如果不失敗或是勝利或保持河南直隸之原有地盤，那局勢將是怎樣呢？自然我們不敢說國民軍勝利或不失敗，在北方便能造成什麼革命的天國，但是至少在北方革命的民衆勢力絕不至遭何種重大打擊，并且可保證其相當發展；天津唐山和各鐵路的工人與河南直隸的農民和左派國民黨，必能得着相當的政治自由與發展組織的自由；帝國主義的勢力不能在國民軍勢力範圍內自由行使威權，有時甚至還要受打擊；反動軍閥奉

吳縱不被根本消滅（國民軍勝利或不失敗，奉張雖不至根本消滅，但吳佩孚是不能存在的），但是至少也沒有發展的機會。 尤其如果廣州政府北伐時，在河南直隸若保存國民軍以前的勢力，那時會師武漢，掃除長江的障礙——反動的小軍閥，召集國民會議，外而取消不平等條約，內而建立較開明的人民政府，是完全可能的。 總而言之，此次國民軍之失敗，以致北方反動勢力之復興，無論從各方面看，都是中國民族解放運動之大打擊，是五卅運動之反面的結局——中國民衆的失敗，也就是帝國主義的勝利。

（二）國民軍失敗之原因

我們知道國民軍擁有四十餘萬之衆，并且其大部分都號稱有戰鬥力，如此敗之陝軍便素以能戰名，另一方面據有數省之地盤，何以一旦竟一敗至如此呢？ 換言之，國民軍此次失敗之原因在那裏呢？ 這是我們當特別注意的問題。 我以為國民軍此次失敗之原因有三：（一）關於帝國主義者，（二）關於反動勢力與民衆方面者，(三)關於國民軍本身者。 我們知道此次奉吳反攻國民軍的聯合完全是帝國主義在背後所玩的把戲，尤其是英日帝國主義：奉吳的作戰計劃是東交民巷的英日帝國主義者所規定的。 在山海關方面張作霖的軍隊裏，津浦路戰線上李景林張宗昌的軍隊裏，一切軍事行動的指揮完全是日本帝國主義者，甚至許多技術人才如駕駛飛機鐵甲車，放機關槍大炮迫擊炮等的人也都是日本人。 靳雲鶚的軍隊裏也有大批的日本顧問。 至於張作霖與李景林的一切軍械軍需不用說完全是日本帝國主義供給，并且還供給吳佩孚。 英國帝國主義也曾供給吳佩孚一萬五千枝槍。 但是帝國主義見以上各種對於奉吳的幫助還不能根本打擊國民軍，於是便親身出馬，公開的對付國民軍：第一、便是日本帝國主義以兵艦監督畢庶澄軍艦（畢庶澄原傾向國民軍，後受日本帝國主義監督與壓迫而改變），護送魯軍從塘沽北塘一帶上岸，襲擊國民軍之後路；第二、日本帝國主義見魯軍上岸失敗，便想以自己兵艦掩護奉艦進白河直搗天津，馴致釀成日艦攻擊中國炮台之事件，而日本帝國主義竟以此聯合英國帝國主義煽動辛丑條約國對國民軍下最後之通牒，威迫國民軍。 第三、帝國主義唆使其走狗段祺瑞殘殺北京反抗辛丑條約國通牒之愛國羣衆，釀成空前之流血慘劇，一以與擁護國民軍之民衆以絕大打擊，一則演成北京的混亂狀態，與國民軍以難題。 此外再加在天津租界之容納李景林武裝軍隊與暗探，擾亂天津秩序，以及製造種種所謂赤化之謠言，恐嚇國民軍馮玉祥。 這些都是國民軍放棄京奉津浦京漢各路和天津而退守北京之主要原因 如果帝國主義不掩護奉軍進攻天津釀成八國通牒和北京慘案，在純粹的軍事上觀察，國民軍絕不至遂放棄京奉津浦京漢各戰線和天津，因為國民軍在津浦灤州京漢各前敵上并無重大的失敗，因此我們可以說國民軍此次之放棄前方戰線，退守北京，不是前敵之軍事失敗，完全是帝國主義在天津北京方面之直接打擊，通牒威逼與唆使段殘殺。

在民衆方面沒有積極地起來幫助國民軍，甚至天津北京的民衆如大小商人和一般反動的智識份子，不惟沒有幫助國民軍，并且還暗地裏歌誦歡迎吳佩孚反對國民軍。 至於代表中國地主官僚的研究系代表買辦階級的國家主義者和國民黨的叛徒章太炎等，更是拚命地附和帝國主義和奉吳軍閥散布赤化謠言，製造反赤化空氣，以壓迫國民軍，壓迫馮玉祥，因此一面使馮玉祥不敢挺身出來抵抗吳佩孚而取消極態度，一面則減低反奉吳和反帝國主義的空氣，提高了奉吳和帝國主義的氣燄。 這也是國民軍此次失敗之主要原因。

國民軍失敗原因之關於本身者：（一）國民一二三軍沒有共同的政治目標，自反奉戰爭以來沒有向民衆發表過政治主張。 因此國民軍內部不知為什麼而戰，民衆亦不了解國民軍為誰而戰，以致國民一二三軍不能團結一致，民衆不積極擁護國民軍。 (二)二軍內部將領

之意見紛歧與無紀律。 此次整個的國民軍之失敗，自然原於第二軍之失去河南與全軍潰散。 二軍之所以如此，全因其內部不一致。岳維峻與劉允臣各成一派，互不相下，鄧寶珊史可軒等又稱中立，在政治上軍事上均不能統一指揮，完全各自爲謀。 至行軍之紀律更是壞到極點。 尤其表面上號稱領袖的岳維峻更是昏聵無能，信用吳佩孚之心腹馬驪等，收養吳系靳雲鶚部下之軍隊而不知解決（曾有勸岳解決靳部，岳終不聽），眞所謂養虎貽患！ 凡此皆二軍所以敗滅之根本原因。 （二）馮玉祥態度之保守與消極。 馮玉祥本爲國民軍之唯一領袖，但馮玉祥始終沒有積極的態度，始終只顧自己，沒有顧及到整個的國民軍，在軍事上也放棄許多機會，尤其沒有明確的政治主張，以致失其大部份羣衆的信仰。

自然國民軍失敗還有許多其他的原因，但以上三者可以說是國民軍失敗之主因，而三者之中尤以關於帝國主義者爲其主因之主因。

（三）民衆應有之覺悟

現在國民軍已經失敗了，反動的局面已經到來了，但是我們民衆從這當中應得到什麼教訓呢？ 換過說，民衆應從此怎樣覺悟呢？我以爲：第一、在過去民衆沒有認識國民軍此時在中國民族解放運動上之重要；一般民衆看國民軍也當作普通軍閥看待，甚至以爲與奉吳軍閥一樣，其實國民軍幷不是一個普通的軍閥，因爲在牠一年來的歷史上曾經表現：外而接近幫助中國民族解放運動之蘇俄，反抗侵略中國之帝國主義；內而接近革命的廣州政府與國民黨左派領袖，反抗賣國的奉吳軍閥（詳細解釋見本報一四四期「民衆應急起向吳佩孚下總攻擊」一文。） 民衆既沒認清國民軍在此時反抗帝國主義與反動軍閥的鬥爭上之意義，因此對於國民軍反奉反吳的戰爭認爲是平常軍閥間的戰爭，而沒有積極地擁護國民軍，沒有積極地反對奉吳對於國民軍之進攻，以爲國民軍失敗不過是一個普通軍閥之失敗，但是現在事實告訴我們，國民軍尙未離出北京，帝國主義的走狗段祺瑞便公然如此殘殺愛國民衆逮捕愛國民衆的領袖，李景林剛進天津便封閉天津總工會，壓迫天津的工人階級，靳雲鶚寇英傑才進河南便解散河南的工會和農會。 凡此種種與在以前國民軍統治下比較，[illegible]是怎樣？ 第二、在過去一班反動派 研究系國 主義派國民黨叛徒章太炎等，評國民軍馮玉祥爲赤化，一部份民衆不惟沒有爲之辯明，甚至隨聲附和，造成反國民軍的空氣。 殊不知謂國民軍赤化完全是帝國主義與奉吳軍閥之陰謀，帝國主義與奉吳軍閥要消滅接近民衆之國民軍，師出無名，便祇好評之爲赤化，借反赤之名，以投合於一班反赤化的反動派，以遂自己之目的。 如五卅以來中國反帝國主義反賣國軍閥之民衆運動，帝國主義與賣國軍閥都評之爲赤化。 其實赤化便是中國民族解放運動。 反赤化便是反中國的民族解放運動（見本報一四六期「反赤運動與中國民族運動」）。 我們須知道，這種評蔑國民軍馮玉祥爲赤化的空氣，便是馮玉祥的態度所以保守所以消極之根本原因。 因爲馮玉祥本來不是什麼革命者，本來怕革命，不過因爲他的地位站在反動軍閥張吳的敵面，同時又因爲年來民衆革命潮流的高漲，革命勢力的擴大，逼着他不能不接近革命的勢力，接近廣州革命政府和國民黨左派領袖，接受革命的口號（自然是小限度），去抵抗反動軍閥與帝國主義。 所以馮玉祥之態度與趨向，完全視環境爲轉移，如果民衆革命勢力高漲，馮玉祥可以左傾，如果反動的空氣濃厚，馮玉祥遂要右傾而消極（但是同時革命若發展到某一高度時，馮玉祥也許右傾而反動），因此反動派評國民軍評馮玉祥爲赤化，民衆應爲之辯明，爲之制裁反動派。 第三、此次國民軍失敗，我們上面已說過，是受了帝國主義之直接打擊，因此民衆更須從此認識帝國主義與中國的進步勢力是絕對相反的，認識帝國主義對於中國的賣國軍閥是絕對扶持的，更因此可以認識國民軍是反對帝國主義與賣國軍閥之

有利的工具。

總之，從此次國民軍失敗當中，民衆所應有的覺悟是：（一）國民軍此時是反帝國主義和反賣國軍閥的民族解放運動上之有力的工具。（二）反赤運動是反民族解放運動，誣國民軍赤化誣馮玉祥赤化是帝國主義與賣國軍閥之陰謀，反赤化者便是帝國主義與賣國軍閥之走狗，中國民族解放運動之叛徒。（三）國民軍之失敗根本是由日英帝國主義之直接打擊，帝國主義是賣國軍閥之絕對的救援者。

（四）革命運動的出路與民衆之責任

自五卅以來中國的革命運動已經受了好幾次的打擊，此次的國民軍失敗是五卅運動之最後的打擊，現在應該找一條新的出路。　五卅運動在中國客觀上如果沒有賣國的奉系軍閥作帝國主義在北方直接壓迫反帝國主義運動的工具，可以找出一條相當的出路，換言之，便能得到相當的勝利，使帝國主義不能不相當的讓步。　但奉系軍閥竟把五卅的勝利送給帝國主義去了。　雖然五卅運動受了帝國主義的工具奉系軍閥的壓迫，但始終沒有終止，所以由直接反抗帝國主義的五卅運動轉而爲反抗帝國主義之工具的「反奉運動」。　反奉運動到了郭松齡倒戈時，又到了勝利的關頭，但是日本帝國主義竟公然出兵滿洲，消滅郭松齡，反奉的勝利又被帝國主義送給了張作霖（同時自然是送給日本帝國主義自己），并使奉吳聯合戰線反攻國民軍。　現在國民軍果失敗了，帝國主義與奉吳軍閥勝利了，但是中國的革命運動就從此終止了嗎？　絕對不！　中國的革命運動仍然是在往前進的行程中，誠然因國民軍之失敗，北方反動局面之到來，北方的民衆革命運動要受重大的打擊，就是全中國的民族革命運動也要受重大的打擊，但始終不過是一個打擊，中國的革命運動絕不會因此消沉或終止，不過須找一條新的出路罷了。

我們現在看看目前各方面的情形：在北方雖然國民軍失敗，反動的奉系軍閥與吳佩孚勝利，然而國民軍還保存大部份的實力，最有戰鬥力的國民第一軍還是損失最微，第三第四第五各軍也沒有多大的損失，國民第二軍大部份雖消滅了，但在陝西的還依然存在（陝西國民軍約三萬餘人），并且國民軍經過此次失敗的教訓之後，將來在政治的訓練上與軍事的紀律和技術上必然有大的改良和進步。　在地盤方面說，國民軍雖失去了河南與直隸之大部份（即退去北京也還可以保守南口以北），但三特別區甘肅陝西還可以保守。　在賣國軍閥一方面，奉系軍閥雖恢復不少地盤，但其內部經過幾次巨創之後，已是殘缺不堪，吳佩孚雖刧取了湖北與河南，但其實力還甚薄弱，并且他們內部還有很多的衝突（如奉之新舊派的衝突，吳部下寇靳之衝突，劉佐龍與盧金山之存在等），以及奉吳間將來之衝突，都在待機而發。

總之，在北方奉吳軍閥自身并沒有成爲鞏固的勢力，國民軍并沒完全消滅還能與之鼎足對峙，無論張作霖或吳佩孚都不能控制北方的政局，換言之，在北方的反動勢力還沒有鞏固，還不能成爲帝國主義之如意指揮的工具。　北方的民衆雖然暫時受點壓迫，但是從五卅運動生長起來的革命勢力的根基絕不會消滅的，并且必潛滋暗長，河南的農民天津唐山京漢京綏京奉津浦的工人和北京的學生將必是奉系軍閥和吳佩孚之最後掘墓人，五卅革命運動之繼續者。　在長江方面，整個的湖南已入於反吳而傾向廣州政府的勢力之手，江西的方本仁也是反對吳佩孚而傾向廣州政府，孫傳芳與奉系軍閥是死敵，對於吳佩孚也格格不能相容，四川的一些小軍閥如袁祖銘劉湘等也有賓好於廣州政府之傾向。　總之，在長江方面是佈滿着反吳而傾向廣州政府的勢力。　至於整個的廣東廣西現在完全是革命政府的勢力範圍。　廣東自消滅楊劉魏陳林鄧等反革命勢力統一廣東以來，無論在政治上財政上軍事上都能統一。　廣州政府的基礎有廣東二十餘萬的工人，八十萬有組織的農民，十萬黨軍，佈滿全國的五十萬左派國民黨員。　因

此我們可以說，中國的廣州政府是世界革命舞台上之蘇俄，是中國革命的根據地，中國革命有了這個根據地，進則可以攻，退則可以守。

此外還有遍佈中國各方面的革命民衆的組織，如工會農會學生會共產黨等。 由以上的情形，全國革命勢力與反動勢力的情形，我們可以看出來，反動方面并沒有一個統一的鞏固的勢力，但在革命方面却有一個，這便是廣州革命政府，這個革命政府已成了全中國革命勢力的中心，全中國的革命勢力及比較進步的武裝勢力，傾向廣州政府如百川朝海。 因此，國民軍雖在北方失敗，北方的革命運動雖受打擊，但是中國的革命運動并不因此終止，并且有了新的出路，便是以廣州政府的革命勢力往北發展，換言之，即廣州政府北伐。 因此廣州革命勢力往北進展，即廣州政府北伐是今後中國革命運動唯一的新出路。

全國的民衆們，你們趕快起來，認識這條革命的新出路——五卅運動的最後出路！ 你們現時的責任就是準備向這條新出路前進，便是用全力幫助廣州政府北伐。 執行這個責任的先決條件是：

（一）以全力擁護廣州政府；

（二）在各地發展自身的組織，尤其農民須特別努力；

（三）擁護現有之國民軍；

（四）不斷地反對奉系軍閥吳佩孚和段祺瑞；

（五）不斷地反對英日帝國主義。

中國境內之華人參政問題

——上海工部局總董敎訓總商會會長——

秋白

上海漢口不是中國的領域嗎？ 中國領域之內，居然有外國人出來提出什麼『華人應准其參預本租界市政案』。 這彷彿是再奇怪也沒有的了。 可是事實上中國的上海漢口等等……地方，早已受外國政府的統治，至少也已經有了七八十年。 中國人向來抱着『見怪不怪』主義，所以至今也沒有十分注意；如今這一主義居然收了成效——『其怪自敗』起來了！

漢口英租界納稅人會已經於三月十二日通過了准予華人參預市政的議案；上海工部局總董費信惇特意請了上海的『大人物』去吃飯（三月十七），告訴他們：工部局已經決定在下月納稅人年會裏提出這個議案。 這豈不是『其怪自敗』，豈不是外國帝國主義者『自動的』取銷不平等待遇嗎？

可是這種『自動精神』實在也有些奇怪，不免令人懷疑。 去年今日，上海外國納稅人年會時，正提出印刷附律碼頭捐等問題，常會裏通不過還不算，又召集了一次特別會議——正在五卅屠殺的時候呵！ 要不是五卅反帝國主義的革命運動，恐怕這些壓迫華人的政策早已通過了。 五卅運動起來之後，上海總商會等類的大人物才敢提出華人參政問題，收回會審公廨問題等等，上海廿多萬工人捨命流血忍苦罷工，全國一般民衆努力奮鬥了差不多一年，帝國主義者才肯略略讓這麼多步：允許中國人在中國境內有參預市政的權利。 這是多麼大的『友誼』呵！ 況且所謂參政，僅僅是所謂中國的『大人物，實業界領袖，教育界名宿，商業金融文化諸事業所依賴之人物』，當然輪不到平民，小商人，工人。 中國境內的城市市政，完全由外國資本家管理了七八十年，如今受了民衆的革命運動的打擊，才分出萬分之一的政權來給中國人，難道還要自以爲是深恩厚德嗎？ 中國人民對於這種提議的唯一答案，便是去年五卅運動發難的口號：『上海是中國人的上海』——上海市政應當交還中國人民，應當由上海全體的

中國市民普通選舉的市議會來掌權。　帝國主義者若是真講什麼親善友誼，他們也應這樣辦。　如果他們真心誠意的讓步，更應當如此辦。

事實上呢，上海工部局方面至今還不過是空口的允諾，漢口的英租界市政局也祇容許華人佔得兩席。　可見這並還不是帝國主義的讓步，這實是他們更進一步的陰謀。

五卅運動以來，中國的工人階級事實上領導了國民革命運動，上海、天津、北京、河南等處都發現幾十萬人的總工會；青島、漢口、唐山、南京以及各大城市無不發生有力的工人運動；廣州香港的中國工人更組織了強有力的罷工委員會；各地的小商人學生等都風起雲湧的參加革命的反帝國主義運動；革命怒潮波及於窮鄉僻壤，間接的衝動了多數貧農民衆，處處都發生反抗軍閥官僚的鬥爭。　中國社會裏革命力量的生長和結合，一日千里地發展，形成了偉大的國民革命的聯合戰線：在上海組織了工商學聯合委員會，其他各地也有類似的組織，尤其是廣州，聯合戰線之中，能以引進農民羣衆直接參加革命的鬥爭，能以利用蘇聯革命的軍事人材組成真正人民的武力——國民革命軍，因此在廣州的國民革命聯合戰線便成立了政權的形式，能以掃除一切帝國主義的奸細，統一廣東，以至於廣西，成立國民政府。

這種情勢之下，革命民衆的政治力量便大大的伸張，反奉戰爭便乘時而起，給日本帝國主義走狗張作霖以一大打擊；國民軍取得天津，北京成立較左派的內閣（易培基于右任等）。　中國的革命化這樣的日益增長，對於帝國主義者實在有完全喪失統治中國的威權的危險。

於是帝國主義者急急的聯合起來，指揮張吳結合，以實力直接的援助他們作戰，以求恢復反動政局，鞏固他們的統治。　可是這僅僅是他們計畫的一方面。　我們現在論的，却是他們計畫的第二方面。「帝國主義者除結合帝國主義的聯合戰線外（張吳當然亦在其內），還有破壞反帝國主義的聯合戰線的計畫。　他們召集關稅會議，法權會議，答應一九二九年起准中國關稅自主……種種欺人的騙局，想移轉中國『社會』的注意，使少數目光淺短的大商人，只顧自己利益，不顧民族利益的資產階級，受他們欺騙而和他們妥協。　如今各地租界的華人參政問題的提出，也是這個用意。」　就令上海漢口等的華人得了參政權，便算一種勝利，這種勝利的代價可是不小！——帝國主義者的目的，是要想用市政局（工部局裏）容納幾個高等華人的小錢，賺到鎮壓中國民族運動的大資本。　如果不信，請看上海工部局總董費信惇教訓虞洽卿等的話。　費信惇的『訓詞』裏，暗暗的藏着許多交換條件，我們應當把他揭發出來（費信惇演說詞的全文，見上海中報三月十九日）。

他的演說詞裏，固然還是為五卅案辯護，然而甜言蜜語恭維這些大人物一頓之後，一口答應了不少『讓步』：一、今年納稅人年會時工部局要提出華人參與租界政治的議案；二、工部局贊成將會審公廨歸還中國；三、工廠內的中國勞工問題，碼頭捐及印刷附律問題，越界築路問題也都可以商量。　這些空口的應承，就算見之於事實，也是中國人應得的權利，可是這些東西的代價，這些東西的交換條件可真正駭人聽聞——請聽他說下去：

一、五一、五四、五九、五卅等的紀念運動和不斷的紗廠罷工，實有很大的『危險』，工部局要這些大人物和他合作防止，否則有言在先，將來出了事端，總商會等要承認『我人（工部局）以強力制止』之有理。　因為『吾人實知外人之政權，在租界內如遇擾亂時，其正當職務如此，容或使中國全國又生去年情形。』

二、中國工人的罷工運動是有人鼓動領導，有人利用的。　那麼，我們（工部局與高等華人）：何不亦利用之，：別用一種方法，使其易於就範。」　所以總商會等應當都做工賊首領

，破壞工人團體，雇用流氓打手……壓迫人民。

三、高等華人既然都是有聲望有勢力的人，便不但不應當同情於民衆的解放運動，并且應當「以口舌筆墨和緩羣衆之憤慨；最要者，當不論如何，必設法以阻事勢之走極端，致與公衆權力之衝突不能避免。」

總而言之，他老老實實地教訓總商會等的領袖：如果你們能同情於外國政府的強制政策，如果你們去組織工賊，破壞民衆團體，如果你們肯做我們的言論機關，宣傳蒙蔽民衆，那麼亦許華人參政案可以通過，亦許會審公廨可以交還，亦許其他問題都可以商量。　據他說來，眞是理由充足之至，因爲「生命財產既被危險，執政之人有武力可據，勢或至於用武」，否則「公衆固出財以求充足之保護（大概是說納稅人，此地他或者要連華人納稅人也牽進去），……若不用武力或遲於武力……則執權之人對於所服事之公衆爲未盡責。」帝國主義者在這篇演說裏，可以說詳詳細細的教訓中國商人以壓迫民衆的方法和理論，我替他歸納起來，便是：有錢的該保護生命財產——一用武力，二用奸細，三用欺誑。——無錢的，如果還不肯屈服，便該送命！他的目的，便是要以此理論教會了高等華人，以租界參政權喂飽了高等華人，便可以分裂國民運動，鎭壓消滅民衆的革命運動，——同時，從別一方面以武力——張吳等類反動軍閥的聯合戰線，撲滅國民軍以至於國民政府，恢復他們對於中國的安安逸逸的統治地位。　這個代價，讀者先生呵，你想想，是多麼的大呵！　華人參政權是什麼，關稅自主是什麼……我們至今還沒有看見現貨，帝國主義者都已經要這樣大的代價。　外國資本家的算盤眞正精明得很！

說到這裏，我却要說句公平話，費信惇的教訓，并不是帝國主義者第一次對於高等華人的教訓。　他們早已教會了些大軍閥大學教授，「老資格的國民黨」右派和一些國家主義者。　他說用武力是應該的——那麼，奉系軍閥邢士廉、李景林、張宗昌，直系軍閥吳佩孚等和最近的段祺瑞早已學會了。　就是北京現代評論中的教授，也不止一次替章士釗等「伸寃」，說是暴民侵害了他們的生命財產以至於藏書。　他說用奸細工賊，想方法組織并利用工人，使易就範，——那末，國民黨右派以及其他工賊，早已實行他的教訓。　最近長辛店的工賊張德惠（所謂純正的孫文主義信徒）捉了工人領袖史文彬，這就是使工人就範的手段。　他說用欺誑和緩羣衆——那麼，國家主義派以至大名鼎鼎的「民黨」領袖（新右派）早已竭力鼓吹階級妥協，反對階級鬥爭。　還有許多人贊成用「勸告誘導」的方法，以表示所謂「大輿論」，藉此緩和民衆。　這樣看起來，這三個條件，中國所有的「大人物」，差不多件件都已做到，更不用說上海的總商會，何以帝國主義者的「讓步」還不見之事實呢？　我想大概是因爲高等華人還沒有做到家。　同時，帝國主義者要想拿這些小小的讓步，求得「華人之好感」，這種好感彷彿還沒有。

虞洽卿答覆費信惇的演說，便指明現在的問題「就上海一隅而彌縫補苴之，斷無成效之可言，必先注意於全國取消不平等條約之運動」；必須「由言語而進於行爲」……如果實行民族平等和國家主權兩原則，「則孔子所謂四海之內皆兄弟也之語，卽可早一日實現矣」。　這可見高等華人也還會打算盤，覺得代價太大，現貨太少。　漢口英國人中反對華人參政的一派說：「使華人干涉外人權限……謂可得其好感，是以一鎊換一便士」。　上海總商會的算盤，却是說：「要空言華人參政，不給關稅自主，不准華人管理關款，別的或者都可以，想得到我們公開的贊助你們的屠殺政策，公開的反對取消不平等條約運動——也還太早些，這是外國人想用一便士換一鎊。」　虞洽卿君大概還認中國民衆和英國董事都是「四海之內的兄弟」，暫時做個「兩頭本家」。

但願虞洽卿先生等能夠和民衆多做些時「兄弟」！ 可是，我們要正告洽翁的是：在民衆的算盤上，以華人參政權換取民族解放運動的分裂失敗，實是外人想以一便士換一萬萬鎊呵！ 誰是願意這樣賤賣的呢？ 我們以爲凡是有血氣的中國人，都不能容忍外國帝國主義這樣大胆無恥的教訓。 虞洽卿先生答覆他的態度，很值得我們的贊許，我們但願一切高等華人，都學他的榜樣，懺悔前非，那愛和平的心理，容忍的大度，也要有些限度！

國民軍第二軍之失敗（河南通信三月十六日）

神州

河南此次之戰爭，國民二軍，以三十餘萬之兵，竟一敗塗地，河南全省，遂完全重入於最反動之吳大軍閥手中。

河南自國民軍入主後，在此將近一年之中，一切民衆運動和工農之組織，日見高漲；每次反帝國主義及民衆要求自主之各種示威運動和國民黨、工會、農民協會之組織，國民軍皆立於贊助之地位；故國民二軍，我們雖不能說他是民衆的武力，並在他的軍隊中，有多數的土匪式的軍隊魚肉農民甚爲兇橫，但就全部看，究竟不能不承認他是接近民衆之武力。

在河南民衆運動高漲之時，帝國主義者甚爲驚懼，當此全國民衆運動被帝國主義者聯合反動軍閥嚴重進攻壓迫之下，河南自亦不能獨免。 國民二軍雖不爲民衆之武力，但其不馴順作反動走狗，反爲接近民衆，自亦爲壓迫民衆者不可不急爲撲滅之武力。 吳佩孚舉兵入豫，一面得帝國主義者經濟上之幫助，故此次吳佩孚之入河南，固然爲軍閥爭地盤之爭戰，實亦是帝國主義者向河南民衆之進攻。 在此次戰爭中，國民軍槍彈甚爲缺乏，其中槍彈較足之部旅，每兵士亦不過二三百發之子彈，作一次之激烈戰爭尤爲不足。 且各軍隊槍枝尤爲不齊，除一部分尚用舊式之來復槍外，還有許多徒手的兵士。 至若機關槍和迫擊砲等，每旅都爲不易得之物。 此外，經濟空虛——兵士幾月未發餉，而所吃的亦徵取民間。 如此欲圖與挾有強暴之帝國主義者的資助餉械充裕之吳佩孚作戰，自然立於失敗之地位。

二軍分子甚爲複雜，岳維峻之才能，不足以駕馭，又加之信用馬驥，忌斥胡景翼舊人，聯絡吳佩孚。 以致衆更離貳，表面上岳雖爲督辦，實則命令不能及一旅長。 甚致團長都可自由抗命，尤其在此戰爭中，又加之各將領在平時自由競爭發展之下，意見更不能趨爲一致，遂致指揮不能統一，意見分歧，是此次戰爭失敗之一原因。

當吳佩孚逐出河南後，即發生胡憨之戰，當此數次戰爭中，河南之金融破壞殆盡，故待戰局稍定後，河南金融界遂呈破產之現象。而以後又駐軍漸多，河南一省供給三四十萬之軍隊，胡死岳繼，既無力統率各將領，故致金融日見混亂，無法整理，二省銀行鈔票遂至低落四折。 河南之民衆，尤其是商民，對此甚恨國民軍，全省供養軍隊三四十萬之多，省政府財政不能供給，如是各駐軍遂多就地徵收，各將領之勢力既不能統一，如是自由混亂的發展自己的兵力，餉項即𢎞農民勒抽，又加之貪官劣紳從中剝削漁利，如滎陽不過一三等小縣，數月中除所供之草柴麵食外，現款捐約二十餘萬，在此二十餘萬外劣紳至少將另中肥十餘萬。 在杞縣農民於數月中所担負的，每畝地將近一元——此數在農民中實爲不可任之負担，由此雇農之工資，一年有低至七串的（此地洋一元可換四串四五百）之比例即可知道——他若田生春之軍隊在許昌時，實行搶掠綁票，以引起全省農民痛恨國民軍，回想吳佩孚在豫時曾不如此，又加之吳佩孚時派多人游說農民，以驅逐陝軍，廢除苛捐雜稅各口號。 致全省之農民，尤其是紅槍會

，皆羣起以待吳氏入豫，共同驅逐國民二軍。　在軍隊中，除二三萬之陝人外，餘皆爲直豫魯籍之軍士平時陝軍對此三省之軍士皆時加欺凌，而岳等對陝之軍士將領特別優待，故此三省之軍士，尤其是河南的，早已有排陝軍之心，故此次戰爭發生，全省幾百萬之武裝農民——紅槍會——皆羣起攻陝軍以助吳，以致陝軍在軍事上處處受攻擊之地位。　而不是陝籍之兵士和將領多皆投降吳軍，國民軍六十萬之軍隊其投降和不戰自潰者，將近四萬人，如是兵無鬥志，不戰自潰，一星期而開封失守，不數日國民軍完全失敗了。

其他若下級軍官多無軍事學識，統馭全局亦乏作戰之人才，致在東南二路之軍事上，着着失敗。　事先無充分之預備，如蔣之在信陽時，寇至車站四五里，始布防下動員令。　此種慌亂無措的情形皆爲國民軍失敗之原因。

國民二軍因有上數種原因，故完全敗退，北潰西竄，現在所剩之實力，實已無幾了。　河南已完全變爲吳大軍閥之河南，亦完全變爲帝國主義者壓迫之地了。

「一朝天子一朝臣」，國民二軍既敗退，河南之政界，當然要隨着易爲吳氏清一色之人物，但吳氏所號稱之將領，亦皆爲權利之結合，在此新地盤的分配中，無論如何不能不發生多少之裂痕。　此次河南之得，可說是靳氏一人之力，寇英傑軍敗於豫南，假不得豫省礦山之叛應，紅槍會之擾亂國民軍，將早全軍覆沒，論功行賞，靳氏理當督豫，且河南人民對靳亦有相當的奮的感情，靳入汴時，商人即舉爲全省保安司令，靳亦安受。　在此時豫人及靳皆以爲豫督將屬諸靳無疑了。　誰知國民軍退後，寇氏來鄭，即將以吳佩孚所委之討豫總司令之資格接理督辦。　寇爲吳心腹，且亦不能反攻豫之預約；故河南督辦，竟出諸預料之外，而屬諸寇氏，至若省長，吳佩孚先本預給唐繼堯之任可澄，以作聯合唐氏之線索，令任可澄之宣撫豫民，即爲此意。後因河南人民之反對，又加之無以位置界靳，故未實行。　當寇之入汴，不獨靳憤然率部下離豫，而同靳接近之田維勤等，皆憤然辭職，如是不獨寇靳之裂痕日深，亦靳及其部下對吳亦日憤恨，據兵西北，觀望不進。　寇入汴而對靳所委之官吏大加更動，是更爲靳所不滿。　吳氏見其裂痕日深，遂極力拉靳，除給以聯軍副司令外，又給以豫省之省長，靳現至鄭，並有省署移鄭辦事之議，汴鄭之官吏均各自由分任，此中裂痕以日見明顯。　彼軍閥的利害衝突，怎能和協呵！

在此次戰爭中，最可注意之一新事件發生，就是河南本省的軍隊在此次戰爭中確爲增多，且暗爲團結，以對付以後之任何客軍。　這也是必然的結果，近幾年來，河南省實供外省軍隊魚肉之場，本省之人民既見困於客軍，而本省的軍隊亦見屈於客軍，故豫籍新起之狡猾軍人，迎合此心理而起之新結合，此結合可斷言爲吳氏在豫之不利的勢力。

寇靳到河南後，對於民衆之組織，自然盡力摧殘，尤其對於工農更加厲害。　信陽之鐵路工會及市黨部皆被抄封。　開封之全省總工會駐以軍隊。　其他之各地國民黨及工會皆施以嚴重之壓迫。　河南局面，竟變成一嚴重反動之局面。

河南農民，在吳軍未入豫之前，羣衆皆引頸以望。　以爲吳軍入豫後，人民一切之痛苦皆可一除殆盡。　到吳軍入豫後，則屢屢大使人民失望；如寇軍在信陽時，燒殺擄掠，較陝軍尤甚。　最令豫南之農民憤恨的，當其在信陽和蔣軍作戰時，寇軍擄去農民，有軍隊數目二倍，每次戰時，一兵士則挾農民二人，在前以作障彈之物。　每到一地，以前所駐兵之營房則不居，皆散入民房，奪人民之床被，取人民之食物。　入汴時，則駐學校，至鄭州，以找老陝爲名，實行刼擄商民財物。　凡此各種行動，皆較陝軍更爲兇橫；而以前入豫時所唱

之廢除苛捐雜稅，現時毫未實現，且供給柴草食物，和陝軍在時有過之無不及，故河南民衆對陝軍昔日之怨望，今日移集於吳孚威大將軍了。

再者，河南全省農民因苛捐雜稅潰兵土匪貪官劣紳種種之擄掠壓迫，以致紅槍會的組織，遍於全省。 此數百萬紅槍會之組織，勳因雖爲農民因反抗各種壓迫而起之自衛組織，但多受流氓劣紳之利用，以愚弄良民，擴充自己之勢力，以做升官之階。 故次助吳攻國民軍，固然是農民一般的恨國民軍，實際很多是少數不良領袖，受吳佩孚之運動，以圖升官。 故此次戰事將起，豫衛軍遍布全省。 正式受吳任命者就有十路司令；其他自樹一幟，以爲奇貨可居者，不計其數；今豫戰局既平，豫衛軍則明令解散，甚至有許多地方加以剿滅，故在此二種原因之下，全省的紅槍會，無論其爲良壞份子，皆爲憤激和失望。 假再有人攻吳，紅槍會恐將以對陝軍的態度對吳了。

在此次政變中，河南的民衆，尤其是農民，將受着極大的教訓，而河南之民衆革命聲潮，恐將日見高昂了。

河南全省農民，己有強大的組織，從他們的歷史中，早已認清他們的組織的力量和必要，尤其在此次戰爭中，更認識他們組織力量的偉大和必要；更認識任何軍閥之不可靠，破盡迷信吳佩孚之迷夢；覺着人民在政治爭鬥上之力量，而且他們此次已開始參加平時不過問之政治爭鬥中了。

紅槍會的結合，當然對吳是不利的勢力，故斬此次自鄂回後，即宣佈解散之命令。 但河南全省農民現在顯有此偉大強固之組織，又加之在此次戰爭中新得之槍械甚多，此種勢力，終是吳氏無法可制的勢力，亦將是吳軍在河南將來失敗之現時的一大潛勢力。

由此可見吳軍入豫，對於全省之農民革命潮流，更爲一次之大激起。 河南農民之革命勢力是在我國全國革命的勢力中不可輕忽的勢力。 但現在紅槍會之組織，既無政治之主張，易受反動派之利用；而且以迷信維繫民衆，劣紳流氓從中愚弄利用，假不急爲設法導入正道，將是我國革命勢力中一大損失，故河南農民運動，是我國革命工作中一重大之工作。

其他若青年學生，無產階級之工人，定在此嚴重反動壓迫之下，更伸長其革命勢力。

我所說的，現在大概已經完了。 但上面所說的皆非常複雜，在此簡短的信中，自不能細說明白，不過大概皆盡於此。 留心社會運動諸君子，研究河南問題，亦可略作借鑒。

寸鐵

紅派勢力與外人勢力及曹錕勢力之消長

有些人說：張吳是軍閥，馮也是軍閥，他們的勝敗和我們人民無關。 可是現在馮軍方撤退，而北京便有了釋放曹錕撤銷檢查賄選議員案的運動；同時，字林西報北京電公然說：『外人皆信換一批人物，銷除紅派勢力，政府財力又須更加資助，則新入爲主者，對於外交將出以合乎情理的態度。』 我們對此作何感想？ （實）

安格聯爲什麼要聽張作霖的電令？

帝國主義者屢次藉口尊重中國中央政府援助中國統一，反對廣東政府干涉粵海關，可是現在安格聯竟遵照張作霖的電令，通知北京政府的財政總長，取消發行十五年新公債的提議，請問這是何種意義？

（實）

孫文主義的信徒呢，還是馮自由主義的信徒？

國民黨右派常常說：我們幷不像反動派根本反對共產黨，我們只是反對他們的分子留在國民黨內。 可是在事實上，南京和湖北的中

山先生週年紀念會開會時，右派黨員却大聲疾呼打共產黨，并指令警察逮捕共產黨人，警察從中調解，他們還責問警察說：「我們替你們捉共產黨，你們自己為什麼不動手！」請問所謂純粹的國民黨黨員，所謂孫文主義的信徒，是不是應該如此！（實）

讀者之聲

怎樣實現國民革命？

獨秀先生：

予等對於國事及黨事，有一種疑問，想請先生費幾分鐘的精神，解釋一下。

予等少年留學帝國主義的國家，因我國陷於半殖民地位，備受雷霆萬鈞之壓力，精神上加以極沈痛的打擊，由是相壓相盪相感，愛國的觀念，遂成為天性。故對國中傑出人物，及國內真正救國作用的團體，無不時思加以愛護，——尤其對手創國民黨領袖孫中山先生，更表非常熱烈的同情，所以雖在學生生活，又適總理逃亡的時候，遂為血誠所衝動，毅然加入東京國民黨支部，盡力工作。及返國後，遍觀黨中人物之參加政治活動者，一受試驗於社會之前，無不腐壞立見，並有一些柔懦分子，為情勢所迫，不得已而與反革命的專制階級謀妥協的表示，故為之失望者良久。及至總理本不妥協精神，決然有第一次會議的改組，并得全國知識界所贊助，有勇敢與勞瘁的共產黨加入，於是宣傳及政策，始告完備，精神復大為振作，然後始有生機。殊知一般富於利己性之黨員，反因此而加嫉忌與破壞，遂釀成廖案之發生。鬧到如此田地，以我們主觀的觀察，苟非現在政治中心人物，為之撐持，我總理費盡四十餘年的心血創立之國民黨，行將宣告破產。更有一層，不能不挖開後壁說一句，國民黨所號召之國民革命，無人不認為拯救我國現在所處環境之唯一辦法；亦無人不表極熱烈的同情。惟國民革命的意義，是謀國家之獨立，及謀民族之自由平等。獨立自由平等之要素，係根據於國際上而發生。我國之所以不能獨立自由平等，係受各國不平等條約重重束縛。基於聯想上作用，對於國民革命的工作，研究到澈底的途徑，便發生兩種疑問：（一）國民革命的工作假使完全喚醒三萬萬一千萬的民衆，并加上時敏士為之團結，從事於積極的奮鬥，及消極的不合作，能否得到國民革命完全成功？這個疑問，我們的主觀回答：就積極方面說，最高限度，祇可得到以後不再受不平等條約的束縛，以前已訂立之不平等條約，斷非派遣幾次代表，及參加幾次妥協或與虎謀皮的會議，所能取消及改訂。就消極方面說，最大限度，祇可有五分鐘的效果。因違背經濟學供給需要的原則，即令為一時血性所衝動，也非永久的可能。（二）我國係受各國所壓迫，總理曾說過比之安南暹邏等受一國的束縛，還要厲害數倍。假使幸而戰勝某一國帝國主義者，又安能完全得到國民革命成功？這個疑問：我們的主觀回答，簡直說是不可能。更進一步說，即又能之，在我國方面，祇能使我國軍備之擴張，而不能禁止各國軍備之不擴張，充其分量，亦不過同在一水平線上，決無戰勝之可能。基於上述各種原因，我以為欲謀我國國民革命之澈底成功，其唯一的具體的途徑：第一種就是總理遺囑中之喚起民衆。第二種就是總理遺囑中之聯合世界上以平等待我之民族。換言之即喚醒三萬萬一千萬的民衆，打倒帝國主義之工具軍閥，及反革命派，亦即聯合世界上十二萬萬五千萬被壓迫階級，向四萬萬五千萬壓迫階級進攻，等到各國被壓迫階級，得到勝利，奪取政權後，我國的束縛便可迎刃而解。我有見及此，以為解決國家及民族之現在與將來的壓迫，必須站在第三國際聯合戰線共同奮鬥，必須贊助已參加第三國際之中國共產黨共同奮鬥。不料黨中不良分子，

竟有反共產的口號，甚至竟以總理遺囑爲僞造的口號，實覺非常痛心。故特聯絡同志，組織團體，盡一己的能力，拚命奮鬥。 惟學識未能充量透澈，程度尚屬幼稚，各種工作，亦未能十分發展，早想請先生指導一切，又爲機緣所限一時未能達到。 茲已査得先生通訊處，故敢不避冒昧，逕將敝團簡章奉上，應如何改正謬誤之處請先生予以至誠之指示，俾得在敝團出版物，極力從事貫徹主張，至所盼禱。

此係主義之研究及精神所感應，請先生勿以唐突見罪。 不多說了，祝努力！ 付上章程一本。

陸耀文江 沛同啓十四年十一月廿日

耀文
沛先生：

據來書足見先生等明瞭看出中國國民革命之國際性。 誠如來書所言：第一，僅僅喚起國內的民衆，而忘記了聯絡世界上被壓迫的人民，是不能達到國民革命成功的；第二，僅僅反對一個或二個帝國主義者，如五卅運動中國民黨右派對英不對日的主張，也是不能解放中國民族。 所以唯一的道路，應該是總的反帝國主義運動，即聯合全世界一切反帝國主義勢力——中國民衆自然佔重要位置——一致向帝國主義進攻，推翻帝國主義的統治。

這裏，我們又可以明顯瞭解中國革命絕不是所謂國家主義者腦中所理想的『閉關革命』，排斥或懷疑國外被壓迫者勢力的幫助，也不像國民黨右派周佛海等所解釋，以爲中國國民革命祇應驅除帝國主義在華勢力，而不是打倒帝國主義的本身。——周佛海等不知道中國是帝國主義最重要的剝削場所，帝國主義非至流盡了最後一滴血，決定不肯放棄中國。

先生等看出了第三國際聯合戰線之重要，且根據第三國際精神組織團體，幫助中國共產黨共同奮鬥。 但據第三國際章程的規定：在一個國家中，凡贊成第三國際政策的人，都應該聯合起來，爲一集中的統一的組織，而不容有旁支的并立的組織。 先生等既決定組織行動的團體而非僅爲研究目的，則請速即聯合於有六年奮鬥歷史之第三國際中國支部——中國共產黨。 這才是贊成第三國際主張與策略的一切人們之必然的合理的行動。

記者代答

新青年第二號目次

新青年第三號目次

本報啓事

本報從第一百四十四期起，即已增加篇幅，每期由原有八頁增加至十六頁。一面得以多登各地通信，藉知全國革命運動的實況；一面又歡迎讀者投稿或通信討論。凡對於本報一切主張，無論贊成或反對，本報皆熱檝歡迎讀者討論。所有通信或投稿請寄至本報北京廣東兩地通信處。

The Guide weekly

嚮導週報

第一百四十八期

目次

一九二六年四月二日

中國革命勢力統一政策與廣州事變

獨秀

此次反奉戰爭之失敗，其根本原因固然是帝國主義者尤其是日本帝國主義者之力助奉直軍閥，而中國革命勢力不統一也是一個很大原因。中國的反動軍隊如奉張如直吳如李景林如張宗昌，都在日本帝國主義指導強迫之下統一起來，向國民軍進攻；而在反奉方面，國民軍與廣州國民政府至少在軍事方面未能聯合作戰，國民軍內部，一二三軍又未能切實合作，甚至於長江方面反吳的軍事勢力也未能聯合一致：如此反奉戰爭安得不失敗。

中國民族解放運動的敵人——帝國主義者及國內反動的軍閥——還很強大，今後所有中國的革命勢力非統一起來，不但不能得着勝利，并且各部分都很難存在。可是不幸最近廣州的事變恰恰和這個「革命勢力統一政策」相反！

國民黨內的一般右派及國民黨外的一般右派，一向號召反俄反赤反共，這是實行帝國主義者分離中國革命勢力的根本政策；廣州事變之根本原因，仍舊是這個政策之應用。他們宣傳此次事變是由於共產黨陰謀推倒蔣介石，改建工農政府。我們現在可以回答他們：第一、照全中國的政治環境，共產黨若不是一個瘋子的黨，當然不會就要在廣州建設工農政府；第二、蔣介石是中國民族革命運動中的一個柱石，共產黨若不是帝國主義者的工具，決不會採用這種破壞中國革命勢力統一的政策；第三、汪精衛譚延闓朱培德李濟琛程潛都不是瘋子，共產黨如果忽然發瘋想建設工農政府，單單推倒蔣介石是不夠的。共產黨的政策，恰恰和右派所宣傳的相反，不但主張廣東革命的勢力不可分裂，并且希望全中國的革命勢力都要統一，不然無對敵作戰之可能。

在此時中國政治軍事的環境，誰破壞革命勢力統一，誰便是反革命！我們的政策是統一，右派的政策是分裂，他們在廣東想分裂革命勢力，同時在北京在上海想分裂學生會。右派說共產黨有倒蔣陰謀，然而事實上，兩星期前上海右派最高黨部某領袖，即預言廣州將有大的政變，試問這是誰的陰謀？這陰謀若繼續發展下去，廣東的革命勢力，必然由分裂而全部傾覆，勝利的只有香港帝國主義者（此時香港及上海的英文各報對廣州現在的事變已經表示異常高興），右派所得恐怕很少，甚至一點也得不着，試想當年進步黨是如何拚命為袁世凱反對國民黨，袁世凱勝利後，進步黨所得着的是些什麼？

我們鑑於北方國民軍之失敗及南方廣州事變，凡是中國的革命分子，應該一齊高聲喊出「中國革命勢力統一」的口號，撲滅分裂革命勢力的一切陰謀！

方本仁的失敗

雷音

方本仁對於江西民衆的剝削搜括，也同別的軍閥一樣，分不出什麼高低；他的失敗，也同一切軍閥的失敗一樣，私人軍隊，惟利是圖，從前他在蔡承勳的部下推倒蔡承勳，現在又輪着他的部下鄧如琢來推倒他了。不過他這次的失敗，有值得我們獎勉的地方，就是他是為反對吳佩孚而失敗的。吳佩孚是現時中國最反動的軍閥頭兒，在直奉戰爭以前，他所造下的罪惡，我們姑且不舉，單以他最近到漢口後的措施，如：勾結土匪擾亂河南（所放土匪司令至一百五十人之多），強行軍用票及鹽斤加價，剝削全省荒旱不能存活的湖北人民；嚴禁

他軍隊所到地方的一切人民自由運動；倘使他的勢力統治了北方，加以英帝國主義的援助，一定使全國陷入於極反動的局面。 屆時國民革命唯一根據的廣州政府，處在反動勢力包圍之下，一方面是吳佩孚及陳炯明遺孽的進攻，一方面是香港帝國主義之陰謀，亦要發生動搖。 吳佩孚已公然宣言，打敗國民軍收服長江各省後，便可專力對粵；英帝國主義的宣傳，亦正竭力促成此計劃的實現。 故我們應認清現時最反動的勢力，是以吳佩孚為領袖的英日張吳的聯合戰線，他的成功，就是民衆的失敗；現時凡是參加這一反吳運動的，都具有一點革命的性質，所以方本仁這次的反吳行動，是可以獎勉的。 自然方本仁反吳的主觀意識，完全是個人權利之爭；頂多再加上一點愛鄉觀念（方鄂人曾云彼之反吳乃救亡省之痛），但亦薄弱得很；不過客觀方面，這種行動確能予吳佩孚勢力發展以打擊，是一種革命的結果，不幸這個希望，現在是失敗了。

方本仁失敗的原因，第一是自己遲徊觀望，不於吳攻河南沒下時發動，錯過極好機會；國民政府此時不能洞矚全國政情，促進方的行動，在策略上，亦有錯誤。 第二是國民軍在北方總退却，吳佩孚在政治上已取得絕對優勢，於是向之願助方攻鄂以自取江西地盤之鄧如琢，自此遂一變而為助吳驅方，方遂不免於失敗而離贛。

方本仁是失敗了，這樣的失敗，雖亦是軍閥常有的事，惟一個小軍閥的崩潰，更增進了吳大軍閥的反動勢力，政治的反動，民衆所受的壓迫，更要深進一層，這是我們不可忽視的。、報載方部有保存實力，移駐贛西或贛南之說，假使此計劃實現，則江西仍潛伏着一部分反吳的力量，雖非革命的軍隊，而在中國民族革命運動中，是有相當作用的；國民政府必須集合這些反吳的力量於自己旗幟之下，始足以削弱吳佩孚的力量，抵抗反動勢力的南侵。

☆國民黨右派之過去現在及將來

獨秀

中國歷史所需要的國民黨，乃是適合於世界革命大潮中中國民族革命要求之整個的革命黨，不但非革命的普通政黨不合這個需要，即革命的國民黨中夾雜一派游移的右傾分子，亦是中國革命進行之極大的障礙。

中國國民黨之前身——中國革命同盟會，他的政綱，他的行動，都是一個革命的組織；辛亥革命後改稱國民黨時，遂喪失其革命性，其唯一原因，乃是當時的資產階級開始厭棄革命，遂反映到國民黨中，發生了背叛革命的右派，他們的聲勢非常之大，幾乎使孫中山先生所領導的左派失掉領袖的地位。 這時國民黨的總理，名義上雖然是孫中山，實際上乃是右派領袖宋教仁；中山先生看見這班右派，在組織上已附和官僚派『革命軍起革命黨銷』的口號，在政綱上已拋棄三民主義的要求，便發憤不過問黨務，幾乎不把國民黨當做他自己的黨。 袁世凱得勢，革命完全失敗，中山先生乃决心排除那些右派，另組中華革命黨；及袁氏死，廣州南方政府再成立，復稱中國國民黨。從中華革命黨到中國國民黨，這期間的全黨黨員，在形式上都服從中山先生而聽其指揮。 其後因歐戰中中國工業發展及俄國革命的影響，中國民族運動潮流不但高漲起來，而且新加入了工業無產階級的生力軍，使中國民族運動增加了新的意義：不但反對國內軍閥，而且反對外國帝國主義，而且反對為帝國主義做走狗的買辦階級，向帝國主義妥協的資產階級，主張要貫徹民族解放的完全目的，革命到底。 這一民族運動的新趨勢遂反映到國民黨中，使國民黨分為澈底革命和叛背革命之左右兩派。 這次右派聲勢之大，較過去宋教仁所

領導的右派有過之無不及，其與左派之衝突決裂也更劇烈，其所表現之階級的背景也更明顯。 此次右派分子中所代表的階級利益不是一致的，所以右派也不是整個的。國民黨第一次全國大會（一九二四年正月）前後，馮自由爲首的右派乃是代表帝國主義軍閥官僚及奸商買辦階級利益的；第二次全國大會（一九二六年正月）前後，戴季陶爲首的右派乃是代表大資產階級利益的。 前一個右派，他們不但口頭上不反對帝國主義與軍閥，而且事實上勾結香港政府及段祺瑞援助陳炯明楊希閔劉震寰魏邦平，以反對共產黨爲名，攻打廣州國民政府，又請求吳佩孚出兵討伐赤化的國民軍，又糾合所有的反動分子組織反赤大聯合，目的在藉用帝國主義及軍閥的力量，撲滅他們的仇敵——全中國各種革命的勢力；這班人已成爲中國民族運動中之反革命派，不應稱爲國民黨右派，因爲國民黨無論左派右派，都不能公然背叛革命的三民主義。 後一個右派，即新右派，他們不但要反對軍閥，并且要反對帝國主義，可是他們以爲左派聯俄聯共政策和本國資產階級的利益衝突，而要加以修正，這是他們和左派不同的地方；不過他們對於聯俄聯共政策只要求加以修正，并不主張根本上反俄反共，這是他們和反革命派不同的地方，他們這種中間的態度，有時是革命的，有時在客觀上是幫助了反革命，有意的或無意的背叛了革命。 他們這種態度與思想，如果在一切實際行動上果然堅守得住，也還有一半令人可敬；可是在事實上，這一新右派只算是少數人一種理想，還未能形成獨立的一派，因爲他們大部分人在組織上在行動上，并未能堅守他們的態度與思想和前一個右派即反革命派分開，雖然他們的領袖屢次表示不贊成左派同時也不贊成反革命派。 現在我們可以略舉新右派和反革命派未能分開的幾件事實：第一、在組織上，他們的領袖季陶孫科伍朝樞雖然加入了廣州的中央執行委員會，山東江西廣州徐州的右派黨員及北京的一部分右派雖然和左派在一個組織；而西山會議及由此會議產生的上海中央總部，以至現在他們所召集的第二次大會，都是和反革命派合作的，在重慶安慶蕪湖南京上海等市及江蘇浙江兩省，他們都聯合反革命派，另立和左派分離的組織。 在行動上，這一新右派之發端，誰也知道是利用戴季陶的理論來號召的，照常情應該奉戴季陶爲指導者，然而一開幕他們即勾結反革命派毒打戴季陶，捆綁戴季陶，幽囚戴季陶，使之狼狽南歸，不敢出席西山會議，并至今不願參加他們的工作，只這一件事，已經充分說明戴季陶等少數人所理想的新右派并未形成事實，大部分還是反革命派因利乘便在當中冒名作祟，所以現在這一新右派的領袖，不但戴季陶睡在湖州潛園嘆氣，即葉楚傖邵元仲也不得不取了消極態度；有全國組織的孫文主義學會，也是他們由戴季陶理論的暗示而發生，實際上他們并不研究孫文主義，各地的孫文主義學會，都被反革命派佔據了當做反對蘇俄反對共產黨反對左派之工具；居正參加上海的反赤大聯合，覃振派人聯絡趙恆惕謀倒長沙的左派黨部，南京及武漢的右派黨員們，都在中山先生週年紀念會狂呼打共產黨，并指令警察捕拿共產黨，像這些行動，更是出乎右派領袖們屢次所宣布的態度與思想之外，完全是反革命。

因此，我們所以敢說現在所謂新右派，還非常模糊幼稚，還未能離開反革命派而獨立自成一派。 將來或者竟能自成一派，或者一部分變成左派一部分老實回到反革命派，此時雖不可知，而和反革命派混合的現狀，大概是不能持久的。 如果他們自成一派，而且很有力量，無論和左派在同一個組織與否，都是中國民族革命之障礙；因爲他們所代表的大資產階級，以革命始以妥協終是他的階級性，不獨中國如此，凡殖民地半殖民地的大資產階級都是如此。 中國民族革命所需要的國民黨，以富有這，階級性的成分越少越好。

廣州事變之研究

致中

三月廿日廣州事變之眞相，我們現在雖然還未能詳知其鉅細顛末，而大致已經明白了；此事關係中國革命運動影響頗大，値得我們加以研究。研究之方法，不應該從拿自己的主觀做出發點，而是應該綜合各項消息，依據事實證明那些消息是可靠的，那些消息顯然是謠言，然後所得的結論方近於正確。

（一）關於廣州事變之最可靠的消息

A 蔣介石之呈文

「爲呈報事，本月十八日酉刻，忽有海軍局所轄中山兵艦，駛抵黃埔中央軍事政治學校，向教育長鄧演達聲稱，係奉校長命令調遣該艦特來守候等語。其時本校長因公在省，得此項報告，深以爲異，因事前幷無調遣該艦之命令，中間亦無傳達之誤，而該艦露械升火，亘一晝夜，停泊校前，及十九日晚又深夜開回省城，無故升火達旦；中正防其擾亂政府之舉，爲黨國計，不得不施行迅速之處置，一面令派海軍學校副校長歐陽格暫行權理艦隊事宜，幷將該代理局長李之龍扣留嚴訊，一面派出軍隊於廣州附近緊急戒嚴，以防不測，幸賴政府聲威，尙稱安堵。惟此事起於倉卒，其處置非常，事前未及報告，專擅之罪誠不敢辭，但深夜之際，稍縱卽逝，臨機處决實非得已，應自請從嚴處分，以示懲戒而肅紀律。謹將此次事變經過及自請處分之緣由，呈請察核。謹呈軍事委員會。蔣中正。中華民國十五年三月二十五日。」

B 國民政府之佈告

「此次政府據報，以海軍局代理局長歐陽琳，無故離職，艦隊驟無統率，致中山艦發生不守紀律舉動，政府爲防患未然起見，特先將各嫌疑人拿辦，現已處置妥當，一切如常，特此佈告，俾各界明了眞相，幸勿誤聽謠傳，自貽紛擾。」

C 國民政府餞送俄人時蔣介石代表鄧演達之演詞

「國民黨國民政府與蘇俄本屬最好同志，今日諸位歸國，某等敬代表國民黨國民政府及汪蔣兩位先生，今後本黨本政府之聯俄親俄政策，非特未有絲毫變更，當視前益加親善及進步。」

D 國民黨宣言

「依據第一次代表大會宣言之策略奮鬥，尤尊重第二次代表大會議決案，對共產黨加入本黨份子，絲毫不存歧視，對離間破壞者决嚴厲對待。」

E 依文諾夫思基等對本報記者之談話

「廣州二十日事變，黃埔軍隊於短時間包圍罷工會及東山俄人住宅，逮捕李之龍及其他五十餘人，都是事實；但也只有這些事實，周恩來鄧中夏幷未逮捕，均尙在廣州，更無殺人之事。蔣介石表示他此次舉動只是防止有叛亂之事發生，他本人幷不反俄反共，他軍中確有些反共份子，且云他幷未發出包圍俄人住宅及罷工會之命令。此時蔣氏似已了解共產派確未有謀危政府及蔣氏個人之計劃，風波已歸平靜；惟孫文主義學會一派挑撥離間的舉動仍未停止，隨時都會有事故發生，這眞是中國革命之不幸。」

（二）各種顯然不實的謠言

依據上述可靠消息，滬報所傳「共產派反汪蔣。」「拘俄人多名。」「共產派謀倒蔣，推翻國民政府，改建工農政府。」「李之龍以組織工人政府相號召。」「汪已被軟禁。」「蔣拘獲罷工領袖及黃埔軍官學校俄教練員數人，聞蔣決計悉逐廣州俄人及共產黨

，汪精衛已離廣州。』『李之龍已槍決。』『在能工會搜獲俄人接濟共派大批槍械。』 這些顯然不實的謠言，似乎不必再加辯正了。 依文諾夫思基等十餘人乃俄國共產黨派來中國調查政治及經濟現狀的，並非粵政府顧問，在粵適逢事變，他們於二十四日離粵回國，決沒有各報所傳什麼被粵政府押解出境的事。 蔣介石君上軍事委員會的呈文，明明說：『事前未及報告』，可見上海新聞報所載『蔣介石……乃往見汪精衛，告以共產黨之計劃與舉動，決用嚴厲手段處分共派，汪甚驚訝，頗主鄭重，蔣不允，汪喟然，蔣曰，今日下午二時在造幣廠開會，今時已至，請公偕往，汪本抱恙，至是不能不同去，少侯譚組安朱培德吳鐵城……古湘芹等均到，蔣即報告共派異動事實，及處分共派辦法，謂徵求各位同意，各人面面相覷，不敢發言，良久，譚組安始期期言曰，政府及公待共派已仁至義盡，而共派竟有此項異動，介公如此對待，誠不爲過，但親俄政策爲先總理所決定，恐如此對待，有傷中俄邦交，故某以爲宜分兩層辦理，最好不要牽涉俄人，蔣大聲曰，此次若不如此處分，恐國民政府及國民革命各軍，廣東地盤，已非國民黨所能有矣。 衆見蔣主持堅決，亦遂不持異議，故此會議結果，完全照蔣提議通過，蔣回後即發命令嚴密進行。』 這一段通信完全是謠言了。 申報通信說國民政府歡送依文諾夫思基等，赴席者有中央黨部代表林祖涵甘乃光等……及政治部主任陳公博，而同時又說甘乃光陳公博（甘陳都非共派）被捕，其顯自矛盾如此。 各報多載海軍局長斯米諾夫被捕或說他同陳公博譚平山逃匿香港，其實斯米諾夫早已離職歸國，斯米諾夫離粵，由歐陽琳代理局長，此事各報早有紀載。 譚平山也早因事往北京，陳公博更不用說現還在國民政府任職。 這類顯然不實的謠言，竟充滿了近十天的上海各報，使人不能不佩服國民黨右派對於宣傳工作之努力，只可惜用在這等地方。

（三）事變之主動者究竟是誰？

因此，我們所得關於廣州事變之消息，可以說一大部分是謠言，一小部分是事實。 製造這些事實和謠言的是誰？ 我們敢說是在廣州以孫文主義學會爲中心的國民黨右派。

申報通信說：『此次之事件，係爲民黨中之右派反赤運動。』

又說：『「據外間傳說，謂二十日之反赤舉動，係左派偵知共產黨曾接俄人大批軍械，此項軍械，曾由俄艦運至崖門，由中山艦接載，運至省城東堤東園內之罷工委員會儲藏，當日搜查東園時，計搜出俄械步槍一萬三千桿，子彈卅萬發（申報記者原按：此係謠言確否未知），另由列寧艦載來俄官員六人，係担任發難時之指揮。」 孫文主義學會份子既發見共產派之秘密，因預爲戒備，嗣又查知共產派分子計劃，其大本營在東園罷工委員會內，……約期發難，推倒現國民政府，而建設勞工政府。……迨俄械已得手，李則定於二十日派中山艦攻黃埔，詎事前爲孫文主義學會中人偵知，遂於二十早先派兵來廣州……』

時事新報通信說：『據最可靠消息，政變係孫文主義學會主動，拘捕黨代表，包圍罷工會，皆該會軍人所爲。』

民國日報通信說：『中山艦事件：悉由孫文主義學會同志預爲戒備，學會同志查知反動派計劃……』

上海孫文主義學會持志分會致廣州孫文主義學會同志書云：『諸君學養有素，大義凛然，愛黨愛國，不遺餘力，茲竟能助介石先生，於短時間蹴平叛黨禍國之分子。』

商報通信說：『據孫文主義學會方面報告，共產黨擬取政權之內容，乃和盤托出，蔣氏以形勢急迫，……立即召集會議，決定策略：……』

又說：『蔣受孫文主義學會派包圍，被脅迫而下逮捕共黨之令。』

東方通信社香港電說：『二十日對於共產黨之非常手段，乃蔣介石部下之孫文主義學會派擁蔣氏而施行者。』

美國聯合通信社說：『蔣介石耕伍朝樞等諸名人助力，在廣州變制成功。』

依以上所述，此次事變，無論是功是罪，都不能不歸於孫文主義學會為中心的國民黨右派了。

（四）事變之中心問題

此次事變之中心問題，當然是因為中山艦開赴黃埔惹起了蔣介石之疑懼。

使李之龍調艦到黃埔的人又是誰呢？ 右派說這是共產派倒蔣倒國民政府的陰謀；然而共產派一向很推重蔣介石，『鞏固國民政府』，他們在國民軍失敗後更提高這一口號，現在決無理由忽然倒行逆施起來。

李之龍方被共產黨處以留黨察看的處分，中山艦案初起，共產黨頗疑心是李之龍受反動派運動所為，今竟指為共產黨倒蔣陰謀，豈非世間不可思議之事！

李之龍既定計倒蔣，當不須有蔣令而行，蔣亦當然無此命令，此命令必為誘李調艦者所偽造無疑。 且李之龍果已調艦倒蔣，何以還有暇在家高臥，這又是一件不可思議之事。

中山艦調動是此次事變之中心問題，此事如查得水落石出，或是共派的陰謀，或是他們傾陷共派的陰謀，也是徹底解決此事變之中心問題。

（五）結論

凡是中國人，都有擁護廣州現在國民政府之義務，此次廣州事變客觀上實有使國民政府傾覆之可能；因此，事變之主動者，無論出於共派倒蔣之陰謀或出於右派倒共之陰謀，都應該受國民及國民政府嚴重的懲治，任何人任何黨派都不應加以偏袒：這是我們的結論。

替段祺瑞辯護之國家主義者

超麟

自從執政府門前大流血發生以後，全國人——自吳佩孚到共產黨——都一致攻擊這人民的劊子手段祺瑞，國家主義者，自然，不敢在民衆面前表示他們比吳佩孚更反動，自然也跟着發表宣言，抗議這次屠殺。 但我們知道，自吳佩孚到共產黨這一層層的中國社會分子，雖然在攻擊段祺瑞這一點，表面是一致的，可是實際上，各人所站的地位各不相同。 甚至有貌為攻擊段祺瑞，而實則替他辯護，暗中為他開脫罪名者：譬如國家主義者的論調。

國家主義者特為此次屠殺發表一篇宣言，在這篇宣言中最可注意的，即他們指出那他們以為應負屠殺責任的四種人。

這次屠殺的負責者究竟是誰，全國人都是很明瞭的。 事實的經過明顯告訴我們，這次仍然是帝國主義者屠殺求解放的中國人民。這次屠殺和去年五月三十日南京路的屠殺一樣，所不同的，祇在去年是帝國主義者曾和直接發命令於英捕及印捕，而今則是假手於段祺瑞發命令於其衛隊罷了。 帝國主義者為甚麼必出於屠殺這一條路呢？因為哀的美敦書的威脅和革命的北京民衆之反抗，已經處在短兵相接的局勢，再非『和平的』欺騙的手段所能解決了，再非用屠殺不可了。 段祺瑞何以敢於這樣接受帝國主義者的命令呢？ 因為張作霖吳佩孚等帝國主義走狗已經佔了軍事的優勢，段祺瑞已有所恃而無恐，國民軍已勢必至總退却而不敢損傷這隻帝國主義老走狗的毫毛了。帝國主義是這次屠殺的正兇，而段祺瑞是執行帝國主義意旨的劊子

手。　這件事實，除非是別有作用或是否認帝國主義之存在根本不用「帝國主義」這一名詞的人們，才不承認。　這些人們也就是國家主義者。

國家主義者在其宣言之中，根本就沒有談及帝國主義——全國人民公認的正兇。　他們在所指四種負責人當中，不錯，也提起了段祺瑞，但他們却又提出另外三種人——反帝國主義的，又爲帝國主義所嫉視誣蔑中傷的——爲段祺瑞的陪襯。　這樣一來，不但開脫了這次屠殺的正兇——帝國主義者，不但減輕了段祺瑞的罪名，而且簡直證明這次屠殺是應該的。

讀者！　你們不信嗎？　請你們拿國家主義者這篇宣言和段祺瑞的通緝令對照着看。　中華民國國家主義團體聯合會宣言的結論說：

『根據以上數端，吾人認此次慘案應負責任者如下：

一、直接殺人的段祺瑞及賈內閣；

二、教唆殺人的馮玉祥及馮系軍人；

三、盲目煽動羣衆不負責任的徐謙易培基等；

四、平日濫捧軍閥，認馮玉祥爲「比較接近民衆的武力」且鼓吹赤化，促起列強一致結合壓迫中國的共產黨徒。」

而段祺瑞的通緝令說：

「近年以來，徐謙李大釗李煜瀛易培基顧兆熊等假借共產學說，嘯聚羣衆，屢肇事端。　本日由徐謙以共產黨執行委員名義散布傳單，率領暴徒數百人，闖襲國務院，潑灌火油，抛擲炸彈，手槍木棍叢擊軍警；各軍警因正當防禦以致互有死傷。　似此聚衆擾亂危害國家，實屬目無法紀，殊堪痛恨！　查該暴徒等潛赴各省區迭有陰謀發現，國家秩序岌岌可危。　此次變亂除由京師軍警竭力防禦外，各省區事同一律，應由該各省長官督飭所屬嚴重查究，以杜亂源而安地方。　徐謙等着京外一體嚴拿，盡法懲辦，用儆效尤。　切切此令！」

讀者！　你們將這二種文件對照讀過之後，作何感想呢？　段祺瑞的通緝令中明明白白說是共產黨暴動，明明白白說是徐謙易培基等煽動羣衆，——亦即明明白白說是我乃『「正當防禦」，我並無罪，而死者是該死的。　國家主義者恰好也就是這種論調！　試問：既然是「共產黨鼓吹赤化」既然是「徐謙易培基等盲目煽動羣衆」，那段祺瑞的通緝令已經言之成理了，卽是說段祺瑞這次屠殺已經是「正當防禦」了。　再，段祺瑞以衛隊開槍托名爲「軍警」，明明白白是移罪於國民軍，以解除自己的責任，至少也以分散民衆的仇憤，減輕自己的責任；國家主義者也跟着指國民軍爲教唆殺人。　這樣，國家主義者不是替段祺瑞擁護是甚麽？　不是暗中開脫段祺瑞的罪名是甚麽？不是將這次屠殺的責任輕輕移於共產黨肩上，而祇拿段祺瑞爲不相干的陪襯者又是甚麽？

這裏讀者一定要問：國家主義者對這次屠殺爲甚麽取這種態度，發這種論調呢？　這是不難索解的。中國國家主義者的宣傳及組織的根本任務在那裏呢？他們的行動和言論告訴我們：中國國家主義者的根本任務并不在「外抗強權」，祇在攻擊世界無產階級的前鋒中國民族革命的友軍蘇俄；并不在「內除國賊」，祇在攻擊中國民族運動的領導者工人階級及其政黨共產黨。　此外，他們所攻擊的，亦不過是蘇俄和共產黨的不相干的陪襯者而已。　整部的醒獅週報中，攻擊共產黨的文章不是佔百分之九十九嗎？　他們不是未曾爲五卅屠殺日廠罷工等「強權」壓迫中國人的事件做過一次運動，而反於旅俄某一華僑失蹤的事大吹大擂大雁其打手嗎？　他們自命爲革命的，他們誣蔑徐謙李大釗李煜瀛易培基顧兆熊等北京民衆革命首領爲「盲目煽動羣衆不負責任」，但當徐謙等在天安門「盲目煽動」二三萬羣衆之時，北京的國家主義者那裏去呢？　他們的代表正到國務院去向賈德

標請願！ 這就是他們的革命行動！ 這就是他們傳統的革命行動！

當去年五卅運動中，旅法的中國共產黨人正「盲目煽動羣衆」向駐法使館示威時，旅法的中國國家主義者始則亦祇打電報向段祺瑞「國賊」請願，終則竟向法國警察告密，幫助「強權」拘禁或驅逐共產黨人。 這次亦不過沿用其故智而已。 中國國家主義者的「國家主義」原來如此！

所以，我們說：中國國家主義者的根本任務祇在「外抗蘇俄」「內除共產黨」，這樣並未曾挖苦他們，我想「普印開雷是吾師克列孟梭更無疑」的曾琦先生也要點首者再的。 可是現在誰要「外抗蘇俄」「內除共產黨」呢？ 曰：帝國主義軍閥買辦階級地主反動的智識者……。 然則，國家主義者的作用亦可瞭然於世矣。

欺騙勞動階級的全亞細亞勞動會議

立三

在中國國民革命運動潮流高漲的時候，在各國帝國主義在中國明爭暗鬥衝突日緊的時候，東方改良主義的代表，帝國主義的走狗，工人階級的叛徒——鈴木，忽然號召全亞細亞勞動會議，來到上海開會很顯然的是帝國主義欺騙亞洲勞動者的陰謀鬼計；看一看這件事的起源，這種陰謀鬼計更完全暴露了。 鈴木到過了日內瓦的國際勞動局會議，不久在一個美國的機關報上就宣佈這個消息說：「不久要在法國召集一個全亞細亞勞動會議，在會議中日本勞動總同盟的領袖鈴木要立在主要的地位。」 從這條新聞可以發生兩個疑問：第一、為甚麼鈴木到了日內瓦的會議後，就來號召全亞細亞勞動會議？ 第二、既然是一個全亞細亞勞動會議，為甚麼要在法國開會？ 我們略一推想，便可知道：第一、全亞細亞勞動會議的召集一定是各國帝國主義在日內瓦會議決定的計劃，想來消弭目前東方民族尤其是中國的反帝國主義運動之種種窮極無聊的嘗試中的一種，要鈴木來做帝國主義雇用的改良派的東方代理人。 第二、一定是這個計劃的主動人——帝國主義，大概覺得教那些日本的幼稚的改良派去在狂風暴雨的遠東來對付這件事，未免太冒險了，所以要在他們自己家裏的院子裏邊來開會，可以很安全的實現他們欺騙東方勞動者的政策。

直到現在帝國主義雇用的改良派——亞姆斯德丹國際，在東方還不會有鞏固的根據地，東方的勞動階級所領導的國民革命運動又一天一天的高漲起來，這是帝國主義尤其是英國帝國主義莫大的憂慮！同時亞姆斯德丹國際在西方的戰線上又被赤色職工國際所攻擊，壓迫得非常困窘（如各國的統一戰線的實行，英俄工會統一委員會的成立等），所以想在東方的戰線上來拚命的反攻，軟化東方的勞動者補償他在西方的損失，討好他的主人。 所以全亞細亞勞動會議，就是帝國主義雇用的改良派，在勞動運動的作戰計劃中，要想在東方再建立一個新加坡軍港。 這就是全亞細亞勞動會議原來的意思！

等到鈴木回到日本以後，這個意思，又有一個大的變化。 日本帝國主義看見鈴木從日內瓦受了各種指導和金錢，做他的新事業，不高興讓這小子完完全全替那些立在他的敵對地位的西方帝國主義者去做事。 就挾一種主意去找鈴木，要他用這次會議號召亞洲的勞動者來擁護他的帝國主義。 所以不久鈴木就在日本的報上發表他的談話，說：「不久要召集一個全亞細亞勞動會議，開會的地點將在上海。 遠東各國勞動團體的代表都要邀請到會。 該會議的目的，乃是要考究一種方法，將東方工人的工資，提高到西方工人的水平面等」，又從別的新聞中知道這個會議有日本的資本家代表參加。 從這兩個新聞中可以看見：第一、會議的地點由法國移到了上海，一定是有日本帝國主義的陰謀在裏面了；第二、他的改良主義的色彩，已完全表露出來了——原來鈴木是想替西方帝國主義出力，現在又想幫助他的

祖國日本帝國主義。

日本帝國主義發展上最大的對抗的敵人就是英美帝國主義。 他天天夢想他的大亞細亞主義，可是英美帝國主義一步也不讓，美國天天增加他在太平洋的海軍勢力，英國自保守黨上台後，又繼續他從前建築新嘉坡軍港的計劃。 在將來的太平洋戰爭上，日本帝國主義受了莫大的威嚇。 他知道他自己的力量，萬不能抵抗兩個強大的敵人，所以天天計劃號召全亞細亞的民族來幫助他。 於是他就用『黃種人的亞洲』『亞洲人聯合起來』的口號，煽動亞洲人對白種人的反抗。 他想他自然是亞洲民族的領袖，亞洲民族便完全在他宰制之下了。 那末在將來的太平洋戰爭上可以得着不少的助力，這種計劃近來更加進行得厲害。 所以他一面要鈴木號召全亞細亞勞動會議，同時又預備組織一個全亞細亞資產階級的聯合會。 在去年九月二十五日的日本報知新聞上有一篇文章大意是報告一個資產階級的全亞細亞聯合會的組織，其中有幾句說：

『在進行中的全亞細亞聯合會的第一次籌備會議，將在下月下旬在上海舉行。 列席者為籌備會中的五個籌備員，代表各亞洲國家。 這次預備會的任務，是決定關於召集大會的種種計劃，該大會亦將在上海舉行。 時期大約在來年四月或五月。 岩崎勳（政友會的幹部之一，今為該會籌備委員之主席）大約將出席於預備會議，為日本方面的主要的代表。 又岩崎勳在一個談話中宣言說：全亞細亞會議的目的沒有別的，就是想影響出席各國的政策。 至於造成輿論，還不過是一種副目的而已。 所以出席於這個會議的每個代表，都必須在他本國是一個有力量能左右該國大政方針的人物。』

從這幾句話裏面，可以知道日本帝國主義想直接來操縱亞洲各國的政策，就是想把亞洲各國的政策，都放在他宰制之下。 換一句話說，他是想造一部機器來供他的使用抵禦英美帝國主義的進攻，鞏固他的帝國主義的勢力。 在這部機器上掛着了這個口號：『亞細亞人的亞細亞。』 日本帝國主義，又替這個口號大登廣告，說是：『這是一個很有用的工具，對於亞洲有民族主義目標的國家，都要極力擁護他』（在報知新聞文章裏的話。） 但是很明顯的，這不過是日本帝國主義者御用的工具，利用他來抵制英美帝國主義者罷了。 這個資本家方面的全亞細亞聯合會和鈴木召集的全亞細亞勞動會議，是否有組織上的聯絡，我們雖不知道，但是在他們開會的時間地點和被邀請的國家看來，都有非常引人注目的相似點。 從此可以推知這兩個會議，都是日本帝國主義同樣的陰謀。

所以在全亞細亞勞動會議，原來計劃之上又加罩了一個日本帝國主義者所編的美的花圈——大亞細亞主義。 除丟了用改良主義來軟化東方勞動者的革命性外，又加上了『亞洲人的亞洲』的口號，來欺騙東方勞動者。 想拿在歐戰時，歐洲各國帝國主義欺騙工人階級的口號——『保護祖國』，變成『保護亞洲人的亞洲』，在將來的太平洋戰爭上，驅使工人階級上戰場，替日本帝國主義的利益擋槍砲。 這就是鈴木號召全亞細亞勞動會議的用意！

從上面這些事實和推論，可以得出幾點：第一、這個全亞細亞勞動會議的用意，是帝國主義用改良派來軟化遠東勞動階級——尤其是中國勞動階級的革命性；第二、是日本帝國主義者想以『保護亞洲人的亞洲』的口號驅使亞洲勞動者，在將來的太平洋戰爭上上戰場擋槍砲，保護他的利益；第三、在這一個會議裏面，都發現了帝國主義間的激烈的衝突，可見將來的太平洋戰爭已經是遠東人民不可避免的浩劫。 在這樣的一個會議，我們勞動階級應該取甚麼態度呢？

第一、我們看見西方的勞動階級，因為受了那些改良派的欺騙，至今屈服在資產階級殘酷的榨取的工錢奴隸制度之下，無從解放出來，所以這些改良派，完全是資產階級雇用的走狗，我們決不要聽信他

們的花言巧語，上他們的當！ 第二、上次帝國主義爲搶掠殖民地的大戰，我們勞動階級，因爲受了他們放出來的『保護祖國』的口號的欺騙，使我們的精銳傷亡殆盡，死了八百萬人，殘脚缺手者，更以千萬計；戰後資產階級爲要恢復他們的原氣，因此更厲害的榨取我們：減少工資，破壞八小時工作制；現在日本帝國主義者又想用同樣的方法來欺騙東方的勞動階級了，——我們更要當心些！ 第三、現在東方的民族，完全處在帝國主義殘酷的剝削壓迫之下，變成了他們的殖民地或半殖民地，要從這種殘酷的剝削之下解放出來，只有被壓迫民族結成鞏固的聯合戰線，打倒帝國主義。 勞動階級又是各民族中解放鬥爭的領袖，尤其應該有堅固的團結。 所以這個全亞細亞勞動會議的改良派的陰謀和帝國主義的鬼計，我們應當嚴厲的反對。 但是站在外面的反對，還是不夠。 因爲遠東已經有少數的勞動者受了他們麻醉。 所以我們應當參加裏面去，把改良派的陰謀和帝國主義的鬼計，揭穿出來，驚醒他們的迷夢，形成遠東勞動階級堅固的團結——統一戰線。 換句話說，就是我們應當參加進去，把這部帝國主義製造的御用的工具，變成勞動階級的工具。 把這個工具上掛的帝國主義欺騙勞動階級的口號：『亞洲人的亞洲』，『亞洲人聯合起來』，取下來，撕破他，掛上我們的口號『勞動者的世界』，『被壓迫民族和全世界無產階級聯合起來』，『打倒帝國主義』等。 這樣纔是我們的勝利。

帝國主義間的戰爭，就是被壓迫民族和勞動階級解放的最好的機會。 現在帝國主義者正在積極的、加速的製造太平洋戰爭了，遠東的被壓迫民族，尤其是勞動階級，準備呀！ 聯合起來呀!!

寸鐵

這就是戴季陶所謂『仁愛』之言

重慶國民黨右派，在孫中山先生週年紀念會，散布一個小小傳單如左：

『孫中山先生彌留時之遺言：

和平!! 奮鬥!! 救中國!!

和平！ 是望於帝國主義和軍閥們的。

奮鬥！ 是望於世界弱小民族和國民的。

救中國！ 是希望軍閥自動與人民協同來打破資本主義帝國主義的。 同胞們!! 軍閥們!! 速起！ 速起！』

如果帝國主義者和軍閥們的仁愛性不至爲階級差別所消滅像戴季陶所想像，則右派先生們的希望，便別有方法可以達到，何必一定要革命呢？ （實）

國民黨右派之光榮

在帝國主義者統治下的上海租界，任何小小政治集會都不自由，何況是國民黨的會議。 可是國民黨右派的所謂第二次全國大會，公然大吹大擂的在上海法租界召集開會了，未受帝國主義者絲毫壓迫，這是何等光榮！ （實）

帝國主義者懸出重賞了

上海新聞報北京電：『二十五日使團會議，辛丑簽約各國列席，討論中國時局，以爲目下中國各當局如能完全合作，成立一鞏固政府，限制赤化，則關會即可結束，以滿華人希望，屆時中央政府不患無錢辦理善後各事。』 這些說話的意義就是：帝國主義的使團，憂慮他們的走狗奉張直吳以及段祺瑞李景林張宗昌輩之間的利益衝突很厲害，特懸重賞，迫張吳等完全合作，好鞏固爲帝國主義的御用政府，爲他們限制有害於帝國主義之所謂赤化。 （實）

武漢工人遭受的厄運（漢口通信三月十五日）

白昊

　自二七屠殺後，湖北各工會一律封禁，工會絕對不能公開。外部受軍閥帝國主義的嚴重壓迫，內部受工賊的隨時告密陷害，工人爲減少切身的痛苦和生活改善的經濟要求，無一不遭受軍警的干涉與逮捕。

　去年湖北全省旱災，各縣災民羣集武漢覓食，因之武漢失業工人較得工作者多出二倍以上，生活程度較去年三月以前增高了兩倍半（去年三月食米價平均每升百八十文今年三月平均每升四百五十文），而工人的工資還是二三年前的原價，——少數略增的最多不過較原工價加十分之二，工人生活的困難可想而知了。

　吳佩孚重來武漢，對民衆更加武裝戒嚴，發行軍需匯兌劵，强迫鹽斤加價，橫徵苛捐雜稅，軍警倍增，物價飛漲，市面恐慌，工人身受的痛苦和壓迫，更不堪言說了。　計數月來工人直接間接受軍閥工賊之摧殘者有如：

　（一）漢口人力車夫因整頓工會抵制車行加租事，被逮捕工人一人，至今尚押漢口警察廳未釋；

　（二）武昌紗廠忌恨工人組織工會，三四次誣害逮捕工人入獄，至今尚有四五人押武昌警務處；

　（三）武漢工人代表會被工賊告密破壞，捕去工人三人，判監湖北陸軍審判處兩年徒刑；

　（四）漢口人力車夫工會中墮落份子受工賊反動派誘惑欺騙收買，破壞工會的一致團結，損害了工人爲自身利益而爭鬥的戰鬥力；

　（五）武漢染織工人，因高秀炳自身做了工賊，專意告密陷害工人階級當中的奮鬥分子，拿着工會招牌向反動派賣錢，與正爲工人謀利益的染織工會不易造成，——除非肅清了工賊的時候；

　（六）粵漢鐵路工會從前是爲工人奮鬥的盛士英（粵漢路總工會委員長）主持的，他現在因爲要得一月四十五元薪水的稽查，自告奮勇的消滅粵漢鐵路工會，名說不問工會的事，內幕是在夥同反動派工賊的行動，幫助反動派軍閥工賊破壞了工會基礎及團結力量；

　（七）武漢孫文主義學會隨在公開地與秘密地圖謀陷害武漢工人，幫助軍閥資產階級作惡。

　武漢工人除了受資本主義制度的奴隸剝削與資本家的經常苛待而外，隨時都要受類似上列事件中的軍閥反動派工賊等加諸工人的進步的摧殘。

　在上列事件當中，有兩件更痛心的事，還值得詳告一般讀者：

　（一）一月二十日武漢工人代表會被搜捕的原因。　武漢工人代表會，是武漢有組織的工人一個集中機關，他在極反動的軍閥治下，周圍受工賊的進攻，要受壓迫是早在意料之中的。　一月二十日代表會召集全體代表會議，十八日發出通知，不幸此通知落在工賊們手裏了（工賊們早知道代表會在何地開過會，已向偵探，工賊余友文說了的）。　十九日工賊郭聘伯等召集反動派——工賊偵探大開會議，決定一方面報告稽查處派軍警捕人，一方面分配工賊屆時引導。　果然，一月二十日上午十一時代表大會預定的會議時間，捕人的軍警到了代表會預定的地點了。　這便是工賊們陰謀陷害工人代表會的「苦劇」之內幕。　我們那能詳知呢？　工賊偵探們在事後自鳴得意的說出來的，他們還非常可惜地在那天沒有捕着該會中的重要分子某某呢？

　（二）是孫文主義學會公開地當街喊叫軍警捕拿工人。　三月十二日武昌開中山先生週年紀念大會，武漢工人代表會傳單散發隊，在武昌漢陽門散發紀念中山先生的傳單，恰遇所謂武漢「孫文主義學會」

數十人身掛徽標揚旗隊伍過此。　該行隊中四五人突出行列，刼毀工人手中散發的傳單，阻止發傳單的工人，狂呼站崗軍警逮捕工人，街面軍警以當時未得上官逮捕工人的命令，付之一笑，工人迅即走開，幸免於難。

所謂孫文主義學會中人及其首領郭聘伯等進了紀念大會場中了，工人代表會的羣衆當場質問他們的理由，彼時他們在青天白日之下的羣衆大會中自然只有結舌紅臉，無詞答復，工人憤極，羣欲起而毆逐之，當經多人勸解，彼等唯唯抱頭而去。　這就是「孫文主義學會」的眞面目。

北京職工運動概狀（北京通信三月十五日）

正零

中國的職工運動自始就帶有政治鬥爭的形式，因此牠能在一個很短的歷史過程中，走上了革命的道路，取得了國民革命的領導地位，進入了世界革命的總流。　北京本來不是中國的產業區域，雖然也有幾十萬工人羣衆，但大部分是很散漫的車夫手工業者或商店學徒；即有一部產業工人，也是在資本家殘酷的壓迫，警察的監視和右派的破壞中，因此北京的職工運動，經過了苦戰惡鬥的歷史過程，而北京的工會組織，也就特別帶有革命精神，政治鬥爭的形式。

北京工人的生活，眞正是比牛馬不如。　他們的工錢，有少到每月三元的，最多也不過十七八元。　放假一天，扣一天的錢，甚至於半天都扣。　星期不得休息，有事不能請假。　生意好的時候，廠主隨時加做夜工；生意不好的時候，廠主隨便開除工人。　他們不但壓迫工人的肉體，甚至於壓迫工人的精神。　不准工人看讀自己的刊物報紙，不准工人加入工會；有的簡直不讓工人出工廠來，南城永增鐵工廠有一千多工人，但是只有十個出門牌，請假出門須得廠主簽字許可，牌子領完，任有何事都不能再去請假。　丹鳳火柴公司的工友只有初二十六可以請假。　廠主除了直接壓迫之外，他又收買工頭工賊，偵探工人行動，挑撥工人感情，使工人對於工會及工人的政黨，發生懷疑及猶豫。

除了廠主的壓迫外，北京職工運動的敵人，還有國民黨右派和交通系。　國民黨右派口裏雖然贊美三民主義，喊叫保護工農，但事實上他們是痛恨工會和工人的政黨，仇視工人階級的。　他們勾結楊德甫張德惠，收買工賊。　一九二三年，他們在北京組織工界聯合會，欺騙少數的工友，去向交通系報功。　後來工人看出他們的技倆，唾棄工界聯合會，鄙棄右派的首領，從此他們惱羞成怒，處處與工人階級作對。　如去年十一月二十九，他們雇用流氓，搶總工會的紅旗。　收買工賊加入總工會，又到警廳出首告發工會職員，他們利用學校（如工業大學）或工頭的勢力，在工人羣衆中宣傳反共產反蘇俄的言論，甚至於反對階級鬥爭，反對工會！

北京的職工運動，因為工界聯合會曾經欺騙工人，因為受右派的影響，警察的包圍和廠主的壓迫，所以在開始時非常困難，工人願意加入工會的只有四五個革命的進步的分子。　但是他們總是勇往直前，向工人羣衆宣傳解釋，直到五卅慘案發生，然後成立工人雪恥會，在政治上表現他們的勢力，漸漸在工人羣衆中取得他們的信仰。　工人羣衆也漸漸認清他們的敵人，他們自己的組織，他們自己的政黨，而加入工會，加入工人的政黨——共產黨。

於是北京職工運動到了一個新時期——成為有羣衆的組織。　在

警察嚴重監視之下，秘密組織北京總工會、印刷總工會、機器工人俱樂部、西城工人俱樂部等。　工會的會員雖然全數只有二千多人，但是他們都是最勇敢前進的無產階級的前鋒。　他們的政治觀點非常清楚，他們明白無產階級的使命，工會的作用，及工人的政黨。　他們開始擎着北京總工會的紅旗，與軍閥奮鬥，與賣國政府交通系政客資本家右派及東交民巷帝國主義的政府奮鬥。　他們在重重的敵人包圍中，勇敢作戰。　他們開始替代了小資產階級的大學生，領導北京的民衆運動。　反對關會運動、反奉運動、首都革命運動、反對日本進兵南滿運動，幾萬人的民衆示威遊行，因爲受北京總工會糾察隊的領導，而整齊莊嚴。　每次民衆運動中，所謂民治主義同志會，所謂北京大學，法政大學等旗幟下面，我們並看不見一個整齊的隊伍，只有總工會的隊伍是有紀律的，警察打不散的。　半年來北京的民衆運動，所以革命化，北京總工會實在是一個主要的動力。

北京的資本家帝國主義者，右派及警察，他們也看得清誰是他們的敵人，他們也在那兒時刻勾心鬥角設法向北京的工人進攻。　他們不斷的開除工會的工友，他們不斷的向警察告密，如十一月廿九捕拿工會的職員，楊德甫向警廳告知俱樂部地址，林森向鹿鍾麟造謠，法國工廠昇昌開除參加示威運動的工友八十餘人等事，都是他們處心積慮圖謀破壞工人的組織。　因此北京的職工運動一直到現在還是在惡戰苦鬥的歷史過程中。

但是資本家警察的壓迫，右派的破壞，不但不能搖動工人的隊伍，並且更發激勵工人，使工人更能認清他們的仇敵，堅固他們的組織。

北京總工會竟於一九二六年一月一日正式公開成立。　幾十年根深蒂固瓦木行水夫會等舊行會，也覺悟興起，自動的要求加入總工會改組。　我們相信北京工人的組織，從此更能擴大統一，担負他在民族革命中的領導的責任，領導工人及被壓迫民衆，走向世界革命的道路。

讀者之聲

蘇俄與民族解放

獨秀先生：

自定閱貴報兼誦大作以來，其崇論宏議，使我欽感無量！

中國年來受國際資本帝國主義之進攻及其走狗軍閥之蹂躪，使中國國政民生幾至一蹶不可復振而漸趨於滅亡之狀態，先生能不避危艱，獨標『國民革命』『打倒帝國主義』『打倒軍閥』以昭示國人幷聯合以平等待我之民族——蘇俄，及領導一班工農羣衆，共同奮鬥，更以階級鬥爭爲中心，謀全世界被壓迫民族之自由平等爲歸宿，發爲健全之言論，作砥柱於中流，被壓迫階級之中國前途，曷勝利賴！

然而淺薄如弟，愚昧至甚，對於平等待我之民族——蘇俄，終有不明瞭而懷疑者，先生其有以教我！

一、蘇俄既稱爲援助弱小民族之民族矣，何以中俄協定時竟有如曾友豪所說之野心以欺騙中國？　蘇俄究是何用意？　抑亦侵掠人國之野心家耶？　請先生詳細解釋至盼（參觀十三年東方雜誌二十一卷二十號三十三頁中曾友豪之中俄協定給於中國之利害）。

二、國家主義之人所辦之醒獅，日言排斥蘇俄，驅逐赤化，且謂蘇俄借民族自決之名鼓吹蒙古獨立，結果則如日本之鼓吹朝鮮台灣獨立無異，待獨立後則併之爲其領土。　該報平素雖慣於造謠誣蔑，但現據本年東方二十二卷十八號內外時評一欄（五頁至七頁）所載蒙古的事項，而蒙古現既非我之領土矣！　現蒙古之憲法既頒布，先生敢担保蒙古將來不爲蘇俄併吞否？　果爾則人言蘇俄爲主義侵掠人國之國，其信然矣？

三、蘇俄既稱爲解放工農羣衆謀世界革命之大本營，何以現在蘇俄政府對工農羣衆之專橫壓迫至如此？何以該政府人員腐敗又至如此？又蘇俄何以要行新經濟政策？而自實行新經濟政策後，則與國內外資產階級妥協，其與普通行國家資本主義之國家，何以異乎（參觀本年十月十七日第五四號之醒獅，一個俄國老共產黨員之報告）？由此觀之則馬克思之科學的共產社會主義不可行於世歟？抑別有故歟？

以上種種問題皆弟不能自解者，亦不能解於人者，先生如不吝教，則請賜金玉，以開我愚昧，幸甚幸甚！

『羣疑滿腹，衆難塞胸』，作先生無以釋我之疑矣。若先生能更進一步將每期醒獅孤軍等報所載之重要論文從而駁正之，則不特余一人所渴望，而凡嚮導下之閱者，亦不勝喜躍引領而望也。狂瞽之言，幸垂鑒察。即請撰安！翹足待覆！弟劉此生

十四年十一月十九號　於汕頭嘉應學藝中學

此生先生：

來書所提出的問題，歸結起來，就是蘇俄與中國民族解放的問題。

蘇俄與中國民族解放這一問題，與階級鬥爭問題一樣，都是目前中國民族革命策略上討論的中心問題。中國目前反對蘇俄的人，分子是很複雜的，自反動的軍閥至國民黨右派，他們一致攻擊蘇俄，說蘇俄是赤色帝國主義，說蘇俄侵略中國；國民黨右派雖然偶然間也有主張聯俄的，但他們仍然拿蘇俄看做是一侵略的國家，說蘇俄是『某種屬性』的帝國主義。這一層層的社會分子——自反動的軍閥到國民黨右派——爲甚麼要這樣攻擊蘇俄呢？顯然因爲蘇俄與佔全國絕大多數的工農階級及革命民衆切實聯合起來之後，對他們或多或少是不利的。他們所處的地位各不相同，蘇俄援助中國民族革命的成功對於他們的危害程度的然也不相同，因此他們雖然一致攻擊蘇俄，但其攻擊蘇俄的形式態度亦是不一致的：譬如國民黨右派之攻擊蘇俄就與反動軍閥之攻擊蘇俄不一樣。不過他們對於蘇俄的攻擊中，總可找出幾個共同之點。第一、他們都不瞭解（或不願意瞭解）第一個無產階級國家——蘇俄，在人類社會進化歷史上的意義，其立國的原則及其現行的政制。第二、他們不瞭解（或不願意瞭解）民族問題的意義及其解決的方法。第三、他們一面受帝國主義的壓迫，一面對於中國從前的所謂藩屬又企圖施行帝國主義的政策。

這不過是他們攻擊蘇俄的幾個較顯著的共同點，自然還有其他的共同點，較次要的。但他們攻擊蘇俄的根本原因，乃在或直接執行帝國主義的意志，或間接受帝國主義所催眠。前者是絕對沒有希望的，後者則借解釋先生對蘇俄的三點懷疑，或者能夠解除一般人對蘇俄的誤會，能夠按照此次國民黨第二次大會的議決案，更進一步與蘇俄聯合起來。

首先，先講蘇俄本身，醒獅週報第五十四期關於蘇俄的報告直是俄國反革命者及各國帝國主義的造謠。蘇俄是無產階級和農民革命專政的國家，政府就是工農自己，那裏會有壓迫工農的事實？俄國工人的工資近年日益加增，而資本主義國家工人的工資則日益減少，現在各交戰國工人的生活皆劣於戰前數倍，而俄國工人的生活已將近恢復戰前的狀況了。這不是蘇俄的宣傳作用，這乃是事實，乃是統計表的證明，乃是去年英國德國挪威捷克斯拉夫等國工人代表赴俄考察回來的報告。至於農民，則自革命以後已由政府給予沒收自地主貴族的土地，現在不僅名義上解放了農奴制的束縛，事實上也是土地的所有主，這也是一切遊俄者公認的事實。總之，革命後的俄國工農，無論在經濟上

或在政治上，都得到自由。 說蘇俄壓迫工農，那不是造謠便是完全不知蘇俄的狀況。 蘇俄政府辦事人員，任工農管理國家人材尙未充分養成以前，自然不免要利用一部分帝國時代舊有的熟練的人員，因此自然不免有幾個腐敗分子混進去，但這是小的一部分的現象，不足傷害無產階級專政，何況這些腐敗分子已日加淘汰而工農出身的政府人員已日加增多了呢？ 最能合人誤會的，是新經濟政策問題。 一般人動輒說蘇俄實行新經濟政策，便是放棄了馬克思主義，便是恢復資本主義。 說這種話的人簡直一點也不懂馬克思主義，而又要假充內行。 馬克思主義絕未主張推翻資產階級統治之後，卽刻便實行共產，馬克思主義乃主張這個過渡時代應該是無產階級專政，可見無產階級專政底下的經濟不是共產主義的經濟，乃是新經濟政策的經濟；新經濟政策實施以前的經濟，所謂「軍事共產主義」，其實并不是甚麼「共產」，乃是戰爭內亂時代「圍城中」，必不可免的一種救急辦法，——這種辦法不僅蘇俄行過，卽在歐戰緊急時期德法諸國都多少行過。 新經濟政策并不違反馬克思主義，蘇俄不行新經濟政策而馬上「共產」起來，那才眞證明「馬克思之科學的共產社會主義不可行於世哩！」 醒獅週報登載「一個俄國老共產黨員的報告」，恍惚以爲這是共產黨的自供。 其實俄國共產黨中有一二叛黨的「老黨員」并不足爲奇，卽如陳烱明又何嘗不是國民黨的「老黨員」呢？ 關於蘇俄的眞實狀況，請參考最近出版之新青年第二號「蘇維埃社會主義共和國聯合之研究」一篇文章。

我們還要明瞭蘇俄的世界歷史意義尙不僅在牠解放俄國的工農，剷除帝國時代的腐敗官僚氣習，以新經濟政策建設俄國的社會主義的經濟；而且在牠成了世界革命的中心，指導全世界被壓迫者爲推翻最後形式之剝削制度——資本主義制度——而奮鬥。

換一句話說，卽蘇俄不僅担負解放俄國的使命，而且要解放全人類。 牠不僅幫助資本主義先進國的無產階級起來推翻其資產階級的統治，而且幫助殖民地民族起來推翻帝國主義的統治。 再換一句話說，卽蘇俄對於中國民族運動的運命亦有密切關係的。 這裏，我們須得略說民族殖民地問題的意義及其解決的方法。

（未完）　記者代答

The Guide weekly

嚮導

週報

第一百四十九期

目次

一九二六年四月十三日

國直妥協與北京政變

述之

現在北京政局的變動已經表現出來了。

路透社十日電：「國民軍實行急激政變，非常祕密，昨夜各城門皆閉，電話被斷數小時，執政府被圍。……國民軍出示，叙明段祺瑞就執政後之殃民誤國各端。其罪惡之大者爲不經國民同意簽定金佛郎約幷屠殺學生，全國同憤。且爲安福派包圍，誘令蔑視法律，增進私利，煽動戰爭。今爲國民計不得不嚴加申討。又謂國民軍將釋曹錕，電請吳佩孚即來京處理政務……。」

東方社十日電：「國民軍解除執政府衛隊之武裝，將該隊編入國民軍。段祺瑞先逃入某使館，城門皆閉。」

由以上這些消息看來，國民軍確已決然解決所謂執政府，驅逐賣國殃民的段祺瑞，解除殘殺北京愛國學生和市民之段祺瑞衛隊的武裝。另一方面則擬放釋曹錕，歡迎吳佩孚入京。這完全是國直妥協之結果。很明顯地表現奉吳兩軍閥間之決裂，同時便是表現日英帝國主義間之裂痕。

這一次國直妥協之重要原因，完全由於奉系軍閥之野心的逼迫，奉系軍閥，自取得天津後，見吳佩孚尚在忙於對付湘贛與河南內部問題（如靳寇爭督），其勢力一時不能北展，遂想乘機佔領北京，完全取得政治中樞，以爲將來操縱全局之地。因此猛烈地向國民軍進攻，一點不留餘地。吳佩孚見到奉張此種陰謀，知道國民軍如果退北京，此次戰爭不啻完全成了奉張的勝利，因此遂轉而與國民軍妥協，以抵制奉張。同時國民軍雖原定放棄北京退守南口，但因爲奉軍迫之太甚，故亦極力表示向吳讓步，聯吳以抗奉，因此形成國直之妥協。

但國直妥協之唯一障碍便是段祺瑞。段祺瑞素接近奉張，爲吳之所忌。近來奉張更想利用段祺瑞爲傀儡以操縱中樞，同時段復陰謀詭計，破壞國民軍（如運動魏益三脫離國民軍，運動唐之道進京，挑吳炳湘任總監等計劃——以上事實見時事新報商報北京通信），勾引奉張以抵吳北進。因此在吳佩孚在國民軍都非先除段祺瑞不可。

所以國民軍此種毅然決然地對付段祺瑞之手段，全爲國吳兩方之共同內定計畫，是國直妥協之先決問題，同時也就是奉吳真正決裂之表現。

但奉系軍閥素來唯日本帝國主義之馬首是瞻，奉張此次急進北京，壟斷中樞之陰謀，自然是日本帝國主義從中指使（近來東方電通各社之宣傳即是顯明證據），但是另一方面，國吳敢於對段如此舉動，必然得到帝國主義之相當允許或默認。而能允許或默認此類舉動者自然祇有英美帝國主義（當十日北京政變發生，路透社便很高興地發出一大批電，大吹特吹；而素喜歡造謠的東方社則欲言不言很無聊似地發出兩個短電，這便可見英日對於北京政變之態度而證其內部之陰謀行動）。因此我們可以由北京事變中證出日英帝國主義間之裂痕與衝突。

京此次政變，將來究竟發生什麼影響，將來北京能產生什麼樣的政局，現在還難確定，但我們從驅逐賣國殃民的段祺瑞，表現奉吳軍閥間決裂與日英帝國主義間之衝突三點上看來，是很有重大意義的。

老奸巨猾的段祺瑞自登台來，年半的歷史，只是賣國殘民——承認不平等條約，召集善後會議破壞中山先生所主張之國民會議，指使唐繼堯劉楊陳鄧等擾亂廣州政府，包辦金佛郎案以至三月十八慘殺北京之愛國學生和市民等。總之段祺瑞一年半來的成績，對外則以承認不平等條約金佛郎案等以博帝國主義之歡心，對內則摧殘廣州政府與民衆，挑撥軍閥間的戰爭於中取利。這也就是段祺瑞的執政府所以能存在之唯一原因。因此，人民對於賣國殘民的段祺瑞，咸欲得之

而甘心。　現在國民軍驅逐段祺瑞，雖然另有用心，不是站在民衆的意義上，但在客觀上確是作了民衆所要作的事，確是除了一個賣國殃民的東西。　奉系軍閥與吳佩孚都是極反動的軍閥，日英帝國主義的工具，這兩個軍閥一聯合戰線，便是表示中國反動勢力之大聯合，便是中國民衆運動之大障礙，便是中國進步之大障礙。　這次反奉運動與國民軍之大失敗，便完全　奉吳軍閥聯合戰線之結果。　現在奉吳間既已發生裂痕，這是表示反動勢力聯合戰線的破壞，在客觀上，尤其在中國目前的局面上是很有益的。　英日帝國主義自五卅來拚命聯合壓迫中國，現在其工具——奉吳間既發生衝突，因而引起內部的衝突（不管這個衝突的程度如何，但我們始終可以斷定已有了衝突），這在客觀上對於中國更是有意義的。　因此，北京這次政變雖在中國整個的大局上不能發生特別變化，似乎不過是趕走一個段祺瑞的問題，但在近日的政治上確是開了一個新的局面，即由奉吳聯合戰線進攻國民軍的局面又轉而為國直聯合戰線反奉的局面了，在形式上，不多又要回到以前反奉的時期。　這是表現反動軍閥與帝國主義間聯合戰線的破裂，雖然破裂到什麼程度還不能斷言，但牠們破裂的傾向確已表現得很明顯了。　這一點是值得我們特別注意的。

北京這次政變在一方面雖然有很重要的意義，但同時我們要注意兩個危險：（一）驅逐段祺瑞，對於奉系軍閥雖與以嚴重打擊，使奉系軍閥不能獨霸北方，但歡迎吳佩孚北上，使吳佩孚的勢力由　於北部，吳將有襲斷中樞，恢復以前洛陽干勢力之可能，這是很危險的。　因吳佩孚現已擁有湖北河南江西及山東陝西之一部，將來再佔領直隸，襲斷中樞，成功吳氏天下，那時中國反動，將更嚴重　（二）吳佩孚勢力的鞏固與發展也是英國帝國主義勢力的鞏固與發展。　而兩直妥協又使國民軍有由間接地接近英國帝國主義之可能，如果國民軍因與吳妥協軟化而傾向英國帝國主義，那時對於中國的危險更是嚴重　嚴重。

全國民衆們，我們須特別起來注意此次北京的政策，對於國民軍與吳佩孚妥協，在客觀上雖是國民軍迫不得已之苦衷，雖與奉系軍閥以重大打擊，雖趕走了賣國殘民三月十八慘殺北京愛國學生市民的劊子手段祺瑞，但同時須知道從這當中可以發生很大的危險。　因此全國民衆一方面雖可原諒國民軍此種不得已之舉動之苦衷，但同時應監督其對於吳佩孚之妥協程度，國民軍只可在打擊奉系軍閥和分離奉與聯合戰線一點上妥協，而不能投降吳佩孚、鞏固和發展吳之勢力。　國民軍在策略上雖利用英美以打擊日本帝國主義，以分散日英帝國主義之聯合，但絕不能與英發生何種深切關係。　對於賣國殘民之段祺瑞不只是驅逐，還須督促國民軍澈底究辦，段派之安福勢力，尤須根本剷除，槍殺北京愛國民衆之衛隊須根本解散，絕不應編入國民軍。

全國的民衆們，反動勢力——奉吳英日——的聯合戰線已經開始破裂起來，我們應急起來積聚我們自己的力量，準備我們的新進攻！

湖南政變之由來及其意義

羅夫

湖南這次政變，表面上似只是唐趙衝突之最後一幕；實際上這次政變的原因及其意義，都不是這樣簡單，而深值得我們研究的。

這一次政變的醞釀，遠在民國十二年九一政變以來。　「九一」以前趙恒惕利用省憲以敷衍南北箝制人民的假面具，在民衆面前還少揭破，同時吳佩孚方有事於北方，正要利用趙恒惕以對粵，對於湖南還沒有公然壓迫，湖南人民，特別是一般中等階級，多以為省憲獨能免除民二以來北洋軍閥蹂躪湖南之禍，而歸功於趙恒惕；「九一」之變，趙恒惕危而復安，這是一個重要的原因。　然在別一方面，趙恒

惕之所以轉敗為勝，是因為得到吳佩孚的實力幫助；從此北洋軍閥又實地支配湖南政治，同時趙恆惕對於與自己利害衝突的民衆進攻不遺餘力，民衆因此逐漸認識趙恒惕只是吳佩孚的傀儡，省憲則徒為箝制人民的枷鎖，反趙的範圍和力量逐漸擴大。　唐生智看到人民與趙恒惕間的衝突，也就從那時候存了取趙而代之的決心，積極的準備起來。　所以趙政府自「九一」以來，即已隨着民衆反抗勢力與自身內部的衝突而日益動搖。

這一動搖，到去年下半年已達到了最高程度。　一方因為民衆勢力與唐生智的力量都到了公開反趙的程度（去年下半年湖南民衆與趙恒惕的衝突，格外厲害），一方則因為國民政府革命勢力的澎漲，和湖南民衆傾向國民政府要求推倒軍閥政治的熱烈。　在這一短兵相接的時期，我們可以看出趙恆惕的恐惶和對民衆態度的不定：起初極端壓迫，末後却亟欲緩和民衆；我們又可以看出唐生智要與民衆接近，輸誠國民政府：總之，唐趙兩方在他們利害衝突的時候，都亟求取得革命民衆的援助，民衆對唐趙衝突的問題，絲毫沒有放過，從各方面表現出來的態度是：一方與唐取反趙聯合戰線，一方則促唐擁護國民政府，反奉戰爭的延長，給唐生智以實現倒趙的機會。　此時趙恆惕見大勢已去，唯求敷衍到第二屆選舉的時候（今年九月），唐生智很聰明的知道如給趙以敷衍的機會、則吳佩孚勝利時，趙的地位必又重新鞏固下去，所以毫不讓步的進行。　趙恆惕知無可挽回，最後只求依法而去，不光只目前說得好聽，可以敷衍面子（趙去職通電，謂恐不見諒，第二屆後當選，所以提前辭職），亦且可以為日後捲土重來的機會，遂依據省憲委唐生智為內務司長，以內務司長代理省長，趙自知過去對民衆太壞最怕做洪兆麟第二於臨去之前，四方八面託人向民衆領袖解釋過去誤會（！）出走時為深夜，情極倉惶，各機關都到第二日早才知道。　趙恆惕把持湘政六年，素以奸滑見稱，末路竟亦如是！

長沙在趙出走的前三日（三月九日）教育會坪即有由國民黨發起之三萬人的市民大會，一致決定政治主張廿一條，并組織人民臨時委員會為督促實現的機關，政治主張中最重要的是：

打倒趙恆惕
反對聯治及廢除省憲解散省議會
討伐吳佩孚
與國民政府一致北伐
擁護國民政府
速開國民會議
保障人民集會結社言論出版罷工之自由
啓封被趙恆惕封閉的一切工農團體
財政統一廢除苛捐雜
豁免災區錢糧，確定賑災經費
確定教育經費，不准軍人提借

這些政治主張傳出後，各縣民衆紛紛起來響應。　湖南民衆能積極起來參加政變，提出主張，這要算是空前的一回，由此可看出湖南民衆近來的力量。

唐生智十六日到長沙，一直到廿五日始正式就職，就職時將第二師師長劉鉶，旅長唐希忭，第三師師長葉開鑫旅長蔣鋤歐劉重威，參謀長張宏與免職，并將劉鉶唐希忭劉重威張宏與發押看管，其所宣布劉等罪狀，尚係事實，唐于人民政治主張如上面所述的，對最後三條尚沒有實際表示，對人民自由目前將能相當容許（如恢復後之鉛印工會，萍株鐵路工會，及新成立工會農民協會，還沒有遭壓迫）；唐對吳與對國民政府的關係則從葉開鑫明白附吳，吳表示助葉，及國民政府代表陳銘樞白宗禧來湘情形看，可認唐生智現在是比較站在國民政府

一方面的，唐對聯治雖表示放棄，但既依法就職，所謂省憲當然不成問題，這幾點代表唐生智態度的事實，在目前或者是可以保障不會有多的變更的。

湖南在經濟上隸屬於漢口，在地理上爲南北必爭之地，在政治亦卽沒有獨立之可能，這證之民國以來的歷史，就可以瞭然。 民國以來的湖南，在政治上不加入南方則須幷入北方，至多亦只能在南北內部各有爭鬥時，才能暫時維持獨立局面；趙恒惕時代，形式上雖名自治省，實際則只能算直系軍閥吳佩孚之附庸，現在的唐生智，同樣只有兩條路可走：勾結吳佩孚，或輸誠國民政府，換言之，也就是站在反動的一邊，或站在革命的一邊；吳佩孚今後雖斷沒有恢復前此雄踞洛陽時代的威權的可能，然現時則已可以加害於湖南，看最近公然爲葉開鑫而向唐生智示威的行動，更可以看出吳佩孚的野心；吳佩孚過去以武力與槍彈爲對趙恒惕威刼利誘的利益，趙恒惕則利用省憲爲掩護結吳的工具，現時這種利益與工具，猶雙雙存在，且對方的壓迫已經開始，則唐生智如爲目前苟安起見，當然以結吳爲便宜。 然當這湖南民衆及國民政府革命勢力高漲的時候，而全國軍閥政治崩潰的歷史又一一擺在目前，則眞正的出路仍然只有站在國民政府一方面，站在民衆要求上做反吳工作，依現在的形勢，唐生智似已選擇了眞正的出路。 然而唐生智如決心從這條路上前進，求得成功，不光只要與國民政府結立反吳的實際關係，更要保障湖南境內工農學生等民衆團體發展的自由，因爲這才眞是反吳的勢力所在，同時湖南民衆也必會要以此爲測驗唐生智的最低標準。

國民革命的大本營是廣東，今日湖南的地位則是廣東唯一重要的出路，換句話說是全國國民革命的重要出路；從這個觀點上說，湖南問題就是全國問題，湖南問題的責任，不光只落在湖南人民身上，還要糾全國一切革命勢力共同努力來擔負這個責任。

北京屠殺後之中國民族的仁愛性

秋白

中國的先聖時賢，一切所謂東方文化大家，都說中國民族是特別的愛和平講仁愛，這是所謂中國民族的仁愛性——中國的民族性。北京三月十八日的大屠殺，數十百人的死傷，圍攻和平羣衆的殘狠，恣意亂砍男女青年的毒手，甚至於剝屍掠奪的獸性，都澈底的暴露了出來。 仁愛心呢？或者可以說，殘暴的軍閥，本來說不上什麼仁愛，他們原本不聽戴季陶先生的孫文主義，所以也不能繼承堯舜文武周孔孫戴的道統。 這樣一來，所謂中國民族之中已經去了一部分軍閥，所謂愛和平講仁愛的民族性已經祇是一大部分中國人民的民族性了。 中國民族除軍閥之外，還有不少人。 這些人應該都是愛和平講仁愛的了？ 人民對於這種屠殺當然要有積極的反抗，就算是恢復整個兒的「民族性」也好，「國家性」也好——戴季陶先生說的：唯知以民族國家利益爲前提，正唯如此，更應當爲民族爲國家而起來奮鬥。 可是，段執政賈內閣的命令，卻也說是「聚衆擾亂，危害國家……總得『嚴加查究，以杜亂源』」——原來他們的屠殺，也算是爲國家爲民族的。 而且他們的「爲國爲家」，卻有些積極手段！ 這種「爲家爲國」的軍閥也同時明令撫卹傷亡，說是「累及無辜，殊爲可憫。」 所以他們也不能說是不仁愛，正如「先王」於「血流漂杵」之後，再行「發政施仁」，也許他們正在自以爲能眞正的繼承文武之道統呢。 他們確是「仁愛」的，不過他們有他們的「愛」法。

因此，我們得到第一個結論：北京屠殺之後，段祺瑞賈內閣證明自己的仁愛心，並且實行了他們自己的愛法。

再則，這種軍閥式的仁愛法，還有一個第二步辦法：他們打死了

殺十個還不算數，必須再逮捕幾個，再多殺幾個，才能算得充分實現中國的民族性。　所以段祺瑞首先通緝徐謙李大釗顧孟餘等五人，造作種種謠言。　章士釗的甲寅周刊上，主張對共產黨「嚴加懲創」，——自己稱讚他所擬的政府命令。　章太炎說：這次反段運動是內亂外患的犯罪行爲，「擊殺逮捕之舉，雖欲呼冤而有不能也」……「段固僞政府也，攻擊之者亦外患犯也。」　孫傳芳陳陶遺的通電說：「迭次學潮均有共產黨人爲之驅使，此次則僅爲發蹤之謀，自覺藏身之地，兇鋒所及，獨免其殃，驅人就死，而自策安全，居心狡毒，實屬不容誅。」（原來如此！　所以工人領袖劉華被殺之後，至今還是否認說沒有鎗斃，原來是留着發這個通電的地步）。　上海時報的社論說：「七國務院前新喪失之性命數十條中，其姓名爲報紙所常載……其偉論常受聽衆之鼓掌者，竟無一條焉！」（施洋林祥謙同志的言論也是常得漢口工人的鼓掌的，他們久已被殺了，難道時報記者的意思是「凡爲民衆歡迎者都應鎗斃砍頭」麼？）　北京一般反動的教授，如燕樹棠等，主張要嚴責領袖——徐謙李大釗等。　上海國家主義的醒獅週報上說：「出馬指揮之首領臨陣逃脫，無一被難。」　甚至於研究系的北京晨報上，有個什麼林學衡說：徐謙等應該自殺，以謝羣衆。　諸如此類……總之……啊，我忘了，還有一個重要的政黨——一個自稱國民黨黨員的嚴愼予先生，也在上海國聞週報裏說：「羣衆領袖驅人臨險而自履坦途……每有事變共產黨不死，死者決非眞共產黨。」（五卅一役，全國死者有多少共產黨員，嚴先生可以不承認的。）——共產黨不死，說是胆怯，死了，又說是假的。　其實在這時期，共產黨員的戰死，很可以以普通革命平民的資格而死，以國民革命者的資格而死，並不一定要以共產黨員的資格，不用爭這名義上的虛榮。總之，說這種話的人，各種各式都有：軍閥、政客、官僚、「學者」、國家主義派的領袖和國民黨右派的份子。　這種見解，非常像民國元二年時進步黨和一般反動份子罵「孫黃善逃」的口吻。　殺了兵不算，一定要殺將——這是一點。　切齒痛恨帝國主義所反對的共產黨（在民國元二年便是袁世凱所稱爲亂黨的國民黨），必欲假手於軍閥以殘殺之，並且隨聲附和造謠誣蔑加以毀謗——這是第二點。　這種「反赤」的宣傳，彷彿也是根據於所謂「仁愛主義」，也自有特別的「愛」法——因爲「愛」馴服的民衆，所以要再多殺幾個領導民衆反抗的領袖，殘殺逮捕反抗帝國主義最烈的政黨、共產黨。　不但如此，即使不是共產黨，祇要這些人，如顧孟餘李石曾徐謙易培基等的政治行動，客觀上對於帝國主義有些障礙，便也一概硬指他們是共產黨。

所以我們又可以得到一個結論：北京屠殺之後，孫傳芳章太炎章士釗，反動的大學教授，研究系，國家主義派的首領，都附和着段政府實行「仁愛」政策的第二步，儘着叫：「再多殺幾個人，再多殺幾個人」！（李大釗同志已經在國務院前被擠被打而受傷得很重，這些自孫傳芳以下直至於某某系某某派的人，只恨沒有幸運做府衞隊旅的軍官，親手描準而打死他！）

這些「中國」人雖然只是要多殺民衆領袖，却也還不脫中國民族的「仁愛」性——因爲他們還有第三步的「仁愛」政策，就是司法調查。　上海的著名大學校長，如研究系的張君勱——政治大學校長，還有同濟、商科、持志等和中國公學校長，公共宣言要求對於北京屠殺案之「公平審判」。　從前清直到民國的法律大家董康，以至於孫傳芳，都有這個主張。——其中尤其是中國公學校長（研究系）最出力，因爲他自己參與賄選的法案，則由盧信總長廣施神通而得免予起訴，所以他知道可以立刻如法泡製，使段祺瑞盧信等得到這種「公平審判」，眞不愧爲「以德報德」。　至於同濟大學校長阮某，則更加出力，他唯恐他的「司法審判」主張不能實驗，所以特別叫了許多武

裝的軍警，驅逐自己學校的學生，準備着屠殺，以便可以親身實驗一次這樣的「公平審判」。帝國主義軍閥的強權之下，這種所謂「審判」能有甚麽結果！除非是藉此「仁愛」的假面具遮掩他們的殘暴。

五卅後的反赤宣傳，繼之以「司法重查」，便是一個實例。

總之，軍閥式的「仁愛」政策有一個公式：（一）屠殺民衆——說是保存「國家」「秩序」；（二）屠殺領袖并且誣陷他們——委罪於人而自求卸責，并且藉此破壞民衆運動；（三）假借所謂法律掩蓋自己的罪惡，或者憐恤「無辜」，以顯他們的公正和慈悲，想要緩和民衆的革命運動。

中國民族的所謂仁愛心不過如此罷了，——不但是兇惡的軍閥如此便是所謂「人民」之中，也有一些新舊研究系之類的政客，假裝着站在民衆方面，來幫這些兇手想法子脫卸罪名，嫁禍於民衆首領。

如果戴季陶先生之所謂「仁愛」不是如此，那麽，這些「中國人」——從段祺瑞孫傳芳一直到某某系某某派——便要擯除於中國民族之外，否則「仁愛」便不成其爲中國的民族性。

中國平民決不拒絕「仁愛」性，但是中國平民在北京屠殺之後，更多一次經驗，知道：所謂仁愛性不是民族的而是階級的——帝國主義買辦階級士紳階級以及軍閥的『仁愛』『法律』『國家』『秩序』完全是用以壓迫蒙蔽民衆的工具。平民的農工商學及一切勞動階級，祇有革命的流血的鬥爭可以自救，而決不能希望人家來行施仁愛；更不能放任那些用消極，妥協，避免「與民衆接近之嫌」等等手段來講和平仁愛的上層階級站在一旁，必須平民用自己的鬥爭督促他們加入國民革命，不容他們猶豫中立。——只有這樣，中國民族才能得到解放，北京屠殺的恥辱才能洗刷！

最近中國的政局是英日吳張聯合戰線進攻國民軍國民政府和民衆的形勢——北京屠殺便是英日張吳戰勝的小小表演，段祺瑞要用北京市民的血做投降奉張直吳幷取媚列強的洗禮。國民軍在民衆首都革命時候，不受人民的命令，去接受廣州國民政府——國民黨的政綱，毅然決然組織臨時革命政府，召集國民會議而以政權交還人民。他却只是畏懼退却，想和段祺瑞妥協，組織賢內閣，容納好些張吳的奸細，如顏惠慶馬君武等；這種政策的結果，便是長帝國主義的威燄，使戰線的後方有敵人的間牒，終至於受日本的砲擊而敗退，使段賈政府敢於恣意屠殺。屠殺之後，李鳴鐘雖然痛哭了，馮玉祥雖然有電報嚴責賈內閣了，然而始終迴避「接近民衆之嫌」，連府衞隊都不能解散。這是講和平嗎？這又是一種仁愛性的表現嗎？是的中國資產階級式的「仁愛」往往是對敵人講的！

中國的資產階級呢？上海總商會可以做一個例。虞洽卿先生奇巧不巧在上海市民追悼運動的時候『因公他出』據說是考察自己公司的輪船去了。這裏大概不免也有些避免『與民衆接近之嫌』！虞先生既然不在上海，總商會便可以『暫停辦公』。其他各地的商會，想必連上海也不如。中國的商人，甯可在天津受張宗昌的壓迫而用軍用票，在河南受寇英傑的壓迫而繳納軍餉……，却不敢和民衆合作來推翻軍閥——英日等國的工具。這種消極妥協的態度，也可以算是愛和平講仁愛的一種表現！

上海名人姚公鶴等還要勸學生趕緊讀書，不要再管閑事，免得流血——資產階級的態度，要一般人民也來學榜樣。虞洽卿先生在答復工部局總董的時候說：中國人固然愛和平，然而愛和平也有一定的限度。在北京屠殺這件事看起來，想必照虞洽卿等類先生的意思，還沒有超過這個『一定的限度』。

總之，這些上層階級，雖然他們的利益和軍閥帝國主義相衝突，可是，他們『仁愛』的表現法也是自成其爲一種——資產階級的仁愛。——因爲他們的妥協和怠工，『下野，養病和因公他出』更破壞了

民族解放運動的聯合戰線。」

「中國平民的出路，因此要明顯的是：認明「仁愛」的階級性，而不是民族性。 我們祇有加緊的組織自己，武裝自己，繼續實行我們的革命鬥爭。 祇有民衆自身的組織，自身的武裝，并且從帝國主義方面奪回武裝勢力——中國破產農民所組成的軍隊，然後才能戰勝帝國主義的工具而使一切屠殺民衆的兇手來受「革命的審判」。 中國國民革命的政府——中國平民之獨立自由解放，祇有民衆的革命運動勞動階級的階級鬥爭達到勝利方能實行；——有革命覺悟的商人不能容忍妥協自私的商會首領，有革命覺悟的兵士更不能容忍妥協畏懼的軍官，有革命覺悟的農民和工人自然使地主資本家沒有剝削自己同胞的可能，而不得不對外積極的與外國資產階級競爭。 這種革命運動和階級鬥爭在北京屠殺之後更深一層的發展出去，「最後的決死的鬥爭」快到了！」

北京屠殺後上海教職員的反動

——論商科同濟清心的風潮——

超麟

段祺瑞屠殺北京學生這一舉動，在上海竟然也有了應聲。 因為北京屠殺的事，上海三個學校竟發生了因教職員壓迫學生而起的風潮：商科大學教授，因為學生為北京屠殺而罷課的事，遂全體罷教，逼迫學生填具志願書。 同濟大學校長也要強迫學生填具志願書，激起學生罷課，終至於借助軍警威迫學生出校。 清心中學校長，因為學生參加追悼北京烈士之市民大會，而開除學生至七人。 上海這些教職員之對於學生，比較段祺瑞之對於學生看來，老實說，祇是手段和平些罷了。

誰說北京此次屠殺僅僅是段祺瑞衛隊或段本人應負責任呢？ 僅僅是法律問題呢？ 如果僅僅是段祺瑞衛隊或段本人屠殺學生，為甚麼上海這些教職員跟着壓迫上海學生之罷課示威？ 就上海最近學潮這一件事，我們更加瞭然此次屠殺絕不是一件偶然的事，絕不是一個人或幾個人的罪惡，乃是反革命聯合的進攻：「銅山西崩，洛鐘東應」，北京學生之被屠殺，上海學生之受壓迫，反革命者進攻的步驟何等整齊啊！

我們更加明瞭北京屠殺，絕不是因為段政府通緝令所指出而國家主義者所附和之甚麼共產黨暴動徐謙等煽惑羣衆以致引起段家衛隊之「正當防禦」，也不是因為段祺瑞章士釗等少數人之殘忍好殺，恰恰相反，乃是因為帝國主義軍閥官僚買辦土豪反動的智識分子……這一條聯合戰線——反赤的聯合戰線——之結果。 我們須得注意北京屠殺之前因後果及其與其他事變的關係。 因此，近日上海的學潮有重大的意義，決不是普通的學潮可比，我們切不可輕輕放過。 在北京屠殺前後，中國正發生所謂反赤運動。 反赤運動就是反民族運動；因為主持反赤運動的是帝國主義，反赤運動的經費就是從匯豐銀行收之於英國十萬大兵進攻中國所需之六十萬鎊宣傳費支出的，而附和反赤的又是段祺瑞張宗昌李景林章太炎曾琦以至於東南最高學府的教授等，他們所反的赤乃是共產黨國民黨廣州政府工會農會學生會國民軍以至於虞洽卿。 這二條戰線界限是很分明的。 最近上海學潮中，上海反動的教職員之附和段祺瑞尤十分明顯。 中國學生是民族運動中的重要勢力，是反赤運動所必要摧殘的。 首先由段祺瑞在北京發難，用反赤運動以前未曾有的殘酷手段，屠殺北京學生。 接着上海教職員怎樣對學生表示「同情」呢？ 東南最高學府教授通電說學生被赤黨利用。 商科同濟等十一大學教職員主張由法官校長等組織

委員會調查始末交法庭審判。換一句話說，即他們始終把這次屠殺嫁責於『赤黨』，而認定段祺瑞之殘酷手段僅僅是法律調查的問題。他們的用意是顯而易見的。但上海學生却十分明白這次屠殺的意義，却不肯祇認為是法律調查的問題，却要罷課示威。此種『目無師長』的行動安得不激怒這些教授？最近上海學潮的原因就在這裏，其意義也在這裏。

什麼是帝國主義？什麼是軍閥？

獨秀

在反抗帝國主義及其工具——國內軍閥，的民族運動中，究竟什麼是帝國主義什麼是軍閥，我們必須有明瞭正確的解釋，方能認清我們的真正敵人，不至為敵所欺。譬如捕賊，必須首先要認清誰是賊，方不至為賊人也喊捉賊之呼聲所欺，誤認助我捉賊的鄰人也是賊，甚至於懷疑到自家人，真正的賊反乘此逃脫了。

誤解帝國主義而最可笑的，莫如以為帝國主義的國家就是有帝王的國家。其實現在帝國主義的國家若英吉利若日本，固然是都有帝王，若法蘭西若美國，則都是所謂民主國家。其次則以為帝國主義的國家就是侵略別國的強大國家。這個見解也不完全正確，因為現時帝國主義的國家若荷蘭，若比利時，并不強大；侵略別國固然是帝國主義的特性，可是古代羅馬及西漢時代的中國，雖然都是侵略別國的國家，然而這種開疆闢土之封建的帝國主義，和現代資本帝國主義不同。又有人以為帝國主義乃由國家主義擴大而成，可稱之為『大國家主義』。這個見解，在帝國主義發展之形式上是對的，却未能明瞭正確的指出帝國主義的性質。

現代所謂帝國主義乃指資本帝國主義，其存在須有下列二個特性：（一）凡是帝國主義的國家，無論大小強弱，必然是資本主義制度的國家；（二）凡是帝國主義的國家，其國內資本主義必然發展到財政資本主義向國外掠奪壓迫殖民地及半殖民地。

依據帝國主義這兩個特性，我們便可以判斷蘇俄究竟是不是帝國主義的國家了。國際帝國主義者及其走狗，為抵制蘇俄聯合全世界被壓迫民族反抗帝國主義這一政策，遂效賊人也大喊捉賊的故智，造出『赤色帝國主義』這個名詞，以圖離間一切被壓迫民族和蘇俄間的聯合。其實『赤色帝國主義』這一名詞是根本不能成立的。蘇俄之所以赤，乃因為十月革命是工農階級推翻資產階級和資本主義的革命，一切資本帝國主義者正因此而仇視他；如果他現在也變成資本帝國主義的國家，那還何赤之有？如果他仍舊是赤的，那便絕對不是帝國主義的國家，而正是帝國主義之仇敵了。

※　※　※　※

一般人對於軍閥解釋之錯誤，更是普遍的。錯誤之主要原因，是軍人和軍閥不分，把一切担任軍職的軍人都當做軍閥；因此，遂說張作霖吳佩孚是軍閥，馮玉祥蔣介石也是軍閥。我們反對的是軍閥不是任何軍人，尤其不應該反對敵視軍閥的軍人。我們反對軍閥，同時又反對敵視軍閥的軍人，并且反對一切軍人，連拿起武器反對軍閥的自己也在內，如果是這樣，非做到赤手空拳來反對軍閥無辦法，這豈不是一場笑話！因此，我們要打倒軍閥，首先要認識軍閥是什麼，不可把一切軍人都當做軍閥，一律反對。軍閥的特性有二：（一）凡軍閥必然勾結外國帝國主義者，這是因為帝國主義者已佔住了中國最重要的財政機關交通機關，中國的軍閥必盡力勾結帝國主義者，保護其在中國利益，始能得其援助，始能使其擁護軍閥的政權，并且軍閥不能獨在國內找出盡量擴充軍備之餉械的供給，也不得不仰求於帝國主義者，同時帝國主義者侵略半殖民地，亦不得不利用舊統治

寸鐵

階級做工具；（二）凡軍閥必然摧殘民衆的自由，這是因爲軍閥的利益和民衆的利益衝突（最重要的如苛捐雜稅），非摧殘民衆的自由，便不能維持其統治權，同時帝國主義者的利益和被壓迫國內民衆的利益衝突（最重要的如把持海關工業品競爭利用賤價勞動等），軍閥非摧殘民衆自由，不能得帝國主義者的歡心。　這兩個軍閥的特性，乃是半殖民地舊統治階級的特性，不但現在的軍閥如此，淸室若存在至今，也必然是如此。　王恆君在『軍閥問題之研究』一文中（見三月三日的上海商報），把軍閥的性質看做與周代諸侯唐代藩鎮相同，這是非常錯誤，這是因爲他不懂得現代半殖民地舊統治階級的特性和古代封建諸侯的特性不同之故。　他因爲不懂得現代半殖民地舊統治階級的特性，遂至以擁土練兵自由行動這三件事爲軍閥的特性，凡行此三者的是軍閥，因此遂產出蔣介石孫中山都是軍閥這種荒謬的結論。　一切民主主義革命者社會主義革命者，無一不須擁土練兵自由行動，若以此三者爲軍閥特性，則全世界古今中外所有革命者無一不是軍閥，我們不解王君何以竟有此種妙想！

又如蔣介石辭去一切軍職之感電，也是不懂得半殖民地軍閥的特性是什麼，遂至請求剷除一切軍職以免步軍閥之後塵，這和一般見解軍人和軍閥不分是同樣的錯誤。　國民黨及國民政府，自然絕不可有軍閥，但不可無擔任軍職之軍人，蔣君的責任，是不在自己變成軍閥幷努力使國民黨及國民政府沒有軍閥發生，自己個人消極的辭去軍職，這是不對的。　若以身任軍職便是軍閥，若以此生不受軍職便不是軍閥；那麼，此時國民黨中有許多身任軍職的人，國民政府中更有許多人擔任軍職，則國民黨豈不是一個軍閥黨，國民政府豈不是一個軍閥政府？　若國民黨中軍人黨員，國民政府中擔任軍職的軍人，都效法蔣君因不甘爲軍閥而辭去軍職，幷守此生不復受軍職之信誓，試問廣東將變成何種局面，國民黨又將有何人擔任革命的軍事工作？

在殖民地半殖民地的民族革命中，軍事行動的工作是要居很重要地位。　帝國主義者及其工具——國內軍閥，都是武裝的，民衆沒有武裝，如何能夠得着革命的勝利？　革命的民衆除武裝自己以外，所有國內的軍事勢力，凡是不曾勾結帝國主義及摧殘民衆自由的部分，都應該計算在民族革命的力量之內，幷且要將民衆的力量影響他們，使他們實際參加革命運動，而不可籠統的看做軍閥加以破壞。　凡是這種軍事勢力和軍閥的軍事勢力衝突之時，民衆應該起來積極的援助前者，破壞後者，斷不可把他們的戰爭當做軍閥間自己的衝突，而袖着手站在旁觀地位。　這種軍事政策　在我們半殖民地革命運動中，非常重要，是每個實際政治家，每個真正革命者，都不應該忽視的。

＊　＊　＊　＊

我們半殖民地的中國人，對於認淸爲害於半殖民地之帝國主義與軍閥的特性是什麼，當然是必要的。　認淸了他們的特性，然後再聯合國外非帝國主義的國家與國內非軍閥的軍事勢力，向帝國主義者及軍閥作戰，這才是我們民族自由運動之唯一的出路。　若不認淸他們的特性，誤以爲凡外國都是帝國主義者，凡軍人都是軍閥，遂至敵蘇俄和英美法日同是帝國主義者，蔣介石馮玉祥（依據軍閥的兩個特性，不但蔣介石絕對不是軍閥，即馮玉祥目前也還不能說是軍閥）和張作霖與佩孚同是軍閥，一概加以反對，打倒帝國主義打倒軍閥，若照這樣不分是非皂白的糊塗亂打一陣，其結果只有打着自己，而打不倒敵人，這正是帝國主義者及軍閥所樂意的事，我們這種錯誤觀念一天不改正，中國革命是一天沒有希望的呵！

紳士們請看北京血案的司法調查！

中國的紳士們相信所謂司法調查，彷彿是一種迷信。　五卅事件，他們本主張用司法調查來解決；可是調查過了仍然沒有解決。　到了北京血案發生，他們仍舊擺出紳士的態度，彷彿以為血案之是非真相未明（或者他們還不知道是段祺瑞殺了學生或是學生殺了段祺瑞），仍舊主張司法調查，似乎案情調查清楚，是非大明，他們自有辦法；可是現在已經司法調查明白了。　據京師地方檢察廳致陸軍部的信上說：「計共驗死屍四十三具，生傷四十五名，函稱負傷而未受驗者七三十人。……內左四區巡長王文紹供稱，……在衛隊開鎗以前，學生僅喊口號，沒有別的動作；保安隊副分隊長郎傑寶供稱，學生都拿着旗子傳單，沒有別的東西，兇器及放火的東西，都沒有看見，……衛隊放了兩次鎗，大約放了有一千多子彈，……開鎗時刻均在羣衆奔逃之際，……距國務院大門頗遠，……此次集會請願，宗旨尚屬正當，又無不正當侵害之行為，而衛隊官兵遽行鎗擊，死傷多人，實有觸犯刑律第三百十一條之重大嫌疑……」。　照這樣看起來，段執政的皇皇命令所謂「由徐謙以共產黨執行委員會名義散布傳單，率領暴徒數百人，闖襲國務院，潑灌火油，拋擲炸彈，手槍木棍，叢擊軍警。」　都明明是捏造謠言，反而段執政的衛隊犯了殺人的罪是實，我們要問問紳士們，你們現在怎樣說？　又怎樣辦？（實）

你們代表誰？

凡是一個稱為代表的，必以有他所代表的人為條件，不然便是冒充代表，或是自稱代表。　國民黨右派在各地還沒有什麼黨部之組織，現在居然在上海召集所謂全國代表大會，東指一個姓張的代表江蘇，西指一個姓王的代表四川，南指一個姓李的代表廣東，北指一個姓趙的代表直隸，這班未曾經過黨員選舉的代表，請問是代表誰？（實）

一個不行動的黨

北京血案發生，全國震怒，上海學生會派人到所謂國家主義的青年黨那裏，請他們參加市民反段大會，他們回答說：「我們只事宣傳，不去行動，我們不像共產黨瞎鬧。」　像這樣一個不行動的黨，似乎用不着別人再去批評他了！（實）

全民政治與全民革命

國民黨右派和國家主義派，往往抬全民政治與全民革命的金字招牌來反對階級爭鬥說，我們不知道他們所謂「全民」是[illegible]樣解釋。若說是抽象的指為全民利益而革命，建設全民利益的政治，則和我們民族解放國民革命之意義相類。　若說是具體的指由全民出來革命，由全民管理政治；那麼，我們便要問：賣國賊軍閥官僚及一切作奸犯科的人，是否也包含在全民之內？　若除開這一大批人，還算得什麼全民？（實）

反赤　苛政

中國軍閥中宣傳反赤最力的莫如李景林，張宗昌，而搜括人民最慘的也莫如他兩人，這明明是告訴人民：可見反赤原來如此，可見赤不是如此。（實）

獨立報對誰獨立？

上海的獨立報，滿紙都是反對蘇俄，反對共產黨，卻不曾反對過帝國主義與軍閥；並且盛稱張作霖吳佩孚李景林張宗昌都是愛國者。　他們所謂獨立，想必不是擁護中國民族利益對外獨立的意思，而是擁護帝國主義及軍閥的利益，對中國人民宣告獨立！（實）

讀者之聲

蘇俄與民族解放（續）

（答劉此生先生）

蘇俄既然是世界革命的中心，則牠不僅要領導先進國無產階級的革命，而且也要幫助殖民地民族的革命，——因為如果殖民地民族不起來革帝國主義的命，全靠先進國無產階級單獨的奮鬥，則世界革命必然不會成功，至少帝國主義的壽命也要延長很久很久。所以，民族殖民地問題是方今世界革命中最重大問題之一。蘇俄十分明暸這一問題的意義，牠而且根據列寧主義對這一問題的理論確定民族政策。列甯的民族殖民地問題理論，根本上，就在承認被壓迫民族之民族自決權，這自決權是無條件的，甚至可以自由分離而建立獨立的國家，先進國無產階級應該盡力幫助被壓迫民族爭得這自決權，無產階級爲被壓迫民族的民族自決權而奮鬥，同時亦即是爲自己利益而奮鬥。蘇俄歷來的民族政策就是列甯主義的應用。這一點，孫中山先生是很瞭解的。孫中山先生明白知道蘇俄是無產階級國家，其民族政策根本就與資產階級國家不同；換一句話說，即資產階級國家主張民族自決是騙人的；而蘇俄主張民族自決則是眞誠的，——因爲徹底的普遍的民族自決，對於帝國主義不利，而對於蘇俄所從事的世界革命則十分有利。所以孫中山先生在民族主義第一講上即說（見『三民主義』十四至十五頁）：

『自歐戰以後，俄國人自己推翻帝國主義，把帝國主義的國家變成新社會主義的國家，世界上又生出一個更大的變化。這種變化成功不過六年。他們在這六年之中改組內部，把從前用武力的舊政策改成用和平的新政策。這種新政策不但是沒有侵略各國的野心，幷且抑強扶弱主持公道。』

可見，孫中山先生的聯俄政策絕不是國民黨右派所偶然提起的『聯俄』政策，即孫中山先生根本認定蘇俄是『沒有侵略野心』的國家，而是眞誠幫助中國的民族自決運動的。孫中山先生的聯俄政策絕不像以前國民黨聯英聯日等政策，而現今的國民黨右派縱然偶然也提起聯俄，但他們的政策恰如他們以前主張聯英聯日一樣，即他們恰把蘇俄看做是『有侵略野心』的國家，是某種屬性的帝國主義。這是大錯而特錯。這就是根本不暸解蘇俄，根本不暸解民族殖民地問題在世界革命的意義，——亦即是根本不暸解孫中山先生。

我們明白以上所解釋了，然後我們再來討論中俄的關係。蘇俄的民族政策既如上所述，則牠對於中國——一半殖民地，所採的政策自然也是根據這種眞誠幫助被壓迫民族之民族自決運動的政策，不能獨外。蘇俄成立即向中國民族宣言放棄舊俄帝國侵略中國所得的種種特權。一九二四年五月的中俄協定尤開中國外交上沒有的先例。當時孫中山先生和國民黨即宣言此種條約完全有利於中國，實出於蘇俄政府的友誼及思想。先生所稱引之研究系曾友豪，本是極端反對蘇俄的人，曾經爲蒙古問題在上海時事新報的學燈上作文與上海民國日報的覺悟大打其筆墨官司，但在先生所稱引的他的一篇論文中，究竟指出整個中俄協定是

「蘇俄野心欺騙中國」沒有呢？ 恰恰相反，穎悟的讀者讀了他的論文祗能感覺中俄協定之有利於中國，乃是中國過去與帝國主義國所訂諸條約所未曾有過的。 曾友豪在其論文中，自己也就說過：「中俄協定對於中國的利總比害多些」。 他指出中俄協定中最滿人意的有六項：

（一）中俄兩國聲明採用平等及相互讓與的原則，重新締結條約及廢止舊約；

（二）將中東路化爲商業鐵路；

（三）取消領事裁判權及放棄租界；

（四）中俄兩國規定新關稅稅則時採取平等及互相讓與的原則；

（五）解釋條約的文字幷不偏於兩締約團體之任何一方；

（六）拋棄庚子賠欵以補助教育。

這六項已夠告訴我們：中俄協定之有利於中國，是中國外交史上創見的了。——何況尚有許多點，有利於中國，而爲著名反蘇俄之曾友豪所未曾指出的或不願意指出的呢？ 曾友豪所指出最滿人意的這六項，都經他自己詳細解釋，說是中國與別國過去所訂條約都未曾得這樣便宜。 實際上，即在這六項中，我們也明顯看出如取消不平等條約，取消領事裁判權，收回租界，關稅自主等的要求，恰好就是中國民族目前緊迫的要求，五卅屠殺就是帝國主義拒絕中國民族這種要求之表示，而蘇俄早在五卅屠殺前一年正式明文規定答應中國民族之這種要求了。 我們再看曾友豪所謂中俄協定中最不滿意的，又是甚麼？ 他祇能指出二項：

（一）中俄協定雖規定中東鐵路爲商業鐵路，而該路的管理權仍由俄人操縱；

（二）蘇俄撤退外蒙古駐兵問題仍舊不能解決。

我們姑假定「不滿人意的」這二項能夠成立，然而拿「滿人意的」和「不滿人意的」相比較，在數量上是六與二之比，而在質量上則相差更遠了！——何況曾友豪所謂「不滿人意的」這二項幷不能成立？ 不知道這篇論文怎樣證明「蘇俄野心欺騙中國」？ 不知曾先生以何根據證明「該協定確實給與片面的利益於俄國」？ 不知曾先生怎樣又說：「表面上」中俄協定對於中國的利總比害多些呢？ 哦！ 我們明白了。 曾先生以爲蘇俄放棄上述種種特權，乃是「慷他人之慨」，——「縱使這一次蘇俄政府不肯放棄前俄帝國與中國締結的條約，蘇俄也沒有法子使中國承認。……縱使蘇俄政府不肯放棄這些權利，也沒有能力強迫中國政府再把這些權利送給蘇俄。」 此生先生，你和曾友豪便根據這個「事實上」的所謂「理由」來證明「蘇俄野心欺騙中國」！ 曾友豪分明是不願意瞭解孫中山先生所說「蘇俄是沒有侵略各國野心的」，分明是把蘇俄看做與英日美法意等帝國主義國家一樣，分明是不願意瞭解一九一七年十月世界上發生過甚麼事！ 然而蘇俄既然是「侵略的」國家，牠安得沒有法子使中國承認前俄帝國與中國締結的不平等條約？ 牠安得沒有能力強迫中國政府再把這些權利送給蘇俄？ 帝國主義者尚能干涉中東路權，尚能「寸難不肯讓出俄使館及領館」——他們一點權利的根據都沒有尚有「法子」有「能力」如此做，何況蘇俄有舊俄條約可據，安得沒有「法子」，安得沒有「能力」？ 帝國主義者藉不平等條約可以霸佔中國的海關，但不藉任何條約也可以霸佔上海租界的司法權（現行的會審公廨制度是超出不平等條約以外的侮辱！）。 假使蘇俄是侵略的國家，牠要中國承認前俄帝國和中國締結不平等條約，牠要中國政府再把這些權利送給牠，又何患無

辭呢？

何以說「最不滿人意」的二項：中東路問題和蒙古問題，是不能成立的呢？

中東路問題表面上是中俄間的問題，而事實上則是帝國主義爭奪該路的問題。中俄邦交未恢復前，法英日美等帝國主義羣欲染指該路，乃是明顯的事實。東三省是誰的勢力？中東路朝交還則夕入於日本帝國主義之手。此種形勢經過今年一月下旬「中東路事件」之後尤顯而易見。日本帝國主義對於中東路之虎視耽耽已成司馬昭之心了。我們不能以此問題非難蘇俄。

至於蒙古問題，則尤為明顯。本報一四六期中已有解釋，這裏用不着多說。根據以上所說，則顯然以朝鮮台灣比蒙古，以日本比蘇俄，可謂「擬於不倫」。蘇俄絕非為併吞弱小民族，而煽惑其獨立；蘇俄之幫助被壓迫民族乃真誠的幫助，貫徹列甯主義民族殖民地問題的理論，即承認各民族直至於有自由分離獨立之權，而盡力幫助使之實現。蘇俄幫助中國民族，同時亦幫助蒙古民族，我們自己要從帝國主義統治下解放出來，亦應當幫助蒙古從中國軍閥「殖民者」統治下解放出來。我們自己不怕蘇俄鼓吹中國向帝國主義獨立，而有吞併中國之危險；同時我們亦可不怕蘇俄幫助蒙古獨立，而有吞併蒙古的危險。誰也不敢否認蒙古是一種被壓迫民族，那我們便應該承認蒙古民族之民族自決權，直至於能自由分離而獨立。蒙古共和國憲法之頒布正是蒙古民族自決的顯示。蒙古憲法已經宣布否認不平等條約；而我們一喊「取消不平等條約」口號，便被指為「赤化」應受通緝。蒙古憲法已經宣布土地礦山山林江河等富源悉為公共所有；而我們還在為曹家憲法肉搏相持。相形之下真令我們愧死。

記者代答

新青年第二號目次

共產主義的ABC

布哈林著

「共產主義的怪物」已經徘徊到中國來了。中國共產黨便是這「怪物」變化的肉身。我們眼見着帝國主義軍閥資產階級結成黑暗同盟以獵獲這「怪物」；我們又眼見着幾萬萬的工人和農民起來站的在這「怪物」的旗幟底下爲自己的和民族的解放而奮鬥。

「甚麼是共產主義？」——這就是一切中國人眼前最迫切待解答的一個疑問。

這本書——共產主義的ABC——就解答這個疑問。

這本書告訴我們：資本主義是什麽，資本主義爲什麽要崩壞而達到共產主義的革命，共產黨所要的是什麽，共產黨將怎樣達到他的目的。——這不僅是贊成共產黨革命的理論和策略的人們所應該讀的，這而且是一切加入「反共產」的黑暗同盟的人們所應該讀的。

全書分五編三十五章共一百八十頁：

第一編　資本主義制度

第二編　資本主義制度的發展

第三編　共產主義與無產階級專政

第四編　資本主義發展怎樣達到共產主革命

第五編　第二國際與第三國際

（定價每册大洋二角）

本報啓事

本報第一百四十四期起，即已增加篇幅，每期由原有八頁增加至十六頁。一面得以多登各地通信，藉知全國革命運動的實況；一面又歡迎讀者投稿或通信討論。凡對於本報一切主張，無論贊成或反對，本報皆熱誠歡迎讀者討論。所有通信或投稿請寄至本報北京廣東二地通信處。

新青年又出版一號了！

新青年第三號已於三月廿五日出版。這一號裏，關於中國的，有五卅運動、國民會議、戴季陶主義、國家主義等的論文；關於國際的，有一篇對洛迦諾會議爲歷史的系統的研究和一篇印度同志所作論印度革命運動的文章：而「共產主義的ＡＢＣ」的著者之論文亦是研究馬克思列甯主義之寶貴的名著，不可不讀的。這一號共有十萬字，目次如下：

定價大洋三角

特約訂閱發行通信處

北京北京大學第一院收發課轉許元真君
廣州國光書店黃正君

分售處

廣州　丁卜書報社
北京　各學校號房
長沙　文化書社
寧波　寧波書店
武昌　時中書報社
共進書社
福州　福州書店
香港　萃文書坊
汕頭　汕頭書店
蕪湖　科學圖書館

太原　晉華書社
潮州　青年書社
雲南　新亞書店
重慶　唯一書局
南京　樂天書館
安慶　江慶書局
黃梅　書報流通處
西安　西安書局
成都　華陽書報流通處
紹興　亞民文具實業社

價目

訂閱：國內一元寄足三十五期。國外一元寄足二十五期。郵票代款九五折算。但以一分半分爲限。

代派：每份大洋三分。六折計算。寄費在內。十份起碼。十期清算一次。概不退回。

零售：每份銅圓六枚。

The Guide weekly

嚮導

週報

第一百五十期

目次

一九二六年四月二十三日

國民軍與北方政局

獨秀

國民軍（專指馮玉祥所統率的國民一軍，下同）關係北方政局之重大，這是人人所感覺得到的。國民軍在軍事上之成敗及其政治主張之良否，關係北方政局甚至於關係全中國政治之隆汚都很重大，這也應該是懂得實際政治的人所不能否認的。

中國最固定的軍閥只有奉直皖三系，其他都還未完全形成軍閥。國民軍乃是由直系軍閥中蛻化出來的一部分較進步較接近民衆的軍事勢力，而在今日以前也還未曾形成軍閥。何以稱他是較進步的軍事勢力？這是因爲國民軍比奉直皖及其他北方任何軍隊都有訓練，有紀律，不擾害人民；無論李景林如何宣傳國民軍共產赤化，而天津市民都親身感受得奉軍或國民軍孰爲可怕。何以稱他是較接近民衆的軍事勢力？這是因爲國民軍無論在張家口，在北京，在天津，都相當的尊重人民之自由，和奉直皖等軍閥對待人民之態度顯然不同。何以說國民軍未曾形成軍閥？這是因爲他不像奉直皖各系軍閥和英日帝國主義結了深固的關係，也不像他們那樣壓迫民衆運動。

在奉直皖三系軍閥循環統治的中國，帝國主義利用這班軍閥做工具，無忌憚的剝削中國民衆，壓迫中國民衆，現今在軍閥中居然蛻化出一部分較進步較接近民衆而不接近帝國主義的軍事勢力，使軍閥勢力之自身顯露出最後崩潰的徵兆，使帝國主義者發生恐怖的心理，國民軍這種在客觀上的破壞作用，在中國政治進化史上是很有意義的。

可是這種較接近民衆的軍事勢力，也只能認他是較接近民衆的軍事勢力，而不能認爲民衆的軍事勢力。這種較接近民衆的軍事勢力，不但在實力上還很幼稚，在政治觀念上更是幼稚模糊而且動搖，若沒有民衆的鞭策與援助迫之左傾，時時都有向右和帝國主義及軍閥妥協甚至退回老家之可能。

反奉戰爭之初起，國民軍卽感覺自己一派之實力不足以敵奉直二派，廣州國民政府之勢力尙未卽能達到北方，於是遂採取了向右聯段政策，置北京市民驅逐段祺瑞建設人民政府之要求而不顧；及郭松齡敗亡，日奉吳聯合成，四方反赤聲起，差不多是全世界反動勢力聯合向國民軍進攻，國民軍更感孤危，遂致馮玉祥下野，更向右一步，採取了聯吳政策，改造賈內閣，容納吳派顏惠慶盧信等入閣；及至天津撤兵，奉直軍仍向北京進攻，逼得國民軍一直向右，採取了逐段釋曹迎吳的政策（此次國民軍逐段，雖然在客觀上是民衆所贊成的；而在國民軍的主觀上，是爲曹吳的要求而逐段，不是爲民衆的要求而逐段，所以他此次逐段是右傾政策不是左傾）。釋曹已經不妥，何況更公然布告大稱其「總統曹公」！幸而吳佩孚拒絕與國民軍合作，國民軍不得不退出北京，否則他如果更進一步擁護賄選的總統復位，擁護賄選的議員復職；那末，不但不是接近民衆的，而且是背叛民衆的，他的政治生命也就從此壽終正寢了！因爲全國民衆對於賄選的總統與賄選的議員，始終是深惡痛絕的。

國民軍孤立無援的受國外帝國主義及國內反動軍閥之聯合進攻，他退出天津，又退出北京，這都不算失敗；他因爲避免失敗，採取日益右傾的政策，喪失民衆的同情，這才眞是失敗！

國民軍退回了南口以北，其經濟上雖然很難支持，在實力上仍大部分保存在，他若不再向右完全投降吳佩孚，在北方仍舊是帝國主義及軍閥之未來的隱憂。在北京方面，段祺瑞毫無實力，當然不能在「軍黨政治」時代保持政權，此時爭奪北京中央政權的只是奉直兩黨。奉黨在北京已佔絕對優勢，這不但表現奉直兩黨的勢力失了均衡，同時就是在他們背後英日兩帝國主義的勢力失了均衡，日本帝國主

發及其工具——奉黨這種破壞均勢的得意舉動，便是　來第四次奉直衝突之種子；可是在國民軍未完全消滅或未與奉直某一方切實合作以前，帝國主義者是要努力使奉直兩黨在北京暫時合作的。　日本雖然使其工具在北京佔優勢，而亦不敢完全排除直黨，英國雖未能使其工具拿到北京，他也有方法使奉黨不得不和直黨暫時合作，所以國民軍一退出北京，上海字林報北京電即說：『有數國公使均以爲張吳若非如舊結合，俾產生新政府，能履行義務訂立約章，則不與承認。』

張吳結合之新政府所首先要解決的就是法統問題。　法統有兩個：一是憲法，一是約法。　吳佩孚若堅持擁護憲法，不得不因而擁護制憲的賄選國會和布憲的賄選總統，則必爲其第二次失敗之張本。護約法嗎？　在法律的根據上，已無法解決由約法相因而至的國會問題。　若認賄選議員爲無罪，則有何理由廢棄他們所議決公布的憲法？　若認賄選議員爲有罪，則大多數除名，國會如何能開會？　若召集新國會，則除躬自違法外，試問由何人依據何法解散舊國會？　現時全國民衆所要的是能代表各階級各職業各人民團體的國民會議，而不是代表軍閥官僚的國會；在事實上，也只有召集國民會議一法，才可救國會問題的法律之窮。　可是國民會議之實現，只有廣州國民政府或國民軍得了勝利才有可能，也才有意義。　國民軍如果將來能夠恢復在北方的勢力，他對於此問題，是向左站在民衆方面，甯可與軍閥決裂，而不能不堅持自己獨立的政策，主張國民會議呢；還是仍舊向右站在附屬軍閥的地位，主張護法？　這是全國民衆將來對於國民軍之最後試題。

再論中國境內之華人參政問題

秋白

前次我們論租界華董問題，早已指出帝國主義者的讓步，是五卅以來的民衆革命運動所逼迫出來的，是『以華治華』的又一陰謀。但是帝國主義者這種『讓步』既然是別有陰謀，自然更又是對於中國人民的一次　辱和蔑視——西人納稅會居然祇通過華董三人。　如今上海市民的各種團體如總商會，華人納稅會，各馬路商界聯合會，商幫公會，學生聯合會，總工會，國民黨省市黨部等，都已經奮起反對。　帝國主義破壞國民革命運動的聯合戰線之陰謀，不但沒有奏效，反而激起各界人民的聯合鬥爭。　這種反抗運動裏，有四點是極可注意的：

第一、大家一致認爲『現在通過之華董三人實係五卅慘案數十烈士犧牲之代價，但五卅犧牲之重大，實非三數華董所能抵銷；』因此——唐家灣商聯會致總商會函說——『五卅案將屆週年：應作大規模之紀念運動鼓勵民氣表示不屈。』

第二、一部分人主張要求『華人應參加租界納稅人大會，以建議或議決關於租界內各重要問題，以期平等，實行合作』（商幫公會），因爲『祇須由公共租界納稅人無分中外混組會議，產生董事，祇問賢不賢，不問華非華』，『不在華董數目上之爭執』，『否則：安有眞正合作之可言』（四馬路商聯會。）

第三、大多數則主張要求『華董人數應以納稅多寡爲標準，至少須有三十人』；所以『此次西人納稅會通通華董三人或數人，我人均可置之不理；一面應努力於根本廢除不平等條約的運動，一面立刻將納稅華人會停辦改選，積極組織強有力之納稅人會，着手修改洋涇浜章程及納稅華人會的章程』（商聯合會納稅華人會等。）

第四、華界的商民也已經起來積極參加這一運動，例如南市六路

商聯合會，已經通函主張華租各界一致力爭，向公使團抗議。

關於第一點我們認為華董運動是五卅運動直接的繼續，是中國民族反抗帝國主義的總運動 決不是上海一地方的問題，當然更不是僅僅限於市政問題。 帝國主義者想以三數華董『緩和我同胞之愛國運動，若就此默認，試問何以對五卅已死各同胞？』 這一點，滬南商界聯合會說得非常透切。 納稅西人會裏，有人公開的說，總商會宣言不能代表優秀華人』的意思：他們所通過的華董，也還要向江蘇交涉員探問『誰願充作華董』。帝國主義者想勾結官僚士紳買辦實行『以華治華』政策之陰謀昭然可見。 五卅運動時，上海一般市民都要求收回租界『上海是中國人的上海』這一口號普遍於全國。 本來租界當初原只是容納外人居住經商的地方，因那時華洋不能雜居而設，並非如租借地有期限者可比，洋涇浜章程（？）或一八六三年的議定書，也祇規定租界外人可以設立機關辦理地方事務，如道路警察等所需捐項等，如今事實上華洋早已雜居，外人治理租界的一切機關，可以立刻撤廢，租界可以立刻收回。 租界根本上既是中國領土，即使租界上所住盡是外人，市政也須由中國當地地方自治政府管理，外人不應當有參政的權利：譬如紐約等處，數十種民族雜居，也有幾種民族特別各自居住一區的事實，然而紐約市權既屬美國這些民族的市民，便不應當有任何選舉權和參政權。 所以現在的上海華董問題，實際上是廢除不平等條約和收回租界運動的最初一步，至少也是五卅運動的繼續——當時工商學聯合會委員會所提條件中之取消領事裁判權，收回會審公堂，制止越界築路，限制租界警權，租界華人的言論集會等自由，制止印刷附律碼頭捐等案之再行提出，租界華工組織工會及罷工之自由等，都可以以華人參政問題為中心；中國方面暫時容忍外人管理參與上海市政，已是退讓妥協到十二萬分，如今所要求的，還祇是華人實際參與市政，限制 人的侵略勢力。 這一問題的性質既然是如此，當然是中國民族力爭國家主權 問題，全國人民都應當聯合一致繼續五卅的革命鬥爭，做大規模的運動，以收回租界為最終目標。 關於這一點，上海的商學工各界都已一致表示，一致承認是五卅運動的繼續鬥爭，還無疑義的了。 ，我又忘了！ 『似乎還是國民黨機關報的』民國日報却還不 工商學各界一致，他說華董問題只應『就市政論市政』，不應當擴大或『利用之以搗亂』；所謂外爭國權的國家主義團體也還緘默沒有表示。 可是，在中國境內我們不能不爭華董參政，這明明告訴我們上海已成純粹的殖民地；我們現在的鬥爭便明明是民族解放的總問題。 那些所謂民黨和國 主義派的態度，民衆早已不去過問，他們不過以此愈益自暴其妥協與破壞革命戰線的罪惡而已。 因此，我們還是可以說：對於華董問題的性質，上海各界民衆大致已有一致的意見。

關於第二點，我們認為這次運動的要求，固然可以主張中西納稅人混合組織會議，但是這次運動的方法，却決不能以「祇問賢不賢，不問華非華」為前提。 中西納稅人混合會議的主張，必須以中國市民為主體做前提：如果認為我們的力量暫時不能 回租界，剝奪侵害國權的外人參 市政權，那麼，我們要求至少上海地方自治政府當由全體中外市民，依平等的選舉法，組織立法機關——這是 以的。 因為中國市民現在還佔上海市民中之最大多數，這種市議會（或納稅會）裏華人應占絕對優勢，我們應當更進一步要求外國市民代表祇有發言權而沒有議決權，甚至於沒有被選舉權。 這樣，上海市的行政機關，應完全歸中國人掌管，外國市 納稅會，至多祇能做一諮詢機關。 但是，現在主張此說的前提，却完全和我所說的不對；他們看着華董問題的通過，認為外人真心想和華人合作，這便是第一點錯誤；他們甚至不爭華董數目，以求『真正合作』之實現，這種默認外人

管理市政是理所當然的論調，實在是辱國喪權得很，這是第二點錯誤，而且這種主張，事實上祇能做一種提議，非有帝國主義者的諒允不能實現，因此也就沒有積極行動的方法，這是第三點錯誤。　總之，我們應當認明我們的目標是反帝國主義的恢復國權運動，即使我們採用改良漸進的辦法，暫時祇要求中外市民的平等參政權——華董位置問題，我們也決不能沒有積極的行動和明顯的目標——收回租界。我們決不能承認中國境內華洋市民平等參政是一種原則，中外合作是一種理想，甚至於歡迎外國的「賢人」來治理中國市民——這簡直是殖民地的奴隸思想！

關於第三點——總商會及大多數民衆能堅持華董十三人的要求，我們當然是贊助并且樂觀的。　商聯會主張對於華董三名的西人議決案，置之不理，尤其足以表示中國市民的反抗。　因爲，一則三名華董的決議未必見得實行，帝國主義者既已聲明只向江蘇交涉員去探問，便是不要上海市民選舉，況且還要公使團的最後決定；二則，即使實，三名華董人數極少，只能按月領薪，做「伴食董事」，決不能實際參預市政，事實上和以前的華顧問絲毫無異。　所以現時有置之不理。　更積的主張，便是實行修改洋涇浜章程，根本上改革租界制度，這是對外的要求。　但是，總商會商聯會至今還沒有對於這一問題具體意見。　我們以爲：一、華人市民在租界不但納稅，大多數——除旅館的旅客以外——無不納各種捐稅：如巡捕捐、路燈捐、食物捐、碼頭捐、洋車捐、道路捐……以及一切種種直接間接的捐。　況且自來水、電燈、馬路、住宅、清道等關係，同時及於一切勞動平民，決不限於納地產稅的人。　因此華人應當獨立組織代表機關至少應當由納稅會擴充成「納捐會」。　二、華人市民的代議機關，必須能直接干涉市政，才有眞正的意義，才能保障中國市民的福利和言論集會等自由權利。　因此，這種華人市議會應當有對於工部局監督的最高權：納稅西人會的法律及議案不得華人市議會的同意不得執行；工部局的西人董事不得他的批准，不准就職，他對於工部局董事會彈劾時，董事會應立即辭職改選。　三、華人市議會必須有直接管理市政的權限。　因此，工部局董事會應由中西兩代議機關所選董事合組——董事人數依上海人口爲比例；華人市議會所選董事應當分到工部局各科辦事，至少每科須由西董和華董兩人担任（彷彿前清內閣各部都有漢滿兩尚書一樣）。　這種主張，不能等待北京外部和公使團商議，應當由人民積極起來動作，簡直選派董事到工部局去到任，否則也須立刻設法召集這種市議會，再和西人納稅會公開討論。　商聯會主張立刻將華人納稅會停辦停選，並組織強有力的會議，也就含着這種積極動作的意思，只是缺少具體的指示。　我們却認爲改組華人納稅會，是對內的辦法中最重要的，必須有具體的方案。

關於第四點——說華租各界人民應當聯合起來力爭，當然是非常必要的，不過我們認爲中國其他各地民衆，也應當一致動員——這是對外力爭國權的運動。　至於「就市政論市政」，那麼，上海全市的公共租界，法租界，閘北南市的華界，經濟上交通上市政上都是息息相關的。　最近公共租界的華董和越界築路問題，平涼路燒焚工人住宅問題，法租界添設食物捐問題，華界紙烟稅問題，閘北市自治問題，水電問題等等，都有同一的性質或相互的關係。　尤其是華董問題和閘北自治兩案非常類同。　帝國主義者摧殘華人的政權，和軍閥摧殘人民的自治，根本上是同樣的壓迫民權。　對外不能爭國權，對內必定不能爭自治；對內尚且沒有自治權，完全受軍閥的宰割轄治，單是對外去爭華董，勢必至於受帝國主義者的嘲笑：「你們中國人慣受官僚的統治　何以不能受西人的轄治呢？　也許我們的領事工部局比中國官好些　所以你們常常愛避軍閥戰爭之難，而歸化於外國租界統治之下。」　所以我們認爲華董問題，應當是對外力爭國權，對內力

爭民權的運動之開始，——五卅對外自動實行條件的鬥爭。　上海的一般市民應當：一、在法界和公共租界一樣的組織華人市議會；華界南北市的市議會應當照同樣的選舉法改組實行普遍的民權。　二、四界議會聯合而組成上海市的總議會，做上海市的最高代議機關；在全市的行政方面，由全市市議會管理，並且直接派代表或董事監督道尹或所謂淞滬督辦的行動，在各界的市政方面，對於公共租界工部局，法界公部局，上海縣知事等也同樣的實行監督，並且使華界純粹市政事務，完全受各議會的董事會及自治公所管理。　這樣，淞滬特別自治市才能實現，甚至於根本不要中央所派的官僚督辦。　那時不但對於一切市政，如民食、住宅、道路、水電、稅捐等全市的行政問題，如言論集會等自由及工廠條例，工會條例，警察行政等全市的立法問題，完全可由中國市民來管理；而且我們所要求的無條件交還會審公堂的司法問題，如特別法庭和上訴機關等，都自然得到徹底解決的道路。　五卅案的要求，祇有在這種政綱之下，有達到的可能，因爲只有這樣，上海的市民運動才能喚起全國實行廢除不平等條約的偉大運動，發展停滯中的國民革命運動，開闢民族解放和民權主義的第一步的實際途程。　尤其重要的是只有這種政綱才能引進極大多數的平民羣衆積極參加這一鬥爭。　現時着手的第一步——便是五馬路唐家灣等商聯會所主張的，應當聯合華租各界團體，實行大規模的五卅紀念運動，切實的宣傳這次華董問題的意義。　同時，這種紀念運動裏，便應當召集商學工各界市民團體的經常聯席會議，討論自動實行解放華人參政問題的方法；——四馬路商聯會提議，將總商會宣言書徵求各商店的簽字，以證明華人之公意，給西洋人看看，我們却以爲總商會宣言的題目，不寫作總商會宣言，却老實不客氣寫作「華人……宣言」，本來有些僭越，但是單是簽名登報，還是效力太小。　所以：一、各界團體的聯席會議急須召集，討論上海市各區域聯合互助以力爭自治的方案；二、將各方面各政黨所提議的方案，付之全體市民的總投票——挨家挨戶的徵求簽名（上至工部局總董及道尹等，下至納巡捕捐路燈捐，吃自來水，走馬路的工人車夫）；三、投票結果，即交各團體所舉出的執行委員會積極去執行；四、上海市民團體公推各界代表團，派到全國去宣傳運動，實行五卅紀念的全國示威；並要求北京外交部對外提出投票所決定的方案，而對於華界自治辦法，立予承認。　只有這樣，華董問題——恢復國權的極小的一步才有開始實行的可能。

總之，照上面所分析的來看，我們便不難得一結論：華人參政運動的意義是五卅的直接繼續，是對外對內力爭市民自治權的運動，是有全國意義的民族解放運動；這次運動的要求最低限度是華人市民依人口比例選舉獨立的董事會，選舉權至少應以納市政雜捐爲標準華人的市議會和董事會對工部局有監督管理之權，這一辦法同樣應用于法租界和華界，這次運動的方法，最初一步是全國五卅紀念的大示威，上海市民、體及政黨先開聯席會議，決定最低要求方案，並且自動的實行。

一九二六年四月二十日晨五時寫竟

☆國民黨右派大會

獨秀

一個黨內發生左右傾的爭論或派別，這本是各國政黨中恆有之事，用不着大驚小怪。　中國國民黨本早已有了左右傾的事實，而許多老黨員抵死不肯承認，以爲所謂國民黨左右派，不過是中國共產黨故意造出這個名詞以同離間國民黨的，至少也是由於共產黨之神經過敏；及至現在右派公然有了和左派不同的理論不同的組織，仍然要說：「他們（指共產黨）一方面盡量的宣傳左右派別，使國民黨分子自相

歧視（此之所謂左右是以和共產派的主張同異而區別）。」只許自己做，不許別人說，眞是一件怪事！

至於左右派之分別究竟是什麼，右派之內容究竟是怎樣，我們都曾經討論過，或者他們以爲這都是我們的推論或誤會，不足爲據；現在右派的上海大會，已將他們的理論具體的負責任的在大會宣言上公表出來，我們把他們的宣言和國民黨第一次大會所通過的孫總理提出之宣言，對照一讀，便能夠明白：所謂左右派，眞是我們「以和共產派的主張同異而區別」，還是他們（右派）的主張，和孫總理生前親身領導的國民黨所決定的主張實有不同。明白了這些，便知道國民黨中實有左右派的事實存在，并不是由於共產黨故意造謠或神經過敏；而且可以知道年來國民黨內的糾紛，不盡是因爲右派排斥共產派，確實有左右派因主張不同而衝突的事實存在。

孫總理所決定的聯合蘇俄及容納共產分子這兩大革命政策，從國民黨第一次全國大會到第二次全國大會，都未曾變更或加以修正。右派的西山會議，即以變更聯俄聯共這兩大政策爲目的；由西山會議產生的此次上海大會，也是同樣的目的。此次大會宣言上關於聯俄之主張，表面上雖然說：「吾人於此，絕不貿然將蘇俄列於其他帝國主義之林，一反聯俄政策。」同時，實際上歷數蘇俄對中國侵占領土，把持中東路，侵略外蒙，指截決予暗殺，等罪，和張作霖及其他反革命派對於蘇俄之宣傳論調，完全一致，事實如果是這樣，其結論安得不「一反聯俄政策」？且在事實上，他們的重要分子如孫鏡亞何世楨，竟在反赤大聯合之化身所謂國民外交協會担任文書主任宣傳主任之職，如此而還并一反聯俄政策，什麼才是一反聯俄政策？他們根本不瞭解蘇俄，遂因而不瞭解以蘇俄共產黨爲一重要成分的第三國際。第三國際是各國共產主義的黨派結合，即戴季陶所謂橫斷國際；國際聯盟是各資本主義的國家結合，即戴季陶所謂縱斷國際；他兩個的性質與所謂風馬牛不相及，和第三國際對抗的是第三國際不是國際聯盟。然而右派的宣言上，竟說：「國際聯盟與第三國際，此世人所視爲兩不相下之對抗壁壘。在吾人視之，則確有程度之相差，吾人若代表弱小民族視此兩個國際，則便無所短長，蓋皆基於戰勝民族之組織也。」他們稱第三國際與國際聯盟爲兩不相下之對抗壁壘；大概是不曾看清季陶的文章。他們視此兩個國際無所短長，都是戰勝民族之組織；這是因爲他們根本不曾知道第三國際是一個全世界被壓迫階級的組織，而不是一個民族的組織，更不是一個什麼戰勝民族之組織，戰勝民族中之英法美日等國的共產黨固然在第三國際，戰敗民族中之奧匈土等國的共產黨也在第三國際，被壓迫民族中之印度埃及瓜哇朝鮮中國的共產黨也在第三國際；他們更不會知道第三國際是遵守列甯「扶助被壓迫階級」「扶助被壓迫民族」這兩大革命遺教而奮鬥的，在另一方面，國際聯盟完全是幾個帝國主義國家所把持的壓迫弱小民族之總機關；在事實上，第三國際所號召的「不侵犯中國 Hands off china」，在歐洲各國尤其是在蘇俄已成了很廣大的羣衆運動，在另一方面，中國歷年來在外交上對於國際聯盟的呼籲，得着過什麼應聲？他們（國民黨右派）不知道這些有所短長的事實，因此不能瞭解孫總理聯俄聯共的政策之眞實意義，因以在實際上取了反俄反共的態度，他們口頭上說絕不一反聯俄政策，不過藉此掩飾他們顯然違反孫總理的政策之痕跡罷了。他們對於共產黨之態度也是這樣。此次宣言上，一面說：「吾人常認爲友軍兩不相迕。」「或有分則相求之可能。」一面：「中國共產黨「中飽五卅慘案捐款至四十七萬之多。」」「甚至起反動於本黨之政治策源地。」（按此句殆指三月二十日廣州事變。）他們所指責的這兩件事如果是事實；則中國共產黨的罪惡，更加於研究系政學會安福部之上，人人得而誅之，國民黨爲什麼還當認爲友軍，還有什麼和他相求？民

國元二年間，國民進步兩黨，在報上相互造謠攻擊，已經不是正當的態度，況且在一個黨正式負責的宣言上任意造謠誣蔑他所自認的友軍，這是何等太不自重！　至於廣州事變，其中心問題之中山艦隅動陰謀，現已水落石出，究竟是誰起反動於國民黨之政治策源地——廣州？　他們的宣言上，又說共產黨「廣設濟難會爲蠻賫及宣傳其主義之工具。」　按「濟難會」本是不分黨派的社會團體，其經費出入照例是公開的，任何黨派都不應據爲宣傳其主義之機關；照右派宣言上那樣說法，是不是公開的向帝國主義者及軍閥告密，破壞這一個救濟政治犧牲者的社會團體？

國民黨第一次大會宣言所解釋之三民主義的內容，可以說是國民黨的根本政綱；幷且這宣言是孫總理向大會提出的，當然不能說是汪精衞所僞造，更不能說是共產黨的主張，所以當時右派的首領馮自由，不但反對共產派，並且反對孫總理。　可是此次右派大會宣言的內容，顯然和第一次大會宣言相牴觸，其要點如左：

（一）在民族主義方面，第一次大會宣言說：「國民黨之民族主義，有兩方面之意義：一則中國民族自求解放，二則中國境內各民族一律平等。……第一方面，國民黨之民族主義，其目的在使中國民族得自由獨立於世界。……吾人欲證實民族主義，實爲健全之反帝國主義，則當……。　第二方面，……辛亥以後……中國之政府乃爲專制餘孽之軍閥所盤據，中國舊日之帝國主義，死灰不免復燃，於是國內諸民族，因以有杌隉不安之象，遂使少數民族，疑國民黨之主張亦非誠意。……國民黨敢鄭重宣言，承認中國以內各民族之自決權，……」而此次右派的大會宣言則說：「而民族間之生存競爭，至今猶爲不可避免之事實，由生存競爭而形成的兩個壁壘：其一爲戰勝民族，其一爲被征服民族；……是以本黨之民族主義，主張融合此人類四分」之、人口以與戰勝民族抗」，他們（右派）把人類分爲戰勝民族與戰敗民族兩個壁壘，而不把他分爲帝國主義者與被壓迫者兩個壁壘，又指國民黨之民族主義是主張與戰勝民族抗，而不說是與帝國主義抗，這和第一次大會宣言所解釋的民族主義之第一方面顯然不同。　土耳其對於協約國是戰敗者，對於希臘是戰勝者，他究竟是戰敗民族呢，還是戰勝民族？　右派的民族主義若不是反對帝國主義而是反對戰勝民族，若丟開主義而以戰勝戰敗定反對或同情之標準，則反對英法日美，同時也要反對蘇俄，或者也要反對土耳其，甚至中華民國若對帝國主義者戰勝了，也應在反對之列；更進而應用到國內問題，固應反對戰勝的奉直軍閥而同情於戰敗的國民軍，同時也應反對戰勝的國民政府而同情於戰敗的陳林劉楊了。　我們希望中華民國永遠不變爲帝國主義者則可，若希望中華民國永遠不變爲戰勝民族則似乎不可。　丟開主義，不問是非，專與戰勝民族抗，我們眞不懂得國民黨右派這種特別的民族主義是什麼一種邏輯？　我們固甚希望蒙古將來能爲中華民國聯邦之一，然亦必須軍閥政府推翻全國的國民政府成立，始有資格始有餘暇和蒙古民族商談此一問題；而此次右派宣言上，竟將「叛國」「僭竊」等徽號加諸蒙古政府，視蒙古民族的獨立宣言與憲法如無物，這是明明違反了國民黨第一次大會承認中國以內各民族自決權之宣言。

（二）在民權主義方面，第一次大會宣言說：「國民黨之民權主義與所謂「天賦人權」者殊科，……民國之民權，……必不輕授此權於反對民國之人，使得藉以破壞民國。　詳言之，則凡眞心反對帝國主　之個人及團體，均得享有一切自由及權利，而凡賣國罔民，以效忠於帝國主義及軍閥者，無論其爲團體或個人，皆不得享有此等自由及權利。」　而此次右派宣言極力號召全民政治，顯然與第一次大會宣言所解釋的民權主義相違。

（三）在民生主義方面，第一次大會宣言說：「國民黨之民生主

義，其最要的原則，不外二者：一曰平均地權，二曰節制資本。」而此次右派大會宣言，竟輕輕的將這兩個口號丟掉了，「平均地權」是中國國民黨在初期同盟會時代的黨綱，宋教仁改同盟會為國民黨時，新黨綱上，輕輕的把「注重民生」代替了「民生主義與平均地權」；不幸的平均地權這一口號，現在又第二次被右派拋棄了！第一次大會宣言說：「國民黨現正從事於反抗帝國主義與軍閥，反抗不利於農夫工人之特殊階級，以謀農夫工人之解放。」質言之，即為農夫工人而奮鬥，亦即為農夫工人為自身而奮鬥也。而此次右派大會宣言忽說：「今不患農人之無知，而患地主之不悟，地主若……則農人之困苦當立即減輕以至於無所困苦，俾農人於團結組織之中，不致發生階級鬥爭之慘禍。」又說：「直接使工人得較善生活者僱主，而間接使工人得較善生活者社會，蓋此種擔負，實社會消費者所共任，此社會上大多數之經濟利益所以常相調和也。」兩相對照起來，前者是主張為農夫工人之解放反抗特殊階級而奮鬥，實質上是反對階級鬥爭；後者則是希望地主覺悟以免除農人之困苦，希望僱主施恩使工人得較美生活，實質上是主張階級調和，是反對階級鬥爭，且明言「階級鬥爭之說，至易破壞國民革命，吾人為統一國民革命陣線之故，勢必截斷其主張。」（季陶先生聞此言否？）

國民黨右派，不但有了和左派分離的組織，現在又有了和左派不同的政治主張（這個不同，是右派大會宣言的主張和孫總理所領導的左派主張不同，而不是和共產黨主張不同。）有了這些不能否認的事實，所謂國民黨左右派，大概不是共產黨造謠離間，神經過敏了罷！

如果右派能夠仍舊接受國民黨第一次大會宣言，而取消他們的此次大會宣言；如果能夠取消他們自己的各級黨部，而回到廣州中央黨部統轄之下；我們甘心承認造謠離間或神經過敏之罪。

可是事實上我們已不能奢望右派向左回到廣州中央，只得竭誠奉勸他們不要再向右跑到反革命派那邊！因為右派中有些較右的分子，已經和反革命派章太炎黃大偉鄧家彥徐紹楨童理璋等所組織的什麼國民外交協會合作；這個國民外交協會，和陳炯明派章太炎黃大偉馮育航等所主持央政府，張作霖所資助之反赤大聯合是一而二二而一的團體。蒙他們不棄認我們為友軍，現在敢以友軍資格，希望他們和我們在相同的口號「反抗帝國主義」「打倒軍閥」的工作上合作；並敢以友軍資格，敬勸他們勿跑到反革命派那邊，寧可使我們受神經過敏之咎，不可使我們不幸而言中！

讀者之聲

三論階級鬥爭

——甚麼是階級？——

記者足下：

先生第二次覆詞，誤甚多，早欲解答，適忙於別務，遷延至今，茲再述管見如下，幸恕其褻瀆也。

一、第一我要聲明的，是當初我提出階級鬥爭來與先生討論，純然想從理論上和實際上把這問題弄到清楚，俾大家對他有個明瞭觀念，免得生出許多誤會，許多無謂的糾紛，而影響到國民革命；並非想為何階級說話。故無所謂應該向什麼階級勸告不勸告。這層意思，千萬請先生明瞭。

二、肅清內奸並非階級鬥爭問題。任何團體行動，如遇着內奸

，都只有大肅清特肅清一法，固不問其爲同階級，抑爲異階級也。各階級共同行動中，發見內奸，是很尋常的事。同階級間發見內奸，也不是希罕的事。假如五卅運動，竟有工人團體先行投降敵人，背叛民族利益，我想先生也一定主張拋棄他，肅清他，無所遲疑

三、先生駁我沒有說明階級鬥爭與階級聯合所以不能相容的理由。

這理由是很簡單的，何消說呢？ 止說二個人罷，如果彼此終日吵打吵殺，互相猜忌，互相仇恨，怎樣去教他們和衷共濟呢？ 或者先生相信『兄弟鬩於牆，外禦其侮』的教言，可是相異階級不 兄弟。 縱因一時利害關係，苟且混合，敵人稍稍離間或利誘，那聯合戰線 就破了。 先生或止求暫時的結合，我記不清楚，五 運動中總商會等經過幾時才退出工商學聯合委員會（總商會自身始終未加入工商學聯合委員會　記者附註），大約總不出二三個月，如先生的暫時，止盡二三個月，則『求仁得仁』，我也自無話可說了。 但國民革命不是這樣短時間可能完成 。

四、 克思有產無產之分，當然是指生產機關之有無，何待詳說。 我所以謂他從財產所有權着想者，原意注在有無，遂未暇明言!!產之當爲何義。 這種文字相鬆的錯誤，我自承認。 生產機關當然也是一種財產，但財產不止生產機關。 至窮苦的工人至少也有一套衣服，這衣服也是財產，難道我們就可叫他爲有產階級嗎？ 我雖不學，也不至這樣糊塗。 我還要進一步說，生產機關也要從其近世的意義解釋，換言之，也要是指近世產業的生產機關，才有問題。 不然，鄉下木匠也有鋸有鑿，鐵匠也有鎚有風箱，從其輔助生產之性質言，這鋸、這鑿、這鎚、這風箱，也是生產機關，難道我們可叫木匠鐵匠爲有產階級嗎？

五、先生以生產機關爲階級分野最根本的標準。 若是資本主義發達到極點，在一個社會只有二部份人：一是有生產機關能夠雇人作工以圖利者，一是無生產機關祇能賣其勞力以謀生者，——那有產無產的分界自然很徹底了。 可是這地步，不唯十之八九還是手工業生計的中國 塵莫及，就歐美資本主義最發達的國家也還沒曾達到。 甚除有產階級與無產階級以外，還有中等階級，可以獨立生產的。 這中等階級，在最近二三十年，人數日見增多，勢力日見膨脹，是歐美 計界一 很顯明很普遍的現象，是馬克思當時沒曾預料到的。 我們現在不能抹殺他，也不能輕視他。 他於勞資鬥爭上，很有舉足輕重的影響。 歐美社會尚且不能強分爲二大階級：一有產，一無產，判若鴻溝；我們 國更何能這樣分呢？ 我說中國大抵是手工業。 什麼是手工業？ 就是生產者尚用手工工具，尚沒有大工廠來用大機器，換言之，就是沒有近世產業的生產機關。 爲此之故，所以大家都比較 能夠獨立。 有手工工具的生產者，其壓 人的力量，也就比較小。 我說這些話，也曾忽略中國幾個通商口埠裏也有多少近世工業 也未曾否認這些工業中有有產階級與無產階級之分。 但是這種階級究有幾人呢？ 於中國人口上究占幾許成分呢？ 假如四萬萬人聚在一處，由先生下令：有資本者（指其資本數量，多 可以經營近世工業之人）向右邊去，無資本者（如傭工）向左邊去，其不至彷徨歧路，無所適從者，究有幾人呢？ 階級之形成自然不以人數之多寡爲其唯一要素。 人數以外，還 看他們的勢力如何。 像英國蘇格蘭一省的土地 僅瓜分於七十個地主，其勢力遂莫之與京。 勢力大，才能夠壓迫人。 能夠壓迫人，才有問題發生。 中國近世工業裏，雇東會壓迫雇工，是很顯明的事實，誰也不敢否認。 共產黨出來打不平，擁護雇工，去反抗雇東，也是很正當很俠義的勝，雖也不敢非難。 我們所未承認的，是想強分中國爲有產與無產。 必執行之，恐不免有削趾適履之誚矣。

然則中國究竟還有什麼階級呀？ 究竟怎樣分才適當呢？ 這是

先生很「什麼克」的討論，不容我不贊論一下。　有些人說：中國沒有階級。　這是錯的。　然其錯在何處？　第一以爲中國無貴族。　馬叙倫致閻玉辞電有曰：「世鄉久廢華族無存」，此其例也。　但壓迫人者不止貴族。　是其說之無當可知也。　第二以爲中國實業不興，資本家絕少。　馬叙倫電一再致意於此。　即孫中山先生民生主義中亦云：中國只有大貧與小貧之分。　其言是也。　然而資本家雖絕少，並非全無。　大貧亦可壓迫小貧。　是此說之無當，亦可知也。

然則中國究竟誰爲壓迫者，誰爲被壓迫者呢？　今試請分析一下。今之人最痛恨的，非軍閥、官僚、政客、土豪、劣紳、地主、資本家乎？　什麼是軍閥？　簡言之，可曰武官。　官僚、政客可曰文官。　那末，軍閥、官僚、政客，可總稱之曰官。　土豪、劣紳，可總稱之曰紳。　大體說：官無論大小新舊，無有不是害人的。　「一朝權在手，便把勢來行。」　走遍中國，莫能逃此公例。　紳也是，大體說，無有不虐民的。　然官紳怎樣能夠害人呢？　因爲他們有資本嗎？　或生產機關嗎？　不是的。　中國數千年來，統治階級不外官紳。　官紳出身，大抵是讀書（發了財才變爲官自然也有，但總是少數。　捐納是士君子之所羞爲，而叔季之世所常見者。）　讀書人大抵是窮措大，他們都是做了官紳，才有資產。　並不是先有資產，才去做官做紳。　那末　中國壓迫人的階級，並不是完全築在資產基礎之上，換句話說，就不是止限於有資產的人。　有資產的人嘗且常常受人凌虐。　先生不信，請一聽聽回國來的南洋美洲華僑的哀書，就明白了。　官之所以能虐民，因爲他們有官權。　紳之所以能虐民，因爲他們有紳權。　何謂紳權？　當然不是法律上有什麼規定。　不過他們弄其狡猾手段，憑藉着中生出一種權威罷了。　故官紳階級，可簡稱之曰有權階級。　這裏我們應該注意的，是有權階級，不必先有錢，亦不必將來定有錢，自然，他們得了權後，許多就會逐漸有錢，不然，恐怕沒有這樣多人去爭官，爭做紳士了。）　有錢的人不必就有權。

地主、資本家，可算爲有產階級。　然地主也須是大地主，資本家也須是大資本家，才能立在壓迫人的地位。　若是只有幾畝田的自耕農，或只有一間月租不過十元八元的屋宅，或只有一萬八千元的商人，他們是只有受人壓迫，斷不會去壓迫人的。　故高喊打倒地主資本家口號的人，對於這些地方，最要明辨。　譬如有些大佃戶　其强橫是十倍百倍於地主的（廣東有許多是納鐵租的佃戶。　鐵租云者，是每年無論豐歉，只納一定量的租穀。　土地永久歸彼耕種；地主不得收回，或換佃。　由是日久，佃戶便能把土地出賣或按押。　租穀亦可延欠，地主無如之何。）　難道我們可算他爲被壓迫的階級嗎？

總上所談，中國壓迫人的階級，是有權兼有錢的人，並不止是有錢的人。　若階級鬥爭不是爲無意義的行動，就要以無權的人反抗有權的人，以無錢的人反抗有錢的人，不唯無產有產之爭而已也。　中中數千年來的歷史充滿了這種反抗，每代鼎革之際，莫不　無權無錢的階級與有權有錢的階級鬥爭。　這種鬥爭，醜形之：曰挺而走險，美言之：則曰革命，實言之：是被統治者起而爭統治權，被壓迫者起而爭壓迫人也。　先生謂國家帶着階級性是人壓迫人的制度，是不錯的。　是時厥後，能否新開局面，消滅這互爭統治權的循環現象，是目前一個很重要的問題。

夫官、紳、大地主、大資本家，已爲壓迫階級，則誰爲被壓迫的階級呢？　先生要算工人、農民、學生、商人。　嚴格算起來，農民祇算農傭（即雇來耕種的）、大佃戶、小自耕農，商人祇算小商人，學生則不是一個階級，以校書者，不違人与一良莠者，多不得階級，更算不得被壓迫階級。　依他們現在的聲勢，氣燄，只有凌人，斷不至凌於人。　況且學生團體，近雖斷其爲有產，抑爲無產。　故先生

與一般同志的共產黨，只能說是代表無權無錢的人之利益的黨，不能說是只代表眞正無產階級的利益的黨，如果無產階級四字，用歐洲的意義解釋，即 Proletariat 。 抑猶有言者：如先生等是領導所有無權無錢的人去革命，則這種革命一定可以成功，歷史已昭示吾人，可無疑的。 但如先生等只以眞正無產階級爲基礎，想去實行共產革命，則必遭失敗。

最後附說幾句：先生以職業不同，只是工作不同 非利益不同。 似甚反乎普通經驗，至足駭人。 先生似甚非笑以所得分階級。 但在中國所得是很重要的。 雖是無資產的人，一旦每週進款稍厚，便常常一躍而爲紳士，他的地位，便根本改變了。

蒙古問題複雜 當更端論之。 茲不贅。 此頌 著安。

梁明致謹啟 四月十二日於廣州

明致先生：

先生第三次來書大部分仍集中於階級分野的標準問題，即「甚麼是階級？」問題。 其餘，附帶着，也有幾點論到階級間聯合戰線。 故我此次亦就這二問題答覆你。

可笑，我們討論階級鬥爭問題至第三次，仍須回轉去討論「甚麼是階級？」問題。 可是，這并不是我方面的錯，這是先生此次來書迫得我們非回轉去討論這問題不可。——因爲先生雖然一方面早就能夠承認我再三申言的以生產機關的佔有爲階級分野的標準，是不錯的（見先生第二次來書）；但他方面，先生又以爲階級分野尚有其他標準（見同信），經我解釋之後，先生仍祇能承認一半，即以爲此標準祇能應用於資本主義發達到極點的社會（見此次來書），換一句話說，即在資本主義未發達到極點的社會裏此標準是不能應用的：可見，先生并非承認以生產機關的佔有爲階級分野的標準，眞是不錯，亦即可見，先生尚未眞正瞭解「甚麼是階級？」 來書所有錯誤和曲解大多由此推演而出。

請詳論之。

首先，我們應弄清楚：甚麼是生產機關。 生產機關和人的勞動力爲組成社會生產力的二種原素。 生產機關本身又包含二種原素：一是勞動對象（自然），一是勞動工具（技術）。 可見，生產機關和普通所謂財產是不同的。 原始共產制度崩壞之後，生產機關就不是社會全體所公有，而祇是屬於社會裏某幾部分人的私有物，於是社會便有了階級分化，一直到現在。 先生說：「我還要進一步說，生產機關也要從近世的意義解釋，換言之，也要是指近世產業的生 機關，才有問題。」 這是錯的。

近世產業的生產機關自然是生產機關，但地主的土地和手工業者的鋸鑷鎚風箱何嘗不是生產機關？ 社會的階級分化不是到近世產業社會才有，而生產機關尤是人類社會賴以生存賴以發展的要件。 在農業社會裏，主要的生產機關是土地，故地主是壓迫階級，農民是被壓迫階級；在手工業社會裏，主要的生產機關是鋸鑷鎚風箱等，故師傅是壓迫階級——亦可說是有「產」(這「產」字如果是指生產機關而言)階級，但不是資產階級(Bourgeagie)——學徒是被壓迫階級。 各種社會中無論階級分化怎樣不同，但階級分野的標準則是一樣的，換句話說，即生 機關的佔有不僅爲近世產業社會階級分野的標準，而且也是一切人類社 階級分野的標準。 先生因祇瞭解生產機關祇指近世產業的生產機關，而非指以前社會的勞動對象和勞動工具，所以推論出：祇在資本主義發達到極點的社會，才能以生產機關的佔有爲區分社會階級的標準 而在其他社會，譬如中國，社會階級的分化，則應該用其他的標準。 這種錯誤的結論根本就由於先生不瞭解甚 是生產機關，亦即不瞭解「甚麼是階級？」

其次，先生究竟何所根據說「共產黨……想強分中國為有產與無產」？中國共產黨在言論上在行動上從來未曾把中國做祇有有產階級和無產階級。共產黨也從來未曾把社會看做僅僅有二個階級。在一個社會裏，除了根本階級（譬如封建社會之地主和農民，資本主義社會之資產階級和無產階級）之外，還有中間階級（譬如資本主義社會之工程師高等雇員等），還有過渡階級（譬如資本主義社會之手工業者和農民），還有混和級（譬薪多的鐵路工人等，對於鐵路公司言是工人，對於其自己所營的產業言則是小業），還有落伍階級譬如資本義社會之遊民階級）。即我在第一次答覆先生的信中，亦說過：「故在資本主社會資家是壓迫者階級，工人是被壓迫者階級，其他的階級亦看各人對生機關的關係怎樣及其在生產中的作用如何而定。」這段話不僅說明，總的共產黨和特殊的我，都未曾「想強分中為產與產」；而且說明，社會階級分化的複雜性及根本階級外他種階級的分野，也是要用生產機關的佔有（佔的性質和分）來解釋先生此次來書一再努力提歐美社會中等階級重要作用和中國社會手工者人數的衆多，想以此證明在「資本主義發達到極點」以前的社會裏生產機關的佔有不能為階級分野的標準，其實乃是無的放矢結果徒勞而無功。先生此種努力，即可證先生不瞭解此種階級之存在和作用也須用生產機關的佔有來解釋，亦即證明先生不瞭解「甚麼是階級？」這裏附帶說明一句，即先生說「這中等階級，在最近二三十年，人數日見增多，勢力日見澎漲，是歐美生計界一個最顯明最普遍的現象，是馬克思當時沒曾預料到的。」

這話完全不合事實。不知先生何所根據？難道先生不曾聽見，「在最近二三十年，歐美生計界一個很顯明很普遍的現象」是生產集中嗎？甚麼叫做生產集中呢？這就是說，生產發展使許多小生產日趨破產，使許多「獨立的」小生產者，甚至於小本家，墮落逐漸趨於無產階級化，擴大無產階級的隊伍：一九二二年以來德國和一九二五年以來法國，便是很好的例。然而我這個附帶的說明，并不是否認「中等階級於勞資鬥爭上有舉足輕重的影響」。

再其次，先生這次果然就從中國社會的實際情形上，找到了一個「標準」，去區分中國社會階級，而且分析了中國的如此這般的階級。可喜！可喜先生自然不是以生產機關佔有做標準，去區分「資主義尚未發達到極點以前」，大抵是手工業」中國社會階級。先生的「標準」是「權、錢」。故先生以為中國的壓迫階級是「有權兼錢的人」（「不止有錢的人」），而被壓迫階級是「無權兼無錢的人」。這麼一來，先生在「中國社會階級論」中又新翻了一次花樣。讀在先生以前，中國早就有人對問題新翻過多少次的花了。民國十年的雙十節，梁啓超在天津講演說，中國祇有「有槍階級」和「無槍階級」民國十四年同一梁啓超又在上海時事新報做文說，中國祇有有業階級」和「無業階級」；民國十五年（最近），民黨右派某理論家」（沈玄廬能？）在某週刊上也說，中國祇有「有閑階級」和無閑階級」；而今，先生更說出「有權兼有錢階級」和無權兼無錢階級」來。

先生的錯誤是和梁啓超等一樣的。要批評先生發明的這個標準，祇借用去年五月出版的第七十九期「中國青年」批評梁啓超的話就夠了。「中國青年」說：

「佔有生產機關的一分人和沒有生產機關的一部分人，便是二不同的階級。階級差別的標準僅在生產關係裏

頭。　社會的生產關係本身便可決定社會的分配關係，階級差別表面上是社會財富分配不平均，而其實所以分配不均，乃是因爲各階級在社會生產上的作用不同；佔有生產機關的階級自然要剝削沒有生產機關的階級所創造出來的財富。

階級的差別根本上并不在乎有「槍」或無「槍」，并不在乎有「業」或無「業」，甚至并不在乎有「產」或無「產」，而是在乎是否在生產上有同樣的作用，是否這階級的每個分子在生產過程中對於其他階級的關係是一致的。

「再進一層，有「槍」或無「槍」，有「業」或無「業」，有「產」或無「產」不僅不足爲區分階級的標準，而自己受決定於各階級在生產上作用的不同。　社會財富（「產」）的分配，其實很顯然地是生產上生產機關分配的結果，前面已經說過了。　佔有生產機關的人爲保護這個佔有權勢必至依靠兵隊及其他工具如法律等，於是「槍」的有無又是受決定於各階級在生產上的作用。　有「業」或無「業」難道能逃過這個決定嗎？……」

要言之，「中國青年」記者無非要說明有「槍」無「槍」有「業」無「業」有「產」無「產」（以及現在國民黨某右派之有「閑」無「閑」），這些都是社會階級分化後必然的表現，而不是形成階級的原因。　我們絕不否認階級的這些附屬性（如有生產機關的階　自然有槍），但我們不能便以此附屬性爲區分社會階級的標準。　現在我再用「中國青年」記者的口吻問先生：「有權兼有錢」和『無權兼無錢』難道能逃過這個決定嗎？　軍閥官僚政客（官）土豪劣紳（紳）爲甚麼有權？　因爲他們有武力。　他們爲甚麼需要武力？　因爲要保護現存的社會制度——即替帝國主義執行不平等條約，替地主保護佔有的土地，替資本家保護佔有「近世產業的生產機關」之一種社會制度。　地主資本家爲甚麼有錢？　因爲他們有生產機關。　總而言之，有權有錢是壓迫階級必有的附屬性，而非形成壓迫階級的原因，中國社會階級之分化仍須用生產機關來說明。　先生的「標準」是錯的，因此先生分析中國社會階級所得結論也是錯的。　這個錯誤根本也因爲先生不瞭解『甚麼是階級？』　這裏，先生自然會問：中國究竟有那幾種階級呢？　此問題出於我們討論的範圍，先生參考新青年國民革命號裏「誰是中國國民革命的領導者？」一文，就可得着答案了。

這段解釋未免偏於理論過於抽象，對於先生提出的許多實例的疑問，尙未解答。　玆特再就較重要的解答數點。

先生說：「中國數千年來，統治階級不外官紳。」　這是不十分確切的。　中國數千年來，不錯，是受官紳的統治，但官紳本身並不是一個階級，乃是中國統治階級——地主貴族，的代表；祇看中國官紳的言論和行動，都是擁護封建宗法社會制度（即地地主剝削農　制度），便可明白。　因此，官紳是否由讀書人出身，究竟先做官紳再發財抑或先發財再做官紳，這些都不是重要的問題。　也富人去當官紳自然要代表地主富人的利益，窮措大的讀書人一旦發跡去當官紳又何嘗代表農民窮人的利益？　窮措大的讀書人所讀的「書」完全充滿了保護封建宗法社會制度的理論；他們一旦擬議科登仕版，自然便成了封建宗法社會的統治階級所要造就的人才。

先生說：「有　產的人實且常常受人壓迫。」　且舉美洲南洋華僑——新興的資產階級，爲例。　先生想以此證明有錢的並不一定有勢（有權）。　但先生忘記了：現在的中

國還不是純粹資產階級統治下的獨立國家，乃是外國帝國主義和封建餘孽——軍閥，統治下的半殖民地。中國的資產階級的被壓迫是不足為怪的事。此現象，我們在未革命前的英法是常見的。

小商人小地主資本家甚至所謂讀戶，是屬於中間階級。學生不是階級，是屬於知識分子，一種「社會的範疇」，其傾向其作用隨各時社會而不同。

最，中國共產黨竟代表那種階級呢？中國共產黨是無產階級的——「用歐洲的意義解釋，即 Proletariat 的——政黨。但中國無產階級的奮鬥成功，中國的農民手工業者知識分子小商人小地主小資本家以及一般的小資產階級，都要跟着解放。故中國共產黨可說是代表上述各種社會階級利益的政黨，并不是代表含糊籠統甚麼無權無錢的人之利益的政黨。中國共產黨是以真正無產階級為基礎去聯合上述各種社會階級，中國共產黨目前并不想去實行共產革命，牠目前祇想實行合於上述各種社會階級共同利益的國民革命。

關於階級間聯合戰線問題，先生此次來書提出的論據，畢竟未曾充分說明：階級鬥爭，階級間聯合戰線何以不能相容；「兄弟鬩於牆外禦其侮」的教言，何以見得便不能應用到階級間的聯合戰線來？兄弟鬩於牆何以能外禦其侮呢？并不是因為同父同母的簡單的倫理關係，乃是因為鬩牆的兄弟間究竟有共同的利益。兄弟間的關係如此，階級間的關係亦然。中國「資產階級剝削無產階級，但這二階級又同受帝國主義和軍閥的剝削（受剝削的程度自然不同），國民革命運動（反帝國主義反軍閥運動）對於這二階級都是有利的（利益程度自然也不同）。階級間的聯合戰線就是建築在這種共同利益上面，而不是建築在倫理的人格道德等關係上面。這種共同利益若仍舊存在，敵人的離間利誘是難於破裂這聯合戰線的。國民革命尚未成功，則各階級間的共同利益尚屬存在，國民革命的聯合戰線自然能夠維持下。五卅運動中，上海總商會退出民衆的聯合戰線，乃因這些大商人認定這運動所能給他們的利益，他們已經取得了。——若說他們判斷錯誤，那另是一個問題。

綜括以上所說，可見我第一次答覆先生之信的出發點是正確的；即縱然了解階級爭鬥是事實不是理想，但既不能了解甚麼是階級，所以不免要發生來書中（以及第二次來書第三次來書中）所提出的問題。」因此，先生最後附說的幾句及其他論點，恕我不再解答了。

記者

本報啓事

本報從第一百四十四期起，即已增加篇幅，每期由原有八頁增加至十六頁。一面得以多登各地通信，藉知全國革命運動的實況；一面又歡迎讀者投稿或通信討論。凡對於本報一切主張，無論贊成或反對，本報皆熱誠歡迎讀者討論。所有通信或投稿請寄至本報廣東通信處。

嚮導（三）

數位重製・印刷　秀威資訊科技股份有限公司
https://www.showwe.com.tw
114 台北市內湖區瑞光路 76 巷 65 號 1 樓
電話：+886-2-2796-3638
傳真：+886-2-2796-1377
劃　撥　帳　號　19563868　戶名：秀威資訊科技股份有限公司
讀者服務信箱：service@showwe.com.tw
網　路　訂　購　秀威網路書店：http://store.showwe.tw
國家網路書店：http://www.govbooks.com.tw

2021 年 11 月
全套精裝印製工本費：新台幣 13,500 元（全套五冊不分售）

Printed in Taiwan　　ISBN:9789863269502 CIP:574.105

本期刊僅收精裝印製工本費，僅供學術研究參考使用

ISBN 978-986-326-950-2
9 789863 269502　13500

讀者回函卡